Radikale Werte

Max Haller

Radikale Werte

Die Interessen der Menschen und ihre
gesellschaftlich-politische Durchsetzung

Max Haller
Universität Graz
Österreichische Akademie der Wissenschaften
Wien, Österreich

ISBN 978-3-658-42953-9   ISBN 978-3-658-42954-6 (eBook)
https://doi.org/10.1007/978-3-658-42954-6

Die Deutsche Nationalbibliothek verzeichnet diese Publikation in der Deutschen Nationalbibliografie; detaillierte bibliografische Daten sind im Internet über http://dnb.d-nb.de abrufbar.

© Der/die Herausgeber bzw. der/die Autor(en), exklusiv lizenziert an Springer Fachmedien Wiesbaden GmbH, ein Teil von Springer Nature 2024

Das Werk einschließlich aller seiner Teile ist urheberrechtlich geschützt. Jede Verwertung, die nicht ausdrücklich vom Urheberrechtsgesetz zugelassen ist, bedarf der vorherigen Zustimmung des Verlags. Das gilt insbesondere für Vervielfältigungen, Bearbeitungen, Übersetzungen, Mikroverfilmungen und die Einspeicherung und Verarbeitung in elektronischen Systemen.
Die Wiedergabe von allgemein beschreibenden Bezeichnungen, Marken, Unternehmensnamen etc. in diesem Werk bedeutet nicht, dass diese frei durch jedermann benutzt werden dürfen. Die Berechtigung zur Benutzung unterliegt, auch ohne gesonderten Hinweis hierzu, den Regeln des Markenrechts. Die Rechte des jeweiligen Zeicheninhabers sind zu beachten.
Der Verlag, die Autoren und die Herausgeber gehen davon aus, dass die Angaben und Informationen in diesem Werk zum Zeitpunkt der Veröffentlichung vollständig und korrekt sind. Weder der Verlag noch die Autoren oder die Herausgeber übernehmen, ausdrücklich oder implizit, Gewähr für den Inhalt des Werkes, etwaige Fehler oder Äußerungen. Der Verlag bleibt im Hinblick auf geografische Zuordnungen und Gebietsbezeichnungen in veröffentlichten Karten und Institutionsadressen neutral.

Planung/Lektorat: Cori Antonia Mackrodt
Springer VS ist ein Imprint der eingetragenen Gesellschaft Springer Fachmedien Wiesbaden GmbH und ist ein Teil von Springer Nature.
Die Anschrift der Gesellschaft ist: Abraham-Lincoln-Str. 46, 65189 Wiesbaden, Germany

Das Papier dieses Produkts ist recyclebar.

Vorwort

Dieses Buch ist eine überarbeitete und gekürzte Fassung meines 2022 erschienenen Werkes *Die revolutionäre Kraft der Ideen. Gesellschaftliche Grundwerte zwischen Ideen und Interessen, Macht und Moral*.[1] Der Plan zu diesem Buch konkretisierte sich im Rahmen einer Arbeit zur soziologischen Handlungstheorie. Der leitende Gesichtspunkt dabei war die Idee der Soziologie als Wirklichkeitswissenschaft nach Max Weber. Da für Weber Interessen und Ideen gleichermaßen zentral für das Handeln sind, erschien ein Kapitel über die heute relevanten Werte unerlässlich, entsprechend der zentralen These von Webers einflussreichstem Werk *Die protestantische Ethik und der Geist des Kapitalismus*. Darin argumentierte er ja, die protestantische Ethik habe eine wichtige Rolle beim Aufstieg des Kapitalismus gespielt, stellte aber zugleich fest, nach dessen Aufstieg sei keine religiöse Fundierung des wirtschaftlichen Handelns mehr notwendig, da jetzt nur mehr jene wirtschaftlichen (und politischen) Akteure bestehen können, die sich den kapitalistischen Regeln fügen. Auf der Suche nach wirklich erhellender Literatur zum Thema Werte wurde ich aber nicht wirklich fündig. Zwar gibt es eine große Anzahl an Veröffentlichungen zur Rolle von Ethik und Werten in der Theologie, Philosophie und Sozialtheorie und neuerdings auch an empirischen Studien zum Wertwandel. Manche davon – wie die Theorie des Postmaterialismus – werden vielfach zitiert, aber dennoch von vielen soziologisch als nicht wirklich befriedigend angesehen. Bei Weber selbst findet man zum Thema Werte wenig Hinweise. Er ist vor allem (und wird dafür auch immer wieder kritisiert) durch seine Forderung nach Wertfreiheit in der Wissenschaft bekannt. Allerdings schreibt Weber den Werten durchaus eine wichtige Rolle zu als Mittel, Klarheit über seine Handlungsziele zu erlangen und zu erkennen, welche Implikationen und Folgen ein Handeln nach bestimmten Prinzipien haben kann. Sehr unbefriedigend ist jedoch seine Auskunft darüber, welche Werte heute wirklich relevant sind und wie sie sich zueinander verhalten. Für ihn kennt „das Leben nur den ewigen Kampf jener Götter [der weltanschaulichen Grundpositionen] miteinander …, – unbildlich gesprochen: die Unvereinbarkeit und also

---

[1] Diese Fassung erstellte ich auch deshalb, weil die erste Ausgabe dieses Textes mit 936 Seiten (inklusive Literatur) extrem umfangreich und in der gedruckten Fassung geradezu unhandlich war. (In der digitalisierten Version ist dies nicht so problematisch). Die Überarbeitung ermöglichte mir, die zentralen Thesen an vielen Stellen deutlicher herauszuarbeiten.

die Unaustragbarkeit des Kampfes der letzten überhaupt möglichen Standpunkte zum Leben, die Notwendigkeit also: zwischen ihnen sich zu entscheiden" (Weber 1973, S.34). Nun kann es in der Soziologie natürlich nicht darum gehen, die Stelle der Theologie oder Moralphilosophie einzunehmen und ethische Prinzipien zu verkünden. Die zentrale These dieses Buches lautet jedoch, dass die Soziologie zu diesen Fragen sehr wohl etwas beitragen kann und dass die Position von Weber in zweierlei Hinsicht fragwürdig ist.

Zum ersten, weil die wichtigsten ethischen Prinzipien und die dahinterstehenden gesellschaftlichen Grundwerte nicht nur abstrakt-theoretisch oder philosophisch bestimmt werden können. So bleibt auch die hochdifferenzierte Diskussion etwa im Rahmen sozial- und rechtsphilosophischer Gerechtigkeitstheorien letztlich in einer „philosophischen Endlosschleife" (Ebert 2015) gefangen, weil sich aus den gegensätzlichen liberalistischen bzw. kommunitaristischen Grundprinzipien (die beide als solche unbestreitbar sind) in schlüssiger Weise sehr unterschiedliche Folgerungen ableiten lassen. Ein Weg zur Lösung dieses Problems eröffnet sich jedoch, wenn man sieht, dass Ideen und Werte in der sozialen Realität und in der gesellschaftlichen Entwicklung reale Kräfte darstellen, um deren Anerkennung und Durchsetzung seit Jahrtausenden gekämpft wird. Anknüpfungspunkte zu einer solchen Sicht bietet zum einen die Sozialtheorie von George H. Mead, in welcher der enge Zusammenhang von Ideen und Interessen betont wird. Zum anderen ist der Ansatz von Emile Durkheim hilfreich, dessen Intention war, eine „soziologische Moraltheorie" zu entwickeln" (Müller 2019), eine universelle (wenn auch nicht ahistorische) Theorie der Werte. Eine solche Position hat schon Kant vertreten, dessen Grundideen der Menschenwürde, der historischen Durchsetzungskraft von Ideen und der realen Chancen einer solchen Idee, etwa der eines Weltfriedens, grundlegende Annahmen für dieses Buch darstellen.

Dieses Werk stellt auch eine Fortsetzung meiner früheren, vergleichenden Arbeit zu soziologischen Theorien dar (Haller 2003). Es ist einerseits eine Stärke der Soziologie, dass sie zwar über eine Vielzahl von Theorien verfügt, die auch in anderen sozialwissenschaftlichen Disziplinen rezipiert werden. Unbefriedigend ist jedoch, dass diese Theorien weitgehend unvermittelt nebeneinanderstehen und die Anhänger der verschiedenen Schulen sich in relativ geschlossenen Diskussionszirkeln bewegen. Unbefriedigend erscheint die Situation auch, wenn man sich die Literatur zu Weber ansieht, den ich mit vielen anderen als den bedeutendsten Klassiker der Soziologie betrachte. Zwar gibt es inzwischen umfangreiche Biografien über ihn und viele kritische Studien zu seinen Arbeiten (insbesondere zur Protestantismusstudie). Die Darstellungen seines Werkes begnügen sich in aller Regel aber mit einer Nacherzählung von Webers Grundthesen und -befunden, ohne viel danach zu fragen, inwieweit diese auch heute noch gültig und fruchtbar anwendbar sind und in welchem Verhältnis sie zu anderen Ansätzen stehen.

Diese Arbeit geht also von der Grundthese aus, dass Werte für soziales Handeln und für gesellschaftliche Prozesse grundlegend sind und dass man wissenschaftlich sehr wohl etwas Inhaltliches über diese Werte aussagen kann. Für einen solchen Ansatz ist ein interdisziplinärer Zugang essentiell. Auch in dieser Hinsicht ist ein erheblicher Teil der soziologischen Theorie und Forschung kritisch zu hinterfragen. So werden die sozialphilosophischen Grundlagen soziologischer Theorien, abgesehen von den primär an der Theoriegeschichte interessierten Autoren, eher selten beachtet. Das Gleiche gilt für Entwicklungen in anderen sozialwissenschaftlichen Fächern wie Psychologie, Ökonomie, Sozialanthropologie usw., die sich ja vielfach mit denselben Fragestellungen befassen wie die Soziologie. (Dass auch die Vertreter dieser Fächer die Soziologie oft nicht beachten, ist keine Entschuldigung). Selten findet man auch Bezüge auf die Rechtswissenschaft, die man geradezu als angewandte Soziologie bezeichnen könnte und die im Konzept der Menschenrechte der Idee gesellschaftlicher Grundwerte sehr nahekommt. Dieses Werk bezieht daher an vielen Stellen ein breites Spektrum von Ansätzen und Befunden ein, die in Theologie, Philosophie, Rechts- und anderen Sozialwissenschaften erarbeitet bzw. vertreten werden. Goethe, der auch ein bedeutender Wissenschaftler war, hat in seinen *Maximen und Reflexionen* zu solchen transdisziplinären Zugängen allerdings festgestellt: „Vor zwei Dingen kann man sich nicht genug in Acht nehmen: beschränkt man sich in seinem Fache, vor Starrsinn, tritt man heraus, vor Unzulänglichkeit". Das Urteil darüber, inwieweit dieses Werk das zweite der genannten Übel vermeiden konnte, muss den Leserinnen und Lesern überlassen bleiben.

Der zweite Aspekt, unter dem Webers Position fragwürdig erscheint, ist seine These von der Unvereinbarkeit zwischen den verschiedenen Werten. Dieser Aspekt hängt auch mit der Thematik der Wertfreiheit zusammen. In diesem Werk wird die einigermaßen kühne These vertreten, dass wir durch eine Zusammenschau der Entwicklung philosophischer Ideen, politischer Bewegungen und dem Denken und Verhalten der Bevölkerung mehr oder weniger klar universale Werte erkennen können. Diese These beinhaltet nun aber keineswegs ein Aufgeben des Prinzips der Wertfreiheit oder die Genehmigung dazu, mehr oder weniger unreflektiert bestimmte Werte zu vertreten. Ebenso wenig haltbar ist aber die inzwischen weit verbreitete Ansicht, kein Wissenschaftler könne wirklich unabhängig denken und bleibe in gewisser Weise immer in seinem Kontext gefangen. Auch wenn die soziale Bedingtheit des Denkens selbst der größten Philosophen und Wissenschaftler evident ist (dafür werden in dieser Arbeit immer wieder konkrete Beispiele genannt), ist ein Wissenschaftler nicht nur verpflichtet, sondern tendenziell auch fähig, diese Wertgebundenheit zu überwinden. Wenn dies einzelne Wissenschaftler letztlich aber nur bis zu einem gewissen Grad können, ist es, wie vor allem Popper gezeigt hat, doch der wissenschaftlichen Gemeinschaft als Ganzer durch wechselseitige Kritik und Diskussion möglich. Wenn man davon ausgeht, dass es eine begrenzte Anzahl mehr oder weniger klar identifizierbarer Grundwerte gibt, ist eine relativ objektive, „wertfreie" Diskussion ihrer Bedeutung für die Gesellschaft und bestimmter Gruppen darin durchaus möglich.

Eine kurze Bemerkung erscheint angebracht im Hinblick auf die Auswahl der zitierten Quellen in gedruckter Form und aus dem Internet. Durch das Internet ist wissenschaftliches Arbeiten heute nicht mehr zu vergleichen mit der Situation zur Zeit der Institutionalisierung der Soziologie an den Universitäten in den 1960er und 1970er Jahren. Das Internet hat einen qualitativen Sprung mit sich gebracht. Musste man früher für ein Buch oder einen Zeitschriftenartikel oft weite Wege auf sich nehmen, kann man heute von seinem Computer aus auf eine Unmenge an Literatur zurückgreifen. Dadurch wird wissenschaftliches Arbeiten massiv erleichtert. Zudem gibt es durch *wikipedia* eine neue Informationsquelle einmaliger Art. Mit über 6 Millionen Einträgen in der englischen Version und über 2 Millionen in der deutschsprachigen beinhaltet es eine Fülle an Informationen, die jene traditioneller enzyklopädischer Lexika bei weitem übersteigt. Die Einträge, die Tausende von freiwilligen Autorinnen und Autoren (nach gewissen Richtlinien) erstellen, werden durch ein internes Redaktionskomitee daraufhin überprüft, ob sie einem Mindestmaß an Objektivität gerecht werden. So beinhaltet *wikipedia* eine Unmenge an Artikeln und Informationen zu praktisch allen Themen, die soziologisch von Interesse sind. Daher wird in dieser Publikation sehr häufig auf *wikipedia*-Artikel verwiesen. Die zitierten Artikel werden aber vor allem als Einführungen in eine Thematik oder als Quelle für historische und andere Daten verwendet, die leicht auch aus anderen Quellen recherchierbar sind. Dabei wird gelegentlich auch vermerkt, ob der jeweilige Eintrag wissenschaftlichen Kriterien einigermaßen genügt. *Wikipedia* dient aber nie als letzte Datenquelle zum Beleg wichtiger Thesen. Vielfach wird aber in diesem Buch auf die Angabe von Quellen für spezifische Fakten und Ereignisse verzichtet. Diese können durch Einsicht in das umfangreichere erste Werk (das auch digital verfügbar ist) leicht verifiziert werden.

Die Ausarbeitung eines wissenschaftlichen Werkes kann durch kritische Lektüre und Anregungen von Kolleginnen und Kollegen enorm profitieren. Der vor allem in den USA ausgeprägte Brauch, sich gegenseitig Manuskripte zu lesen und zu kommentieren, bedeutet für die jeweiligen Kollegen natürlich auch einen Zeitaufwand. Umso erfreulicher war für mich, dass eine Reihe von Kollegen zu einer solchen kritischen Lektüre bereit waren. Besonders wichtig waren mir die Kommentare von Kolleginnen anderer Disziplinen, die ich um Lektüre jener Kapitel bat, die nicht soziologische Themen im engeren Sinne behandelten, um groben Dilettantismus im Sinne des obigen Zitats von Goethe zu vermeiden. Für wertvolle kritische Lektüre und Hinweise zu größeren Teilen der Rohfassung des Originaltextes bin ich folgenden Kollegen an der Karl-Franzens-Universität dankbar: Dietmar Reicher, Franz Höllinger und Markus Hadler (Institut für Soziologie), Wolfgang Benedek (Institut für Völkerrecht und internationale Beziehungen), Peter Koller (Institut für Rechtswissenschaftliche Grundlagen), Kurt Remele (Institut für Sozialethik), Josef Scheipl (Institut für Erziehungswissenschaft), Michael Steiner und Karl Steininger (Institut für Volkswirtschaftslehre). Sehr fundierte Kritik erhielt ich von Thomas Schwinn (Universität Heidelberg), der große Teile des Manuskriptes zur Handlungstheorie las (die teilweise in dieses Werk eingeflossen sind), sowie von Sascha Münnich (Europa Universität Viadrina, Frankfurt an der Oder), der mehrere Kapitel kritisch kommentierte. Auch von Hans Gebhardt (Heidelberg) und Anton Sterbling (Fürth) erhielt ich wertvolle Anregungen. Rainer Bauböck (Wien), Matthias König (Mannheim) und Michael Mann (University of California, Los Angeles) kommentierten ein Artikelmanuskript zu Menschenrechten, das in ein Kapitel dieser Arbeit einging. Stark profitiert habe ich bei der

Ausarbeitung dieser gekürzten Fassung auch von den studentischen Teilnehmerinnen und Teilnehmern an einem Seminar zum Thema „Soziologie der Werte" an der Universität Graz im Wintersemester 202/23, in dessen Rahmen immer sehr lebhafte Diskussionen stattfanden. Anregungen erhielt ich auch im Rahmen von Buchpräsentationen am Institut für Höhere Studien in Wien und beim Berufsverband der Soziologinnen und Soziologen Österreichs in Linz.

Danken möchte ich schließlich dem Verlag Springer VS für die Aufnahme dieser beiden Werke in sein Programm. Mein Dank gilt vor allem der Cheflektorin Cori Antonia Mackrodt, die sofort großes Interesse am Manuskript äußerte. Ich hoffe auch für den Verlag, dass das Werk Anklang findet. Es ist zu erwarten, dass dieses Buch in Deutschland eine größere Leserschaft erreichen wird als in Österreich, wo der Autor lebt, da die soziologische *community* in Deutschland heute nach jener der USA zweifellos weltweit die größte und aktivste ist. So sind auch die allermeisten zitierten Autorinnen und Autoren Deutsche. Daher wurden die meisten im Buch behandelten Probleme und Tendenzen durch Fakten und Beispiele über die Bundesrepublik illustriert. Allerdings ist evident, dass es trotz sehr enger Verflechtungen auch merkliche Unterschiede im soziologischen und wissenschaftlichen Denken zwischen Deutschland und Österreich gibt. Die Geistes-, Kultur- und Sozialwissenschaften in Österreich sind seit jeher weniger durch große Spekulationen und Entwürfe charakterisiert als die deutschen. Beispiele für typisch österreichische Gruppen und Denker waren der Wiener Kreis, die österreichischen Schulen der Nationalökonomie und der Rechtswissenschaften, die beide dem Denken Webers geistesverwandt waren, und Sozialphilosophen und Wissenschaftstheoretiker wie Karl R. Popper und Ernst Topitsch. In Wien bzw. Österreich wurden durch Paul Lazarsfeld, Marie Jahoda und andere wichtige Meilensteine der empirischen Sozialforschung, und durch Autoren wie Wilhelm Jerusalem, Ludwig Gumplowicz, Karl R. Popper auch wichtige Beiträge zur Sozialphilosophie gesetzt. Eugen Ehrlich und Rudolf Goldscheid werden heute international als Begründer der Rechts- bzw. Finanzsoziologie anerkannt. Von einer Vernachlässigung der Soziologie oder gar einer generell antisoziologischen Tendenz im österreichischen Denken dieser Zeit zu sprechen (Torrance 1976) erscheint daher höchst irreführend.[2] Ich denke, dass auch die österreichische Nachkriegssoziologie, die keine „großen" Theorieentwürfe, aber eine umfangreiche, auch theoretisch fundierte Forschung aufzuweisen hat, dieser Tradition verpflichtet ist.

Max Haller

---

[2] Für eine angemessenere Sicht vgl. Karl Acham (2011), (2011), „Wien und Graz als Stätten einer frühen soziologischen Forschungs- und Vereinstätigkeit." Auch formale Fehler eines Autors sind oft bezeichnend: So schreibt Torrance mehrfach vom „Hapsburg empire"!

Inhaltsverzeichnis

1 Einleitung 1
    Muslimische Zuwanderung als Herausforderung für die „europäischen"
    Werte 2
    Unzureichend reflektierte Wertbezüge bei konservativen und kritischen
    SozialwissenschaftlerInnen 6
    Werte als zentrales Element einer Soziologie als
    Wirklichkeitswissenschaft 9
    Überblick über den Inhalt des Bandes 12

Teil I Erkenntnisquellen und Durchsetzungskräfte

**2 Ideensysteme als Ausgangspunkte für die Erkenntnis von
   Grundwerten** 19
    Die Weltreligionen – umfassende Gemeinschaften, deren Werte und
    Normen aber nicht wirkliche Universalität für sich beanspruchen können ... 20
    Das Recht als gesellschaftliches Normensystem, das jedoch selbst einer
    außerrechtlichen Begründung bedarf 26
    Die Philosophie – eine wichtige, aber oft im Zeitgeist gefangene oder
    von ihm in die Irre geleitete Quelle für Grundwerte 29

3 Die historische und zeitgenössische Debatte über Werte 33
    Die Wertediskussion in der Ideengeschichte 34
    Werte als Basis – aber welche? Der Ansatz von Max Weber 36
    Die Rolle der Werte bei anderen klassischen und zeitgenössischen
    Soziologen 44
    Die Realisierung gesellschaftlicher Werte als Prozess sozialer
    Aushandlung. Einsichten aus der kritischen Theorie 49

4 Eine soziologische Theorie der gesellschaftlichen Grundwerte 59
    Die Soziologie als Wirklichkeitswissenschaft 60
    Bedürfnisse, Interessen und Gemeinwohl 67
    Die gesellschaftlichen Grundwerte 84

5	**Wie sich die Grundwerte durchsetzen. I. Kräfte und Prozesse**	97
	Der langfristige historisch-gesellschaftliche Trend	98
	Akteure, Ereignisse und Prozesse	109
	Das Tempo der Durchsetzung	128
6	**Wie sich die Grundwerte durchsetzen. II. Widerstände und Rückschläge**	131
	Kapitalistische Interessen	132
	Gewaltherrschaft und autoritäre Regimes	137
	Historische Vorläufer	149

Teil II Die gesellschaftlichen Grundwerte: Existentielle Werte

7	**Leben**	159
	Der Begriff des Lebens in der Geschichte der Ideen	160
	Was ist Leben?	167
	Gesundheit als Ausdruck des Lebens	169
	Leben als persönlicher und gesellschaftlicher Grundwert	172
	Weitere Indikatoren für den Wert des Lebens	176
8	**Frieden**	187
	Die Legitimation der Kriege	188
	Friedensgefährdende Kräfte	205
	Friedensfördernde Prozesse und Kräfte	214
	Notwendige, nicht nur utopische politische Umorientierungen und Reformen	219
9	**Sicherheit**	223
	Was bedeutet Sicherheit?	224
	Persönliche Sicherheit	225
	Soziale Sicherheit	229
	Nationale Sicherheit	235
	Resümee und Ausblick	244

Teil III Die gesellschaftlichen Grundwerte: Politische Werte

10	**Freiheit**	249
	Freiheit als gesellschaftlicher Grundwert	250
	Der steinige Weg zur Durchsetzung der Freiheit für alle Menschen	262
	Neue Gefahren und dubiose Vorschläge für Reformen	270
11	**Gleichheit**	275
	Einleitung	276

Die historische Entstehung und Ausdifferenzierung des
Gleichheitsbegriffes 280
Gruppenbezogene Ungleichheiten 291
Prozessuale und distributive Ungleichheiten 301
Die Beziehung der Gleichheit zu anderen gesellschaftlichen Grundwerten ... 307

12 Gerechtigkeit 311
Klassische und neuere Begriffe der Gerechtigkeit 313
Ungerechtigkeitserfahrungen als Basis eines soziologischen Ansatzes 319
Die Bedeutung der Gerechtigkeit im sozialen und politischen Leben 324
Leistungen und Zukunftschancen der Demokratie 334

Teil IV Die gesellschaftlichen Grundwerte: Soziale Werte

13 Menschenwürde 351
Ursprung und Durchbruch des Begriffs 352
Die gesellschaftliche Bedeutung der Menschenwürde 356
Vier aktuelle Probleme aus der Sicht der Menschenwürde 363

14 Inklusion 369
Grundbegriffe und theoretische Ansätze 370
Liebe, Brüderlichkeit und Solidarität als Grundwerte der Inklusion 377
Prozesse der Vereinigung und Eingrenzung 378
Prozesse der Zusammenschließung und Abgrenzung 389
Prozesse der Ausschließung und Ausgrenzung 396
Beziehungen zwischen Inklusion und anderen gesellschaftlichen
Grundwerten 408

15 Wohlstand 411
Was ist Wohlstand? 412
Privateigentum – der umstrittene liberale Grundwert 419
Die gesellschaftliche Bedeutung des Wohlstands 428

Teil V Die Universalität der Grundwerte

16 Koexistenz, Konflikt oder Komplementarität? Werte und
gesellschaftliche Kontexte 437
Soziale Differenzierung als Fragmentierung der Gesellschaft? 438
Die Persistenz gemeinsamer Werte in differenzierten Gesellschaften 446
Aushöhlung gemeinsamer gesellschaftlicher Grundwerte durch
Individualisierung? 459

17 Globalisierung als Weichensteller für die universale Anerkennung der Grundwerte 471
  Begriff und Effekte der Globalisierung 473
  Triebkräfte und Trends 479

Literatur 491

Personenregister 523

Sachregister 525

Einleitung 1

Die Debatte über Werte spielt in Wissenschaft und Politik immer wieder eine große Rolle. Etwas vereinfacht gesagt kann man in den Diskussionen darüber vier Zugänge unterscheiden. Politiker beschwören in Sonntagsreden viele hehre Werte; eher konservativ orientierte Autoren und Forscher beklagen einen generellen Werteverfall; Linke bekämpfen sozial spaltende liberalistische Werte; die meisten Soziologinnen und Soziologen scheinen sich aus dieser Debatte überhaupt herauszuhalten. Alle vier Zugänge erscheinen problematisch: die Bezüge der Politiker auf Werte liegen meist auf einem so allgemeinen Niveau, dass damit wenig Konkretes ausgesagt wird; die konservativen Diagnostiker benennen nur die negativen Begleitaspekte des Wertewandels, übersehen jedoch, dass sich auch positive neue Werte durchsetzen; die Polemik der Linken gegen Neoliberalismus und neue Rechte erscheint bei näherer Betrachtung oft als ein Kampf gegen Strohmänner bzw. zwar reale, aber übertrieben dargestellte Gefahren; die Argumente soziologischer Zeitdiagnostiker, dass sich allgemeine Werte überhaupt verflüchtigt haben und jede und jeder heute sein eigenes Wertmuster stricken muss, sind unhaltbar.

In diesem Einleitungskapitel sollen kurz die drei ersten Zugänge thematisiert werden, die Befeuerung der Wertedebatte in der politischen Diskussion durch die Zuwanderung von Menschen aus muslimischen Ländern, die konservativen Diagnosen des Werteverfalls und die Analysen zunehmender Durchsetzung liberalistischer, ungleichheitsfördernder Werte. Sodann wird in vorläufiger Form genauer bestimmt, was gesellschaftliche Grundwerte sind und wie eine soziologische Analyse aussehen sollte, die sie ernst nimmt. Abschließend wird ein Überblick über den Inhalt dieses Bandes gegeben.

Muslimische Zuwanderung als Herausforderung für die „europäischen" Werte

Einen starken Impuls erhielt die öffentliche Wertedebatte im Zuge der Einwanderung aus islamischen Ländern. Europaweit wird die Integrationsfähigkeit muslimischer Zuwanderer infrage gestellt. In Deutschland haben fragwürdige Praktiken kleiner, aber aggressiver Subgruppen solcher Zuwanderer und terroristische Attentaten Einzelner (die aber auch durch kleine Netzwerke motiviert und unterstützt werden[1]) zur Diskussion geführt, ob man eine neue *Leitkultur* definieren müsse. So schrieb Bassam Tibi, ein Politikwissenschaftler syrischer Herkunft, es sei notwendig eine deutsche (und europäische) Leitkultur zu definieren um Beliebigkeit zu vermeiden und den Zuwanderern die Entwicklung einer klaren Identität zu ermöglichen (Tibi 2001).[2] Diese Debatte erhielt 2010 einen massiven Anstoß durch das Buch von Thilo Sarrazin *Deutschland schafft sich ab*. Darin behauptete der Autor, durch Geburtenrückgang bei Einheimischen und Zuwanderung aus muslimischen Ländern würde die Gesellschaft Deutschlands zunehmend an Innovationspotential verlieren und sich jedoch durch die Bildungs- und Arbeitsmarktferne der Zuwanderer und ihrer Kinder massive neue Probleme einheimsen (Sarrazin 2010). Der britische Journalist und Buchautor Douglas Murray (2018) schreibt gar von einem „Selbstmord Europas." Für ihn besteht im europäischen Denken eine Kluft: einerseits sei man „moralisch besessen" im Mitgefühl für die Schicksale von Flüchtlingen, nehme Hunderttausende auf und erwarte von Migration die Lösung aller eigenen Probleme; zugleich predige man die neuen „flachen" Tugenden von multikultureller Toleranz und Diversität. Die Thesen von Sarrazin, die eindeutig sozialdarwinistisch-biologistische Argumente enthalten, wurden zu Recht von vielen Seiten scharf kritisiert. Daraus entwickelte sich eine starke Polarisierung, wie sie aus anderen Prozessen der öffentlichen Skandalisierung bekannt ist (Kepplinger 2017). Dass irreguläre Zuwanderung Probleme erzeugt, zeigen viele Studien (vgl. auch Koopmans 2016; Hofbauer 2018; Haller 2019). Auch manche politischen Folgerungen von Sarrazin sind vernünftig.[3] Der Migrationsforscher Ruud Koopmans (2020) kommt in einer fundierten Studie über die ökonomische Stagnation und den politisch-demokratischen Rückfall nahezu aller islamischen Länder zum Schluss, dass dafür in der Tat die Grundprinzipien des Islam zentrale Bedeutung besitzen. Er sieht dessen Hauptprobleme in der fehlenden Trennung von Religion und Staat, in der Nicht-Gleichberechtigung der Frauen und in der Geringschätzung von säkularen Interessen gegenüber dogmatischen

---

[1] Vgl. dazu Eylem Kanol, Kaum jemand radikalisiert sich komplett isoliert, *WZB-Mitteilungen* 170/2020, S. 54–56.

[2] Tibi betont allerdings, diese deutsche Leitkultur müsse sich von einer ethnischen Definition der Nation abwenden und klar westlich-moderne Werte vertreten (wie Demokratie, Laizität, Aufklärung, Menschenrechte).

[3] So verlangt er u. a. einen verpflichtenden Kindergartenbesuch ab dem 3. Lebensjahr und Ganztagesschulen, um Defizite von Kindern aus bildungsfernen Schichten auszugleichen.

religiösen Traditionen. In Deutschland stieß die Forderung nach einer Definition und Stärkung einer Leitkultur auf breite Resonanz. Namhafte Politiker von CDU und CSU stellten fest, die Integration vieler Muslime sei gescheitert. 2013 wurde eine stark rechtsorientierte Partei, die AfD, 2013 gegründet, die sich die Parolen der Überfremdung zu eigen machte. Bei Landtagswahlen in östlichen Bundesländern erreichte sie bis 20 % der Stimmen, bei der Bundestagswahl 2017 immerhin 12 %.[4] Auch mit den Problemen vertraute Publizisten (Ates 2007) und Wissenschaftler (wie Fukuyama 1995; Tibi 1996) vertreten die Meinung, ein multikulturelles Deutschland könne es nicht geben. Diese These bejaht inzwischen selbst die ehemalige Bundeskanzlerin Merkel, die 2005 durch ihr couragiertes „Wir schaffen das" (nämlich die Aufnahme und Integration von nahezu einer Million Flüchtlingen) weltweit hohe Achtung erlangte. In Bayern, wo seit jeher eine christlich-konservative Partei dominiert, wurde 2016 ein Integrationsgesetz verabschiedet, in dem die Leitkultur explizit als „identitätsstiftender Grundkonsens" genannt wird.[5]

In Österreich gab es keine vergleichbare Diskussion. Dieses Land hatte den Islam schon 1912 als gleichberechtigte Religionsgemeinschaft anerkannt, nachdem die Annexion Bosniens ein Land mit muslimischer Bevölkerung in den Herrschaftsbereich von Österreich-Ungarn gebracht hatte. Die praktische Politik der letzten Jahre richtete sich jedoch ähnlich aus wie in Bayern. Dies war nicht zuletzt deshalb der Fall, weil mit der *Freiheitlichen Partei Österreichs* (FPÖ) unter der Führung von Jörg Haider schon Ende der 1980er Jahre eine der europaweit stärksten rechtsorientierten politischen Kräfte an die Macht gekommen war. Sie war erfolgreich nicht zuletzt wegen ihrer Polemik gegen Zuwanderer aus außereuropäischen, „nichtchristlichen" Ländern (Scharsach 1992). Im Mai 2018 erließ die konservative Regierung des jungen Bundeskanzlers Kurz ein Verbot des Kopftuchtragens von Mädchen in Volksschulen. Er war nicht zuletzt durch seine ausländerfeindliche Rhetorik an die Macht gekommen, die er allerdings geschickt hinter gängigen Vorurteilen verbarg.[6] Das Kopftuchverbot wurde allerdings vom Verfassungsgerichtshof 2020 als diskriminierend aufgehoben, weil es sich nur gegen Muslime richte. Diese juristische Entscheidung erscheint auch soziologisch gesehen als richtig. Das Tragen eines Kopftuches, das in Europa selbst von manchen gebildeten, bestens integrierten muslimischen Frauen praktiziert wird (Göle 2015), ist weder ein religiöses Bekenntnis noch ein politisches Statement. Es verletzt auch keinen einzigen der in diesem Buch herausgearbeiteten neun gesellschaftlichen Grundwerte.[7] Problematisch ist es natürlich, wenn

---

[4] Vgl. dazu https://www.bpb.de/politik/grundfragen/parteien-in-deutschland/afd/273131/wahlergebnisse-und-waehlerschaft (abgerufen am 26.3.2021).

[5] Vgl. https://www.gesetze-bayern.de/Content/Document/BayIntG?AspxAutoDetectCookieSupport=1 (abgerufen am 16.12.2020).

[6] Typisch dafür war seine häufig wiederholte These, man müsse die Zuwanderung in das österreichische Sozialsystem unterbinden. Vgl. https://www.derstandard.at/story/2000061317804/was-an-kurz-these-von-der-zuwanderung-in-den-sozialstaat (abgerufen am 14.4.2023).

[7] Etwas ganz Anderes ist das Verbot des Tragens von Burkas. Die verpflichtende Verhüllung des Gesichtes, vielleicht das wichtigste Merkmal der Identität eines Menschen, muss als eklatante Verletzung des Grundwertes der Menschenwürde angesehen werden.

innerhalb von Familien in dieser Hinsicht Druck auf Mädchen ausgeübt wird. Kurz musste zwar nach Auffliegen diverser Skandale (u. a. Bestechungen von Zeitungen) allerdings schon nach drei Regierungsjahren zurücktreten. Inzwischen (Frühjahr 2023) aber ist die FPÖ unter ihrem neuen, noch krudere Parolen und Thesen formulierenden Vorsitzenden Herbert Kickl sogar zur umfragestärksten Partei geworden.

In der schon seit ihrer Gründung multikulturellen Schweiz wird der Begriff einer „Leitkultur" grundsätzlich eher abgelehnt.[8] Allerdings gab es auch hier eine ähnliche Entwicklung wie in Österreich, als unter dem rechtsorientierten Großunternehmer Christoph Blocher die *Schweizerische Volkspartei* 1999 zur stärksten Partei im Nationalrat aufstieg.[9] Es gibt mehrere Gründe für die relative Gelassenheit der Schweizer in dieser Hinsicht, trotz der rund 450.000 Muslime in ihrem Land. Die Schweiz ist seit jeher multikulturell und gesteht den vier autochthonen Sprachgruppen und den drei großen religiösen Gemeinschaften (Katholiken, Protestanten, Moslems) gleiche Rechte zu. Seine starke direkte Demokratie macht die Bürger sicher, dass die Regierenden nichts über ihre Köpfe hinweg entscheiden (Linder/ Müller 2017). Wirtschaftlich und sozial ist die Schweiz wie kaum ein anderes Land wohlhabend, offen und weltweit vernetzt. So ist auch das Staatsbürgerschaftsrecht der Schweiz sehr liberal und toleriert Doppelstaatsbürgerschaften in großem Umfang (Bauböck 2021; Bauböck und Haller 2021). Daher war der europaweite Aufschrei über die angebliche Ausbreitung von Anti-Islamismus auch in der Schweiz in der Folge des erfolgreichen Volksbegehrens gegen die Errichtung von Minaretten im November 2009 übertrieben.[10] Muslime haben in der Schweiz wie in ganz Europa selbstverständlich ein Grundrecht auf Religionsfreiheit. Der Bau von Minaretten ist dafür aber nicht unbedingt notwendig, auch wenn dessen Ablehnung zweifellos kein freundlicher Akt gegen die Muslime war.[11] Es ist sogar zu vermuten, dass das Thema den meisten Schweizer Muslimen relativ egal (wenn nicht sogar unangenehm) war, da nur ganze 10 % unter ihnen praktizierende Muslime sind.[12]

Diskussionen über gesellschaftliche Grundwerte und politische Trends und Entscheidungen, die damit zusammenhängen, gibt es auch in anderen europäischen Ländern. Am folgenreichsten ist die Entwicklung in Frankreich, wo die von Jean Marie Le Pen 1972 gegründete und seit 2011 von seiner Tochter Marie Le Pen geführte *Front National* einen rasanten Aufstieg hinlegte (bei der Europawahl 2015 erreicht sie knapp 25 % der Wählerstimmen). Ihre zentralen Botschaften sind Fremdenfeindlichkeit, eine antimuslimische und

---

[8] Vgl. https://www.aargauerzeitung.ch/schweiz/nach-der-handschlag-debatte-gibt-es-so-etwas-wie-eine-schweizer-leitkultur-130195007 (abgerufen am 16.12.2020).

[9] Vgl. dazu https://de.wikipedia.org/wiki/Schweizerische_Volkspartei (abgerufen am 26.3.2021).

[10] Vgl. dazu „Schweizer stimmen gegen Bau neuer Minarette", *Zeit Online* 29.11.2009.

[11] Vgl. https://de.wikipedia.org/wiki/Eidgen%C3%B6ssische_Volksinitiative_%C2%ABGegen_den_Bau_von_Minaretten%C2%BB (abgerufen am 14.4.2023).

[12] Vgl. Muslime in der Schweiz 2020, verfügbar unter https://www.conviva-plus.ch/?page=2464 (abgerufen am 16.12.2020).

EU-kritische Haltung.[13] In Frankreich ist der Konflikt zwischen dem rechtsorientierten und dem liberal-demokratisch orientierten Lager besonders stark. So verteidigte Präsident Emmanuel Macron das Recht, Mohammed-Karikaturen, die jeden gläubigen Moslem beleidigen müssen, als Kennzeichen der Freiheitlichkeit und *laïcité* des Staates zu veröffentlichen. Es wäre allerdings zu fragen, ob ein Religionsgründer, der vor 1500 Jahren lebte, ein treffendes Objekt für eine politische Karikatur heute ist. Würde nicht die Menschenwürde verlangen, Objekte, die anderen Menschen heilig sind, öffentlich zumindest nicht herabzusetzen?[14] Man kann hier Joseph Ratzinger zitieren, der als renommierter Theologe anerkannt war, bevor er als Papst Benedikt XVI wegen seiner konservativen Anschauungen von vielen Seiten angegriffen wurde. In seinem Buch *Werte in Zeiten des Umbruchs* hatte er nicht nur konservative Grundwerte benannt (etwa die monogame Ehe und Familie), sondern auch Ehrfurcht vor dem gefordert, was anderen Menschen heilig ist.[15] Wenn man mit Durkheim die Unterscheidung zwischen dem Profanen und dem Heiligen als zentrales Kennzeichen einer Religion ansieht, ist diese Idee aus soziologischer Sicht durchaus plausibel. Sie impliziert, dass religiöse Symbole und Praktiken von Angehörigen aller Religionen, soweit diese nicht humanitären bzw. menschenrechtlichen Prinzipien widersprechen, mit Respekt behandelt werden sollten. Tendenzen zu intolerantem Anti-Islamismus finden sich auch im postkommunistischen Osteuropa. In Polen und Ungarn wird die Aufnahme von Flüchtlingen, insbesondere solcher aus islamischen Ländern, grundsätzlich abgelehnt, weil diese sich nicht in die europäisch-christliche Kultur integrieren könnten, wie vor allem der ungarische Ministerpräsident Victor Orban argumentiert. Er trifft sich mit der Ideologie der neuen Rechten in Westeuropa auch darin, dass er die Menschenrechte als zweitrangige Themen sieht, denen nationale Interessen vorzuziehen seien.[16]

Besonders präsent ist die Wertediskussion auf der Ebene der Europäischen Union. Sie wird immer häufiger als „Wertegemeinschaft" bezeichnet, welche für Demokratie, Menschenrechte, Frieden und kulturelle Vielfalt stehe. Diese Bezeichnung erscheint schon auf den ersten Blick als fragwürdig; für die Bildung einer politischen Gemeinschaft sind in allererster Linie Interessen zentral, wie Sicherheit, Unabhängigkeit und Macht. Wir werden auf diese Thematik in Kap. 8 eingehen und zeigen, dass in der Verfassung der EU und wohl auch ihrem Handeln die Werte der Sicherheit und Freiheit weit vor Werten wie

---

[13] Vgl. Ronja Kempin, „Der Front National – eine feste politische Größe in Frankreich", Bundeszentrale für politische Bildung, 30.3.2017; für detaillierte Daten siehe auch https://de.wikipedia.org/wiki/Rassemblement_National(abgeufen am 26.3.2021).

[14] Eine Karikatur richtet sich in der Regel gegen eine lebende einflussreiche oder politisch mächtige Persönlichkeit. Im Falle des Islam wären dies etwa der König von Saudi-Arabien oder die religiösen Führer des Iran.

[15] J. Ratzinger, Werte in Zeiten des Umbruchs, zitiert nach Meißner, Helmut (o. J.), „Griechische Wurzeln des europäischen Wertekanons," in: Günter Buchstab, Hrsg., *Die kulturelle Eigenart Europas*, St. Augustin: Konrad Adenauer Stiftung/ Herder Verlag, S. 17–42 (verfügbar online).

[16] Vgl. dazu Hans Schelkshorn, *Verteidigung des christlichen Abendlandes*, auf https://blog.ksoe.at/verteidigung-des-christlichen-abendlandes/ (abgerufen am 17.12.2020).

Frieden, kulturelle Vielfalt und Wohlfahrt stehen. So ist auch nicht ganz überraschend, dass es in Bezug auf die EU auch ganz andere Meinungen gibt. Für viele ist die EU ein undemokratischer Leviathan, eine riesige Bürokratie, eine neue „Festung", die sich gegen unerwünschte Zuwanderer aus dem Süden abschottet (vgl. dazu Haller 2008). In Bezug auf ihre Werte schreibt der Historiker Heinrich A. Winkler (2019, S. 16), die „normative Erosion" der Europäischen Gemeinschaft weit vorangeschritten.[17] Die Rede von „europäischen Werten" ist darüber hinaus grundsätzlich fragwürdig, wenn man davon ausgeht – wie es etwa die Verfasser der *Allgemeinen Erklärung der Menschenrechte* und auch dieses Buch tut, – dass die gesellschaftlichen Grundwerte universell sind.

Unzureichend reflektierte Wertbezüge bei konservativen und kritischen SozialwissenschaftlerInnen

Ende der 1970er Jahre stellte die politisch gut vernetzte Sozialforscherin Elisabeth Noelle-Neumann (1979) die polemische Frage *Werden wir alle Proletarier?* Sie hatte in ihren Umfragen das Vordringen von Werten der Selbstentfaltung und Freizeitorientierung auf Kosten bürgerlicher Tugenden wie Höflichkeit, Pflichtbewusstsein, Sparsamkeit, Leistung konstatiert. Ähnliche Thesen des Werteverfalls hatten auch namhafte deutsche Soziologen, wie Helmut Schoeck (1971) und Helmut Schelsky (1975) vertreten. In den USA hatte David Riesman 1950 einen der ersten soziologischen Bestseller verfasst, in welchem er einen Wandel von einem innen- zu einem außengeleiteten Menschentyp diagnostizierte (Riesman 1958). Charakteristisch für diese in postindustriellen Wohlstandsgesellschaften aufgewachsenen Menschen sei eine Konsumenten- und Freizeitorientierung und eine zunehmende Gleichgültigkeit gegenüber klassischen Werten und anerkannten Institutionen (wie Kirche, Gewerkschaften, Parteien). Zeitgenössische amerikanische Soziologen argumentieren, dass die Trends zu einer technologisierten und kommerzialisierten Gesellschaft verstärkt weiterlaufen. George Ritzer sprach in einem erfolgreichen Buch von einer *McDonaldisierung der Gesellschaft* (Ritzer 2006). Soziologen – wie Amitai Etzioni (1997), ein prominenter Vertreter des Kommunitarismus in den USA – fordern daher eine Wiederbelebung traditioneller gemeinschaftlicher Werte. Probleme dieser Art wurden und werden auch in den empirischen Sozialwissenschaftlern thematisiert. So initiierten zahlreiche Sozialforscher Studien zum Wertwandel und untersuchten Phänomene wie Rückgang religiöser Bindungen, Zunahme von Ehescheidungen, wachsende Bedeutung

---

[17] Eine ausgezeichnete Diskussion der problematischen Verwendung des Begriffes der EU als „Wertemacht" hat Gerhard Mangott verfasst: „Die Stilisierung der EU als Wertemacht", Die Presse 19.202.2.2022, S. 21 (zuerst abgedruckt in ÖGfE, Hrsg., 30 Ideen für Europa, Wien 2021, Czernin Verlag).

von Freizeit gegenüber der Arbeit.[18] Bei den in der Öffentlichkeit am stärksten rezipierten neueren deutschen Soziologen dominieren Diagnosen von Individualisierungs- und Krisentendenzen. Probleme dieser Art wurden und werden auch von den Medien damals und heute immer wieder thematisiert. Karl-Heinz Hillmann (2003, S. 336–339) fasst die Befunde dieser Studien folgendermaßen zusammen: „Es ist in raschem Tempo die Zahl der Menschen gestiegen, die eine möglichst große Freiheit, Unabhängigkeit und Autonomie höchstrangig bewerten und auch lebenspraktisch in Anspruch nehmen"; die Menschen seien selbstbewusster geworden, wurden stark selbstbezogen und wollen möglichst bewusst und intensiv leben; dies gehe zulasten kollektiver Verbindlichkeiten. Das Motto ‚Ich tue, was mir Spaß macht', habe sich immer mehr ausgebreitet. Nun könne man sich „aufwendigen, luxuriösen Konsum und teure Freizeitaktivitäten allerdings nur leisten, wenn man über entsprechende Geldmittel verfügt. Dadurch verstärke sich der Druck auf den Einzelnen, durch Zusatzarbeit, Nebenjobs und Schwarzarbeit zusätzliche Einnahmequellen zu erschließen. Dies reduziere die verfügbare Freizeit, die Bereitschaft zur Gründung einer eigenen Familie und führe zum Anstieg von Single-Haushalten.

Nun ist evident, dass der Begriff der Werte bei all diesen akademischen und öffentlichen Diskussionen und den darauf bezogenen politischen Maßnahmen inflationär verwendet wird. Dies ist etwa evident, wenn man Kleidersitten oder Begrüßungsrituale als Teil von Grundwerten bezeichnet. Politiker sind „in der Domestizierung von Problemen im fasslichen Flachwort geübt", wie die Literaturwissenschaftlerin Gertrud Höhler (1979, S. 186) polemisch anmerkt. Bei ihnen bleibt die Rede von Werten in der Regel bei allgemeinen Begriffen stehen (Humanität und Frieden, Toleranz und Verständigung). Angesichts all dieser Diskussionen erscheint es berechtigt zu sein, von einem „inflationären Wertgerede" (Sommer 2016) zu sprechen. Dazu merkte der Wiener Philosoph Rudolf Burger an: „Man versteht Europa als Wertegemeinschaft und spricht von westlichen Werten, von demokratischen Werten und von humanistischen Werten, von sozialen Werten und von Familienwerten … und vom Wertebewusstsein generell, dessen Herstellung vornehmste Aufgabe der Pädagogik sei".[19] In diesem Sinne hat schon der Soziologe Theodor Geiger in seinem Buch *Demokratie ohne Dogma* schon 1950 festgestellt, die Berufung auf Werte diene meist nur dazu Interessen zu verschleiern. Unverhüllte Interessenpolitik sei daher ehrlicher und ihr könnten eher Grenzen gesetzt werden als einer sich auf Moral berufenden Politik.

Unzureichend reflektierte Haltungen zu Werten kann man aber auch bei zeitgenössischen, kritischen Sozialwissenschaftlern erkennen. Zwar wird heute kaum jemand mehr mit Marx und Lenin behaupten, Werte stellten nur „Ideologien" dar, welche die Interessen der herrschenden Klassen widerspiegeln. So konstatierte auch der Frankfurter Philosoph

---

[18] Übersichten zu diesen Studien finden sich in Oesterdiekhoff/ Jegelka (2001) *Werte und Wertwandel in westlichen Gesellschaften*; Hillmann (2003), *Wertwandel*; Roßteutscher (2013), Werte und Wertewandel.
[19] Rudolf Burger, Die Inflation der Werte, *Die Presse* (Wien), 27.6.2014.

Axel Honneth (1992, S. 236 f.) eine „moraltheoretische Blickverengung" bei Marx. Interessanterweise haben in jüngster Zeit vor allem Ökonomen dem Thema „Ungleichheit", nach Ralf Dahrendorf (1974) die zentrale Fragestellung der Soziologie, große Aufmerksamkeit gewidmet. Die Millionenauflage des umfangreichen Buches *Das Kapital im 21. Jahrhundert* von Thomas Piketty (2014) zeigt, dass damit ein Nerv des allgemeinen Publikums getroffen wurde.[20] Wie die meisten Ökonomen präsentiert und analysiert Piketty vor allem „harte" statistische Daten. Er zeigt (wie viele andere vor ihm), dass die Vermögen viel ungleicher verteilt sind als die Einkommen und dass die Ungleichheit zugenommen hat. Allerdings sind mit seiner These, hohe Einkommen kämen vor allem durch Ausnutzung von wirtschaftlicher Macht zustande und die Kapitaleinkommen würden im Kapitalismus schneller wachsen als die Gesamtwirtschaft, manche Fakten schwer zu erklären, wie etwa jenes, dass die Vermögensverteilung in Ländern wie Schweden oder Dänemark europaweit am höchsten ist (Näheres dazu in Kap. 10). Relevant ist hier jedoch die Tatsache, dass die Attraktivität von Pikettys Thesen offenkundig auch durch starke, latente Werturteile zustande kommt. So schreibt er, an den „Tiefenstrukturen des Kapitals und der Ungleichheiten" habe sich seit der Zeit von Marx nichts geändert und der Kapitalismus erzeuge „automatisch inakzeptable und willkürliche Ungleichheiten, die das Leistungsprinzip, auf dem unsere demokratischen Gesellschaften beruhen, radikal infrage stellen" (Piketty 2014, S. 13 f.). Die vehemente Kritik am Neoliberalismus, wie sie gerade in Frankreich auch von Soziologen (wie Bourdieu) vehement vorgetragen wurde, speist sich allerdings auch zu einem erheblichen Teil aus einem Antiamerikanismus. Aber auch Ökonomen wie der Amerikaner Joseph Stiglitz und der Präsident des Deutschen Instituts für Wirtschaftsforschung in Berlin, Marcel Fratzscher, argumentieren ähnlich. Für diesen ist Deutschland „heute eines der ungleichsten Ländern in der industrialisierten Welt" – eine These, die mit statistischen Daten schwer belegbar ist. Auch Fratzscher (2016, S. 9) trifft in diesem Zusammenhang stark wertende Aussagen: „Das Erhard'sche Ziel ‚Wohlstand für alle' ist heute nur mehr eine Illusion. Deutschlands soziale Marktwirtschaft … existiert nicht mehr." Um hier nicht missverstanden zu werden: Auch für einen Soziologen sind diese Studien wichtig und viele ihrer Befunde und politischen Folgerungen relevant (vgl. dazu auch Bofinger et al. 2015). Ein Beispiel ist Pikettys Forderung nach Vermögenssteuern. Hier kam es vor allem darauf an, darauf aufmerksam zu machen, dass in allen diesen Analysen offenkundig ein enger Bezug zu gesellschaftlichen Grundwerten besteht, aber nicht deutlich expliziert wird. Ähnliches ist auch für neuere soziologische Gesellschafts- und Sozialstrukturanalysen zu konstatieren, die von einer zunehmenden sozialen Spaltung der Gesellschaft im Zuge der neoliberalistischen politischen Wende sprechen. Auf deren Argument werden wir in Kap. 10 (S. xx) näher eingehen.

---

[20] Im Übrigen steht es außer Frage, dass die meisten Käufer dieses über 800 Seiten starke, vielfach durchaus interessante Buch gar nicht gelesen haben. Darunter fallen nicht nur angebliche Leser wie der Papst oder der US-Präsident, sondern auch viele Studierende und Wissenschaftler (einige von ihnen bestätigten dies gegenüber dem Autor dieses Buches ungefragt selber).

Werte als zentrales Element einer Soziologie als Wirklichkeitswissenschaft

Aus der Sicht der Soziologie als Wirklichkeitswissenschaft nach Weber geht es vor allem darum, welche Bedeutung Werte für soziales Handeln besitzen. Dabei argumentiert Weber, dass man die soziale Wirkung von Werten nicht einfach voraussetzen könne; das alltägliche Handeln, aber auch politische Prozesse, seien zunächst in aller Regel durch Interessen motiviert. Erst unter bestimmten Umständen und bei eher grundsätzlichen Entscheidungen können Werte eine wichtige autonome Rolle spielen. Diese Basisthese von Weber, die man als soziologisches Axiom bezeichnen könnte, liegt der vorliegenden Arbeit zugrunde. Allerdings muss man bei Weber in dieser Hinsicht ein bemerkenswertes Defizit konstatieren. Das wertrationale Handeln ist für ihn zwar einer der vier grundlegenden Typen des Handelns (neben dem zweckrationalen, affektuellen und traditionalen Handeln). In seinem Hauptwerk *Die protestantische Ethik und den Geist des Kapitalismus* sprach er religiösen Werten und der aus ihnen folgenden mundanen Wirtschaftsethik zentrale Bedeutung für den Aufstieg Europas zu einer weltbeherrschenden Stellung zu (Weber 1988a). Man findet bei ihm allerdings kaum inhaltliche Überlegungen dazu, welche Werte für das soziale Handeln und Politik in einer modernen Gesellschaft, so etwa in Deutschland zu seiner Zeit, vor allem relevant waren. Nur einen Wert, den (Deutsch-) Nationalismus, hat er immer wieder stark betont und dabei höchst problematische Thesen aufgestellt (Näheres dazu in Kap. 2). So stellt auch Axel Honneth (1992, S. 257) fest, Weber schreibe zwar Interessenskonflikten und -kämpfen zwischen Gruppen einen zentralen Stellenwert zu, lasse „in seiner Bestimmung des ‚Kampfes' aber jeden Aspekt einer moralischen Motivierung unberücksichtigt". Diese Werte herauszuarbeiten wäre aber notwendig gewesen vor allem angesichts der Tatsache, dass die puritanische Ethik zur Zeit von Weber ihren Einfluss bereits verloren hatte. Sie war für eine religiös fundierte Motivierung des wirtschaftlichen Handelns gar nicht mehr erforderlich, wie Weber selbst argumentiert. Auch Webers vielfach zitierte Unterscheidung zwischen Gesinnungs- und Verantwortungsethik ist eher irreführend. Bedeutende Autoren in der Nachfolge von Weber, so vor allem Parsons und in jüngerer Zeit die kommunitaristischen Sozialphilosophen und Soziologen haben diese Lücke zwar gefüllt, jedoch wie bereits angedeutet in einer Weise, welche dem komplexen Wechselverhältnis zwischen Interessen und Werten nicht gerecht wird.

Wenn man soziologisch die Relevanz von Werten für soziales Handeln und für Gesellschaften insgesamt untersucht, ist zuallererst eine klare Abgrenzung zum Begriff der Interessen notwendig. In einem berühmten Satz (der als Motto Kap. 3 vorangestellt ist) stellte Weber fest, dass Werte ebenso wie Interessen das Handeln bestimmen, langfristig vielleicht sogar stärker. Hier bietet der Ansatz des amerikanischen Sozialphilosophen George H. Mead, eines Zeitgenossen von Weber, einen fruchtbaren Zugang. Für Mead hängen Interessen und Werte sehr eng zusammen; Werte sind demnach nichts anderes als die verallgemeinerten Grundbedürfnisse und Interessen aller Menschen. Dabei sind insbesondere sozial schwache Gruppen einzubeziehen, welche nicht in der Lage sind, ihre Interessen selbst zum Ausdruck zu bringen und durchzusetzen (Mead 1968, 1969). Aus dieser Basisidee ergibt sich zum einen, dass es eine begrenzte Anzahl von gesellschaftlichen Grundwerten geben muss, zum anderen, dass diese Grundwerte auf ideeller wie auch auf gesellschaftlich-politischer Ebene als Interessen ausformuliert und ihre Anerkennung und institutionelle Verankerung erkämpft werden müssen. Diese Grundwerte stehen nicht unverbunden nebeneinander oder gar in einem schroffen Gegensatz zueinander, wie Weber suggerierte. Vielmehr hängen sie in aller Regel positiv zusammen und die Durchsetzung der einen fördert auch die aller anderen. Anknüpfend an verschiedene Autoren in Philosophie, Rechts- und Sozialwissenschaft wird in diesem Band argumentiert, dass es zumindest neun solche gesellschaftlichen Grundwerte gibt. Diese Grundwerte können ihrerseits in drei allgemeine Kategorien zusammengefasst werden: Existentielle Grundwerte (Achtung des Lebens, Frieden, Sicherheit), politische Grundwerte (Freiheit, Gleichheit, Gerechtigkeit) und soziale Grundwerte (Menschenwürde, soziale Inklusion, Wohlstand). Eine zentrale These lautet, dass man empirisch-historische Evidenz dafür beibringen kann, dass es eine langfristige Tendenz zur Anerkennung und institutionellen Implementierung dieser Grundwerte gibt. Gerade durch deren gemeinsame Berücksichtigung – der Ideen einerseits, der gesellschaftlichen Entwicklung andererseits – kann man die Existenz dieser Grundwerte und deren Durchsetzungskraft erkennen. Die Grundthese dieses Bandes lautet also, dass der Sinn und das Ziel einer soziologisch-wissenschaftlichen Wertediskussion und Analyse darin liegen, eine sichere Basis für eine kritische Analyse sozialen und politischen Handelns und gesellschaftlicher Institutionen in Bezug auf diese Grundwerte herzustellen. Bestimmte Handlungen, Strategien und Institutionen können aus dieser Sicht in zweierlei Hinsicht beurteilt werden: Zum einen unter dem Aspekt, welche gesellschaftlichen Interessen und Werte sie tangieren und zum anderen unter dem Aspekt, ob sie einen der neun Grundwerte massiv verletzen. Die These lautet, dass grundlegende Werte nur so weit realisiert werden dürfen, soweit sie nicht andere Werte verletzen.

Ein solcher Ansatz ist viel differenzierter als pauschale, schwammige Begriffe und Analysen von Leitkulturen, Weltanschauungen und Wirtschaftssystemen, wie sie den eingangs dargestellten Diskussionen vielfach zugrundliegen. Es wird dann deutlich, dass es „den Islam" gar nicht gibt, dass vielmehr sehr unterschiedliche Varianten von Islamismus und islamistischen Regierungssystemen bestehen. Die pauschale Rede von einer „deutschen Leitkultur" oder von „europäischen Werten" entpuppt sich eher als Instrument zur Legitimation bestimmter Praktiken oder Institutionen. Hier werden einerseits spezifische Lebensformen (Jaeggi 2014), die mit interkulturell variablen Sitten und Bräuchen zusammenhängen, zu grundlegenden Werten hochstilisiert. Andererseits werden hochkomplexe Institutionen als basiert auf einem oder einigen wenigen grundlegenden Werten dargestellt. In einem solchen Ansatz können auch Institutionen wie die „Demokratie" einer kritischeren Betrachtung und genaueren Analyse unterzogen werden als es durch Begriffe und Typologien wie „Postdemokratie" oder vollständige, defizitäre, hybride Demokratien bzw. autoritäre Systeme (Lauth/ Schlenkrich 2021) möglich ist. Im Licht der Grundwerte weisen auch vollständige Demokratien wie die USA oder Israel in bestimmten ihrer Institutionen und Verhaltensweisen Charakteristika auf, die eindeutige Verletzungen gesellschaftlicher Grundwerte darstellen. Auf der anderen Seite wurden bzw. werden in autoritären Systemen manche Grundwerte besser realisiert als in vielen westlichen Demokratien. Andererseits verletzen sie oft in massiver Weise andere Grundwerte, wie Freiheit und Menschenwürde. Auch aus dieser Sicht wird klar, dass man eine eindeutige Liste von gesellschaftlichen Grundwerten braucht.

Für Historiker mit einem weiten Blick steht es außer Frage, dass den Werten in der Geschichte größte Bedeutung zukommt. Heinrich A. Winkler (2019) gab seiner Geschichte der westlichen Welt seit Beginn der Neuzeit den Titel *Werte und Mächte*. Der britische Historiker Mark Mazower befasste sich mit den dunkelsten Phasen in der Geschichte Europas im 20. Jahrhundert, dem Ersten Weltkrieg und überall aufkeimenden Nationalismus, dem Nationalsozialismus und Kommunismus. Er kommt zum Schluss: „In letzter Instanz ist es eine Frage der Werte, welche dieser Geschichte zugrunde liegt – der Werte, welche Menschen antreiben zu handeln, nach denen Institutionen gebildet und transformiert werden, und welche staatlichen Politiken angeleitet und die Basis von Gemeinden, Familien und Individuen gebildet haben." (Mazower 1999, S. xv; Übersetzung M.H.). Im Sinne dieses Zitates muss man sehen, dass es auch verhängnisvolle negative Ideen und Werte – oder besser gesagt: Unwerte – gibt. Die autoritären faschistischen und kommunistischen Führer des 20. Jahrhunderts stützten sich durchaus auch auf (wenn auch krude) Ideologien (Löwenthal 1982). Für Karl Popper war der einflussreiche Philosoph Hegel ein „falscher Prophet", weil er rationales Denken durch die wissenschaftlich nicht nachvollziehbare dialektische Methode ersetzte. Diese konnte dann durch seine linken Nachfolger durch die Idee des bedingungslosen Klassenkampfes, durch seine rechten durch extremen Nationalismus und Rassismus ersetzt werden. In Kap. 5 wird gezeigt, dass auch Gewalt durch religiöse und politische Ideologien gerechtfertigt wurde und wird, und in Kap. 11, dass die marxistische Gesellschafts- und Staatstheorie eine für die deutsche Arbeiterbewegung verhängnisvolle Rolle spielte. Die Durchsetzung von Ideen ist auch ein Prozess sozialer Aushandlung und Konflikte, sie hängt auch von Macht und Geld ab. So stellt der politische Philosoph Brian Barry (1985, S. 233 ff.), dass vor allem die neue Rechte sehr viel Geld in *Thinkthanks,* Zeitungen und Zeitschriften zur Verbreitung ihrer Ziele steckt, während die Gewerkschaften die Bedeutung fundierter sozialwissenschaftlicher Analysen nie erkannten.

Überblick über den Inhalt des Bandes

Die Gliederung des Bandes und die Themen der einzelnen Kapitel kann man folgendermaßen zusammenfassen. Teil I (Kap. 2 bis 5) befasst sich mit den grundlegenden begrifflich-theoretischen Fragen, wie Werte soziologisch, in Abgrenzung zu anderen Disziplinen (Philosophie, Rechtswissenschaft usw.), zu definieren sind und welche Akteure und Kräfte zu ihrer Durchsetzung, aber auch zu ihrer Unterdrückung, beitragen. In Teil II werden die neun gesellschaftlichen Grundwerte dargestellt und deren Definition und Relevanz aus philosophischer, historischer und soziologischer Sicht diskutiert. In Teil III wird die Bedeutung dieser Werte in verschiedenen gesellschaftlichen Teilbereichen bzw. auf verschiedenen Ebenen untersucht. Hier wird auch argumentiert, dass die Globalisierung erstmals die Chance zur universellen Anerkennung dieser Grundwerte eröffnet.

Betrachten wir den Inhalt der einzelnen Kapitel näher. Das erste Kapitel (in der ersten, erweiterten Fassung dieses Werkes noch nicht enthalten) diskutiert die Frage, inwieweit man die Grundwerte aus den Weltreligionen, aus der Philosophie oder aus dem Recht ableiten könne. Die Antwort lautet nein, obwohl diese alle bis heute sehr wichtige Quellen für die Erkenntnis von Werten und für deren soziale Anerkennung darstellen. Sie sind aber nicht wirklich in der Lage, vom jeweiligen Zeit- und Kulturkontext gelöste, universelle, aber auch gesellschaftlich relevante Prinzipien zu entwickeln. Dies ist heute jedoch möglich in den Sozialwissenschaften, die hierbei eine intensive Diskussion mit der Ideengeschichte pflegen und eine historische Perspektive einnehmen müssen. So werden im zweiten Kapitel kurz die Geschichte und Hauptthemen der Wertediskussion und Werteforschung in Philosophie, Rechtswissenschaft und Soziologie dargestellt. Dabei wird insbesondere der Ansatz von Max Weber skizziert, der die Basis für diese Arbeit darstellt. Dabei werden auch die angedeuteten Lücken und Probleme seines Ansatzes kritisch herausgearbeitet.

In Kap. 3 werden die Grundthesen dieser Arbeit expliziert. Zunächst wird der zentrale Zusammenhang zwischen Werten und Interessen dargestellt. Im Anschluss an George H. Mead wird argumentiert, dass man hier nicht von einer gegensätzlichen, sondern von einer sehr engen, positiven Beziehung sprechen muss. Werte können als anerkannte und institutionalisierte Interessen der gesamten Gesellschaft und/oder spezifischer, insbesondere sozial schwächerer Gruppen gelten. Im Anschluss an die einschlägige Literatur in Philosophie, Sozialtheorie und Sozialforschung wird argumentiert, dass man die vorhin genannten neun Grundwerte als eine mehr oder weniger erschöpfende Liste der Grundwerte betrachten kann. Diese werden abgegrenzt von handlungsbezogenen ethisch-moralischen Prinzipien. In Kap. 4 werden die Faktoren und Kräfte herausgearbeitet, welche für die Ausformulierung, Anerkennung und Durchsetzung dieser Grundwerte entscheidend sind. Es sind dies innovative Denker und charismatische politische Akteure (Philosophen, Politiker, Aktivisten sozialer Bewegungen), tiefgreifende historische Ereignisse (Krisen, Kriege und Revolutionen), internationale Diffusionsprozesse, kontinuierliche strukturelle

Wandlungsprozesse und schließlich auch (und vor allem) die Einstellungen und Verhaltensweisen der Bevölkerung. Die These lautet, dass die Durchsetzung von Werten in langfristigen gesellschaftlichen Auseinandersetzungen, Konflikten und Kämpfen erfolgt. Dabei gibt es eine Wechselwirkung zwischen der Entwicklung neuer Ideen durch große Denker, ihre Umsetzung durch soziale Bewegungen, charismatische Aktivisten und politische Führungspersönlichkeiten und von Aktionen und Reaktionen der Bevölkerung. Im Anschluss an einen wegweisenden Aufsatz von Kant wird argumentiert, dass man langfristig von einer Tendenz zur universellen Anerkennung und Durchsetzung dieser gesellschaftlichen Grundwerte sprechen kann. Diese verläuft keineswegs linear. Sie ist durch vielfache Verwerfungen und Rückfälle gekennzeichnet, aber langfristig dennoch irreversibel. In Kap. 5 werden jene Kräfte thematisiert, welche ihre Anerkennung und Durchsetzung behindern. Es sind dies einerseits hemmende Faktoren und Kräfte, andererseits Unterdrückungsprozesse. Gesellschaftliche Gruppen, die durch die Institutionalisierung bestimmter Grundwerte zunächst gewisse Einbußen hinnehmen müssen, werden zunächst Widerstand leisten. Dieser nimmt im Laufe der Zeit jedoch ab, wenn die neuen Institutionen stark verankert wurden und weil letztendlich auch diese Gruppen erkennen, dass sie von ihrer Geltung selber profitieren. Eine tatsächliche Unterdrückung von bereits institutionalisierten Grundwerten kann durch autoritäre und diktatorische Regimes erfolgen. Hier lautet jedoch die These, dass eine solche Unterdrückung auf Dauer nicht aufrechterhalten werden kann.

Die Kap. 6 bis 14 befassen sich mit der genaueren Definition der gesellschaftlichen Grundwerte, ihrer Erkenntnis und Durchsetzung und ihrer Relevanz für die einzelnen Menschen, für bestimmte soziale Gruppen und für die Gesellschaft als Ganzes. Es werden neun Grundwerte unterschieden, untergliedert in drei Gruppen: existentielle Grundwerte (Leben, Frieden und Sicherheit), politische Grundwerte (Freiheit, Gleichheit, Gerechtigkeit) und soziale Grundwerte (Menschenwürde, Zugehörigkeit, Wohlstand). Jeder dieser Werte wird soziologisch definiert, es werden die (meist philosophischen) Autoren genannt und historischen Kontexte skizziert, in welchen sie erstmals thematisiert wurden, und es werden ihre Beziehungen zu anderen Werten dargestellt. Dabei soll vor allem gezeigt werden, dass diese Werte nicht nur hehre ethisch-moralische Ideale darstellen, sondern effektive Voraussetzungen für konkrete Chancen zu einem freien und selbstbestimmten Handeln und Leben aller Menschen. Dies lässt sich auch dadurch belegen, dass sie von großen Mehrheiten der Bevölkerung unterstützt werden – auch in jenen Ländern, in welchen sie noch nicht voll anerkannt werden. Ihre Institutionalisierung durch Gesetze und Verfassungen und in konkreten sozialen Einrichtungen und Organisationen ist die Voraussetzung für die Herausbildung einer „guten Gesellschaft". Die Herausarbeitung dieser Liste von Grundwerten stützt sich, wie schon festgestellt. auf eine umfangreiche geistes- und sozialwissenschaftliche Literatur. Die meisten der Grundwerte sind weithin bekannt, bei anderen ist dies jedoch keineswegs der Fall.

Die existentiellen Grundwerte (Kap. 6 bis 8) betreffen Sachverhalte, die für menschliches Leben und Zusammenleben von grundsätzlicher Bedeutung sind. In diesem Bereich wurde der Wert des Friedens seit jeher als zentral angesehen. Viel seltener war dies der Fall für den Wert des Lebens; es war eigentlich nur Albert Schweitzer, der diesen Wert in neuerer Zeit klar hervorgehoben hat. Die Berücksichtigung des Wertes „Leben" eröffnet wichtige Einsichten zum Verständnis der hohen Bedeutung von Gesundheit, der Angst vor Sterben und Tod, aber auch der zunehmenden Anerkennung des Suizids, der Frage nach dem Sinn des Lebens. Auch der Wert der Sicherheit, ursprünglich vor allem auf persönliche und nationale Sicherheit bezogen, erfuhr eine enorme Ausweitung. Er kann als Grundidee des Wohlfahrtsstaates angesehen werden, der erst ab Ende des 19., Anfang des 20. Jahrhunderts voll entwickelt wurde. Seit jeher bekannt und auch wissenschaftlich beachtet wurden die drei in den Kapiteln 9 bis 11 behandelten politischen Grundwerte Freiheit, Gleichheit, Gerechtigkeit. Auch hier kann eine differenzierte soziologische Betrachtung zeigen, dass es sich dabei nicht nur um abstrakte Ideen handelt, sondern um konkrete Prinzipien des gesellschaftlichen Zusammenlebens, die klar mit den Interessen der verschiedenen sozialen Gruppen und mit sozialen Konflikten und Kämpfen verbunden sind. So wird gezeigt, dass Freiheit nicht nur ein zentraler politischer Wert ist, sondern in Form individueller Autonomie und Selbständigkeit auch eine essentielle Basis für subjektive Lebenszufriedenheit und Glück darstellt. Beim Begriff der Gleichheit wird unterschieden zwischen einem bürgerlich-liberalen, radikal-egalitären, konservativ-ständischen und einem demokratisch-egalitären Begriff. Alle vier Konzepte sind bis heute gültig, erfassen aber jeweils nur eine spezifische Facette der Gleichheit. Die zweifache Relevanz der Werte aus gesellschaftlich-politischer und persönlich-subjektiver Sicht gilt insbesondere für den Fall der sozialen Gerechtigkeit. Bei diesem sind nicht nur rationale Überlegungen und Interessen, sondern auch starke Emotionen involviert, die im Falle kollektiver Empörung zu Aufständen und Revolutionen führen können.

In den Kapiteln 12 bis 14 werden die Menschenwürde, soziale Inklusion und Wohlstand als die drei sozialen Grundwerte dargestellt. Der erst nach dem Zweiten Weltkrieg klar thematisierte (aber schon von Kant herausgearbeitete) Begriff der Menschenwürde wird heute von vielen überhaupt als der Grundwert schlechthin gesehen. Mit seiner Hilfe kann man auch die auf Menschen bezogenen Grundwerte und Rechte klar von jenen von nichtmenschlichen Lebewesen abgrenzen. Überraschend selten thematisiert wurde bislang der Begriff der Inklusion, obwohl er direkt aus dem soziologischen Grundaxiom folgt, dass der Mensch ein soziales Wesen ist. Dementsprechend wird diesem Begriff eine umfangreichere Diskussion gewidmet. Dabei wird eine Typologie entwickelt, welche das Janusgesicht der Inklusion, das Zusammenspiel von Inklusion und Exklusion, in den Mittelpunkt stellt; dabei werden drei Grundformen von Inklusion und Exklusion unterschieden (Eingrenzung, Abgrenzung und Ausgrenzung). Für viele überraschend mag schließlich die Hervorhebung des Grundwerts des „Wohlstands" sein. Er wird definiert – in Abgrenzung zu Armut einerseits, Reichtum andererseits – als ein guter und gesicherter Lebensstandard. Die Anerkennung dieses Wertes ermöglicht einen neuen Blick auf manche Phänomene, deren Bewertung seit jeher heftig umstritten ist, wie dem des Eigentums.

Er ermöglicht auch eine Überwindung der häufigen Frontstellung zwischen Soziologie und Ökonomie.

In Teil III werden die Grundthesen des Bandes auf zwei konkrete Strukturprobleme und aktuelle Tendenzen angewandt. In Kap. 10 wird diskutiert, welche Bedeutung die gesellschaftlichen Grundwerte in unterschiedlichen sozialen Einheiten und Kontexten haben. Aus systemtheoretischer Sicht wird angenommen, dass die verschiedenen sozialen Subsysteme – Wirtschaft, Politik, Kultur usw. – immer autonomer werden und sich von allgemeinen Werten abkoppeln. Demgegenüber wird argumentiert, dass die neun Grundwerte in allen gesellschaftlichen Teilbereichen weiterhin relevant sind und es allenfalls um ihre unterschiedliche Gewichtung bzw. die Verhinderung von Missbräuchen geht, die etwa in bestimmten Berufen besonders leicht möglich sind. Als Beispiel wird der berühmte Eid des Hippokrates zitiert. Er verlangt von Ärzten nicht, uneigennützig allen Menschen zu helfen, sondern vor allem darum, die Intimität und Würde der Patienten zu achten. Ein relevantes Thema ist in diesem Zusammenhangt auch die generelle politische Relevanz der gesellschaftlichen Grundwerte. Es lässt sich in dieser Hinsicht in Deutschland eine eigenartige Kluft zwischen soziologischer Analyse und politischer Realität erkennen. So lag ein Schwerpunkt der soziologischen Arbeiten der jüngeren Zeit auf der Entwicklung von Zeitdiagnosen, in denen Werte jedoch eine äußerst geringe Rolle spielen. Demgegenüber kann man sagen, dass die wichtigsten politischen Umbrüche und Reformen in Deutschland seit 1950 einen klaren Bezug auf Grundwerte aufgewiesen haben. Sodann wird die Relevanz der verschiedenen Werte im Zusammenhang mit dem sozialen Wandel diskutiert. Hier wird festgestellt, dass man die historische Entwicklung der Anerkennung der Werte als einen Prozess sehen kann, in welchem immer größere Einheiten als relevante Kontexte einbezogen werden. Dabei ist heute vor allem der Prozess der Globalisierung zentral. Hier wird, wieder im Anschluss an G.H. Mead, argumentiert, dass die Globalisierung erstmals die strukturellen Voraussetzungen dafür eröffnet, dass sich die gesellschaftlichen Grundwerte weltweit durchsetzen können.

Teil I
Erkenntnisquellen und Durchsetzungskräfte

Ideensysteme als Ausgangspunkte für die Erkenntnis von Grundwerten 2

„Aus der Nächstenliebe kann man nicht eine gemeinschaftliche, alles verzehrende Leidenschaft machen. Jede der großen Religionen, die die Nächstenliebe zu verkörpern suchten, trat, sobald sie eine Gesellschaft beherrschte, als ecclesia militans *auf. Auguste Comte versuchte, aus ihr eine universale Religion zu gestalten. Diese versammelte eine Handvoll großer Geister zu einer Gemeinschaft … Selbst in dieser Kirche traten Sekten auf."*

George Herbert Mead (1929)[1]

„Der Ehrgeiz der Philosophen war, eine neue Moral zu entwerfen, die von der ihrer Zeitgenossen oder ihrer Vorfahren zuweilen in wesentlichen Punkten abwich… Sie waren weit eher Revolutionäre… Im Recht spiegeln sich der größte Teil der Familienmoral, der Vertragsmoral … Hier ist uns schon ein weites Beobachtungsfeld gegeben … Sobald wir dieses erschlossen haben, werden wir zu einem anderen übergehen… Ich stelle mir die Frage, worin die Moral besteht oder bestanden hat.. Wäre die Physik der Sitten und des Rechts …. weit genug fortgeschritten, so könnte sie in bezug auf die moralischen Tatschen dieselbe Rolle spielen wie die Astronomie in bezug auf die astronomischen Dinge…"

Emile Durkheim (1858–1917)[2]

Wenn man sich in der Gesellschaft und in der Welt der Wissenschaft nach Quellen für gesellschaftliche Grundwerte umsieht, kommen zunächst drei Bereiche bzw. Disziplinen

---

[1] George Herbert Mead (1863–1931, war Professor für Philosophie, Soziologie und Sozialpsychologie an der Universität Chicago. Mitbegründer der Philosophie des Pragmatismus und des symbolischen Interaktionismus in der Soziologie. Quelle des Zitats: G.H. Mead (1983 (zuerst 1929), „Nationale und internationalistische Gesinnung," in *Gesammelte Aufsätze*, S. 473.

[2] Emile Durkheim (1858–1917), war Professor für Pädagogik und Soziologie und gilt (mit Werken zur Methodik der empirischen Soziologie, zu Religion und Selbstmord) mit Max Weber als Hauptbegründer der modernen Soziologie. Zitat zusammengestellt aus Durkheim (1976), *Soziologie und Philosophie*, S. 132–134.

infrage: die Religion bzw. Theologie, das Recht und die Rechtswissenschaft und die Philosophie. Sie alle befassen sich zentral mit Werten und sie haben in der Tat alle drei wichtige Beiträge zur Erkenntnis und zur Durchsetzung gesellschaftlicher Grundwerte geleistet. Letztlich ist aber keine von ihnen allein in der Lage, eine aus Sicht einer rationalen, der modern-säkularen Weltanschauung befriedigende Antwort auf die Frage zu geben, was Grundwerte sind, wie viele es gibt und welche Rolle sie im gesellschaftlichen Leben spielen bzw. spielen sollten (Wolfe 1879). Dies kann heute jedoch die Sozialwissenschaft leisten, wie in den folgenden Kapiteln gezeigt werden soll.

Die Weltreligionen – umfassende Gemeinschaften, deren Werte und Normen aber nicht wirkliche Universalität für sich beanspruchen können

Am naheliegendsten ist es, sich bei den großen Weltreligionen bzw. der Theologie, ihrem wissenschaftlichen Zweig, umzusehen. Religionen werden ja von jeher als die Hüter von Ethik und Moral betrachtet (Khoury 1993). Dies gilt insbesondere für die seit Max Weber (1988a–c) als Weltreligionen bezeichneten Konfessionen des Judentums, Christentums, des Islam, Hinduismus, Buddhismus und Konfuzianismus. Sie haben nicht nur die meisten Mitglieder, sondern auch universale Ethiken entwickelt, die nicht mehr an bestimmte Stammes- oder nationale Gesellschaften gebunden waren. Eine Ausnahme bildet hier das Judentum; auch dieses kann jedoch als eine Weltreligion angesehen werden, weil es die Basis für Christentum und Islam bildet. Der massive Rückgang des Einflusses der Religionen auf die Menschen und ihr Verhalten ist schwer zu leugnen (hier ist vielleicht der Islam eine Ausnahme). In Europa erfolgte er schon seit Beginn der Neuzeit, vor allem in der Folge der Aufklärung, im 20. Jahrhundert in den ehemaligen und noch existierenden kommunistischen Ländern durch staatlichen Druck und in den letzten Jahrzehnten als Folge von starkem Wirtschaftswachstum und steigendem Wohlstand, Ausbau des Wohlfahrtsstaates, der Ausbreitung neuer Medien und der Globalisierung. Der Rückgang der Religionen wird heute von vielen als Ursache für einen häufig behaupteten Verfall von Ethik und Moral angesehen. Nun ist es nicht zu bestreiten, dass die Religionen in der Geschichte der Menschheit für die Etablierung und Befolgung von Werten und Normen eine herausragende Bedeutung besaßen. Zum ersten, weil sie das Leben der Menschen in Freuden und Schmerzen begleiten und ihnen vor allem helfen, Schicksalsschläge, Leiden und Tod zu ertragen. Dies geschieht nicht zuletzt durch Riten, wie Taufen, Hochzeiten und Beerdigungen, die für viele Menschen heute fast die einzigen Berührungspunkte mit Religion und Kirche darstellen. Religionen und insbesondere jene, welche in Kirchen organisiert sind, stellen aber auch Gemeinschaften dar, welche dem Einzelnen in vielfacher Weise psychische und soziale Unterstützung gewähren. Die besondere Lebendigkeit der Religionen in armen oder durch extreme Ungleichheit charakterisierten Weltregionen und Ländern wie Südamerika und Afrika wie auch der Aufstieg neuer religiöser Gemeinschaften (wie der Pfingstbewegung) in Ländern, die sich in neuester Zeit extrem rasch industrialisierten und modernisierten, hängt damit eng zusammen (Beyer 1994; Pollak/ Gergely 2015). In Europa machte der Wohlfahrtsstaat diese Funktion der Religionsgemeinschaften teilweise obsolet (Höllinger/ Haller 2009). So können heute hierzulande nur mehr ein Viertel der Angehörigen christlicher Kirchen als wirklich religiös bezeichnet werden. Zum dritten können Religionen allerdings, vor allem dann, wenn sie stark in einer Gesellschaft verankert sind, ihre Mitglieder tatsächlich zu ethisch-moralischem Verhalten motivieren und sie dazu bringen auf ein unersättliches Streben nach Wohlstand, Konsum und Genuss zu verzichten. Dieses Faktum erklärt wohl die Tatsache, dass sich religiöse Menschen stärker sozial engagieren und signifikant (wenn auch nicht sehr viel) glücklicher sind als nichtreligiöse Menschen. Insbesondere Zugehörigkeit zu jenen Religionsgemeinschaften, welche den Aspekt der Gemeinschaft betonen (wie Judentum, Katholizismus und Islam), schützt die Menschen davor, sich Gefühlen des Unglücklichsein hinzugeben und bis zum Selbstmord zu verzweifeln, wie Emile Durkheim in seiner klassischen Studie zum Selbstmord schon 1897 aufzeigte (Durkheim 1987).

Jede Religion enthält Normen, die ihrerseits auf grundlegenden, vielfach auch heute noch geteilten Werten beruhen. Man denke hier etwa an die Zehn Gebote (den Dekalog), die der jüdische Prophet Moses vor über 3000 Jahren verfasst hat. Sie sind das älteste religiöse Dokument und bilden die Grundlage für Judentum, Christentum und Islam, denen zusammen mehr als die Hälfte der Weltbevölkerung angehören. Die Zehn Gebote enthalten das Verbot, Gewalt anzuwenden und andere Menschen ohne legitimen Grund (wie Selbstverteidigung) zu töten; die Gebote, das Eigentum und die Frauen anderer zu achten; nicht zu stehlen oder Ehebruch zu begehen; die Eltern zu ehren und andere nicht zu verleumden. Diese Prinzipien teilen wohl nicht nur die Anhänger dieser abrahamitischen Religionen, sondern auch die meisten nichtreligiösen Menschen. Für viele archaische Gesellschaften, welche die Entdecker und Eroberer der Neuen Welt kennenlernten, bedeutete die Einführung der christlichen Religion zweifellos einen zivilisatorischen Fortschritt; so waren etwa Menschenopfer noch weit verbreitet. Dies gilt in begrenzter Weise auch noch für die Wirkung des Islam auf die Beduinenstämme der arabischen Halbinsel. Er beseitigte etwa durch das Alkoholverbot eine nicht unwichtige Wurzel vieler sozialer Probleme und erzeugte einen starken, überethnischen Zusammenhalt unter allen Gläubigen (Halm 2000). So ist die Zahl der Selbstmorde in allen durch den Islam geprägten Ländern sehr gering.

In allen Religionen, auch im Judentum und Christentum, sind jedoch Elemente enthalten, die kaum als Basis für eine universelle Ethik und Moral gelten können. Hier sind vier Aspekte zu nennen: problematische Grundwerte und -normen; die Begrenzung der Werte und Normen auf die eigene Gemeinschaft; die Tendenz zur Symbiose mit weltlichen Mächten; die Vagheit der Werte und Normen eines „Weltethos", das man aus dem gemeinsamen Wertekanon aller Religionen ableiten kann. Dies ist nicht zuletzt darin begründet, dass alle Weltreligionen in engem Zusammenhang mit den spezifischen Problemlagen verschiedener Gesellschaften – und darin wieder besonderer sozialer Schichten – standen, wie Max Weber aufzeigte (Weber 1988/I, S. 239 ff.). So war der Konfuzianismus die Standesethik einer gebildeten Herrenschicht der Mandarine; der Hinduismus legitimierte die erblichen Kastenprivilegien der literarisch gebildeten, „ritualistischen Seelsorger", der Brahmanen; der Islam war in seiner Frühzeit die Religion welterobernder Krieger, eines „Ritterordens von disziplinierten Glaubenskämpfern" (Weber); das Judentum die Religion eines Pariavolkes; das Christentum begann als Lehre wandernder Handwerksburschen und wurde dann zu einer spezifisch städtisch-bürgerlichen Konfession.

Die Einengung der Gültigkeit der Grundwerte auf die Mitglieder der eigenen religiösen Gemeinschaft hängt eng mit dem Monotheismus und Alleinvertretungsanspruch der abrahamitischen Religionen zusammen (Assmann 2016). Schon in der Bibel kommt dies zum Ausdruck, wo das erste der Zehn Gebote lautet: „Du sollst nicht andere Götter haben neben mir". Dieser Anspruch ist die Basis für eine Begrenzung einer vollen Zugehörigkeit auf Mitglieder der eigenen Gemeinschaft und eine grundlegende Intoleranz der Juden, Christen und Moslems gegenüber den Angehörigen anderer Religionen. Im Judentum und im Islam ist diese Eingrenzung der engen sozialen Beziehungen (etwa durch Heiraten auf die eigene Gemeinschaft) und die Abschließung gegenüber anderen evident. Muslimischen Frauen ist die Heirat mit Nichtmuslimen verboten. Tatsächlich ist die Rate interkonfessioneller Eheschließungen bei Muslimen in Europa niedriger als bei allen anderen Religionsgemeinschaften (Höllinger/ Polak 2019). Abgeschwächt gilt dies bis heute auch für das Christentum. Der Glaube, dass nur die eigene Religion die wahre sei, führte bekanntlich zu schrecklichen Verfolgungen und Kriegen, wenn eine dieser Religionen zur herrschenden eines Landes erklärt wurde. Das Ur-Christentum brachte hier zunächst einen klaren Fortschritt durch die Verpflichtung der Christen zu unbegrenzter Nächstenliebe, wie sie vor allem in der Bergpredigt des Neuen Testaments zum Ausdruck kommt. Aber dies änderte sich, als der römische Kaiser Konstantin im Jahr 313 das Christentum anerkannte und der oströmische Kaiser Theodosius (379–394) es zur Staatsreligion erklärte. Damit wurde allen anderen Religionen (so auch dem Judentum) Missionierung verboten und sie wurden später oft sogar verfolgt. Ähnliches geschah in der frühen Neuzeit nach den blutigen Kriegen zwischen katholischen und protestantischen Herrschern in Europa, die nach Luthers Abfall von der katholischen Kirche ab 1500 ausbrachen. Der *Augsburger Religionsfrieden* von 1555 verdiente seinen Namen nicht wirklich, denn in der Folge wurden die Angehörigen der jeweils anderen Konfessionen innerhalb der meisten Ländern unterdrückt und oft auch vertrieben. Diese Praktiken sind in westlichen Ländern heute vorbei, aber das Gefühl, die höchststehende aller Religionen zu besitzen, ist bei den Christen ungebrochen. Dies zeigt sich u. a. in seinen Missionierungsaktivitäten. Diese waren bzw. sind in zweierlei Kontexten immer noch erfolgreich: Zum einen dort, wo die Europäer auf Kulturen treffen, gegenüber denen das Christentum zweifellos eine umfassendere, höherstehende Ethik vertritt. Historisch denke man hier an die alten Hochkulturen der mittelamerikanischen Inkas und Azteken, bei denen Menschenopfer gang und gäbe waren; an die Indianer Nordamerikas, für die Kampf und Töten von Feinden als Heldentaten galten; oder an afrikanische Reiche, in denen die Herrscher oft beliebig über Leben und Tod ihrer Untertanen bestimmen konnten.

Heute sind die protestantischen Sekten wie die Pfingstbewegung in Lateinamerika, Sub-Sahara Afrika und Südostasien vielfach sehr erfolgreich und umfassen mehrere hundert Millionen Anhänger. Sie helfen verunsicherten, depravierten und entwurzelten Menschen, massiven sozialen Wandel zu bewältigen und bieten Benachteiligten in extrem ungleichen Ländern mit hohen Anteilen Armer Solidarität und Hilfeleistungen. Fragwürdig sind jedoch die gesellschaftlich-politischen Einstellungen und Verhaltensweisen, die ihnen dabei vermittelt werden. Dazu gehören Entfremdung von ihren eigenen Gemeinschaften, Intoleranz gegenüber Nichtchristen und oft Unterstützung autoritärer Regierungen. Aus dem Fundus einseitig interpretierter christlicher Ideologien schöpfen auch neue rechte Bewegungen und Parteien in Form autoritärer, fundamentalistischer Kräfte in den USA und in Russland. Die katholische Kirche hält sich davon eher frei. Jedoch sind viele ihrer Dogmen und Verhaltensvorschriften (wie die konservative Sexualethik, die Diskriminierung von Frauen bei der Besetzung von Ämtern) inzwischen aus der Zeit gefallen. Wer noch stark an sie glaubt, neigt eher zu gesellschaftlich intoleranten Haltungen (Tausch und Obirek 2022).[3] Auf dem internationalen Korruptionsindex liegen die meisten protestantischen europäischen Länder auf den Plätzen 1 bis 15, die katholischen auf den Plätzen 20 bis 41.[4] Amtsinhaber und Gläubige der orthodoxen Kirche neigen zu nationalistisch-autoritären Haltungen (Stoeckl 2014). Die christlichen Normen werden außerdem von eigenen Amtsinhabern nicht selten missachtet, ja sogar in unglaublicher Weise übertreten (man denke hier an die in vielen Ländern zutage getretenen sexuellen Übergriffe von Priestern). Der Westen und heute insbesondere die christlichen USA leisten sich immer noch verblüffend oft doppelte moralische Standards (Nolte 2009, S. 400). So ist es nicht ganz überraschend, dass sich die Angehörigen großer Konfessionen massenhaft von diesen abwenden.

Die Begrenztheit der Grundwerte und der Ethik monotheistischer Religionen kommt besonders deutlich im Islam zum Ausdruck (Halm 2000; Ruthven 2000). Diese vom Propheten Mohamed ab 622 begründete Religionsgemeinschaft breitete sich innerhalb des kurzen Zeitraums von eineinhalb Jahrhunderten auf ein riesiges Territorium von Spanien bis nach Indien aus. Dazu trug zweifellos bei, dass die politischen Herrscher und Kriegsführer den Islam als geistige Waffe benutzten. Durch die Begegnung mit zahlreichen anderen Kulturen entwickelte sich in diesem Reich zunächst eine unglaubliche Blüte von Wissenschaft und Kunst. Nach seinem politischen Zerfall durch Invasionen von außen

---

[3] Aus dieser Sicht erscheint es als besonders verwunderlich, dass Hartmut Rosa (2022) in seinem neuen Buch *Demokratie braucht Religion,* gerade die katholische Religion als besonders dazu befähigt sieht, den Menschen zu helfen eine Resonanzbeziehung zur Welt (Rosa 2016) aufzubauen, also eine nicht nur instrumentelle, sondern ein- und mitfühlende, tiefe Beziehung zur Umwelt und zu den Mitmenschen. Die Grundthese von Rosa, Demokratie brauche Religion, kann nach dem oben Festgestellten natürlich auch nicht akzeptiert werden (wenngleich, wie ebenfalls festgestellt, Religiosität durchaus auch positive Effekte für prosoziale und demokratische Haltungen haben kann).

[4] Vgl. dazu https://www.transparency.org/en/cpi/2022 (abgerufen am 3.4.2023).

(insbesondere dem verheerenden Mongolensturm des Dschingis Khan Mitte des 13. Jahrhunderts) ging die alte Hochkultur zugrunde. Das Nachfolgereich der türkischen Osmanen entwickelte sich zu einem autoritären, fortschrittsfeindlichen Herrschaftssystem. Der kriegerische Ursprung des Islam zeigt sich bis heute im zivilen und politischen Leben. Die Stellung der Frau ist in keiner anderen Kultur jener der Männer so stark untergeordnet, die politischen Prozesse innerhalb der einzelnen Staaten sind vielfach autoritär und die Beziehungen zu anderen Staaten oft von Gewalt und Krieg geprägt (Koopmans 2020). Trotz dieser problematischen Züge und seiner relativ wenigen religiös-dogmatischen Vorschriften zeigt der Islam eine erstaunliche Über-Lebensfähigkeit in der modernen Welt. Dies ist wohl auf zwei Faktoren zurückzuführen: Zum einen auf seine starke gemeinschaftsbildende Kraft und zum anderen auf seine Instrumentalisierung durch die politisch Herrschenden als Gegen-Ideologie zum Westen, der als materialistisch-kapitalistisch und imperialistisch dargestellt wird.

Auch Hinduismus, Buddhismus und Konfuzianismus, die drei weiteren großen asiatischen Religionen, vermittelten den Menschen neue und hilfreiche Lebensorientierungen (Mensching 1968; Weber 1988a, b). Die Zeiten ihrer Begründung waren meist auch Epochen fundamentaler sozialer Umbrüche und Verwerfungen. Sie enthalten aber bis heute Ansichten, Werte und Praktiken, die man als moderner Mensch nicht teilen kann. Am offenkundigsten ist dies beim Hinduismus, dem 80 % der Inder, rund 850 Mio. Menschen, angehören. Als Religion der herrschenden Einwanderer etablierte er in Indien im Laufe der Jahrhunderte eine strikte Kastentrennung, mit den Brahmanen an der Spitze und den „Unberührbaren" (Dalits) am Fuße der Gesellschaftspyramide. Dieses System wurde zwar durch die demokratische Verfassung des unabhängigen Indien 1947 verboten, ist aber weiterhin sozial enorm wirkmächtig, obwohl nicht wenige Dalits einen Aufstieg bis in höchste politische Ämter (wie des Staatspräsidenten) schafften. So spielt die „Kasten"-Zugehörigkeit bei der Wahl eines Ehepartners weiterhin eine ausschlaggebende Rolle. Die Hinduisten glauben auch an die Wiedergeburt, und Kühe sind ihnen heilig, was zur skurrilen Tatsache führt, dass heute ausgemergelte Kühe durch die Straßen indischer Großstädte irren. Der Hinduismus ist gegen Angehörige anderer Religionsgemeinschaften ähnlich abgeschlossen wie das Judentum. Beide postulieren, dass man nur durch Geburt Mitglied der eigenen religiösen Gemeinschaft werden kann. In Indien tritt auch Gewalt gegen Angehörige anderer Religionsgemeinschaften, insbesondere Moslems, seit dem Regierungsantritt des hindunationalistischen Premiers Narendra Modi wieder verstärkt auf. Anderseits ist der Hinduismus dem Konfuzianismus insofern ähnlich, als beide eher als Weltanschauungen denn als Religionen im westlich-christlichen Sinne zu bezeichnen sind. So werden zahllose Götter anerkannt, es gibt keine „Heiligen Bücher" und keine eindeutig ausformulierten Dogmen und Normen. Auch der Konfuzianismus vertritt wichtige positive Werte und Normen, so die Betonung von Bildung, Aufstieg durch Leistung, Respekt im Umgang mit anderen, Wahrung der Harmonie in Familie, Gesellschaft und Politik. Auf der anderen Seite fördert der Konfuzianismus unkritische Akzeptanz von Obrigkeiten, was die heutige autoritäre kommunistische Regierung Chinas bestens zu nutzen weiß.

Der Buddhismus, der in Indien entstand, aber heute vor allem in Südostasien verbreitet ist, vertritt wohl die „höchste" Ethik unter den nichtchristlichen Weltreligionen (Reichle 1994). Für ihn gelten ähnliche Prinzipien und Gebote wie für Judentum und Christentum (Verbot von töten, stehlen, lügen, egoistischer Missbrauch anderer Menschen). Andererseits weichen seine teils metaphysischen Grundauffassungen stark vom modernen Denken ab. Unterstützung, Hilfe und Trost in Leiden und Sterben, welche ein Grundmerkmal allen menschlichen Daseins sind, erlangt der Mensch im Buddhismus durch Erleuchtung. Der Weg dahin ist unter anderem die Meditation, denn wer achtsam lebt und dadurch ein positives Karma erwirbt, kann als höheres Wesen wiedergeboren werden. Wenn dies mehrfach erfolgt, kann er in das Nirwana, das ewige Nichts, eingehen. Es ist evident, dass eine solche Weltanschauung unterdrückten, benachteiligten und sozial ausgeschlossenen Menschen, wie es die Dalits par excellence darstellten, helfen kann. So kann der Buddhismus auch als Reaktion auf die elitäre hinduistische Ethik gesehen werden. Bekanntlich inspirierte diese buddhistische Ethik viele spiritualistisch-esoterisch angehauchte Menschen in westlichen Ländern. So ist auch der bedeutende Theologe und Philosoph Albert Schweitzer (1875–1865) nicht zuletzt durch das Studium indischer Denker auf seine wichtige These gekommen, dass das Leben einen zentralen gesellschaftlichen Grundwert darstellt (Näheres dazu in Kapitel 7). Für moderne Menschen und Gesellschaften kann das buddhistische Denken mit seiner teils obskuren Metaphysik und infolge des Mangels einer systematischen „Theologie" aber keine tragfähige Basis für die gesellschaftliche und politische Orientierung darstellen.

Eine interessante neue Idee und Bewegung, die Religionen für die Erkenntnis und Definition gesellschaftlicher Grundwerte einzubringen, stellt der interreligiöse Dialog dar. 1893 tagte in Chicago erstmals ein Weltparlament der Religionen, das seither in vielen Konferenzen fortgesetzt wurde. Auf der 2. Tagung dieses Weltparlaments 1993 wurde eine Erklärung zum *Weltethos* verabschiedet, die maßgeblich vom deutschen Theologen Hans Küng (1990) mitformuliert worden war. Ihre Idee ist, den ethischen Grundkonsens aller Weltreligionen herauszuarbeiten und für internationale Beziehungen wie auch für Bildung und politisch-soziale Prozesse im nationalen Rahmen fruchtbar zu machen. In dieser Erklärung wird eine begrenzte Anzahl ethischer Grundprinzipien bzw. -regeln identifiziert: Menschlichkeit, die „goldene Regel" der Gegenseitigkeit (Tu niemandem etwas, von dem du nicht willst, dass es dir angetan wird), Gewaltverzicht, Gerechtigkeit, Wahrhaftigkeit und Partnerschaftlichkeit in den Beziehungen zwischen Mann und Frau. Die Idee des Weltethos hat zweifellos viel für sich und kann durchaus als wichtiger Beitrag zur Anerkennung von Grundwerten gelten. Sie ist aber dennoch begrenzt in mehrfacher Hinsicht.

Zum ersten gilt, dass der Zugang über religiöse Vorstellungen und Gemeinschaften nur für jene Menschen wirkliche Relevanz besitzt, die auch stark in diesen Religionen verankert sind. Aber selbst diese stehen den Prinzipien des Weltethos vielfach fern. Dies gilt vor allem für einflussreiche Ausprägungen des Hinduismus und des Islam. So werden etwa liberale gesellschaftliche Auffassungen nur von einer Minderheit der islamischen Rechtsgelehrten unterstützt und das Gleiche gilt wohl für die Masse der gläubigen Moslems. Eine religiöse Verankerung ist darüber hinaus, wie angemerkt, nur für einen geringen und abnehmenden Teil (wie in Europa) der Menschen der Fall. Für die großen asiatischen Religionsgemeinschaften spielen aber konkrete ethisch-moralische Verhaltensnormen keine wesentliche Rolle So ist das zentrale Element des Konfuzianismus etwa die Achtung vor Älteren und Obrigkeiten generell, was der autoritären Staatsführung Chinas entgegenkommt. Zum Zweiten gilt, dass Religionsgemeinschaften oft Symbiosen mit politischer Herrschaft eingehen, was zu ihrer höchst problematischen Instrumentalisierung führt. Dabei muss man nicht nur an autoritäre Theokratien wie den Iran und Saudi-Arabien denken. Auch im demokratischen Staat Israel führt die Staatsreligion des Judentums zu fragwürdigen Diskriminierungen und Ausgrenzungxen der nichtjüdischen eigenen palästinensischen Bürger und vor allem der Palästinenser in dem von Israel besetzten Westjordanland bzw. dem hermetisch abgeriegelten Gazastreifen. Autoritäre Herrscher wie Orban in Ungarn, Putin in Russland und Erdogan in der Türkei berufen sich explizit auf das Christentum bzw. den Islam als den ideologischen Fundamenten ihrer Herrschaft. Diese Fakten legen eine dritte Grenze des interreligiösen Dialogs als Basis für die Entwicklung eines neuen „Weltethos" offen. Der „Umweg" der Verbreitung und Durchsetzung der gesellschaftlich-politischen Grundwerte über Religionen ist heute in aller Regel nicht mehr zielführend. Notwendig ist vielmehr, die Grundwerte in staatlichen Gesetzen und internationalen Verträgen zu verankern, sodass sich alle Menschen und Staaten auf der Welt, unabhängig vom vorherrschenden religiösen Bekenntnis, diesen Grundwerten entsprechend verhalten müssen. Autoritäre Herrscher und bigotte „Gläubige" werden nicht freiwillig von ihren formellen und informellen Praktiken der Diskriminierung von Frauen, Minderheiten und Zuwanderern aus bestimmten Ländern ablassen. Dies muss ihnen durch Gesetze untersagt und ihre Übertretung durch Staaten selbst durch verbindliche internationale Normen und Sanktionen überwacht und gegebenenfalls sanktioniert werden.

Das Recht als gesellschaftliches Normensystem, das jedoch selbst einer außerrechtlichen Begründung bedarf

Als eine weitere Quelle für gesellschaftliche Grundwerte könnte man das Recht ansehen. Das Recht sagt eindeutig, was erlaubt und vor allem was verboten ist, was in einer Gesellschaft also als gut und schlecht anzusehen ist. Um ständige Konflikte zu vermeiden, bedarf das menschliche Zusammenleben mehr oder weniger klarer Regelungen und Normen, die von allen Mitgliedern anerkannt werden. In der Soziologie werden seit Max Weber (1964) meist drei Formen solcher Regelungen unterschieden: *Sitten* oder Bräuche sind Verhaltensregelmäßigkeiten, denen man auf der Basis subjektiver Präferenzen oder eingelebter Gewohnheit folgt; Beispiele sind Ernährungspräferenzen oder die Mode. *Konventionen* werden befolgt, weil sie für Menschen im eigenen Lebensumfeld Gültigkeit besitzen. Ihre Einhaltung wird positiv gesehen, ihre Übertretung sozial missbilligt; Befolgung oder Nichtbefolgung werden jedoch nicht formell sanktioniert. Man kann hier an das Grüßen von ArbeitskollegInnen am Morgen denken oder an gewisse Kleidungsvorschriften in der Öffentlichkeit. Eine formelle Sanktionierung erfolgt jedoch beim *Recht*: Darunter versteht man eine Ordnung, deren Bestand durch äußeren Zwang gesichert ist, der durch einen eigens darauf eingestellten Stab von Menschen (RichterInnen, PolizistInnen usw.) ausgeübt wird. Rechtssysteme in diesem Sinne besitzen alle fortgeschrittenen menschlichen Gesellschaften.

Nun ist offenkundig, dass das Rechtssystem eng mit gesellschaftlichen Grundwerten bzw. ethisch-moralischen Normen zusammenhängt. Dies wird besonders offenkundig in der *Allgemeinen Erklärung der Menschenrechte*, die von den Vereinten Nationen 1948 verabschiedet wurde und die (zumindest formell) weltweit anerkannt wird. In dieser Erklärung kommen Werte direkt zum Ausdruck. So wird in ihrer Einleitung explizit auf die Anerkennung der Würde und rechtlichen Gleichheit aller Menschen als Grundlage für Freiheit, Gerechtigkeit und Frieden in der Welt hingewiesen. Der größte Teil der rechtlichen Regelungen beinhaltet jedoch ganz spezifische Normen in Bezug auf die sozialen und wirtschaftlichen Beziehungen der Menschen zueinander. Viele dieser Regelungen weisen zwar einen engen Bezug zu Grundwerten auf (etwa das Verbot, andere zu verletzen oder gar zu töten, das Gebot, das Eigentum anderer zu achten). Andere Rechtsnormen sind jedoch rein instrumenteller oder technischer Natur. Ein Beispiel sind Verkehrsregeln, die Links- oder Rechtsverkehr oder Geschwindigkeitsbegrenzungen vorschreiben. Auch wenn manche die Sinnhaftigkeit solcher Normen nicht einsehen, müssen dennoch alle, um friedliches Zusammenleben zu gewährleisten, das bestehende Recht beachten. Vielfach erfolgt diese Beachtung einfach aufgrund eingelebter Gewohnheit (Weber 1964). Die dadurch gewährleistete „Rechtssicherheit" ist eine wesentliche Grundlage einer gut funktionierenden Gesellschaft. Sie beinhaltet die Erwartung, dass alle Mitglieder der Gesellschaft, aber auch die Behörden und der Staat, sich strikt an das geltende Recht halten.

Wie sind nun Entstehung und Wandel des Rechts zu erklären? Eine Erklärung dafür gibt die einflussreiche Schule des Rechtspositivismus. Sie argumentiert, das Recht sei strikt von allen anderen gesellschaftlichen Bereichen zu trennen. Diese Idee hat der österreichische Rechtstheoretiker Hans Kelsen in seiner „reinen Rechtslehre" radikal ausformuliert.[5] Demnach sind die Rechtsnormen Sollensnormen, die nur durch andere Sollensnormen begründet und eventuell aufgehoben werden können, aber nicht durch Hinweis auf empirisch-faktische Probleme oder ethisch-moralische Prinzipien. Um nicht in einen unendlichen Regress zu geraten, führte Kelsen den Begriff einer „Grundnorm" ein,

---

[5] Seinen Ansatz hat Kelsen im Werk von 1934 *Reine Rechtslehre* dargestellt; relevant ist hier u. a. auch seine Schrift *Was ist Gerechtigkeit?* (veröffentlicht 1953). Einen Überblick über die umfangreiche Literatur zu Kelsen gibt der wikipedia-Artikel https://de.wikipedia.org/wiki/Hans_Kelsen (abgerufen am 4.4.2023).

auf welche letztlich alle spezifischen Rechtsnormen zurückgeführt werden können. Diese metaphysische Idee erklärt natürlich wenig und sie ist auch nicht notwendig, da wir die Geltung der Normen selbst als verbindliche Regeln unseres Verhaltens anerkennen können, ohne sie auf eine andere Grundnorm zurückzuführen (Koller 1997, S. 160). Es ist offenkundig, dass ein radikaler Rechtspositivismus in diesem Sinne unhaltbar ist, auch wenn Kelsen selbst aus seiner Theorie die Folgerung zieht, eine zentrale Forderung in einer Demokratie müsse die Toleranz zwischen den Anhängern unterschiedlicher Auffassungen sein. Das Recht wird aber letztlich von der Sozialstruktur, Kultur und Politik, einer Gesellschaft im Allgemeinen und ihren Werten im Besonderen bestimmt. Dies zeigt sich in mehrfacher Hinsicht. Zum ersten ermöglichen erst Änderungen von Grundgesetzen eine Änderung spezifischer Normen. So wird einverständliche Ehescheidung erst möglich, wenn die Gleichheit von Mann und Frau in Ehe und Gesellschaft anerkannt wird; das Verbot der körperlichen Züchtigung von Kindern setzt voraus, dass auch Kinder als Persönlichkeiten anerkannt werden; Rauchverbote in öffentlichen Räumen beruhen auf dem Prinzip, dass die Gesundheit aller ein wichtiges Gut darstellt. Zum zweiten ist es ein Faktum, dass sich das Recht auch selbst kontinuierlich verändert und weiterentwickelt wird und dass es auf der anderen Seite „totes Recht" gibt, das von kaum jemandem mehr beachtet wird. Dabei handelt es sich in der Regel um Rechtsnormen, deren Funktion überflüssig geworden ist bzw. denen nach der Durchsetzung neuer Lebensformen und Grundwerte der Boden entzogen wurde. Das in Deutschland und Österreich noch bis Anfang der 1950er Jahre gültige Heiratsverbot für Frauen in bestimmten Berufen (etwa als Lehrerinnen) wurde obsolet, weil man Frauen als Arbeitskräfte benötigte, aber auch, weil es dem zivilen Grundrecht auf Eheschließung widersprach. Die empirische Forschung über den Zusammenhang zwischen dem Wandel bestimmter Verhaltensweisen und der entsprechenden Rechtsnormen zeigt, dass die ersteren dem letzteren in der Regel vorausgehen, das Recht also nicht zu Verhaltensänderungen führt, sondern sich diesen anpasst (Barnett 2015). Zum dritten ist evident, dass die strikte Befolgung geltender rechtlicher Regelungen selbst höchst problematisch werden kann, wenn die zugrunde liegenden Prinzipien ethisch-moralisch fragwürdig sind. So haben sich zahlreiche deutsche und österreichische Juristen zur Zeit des Nationalsozialismus schuldig gemacht, indem sie umstandslos deren menschenrechtswidrige Rassengesetze exekutierten. Daher wird von sozialwissenschaftlich orientierten Rechtswissenschaftlern anerkannt, dass das Recht in hohem Maße von den gesellschaftlichen Umständen mitbestimmt wird und durch den sozialen Wandel laufend verändert wird. Es wäre jedoch verfehlt, daraus zu schließen, die Rechtsentwicklung werde von der „normativen Kraft des Faktischen" bestimmt (Kimminich 1993, S. 51). Setzung neuer Rechtsnormen erfolgt im Rahmen der politischen Prozesse der Gesetzgebung, die ihrerseits wieder in hohem Maße durch gesellschaftliche Grundwerte angeleitet werden (Rehbinder 2014). Dabei spielen sowohl Interessen wie Werte eine wichtige Rolle. Laut Max Weber sind vor allem wirtschaftliche Interessen die „allermächtigsten" Bestimmungsfaktoren der Rechtsbildung. Dabei widerspricht er sich jedoch selbst. So argumentiert er am Fall der der Sklaven, dass deren Unterdrückung auch ökonomisch mitbestimmt worden sei (was zweifellos der Fall war), letztlich dafür aber überall „starke naturrechtliche ideologische Vorstellungen ausschlaggebend waren (Weber 1964/I, S. 530). Man muss gesellschaftlichen Werten bei der Entstehung von Gesetzen und Rechtssystemen eine ebenso große Bedeutung zuschreiben wie wirtschaftlichen Interessen. Die ersteren bestimmen vor allem die allgemeinen Grundgesetze eines Staates, wie sie in der Verfassung festgelegt sind. Die moralische Legitimität einer gesamten Rechtsordnung darf man nicht mit einer Rechtfertigung aller ihrer einzelnen Normen gleichsetzen. Auch die Annahme von Weber, dass zwischen Recht und Moral eine grundsätzliche Unvereinbarkeit bestehe, ist unhaltbar (Baurmann 1991). Sie ist begründet in seiner Auffassung, dass zwischen den verschiedenen Lebensordnungen und Wertsphären eine grundsätzliche Unvereinbarkeit besteht. Wir werden in jedem der Kapitel zu den neun gesellschaftlichen Grundwerten zeigen, dass das Gegenteil der Fall ist – dass sich ihre Anerkennung wechselseitig stützt. Eine völlig Unabhängigkeit des Rechtes von der Moral haben nur Juristen wie Carl Schmitt (der Kronjurist des Dritten Reiches) postuliert. Bedeutende Rechtstheoretiker wie Otto Kimminich oder selbst der positivistische Rechtsphilosoph H. L. Hart argumentieren dagegen, dass auch das positive Recht einer rechtsethischen Begründung bedarf, wenn es „gerechtes Recht" sein soll. Seiner Meinung nach begründen sowohl die herrschende Sozialmoral wie auch übergreifende moralische Ideale in vielfältiger Weise das Recht eines Staates.

Die Philosophie – eine wichtige, aber oft im Zeitgeist gefangene oder von ihm in die Irre geleitete Quelle für Grundwerte

Naheliegend ist es schließlich, sich bei der Frage nach gesellschaftlichen Grundwerten bei der Philosophie Auskunft zu holen. In der Tat haben bereits große Denker des Altertums wie Plato und Aristoteles grundlegende Einsichten in die Natur von Mensch und Gesellschaft ausformuliert, die noch heute Gültigkeit besitzen. Wir werden auf ihre Ideen bei der Diskussion der einzelnen gesellschaftlichen Grundwerte ausführlich zurückkommen. Es gibt auch neuere und zeitgenössische Philosophen, die zentrale Aspekte der in diesem Buch dargestellten neun gesellschaftlichen Grundwerte (die in der Soziologie vielfach vernachlässigt werden) explizit herausgearbeitet haben. Dazu gehören Albert Schweitzer (der allerdings kein Fachphilosoph war), Hans Jonas und Volker Gerhardt, die die Bedeutung des Lebens aufgezeigt und die Implikationen dieser Idee herausgearbeitet haben. Norbert Hoerster (2014) hat eine Theorie der Moralbegründung durch Interessen aufgestellt, die einer zentralen These dieses Buches entspricht. Das Gleiche gilt für die These von Markus Gabriel (2021), dass man, historisch gesehen, von einem „moralischen Fortschritt" sprechen könne. Eine Grundthese dieses Buches lautet ja, dass die Arbeiten all dieser historischen und zeitgenössischen Denker entscheidende Beiträge zur Erkenntnis und Explikation der gesellschaftlichen Grundwerte geliefert haben.

Aber die Philosophie allein ist offenkundig ebenfalls unzureichend, wenn es um die Erkenntnis aller wichtigen Grundwerte geht. So haben die großen Philosophen, von den Griechen Plato und Aristoteles bis zu den französischen Philosophen der Aufklärung im 18. Jahrhundert (Voltaire, Diderot u. a.) die Sklaverei als etwas Natürliches angesehen. Die Mehrheit der deutschen Philosophen des 18. und 19. Jahrhunderts (Kant und Hegel inbegriffen) sahen es als Faktum, dass die einfachen Völker in Afrika und Amerika gegenüber den Europäern von Natur aus unterlegen waren. Der Grund für ihre Beschränktheit im Hinblick auf den Begriff der Gleichheit ist offenkundig. In der griechischen und römischen Antike war es selbstverständlich, dass nur Vollbürger (oft nur 10 bis 20 % der Bevölkerung) alle Rechte besaßen, Frauen, Zugewanderte (Metöken) und vor allem Sklaven nicht als ihnen ebenbürtig angesehen wurden. In der frühen Neuzeit schien die Entdeckung der Neuen Welt und ihrer Völker, die technisch und militärisch auf einer viel niedrigeren Entwicklungsstufe standen als die europäischen Eroberer, diese Haltung zu bestätigen. Einen eigenständigen Wert des Lebens, den erst Albert Schweitzer klar herausarbeitete, sah man von der Antike bis in die neuzeitlichen Adelsgesellschaften wohl deshalb nicht, weil Krieg und Heldentod Berufung und mögliches Schicksal der Adeligen war. Das Leben von (oft leibeigenen) Bauern, Handarbeitern, Dienstpersonal oder gar Proleten und Vagabunden galt dagegen wenig oder gar nichts.[6]

Darüber hinaus gab es auch Denker, welche die Relevanz von Werten überhaupt bestritten. So sahen Karl Marx und Friedrich Nietzsche Werte nur als ideologische Instrumente im Dienst der Herrschenden bzw. als Palliativmittel für die Schwachen. Andere sprachen gar von einer „Tyrannei der Werte" (Carl Schmitt) und behaupteten, sie würden nicht Gemeinsamkeit erzeugen, sondern zerstörerisch wirken. Wohin Auffassungen dieser Art führen können, zeigt die Perversion ihrer Gedanken in den totalitären Systemen von Kommunismus und Faschismus. Keinen wirklichen Ausweg aus der Befangenheit eines reinen philosophischen Denkens zeigen auch neueste Versuche etwa in der Rechtsphilosophie. Ausgehend von den wichtigen Ideen bzw. Grundwerten der Freiheit und Gleichheit kamen philosophische Gesellschaftstheoretiker logisch schlüssig zu völlig unterschiedlichen Folgerungen. Liberale (wie Friedrich Hayek) argumentieren, dass Eingriffe des Staates in Privateigentum und Markt grundsätzlich abzulehnen seien, weil sie die Freiheit einschränken. Andere, stärker sozial und am Grundwert der Gleichheit orientierte Denker (wie der amerikanische Rechtsphilosoph John Rawls) dagegen folgerten, dass diese unumgänglich seien, um Chancengleichheit herzustellen und ungerechtfertigte Privilegien hintan zu halten.

---

[6] Diese kurzen Bemerkungen werden der Bedeutung zahlreicher Philosophen auch für eine Soziologie der Werte sicherlich nicht gerecht. Neuere Philosophen wie Max Scheler (1874–1928) haben umfangreiche Theorien der Werte und ihrer Bedeutung entwickelt, die vielfache Anregungen auch für die Soziologie enthalten (etwa im Hinblick auf die Bedeutung von moralischen Gefühlen wie Liebe und Hass). Im Rahmen dieser ohnehin umfangreichen Arbeit auch noch auf alle diese Arbeiten einzugehen, war jedoch unmöglich. Bei Scheler selbst ist, soziologisch gesehen allerdings schon der Zugang, die phänomenologische „Wesensschau" nach Husserl, problematisch.

Die Konklusion aus all diesen Fakten lautet: Philosophisches Denken ist notwendig und wichtig, weil in seinem Rahmen oft grundlegend neue Ideen entwickelt und ihre Implikationen ausformuliert werden. Dieses Denken bleibt jedoch in gewisser Weise immer seiner Zeit verhaftet. Zu wirklich neuen Einsichten, die auch gesellschaftlich-politisch fruchtbar und umsetzbar sind, gelangt dieses Denken allein für sich aber nicht – ja es kann sogar zu verhängnisvollen Fehlentwicklungen führen. So ist es kein Zufall, dass einige der „revolutionärsten" Denker, wie Rousseau, Marx und Lenin, Ideen über völlig neue gesellschaftliche Systeme entwickelten, deren Umsetzung hochproblematisch geworden wäre bzw. tatsächlich wurde. Rousseau, der (fälschlicherweise) weithin als wichtigster Ideengeber der Französischen Revolution gesehen wird, hatte etwa einen Idealstaat im Auge, bei dem der „gemeinsame Wille" alles bestimmt, dem sich alle bedingungslos unterordnen müssen (darunter auch einer gemeinsamen „Zivilreligion"). Die radikale Gesellschaftstheorie von Marx und Lenin führte in der Sowjetunion und China zu nicht nur menschenverachtenden, sondern geradezu mörderischen totalitären Herrschaftssystemen. Bezeichnend ist, dass diese drei Männer sich den größten Teil ihres Lebens ausschließlich dem Studium von Literatur widmeten, aber keine nennenswerte praktische berufliche Tätigkeit ausübten (daher auch großenteils von Mäzenen erhalten wurden). Ihnen gegenüber stehen Autoren wie der Franzose Montesquieu (1689–1755), der Amerikaner George Mason (1725–1792) oder auch der Österreicher Moses Dobruska (1753–1794). Ersterer war ein Jurist, der als Rechtsanwalt und Gerichtsratspräsident arbeitete und daneben mit seinem Werk *Vom Geist der Gesetze* die theoretische Grundlage für ein zentrales Element moderner Demokratien legte, nämlich die Gewaltenteilung zwischen Exekutive, Legislative und Judikatur (Montesquieu 1965). George Mason war ein wohlhabender Farmer in der britisch-amerikanischen Kolonie Virginia, der sich im Selbststudium politik- und sozialwissenschaftliches Wissen beibrachte. Er verfasste den Entwurf für die Verfassung von Virginia, das sich 1776 von England lossagte; seine Verfassung wurde dann Grundlage der Verfassung der ganzen USA. Moses Dobruska stammte aus einer gebildeten und wohlhabenden jüdischen Familie in Brünn, arbeitete als erfolgreicher Unternehmer in Wien und übersiedelte als Revolutionsanhänger nach Paris. Dort schrieb er sein Werk *Philosophie Sociale,* in dem er die problematischen Aspekte im Denken von Rousseau kritisiert. Man kann jedoch sagen, dass dieses weitgehend vergessene Werk die Grundideen von Saint Simon und Auguste Comte, Begründern der modernen Soziologie, vorwegnimmt (Greco 2022).[7]

---

[7] In den Wirren der Revolution wurde Dobruska (der in Paris den Namen Junius Frey angenommen hatte), jedoch guillotiniert, angeblich weil er ein Spion Österreichs war. Silvana Greco (2022) weist überzeugend nach, dass sich Grundthesen von Dobruska – etwa seine Ideen von sozialer Desorganisation als Vorstufe einer neuen Verfassung, die Bedeutung der Sozialwissenschaft als Basis für revolutionäre Reformen und die Unterscheidung eines theologischen, metaphysischen und wissenschaftlichen Stadiums der Menschheit – bei Saint Simon und Comte wiederfinden; diese zitieren ihn jedoch nicht.

Alle diese Beispiele zeigen, dass bahnbrechende neue Ideen sich vielfach erst im Zusammenhang mit radikalen gesellschaftlichen Umwälzungen und Ereignissen herausbilden. Hier spielen tiefe Krisen, Kriege und Revolutionen eine zentrale Rolle, indem sie die Entwicklung neuer Ideen anstoßen. Für eine soziologische Analyse gesellschaftlicher Grundwerte ist die philosophische Ideengeschichte zwar sehr wichtig. Diese muss allerdings immer aus einer wissenssoziologischen Perspektive betrachtet werden. Man muss also immer danach fragen, unter welchen Zeitumständen bestimmte Ideen hervortraten, von wem sie vertreten wurden und welche Wirkung sie entfalteten (vgl. allgemein dazu Mannheim 1970; Knoblauch 2010). Dabei sind auch Werke zur Ideengeschichte sehr hilfreich, welche diesen Aspekt beachten.[8]

---

[8] Hier sind insbesondere zu nennen Fenske et al. (1981), *Geschichte der politischen Ideen* und Brunner et al. (1975 ff.), *Geschichtliche Grundbegriffe*.

Die historische und zeitgenössische Debatte über Werte 3

> *„Werte haben ‚Konjunktur' oder unterliegen einer ‚Depression', um in der Begrifflichkeit der Ökonomik zu bleiben – so wird es jedenfalls behauptet. In Wahrheit liegen die Werte-Konjunkturen im Literarischen, im Reflexiven: es ist der Diskurs über Werte, der seine Konjunkturverläufe aufweist – seltsam genug, denn hier steht: ‚Weg mit den Werten' und ‚Werte sind im Kommen'..."*
>
> Hermann T. Krobath (geb. 1941)[1]

Werte sind ein zentrales Thema in der Geschichte der Sozialphilosophie und Sozialwissenschaft. Als Erstes ist daher die Frage zu behandeln, welche Rolle Werte in dieser Ideengeschichte gespielt haben und wie sich der Ansatz von Weber zu den von anderen entwickelten Auffassungen verhält. Historisch gibt es drei bedeutende nichtsoziologische Stränge neuzeitlicher Sozialtheorien: Machttheorien (Machiavelli, Hobbes), Tausch- und Vertragstheorien (Locke, Rawls) und Nutzen- und Interessentheorien (Smith). Gegenüber diesen Theorien haben die Begründer der Soziologie (Durkheim, Weber) argumentiert, für sozialen Zusammenhalt seien auch gemeinsame Wertvorstellungen und Normen unerlässlich. Sie ließen dabei jedoch offen, wie diese Werte inhaltlich ausgeprägt sind bzw. sie betrachteten unterschiedliche Werte (religiöse, traditionelle, säkulare, moderne) als „funktionale Äquivalente". Damit war es ihnen jedoch nicht möglich, kausal gehaltvolle und erklärungskräftige Aussagen zu treffen wie ihre nichtsoziologischen Konkurrenztheorien. Dies ist jedoch möglich, so die zentrale These dieses Werkes, wenn man die

---

[1] Aus Hermann T. Krobath (geb.1941, Autor bzw. Herausgeber von Werke zu Werten, Gründer des Instituts für philosophische Grundlagen in Wien; Quelle des Zitats: H.T. Krobath (2011), *Werte in der Begegnung*, S. 11 f.

relevanten Werte auch inhaltlich bestimmt und sich nicht nur darauf beschränkt, die Formen des Sozialen (Simmel) herauszuarbeiten. Dies wird durch Berücksichtigung zweier Aspekte möglich: Zum ersten, wenn man eine enge Verbindung zwischen Interessen und Werten sieht; zum zweiten, wenn man die konfliktreiche Herausbildung und Durchsetzung neuer Werte im Zusammenspiel von Denkern, sozialen Aktivisten und politischen Reformern und Einstellungen der Menschen erkennt, wie es schon Kant und heute die Kritische Theorie ansatzweise taten. Als zentraler Referenzautor gilt für diesen Ansatz Max Weber. Allerdings sagte er selbst wenig zur Frage der Grundwerte. Sein Ansatz der Soziologie als Wirklichkeitswissenschaft eröffnet jedoch die Möglichkeit, Werte nicht nur makrosoziologisch-kulturalistisch zu verstehen (wie bei Parsons und anderen Soziologen), oder sie nur auf eine unter mehreren „Einstellungsvariablen" zu reduzieren, wie es in der heutigen, empirischen Forschung zum Wertewandel oft geschieht. Um die Perspektive der Soziologie als Wirklichkeitswissenschaft zur Geltung zu bringen, sind Überlegungen aus der pragmatistischen Sozialphilosophie und Sozialtheorie, insbesondere von George H. Mead, relevant. Sie ermöglichen eine befriedigende Antwort auf die Grundfrage, was wertrationales Handeln ist und wie es sich von interessenbezogenem Handeln unterscheidet. Wenn man von Werten spricht, geht es aber nicht direkt um soziales Handeln, sondern um grundlegende gesellschaftliche Ideen, die Handeln, aber auch soziale Institutionen inspirieren und anleiten. Es stellen sich hier Fragen der folgenden Art: Welche konkreten Werte spielen gesellschaftlich eine wichtige Rolle? Wie verhalten sich Werte zu Interessen, Moral und Recht? Wir werden sehen, dass es keineswegs einen unversöhnlichen Gegensatz zwischen Interessen und Werten gibt – im Gegenteil. Dies wird vollends klar, wenn man sich vergegenwärtigt, welche Grundtypen von ethisch-moralischen Prinzipien bzw. Werten es gibt. Es wird argumentiert, dass diese weitgehend mit den Menschenrechten übereinstimmen, wie sie insbesondere seit dem Zweiten Weltkrieg ausformuliert und teilweise auch institutionalisiert worden sind.

Die Wertediskussion in der Ideengeschichte

Werfen wir zum Einstieg einen kurzen Blick auf die Ideengeschichte zur Diskussion über Werte. Seit der klassischen griechischen Philosophie haben sich Denker aller Zeiten mit diesem Thema befasst; ihre Werke füllen Bibliotheken. Werte spielen in vielen unterschiedlichen Disziplinen eine wichtige Rolle, nicht nur in Theologie und Philosophie, sondern auch in den Staats- und Rechtswissenschaften, in Ökonomie und Betriebswirtschaftslehre, in Soziologie, Psychologie und Pädagogik.[2] (Für einen umfassenden

---

[2] Über den Begriff „Werte" allgemein und zu speziellen Werten gibt es in den meisten philosophischen und historischen Handwörterbüchern Einträge; insbesondere zu nennen ist hier das mehrbändige Handbuch *Geschichtliche Grundbegriffe* von Brunner/ Conze/ Koselleck (1975 f.). Den umfassendsten soziologischen Überblick (der theoretisch allerdings eher schwach ist) liefert Karl-Heinz Hillmanns (2003) *Wertewandel*. Aus der Sicht anderer Disziplinen sind zu nennen Ellwein

Überblick zur heutigen Diskussion vgl. Krobath 2011). In der älteren philosophischen Diskussion standen meist abstrakt-theoretische sowie normativ-handlungsbezogene Überlegungen im Vordergrund. In der griechischen Philosophie sah man noch einen Zusammenhang zwischen Wissen, Tugend und Glück. Für sie galt, dass der Mensch nach Tugend *(areté)* streben sollte, in der Vernunft, Wahrheit, Freiheit und Verantwortung vereint sind. Viele jener Werte, die den Menschenrechten heute zugrunde liegen, wurden von ihnen allerdings noch nicht thematisiert, wie weiter unten gezeigt werden wird. Diese Philosophen – darunter vor allem Aristoteles – haben auch extensiv Naturforschung betrieben und waren sehr genaue und kritische Beobachter des sozialen und politischen Lebens ihrer Zeit. Ihre Überlegungen und Theorien sind auch für heutige Diskussionen über die Voraussetzungen für die Gültigkeit von Grundwerten wichtig. Wir werden auf sie daher in den Kapiteln zu den einzelnen Grundwerten mehr oder weniger ausführlich eingehen.

Die mittelalterliche und frühneuzeitliche philosophisch-theologische Ethik (von Augustinus und Thomas von Aquin bis zu Luther und Kierkegaard) knüpfte in starkem Maße an Aristoteles an. Sie versucht, in ihren Regeln für ein wertefundiertes Leben noch Glaube und Vernunft zu vereinen. Bei pflichtethischen Ansätzen – die dann vor allem Kant und Fichte vertreten – wird gefragt, was der Mensch als vernünftiges Wesen tun soll. Ihr Ziel ist, eine gesellschaftliche Ordnung zu entwerfen, in der die Vernunft herrscht (Pleger 2020, S. 105). Die „goldene Regel", die Kant aufgestellt hat und die man in ähnlicher Form in vielen religiösen und philosophischen Systemen findet, ist allerdings inhaltlich leer: Behandle andere Menschen so, wie Du selbst behandelt werden möchtest. Die Vernunftethik dieser Art steht in Gegensatz zur Glücksethik, die als Ziel die Erfüllung der vom Menschen angestrebten Ziele vorgibt. Eine solche Ethik vertraten zum Teil schon Platon und Aristoteles. Bei diesen wurde sie allerdings durch die These begrenzt, eine an Vernunft orientierte Lebensweise sei wertvoller als eine nur am Genuss ausgerichtete. Die Glücksethik wurde im ökonomischen Utilitarismus auf die Spitze getrieben, ausgedrückt prägnant in Jeremy Benthams These, „das größtmögliche Glück der größten Zahl von Menschen" sei das wichtigste Ziel der Politik. Dieser Ansatz lässt allerdings offen, worin nun das angestrebte Glück (der individuelle „Nutzen", nach dem jeder angeblich strebt) konkret besteht.

Eine explizite „Wertethik" wurde entwickelt von Philosophen des späten 19., frühen 20. Jahrhunderts. In den USA waren ihre Hauptvertreter John Dewey und George H. Mead, Sozialphilosophen der Schule des Pragmatismus. (Auf die Theorie von Mead werden wir im folgenden Kapitel eingehen). In Deutschland entwickelten Max Scheler und Nicolai Hartmann sozialphilosophische Werttheorien. Max Scheler wandte sich gegen Kants Formalismus und entwickelte im Anschluss an Husserls Phänomenologie eine Wertethik, in der die „Wesensschau", das „Wertfühlen" eine zentrale Rolle spielt. Dabei kommt den Emotionen von Liebe und Hass zentrale Bedeutung zu. Schelers „materiale Wertethik",

---

(2011), *Wertewandel und politisches System*; Schlösser (2007), *Wirtschaftspolitik und gesellschaftliche Grundwerte*. Einen neueren, breiten interdisziplinären Zugang liefern die Beiträge in Krobath (2011), *Werte in der Begegnung*.

ein werttheoretischer „Objektivismus", ist dem hier vertretenen Ansatz ähnlich. Da er die Werte aber allein aus intuitiver subjektiver Erfahrung ableiten will, trägt sein Ansatz soziologisch nicht weit (Joas 1999, S. 133–161). Dem Ansatz von Scheler in mancher Hinsicht verwandt sind angelsächsische Autoren, für welche es ein angeborenes moralisches Empfinden oder Gefühl gibt. So postulierten Francis Hutcheson (1694–1746) und später David Hume (1711–1776), einen *moral sense,* der uns jene bewundern lässt, die tugendhaft sind, während es in uns Zorn erregt, wenn wir etwa betrogen werden. Diese beiden Autoren argumentierten, die Befolgung dieses ethischen Sinns fördere unser eigenes und das gesellschaftliche Wohl zugleich. David Hume, ein Vertreter der schottischen Aufklärung, nimmt auch eine Neubestimmung des Verhältnisses von Verstand und Gefühl vor. Der Verstand ist auf die Erkenntnis objektiver Fakten ausgerichtet, kann aber nichts über das Sollen aussagen. In Fragen der Moral kommt für Hume dem Gefühl die entscheidende Rolle zu. Der Verstand allein kann nicht zu einem moralischen Handeln motivieren: „Das, was ehrenhaft, was gerecht, was anständig, was edel, was großzügig ist, bemächtigt sich des Herzens und treibt uns an, es anzunehmen und daran festzuhalten" (zitiert nach Pleger 2020, S. 92 f.). Wichtig ist auch die These von Hume, dass moralisches Empfinden und Handeln als „soziale Tugenden" in der Gesellschaft selbst verankert sind. Dies gilt insbesondere für die Gerechtigkeit; der Hauptgrund für ihre Entstehung ist ihr gesellschaftlicher Nutzen.

Es ist hier nicht der Ort, um detailliert die Überlegungen dieser eher philosophisch orientierten Autoren sowie jene vieler weiterer darzustellen, die sich mit dem Thema Werte befassten. Auf einige davon werden wir jedoch in den Kaps. 6 bis 15 eingehen, in welchen die einzelnen Grundwerte behandelt werden. Die Ideen dieser Autoren können für eine wirklichkeitssoziologische Perspektive vielerlei Anregungen bringen. Sie liefern aber nicht wirklich eine theoretische Grundlage, aus der empirisch umsetzbare und prüfbare Folgerungen abgeleitet werden könnten. Ideen und Werte sind, wie bereits festgestellt, aus soziologischer Sicht generell sehr wichtig. Ideen müssen jedoch immer in den Kontext gestellt werden, in welchem sie entwickelt wurden und ihre Wirkung entfalten. Dies ist das zentrale Thema der Soziologie des Wissens und der Ideen, die sich mit Fragen wie den sozialen Ursprüngen von bestimmten Ideen, ihren Trägergruppen und ihren Wirkungen befasst (vgl. Mannheim 1970; Fleck 1980; Camic/Gross 2004). Betrachten wir jedoch näher, was Max Weber und andere bedeutende Soziologen zur grundsätzlichen Bedeutung von Werten für das Handeln und für gesellschaftliche Integration geschrieben haben.

Werte als Basis – aber welche? Der Ansatz von Max Weber

Werte spielen bei Max Weber, wie bereits festgestellt, eine zentrale Rolle. Der von ihm geprägte Begriff des wertrationalen Handelns stellt die Grundlage für das Konzept der Soziologie als Wirklichkeitswissenschaft dar. Weber selbst setzte sich immer wieder mit der Rolle von Werten in der Gesellschaft und in der Wissenschaft auseinander[3] (Weber 1973b). Mit seiner unbedingten Forderung nach Wertfreiheit der Wissenschaft hat er schon zu seiner Zeit eine heftige Kontroverse ausgelöst, die bis heute anhält. Dabei hatte Weber nur verlangt, dass Werte bei der Durchführung wissenschaftlicher Arbeiten selbst zugunsten einer möglichst objektiv-sachlichen Analyse hintangehalten werden sollten. Er hat keineswegs bestritten, dass Werte für die Wissenschaft von großer Bedeutung sind. Sie können und sollen eine Rolle spielen bei der Formulierung wissenschaftlicher Fragestellungen, bei der Anwendung der Befunde der Wissenschaft und bei der Analyse politischer Zielsetzungen und Prozesse. Als Beispiel für Letzteres kann man seinen Aufsatz *Parlament und Regierung im neugeordneten Deutschland* nennen. Darin gibt er – auf der Basis seiner Analyse von Bürokratie und Politik, aber auch aufgrund seiner eigenen politischen Überzeugungen – konkrete Empfehlungen dazu, wie die Arbeitsteilung zwischen Beamten und Politikern aussehen sollte.

Werte spielen auch in Webers Hauptwerken *Die protestantische Ethik und der Geist des Kapitalismus* und über *Die Wirtschaftsethik der Weltreligionen* eine zentrale Rolle. Im ersteren Werk argumentiert er ja – mehr oder weniger direkt gegen Marx – dass religiös fundierte Werte beim Aufstieg des kapitalistischen Denkens und Wirtschaftens in Europa eine essentielle Rolle gespielt haben (Weber 1988a). Eine Zusammenfassung dieser These findet sich in jedem Einführungswerk zu Weber.[4] Demnach hat Luther die Idee entwickelt, wonach der Beruf eine von Gott gestellte Aufgabe ist; daher sind auch die irdisch-weltlichen Pflichten mit Sorgfalt und Fleiß auszuführen und jeder Beruf hat einen gesellschaftlichen Wert. Dazu kamen die Ideen der asketischen protestantischen Sekten (Calvinismus, Puritanismus, Methodismus), die eine strenge Prädestinationslehre vertraten, d. h. die Ansicht, dass das Schicksal jedes Menschen im Jenseits (Himmel oder Hölle) von Beginn seines Lebens an bestimmt ist. und dass der weltliche Erfolg eines Menschen ein Indiz dafür sei, dass er zu den Auserwählten gehöre. All diesen Prinzipien entsprach laut Weber der sich entwickelnde „Geist des Kapitalismus", der Werte hochhielt wie Fleiß, Pünktlichkeit, Vermeidung von Zeitvergeudung, Mäßigkeit, Sparsamkeit. Sie wurden institutionalisiert in den kapitalistischen Formen der Arbeits- und Wirtschaftsorganisation – Trennung von Haushalt und Betrieb, rationale Buchführung und Betriebsorganisation, Pünktlichkeit, Leistungsbereitschaft und Verantwortungsbewusstsein der Beschäftigten. Weber diskutiert auch ausführlich, inwieweit diese kapitalistischen Prinzipien mit den Ethiken anderer Weltreligionen – wie dem Buddhismus und Konfuzianismus – vereinbar sind. Hat sich der Kapitalismus allerdings in einem Land einmal

---

[3] Zum Begriff der Wertfreiheit in der Wissenschaft gibt es eine umfangreiche Debatte. Weber legte seine Ausführungen u. a. im Aufsatz „Die Objektivität sozialwissenschaftlicher Erkenntnis (in Weber 1973a) dar. Für einen ersten Überblick über die Literatur vgl. https://de.wikipedia.org/wiki/Wertfreiheit (abgerufen am 4.4.2023).

[4] Vgl. u. a. Kaesler (1995, S. 234–251), *Max Weber*; Müller (2007, S. 181–201), *Max Weber*. Auch andere namhafte Soziologen haben Webers Protestantismusthese kritisiert, zuletzt am schärfsten Heinz Steinert (2010) in seinem Buch *Max Webers unwiderlegbare Fehlkonstruktionen*.

durchgesetzt, so werden diese religiösen Grundlagen seiner Meinung nach obsolet, weil der Konkurrenzdruck alle Marktteilnehmer zwingt, sich an diese Prinzipien zu halten.

Die Frage ist daher, ob Werte im entwickelten Kapitalismus überhaupt noch wichtig sind und, wenn ja, welche dies sind. Hier wird man bei Weber nicht sehr fündig. Aus manchen seiner Äußerungen zu diesem Thema muss man sogar ableiten, dass er den Werten keine große Bedeutung zuspricht. Ein Autor (Tyrell 2001) spricht sogar von einer „ethisch irrationalen Welt" bei Weber. Eine der wenigen expliziten Stellungnahmen zur gesellschaftlichen Bedeutung von Werten ist enthalten in Webers berühmten *Zwischenbetrachtung: Theorie der Stufen und Richtungen religiöser Weltablehnung* im Anhang an die Arbeit über die protestantische Ethik und den Geist des Kapitalismus.[5] Eine zentrale These darin wurde der Einleitung als Motto vorangestellt. Sinngemäße Ausführungen finden sich auch an anderen Stellen von Webers Schriften. Weber unterscheidet hier fünf „Lebensordnungen" oder „Wertsphären", die jeweils durch eigene Formen der Wertrationalität gekennzeichnet seien. Diese Sphären sind die Religion, die Ökonomie, die Politik, die ästhetische und die erotische Sphäre. Diese fünf Bereiche sind in ihrer rational höchsten Ausprägung nicht miteinander kompatibel. Die Grundprinzipien der Sphäre der Religion sind ein Liebeskommunismus gegenüber allen Menschen und eine universalistische Brüderlichkeitsethik über die Schranken aller sozialen Gruppen und Gemeinschaften hinweg. Die Wirtschaft ist gekennzeichnet durch sachliche Kalkulation mit Hilfe von Geld, unpersönliche Beziehungen und einen Interessenkampf zwischen den Teilnehmern. Schließlich entwickelt auch die politische Ordnung eigene Prinzipien, die mit jenen der anderen Sphären ebenfalls nicht vereinbar sind. Für die rationale politische Ordnung gilt: „Sachlich, ‚ohne Ansehen der Person', ‚sine ira et studio', ohne Hass und daher Liebe, verrichtet der bureaukratische Staatsapparat und der ihm eingegliederte rationale homo politicus seine Geschäfte …" (Weber 1988a, S. 546). Mit dem Krieg verfügt die Politik, im Unterschied zur Ökonomie, laut Weber auch über ein Mittel, das enormes Pathos und Gemeinschaftsgefühl auslösen kann; es kann sogar dem Tod (der Soldaten) einen Sinn verleihen. Das ökonomische und politische, ja alles nichtreligiöse, weltliche Handeln steht aber in einer starken Spannung zueinander: „Denn es scheint kein Mittel zum Austrag schon der allerersten Frage zu geben: von woher im einzelnen Fall der ethische Wert eines Handelns bestimmt werden soll: ob vom *Erfolg* oder von einem – irgendwie ethisch zu bestimmenden – *Eigenwert* dieses Tuns an sich aus" (Weber 1988a, S. 552).

Tendenziell einen Eigenwert besitzen laut Weber allerdings die zwei weiteren Sphären, die ästhetische und die erotische. Es fällt allerdings schwer, seinen einschlägigen Ausführungen dazu zu folgen. Zur ästhetischen Sphäre schreibt er: „Die Kunst konstituiert sich nun als ein Kosmos immer bewusster Erfassung selbständiger Eigenwerte. Sie übernimmt die Funktion einer … innerweltlichen Erlösung: vom Alltag und, vor allem, auch von dem zunehmenden Druck des theoretischen und praktischen Rationalismus. Mit diesem Anspruch tritt sie allerdings in direkte Konkurrenz zur Erlösungsreligion" (Weber 1988a,

---

[5] Weber 1988a, S. 536–573; vgl. auch Schluchter (2006/I, S. 304–316), *Grundlegungen der Soziologie*.

S. 555). Diese These, dass die Kunst die Funktion einer Art säkularer Erlösungsreligion, also einer Sinngebung des ganzen Lebens, erfüllt, scheint weder für die Künstler selbst noch die Rezipienten wirklich plausibel zu sein. Haben für die Künstler selbst nicht die Ausübung und Vervollkommnung ihrer Fähigkeiten wie auch die immanente künstlerische Leistung, die sich durch das in Ausarbeitung befindliche Werk selber ergibt, einen Eigenwert an sich? Es gibt Äußerungen von Künstlern, dass sich ein Werk geradezu „von selbst" erzeugt habe, sie nur die Ausführenden einer Idee waren. Der Künstler geht in seiner Kunst auf, weil diese an sich hohe Befriedigung erzeugt, und nicht, weil er sich durch künstlerische Betätigung von irgendetwas „erlösen" will. Dem entspricht auch die Tatsache, dass viele Künstler früher tiefreligiöse Menschen waren. Unplausibel erscheint auch die These von Weber, die besten Kunstkonsumenten seien jene, die einen harten Büroarbeitsalltag hinter sich haben und dann am Abend oder Wochenende sich einem Konzert hingeben oder in die Bilder einer Ausstellung versenken. Es mag stimmen, dass sie sich dadurch von Berufsstress und -sorgen ablenken lassen, aber kann das für sie eine Art Erlösung werden? Für nicht wenige von ihnen mag eine solche kulturelle Aktivität, wie Bourdieu ja extensiv zu belegen versuchte, auch ein Mittel zur Vergrößerung ihres sozialen und symbolischen Kapitals sein. Plausibler – auch als soziologische These für die Funktion der Kunst – ist dieser Ausspruch des Dichters und Philosophen Gotthold Ephraim Lessing im *Laokoon:* „Der Endzweck der Wissenschaft ist die Wahrheit, der Endzweck der Künste ist Vergnügen."

Noch schwerer nachvollziehbar sind in der heutigen Zeit Webers Ausführungen zur „Eigenrationalität" der erotisch-sexuellen Sphäre (vgl. dazu auch Schwinn 2001, S. 159–163). Diese ist für Weber „die größte irrationale Lebensmacht". Dafür bringt er als Beleg ethnologische und kulturhistorische Fakten. So schreibt er, Geschlechtsverkehr sei oft Bestandteil der magischen Orgiastik gewesen. In der mittelalterlichen Ritterkonvention sei die Sexualität zur Erotik sublimiert worden, womit ihre „Sonderstellung" gesteigert worden sei. Für die leidenschaftliche erotisch-sexuelle Liebe verwendet Weber Begriffe wie „erotischer Rausch" und „Todesernst der Geschlechtsliebe". Diese müsse letztlich „der Brutalität verhaftet bleiben", stelle die Sexualität doch ein Verhältnis des Kampfes dar, in welchem „eine Vergewaltigung der Seele des minder brutalen Teiles" erfolge. Die volle erotische Gemeinschaft sei „in (einem unethischen Sinne) ‚legitimiert'"; von ihr werde „pathologische Besessenheit" gestiftet, obwohl sie aus der Sicht einer Erlösungsreligion letztlich nur dem „reinen Zufall des Entbrennens der Leidenschaft" entspringe. Mit einer Brüderlichkeitsethik, so Weber, bleibe auch die sublimierteste Erotik absolut inkommensurabel ... ganz abgesehen davon, dass schon ihr Leidenschaftscharakter als unwürdiger Verlust der Selbstbeherrschung und der Orientierung" erscheinen müsse. Die Sexualität habe eine „gewaltige Wertbetontheit", eine neue Form der Verbindung zwischen Geistigem und Animalischem, erfahren. Wenn es jedoch stimmen würde, dass eine solche rauschhafte erotisch-sexuelle Liebesbeziehung gerade bei modernen „Berufsmenschen" vorkommt, hätte Weber ja Beispiele für Männer (oder Frauen) suchen können, die eine derartige Lebensform verwirklicht hätten. Mir scheint aber, die Suche nach solchen Persönlichkeiten wäre wenig aussichtsreich. Die erfolgreichsten nüchternen Berufsmenschen mögen sich zwar die attraktivsten Frauen als Gespielinnen oder serielle Partnerinnen aussuchen können, leidenschaftliche Liebesaffären werden von ihnen aber kaum je berichtet. Das Grundproblem bei diesen zwischen Euphorie und Schauder schwankenden Ausführungen von Weber liegt wohl darin, dass er die erotisch-sexuelle Beziehung nicht nur isoliert betrachtete, sondern auch ihr Potential für eine tiefe, sozial und auch kulturell fundierte menschliche Beziehung verkannte (vgl. dazu Loewit 1992; Haller 2016).

Weber behauptet also die Existenz unterschiedlicher Lebensordnungen und Wertsphären, die in ihrer reinen, idealtypischen Ausprägung miteinander als inkommensurabel erscheinen. Jede Sphäre basiert seiner Meinung nach auf spezifischen Werten und jede besitzt eine Eigengesetzlichkeit. Zwischen den verschiedenen Teilsphären und ihren jeweiligen Werten besteht ein grundlegender, „fataler" Widerspruch, die Wertordnungen stehen „in unlöslichem Kampf zueinander" (Weber 1973, S. 328 f.; vgl. auch Schluchter 1996, S. 223–255).

Mit diesen Thesen gerät Weber allerdings in einen Widerspruch, wie mehrere Autoren argumentiert haben (vgl. u. a. Oakes 2003). Die These von der zunehmenden Ausbildung der Eigengesetzlichkeit der einzelnen Sphären schließt aus, dass es ein übergreifendes Wertsystem gibt, auf dessen Basis die Bedeutung und der Sinn der Teilsphären bestimmt werden kann. Friedrich Tenbruck (1980, S. 335) schrieb dazu, die Unmöglichkeit der rationalen Begründung von Werten habe für Webers Soziologie eine fundamentale Rolle gespielt. Was aktuell rational ist, hänge letztlich von irrationalen Gründen ab. Man könnte jedoch behaupten, Weber selbst habe postuliert, dass Rationalisierung ein übergreifendes Prinzipdarstelle. Das Vordringen dieser Intellektualisierung und Entzauberung belegte er ja eindrucksvoll für viele Bereiche – für die Ökonomie, das Rechtssystem, die Wissenschaft, die Musik usw. Die Werte selbst sind im Rahmen dieser Rationalisierung aber offenkundig nicht begründbar. Auch der Begriff der Entzauberung ist alles andere als eindeutig, wie Hans Joas in seinem neuen Werk *Die Macht des Heiligen* gezeigt hat.

Die Problematik der Unbestimmtheit der relevanten gesellschaftlichen Werte zeigt sich auch in einer weiteren Grundidee bzw. -these von Weber. Es ist dies die berühmte und auch heute noch häufig zitierte Unterscheidung zwischen *Gesinnungsethik* und *Verantwortungsethik*. Gesinnungsethisch handelt laut Weber jemand, der ausschließlich den Wert einer Handlung ungeachtet ihrer (erhofften positiven) Folgen im Auge hat. Verantwortungsethisch handelt er, wenn er auch diese Folgen beachtet, also in Rechnung stellt, dass Handlungen oft nicht zum gewünschten Ziel führen, sondern mit Kosten verbunden sind und unerwartete, oft problematische Nebenfolgen haben können. Auch hier konstatiert er die Existenz zweier „grundverschiedener, unaustragbar gegensätzlicher Maximen": der gesinnungstheoretisch Handelnde folge seine Maximen ohne Rücksicht auf die Folgen, der verantwortungsethische Handeln bedenke auch alle möglichen Folgen (Weber 1973). Die Unterscheidung zwischen Gesinnungsethik und Verantwortungsethik verweist zweifellos auf ein wichtiges Problem. Auch heute gibt es immer wieder „Gesinnungsethiker" in unterschiedlichster Form. Ihre Ausprägungen reichen von Idealisten, die alles Unrecht anprangern und eine völlig neue Gesellschaft fordern bis hin zu christlichen und islamistischen Fundamentalisten ja sogar Terroristen, für die pure Gewalt und Terror Mittel sind, um die verdorbene (westliche) Gesellschaft aus den Angeln zu heben. Was aber auffällt, ist die Tatsache, dass Weber den Verantwortungsethiker nur dahingehend charakterisiert, als dieser die Begleitumstände seines Handelns und alle möglichen Folgen einbezieht. Nicht angesprochen werden jedoch die inhaltlichen Werte, nach denen er handelt. Weber konzediert lediglich, dass ein Verantwortungsethiker auch nach ethischer Gesinnung handeln müsse. Allerdings vermischt er in seiner Typologie, wie der französische Soziologe und Weber-Experte Raymond Aron (1971, S. 199 f.) argumentiert hat, zwei Dimensionen. Bei der einen geht es um ein machtbezogenes, „wertfreies" Handeln vs. einem klar wertbezogenen Handeln (etwa aus christlicher Nächstenliebe). Bei der zweiten Dimension geht es darum, die Folgen der Handlung zu beachten oder nicht. Durch eine Klassifikation dieser beiden Dimensionen ergeben sich jedoch vier Haltungen: eine wertbasierte Haltung, die nicht auf die Folgen achtet (der reine Gesinnungsethiker nach Weber); eine (echte)Verantwortungsethik, die wertbasiert ist, aber auch die Folgen des Handelns beachtet; eine wertfreie Effizienzethik, welche vor allem die Folgen des Handelns beachtet (im Grunde das rein zweckrationale Handeln, vielleicht auch impulsives emotionales Handeln); und eine wertfreie und eine die Folgen missachtende Nutzen- oder Machtethik; hierbei könnte man an einen skrupellosen Verbrecher oder Diktator denken (vgl. auch Schluchter 1988, S. 168). Hinter der schroffen Dichotomie von Gesinnungs- vs. Verantwortungsethik steht offenkundig eine grundlegende ethisch-moralische „Abstinenzhaltung" von Weber. Diese brachte ihn etwa dazu, bei der Darstellung der Rolle des Politikers zu übersehen, dass dieser immer auch in einem Netz von sozialen und ethisch-moralischen Bezügen zur gesellschaftlichen Gemeinschaft steht, die ihm Zügel auferlegt und sein Handeln mitbestimmt. Sein Verhältnis zu Werten hat Weber auch im Aufsatz *Wissenschaft als Beruf* klar zum Ausdruck gebracht. Hier argumentiert er, dass Wissenschaft nie ihren eigenen, letztlichen Sinn, angeben könne. Die Festlegung auf solche Ziele sei im Leben überhaupt, nicht nur in der Wissenschaft, eine rein individuelle Entscheidung, die niemandem abgenommen werden könne. Wir könnten nur „der Forderung des Tabes gerecht werden – menschlich wie beruflich. Die ist aber schlicht und einfach, wenn jeder den Dämon findet und ihm gehorcht, der seines Lebens Fäden hält" (Weber 1973, S. 338 f.)., Man denkt hier unmittelbar an Nietzsche, den Philosophen, der Werte aller Art (und vor allem ihre Prätension) am radikalsten infrage gestellt hat. So haben viele Autoren zu Recht auf den Einfluss von Nietzsche auf Weber hingewiesen.

Weber hat sich tatsächlich intensiv mit Nietzsche auseinandergesetzt und dessen fundamentale Kritik aller etablierten Wertsysteme verarbeitet. Einen Wert-Nihilismus, dem Nietzsche nahekommt, hat Weber sicherlich nicht vertreten. Dennoch ist es nicht zu bestreiten, dass er bezüglich der Werte eine Position vertritt, die einer Umsetzung seiner eigenen Idee der Soziologie als Wirklichkeitswissenschaft eigentlich entgegensteht. Weber hat dieser ja die Aufgabe zugeschrieben, „die uns umgebende Wirklichkeit des Lebens ... in ihrer Eigenart zu verstehen". Dabei geht es um „die Erkenntnis der Wirklichkeit in ihrer Kulturbedeutung"; dies wiederum setzt „die Beziehung der Kulturerscheinungen auf Wertideen" voraus" (Weber 1973, S. 217). Offen bleibt bei Weber nicht nur, welches die Wertideen sind. Darüber hinaus sieht er Wertentscheidungen ausschließlich als Sache des Einzelnen, dem die Wissenschaft dabei nicht helfen könne. Diese Position hat ihn aber selbst zu persönlichen und politischen Haltungen gebracht, die in offenkundig starkem Gegensatz zumindest zu einem gesellschaftlichen Grundwert stehen. Gemeint ist hier sein Rassismus und extremer Deutschnationalismus und dessen Implikationen, wie er vor allem in seiner berühmt-berüchtigten Freiburger Antrittsrede von 1895 (aber nicht nur dort) zum Ausdruck kam (Weber 1988c, S. 1–25; vgl. auch Mommsen 1974). Darin argumentiert er, das Problem Westpreußens – Abwanderung der deutschen und Zunahme der polnischen Bevölkerung – habe gezeigt, dass auch eine niedriger stehende Rasse, wie die slawische, gegenüber einer höherstehenden, wie der deutschen, im Prozess der sozialen Auslese die Oberhand gewinnen könne. Ziel der deutschen Politik müsse es daher sein, die Ostgrenze zu schließen und deutsche Bauern als Kolonisatoren dort anzusiedeln, um der „slawischen Flut" Einhalt zu gebieten. Weiter schreibt er der Volkswirtschaftslehre – wenn sie nicht Wissenschaft ist, sondern Werturteile fällt – die Aufgabe zu, einen deutschnationalen Bewertungsmaßstab zu übernehmen. Damit solle sie eine Bundesgenossin werden im „ewigen Kampf um die Erhaltung und Emporzüchtung unserer nationalen Art". Von dieser Rede hat sich Weber später zwar distanziert. Inhaltlich dürfte er seine diesbezügliche Weltanschauung aber nicht wesentlich geändert haben. So bestätigt er noch 1911, er habe in dieser Rede „sehr absichtlich hervorgehoben, dass Politik kein moralisch fundamentiertes Gewerbe ist, noch jemals sein kann" (zitiert nach Marianne Weber 1984, S. 416). Auch die Aussagen von Weber zum Ausbruch des Ersten Weltkrieges stehen in dieser Linie. Was er hier schreibt, ist mit gesellschaftlichen Grundwerten wie Frieden und Achtung des Lebens nicht vereinbar. So begrüßt er den Ausbruch des Krieges enthusiastisch mit den Worten „Dieser Krieg ist groß und wunderbar", von „strahlender Herrlichkeit." Er bedauert es tief, wegen seines Alters nicht mehr selbst einrücken und an der Front kämpfen zu können. Nachrichten, dass Söhne enger Bekannter bzw. Freunde im Krieg gefallen sind, nimmt er ohne emotionale Anteilnahme zur Kenntnis. Der Krieg ist laut Weber ein Verteidigungskrieg, der für die deutsche nationale Kulturgemeinschaft geführt wird. Inwiefern diese gefährdet ist, führt er allerdings nirgends aus.

Auch in dieser Hinsicht ist eine erschreckende Nähe von Webers Auffassungen zum Denken von Nietzsche festzustellen. Nietzsche sieht das Leben zwar grundsätzlich positiv und argumentiert, jede „gesunde" Moral sei von einem Instinkt des Lebens beherrscht (Nietzsche 2012). Es ist aber nur das Leben der Mutigen, Starken und Mächtigen, das positiv zu bewerten ist; Kranke sind „Parasiten der Gesellschaft." Der Krieg, so Nietzsche erzieht zur Freiheit, der solcherart frei gewordene tritt mit Füßen „auf die verächtliche Art von Wohlbefinden, von dem Krämer, Christen, Kühe, Weiber, Engländer und andere Demokraten träumen" (Nietzsche 2012, S. 648 ff., S. 760, S. 800 f.).[6] Der englische Soziologe Martin Albrow (1990, S. 55–61) hat sich ausführlich mit dem Verhältnis von Weber zu Nietzsche befasst und kommt – wie bedeutende andere Autoren (Aron, Mommsen, Marcuse und Habermas) zur Folgerung, dass sich Weber zwar von Nietzsches Verherrlichung des Übermenschen und dessen Erklärung der Religion aus Ressentiment distanzierte, aber die Grundprinzipien von Nietzsches Denken weitgehend übernahm. Dies gelte insbesondere für seine geradezu sozialdarwinistische Überbetonung der Bedeutung von Macht und Kampf in der Beziehung zwischen Nationen.

Allerdings ist Weber zugute zu halten, dass er schon lange vor dem Ersten Weltkrieg die politische Entwicklung Deutschlands mit Sorge betrachtete. So kritisierte er insbesondere die Rolle des dilettantischen Kaisers Willhelm II., der durch seine aggressiven-großspurigen Äußerungen schon Jahre vor 1914 einen Krieg provozierte. Auch während des Krieges warnte Weber vor unüberlegten Aktionen und überschießenden, unrealistischen Kriegszielen. Laut Raymond Aron (1971, S. 176–250), dem besten französischen Weber-Kenner, war dieser ein typischer Vertreter einer Machtpolitik, geistiger Nachfahre von Machiavelli und Zeitgenosse Nietzsches. Ähnlich sieht dies Wolfgang Mommsen in seinem Standardwerk *Max Weber und die deutsche Politik*. Mommsen (1974, S. 41) schreibt, Webers Ablehnung jeder ethischen Fundierung von Politik und seine Betonung der zentralen Rolle charismatischer Persönlichkeiten habe ihn am Ende zu „irrationalen Lösungsvorschlägen", in die Aporie einer „plebiszitären Führerdemokratie" geführt. Ganz allgemein muss man wohl der These des Historikers Gerhard Masur (1961) zustimmen, dass Webers radikale Trennung von Wissenschaft und Leben „eine absurde geistige Position" reflektiert. Diese zeigte sich laut Masur auch in Webers letztlichem Unverständnis der angelsächsischen Demokratie gegenüber. Eine weniger schroffe Ablehnung objektiver Werte kann man bei Weber allerdings im Hinblick auf Probleme individueller Lebensführung erkennen. Hier sieht er, ähnlich wie Durkheim, dass eine Berufsethik als „intermediäre Moral" notwendig ist (Müller 1992). In den Reden zu Wissenschaft und Politik als Beruf argumentiert Weber, man könne durch „Dienst an der Sache", einen Lebenssinn gewinnen, etwa indem man die Arbeit als „Berufung" sehe. Für Wolfgang Schluchter (2006, S. 271) sind die Grundbegriffe von Weber „geradezu eine empirische Ergänzung von Kants philosophischer Rechts- und Tugendlehre". Es ist allerdings zu fragen, inwieweit eine so anspruchsvolle Berufsethik für die Mehrheit der Erwerbstätigen heute noch möglich ist bzw. von ihnen überhaupt erstrebt wird.

---

[6] Einigermaßen unverständlich ist, wie Karl-Heinz Hillmann (2003, S. 4 f.) in seinem sonst sehr informativen Werk zum Wertwandel zum Schluss kommt, Nietzsche habe eine „perspektivenreiche Analyse des Wertproblems" geliefert, die von der Soziologie völlig unzureichend rezipiert worden sei. Hillmanns Zitate aus Nietzsche bringen aber sehr deutlich dessen Nihilismus zum Ausdruck. Hillmanns These, Nietzsche habe „die Notwendigkeit der Umwertung aller Werte" scharfsinnig erkannt, ist mit den Grundthesen dieses Buches unvereinbar. Richtig ist natürlich Hillmanns Argument, dass Versuche, dogmatisch einen Wertabsolutismus zu begründen, zum Scheitern verurteilt sind.

Die Rolle der Werte bei anderen klassischen und zeitgenössischen Soziologen

Es ist hier angebracht, einen kurzen Blick auf die Relevanz von Werten bei anderen soziologischen Klassikern und bedeutenden zeitgenössischen Soziologen zu werfen. Es sind dies Emile Durkheim (1858–1917), Talcott Parsons (1902–1979) sowie Amitai Etzioni (geb. 1929) und Hans Joas (geb. 1948).

Durkheims zentrales Anliegen in allen seinen Hauptwerken war es, eine neue und eigenständige, soziologische Erklärung des Handelns und gesellschaftlicher Integration zu entwickeln. Es gibt mehrere Phasen in Durkheims Denken (Müller 2019). In der ersten Phase wendet er sich mit dem Werk über die Arbeitsteilung vor allem gegen Ökonomen, welche die Entstehung sozialer Ordnung nur durch Abstimmung zwischen den wechselseitigen Interessen erklären. Dagegen postuliert er eine (nicht wirklich überzeugende) „sozialphysikalische" Erklärung, die besagt, dass hohe gesellschaftliche Dichte zu Arbeitsteilung führt, welche die Individuen stärker zusammenbringt. In der zweiten Phase wendet er sich auch gegen Vertragstheorien (wie jene von Hobbes und Locke), die annehmen, dass sich Individuen aus freien Stücken an gemeinsamen Regeln orientieren und einen Staat gründen, um deren Sicherstellung zu garantieren. Notwendig sei vielmehr ein von allen Gesellschaftsmitgliedern geteilter Satz von Werten und Normen, der es überhaupt erst ermögliche, dass geordnete und für alle vorteilhafte wirtschaftliche Austauschbeziehungen stattfinden und dass politische Systeme funktionieren können. Für diese gemeinsamen Werte prägt Durkheim den eher diffusen Begriff des „Kollektivbewusstseins"; darunter verstand er die Gesamtheit der gemeinsamen (in einfachen Gesellschaften religiös fundierten) Überzeugungen aller Gesellschaftsmitglieder. Dieses kollektive Bewusstsein ist seiner Meinung nach etwas objektiv Existentes, das einen Druck auf alle Gesellschaftsmitglieder ausübt und sicherstellt, dass die sozialen Grundregeln eingehalten werden.

In den Schriften der dritten Phase, die sich direkt mit Moral befassen (Durkheim 2021), entwickelt er eine moderne Moraltheorie, die mit der in diesem Buch entwickelten Theorie der gesellschaftlichen Grundwerte teilweise gut vereinbar ist. Er knüpft dabei explizit an Kant und seine universelle Begründung von Werten im freien Willen des Einzelnen an; er spricht von einem „soziologischen Kantianismus". Durkheim schreibt, dass moralische Bindungen durch ein Zusammenspiel eines Zwanges von Seiten gesellschaftlicher Institutionen und einer Individualmoral entstehen. Das Argument lautet, dass moderne Gesellschaften durch eine moralische Vielfalt gekennzeichnet sind und die Verbindlichkeit der Moral durch ihre Loslösung von Religion geschwächt wurde. Damit tritt ein Individualismus hervor, der jedoch in seiner Wertschätzung des Individuums selbst etwas Universelles darstellt. Zugleich entwickelt sich komplementär zu diesem Individualismus eine Staatsbürgermoral: der Staat hat das Recht, den gemeinsamen Willen auszuformulieren und die Individuen zu bestimmten Verhaltensweisen zu zwingen. Durkheim argumentiert auch (und nimmt in dieser Hinsicht eine Grundidee der kritischen

Theorie von Boltanski/ Thévenot vorweg), dass es in den verschiedenen gesellschaftlichen Sphären (wie Familie, Beruf) teilweise eigene Moralen geben könne. Wichtig ist auch, dass Durkheim den Grundwert der Gerechtigkeit immer wieder als zentral ansieht (insbesondere in Bezug auf Verträge).

Der Mitte des 20. Jahrhunderts einflussreichste soziologische Theoretiker, Talcott Parsons (1902–1979) hat die Durkheim'sche Grundthese von der Bedeutung ethisch-moralischen Prinzipien in modernen Gesellschaften aufgegriffen und die Kritik an den politischen und ökonomischen Vertrags- und Machttheorien verstärkt.[7] Er argumentiert, für viele politische Theorien sei es unerklärlich, warum sich Menschen freiwillig zusammentun, kooperieren und sich einer zentralen Autorität unterwerfen. Bei den ökonomischen Theorien bleibe unklar, wie Bedürfnisse und Interessen überhaupt erst entstehen und was Nutzen konkret bedeutet. Ökonomisches Denken unterstellt oft auch eine Interessenharmonie, die nicht gegeben sei. In Anknüpfung an Durkheims Begriff des Kollektivbewusstseins entwickelt Parsons in seinem ersten Hauptwerk *Toward a General Theory of Action* die Idee, zentrales Element der soziologischen Analyse sei die Handlungseinheit bzw. der typische Handlungsakt *(unit act)*. Dieser besteht aus vier Elementen: einem Akteur, dem Handlungsziel, der Handlungssituation und den relevanten Normen und Werten. Parsons knüpfte in zwei Aspekten direkt an Weber an: Zum einen in seiner Betonung des Handelns als Objekt der Soziologie, zum anderen in seiner These von der Bedeutung der Werte. Im Unterschied zur Auffassung von Weber sind bei Parsons in jeder einzelnen Handlung Werte und Normen aber schon von vornherein enthalten. Darüber hinaus stellte Parsons die These auf, eine Gesellschaft sei durch grundlegende Wertmuster gekennzeichnet, die zugleich individuelle Bedürfnisdispositionen, soziale Rollen und kulturelle Wertmaßstäbe durchdringen. Es gibt fünf solcher Wertemuster *(pattern variables)*; sie sind jeweils binär strukturiert und hängen mit der gesellschaftlichen Evolution zusammen. Dabei ist tendenziell der eine Pol typisch für traditionale Gesellschaften, der andere für moderne Gesellschaften. Die ersten drei dieser Wertmuster beziehen sich auf das Handeln, die letzten zwei auf Rollenbeziehungen. Sie lauten (die „traditionelle" Orientierung wird jeweils als erste, die „moderne" als zweite genannt): Affektivität versus neutrale Affektivität des Handelns; partikularistische versus universalistische Orientierung; Zuschreibung (Askription) versus Leistung; Diffusität versus Spezifität von Rollenbeziehungen; Kollektiv- oder Gemeinwohlorientierung versus Orientierung an Eigeninteressen. Moderne Gesellschaften sind demnach dadurch charakterisiert, dass das Handeln eher affektiv neutral, universalistisch und leistungsorientiert ist und die meisten zwischenmenschlichen Beziehungen spezifische Rollenbeziehungen darstellen, wobei man sich primär an Eigeninteressen orientiert.[8]

---

[7] Zur umfangreichen Literatur zu Parsons sei hier nur erwähnt Münch (1982), *Theorie des Handelns*; Staubmann (2007), Handlungstheoretische Systemtheorie.

[8] Einen eigenständigen, sehr originellen Beitrag zu einer interkulturell vergleichenden Typologie von Werten, der entfernt dem von Parsons ähnlich ist, hat der Schweizer Soziologe (später Journalist) Victor J. Willi (1966) in seinem umfassenden Werk *Grundlagen einer Soziologie der Werte*

Parsons räumt also Werten eine zentrale, nahezu axiomatische Stellung in seiner Theorie ein und betont auch den Bezug der Werte zum Handeln. Dennoch wurde sein Ansatz zu Recht grundsätzlich kritisiert. Die Hauptargumente der Kritik waren: (1) Die Werte werden von Parsons nur postuliert, ihre Entstehung und Funktion im Handeln der Menschen wird nicht wirklich thematisiert und herausgearbeitet. (2) Die Gesellschaft wird als solche vorausgesetzt, als Einheit für sich untersucht und ihre Integration oder Desintegration nicht wirklich erklärt, Konflikte bleiben unterbelichtet. (3) Die Herstellung eines Konnexes zwischen gesellschaftlichem Entwicklungsniveau und Werten ist fragwürdig und tendiert letztlich zu einer Überhöhung westlicher Werte. So werden die Vereinigten Staaten von Parsons als „modernste Gesellschaft" dargestellt (Parsons 1972). Dagegen hat etwa H. D. Seibel (1980) gezeigt, dass das Leistungsprinzip kein generelles Charakteristikum moderner Gesellschaften ist, sondern vor allem dann zum Zuge kommt, wenn sich eine Gesellschaft in einer Problemlage befindet. Manche einfachen Gesellschaften waren daher offener und stärker leistungsorientiert als moderne Gesellschaften. (4) Die Theorie von Parsons stellt nur ein Schema relevanter Faktoren und Zusammenhänge, aber keine erklärende Handlungs- oder Gesellschaftstheorie dar (vgl. Haller 2003, S. 173–237).

Ein auf den ersten Blick vielversprechender neuer Ansatz zur Integration der Werte in die soziologische Theorie wurde von Amitai Etzioni entwickelt, einem Hauptvertreter der sozialphilosophischen bzw. soziologischen Schule des *Kommunitarismus* in den Vereinigten Staaten (Etzioni 1968). Auch Etzioni grenzt sich von liberalistischen und utilitaristischen Theorien ab und befindet sich insofern in Übereinstimmung mit Parsons. Er geht mit Sozialphilosophen wie Michael Sandel, Michael Walzer, Charles Taylor und anderen davon aus, dass gemeinsame Werte von entscheidender Bedeutung für die gesellschaftliche Integration sind (Etzioni 1997). Diese Werte dürften aber niemandem aufgezwungen werden, sondern müssten immer die Freiheit und Autonomie der Menschen als individuelle Persönlichkeiten beachten. Die neue „goldene Regel" der Ethik laute daher: Achte die moralische Ordnung der Gesellschaft so, wie du willst, dass deine Autonomie geachtet wird.

Was ist eine solche „moralische Ordnung" aber konkret? Hier ist die kommunitaristische Theorie nicht sehr ergiebig. Etzioni nennt drei Prinzipien, die bei der Begründung der Grundwerte zu befolgen seien: demokratische Willensbildung, ein von der Gesellschaft anerkannter moralischer Rahmen (hier spricht er sich explizit gegen universale Rechte aus) und gesellschaftsübergreifende moralische Dialoge. Universell gültige moralische Prinzipien könnten erst dann etabliert werden, wenn es verbindliche weltweite moralische Dialoge gebe. Die UNO-Menschenrechte sind das seiner Meinung nach noch

---

und Wertsysteme entwickelt. Er versuchte systematisch philosophische und sozialwissenschaftliche Theorien mit empirischen ethnologischen und soziologischen Befunden zu kombinieren und kam zu einer Typologie von drei „Wertsystemen". Diese bezeichnet er als monistisch-weltentsagenden Grundzug im traditionsgebundenen Orient und Asien; als monistisch-weltbejahenden Grundzug im traditionsgebundenen Europa; und als dualistisch-gespaltenen Grundzug im szientistischen System des modernen Amerika. Es ist hier nicht der Platz, sich mit diesem interessanten Werk näher auseinanderzusetzen.

nicht, weil sie nicht von allen Ländern anerkannt werden. Als die beiden grundlegendsten Werte nennt Etzioni eine auf Freiwilligkeit beruhende moralische Ordnung und eine weitgehende, jedoch gebundene Autonomie. Aus diesen offensichtlich sehr allgemeinen Prinzipien leitet Etzioni dann recht umstandslos konkrete politische Maßnahmen ab, wie etwa das Verbot von Hasspostings im Netz; Geschwindigkeitsbeschränkungen für Autofahrer; Erfassung von Finderabdrücken, um Missbrauch von Sozialhilfeempfängern zu verhindern; nachbarschaftlich organisiertes *crime watch* zur Verbrechens- und Drogenbekämpfung. Maßnahmen dieser Art mögen mehr oder weniger sinnvoll sein; universell akzeptabel sind sie sicher nicht. So würden die beiden letzteren in Europa wohl großteils abgelehnt. Das Problem mit Normen dieser Art ist jedoch, dass sie kaum aus seinen beiden ethisch-moralischen Grundregeln abgeleitet werden können. Letztlich beruht auch der Ansatz von Etzioni wie jener von Parsons auf einer funktionalistischen Theorie, welche die Ebene der Gesellschaft hypostasiert, d. h. Werte und Normen nur aus gesellschaftlichen Funktionserfordernissen ableitet.

Kurz anzusprechen ist hier auch die Theorie der Entstehung von Werten, die der Sozialphilosoph und Soziologe Hans Joas in einer Reihe von Büchern entwickelt hat (Joas 1999, 2011). Seine Grundthese lautet: Werte entstehen in Prozessen der Selbstbildung und Selbsttranszendenz. Hierbei knüpft Joas explizit an Durkheim, Sozialphilosophen in der Tradition des Pragmatismus (James, Mead, Dewey) und an den Begriff der Identität bei Charles Taylor an. Von Durkheim (1984) übernimmt er die Idee, dass das zentrale Kennzeichen der Religion die Unterscheidung zwischen dem Profanen und Heiligen ist. Diese Unterscheidung wird von der Gesellschaft selbst getroffen, das Heilige entsteht aus der erregenden und emotionalisierenden Kraft kollektiver Rituale und Erfahrungen. Von den pragmatistischen Philosophen übernimmt Joas die Idee, dass vor allem die individuelle Erfahrung des Göttlichen wichtig ist und subjektive religiöse Erfahrungen unsere Handlungsmöglichkeiten erweitern. Scheler hat die Bedeutung des Gefühlsleben für den Zugang zu Werten herausgearbeitet; in Gefühlen wie Reue und Scham, Ehrfurcht, Sympathie usw. sind immer auch ethisch-moralische Elemente enthalten. Charles Taylor hat die Theorie der Wertentstehung mit einer intersubjektivistischen Theorie der Identitätsbildung verknüpft. Für ihn bringen Gefühle der Empörung, Ehrfurcht, Bewunderung usw. Maßstäbe zum Ausdruck, die wir an uns selbst stellen bzw. gestellt sehen möchten; eine Phänomenologie der moralischen Gefühle enthüllt objektive Wertmaßstäbe und konstituiert unser Selbst. So begründet Joas seine eigene Theorie durch die These, dass die Werte im reflexiven Handeln des Subjekts selbst entstehen. Dieses Handeln ist kreativ, weil das angemessene Handeln einen immer neuen Ausgleich zwischen dem Guten (den allgemeinen Werten im soziologischen Sinn) und dem Rechten (den Normen) herstellen muss. Religiöse und moralische Gefühle des Individuums beziehen sich auf ein ganzheitliches, ideales Selbst. Was man tut oder ist, kann er/sie nicht erzählen, ohne auf die starken Werthaltungen Bezug zu nehmen, die mit diesem Selbst verbunden sind. Die Argumentation von Joas kann als in sich schlüssig und originär bezeichnet werden und seine einschlägigen Werke erhielten, nicht zuletzt wegen ihrer ausführlichen, systematischen und kritischen Auseinandersetzung mit den meisten einschlägigen Denkern hohe Aufmerksamkeit. Sie ist aber offenkundig nicht mit den Grundannahmen des hier entwickelten Ansatzes vereinbar. Sehr nützlich kann sie für die Theorie des ethischen Handelns sein, die jedoch klar von der Theorie der gesellschaftlichen Werte zu trennen ist, wie im folgenden Kapitel argumentiert werden wird. Gesellschaftliche Werte können nicht subjektiv erzeugt werden. Wir werden für alle neun Grundwerte zeigen, wie sie im Laufe der Geschichte durch die wechselseitige Diskussion zwischen Denkern ausformuliert, von konkreten gesellschaftlichen Gruppen übernommen und schließlich in gesellschaftlichen Institutionen „materialisiert" wurden. In Joas' Ansatz wird auch in keiner Weise diskutiert, welches nun die konkreten Werte sind, welche die Subjekte in ihrem Handeln kreativ erzeugen. Auch wird nicht klar, wie die Universalität der Werte angesichts ihrer Schöpfung in individuellem Handeln hergestellt werden kann.

Es gibt auch bedeutende theoretische Schulen in der zeitgenössischen Soziologie, welche die unabhängige Bedeutung von Werten überhaupt infrage stellen. Eine davon ist die Rational Choice Theorie. James Coleman hat in diesem Rahmen ein vertragstheoretisches Gesellschaftsmodell entwickelt, in dem Werte zwar vorkommen, aber nur als Werte von Ressourcen, also in ihrem materiell-ökonomischen Aspekt. Normen werden laut Coleman entwickelt, um externe Effekte von Handlungen (positive oder negative) zu fördern oder zu verhindern. Ein „soziales Optimum" besteht, wenn der Aushandlungsprozess zwischen Gruppen bzw. ihren Mitgliedern zu Normen führt, welche den Interessen aller (gewichtet nach ihrer Macht!) am besten dienen (vgl. dazu Haller 2003, S. 318–334). Auch in anderen Varianten der Rational Choice Theorie ist Handeln vor allem durch Interessen, Nutzen- und Kostenabwägungen bestimmt, wie Hartmut Esser heraushebt. Seiner Meinung nach gilt: „Das Geld, die Märkte und die Kreuzung der Interessen haben die Werte als Mechanismus der Interpretation in den modernen, komplexen Gesellschaften nahezu überflüssig gemacht" (Esser 1999, S. 140). Nur in kleinen, überschaubaren Gemeinschaften hätten Werte Integration erzeugen können.

Ein weiterer soziologischer Ansatz, für den Werte praktisch bedeutungslos sind, ist die Systemtheorie von Niklas Luhmann. Sie ist hier von besonderem Interesse. Denn Luhmann befasste sich ausführlich mit dem Recht. Er entwickelte eine neue, umfassende systemtheoretisch-funktionalistische Gesellschaftstheorie. Demnach ist die Gesellschaft unterteilt in relativ autonome Subsysteme, die jeweils eigenen Prinzipien folgen und spezifische Funktionen für die Gesamtgesellschaft erfüllen (vgl. z. B. Luhmann 1997). Durch diese Ausdifferenzierung haben diese Teil- oder Subsysteme hohe Autonomie gewonnen und sie können ihre jeweiligen Funktionen für die Gesamtgesellschaft effizienter erfüllen. Das Teilsystem des Rechts differenziert sich laut Luhmann aus dem Bereich der Politik aus und übernimmt die Funktion der Legitimierung und Durchsetzung der im politischen System getroffenen Entscheidungen und Lösung der dabei auftretenden Konflikte. Das Recht schafft also (Rechts-)Sicherheit. Es kann aber auch Verhalten steuern. Voraussetzung dafür ist die Positivierung des Rechts, also seine Begründung einzig und allein durch staatlich gesetzte Autoritäten (nicht durch Naturrecht oder Moral) und die ständige Möglichkeit zu seiner Revision, seiner Weiterentwicklung und Anpassung an geänderte Verhältnisse. Das zentrale Prinzip für die Autonomie des Rechts ist Gerechtigkeit. Diese ist aber nur formal definiert: Sie ist gegeben durch die Unabhängigkeit des Rechtssystems von anderen Systemen und durch die Ausbildung einer eigenen Rechtskultur. Das Rechtssystem kann die Geltung seiner Normen nur aus dem Recht selbst beziehen. Die Rechtsstrukturen und Rechtsoperationen bilden ein zirkuläres, selbstreferentielles System. Gesellschaftliche Grundwerte spielen für Luhmann keine Rolle. Die Parsons'sche These von gesellschaftlicher Integration über einen Wertekonsens ist für ihn unhaltbar. Es gibt keine die Teilsysteme übergreifende und zusammenhaltende Kultur. Auch von den Individuen wird nicht mehr die Befolgung eines gemeinsamen Wertekanons verlangt. Ein Mensch muss sich laut Luhmann heute auf nichts Weiteres festlegen als auf die Bereitschaft bzw. Offenheit für den sozialen Wandel, sich immer wieder auf neue Situationen einlassen können. Die Theorie von Luhmann stellt zwar ein in sich konsistentes und beeindruckendes System dar, sie hat aber keine entsprechende Anerkennung in der Soziologie gefunden. Eine Reihe von Autoren haben die grundlegenden Schwächen seiner Systemtheorie wie auch seiner Rechtstheorie aufgezeigt. Frappierend ist auch, wie nahe verwandt Luhmanns Theorie dem Ansatz des Rechtspositivismus von Kelsen ist. Luhmanns Theorie steht in Widerspruch zu allen soziologisch orientierten, politischen Theorien, welche die Entstehung von Verfassungen nicht als mehr oder weniger naturwüchsig-evolutionäres Produkt sehen, sondern ihre Inkraftsetzung und Geltung auf einen bewussten politischen Willensakt zurückführen. Für sie ist das Rechtssystem politisch konstituiert und nicht zirkulär geschlossen. Seine Geltung kann es selbst nicht sicherstellen, sondern es ist dabei auf die Politik angewiesen. Diese rekurriert immer auch auf gesellschaftliche Grundwerte, aber auch auf Macht und Interessen. Folgt man dem Rechtssoziologen Theodor Geiger, so verdankt das Rechtssystem seine Geltung nicht sich selbst, sondern ist eine politische Erscheinung – ein Phänomen sozialer Macht und Herrschaft (Geiger 1964). Ein schlüssiger Beleg für die These, dass Recht engstens mit politischer Herrschaft und deren Legitimationsprinzipien zusammenhängt, war der Machtantritt der Nationalsozialisten 1933. Nach seinem missglückten Putschversuch im Jahre 1923 achtete Hitler peinlich darauf, den etablierten Routinen des Verfassungsrechts zu folgen. De facto höhlte er die Substanz der demokratischen Weimarer Verfassung jedoch zunehmend aus, ja verkehrte sie ins Gegenteil.

Die Realisierung gesellschaftlicher Werte als Prozess sozialer Aushandlung. Einsichten aus der kritischen Theorie

Wichtige Aspekte des Ansatzes dieses Werkes liefert die kritische Theorie. Ihre Definition durch Horkheimer als „intellektuelle Seite des historischen Prozesses der Emanzipation" (Honneth 2017, S. 89) entspricht dem hier vertretenen Ansatz, wonach sich die gesellschaftlichen Grundwerte in einem Interaktionsprozess zwischen der Entwicklung neuer Ideen und sozialer Kämpfe und Reformen durchsetzen. Unter dem Begriff der Kritischen Theorie sind insbesondere drei Autoren bzw. Ansätze relevant: die Frankfurter Kritische Theorie, darunter insbesondere die Habermas'sche Diskurstheorie, die Theorie der Anerkennung von Axel Honneth und die Soziologie der Kritik von Luc Boltanski und Laurent Thévenot. Allgemein kann man sagen, dass Kritische Theorie die Aufgabe der Soziologie in einer fundierten Kritik problematischer gesellschaftlicher Verhältnisse, der Herstellung einer Einheit von Erkenntnis und Interesse sieht (zusammenfassend Bittlingmayer et al. 2016). Dabei stellt sich jedoch das Problem, dass man dafür moralisch-normative Kriterien benötigt, diese jedoch nicht ohne weiteres zur Verfügung stehen bzw. theoretisch abgeleitet werden können. Die Lösung der hier zu besprechenden Autoren besteht darin, die Maßstäbe der Kritik in den Orientierungen zu suchen, welche die Mitglieder der Gesellschaft oder bestimmte Gruppen selbst vertreten bzw. aus den Prinzipien abzuleiten, welche sich aus ihrer Kommunikation und Interaktion ergeben. Diesen Orientierungen kommt auch in unserem Ansatz eine zentrale Rolle zu.

Habermas ist (mit Axel Honneth, Oskar Negt, Claus Offe u. a.) der wichtigste Vertreter der zweiten Generation der Frankfurter kritischen Theorie (Ludwig 2013). Während die erste Generation (Horkheimer, Marcuse) noch direkt an Hegels dialektische Methode und Marx' historischen Materialismus anknüpfte, tut dies die Gesellschaftskritik der zweiten Generation nur mehr indirekt. Sie konzentrierte sich auf die Entwicklung einer selbstreflexiven Soziologie und normativ fundierten Sozialforschung. Zentral ist hier die einflussreiche Diskurstheorie von Habermas (1981). Ziel von Habermas ist eine normativ orientierte Gesellschaftsanalyse mit dem Grundwert der Emanzipation und dem Idealbild einer herrschaftsfreien Gesellschaft, in der die Aufklärungsideale der Freiheit, Gleichheit und Brüderlichkeit erfüllt sind. Die Wissenschaft hat nicht nur die Aufgabe, Realität zu beschreiben und zu erklären, sie soll sie auch wertend interpretieren. Habermas geht von Kants Grundthese aus, dass eine Gesellschaft bzw. ihre Gesetze nur gerecht sein können, wenn ihnen das ganze Volk zustimmt. Nur im öffentlichen Diskurs ist eine unparteiliche Ermittlung der rechtlichen und moralischen Regeln möglich. Die Legitimation eines politischen Systems ist daher laut Habermas nur durch die Existenz einer kritischen Öffentlichkeit gesichert. Für dieses Modell einer *deliberativen Demokratie* ist die Öffentlichkeit eine sehr wichtige intermediäre Sphäre zwischen Staat und Gesellschaft; ihr widmete er eines seiner ersten Werke *(Strukturwandel der Öffentlichkeit).* Erst im Diskurs kann sich die Demokratie wirklich entfalten. Aus dem Diskurs ergibt sich im Idealfall, was richtig ist, also universelle Normen und Werte. Die Diskursethik kann man als ein paradigmatisches westliches Modell zur Lösung von Normen- und Wertkonflikten sehen. Ein echter, demokratischer Diskurs muss laut Habermas allerdings einer „idealen Sprechsituation" gerecht werden, die vier Kriterien erfüllen muss (Habermas 1981/ I, 1991; zusammenfassend Horster 1999): alle Teilnehmer müssen die gleiche Chance zu voller Teilnahme und zu Äußerungen aller Art haben; zum Diskurs sind nur solche Teilnehmer zugelassen, die tatsächlich real fähig sind, Meinungen, Gefühle und Wünsche zum Ausdruck zu bringen) und auch regulative Sprechakte durchzuführen (befehlen, sich widersetzen, Versprechen zu geben). Die Teilnehmer am Diskurs müssen in ihrem Verhalten vier Kriterien beachten: Verständlichkeit, Wahrheit, Richtigkeit und Wahrhaftigkeit. Diese konvergieren letztlich im Prinzip der Vernünftigkeit.

Wir können hier drei wichtige positive Aspekte des Ansatzes von Habermas festhalten. Zum Ersten: Mit seiner Diskurstheorie der Generierung moralischer Regeln hat er eine sehr originelle Verbindung zwischen einer philosophisch-logischen Begründung gesellschaftlicher Normen und Werte und ihrer soziologischen Verankerung in Prozessen der öffentlichen Kommunikation hergestellt. Habermas verknüpft hier das Kant'sche Prinzip der allgemeinen Anerkennung von gemeinsamen Normen mit der Weber'schen These von der zentralen Bedeutung der Legitimation gesellschaftlicher Ordnungen. Er war einer der Begründer der Diskurstheorie und Diskursanalyse, die sich zu einem breiten neuen Forschungsfeld in Philosophie und Sozialwissenschaften entwickelt hat. Zum Zweiten: Die Diskurstheorie kann soziologisch produktiv auf reale Konflikte und Auseinandersetzungen zwischen Individuen und gesellschaftlichen Gruppen angewandt werden. So gibt es inzwischen fruchtbare theoretisch-konzeptuelle Diskussionen und praktische Erfahrungen mit der Anwendung des Modells der deliberativen Demokratie; dieses wird auch als Versammlungs- oder Rätedemokratie bezeichnet. Auch konflikthafte Auseinandersetzungen in Kleingruppen können damit untersucht werden, wie z. B. Rechtfertigungsstrategien bei Ehescheidungen. Zum Dritten: Die Fokussierung der Arbeiten von Habermas auf die Öffentlichkeit ist heute vielleicht von noch höherer Bedeutung als Anfang der 1960er Jahre. Mithilfe der Habermas'schen Linse kann man sehr aktuelle Probleme in den Blick nehmen wie den Aufstieg von finanzstarken Medienmultis, die zunehmende Inszenierung von Politik mit Hilfe der Medien, die „massenmediale Indoktrination" der BürgerInnen und der Durchbruch der neuen Medien. Schließlich lässt sich die Diskurstheorie auch auf Probleme der industriellen Beziehungen, der Planung und aktueller Fragen wie der Migration, des Rechtspopulismus usw. anwenden.

Auch der Frankfurter Sozialphilosoph Axel Honneth hat einen eigenständigen Ansatz einer kritischen Theorie entwickelt. Sein Anliegen ist, durch eine Integration von Sozialphilosophie und (empirisch fundierter) Soziologie, im Sinne von Hegel eine Theorie der Gerechtigkeit aus den Strukturvoraussetzungen der gegenwärtigen Gesellschaft selbst zu entwerfen (Honneth 2013). Werte definiert er durchaus im Sinne dieses Werkes, wenn er z. B. schreibt, für den Wert der Freiheit gelte, dass er eine Verbindung zwischen den beiden Bezugsgrößen zustande bringe, nämlich einerseits jener, was für das

Individuum gut ist, und andererseits, jener, die ein Kennzeichen einer legitimen Gesellschaftsordnung darstellt (Honneth 2013, S. 36). Er geht von vier Prämissen aus: (1) die Reproduktion von Gesellschaften braucht gemeinsame tragende Ideale und Werte; (2) als solche sind nur jene zu betrachten, die als normative Ansprüche zugleich Reproduktionsbedingungen der jeweils gegebenen Gesellschaft bilden; (3) dafür soll die Methode der normativen Rekonstruktion angewandt werden; sie besteht darin, die alltäglichen Leidens- und Unrechtserfahrungen der Gesellschaftsmitglieder einzubeziehen; (4) diese normativen Maßstäbe werden auch auf die sozialen Praktiken des Widerstands selbst angewandt. Honneth geht also über den diskurstheoretischen, „rationalistischen" Ansatz von Habermas hinaus und betrachtet auch emotionale Leidenserfahrungen, Empörungen und Re-Aktionen der negativ Betroffenen. Sein erstes einschlägiges Werk hat den Titel *Kampf um Anerkennung* (Honneth 1992). Mithilfe des Begriffs der Anerkennung stellt er eine Klammer zwischen den sozialen Ursachen für weitverbreitete Unrechtsempfindungen und den normativen Zielsetzungen von Emanzipationsbewegungen her. Anerkennung bedeutet, dass man anderen Personen und deren Merkmalen, Fähigkeiten und Ansprüchen Legitimität zugesteht. Dies kann auf drei Ebenen bzw. in drei Formen geschehen: in der Sphäre der Liebe und der engen zwischenmenschlichen Beziehungen (die Basis für Selbstvertrauen), in der Sphäre des Rechts (die Basis für Selbstachtung) und in der Sphäre der Wirtschaft (die Basis für Selbstschätzung). Werden diese Anerkennungsformen nicht erfüllt, entwickeln sich jeweils spezifische soziale Pathologien. In seinem neueren Werk *Das Recht der Freiheit* (2013) stellt er Freiheit als den zentralen Wert jeder Gesellschaft heraus; alle anderen Werte werden als Facette dieser interpretiert. Es gibt drei Formen der Freiheit: die negative Freiheit – nicht durch äußere Widerstände an der Verwirklichung seiner Ziele gehindert zu werden; die reflexive Freiheit des autonomen Subjekts, und die soziale Freiheit. Diese realisiert sich in drei sittlichen Sphären: in persönlichen Beziehungen, marktwirtschaftlichem Handeln und politisch-demokratischer Willensbildung.

Am Ansatz von Honneth sind drei Punkte sind positiv hervorzuheben. Der erste besteht darin, Philosophie und Soziologie zusammenzubringen. Dies entspricht dem hier vertretenen Ansatz, dass sich gesellschaftliche Werte und Normen nur im Zusammenspiel der Entwicklung neuer Ideen einerseits und sozialer Konflikte andererseits herauskristallisieren und durchsetzen. Der zweite Punkt ist seine These, dass eine Analyse von Werten und Normen bei den realen Erfahrungen und Deprivationen von Menschen ansetzen muss. In Kapitel 5 wird gezeigt, dass in der Tat durch Aufstände und Revolutionen, die in Phasen starker absoluter oder relativer Deprivation ausbrechen, immer wieder grundlegende Innovationen durchgesetzt werden können. Der dritte positive Anknüpfungspunkt ist die These, dass Anerkennung eine zentrale Basis für die ethisch-normative Fundierung moderner Gesellschaften ist. Diese These entspricht der Idee der Menschenwürde, die seit 1945 für viele überhaupt den grundlegendsten aller gesellschaftlichen Werte darstellt. Einige Probleme in Honneths Ansatz seien hier nur in Stichworten angedeutet (Näheres zu einigen von ihnen in einigen der folgenden Kapitel): die Anknüpfung an Hegels idealistische Philosophie; die Einengung der zentralen Ideen bzw. Werte auf nur zwei, nämlich Anerkennung und Freiheit; die fehlende klare Unterscheidung zwischen individueller und gesellschaftlicher Argumentationsebene; die Unterschätzung der Bedeutung des Rechts, insbesondere der Menschenrechte.

Einen dritten Zugang zu einer kritischen Soziologie haben die beiden französischen Sozialtheoretiker und -forscher Luc Boltanski und Laurent Thévenot entwickelt. In ihrem Werk *Über die Rechtfertigung. Eine Soziologie der kritischen Urteilskraft* (2007) geht es um die Frage, wie gesellschaftliche Prozesse der Interpretation von Lebenswelten und der Einigung auf gemeinsam anerkannte Normen ablaufen. Die Autoren gehen von zwei Arten empirischer Befunde aus: Zum einen von Studien über leitende Angestellte *(cadres)* und deren Rechtfertigungsstrategien; zum anderen über das Problem, wie Jugendliche zu ihren Weltsichten kommen. In beiden Fällen stellen sie fest, dass die von den Akteuren selbst verwendeten Kategorisierungen deutlich von den vereinfachenden Schemata der Sozialwissenschaften abweichen. Dabei betonen sie, dass die Akteurs-Interpretationen sowohl aus der Sicht der sozialen Ordnung, insbesondere der kapitalistischen Marktbeziehungen wie jener der betroffenen Individuen selbst interpretiert werden müssen. In einer Ausweitung dieses Gesichtspunkts auf die gesamte Gesellschaft gehen sie zurück zur Philosophie. Dort sehen sie fünf Grundmuster von Rechtfertigungsmustern, denen jeweils verschiedene Formen von Gemeinwesen entsprechen. Die theoretische Basis dieser Rechtfertigungsmuster findet man ihrer Meinung nach bei jenen klassischen „kanonischen" philosophischen und sozialwissenschaftlichen Texten, in welchen das jeweilige Gemeinwesen erstmals paradigmatisch dargestellt wurde. Die sechs Gemeinwesen sind: die Welt der Inspiration, des Glaubens und der göttlichen Gnade (begründet durch Augustinus); heute ist dieses Muster vor allem im Bereich der kreativen Kultur und Kunst noch relevant; die Ordnung des überschaubaren, auf Zusammengehörigkeitsgefühl, aber auch hierarchisch strukturierten häuslichen Gemeinwesens (Bossuet); das auf Bekanntheit, Anerkennung und Prominenz strukturierte Gemeinwesen der Meinung (Hobbes); das auf dem Gemeinwillen basierende staatsbürgerliche Gemeinwesen (Rousseau); das auf Technik und Effizienz begründete industrielle Gemeinwesen (Saint Simon); der auf Wettbewerb und Streben nach Reichtum begründete Markt (A. Smith). Diese Gemeinwesen und ihre Rechtfertigungsprinzipien existieren auch heute noch. Als empirische Basis dafür ziehen die Autoren typische Handbücher bzw. Ratgeberliteratur aus den 1970er Jahren heran, die detaillierte Hinweise darauf enthalten, wie man sich in dem jeweiligen Gemeinwesen verhalten müsse, um Erfolg und Ansehen zu erlangen. Alle diese sozialen Rechtfertigungsordnungen können in spezifischen gesellschaftlichen Bereichen zugleich präsent sein und den Akteuren als Bezugspunkt in ihrem Bemühen um Verständigung bei Konflikten dienen. Akteure in einem Bereich können je nach Bedarf auf Argumente aus anderen Sphären zurückgreifen. So wechseln etwa Scheidungswillige von Argumentationsmustern des Regimes des Hauses und der Liebe auf jenes der Gerechtigkeit über. Durch diese differenzierte Sichtweise, die sowohl individuelle Rechtfertigungsstrategien wie die dafür verfügbaren gesellschaftlichen Legitimationsmuster einbezieht, lassen sich viele Konflikte erklären, die entstehen, wenn die Beteiligten auf unterschiedliche Ordnungen rekurrieren. Kritische Positionen und Argumente können entschärft werden durch Strategien der Beschwichtigung, der Relativierung und der Kompromissbildung.

Die Stärke dieses Ansatzes liegt darin, dass er theoretische Modelle der sozialen Ordnung kombiniert mit einer differenzierten Sicht der sozialen Realität und den Rechtfertigungsstrategien von Akteuren. Diese werden nicht nur, wie etwa bei Bourdieu (dessen Schüler Boltanski war), auf die Prägekraft sozialer Strukturen zurückgeführt, sondern es wird – durchaus im Geist von Weber – die relative Autonomie und Kreativität der Akteure gesehen. Allerdings bleibt der Realitätsbezug der umfangreichen und geistreichen Ausführungen zu den verschiedenen Welten und ihrer Interaktion letztlich nicht wirklich fassbar. So schreiben die Autoren, Objekt ihrer Analyse seien weder konkrete soziale Gruppen, noch Individuen allgemein oder konkrete Persönlichkeiten, sondern stattdessen „Wesen", „Größen" oder Situationen, Verhältnisse zwischen Personenzuständen und Dingzuständen. Man könnte die skizzierten Gemeinwesen-Welten wie auch die Formen ihrer Interaktionsmuster als Idealtypen sehen, aber auch dazu sind sie zu abstrakt. So bleibt es fraglich, ob die ausgewählten philosophischen Texte bzw. aktuellen Ratgeberbücher wirklich die betreffenden sozialen Realitäten widerspiegeln. Konkrete Institutionen werden nicht thematisiert; eine Kritik lautete, bei diesen Autoren erfolge eine „Verflüssigung des Sozialen."

Kommen wir nun zu einer kritischen Würdigung aller dieser Ansätze in drei Punkten. Anzumerken ist im Voraus eine formale Gemeinsamkeit dieser Autoren, nämlich eine oft sehr umwegreiche, gewundene Argumentation, die es schwer macht, die zentralen Argumente zu erkennen. Dies können ausschweifende Durchgänge durch die philosophische und soziologische Literatur oder eine „Akkumulation gelehrter Bezüge" auf Kosten der Lesbarkeit und Verständlichkeit sein wie auch die Neigung, etablierte Begriffe ganz neu zu definieren. Diese Tendenzen sind nicht nebensächlich, denn man kann wohl annehmen, dass sie mit der begrifflich-theoretischen Uneindeutigkeit vieler Argumente zusammenhängen.

Der erste Kritikpunkt aus der Sicht einer Soziologie als Wirklichkeitswissenschaft ist die Unklarheit der Autoren in Bezug auf die *Rolle von Ideen* und gesellschaftlichen Grundwerten. Weder wird die autonome Wirkungskraft von Ideen gesehen, die zur rechten Zeit in die Welt kommen, noch die Tatsache, dass neue Ideen durch innovative Denker erst gedacht und niedergeschrieben (oder zumindest verkündet) werden müssen. Dabei ist selbstverständlich, dass originelle Denker diese neuen Ideen nicht *ex ovo* völlig neu erfinden. Dabei befassen sich sowohl Habermas wie Boltanski/Thévenot selbstverständlich mit Ideen, aber nicht in der systematisch-analytischen Weise, wie es in diesem Werk vorgeschlagen wird. Habermas geht es mit seinen umfangreichen begrifflichen Rückgriffen und Exkursen in die Ideengeschichte der Philosophie vor allem darum, daraus Anhaltspunkte für seinen eigenen theoretischen Ansatz abzuleiten. Bezüge auf wichtige Sozialtheoretiker der Aufklärung, wie Locke, Montesquieu, Rousseau, deren Ideen für die Probleme der Demokratie grundlegend sind, finden sich in seinen oben genannten Werken praktisch nicht. Honneth greift in all seinen Arbeiten auf Hegel zurück, also einen Denker, an dem schon von Zeitgenossen bis heute massiv Kritik geübt wurde. Besonders relevant ist die scharfe Kritik von Karl R. Popper (1958) am „falschen Propheten" Hegel und insbesondere seiner Methode der Dialektik, die linken und rechten totalitären Interpretationen und Praktiken den Weg bereitet habe. Boltanski und Thévenot stellen zwar eine systematische Beziehung zwischen historisch einflussreichen gesellschaftstheoretischen Ideen und gesellschaftlichen Beziehungen und Konflikten her. Ihr Begriff vom „Geist des Kapitalismus" als Gesamtheit der Glaubenssätze, die mit der kapitalistischen Ordnung verbunden sind (Boltanski und Chiapello 2006), bleibt jedoch sehr vage. Er ist jedenfalls weit entfernt von der Strenge und Genauigkeit, mit welcher Weber die Elemente der protestantischen Ethik und des Kapitalismus herausarbeitet, zwischen denen seiner Meinung nach eine Wahlverwandtschaft (aber nicht notwendig eine kausale Beziehung) bestand. Die Zuordnung von bestimmten Denkern zu fünf unterschiedlichen sozialen Welten im Werk von Boltanski/Thévenot ist durchaus originell, aber nicht überzeugend. Sie wird nur durch erhebliche Vereinfachungen erreicht.

Ein zweiter Kritikpunkt betrifft die *Handlungs- und Sozialtheorie* dieser Autoren. Bei Habermas ist die Unterscheidung zwischen zweckorientiertem und kommunikativem, verständnisorientiertem Handeln zentral. Das zweckrationale Handeln kann instrumentell sein, wenn es um die Bearbeitung von Dingen geht, und strategisch, wenn es um die Beeinflussung anderer Menschen geht. Dieser Handlungstyp ist bestimmend im Bereich des Systems (der Wirtschaft, Bürokratie usw.). Im Bereich der Lebenswelt dagegen herrscht kommunikatives, auf wechselseitige Verständigung ausgerichtetes Handeln vor. Hier ist der Begriff der *idealen Sprechsituation,* wie oben dargestellt, zentral). Nun wurde die Habermas'sche Diskurstheorie der Wahrheit häufig zu Unrecht mit dem Argument kritisiert, eine ideale Sprechsituation sei nie vollständig realisiert. Habermas hat damit jedoch keine Aussage über die Realität gemacht, sondern nur ein Idealmodell aufgestellt, das dazu dienen solle, Abweichungen davon festzustellen. Hier besteht jedoch eine auffallende Analogie der Diskurstheorie zur Gerechtigkeitstheorie von John Rawls.

Auch diese geht von einer abstrakten Prämisse aus; in seinem Fall lautet sie, dass zwei theoretisch außerhalb einer konkreten Gesellschaft stehende Menschen ihre Institutionen beurteilen sollen, ohne zu wissen, in welcher Position sie bei einer eventuellen Aufnahme in diese Gesellschaft selber sein würden; es würde sich aus der Sicht dieser unbeteiligten, neutralen Beobachter das Idealmodell einer gerechten Gesellschaft ergeben (vgl. auch Kap. 12). Das Modell von Habermas hat aber die gleiche Schwäche wie jenes von Rawls: Man kann aus gegebenen Voraussetzungen sehr viele Folgerungen ableiten, jedoch bleibt unklar, welchen Bezug diese zur sozialen Realität haben. Dieses Dilemma zeigt sich auch in einer Gegenüberstellung des bekannten diskurstheoretischen Ansatzes von Michel Foucault zu jenem von Habermas. Foucault geht von genau gegensätzlichen Prämissen aus und argumentiert, in Diskursen seien Machtfragen stets präsent, daher seien Diskurse immer auch durch Ungleichheiten charakterisiert. Erst durch Macht werde etwas zum Gegenstand des Wissens. Letztlich ergibt sich daraus die extreme Folgerung, dass das, was als Wahrheit gilt, nicht anderes ist als ein diskursiver Effekt. Man sieht also, dass sich Habermas und Foucault hier in einem diskursiv von vornherein abgegrenzten, miteinander inkompatiblen Feld bewegen, analog zur „philosophischen Endlosschleife" der Gerechtigkeitstheorien (vgl. Kap. 12).

Im wirklichkeitswissenschaftlichen Ansatz von Weber[9], werden nicht nur zwei, sondern vier Handlungstypen unterschieden (zweckrationales, wertrationales, emotionales und traditionales Handeln). Für ihn gibt es auch nicht zwei völlig unterschiedliche gesellschaftliche Teilbereiche (Lebenswelt vs. System), sondern unterschiedliche Sphären; in allen spielen alle Handlungstypen eine Rolle. Auch Max Weber war zwar extrem kritisch gegen „systemspezifische" Zwänge, etwa in Bürokratien, und er sprach auch von einer langfristigen Tendenz zur gesellschaftlichen Rationalisierung. Er postulierte jedoch nicht die Existenz zweier völlig unterschiedlicher gesellschaftlicher Realitäten wie die Differenzierung in eine System- und Lebenswelt bei Habermas. Dies hat direkte Implikationen für die Frage, wie sich allgemein gültige bzw. allgemein anerkannte gesellschaftliche Normen durchsetzen. Es ist zwar theoretisch nicht ausgeschlossen, dass diese sich in manchen Fällen an ideale Sprechsituationen annähern. In aller Regel erfolgt aber etwa die Abschaffung ausbeuterischer Verhältnisse auf andere Weise, etwa durch Proteste und Demonstrationen jener, die negative Erfahrungen der Benachteiligung und Ausbeutung gemacht haben; durch den Zusammenschluss und gemeinsamen Kampf der Benachteiligten, Ausgebeuteten und Unterdrückten in Streiks, Aufständen und Revolutionen; durch den Wandel äußerer Bedingungen, welche die Herrschenden selbst zwingen sich umzuorientieren; oder auch durch politisches Dekret aufgeklärter, vorausschauender Herrscher. Hinter der Vernachlässigung all dieser Formen von sozialen Auseinandersetzungen steht eine kognitivistische Engführung der Habermas'schen Theorie. Aus dieser Sicht erscheint auch die These Honneths, dass in allen zentralen Lebensbereichen Freiheit im Sinne der Autonomie des Einzelnen den zentralen Wert darstelle, soziologisch gesehen als starke Vereinfachung, ja Verzerrung der Realität. So schreibt Honneth etwa, Kern der modernen Auffassung von Liebe, Intimität und Ehe sei „nichts als sexuelles Begehren, Wertschätzung oder Zuneigung", ihre Fundierung seien „allein Gefühle der Beteiligten"; das marktwirtschaftliche Handeln habe nichts mit sozialer Freiheit zu tun, es gestatte dem größten Teil der Bevölkerung nicht einmal, auch nur von den negativen Freiheiten der Marktteilnahme Gebrauch zu machen; der moderne „Konsumismus" sei eine Fehlentwicklung, die nur die Realisierung der Unternehmensziele fördere; die politisch-demokratische Kultur sei zwar durch politisch-rechtliche Eingriffe verbessert worden, aber das Vertrauen in die rechtsstaatlichen Organe bleibe eine Illusion (Honneth 2013). Alle diese Äußerungen, deren kulturkritisch-wertender Unterton schwer zu überhören ist, ergeben sich daraus,

---

[9] Die prägnanteste Formulierung findet sich in Webers Kapitel „Soziologische Grundbegriffe" in Wirtschaft und Gesellschaft (Weber1964); vgl. dazu auch alle im Literaturverzeichnis angeführten Einführungen in das Werk von Weber.

dass Honneth nur Freiheit in den Mittelpunkt stellt, aber die ebenso wichtige Funktion anderer Grundwerte übersieht.

Kritisch zu sehen ist aus dieser Sicht auch die Theorie der fünf Welten von Konventionen bei Boltanksi/Thévenot. Mit dieser Theorie knüpfen diese Autoren an die Tradition der Ökonomie der Konventionen an, die u. a. von Keynes entwickelt wurde (Knoll 2017). Sie geht davon aus, dass das in einer Situation Vorgegebene und als selbstverständlich Angenommene immer auch anders interpretiert werden kann. Strukturen sind nicht objektiv vorgegeben, sondern auch das Ergebnis von Rechtfertigungsstrategien, die Legitimation herstellen wollen. Ein solcher Zugang kann aber aus struktureller Sicht kritisch gesehen werden als „Verflüssigung des Sozialen" (Honneth), aus handlungstheoretischer Sicht als Strukturalismus. Was auch hier fehlt, ist eine Verankerung der unterschiedlichen Rechtfertigungsstrategien in übergreifenden Ideen und Normensystemen. Eine „gesunde", demokratische Gesellschaft ist nach Meinung von Boltanski/Thévenot eine solche, in welcher die verschiedenen unterschiedlichen Gemeinwesen und Rechtfertigungsstrategien nebeneinander bestehen können und keine die anderen dominiert. Daraus ergibt sich aber eindeutig ein moralischer Relativismus. Die moralischen Erfahrungen und Sichtweisen von Individuen und ihren Gruppen sind immer auch begrenzt; sie müssen mit übergreifenden Ideen konfrontiert werden. Es ist auch nicht zu sehen, welche Strategien der Rechtfertigung und Konfliktlösung es geben könnte, wenn die Interpretationen der Akteure in den verschiedenen Gemeinwesen aufeinanderprallen.

Ein dritter Einwand gegen die kritischen Theorien betrifft ihre *These einer umfassenden Krise und negativen Allbetroffenheit* – ein meiner Meinung nach sehr treffender Begriff, den Jens Greve (2015) geprägt hat. Seiner Meinung nach sind kritische Zeitdiagnosen mehr oder weniger gezwungen, diesen Topos zu verwenden. Für eine normative Kapitalismuskritik ist die Annahme, dass durch ihn alle Mitglieder einer Gesellschaft negativ betroffen sind, unverzichtbar; denn gäbe es Gewinner und Verlierer, dann müsste man bestimmte Interessen als berechtigt oder unberechtigt zurückweisen. Herrscht in einer Gesellschaft kein Konsens über Interessen und Werte, fehlen der kritischen Theorie die Ressourcen, begründet über die Berechtigung oder Nichtberechtigung bestimmter Interessen und Orientierungen überhaupt zu urteilen. Alle Autoren in der kritischen Tradition sprechen von einer tiefgreifenden und multiplen Krise der modernen Gesellschaft; daraus ergibt sich eine grundsätzlich pessimistische Sicht. So diagnostizierte etwa Habermas (1985, S. 143): Die Zukunft ist negativ besetzt, denn „an der Schwelle zum 21. Jahrhundert zeichnet sich das Schreckenspanorama der weltweiten Gefährdung allgemeiner Lebensinteressen ab: die Spirale des Wettrüstens, die unkontrollierte Verbreitung von Kernwaffen, die strukturelle Verarmung der Entwicklungsländer, Arbeitslosigkeit und wachsende soziale Ungleichgewichte in den entwickelten Ländern, Probleme der Umweltbelastung, katastrophennah operierende Großtechnologien geben die Stichworte, die über Massenmedien ins öffentliche Bewusstsein eingedrungen sind". Die Antworten der Politiker, so Habermas, aber auch der Intellektuellen spiegeln Ratlosigkeit. Seine eigene hat er ja im Titel seines Werkes *Die neue Unübersichtlichkeit,* aus dem dieses Zitat stammt, selbst zum Ausdruck gebracht. Ähnlich argumentieren namhafte zeitgenössische Vertreter einer kritischen Soziologie wie Klaus Dörre, Stephan Lessenich und Hartmut Rosa: Der „spätmoderne Überfluss- und Wegwerfkapitalismus" zeige zwar ökonomische Effizienz, produziere aber zugleich „fortwährend soziale Verletzungen, Verwerfungen und Verwüstungen" (Dörre et al. 2009, S. 14). Die Autoren leiten daraus ab, der Kapitalismus leide unter einem inhärenten Systemfehler, er habe keine Pathologie, sondern sei selber eine solche, eine notwendige Systemüberwindung daher unabweisbar. Im gleichen Ton schreibt der Politikwissenschaftler Ulrich Brand (2011, S. 7), die Welt befinde sich heute in einer multiplen Krise des Wirtschaftlichen, des dramatischen Klimawandels, des wachsenden Hungers in vielen Regionen und der zunehmenden Migration, da immer mehr Menschen in ihrer Heimat nicht mehr (über-)leben könnten. Hinweisen könnte man hier auch auf das Werk *Das Elend der Welt* von Pierre Bourdieu und Mitarbeitern. Typisch für die These der negativen Allbetroffenheit ist, dass sich Habermas nur ungern dazu äußert, wie diese Gesellschaft modernisiert werden sollte. Auch Boltanski/Chiapello (2006) diagnostizieren eine für viele Menschen sich zunehmend verschlechternde Lebenssituation durch steigende Arbeitslosigkeit, stagnierendes oder sogar sinkendes Einkommen der Arbeitnehmer, Verarmung der Bevölkerung im erwerbsfähigen Alter. Da der Kapitalismus selbst aber floriert, ergibt sich für sie, ähnlich wie für Habermas. vor allem eine zunehmende ideologische Orientierungslosigkeit.

Totale Krisendiagnosen und Gesellschaftsanalysen dieser Art beinhalten eine Reihe fragwürdiger Haltungen und Thesen: So nennen alle diese Autoren in einem Atemzug Phänomene, die oft überhaupt nichts miteinander zu tun haben (z. B. Arbeitslosigkeit und Klimawandel); sie beziehen sich auf Sachverhalte, die zwar für kleinere Teilgruppen der Bevölkerung relevant sein mögen, für viele andere aber gar nicht existieren (etwa die Beschleunigung des Lebens); sie entwerfen Zukunftsvisionen, die sich teilweise bereits in den letzten Jahrzehnten als falsch erwiesen haben (so die These von der Verarmung der Entwicklungsländer). Hinter den Thesen einer umfassenden Krise schwingt natürlich der alte, Hegel'sche Begriff der gesellschaftlichen Totalität und der Notwendigkeit einer Systemtransformation mit. Diese These wurde ja von vielen (vgl. vor allem Popper 1958) stark kritisiert und wird in der jüngeren kritischen Theorie auch nicht mehr zentral verwendet.

Eine soziologische Theorie der gesellschaftlichen Grundwerte

4

> *„Interessen (materielle und ideelle), nicht: Ideen, beherrschen unmittelbar das Handeln der Menschen. Aber: die ‚Weltbilder', welche durch ‚Ideen' geschaffen wurden, haben sehr oft als Weichensteller die Bahnen bestimmt, in denen die Dynamik der Interessen das Handeln fortbewegte."*
>
> Max Weber (1921)[1]

In diesem Kapitel werden die begrifflichen Instrumente und ein theoretischer Ansatz zur Bestimmung der gesellschaftlichen Grundwerte herausgearbeitet. Dies ist eine Frage der theoretischen Soziologie und der empirisch-historischen Sozialforschung, aber nicht dieser allein. So haben auch die Psychologie und Ökonomie wichtige Beiträge zur Erforschung der Bedeutung und Wirkungen von Ethik, Moral und Recht geliefert. Aber auch die Geisteswissenschaften, insbesondere die Philosophie und Theologie, sind wichtig. Die Soziologie ist selbst eine multiparadigmatische Wissenschaft mit sehr unterschiedlichen theoretischen Ansätzen. Im vorigen Kapitel wurde gezeigt, dass nicht alle davon wirklich als geeignet erscheinen, die Rolle von Werten zu erfassen. Ein dafür besonders fruchtbarer Ansatz ist jedoch die Idee der Soziologie als Wirklichkeitswissenschaft von Max Weber. Eine ihrer zentralen Annahmen besagt, dass soziales Handeln immer von Interessen *und* Werten bestimmt wird. Um die Rolle der Werte erfassen zu können, ist laut Weber deren genaue Spezifikation und Zurechnung auf bestimmte Formen des Handelns essentiell. Darüber hinaus wird hier jedoch argumentiert, dass zwischen Interessen und Werten kein Gegensatz, sondern sogar ein enger Zusammenhang besteht. Gesellschaftliche Grundwerte

---

[1] Max Weber (1864–1920), deutscher Jurist, Ökonom und Soziologe; gilt mit Emile Durkheim als wichtigster Begründer der modernen Soziologie. Zitat aus Weber, Die Wirtschaftsethik der Weltreligionen, in Weber (1988a[1921], S. 252).

sind genau jene, welche sowohl individuellen Bedürfnissen wie kollektiven Interessen und dem Gemeinwohl zugrunde liegen. Im Anschluss an die einschlägige Literatur werden neun solcher Grundwerte herausgearbeitet. Es wird argumentiert, dass diese Liste beim derzeitigen Start der Forschung erschöpfend ist. Alle Grundwerte bei der Analyse bestimmter Handlungen, Handlungsstrategien und Institutionen zu beachten, ist essentiell, um zu einer ausgewogenen Beurteilung ihre Leistungen und Defizite zu gelangen. Klar von den gesellschaftlichen Grundwerten unterschieden werden ethisch-moralische Prinzipien des Handelns. Die häufige Vermischung beider ist Ursache für viele Konfusionen in der Literatur und Forschung zu Werten.

Die Soziologie als Wirklichkeitswissenschaft

Ausgangspunkt der folgenden Überlegungen ist das Konzept der Wirklichkeitswissenschaft nach Max Weber.[2] Ziel der Soziologie als Wirklichkeitswissenschaft ist es, die historisch und kulturell konkret gegebenen gesellschaftlichen Beziehungen, Verhältnisse und Probleme „auf den Begriff zu bringen", indem man sie einerseits durch Heranziehung allgemeiner sozialer Gesetze, andererseits durch Bezugnahme auf die in einer Epoche für die Handelnden zentralen Ideen und Werte erklärt. Es geht um die Erfassung von Kulturvorgängen *„auf der Grundlage der **Bedeutung**, welche die stets individuell geartete Wirklichkeit des Lebens in bestimmten einzelnen Beziehungen für uns hat. In welchem Sinn und in welchen Beziehungen das der Fall ist ... entscheidet sich nach den **Wertideen**, unter denen wir die ‚Kultur' jeweils im einzelnen Fall betrachten."* (Weber 1973, S. 223; Hervorhebungen im Original). Der Begriff der Wirklichkeitswissenschaft in diesem Sinne wurde schon vor und zeitgleich mit Weber von Philosophen (Wilhelm Windelband, Heinrich Rickert), vom Theologen und Religionswissenschaftler Ernst Troeltsch, vom Ökonomen und Kultursoziologen Alfred Weber und vom Soziologen Georg Simmel verwendet. Im Anschluss an Wilhelm Dilthey versuchte man mit diesem Begriff, eine spezifische Charakterisierung für die Kultur- und Sozialwissenschaften zu finden, welche diese als Erfahrungswissenschaften abzugrenzen erlaubte, und zwar sowohl von den reinen Geisteswissenschaften, aber auch von den generalisierenden Naturwissenschaften. Auch bedeutende deutsche Soziologen der Zwischenkriegszeit (wie Alfred von Martin, Franz Oppenheimer, Karl Mannheim) arbeiteten im Rahmen eines ähnlichen Konzeptes; in der Nachkriegszeit griff es der Ökonom Alfred Müller-Armack wieder auf. In jüngster Zeit wurde das Konzept der Wirklichkeitswissenschaft auch für die Kriminologie, Psychologie und Theologie fruchtbar gemacht.

---

[2] Vgl. dazu insbesondere Weber (1973b), Die ‚Objektivität' sozialwissenschaftlicher Erkenntnis; weiters Tenbruck (1984), *Die unbewältigten Sozialwissenschaften oder die Abschaffung des Menschen*; Kruse (1999), „„Geschichts- und Sozialphilosophie" oder „Wirklichkeitswissenschaft"? Haller (2003, S. 485–621), Soziologische Theorie im systemtisch-kritischen Vergleich; Albert (2010), Weber Paradigma.

Werte und soziales Handeln

Lassen wir zunächst Weber selbst zu Wort kommen. Ziel der Wirklichkeitswissenschaft ist es demnach *„die uns umgebende Wirklichkeit des Lebens, in welches wir hineingestellt sind, in ihrer Eigenart zu verstehen – den Zusammenhang und die Kulturbedeutung ihrer einzelnen Erscheinungen in ihrer heutigen Gestaltung einerseits (soziologische Analyse aktueller Phänomene), die Gründe ihres geschichtlichen So-und-nicht-anders-Gewordenseins andererseits (historische Soziologie)"* (Weber 1973, S. 212). Das Spezifische des wirklichkeitssoziologischen Zugangs besteht also darin, den Zusammenhang zwischen Gesellschaft und Kultur in den Mittelpunkt der Analyse zu stellen. Der Begriff der Kultur ist hierbei allerdings zu allgemein; es geht dabei um ganz spezifische Elemente, nämlich Ideen und Werte. Erst wenn diese genau definiert und fassbar sind, können wir die spezifischen Beziehungen herauszuarbeiten, die zwischen sozialem Handeln und gesellschaftlichen Prozessen einerseits, kulturellen Ideen und Werten andererseits bestehen. Ein Basisaxiom der Weber'schen Wirklichkeitssoziologie lautet ja, dass Ideen neben Interessen entscheidende Triebkräfte menschlichen Handelns und gesellschaftlicher Entwicklung sind. Am prägnantesten hat er dies in seinem vielfach zitierten Satz ausgedrückt: „Interessen (materielle und ideelle), nicht: Ideen, beherrschen unmittelbar das Handeln der Menschen. Aber: die ‚Weltbilder', welche durch ‚Ideen' geschaffen wurden, haben sehr oft als Weichensteller die Bahnen bestimmt, in denen die Dynamik der Interessen das Handeln fortbewegte" (Weber 1988a, S. 252). Entscheidend ist hierbei, ganz konkrete Ideen zu benennen und diese in ihrer kognitiven Struktur so klar darzustellen, dass dadurch ihre Handlungsrelevanz erkennbar ist (Lepsius 1990). In diesem Sinne hat Weber die zentralen Ideen der großen Weltreligionen ebenso herausgearbeitet wie die wichtigsten Trägerschichten dieser Religionen und ihrer religiösen Führer. Am umfangreichsten machte er dies im Hinblick auf die Bedeutung der Berufsethik des Protestantismus für den Aufstieg des Kapitalismus (Weber 1988a). Wenngleich diese These von Anfang an und bis heute vielfach kritisiert wurde, bleibt sie ein unübertroffenes Vorbild vergleichender historisch-soziologischer Analyse. Bei seiner Analyse der Folgen der protestantischen Berufsethik unterscheidet Weber zwischen einer direkten und indirekten Wirkung: Die direkte Wirkung bestand darin, dass die protestantisch-asketische Lebensführung innere Sicherheit über die eigene Auserwähltheit gewährte. So besagte die calvinistische Prädestinationslehre, dass zwar jeder Mensch schon von vornherein zu ewiger Erlösung oder Verdammnis bestimmt sei, diese Bestimmung aber in der Art der diesseitigen Lebensführung erkennbar werde. Die indirekte Wirkung bestand darin, dass protestantische Unternehmer Konsumverzicht leisteten, womit Kapitalbildung und Selbstfinanzierung ermöglicht wurden. Die direkten Folgen können also unmittelbar der Idee zugerechnet werden, die indirekten jedoch sind auf soziale Funktionszusammenhänge zurückzuführen, welche unabhängig von der Idee bestehen (Lepsius 1990). So behauptete Weber nicht – wie oft unzulässig-vereinfachend dargestellt wird – der Protestantismus sei die (Haupt-) Ursache für die Entwicklung des Kapitalismus im Okzident gewesen; vielmehr sah er darin nur eine von weiteren möglichen Ursachen. Auf der anderen Seite gilt ebenso, dass der Kapitalismus, wenn er einmal irgendwo fest etabliert ist, von sich aus Druck auf alle Marktteilnehmer erzeugt, seine Verhaltensprinzipien zu übernehmen. Offenkundig wurde dies zuletzt etwa bei den spektakulären Industrialisierungsprozess in Ostasien (Japan, Korea, China), wo der Protestantismus keine Rolle spielte. Es bestehen also komplexe „gegenseitige Induktionen", und Wechselwirkungen zwischen Ideen und Interessen, Handlungskontexten und Verhaltensnormen; die Zurechnungsproblematik kompliziert sich dadurch erheblich. Im Laufe der Zeit oder beim Eindringen des Kapitalismus in neue Länder und Regionen der Welt können sich auch die Wertbegründungen für ein spezifisches Verhalten signifikant ändern.

Die Autonomie der Welt der Werte und die wirklichkeitssoziologische Erklärung
Was sind nun Werte genauer betrachtet? Welches Verhältnis haben sie zur physikalischen und sozialen Realität? Welche Bedeutung kommt ihnen für das Handeln und für gesellschaftliche Prozesse zu? Diese Fragen kann man klar erfassen, wenn man von einer Unterscheidung zwischen drei Ebenen der Realität ausgeht, die der Philosoph Karl R. Popper (1973; vgl. auch Haller 2003, S. 489–502) vorgeschlagen hat. Die Welt besteht demnach aus drei Ebenen, in denen jeweils unterschiedliche Gesetzmäßigkeiten herrschen: In *Welt 1* der objektiven physikalisch-chemischen und biologischen Vorgänge herrschen Kausalgesetze bzw. evolutionäre Mechanismen; in *Welt 2* der Gedankeninhalte geht es um Bewusstseinszustände und das Handeln der Menschen; in *Welt 3* der objektiven, logisch-intellektuellen Gehalte geht es um die geistigen Erzeugnisse des Menschen. Diese werden in Büchern, Bibliotheken und digitalen Informationsspeichern festgehalten; ihre Basis ist die Sprache. In dieser Welt sind auch die Werte zu verordnen; sie werden als eine spezifische Art von Ideen betrachtet. Für die Beziehungen zwischen den drei von Popper unterschiedenen Ebenen gilt, dass eine direkte Beeinflussung nur zwischen jeweils zwei benachbarten Ebenen möglich ist. Ideen können menschliches Handeln beeinflussen, und dieses kann Natur und Umwelt verändern. Beide stellen ihrerseits wiederum direkte Rahmenbedingungen für das menschliche Handeln dar. Die Natur kann aber keine Ideen erzeugen, und Ideen haben auch keinen direkten Einfluss auf die Natur. Das menschliche Bewusstsein kann jedoch eine indirekte Verbindung zwischen *Welt 1* und *Welt 3* herstellen, etwa indem wir Naturgesetze erkennen und auf ihrer Basis Naturprozesse beeinflussen oder sogar neue erzeugen. *Welt 3* wird vollständig von *Welt 2* erzeugt, aber die Welt der Ideen kann auch auf *Welt 2* zurückwirken. Wenn bestimmte Erkenntnisse oder Werte einmal klar ausgesprochen und aufgezeichnet wurden, kann man das Denken und Handeln danach ausrichten; wenn es neue gesicherte Erkenntnisse oder effiziente Methoden des Ackerbaus, der Unternehmens- und Betriebsführung, des wissenschaftlichen Arbeitens gibt, wird es unumgänglich sein diese zu kennen und anzuwenden, um in einer modernen Welt bestehen zu können.

Zwei spezielle Charakteristika von *Welt 3,* die Popper (1973, S. 158 ff.) herausarbeitet, sind für die Frage nach der Entstehung und Geltung von Ideen und Werten besonders wichtig. Zum einen gilt, dass einmal erkannte und schriftlich festgehaltene Ideen praktisch immer weiterbestehen und für zukünftige Generationen verfügbar sind bzw. wären, selbst wenn alle Menschen auf dieser Erde aussterben würden. Sie könnten ja unter Umständen später einmal durch Menschen von einem anderen Planeten entziffert werden. Zum anderen gilt, dass man auch bei der Entstehung von Objekten der *Welt 3*, also geistigen Erzeugnissen (wie neuen Theorien) die oben genannte Situationsanalyse anwenden muss. Das heißt, man muss sich bei der Untersuchung des Faktums, dass z. B. Plato und Aristoteles noch keinen Begriff der Menschenwürde (ja nicht einmal der Gleichheit im modernen Sinne) hatten, fragen, unter welchen sozialen und politischen Verhältnissen sie lebten. Es lässt sich dann argumentieren, dass ihnen diese Begriffe fern lagen, weil es in der griechischen Gesellschaft noch unhinterfragt galt, dass Sklaven als solche geboren werden und nicht die vollen Eigenschaften von Menschen besitzen. Die folgenden Sätze von Popper werden ein direkter Leitfaden für die Analyse der Herausbildung der gesellschaftlichen Grundwerte in den folgenden Kapiteln sein: „*Die Geschichte der Wissenschaft sollte **nicht** als Geschichte von Theorien betrieben werden, sondern als Geschichte der Problemsituationen und ihrer Änderungen (die manchmal kaum merklich, manchmal aber auch revolutionierend sind), die sich aus den Problemlösungsversuchen ergeben*" (Popper 1973, S. 183; Hervorhebung im Original). Man sollte also die Theorien von Philosophen und anderen Denkern als eine Antwort auf die sozialen und politischen Probleme ihrer Zeit, aber auch auf die zu dieser Zeit vorherrschenden Theorien und Erklärungen sehen. Das heißt nichts anderes, als dass man eine Situationsanalyse der Problemlage dieser Denker durchführt. Eine Situationsanalyse, nach Popper (1973) das zentrale Element jeder sozialwissenschaftlichen Erklärung, besteht darin, dass man eine detaillierte Beschreibung der Entscheidungssituation, in der sich ein Individuum befindet, liefert. Sie muss drei Elemente beinhalten: eine Beschreibung der natürlichen Umwelt, der sozialen Umwelt und der Problem- oder Entscheidungssituation des Akteurs (seine Werte, Ziele etc.; vgl. Farr 1995). Die Problemkonstellationen, in denen sich Philosophen und andere Denker befinden, sind von zweierlei Art: Zum einen sind es die realen gesellschaftlichen Konstellationen, zum anderen die dafür zur jeweiligen Zeit verfügbaren Interpretationen.

Einen Ansatz in der von Weber und Popper vorgezeichneten Richtung stellt die *historische Soziologie* dar (vgl. Zingerle 1981). Alle heutigen Denker, die eine langfristige, gerichtete Entwicklung der Menschheit im Sinne von Weber postulieren, vereint das Bemühen, sich abzugrenzen von der alten Geschichtsphilosophie (wie sie Hegel und andere betrieben), aber auch von der primär beschreibenden historischen Schule der Nationalökonomie (vertreten durch Gustav Schmoller). Die Grundprinzipien dieser auf die Erklärung konkreter Ereignisse und historischer Abläufe fokussierten historischen Soziologie sind die Verwendung systematischer, vor allem idealtypischer Begriffe (wie Kapitalismus, Rationalisierung, Individualisierung usw.), die Einbeziehung aller relevanten Theorien, die Heranziehung eines reichen historischen Datenmaterials und dessen

Interpretation auf der Basis einer vergleichenden Perspektive.[3] Diese historische Soziologie hat auch in den letzten Jahrzehnten Zeit bedeutende Werke hervorgebracht, vor allem im englischen Sprachraum. Zu nennen sind hier die Arbeiten von Immanuel Wallerstein zum Aufstieg des Kapitalismus; von Michael Mann zur Geschichte der Macht; von Barrington Moore, Charles Tilly und Theda Skocpol über soziale Ungerechtigkeit und Revolutionen; von Shmuel Eisenstadt über die großen Zivilisationen. Einen sehr ähnlichen Ansatz verfolgen auch Historiker, welche die Bedeutung von Ideen für die gesellschaftliche Entwicklung herausarbeiten. Man kann hier die große Arbeit von Heinrich A. Winkler (201), *Werte und Mächte,* nennen. Auch er sieht den Kampf zwischen Interessen und Ideen als zentrales Element der Geschichte und Ideen, insbesondere jene der Aufklärung, als treibende Kräfte der europäischen Geschichte. Ähnliches gilt für das Werk *Der Wert der Geschichte* (2020, S. 8–10) von Magnus Brechtken, Für ihn ist die Frage, was man aus der Geschichte lernen könne, ganz einfach zu beantworten: Wenn überhaupt, können wir nur aus ihr lernen. Demgegenüber scheint seiner Meinung nach das Bewusstsein für die historischen Erfolge von Demokratie und Parlamentarismus, Marktwirtschaft und Sozialstaat bei vielen Bürgern weitgehend verblasst zu sein.

Für die Analyse der Herausbildung von gesellschaftlichen Grundwerten sind drei Ideen zentral, die sich aus der historisch-soziologischen Perspektive ergeben. Die erste besteht darin, dass am Anfang einer solchen Analyse die Entwicklung von *Begriffen* stehen muss, die eine systematische Erfassung und Analyse des historischen Materials ermöglichen. Zwischen Begriffen und empirischer Realität besteht ein enger Zusammenhang. Neue Begriffe ermöglichen die Erfassung von Phänomenen, die man ohne sie nicht sehen und benennen könnte. Viele dieser Begriffe sind implizit in gewisser Weise wertend. Evident ist dies bei Begriffen wie Sklaverei, Feudalismus, Kapitalismus, Diktatur, Demokratie usw. Weber selbst hat diesen Aspekt ja stark betont, wenn er schreibt: „Es *gibt keine* schlechthin ‚objektive' wissenschaftliche Analyse des Kulturlebens oder … der sozialen Erscheinungen *unabhängig* von speziellen und ‚einseitigen' Gesichtspunkten, nach denen sie … als Forschungsobjekt ausgewählt, analysiert und darstellend gegliedert werden" (Weber 1973, S. 211 f.; Hervorhebungen im Original). Wir werden sehen, dass auch die Begriffe zu den zentralen gesellschaftlichen Grundwerten teils völlig neu entstanden sind (so etwa jene der Menschenwürde oder Inklusion) oder aber entscheidende Änderungen ihres Sinngehaltes erfuhren (so etwa die Begriffe Gleichheit, Sicherheit, Gerechtigkeit).

Der zweite Aspekt bei der Herausarbeitung der Entstehung und Wirkung von Ideen und Werten ist die Identifikation von potenziell wichtigen *Kausalfaktoren*. Wir werden im folgenden Kapitel sechs solcher Kausalfaktoren identifizieren: Denker und Ideengeber, charismatische politische Persönlichkeiten, soziale Bewegungen und Aktivisten, kritische historische Ereignisse, internationale Diffusionsprozesse, sozioökonomische Wandlungsprozesse und die damit verbundenen Änderungen in den Einstellungen und

---

[3] Vgl. dazu insbesondere Tilly (1981), *As Sociology Meets History*; Kruse (1999), „*Geschichts- und Sozialphilosophie*"*oder* „*Wirklichkeitswissenschaft*"? Schützeichel (2009), Neue Historische Soziologie.

Verhaltensweisen der Bevölkerung. Diese sind aber nicht als Kausalfaktoren im naturwissenschaftlichen Sinne zu betrachten, bei denen ein eindeutiger (letztlich experimentell feststellbarer) Zusammenhang zwischen Ursache und Wirkung besteht. So kritisiert Tenbruck (1984) zu Recht die „hagiographische Vereinnahmung" von Weber durch Vertreter der Soziologie als Wissenschaft, die zur Erkenntnis universeller Gesetze strebt. Kausalfaktoren im Sinne der Soziologie als Wirklichkeitswissenschaft sind nur auslösende und steuernde Faktoren, die nur neben und in Zusammenwirkung mit anderen Prozessen bestimmte Wirkungen erzielen.

Der dritte Punkt betrifft die Idee der *Pfadabhängigkeit*. Pfadabhängigkeit bedeutet, dass frühere Ereignisse spätere Ereignisse und Verläufe bedingen. Die Herausbildung oder Tradierung spezifischer Formen werden durch sie begünstigt, andere werden eher unwahrscheinlich (Schützeichel 2009). Für diese Effekte kann es verschiedene Erklärungen geben: die Selbstverstärkung einmal eingeführter Lösungen; das Bestehen eines direkten Zusammenhangs zwischen aufeinanderfolgenden Prozessen; eine zunehmende Einschränkung möglicher Alternativen. James Mahoney (2000) nennt vier mögliche Gründe dafür, dass eine Neuerung eingeführt wird: Nutzenvorteile für bestimmte Akteure; die Erfüllung einer für das System notwendig gewordenen neuen Funktion; die Durchsetzung von Seiten einer mächtigen Gruppe; die kulturelle Anerkennung durch viele Menschen als moralisch richtig bzw. notwendig. Im Falle der Entstehung und Wirkung gesellschaftlicher Grundwerte sind alle diese Aspekte relevant. Wurde ein Wert einmal klar erkannt und dargestellt, so kann seine Wirkung nicht mehr verhindert oder grundsätzlich rückgängig gemacht werden.

Auf der Basis dieser Überlegungen können wir genauer bestimmen, wie soziologische Erklärungen aussehen und was sie leisten können. Ausgangspunkt hierfür ist Webers bekannte Definition in seinen „Soziologischen Grundbegriffen", wonach soziologische Erklärung einerseits deutend bzw. verstehend sein muss, andererseits aber auch statistisch-kausal untermauert werden muss (Weber 1964/I, S. 3). Verstehen kann man eine Handlung, wenn man den Sinn erfasst, der mit ihr verbunden ist, das Handeln sich als „rational" darstellt in dem Sinne, dass es der jeweiligen Situation angepasst ist und den Intentionen des Handelnden entspricht. Die statistisch-kausale Erklärung muss zusätzlich zeigen, dass diese Art der Beziehung zwischen einer bestimmten Situation, ihrer Interpretation durch die Akteure und das daraus folgende Handeln häufig oder unter bestimmten Konstellationen typischerweise auftritt. Eine soziologische Erklärung geht also über das übliche, an den (klassischen) Naturwissenschaften orientierte Verständnis einer Wenn-dann-Erklärung hinaus, das einen kausalen Zusammenhang zwischen zwei Phänomenen behauptet, wenn immer sie gemeinsam hintereinander auftreten (das bekannte Hempel-Oppenheimer Schema der Erklärung). Wenn man solche Zusammenhänge feststellt, kann man diese in Form eines allgemeinen Gesetzes ausformulieren. Aus der Sicht der Praxis kann man hier sagen, dass soziologische Erkenntnisse bzw. Gesetze dazu dienen können, bei Kenntnis bestimmter Rahmenbedingungen konkrete Empfehlungen für die Praxis oder Prognosen für zukünftige Entwicklungen ableiten zu können.

Aus der Sicht der Soziologie als Wirklichkeitswissenschaft stellt sich das Problem einer sozialwissenschaftlichen bzw. soziologischen Erklärung also viel komplexer dar, als es in vielen Varianten soziologischer Theorien (etwa der Rational Choice Theorie) gesehen wird. Man muss hier zumindest zwischen vier Formen von „Erklärungen" unterscheiden. (1) Kausale Erklärungen im Sinne der Heranziehung allgemeiner Gesetze, die dann mit bestimmten Randbedingungen in Beziehung gesetzt werden, betreffen nur Regelmäßigkeiten im sozialen Verhalten, die überall gültig sind. Man kann hier an universelle Prozesse der Gruppenbildung und -dynamik, der Hierarchie- und Statusbildung in gesellschaftlichen Einheiten usw. denken. Enge Beziehungen zwischen Mutter und Kleinkind, Gruppenkonflikte, Hierarchien gibt es nicht nur in jeder menschlichen, sondern auch in allen Tiergesellschaften. Wir könnten hier von *biosozialen Gesetzen* sprechen; ihr widmet sich die vor allem durch Konrad Lorenz begründete neue, umfangreiche und interessante Disziplin der Verhaltensforschung (Eibl-Eibesfeldt 1995). Der dänische Soziologe Kaare Svalastoga (1959) eröffnete eines der frühesten Lehrbücher zur sozialen Ungleichheit mit einer Darstellung der Hackordnung, die sich in jedem Hühnerhof herausbildet.

(2) Universell gültige, statistisch nachweisbare Zusammenhänge lassen sich auch auf gesellschaftlicher Ebene feststellen; man kann hier von *sozialen Strukturgesetzen* sprechen. Ein schönes Beispiel ist die Theorie der Sozialstruktur von Peter Blau (1977). Er argumentiert und zeigt, dass die Anzahl der relevanten Sozialstrukturparameter einer Gesellschaft (die Verteilung der Bevölkerung nach Geschlechtern, Alter, Berufen, ethnischen Gruppen usw.) signifikante Effekte auf gesellschaftliche und politische Prozesse ausübt. Eine vielfach differenzierte Sozialstruktur, bei der sich die Parameter nicht überschneiden (eine *multiform heterogene Gesellschaft*), ist stabiler als eine, in welcher die Parameter zusammenfallen (eine *strukturell konsolidierte Gesellschaft*). Die Schweiz ist ein Beispiel für die erstere Konstellation (die politische Gliederung nach Kantonen entspricht nicht jener nach Konfessionen und Sprachen), das ehemalige Jugoslawien für den zweiten Fall (die Teilrepubliken waren auch in Bezug auf Sprache, Religion, wirtschaftliches Entwicklungsniveau relativ homogen).

(3) *Soziologische Gesetze* müssen darüber hinaus auch sinnhafte Bezüge einschließen. Mutter-Kind-Beziehungen und soziale Hierarchien können in verschiedenen Gesellschaften und Kulturen sehr unterschiedlich ausgestaltet werden. Der pejorative Begriff der „Rabenmutter", also einer Frau mit Kind(ern), die auch auf ihre eigenen Bedürfnisse achtet (etwa durch eine Vollzeiterwerbstätigkeit), wird heute selbst in mittel- und südeuropäischen Ländern, in denen immer noch relativ traditionelle Familienbilder verbreitet sind, nicht mehr verwendet. Will man diese Beziehung soziologisch untersuchen, wird man also auch die Werte und Normen in Bezug auf Kindererziehung und -aufzucht erfassen müssen und die Art und Weise, wie diese von Müttern wahrgenommen und interpretiert werden. Ein soziologisches Gesetz könnte dann lauten: In Gesellschaften, in denen egalitäre Normen in Bezug auf Geschlechterrollen vorherrschen, erfahren Mütter seltener Konflikte zwischen ihren Familien- und Berufsrollen.

(4) Es gibt schließlich auch *gesamtgesellschaftliche Gesetzmäßigkeiten,* die traditionell ja im Zentrum der soziologischen Analyse stehen. Anstelle des Begriffes „Gesetze" wird hier der von „Gesetzmäßigkeiten" verwendet, um anzudeuten, dass es sich dabei nicht um klassische Wenn-Dann-Kausalgesetze handelt, sondern um Zusammenhänge, die nicht wirklich „sicher" sind. Hierunter fallen wieder mehrere Varianten. Ein erster Typus sind **Prognosen,** die eine Fortschreibung von Trends beinhalten, die auf empirischer, verlässlicher Datenbasis beruhen. Paradigmatisch dafür sind demographische Prognosen. Auch diese sind aber stark von Rahmenbedingungen abhängig, die sie über den Haufen werfen können, etwa signifikante Änderungen in Fertilität oder Migrationsprozessen. Eine zweite Variante sind **Zukunftsszenarios,** welche verschiedene mögliche Entwicklungen darstellen, wobei sie jeweils unterschiedliche Entwicklung in diesen Rahmenbedingungen in Rechnung stellen. Soziologische *Zeitdiagnosen,* eine der deutschen Soziologie seit Beck sehr beliebte und von den Medien dankbar aufgegriffene Form der Analyse, stellen bestimmte Faktoren und Tendenzen besonders stark heraus. Solche Zeitdiagnosen enthalten neben streng wissenschaftlichen auch pointierend-literarische Komponenten; sie können durchaus interessant sein, sind als soziologische Analyse jedoch *cum grano salis* zu lesen. Hier sind schließlich auch Erklärungen gesellschaftlicher Trends aus der Sicht der Soziologie als Wirklichkeitswissenschaft einzuordnen. Dabei geht es darum zeigen, welche Rolle Interessen und Werte historisch und aktuell spielen; dabei geht es sowohl um die Erkenntnis und Durchsetzung dieser Werte wie auch um ihre Relevanz für Gesellschaft und Politik. Dies ist der Ansatz, der den Analysen in Teil II dieses Bandes zugrunde liegt. Dabei wird für alle Grundwerte untersucht, wann sie zuerst thematisiert wurden, welche sozialen Bewegungen und politischen Persönlichkeiten sie aufgriffen, wie und in welcher Form sie institutionalisiert wurden, welches die Folgen dieser Institutionalisierung waren usw. Alle empirischen Fakten und Interpretationen, die dabei herangezogen werden, sind natürlich selbst kritisch zu hinterfragen. Eine definitive Widerlegung oder Bestätigung der vorgetragenen Erklärungen – wie bei biosozialen Gesetzen oder sozialen Strukturgesetzen – ist nicht möglich. Dies ist deshalb nicht möglich, weil es auch hier um Verstehen geht, genauer gesagt, um „historisches Verstehen" (Popper 1973, S. 176).

Bedürfnisse, Interessen und Gemeinwohl

Gesellschaftliche Grundwerte können aus drei Quellen abgeleitet werden: aus menschlichen Grundbedürfnissen, aus individuellen und kollektiven Interessen und aus dem Prinzip des gesellschaftlichen Gemeinwohls. In diesem Abschnitt sollen die beiden ersten Aspekte näher untersucht werden.

Die Beziehungen zwischen Interessen und Werten

Die oben zitierte, berühmte These von Max Weber, dass das alltägliche Handeln vor allem durch Interessen bestimmt wird, Ideen jedoch als „Weichensteller" für die langfristige Entwicklung dienen, wurde auch von bedeutenden Wissenschaftlern anderer Disziplinen vertreten. Beim Klassiker der Ökonomie, Adam Smith, kann man nicht von einem Gegensatz zwischen interessenbezogenem vs. sozialem und ethischen Verhalten sprechen (Kurz und Sturn 2013; Schulmeister 2098, S. 52). Auch der Ökonom John M. Keynes schrieb, der Einfluss eigennütziger Interessen im Vergleich zur allgemeinen Wirkung von Ideen werde weit übertrieben (Kurz 2020). Diese These besagt also, dass *beides* – Ideen und Interessen – zentrale Elemente sind, wenn es um die Erklärung des menschlichen Handelns und in der Folge auch um die gesellschaftlicher Entwicklungen geht. Wir müssen uns daher zwei Fragen stellen, um diese Thematik genauer zu klären: (1) In welchem Verhältnis stehen Ideen und Interessen zueinander? (2) Welche Ideen spielen hier eine Rolle? Diese Fragen wurden in der Soziologie, auch von Weber-Experten, selten explizit gestellt und diskutiert. Weber selbst hat, wie bereits dargestellt, in Bezug auf Werte ja eine sehr pointierte Position eingenommen. Man kann sie in drei Punkten zusammenfassen: (1) In der wissenschaftlichen Analyse selbst muss man Werte so weit als möglich ausschalten (Prinzip der *Werturteilsfreiheit*). (2) Im Forschungsprozess sind Werte jedoch sehr wichtig, etwa bei der Themenwahl und im Zusammenhang mit der Anwendung von wissenschaftlichen Befunden (Prinzip der *Wertbeziehung*). (3) Im Hinblick auf die *Handlungsrelevanz* der Werte lässt sich jedoch nichts Allgemeines aussagen. Diese Frage müsse jedes Individuum für sich selbst entscheiden, seinen ureigenen „Dämon" finden; auch der Politik könne die Wissenschaft in dieser Hinsicht nichts vorgeben.

Im Folgenden werden zwei Thesen aufgestellt. Die erste lautet, dass kein Gegensatz, vielmehr eine enge Beziehung zwischen Interessen und Werten besteht. Dabei wird zuerst gezeigt, dass Werte und Interessen keineswegs so scharf geschieden sind, wie es Weber oft unterstellt wird. Natürlich gibt es immer Konflikte zwischen Werten und Interessen. Werte sind aber, so das Argument, letztlich immer bezogen auf Interessen. Dies sieht man schon im alltäglichen Denken und Handeln. Hier wird ein unmittelbar praxisbezogener Begriff des Wertes verwendet: Das, was mir nützlich ist, finde ich auch wertvoll. Dem entspricht die bekannte ökonomische Definition, wonach der Wert eines Gutes ein Ausdruck seiner Wichtigkeit ist, die es für die Befriedigung der subjektiven Bedürfnisse der Käufer besitzt.

Als Einstieg zur Diskussion des Verhältnisses von Interessen und Werten können wir uns vor allem auf die Überlegungen von G. H. Mead beziehen, einem Hauptvertreter der Sozialphilosophie des Pragmatismus. Mead sieht keinen prinzipiellen Gegensatz zwischen individuellen und gesellschaftlichen Interessen. So argumentiert er, gesellschaftliche Institutionen seien nichts anderes als „eine Organisation von Haltungen (der anderen), die wir alle in uns tragen"; sie sind organisierte Formen des Gruppenhandelns und durch sie kann sich das Ich erst entfalten (Mead 1976, S. 319–325). Auch wenn es um eine Äußerung von Werten des Ich geht, müssen das „deshalb noch nicht Werte eines selbstsüchtigen Individualisten sein, denn unter normalen Bedingungen … trägt das Individuum zu einem gemeinsamen Vorhaben bei…" (Mead 1976, S. 304). Bei jedem Handeln stellen sich, so Mead, spezifische Probleme, die mit konkreten Interessen verknüpft sind. Moralisches Handeln besteht darin, alle in einer Situation relevanten Interessen zu erkennen und zu reflektieren, unparteiisch zu beurteilen und sich dann für ein bestimmtes Handeln zu entscheiden: „Die Methode, alle diese Interessen, die einerseits die Gesellschaft, andererseits das Individuum bilden, in Betracht zu ziehen, ist die Methode der Moral" (Mead 1968, S. 440).

Die zweite These lautet, dass es praktisch immer Konflikte zwischen Menschen und Gruppen gibt, die sich entweder auf ihre unterschiedlichen Bedürfnisse und Interessen oder auf zugrunde liegende Werte beziehen können. Dabei müssen allerdings echte Interessen involviert sein. So wird man kaum sagen können, es läge im Interesse eines Käufers im Supermarkt, die Ware gratis zu bekommen. Als sein Interesse kann man es jedoch bezeichnen, die Waren zu einem angemessenen Preis zu erhalten. Zwischen Kaufleuten und Käufern, aber auch für diese selbst, bestehen sowohl Interessenkonflikte als auch Konflikte zwischen Interessen und Werten. Interessenkonflikte zwischen Kaufleuten und Käufern bestehen insofern, als Kaufleute daran interessiert sind möglichst viel zu verkaufen und daher ihre Waren möglichst vorteilhaft darzustellen trachten, während die Käufer an einer objektiven Information über die Qualität der Waren usw. interessiert sind. Wertkonflikte oder – vielleicht besser formuliert – unterschiedliche Gewichtungen verschiedener Werte bestehen aber auch zwischen den Kaufleuten selbst im Hinblick darauf, für wie wichtig bzw. legitim sie sachliche Objektivität oder Übertreibung, Offenlegung aller Seiten ihres Produktes versus Verheimlichung von negativen Aspekten erachten. Bei den Käufern sind es Konflikte zwischen angemessenem und fairem Informations- und Kaufverhalten einerseits und „schlauem" Suchen nach dem besten Angebot oder – was heute vielfach geschieht – Ausnützen von Geschäften zum Besichtigen von Waren und deren späterem online-Kauf bei einem Großhändler andererseits.

Wichtig ist hier eine genaue Klärung des Begriffes des *Interesses*. Dieser Begriff wurde erst in der frühen Neuzeit von Sozialtheoretikern eingeführt. Die dahinterstehende Idee entwickelte der Florentiner Niccolò Machiavelli (1469–1527). Er wollte mit diesem Begriff die in Richtung der Selbst- und Machterhaltung wirkenden, rational kalkulierbaren Motive und Interessen von Fürsten herausarbeiten im Gegensatz zu ungezügelten, unberechenbaren Leidenschaften (Swedberg 2005). Für Machiavelli können Machtinteressen der Fürsten faktisch und normativ als Richtschnur ihres Handelns angesehen werden. Sie rechtfertigen auch die Eliminierung von Gegnern, sofern andere Mittel (die im Prinzip vorzuziehen seien) zu ihrer Unterwerfung und Kontrolle nicht ausreichen. Eine Transformation erfuhr das Streben nach Reichtum, das im Mittelalter als Habgier verpönt wurde. Albert O. Hirschman (1980) zufolge wurde diese Leidenschaft im aufsteigenden Kapitalismus als ökonomisches Interesse neu interpretiert und damit legitimiert. Er entwickelt damit ein ähnliches Argument wie Max Weber in seiner Protestantismusthese. Der Interessenbegriff ist bis heute wichtig, aber auch umstritten und vielfach unklar. Seine Verwendung in der Ökonomie (die allerdings meist von Präferenzen spricht) wurde kritisiert, weil er von dieser auf rein ökonomische Interessen eingeengt wurde und damit vielfach unrealistische Annahmen hinsichtlich der Rationalität der Akteure verbunden wurden.

Der Interessenbegriff spielt auch bei bedeutenden Sozialtheoretikern des 19. Jahrhunderts eine wichtige Rolle, so bei Marx und bei „bürgerlichen" Konflikttheoretikern. Nach der Theorie von Marx sind klassenbezogene Interessen die Haupttriebkräfte der Entwicklung der Moderne, insbesondere des Kapitalismus. Für Marx gibt es in einer kapitalistischen Gesellschaft fundamental gegensätzliche Interessen, deren Widerspruch nur durch eine Revolution, Aufhebung des Privateigentums und eine Umwälzung der Sozialstruktur aufgehoben werden kann. Die marxistische Theorie wird heute zwar in toto von niemandem mehr vertreten. Die Grundannahme aber, dass der Kapitalismus ein System darstelle, das letztlich die Ursache für (nahezu) alle aktuellen Probleme darstelle und daher ein anderes System notwendig sei, spielt bei vielen zeitgenössischen Soziologinnn und Sozialtheoretikern immer noch mit. Sie steht insbesondere hinter der These der „Allbetroffenheit", des Zusammenwirkens vieler problematischer Tendenzen zu einer im Rahmen des bestehenden Systems unlösbaren Mischung von Problemen.

Der Interessenbegriff spielte auch in den Anfängen der Soziologie eine wichtige Rolle (Swedberg 2005, S. 48–77). Hier sind insbesondere zwei frühe österreichische Soziologen, Ludwig Gumplowicz (1838–1909) und Gustav Ratzenhofer (1842–1904), zu nennen. Sie entwickelten eine besondere Sensibilität für Interessen auch deshalb, weil die extrem komplex strukturierte österreichisch-ungarische Monarchie geradezu ein Labor für die Analyse eines kaum durchschaubaren Ineinanderwirkens von wirtschaftlichen, nationalen, militärischen und kulturellen Interessen und Konflikten darstellte. Gumplowicz betrachtete den Staat als den Vertreter der Interessen der herrschenden ethnisch-nationalen Gruppen.[4] Auch Gustav Ratzenhofer sah Feindseligkeit und Konflikte als treibende Kräfte in der Geschichte. Erst in einer höheren Zivilisation werde friedlicher Interessenausgleich möglich. Die Thesen von Ratzenhofer und Gumplowicz beeinflussten zeitgenössische US-amerikanische Soziologen und Soziologinnen, aber auch Georg Simmel (Mikl-Horke 2001, S. 88–91). Man könnte sie auch als „bürgerliche Marxisten" bezeichnen. Die Betonung der Bedeutung ethnisch basierter Konflikte bei Gumplowicz ist angesichts des Wiederauflebens solcher seit 1990 von hoher Aktualität. Zeitgenössische Autoren wie der US-amerikanische Politikwissenschaftler Samuel Huntington oder der rassistisch argumentierende deutsche Autor Thilo Sarrazin, stehen jedoch durchaus in dieser Tradition. Huntington behauptete, heute stehe der Kampf der Kulturen im Zentrum der Weltpolitik, Sarrazin sieht die deutsche und europäische Gesellschaft und Kultur durch die Immigration aus islamischen Ländern bedroht. Aber auch in vielen systemkritischen Äußerungen an Biertischen wie in öffentlichen Reden wird heute immer wieder behauptet, „die da oben" bzw. die „Mächtigen" stünden hinter allen Problemen, mit denen wir heute zu

---

[4] Gumplowicz postulierte, dass die ganze Menschheitsgeschichte aus fortdauernden Konflikten zwischen soziokulturell definierten „Rassen" bestehe. Diese definierte er aber nicht biologisch, sondern auch soziokulturell. Zwischen den Rassen gebe es immer wieder Kämpfe; die jeweils siegreiche errichte dann ein politisches Herrschaftssystem.

kämpfen haben. Besonders krass traten Verschwörungstheorien dieser Art im Rahmen der staatlichen Einschränkungsmaßnahmen zur Eindämmung der Corona-Epidemie zutage.

Der Begriff des Interesses spielt, wie festgestellt, auch bei Max Weber eine wichtige Rolle. In den *Soziologischen Grundbegriffen* grenzt er die durch Interessenlagen bestimmten Regelmäßigkeiten des Verhaltens von jenen ab, die durch Brauch oder Sitte bestimmt werden (Weber 1964/I, S. 20–22). Interessenbezogene Verhaltensweisen sind zweckrational orientiert und weisen – entsprechend der Beständigkeit sozialer Strukturen und Prozesse – oft eine hohe Stabilität auf. Dabei ist wichtig: Interessen sind keineswegs nur ökonomischer Art, sie können sich auch auf kulturelle und ideelle und natürlich politische Sachverhalte beziehen (vgl. auch Deutsch 1968, S. 99 ff.). In *Wirtschaft und Gesellschaft* und in den religionssoziologischen Arbeiten von Weber kommt der Begriff der Interessen sehr häufig vor, meist im Zusammenhang mit der Diskussion anderer Begriffe, wie dem der sozialen Klassen (Swedberg 2005, S. 63–65). Abgesehen von Weber wurde der Interessenbegriff von Soziologinnen jedoch sehr selten verwendet, ja sogar explizit abgelehnt, wie etwa von Parsons; für ihn stand die Wertorientierung des Handelns im Vordergrund. In neuerer Zeit wurde der Interessenbegriff zwar auch in der Soziologie wieder aufgegriffen, vor allem von US-amerikanischen Soziologen (Coser 1956; Collins 1975). Besonders einflussreich wurde Pierre Bourdieu, der – anknüpfend an Webers Begriff des religiösen Interesses – in origineller Weise die soziale und kulturelle Konstruktion von Interessen herausarbeitete. Er sieht auch symbolisch-kulturelle Eigenschaften und Fähigkeiten als „Kapital", das man so einsetzt, dass man daraus möglichst hohen Gewinn zieht (Bourdieu 1987). Bourdieus implizite These, dass Interessen – vor allem jene an Status, Einfluss und Macht – das Handeln in allen sozialen Feldern vorrangig bestimmen, ist aber einseitig und unhaltbar.

Die Transformation von Bedürfnissen in Interessen und Werte und umgekehrt
Wie kann man die Begriffe der Ideen bzw. Werte und der Interessen plausibel voneinander abgrenzen? Der Verfassungsrechtler H. H. von Arnim bezeichnet in seinem Buch *Gemeinwohl und Gruppeninteressen* Interessen als das, was Menschen selbst wünschen. In Verbindung mit Freiheit bedeute dies, dass der einzelne Mensch selbst bestimmen könne, was seine Interessen sind, wenn die Gesellschaft dies respektiert (Arnim 1977, S. 32–35). Dies ist offenkundig aber ein zu weiter Begriff, da darunter auch rein individuell-idiosynkratische Wünsche fallen würden. Einen positiven und fruchtbaren Ansatz zum Verhältnis von Ideen (Werten) und Interessen hat Sascha Münnich (2010, 2011) vorgelegt. Er untersuchte die Entstehung der Arbeitslosenversicherung in Deutschland und den USA und zeigte, dass auch ansonsten primär ökonomisch argumentierende Akteure wie Unternehmer und Gewerkschaften Ideen bzw. Werte heranzogen, um für die Durchsetzung ihrer Interessen Zustimmung zu erreichen. Das Gleiche lässt sich für die konflikthafte Entwicklung und Etablierung des Wohlfahrtsstaates generell sagen (Näheres dazu in Kap. 9).

Hier wird hier eine Differenzierung vorgeschlagen, die sich an der Weber'schen Methode der Typenbildung orientiert (Hopf 1991). Dabei wird nicht anhand mehrerer

Dimensionen eine Vier- oder Mehrfeldertafel erstellt, sondern es wird bei jedem Begriff zuerst überlegt, welche weiteren Ausdifferenzierungen Sinn machen und auch realistisch vorkommen. Führt man dies bis zu einem sinnvollen Ende durch (d. h. wenn man mehr oder weniger eindeutige „Typen" gewonnen hat), ergeben sich Baumdiagramme. Die Definition von Interessen und Werten in diesem Sinne geht aus von der Gesamtheit aller menschlichen Bedürfnisse (vgl. *Abb.* 4.1). Wir fragen dann weiter, ob es sich dabei um Grundbedürfnisse aller Menschen handelt oder aber um Bedürfnisse von Einzelnen oder von spezifischen sozialen Gruppen. Wenn erstere vorliegen, kann man annehmen, dass sie in jeder Gesellschaft auch sozial und kulturell definiert und normiert werden. Unter den Begriff „menschliche Grundbedürfnisse" kann man zuallererst solche biosozialer Art, wie Ernährung, Sexualität und Sicherheit, subsumieren. Dazu gehören aber auch soziale und geistige Bedürfnisse, die mit der menschlichen Identität zusammenhängen, wie die Chance zu sinnvoller Aktivität, Selbstverwirklichung und Anerkennung. Eine Möglichkeit der Systematisierung stellt die bekannte Bedürfnistheorie von Maslow (1987) dar. Darin werden vier Typen von Bedürfnissen unterschieden, die in einer Hierarchie zueinanderstehen. Von unten nach oben aufeinanderfolgend sind dies physiologische Grundbedürfnisse (Essen, Sexualität), Sicherheitsbedürfnisse (Schutz vor Gewalt, materielle Grundsicherung), soziale Bedürfnisse (soziale Beziehungen, Liebe, Zugehörigkeit), Individual- bzw. Selbstwertbedürfnisse (Anerkennung, Wertschätzung, Status, Bedürfnis nach Selbstverwirklichung). Die ersten vier werden auch Defizitbedürfnisse genannt, weil ihre Nichterfüllung zu Entbehrungsgefühlen führt, während die Erfüllung der beiden höchsten positive Konsequenzen für die Psyche hat. Die These lautet, dass zuerst die grundlegenden (niedrigeren) Bedürfnisse befriedigt sein müssen, bevor höhere zum Zuge kommen können. Dahinter steht die banale Überlegung, dass man zuerst etwa essen muss, um nicht zu verhungern, bevor man irgendetwas anderes tun kann. Die Theorie von Maslow kann jedoch nicht *in toto* übernommen werden. So ist evident, dass auch die untersten „physiologischen" Bedürfnisse in hohem Maße sozial und kulturell überformt werden. Nahrungsaufnahme und Sexualität bei Menschen sind auch soziokulturelle Aktivitäten und variieren etwa nach sozialen Gruppen und Schichten und interkulturell. Außerdem beginnt die soziologisch interessante Problematik erst, wenn man etwa in Bezug auf das Essen nicht nur den möglichen totalen Mangel sieht, sondern auch die Frage stellt, wieviel, wie oft und was ein Mensch isst. Gerade dies sind für viele Menschen nicht nur lebenspraktisch, sondern oft sogar (über-)lebenswichtige Fragen, wie sich an den Problemen von Übergewicht oder Krankheitserscheinungen wie Bulimie und übermäßige Fettleibigkeit (Adipositas) zeigt. Die Hervorhebung von „positiven" Bedürfnissen, wie es Maslow in seiner „humanistischen Psychologie" macht, ist jedoch ein Aspekt, der auch soziologisch gute Anschlussmöglichkeiten bietet. Eine weitere Frage im Zusammenhang mit den biosozialen Grundbedürfnissen lautet, ob die Liste von Maslow vollständig ist bzw. ob man eine erschöpfende Liste in dieser Hinsicht überhaupt aufstellen kann. Manche Psychologen und Psychologinnen (etwa die früheren Instinkttheoretiker) haben umfangreiche Listen aufgestellt, andere argumentieren, es gäbe nur wenige Grundbedürfnisse. Bei Freud ist dies die Libido (mit dem Sexualtrieb verknüpfte psychische Energie), bei den Utilitaristinnen und RC-Theoretikern das Streben nach der höchsten „Lust" bzw. dem größtmöglichen Nutzen für sich selbst. Man kann annehmen, dass die Anzahl der biosozialen Grundbedürfnisse begrenzt ist. Die von Maslow genannten sind zweifellos zentral, wenn seine Liste auch nicht vollständig sein mag. Mit Hondrich (1975) kann man aber wohl sagen, dass die Erstellung einer vollständigen, erschöpfenden Liste gar nicht notwendig ist, da man bei der Untersuchung bestimmter Probleme – in unserem Fall: bei der Herausarbeitung gesellschaftlicher Grundwerte – auch jeweils Hypothesen darüber entwickeln muss, welche Bedürfnisse von Bedeutung sind. Manche Autorinnen nennen auch Machtstreben als Grundbedürfnis: Nietzsche postulierte einen Willen zur Macht, Psychologen wie Philipp Lersch, Karl Jaspers und Alfred Adler sprachen von Geltungs- und Machtstreben. Macht kann – wie Vertrauen oder Liebe – auch deshalb nicht als ein Grundbedürfnis gesehen werden, weil damit vor allem ein Aspekt zwischenmenschlicher Beziehungen erfasst wird und nicht ein generelles Bedürfnis bzw. Interesse eines jeden Menschen. Daher ist es auch unangebracht, Macht als einen Grundwert anzusehen, wie es etwa Shalom Schwartz (2006) in seiner transkulturellen Wertestudie macht.

Das Konzept der biosozialen Grundbedürfnisse ist soziologisch durchaus nützlich, aber nicht im Sinne von letzten Ursachen oder Antrieben des Handelns, sondern allenfalls im Sinne von Veranlassern oder Problem-Auslösern. Wenn wir mehr oder wenig plötzlich

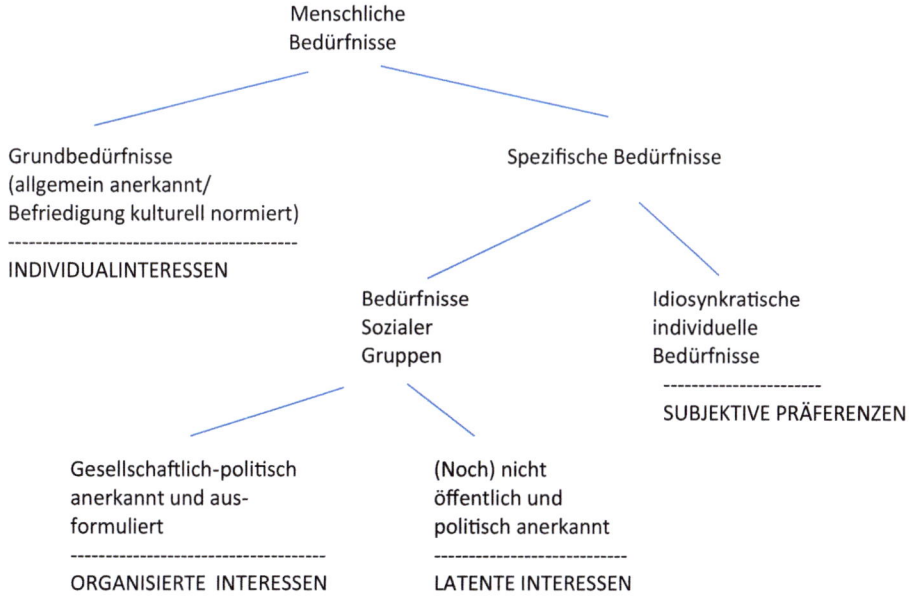

Abb. 4.1 Eine Typologie von Interessen und ihr Zusammenhang mit menschlichen Bedürfnissen

Hunger empfinden, können wir darauf je nach Situation, wie auch aufgrund persönlicher Erfahrungen, Erinnerungen und situativen Umstände in unterschiedlicher Weise reagieren: Indem wir uns sofort etwas Essbares beschaffen (Gang zum Kühlschrank, zum Speiseautomaten), indem wir uns eine Mahlzeit zubereiten oder in ein Restaurant gehen, oder indem wir dem Hungergefühl nicht folgen und hungrig bleiben (oft verschwindet es nach einiger Zeit ja wieder). Eine enge Beziehung besteht jedoch zwischen der Befriedigung des Grundbedürfnisses nach Nahrung und dem Wert des Lebens. Wir müssen essen, um unser Weiterleben sicherzustellen. Der Wert, den das Leben in verschiedenen Gesellschaften, Kulturen und sozialen Gruppen besitzt, bestimmt auch in hohem Maße, inwieweit und in welcher Form und Qualität die Bedürfnisse der Ernährung befriedigt werden (Näheres dazu in Kap. 7).

Soziologisch ist nun eine wichtige Frage, ob bestimmte Bedürfnisse allen Menschen gemeinsam sind oder ob sie nur für bestimmte Gruppen Bedeutung besitzen. Bei menschlichen Grundbedürfnissen können wir von individuellen Interessen sprechen, weil sie für das (Über-)Leben essentiell sind. Wenn es sich um spezifische Bedürfnisse handelt, die nur für bestimmte Individuen bzw. nur im Rahmen von speziellen sozialen Kreisen wichtig sind, kann man von idiosynkratischen individuellen oder gruppenspezifischen Präferenzen sprechen. Dazu gehört etwa das Interesse an bestimmten Formen der Ernährung (Gemüse, Wiener Schnitzel oder *fast food*), an modischer Kleidung, an bestimmten Formen von Fortbewegungsmitteln (Fahrrad, PKW, öffentlicher Verkehr usw.). Als Grundbedürfnis bzw. legitimes Interesse eines jeden Menschen in fortgeschrittenen Gesellschaften kann man jedoch Dinge nennen wie eine gesunde und schmackhafte Ernährung, eine ordentliche, auch geschmackvolle Kleidung, eine gesunde Wohnung, nicht gesundheitsgefährdende Arbeitsbedingungen, die Möglichkeit eines ausreichenden Erholungsurlaubs. Diese nennen wir Individualinteressen. Man kann sagen, dass die allgemeine öffentliche Anerkennung von individuellen Basisbedürfnissen und -interessen zu ihrer Transformation in gesellschaftliche Grundwerte führt.

Wenn es sich um grundlegende Bedürfnisse spezieller Gruppen handelt, kann man ebenfalls von Interessen sprechen. Es sind dies organisierte Interessen, wenn es dafür institutionalisierte Formen ihrer Durchsetzung gibt (wie rechtliche Ansprüche, Verbände usw.). Wenn solche (noch) nicht bestehen, kann man von **latenten Interessen** sprechen. So wurden etwa die Interessen und Rechte von Kindern bis vor nicht allzu langer Zeit noch bei weitem nicht so klar erkannt, geschweige denn ernstgenommen. Das Gleiche gilt für die Interessen von Frauen. Werte sind besonders wichtig bei der Durchsetzung der Bedürfnisse und Interessen von schwer organisierbaren, ressourcenschwachen Personen und sozialen Gruppen (Kinder, Frauen, Migranten und Migrantinnen usw.; vgl. Hippel 1982). Ihre Interessen werden vielfach erst durch einfühlsame und sozialkritische Schriftstellerinnen, soziale Professionen oder auch sozial engagierte Bürger der Öffentlichkeit bekannt gemacht. Aus dieser Sicht sieht man, dass auch Grundbedürfnisse historisch und interkulturell „variabel" sind in dem Sinne, dass sie keineswegs zu allen Zeiten und überall anerkannt werden. Ein Beispiel ist die Sexualität. Durch die repressive Sexualmoral der katholischen Kirche, aber auch die politisch untergeordnete Stellung der Frauen wurden ihre erotisch-sexuellen Interessen Zeit gar nicht gesehen und daher wohl auch von diesen selbst negiert oder unterdrückt.

Wenn es sich um spezifische Bedürfnisse und Probleme handelt, wird weiter unterschieden, ob hierbei größere soziale Gruppen oder menschliche Grundbedürfnisse involviert sind. Nur wenn beides der Fall ist, kann man von Interessen sprechen. Beispiele sind die Bedürfnisse von Babys und Kindern für Schutz, Nahrungsversorgung und liebevolle Bindungen, das Interesse von Beschäftigten an guten, nicht gesundheitsschädlichen Arbeitsbedingungen, von Pensionistinnen an materieller Absicherung. Man kann hier nochmals weiter fragen danach, ob diese Grundbedürfnisse allgemein anerkannt sind und ob es dafür Interessenorganisationen gibt oder nicht. Beispiele für erstere sind Interessen der Beschäftigten an einem angemessenen Lohn und an sicheren Arbeitsbedingungen; dafür kämpfen vor allem Gewerkschaften. In diesem Fall kann man von *organisierten Interessen* sprechen. Weber verwendet hier den Begriff „vergesellschaftetes Klassenhandeln" (Weber 1964/I, S. 226). Interessen stehen also in engem Zusammenhang mit gesellschaftlichen Gruppen (wie Berufsgruppen und sozialen Klassen) und Kategorien (wie Männer vs. Frauen, Junge vs. Alte usw.). Dafür wird oft der Begriff **Partikularinteressen** verwendet. Dieser hat einen moralischen Unterton und suggeriert, es gehe hierbei um „egoistische" Interessen. Wenn man den Begriff neutral verwendet, ist er jedoch soziologisch sehr wichtig. Die sog. „Partikularinteressen" sind aus der Perspektive gesellschaftlicher Grundwerte aus zwei Gründen positiv zu sehen. Zum einen, weil die Interessen aller gesellschaftlichen Gruppen legitim sind. Problematisch werden sie nur dann, wenn sie versteckt verfolgt oder mit Machtmitteln gegen andere Interessen oder gegen das Gemeinwohl durchgesetzt werden. Zum anderen sind sie wichtig, weil bislang unthematisierte Interessen in der Regel zuerst von bestimmten Gruppen vertreten werden müssen, bevor sie sich auf breiter Basis durchsetzen. Die Kämpfer für Radwege, die Vegetarierinnen, die Wehrdienstverweigerer wurden noch vor nicht langer Zeit im besseren Fall belächelt, im schlimmeren Fall bestraft. Heute sind ihre Grundsätze weithin anerkannt und von vielen Menschen übernommen worden.

Klar abzugrenzen ist der Begriff der Interessen von dem der **Interessengruppen,** der in politischer Soziologie und Politikwissenschaft eine zentrale Rolle spielt.[5] Interessengruppen können sehr eng sein und nur kleine spezielle Bevölkerungsgruppen einschließen; ein Beispiel sind die Behinderten (Stoll 2017). Sie können relativ breit sein, wie etwa Gewerkschaften., die oft Hunderttausende von Beschäftigten in sehr vielen unterschiedlichen Branchen und Berufen einschließen, oder Autofahrerclubs usw. Schließlich wurde der Interessenbegriff auf soziale Klassen angewandt, wobei dann fast die Hälfte oder ein größerer Anteil der Bevölkerung dazugehören würde. Je breiter eine solche Interessengruppe, desto diffuser und vielfältiger sind jedoch die von ihnen vertretenen Interessen.

---

[5] Vgl. dazu insbesondere Arnim (1977), *Gemeinwohl und Gruppeninteressen*; Deutsch (1968), *Die Analyse internationaler Beziehungen*; Abromeit (1993), *Interessenvermittlung zwischen Konkurrenz und Konkordanz*.

So wurde insbesondere der Begriff der Klasseninteressen auch schon von Weber kritisiert. Zwar ist klar, dass die lohnabhängigen „Klassen" andere Interessen haben als Unternehmer (etwa in Bezug auf Steuern und Sozialausgaben); aber in vielen Hinsichten sind diese Gruppen intern hochdifferenziert, auch in ihren Interessen. Wenn wir die ideellen Ursprünge und sozialen Kräfte untersuchen, welche zur Anerkennung und Durchsetzung bestimmter Grundwerte beigetragen haben, ist es zwar essentiell, die dabei relevanten Interessengruppen zu betrachten. Aber man muss auch hinterfragen, inwieweit diese wirklich nur diese Werte fördern wollten oder auch spezifische eigene (Partikular-) Interessen verfolgten, möglicherweise auch auf Kosten anderer Gruppen oder des Gemeinwohls.

Die Frage ist nun, in welchem Verhältnis Interessen all dieser Art zu gesellschaftlichen Grundwerten stehen. Hier kann man zunächst sagen, dass alle individuellen Grundbedürfnisse und kollektiven Interessen direkt mit gesellschaftlichen Grundwerten zusammenhängen. Man kann ihre Ausformulierung aber nicht durch diese Grundwerte selbst erklären. Dies taten etwa der frühe Durkheim, später auch Talcott Parsons und Amitai Etzioni, die eine strukturfunktionale Theorie der Gesellschaft vertreten. Für sie sind Werte eine geradezu transzendentale Voraussetzungen für menschliches Zusammenleben, ohne sie könnte es nicht gewaltfrei funktionieren. Man kann auch gesellschaftliche Normen, wie sie im Recht festgelegt sind, auf diese Weise sehen. So argumentiert Peter Koller (1997, S. 57), dass normative und auch rechtliche Regelungen immer notwendig sind, um ein friedliches Zusammenleben der Menschen zu ermöglichen. Dies gilt vor allem angesichts dreier Tatsachen: Weil das menschliche Verhalten offen, d. h. nicht durch Instinkte festgelegt ist; weil das Zusammenleben immer konfliktreich ist; und weil die Menschen dazu tendieren, ihre eigennützigen Interessen in den Vordergrund zu stellen. Dies ist ohne Zweifel richtig, aber soziologisch für eine Entstehung von Normen und Rechten noch nicht ausreichend. Man muss auch fragen: Warum und wann gibt es überhaupt neue Gesetze? Wie werden Normen und Rechte konkret ausgestaltet? Welchen Gruppen kommen sie besonders zugute?

Eine funktionale Erklärung sozialer Tatsachen, wie etwa von Rechtsnormen, durch ihre soziale Nützlichkeit ist aber noch keine kausale Erklärung, wie sowohl Emile Durkheim wie Max Weber ausdrücklich betont haben. Die Ursachen, von denen sie erzeugt werden, sind gesondert von ihren Funktionen zu untersuchen. Die funktionalistische Analyse kann bei der Entwicklung von Fragestellungen und bei der Formulierung von Hypothesen helfen, die man aber dann einer kausalen (statistischen) Überprüfung unterwerfen muss. Dies gilt auch für die funktionalistische These, dass das Recht vor allem dazu dient, neu auftauchende soziale Probleme und Konflikte zu bewältigen. Neue Rechtsnormen und Gesetze werden oft erst dann erlassen, wenn entsprechende gesellschaftliche Wandlungsprozesse bereits stattgefunden haben. Ein Beispiel ist der US-amerikanische *Civil Rights Act* von 1964, der die Diskriminierung von Schwarzen verbot. Hier zeigen die Daten, dass der Anteil der Schwarzen, die in die Mittelklasse aufgestiegen waren, schon seit 1940 kontinuierlich und stark angestiegen war, seit den 1960er Jahren jedoch nicht mehr so stark. Es war nicht die Politik, die vorausschauend oder in direktem Zusammenhang mit dem Problem der Rassendiskriminierung Gesetze erließ, um sie zu beseitigen. Vielmehr tat sie dies erst, als auf sie durch die Bevölkerung und betroffene Gruppen (Bürgerrechtlern) Druck ausgeübt wurde. Diese Gruppen taten dies, weil sie argumentieren konnten, dass durch die diskriminatorische Praxis gesellschaftliche Grundwerte verletzt bzw. bedroht wurden. Die Transformation von Interessen in gesellschaftlich anerkannte Werte bedarf also einer rationalen, öffentlich kommunizierten Begründung. Diese Idee hat auch der Politikwissenschaftler Rainer Forst (2021) mit dem Begriff der Rechtfertigung auf den Begriff gebracht. Damit will er, genauso wie diese Arbeit, die Kluft überbrücken, die vielfach zwischen normativer politischer Theorie und empirischer Analyse besteht. Rechtfertigungsnarrative etwa für ökonomische Interessen, religiöse Ideen und nationale Geschichten erzeugen neue soziale Wirklichkeiten, die selbst Wertungen darstellen. Diese können durchaus individuellen Eigeninteressen im engeren Sinne widersprechen.

Man kann aber auch umgekehrte Effeke konstatieren, dass nämlich Werte selbst neue Interessen konstituieren können. Dies wurde auf mehreren gesellschaftlichen Ebenen und im Rahmen mehrerer Forschungsansätze herausgearbeitet. So zeigte Martin Schröder (2011) etwa, dass moralische Argumente wirtschaftliche Interessen von Unternehmen – etwa bei Entscheidungen über Produktionsstandorte und -verlagerungen – nicht nur einschränken, sondern auch neue Interessen konstituieren können. Dies gilt auch im nationalen Rahmen. Am Beispiel der Entwicklung des Wohlfahrtsstaates als Institution zur Herstellung sozialer Sicherheit werden wir sehen, dass durch ihn vielfältige neue Interessen zahlreicher Gruppen konstituiert werden (vgl. Kap. 8). Auch die aktuell (März/April 2023) massiven Demonstrationen in Frankreich gegen die Erhöhung des Pensionsantrittsalters zeigen, dass die Bevölkerung das bestehende Pensionssystem (das aufgrund des Wertes der sozialen Sicherheit errichtet wurde) inzwischen als ein fundamentales Interesse betrachtet. Dabei handelt es sich um eine vergleichsweise bescheidene, ökonomisch und finanzpolitisch jedoch höchst notwendige Erhöhung (von 62 auf 64 Jahre).[6] Auch im Rahmen des historisch-institutionalistischen Ansatzes internationaler Beziehungen wurde begründet argumentiert, dasss dauerhafte und stabile Institutionen als anerkannte soziale Einrichtungen, die aufgrund bestimmter Werte errichtet wurden, ihrerseits neue Interessen konstituieren können (Katzenstein 1996; Zürn 1998, S. 193).

---

[6] Dabei ist es nicht einmal von der Hand zu weisen, dass es im realen Interesse aller Beschäftigten bzw. der angehenden Pensionistinnen läge, dieses Antrittsalter hinaufzusetzen, da infolge der auseinandergehenden Schere zwischen steigender Lebenserwartung und Pensionsantrittsalter ansonsten die bisherige Höher der Pensionen nicht mehr beibehalten werden kann. Im übrigen könnte man sogar vermuten, dass eine längere Erwerbstätigkeit von gesundheitlich rüstigen „jungen" Pensionisten zwischen 60 und 65 Jahren die Lebenserwartung erhöhen würde.

Grundwerte als Schnittpunkt von Bedürfnissen, Interessen und Gemeinwohl

Die zentrale These im Hinblick auf die Ausformulierung, Anerkennung und Institutionalisierung gesellschaftlicher Grundwerte lautet nun, dass sie genau im Schnittpunkt von individuellen Bedürfnissen, kollektiven Interessen und dem Gemeinwohl stehen. Die gesellschaftlichen Grundwerte beziehen sich sowohl auf die Befriedigung individueller Bedürfnisse als auch auf kollektive Interessen; die ausgewogene Berücksichtigung beider fördert auch das Gemeinwohl.[7] Individuelle Bedürfnisse entstehen vielfach erst, wenn es entsprechende gesellschaftliche Institutionen gibt, in denen sie zum Ausdruck gebracht werden können. Im 19. Jahrhundert hatte wahrscheinlich die große Mehrheit der Frauen wenig Interesse an Politik oder gar aktiver politischer Betätigung, weil es die Möglichkeit dazu praktisch gar nicht gab (von Einzelfällen in höheren Schichten abgesehen).

Als Beispiel wird in *Übersicht 3.2* das Verhältnis zwischen individuellen Bedürfnissen, kollektiven Interessen und dem im Schnittpunkt beider stehenden Grundwert „Achtung des Lebens" sowie den damit zusammenhängenden Aspekten des Gemeinwohls dargestellt. Gesundheit – auch im positiven Sinne einer guten Arbeits- und Erlebnisfähigkeit, ihrer Wiederherstellung im Falle von Krankheit, einer hohen Lebenserwartung in guter Gesundheit – sind unbestreitbare individuelle Bedürfnisse. Dass es gesunde Lebens- und Wohnverhältnisse, gute und sichere Arbeitsbedingungen, Sport- und Freizeitangebote sowie eine friedliche Außenpolitik eines Staates gibt, ist ein kollektives Interesse aller Menschen und insbesondere für spezifische gesellschaftliche Gruppen. Schließlich ist es für eine gut funktionierende Gesellschaft wichtig, dass die Bevölkerung gesund ist (zur Sicherung der Arbeitsfähigkeit wie auch zur Vermeidung exzessiver Kosten für das Gesundheitssystem usw.), dass es keine exzessive Gewalt und eine ausgewogene Bevölkerungsentwicklung gibt usw.

All diese Aspekte betreffen das Gemeinwohl (man könnte auch von gesellschaftlichen Funktionserfordernissen sprechen). *Gemeinwohl* ist ein alter Begriff der sozialen und politischen Theorie; verstanden werden darunter sämtliche Aspekte, die allen Gesellschaftsmitgliedern zugutekommen (im Unterschied zu Privilegien für bestimmte Gruppen, und die meist aus Machtkämpfen entstehen.[8] Der Begriff des Gemeinwohls wurde im Rahmen verschiedenster Theorien und sozialpolitischer Programme verwendet, fand Eingang in das deutsche Grundgesetz und wurde zuletzt auch von Unternehmen entdeckt, die damit beanspruchen, mehr als nur rein ökonomische Leistungen zu produzieren. Es gibt zwei im Grundsatz gegensätzliche Ansichten: die eine besagt, dass man das Gemeinwohl generell bestimmen könne, die andere, dass es sich nur im Zuge von Diskussionen und

---

[7] Es ist daher irreführend zu sagen (wie der Philosoph Hans-Martin Sass (1990), Freiheit, Gleichheit und Sicherheit seien zuallererst Ziele des individuellen Lebens, erst danach solche des kollektiven Lebens. Allerdings ist richtig, dass es keine sozialen bzw. allgemeinen Werte gibt, die sich nicht auch am Interesse des Individuums messen lassen.

[8] Vgl. Arnim (1977). *Gemeinwohl und Gruppeninteressen*; Münkler-Fischer (2001 ff.), *Gemeinwohl und Gemeinsinn*; Sandel (2020), *Vom Ende des Gemeinwohls. Wie die Leistungsgesellschaft unsere Demokratien zerreißt,*

Verhandlungen herauskristallisiere. Beide Ansichten sind unzureichend. Die erste (die im Grunde auch hinter Habermas' deliberativem Demokratiemodell oder hinter dem Konzept der „Gemeinwohlökonomie" steht), weil sie auf einer elitären Haltung beruht, die andere, weil auch Verhandlungen nicht zu dem wirklich Besten für alle führen müssen (oft können gerade die Schwächsten nicht an solchen Verhandlungen teilnehmen). In dem hier entwickelten Ansatz werden die Schwächen beider überwunden. Es wird ja argumentiert, dass man von Grundwerten – und damit Gemeinwohlprinzipien – erst dann sprechen könne, wenn sich eine klare Konvergenz zwischen theoretischen Überlegungen, sozialen Auseinandersetzungen und den Anschauungen der Bevölkerung ergibt. Das Gemeinwohl bzw. die gesellschaftlichen Grundwerte setzen sich jedoch nicht mehr oder weniger automatisch durch, sondern müssen durch die betroffenen bzw. interessierten Gruppen erkämpft oder durch kompetente und engagierte Vertreterinnen einschlägiger Professionen, durch Sozialtheoretiker, Sozialforscherinnen und Schriftsteller aufgezeigt werden. Bei solchen Maßnahmen bzw. Prozessen sind immer auch gegensätzliche kollektive Interessen involviert. Das Interesse an guten Arbeitsbedingungen kann nur durch entsprechende Maßnahmen von Unternehmen sichergestellt werden; diese werden bzw. wurden zu solchen Maßnahmen in aller Regel erst durch entsprechende Gesetze veranlasst bzw. gezwungen. Es gibt aber immer auch sozial denkende Unternehmer, die solche Maßnahme aktiv unterstützen. Langfristig werden solche Maßnahmen jedoch von allen akzeptiert, weil man erkennt, dass dadurch die eigenen Gewinnchancen nicht signifikant geschmälert werden, dafür aber die Motivation und Leistungsfähigkeit der Arbeitnehmerinnen wie auch der soziale Friede im Unternehmen und in der Gesellschaft verbessert wird.

Man sieht an diesen Fällen also, dass gesellschaftliche Grundwerte den gemeinsamen Schnittpunkt zwischen individuellen und kollektiven Interessen darstellen und eng mit dem Gemeinwohl zusammenhängen. Diese engen Beziehungen zwischen Werten und Interessen werden in den meisten theologischen, philosophischen, aber auch soziologischen Abhandlungen völlig übersehen. So werden sie nicht in der an sich interessanten Idee eines *Weltethos* von Klaus Küng (vgl. S.xx) thematisiert. In der Diskurstheorie von Habermas ebenso wie in der Gerechtigkeitstheorie von Rawls ist zwar die Rede von Interessen, jedoch tauchen diese nur auf, insoweit sie von rationalen oder aufgeklärten Individuen wahrgenommen und diskutiert werden. Eine Sichtweise, die mit dem hier vertretenen Ansatz prinzipiell übereinstimmt, hat dagegen der Rechts- und Sozialphilosoph Norbert Hoerster (2014) entwickelt. Auch für ihn besteht ein enger Zusammenhang zwischen moralischen Normen und den Interessen der Menschen. Diese Interessen müssen allerdings „aufgeklärt" sein, d. h., sie müssen den Menschen sehr wichtig sein und diese müssen über die Voraussetzungen, den Ablauf und die Folgen des damit zusammenhängenden Handelns informiert sein. In soziologischen Arbeiten zum Wertwandel wird die Bedeutung von Interessen vielfach überhaupt übersehen.[9]

Aus dieser Sicht kann man sagen, dass auch soziale und politische Institutionen, ja ganze Gesellschaften, die Grundwerte in unterschiedlich deutlicher Form institutionalisiert haben. Eine Demokratie wird dadurch definiert, dass in ihr Freiheit und Gleichheit für alle Menschen anerkannt und gesichert sind; in einem Wohlfahrtsstaat kommt der sozialen Sicherheit und dem Wohlstand aller Gesellschaftsmitglieder zentrale Bedeutung zu. Aus dieser Sicht ergibt sich die Möglichkeit zur Überwindung der traditionellen Kluft zwischen den Konsens-, System- und Konflikttheoretikern in der Soziologie. Für die Konsenstheoretiker ist das Vorhandensein eines gemeinsamen Satzes an Werten und Normen grundlegend für sozialen Zusammenhalt und Integration, für Systemtheoretiker sind es die wechselseitigen, funktionalen Verflechtungen, für Konflikttheoretiker die Interessen, die von manchen (wie Marx) als letztlich unüberbrückbar angesehen werden. Nimmt man dagegen an, dass Interessen und Werte gleichermaßen in allen sozialen Einheiten wichtig sind, ergibt sich eine viel realistischere und plausiblere Sicht. Festzuhalten ist jedoch, dass auch dann, wenn in bestimmten Handlungskontexten Grundwerte institutionalisiert werden, die sowohl den individuellen Bedürfnissen wie auch kollektiven Interessen und damit den gesellschaftlichen Funktionserfordernissen dienen, Konflikte verschiedenster Art entstehen können. Im menschlichen Zusammenleben ergeben sich laufend Erwartungen und Anforderungen von verschiedenen Seiten; um diesen gerecht zu werden, beachten wir (unter anderen) auch moralische Prinzipien (Wolfe 1989, S. 212). Man kann vier Typen von Konflikten zwischen individuellen und kollektiven Bedürfnissen und Interessen und damit zusammenhängend ethisch-moralischen Normen und Prinzipien unterscheiden.

(1) So kann es bereits Konflikte zwischen Bedürfnissen bzw. Interessen verschiedener Individuen sowie zwischen diesen und gesellschaftlichen Interessen geben. Mein Interesse an einer guten Umwelt (wenig Lärm, Abgase etc.) kann mit dem Interesse meines erwerbstätigen Nachbarn kollidieren, möglichst rasch zum Arbeitsplatz zu kommen, daher frühmorgens mit dem PKW wegzufahren zu können (wobei er mich im Schlaf stört). Eine gesetzliche tägliche Arbeitszeitbegrenzung liegt zweifellos im Interesse aller Arbeitnehmer. Sie kann jedoch dem Wunsch einzelner Arbeitnehmer widersprechen, täglich länger arbeiten zu dürfen, um mehr zu verdienen. Bei ausländischen Saisonarbeiterinnen mag dies ein durchaus nachvollziehbarer Wunsch sein.

(2) Evident sind Konflikte zwischen verschiedenen gesellschaftlichen Interessen. Am offenkundigsten liegt ein solcher zwischen Arbeitgeberinnen und Arbeitnehmern vor,

---

[9] So diskutiert Karl-Heinz Hillmann (2003, S. 373–378) die Frage, wie ein „freiheitlich-bewusster Wertwandel" in Gang gebracht werden könne. Hierbei schreibt er der Wissenschaft eine „grundlegende Rolle" zu; sie könne insbesondere eine gründliche Folgenanalyse und Wirkungsforschung darüber durchführen, „welche der überkommenen Werte mit welcher Priorität übernommen werden können." Interessen kommen nicht zur Sprache.

wenn es um Lohnerhöhung, Verbesserung der Arbeitsbedingungen usw. geht. Ein Widerspruch kann auch bei Gesetzen für verstärkten Kündigungsschutz entstehen. Während dieser zweifellos die Sicherheit der Arbeitnehmer erhöht, kann dadurch die Flexibilität des Arbeitsmarktes insgesamt reduziert und damit die Erwerbschancen neu in den Arbeitsmarkt Eintretender reduziert werden. Ebenso können spezielle Schutzmaßnahmen für Frauen deren Erwerbschancen in bestimmten Bereichen beeinträchtigen.

(3) Auf der Hand liegt auch, dass zwischen kollektiven Interessen und gesellschaftlichen Grundwerten häufig Konflikte auftreten. Die Interessen von Arbeitnehmerinnen in bestimmten Branchen und Berufen an sehr hohen Löhnen kollidieren offenkundig mit dem Grundwert der sozialen Gerechtigkeit der Lohnrelationen. Die organisierten Interessen können selbst wieder neue Konflikte erzeugen. Wenn eine soziale Gruppe sehr gut organisiert ist, ist sie in der Lage, mehr als nur ihre „legitimen", d. h. lebensnotwendigen Interessen durchzusetzen. Ein Beispiel ist die Macht, die Pensionisten heute als Wähler, aber auch durch organisierte Verbände besitzen. Dazu kommt die Tatsache, dass die Anliegen der Pensionistinnen solche sind, mit denen jeder Mensch an seinem Lebensende konfrontiert sein wird. Die Folge ist, dass etwa Pensionisten, die früher Beamte waren (zumindest in Österreich), eine eindeutig privilegierte Gruppe sind; sie gehen zu einem Zeitpunkt in Pension, wo die meisten noch arbeitsfähig wären und erhalten noch dazu überdurchschnittlich hohe Pensionen (Haller und Brugger 2018). Ein anderes Beispiel sind die persistenten und hohen Einkommensunterschiede nach Wirtschaftsbranchen, die nicht zuletzt auf eine unterschiedlich starke Organisierung der in ihnen Beschäftigten zurückzuführen sind (Haller 1980). In Branchen mit den niedrigsten Löhnen (wie einfache Dienstleistungen, Handel und Verkehr) gibt es geringe Anteile an organisierten Arbeitnehmern, in jenen mit hohen Löhnen (Metallverarbeitung, Energie, öffentlicher Dienst) sind diese viel größer. Einen klaren Vorsprung in der Durchsetzung ihrer Interessen haben natürlich alle Besitzenden, insbesondere Eigentümer und Managerinnen von Großunternehmen. Sie können selbst weitgehend über ihr Einkommen bestimmen (das in vielen Fällen jenes von anderen unselbständig Beschäftigten weit übersteigt). Aufgrund ihrer geringeren Zahl und ihrer besseren finanziellen Ressourcen können sie sich leichter und besser organisieren als Arbeitnehmer.

(4) Schließlich sind auch Konflikte zwischen Grundwerten alltäglich. Das Streben nach möglichst hoher individueller Freiheit kann die Werte der Gerechtigkeit und/oder Inklusion verletzen, die Herstellung einer hohen sozialen Sicherheit für Staatsbürgerinnen kann zur Diskriminierung von Zuwanderern führen, die Sicherung der (nationalen) Unabhängigkeit und Freiheit durch einen Krieg verletzt den Grundwert des Friedens usw. Auf der kollektiven und gesellschaftlichen Ebene kann man sagen, dass die verschiedenen Grundwerte zueinander nicht in einem widersprüchlichen, konflikthaften Verhältnis stehen (wie es auch Weber suggerierte), sondern einander vielmehr ergänzen. Diese Zusammenhänge werden in den Kapiteln zu den einzelnen Grundwerten ausführlich dargestellt.

Schließlich müssen wir uns fragen, ob all diese Konflikte grundsätzlich und einvernehmlich lösbar sind, und wenn ja, auf welche Art und Weise. Hier kann man drei Konstellationen unterscheiden.

Zum Ersten: die vermeintlichen Konflikte sind nur konstruiert, bei genauerer Betrachtung bestehen sie gar nicht. Ein Beispiel ist der von konservativen und rechtsgerichteten Parteien vielfach erhobene Vorwurf, Zuwanderung müsse eingeschränkt werden, weil sie den nationalen Wohlstand gefährde, durch sie einheimische Arbeitnehmer verdrängt würden usw. Dass letzteres in einigen wenigen Branchen der Fall sein mag, ist möglich. Generell ist dieser Vorwurf jedoch unhaltbar; mittel- und langfristig zeigt sich in praktisch allen Ländern, dass Zuwanderung Wirtschaftswachstum und Wohlstand fördert (Haller 2019). Was die individuelle Ebene des sozialen Handelns betrifft, argumentiert der Philosoph Markus Gabriel (2021, S. 121 f.), dass es hier die oft behaupteten moralischen Dilemmata gar nicht gibt. Wenn eine Ärztin aufgrund der Knappheit der Mittel entscheiden muss, welche schwerkranken Patienten behandelt werden, kann sie gar nicht das Beste tun (nämlich allen zugleich zu helfen); wenn sie sich (wohl aufgrund guter Überlegung) also für die Behandlung eines bestimmten Patienten entscheidet, handelt sie nicht moralisch falsch. Das Dilemma bei einer Abtreibung – Wert des Lebens des Kindes gegenüber Interessen der Frau – wurde in den meisten Ländern dadurch gelöst (oder zumindest entschärft), indem sich die Auffassung durchsetzte, dass man bis zu einem gewissen Alter des Fötus noch nicht von einem menschlichen Lebewesen sprechen kann.

Zum Zweiten: Echte Widersprüche bestehen in aller Regel nur, wenn die Realisierung bestimmter Interessen oder die Durchsetzung eines Grundwertes absolut verfolgt wird. „Absolut" kann inhaltlich und zeitlich gesehen werden. Der sowjetische Staatssozialismus versuchte weitgehende Gleichheit herzustellen, indem das Privateigentum an Produktionsmitteln abgeschafft wurde, was bekanntlich zu verhängnisvollen Konsequenzen auch für die wirtschaftliche Leistungsfähigkeit und Entwicklung führte. Unhaltbar ist aber die Behauptung liberalistischer Ökonomen, Gleichheit könne grundsätzlich nur auf Kosten der Freiheit realisiert werden. Die Geschichte der letzten zweihundert Jahre war eine Geschichte zunehmender Realisierung von Gleichheit, ohne dass deshalb die Freiheit eingeschränkt worden wäre (das Gegenteil war eher der Fall). „Absolute" Durchsetzung von Grundwerten kann auch im Hinblick auf den Zeitaspekt gesehen werden. Oft kann ein Ziel zwar nicht sofort, aber mit hoher Wahrscheinlichkeit auf längere Sicht hin erreicht werden. So war die Angst der Teilstaaten Slowenien und Kroatien vor einer zunehmenden Beherrschung durch die Kommunisten in Belgrad unter Milosevic begründet und ihre Forderung nach Beachtung bzw. Wiederherstellung ihrer Autonomie gerechtfertigt. Hätten sie dabei aber etwas mehr Geduld bewiesen, wäre dieses Ziel ganz sicher zwar später, aber ohne Krieg erreicht worden. Ethisch-moralisches Handeln und die Durchsetzung neuer, auf Werten begründeter Normen besteht nicht darin, von vornherein immer nach bestimmten Interessen bzw. Werten – seien es eigene oder gruppenbezogene – zu handeln. Vielmehr geht es darum, alle für eine Entscheidung relevanten Aspekte zunächst jeweils abzuwägen und sich dann bewusst für eine Handlung zu entscheiden. Dabei wird einem der beiden der Vorzug gegeben, jedoch in einer Weise, dass der andere nicht wirklich verletzt wird. Es kann auch eine Handlung ausgeführt werden, welche mehreren Interessen bzw. Werten partiell gerecht wird. Unethisches Verhalten bzw. werteverletzende Handeln ist dann nicht nur die rücksichtslose Verfolgung subjektiver oder gruppenbezogener (Partikular-) Interessen, sondern auch die absolute Befolgung und rücksichtslose Durchsetzung von solchen Interessen.

Zum Dritten sind Konflikte zwischen gesellschaftlichen Grundwerten schwer lösbar, wenn dabei starke Interessen und Machtdifferenzen im Spiele sind. So können einflussreiche Gruppen dahingehend agieren, das bestimmte gesellschaftliche Funktionserfordernisse als besonders wichtig herausgehoben werden. „Die Wirtschaft sind wir alle" ist ein bekannter Slogan von kapitalistischen Unternehmern, um Lohnforderungen mit dem Argument abzuwehren, sie seien einem ausgewogenen Wirtschaftswachstum abträglich, bzw. um eigene hohe Gewinne zu rechtfertigen. Ein historisches Beispiel betrifft die Ausgaben für Rüstung. Hohen Rüstungsausgaben der westlichen Mächte und der Sowjetunion waren im Zuge der massiven Aufrüstung Deutschlands durch Hitler zweifellos politisch notwendig. Dass die USA und die UdSSR ihre Rüstungsausgaben nach dem Zweiten Weltkrieg aber auf einem weit höheren Niveau weiterführten als vor dem Krieg, erscheint schon viel weniger eindeutig als ein gesellschaftliches Interesse. Es als solches zu definieren, lag aber ganz sicher im Interesse der US-amerikanischen Rüstungsfirmen und Militärs, aber auch der Hunderttausenden von Beschäftigten in der Rüstungsindustrie. In der Sowjetunion waren es in erster Linie das Interesse der herrschenden politischen Eliten am Erhalt ihrer Macht und dem der UdSSR im Kalten Krieg. Die zu einem Zeitpunkt gegebenen Bedürfnisse und Interessen, aber auch die Aspekte des Gemeinwohls bzw. die gesellschaftlichen Funktionserfordernisse, dürfen keinesfalls als mehr oder weniger fix gegeben und fraglos ansehen darf. So werden etwa nichtorganisierte, (noch) latente Interessen in der Regel nur von externen Beobachterinnen oder Akteuren (z. B. Schriftsteller, Sozialwissenschaftlerinnen, Initiatoren sozialer Bewegungen) oder aber von besonders kritischen und mutigen selbst Betroffenen erkannt und öffentlich thematisiert. Die Interessen von Frauen an Gleichstellung und Emanzipation wurden bis Ende des 19. Jahrhunderts von vielen Menschen (insbesondere Männern, aber auch von vielen Frauen selbst) noch gar nicht gesehen; zum Teil ist dies heute noch so. Bis vor noch nicht allzu langer Zeit wurde das Interesse an einer sauberen Umwelt nur von wenigen erkannt.

Welche Rolle spielen die gesellschaftlichen Grundwerte, wenn es um die Durchsetzung wichtiger Zielsetzungen oder die Lösung von gravierenden sozialen Problemen geht? Werte sind, wie oben argumentiert wurde, zum ersten besonders wichtig bei der Durchsetzung der Bedürfnisse und Interessen von schwer zu organisierenden, ressourcenschwachen Personen und sozialen Gruppen. Sie sind aber auch bei der Durchsetzung von organisierten oder organisierbaren Interessen wichtig, weil sie diesen als Argumentationshilfe dienen können, wie Münnich in seiner oben zitierten Studie über die Gewerkschaften in den USA feststellte.

Besondere Relevanz erlangen Werte schließlich in Phasen tiefgreifender gesellschaftlicher Umwälzungen. Durch solche wirtschaftlich-technologischen Umbrüche können sich ganz neue Möglichkeiten für das Handeln ergeben; dabei wird nicht gleich klar, welche Werte tangiert sind. Man kann daher nicht auf bestehende Normen und Regelungen zurückgreifen.

Neuartige „Vermögen des Handelns" erfordern immer auch neue Regeln der Ethik, wie der Philosoph Hans Jonas (2003, S. 58) schreibt. Handeln steht seiner Meinung nach immer unter einem gewissen Druck, wenn dafür noch keine klaren Regeln vorliegen. Die jüngste technologische Revolution, die Digitalisierung, gibt hierfür zahllose Beispiele: Wenn andere rund um die Uhr erreichbar sind, zu welchen Tageszeiten darf oder soll ich sie anrufen? Wenn man individuelle Informationen ins Internet stellt, wer darf darauf zugreifen und was darf er/sie damit machen (Werbung, Mobbing)? Darf es erlaubt sein, dass Firmensitze in Niedrigsteuerländer und hohe Einkommen (etwa von Fußballstars) in Steueroasen transferiert werden? Wie kann der Staat dann noch zu ausreichenden Steuereinnahmen kommen?

Die gesellschaftlichen Grundwerte

Eine wichtige Frage lautet nun, wie viele und welche Typen von Werten im Zusammenleben von Menschen bzw. im Rahmen von Gesellschaften eine Rolle spielen. Die erstere Frage spielt in Philosophie und Sozialtheorie ebenso wie in der empirischen Sozialforschung zu Werthaltungen eine zentrale Rolle. In Öffentlichkeit und Politik ist auch die zweite Frage, die Bedeutung von Werten für gesellschaftliche Integration, ubiquitär geworden, wie in der Einleitung dargestellt. Erstaunlich ist daher, dass der Begriff der Werte in der soziologischen Theorie mit wenigen Ausnahmen (insbesondere Hans Jonas) eher ein Schattendasein führt (Hechter 1992). Betrachten wir daher näher, welche Werte in der sozialwissenschaftlichen Theorie und Forschung als wichtig angesehen wurden bzw. werden.

Typen von Werten
Max Weber hat drei Typen von Werten unterschieden: ethisch-moralische Werte bzw. Grundprinzipien, ästhetische Werte sowie selbst gesetzte Werte und Ziele. Die beiden letzteren sind unter dem Aspekt gesellschaftlicher Grundwerte nur von begrenzter Bedeutung. Ästhetische Werte und Ziele können indirekt auch für die Entwicklung von Grundwerten Bedeutung erlangen, da Künstlerinnen nicht selten als wichtige Akteure bei der Durchsetzung neuer Werte mitwirken. Daher wird ihre Rolle im Folgenden auch an verschiedenen Stellen berücksichtigt. Eine ähnliche, umfassendere Typologie hat der Philosoph Nicolai Hartmann entwickelt (Morgenstern 1997). Er unterscheidet fünf Typen von Werten: Erkenntniswerte (mit Wahrheit im Zentrum), ästhetische Werte (das Schöne), sittliche Werte (das Gute), Vitalwerte (das Lebendige), Lustwerte (das Angenehme) und Güterwerte (das Nützliche). Eine interessante Unterscheidung machte der

amerikanische Philosoph Mortimer Adler (1981). Er unterscheidet sechs Grundwerte; drei davon – Wahrheit, Güte und Schönheit – sind Ideen, nach denen wir bewerten, die drei anderen – Freiheit, Gleichheit und Gerechtigkeit – Ideen, nach denen wir handeln (sollten).

Auch die empirische Sozialforschung zu Wertorientierungen hat sich mit dieser Frage intensiv befasst.[10] Auf der Basis der Inhaltsanalyse von literarischen Erzeugnissen aller Art, Tiefeninterviews und repräsentativen Bevölkerungsumfragen kamen die Forscherinnen jedoch zu vielfältigen Listen, die sehr unterschiedlich sind sowohl hinsichtlich der Anzahl wie der Art der Werte. Ein sehr einfaches, aber in der *scientific community* erfolgreiches Wertemodell entwickelte der US-amerikanische Sozialwissenschaftler Ronald Inglehart (1989). Demnach gibt es zwei Grundklassen von Werten, materialistische und postmaterialistische Werte. Erstere sind gekennzeichnet durch Streben nach materieller Sicherheit und Wohlstand, letztere durch Streben nach sozialen und kulturellen Zielen (Autonomie, Mitbestimmung, Selbstverwirklichung). Hierbei orientierte sich Inglehart an der oben kurz dargestellten Bedürfnistheorie des Psychologen Abraham Maslow. Ingleharts materialistische Werte entsprechen demnach weitgehend den Grund- bzw. Defizitbedürfnissen bei Maslow (Ernährung, Sicherheit usw.), die postmaterialistischen Werte den höherstehenden soziokulturellen und Persönlichkeitsbedürfnissen (Anerkennung, Selbstverwirklichung). Die alternierende Verwendung der Begriffe Bedürfnisse und Werte ist wohl ein deutlicher Hinweis auf eine begriffliche Unschärfe bzw. eine unzureichende theoretische Begründung.

Umfassende Skalen von Werten wurden vom Sozialpsychologen Milton Rokeach und neuerdings vom Soziologen Shalom H. Schwartz auf empirisch-induktive Weise entwickelt. Milton Rokeach (1973) führt eine Liste von 18 Ziel- oder Endwerten *(terminal values)* und 18 instrumentellen Werte an. Erstere umfassen Werte wie „ein komfortables Leben", „ein aufregendes Leben", „familiäre Sicherheit", „reife Liebe", „wahre Freundschaft", „Weisheit"; die instrumentellen Werte schließen Eigenschaften ein wie „ambitioniert", „mutig", „ehrlich", „logisch", „lebendig" usw. Zur Liste der Grundwerte war Rokeach gekommen aufgrund der wissenschaftlichen Literatur zu Werten in der US-amerikanischen Gesellschaft sowie durch eigene offene Umfragen in den USA (anfänglich umfasste seine Liste gut hundert Werte). Die Liste der instrumentellen Werte entwickelte er auf der Basis einer Liste von vielen Hunderten von Persönlichkeitszügen, welche die Psychologen N. H. Anderson und Gordon Allport entwickelt hatten. Das Werteinventar von Shalom S. Schwartz geht seinerseits von der Liste von Rokeach und anderen aus und kondensiert daraus zehn Grundwerte. Diese werden ihrerseits in vier Dimensionen höherer Ordnung (jeweils einander polar entgegengesetzt) zusammengefasst. Diese Dimensionen heißen: Offenheit gegenüber Wandel (spezifische Werte darin: Hedonismus, Stimulierung, Selbststeuerung) vs. Bewahrung der Ordnung (Traditionalismus, Konformität, Sicherheit); Selbsterhöhung (Machtstreben, Leistung) versus Selbsttranszendenz (Wohlwollen, Universalismus). Eine Liste dieser Werte wird den Befragten vorgelegt mit der Aufgabe, sie

---

[10] Zur Übersicht vgl. Hillmann (2003), *Wertwandel*; Roßteutscher (2013), Werte und Wertewandel.

nach ihrer Wichtigkeit in eine Rangfolge zu bringen (Schwartz 2006; vgl. auch Haller und Müller-Kmet 2019).

Die empirischen Befunde, die mithilfe dieser Erhebungsinstrumente bzw. Skalen gefunden werden konnten, sind durchaus interessant. Ihre Hauptschwäche ist die Heterogenität der „Werte", die darin enthalten sind: Die Ursache dafür ist, dass diesen Listen eine theoretische Begründung fehlt. Sie wird meist erst post-hoc als Begründung für die empirischen erhobenen Messungen und Ergebnisse geliefert. So argumentierte Inglehart, dass mit steigendem Wohlstand materialistische Werte an Bedeutung verlieren, postmaterialistische dagegen wichtiger werden. Im Großen und Ganzen entsprechen die festgestellten Trends und internationalen Differenzen dieser These. Jedoch ist damit nicht belegt, dass der wirtschaftliche Wohlstand die treibende Kraft war (was eine sehr simple „materialistische" These darstellt). Shalom Schwartz (2006) spricht von „universal requirements of human existence". Seine Skala enthält aber drei höchst unterschiedliche Phänomene: (1) Hedonismus und Stimulation beziehen sich auf individuelle Bedürfnisse und Präferenzen, was nicht der Vorstellung von Werten als Richtlinien mit einem ethisch-moralischen Gehalt entspricht. (2) Macht bezeichnet, wie schon oben festgestellt, einen Aspekt einer sozialen Beziehung, kein Grundbedürfnis aller Menschen. (3) Eigenschaften und Verhaltensweisen wie Leistung, Konformität und Tradition beziehen sich auf soziales Handeln. Außerdem sind sie inhaltlich undefiniert; Konformität kann, positiv gesehen, Vertrauen und Normbefolgung, negativ gesehen, aber auch kritiklose Anpassung an repressive Systeme bedeuten. Ähnliches gilt für Prinzipien wie Pluralismus und Toleranz, die G. Höhler (1979, S. 55) als inhaltlich leere Fassaden-Ethik bezeichnet.

Etwas genauer auszuführen ist hier das Verhältnis zwischen gesellschaftlichen Grundwerten und ethisch-moralischen Prinzipien des Handelns. Auch in der deutschen Forschung zu Wertwandel wurden häufig normative Handlungsprinzipien als Werte bezeichnet.[11] Die seinerzeit einflussreiche Sozialforscherin Elisabeth Noelle-Neumann stellte 1979 in einem Buchtitel die rhetorische Frage *Werden wir alle Proletarier?* da sich gezeigt hatte, dass Werte wie Sparen oder Leistung in Umfragen an Bedeutung verloren hatten. Helmut Klages (1984) generalisierte diese Befunde – nicht ganz unähnlich wie Inglehart – in der These eines Übergangs von Pflicht- und Akzeptanzwerten hin zu Selbstentfaltungswerten. Es ist aber evident, dass es sich bei den von diesen Autoren genannten Eigenschaften bzw. Handlungsformen nicht um soziale Werte, sondern um Verhaltensnormen handelt. Arno Plack (1968) bezeichnete Eigenschaften bzw. Verhaltensweisen dieser Art als „bürgerliche Tugenden", die der Moral von Beherrschten entsprächen. Man spricht hier auch von *Sekundärtugenden*, die zur Bewältigung des Alltags notwendig sind, aber rein instrumenteller Natur sind. Natalia Ginzburg (2016) bezeichnet solche Merkmale bzw. Verhaltensweisen als *kleine Tugenden*. Sie werden ihrer Meinung nach den Kindern vielfach auf Kosten der echten „großen" Tugenden eingetrichtert. Den Kindern sollte aber

---

[11] Vgl. dazu Haller (2005), Auf dem Weg zur mündigen Gesellschaft? Zur Übersicht Hillmann 2003), *Wertwandel*.

nicht Liebe zum Geld und Sparen (symbolisiert im Sparschwein) anerzogen werden, sondern die Bereitschaft Geld für sinnvolle oder einfach für angenehme und befriedigende Zwecke auszugeben; nicht Vorsicht sei wichtig, sondern Mut und Verachtung von Gefahren; nicht Schlauheit, sondern Liebe der Wahrheit; nicht Leistungsstreben, sondern Freude an Leben und Wissen.

Eine von vielen Autorinnen als zentral hervorgehobene moderne „Tugend" dieser Art, nämlich „Leistung", verdient besondere Aufmerksamkeit. Sie war, wie bereits in Kap. 2 dargestellt wurde, von Parsons als einer der fünf gesellschaftlichen Grundwerte *(pattern variables)* genannt, die typisch für moderne Gesellschaften seien. In früheren Zeitdiagnosen deutscher Soziologinnen und Soziologen, die von konservativen Medien gerne aufgegriffen wurden, spielte der angebliche Verfall dieser Tugenden eine große Rolle. Es wurde allerdings gezeigt, dass Parsons' evolutionistische These unzutreffend ist, moderne Gesellschaften seien generell stärker leistungsorientiert als traditionelle. Dieter Seibel (1980) belegte, wie bereits angemerkt, anhand ethnologischer und historischer Daten, dass vor allem in jenen Gesellschaften, die sich in Problemsituationen befinden, leistungsbezogene Aufstiegschancen besser sind als in modernen. In Übereinstimmung mit dieser These fand er (wie Schumpeter in seinem Werk über Konjunkturzyklen), dass in europäischen Gesellschaften im Laufe der letzten zweihundert Jahre wichtige Innovationen vor allem im Zuge von Wirtschaftskrisen erfolgten und mit einer deutlich verstärkten Leistungsorientierung und Öffnung zusammenhingen. Alle diese Studien zeigen, dass junge Menschen heute Leistung und Beruf nicht ablehnen, sondern mehr Gewicht auch auf andere Aspekte der Arbeit (wie Flexibilität der Arbeitszeit, Mitbestimmung usw.) legen.

Definition und Thesen zur Relevanz der gesellschaftlichen Grundwerte
Gesellschaftliche Grundwerte kann man definieren als allgemeine Ziele und Prinzipien, deren Realisierung einen essentiellen Beitrag zur Sicherung der Grundbedürfnisse der Menschen, zur Möglichkeit der Realisierung guter Lebensformen und einer Inklusion aller ihrer Mitglieder und zum guten Zusammenleben und Funktionieren einer Gesellschaft leistet. Diese Grundwerte werden daher auch von den einzelnen Menschen als richtig und notwendig betrachtet. Eine inhaltlich konsistente und gültige Liste von gesellschaftlichen Grundwerten sollte nur solche enthalten, die fünf Merkmale aufweisen:

(1) sie müssen einen ethisch-moralischen, normativen Gehalt besitzen, also beinhalten, dass bestimmte Verhaltensweisen oder Institutionen als gut oder schlecht zu bewerten sind;

(2) sie müssen sich auf Grundbedürfnisse beziehen, die allen Menschen wichtig sind und für alle Menschen erfüllt werden sollen; dies gilt insbesondere auch für sozial und politisch schwache Gruppen, die nicht selbst in der Lage sind, ihre Interessen zu erkennen, auszuformulieren und durchzusetzen;

(3) sie müssen die Befriedigung der kollektiven Interessen der verschiedenen gesellschaftlichen Gruppen sicherstellen;

(3) sie müssen auch dem Gemeinwohl entsprechen, d. h. allgemeine funktionale Notwendigkeiten des sozialen Zusammenlebens, sozialer Gruppen und Institutionen erfüllen;

(5) sie müssen universell gültig sein in dem Sinn, dass sie von allen Mitgliedern einer Gesellschaft, ja von der Menschheit insgesamt anerkannt werden, und es muss ein erkennbarer historischer Trend zu ihrer Durchsetzung bestehen.

Grundwerte stellen aber (im Gegensatz zu Normen) keine konkreten Handlungsanweisungen dar, sondern sind nur allgemeine Prinzipien (oder Ideen), an denen sich Handeln orientieren kann oder soll. Dies gilt auch für ihre Rolle auf allen drei Ebenen: auf der des Individuums, auf der von sozialen Gruppen und Organisationen und auf der Ebene von Gesellschaft und Staat. Es ist festzuhalten, dass aus den gesellschaftlichen Grundwerten auch auf individueller Ebene Verpflichtungen und Normen abzuleiten sind. Wir werden darauf bei der Diskussion der einzelnen Grundwerte immer wieder hinweisen. Der Grundwert „Leben" impliziert etwa, dass ich selbst für mein Leben und meine Gesundheit Sorge trage (vgl. *Abb. 4.2*). Die Grundwerte Gleichheit und Menschenwürde verpflichten mich, alle Menschen – vollkommen unabhängig von ihrem Äußeren, ja sogar von ihrem Verhalten – als Menschen anzuerkennen und entsprechend zu behandeln. Aus den Grundwerten ergeben sich auch Anforderungen und Verpflichtungen von gesellschaftlichen Organisationen und Institutionen. Der Grundwert Leben erfordert z. B. von Arbeitsorganisationen, gesundheitsgefährdende Arbeitsbedingungen zu beseitigen; er verpflichtet den Staat zu einer effizienten Einrichtungen der Gesundheitsvorsorge bzw. zur Versorgung von Erkrankten sowie dazu, gesundheitsfördernde Einrichtungen (z. B. Sportstätten) zu errichten und Gesetze und Maßnahmen zur Beseitigung gesundheitsschädlicher Umweltbelastungen zu erlassen. Der Staat muss zwar weltanschaulich neutral sein, aber jede spezifische Staatsform, so auch die Demokratie, beruht auf Grundwerten, die auch in der Verfassung verankert sind (Ellwein 2011). Sie sind nicht justiziabel, aber wichtig als Richtlinien, um im Konfliktfalle zu einem Konsens zu kommen. Die Grundwerte bilden kein vornherein feststehendes, geschlossenes System einer „Werteordnung." Der allgemeinste Grundwert könnte allenfalls ein ausgewogenes Verhältnis aller Werte zueinander sein. Trotzdem bildet die Gesamtheit der Werte kein unverbundenes Sammelsurium. Sie hängen in vielfacher Weise untereinander zusammen, wie wir in Teil II immer wieder sehen werden. Dabei kann man sogar sagen, dass sich die Werte einander ergänzen und wechselseitig fördern. Nur die Absolutsetzung eines Wertes führt zu unlösbaren Konflikten mit anderen.

In diesem Zusammenhang ist nochmals klar zwischen gesellschaftlichen Werten und handlungsbezogenen ethischen Prinzipien und Normen zu unterscheiden. Gesellschaftliche Werte sind definiert als Grundprinzipien, aus denen sich konkrete Normen sowohl für individuelles Handeln wie für die Entwicklung und Beurteilung von Institutionen ableiten lassen. Der Grundwert „Achtung des Lebens" verpflichtet jedermann, auf seine Gesundheit zu achten, anderen kein Leid zuzufügen usw. Er impliziert aber auch ein Bündel von Aufgaben für Familien, medizinische Berufe und Gesundheitseinrichtungen wie auch für die Politik. Dieser wichtige Aspekt wird in der Soziologie vielfach übersehen. Der Unterschied zwischen Werten und Normen hat auch hohe Relevanz für die bereits mehrfach angesprochene Unterscheidung zwischen Werten und Rechten. Rechte sind spezifische

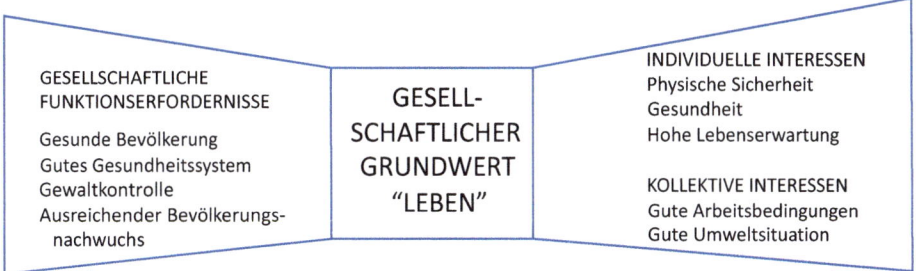

Abb. 4.2 Der gesellschaftliche Grundwert „Leben" zwischen Gemeinwohl (gesellschaftlichen Funktionserfordernissen) und individuellen bzw. kollektiven Interessen

Normen, die aus Grundwerten abgeleitet werden können. Artikel 23 der *Allgemeinen Erklärung der Menschenrechte* von 1948 nennt etwa das Recht auf Arbeit; man könnte es als Konkretisierung mehrerer Grundwerte (Leben, Sicherheit, Freiheit, Wohlstand) ansehen. Rechte kann man daher eher kritisieren und als Grundwerte in Frage stellen. Einem Recht auf Arbeit, das der Staat sichern müsste, würden etwa viele US-Amerikanerinnen, die grundsätzlich individualistisch und anti-etatistisch eingestellt sind, keinesfalls zustimmen. Eher zustimmen würden sie den Werten der Inklusion und des Wohlstands. Zur Sicherung dieser gibt es ja auch in den USA Hilfeleistungen verschiedenster Art. Der Einwand – generell auch von Weber vorgebracht – dass es keine universalen Werte gebe, weil verschiedene Religionen und Kulturen sich in wichtigen Grundwerten unterscheiden (können), ist aber nicht stichhaltig. So kann man annehmen, um beim obigen Beispiel zu bleiben, dass auch die US-Amerikaner der These zustimmen, dass Arbeit ein Grundwert in dem Sinne ist, dass sie jeder Mensch braucht, um sich zu erhalten und entwickeln zu können, und dass es auch gesellschaftlich notwendig ist, dass alle arbeitsfähigen Menschen sich selbst durch Arbeit erhalten. Sie sehen die Realisierung dieses Prinzips allerdings am besten gesichert durch einen freien Arbeitsmarkt, eine offene Sozialstruktur und Aufstiegschancen für alle.

Fragen wir uns nochmals explizit, warum es sozialwissenschaftlich sinnvoll und notwendig ist, den Begriff der Grundwerte zusätzlich zu jenen von Bedürfnissen und Interessen einerseits, gesellschaftlichen Normen und Rechten andererseits einzuführen. Dafür gibt es zumindest vier Gründe.

(1) Die Grundwerte stellen allgemeinere Prinzipien dar als Rechte, auch als die Menschenrechte. Das Recht hat eine Basis in der Moral, es ist jedoch, wie schon der bedeutende Jurist Georg Jellinek feststellte, nur das „ethische Minimum". Zwar werden in der *Allgemeinen Erklärung der Menschenrechte* und dann in vielen weiteren Erklärungen und nationalen Verfassungen allgemeine Grundrechte angeführt, wie Menschenwürde, Freiheit, Gleichheit usw. Diese dienen jedoch explizit nur als Grundlagen für die spezifischen folgenden Artikel, in denen konkrete Festlegungen getroffen werden.

Die meisten davon wenden sich gegen spezielle Verletzungen der Grundrechte. Mit diesen Festlegungen sind die jeweiligen Grundwerte aber noch nicht ausgeschöpft.

(2) Durch die klare Definition von Grundwerten und ihre definitive Aufzählung in einer begrenzten Liste kann man die Gesamtheit dieser Werte überblicken, Zusammenhänge und Überschneidungen zwischen ihnen, aber auch potentielle Widersprüche erkennen. Im Zuge des sozialen Wandels sind neu auftretende Probleme daraufhin zu analysieren, welche Grundwerte durch sie tangiert werden. Da in der Regel (zumindest mittel- und langfristig) positive Zusammenhänge zwischen den verschiedenen Grundwerten bestehen, kann man sogar behaupten, dass ihre Gesamtheit in gewisser Hinsicht ein System darstellt.

(3) Mithilfe einer definitiven, überschaubaren Liste von Grundwerten hat man bessere Argumente gegenüber Kritikerinnen der Grundwerte und Menschenrechte, die behaupten, sie hätten eigene, davon abweichende Werte und diese seien etwa mit den Menschenrechten unvereinbar. Wenn man nachweisen kann, dass manche der Festlegungen in ihren Rechtskatalogen einem oder mehreren der Grundwerte widersprechen, hat man starke Argumente dagegen. Sehr häufig handelt es sich bei vermeintlich abweichenden Grundwerten aber nur um Sitten oder Bräuche, die den Grundwerten in der Regel nicht wirklich widersprechen.

(4) Schließlich folgt aus dem technologisch-wirtschaftlichen und gesellschaftlichen Wandel immer wieder die Notwendigkeit, den Anwendungsbereich der Grundwerte neu zu bestimmen. Ja, es kann sich sogar ergeben, dass man neue Grundwerte definieren muss. Das herausragendste Beispiel dafür ist der Grundwert der Menschenwürde, der erst durch die Erfahrungen des Zweiten Weltkriegs und des Holocaust in das öffentliche Bewusstsein der Welt getreten ist. Ein Wert, dessen Anwendungsbereich sich enorm ausgeweitet hat, ist der der Sicherheit. Er umfasst neben der individuellen physischen und existentiellen Sicherheit heute vor allem auch den Aspekt der sozialen Sicherheit. Insofern stellt er die grundlegende Legitimation für den Wohlfahrtsstaat dar, der weltweit massiv an Bedeutung gewonnen hat (ablesbar etwa daran, dass die Sozialausgaben den größten Teil der Staatsausgaben darstellen). Ein Beispiel für einen Wert, in Bezug auf dessen Anwendungsbereich heute eingehende Reflexionen notwendig sind, ist jener der Achtung des Lebens. Hier haben sich durch die Fortschritte in Medizin und Genetik ungeheure neue Möglichkeiten eröffnet. Die heutigen technischen Möglichkeiten im Hinblick auf die Verlängerung des Lebens, Fortpflanzung und Schwangerschaft sowie die Veränderung des menschlichen Erbguts waren noch vor wenigen Jahrzehnten unvorstellbar.

Eine kritische soziologische Analyse gesellschaftlicher Grundwerte bzw. eine Prüfung politischer Programme und Maßnahmen im Hinblick auf ihre Relevanz aus Sicht der Grundwerte muss die vier folgenden Schritte beinhalten:

1. Jedes soziale Problem und jede individuelle und kollektive Entscheidung, Handlung und Institution muss im Hinblick auf ihren Wertbezug hin untersucht werden.

2. Dabei ist insbesondere auch die Relevanz von Interessen zu beachten und die Möglichkeit kritisch zu sehen, dass Akteure Werte vorschieben, um Interessen zu kaschieren.
3. Dabei werden sich in aller Regel Konflikte zwischen Interessen und Werten sowie auch zwischen diesen ergeben. Diese sind aber lösbar, indem zwei Kriterien beachtet werden: (a) Welchem Wert kann vorrangige Bedeutung zugesprochen werden? (b) Wird einer der involvierten Werte grundsätzlich verletzt? Wenn ja, bis zu welchem Grad ist dies tolerierbar?
4. Die jeweiligen Entscheidungen bzw. Handlungen müssen auch beurteilt werden im Hinblick auf (a) die aus ihnen entstehenden Kosten und deren Träger; (b) ihre mittel- und langfristigen Neben- und Folgeentwicklungen.

Die neun gesellschaftlichen Grundwerte. Eine Synthese
Als Basis für die Erstellung einer Liste von Grundwerten kann man unterschiedliche Quellen heranziehen. Relevant sind dafür alle Texte, in denen bestimmte Werte genannt werden, die eine gewisse Breitenwirksamkeit erlangt haben. Diese inhaltsanalytische Recherche und Textanalyse, die hier nur in begrenztem Umfang erfolgen kann, wäre zu ergänzen durch eine Einbeziehung aller relevanter Datenquellen. Hier gibt es mindestens fünf Typen von Quellen: (1) religiöse Schriften und Texte; (2) die Werke von Philosophen, Schriftstellerinnen und anderen Autoren; (3) historische Texte und Dokumente von sozialen Bewegungen und politischen Programmen; (4) Verfassungen und andere kodifizierte Rechts- und Normensysteme; (5) die Ergebnisse empirischer Werteforschung in Psychologie, Soziologie, Sozialanthropologie und anderen sozialwissenschaftlichen Disziplinen. Hier sind alle Daten relevant, aus denen die Auffassung der Bevölkerungen im Allgemeinen und spezifischer Gruppen im Besonderen hervorgeht. Quellen dieser Art sind für die Gegenwart vor allem Umfragen. Für frühere Perioden könnten es Briefe, Biografien, amtliche Berichte u. a. sein. Die Grundthese lautet: wenn wir eine Konvergenz zwischen diesen fünf verschiedenen Quellen von Werten erkennen, können wir von gesellschaftlichen Grundwerten sprechen.

Um zu einer erschöpfenden Liste von Grundwerten zu gelangen, sollen hier auch kurz einige der wichtigsten Autoren bzw. Quellen betrachtet werden, die explizit Listen von gesellschaftlichen Grundwerten aufstellten. Eine der ersten dieser Arbeiten war das Buch *Gemeinwohl und Gruppeninteressen* des Verfassungsrechtlers Hans Herbert von Arnim (1977, S. 19–22). Auch für ihn ist eine Benennung von allgemeinen Grundwerten notwendig, um auf deren Basis konkrete Verfassungen und Gesetze und deren immer wieder notwendige Änderungen kritisch überprüfen zu können. Er stellt fest – und man kann ihm darin zweifellos zustimmen – dass hinsichtlich dieser Grundwerte in Rechtsphilosophie und Rechtstheorie weitgehende Übereinstimmung besteht. Er unterscheidet fünf Grundwerte: Freiheit, Gerechtigkeit, Sicherheit, Frieden und Wohlstand. Vier dieser Grundwerte – Freiheit, Gerechtigkeit, Sicherheit und Wohlstand – nennt auch der bedeutende Ethnologe Bronislaw Malinowski in seinem Buch *Kultur und Freiheit* (1951).

Eine Schlüsselstelle nimmt für ihn der Begriff der Freiheit ein. Ähnlich argumentiert der Direktor des Deutschen Instituts für Menschenrechte Heiner Bielefeldt (2008); für ihn bildet ist die Triade Universalismus, Freiheit und Gleichheit zentral. Dazu gehört auch noch die „Freiheit von Furcht und Not", also wirtschaftlich-soziale Rechte, die den Kern der Menschenrechte bilden. Für den Philosophen Mortimer J. Adler (1981) bestimmen sechs große Ideen gesellschaftliches Handeln: Freiheit, Gleichheit und Gerechtigkeit als Ziele, die wir verwirklichen wollen; Wahrheit, Güte *(goodness)* und Schönheit als Prinzipien, nach denen wir handeln sollen. Ein weiterer Grundwert, den keiner dieser Autoren nennt, ist die Achtung und der Schutz des Lebens. Dieser Wert wurde zwar bereits von einigen Denkern der Aufklärung (z. B. Locke) und soziologischen Klassikern (z. B. E. Durkheim) genannt, in neuerer Zeit explizit aber nur von Albert Schweitzer propagiert (Näheres dazu in Kap. 7). Man kann jedoch mit Fug und Recht behaupten, dass er einer der wichtigsten aller Grundwerte ist. In vielen relevanten Arbeiten werden sehr grundsätzliche Orientierungen genannt, die man aus Sicht einer Theorie der Werte als zu allgemeine Prinzipien betrachten muss. So nennt der Anthropologe Raoul Naroll (1983) in seinem umfassenden Werk *The Moral Order* vier ‚Grundwerte': Frieden, Humanismus, Anstand und Fortschritt. Dies sind alles zweifellos wichtige und grundlegende Prinzipien des sozialen Zusammenlebens. Sie betreffen jedoch vor allem ethisch-moralisches Handeln bzw. sind von so allgemeiner Art, dass sich daraus schwer konkreten Normen ableiten lassen.

Der Ausgangspunkt für die Erstellung einer definitiven Liste von gesellschaftlichen Grundwerten war Herbert von Arnims Katalog von fünf Werten (Freiheit, Gerechtigkeit, Sicherheit, Frieden, Wohlstand). Eine zweite Quelle waren Arbeiten des Politikwissenschaftlers Franz Neumann (1900–1954), der eine Reihe von Bänden zum Thema Werte veröffentlicht hat (u. a. Neumann 1977). In einem Handbuchartikel nennt er acht Grundwerte (Menschenwürde, Freiheit, Gleichheit, Solidarität, Arbeit, Eigentum, Natur; Neumann 1995). Der Ökonom Hans-Jürgen Schlösser (2007) führt vier Grundwerte an (Freiheit, Gerechtigkeit, Sicherheit und wirtschaftlich-technischen Fortschritt). Die umfassendste Liste von Werten hat der Soziologe Karl-Heinz-Hillmann in seinem Buch *Wertwandel* zusammengestellt (Hillmann 2003). Er nennt sieben Grundwerte: Menschenwürde, Frieden, Freiheit, Toleranz, Gerechtigkeit, Gleichheit und Sicherheit. Die Idee der Toleranz kann nach unserer Meinung der Idee des Friedens zugeordnet werden. Eine Liste von Grundwerten hat auch die *Deutsche Gesellschaft für Systemische Therapie, Beratung und Familientherapie* aufgestellt; sie nennt sechs Grundwerte (Freiheit, Gleichheit und soziale Gerechtigkeit, Geschwisterlichkeit und Solidarität, Teilhabe und Mitbestimmung, öko-systemische Balance, informationelle Selbstbestimmung).

Eine wichtige Quelle für die Herkunft, Geschichte und Komponenten der einzelnen Grundwerte war auch das von den Historikern Brunner, Conze und Koselleck herausgegebene Standardwerk *Geschichtliche Grundbegriffe* (1975); auf dieses Werk werden wir bei der Besprechung der einzelnen Werte mehrfach zurückgreifen. Die meisten dieser Werte werden auch in Klein/Speth (2000) genannt, bis auf zwei Ausnahmen: Der eine ist der Wert „Achtung des Lebens", der zweite jener der sozialen Sicherheit und Bekämpfung von Armut. Dies ist eine historisch seit dem frühen 20. Jahrhundert sehr wirkmächtige Idee und liegt auch dem modernen Sozial- oder Wohlfahrtsstaat zugrunde. In seinem Buch über *Die Kraft der Demokratie* argumentiert Roger de Weck (2020, S. 99), dass die liberale Demokratie drei elementare Grundbedürfnisse der Menschen am besten befriedige: In Frieden zu leben, frei reden zu dürfen und sich geachtet zu fühlen. Diese drei kann man in der Tat als die jeweils zentralen existentiellen, politischen und sozialen Grundwerte betrachten. Aufgrund all dieser Vorschläge kommen wir zu neun Grundwerten. Ihre Definition und die darin jeweils enthaltenen Teilaspekte werden in *Tab.* 4.1 dargestellt.

Diese Grundwerte kommen auch in vielen historischen Dokumenten zum Ausdruck, insbesondere in der Präambel zur *Allgemeinen Erklärung der Menschenrechte* (AEMR) durch die UNO 1948, das bedeutendste Dokument in dieser Hinsicht. Diese Erklärung kann jedoch nicht als Katalog der Grundwerte angesehen werden. Sie benennt zwar die wichtigsten davon (Menschenwürde, Gleichheit, Freiheit, Sicherheit, Leben), führt daneben jedoch eine Vielzahl spezieller Normen an. Auch fehlt natürlich eine Begründung der Grundwerte und eine Diskussion der Zusammenhänge zwischen ihnen. Soziologisch zentral ist jedoch aufzuzeigen, dass und inwiefern diese Grundwerte für die Menschen im alltäglichen Leben einerseits und für Gesellschaft und Politik andererseits relevant sind. Diese Arbeit geht also von der Grundthese aus, dass die ganze Wertediskussion nicht nur auf einer allgemeinen, philosophischen oder theoretischen Ebene verbleiben darf. Wichtig ist auch, wie bereits festgestellt, die Tatsache, dass diese Grundwerte keineswegs in einem grundsätzlichen Konflikt zueinanderstehen, sondern vielfache positive Zusammenhänge und Überschneidungen bestehen. So setzt die Realisierung eines Wertes oft auch jene anderer voraus. Umgekehrt kann sich auch ihre Nichtbeachtung bzw. Verletzung wechselseitig verstärken. Ich würde nicht behaupten, dass diese Liste von neun Grundwerten definitiv und vollständig ist. So mag es vielleicht sinnvoll erscheinen, einzelne dieser Werte in zwei oder mehr speziellere Werte zu zerlegen. Es scheint jedoch, dass die Liste einigermaßen erschöpfend ist; durch die Zuordnung zu drei Oberbegriffen ist sie auch einigermaßen systematisch gegliedert.

So erfolgt auch die Diskussion der neun Grundwerte im zweiten Teil dieses Bandes unter drei allgemeinen Überschriften (sie orientiert sich damit auch an systematischen Diskussionen (wie bei Bielefeldt 2008): *Existentielle Grundwerte* betreffen das Recht auf Existenz, friedliches Zusammenleben und Sicherheit der Menschen (ja bis zu einem gewissen Grad aller Lebewesen); die *sozialen Grundwerte* beinhalten die Menschenwürde, die Zugehörigkeit (Inklusion) und die sozioökonomische Grundversorgung bzw. den Wohlstand; die *politischen Grundwerte* beinhalten die drei Grundwerte des Zusammenlebens in Gesellschaft und Staat, Freiheit, Gleichheit und Gerechtigkeit. Diese Zuordnung ist jedoch nicht in Stein gemeißelt. So könnte man den Wert der Sicherheit auch zum Bereich der sozialen Grundwerte zuordnen und den Wert der Inklusion zu den existentiellen Grundwerten. Für jeden dieser Grundwerte werden im zweiten Teil dieses Bandes mehr oder weniger systematisch die folgenden Aspekte diskutiert: Von wem, wann und

Tab. 4.1 Die neun gesellschaftlichen Grundwerte: Kurzdefinition und Teilaspekte

Bereich	Wert	Definition	Teilaspekte
Existentielle Grundwerte	Leben	Achtung und Förderung aller Lebewesen und ihrer Grundbedürfnisse und Ziele von der Geburt zum Tod	Gesundheit, Lebenssinn; sichere Lebensbedingungen für Kinder und alte Menschen; Achtung des Lebens und der Habitate von Tieren und Pflanzen
Existentielle Grundwerte	Sicherheit	Klare Abgrenzung und Sicherung der Handlungsmöglichkeiten und Zukunftserwartungen der Menschen	Persönliche Sicherheit, soziale Sicherheit, innerstaatliche (physische) Sicherheit, äußere (nationale) Sicherheit
Existentielle Grundwerte	Frieden	Gewaltfreies und vertrauensbasiertes Zusammenleben in sozialen Einheiten und zwischen Nationen	Waffenstillstand, kalter Frieden, instrumentell-zweckrationale Beziehungen, freundschaftliche Beziehungen
Politische Grundwerte	Freiheit	Chance zur Verwirklichung der wichtigen Ziele von Individuen und kollektiven Einheiten in Form legitimer Formen des Handelns und entsprechender sozialer Institutionen	Zivile Freiheiten, politische Freiheiten, wirtschaftliche und soziale Freiheit
Politische Grundwerte	Gleichheit	Übereinstimmung von verschiedenen Menschen und sozialen Gruppen in bestimmten Merkmalen, bei Unterschieden in anderen	Gleichheit vor dem Gesetz, Chancengleichheit, (absolute) Gleichheit der Arbeitsbedingungen und Lebensverhältnisse
Politische Grundwerte	Gerechtigkeit	Behandlung von Gleichen als gleich bzw. Struktur sozialer Institutionen, die Gleichheit sicherstellen	Leistungsgerechtigkeit, Tauschgerechtigkeit, intergenerationale Gerechtigkeit
Soziale Grundwerte	Menschenwürde	Der fundamentale Wert eines jeden Menschen als sich selbst bestimmenden autonomen Lebewesens	Persönlich-soziale Würde (Ansehen), grundsätzliche Würde eines jeden Menschen
Soziale Grundwerte	Inklusion	Einschließung der Menschen in alle im Lebenslauf wichtigen sozialen Einheiten	Familienzugehörigkeit, Einbindung in Berufe, Organisationen und Verbände, Staatsangehörigkeit, globale Solidarität
Soziale Grundwerte	Wohlstand	Verfügung über ein für einen guten Lebensstandard ausreichendes und gesichertes Einkommen bzw. Vermögen	Ausreichendes und gesichertes Einkommen, Eigentum, soziale Absicherung

wo wurde er zum ersten Mal explizit genannt? Wie wird er definiert? Welche Persönlichkeiten und sozialen Bewegungen haben sich die jeweiligen Werte auf die Fahnen geheftet? Welche Rolle spielten dabei Partikularinteressen bestimmter Akteure und Gruppen? Wie spiegelt sich der Wert in den Einstellungen und im Handeln der Menschen?

Handlungsbezogene ethisch-moralische Werte und Lebensformen
Nochmals kurz einzugehen ist hier auf den Unterschied zwischen gesellschaftlichen Grundwerten und ethisch-moralischen Handlungsnormen, der bereits angesprochen wurde. Die gesellschaftlichen Grundwerte beziehen sich auf Charakteristika, die sowohl das Handeln der einzelnen Menschen wie auch den Charakter sozialer Prozesse und die Struktur sozialer Institutionen betreffen. Der Begriff Moral oder Ethik dagegen betrifft primär das Handeln von Individuen oder Gruppen, wobei er deskriptiv und normativ verwendet werden kann. Moralisch gut oder schlecht sind (deskriptiv gesehen) Handlungsweisen, die von einer Gruppe oder Gesellschaft vorgeschrieben und positiv beurteilt werden oder (normativ gesehen) Handlungen, die unter gegebenen Bedingungen von allen rational handelnden Menschen befolgt werden sollen. Der Begriff des ethisch-moralischen Handelns steht dem geistesgeschichtlich älteren, in der deutschen Literatur kaum mehr verwendeten Begriff der *Tugenden* nahe; dieser bezieht sich auf handlungsbezogene Charaktereigenschaften bzw. Verhaltensweisen. Bekannt sind die vier klassischen „Kardinaltugenden": Klugheit (Weisheit), Gerechtigkeit, Tapferkeit und Mäßigung (Pieper 1964). Sie wurden schon im Alten Testament und im klassischen Griechenland (beim Tragödiendichter Aischylos und vom Philosophen Plato) erwähnt und auch im christlichen Mittelalter als zentral erachtet (ergänzt um Glauben, Hoffnung und Liebe). Ähnliche Begriffe gibt es auch in östlichen Religionen und Weltanschauungen wie Buddhismus, Hinduismus und Konfuzianismus. Eine ausführliche Debatte um Tugenden gab und gibt es in der angelsächsischen Philosophie unter dem Stichwort der *virtues*.[12] Im Gegensatz zur deontologischen Pflichtethik von Kant und zur konsequentialistischen utilitaristischen Ethik legt diese Ethik den Schwerpunkt auf den Gesamtcharakter einer Person. Schon für Aristoteles besitzt eine tugendhafte Person ideale Charakterzüge, die in allen Formen ihres Handelns zum Ausdruck kommen. Völlig negativ gesehen wurden alle Tugenden dieser Art dagegen von Philosophen Friedrich Nietzsche. Er bezeichnete die christliche Ethik als Sklavenmoral und setzt an ihre Stelle eine „Herrenmoral" der Starken und Mächtigen. Der Philosoph Markus Gabriel (2021, S. 86–93) spricht nicht zu Unrecht von „Nietzsches scheußlichen Verwirrung(en)".

Im neuzeitlichen Denken tritt eher die Handlungsabsicht, der gute Wille, in den Vordergrund. Denkt man aber an verschiedene, als modern bezeichnete „Tugenden" dieser Art, so wird ihre Relativität offenkundig. Ambitioniert (leistungsmotiviert) zu sein und zu handeln ist sinnvoll und notwendig, wenn man sich hohe berufliche Ziele setzt oder sich ein Haus bauen möchte. Für das Zusammenleben mag es aber abträglich sein, wenn man nur

---

[12] Stanford Encyclopedia of Philosophy (https://plato.stanford.edu/entries/ethics-virtue/ (abgerufen am 4.4.2023).

ambitioniert ist, um andere zu übertrumpfen. Empathisch, mitfühlend zu sein ist zentral, um gute Beziehungen eingehen und aufrecht erhalten zu können; es mag aber bei gerechtem Verhalten nicht das Richtige sein. Welche dieser ethisch-moralischen Prinzipien bzw. Normen sind heute von Bedeutung und in welcher Beziehung stehen sie zu den Grundwerten? Wir können hier an die Werteforschung in Deutschland und den USA anknüpfen. Helmut Klages (1984) nennt in einem Überblick zu Studien über Erziehungswerte in Deutschland, 14 Pflicht- bzw. Akzeptanzwerte und 16 Selbstentfaltungswerte (vgl. auch Hillmann 2003). Die ersteren umfassen Eigenschaften bzw. Verhaltensweisen wie Disziplin, Gehorsam, Leistung, Treue, Fleiß usw. Die letzteren teilt er in drei Subgruppen: 1) demokratisch-gesellschaftskritische Werte (Emanzipation, Gleichbehandlung, Demokratie, Partizipation), 2) hedonistische Werte (Genuss, Abenteuer, Abwechslung) und 3) individualistische Werte (Kreativität, Spontaneität, Selbstverwirklichung u. a.). Wir sehen, dass diese Listen ein ziemliches Sammelsurium unterschiedlicher Eigenschaften bzw. Verhaltensweisen darstellen. Enthalten sind gesellschaftliche Grundwerte nach unserer Definition, sodann verschiedene Einstellungen und Verhaltensweisen, weiters Charakteristika, die man als Persönlichkeitseigenschaften bezeichnen könnte. Das Gleiche gilt für die Liste der 18 instrumentellen Werte, die der Psychologe Milton Rokeach (1973) herausgestellt hat. Diese Liste ist theoretisch-begrifflich etwas konsistenter, weil sie durchwegs nur Verhaltensweisen bzw. -tendenzen beinhaltet (ambitioniert, großzügig, ordentlich, mutig, usw.).

Wir brauchen uns hier nicht im Detail mit dieser zweifellos wichtigen Thematik befassen. Als allgemeine These können wir festhalten, dass die verschiedenen gesellschaftlichen Grundwerte auch mit all diesen ethischen Basisregeln und instrumentellen Normen zusammenhängen. So wird die Beachtung des Grundwertes des Lebens Achtsamkeit und Einfühlsamkeit erfordern; der Grundwert Sicherheit einen Verzicht auf Bedrohungen, Gewaltanwendung usw. Wir werden auf diese Zusammenhänge in der Darstellung der einzelnen Werte fallweise Bezug nehmen. Eine ausführliche Diskussion ist hier weder möglich noch notwendig.

Wie sich die Grundwerte durchsetzen. I. Kräfte und Prozesse

5

„Nichts auf der Welt ist so mächtig wie eine Idee, deren Zeit gekommen ist."

Emile Zola (1802–1885)[1]

Welche Chance haben die gesellschaftlichen Grundwerte und die Menschenrechte, weltweit Anerkennung zu erlangen? Man kann diese Frage auch allgemeiner formulieren: Wie sieht es mit der mittel- und langfristigen Zukunft der Menschheit aus: gibt es einen Fortschritt, einen Trend zur Höherentwicklung, gibt es eher den gegenteiligen Trend zu einer zunehmenden Verschlechterung und Gefährdung, oder kann man weder vom einen noch vom anderen sprechen, d. h. gibt es nur ein Auf und Ab, Phasen der Verbesserung, denen bald wieder solche des Rückschritts folgen? Alle drei dieser Diagnosen wurden von bedeutenden und zu ihrer Zeit einflussreichen Autoren gestellt. Dieses Kapitel geht von einer sehr starken historisch-soziologischen These Kants aus, der einen langfristigen Trend zur Durchsetzung der gesellschaftlichen Grundwerte sieht. Er betrachtet jedoch – im Unterschied zu idealistischen und materialistischen Denkern – auch die Machtergreifung durch autoritäre Herrscher oder zerstörerische gesellschaftliche Prozesse (wie Kriege) als wichtige Auslöser grundlegender ethisch-moralischer Fortschritte. In diesem Sinne sprach der Kulturanthropologe Raoul Naroll (1983, S. 409) von einem „schmerzhaften Fortschritt". Die Kurzdarstellung einiger anderer einflussreicher Gesellschafts- und Evolutionstheorien dient dazu, den Ansatz von Kant noch deutlicher zu machen. Die gesellschaftlichen Grundwerte fallen nicht vom Himmel. Sie

---

[1] Victor Hugo (1802–1885), war einer der bedeutendsten französischen Schriftsteller, Abgeordneter und Mitglied der *Académie française.* Er war Autor sozial und politisch engagierter Schriften und Sozialromane und engagierte sich auch politisch in liberalem Sinn (etwa in der Dreyfuss-Affäre). Genaue Quelle des Zitats unbekannt.

müssen von individuellen Denkern und Schriftstellern erkannt und ausformuliert, von gesellschaftlichen Gruppen und Kräften aufgegriffen und propagiert und von politischen Akteuren in die Realität umgesetzt werden. Diese Prozesse können durch tiefgreifende gesellschaftliche Ereignisse und Krisen beschleunigt und gefördert, aber auch verhindert werden. Zwischen diesen Prozessen und Akteuren bestehen Interdependenzen: umwälzende Ereignisse veranlassen kritische und kreative Denker zu neuen Überlegungen sowie zur Ausarbeitung gesellschaftlicher Zukunftsvisionen; diese können ihrerseits politisch-soziale Aktivisten, Revolutionäre und politische Reformer inspirieren. Alle diese Ideen und Prozesse gewinnen aber erst Gewicht, wenn die entsprechenden Probleme auch von großen Gruppen der Bevölkerung als relevant angesehen werden und viele Menschen bereit sind, für sie auf die Barrikaden zu steigen. Bei den Prozessen der Herausarbeitung und Durchsetzung der gesellschaftlichen Grundwerte gibt es eine mehr oder weniger typische Abfolge. Die radikale Beschleunigung dieser Prozesse kann oft hohe Kosten oder unvorhersehbare Folgen nach sich ziehen.

Der langfristige historisch-gesellschaftliche Trend

Die zentrale These dieses Buches lautet, dass es einen langfristigen Trend zur Durchsetzung der Grundwerte und Menschenrechte gibt. Diese These mag vielen auf den ersten Blick als höchst fragwürdig erscheinen, scheint sie doch den längst ad acta gelegten historizistischen Ansätzen nach Hegel usw. sehr ähnlich zu sein. Eine sehr starke theoretische Begründung für die zentralen Thesen dieses Buches können wir aber beim großen deutschen Philosophen der Aufklärung, Immanuel Kant (1724–1804) finden. Kant hat in der Philosophie eine „kopernikanische Wende" (Popper) herbeigeführt, indem er die aktive Rolle des Menschen und seiner Vernunft bei der Beobachtung der Natur aufzeigte und den Menschen selbst als Gesetzgeber der Moral betrachtete. Zugleich versucht er, die beiden Traditionen des Rationalismus und Empirismus zu verbinden (Martindale 1961, S. 219). In engem Zusammenhang damit steht sein Argument, dass es eine klare Tendenz zur Anerkennung und Durchsetzung gesellschaftlicher Grundwerte gibt. Im Anschluss an die Darstellung von Kants Thesen folgen die einiger anderer einflussreicher Sozialtheoretiker, um deutlicher zu machen, dass die Thesen von Kant nicht mehr in den Rahmen der alten, historizistischen Fortschrittstheorien einzuordnen sind. Am Ende dieses Abschnittes wird die wichtige Frage erörtert, wie die Prozesse der Durchsetzung neuer Grundwerte und der ihnen entsprechenden Reformen und Institutionen ablaufen bzw. ablaufen sollten.

Die dialektische Durchsetzung der gesellschaftlichen Grundwerte. Eine starke These von Kant
Kant entfaltete seine Thesen in einem relativ kurzen Aufsatz mit dem Titel *Idee zu einer allgemeinen Geschichte in weltbürgerlicher Absicht* (Kant 1784; vgl. dazu auch Flach 2005; Oksenberg und Schmidt 2009; Höffe 2011). In der Einleitung legt Kant die Grundsätze seiner Thesen dar. Sie lauten: Der Mensch ist sowohl ein Naturwesen als auch ein

Wesen mit Vernunft und freiem Willen. Damit ist er zwar Naturgesetzen unterworfen, bestimmt durch sein Handeln aber selbst mit, was geschieht – auch wenn die Folgen seines Handelns oft andere sind als jene, die er angepeilt hat. In der systematischen und beharrlichen Betrachtung dieser beiden Aspekte zugleich bestand die zentrale philosophische Leistung Kants, die ihn über alle idealistischen und materialistischen Philosophen hinaushebt. Diese Leistung wird auch nicht dadurch entwertet, dass er in Bezug auf strittige Themen, wie etwa die Rassenlehre, durchaus fragwürdige, den Vorurteilen seiner Zeit entsprechende Aussagen machte. Die folgenden Thesen von Kant stellen, zusammen mit anderen seiner Ausführungen (insbesondere jenen über den Ewigen Frieden, auf die in Kap. 7 Bezug genommen wird), eine systematische Theorie des Kosmopolitismus dar. Für diesen stellt die Menschheit als Ganze den Bezugspunkt dar, nicht die Zugehörigkeit zu bestimmten sozialen Gruppen oder zu einem einzelnen, bestimmten Staat. Man kann mit Fug und Recht behaupten, dass Kant auch ein echter Vorläufer der Soziologie war, was praktisch kaum je gesehen wird.[2]

Für Kant ergibt sich aus dem Zusammenspiel des Wirkens der vielen Einzelnen über die Generationen ein gesetzmäßiger „natürlicher" Verlauf der Menschheitsgeschichte. So schreibt er:

„Einzelne Menschen und selbst ganze Völker denken wenig daran, dass, indem sie, ein jedes nach seinem Sinne, und einer oft wider den anderen, ihre eigene Absicht verfolgen, sie unbemerkt an der Naturabsicht, die ihnen selbst unbekannt ist, als an einem Leitfaden fortgehen und an derselben Beförderung arbeiten, an welches, selbst wenn sie ihnen bekannt würde, ihnen doch wenig gelegen sein würde".

Kant stellt hier die heute – nach dem vernichtenden Urteil bedeutender Autoren über die Geschichtsphilosophien von Comte, Hegel, Marx, Spencer usw. – unerhörte Behauptung auf, dass die menschliche Geschichte, vergleichbar der Evolution in der Natur, eine klare Richtung, ja sogar eine Fortschrittstendenz aufweise. Er bezeichnet seine Arbeit als einen „philosophischen Versuch, der darauf abzielt, die allgemeine Weltgeschichte nach einem Plane der Natur, der auf die vollkommene bürgerliche Vereinigung in der Menschengattung" zu bearbeiten. Dabei verwendet er den von vielen Sozialtheoretikern zitierten Topos, dass die Menschen zwar bewusst handeln, aber die Wirkungen ihres Handelns oft ganz andere sind als jene, die sie selbst beabsichtigten. Wie begründet Kant nun seine These?

Das „Mittel", durch das sich die „naturgesetzliche" Entwicklung der Menschheit fortbewegt, ist für ihn die „ungesellige Geselligkeit" des Menschen. Sie führt dazu, dass er einerseits mit anderen zusammen sein und zusammenarbeiten will und muss, andererseits sich aber auch immer wieder „vereinzeln", von anderen „isolieren" möchte, weil ihn diese an der Realisierung seiner Pläne hindern. Er muss also wohl oder übel mit anderen kooperieren, obwohl er sie nicht leiden kann. Der Widerstand der anderen aber

---

[2] Eine Ausnahme bildet Don Martindale *The Nature and Types of Sociological Theory* ((1961, S. 216–220). Im Beitrag von Kenneth Bock (Theories of progress, development, evoution) in Bottomore/Nisbet (1978, S. 55 f.) wird diese Fortschrittsthese von Kant bestritten.

erweckt alle seine Kräfte und bringt ihn dahin, „seinen Hang zur Faulheit zu überwinden und, getrieben durch Ehrsucht, Herrschsucht oder Habsucht, sich einen Rang unter seinen Mitgenossen zu verschaffen." Der Zwang, sich anstrengen zu müssen, um etwas zu erreichen, erzeugt die ersten Schritte von der Rohheit zur Kultur. Durch diese Prozesse werden, so schreibt Kant, nach und nach alle Talente entwickelt, der Geschmack gebildet, und es wird durch fortgesetzte Aufklärungsarbeit eine Denkungsart entwickelt, welche die groben Naturanlagen und -prozesse zur Erkenntnis praktischer moralischer Prinzipien führt und schlussendlich ein „moralisches Ganzes" erzeugt. Kant nennt also Ethik und Moral explizit als (wenn auch indirekt) leitende Kräfte der Entwicklung. Die Natur will Zwietracht, aber wir müssen ihr dafür dankbar sein, weil sich aus der Zwietracht alle vortrefflichen menschlichen Fähigkeiten und Leistungen herausbilden. Diese These – die Bedeutung sozialer Konflikte für Innovationen und Fortschritt – ist in der Soziologie seit Karl Marx und Georg Simmel (1923) geradezu ein Axiom. Kant thematisiert hier explizit das Thema des gesellschaftlichen Fortschritts. Als größtes Problem der Menschengattung in dieser Hinsicht bezeichnet er die Herstellung einer „gerechten bürgerlichen Verfassung". Auch diese wird nur durch die menschliche Ungeselligkeit erreicht:

„In diesen Zustand des Zwanges zu treten, zwingt den sonst für ungebundene Freiheit so sehr eingenommenen Menschen die Not; und zwar die größte unter allen, welche sich Menschen unter einander selbst zufügen ... Alle Kultur und Kunst, welche die Menschheit ziert, die schönste gesellschaftliche Ordnung sind Früchte der Ungeselligkeit, die durch sich selbst genötigt wird, sich zu disziplinieren ..."

Das schwierigste Problem sieht Kant nun darin, dass es zur Herstellung einer guten und gerechten sozialen Ordnung Herrscher braucht, man aber im Voraus wisse, dass diese meist dazu tendieren, ihren Gestaltungsspielraum und ihre Macht zu missbrauchen. Die Errichtung einer bürgerlichen Verfassung und die Einsetzung von Herrschenden, die sie achten, ist daher alles andere als einfach und nur durch Not und Kriege erreichbar.

Dies gilt insbesondere für eine internationale Ordnung, welche erst für jeden einzelnen Staat Frieden und Sicherheit garantieren kann. Hier sind es vor allem Kriege, die das Streben nach Ruhe und Sicherheit, die nur der Frieden gewährt, stören. Es sind aber gerade die schrecklichsten Kriege, welche letztendlich zur Bildung eines Völkerbundes führen werden. Erst in dessen Rahmen wird die Sicherheit aller Staaten nicht durch ihre eigene Hochrüstung, sondern durch die gemeinsam vereinbarten, international gültigen Verträge und Gesetze gewährleistet. Wir werden im folgenden Kapitel zeigen, dass Kant mit diesen Sätzen eine höchst zutreffende Prognose für die Gründungen von Völkerbund bzw. UNO nach den Schrecken des Ersten und des Zweiten Weltkrieges gegeben hat. Zu betonen ist hier, dass es bei diesem epochalen Fortschritt der Menschheit nicht nur um eine Zivilisierung der Sitten geht. Dass eine stetige Entwicklung in dieser Richtung seit der frühen Neuzeit stattfand, hat der Soziologe Norbert Elias (1983) eindrucksvoll dargestellt. Kant sieht diese Zivilisierung an sich aber nicht als einen Fortschritt, sondern bemerkt dazu eher ironisch:

> *„Wir sind in hohem Grade durch Kunst und Wissenschaft kultiviert. Wir sind zivilisiert bis zum Überlästigen zu allerlei gesellschaftlicher Artigkeit und Anständigkeit. Aber uns schon für moralisiert zu halten, daran fehlt noch sehr viel".*

Wenn man das Verhalten nur an äußerlicher Anständigkeit oder unter Bedacht auf seine Ehre orientiert, ist dies bloß Zivilisierung. Dagegen gilt: „Alles Gute aber, das nicht auf moralisch-gute Gesinnung gepfropft ist, ist nichts als lauter Schein und schimmerndes Elend".

In der Folge bekräftigt Kant seine Fortschrittsthese:

> *„Man kann die Geschichte der Menschheitsgattung im Großen als Vollziehung eines verborgenen Plans der Natur ansehen, um eine innerlich – und zu diesem Zwecke auch äußerlich – vollkommene Staatsverfassung zustande zu bringen ..."*

Dies sei aber nicht nur eine „schwärmerische Idee", sondern könne auch durch empirische Erfahrung bestätigt werden. Ein empirisches Faktum dieser Art ist die Tatsache, dass kein Staat „in der inneren Kultur nachlassen kann, ohne gegen die anderen an Macht und Einfluss zu verlieren ..." Diese These ist mehr als evident im Zeitalter der Globalisierung, in dem es immer mehr weltweite Rankings gibt, auf denen sich Universitäten, Unternehmen und Staaten möglichst weit oben zu platzieren trachten. Dabei geht es auch um faktische Stärken und Schwächen. Unternehmen, welche die modernsten Techniken und Methoden anwenden oder überhaupt völlig neue erfinden, verdrängen alle anderen, wenn sich diese nicht anpassen. Regierungen von Staaten, ja ganze politische Systeme, deren Entwicklung kontinuierlich hinter den weiter fortgeschrittenen herhinkt, werden hinweggefegt, wie sich zuletzt 1989/90 mit dem Zerfall des sowjetischen Kommunismus zeigte. Ein anderes Faktum, das die Fortschrittstendenz bestätigt, betrifft die Bedeutung der Freiheit in all ihren Facetten. Wenn die errungene bürgerliche Freiheit (Kant dachte hier vielleicht an Länder wie die Niederlande, England und Nordamerika, die sich zu seiner Zeit in dynamischer industrieller Revolution befanden) wieder beschränkt wird, würden alle Gewerbe, insbesondere der Handel, darunter leiden und damit auch die außenpolitische Manövrierfähigkeit der Staaten Einbußen erleiden. Ganz allgemein gilt:

> „Die Freiheit geht aber weiter. Wenn man den Bürger hindert, seine Wohlfahrt auf alle ihm selbst beliebige Art, die nur mit der Freiheit anderer zusammen bestehen kann, zu suchen: so hemmt man die Lebhaftigkeit des durchgängigen Betriebs und hiermit wiederum die Kräfte des Ganzen."

Kant betont, die Absicht seines kurzen Essays sei keineswegs, seine grundlegende These systematisch historisch zu belegen. Dennoch verweist er auf die faktische Entwicklung seit der Antike: Wenn man die Bildung und Missbildung des Staates der Römer betrachtet, der die griechischen Staaten „verschlang", der seinerseits jene Barbaren beeinflusst hatte, die dann Rom zerstörten, „so wird man einen regelmäßigen Grad der Verbesserung der

Staatsverfassung in unserem Weltteile (der wahrscheinlicher Weise allen anderen dereinst Gesetze geben wird) entdecken". Auch wenn ganze Völker sich gerne kulturell und politisch emporhoben und dann wieder abstürzten, so blieb doch immer ein „Keim der Aufklärung übrig, der durch jede Revolution mehr entwickelt, eine folgende noch höhere Stufe der Verbesserung vorbereitete". Der theoretische „Leitfaden" der Annahme eines kontinuierlichen Kampfes zwischen den Naturkräften und den geistig-moralischen Prinzipien helfe nicht nur, das verworrene Spiel der Geschichte zu verstehen, sondern könne auch „eine tröstende Aussicht auf die Zukunft eröffnen". So kritisiert Kant seinen zeitgenössischen Philosophen Moses Mendelssohn, der behauptet hatte, dass es in der Geschichte der Menschheit keine Fortschritte gebe, denen nicht wieder Rückschläge folgten. Dagegen stellt er dezidiert fest: „Diese Hoffnung besserer Zeiten, ohne welche eine ernstliche Begierde, etwas dem allgemeinen Wohl Ersprießliches zu tun, nie das menschliche Herz erwärmt hätte, hat auch jederzeit auf die Bearbeitung der Wohldenkenden Einfluß gehabt". Das Gemüt erheitere sich durch die Aussicht, es könne künftig besser werden. Auch das Argument gelte nicht, dass etwas, was bisher nicht gelungen sei, auch in Zukunft nicht realisiert werden könne. Dies sei weder empirisch-pragmatisch haltbar, und vor allem entbinde es nicht von der moralischen Pflicht immer zu versuchen, das Bessere zu verwirklichen. Außerdem ließen sich auch manche Beweise dafür finden, dass „das menschliche Geschlecht, im Ganzen, wirklich in unserem Zeitalter, in Vergleichung mit allen vorigen, ansehnlich moralisch – zum selbst Besseren fortgerückt sei". Diese These hat neuerdings der Philosoph Markus Gabriel (2021) aufgegriffen und mit fundierten Argumenten belegt. Das häufige Geschrei über einen zunehmenden Sittenverfall sei dadurch zu erklären, so Kant, dass seine Urheber in die (noch bessere) Zukunft schauen.

Man kann die Thesen von Kant so zusammenfassen: Er sieht eine langfristig positive Tendenz in der Geschichte; diese ist aber nicht (nur) auf das bewusste, dahin strebende Wirken von Persönlichkeiten und gesellschaftlichen Gruppen zurückzuführen, sondern ergibt sich gerade aus deren individualistisch-egoistischer Interessenverfolgung, die sie zu konfliktreicher Interaktion und Kooperation zwinge. Vernünftige und moralisch gute Lösungen setzen sich so indirekt langfristig trotz – oder oft sogar als Folge – des Wirkens zerstörerischer Kräfte durch, eben weil sie für viele Menschen am besten geeignet sind. Dabei gibt es auch häufige Rückschläge, die jedoch selbst Anlass zu tiefgreifenden Reformen geben können. In den darauffolgenden Etappen können jedoch die Errungenschaften der vorhergehenden übernommen werden und die jeweiligen Gesellschaften können sich dann auf einer höheren Stufe weiterentwickeln. Man kann in dem Sinne daher von einer dialektischen Durchsetzung von Ideen und Grundwerten sprechen, ohne damit Bezug auf die metaphysischen Implikationen dieses Begriffes bei Hegel zu nehmen.

Die Geschichte als Fortschritts- und Evolutionsprozess. Abgrenzung von anderen Ansätzen

Unterscheidet sich die These von Kant wirklich von Ansätzen, welche in der menschlichen Geschichte einen mehr oder weniger linearen *Fortschrittsprozess* sahen? Der berühmteste

Vertreter einer solchen Auffassung war wohl der seinerzeit höchst einflussreiche deutsche Philosoph Georg W.F. Hegel (1770–1831). Für ihn stellt die menschliche Geschichte einen eindeutigen Fortschrittsprozess dar (Hegel 1970).[3] Darin kommt die Freiheit des Menschen immer stärker zur Geltung, und auch die Freiheit des absoluten Weltgeistes kann sich immer stärker entfalten. Die Entwicklung verläuft, wie das Wachsen einer Pflanze, von einfachen zu höheren Formen der Zivilisation. Dieser Wachstumsprozess erfolgt in dialektischen Schüben, wobei Phasen von tiefen Konflikten und Umbrüchen die Gesellschaft auf eine höhere Stufe bringen. Der Weltgeschichte wohnt eine objektive Vernunft inne. Die großen geschichtlichen Persönlichkeiten sind Werkzeuge des Weltgeistes und treiben seine Entfaltung voran. Das aufgeklärte Preußen und seine fortschrittlichen Herrscher betrachtete Hegel als Inkarnation dieses Weltgeistes. Die Theorie von Hegel wurde von Marx zu einer wirkmächtigen politisch-ökonomischen Theorie der Entwicklung der Menschheit ausgebaut.[4] Marx sah einen stufenweisen Fortschritt von den ausbeuterischen Sklavenhaltergesellschaften des Altertums über die Feudalgesellschaften des Mittelalters bis hin zu den modernen kapitalistischen Gesellschaften. Wurde in den erstgenannten Gesellschaften eine große Zahl von Menschen, die Sklaven, noch als Sachen betrachteten und behandelten, und gab es in den Feudalgesellschaften fundamentale ständische Unterschiede, Privilegien und Benachteiligungen, so sind in den kapitalistischen Gesellschaften alle Menschen formal gleich frei. De facto werden sie jedoch, so Marx, durch Eigentum an Produktionsmitteln oder Ausschluss davon weiterhin strukturell privilegiert oder benachteiligt und ausgebeutet. Durch die revolutionäre Beseitigung dieses Privateigentums würde jedoch eine klassenlose, egalitäre („kommunistische") Gesellschaft geschaffen. Mehr oder weniger direkt an dieses Denken von Hegel knüpfte der US-amerikanische Politikwissenschaftler Francis Fukuyama (2022) in seinem Werk *Das Ende der Geschichte* an. Noch vor dem Fall des Eisernen Vorhangs und dem Untergang der Sowjetunion argumentierte er, die Krise der kommunistischen Systeme bestätige den unaufhaltsamen Siegeslauf des ökonomischen und politischen Liberalismus; die Demokratie (und ihre Realisierung in den USA) stelle die höchste Stufe aller Regierungsformen daher. Daher könne man vom Ende der Geschichte sprechen.

Eine konsistente Theorie des gesellschaftlichen Fortschritts hatte auch der französische Sozialphilosoph Auguste Comte (1798–1857) entwickelt. Fortschrittstheorien waren um die Wende vom 18. zum 19. Jahrhunderts weit verbreitet, insbesondere in Frankreich (Bottomore und Nisbet 1978, S. 39–79). War Hegel stark im Idealismus der deutschen

---

[3] Als Einführungen in das Werk von Hegel seien hier nur genannt Störig (1950), *Kleine Weltgeschichte der Philosophie*, S. 517–531; Helferich (2012), *Geschichte der Philosophie*, S. 268–284. Eine umfassende, allerdings nahezu enthusiastische Monographie stammt von Vieweg (2019). *Hegel. Der Philosoph der Freiheit. Biographie*. Eine äußerst kritische Darstellung gibt K. R. Popper (1958) in *Die offene Gesellschaft und ihre Feinde*. II. Band, S. 5–101.
[4] Vgl. *dazu auch das Kapitel „Marx and sociology" in Bottomore/Nisbet (1979, S. 118–.148), A History of Sociological Analysis.*

Philosophie verhaftet und durch die Bewunderung für den politisch aufgeklärten, militärisch expansiven Staat Preußen geprägt, war Comte ein Nachfahre der französischen Aufklärung, die radikal auf rationales Denken und wissenschaftlichen Fortschritt setzte.[5] Für Comte steht vor allem der Wandel des menschlichen Denkens, Glaubens und Gefühlslebens im Zentrum. Er vollzieht sich seiner Meinung nach stufenweise in drei Stadien: Im ersten, dem theologischen Stadium der Menschheit, bestimmen religiöse Vorstellungen das Denken und Handeln der Menschen, Priester und Krieger sind beherrschend. Im zweiten, dem metaphysischen, wird das Denken rationaler, Philosophen und Juristen nehmen die zentrale Stellung ein. Im dritten, dem positiven oder wissenschaftlichen Stadium, wird systematische wissenschaftliche Beobachtung und Analyse und rationales wirtschaftliches Denken und Handeln beherrschend. Die Soziologie als Krönung der Wissenschaften soll nicht nur erkenntnisfördernd sein, sondern auch eine „positive Moral" entwickeln und damit die Basis für systematische gesellschaftliche Planung liefern.

Es gab zur Zeit dieser Autoren aber auch vielbeachtete Theorien, welche eine zunehmende *Verschlechterung der gesellschaftlichen Verhältnisse und Bedingungen* behaupteten. Sie lassen sich heute kaum mehr finden. Zu evident sind die enormen Verbesserungen, die im Laufe des 20. Jahrhunderts weltweit, nicht nur in westlichen Gesellschaften, stattgefunden haben. Man denke an die Verbesserung der Arbeits- und Lebensbedingungen, deren evidentester Ausdruck die massive Verlängerung der Lebenserwartung ist oder an die rechtliche und teils auch soziale Gleichstellung aller Menschen. Diese Fortschritte wurden von den meisten Sozialwissenschaftlern unter dem Begriff der Modernisierung thematisiert. Es gibt jedoch Autoren, die auf negative Begleiterscheinungen von Modernisierung und Globalisierung hinweisen. Die Weltsystemtheorie von Immanuel Wallerstein und die ökonomischen Dependenztheorien weisen darauf hin, dass die globale Durchsetzung des Kapitalismus zwar zu mehr Wohlstand geführt hat, dieser aber weiterhin weltweit höchst ungleich verteilt ist (Näheres dazu in Kap. 16). Die reichen und wirtschaftlich starken Industrieländer und ihre kapitalistischen Unternehmer erobern – früher in Form des Kolonialismus und mit militärischer Unterstützung, heute durch kapitalistische Investitionen – immer neue Territorien der Welt. Obwohl sich auch die Länder des globalen Südens (früher: die Dritte Welt) ökonomisch entwickeln, bleiben die meisten von ihnen dauerhaft hinter den reichsten Ländern zurück. Tatsächlich sind diese Unterschiede in Lebensbedingungen und Einkommen sowohl zwischen Norden und Süden weiterhin massiv, die Ungleichheiten auch innerhalb der Länder des Südens (in denen die nationalen Eliten mit den Mächtigen des Nordens kooperieren) vielfach extrem. Ein anderer Aspekt ist, dass durch die immensen Fortschritte von Wissenschaft und Technik auch neue Gefährdungen zutage treten, welche die Lebensbedingungen in Teilen der Welt wieder massiv verschlechtern, ja die Menschheit insgesamt bedrohen. So schrieb der deutsche Soziologe Ulrich Beck vom Aufstieg einer neuen Form von Risikogesellschaft. Dass 1986,

---

[5] Aus der umfassenden Sekundärliteratur zu Comte seien hier nur genannt Martindale (1961), S. 529 f.); Bottomore/Nisbet (1978, S. 238–249), *A History of Sociological Analysis*; Fenske et al. (1981, S. 397–398), *Geschichte der politischen Ideen*; Mikl-Horke (2001, S. 18-.26), *Soziologie*.

im Erscheinungsjahr seines Buches mit diesem Titel, eine gewaltige Nuklearkatastrophe im Atomkraftwerk Tschernobyl in der (damals sowjetischen) Ukraine stattfand, verlieh seinen Thesen hohe Glaubwürdigkeit.

Bekannt und auch heute noch im Schwange sind schließlich Theorien, welche einen *zyklischen Wandel* in der langfristigen historischen Entwicklung der Menschheit behaupten. Das berühmteste Beispiel darunter war Oswald Spenglers Werk *Der Untergang des Abendlandes,* das er ab 1918 unter dem Eindruck der Katastrophe des Ersten Weltkriegs verfasste. Darin argumentiert er, auch unter dem Einfluss der Geschichtsphilosophie von Hegel, die westlich-abendländische, europäisch-amerikanische Weltherrschaft gehe ihrem Ende entgegen. Das sei aber ein natürlicher Prozess, der in der Geschichte immer wieder stattfinde, da alle großen Zivilisationen und Reiche eine Phase des Aufstiegs, der Blüte und des Niedergangs durchmachen. Spengler glaubte, die zukünftige Entwicklung der Menschheit im Großen und Ganzen vorhersagen zu können, nur handle es sich dabei um keinen Fortschritt. Diese Idee von Spengler hatte Vorläufer und wird auch von heutigen Autoren vertreten, welche auf die bereits sichtbaren Krisen- und Schwächezeichen in der Hegemonie der Vereinigten Staaten und den Aufstieg Chinas hinweisen. Auch die historische Entwicklung der letzten Jahrhunderte – der Aufstieg und nachfolgende Abstieg von Großbritannien als führender Weltmacht – scheint dieser Theorie Plausibilität zu verleihen.

So beeindruckend die meisten dieser Theorien sind, weisen sie doch alle eindeutige Schwächen auf und sind nicht in der Lage, eine wirkliche Erklärung der langfristigen gesellschaftlichen Entwicklung zu geben. Dies hat vor allem Karl Popper (1987) in seinem Buch *Das Elend des Historizismus* gezeigt. Der erste Grund dafür liegt darin, dass sie alle einen einzigen (Kausal-) Faktor hervorheben. Bei Hegel ist es der diffuse Begriff des „Weltgeistes"[6], bei Marx sind es die materiellen Produktionsverhältnisse und die darauf beruhenden Interessen und Machtstrukturen, bei Comte sind es rationales Denken, Wissenschaft und Technik. Die zweite fragwürdige Grundannahme dieser Theorien ist die eines mehr oder weniger linearen Fortschritts. Hegels „sittlicher Staat" war eine nur schwach verhüllte Apotheose Preußens, dessen „Staatsphilosoph" er war; Marx entwickelte eine Stufentheorie der Entwicklung vom Feudalismus über den Kapitalismus zu Sozialismus und Kommunismus; Comte vertrat eine quasi-religiöse optimistische Lehre dreier Stadien der Menschheit. Zum Dritten postulieren alle Fortschrittstheorien dieser Art, dass irgendwann eine höchstentwickelte bzw. ideale Gesellschaft erreicht werde. Für Hegel war dies (implizit) bereits Preußen, für Marx die kommunistische Gesellschaft, für Parsons und Fukuyama die heutige US-amerikanische Gesellschaft. Der vierte Grund für die Unzulänglichkeit dieser Theorien liegt darin, dass sie die Rolle des Menschen als Akteur im historischen Wandel übersehen bzw. theoretisch nicht einordnen können, wenn sie diese Rolle nicht direkt bestreiten. Dies führt manche Autoren zum Argument, dass

---

[6] Autoren, welche Hegel als einen der größten Philosophen aller Zeiten sehen, werden diese knappe kritische Charakterisierung von Hegel vehement ablehnen (vgl. dazu insbesondere Vieweg 2019). Eine ausgewogene Darstellung wird in Fenske et al. (1981, S. 400–403) gegeben.

von der modernen, hochentwickelten Wissenschaft und Technik – paradigmatisch dafür die Atomkraft – Gefahren ausgehen, welche letztendlich nicht mehr beherrschbar sind.

Ein anderer, neuerer Ansatz im Hinblick auf gesellschaftliche Entwicklung ist die Zivilisationstheorie, die Norbert Elias in seinem Werk *Die höfische Gesellschaft* dargelegt hat (Elias 1983). Im Anschluss u. a. an Max Weber und Sigmund Freud entwickelte Elias eine schlüssige soziologische Theorie des Zivilisationsprozesses. Darin wird der Wandel sozialer Strukturen und politischer Zentralisierungsprozesse (Soziogenese) auf der einen Seite und von Persönlichkeitsmerkmalen und sozialen Verhaltensweisen (Psychogenese) auf der anderen Seite im Zusammenspiel gesehen. Seine Arbeit basiert auf einer Analyse der Entwicklung der höfischen Gesellschaft Frankreichs vom Mittelalter bis in die Neuzeit. Die zentralen Thesen lauten, dass der ständige Ausscheidungs- und Konkurrenzkampf zwischen den Menschen an den Fürstenhöfen dazu führte, dass die wechselseitigen Abhängigkeiten zunahm, Macht monopolisiert wurde und Gesellschaften politisch zentralisiert wurden. Das erzwang von den Menschen eine steigende Selbstkontrolle und Selbstdisziplin, eine Abschwächung des Zusammenhangs zwischen emotionalen Impulsen und tatsächlichem Handeln. Das Über-Ich der Persönlichkeit sowie Scham- und Peinlichkeitsschwellen verstärkten sich, eine Psychologisierung (steigende Fähigkeit, die inneren Vorgänge anderer zu verstehen) und Rationalisierung waren die Folge. Sexualität wurde stärker kontrolliert, Gewaltbereitschaft reduziert, Essen und Trinken verfeinert, die Ausscheidungsfunktionen tabuisiert. Elias belegt seine Thesen mit einer Fülle von historischem Material. Auch wenn seine empirischen Fakten selbst durch Hans-Peter Duerr (1994) bestritten wurden, kann man seine Werke als Klassiker der Soziologie betrachten. Kritisch anzumerken ist hier aber, dass Werte in Elias' Theorie eigentlich keine Rolle spielen. Wenn man Gesellschaft als eine Art Spiel im Rahmen bestimmter Figurationen betrachtet, sind Regeln und Normen zwar wichtig, aber austauschbar. Soziologisch gesehen, hängen Normen aber eng mit Werten und Kultur zusammen. Diese zivilisieren die Menschen, weil Normen auch eine ethisch-moralische Komponente enthalten und damit Gewaltverzicht fördern (Bucholc 2015). In den Menschenrechten entwickeln sich globale Normen. Die Konsequenzen des Aussetzens von kulturellen Regeln und Normen zeigt Elias in seiner kurzen Analyse „Zur Soziogenese der Revolution" (Elias 1983, S. 394–404). Hier beschreibt er eingehend die Unterschiede innerhalb der aristokratischen Eliten zur Zeit Ludwig XIV., als die Königsmacht noch stark war, und zur Zeit Ludwig XVI., zu dessen Zeit die Revolution ausbrach. Elias stellt überzeugend dar, dass die prekäre Machtbalance zwischen einem schwachen König, dem Hochadel und wohlhabenden Bürgern eine ausschlaggebende Rolle für den Ausbruch der Revolution spielte. Dafür waren aber auch ganz neue politische Grundwerte und -prinzipien, die von den Autoren der Aufklärung propagiert worden waren und die sich die verschiedensten Bewegungen auf ihre Fahnen geheftet hatten, von ausschlaggebender Bedeutung. Darüber hinaus muss man sagen, dass der Begriff der Zivilisation unterschwellig auch eine deutlich-normativ-evaluative Komponente beinhaltet und als Fortschritt gesehen wird, vor allem im Hinblick auf die Verurteilung des Krieges (Kuzmics 2006). Diese Annahme ist mit dem hier entwickelten Ansatz vereinbar.

Die Phasen der Erkenntnis, Verbreitung und Anerkennung der Grundwerte
Abschließend ist noch ein wichtiger weiterer Aspekt in Bezug auf die Durchsetzung der Grundwerte zu behandeln. Er betrifft die Art und Weise, wie diese, zeitlich gesehen, im Einzelnen abläuft. Man kann hier, idealtypisch gesehen, vier Phasen unterscheiden.

(1) Die Phase der *Erkenntnis und Ausformulierung* besteht darin, dass individuelle Persönlichkeiten – religiöse Propheten, Philosophen und Schriftsteller, selbstbewusste und engagierte „private" Persönlichkeiten – bestimmte Werte erstmals klar thematisieren, anderen mitteilen, sie eventuell auch schriftlich festhalten und verbreiten, sodass es vielen anderen Menschen möglich wird, davon Kenntnis zu nehmen. Schriftliche Fixierung ist aber nicht essentiell; die Ideen dieser Denker können auch mündlich tradiert werden. So gibt es von den Gründern der bedeutendsten Weltreligionen – Buddha, Konfuzius, Jesus und Mohammed – keinerlei eigene schriftliche Aufzeichnungen. Diese Denker arbeiten aber keineswegs im luftleeren Raum oder stillen Kämmerlein. Sie kommen zu ihnen erst durch intensiven Austausch mit und Unterstützung durch gleichgesinnte andere Denker und durch zeitgenössische soziale und politische Ereignisse und Probleme, die sie in aller Regel intensiv verfolgen. Wir werden auf dieses Faktum in den Diskussionen zu den einzelnen Grundwerten immer wieder zurückkommen.

(2) Die Phase der *Verbreitung* beginnt, wenn andere Menschen und gesellschaftliche Gruppen die Bedeutung dieser neuen Ideen erkennen und sich dafür zu interessieren beginnen. Schon die Tatsache, dass viele Menschen etwas über bestimmte Ideen lesen, es besprechen oder sonst wie miteinander kommunizieren – heute auch in online-Foren wie Facebook, Twitter usw. – zeigt, dass dafür Interesse und damit auch ein mögliches Aktions- und Organisationspotential gegeben ist.

(3) Die dritte Phase der *Mobilisierung* beginnt, wenn sich bestimmte Gruppen den Kampf um die Durchsetzung der Werte und Grundrechte auf die Fahnen heften. Diese Phase ist für das Wirksamwerden der Werte entscheidend. Wenn sie nicht einsetzt, werden die Autoren und ihre Ideen mehr oder weniger vergessen, so neu und fortschrittlich sie auch gewesen sein mögen. Allenfalls werden sie später wiederentdeckt, sobald andere Denker ähnliche Ideen wirksamer ausarbeiten oder der Zeitgeist und Zeitumstände ihnen entgegenkamen. Im Rahmen dieser Mobilisierungsphase können einzelne Denker und ihre Gruppen selbst aktiv werden, und es können sich auch soziale Bewegungen bilden, welche sich die neuen Ideen auf die Fahnen heften. Ein Beispiel für erfolgreiche Aktivitäten in ersterer Hinsicht war der österreichisch-britische Ökonom Friedrich Hayek (1899–1992), der 1944 die Gründung der *Mont-Pelerin-Society* initiierte, die seinen liberalen Ideen zum Durchbruch verhelfen und den Einfluss des Keynesianismus zurückdrängen sollte. Ihr schlossen sich auch andere, später ebenfalls höchst einflussreiche Ökonomen (wie Milton Friedman und andere liberale Chicago-Professoren) an (Schulmeister 2018, S. 75 ff.). Heute werden ihre Aktivitäten von gut finanzieren *Thinktanks* vor allem in Großbritannien und den USA sowie im Rahmen des *World Economic Forum* in Davos fortgeführt.

(4) Der entscheidende vierte Schritt ist die *Implementierung,* also die Institutionalisierung der Grundwerte und Grundrechte. Dies kann in drei Formen erfolge: (a) durch den Erlass spezifischer nationalstaatlicher Gesetze und Verordnungen oder zwischenstaatlicher Abkommen; (b) durch die Verabschiedung ganzer Bündel von Gesetzen; hier sind vor allem Verfassungen zu nennen; (c) durch die Einrichtung von Organisationen, welche mit entsprechenden Kompetenzen, sachlichen und personellen Ressourcen ausgestattet werden. Als eine bahnbrechende Institution für die Anerkennung der existentiellen Grundwerte kann man die *Allgemeine Erklärung der Menschenrechte* 1948 betrachten. Die wichtigste Institution für die Durchsetzung der politischen Grundwerte ist die Demokratie, für jene der sozialen Grundwerte der Wohlfahrtsstaat. Durch die Demokratie und den Ausbau des Wohlfahrtsstaates werden mehrere Grundwerte und -rechte auf einen Schlag in Kraft gesetzt. Erst auf dem Boden von Demokratien können zahlreiche weitere Werte und Rechte eingefordert werden, weil sie Rede-, Versammlungs- und Organisationsfreiheit garantieren und damit ein legaler Weg zur Artikulierung von Interessen aller Gruppen der Bevölkerung gegeben ist. Wenn die Demokratie zerstört ist, dann sind alle Rechte zerstört (Karl. Popper). Die Errichtung von Demokratien ist nicht als einmaliger Akt zu sehen. So kann man in gewisser Hinsicht zwar sagen, dass die Demokratie in Deutschland und Österreich erst 1919 bzw. dann wieder 1945–1949 eingeführt wurde. Wichtige demokratische Elemente wurden aber bereits im Zuge der Reformen des 19. Jahrhunderts durchgesetzt, und auch noch seit 1945 wurde sie in vielerlei Hinsicht weiterentwickelt. Als bedeutender Schritt zur Institutionalisierung von Grundwerten auf internationaler Ebene ist die Gründung der Vereinten Nationen (UNO) 1945 durch 50 Staaten der Erde zu nennen. Ihre Grundprinzipien beinhalten zentrale gesellschaftliche Werte. So heißt es in der Präambel: „Wir, die Völker der Vereinten Nationen [sind] fest entschlossen, künftige Geschlechter vor der Geißel des Kriegs zu bewahren, unseren Glauben an die Grundrechte des Menschen, an Würde und Wert der menschlichen Persönlichkeit, an die Gleichberechtigung von Mann und Frau sowie von allen Nationen … zu bekräftigen, Bedingungen zu schaffen, unter denen Gerechtigkeit und Achtung vor völkerrechtlichen Verträgen gewahrt werden können, den sozialen Fortschritt und einen besseren Lebensstandard in größerer Freiheit zu fördern". Im europäischen Kontext war die Gründung von EWG bzw. EU ein epochaler Schritt. Dabei haben erstmals souveräne Staaten wichtige nationale Agenden auf übernationale Einrichtungen – den Europäischen Rat, die Kommission, das Europaparlament und den Europäischen Gerichtshof – übertragen. Auch für die europäische Integration spielten – neben wirtschaftlichen Interessen insbesondere von Großunternehmen – Grundwerte wie die Sicherung des Friedens, Förderung von Wirtschaftswachstum und Wohlstand eine zentrale Rolle.

Bei all diesen Prozessen besteht eine enge Interaktion zwischen neuen Ideen und ihren Proponenten einerseits sowie gesellschaftlichen Kräften und sozialen Gruppen andererseits. Im Zuge der Französischen Revolution (1789–1799) erfolgte ein kontinuierlicher Austausch zwischen den Verfechtern der Ideen des Naturrechts, der Menschenrechte und Volkssouveränität und den revolutionären Ereignissen (Kuhn 1999). In der ersten Phase der Revolution erreichte der „Dritte Stand" – dazu gehörten alle Franzosen außer Adel und Klerus – die Abschaffung des Feudalsystems. Dies bedeutete einen massiven Durchbruch der, die Idee der Gleichheit aller Menschen. Denker wie Montesquieu und Voltaire und andere Aufklärungsphilosophinnen hatten dafür den geistigen Boden bereitet. In der zweiten Phase ergriffen die Sansculotten, die städtischen Unterschichten, durch die Jakobiner die Macht. Sie errichteten eine Terrorherrschaft, erließen aber auch wichtige Gesetze zur Linderung wirtschaftlicher Not. So setzte das „Maximumgesetz'" Höchstpreise für Güter des täglichen Bedarfes und Untergrenzen für Löhne fest. Die Jakobiner beriefen sich vor allem auf die radikal gesellschaftskritischen Schriften von Rousseau. In der dritten Phase übernahmen gemäßigte bürgerliche Kräfte die Macht; sie wurden schließlich von Napoleon entmachtet, der sich aufgrund seiner militärischen Erfolge zum diktatorischen „Vollender der Revolution" aufschwang. Auch Napoleon hatte eine spezifische politische Ideologie – ein Amalgam aus revolutionären Ideen, absolutistisch-zentralstaatlichen und populistischen Elementen und traditionell-monarchistischen Prinzipien. Keine wertbezogene Basis hatte er jedoch für sein e imperialistischen Kriegszüge und die Beherrschung nahezu des ganzen Kontinentaleuropa. So wurde er letztendlich durch eine Koalition aller Großmächte entthront.

Akteure, Ereignisse und Prozesse

In soziologischen Theorien des sozialen Wandels aber auch in neueren, strukturalistischen Ansätzen der Geschichtsforschung kommen konkrete historische Akteure nicht vor. Auch die Charakteristika einschneidender historischer Ereignisse, etwa von Kriegen und Revolutionen, werden von diesen selten systematisch-vergleichend analysiert. Beide Aspekte sind jedoch von zentraler Bedeutung, wenn wir erklären wollen, wann und warum sich die Anerkennung der gesellschaftlichen Grundwerte vollzogen hat. Eine solche Betrachtung sensibilisiert auch dafür, dass das Tempo dieser Durchsetzung entscheidend dafür sein kann, ob sie in relativ glatter Weise abläuft oder aber mit Gewalt und verhängnisvollen Nebenfolgen und Konsequenzen verbunden ist.

Ideengeber, soziale Aktivisten, charismatische Politiker

Die Tatsache, dass *Persönlichkeiten* einen entscheidenden Einfluss auf den Verlauf der Geschichte nehmen können, ist eine Grundeinsicht der klassischen Geschichtswissenschaft. In der älteren Geschichtsschreibung, zuletzt etwa bei den einflussreichen deutschen Historikern des 19. Jahrhunderts (Leopold von Ranke, Heinrich Treitschke) wurde dieser Aspekt allerdings überhöht. Sie betrieben Geschichte im Sinne einer „Herrschaftsgeschichtsschreibung" (Mazohl-Wallnig 1996). Bis ins späte Mittelalter beschäftigten alle großen Herrscher „Haushistoriker", welche ihre positiven Taten rühmten und die weniger glorreichen unter den Tisch fallen ließen.[7] Gegen diese Art der Geschichtsschreibung wandten sich zu Recht sehr bald andere Kultur- und Sozialhistoriker in Deutschland und Frankreich. Ihnen folgen heutige renommierte Historiker. Manche davon schütten damit aber das Kind mit dem Bade aus, wenn sie die Bedeutung von Persönlichkeiten überhaupt negieren. So schrieb etwa H.U. Wehler (1973) in Bezug auf die Rolle Hitlers in der Geschichte, nicht seine individuelle Biografie sei das eigentliche Problem, „sondern der Zustand der Gesellschaft, die ihn aufsteigen und bis zum April 1945 herrschen ließ". Es stimmt natürlich, dass es unmöglich ist, aus der individuellen (psychopathologischen) Persönlichkeit von Hitler den Nationalsozialismus zu erklären. Der Nationalsozialismus kann ohne Berücksichtigung der Person Hitlers und vor allem seiner Ideen aber nicht verstanden werden.[8] So war Hitler nahezu der einzige unter allen einflussreichen Politikerpersönlichkeiten der Weltgeschichte, der seine Ideen in einem umfangreichen Werk („Mein Kampf") niederschrieb, das er wohl auch nur deshalb verfassen konnte, weil er in einem neunmonatigen Gefängnisaufenthalt dafür Zeit und Muße fand. Seine rassistischen Ideen stellten ein Amalgam aus den Werken französischer und englischer Rassentheoretiker des späten 19. Jahrhundert (Arthur de Gobineau, Houston S. Chamberlain) dar. Diese Ideen, die auch einen scharfen Antisemitismus und einen aggressiven, menschenverachtenden Sozialdarwinismus einschlossen, waren am Beginn des 20. Jahrhunderts im multiethnischen Wien hoch im Schwange. Hier verbrachte Hitler seine Jugendjahre unter teilweise unwürdigen Lebensumständen und eignete sich autodidaktisch ein umfangreiches, eklektisches Wissen an. So muss man feststellen, dass es auch schlimme, negativ wirkmächtige Ideen gibt. Der Politikwissenschaftler Karl Löwenstein hat dies 1937 mit dem Satz ausgedrückt: Die Geschichte lehrt uns, dass auch Ideen tödlich sein können.[9]

Entscheidend für ein adäquates Verständnis historischer Persönlichkeiten und ihrer Wirkung ist die Interaktion zwischen Persönlichkeiten und gesellschaftlichen Problemen;

---

[7] Einer davon war der Schreiber Alkuin am Hof Karls des Großen, dessen Verklärung seines Herrn, die bis hin zu frei erfundenen Fakten ging, die Schul- und Geschichtsbücher bis heute prägt.

[8] Die historische Bedeutung der Persönlichkeit Hitlers zeigt sich auch darin, dass über keinen anderen Politiker des 20. Jahrhunderts so viele (mehrere hundert) Biografien erschienen sind. Noch die kleinsten Nebenphänomene seiner Person und seines Lebens versprechen den Autoren guten Absatz. Die umfassendste ist wohl die von Joachim Fest (2004).

[9] Zitiert in Mason (2022), *Faschismus*, S. 419.

beide sind auch in die jeweilige historische Epoche eingebettet (Robert 1997, S. 258–322; Grinin 2020). Diese Beziehung kann man soziologisch-theoretisch erfassen mit dem Begriff des *Charisma,* den Max Weber geprägt hat (Weber 1964/I, S. 179–181). Dieser Begriff stellt eine enge Verbindung her zwischen den Charakteristika einer Persönlichkeit, ihrem Verhalten und den Reaktionen ihres sozialen Umfelds. „Charisma" ist eine außeralltägliche Qualität einer Persönlichkeit, um derentwillen sie als mit übernatürlichen oder außeralltäglichen Kräften oder Eigenschaften begabt, als vorbildlich und deshalb als ‚Führer' gewertet wird. Charismatische Herrschaft ist für Weber neben traditionaler, ständisch-patrimonialer und legaler Herrschaft eine der Grundformen politischer Herrschaft. Drei Charakteristika müssen gegeben sein, damit man von charismatischer Herrschaft bzw. vom Wirken von Charisma sprechen kann: (1) besondere Eigenschaften oder Fähigkeiten einer Person; dazu gehört oft eine nahezu absolute Hingabe an eine Idee, Risikobereitschaft und Ausdauer bei ihrer Verfolgung. (2) Die Anerkennung dieser Eigenschaften durch Gefolgsleute, die aus den Aktionen des Führers ja auch selbst Nutzen ziehen können. (3) Spezifische soziale Zeitumstände, die bestimmte Eigenschaften und Fähigkeiten als besonders relevant erscheinen lassen. Charismatische Persönlichkeiten gab und gibt es nicht nur der Politik, sondern auch im geistig-religiösen und kulturellen Bereich. Napoleon und Hitler erlangten Charisma aufgrund bestimmter, zu ihrer Zeit wichtiger Fähigkeiten als erfolgreiche Heerführer nach den Wirren der Revolution und ihrer Bedrohung von außen bzw. als populistischer Agitator eines wiedererstarkten deutschen Nationalismus nach dem Zwangsfrieden von Versailles. Persönlichkeiten wie Gandhi und Nelson Mandela erreichten hohes Ansehen und Einfluss aufgrund ihrer konsequenten Tätigkeit für die friedliche Unabhängigkeit Indiens bzw. die gewaltlose Gleichstellung der Schwarzen in Südafrika. Hier kann man auch an die großen Religionsgründer und religiösen Reformer von Jesus und Mohammed über Franz von Assisi bis hin zu Luther und Calvin denken. Auch einzelne große Päpste wie Johannes XXIII und Johannes Paul II oder der Dalai Lama wären hier zu nennen. Herausragende historische Politikerpersönlichkeiten konnten sich vor allem in außergewöhnlichen Zeiten, in „Systemkrisen" profilieren, wie Ian Kershaw (2022) in seinen Biografien solcher Persönlichkeiten im 20. Jahrhundert überzeugend darstellt.

Vier Typen von charismatischen Persönlichkeiten sind zu nennen, wenn es um die Anerkennung und Durchsetzung gesellschaftlicher Grundwerte geht: große Denker und Schriftsteller, Aktivisten sozialer Bewegungen, politische Führungspersönlichkeiten und (Berufs-) Revolutionäre.

Wenn wir die Urheber der wichtigsten neuzeitlichen Ideen von gesellschaftlichen Grundwerten finden wollen, ist es naheliegend an die großen *Philosophen und Sozialtheoretiker* zu denken. Auf ihre Bedeutung wurde bereits im ersten Kapitel hingewiesen. Die Grundideen der Demokratie wurden schon von den griechischen Philosophen Plato und Aristoteles ausgearbeitet. Ihre politischen Ideen wurden im feudalistischen christlichen Mittelalter nahezu vergessen, in Renaissance und Aufklärung jedoch wieder aufgegriffen.

So wird Jean-Jacques Rousseau vielfach als geistiger Kopf der Französischen Revolution, John Locke, Montesquieu und andere als Inspiratoren für die moderne Demokratie, Marx als Ideengeber der Arbeiterbewegung angesehen (vgl. z. B. Mortimer 2015). Tatsächlich war ihr realer Einfluss oft viel geringer als in Lehr- und Schulbüchern dargestellt (wir kommen darauf noch zurück). Außerdem schrieben all diese Denker weder im luftleeren, ideenlosen Raum noch standen sie für sich allein da. So gab es in Europa etwa am Beginn der Neuzeit einen intensiven Gedankenaustausch zwischen Intellektuellen und geistig Interessierten in den verschiedenen Ländern. Dieser wurde geführt vor allem durch Briefe, aber auch durch ausgedehnte Reisen und wechselseitige Besuche. Der Austausch vollzog sich sicher langsamer als im heutigen Zeitalter des Internet, war dafür aber vermutlich intensiver und tiefgehender. Dabei waren oft auch aufgeklärt denkende Herrscher beteiligt. Ein Paradebeispiel dafür war die rund 700 Briefe umfassende Korrespondenz zwischen Voltaire und dem Preußenkönig Friedrich II. Die fundamentale Kritik der aufklärerischen kontinentalen Denker und Schriftsteller an der Ständegesellschaft ihrer Zeit, an den ständigen dynastischen Kriegen und an der fundamentalen Ungleichheit zwischen den Menschen bleibt jedoch, ebenso wie die Kritik an den Ausbeutungsverhältnissen des Frühkapitalismus, zunächst folgenlos. Sie entfaltet gesellschaftliche und politische Wirkung erst im Zusammenhang mit den schweren sozialen Konflikten und Kämpfen seit der frühen Neuzeit. Waren die Bauernaufstände vom 15. bis zum 17. Jahrhundert noch gescheitert, so erkämpften sich die englischen Adeligen in ihrer „glorreichen Revolution" von 1688/89 parlamentarische Mitbestimmung gegenüber dem König; in den Revolutionen der Jahre 1789/90 und 1848 waren dies auch die männlichen (Besitz-) Bürger, und erst Anfang des 20. Jahrhunderts wurde politische Gleichberechtigung aller Menschen erreicht. Plato und Aristoteles hatten noch keinen Begriff von der Gleichheit und Würde aller Menschen, da die Institution der Sklaverei zu ihrer Zeit noch völlig unhinterfragt herrschte. Aus diesem Grunde waren auch die Sklavenaufstände im Römischen Reich von vornherein aussichtslos. Hätte der Sklavenführer Spartacus (ein Nachkomme des Königshauses der Thraker im heutigen Bulgarien) die römischen Legionen besiegt, wäre die Sklaverei vermutlich auch unter seiner Herrschaft oder unter der seiner Nachfolger nicht völlig verschwunden. So waren auch die Ideen der neuzeitlichen Aufklärer aus heutiger Sicht beschränkt. Sie dachten bei ihrer Forderung nach Durchsetzung von Gleichheit vor allem an Männer; dass die meisten Frauen untergeordnete Rollen einnahmen, war für sie selbstverständlich. Vorläufer und Geistesverwandte dieser philosophisch-politischen Neuerer waren die religiösen Reformatoren, welche die Allianz zwischen Kirche und weltlicher Herrschaft sowie Missstände in der katholischen Kirche anprangerten. Auch die Entwicklung und Durchsetzung ihrer Ideen erfolgte vielfach im Zusammenhang mit blutigen konfessionellen Kriegen und mit politischer Rückendeckung durch einzelne Fürsten und Herrscher.

Zu unterscheiden ist hier zwischen zwei Typen revolutionärer Denker. Zum einen waren dies visionäre Autoren, welche ihre Kritik der bestehenden Verhältnisse auf der Basis eines imaginären Bildes einer radikal egalitären, idealen Gesellschaft entwarfen.

Zu ihnen gehören Autoren wie Rousseau und Marx. Da sich ihre vorgestellten Idealgesellschaften fundamental von den damals bestehenden unterschieden, konnten sie sich den notwendigen, tiefgreifenden Wandel nur in Form radikaler, notfalls auch gewaltsamer Revolutionen vorstellen. Dagegen gingen realistisch-pragmatisch orientierte Autoren, wie der Franzose Montesquieu, der Engländer John Locke oder die Väter der US-Verfassung (James Madison, George Mason und andere), von konkreten Defiziten zeitgenössischer Gesellschaftsformen bzw. Regimes und eigenen politischen Erfahrungen mit Mitbestimmung aus und entwickelten auf dieser Basis Vorschläge für Reformen bzw. für die Errichtung neuer Institutionen. Nach verbreiteter Meinung in historischen Darstellungen und Schulbüchern waren vor allem die erstgenannten radikalen Autoren die historisch einflussreichsten Persönlichkeiten. Dies entspricht den Tatsachen aber nur zum Teil. So wurde Rousseau von den französischen Revolutionären erst nachträglich als geistiger Inspirator hochstilisiert. Beim Ausbruch der Revolution bezog sich kaum jemand auf ihn. Marx, der vielfach als Hauptinspirator der sozialistischen Arbeiterbewegung bezeichnet wird, hatte zu dieser ein äußerst ambivalentes Verhältnis.[10] So spielte er bei der Gründung der Sozialdemokratischen Arbeiterpartei Deutschlands, der stärksten ihrer Art in Europa, keine Rolle. Ihr Gothaer Parteiprogramm von 1875 kanzelte er in überheblicher Weise als politisch völlig falsch, weil zu wenig radikal, ab. Seine kompromisslose Haltung führte zu einer verhängnisvollen inneren Spaltung der deutschen Arbeiterbewegung in Sozialdemokraten und Kommunisten. Die erfolgreichen Arbeiterbewegungen in Großbritannien und Schweden nahmen von seiner Marx' Theorie dagegen überhaupt kaum Notiz. Marx selbst nahm also kaum direkten Einfluss auf die Arbeiterbewegungen. Dies geschah durch die Marxisten, eine Gruppe von knapp zehn kommunistischen Theoretikern in Europa (darunter Friedrich Engels, Karl Kautsky und W.I. Lenin; vgl. Morina 2017). Sie erstellten auf der Basis von Marx' Schriften ein dogmatisches Lehrgebäude des Marxismus-Kommunismus, das ab 1917 in der Sowjetunion und anderen staatssozialistischen Ländern als offizielle Staatsdoktrin galt.

Eine zweite Gruppe von Ideengebern waren jene Autorinnen und politischen Akteure, welche konkrete Vorschläge für neue Institutionen ausarbeiteten. Hier sind vor allem die Väter der US-amerikanischen Verfassung zu nennen, wie John Adams, Benjamin Franklin, Thomas Jefferson und andere. Viele von ihnen hatten keine Hochschulbildung, aber Erfahrungen durch politische Partizipation auf lokaler Ebene und orientierten sich an bereits bestehenden demokratischen Strukturen der Zeit (etwa der Niederlande). Ein Paradebeispiel darunter war der selten genannte Farmer George Mason (1725–1792), der maßgeblich am Entwurf der *Virginia Bill of Rights* beteiligt war, die eine Grundlage für die Verfassung der USA wurde. Er verweigerte die Unterschrift unter diesen Verfassungstext, weil er die Sklaverei nicht abschaffte.

Als wichtige Ideengeber für die Erkenntnis und Durchsetzung von gesellschaftlichen Grundwerten kann man auch *Schriftsteller* betrachten. Sie schufen durch ihre vielfach oft sehr erfolgreichen Romane und Theaterstücke ein breiteres Bewusstsein für drängende

---

[10] Näheres dazu in Kap. 11.

Zeitprobleme. Man kann hier denken an die Sozialromane großer französischer Schriftsteller des 19. Jahrhunderts (Honoré de Balzac, Stendhal, Victor Hugo, Émile Zola), welche ihren Zeitgenossinnen die Augen für die krassen Unterschiede zwischen arm und reich öffneten; an Charles Dickens' Roman *Oliver Twist,* in welchem die krasse Ausbeutung von Kindern in England dargestellt wurde; an deutsche Autoren dieser Zeit wie Gerhart Hauptmann, dessen sozialkritisches Theaterstück „Die Weber" verboten wurde; und an eine US-amerikanische Autorin wie Harriet Becher Stowe. Ihr 1852 veröffentlichter Roman *Onkel Toms Hütte* erlebte eine Millionenauflage und wurde in viele Sprachen übersetzt; dieser Roman stellte zweifellos einen wichtigen Beitrag zur Delegitimierung der Sklaverei in den USA dar.

Eine wichtige Rolle bei der Durchsetzung neuer Ideen spielen sodann *Aktivistinnen sozialer Bewegungen;* sie stehen oft den Ideengebern nahe. Soziale Bewegungen sind gemeinsame, koordinierte Aktivitäten von sozialen Gruppen, die auf eine Bündelung von Einfluss und Macht zum Zwecke sozialer, kultureller und politischer Reformen abzielen. Sie stützen sich auf Formen der Zusammenarbeit unterschiedlichster Art (lokale ad-hoc Initiativen, kommunikative Netzwerke, lockere Vereine bis hin zu formellen Organisationen und Parteien), gehen aber nicht in diesen auf. Sie versuchen in der Regel politischen Einfluss zu erlangen, wollen dies aber vor allem durch unkonventionelle, vor allem öffentlichkeitswirksame Formen des Protests erreichen. Zentral ist hier, dass sich soziale Bewegungen auf ethisch-moralische Prinzipien und gesellschaftliche Werte berufen, wie Gerechtigkeit, Gleichheit, Nachhaltigkeit. Dabei ist typisch, dass sich Bewegungen in entwickelten Ländern eher auf Akteure mittlerer sozialer Schichten, jene in ärmeren Ländern sich eher auf untere Schichten stützen. Soziale Bewegungen sind also grundsätzlich protestorientiert (sie wehren sich gegen erzwungene Veränderungen tradierter Lebensformen, Eingriffe in erworbene Rechte, große Bauvorhaben usw.). Sie laufen meist zyklisch ab, d. h. treten mehr oder weniger spontan auf, erreichen einen Höhepunkt und flauen dann wieder ab, oft in Zusammenhang mit Veränderungen gesamtgesellschaftlicher ideologischer Strömungen. Bei der Entstehung und dem Wirken dieser Prozesse spielen auch Emotionen eine wichtige Rolle (Honneth 1992). Auch zu Werten können affektive Bindungen bestehen; die rein kognitive Anprangerung von Missständen kann daran Interessierte oder Gleichgültige nicht davon abbringen bzw. kann diese zu kritischen Haltungen veranlassen. Die Aktionen sozialer Bewegungen sind soziale Kämpfe, welche Zusammenhalt erzeugen und die Begeisterung für eine Sache verstärken. So betitelte der französische Aktivist und ehemalige Widerstandskämpfer Stéphane Hessel 2011 für sein Büchlein, in dem er zum Widerstand gegen problematische politische Entwicklungen aufrief, mit *Empört Euch!*

Als wichtige Bewegungen in den letzten zwei Jahrhunderten kann man nennen (in Klammern einige ihre geistigen Führungspersönlichkeiten): Die von England ausgehende bürgerliche Emanzipationsbewegung von der Mitte des 17. bis Mitte des 18. Jahrhunderts (Locke, Montesquieu, Kant, Voltaire), die für die Durchsetzung grundlegender ziviler und politischer Rechte kämpfte; die sozialistische Arbeiterbewegung, die im zweiten

Drittel des 19. Jahrhunderts entstand (inspiriert durch Denker und Akteure wie Saint-Simon, Proudhon, Jean Jaurès, Ferdinand Lasalle, Viktor Adler) und im 20. „Jahrhundert der Sozialdemokratie" (Dahrendorf) zu einer politisch sehr einflussreichen Kraft wurde; die bürgerlichen und proletarischen Frauenbewegungen seit Ende des 19. Jahrhunderts (Louise Otto Peters, Clara Zetkin, August Bebel); die Bürgerrechtsbewegung zur Emanzipation der Schwarzen in den USA seit 1960 (Martin Luther King); die Umweltbewegung, die sich in den letzten Jahrzehnten zu einer paradigmatischen internationalen Bewegung ausweitete (prominenteste Aktivisten: Al Gore, Wangari Mathai, Greta Thunberg). Diese Umweltbewegung war maßgeblich vorbereitet worden bereits Ende des 19. Jahrhunderts durch den schottisch-amerikanischen Naturforscher und Umweltaktivisten John Muir (1838–1914). Er hatte 1892 den *Sierra Club* gegründet (eine der ersten und bis heute einflussreichen Umweltbewegungen in den USA) und erreichte 1890 die Gründung eines der ersten Naturparks der Welt, des *Yosemite National Park.* Zuletzt wurde auch die neuere feministische Bewegung für die Gleichstellung von Mann und Frau und seit den 1990er Jahren die Bewegung für die Gleichstellung aller Geschlechter einflussreich. Unter der Bezeichnung LGBT (Lesbian, Gay, Bisexual, Transgender People) werden heute alle Gruppen mit sexuellen Orientierungen, die von der'bislang als Norm gesehenen Heterosexualität abweichen, zusammengefasst.

Eine historisch und kulturelle Sondergruppe politischer Akteure kann man mit Hannah Arendt stellten die *Berufsrevolutionäre* nennen. Diese wurden vor allem in den russischen Revolutionen des späten 19. Jahrhunderts und in der bolschewistischen Revolution von 1917 aktiv. Dabei handelte es sich um gebildete Männer der *Intelligentsia,* meist Angehörige der Oberschicht, die sich in ihrer politischen Orientierung radikal gegen das herrschende, autoritäre Zarensystem wandten. Sie gingen keiner Erwerbsarbeit nach, sondern widmeten sich hauptberuflich dem Studium in Bibliotheken von Paris und London und politischen Diskussionen in Wiener und Schweizer Kaffeehäusern; Jahre verbrachten sie auch in den keineswegs unerträglichen Gefängnissen der verschiedenen Vorkriegsregimes von Westeuropa. Karl Marx war ein Paradebeispiel für diese Gruppe und ihre Lebensweise. In seiner Nachfolge hat ein intellektuell herausgehobener Kreis von knapp zehn europäischen Intellektuellen dieser Art in Frankreich, Deutschland, Österreich und Russland den wissenschaftlichen Marxismus als System entwickelt (Morina 2017). Dass es nur Lenin schaffte, dieses System in Form der Sowjetunion in die Realität umzusetzen, war sowohl der besonderen Radikalität seines Denkens und politischen Handelns zu verdanken wie auch dem autoritären, sozial und kulturell rückständigen Charakter von Gesellschaft und Politik in Russland. Die Rolle dieser Berufsrevolutionäre bestand nicht darin, Aufstände und Umstürze vorzubereiten und zu organisieren (von solchen wurden sie ja selbst oft überrascht), vielmehr wurden sie durch diese Umstürze oft erst aus Gefängnissen befreit. Dann aber nahmen sie den Fortgang der Revolution in die Hand, wobei sie das wirklich Neue an der Revolution oft gar nicht erkannten oder sich ihm sogar widersetzten. So erklärten schon in der Französischen Revolution die Jakobiner alle anderen Gruppierungen zu Konterrevolutionären. In den deutschen „roten" Revolutionen in Berlin und München sowie in der bolschewistischen Revolution in Russland wurden die Arbeiter- und Soldatenräte, die sich spontan an der Basis gebildet hatten, rasch wieder abgeschafft.

Ideen brauchen schließlich auch überzeugende und einflussreiche *politische Persönlichkeiten*, damit sie durchgesetzt werden, also zu Reformen führen und in Institutionen verankert werden. Hier kann man zwei Typen unterscheiden: politische Führungspersönlichkeiten und Initiatorinnen bzw. Führer sozialer Bewegungen. Beispielhaft für die Bedeutung von politischen Führungspersönlichkeiten seien hier in positiver und negativer Hinsicht einige historischen und aktuellen Beispiele genannt. Beim Ausbruch der Französischen Revolution spielte die Persönlichkeit des Herrschers, in diesem Falle des äußerst schwachen Königs Ludwig XVI, eine wesentliche Rolle. Er war weder in der Lage, zwischen den widerstreitenden Interessen und Zielen von Adel, Bürgertum und Drittem Stand zu vermitteln, noch Reformen durchzusetzen, welche die drängenden sozialen Probleme (auch eine Folge der immer wiederkehrenden Hungersnöte) gelöst hätten. Dass in dem ebenfalls absolutistisch regierten Österreich zu dieser Zeit keine Revolution ausbrach, hing zweifellos damit zusammen, dass Kaiserin Maria Theresia (1740–1780) und ihr Sohn Josef II (1780–1790) systematische Reformen angestoßen hatten. Durch sie wurden die übelsten Elemente des Feudalsystems (wie Leibeigenschaft und Folter) abgeschafft, die Trennung von Staat und Kirche durchgeführt, und auch der Ausbau eines allgemeinen Bildungs- und Gesundheitssystems in Angriff genommen. Joseph II, der „Inbegriff eines aufgeklärten Herrschers" (Judson 2017, S. 81), war entscheidend durch Ideen der französischen Aufklärer beeinflusst worden; er verfasste selbst private Briefe auf Französisch und lebte ganz im französischen Kulturkreis (Weissensteiner 2009). Wenig Zweifel dürften über die historische Bedeutung der Persönlichkeit von Napoleon I. (1769–1821) bestehen. Er war einerseits ein Ausnahmefeldherr, der ganz Europa mit Kriegen überzog, die wohl Millionen Menschen das Leben kosteten. Andererseits trug Napoleon nicht unwesentlich zur Durchsetzung wichtiger Grundwerte bzw. Menschenrechte bei. Das von ihm veranlasste Bürgerliche Gesetzbuch, der *Code Civil* von 1804, kodifizierte wichtige Errungenschaften der Französischen Revolution wie die Trennung von Staat und Kirche, die Idee der Volkssouveränität, die Gleichheit vor dem Gesetz (allerdings nur der Männer), die grundlegenden Freiheitsrechte und das Recht auf Eigentum. Der *Code Civil* wurde – auch aufgrund seiner rationalen Diktion – in und über Europa hinaus von vielen Staaten als Muster für ihre eigenen neuen Gesetzbücher verwendet. Die Tatsache, dass alle von Napoleon beherrschten Gebiete massive Tribute (an Geld, Soldaten usw.) an Frankreich zu liefen hatten, trug allerdings zum Erwachen des Nationalismus bei. Eine wichtige, meist nicht gesehene positive Rolle spielte nach Napoleon der österreichische Staatskanzler Klemens von Metternich (1815–1848). Er ist vielfach nur bekannt als Unterdrücker der Freiheitsideen der Französischen Revolution. Sehr bedeutsam war jedoch auch seine Rolle als Vermittler im Wiener Kongress und später, wodurch in Europa für nahezu ein halbes Jahrhundert der Frieden gesichert wurde. Noch offenkundiger ist die historische

Bedeutung des Kanzlers des 1871 neu gegründeten deutschen Reiches, Otto von Bismarck. Er besaß eine außerordentliche politisch-strategische Weitsicht, in deren Rahmen er auch Kriege (etwa gegen Österreich und Frankreich) in Kauf nahm (wenn er nicht sogar selbst zu ihrer Auslösung beitrug, im Sinne von Clausewitz' Diktum von Krieg als Mittel zur Fortsetzung der Politik mit anderen Mitteln), um die deutsche Einigung voranzutreiben. Damit starb allerdings die Idee eines demokratischen Deutschland, welche das aus Delegierten aus allen Teilen Deutschlands zusammengesetzte Parlament in der Frankfurter Paulskirche angepeilt hatte. Sie wurde durch Bismarcks „Realpolitik" der militärisch herbeigeführten Einigung von oben ersetzt, mit verhängnisvollen Nachwirkungen für die spätere Geschichte Deutschlands. Im Innern war Bismarck als „Eiserner Kanzler" wohl noch autoritärer als Metternich. Seine gegen die Sozialdemokratische Partei gerichteten Sozialistengesetze verursachten für ein Jahrzehnt schwere innenpolitische Zerwürfnisse.

Auch für das 20. Jahrhundert lassen sich Politikerpersönlichkeiten benennen, deren Wirken den Gang der Geschichte maßgeblich mitbestimmt hat. Neben Hitler, Lenin und Mao, auf die an anderer Stelle eingegangen wird, kann man hier auch demokratisch gewählte bzw. gesinnte Persönlichkeiten nennen. Eine davon war der US-Präsident Franklin D. Roosevelt (1933–1945), der bedeutendste US-amerikanische Politiker des 20. Jahrhunderts (Mauch 2021, S. 331). Er schuf mit dem *New Deal* in den USA in den 1930er Jahren die Grundlagen eines modernen Wohlfahrtsstaates. Er erkannte schon früh die Gefahren, die vom deutschen Nationalsozialismus und japanischen Imperialismus drohten. Wegweisend war schließlich seine 1941 mit Churchill als Reaktion auf Hitlers Überfall auf die Sowjetunion verfasste *Atlantik Charta*. Darin wurden acht neue Grundregeln internationaler Politik formuliert, darunter Verzicht auf territoriale Expansion, offener Zugang zum Welthandel für alle, Verzicht auf Gewaltanwendung, Sicherung des Weltfriedens. Viele dieser Prinzipien gingen in das Gründungsdokument der Vereinten Nationen und die *Allgemeine Erklärung der Menschenrechte* 1948 ein, die unter Leitung von Roosevelts Gattin Eleanor verfasst wurde. Als herausragende politische Persönlichkeit des 20. Jahrhunderts muss wohl auch der letzte Präsident der Sowjetunion (1985–1991), Michail S. Gorbatschow, genannt werden. Im Gegensatz zu seinen dogmatisch-orthodoxen und in Machtpolitik gefangenen Vorgängern setzte er mit den Prinzipien der Öffnung (Glasnost) und des Umbaus (Perestroika) der sowjetischen Gesellschaft einen fundamentalen Reformprozess in Gang, der schlussendlich zur Beendigung der Einparteienherrschaft und zur Auflösung der Sowjetunion führte. Innenpolitisch eröffnete er eine kritische Sicht auf die Verbrechen der Stalinzeit und rehabilitierte Regimekritiker (wie Andrej Sacharow), außenpolitisch beendete er den Kalten Krieg. Als eine welthistorische Leistung Gorbatschows muss bezeichnet werden, dass er die Machtablösung der Kommunistischen Partei, die Sezession einer Reihe von Sowjetrepubliken und die Wiedervereinigung Deutschlands ermöglichte, ohne dass es zu Blutvergießen kam. Zum kriegerischen Zerfall von Jugoslawien könnten man sagen: Wäre dort statt Milosevic ein Politiker mit dem Format und den Haltungen eines Gorbatschow an der Macht gewesen, könnte es heute noch bestehen oder hätte es sich zumindest ohne Kriege aufgelöst. Zwei verhängnisvolle (Nicht-)

Entscheidungen von Gorbatschow waren, dass er der Einigung Deutschlands ohne Sicherheitsgarantien für Russland zustimmte und einen unkontrollierten Privatisierungsprozess der sowjetischen Wirtschaft zuließ, der zu einem Zusammenbruch der Versorgung der Bevölkerung führte. Deshalb und auch wegen des Zerfalls der Sowjetunion, ist sein Bild in der russischen Bevölkerung weit weniger positiv als im Westen. Was die weitere Entwicklung Russland betrifft, muss man heute sagen, dass es eine tragische und höchst folgenreiche Entscheidung war, dass Boris Jelzin, der erste Präsident der Russischen Föderation, nicht den politisch erfahrenen, reformerisch und friedlich gesinnten Boris Nemzow als Nachfolger vorschlug (wie er es eine Zeitlang plante), sondern Wladimir Putin, einen ehemaligen Mitarbeiter des sowjetischen Geheimdienstes (Nemzow wurde 2015 ermordet). Der Fall Putin bestätigt neuerlich die Bedeutung politischer Persönlichkeiten, allerdings wieder in negativem Sinn: So konnte man sich in Europa weithin nicht vorstellen, dass er die Ukraine – dessen Bevölkerung er selbst als „Brudervolk" der Russen sieht – tatsächlich mit Krieg überziehen würde. Allerdings muss man auch feststellen, dass die westlichen Länder, insbesondere die USA unter George Bush jun. die in den 1990er Jahren die damals vorhandenen Chancen zur Herstellung einer vertrauensvolleren Beziehung zwischen Russland und dem Westen nicht ergriffen. Stattdessen ging er durch die NATO-Osterweiterung bis an die Grenzen Russlands sehr aggressiv vor. Dies stellte eine schwere Beeinträchtigung des russischen Selbstbewusstseins (Gessen 2018) und wohl auch eine tiefe persönliche Kränkung von Putin (Thumann 2023) dar, obwohl dies in keiner Weise den Überfall Putins auf die Ukraine im Februar 2022 rechtfertigt.

Krisen, Kriege, Revolutionen
Grundlegende gesellschaftliche Wandlungsprozesse, die zur Durchführung neuer Werte führen können, werden oft durch eine zweite Gruppe von Kausalfaktoren angestoßen. Es sind die meist nur kurzfristige, aber tiefgehende Ereignisse wie Krisen, Revolutionen und Kriege.

Krise bedeutet allgemein eine Zunahme von Spannungen und Konflikten in einem System, die dessen normales Funktionieren und Fortbestehen infrage stellen[11] (Prisching 1986). Es handelt sich dabei um ein Phänomen, das zwar unregelmäßig, aber doch immer wieder auftritt. Es gibt immer wieder wirtschaftliche Krisen, die mit steigender Arbeitslosigkeit und Inflation verbunden sind, innen- und außenpolitische Krisen, in denen die Integration und Sicherheit ganzer Nationen auf dem Spiel steht, und umfassende gesellschaftliche Krisen, in denen mehrere dieser Aspekte zugleich eine Rolle spielen. Krisen können sehr oft zum Ausgangspunkt für Unruhen, Aufstände und Revolutionen werden. Dies gilt insbesondere für Wirtschaftskrisen, welche die Versorgung der Bevölkerung mit lebensnotwendigen Grundgütern betreffen; sie waren früher (und sind es im globalen Süden noch heute) oft mit Hungersnöten verbunden. Man kann vermutlich die These

---

[11] Vgl. als Einstieg zum Begriff Krise https://de.wikipedia.org/wiki/Krise (abgerufen am 4.4.2023); umfassend dazu ist das Werk von Prisching (1986), *Krisen. Eine soziologische Untersuchung.*

aufstellen, dass praktisch allen Revolutionen in der Moderne derartige Krisen vorausgegangen sind. Wenn die Regierenden nicht in der Lage waren, die durch die Krise hervorgerufenen Probleme einigermaßen effizient zu lösen bzw. wenn sie zu gewaltsamer Unterdrückung von Unruhen und Demonstrationen Zuflucht nahmen, konnten sich daraus revolutionäre Situationen entwickeln. Eine Krise allein kann aber nie erklären, warum es zu Unruhen kommt. Sie eskaliert jedoch dann zu einer revolutionären Situation und führt möglicherweise zu tiefgehenden Umbrüchen, wenn sie evidente Schwächen des gesellschaftlich-politischen Systems ans Tageslicht bringt und die Herrschenden darauf keine adäquate Antwort geben können. Eine Ursache kann auch sein, dass zwei widerstreitende Gruppen Anspruch auf die Herrschaft erheben. Für aufgeklärte, fortschrittlich denkende politische Führer kann eine Krise auch Anlass für konstruktive Reformen sein – im Sinne des Diktums von Churchill: *Never let a good crisis go to waste*. In diesem Zusammenhang ist es höchst bezeichnend, dass die tiefe Wirtschaftskrise der 1930er Jahre in keinem der westlichen Länder mit gefestigten Demokratien – Frankreich, Großbritannien, USA – zur Machtergreifung einer autoritären Regierung führte, obwohl es auch in diesen faschistische Gruppen gab. Dies war jedoch in Deutschland der Fall, wo sich die Demokratie noch bei weitem nicht auf eine vorbehaltlose Unterstützung durch die Eliten stützen konnte und innerhalb dieser tiefe ideologische Gräben bestanden.

Noch direkter können *Revolutionen* als zentrale Ereignisse für die Anerkennung von Grundwerten und ihre Durchsetzung angesehen werden. Es gibt Revolutionen höchst unterschiedlicher Art – je nach Dauer, Ausmaß der Gewalt, Beteiligten, Zielen, Verlauf und Folgen und dementsprechend auch viele Theorien.[12] Übereinstimmung besteht jedoch dahingehend, dass eine Revolution als ein grundlegender Umsturz der Herrschafts- und Machtverhältnisse einer politischen Gemeinschaft definiert werden kann. Dabei sind vor allem die Einbeziehung und Mitwirkung bislang ausgeschlossener gesellschaftlicher Gruppen und Klassen wichtig, die auch zu einer Veränderung der Sozialstruktur führen können. In einer tiefgehenden Revolution (die mehr ist als nur ein Austausch der herrschenden Eliten) spielen gesellschaftliche Grundwerte eine wichtige Rolle. Dies zum einen, weil die Beteiligten an der Revolution von der Verletzung bestimmter Grundwerte angespornt werden. Dabei ist soziologisch bedeutsam, dass die von Aufständischen angezettelten Aktionen oft in sehr kurzer Zeit die ganze Bevölkerung erfassen und zahlreiche Menschen zu aktiver Mitwirkung, etwa bei Demonstrationen, veranlassen können. Zwar repräsentieren selbst Hunderttausende, ja sogar einige Millionen von Demonstranten in größeren Ländern nur einen Bruchteil der Gesamtbevölkerung. Dass aber oft solche Massen bereit sind, sich an Aktionen zu beteiligen, die mit Lebensgefahr verbunden sein können, ist jedoch ein klares Indiz dafür, dass die Unzufriedenheit und Empörung der Bevölkerung ein hohes Ausmaß erreicht hat. Der plötzliche, für viele unerwartete

---

[12] *Vgl. dazu Grosser (2013), Theorien der Revolution zur Einführung*; aus historischer Sicht Nolte (2009), *Weltgeschichte des 20. Jahrhunderts*, S. 351 ff.); eine Übersicht https://de.wikipedia.org/wiki/Revolution (abgerufen am 4.4.2023). Theoretisch wichtig ist Arendt (1974), *Über die Revolution*.

Ausbruch solcher Proteste und Aufstände hängt damit zusammen, dass sich in allen autoritären politischen Systemen neben der herrschenden, kontrollierten öffentlichen Meinung eine zweite, unterschwellige Ebene kritischer Meinungsbildung gibt. Sie kann sich nur im privaten Kreis von Verwandten und engen Bekannten entfalten und drückt sich oft indirekt aus, in Form von Witzen und verschlüsselten literarischen Texten, Liedern und Filmen. Große und oft über Monate lang andauernde Demonstrationen dieser Art gab es auch in neuester Zeit immer wieder, so in Kiew 2004, in Kairo 2012, in Istanbul 2013, in Minsk 2020–2021 und seit 2021 in Myanmar. Einige davon haben sich zu nationalen Revolutionen ausgeweitet (so im Arabischen Frühling oder in der Ukraine).

Beim Ausbruch von Aufständen und Revolutionen spielen oft zwei Aspekte zusammen: Wut und Empörung über Misswirtschaft, Korruption und anderes Fehlverhalten der Eliten und eine Verschlechterung der Lebensverhältnisse der Bevölkerung. Für den Ausbruch von Revolutionen kann man fünf Hauptfaktoren benennen: (1) Nicht unbedingt absolute Verelendung, sondern eine relative Verschlechterung der Lage bestimmter sozialer Gruppen, die zu starker Unzufriedenheit führt; (2) die Solidarisierung und Koordination verschiedener Gruppen, die unterschiedliche Gründe für Unzufriedenheit haben, aber alle eine Veränderung wünschen und bereit sind, einen Sturz der Regierung zu unterstützen; (3) mehr oder weniger klare Vorstellungen bis hin zu einer umfassenden Ideologie über Zweck und Ziel der Revolution; (4) eine Uneinigkeit und Schwäche der herrschenden Gruppen oder des Staates; (4) eine kritische öffentliche Meinung, welche die bestehenden Verhältnisse und Institutionen infrage stellt.

Zum Zweiten gilt: Revolutionen waren selbst oft unbeabsichtigte Geburtshelfer zur Durchsetzung von bestimmten Grundwerten. Dies kann selbst für gescheiterte Revolutionen gelten. So führte die blutig niedergeschlagene 1848er Revolution in Österreich zur Grundentlastung, Aufhebung der Untertänigkeit der Bauern und Verstaatlichung der Gerichtsbarkeit und Verwaltung.[13] Der im Zuge dieser Revolution hingerichtete Journalist Hermann Jellinek stellte in diesem Sinne fest: „Ideen können nicht erschossen werden."[14]

Revolutionen sind aber in sehr vielen Fällen, vor allem dann, wenn sie gewaltsam verlaufen, mit negativen Konsequenzen verbunden, die niemand vorhersah oder so beabsichtigt hatte. Eine erste ist, dass die dabei ausgeführten Grausamkeiten auch ihre anfänglichen Befürworter abschrecken und ihren Gegnern argumentative Munition liefern. Eine zweite Folge ist, dass die gewaltsam entmachteten Eliten danach trachten werden, die Veränderungen der Revolution durch eine *Restauration* rückgängig zu machen. Zum dritten münden Revolutionen oft in eine Diktatur. Historisch zeigte sich dies in Frankreich nach 1799 durch Napoleon, in Russland ab den 1920er Jahren durch Lenin und Stalin, in neuerer Zeit etwa in Kuba, Venezuela sowie im Iran. Auch die Nachfolger revolutionärer Führer driften oft in einen noch rigideren Autoritarismus ab. Eine vierte Folge kann sein, dass alte bürokratische und zentralistische Strukturen und Praktiken in gewandelter oder sogar verdeckter Form wiederkehren oder sich sogar verstärken. Für Frankreich hat dies

---

[13] Vgl. dazu https://www.geschichtewiki.wien.gv.at/Revolution_(1848) (abgerufen am 11.3.2023).
[14] Zitiert nach Häusler (2017), *Revolution und Demokratie in Österreich 1789–1848–1918.*

Alexis de Tocqueville in seinem Werk *L'ancien regime et lal révolution* (veröffentlicht 1856) gezeigt.[15]

Ein dritter Typ historischer Ereignisse, der stark mit gesellschaftlichen Grundwerten und Menschenrechten zusammenhängt, sind *Kriege* (vgl. dazu allgemein Crefeld 1998; Jäger und Beckmann 2011). Große Kriege, die Massen an Soldaten involvieren und auch die Zivilbevölkerung in Mitleidenschaft ziehen, können massive Konsequenzen haben. Die Rolle des Staates wird gestärkt, die wirtschaftliche Planung zentralisiert, die Meinungsfreiheit eingeschränkt und die staatliche Informationstätigkeit auf einseitige Berichterstattung verengt; das zivile Leben wird umgestellt, Frauen werden in das Erwerbsleben einbezogen; massive Erfahrungen von Gewalt und Zerstörung verändern das Denken und Handeln vieler Menschen. Kriege verändern auch die Position der herrschenden Eliten: wenn ein Krieg gewonnen wird, werden sie gestärkt (davon profitierte Stalin im Zweiten Weltkrieg), wenn er verloren wird, können sie gestürzt werden. Kriege können aber auch zur Überwindung von Fortschrittsblockaden (Langewiesche 2019) und zur Anerkennung von Grundwerten und Durchsetzung Menschenrechten beitragen. Der Krieg kann – wenn auch auf gewaltsame und schmutzige Weise – Dinge in Bewegung bringen, die Politik ansonsten oft lange nicht erreichen kann (Hondrich 2002). Die ungeheuren Kriegsopfer und vor allem der unvorstellbare Völkermord von Nazi-Deutschland an den Juden hatte die Politiker 1945 bzw. 1948 international von der Notwendigkeit der Gründung der UNO und einer feierlichen Erklärung der Menschenrechte überzeugt.

Kriege hängen oft direkt mit Revolutionen zusammen und umgekehrt. Die amerikanische Revolution 1775 bis 1783 ergab sich aus und im Zusammenhang mit dem Unabhängigkeitskrieg gegen England. Die Französische Revolution führte die Mobilisierung aller männlichen Bürger ein, rüstete militärisch auf und initiierte kriegerische Aktionen, um Interventionen restaurativer Kräfte aus den konservativen Staaten Europas abzuwehren. Napoleon führte diese Kriege in großem Maßstab als reine Eroberungsfeldzüge eineinhalb Jahrzehnte lang weiter. Diese Kriege waren die Auslöser für die nationalen Unabhängigkeitsbewegungen in Mittel- und Südeuropa, welche das Staatengefüge Europas in der zweiten Hälfte des 19. Jahrhunderts bis hin zum Ersten Weltkrieg durcheinanderwirbelten. Der Erste Weltkrieg brachte in Deutschland und allen Nachfolgestaaten von Österreich-Ungarn das Ende von Feudalismus und Ständegesellschaft, und es wurden republikanische Verfassungen eingeführt;[16] in Russland führte der Erste Weltkrieg 1917 zur Revolution und Machtergreifung der Bolschewisten. Auch die kommunistische Revolution in China unter Mao Tse-tung wurde durch den Überfall Japans auf China und durch den Zweiten Weltkrieg beschleunigt, ja wahrscheinlich überhaupt erst ermöglicht. Der Zweite Weltkrieg brachte die Rüstung der USA auf eine enorme Höhe; sie

---

[15] Die ernüchternde Bilanz sozialistischer Revolutionen bis zu der von Chavez in Venezuela wurde neuerdings belegt von Niemitz (2021), *Sozialismus. Die Idee, die niemals stirbt*.

[16] Allerdings hatte sich die Ständegesellschaft bereits seit der Zeit Joseph II fundamental zu wandeln begonnen. So erfuhr insbesondere der Mittelstand durch die Ausweitung der Staatsbürokratien eine starke Expansion (vgl. Judson (2017), *Habsburg*, S. 76 ff.

verblieb seither auf einem weit höheren Niveau als davor. Dabei spielen sowohl imperiale politische Bestrebungen wie wirtschaftliche Interessen von Rüstungsunternehmen mit. In Afrika haben die kolonialen Befreiungskriege seit den 1960er Jahren in vielen Ländern zu schweren Bürgerkriegen und autoritären Regimen geführt. Seit es Atomwaffen gibt und im Zuge der technologischen Aufrüstung durch digitale Überwachung und ferngesteuerte Drohnen gibt es allerdings kaum mehr große Kriege zwischen Staaten, sondern meist solche innerhalb von Staaten. Dabei mischen in aller Regel offen oder verdeckt ausländische Mächte mit. Unter diesen Kriegen leidet vor allem die Zivilbevölkerung, Millionen von Menschen müssen fliehen. 1945 bis 2005 gab es nicht weniger als 228 Kriege. Derzeit (2020) sind nahezu 80 Mio. Menschen weltweit auf der Flucht, großteils als Folge von gewaltsamen Konflikten und Kriegen.

Kriege können, wie bereits dargestellt, auch positive neue Trends auslösen. Sie führen oft zur Durchbrechung von Fortschrittsblockaden, Kriegsniederlagen offenbaren die Schwächen der bestehenden Institutionen und Muster der Politik. Zu den positiven Veränderungen gehören die Einbeziehung von Frauen in das Erwerbsleben, der Ausbau von Verkehrswegen und anderen Infrastrukturen, beschleunigter technologischer Fortschritt in bestimmten Bereichen, Einführung wohlfahrtsstaatlicher Leistungen, um die Loyalität der Bevölkerung zu gewinnen. Diese stärken das nationale Zusammengehörigkeitsgefühl und die Opferbereitschaft. Deshalb üben Kriege über Generationen hinweg Faszination auf die Menschen aus, es werden Heldengräber und Gedenkstätten errichtet, unzählige Bücher geschrieben und Filme gedreht (Macmillan 2020).

Die Frage ist jedoch, ob die positiven Folgen von Kriegen deren negative Effekte aufwiegen können, wie manche Autoren (nicht nur der seinerzeitige NS-Rechtstheoretiker Carl Schmitt) durchaus anzunehmen scheinen.[17] Die Frage, ob die positiven Folgen von Kriegen die negativen ausgleichen oder überwiegen, ist grundsätzlich aus zwei Gründen zu hinterfragen: einmal deswegen, weil der Ausgang und die Folgen von Kriegen unvorhersehbar sind. Das Extrem in dieser Hinsicht stellte der Erste Weltkrieg dar: Mit der Kriegserklärung an das kleine Serbien wollte Kaiser Franz Josef I. die Ehre Österreich-Ungarns sichern; de facto besiegelte er damit den Untergang seiner Dynastie und seines Reiches. Der Erste Weltkrieg kann zu Recht als „Urkatastrophe" des 20. Jahrhunderts bezeichnet werden. Ohne ihn hätten weder der Aufstieg des Sowjetkommunismus und der faschistischen Regierungen in Süd- und Mitteleuropa stattgefunden und damit auch nicht der noch verheerendere Zweite Weltkrieg und der Holocaust. Selbst wenn man sich auf eine Aufrechnung von negativen und positiven Kriegsfolgen einlässt, wird man ohne

---

[17] In der deutschen Soziologie gab es zu diesem Thema in der Folge des Irakkrieges und des Kampfes gegen den Terrorismus eine heftige Kontroverse. Karl-Otto Hondrich (2002) wies in seinem Buch *Lehrmeister Krieg*, wie schon G. H. Mead (1976), auf die Tatsache hin, dass Kriege tiefe nationale Gefühle freisetzen, Grenzen von Macht aufzeigen und zu bisher nicht möglichen Konfliktlösungen und Durchsetzung neuer Werte beitragen können. Ähnliche Thesen werden auch in diesem Buch vertreten, wenngleich auch argumentiert wird, dass die positiven Effekte von Kriegen ihre negativen nicht aufwiegen. Hans Joas (2000, S. 262–271) kritisierte Hondrichs Werk scharf als misslungen, ignorant, ja verantwortungslos.

Zweifel feststellen können, dass die ersteren in aller Regel größer sind als die Gewinne, selbst für die Siegermächte. Der noch brutalere Zweite Weltkrieg rüttelte die internationale Staatengemeinschaft auf und führte zur Gründung der UNO und der Verabschiedung der *Allgemeinen Erklärung der Menschenrechte*. Aber niemand würde sagen, dass die beiden Ereignisse den Weltkrieg nachträglich rechtfertigen.

Zum anderen gilt, dass die negativen Effekte von Kriegen vor allem die Bürgerinnen treffen, dagegen viel weniger die Eliten, wie schon Kant feststellte (darauf werden wir in Kap. 8 zurückkommen). Kriege wurden und werden vor allem von Eliten initiiert und gesteuert. Nach der Charta der Vereinten Nationen sind Kriege heute grundsätzlich völkerrechtswidrig. Militärische Aktionen gegen bzw. Interventionen in einem Staat sind allerdings erlaubt, wenn es um die Beendigung von Völkermord und Verbrechen gegen die Menschlichkeit geht. In einer Welt mit autoritären, gewaltbereiten Staaten und skrupellosen Herrschern mögen militärische Interventionen zur Abwendung grober Verstöße gegen die Menschenrechte notwendig sein. Trotzdem gäbe es vielfältige, aber bei weitem nicht ausgeschöpfte Möglichkeiten zur Eindämmung von kriegsfördernden und kriegsunterstützenden Handlungen auch ohne militärische Interventionen westlicher Mächte (unter Führung der USA). Die Interventionen in Libyen, Afghanistan, dem Irak usw. haben gezeigt, dass auch gut gemeinte Aktionen dieser Art höchst problematische Folgen haben können. Grundsätzlich ist jedoch festzustellen, dass eine Abwägung zwischen positiven und negativen Kriegsfolgen unzulässig ist. Kriege stellen den größten Widerspruch zu den Grundwerten dar. Sie verletzten massiv die existentiellen Grundrechte(Leben, Frieden, Sicherheit) und beeinträchtigen auch die sozialen und politischen Rechte aller Bürgerinnen oft massiv.

Strukturwandel, internationale Diffusion, Wandel des sozialen Bewusstseins
Der dritte Aspekt in der zunehmenden Anerkennung gesellschaftlicher Grundwerte beinhaltet drei unmerklich und kontinuierlich, aber trotzdem tiefgreifende Prozesse, den gesellschaftlichen Strukturwandel, die internationale Diffusion und den Wandel des öffentlichen Bewusstseins.

Dass der *langfristige gesellschaftliche Strukturwandel* zu signifikanten Veränderungen in der sozialen Lage bestimmter Gruppen und in der Folge auch zur Neudefinition und Neugewichtung von Werten in der Bevölkerung führt, ist eines der zentralen Themen der Soziologie. Dies hier im Detail darzustellen, würde zu weit führen. Grundsätzlich kann man hier die folgenden strukturellen Trends benennen: Die Industrialisierung seit Beginn der Neuzeit, die zusammenhing mit der Entstehung neuer Formen der industriellen Arbeit, einer zunehmenden beruflichen Differenzierung, einer massiven sektoralen Umschichtung von Landwirtschaft zu Industrie und Dienstleistungen und einer starken Verstädterung. In der Folge lösten sich mit den kleinen dörflichen und innerstädtischen Gemeinschaften auch die traditionalistisch-religiös geprägten Werte und Lebensformen auf. Dies führte – etwa im Zuge des starken Anstiegs von Einkommen und Lebensstandards in der Nachkriegszeit – zu zahlreichen Diagnosen eines Verfalls traditioneller

Leistungs- und Pflichtwerte, wie in der Einleitung festgestellt. Die Kämpfe der Arbeiterinnen und ihrer Organisationen und Parteien (auch der christlich-sozialen) in Westeuropa führten dazu, dass die krassesten Formen von Ausbeutung beseitigt, grundlegende Rechte der Arbeiter durchgesetzt und im Rahmen des Wohlfahrtsstaats eine soziale Grundsicherung der gesamten Bevölkerung erreicht werden konnte. Der wissenschaftlich-technische Wandel hat diese Reformen erleichtert, indem schwere Formen der Arbeitsbelastung beseitigt, Arbeitszeiten verkürzt, Freizeit- und Urlaubsmöglichkeiten für breite Schichten der Bevölkerung erweitert wurden. Dadurch wurde auch die Realisierung der Grundwerte von Leben und Sicherheit, Gleichheit und Gerechtigkeit, Wohlstand und Inklusion gefördert. In der jüngsten Zeit hat die digitale Revolution wieder zu ganz neuen Problemen geführt. Jetzt geht es um Formen der Diskriminierung durch flexible und prekäre Beschäftigungsformen; um Fragen des Umgangs mit den jederzeit verfügbaren Informations- und Unterhaltungsangeboten im Netz, um Fragen des Schutzes persönlicher Daten, um Möglichkeiten, das Leben zu verlängern und die Fortpflanzungsmethoden zu beeinflussen. Wir werden auf mehrere dieser Probleme im Zusammenhang mit der Diskussion der einzelnen Grundwerte zurückkommen.

Eine zweite Form eines unmerklichen, aber dennoch tiefgreifenden Wandels erfolgt durch Prozesse der *internationalen kulturellen Diffusion:* Ein Hauptanstoß für Innovationen und Reformen in einem Land kommt von bereits durchgeführten, erfolgreichen Neuerungen in anderen Ländern. Schon Ethnologinnen und Soziologen der Nachkriegszeit (Wilbert Moore, Neil Smelser) betonten, dass die Übertragung von kulturellen Elementen aus einer in eine andere Gesellschaft eine wichtige Ursache für gesellschaftlichen Wandel darstellt (Strasser und Randall 1979, S. 51 ff.). Die Erfindung von Telegraphie und Telefon hatte einen Quantensprung im Tempo der Übertragung von Informationen über weite Distanzen mit sich gebracht. Heute sind die weltweiten Kommunikationsprozesse als Folge der digitalen Revolution geradezu explodiert. Internationale und interkulturelle Diffusionsprozesse wurden massiv gesteigert durch die Vervielfachung internationaler Kontakte (durch Reisen, Migration), die extreme Beschleunigung der Nachrichtenübertragung (durch Radio, Fernsehen, Internet), die direkte Verflechtung der Länder der Welt durch internationale politische Organisationen wie z. B. die UNO), aber auch durch wissenschaftlichen und wirtschaftlichen Austausch. Man kann daher heute mit guten Argumenten davon sprechen, dass eine „Weltgesellschaft" im Werden ist, wenn sie nicht schon besteht.[18] Darauf werden wir noch zurückkommen.

---

[18] Die Theorie der Weltgesellschaft wurde in der Soziologie im Rahmen zweier theoretischer Paradigmata entwickelt. Die funktionalistische Theorie argumentiert, dass man von einer Weltgesellschaft sprechen könne, weil sich weltweite Kommunikationsprozesse herausgebildet haben (Luhmann 1975; zur empirischen Kritik dieser These Holzinger 2018). Die neo-institutionalistische Theorie von John Meyer argumentiert, dass die Weltgesellschaft auch ein System von global geteilten Normen, Werten und Institutionen westlicher, durch das Christentum begründeter Institutionen ist. Die Ausbreitung gleicher Institutionen über die ganze Welt (etwa ähnlicher Bildungssysteme, staatlicher Formen usw.) ist ein Prozess der Herstellung von Isomorphie (Gleichgestaltigkeit) der alten und neu entstehenden Institutionen; vgl. dazu Meyer 2005).

Die kulturelle Diffusion spielt auch für die weltweite Anerkennung von Grundwerten und Menschenrechten eine eminent wichtige Rolle. Den Beginn dafür kann man in der frühen Neuzeit mit den bürgerlichen Revolutionen in England im 17. Jahrhundert ansetzen. Diese hinterließen bei politischen Denkern und wohl auch in der Bevölkerung Europas einen tiefen Eindruck (Mortimer 2015, S. 253). Vom 17. bis 18. Jahrhundert folgten eine Reihe weiterer wichtiger Gesetze bzw. Verfassungen. Besonders wichtig waren die *Virginia Bill of Rights* von 1776 (Grundlage für die amerikanische Unabhängigkeitserklärung und Verfassung) und die *Erklärung der Menschen- und Bürgerrechte* durch die Französische Revolution 1789. Bei der letzteren nahm man auch Anleihen bei der ersteren. Alle bedeutenden neuzeitlichen Vertreter der Idee der Gleichheit aller Menschen und der Demokratie, wie John Locke, Montesquieu, Rousseau, Kant und viele andere, rezipierten die Werke und Ideen ihrer vorhergehenden oder zeitgenössischen Autoren mit hoher Aufmerksamkeit. Neuerungen werden auch in der Politik vor allem dann übernommen, wenn sie sich in einem Land bewährt haben (Meyer 2005). Kein Land, keine Organisation will als „rückständig" gelten. So ist u. a. die weltweite Bildungsexpansion, der Ausbau von Wissenschaft und Forschung, die Übernahme von industriellen Produktionsformen und bürokratischen Organisationsstrukturen zu erklären. Dem ist auch der Faktor der Unterstützung durch die Bevölkerung hinzuzufügen. Wenn eine Revolution in einem Lande bisher unhinterfragte Herrschaftsverhältnisse infrage stellt, erregt dies auch in anderen Ländern höchste Aufmerksamkeit und führt oft zu ähnlichen Ereignissen. Dies erklärt, dass die Revolution 1848, die in Frankreich ausbrach, sich rasch auf viele andere Länder Europas ausbreitete, auch wenn in den verschiedenen Ländern unterschiedliche Probleme und Ziele im Vordergrund standen (Mortimer 2015, S. 293). Das Gleiche konnte man beobachten bei der Studentenrebellion 1968 und zuletzt 2011 beim „Arabischen Frühling." Bei der internationalen Diffusion neuer Ideen spielen auch NGOs eine erhebliche Rolle. Umweltbewegungen, *Amnesty International* und andere haben, im Vergleich zu Nationalstaaten und multinationalen Konzernen, zwar minimale finanzielle Ressourcen, können aber durch Aufdeckung extremer Missstände und spektakuläre Aktionen weltweite Aufmerksamkeit gewinnen und öffentliche Erregung erzeugen, welche die Politik dann nicht missachten kann. Internationale Diffusion kann auch auf zwischenstaatlichen Druck hin erfolgen. So spielte der Druck der USA bei der Einführung der demokratischen Verfassungen in Deutschland und Japan nach 1945 eine Rolle. In Japan wurde dadurch sicherlich auch die pazifistische Orientierung der Verfassung beeinflusst (neben dem Schock durch die Atombombenabwürfe auf Hiroshima und Nagasaki). Heute hat auch die Europäische Union, obwohl sie nur eine „Zivilmacht" ist (Kohnstamm/Hager 1973) nicht zu unterschätzende Möglichkeiten: Sie kann ihre wirtschaftliche Macht (die in Bezug auf kleinere Staaten enorm ist) dafür einsetzen, dass in den Ländern, mit denen sie Handel betreibt oder die sie unterstützt, demokratische Freiheiten eingeführt bzw. beachtet werden, Korruption bekämpft wird, soziale Aspekte bei Staatsausgaben mehr Gewicht erhalten als solche für innere Sicherheit und Militär.

Last but not least ist hier zu erwähnen, dass die Anerkennung von Grundwerten und die Durchsetzung entsprechender neuer Rechtsnormen und Institutionen in hohem Maße davon abhängig ist, dass diese von der Bevölkerung unterstützt werden und das öffentliche soziale Bewusstsein (Ossowski 1972) verändern. Die epochale Verabschiedung der *Allgemeinen Erklärung der Menschenrechte* wäre 1948 nicht möglich gewesen, wenn nicht das Bekanntwerden des Abgrundes an Barbarei des Dritten Reiches bei Menschen weltweit Erschütterung und moralische Empörung ausgelöst hätte. Bis heute sind es moralisch begründete Motive, die öffentliche Intellektuelle, Künstlerinnen und Politiker, aber auch viele namenlose Bürgerinnen zu einem Engagement für die Durchsetzung von Menschenrechten motivieren. Insofern ist das Wissen und Gewissen der Menschen „eine manifeste soziologische Kategorie" (Mahlmann 2011). Wenn die Bevölkerung bestimmte Werte und Reformen nicht unterstützt, stehen innovative Politiker auf verlorenem Posten. Dies musste der revolutionäre österreichische Reformkaiser Josef II noch im Laufe seiner zehnjährigen Amtszeit selbst feststellen (Magenschab 1979; Judson 2017, S. 76–78). Ein aktuelles Beispiel: Die Abschaffung der Todesstrafe in den USA, die auch viele US-Amerikaner fordern, ist bis auf Weiteres nicht durchsetzbar; nicht nur deshalb, weil sie von einer der größten Interessengruppen, der schlagkräftigen *National Rifle Association*[19] bekämpft, sondern auch weil die Beibehaltung von einer Mehrheit der US-Amerikaner unterstützt wird. Unter dem Begriff öffentliches Bewusstsein werden hier nicht Meinungen und -stimmungen verstanden, wie sie in der alltäglichen Markt- und Meinungsforschung erfasst werden. Diese Meinungen können aufgrund außergewöhnlicher und skandalöser Ereignisse, angeheizt durch die Medien, schnell aufwallen, aber auch bald wieder verschwinden. Vielmehr sind damit tiefer liegende Anschauungen gemeint, die sich nicht schnell ändern. Erfahrungen mit neuen, positiven Institutionen können zu starken und dauerhaften Veränderungen führen. Roger de Weck (2020, S. 198) hat dies so ausgedrückt: „Wo die Saat der Demokratie einmal aufgegangen ist, verwandelt sie die mentale Landschaft. Demokratie schafft eine psychologische, das heißt, eine harte Tatsache: Diktatur ist fortan nie mehr ,normal', der Autoritarismus nie mehr ganz legitim".

Es ist hierbei aber wichtig, die Einstellungen der Bevölkerung zu bestimmten Sachverhalten nicht per se als „Fakten" hinzunehmen. Vielmehr sind diese Einstellungen in mehrfacher Hinsicht kritisch zu hinterfragen: (1) Inwieweit die Befragten überhaupt Wissen besitzen und Interesse an einem Sachverhalt haben (je weniger dies der Fall ist, desto bedeutungsloser sind die Befunde); (2) ob die eigenen Interessen und Werte der Befragten zu einem Thema im Spiel sind oder nicht; (3) in welchem Verhältnis die Meinungen zu objektiv feststellbaren Fakten stehen. Es wird sich mehrfach zeigen, dass die Meinungen der Bevölkerung unter Berücksichtigung dieser Umstände sich oft als viel differenzierter darstellen und auch mit gesellschaftlichen Grundwerten stärker übereinstimmen, als man sich dies oft vorstellt. Präferenzen der Bevölkerung werden auch durch öffentliche

---

[19] 2010 gehörten der *National Rifle Association* fast 10.000 Schützenvereine und 51 Vereinigungen mit fünf Millionen Mitgliedern an. Vgl. https://de.wikipedia.org/wiki/National_Rifle_Association (abgerufen am 20.12.2020).

Diskussionen mitbestimmt (Sen 2007, S. 288). Damit solche Debatten überhaupt geführt werden können, ist wiederum politische Freiheit essentiell.

Ein zentraler Faktor und Motor bei der Durchsetzung neuer Werte ist schließlich das *Bewusstsein und Verhalten der Menschen,* wie Alan Wolfe (1989) im Anschluss an Harold Garfinkel (2020) argumentiert. Dieser hatte gezeigt, dass im alltäglichen Verhalten eine Vielzahl an implizitem Wissen und unausgesprochenen Erwartungen mitspielt. Diese enthalten auch ethisch-moralische Normen und Regeln. Ich würde argumentieren, dass diese zu einem hohen Anteil auf den gesellschaftlichen Grundwerten beruhen. Die in einer bestimmten Zeit und Gesellschaft bestehenden, dominanten Vorstellungen über die wichtigsten sozialen und politischen Probleme werden von den verschiedenen Mitgliedern einer Gesellschaft wahrgenommen und implizit mit den Grundwerten konfrontiert. Daraus entwickeln die Menschen eine Synthese, welche eine jeweils angemessene Balance in der Relevanz der verschiedenen Werte ergibt. Das moralische Bewusstsein der Menschen wird auch mitgeformt von Medien, Schriftstellern und anderen Intellektuellen und deren Interpretation von tiefgreifenden historischen Ereignissen. Es sind vor allem moralische Motive, welch öffentliche Intellektuelle, aber auch viele namenlose Bürger zu Kritik und Protest motivieren. Ihr Engagement kann wiederum viele andere zum Umdenken und zur Partizipation an Protesten veranlassen. Der nicht einmal primär politisch motivierte Selbstmord des jungen Tunesiers Mohamed Bouazizi im Dezember 2010 führte zu den Revolutionen des Arabischen Frühlings, der die politischen Grundfesten der Länder Nordafrikas und des Nahen Ostens erschütterte. Die moralische Empörung der Bürger richtete sich hier wie bei vielen anderen Aufständen gegen repressive Sicherheitsapparate, Korruption der Politiker, Unfähigkeit der Regierungen im Kampf gegen Arbeitslosigkeit, Teuerung und Armut. Derartige Praktiken werden weithin verurteilt, weil sie grundlegenden Werten widersprechen. Die Möglichkeit zu Reaktionen der Bevölkerung wird durch die politischen Institutionen einer Gesellschaft entscheidend bestimmt. Die Äußerung kritischer Haltungen wird durch die Demokratie ermöglicht und in der Folge gefestigt, in autoritären Systemen zugunsten einer Untertanen- und Duckmäusermentalität unterdrückt.

Das öffentliche Bewusstsein wird heute in starkem Maße durch *Medien und Journalisten* mitbestimmt. Durch sie wird die Öffentlichkeit gewissermaßen erst erzeugt. Eine Demokratie steht und fällt mit unabhängigen und qualitativ hochstehenden Medien (Weck 2020, S. 275–2839. In autoritären Systemen sind unabhängige, kritische Journalisten am meisten gefährdet und werden vielfach in Haft gesetzt, gefoltert oder sogar getötet (weltweit wurden allein im Jahr 2020 50 Journalisten ermordet)[20]. Die Medien und mit ihnen die öffentliche Meinung befinden sich in einem kontinuierlichen Strukturwandel, wie Jürgen Habermas schon 1962 in seinem Werk *Strukturwandel der Öffentlichkeit* diagnostizierte. Mit der Entwicklung der Massenzeitungen und des Fernsehens erweiterte

---

[20] Ein informativer Bericht über solche Vorfälle in jüngster Zeit brachte *Der Spiegel* unter dem Titel „Bring dich in Sicherheit" (Nr.89, 18.2.2023, S. 16–19). Die Opfer sind vor allem Journalistinnen, insbesondere in Ländern wie Nordirland, Mexiko, Kolumbien, Ghana, auf der Krim und in den Philippinen.

sich das Publikum, und es fand eine Kommerzialisierung der Medien statt (Muzik 1989; Filzmaier et al. 2006; Müller 2009). Heute ergibt sich als Folge der Digitalisierung des Aufstiegs der neuen Medien und von Internet-Plattformen wie Facebook, Twitter usw. wieder eine völlig neue Situation. Sie wird in absehbarer Zeit zum weitgehenden Verschwinden der Printmedien führen. Auf den Internetforen können sich zahlreiche Personen mit gemeinsamen Interessen und Anschauungen vernetzen, private Internet-Blogger und Influencer erreichen Millionen. Diese neuen Medien erleichtern auch die spontane Organisation großer Protestveranstaltungen. Problematisch dabei ist jedoch einerseits, dass breite Demonstrationen auch gegen politisch sinnvolle Reformen organisiert werden können. Ein Beispiel dafür sind die große Proteste gegen Erhöhungen des Pensionsalters im Jänner 2023 in Frankreich. Präsident Macron und seine Regierung wollten dieses nur von 62 auf 64 Jahre erhöhen; angesichts der gestiegenen Lebenserwartung und der Probleme der Finanzierung der Pensionen – eine nicht nur zumutbare, sondern auch notwendige Anhebung. Ein anderes Problem der Ausbreitung von digitalen Informationskanälen ist die Tatsache, dass durch sie Informationen und Meinungen, die durch keine Zeitungsredaktion überprüft worden sind, ungefiltert an eine breite Öffentlichkeit gelangen. Damit können einseitige, ja falsche Nachrichten (*fake news*) verbreitet werden und erheblichen Einfluss ausüben. Ein dramatisches Beispiel war die Leugnung der Wahlniederlage durch US-Präsident Donald Trump, die mitverantwortlich war für den Sturm eines Mobs auf das Kapitol in Washington im Jänner 2021.

Das Tempo der Durchsetzung

Ein sehr wesentlicher, meist völlig übersehener Aspekt bei der Initiierung von grundlegenden Reformen ist das Tempo ihrer Durchsetzung. Sie kann misslingen, wenn diese zu schnell oder auch (vermeintlich oder tatsächlich) zu langsam erfolgt. Man kann hier vier Thesen aufstellen: (1) Um die Chancen der Durchsetzung von gesetzlichen Reformen neuen Institutionen abschätzen zu können, müssen unterschiedliche Zeitperspektiven beachtet werden. Man kann hier zwischen kurzfristigen Ereignissen (Dauer nur wenige Wochen bis Jahre), mittelfristigen Prozessen (etwa ein Jahrzehnt), langfristigen Prozessen (ein bis zwei Generationen) und epochalen Veränderungen (Jahrhunderte) unterscheiden. (2) Die politischen Akteure müssen sich klar darüber sein, in welchen Zeiträumen ihre Ziele und Reformen umsetzbar sind. (3) Wenn grundlegende Reformen von Dauer sein sollen, müssen sie überlegt, behutsam und „stückweise" durchgeführt werden, wie vor allem Karl R. Popper betont hat. (4) Zur Beurteilung von Reformen ist eine längerfristige Perspektive essentiell. Oft wirken sie sich erst im Laufe von Jahrzehnten aus, was jedoch vielfach nicht gesehen wird. Betrachten wir einige dieser Aspekte näher.

Immer wieder und in vielen Formen tritt der Fehlschluss auf, bestimmte Ereignisse und Maßnahmen müssten oder würden Probleme sehr rasch lösen. Dies kann verhängnisvolle Folgen haben. Evident ist, dass viele Kriege unter dieser falschen Erwartung angezettelt wurden und werden. Den Ersten Weltkrieg stellten sich die kriegserklärenden Nationen als kurze, „schmerzlose" Feldzüge dar. Geworden sind daraus fünfjährige Stellungskriege an mehreren Fronten, die zu fast 10 Mio. toten Soldaten führten und auch die Zivilbevölkerung in ganz Europa in schwere Mitleidenschaft zogen. Noch schrecklicher war die Bilanz des Zweiten Weltkriegs. Aber auch neuere Kriege, wie jene der USA in Vietnam und Korea, jene der USA und Russlands in Afghanistan dauerten zehn Jahre und länger, ebenso manche Bürgerkriege in Afrika. Sprichwörtlich ist die *revolutionäre Ungeduld,* die Auffassung, eine revolutionäre Reform müsse rasch und durchgreifend erfolgen, damit ihre Gegner definitiv geschlagen sind. Dies hat in aller Regel zwei negative Folgen. Die erste ist eine Eskalation von Gewalt. Dies geschah 1789–91 in Frankreich, 1917–19 in Russland und in vielen anderen Revolutionen. Dadurch wurden die Revolutionen auch bei vielen Unterstützern kompromittiert und die Herrschenden zu massivem Widerstand animiert. Zum anderen führen überhastete, von oben und oft mit Gewalt durchgeführte Revolutionen vielfach zu neuen Herrschaftsstrukturen, welche die alten nicht beseitigen, sondern in neuer Form reproduzieren. Die Französische Revolution verstärkte die von der absolutistischen Monarchie begonnene politische Zentralisierung, wie der zeitgenössische scharfsinnige Analytiker Alexis de Tocqueville in seinem Werk *Der Alte Staat und die Revolution* schon 1856 feststellte. Die sowjetische Revolution von 1917 in Russland führte zu einer Reproduktion der zentralistisch-autoritären Elemente des Zarensystems. Noch stärker war dies der Fall in der chinesischen Revolution von Mao Tse-tung, die auf die jahrtausendealte Tradition politischer Zentralisation und konfuzianischer Obrigkeitshörigkeit in China zurückgreifen konnte.

Auch nationale Unabhängigkeitsbewegungen können von einer ähnlichen Ungeduld erfasst werden. Hätten etwa Slowenen und Kroaten mehr Geduld beim Widerstand gegen den autoritären serbischen Kommunisten Milosevic an den Tag gelegt, hätten sie ihre Unabhängigkeit später mit hoher Wahrscheinlichkeit auch ohne Krieg erreichen können (vielleicht hätten sie dann auf die Sezession überhaupt verzichtet).Es gibt aber auch eine reformerische Ungeduld. Ein historisches Beispiel dafür war Kaiser Josef II (1780–1790), der seine tiefgreifenden Reformen in Österreich, etwa im Hinblick auf die Trennung von Kirche und Staat, radikal und überhastet durchführte, sodass er manche davon noch zu seinen Lebzeiten zurücknehmen musste. Ein neueres Beispiel waren die Transformationsprozesse in Osteuropa ab 1989/90. Nicht zuletzt aufgrund der Empfehlungen liberalistischer US-Ökonomen wurden die Prozesse der Privatisierung und Deregulierung innerhalb kürzester Zeit durchgeführt, ohne dass zeitgleich neue gesetzliche Regulierungen und Kontrollen etabliert wurden. So bildeten sich – vor allem in Russland, aber auch in Ungarn, Bulgarien und Rumänien – neue wirtschaftliche, vielfach mafiöse Machteliten, während die Beschäftigungs- und Lebenschancen der breiten Bevölkerung massive Einbußen erlitten. In Russland förderte die dadurch verursachte massive Versorgungskrise den Aufstieg des zunehmenden Autoritarismus abgleitenden, ehemaligen KGB-Agenten Wladimir Putin.

Als Gegenbild zu diesen verhängnisvollen Entwicklungen kann man aber auf die positiven Wirkungen von überlegten und behutsamen, schrittweisen Neuerungen verweisen. Die Wirkung dieser wird vielfach unterschätzt. So können die geringen Änderungen, die sich als Folge solcher Reformen etwa in den unmittelbaren Jahren danach zeigen, über mehrere Jahre und Jahrzehnte durchaus zu starken Veränderungen führen. Wenn die Lebenserwartung pro Jahr um 2,5 Monate steigt, bedeutet dies, dass die Menschen heute drei Jahre älter werden als noch vor zehn Jahren. Das Gleiche gilt für Einstellungen und Verhaltensweisen in Bezug auf Familie, Arbeit, Politik usw., die sich von Jahr zu Jahr zwar nur wenig ändern, kumuliert jedoch nach wenigen Jahrzehnten völlig neue Einstellungsmuster erzeugt haben. So ergeben die regelmäßig wiederholten soziologischen Umfragen zu Wertorientierungen und Einstellungen zu Ehe und Familie, Arbeit und Freizeit heute ein signifikant anderes Bild als noch vor wenigen Jahrzehnten. Erwerbstätigkeit von Müttern, Ehescheidung, gleichgeschlechtliche Beziehungen werden heute viel stärker akzeptiert als früher, der Freizeit im Vergleich zu Arbeit mehr Bedeutung zugesprochen.[21] Alle diese Veränderungen sind auch Folgen „kleiner" und stückweiser politischer Maßnahmen, wie der rechtlichen Gleichstellung von Männern und Frauen, der Etablierung und dem Ausbau wohlfahrtsstaatlicher Unterstützungen, der Reduzierung der Arbeitszeit. Zeigen kann man auch, dass grundlegende Änderungen der sozialen und politischen Verfassung eines Landes nachhaltiger sind, wenn sie über einen längeren Zeitraum hinweg und im Rahmen entsprechend extensiver Diskussions- und Verhandlungsprozesse erfolgen. So kann man die Dauer der „amerikanischen Revolution", die die Trennung von England und die Etablierung der neuen Verfassungen zuerst in den Teilstaaten, dann auf Bundesebene beinhaltete, mit einem Vierteljahrhundert angeben (von 1763 bis 1789). Wenngleich die damals verabschiedete Verfassung heute in vielfacher Hinsicht als reformbedürftig erscheint, ist sie doch die älteste, bis heute noch bestehende demokratische Verfassung der Welt. Sehr interessant ist in diesem Zusammenhang, dass Thomas Jefferson, einer der Väter dieser Verfassung meinte, sie sei noch nicht so vollkommen, dass man sie unveränderlich machen sollte; vielmehr seien in bestimmten Zeitabständen, etwa entsprechend dem Wandel der Generationen, Revisionen vorzunehmen. Ein anderes Beispiel für einen langfristigen grundlegenden Reform- und Neuerungsprozess ist die europäische Integration. Sie wurde 1956 durch die Römischen Verträge zwischen sechs Gründungsstaaten initiiert. Wenn man die Gründung der Europäischen Union durch den Vertrag von Maastricht 1993 als Endpunkt ansetzt, hatte sie 16 Jahre gedauert; bis zum Vertrag von Lissabon 2009 sogar 45 Jahre (Immerfall 2022). Man kann sogar sagen, dass der Einigungsprozess trotz immer wiederkehrender Krisen weitergehen wird.

---

[21] Vgl. dazu unter vielen anderen Haller (2005), Auf dem Weg zur mündigen Gesellschaft; Welzel (2013), *Freedom Rising*; Bacher et al. (2019), *Sozialstruktur und Wertewandel in Österreich*.

6 Wie sich die Grundwerte durchsetzen. II. Widerstände und Rückschläge

„Werte können tödlich sein."

Leo Löwenthal (1900–1993)[1]

„Es ist nutzlos Fragen über Fortschritt zu diskutieren, so lange die Unzufriedenheit mit dem status quo und die Richtung, in welcher sich die Verhältnisse entwickeln sollen, nicht artikuliert wird .... Wo die Linke versagte, hatte die Rechte außerordentlichen Erfolg. Das Epizentrum der rechtsorientierten Propaganda sind die Vereinigten Staaten, wo ein Netzwerk üppig finanzierter Stiftungen und die von ihnen umfangreich geförderten Bücher und Zeitschriften die intelligentesten Ideen der wohlhabenden weißen Amerikaner zum Ausdruck gebracht haben."

Brian Barry (2005)[2]

Im vorherigen Kapitel wurden die wichtigsten Faktoren und Prozesse benannt, die zur Ausformulierung und Institutionalisierung der gesellschaftlichen Grundwerte führen. Es gibt in diesen Prozessen jedoch ohne Zweifel auch massive Widerstände und Rückschläge. Im 20. Jahrhundert war dies der Ausbruch des Ersten Weltkriegs, der eine relativ lange Periode des Friedens und wirtschaftlichen Wachstums beendete und in direkter Folge zur Machtergreifung autoritärer faschistischer und kommunistischer Führer führte. Insbesondere die Tatsache, dass der Nationalsozialismus mit seiner mörderischen rassistischen Ideologie in Deutschland, einem kulturell hochentwickelten Land, an die Macht kommen und den verheerenden konnte, scheint die These von einer kontinuierlichen Durchsetzung

---

[1] Leo Löwenthal (1900–1993), 1930–33 Mitarbeiter des Frankfurter Instituts für Sozialforschung, dann in den USA Professor für Soziologie und Literatur. Genaue Quelle des ZItats unbekannt, sinngemäß wohl in Löwenthal (1982), *Falsche Propheten. Studien zum Autoritarismus.*

[2] Brian M Barry (1936–2009), englisch-amerikanischer Sozialphilosoph, verfasste Schriften zu Gerechtigkeit, Demokratie und kritisierte Theorien des Multikulturalismus. Quelle des Zitats: B. Barry (2005), *Why Social Justice Matters,* S. 233 (Übersetzung M.H.).

der gesellschaftlichen Grundwerte infrage zu stellen. Wir haben im vorherigen Kapitel jedoch das Argument von Kant dargestellt, dass auch massive Rückschläge keine Wende der langfristigen Entwicklung bedeuten – im Gegenteil, sie können Anlass zu tiefgreifenden Reformen und Neuerungen geben. In diesem Kapitel sollen zwei Formen von Interessen untersucht werden, welche der Durchsetzung von Grundwerten im Wege stehen ja sie sogar zeitweise rückgängig können. Es sind dies zum einen ökonomische Interessen, insbesondere jene des großen Kapitals und zum anderen politische Macht- und Herrschaftsinteressen. Die letzteren kann man nur adäquat verstehen, wenn man erkennt, dass sie letztlich auf der Anwendung von Gewalt basieren. Gewalt ist aber ein eigenartig faszinierendes Phänomen, das man auch positiv zur Legitimation von sozialem Handeln und politischen Entscheidungen heranziehen kann. Im letzten Abschnitt wird schließlich gezeigt, dass die Gründung der Vereinten Nationen 1945 und die Verabschiedung der Allgemeinen Erklärung der Menschenrechte 1948 direkt auf die Gräuel des Zweiten Weltkriegs und des Holocausts zurückzuführen sind. Sie stellen eine glänzende Bestätigung der Kant'schen These von der Durchsetzung neuer Werte über den „Umweg" verheerender Ereignisse und historischer Rückschritte dar.

Kapitalistische Interessen

Inwieweit stehen ökonomische Interessen im allgemeinen und kapitalistische Profitinteressen im Besonderen der Durchsetzung der gesellschaftlichen Grundwerte feindlich oder zumindest konflikthaft entgegen? In der zeitgenössischen kritischen sozialwissenschaftlichen Theorie werden ökonomische Interessen und politische Verhältnisse tendenziell als eine Einheit gesehen, die man als „System" begreifen und als Ganzes verändern müsse, auch wenn man die klassische marxistische Mehrwert- und Ausbeutungstheorie nicht mehr teilt.[3] Hier wird argumentiert, dass man zwischen kapitalistischer Wirtschaft und politischem System klar unterscheiden muss (ohne die engen Interdependenzen zu bestreiten) und dass auch das „Kapital" kein eindeutig definierbarer Akteur bzw. keine homogene Gruppe mit klar definierten Interessen ist. Dies zeigt sich schon von Anfang an in einer sehr differenzierten Einstellung des Besitzbürgertums bzw. des Kapitals zur Durchsetzung der grundlegenden Werte und der Menschenrechte. Man kann hier zwischen drei Haltungen unterscheiden: Zu gewissen Zeiten bzw. in bestimmten Aspekten waren

---

[3] Hierfür nur zwei Beispiele. Im Werk *Soziologie – Kapitalismus – Kritik* (Dörre et al. 2009, S. 14) schreiben die Autoren, der Kapitalismus habe ein „systemisches, sozialdestruktives Potential"; die vorgelegte Analyse sei eine „Kritik an der Selbstentwertung, Selbstermächtigung und Selbstzerstörung der Gesellschaft im Kapitalismus"; die Perspektive einer Systemüberwindung stelle den Mittelpunkt der Analyse dar. Der Politikwissenschaftler Ulrich Brand (2011, S. 24,40) schreibt, der innere Zusammenhang der aktuellen, vielfältigen Krise liege in der „fossilistisch-kapitalistischen Produktionsweise …"; „der Staat des ‚Finanzmarktkapitalismus' ist heute ein ‚nationaler Wettbewerbsstaat'…"; er benötige eine „umfassende progressive Transformation …"

und sind ökonomische Interessen, insbesondere jene der großen Eigentümer und Kapitalbesitzer, sogar Triebkräfte bei der Durchsetzung von Grundwerten, in anderen akzeptierten sie deren Durchsetzung durch die Politik nur zögerlich, in einigen Aspekten stehen ihre Haltungen und Aktionen dagegen bis heute zumindest einem gesellschaftlichen Grundwert diametral entgegen. Entscheidend ist jedoch: Es sind meist nicht die Kapitalisten als gesamte „Klasse", die die Grundwerte und Menschenrecht torpedieren, sondern meist jene in bestimmen Wirtschaftssektoren.

Die Bourgeoisie als ursprünglich revolutionäre Kraft
Die Zeit der industriellen Revolution in England und des Aufstiegs des Kapitalismus Ende des 18., Anfang des 19.Jahrhunderts fiel nicht zufällig mit den großen Revolutionen in Frankreich und Amerika (1773–1799) zusammen. Diese wurden von Marx und Engels im Kommunistischen Manifest 1848 sprachgewaltig und treffend dargestellt. Sie schrieben, die Bourgeoisie habe in der Geschichte eine höchst revolutionäre Rolle gespielt, indem sie alle feudalen, patriarchalischen Verhältnisse zerstörte. Tatsächlich hatte das wohlhabende Bürgertum in der ersten Phase (1789–91) der französischen Revolution eine ausschlaggebende Rolle gespielt und die Abschaffung von Feudalgesellschaft und Ständeordnung erreicht (Kuhn 1999). Die neue französische Verfassung mit einer konstitutionellen Monarchie kam zum großen Teil dem Großbürgertum zugute. In der zweiten Phase übernahmen die städtischen Unterschichten (Sansculotten) und die Jakobiner die Macht; sie errichteten nicht nur eine Terrorherrschaft, sondern erließen auch revolutionär-egalitäre Gesetze. In der dritten Phase (1795–99) übernahm wieder das Bürgertum die Führungsrolle und erließ weitere Gesetze in seinem Sinne. Dabei wurden auch die von den Jakobinern eingeführten Sozialgesetze wieder rückgängig gemacht.

Noch evidenter ist die aktive, ja führende Rolle des Besitzbürgertums in der amerikanischen Revolution. Die Unabhängigkeitskrieg gegen England, ein essentieller Teil dieser Revolution, wurde ausgelöst durch neue, als ungerecht empfundene Steuerzahlungen, welche die nordamerikanischen Siedlerinnen an London zu entrichten hatten. Die führenden Köpfe bei der Ausarbeitung der neuen Verfassung waren nicht außergewöhnliche, idealistische Einzelpersonen, sondern zum größten Teil gutgestellte Kaufleute, Unternehmer und Finanzkapitalisten (Beard 1998). Die große Mehrheit der Bevölkerung – Arbeiter, Frauen, Sklaven – hatte keinerlei Einfluss. So räumt die US-amerikanische Verfassung den politischen Grundideen der Gleichheit und Freiheit aller Menschen und dem Schutz des Privateigentums eine zentrale Stellung in der Verfassung ein. Die Autoren der US-Verfassung ignorierten allerdings die Sklaverei – sicherlich nicht zuletzt deshalb, weil mehrere unter ihnen selbst als Sklavenbesitzer daran ökonomisch interessiert waren. Dies galt nicht nur für die kapitalistischen Zucker- und Baumwollproduzenten in den Südstaaten, aucheiner der bedeutenden Gründungsväter, George Washington, hatte Sklaven. Die rechtliche Gleichstellung der Sklavinnen wurde erst durch den US-amerikanischen Bürgerkrieg 1861–1865 erreicht, ihre soziale Gleichstellung (mit Aufhebung der Rassentrennung im öffentlichen Leben) erst im Zuge der Bürgerrechtsbewegung von Mitte der 1950er bis Ende der 1960er Jahre.

Zur gleichen Zeit erfolgte auch die weltweite Expansion und Ausweitung des internationalen Handels im Rahmen des britischen Commonwealth und anderer Kolonialmächte (Niederlande, Frankreich, Portugal). Der Kolonialismus brachte die militärische Unterwerfung weiter Teile der Welt unter europäische Herrschaft mit sich und seine schlimmste Begleiterscheinung war die Versklavung von Menschen in Afrika und Lateinamerika sowie der internationale Sklavinnenhandel (Flaig 2009; Haller 2015). Die Französische Revolution schuf die Sklaverei in den Kolonien zwar formell (jedoch kaum de facto) ab, wurde jedoch von Napoleon wieder eingeführt. Der Abolitionismus, die Bewegung zur Abschaffung der Sklaverei, entstand in Portugal und Brasilien schon Ende des 18. Jahrhunderts und erreichte seine größte politische Durchschlagskraft in Großbritannien, das 1807 den Sklavenhandel und 1833 die Sklaverei in seinem gesamten Weltreich verbot. Für die Durchsetzung dieser Gesetze, die den Interessen der Sklavenhändler und -besitzer diametral entgegengesetzt waren, spielten aufklärerische und religiös fundierte Ideen von der Gleichheit aller Menschen eine wichtige Rolle. Allerdings spielten dabei auch ökonomische Interessen britischer Unternehmer eine Rolle, weil damit der einträchtige illegale Sklavenhandel anderer Länder unterbunden werden konnte. Der Ökonom Adam Smith hatte sogar argumentiert, dass freie Arbeit trotz höherer Lohnkosten produktiver war als Sklavenarbeit. Schließlich konnte sich Großbritannien damit als moralisch „bessere" Macht positionieren. In den Ländern, in welchen Sklavinnen in großem Umfang eingesetzt waren, blieben die sie beschäftigenden Unternehmer und Landbesitzer weiterhin für lange Zeit Gegner der Aufhebung der Sklaverei (in den USA bis zum Bürgerkrieg 1865).

Die Periode zwischen den europäischen Revolutionen 1830/1848, die sich vor allem gegen aristokratisch-autoritäre Herrschaftssysteme richteten, und dem Ersten Weltkrieg brachte die Ausdehnung des Wahlrechts und die ersten Anfänge einer Sozialgesetzgebung. Diese wurden vor allem von den Interessenvertretungen der Arbeiterinnen (Parteien, Gewerkschaften) und sozial orientierter, fortschrittlicher intellektueller Gruppen (wie der *Fabian Society* in England) gefordert, aber eher von oben durchgesetzt. Die mit ihrer wirtschaftlichen Emanzipation und Aufstieg beschäftigten, als Klasse noch kaum organisierten neuen Handels- und Industrieunternehmer überließen die Politik eher dem alten Adel (England), der Staatsbürokratie (Frankreich) und (in Deutschland) einer herrschenden Schicht aus Monarch, Bürokratie und Militär, die zusehends in ein nationalistisches Fahrwasser geriet, dem sich auch die Industriebarone anschlossen.[4] Paradigmatisch für diese Orientierung war die berühmte Antrittsrede von Max Weber in Freiburg 1895, in welcher er vom dauernden ökonomischen Kampf zwischen den Nationalitäten sprach, in dem es keinen Frieden geben könne, und die Realisierung der Machtinteressen der Nation als viel wichtiger erachtete als Frieden und Menschenglück.[5] Die Durchsetzung dieser nationalistischen Haltungen führte denn auch zum Ersten Weltkrieg. Dieser und

---

[4] Vgl. dazu Palmade (1974), *Das bürgerliche Zeitalter;* Winkler (2009), *Werte und Mächte.*; Fischer (2013), *Griff nach der Weltmacht.*

[5] Max Weber, „Der Nationalstaat und die Volkswirtschaftspolitik", in Weber 1988d, S. 1–25.

in seiner Folge der Zweite Weltkrieg bewirkten dann einen massiven Umbruch. Während die Unternehmer – vor allem jene in der Rüstungs- und Schwerindustrie – vielfach die aggressiven Aufrüstungspläne und -programme unterstützten, erlitten die Kapitaleigentümer insgesamt durch die Kriege hohe Verluste. So sank die Vermögensungleichheit zwischen 1920 und 1950 signifikant (Piketty 2020). Um die Zustimmung der Arbeiterinnenschaft und Bevölkerung zu den Kriegsentbehrungen zu sichern, wurden im Laufe des Krieges auch wichtige Sozialgesetze erlassen (insbesondere in Großbritannien, aber auch in anderen Ländern). Die Periode wirtschaftlicher Prosperität nach dem Zweiten Weltkrieg führte von der Mitte der 1950er bis zum Ende der 1980er Jahre in der westlichen Welt auch zu weiteren sozialen Verbesserungen. So wurde eine Reihe von Gesetzen erlassen, welche signifikante Fortschritte in der Realisierung der sozialen Grundrechte der sozialen Sicherheit, Gleichheit und Gerechtigkeit, der Inklusion und des Wohlstands mit sich brachten. Dabei wurde einerseits der Kreis der Leistungsempfänger stark ausgeweitet (auf alle Erwerbstätigen und Rentner, arme Bevölkerungsschichten, Behinderte), andererseits wurden auch die Leistungen selbst stark erhöht (insbesondere für Rentnerinnen und Pensionisten). Auch in dieser Phase gab es kaum einen nennenswerten Widerstand von Besitzenden und Kapitalistinnen, da auch sie vom allgemeinen Wachstum profitieren konnten und ihre Gewinnchancen durch die zunehmenden Sozialausgaben nicht eingeschränkt wurden (Sulzbach 1956).

Der Aufstieg des Neoliberalismus: auf dem Weg zur Postdemokratie?
Dies änderte sich deutlich mit dem Regierungsantritt von Margaret Thatcher 1979 in England und Ronald Reagan 1981 in den USA, die sich eine explizit liberale und unternehmerfreundliche Politik zum Ziel gesetzt hatten, die seither als *Neoliberalismus* bezeichnet wird (Willke 2003; Schulmeister 2018). In der Folge gewann der sog. *Washington Consensus* weltweit an Einfluss, in dessen Rahmen Weltbank und Internationaler Währungsfonds Kredite an Schuldnerländer (etwa in Lateinamerika) nur mehr unter harten Auflagen von Strukturanpassungsreformen vergaben. Dazu gehörten Kürzungen der Staatausgaben, Liberalisierung der Handelspolitik, Deregulierung von Märkten und Preisen sowie Privatisierung öffentlicher Dienstleistungen. Man kann von diesen Maßnahmen zwar nicht behaupten, dass sie in bestehende Grund- und Menschenrechte eingriffen. Sehr wohl jedoch erreichten sie – vor allem in den angelsächsischen Ländern und Ländern des Südens, weniger in Deutschland und Frankreich – dass die Ungleichheit von Vermögen und Einkommen zunahm, Leistungen für Bedürftige gedrosselt wurden, ganze Staaten in Schuldenfallen gerieten (Stiglitz 2012).

Der Durchbruch des Neoliberalismus im Zusammenhang mit der Globalisierung hatte jedoch nach Meinung einflussreicher Autorinnen neben seinen Wirkungen auf eine Zunahme sozialer Ungleichheit als Folge von Sozialabbau auch einen signifikant negativen Effekt in politischer Hinsicht. Sie sehen heute einen Grundkonflikt zwischen dem global agierenden Großkapital und den Grundprinzipien der Demokratie, und damit auch mit den in der Demokratie garantierten Grundwerten und Menschenrechten. Der britische Politikwissenschaftler Colin Crouch (2008) führte (im Anschluss an den französischen Philosophen Jacques Rancière) den Begriff der *Postdemokratie* ein, um damit Krisen- und Verfallserscheinungen der Demokratie zu erfassen. Unter Postdemokratie versteht Crouch ein politisches System, in dem zwar noch Wahlen abgehalten werden, diese jedoch nur ein Spektakel darstellen, da die Mehrheit der Bürger politisch uninteressiert und unbeteiligt sei. Dagegen sei der Einfluss von transnationalen Unternehmen gewachsen, die auch Nationalstaaten unter Druck setzen können mit dem Argument, ihre Investitionen und Aktivitäten in andere Länder zu verlagern. Damit sind die wirtschaftlichen Eliten viel mächtiger geworden als die Bürger; durch ihren Einfluss auf die Medien können sie die Meinungen der Bevölkerungen massiv beeinflussen.

Diese Argumente sind *cum grano salis* zu lesen. Zum ersten war die Entstehung der neoliberalistischen Ideen eng mit dem Aufstieg von Faschismus und Sowjetkommunismus verbunden. Der Paradeökonom dieser Theorie, Friedrich A. von Hayek (1899–1992), verfasste seine ersten Arbeiten (etwa das Buch *The Road to Freedom* 1944) unter dem Eindruck dieser Ideologien und Regimes. Diese bezeichnete er als kollektivistisch und zentralistisch und sah sie, vor allem aufgrund ihrer geringeren Unfähigkeit, vielfältige Informationen zu verarbeiten, auf Dauer als nicht als konkurrenzfähig gegenüber der freien Marktwirtschaft. Zum anderen war die Politik von Thatcher explizit gegen die Misserfolge von Verstaatlichungen und die exzessiven Streiks der zahlreichen Gewerkschaften in England gerichtet (ähnlich war es in Italien und Frankreich). In den deutschsprachigen und skandinavischen Ländern mit ihren starken Gewerkschaften blieb die Lohnpolitik immer moderater, und auch die neoliberale Reaktion fiel schwächer aus. Schließlich erfolgte im Zuge der tiefen Wirtschaftskrise 2008/09 und der Corona-Pandemie 2020/22 eine deutliche Trendwende: Es hatte sich gezeigt, dass die Liberalisierung der Finanzmärkte eine Hauptursache für die Krise war und große wirtschaftliche Probleme ohne einen starken Staat nicht bewältigt werden können. Das Argument lautet also, dass es nicht der Kapitalismus an sich ist, der zu einer Unterminierung der Demokratie führt. Es sind vielmehr ganz spezifische Wirtschaftssektoren bzw. ökonomische Interessen und institutionelle Mängel, die hierfür relevant sind und in verschiedenen Epochen in unterschiedlicher Weise problematisch werden können. Einer dieser problematischen Sektoren ist die Rüstungsindustrie; auf ihn ist eigens einzugehen.

Kapitalistische Waffenproduktion und Waffenhandel – ein zentrales Problem
Es gibt heute einen Bereich, in welchem kapitalistische ökonomische Interessen offenkundig in einem evidenten Konflikt, um nicht zu sagen Widerspruch zu einem zentralen Grundwert stehen, jenem des Friedens. Waffenproduktion und Waffenhandel stellen ohne Zweifel eine wesentliche Mitursache für den Ausbruch und die Eskalation kriegerischer Konflikte in der Welt von heute dar. Dieser Waffenhandel muss aus der Sicht der gesellschaftlichen Grundwerte als eine der fragwürdigsten Aktivitäten gleich nach militärischen Interventionen angesehen werden. Es geht um riesige Summen, die durch den Waffenexport erzielt werden (80 bis 100 Mrd. $). Besonders problematisch dabei ist, dass unter den Produzenten westlich-demokratische Länder führend sind, unter den Käuferländern

dagegen Länder des globalen Südens. 75 % der Waffenexporte entfallen auf nur fünf Länder: USA (30 %), Russland (20–25 %), Deutschland, Frankreich und Großbritannien.[6] In vielen der Haupt-Empfängerländer (Indien, Pakistan, Südkorea, China, Saudi-Arabien) im globalen Süden gibt es akute militärische Konflikte. Waffenproduktion und Waffenhandel sind zwar nicht grundsätzlich grundrechtsfeindlich oder gar illegal, jedoch aus einer Reihe von Gründen hochproblematisch, und widersprechen gesellschaftlichen Grundwerten. Sie befeuern entstehende und laufende Konflikte; sie sind sehr oft mit Korruption verknüpft; die meist weniger entwickelten Empfängerländer könnten die Mittel für viel wichtigere Ausgaben und Investitionen nutzen.

Ein aus der Sicht der hier entwickelten Theorie der Grundwerte besonders beunruhigender Fall sind hier die Vereinigten Staaten von Amerika. Hier hat sich innenpolitisch eine neue Machtelite herausgebildet, die zusammengesetzt ist aus Angehörigen der größten Unternehmer und Kapitalistinnen, der Militärs und Politikerinnen (Mills 1956). Den steigenden Einfluss dieser Machtelite prangerte bereits der seinerzeitige Präsident Eisenhower an, der von einem neuartigen „militärisch-industriellen Komplex" sprach. Außenpolitisch besteht im Falle der USA eine höchst problematische Verschränkung von industriell-kapitalistischen Interessen und politischen Großmachtambitionen (Mutschler 2014). Die Vereinigten Staaten haben seit 1945 weltweit – von Lateinamerika über Afrika, den Vorderen Orient bis hin zu Südostasien – in einer illegalen Weise geheim interveniert oder offene Kriege geführt. Diese Kriege standen auch in engem Zusammenhang mit den ökonomischen Interessen der Erdöl-, Auto- und Flugzeugindustrie (Chomsky 1993, 2000; Mann und Ganser 2022). Darauf werden wir in Kap. 7 zurückkommen.

Gewaltherrschaft und autoritäre Regimes

Die Hauptthese dieses Buches lautet, dass sich die gesellschaftlichen Grundwerte mittel- und langfristig aus zwei Gründen durchsetzen: Zum einen, weil sie jenen Gesellschaften, die sie anerkennen und institutionalisieren, einen evolutionären Vorteil verschaffen; zum anderen, weil sie auch den individuellen Interessen der Menschen und letztlich auch jenen der meisten gesellschaftlichen Gruppen entsprechen.[7] Diese Durchsetzung ist aber keineswegs ein linearer Fortschrittsprozess. So wurde bereits eingangs festgestellt, dass heute – trotz allgemeiner Beschwörung von Werten und trotz weltweiter formaler Anerkennung der Menschenrechte – noch enorme Probleme der Anerkennung und Verletzung dieser Grundwerte und Menschenrechte bestehen. Ihre Durchsetzung kann auf

---

[6] Vgl. „Globaler Waffenhandel – Übersicht und aktuelle Dynamiken", Bundeszentrale für politische Bildung; verfügbar unter https://sicherheitspolitik.bpb.de/de/m5/articles/global-trade-in-weapons-overview-and-current (6.2.2023).

[7] Diese zweite Annahme unterscheidet den hier vertretenen Ansatz von funktionalistisch-evolutionistischen Theorien, wie etwa jenen von Parsons. Für diese stehen nur gesellschaftliche Systemanforderungen im Zentrum.

längere Zeit unterbrochen, ja scheinbar sogar rückgängig gemacht werden. Das Wort scheinbar ist wichtig, weil man zeigen kann, dass in jenen Gesellschaften, in denen es solche Rückschritte gab, die Grundwerte noch gar nicht wirklich institutionalisiert waren. Bereits hingewiesen wurde auf die Tatsache, dass die Durchsetzung von Grundwerten im Rahmen von Reformprozessen auf hinhaltenden Widerstand der davon negativ Betroffenen stoßen kann. Diese Formen sind jedoch zu unterscheiden von Aktionen, welche zur Unterdrückung oder Beseitigung von Institutionen führen, in welchen Grundwerte umgesetzt wurden. Hier geht es einerseits um den Einsatz von Gewalt und ihre Rechtfertigung sowie um die Durchsetzung höchst problematischer Ideen und Werte, hinter denen allerdings meist Machtinteressen stehen. Zum anderen geht es um unterschiedliche Typen autoritärer Herrschaftsergreifung und ihrer Stabilisierung.

Im Folgenden werden vier davon unterschieden: niedergeschlagene Aufstände, Restaurationen, Machtergreifung autoritär-totalitärer Herrscher und Fortbestehen autoritärer Herrschaftssysteme. Es erscheint notwendig, diese hier kurz darzustellen.

Vier Typen der Legitimation von politischer Gewalt
Eine Hauptform schwerer Verletzungen von Grundwerten und Menschenrechten ist die Anwendung von Gewalt. Sie kann von den Herrschenden vielen verschiedenen Formen ausgeübt werden. Kritische oder aufsässige Individuen können eingeschüchtert werden, man kann ihre berufliche Existenz unterminieren, man kann sie unter allen möglichen Vorwänden inhaftieren und verurteilen, im Extremfall (der in stark autoritären Systemen häufig ist) kann man sie ermorden und verschwinden lassen. Kollektive Kritiker und Gruppen kann man in ihrer Bewegungs- und Kommunikationsfreiheit einschränken, man kann sie verbieten und ihre Aktivisten verfolgen und mundtot machen. Die Anwendung von Gewalt kann selbst legitimiert werden, oder es können emanzipatorische Bewegungen aus Gründen der Machterhaltung mehr oder weniger willkürlich verfolgt und unterdrückt werden. In beiden Fällen erfolgt Machtausübung in Form von roher Gewalt. Als Methoden dienen die laufende Einschüchterung durch unangemeldete Observationen, willkürliche Verhaftungen, massiver Einsatz von Polizei und Militär gegen Demonstranten. Machtgewinn und Machterhalt ist ein zentraler Faktor für die Ausübung solcher Gewalt. Auch Herrschaft beinhaltet die Ausübung von Macht, jedoch im Rahmen legitim übertragener und klar umschriebener Kompetenzen. Gewalt impliziert dagegen die Erzwingung von Gehorsam und Gefolgschaft durch Mächtige. Unterdrückung von Grundwerten oder sogar ein „Zurückdrehen des Rades der Geschichte", also ein Rückgängigmachen bereits eingeführter Errungenschaften, kann nur durch den Einsatz von Gewalt erfolgen. Gewalt ist – im Unterschied zu Macht – im Grunde immer illegitim und zerstörerisch (Arendt 1970, 1986).

Wir müssen uns daher kurz mit der Frage auseinandersetzen, was Gewalt ist. Die Soziologie hat sich meist nur mit den Ursachen von Gewalt befasst – einer Frage, die nicht viel Neues erbringt und meist nur zu strukturell-statistischen Ursachen hinführt. Man muss sich jedoch mit dem Phänomen der Gewalt an sich, ihrem Sinn, ihren realen Verlaufsformen und Begleiterscheinungen, auseinandersetzen (Trotha 1997). Gewalt kann aus dieser Sicht als eine „soziale Urkraft" bezeichnet werden. Ihre Ausübung verschafft Tätern Befriedigung durch das Gefühl der Herrschaft über andere, sie kann sogar Lust erzeugen, wie Studien über Fußball-Hooligans zeigen, unter denen sich auch bürgerliche, gut ausgebildete junge Männer befinden. Die Gewaltausübung selbst kann bis zu einem Rausch führen, sich dadurch selber aufschaukeln. Am stärksten wird dieser Rausch vermutlich, wenn man Herrschaft über Leben und Tod anderer Menschen ausüben kann, wie die seinerzeitigen SS- und Wehrmachtsangehörigen hinter der Ostfront und in den Konzentrationslagern. Wenn Herrscher Gewalt als Mittel ihrer Macht einsetzen, resultieren daraus die schlimmsten Kriege. Nach seinen laufenden Siegen in großen Schlachten konnte Napoleon bis zu seiner endgültigen Niederlage nicht mehr vom Krieg führen lassen (Willms 2019). Für ihn war die Anzahl der toten Pferde nach einer Schlacht bedeutsamer als jene der gefallenen Soldaten, weil erstere schwerer ersetzbar waren. Von Hitler weiß man, dass er schon vor und dann während des Zweiten Weltkrieges fanatisch Kriegspläne schmiedete ohne Rücksicht auf Verluste. Der Fall von Stalingrad kostete fast 200.000 Soldaten das Leben, weil Hitler einen Rückzug kategorisch verbot. Im Anschluss empörte er sich nur darüber, dass der Heerführer Feldmarschall Paulus sich nicht das Leben genommen hatte.

In der Soziologie wird meist zwischen legitimer und illegitimer Ausübung von Gewalt unterschieden. Die erstere wird vom Staat ausgeübt, auf den das Gewaltmonopol in demokratischen Gesellschaften übertragen wurde; seine Funktionäre (Polizei, Militär) dürfen Gewalt nur in gesetzlich exakt geregelten Fällen und Formen ausüben. Als nichtlegitim gilt alle andere Gewalt. Die Dichotomie legitim-illegitim ist jedoch unzureichend. Es gibt noch eine dritte Form; man könnte sie als scheinlegitime Gewalt bezeichnen. Sie liegt in all jenen Fällen vor, in denen Gewalt zur Durchsetzung scheinbar legitimer gesellschaftlich-politischer Ziele eingesetzt wird. Dabei liegt jedoch eine Instrumentalisierung vor, die nur von einem Individuum oder einer Gruppe letztlich infolge einer Verabsolutierung bestimmter Ziele oder in deren eigenem Interesse verfolgt wird. Gewalt in diesem Sinne muss als eine historisch höchst wirkkräftige Form von sozialem bzw. politischem Handeln betrachtet werden. Drei Typen können hier unterschieden werden: Legitimation und Anwendung von Gewalt in sozialistisch-kommunistischen Revolutionen, bei der Machtergreifung faschistischer Regime und im Zusammenhang mit religiösfundamentalistischen Bewegungen. Die extremste Form der Gewaltanwendung erfolgt in Kriegen. Die damit in Zusammenhang eingesetzten Legitimationsmuster werden in Kap. 7 behandelt.

Die bekannteste Form von „legitimer" Gewalt ist wohl die *revolutionäre Gewalt*. Die erste und bis heute historisch bedeutsamste Erscheinung davon war die Französische Revolution, die zehn Jahre dauerte und in drei Phasen 1789 bis 1799 erfolgte (Kuhn 1999, S. 109 ff.). Nachdem die Jakobiner in der zweiten Phase (1793/94) die Macht ergriffen hatten, wurden in einer Reihe von Gesetzen alle revolutionsfeindlichen Aktionen, ja Haltungen unter Strafe (zuletzt für alle: Todesstrafe) gestellt – es wurde zunächst also ein (schein-) legitimer Rahmen für den Terror geschaffen. In einem einzigen Jahr starben in Paris auf dieser Basis Tausende Menschen unter der Guillotine; in Lyon gab es massenhafte Erschießungen, in Nantes Massenertränkungen. Insgesamt fielen der Revolution rund 50.000 Menschen zum Opfer. Der Terror der Jakobiner unter Robespierre war jedoch keine geplante Aktion; die Revolution war ein „Lernprozess." Diese Ereignisse haben in anderen Ländern Europas, insbesondere in den herrschenden Adelsschichten, Schrecken verbreitet und vor allem in Deutschland mit zur Ablehnung aller linken und revolutionären Bewegungen beigetragen. In Wien berichtete das bestehende amtliche Organ der Regierung, die *Wiener Zeitung,* ausführlich über den Verlauf der Revolution. (Die Einstellung dieser ältesten Tageszeitung der Welt, unter Federführung der Abgeordneten der Grünen, Eva Blimlnger, muss als einer der schwärzesten Tage in der neueren Mediengeschiche Österreichs bezeichnet werden) In der ersten Phase der Revolution hatten die Berichte noch einen durchaus sympathisierenden Unterton. Im Laufe der gewaltsamen zweiten Phase wurden die Berichte kritischer, und ab 1795 gab es infolge einer verschärften Zensur nur mehr wenig Informationen.

Gewalt als legitime Form der politischen Auseinandersetzung in Revolutionen spielte auch für die kommunistischen Theoretiker und Revolutionäre eine zentrale Rolle. Es steht außer Zweifel, dass schon Marx Gewalt als Mittel zur Durchsetzung der neuen, kommunistischen Gesellschaft als unumgänglich sah (Künzli 1966). So schrieb Marx: Gewalt ist „der Geburtshelfer jeder alten Gesellschaft, die mit einer neuen schwanger geht"; aus der gescheiterten Revolution in Wien 1849 folgerte er, es gebe nur ein Mittel „die mörderischen Todeswehen der alten Gesellschaft abzukürzen … den revolutionären Terrorismus"; ein anderes Mal forderte Marx „die Bewaffnung des ganzen Proletariats mit Flinten, Büchsen, Geschützen und Munition". Noch evidenter ist die Legitimierung des Einsatzes von Gewalt bei Lenin, der in dieser Hinsicht Marx folgt.[8] Er schreibt, der entscheidende Sieg über den Zarismus „wird eben eine Diktatur sein, d. h. er wird sich unvermeidlich auf die bewaffnete Gewalt, auf die Bewaffnung der Massen, auf den Aufstand stützen müssen".[9] Lenin verweist ausdrücklich auf die Jakobiner als Vorbild in diesem Kampf. Höchst bezeichnend für die revolutionär-mystische Überhöhung der Gewalt ist die Tatsache, dass die Bolschewisten die Besetzung des Winterpalais in Petersburg am 8. November 2017, das den Höhepunkt der Revolution darstellte, nachträglich als einen kämpferischen „Sturm" darstellten. In Wirklichkeit war es nur eine mehr oder weniger gewaltlose Verhaftung der dort versammelten Regierung; so gesehen müsste dieses Ereignis als Putsch bezeichnet werden. Gewalt blieb für die Bolschewiki auch nach ihrem Sieg unentbehrlich: zunächst musste die Rote Armee in einem verlustreichen Bürgerkrieg die Macht sichern und ausbauen; bald wurde eine Geheimpolizei (die Tscheka) mit weitreichenden Befugnissen zur Unterbindung aller „konterrevolutionären Umtriebe" eingesetzt; und schließlich folgte ab 1922/24 die Terrorherrschaft von Stalin, dessen „großer

---

[8] Münkler (2021, S. 550; ähnlich auch andere Autoren) macht es sich zu leicht, wenn er Marx von der geistigen Verantwortung für den Einsatz von Gewalt in kommunistischen Revolutionen und Herrschaftssystemen exkulpiert und nur Engels dafür verantwortlich macht.

[9] Zitiert nach Künzli, *Karl Marx* (1966, S. 713 ff.).

Säuberung" 1936–38 Mio. Menschen zum Opfer fielen.[10] (Kriegerische) Gewalt spielte ebenfalls für den Aufstieg der Kommunistischen Partei Chinas unter Mao Tse-tung die ausschlaggebende Rolle. Er kam ja erst nach dem extrem verlustreichen „Langen Marsch" seiner Armee 1934–35 und deren Kampf gegen Chiang Kai-shek an die Macht. Mao sagte offen:

„Die politische Macht kommt aus den Gewehrläufen … Vom Standpunkt der Kommunistischen Lehre vom Staat ist die Armee die Hauptkomponente der Staatsmacht … wir sind Anhänger der Theorie von der Allmacht des revolutionären Krieges … die ganze Welt kann nur mithilfe der Gewehre umgestaltet werden."

Der diktatorischen Herrschaft von Mao Tse-tung fielen wahrscheinlich ein bis zwei Millionen Menschen zum Opfer; als Folge des von ihm propagierten „Großen Sprungs nach vorwärts" (1958–61) verhungerten schätzungsweise 30 bis 40 Mio. Menschen. In all diesen Fällen gilt der Spruch von Pierre V. Vergniaud, einem Führer der Girondisten in der Französischen Revolution: „Die Revolution ist wie Saturn, sie frisst ihre eigenen Kinder"; unter den Opfern Stalins und Maos waren immer auch zahlreiche frühere Mitstreiter. Auf die Rolle der Legitimation von Gewalt in kolonialistischen Befreiungskämpfen werden wir in Kap. 7 zurückkommen.

Die zweite Form von Gewalt, die ihre Proponenten als legitim erachten, ist die *faschistische Gewalt*. Ihr Haupttheoretiker war der französische Bergbauingenieur und politische Schriftsteller George Sorel (1847–1922). Er wandelte sich in seinem späteren Leben von einem syndikalistisch-linksorientierten Denker zu einem überzeugten Rechten. In seiner Schrift *Über die Gewalt* (1906/08) versprach er sich von der Gewalt eine Revitalisierung der verflachten europäischen Nationen. Für den ersten Faschistenführer, Benito Mussolini (1883–1945) wurde Gewalt zu einem legitimen Mittel zur Durchsetzung politischer Ziele (Woller 2019). Dies kam schon zum Ausdruck im Namen der von ihm 1919 gegründeten Kampfgruppen *(Fasci di combattimento)*, die dann das Vorbild für die berüchtigte SA *(Sturmabteilung)* im nationalsozialistischen Deutschland wurden. Mussolini betonte, die zentrale Doktrin des Faschismus sei die Tat; dies realisierte er außenpolitisch durch aggressive und brutale Kriege gegen Griechenland und Abessinien. Das Prinzip von Mussolinis *Fasci* und der nationalsozialistischen SA war, durch schrankenlose Anwendung von Gewalt Angst und Schrecken unter den Gegnern und in der Bevölkerung zu verbreiten und dadurch an die uneingeschränkte Herrschaft zu gelangen. Für Hitler war Gewalt von Beginn an essentiell. Seine Herrschaft wurde als „Ermächtigungsregime" zur Legitimierung von unbegrenztem staatlichem Terror bezeichnet (Wildt 2008). Durch die Ermordung von sechs Millionen Juden und die alleinige Verschuldung des Zweiten Weltkrieges, der geschätzte 70 Mio. Menschen das Leben kostete, hat er sich eine erschreckende Alleinstellung in der Geschichte erworben.

---

[10] Die Zahlen darüber variieren stark, sicher ist, dass allein 1936–38 600.000 Todesurteile vollstreckt wurden. Vgl. zu all diesen Grausamkeiten Courtois et al., *Das Schwarzbuch des Kommunismus* (2004).

Die dritte Form, in der Gewalt legitimiert wird, ist *religiös unterfütterte Gewalt*. Religiosität an sich ist nicht notwendig mit Gewalt verbunden. Zwar gibt es auch in den heiligen Schriften der Weltreligionen (vor allem im Islam, aber auch in der Bibel, insbesondere im Alten Testament) viele Stellen, in denen Gewalt als notwendig dargestellt wird. Dennoch sind in den großen Religionen aggressive Prinzipien nicht dominant; sie predigen vielmehr Liebe, wechselseitige Hilfsbereitschaft und Versöhnung. Religionen können jedoch Anlass für gewaltsame Auseinandersetzungen werden, wenn sie dazu beitragen, dass kollektive kulturell-politische Identitäten zum Leben erweckt werden, die auch mit sozialen, wirtschaftlichen und politischen Interessen zusammenhängen. Wenn Gefühle kollektiver Bedrohung entstehen, steigern sich Gefühle gegen Andere und die Religion kann den Konflikten stärkere emotionale Intensität und tiefer motivierte Kraft verleihen als Sprache oder andere Kennzeichen ethnischer Identität (Kakar 1997; Haller 2015, S. 33). Daher dauerten beim Zerfall Jugoslawiens die Kriege zwischen Serben und Slowenen bzw. Kroaten nicht sehr lange bzw. involvierten vor allem die Soldaten selbst, während jene zwischen Serben und muslimischen Bosniern sich brutalisierten und zu Völkermord führten. Eine Verbindung von Religion und Gewalt zeigt sich vor allem bei monotheistischen Religionen, die einen universellen Geltungsanspruch erheben und zu Missionierung neigen. Hierunter fallen Christentum und Islam, während asiatische Religionen (vor allem der Buddhismus) eine viel tolerantere Haltung haben und anderen Religionen zugestehen, auf ihre Weise die universale Wahrheit zu vertreten. Auch das Christentum war in seiner Geschichte keineswegs von Gewaltanwendung frei. Sie fand statt in den Kreuzzügen gegen die islamische Besetzung Jerusalems, im Dreißigjährigen Krieg und in der Verfolgung von Protestanten in vielen katholischen europäischen Ländern. Insbesondere ist aber der Islam seit seiner Gründung durch Mohammed 612 mit gewaltsamer Expansion verbunden. Durch die teilweise fehlende Trennung zwischen Religion und Staat im Islam kann kriegerische Gewalt und politische Unterdrückung immer auch religiös legitimiert werden. Diese zeigt sich auch in den innerislamischen Spannungen bis hin zu Kriegen zwischen Schiiten und Sunniten. Diese stand auch hinter dem Ersten Golfkrieg zwischen dem Irak und dem Iran 1980–1988, der weit über 300.000 Tote und massive Schäden an der Infrastruktur beider Länder zur Folge hatte. Der Krieg wurde befeuert durch Waffenlieferungen zahlreicher westlicher und kommunistischer Staaten.[11] Die Gewalt explodierte zuletzt im islamistischen Terror, der bis zur kurzzeitigen Errichtung eines Islamischen Staates im Nahen Osten führte. Aber auch die Anhänger anderer Religionen, wie etwa die Hindus, haben Gewalt gegen Angehörige anderer Religionen, in diesem Fall gegen Muslime, in großem Maßstab angewendet und tun es heute wieder verstärkt.

Vier Formen reaktionärer Bewegungen und ihr Scheitern
Die zweite Art und Weise, in welcher die Durchsetzung von Grundwerten verhindert oder rückgängig gemacht wird, sind Kämpfe zur Unterdrückung und Maßnahmen

---

[11] Für einen Überblick vgl. https://de.wikipedia.org/wiki/Erster_Golfkrieg (abgerufen 6.2.2023).

zum Machterhalt autoritärer Herrscher. Man kann die Geschichte der westlichen Welt seit Renaissance und Reformation mit dem Historiker Heinrich A. Winkler (2019) als Ausdruck eines ständigen Spannungsverhältnisses zwischen der Logik der Werte und der Logik der Macht bezeichnen. Dabei können wir vier Prozesse unterscheiden: die Niederschlagung von Aufständen, Restaurationsprozesse nach zunächst erfolgreichen Revolutionen, Usurpation der Macht durch autoritäre Herrscher und die Sicherung autoritärer Systeme.

(1) Niederschlagung von Aufständen

Im Laufe der Geschichte gab es immer wieder Aufstände von Unterdrückten und ausgebeuteten sozialen Gruppen. Dahinter standen nicht nur elende Lebensbedingungen, sondern vor allem Gefühle der Ungerechtigkeit. Sie inspirierten die Arbeiteraufstände des 19. und frühen 20. Jahrhunderts (Moore 1969) wie auch die Tausende gewaltsamer Unruhen in mehr als hundert Ländern seit den 1960er Jahren (Gurr 1970). Die meisten dieser Aufstände hatten jedoch wenig Erfolg bzw. wurden niedergeschlagen. Zwei solcher Fälle in der Geschichte sind besonders relevant: die Sklavenaufstände in der Antike und die Bauernrevolutionen im späten Mittelalter. Zwischen 136 und 71 v.Chr. gab es im Römischen Reich drei *Sklavenaufstände;* beim dritten unter Spartakus wurden mehrere römische Heere geschlagen. Sie hatten ähnliche Gründe wie heutige Aufstände: die Sklaven mussten härteste Arbeiten verrichten, wurden vielfach schlecht, ja nicht einmal als Menschen behandelt, was vor allem jene hart traf, die vorher Freie gewesen waren. Kriegsgefangene waren eine Hauptquelle für den Sklavennachschub. Die Sklavenaufstände mussten aus zwei Gründen scheitern: Zum einen wegen der absoluten Macht der Herrschenden, zum anderen wegen des Fehlens einer Ideologie der Gleichheit aller Menschen in der Antike. Selbst wenn Spartacus Rom besiegt hätte, hätte sich in der Folge die römische Gesellschaft wohl kaum von einer Sklavenhaltergesellschaft zu einer Gesellschaft von Freien hin verändert. Ein zweiter historisch erfolgloser Fall großer Aufstände waren die *Bauernkriege*, die zwischen 1524 und 1526 in Süddeutschland ausbrachen. Ihr Ziel war die Beseitigung der Freiheitsberaubung und Ausbeutung der Bauern durch die Leibeigenschaft (Blickle 2018). Sie fanden zwar durch den Reformator Ulrich Zwingli moralische Unterstützung, nicht jedoch durch Luther, der sich bald voll auf die Seite der Fürsten schlug. Alle Aufstände wurden von den Fürsten niedergeschlagen, ihre Anführer hingerichtet oder ermordet. Letzteres widerfuhr auch dem Tiroler Bauernführer Michael Gaismair aus Sterzing, der ein ausgebildeter Jurist war und sogar eine Landesordnung für Tirol entworfen hatte (Benedikter 1970). Der Grund war die massive Unterlegenheit der zersplittert agierenden, schlecht ausgerüsteten Bauernhaufen. Bei ihrem Erfolg wäre es allerdings durchaus vorstellbar gewesen, dass in einzelnen Regionen Süddeutschlands und Österreichs unabhängige Republiken freier Bürger entstanden wären wie in der Schweiz. Zwingli selbst war ja in seinem Kampf für religiöse Freiheit und politische Unabhängigkeit durch die Schweizer Erfahrungen beeinflusst.

(2) „Gescheiterte" Revolutionen und Restaurationen

Eine historische Tatsache ist auch, dass viele zunächst erfolgreiche Revolutionen später niedergeschlagen werden. Selbst bei erfolgreichen kann später eine Wiederherstellung der alten Verhältnisse, eine *Restauration,* erfolgen. Der Begriff „gescheitert" steht in Anführungszeichen, weil eine Revolution aus drei Gründen in gewissem Sinne immer als Erfolg gesehen werden kann. Zum einen erzeugt der revolutionäre Kampf bei den Beteiligten das Gefühl einer Schicksalsgemeinschaft und Zusammengehörigkeit. Zum zweiten kann der angepeilte Umsturz der herrschenden Verhältnisse von da an als etwas durchaus Mögliches gesehen werden. Zum Dritten können auch niedergeschlagene Revolutionen mittel- und langfristig positive Folgen haben (näheres dazu im Folgenden).

Mit dem Begriff der *Restauration* wird das in der Geschichte häufig auftretende Phänomen bezeichnet, dass nach Revolutionen die alten Herrschaftszustände wieder hergestellt werden. Die historisch bedeutsamste Restauration fand in Europa in der Zeit nach der Absetzung Napoleons ab 1815 statt. Sie führte zur Re-Installation der absolutistischen Fürstenherrschaften in Deutschland und zur Unterdrückung von Meinungsfreiheit und nationalen Bewegungen. Als maßgebliche politische Persönlichkeit und Bewahrer der alten Ordnung in dieser Zeit gilt der österreichische Staatskanzler Klemens von Metternich (1773–1859). Sein Bild in der Geschichte wird allerdings einseitig gesehen, wenn er nur als ein reaktionären Bewahrer der alten Ordnung dargestellt wird (Siemann 2010). Er leistete auch einen wichtigen Beitrag zur Erhaltung des Friedens für mehrere Jahrzehnte. Die Restaurationsperiode – unter der Bezeichnung *Biedermeier* bekannt als Epoche, in der man sich vor allem der Kunst und Kultur widmete – endete mit den Revolutionen des Jahres 1848/49, die in zahlreichen europäischen Ländern ausbrach. In diesen ging es um die Aufhebung politischer Unterdrückung, die Gewährung bürgerlicher Freiheiten (Einrichtung von Parlamenten) und um nationale Selbstbestimmung. Diese Revolutionen wurden zwar niedergeschlagen, hatten aber teils sofort, teils später doch bedeutende Erfolge. Sie führten in Mitteleuropa zur Aufhebung der Leibeigenschaft, zur Einführung des Verfassungsprinzips, zur Sicherung der individuellen Grundrechte und auch zu Ansätzen der Parlamentarisierung. Daher ist die schon von Marx und in neuerer Zeit von linksliberalen Historikern vertretene These falsch, Deutschland sei eines der wenigen Länder in Europa gewesen, in dem es keine Revolution gab. Tatsächlich gab es Revolutionen, die mit massiven Aufständen und blutigen Kämpfen verbunden waren, von Wien über Frankfurt bis nach Berlin. Ihr Ziel war eine grundlegende Neuordnung der politischen Verhältnisse und sozialen Strukturen. Diese Revolutionen waren in der ersten Phase sehr erfolgreich und die Herrschenden waren bereit, den Aufständischen entgegenzukommen und Verfassungsreformen durchzuführen. Der Grund für ihr letztliches Scheitern war einerseits der Verzicht der Revolutionäre auf die Sicherung der Macht und – im gesamtdeutschen Rahmen – die Unlösbarkeit der nationalen Frage. So konnte vor allem der Fortbestand des Habsburgerreiches nicht mit der deutschnationalen Einigungsbewegung in Übereinstimmung gebracht werden.

Wichtig ist auch, dass die Revolutionen von 1848 ein gesamteuropäisches Phänomen darstellten. Dies gilt trotz der Tatsache, dass in Frankreich, Österreich, Preußen, Ungarn und Italien unterschiedliche Ziele im Vordergrund standen bzw. sich deren Gewichtung unterschied. Die Revolutionen von 1848, die im Februar in Paris begannen, übertrugen sich binnen weniger Tage und Wochen auf viele andere Länder. Mitte März war die Revolution nicht nur in Wien und Berlin, sondern auch in Mailand und in Ungarn erfolgreich. Dabei hing das neue Selbstbewusstsein der Opposition und die Lähmung der Träger der alten Ordnung offensichtlich mit der sich steigernden Dynamik des Gesamtvorgangs zusammen. „Was in Paris möglich war, konnte in Wien nicht mehr unmöglich sein, und wenn es möglich war, das ‚System Metternich' in Wien zu stürzen, konnten auch die Ordnungskräfte in Berlin nicht mehr unüberwindlich sein", wie Reinhard Rürup feststellte.[12] Diese Fakten entsprechen klar der zentralen These dieses Bandes, dass neue Ideen, die mit gesellschaftlichen Grundwerten zusammen hängen, eine enorme übernationale Ausstrahlungskraft besitzen.

(3) Machtergreifung autokratischer Herrscher
Die These einer langfristigen Durchsetzung von Grundwerten und Menschenrechten scheint auf den ersten Blick massiv infrage gestellt zu werden durch die Tatsache, dass im 20. Jahrhundert in Europa zwei Regimes an die Macht kamen, in welchen die Menschenrechte mit Füßen getreten wurden. Das erste davon war die leninistisch-bolschewistische Revolution in Russland, das zweite die Machtergreifung durch faschistische Regime in Italien, Deutschland und einer Reihe weiterer Länder in Süd- und Osteuropa. Zwei Gründe waren eine Mit-Ursache dafür: Als erster Grund kann der Krieg genannt werden. Im Falle Russlands stand die Machtübernahme von Lenins bolschewistischer Partei in direktem Zusammenhang mit der dramatisch schlechten Lage des Landes nach vier Jahren Krieg; Lenin konnte mit dem Argument punkten, einen sofortigen Frieden zu schließen. Genauso war der Aufstieg Hitlers massiv vom Ersten Weltkrieg beeinflusst, in diesem Fall der Niederlage Deutschlands. Diese und die damit verbundenen Gebietsverluste und Demütigungen Deutschlands rückgängig zu machen, war ein Hauptargument seiner politischen Agitation. In beiden Fällen spielten auch Ideen eine zentrale Rolle. Im Falle von Wladimir I. Lenin (1870–1924) steht dies außer Frage. Er war in seinem Schweizer Exil zu einem der Haupturheber der Weltanschauung des Marxismus geworden, welche eine Adaptierung der Theorie von Marx für die praktische Revolution und Politik darstellte (Morina 2017). Lenin wurde (und wird) ja mit Marx und Engels als einer der drei geistigen Väter des Marxismus betrachtet; dessen offizielle Bezeichnung im „realen Sozialismus" der Sowjetunion ja lautete ja *Marxismus-Leninismus*. Lenin muss daher auch als ein extrem einflussreicher Ideengeber im oben bezeichneten Sinn betrachtet werden. Die Gesamtausgabe seiner Werke umfasst 55 Bände – das ist weit mehr als ein

---

[12] Vgl. Rürup, Reinhard (1998), *Revolution und Volksbewegung: 1848/49 im Kontext der deutschen Geschichte,* Vortrag am 20./21.3.1998 in Berlin, verfügbar unter https://library.fes.de/gmh/main/pdf-files/gmh/1998/1998-04-a-208.pdf

durchschnittlicher Universitätsprofessor schreibt. Auch Stalin und die weiteren Mitglieder des ersten Zentralkomitees der Kommunistischen Partei, wie Leo Trotzki, waren fast durchwegs Intellektuelle in dem Sinn, dass sie selbst Bücher verfassten.

Der zweite Grund für den eindeutigen Rückschritt bei der Durchsetzung von gesellschaftlichen Grundwerten war der Aufstieg des Faschismus und Nationalsozialismus. Der Faschismus erlangte in Europa seine ungeheure politisch-historische Bedeutung vor allem durch die Person Adolf Hitlers (1889–1945). Die Geschichte dieses Mannes, der einfachen Verhältnissen entstammte und nach einer zeitweise geradezu elenden Obdachlosenexistenz in Wien zum Diktator Deutschlands aufstieg, das er innerhalb weniger Jahre zur militärisch führenden Weltmacht aufrüstete, ist hier von ganz besonderem Interesse. Sie ist ein schlagender Beleg für die Hauptthesen dieses Buches, dass nämlich sowohl Ideen wie einzelne Persönlichkeiten einen entscheidenden Einfluss auf den Verlauf der Geschichte nehmen können. Die Bedeutung der Persönlichkeit Hitlers zeigt sich auch darin, dass es keine andere Person der Weltgeschichte gibt, über die so viele Biografien, Analysen, Filme usw. verfasst wurden, wie über ihn. Bis heute erreichen solche Bücher hohe Auflagenzahlen. Zwar brauchte Hitler natürlich viele Helfer, aber der Nationalsozialismus, wie er konkret bestand, war doch in erster Linie sein Werk, das nationalsozialistische Deutschland wesentlich der Staat Hitlers. Die Person Hitlers ist auch deshalb wichtig, weil er in seinem Werk *Mein Kampf* (verfasst 1925/26) praktisch das gesamte Programm seines späteren Wirkens niederlegt: den Rassismus und rabiaten Antisemitismus, den er mit einer Kritik des internationalen Börsen- und Finanzkapitals verband; den Kampf gegen Sozialismus und Kommunismus; die Herabsetzung der demokratischen Institutionen, insbesondere des Parlaments; und die sozialdarwinistische Forderung nach neuem Lebensraum für das deutsche Volk – eine mehr oder weniger offene Ankündigung eines Eroberungsfeldzugs im Osten, wo nur die seiner Meinung nach minderwertige slawische Rasse lebte. Es gibt, außer Lenin, keinen anderen einflussreichen Herrscher in der Weltgeschichte, der ein selbst ausgearbeitetes Programm dieser Art vorgelegt hat. Die Gewaltverherrlichung durch Hitler ist in seinem Werk *Mein Kampf* mehr als offenkundig. Hier nur ein paar Zitate: „Die Psychologie der breiten Massen ist nicht empfänglich für alles Halbe und Schwache. Gleich dem Weibe, ... das sich lieber dem Starken beugt als den Schwächling beherrscht"; die Masse „sieht nur die rücksichtslose Kraft und Brutalität ihrer zielbewussten Äußerungen, der sie sich letztlich immer beugt"; „[D]der Terror auf der Arbeitsstelle, in der Fabrik, im Versammlungssaal und anlässlich der Massenkundgebung wird immer von Erfolg begleitet sein, solange ihm nicht eben ein gleich großer Terror entgegentritt." Hitler bezeichnet den Nationalsozialismus als Weltanschauung; die Festigkeit eines Programms, das in wenigen Leitsätzen für die Massen zusammengefasst werden muss, ist seiner Meinung nach essentiell für ihren Erfolg. Weltanschauungen erfordern Heroismus, sind unduldsam, proklamieren Unfehlbarkeit.

Das Werk Hitlers fand eine immense Verbreitung: bis 1945 wurden fast 11 Mio. Exemplare verkauft. Aus diesen Fakten kann man drei Folgerungen ableiten: Zum Ersten muss auch die nationalsozialistisch-darwinistische Rassen- und Herrschaftsideologie als eine wirkungsmächtige Idee bezeichnet werden, auch wenn sie den Grundwerten und Menschenrechten diametral widerspricht. Zurückzuweisen ist zum Zweiten die These von der Unwissenheit der meisten Deutschen über die kriminellen Ziele und die Verbrechen des Nationalsozialismus. Dagegen muss die These von Daniel Goldhagen (1999) über *Hitlers willige Vollstrecker* wohl als zutreffend angesehen werden. Zum Dritten muss auch die Wissenschaft selbst sich damals wie heute vorwerfen lassen, dass sie die ungeheure Bedeutung solcher Persönlichkeiten unterschätzt. Man denke hier an die Fehleinschätzungen nahezu aller europäischen Politiker und Wissenschaftler[13] über den aggressiven Charakter von Putin, wie er in seinem militärischen Überfall auf die Ukraine im Februar 2022 zutage getreten ist.

Kann man den Aufstieg und die Terrorherrschaft von Hitler, Lenin und Stalin als ein Argument gegen den Trend zur Durchsetzung der gesellschaftlichen Grundwerte und der Menschenrechte ansehen? Das kann man aus drei Gründen nicht sagen. Erstens haben sich diese Herrschaftsformen in Ländern durchgesetzt, in welchen die Demokratie noch bei weitem nicht wirklich etabliert und in den Köpfen und Herzen von Eliten und Bevölkerung verankert war. Dies galt nicht nur für Russland, sondern auch für Deutschland. Zwar stellte die Weimarer Republik bereits eine volle Demokratie dar. Diese wurde aber von wichtigen Persönlichkeiten und konservativ-reaktionären gesellschaftlichen Gruppen nicht wirklich anerkannt. Das zweite Argument lautet: Diese Regime wurden, wenn auch im Falle von Hitler mit größten Opfern, letztlich beseitigt. Im Falle des „Tausendjährigen Reichs" geschah dies bereits nach zwölf Jahren. Das bolschewistische Sowjetregime implodierte an seiner eigenen Ineffizienz und der Aushöhlung seiner ideellen Grundlagen erst nach 80 Jahren. Wäre es durch den Angriff Hitlers nicht in seiner Existenz bedroht und die Legitimität des Regimes und die Herrschaft Stalins dadurch gestärkt worden, wäre diese möglicherweise schon früher passiert. Und drittens: Die unvorstellbaren Gräueltaten von Hitler und Stalin haben dazu geführt, dass bereits am 24.10.1945, weniger als zwei Monate nach Ende des Zweiten Weltkriegs, die UNO gegründet und drei Jahre später die *Allgemeine Erklärung der Menschenrechte* verabschiedet wurde. Dies waren zwei welthistorisch einmalige, wegweisende Ereignisse, die genau im Sinne von Kant als Reaktionen auf eine vorherige unglaubliche Verirrung des gesellschaftlich-politischen Handelns erfolgten.

(4) Fortbestand autoritärer Regimes

In Kap. 3 wurde der Begriff der Pfadabhängigkeit eingeführt. Er besagt, dass bestimmte Ereignisse entscheidende Weichenstellungen für den späteren historischen Verlauf der Geschichte eines Landes vornehmen können und die spezifischen Merkmale von etablierten Institutionen auch bei tiefgreifenden Reformen meist nicht vollkommen über Bord geworfen werden. Dieser Begriff ist hilfreich für die Frage nach den Chancen der Durchsetzungsfähigkeit der gesellschaftlichen Grundwerte und Menschenrechte in China und in islamischen Ländern wie Saudi-Arabien und Iran. In diesen Ländern gibt es heute

---

[13] Den Autor dieser Zeilen eingeschlossen.

Regierungen, die nicht nur ständig schwere Menschenrechtsverletzungen begehen, sondern auch manche Menschenrechte als „westliche Werte" diskreditieren und ablehnen. Es ist hier nicht der Platz, eine detaillierte Analyse der Gründe dafür durchzuführen. Klar ist jedoch der zentrale Punkt: In all diesen Fällen handelt es sich um eine Kombination von Ideen und Interessen. Im Fall der islamischen Welt ist dies offenkundig. Viele Autoren im Westen wie in der islamischen Welt selbst halten die Menschenrechte nicht für vereinbar mit der Scharia, dem islamischen Gesetzbuch, das in vielen Ländern teilweise gilt. Dieses Rechtssystem (das in sich sehr vielfältig ist) sieht keine klare Trennung zwischen Staat und Religion vor, es vertritt ein patriarchalisches Familienmodell, verfolgt Homosexuelle und sieht menschenunwürdige Strafen (auch die Todesstrafe) vor (vgl. König 2005, S. 133 ff.; Koopmans 2020). Ideell geistige Traditionen spielen auch im Fall von China eine wesentliche Rolle. Dieser Staat konnte – im Unterschied zur Sowjetunion – das kommunistische System retten und zu einem ungeahnten Aufschwung führen, indem Elemente des Marktes zugelassen wurden. Beibehalten wurde jedoch die politische Zentralisierung und Konzentration der Herrschaft auf eine kleine Parteielite und inzwischen sogar auf die Person Xi Jinpings, der sich zum Präsidenten auf Lebenszeit ernennen ließ. Diese Fähigkeit der Anpassung ist nur verständlich auf dem Hintergrund einer jahrtausendealten Tradition des Patriarchalismus und der Obrigkeitshörigkeit in China (Vogelsang 2019). Die historisch-geistigen Wurzeln dafür liegen im Konfuzianismus, die neueren im Marxismus-Leninismus. Was Max Weber über die konfuzianische Weltanschauung schrieb, mag für viele Chinesen auch heute noch Geltung besitzen. In China galt laut Weber (1988, S. 514)): „Die Welt war die beste aller möglichen Welten, die menschliche Natur der Anlage noch ethisch gut … Der rechte Weg zum Heil war die Anpassung an die ewigen übergöttlichen Ordnungen der Welt … Vor allen also: pietätvolle Fügsamkeit in die feste Ordnung der weltlichen Gewalten."

Im Werk *Die revolutionäre Kraft der Ideen* (Haller 2022) werden in Kap. 11 die Probleme der gesellschaftlichen Grundwerte und Menschenrechte in den islamischen Ländern und in China dargestellt . Die Konklusion daraus lautet: Tatsächlich stehen ihrer Durchsetzung dort momentan und bis auf absehbare Zeit noch massive Kräfte entgegen. Es gibt jedoch keine Argumente, die klar dagegen sprechen, dass die Grundwerte langfristig nicht auch in diesen Ländern Anerkennung finden können.

Soziale Katastrophen als Auslöser für neue Durchbrüche: Die Anerkennung der Menschenrechte
Idee, Ausformulierung und Entwicklung der Menschenrechte sind aus der Sicht der gesellschaftlichen Grundwerte von eminenter Bedeutung. Dies zum Ersten, weil hier erstmals universelle Ansprüche und Rechte – die sehr eng auf gesellschaftliche Werte bezogen sind – definiert werden. Zum Zweiten, weil in der *Allgemeinen Erklärung der Menschenrechte* (im Folgenden AEMR) von 1948 Prinzipien formuliert wurden, welche dem hier vertretenen Ansatz einer engen Beziehung zwischen Werten und Interessen in frappanter

Weise entsprechen. Zum Dritten kann man sagen, dass diese eine glänzende Bestätigung der Kant'schen These darstellt, dass grundlegende Durchbrüche oft in der Folge verheerender gesellschaftlich-politischer Ereignisse stattfinden.

Historische Vorläufer

Die Menschenrechte wurden nicht erst 1948 erfunden. Frühe Vorläufer gab es in England durch die *Magna Charta* von 1215 und die *Petition of Rights* von 1628. Beides waren Urkunden, in denen Rechte von Untertanen gegenüber dem König festgehalten wurden. Etwas Ähnliches gab es im Altertum nicht. Der Hauptgrund dafür war, dass die Institution der Sklaverei im Altertum noch vollkommen unhinterfragt war und daher die Idee von so etwas wie Grundrechten aller Menschen gar nicht in Betracht kommen konnte. Die Sklaverei bestand auch im Mittelalter fort, vor allem im Osmanischen Reich; in Form der bäuerlichen Leibeigenschaft gab es in Europa eine abgemilderte Form davon. So etwas wie Rechte der Menschen kommen erstmals in den beiden erwähnten englischen Dokumenten vor.

Die *Magna Charta* war das Resultat einer Adelsrevolution. Durch sie konnten die Barone 1215 ihrem König mehrere Rechte abtrotzen, nachdem er aus einem verlorenen Feldzug in der Normandie geschwächt zurückgekommen war. Im Grunde handelt es sich bei der *Magna Charta* also noch nicht um wirkliche Menschenrechte; sie etablierte nur die Rechte der Adeligen bzw. Bürger gegenüber dem König. Die Magna Charta ist aber nur das berühmteste Dokument dieser Art. Ähnliche Rechte von Bürgern und z. T. auch Bauern gegenüber dem König bestanden in der Schweiz, in Tirol und anderen Regionen Europas. Selbst bei kleinen indianischen Völkern in Nordamerika und in afrikanischen ethnischen Gruppen (tribes) gab es Elemente von demokratischen Verfassungen und föderalen Systemen (Sigrist 1979; Graeber und Wengrow 2022). Die Aufklärer und Verfasser der französischen und amerikanischen Verfassungen kannten die Modelle von Freiheit und Mitbestimmung der Indianer. Das erste bahnbrechende historische Dokument zu den Menschenrechten war jedoch die *Virginia Bill of Rights,* in welcher die Kolonie Virginia 1776 ihre Unabhängigkeit von Großbritannien erklärte. Darin wurden erstmals die wichtigsten Grund- und Menschenrechte wie auch die zentralen Prinzipien einer Demokratie – wie Volkssouveränität, Gewaltenteilung, Wahlrecht, Gesetzgebung durch das Parlament – klar ausformuliert. Die Grundthesen dieses Dokuments gingen großenteils in die Verfassung der USA und in die erste revolutionäre Verfassung Frankreichs ein, die dreizehn Jahre später erlassen wurde.

Im deutschen Sprachraum gab es zu dieser Zeit keine Revolutionen. Ein Grund dafür war, dass Deutschland in über fünfzig kleine und kleinste politische Einheiten von höchst unterschiedlichem staatsrechtlichen Status aufgespalten war. In diesen führten die Herrscher patriarchalische bis autoritäre Regime, die eine von Untertanengeist beseelte

Bevölkerung nicht in Frage stellte (Engelmann 1993). In den wenigen größeren Staaten nahmen im System des „aufgeklärten Absolutismus" einzelne Herrscher Reformen selbst in Angriff. So wurden die ersten Kodifikationen des Zivilrechts, das *Allgemeine Landrecht für Preußen* und das *Allgemeine Bürgerliche Gesetzbuch* in Österreich, angeregt durch König Friedrich II (genannt der Große) von Preußen bzw. Kaiser Josef II von Österreich. Beide wurden durch die Aufklärung beeinflusst und führten umfassende Reformen durch (Aufhebung der Leibeigenschaft, Verbot der Folter, religiöse Toleranz, Ausbau der Bildung). Aber auch der noch wichtigere französische *Code Civil* von 1804 wurde unter Anteilnahme von Napoleon verfasst[14]. Diese Gesetzbücher stellen historische Meilensteine in der Festlegung von zivilen Rechten dar. Spezielle, aber nicht unwichtige Dokumente im Zusammenhang mit Menschenrechten wurden Ende des 19./Anfang des 20. Jahrhunderts erlassen, so etwa die Genfer Abkommen über humane Grundregeln der Kriegsführung. Zu einer Verbesserung der Situation der verletzten Soldaten trug die Gründung des Roten Kreuzes durch den Schweizer Geschäftsmann Henri Dunant im Jahr 1863 eher bei. Dazu war er durch die von ihm beobachteten schrecklichen Zustände nach der Schlacht bei Solferino zwischen Österreich-Ungarn und Sardinien-Piemont veranlasst worden.

Der Durchbruch: die *Allgemeine Erklärung der Menschenrechte von 1948*
In der *Allgemeinen Erklärung der Menschenrechte* (AEMR), verabschiedet durch die Vollversammlung der UNO am 12. Dezember 1948 in Paris, wurden erstmals von der Mehrheit aller Staaten der Welt eine große Anzahl von Grund- und Menschenrechten schriftlich festgehalten und anerkannt. Weitere wichtige Instrumente zur Realisierung der Menschenrechte sind zwei im Rahmen der UNO 1966 ausgehandelte Texte: der *Internationale Pakt über bürgerliche und politische Rechte* (Zivilpakt) und der *Internationale Pakt über wirtschaftliche, soziale und kulturelle Rechte* (Sozialpakt). Dies sind völkerrechtliche Verträge, die ebenfalls von den meisten Staaten der Erde ratifiziert wurden. Mit ihnen wollte die UNO die in der AEMR formulierten Grundrechte in gesetzlich verbindende Verpflichtungen übertragen. Sie werden, zusammen mit der AEMR, als *Internationales System der Menschenrechte* bezeichnet (Benedek 2017). Der Zivilpakt garantiert rechtsverbindlich die grundlegenden Menschenrechte, die Gleichberechtigung von Mann und Frau und erkennt auch den Schutz von Minderheiten an. Der *Sozialpakt* beinhaltet umfangreiche soziale und kulturelle Rechte (auf Arbeit, Bildung, gute Arbeitsbedingungen und angemessenen Lohn, soziale Sicherheit, gesundheitliche Versorgung). Die Signatarstaaten sind verpflichtet, dem Menschenrechtsausschuss der UNO periodische Berichte zum Stand der Verwirklichung dieser Rechte zu übermitteln.

Die Menschenrechte stellen etwas völlig Neues in der Geschichte der Rechte dar. Was sind die Menschenrechte genau? Im Unterschied zu Sitten und anderen sozialen Normen,

---

[14] Max Weber (1964/I, S. 634 ff.) rühmt vor allem die formalen Qualitäten des *Code Civil*, der sich im Gegensatz zu früheren Gesetzessammlungen auf juristische Sachverhalte beschränkt und auf jede moralische Belehrung verzichtet.

die das Handeln ebenfalls regulieren, kann man das Recht dadurch definieren, dass es durch legitimierte Instanzen erlassene, schriftlich festgehaltene, mehr oder weniger klare Vorschriften beinhaltet, deren Einhaltung bzw. Übertretung durch ebenfalls legitimierte Instanzen (Polizei, Justiz) kontrolliert und sanktioniert wird. Es gibt einige Merkmale, die nur für die Menschenrechte gelten: Sie sind universell, stehen allen Menschen allein aufgrund ihres Menschseins zu; sie sind unabdingbar (dürfen einem Menschen nicht einmal mit dessen Zustimmung entzogen werden); sie sind unteilbar (es müssen alle Rechte anerkannt werden); sie sind rein säkular, auf keinerlei Religion oder Weltanschauung basiert; und sie sind unabhängig vom Besitz einer Staatsbürgerschaft. Eindeutig ist, dass eine enge Interdependenz besteht zwischen den Menschenrechten und gesellschaftlichen Grundwerten wie Freiheit, Gerechtigkeit, Frieden, Sicherheit und Wohlstand. Alle diese Merkmale sprechen eindeutig dafür, dass die Menschenrechte dem Begriff der Werte sehr nahestehen. Weiters ist wichtig: Es handelt sich ausschließlich um subjektive Rechte, die einzelne Menschen betreffen. Damit ist auch ein direkter Bezug zum Begriff der Interessen gegeben: Die Menschenrechte betreffen Grundinteressen eines jeden Menschen. Den Verfassern der AEMR ging es nicht in erster Linie um eine philosophische Begründung, sondern um einen für praktisches politisches Handeln relevanten Katalog von Grundrechten.

Man kann von einer „revolutionären Kraft der Menschenrechte" auch deshalb sprechen, weil sie den modernen Verfassungsstaat auf ihren umfassenden Schutz verpflichten.

Die Menschenrechte sind in einer Weise formuliert, dass sich – zumindest theoretisch – jeder Erdenbürger auf sie berufen kann, wenn er glaubt, dass sie in seinem Fall verletzt werden. Genauso wie die gesellschaftlichen Grundwerte verpflichten auch die Menschenrechte nicht nur den Staat, sondern auch jeden Einzelnen. Dies ist mehr als evident bei konkreten sozialen Rechten, welcher in der AEMR formuliert werden. Die Verwirklichung der Rechte auf Meinungs- und Versammlungsfreiheit, Bildung und Arbeit, Freizeit und Erholung kann nicht nur vom Staat eingefordert werden, jeder/jede Einzelne ist dafür auch selbst mitverantwortlich. Die Menschenrechte stellen Leitlinien für die Politik der Regierungen jedes einzelnen Landes dar. So heißt es in der Präambel der AEMR, sie stelle „ein von allen Völkern und Nationen zu erreichendes Ziel" dar.

Vergleicht man die in Kap. 4 vorgeschlagene Liste von neun gesellschaftlichen Grundwerten (vgl. Tab. 4.1) mit den Rechten, die in der *Allgemeinen Erklärung der Menschenrechte* enthalten sind, sieht man eine sehr weitgehende Übereinstimmung. Der existentielle Grundwert *Achtung des Lebens* findet sich in den Artikeln 3 (Recht auf Leben), 5 (Folterverbot) und 24 (Recht auf Erholung) der AEMR; *Frieden* wird bereits im ersten Absatz der Präambel als essentielle Voraussetzung für Menschenwürde genannt. Der politische Grundwert *Freiheit* wird sogar in einem halben Dutzend Artikeln erwähnt; *Gleichheit* und *Gerechtigkeit* in drei Artikeln (Art.2 Verbot der Diskriminierung; 10: Gleichheit in Gerichtsverfahren; 23: gleicher Lohn für gleiche Arbeit). Auch der soziale Grundwert *Zugehörigkeit* wird in vielen Artikeln angesprochen; genannt wird auch das Recht auf *soziale Sicherheit* in mehreren konkreten Punkten, ebenso wie das Recht auf

Eigentum, also Wohlstand. Wir können daher zusammenfassen: Die Menschenrechte haben zwar formal den Charakter von Rechten, sind jedoch allgemeinere und grundlegendere Forderungen bzw. Verbote; sie werden auch sanktioniert, wenn auch nicht so eindeutig und effizient wie Rechte im nationalen Rahmen. Man könnte daher sagen, dass die Menschenrechte die gesellschaftlichen Grundwerte in einer juristischen Sprache zum Ausdruck bringen.

Weltkriege und Holocaust als entscheidende Anlässe für fundamentale politisch-soziale Innovationen

Zur Frage, warum die Menschenrechte überhaupt entwickelt und durchgesetzt wurden, gibt es eine breite Diskussion. Es scheint jedoch unwiderlegbar zu sein, dass die schrecklichen Taten der Nationalsozialisten im zweiten Weltkrieg und ihr Genozid an Juden und anderen Minderheiten eine ausschlaggebende Rolle spielten. So heißt es auch in der Präambel zur AEMR wörtlich, diese Erklärung werde verabschiedet, „da die Nichtanerkennung und Verachtung der Menschenrechte zu Akten der Barbarei geführt haben, die das Gewissen der Menschheit mit Empörung erfüllen". Damit können nicht allein die Kriegsgräuel gemeint gewesen sein, obwohl auch diese, vor allem beim deutschen Ostfeldzug, alles Bisherige in den Schatten gestellt hatten. Ein weiteres Indiz für die Bedeutung des Holocaust ist die Tatsache, dass der Begriff der „Verbrechen gegen die Menschlichkeit" erstmals bei den Nürnberger Prozessen gegen die überlebenden Führungspersonen des Dritten Reichs verwendet wurde. Ansonsten hätte man keinen juristischen Ansatzpunkt für ihre Bestrafung gehabt. Zwar ist die Idee der Menschenrechte bereits im 19. Jahrhundert aufgetaucht. Aber es ist immer noch ein gewaltiger Schritt von einer Idee bis zu ihrer Umsetzung in eine von der Mehrheit der Staaten der Welt offiziell unterzeichnete und verabschiedete feierliche Erklärung. Ethisch-moralische Prinzipien beinhalten auch starke emotionale Elemente (Honneth 1992). So müssen die Bilder von Leichenbergen und von kaum mehr Menschen ähnlichen, gerade noch lebenden Skeletten in den von den Alliierten befreiten Vernichtungslagern tatsächlich wie ein Schock auf die Welt (oder zumindest die Soldaten, welche die Lager entdeckten) gewirkt haben. Ein weiterer Faktor für die Annahme der AEER war sicher auch, dass die unmittelbare Nachkriegszeit ein einmaliges, weltpolitisches *window of opportunity* darstellte. Das Erlebnis des schrecklichen Krieges war noch präsent, unter den Nachwirkungen hatten Millionen Menschen zu leiden, und die UdSSR und die USA, die ja Kriegsverbündete gewesen waren, hatten noch keine feindselige Haltung zueinander angenommen. Wenn man diese Erklärungen akzeptiert, wird die oben dargestellte These von Kant, dass sich neue, positive Prinzipien oft erst als Reaktion auf schreckliche Erfahrungen durchsetzen, also klar belegt.

Akteure bei der Abfassung und Verabschiedung der AEMR

In der Diskussion über die Ursachen für die Durchsetzung der Menschen ist auch die Bedeutung politischer Akteure umstritten. Nach dem wirklichkeitswissenschaftlichen und handlungstheoretischen Ansatz, der diesem Buch zugrunde liegt, müssen sie in der Tat eine zentrale Rolle gespielt haben. Zwei Aspekte sind hier relevant: Zum ersten die Frage, aus welchen Kulturkreisen und politischen Systemen sie kamen, zum anderen die Bedeutung individueller Autoren und Akteure.

Als wichtige Autoren der AEMR werden meist drei Persönlichkeiten genannt: der französische Jurist René Cassin (er erhielt 1968 den Friedensnobelpreis) der Libanese Charles Malik (ein Christ) und der Chinese Peng-chun Chang, der in der Tradition des Konfuzianismus aufgewachsen war (wenngleich er später in den USA studiert und gelebt hatte). Dazu kommen noch zwei weitere wichtige Personen: Der Franzose Jacques Maritain, der Sprecher einer Philosophengruppe, die von der UNESCO beauftragt worden war, theoretische Grundlagen für die AEMR zu erarbeiten; und Eleanor Roosevelt, die Gattin des US-Präsidenten Roosevelt, die als Leiterin der Sitzungen zum Entwurf der AEMR großes Engagement und diplomatisches Geschick einbrachte. Man kann zweifellos Hans Joas (2015, S. 266–281) zustimmen, der die kulturell heterogene Herkunft dieser Persönlichkeiten als Beleg dafür ansieht, dass die Menschenrechte keine westliche Erfindung sind. Nicht zustimmen kann man aber seiner zweiten (impliziten) These, dass die Abfassung der Menschenrechte und ihre feierliche internationale Anerkennung nicht wesentlich auch diesen spezifischen Personen zuzuschreiben ist, sondern einem langfristigen Prozess der „Sakralisierung der Person." Zum einen kann schon die Arbeit dieser geistigen Urheber und Autoren des Textes der AEMR nicht als nebensächlich abgetan werden, wenn man diese nicht in Hegel'schem Sinne als reine Werkzeuge der Geschichte betrachtet. Zum anderen, und dies ist ebenso wichtig, wird bei dieser These die ebenso wichtige Rolle politischer Akteure vernachlässigt.

Hier sind eine Reihe von Persönlichkeiten zu nennen. Die wichtigste in Bezug auf die Verabschiedung der AEMR war Franklin D. Roosevelt, Präsident der USA von 1933–1945. Er hatte auch als Initiator des *New Deal* zur Lösung der Wirtschaftskrise der 1930er Jahre eine wichtige Rolle gespielt (vgl. dazu Kap. 9). Er verfolgte von Beginn an konsequent eine friedliche Außenpolitik und verfasste in diesem Sinne 1933 die Vision einer *Good Neighbor Policy,* und 1941, gemeinsam mit dem britischen Premier Winston Churchill, die *Atlantik-Charta*. Darin wurden die Voraussetzungen einer friedlichen Nachkriegsordnung und die Gründung einer Weltsicherheitsorganisation festgehalten. Roosevelts Tod am 12.4.1945 verhinderte seine aktive Teilnahme an der Verabschiedung der AEMR. Roosevelt wird zu Recht als „der bedeutendste, weil wirkungsmächtigste Politiker der USA im 20. Jahrhundert" bezeichnet (Mauch et al. 2021, S. 330).

Es gibt noch weitere politische Akteure, die als Vorläufer und neuere Unterstützer der Ideen der Menschenrechte und des Weltfriedens eine wichtige Rolle spielen. Hier ist der Hinweis auf den *Völkerbund* wichtig, der – mit ähnlichen Intentionen wie die UNO nach dem Zweiten Weltkrieg – im Jahre 1920 etabliert wurde. Auch dies geschah eindeutig unter dem Eindruck des verheerenden Ersten Weltkrieges. Bei der Gründung des Völkerbundes spielte der US-Präsident Thomas Woodrow Wilson (1913–1921) eine zentrale Rolle. In seinem *14-Punkte Programm* für einen Frieden am Ende des Krieges forderte Absatz 14 die Errichtung eines Verbundes der Nationen. Wilson führte auch bedeutende innenpolitische Reformen durch und wird als „einer der großen Neuerer der amerikanischen Geschichte" bezeichnet (Mauch et al. 2021, S. 31). Die Idee eines Völkerbundes wurde schon während des Weltkrieges vom angesehenen britischen Politiker Robert Cecil (1864–1958) forciert; von 1923 bis zu seiner Auflösung 1946 war er Präsident des Völkerbundes. Wilson und Cecil erhielten den Friedensnobelpreis.

In neuerer Zeit spielte Jimmy Carter, US-Präsident von 1977–1981, eine wichtige Rolle bei der Anerkennung der Menschenrechte und der Stärkung der UNO Er war ein expliziter Befürworter dieser Institutionen und setzte eine Reihe von friedensfördernden Aktivitäten durch, so die Camp David-Abkommen zwischen Israel und Palästina und den SALT-II Abrüstungsvertrag. Carter stellte sich als erster Präsident aus den Südstaaten klar gegen die Rassentrennung. Relevant ist, dass sowohl Wilson wie auch Carter stark in einer evangelischen Glaubensgemeinschaft verankert waren (Wilson bei den Calvinisten, Carter bei den Baptisten).

Sind die Menschenrechte universal und effektiv?
Zu diskutieren ist hier noch eine letzte Frage: Sind die Menschenrechte wirklich universell in dem Sinn, dass sie weltweit zu akzeptieren sind oder wurden sie nur von westlichen Ländern dem Rest der Welt mehr oder weniger aufgedrängt? Dieser Vorwurf wird immer wieder erhoben. Tatsächlich kann jedoch von einer eindeutigen West-Zentrierung der Menschenrechte keine Rede sein. Die Diskussion um sie begann bereits im 19. Jahrhundert und wurde auch in Asien, Lateinamerika und Afrika – ja sogar in China geführt. Personen aus unterschiedlichsten Ländern und Kulturkreisen waren maßgeblich an der Ausarbeitung der AEMR beteiligt. Auch im bewussten Verzicht auf einen Gottesbezug und eine religiöse Begründung kommt die universalistische Intention zum Ausdruck. Bei der Abstimmung in der UNO 1948 stimmten 48 (85,7 %) der 56 anwesenden Länder zu; acht enthielten sich der Stimme, Gegenstimmen gab es keine. Unter den zustimmenden Ländern befanden sich auch islamische. Man kann die Menschenrechte aus dieser Sicht eindeutig als universal, für alle Menschen akzeptabel ansehen.

Eine Herausforderung in dieser Hinsicht stellt der Aufstieg reaktionär-konservativer und fundamentalistischer Strömungen in der arabisch-islamischen Welt in neuester Zeit dar. In deren Zug beschloss die Organisation der Islamischen Konferenz die *Kairoer Erklärung der Menschenrechte* und 2004 die Arabische Liga die *Arabische Charta der Menschenrechte*. Die erste davon weicht erheblich von der AEMR ab. Sie fordert keine Gleichberechtigung der Geschlechter, keine Freiheit in der Wahl von Religion und Ehepartner und stellt alle Gesetze unter den Vorbehalt der Scharia. Die zweite Erklärung liegt näher bei der AEMR. Es ist evident, dass in diesen Ländern nicht nur religiöse Hintergründe, sondern vor allem machtpolitische Interventionen quasi zu einer nachträglichen Infragestellung der AEMR geführt haben. Dabei haben vor allem die theokratischen Regime in Saudi-Arabien und dem Iran eine wichtige (offene oder verdeckte) Rolle gespielt. Argumente gegen die Universalität der Menschenrechte werden vor allem von politischen Eliten oder ihnen nahestehenden Intellektuellen vorgebracht. Inakzeptabel sind die Menschenrechte also nur für die Herrschenden, nicht für die Bevölkerung. Wir werden in den folgenden Kapiteln mehrfach empirische Evidenz dafür beibringen, dass die Bevölkerung auch in autoritär regierten Ländern die Menschenrechte und demokratische Prinzipien befürwortet. Auf die besonders schwierige Situation in den islamischen Ländern und in China werden wir in Kapitel xx zurückkommen. Grundsätzlich kann man schon hier feststellen, dass zwischen dem Islam oder anderen religiös-kulturellen Traditionen und den Menschenrechten kein fundamentaler Widerspruch besteht. Auch eine moderne Interpretation des Islam sieht viele der antiliberalen Regelungen (etwa im Hinblick auf die Ungleichheit der Geschlechter) in bestimmten islamischen Staaten (etwa im Iran, Saudi-Arabien oder Pakistan) nicht als essentiellen Bestandteil des Islam und des Koran. Außerdem sind viele jener sozialen Praktiken von Moslems, die uns bei Zuwanderern unangenehm auffallen (z. B. Bekleidungsvorschriften für Frauen) kaum religiös und schon gar nicht ethisch begründet.

Eine wichtige Frage betrifft schließlich die praktische Relevanz und Wirkungsmacht der Menschenrechte. Sie werden heute von nahezu allen Staaten der Erde anerkannt. Dennoch ist die faktische menschenrechtliche Situation in vielen Ländern beklagenswert. Schwere Übertretungen in Form der Unterdrückung von Meinungsfreiheit, widerrechtlichen Festnahmen und Inhaftierungen, Folter bis hin zu Morden und zur Anwendung der Todesstrafe mit vielfach politisch motivierten Hintergründen stehen auf der Tagesordnung in islamischen Staaten, China und Russland. Kann man trotzdem behaupten, dass die Menschenrechte eine positive Wirkung haben? Man kann hierfür drei Gründe anführen.

Zum ersten: viele Normen der AEMR sind in die Verfassungen und Rechtssysteme einzelner Staaten eingegangen. Auch dies ist natürlich keine Garantie, dass sie dann durchgesetzt und eingehalten werden, aber die Chance dazu ist viel höher. Die formelle Institutionalisierung von Regeln und Normen schafft „Werte, also Vorstellungen darüber, wie die Welt sein soll, und (diese) formen dadurch Interessen," wie Michael Zürn (1998, S. 193) in seiner Analyse der Formen und Erfolge internationalen Regierens argumentiert. Diese anerkannten internationalen Institutionen bilden dann einen konstitutiven Bestandteil der internationalen Beziehungen, „die sich von der Gnade der Nationalstaaten lösen."

Zum zweiten: die AEMR steht nicht für sich allein, es gibt inzwischen eine hohe Anzahl weiterer Erklärungen von Grund- und Menschenrechten; viele davon haben einen höheren Grad an Verbindlichkeit (Benedek 2017a).[15] Zu nennen ist hier etwa die noch weiter gehende, allerdings in ihrem Geltungsbereich regional eingeschränkte *Europäische Menschenrechtskonvention* (EMRK) von 1950 sowie die Grundrechtecharta der EU. Bei

---

[15] Vgl. dazu auch die informative „Einführung in die Menschenrechte" auf https://www.amnesty.ch/de/themen/menschenrechte/zahlen-fakten-und-hintergruende/einfuehrung-in-die-menschenrechte (abgerufen am 19.4.2023).

diesen beiden können auch betroffene Individuen Verletzungen von Rechten durch ihre Staaten anklagen.

Ein drittes Argument für die praktische Bedeutung von Menschenrechtskonventionen ist, dass sie von Einzelpersonen und NGOs als argumentative Unterstützung herangezogen werden können, wenn sie Missstände anprangern. Regierungen ratifizieren Menschenrechtskonventionen zwar oft nur als Methode des *window dressing*. Empirische Studien zeigen jedoch, dass sich die humanitären Praktiken in vielen dieser Länder tatsächlich verbesserten (Risse et al. 2013). Das Hauptmanko der Menschenrechtserklärung ist, dass sie nicht bindend ist. Dieses Manko wurde teilweise behoben durch die kurz darauf (1950) abgeschlossene *Europäische Menschenrechtskonvention* (EMRK). Ihre Vorschriften können vor dem *Europäischen Gerichtshof für Menschenrechte* in Straßburg eingeklagt werden. Allerdings gilt sie nur für Europa und ihre Bindekraft ist in verschiedenen Staaten unterschiedlich. Dies wurde durch die Etablierung des *Internationalen Strafgerichtshofs* (ICC) teilweise überwunden. Dieser 1998 eingesetzte und bis 2016 von 124 Staaten anerkannte Gerichtshof hat die Aufgabe und Kompetenz, schwere Menschenrechtsverletzungen durch Herrschende oder andere Personen zu verurteilen und zu bestrafen, unabhängig davon, in welchem Land diese erfolgten. Der ICC wurde in Anlehnung an die Nürnberger Prozesse und ähnliche Verfahren nach den Völkermorden in Ruanda und im ehemaligen Jugoslawien eingerichtet. Er hat bereits mehrere Staatsoberhäupter zu langen Haftstrafen verurteilt, was einen entscheidenden Durchbruch der Geltung des Völkerrechts bedeutet. Ein großer Mangel des ICC ist aber, dass ihn die Großmächte – nicht nur Russland und China, sondern auch die USA – nicht anerkennen.[16]

---

[16] Diese hatten sogar mit allen Mitteln versucht, seine Einrichtung zu torpedieren (Ganser 2022).

Teil II
Die gesellschaftlichen Grundwerte: Existentielle Werte

Leben 7

„Ethik besteht also darin, dass ich die Nötigung erlebe, allem Willen zum Leben die gleiche Ehrfurcht vor dem Leben entgegen zu bringen wie dem eigenen. Damit ist das denknotwendige Grundprinzip des Sittlichen gegeben. Gut ist, Leben zu erhalten und Leben fördern; böse ist, Leben vernichten und Leben hemmen."

Albert Schweitzer (1923)[1]

„Leben" ist erst in neuerer Zeit als Grundwert erkannt, seither jedoch zu einem der wichtigsten überhaupt aufgestiegen. In diesem Grundwert zeigen sich in neuerer Zeit immense Verbesserungen, sowohl objektiv (Verbesserung der Gesundheit, Verlängerung der Lebenserwartung), wie subjektiv (Hochschätzung von Gesundheit und Leben) wie in der Politik (Gesundheitsausgaben als einer der größten Ausgabenposten des Wohlfahrtsstaates). Alle Länder der Erde profitierten von diesen Verbesserungen. Die massive Steigerung der Lebenserwartung führte allerdings auch zu neuen Problemen (Pflegebedürftigkeit, Demenz in hohem Alter, Fettleibigkeit und entsprechende Krankheitsfolgen). Weiterhin existieren jedoch auch in Bezug auf Leben und Gesundheit weltweit immense Probleme (Kindersterblichkeit; Hunger). Diese sind aber zum großen Teil menschengemacht und lösbar. In diesem Kapitel wird zunächst gezeigt, warum dieser Grundwert so lange in der Geschichte nicht als eigenständiger erkannt wurde. Sodann wird, auch im Anschluss an die biologische Forschung aber mit soziologischem Fokus, definiert, was unter Leben genau zu verstehen ist. Ein zentraler Ausdruck davon ist die Gesundheit, die gerade wegen ihres engen Bezugs zu Leben sehr hochgeschätzt wird. Anhand der Fragen

---

[1] Albert Schweitzer (1875–1965), deutsch-französischer Arzt, Theologe und Philosoph, Organist und Musikwissenschaftler, Pazifist und Gründer des Urwaldspitals Lambarene (Gabun), Friedensnobelpreis 1952. Quelle Zitat: A. Schweitzer (1981[1923]), *Kultur und Ethik*, S. 331.

nach dem Sinn des Lebens und seinem „ökonomischen Wert" wird die These vertieft, dass Leben sowohl einen hochgeschätzten subjektiven wie auch einen gesellschaftlichen Wert darstellt. Der letzte Abschnitt greift die Frage auf, ob die menschliche Sterblichkeit und der Tod das Leben entwerten. Die Argumente gegen diese These werden zusätzlich bekräftigt durch die Tatsache, dass Kindern auch in modernen Gesellschaften ein sehr hoher Wert zugesprochen wird, obwohl ihre Erziehung mit erheblichen Belastungen verbunden ist. Das Kapitel schließt mit einer Diskussion des Wertes des Lebens der Tiere und des Schutzes der Umwelt.

Der Begriff des Lebens in der Geschichte der Ideen

Das Thema Leben stellt in zeitgenössischen Diskussionen über gesellschaftliche Grundwerte einen blinden Fleck dar. In praktisch keiner der verschiedenen Kataloge von Grundwerten wird der Wert ‚Achtung des Lebens' explizit genannt. Warum ist dies so? Warum ist das Leben erst in neuerer Zeit als wichtiger Wert anerkannt worden, warum wird Gesundheit und Leben heute geradezu als das Allerwichtigste angesehen?

Die Vernachlässigung und Herabsetzung des Lebens
Ein Grund für die Nichtbeachtung des eigenständigen Wertes von Leben kann sein, dass er als selbstverständlich erscheint. Die Bedeutung von Leben und Gesundheit ist selbstevident, sie haben Wert in und durch sich selbst. Krankheit und Tod sprechen uns – im Vergleich zu ihrem Gegenteil – direkt an. Aber auch im Denken der Philosophen von der Antike bis in das späte Mittelalter spielte Leben keine zentrale Rolle. Ein Grund dafür ist evident: Für die Aristokraten und Adeligen in historischen Zeiten waren Kämpfen und Krieg führen immer wiederkehrende Lebens-Aufgaben, durch welche man sich Ruhm und Ehre erwerben konnte. Dass man dabei auch den Tod erleiden konnte, war in Kauf zu nehmen, wurde und wird bis heute im Begriff des „Heldentodes" ja sogar noch verklärt.[2] In der zerstrittenen griechischen Staatenwelt hatten kriegerische Auseinandersetzungen den Charakter von „Turnieren", in deren Verlauf man aber dennoch mit dem Tode rechnen musste (Fenske et al. 2019, S. 181). Noch in der Zeit der höfischen Gesellschaften in der frühen Neuzeit galt, dass ein Fürst und vor allem ein König Kriege führen muss, „weil der Rang des Eroberers der ‚edelste' und erhabenste aller Titel ist", wie Norbert Elias (1983, S. 206) schrieb. Ein König musste also Krieg führen, um Ruhm zu erlangen, seine adeligen Gefolgsleute konnten dadurch Ehre erwerben. Im Sinne dieser Haltung konnten noch neuzeitliche Autoren wie Niccolò Machiavelli (1469–1527) von der „Kunst des Krieges" schreiben und Krieg als ein legitimes Instrument der Politik bezeichnen (Clausewitz 1963). Das Leben des gemeinen Volkes oder gar der Sklaven war dagegen grundsätzlich

---

[2] Man denke hier an Achilleus und die anderen gefallenen griechischen Helden im Kampf um Troja bis hin zum edlen, germanischen Königssohn Siegfried, der im *Nibelungenlied* einen besonders tragischen Tod stirbt; die geschilderte Geschichte geht in die Völkerwanderungszeit zurück.

wenig wert. Wann und wie sie starben oder verreckten, war auch für die zeitgenössischen Schriftsteller kein relevantes Thema. Auch waren die Möglichkeiten von Heilkunde und Medizin äußerst begrenzt. Für einfache Menschen waren, beginnend mit dem Säuglingsalter, Krankheiten, Leid und Tod alltägliche Begleiter des Daseins. Dies mag ein zweiter Grund für die geringe Relevanz des Lebens bei den Denkern früherer Zeiten gewesen sein. Der Gegenpol zum einfachen Volk waren die Herrschenden, deren Leben man weit über den Tod hinaus zu verlängern suchte. Das Paradebeispiel dafür waren die ägyptischen Pharaonen, für deren leibliches Fortbestehen man raffinierte Methoden der körperlichen Vorbereitung (Entfernung der inneren Organe) und Einbalsamierung bzw. Mumifizierung entwickelte. Daran orientierten sich vielleicht auch die Habsburger, bei deren Angehörigen Leichnam, Herz und Eingeweide vom 17. bis 19. Jahrhundert an verschiedenen Orten in Wien begraben bzw. in Urnen aufbewahrt wurden.

Machen wir einen Sprung zu den Diskussionen über den Begriff Leben in die Neuzeit, so treffen wir auf den Philosophen Friedrich Nietzsche (1844–1900). Für ihn spielte dieser Begriff eine wichtige Rolle, allerdings in einer sehr problematischen Weise, was angesichts seiner bereits dargestellten grundsätzlichen Aversion gegen Ethik und Moral (vgl. Kap. 3) nicht überraschend ist. Für ihn steht der Wille zur Macht im Zentrum von Welt und Leben; Moral ist ein Mittel der Schwachen, eine Art geistiger Rache der Niedrigen und Benachteiligten an den Starken und Mächtigen (Nietzsche 2012). Die echte Moral ist jene der Starken, der Übermenschen, sie beinhaltet Aneignung, Verletzung, Unterdrückung der Schwachen und stellt erst dadurch wirkliches Leben dar. Das Leben ist für Nietzsche „Wille zur Macht", der Gegenpol zu Moral und Wahrheit. Nimmt man Nietzsche beim Wort, so ist seine Charakterisierung als Nihilist nahezu unvermeidbar: Er schreibt selbst, er kündige die Heraufkunft des Nihilismus an; dies bedeute das Ende nicht nur jeder Religion, sondern auch jeder Moral. Der Nihilismus ist aber nur ein Durchgang zu einem Stadium der Bejahung des Lebens. Nietzsches Lebensbejahung ist aber etwas völlig anderes als die Idee vom Leben als positivem Grundwert aller Menschen, wie sie in diesem Buch verstanden wird. Bejahung des Lebens heißt bei ihm zuletzt Bejahung „des nihilistischen Charakters des Lebens" (Weischedel 1975, S. 290). Hochrelevant ist hier sein Begriff des Übermenschen. Das ist eine Persönlichkeit, die einen Überschuss an Willen zur Macht und Lebenskraft besitzt, der sie über alle existierenden Werte emporhebt und sie befähigt, neue Werte zu propagieren. Hier findet sich durchaus eine radikale Lebensbejahung, jedoch nur für jenes des herausragenden Übermenschen. Diese Ideen, die auch biologistisch-darwinistische Elemente enthalten, konnten die Faschisten und Nationalsozialisten direkt für ihre Ideologie der Gewalt als legitimes Mittel der Politik und der Bevorzugung der „Herrenmenschen" vor allen anderen „Rassen" adaptieren. So schätzten sowohl Mussolini wie Hitler den Philosophen Nietzsche. So ist es vollkommen zutreffend, von Nietzsches „scheußlichen Verwirrungen" (Gabriel 2021) zu sprechen.[3]

---

[3] Wie bei fast allen großen Philosophen gibt es auch zu Nietzsche sehr unterschiedliche Interpretationen; vgl. als Einstieg Ries Wiesbrecht, *Nietzsche zur Einführung,* Hamburg 2004 (Junius).

Ein enger geistiger Zusammenhang besteht auch zwischen Nietzsche und der Theorie des Sozialdarwinismus und Rassismus, die in der zweiten Hälfte des 19. Jahrhunderts vor allem von französischen und britischen Autoren entwickelt wurde (Fenske et al. 1981, S. 482–491). Der einflussreichste Autor der *Rassenlehre* war der Franzose Arthur de Gobineau (1816–1882). Er argumentierte, die verschiedenen Kulturen würden durch die in ihnen vorherrschenden Rassen bestimmt. Unter diesen bestehe eine klare Hierarchie mit den Weißen (und insbesondere den germanischen Ariern) an der Spitze; sie hätten die beste Fähigkeit zu herrschen. Die Rassengeschichte ist laut Gobineau ein Degenerationsprozess, weil sich die minderen Rassen schneller vermehren als die höheren. Diese „Rassentheorie" wurde vor allem vom Engländer Houston Stewart Chamberlain (1855–1927) ausgebaut. Dieser hochgebildete Mann (er verfasste u. a. Schriften zu Kant, Goethe und Richard Wagner) wuchs in Paris auf und verbrachte später jeweils rund zehn Jahre in Dresden und Wien. Hier kam er, auch durch seine Beobachtungen der Sprachenkonflikte in der Habsburgermonarchie, zur Idee, dass die höchststehende deutsche Kultur von fremden Einflüssen gereinigt werden müsse; die Juden sah er als niedrigste Rasse.

In eine ähnliche Richtung gingen die Thesen des von dem Ökonomen Thomas Malthus und dem Soziologen Herbert Spencer entwickelten *Sozialdarwinismus*. In Deutschland wurden diese Anschauungen vor allem vom Zoologen Ernst Häckel übernommen und propagiert. Die These dieser Autoren war, dass das Leben einen ständigen Kampf um die notwendigen Grundlagen des Daseins darstelle und dabei nur die „Fittesten" überleben; diesen Prozess könne man auch gesundheitspolitisch durch eugenische Maßnahmen befördern. Unter der selektiven Anpassung hatte der bahnbrechende Naturwissenschaftler Charles Darwin aber lediglich verstanden, dass im Prozess der Evolution jene biologischen Merkmale und Tierarten die besten Überlebens- und Fortpflanzungschancen haben, welche der jeweiligen Umwelt am besten entsprechen. Diese Merkmale haben sie aber nicht selbst ausgebildet, sondern sie stellten ein reines (Zufalls-) Produkt von Mutation und Selektion dar. Daraus leiteten die Sozialdarwinisten aber, es sei ein unabänderliches Gesetz aller menschlichen Gesellschaften, dass stärkere Völker und ihre Führer die schwächeren unterwerfen und beherrschen. Eine derartige Ideologie war natürlich für die gewalttätig-aggressiven Weltanschauungen und Ziele der faschistischen Führer optimal geeignet. Die Idee der Rassen und der notwendigen Erhaltung der „Reinheit" der höheren Rassen war Ende des 19./Anfang des 20. Jahrhunderts in der westlichen Welt weit verbreitet und keine deutsche Erfindung. So wurden selbst in Schweden, in der Schweiz und in den USA gesetzliche Maßnahmen zur biologischen Verbesserung des „Volkskörpers" getroffen, wie etwa Zwangssterilisation von Menschen mit körperlichen oder geistigen Behinderungen. Es blieb Hitler und dem Nationalsozialismus vorbehalten, aus diesem Ideengut die erschreckendste Folgerung ziehen – die des Völkermordes. Aber man war zu dieser Zeit auch in anderen westlich-demokratischen Ländern noch weit davon entfernt, die vollen Lebensrechte aller Menschen (zu denen zweifellos das Gebären und Aufziehen von Kindern gehört) anzuerkennen.

Das Leben als positiver Wert: philosophische Begründungen
Nicht alle großen Denker haben den Wert des Lebens übersehen oder gar verneint. Schon am Beginn der Neuzeit, als Gewalt, Mord und Krieg noch vielfach an der Tagesordnung waren, lehrte der französische Jurist und Hugenotte Hugo Danellus (1527–1591) an der Universität Altdorf bei Nürnberg, dass das Recht an der eigenen Person das Recht auf Leben, körperliche Unversehrtheit und öffentliches Ansehen umfasst. Zumindest erwähnt wurde das Recht auf Leben auch von den liberalen englischen Philosophen John Locke und John S. Mill. So schrieb John Locke 1764: „Dem Naturzustand entspricht ein Naturrecht, das jeden Menschen verpflichtet, und einen Grund, der besagt … dass alle gleich und unabhängig sind und einander nicht verletzen dürfen, weder in Leben, Gesundheit, Freiheit oder, Besitz …". In der von seinen Ideen beeinflussten Unabhängigkeitserklärung der Vereinigten Staaten von 1787 wird festgestellt, es sei eine selbstverständliche, Wahrheit, dass alle Menschen gleich und mit den Rechten auf „Leben, Freiheit und dem Streben nach Glückseligkeit" ausgestattet seien. Die bedeutendste Ausnahme von der Vernachlässigung des Lebens in der Geschichte der Philosophie stellte Immanuel Kant dar. Er hat in seiner Kritik der Urteilskraft eine „ingeniöse Theorie des Lebens" entworfen (Volker Gerhardt)[4]. Ausgangspunkt ist die These, dass ein lebendes Wesen mehr ist als eine Maschine, es hat nicht nur bewegende, sondern „eine sich bildende Kraft". Zentral ist dabei der Begriff der *Selbstorganisation*: ein Lebewesen hat seinen Zweck in sich selbst. Lebendigkeit beinhaltet drei Elemente: die Fähigkeit zur Reproduktion, zur Hervorbringung eines anderen Lebewesens derselben Gattung; die Fähigkeit von individuellem Wachstum und Reifung; die Fähigkeit zur individuellen Regeneration, die Vorgänge der Heilung und Selbstausbesserung von Schäden. Mit der Betrachtung der Merkmale des Menschen als lebendem Wesen kommt man auch zu den Begriffen der Ethik und Moral, zur Selbstzwecksetzung des Menschen.

Auch beim Philosophen Arthur Schopenhauer (1788–1869) nimmt der Begriff des Lebens einen wichtigen Stellenwert ein. Allerdings bejaht er den Wert des Lebens nur bedingt. Für ihn ist der Wille zum Leben die grundlegende Antriebskraft aller Lebewesen, von Tieren und Menschen gleichermaßen; seine stärkste Äußerung ist der Trieb zur Fortpflanzung.[5] In modern-soziobiologischer Argumentationsweise ist für Schopenhauer alles, was mit Leben zusammenhängt – weibliche Schönheit, Leidenschaften, Liebe – allerdings nichts anderes als ein Täuschungsmittel der Natur zur Erhaltung der Gattung; es ist der „überschwänglich starke Hang aller Tiere und Menschen, das Leben zu erhalten und möglichst lange fortzusetzen." Letztlich besteht für Schopenhauer ein klares Missverhältnis zwischen den Mühen und Plagen des Lebens und dem Ertrag oder Gewinn daraus. Lust und Glück gibt es selten, Schmerz und Leid, Grausamkeit, Krieg, Vernichtung sind

---

[4] Volker Gerhardt (2004), Der Begriff des Lebens, Heidelberger Forum Bioscience & Society (verfügbar im Internet)

[5] Vgl. Schopenhauer (2009, zuerst 1818), *Die Welt als Wille und Vorstellung*, S. 750–758). Zur Einführung in Schopenhauer vgl. Störig (1950), *Kleine Weltgeschichte der Philosophie;* Helferich (2012), Geschichte der Philosophie, S. 330–333.

dagegen allgegenwärtig. Es gibt nur zwei Wege der Erlösung: den Genuss des Schönen und Erhabenen in Natur und Kunst oder die Verneinung des Willens zum Leben durch Entsagung und Askese, wie es das indische Denken lehrt.

Auch für die zeitgenössischen Philosophinnen Hannah Arendt und Martha Nußbaum ist Leben ein zentraler Wert. Laut Hannah Arendt (1981, S. 306–312) wurde die Sicht vom Leben „als der Güter Höchstes" vor allem im Christentum (und nicht im Judentum) begründet. Es wendet sich radikal ab vom klassischen Altertum, das nur Verachtung für die Mühen und Plagen des Lebens, wie das Gebären und Arbeiten, übrig hatte. Das Primat des Lebens über alles andere war laut Arendt auch noch für die Denker der Neuzeit evident. Martha C. Nußbaum (1999, S. 49) verweist auf einen sehr wichtigen Aspekt in Bezug auf Leben. Es ist dies das Problem der menschlichen Sterblichkeit: „Alle Menschen haben den Tod vor sich und wissen ab einem bestimmten Alter, dass sie ihn vor sich haben. Diese Tatsache prägt mehr oder weniger jedes andere Element des menschlichen Lebens." Sie ist zu dieser Aussage wohl gekommen, weil für sie, wie für Aristoteles, das menschliche Tätigsein zentral ist. Sie notiert weiter, dass alle Menschen eine Abneigung gegen den Tod haben und (lange) leben möchten. Unter den von ihr definierten zehn „Grundfähigkeiten" des Menschen ist die erste und wichtigste, „die Fähigkeit, ein menschliches Leben von normaler Länge zu leben, nicht vorzeitig zu sterben oder zu sterben, bevor das Leben so reduziert ist, dass es nicht mehr lebenswert ist."

Die Zuwendung zur Idee des Lebens im 20. Jahrhundert
Der Begriff des Lebens hat seit Ende des 19. Jahrhunderts auch im philosophischen Denken an Bedeutung gewonnen (Delitz et al. 2018). Insbesondere drei Themen werden diskutiert: (1) Die Überschreitung oder Transzendenz des Lebens: Hier geht es um Phänomene wie Rausch, Ekstase und Gewalt; es wird die Pluralität von Lebensformen (im Gegensatz zur These seiner zunehmenden Rationalisierung) betont. (2) Die Differenzierung zwischen verschiedenen Formen des Lebens, wie sie die philosophische Anthropologie (Arnold Gehlen, Helmuth Plessner) und die Pragmatisten vornehmen. (3) Eine Sicht des Lebens als unvorhersehbar, dynamisch, intensiv und originär (die Lebensphilosophie und Autoren wie Henri Bergson, Georges Canguilhem).

Betrachten wir einige dieser neueren Ideen etwas näher. Für den US-amerikanischen Philosoph John Dewey (1859–1952), einen Vertreter der Sozialphilosophie des Pragmatismus, stellt das Leben den Hauptbegriff dar. Das Leben ist der höchste Wert, weil es kein Ziel außer sich hat (Pleger 2020, S. 162–171). Lebewesen können, im Unterschied zur unbelebten Welt, etwas tun, wenn ihnen Gefahr droht. Für Dewey ist ein Lebewesen „ein Wesen, das Kräfte beherrscht, überwindet und für seine eigene fortgesetzte Betätigung verwertet, die es andernfalls verzehren würden. Das Leben ist ein Vorgang der Selbsterneuerung durch Einwirkung auf die Umgebung." Die Lebenstätigkeit drückt sich vor allem durch Lernen und Arbeit aus. Auch für George H. Mead, einen weiteren Vertreter des Pragmatismus, war Leben ein zentraler Wert. Er verweist auf die enge Beziehung zwischen Körper, Gesundheit und Leben: „Gute Verdauung, Gesundheit und Leben selbst sind Bedingungen für die verschiedenen Aktivitäten, die die Zukunft bereithält, und als solche sind sie Dinge, die zum Kostbarsten gehören, was wir besitzen" (Mead 1969, S. 267). Zu erwähnen ist hier auch der Österreicher Josef Popper-Lynkeus (1838–1921). Dieser vielseitige Autor betonte die Freiheit des Individuums, kritisierte Intoleranz und religiöse Heuchelei und trat gegen die Wehrpflicht ein. In seiner 1878 veröffentlichen Schrift *Das Recht zu leben und die Pflicht zu sterben* entwickelte er auf der Basis der These, dass das Leben der grundlegendste Wert aller Menschen sei, eine allgemeine „Nährpflicht" des Staates, in deren Rahmen alle Menschen mit dem Grundbedarf bezüglich Ernährung, Kleidung und Wohnung versorgt werden sollten.

Der wichtigste Autor, der die Idee des Grundwerts Achtung des Lebens in neuerer Zeit systematisch entwickelte, war Albert Schweitzer (1875–1965). Dieser deutsch-französische Theologe und Philosoph, Musikwissenschaftler und Arzt war eine der vielseitigsten Persönlichkeiten des 20. Jahrhunderts.[6] In seinen Büchern *Die Ehrfurcht vor dem Leben* (2003) sowie *Kultur und Ethik* (1981) begründet er die Idee von der Zentralität des Lebens nach einem systematischen Durchgang durch die Philosophie der Ethik seit der griechischen Antike und in einer Auseinandersetzung mit dem indischen Denken. Er kommt zum Schluss, dass die meisten ethischen Theorien und die Folgerungen daraus an zwei Fehlern kranken: Entweder führen sie die Ethik auf die Persönlichkeit und ihr subjektives Empfinden und Urteilen zurück, oder aber auf funktionale Erfordernisse bzw. Prinzipien von Welt und Gesellschaft. Sie können beides aber nicht verbinden. So enden die meisten ethischen Systeme, wie auch die großen Religionen, entweder in einem grundsätzlichen Pessimismus im Hinblick auf Lebenschancen und Glück (so der Hinduismus, Buddhismus, und die Philosophen Spinoza und Schopenhauer) oder aber in einem ebenso wenig begründbaren Optimismus bezüglich der Möglichkeiten zur Selbstvervollkommnung. Notwendig ist es nach Schweitzer, Prinzipien der Ethik zu entwickeln, die das ethische Verhalten des Individuums in den Mittelpunkt stellen, dabei aber seine Stellung in Gesellschaft und Welt berücksichtigen. Dies entspricht genau der Grundthese dieses Buches. Ausgangspunkt für Schweitzer ist die Tatsache, dass zwar kein letzter Sinn existiert, das Leben selbst jedoch einen Grundwert darstellt, den der Mensch unzweifelhaft verfolgt. Der Sinn des Geschehens ist für uns – so Schweitzer – unergründlich. Was wir davon verstehen, ist nur, dass alles Leben sich ausleben will. Daraus ergibt sich für die „Ethik des Lebens": „Ethik besteht also darin, dass ich die Nötigung erlebe, allem Willen zum Leben die gleiche Ehrfurcht entgegenzubringen wie dem eigenen. Damit ist das denknotwendige Grundprinzip des Sittlichen gegeben. Gut ist, Leben zu erhalten und Leben fördern; böse ist, Leben vernichten und Leben hemmen" (Schweitzer 1981, S. 331). Diese Überlegungen Schweitzers sind eingebettet in eine dem indisch-buddhistischen Denken

---

[6] Vgl. zu Schweitzer auch Detlef Kühn, Ehrfurcht vor dem Leben. Albert Schweitzers Ethik und die Grenzen des Guten, in: https://ethik-heute.org/ehrfurcht-vor-dem-leben/ (abgerufen 28.3.2020). Eck, Stefan B. (2002), *Auf dem Prüfstand: Albert Schweitzer und die Ethik der Ehrfurcht vor dem Leben,* Saarbrücken: Arbeitskreis Tierrechte und Ethik (verfügbar unter https://docplayer.org/35943828-Auf-dem-pruefstand-albert-schweitzer-und-die-ethik-der-ehrfurcht-vor-dem-leben.html, abgerufen am 15.1.2021).

verwandte Ethik der allumfassenden Güte, des Mitleids und der Mitfreude am Glück aller Lebewesen.

Eine Seelenverwandtschaft empfindet Schweitzer auch mit Goethe, der eine ähnliche Botschaft der Nächstenliebe vertrat und es immer ablehnte, der Natur Gewalt anzutun, um ihr ihre letzten Geheimnisse zu entreißen und sie zu beherrschen. Vielmehr müsse man sehen, so Goethe, dass Natur und Mensch lebendig sind und um ihrer selbst willen existieren. Schweitzer leitete aus dieser Grundposition weitgehende ethische Forderungen für das Verhalten der Menschen ab. So reiche es nicht aus, in seinem Beruf alle Pflichten zu erfüllen. Vielmehr müsse jeder auch offen sein für soziale Probleme und für Bedürftige in seinem Umfeld und solchen Menschen Aufmerksamkeit und Zeit widmen, etwa in einem Ehrenamt. Auch das Mitgefühl und die Sorge für Tiere ist wichtig. Ethik betrifft nicht nur das Verhalten zwischen Menschen: „Ethisch ist [der Mensch] nur, wenn ihm das Leben als solches, das der Pflanze und des Tieres wie das des Menschen, heilig ist und er sich dem Leben, das in Not ist, helfend hingibt" (Schweitzer 1983, S. 120).

Ein zeitgenössischer Philosoph, der die Idee der Bedeutung des tierischen Lebens ebenfalls sehr klar zum Ausdruck gebracht hat, ist Volker Gerhardt (2018). Für ihn sind die Wünsche nach Beständigkeit und eigener Entscheidungsfähigkeit die Grundlage des menschlichen Daseins, die elementare Lebenserfahrung. Das Basisbedürfnis, das tun zu können, was der eigenen Einsicht entspricht, führt auch zur Erkenntnis unserer Einbindung in das Leben; sie kann unseren Umgang mit der Natur und mit den in unserer Nähe lebenden Tieren leiten. So reagiert man schon als Kind auf Katze, Hund oder Pony wie auf seinesgleichen; und der Teddybär wird zum engsten Gefährten, der überall dabei sein muss (Gerhardt 2018, S. 90). Dass Tiere, aber auch unbelebte Objekte in unserer Umwelt zu wichtigen sozialen Bezugsgrößen und Elementen der eigenen Identität werden können, hat der Soziologe Tilman Habermas (1999) aufgezeigt. Die Bedeutung solcher Objekte steht nicht nur bei Kindern außer Frage, die etwa ihre Kuscheltiere oft heiß lieben. Auch jeder Erwachsene erfährt sie etwa bei einem Umzug, wenn er/sie entscheiden muss, was man mitnimmt oder nicht. Bedeutung gewinnen geliebte Objekte auch als Erinnerungsstücke, als Geschenke oder durch einen langjährigen Umgang damit. Laut Gerhardt (2018, S. 153) manifestiert auch das Bemühen um Schmerzvermeidung unsere Verbindung mit der Natur. Alles Lebendige geht von sich selbst aus, strebt nach Wachstum und Entfaltung, vollzieht sein Dasein nach eigenem Gesetz.

Mit der revolutionären Entschlüsselung der Struktur des Erbguts durch Rosalind Franklin, James Watson und Francis Crick im Jahre 1953 haben die Lebens- oder Biowissenschaften *(life sciences)* einen ungeheuren Aufschwung genommen. Die Möglichkeit der Entschlüsselung von Genomen, der Lokalisierung und genauen zeitlichen Bestimmung von Bewusstseinsfunktionen (die für viele zur Infragestellung des freien Willens führten), die Frage der Menschenzüchtung und des Klonens sind heute heiß diskutierte Probleme; der Sozialphilosoph Hans Jonas hat darauf schon 1987 hingewiesen. Die *Lebenswissenschaften* sind damit zur neuen, breit ausgefächerten, viele Disziplinen einschließenden Leitwissenschaft geworden, wie es die Physik in der ersten Hälfte des 20. Jahrhunderts war. Methodik und Theorien der Biowissenschaften beziehen sich auf den Zentralbegriff des Lebens und sind damit auch für die Sozialwissenschaften von großer Bedeutung geworden. Ganz allgemein gilt, dass das Recht auf Leben, seine Wertschätzung, sein Schutz und seine Förderung im Denken und Handeln aller Menschen, aber auch in der öffentlichen Diskussion und in der Politik, heute eine zentrale Rolle spielen. Zwei Probleme, die in jüngster Zeit sozialethisch am stärksten umstritten sind – Abtreibung und das Recht auf Selbsttötung und Sterbehilfe – hängen direkt damit zusammen. Die Achtung des Lebens als zentraler gesellschaftlicher Wert hat in jüngster Zeit auch im Rahmen der durch die Klimakrise massiv gestärkten *Umweltbewegung* enorme Bedeutung gewonnen. Wohl auch deshalb steht er in der 2000 von Vertretern und Vertreterinnen einer großen Zahl internationaler Organisationen verabschiedeten *Erd-Charta* an erster Stelle; er lautet „Achtung haben vor der Erde und dem Leben in seiner ganzen Vielfalt".

Was ist Leben?

Was ist „Leben", was sind seine wichtigsten Merkmale? Einen Ansatzpunkt für eine Definition liefert die moderne biochemische und molekularbiologische Forschung. Im Folgenden betrachten wir daher zuerst, was sie dazu sagt. Im Anschluss daran wird der Begriff Leben am Thema Gesundheit, seinem zentralen Ausdruck, soziologisch näher bestimmt.

Leben als Chance und Fähigkeit zu selbstbestimmter Aktivität
In der Biologie werden die folgenden Aspekte des Lebens hervorgehoben[7]: Lebewesen haben komplexe Strukturen, die sich erst im Laufe ihres Lebens entwickeln; der Lebenslauf stellt einen Prozess mit Alterung und Tod dar; Lebewesen können innere und äußere Veränderungen wahrnehmen und darauf aktiv reagieren; in der Abfolge der Generationen gibt es einen Prozess der Evolution von Eigenschaften und Verhaltensweisen. Die Menschen sind im Laufe dieser Evolution nicht nur körperlich stärker und größer, sondern auch emotional kontrollierter und intelligenter geworden.[8]

Zwischen biologischen und sozialen Lebensprozessen besteht eine enge Beziehung, wie schon der Mediziner und Philosoph Georges Canguilhem (1904–1995) argumentierte (Haller 1981, S. 31–49). Lebensprozesse sind in beiden Fällen Prozesse der Selbsterhaltung durch Regulierung und der Erschaffung neuer vitaler Werte; sie ermöglichen es den Lebewesen, ihre spezifische Dynamik zu entfalten. Biologisches und menschlich-soziales Leben haben drei zentrale Elemente gemeinsam: (1) es handelt sich um aktive Prozesse der Anpassung an die Umwelt, aber auch ihrer Transformation; (2) es sind schöpferische

---

[7] „Life", Stanford Encyclopedia of Philosophy (https://plato.stanford.edu/entries/life/; abgerufen am 7.2.2023).
[8] Vgl. als Überblick dazu https://de.wikipedia.org/wiki/Evolution%C3%A4re_Emotionsforschung und https://www.wissenschaft.de/allgemein/der-intelligenzsprung/ (beide abgerufen am 31.8.2023).

Prozesse, durch Lebenstätigkeiten wird Neues geschaffen; (3) die Lebensprozesse sind bezogen auf eine Norm; im Falle biologischer Prozesse sind dies biologisch-physikalische Parameter (z. B. Körpertemperatur). Im Falle des Sozialen wird die Norm von den Akteuren bzw. der Gesellschaft selbst festgelegt; diese Festlegung orientiert sich am Gemeinwohl, hängt aber auch von sozialen, politischen und ökonomischen Interessen ab. Man kann also sagen, dass das Leben selbst einen wertsetzenden Prozess darstellt.

Nun können wir deutlicher sehen, warum das Leben auch ein grundlegender gesellschaftlicher Wert ist. Menschsein ist ja definiert durch schöpferische Fähigkeiten und Aktivität. In der antiken Philosophie wurde Leben als „Selbstbewegung" aufgefasst. Schon im Alten Testament wurde Lebendigkeit, Vitalität als Grundmerkmal aller Lebewesen gesehen. Dass Leben essentiell mit Aktivität und Handlungsfähigkeit verbunden ist, erkennt man am besten, wenn man Krankheit und Tod betrachtet. Wenn man krank und bettlägerig ist, kann man keiner normalen Aktivität mehr nachgehen. Wenn wir sterben, können wir überhaupt nichts mehr tun; der Tod ist aus Sicht des menschlichen Daseins das Äußerste, was einem passieren kann – sofern man nicht schon stark gebrechlich oder schwer leidend, damit also nicht mehr handlungsfähig war. Praktisch das Gleiche gilt für die Krankheit, wenngleich nicht so krass, weil diese zumeist zeitlich eingeschränkt ist und Aussicht auf Genesung besteht. Die Krankheit setzt meinen aktiven Lebenstätigkeiten (zumindest vorübergehend) ein Ende. Es gibt eine Unzahl an Aphorismen, die auf dieses Faktum hinweisen: „Gesundheit ist nicht alles, aber ohne Gesundheit ist alles nichts"; „Was nützet mir der Erde Geld? Kein kranker Mensch genießt die Welt" (Goethe); „besonders überwiegt die Gesundheit alle äußeren Güter so sehr, dass wahrlich ein gesunder Bettler glücklicher ist als ein kranker König" (Schopenhauer).

Hier lautet eine wichtige, inzwischen sehr aktuell gewordene Frage: Verdient auch das Leben der Tiere, ja selbst die unbelebte Natur, unsere Achtung? Diese Frage ist grundsätzlich zweifellos positiv zu beantworten (Remele 2016). Eigenschaften wie Empfindungsvermögen und Subjektivität sind elementare Merkmale allen Lebens (Weber 2014). Dennoch muss man die These von Albert Schweitzer, dass alles Leben gleich wertvoll sei, verwerfen. Den Tieren fehlen grundlegende menschliche Eigenschaften, darunter Verstand und Vernunft, die Fähigkeit zu Sprache und Reflexion, eine Identität und ein freier Wille. Daher besteht ein qualitativer Unterschied zwischen tierischem und menschlichem Verhalten und Handeln, den zentralen Äußerungen des Lebens. Schweitzer selbst war diesbezüglich inkonsequent und schrieb dem menschlichen Leben vielfach doch einen höheren Wert zu als jenem der Tiere. Dennoch können wir seine Grundthese anerkennen, dass auch das Leben von Tieren zu achten ist und dass es vor allem zu vermeiden sei, ihnen unnötiges Schmerzen zuzufügen. Der erste Grund dafür ist, dass auch Tiere leiden können (Eibl-Eibesfeldt 1995, S. 408). Dies kommt im Tierschutzrecht zum Ausdruck, in welchem der Begriff von Schmerzen und Leiden sehr häufig vorkommt. Man könnte sogar sagen, dass Tiere auch „seelisch" leiden können. Man kann dies bei geselligen Tierarten dann beobachten, wenn Jungtiere von den Erwachsenen getrennt werden. In einem Kuhstall kann man Mutterkühe tagelang „klagen" hören, wenn das neugeborene Kalb von ihnen getrennt wurde. Auch das Leben der Tiere zu achten, ist zum Zweiten geboten, weil sie seit Vorzeiten enge Lebensgenossen des Menschen gewesen sind und als Haustiere bis heute für viele Menschen eine große Rolle spielen.

Aus der Sicht der Bedeutung des Lebens kann man schließlich auch argumentieren, dass sogar die unbelebte Natur zu achten ist, ohne dass man dafür religiöse Gründe hat, wie es Franziskus von Assisi in seinem berühmten Sonnengesang darstellte. Hier lautet das Argument, dass die Natur den Lebensraum von Menschen und Tieren darstellt; je besser er gestaltet ist, desto besser können diese sich entfalten. Gesunde Ökosysteme erbringen Leistungen, die auch für die Menschen lebenswichtig sind: Pflanzen wandeln Sonnenenergie in chemische Stoffe (Glucose und Sauerstoff) um, Bakterien bauen organische Stoffe ab, Insekten bestäuben Pflanzen, Wälder reduzieren Kohlendioxid und bremsen den Klimawandel. Die für uns Menschen wichtigste Umwelt ist offenkundig jene von Lebewesen, Pflanzen und Tieren, also die belebte Umwelt: Gärten und Parkanlagen, Wiesen und Wald, begrünte und bewaldete Täler und Berge. Tiere und Pflanzen können ohne Luft, Licht und Wasser nicht existieren. Selbst städtische Straßen, deren Hauptfunktion die Ermöglichung des Verkehrs ist, gewinnen entscheidend, wenn sie durch Bäume, Rasenstreifen usw. teilweise begrünt sind. Diese Umwelten bilden **Habitate,** charakteristische Lebensräume für spezifische Pflanzen und Tiere.[9] Dies kommt in dem in der Gewässerkunde verwendeten Fachbegriff der „Lebensstätte" (als Oberbegriff für Biotope und Habitate) deutlich zum Ausdruck. Als Folge des Vordringens der menschlichen Zivilisation in alle Gegenden der Erde verschwinden jährlich über 50.000 Tierarten, eine Million Pflanzen- und Tierarten sind vom Aussterben bedroht. Wir können damit zu einem wichtigen Teilaspekt der Achtung des Lebens kommen, der Bedeutung von Gesundheit.

Gesundheit als Ausdruck des Lebens

Wenn wir krank und sogar bettlägerig sind, wird uns erst wirklich bewusst, was Leben heißt, nämlich selbstbestimmt aktiv sein zu können. Gesund und fit zu sein ist heute ein „Erfolgsmerkmal", ja man kann geradezu von einem Gesundheitswahn mit religiösen Zügen sprechen, wenn man an die aus dem Boden sprießenden Fitnessstudios, Diätbewegungen, Städtemarathons usw. (Dekkers 2008). denkt. Das Gleiche gilt für den Wunsch, das Leben so lange wie möglich zu verlängern. Die Einsicht, dass Gesundheit zu den wichtigsten Bedingungen gelingender menschlicher Existenz gehört, ist aber nichts Neues. Gesundheit wurde schon im Judentum und Christentum hochgeschätzt. Für Juden ist es Pflicht, nach Wiederherstellung der Gesundheit zu streben, wenn man krank ist. Im Christentum wird Gesundheit als Zeichen Gottes und Ausdruck der Gerechtigkeit verstanden. Für den Schriftsteller Oscar Wilde ist Gesundheit die erste Pflicht im Leben. Die spektakuläre Erhöhung der Lebenswartung seit dem Zweiten Weltkrieg belegt, dass hier tatsächlich

---

[9] Vgl. die Kurzdarstellung in https://de.wikipedia.org/wiki/Habitat (abgerufen am 9.4.2023).

enorme Erfolge erzielt wurden. Sie sind allerdings durch den neuen Begriff der „Lebenserwartung in guter Gesundheit" zu relativieren. So kann man auch sagen: Wer gesund stirbt, hat mehr vom Leben hat (Merin und Skalnik 2009). Die Lebenserwartung in guter Gesundheit beträgt in Österreich bei Männern und Frauen nur 63,1 bzw. 64,7 Jahre – im Unterschied zur Lebenserwartung insgesamt von 79 bzw. 84. Jahren.[10] Bemerkenswert ist, dass die Geschlechterdifferenz hier verschwindet; dies bedeutet, dass Frauen zwar länger leben, aber (vor allem in höherem Alter) weniger gesund sind als Männer.

Wie hängen Gesundheit und Krankheit mit dem Grundwert der Achtung des Lebens zusammen? Hier geht es auch darum, wie man diese beiden Zustände definiert (Schmidt 2010). In offiziellen nationalen und internationalen Deklarationen schwingt die Hochschätzung von Gesundheit mit; oft sind damit aber uneinlösbare Erwartungen verbunden. Dies gilt etwa für die bekannte Definition der Weltgesundheitsorganisation (WHO), wonach Gesundheit ein Zustand des vollständigen körperlichen, geistigen und sozialen Wohlergehens ist (ähnlich die Allgemeine Erklärung der Menschenrechte). Nach dieser Definition wäre in der Tat niemand gesund.

Das Problem ist nämlich, dassGesundheit oft mit Wohlergehen und Glück identifiziert bzw. verwechselt wird. Darin liegen zwei Probleme (Haller 1981): Wenn man Gesundheit so breit definiert, wird der Begriff schwammig und verliert seinen klaren personalen und gesellschaftlichen Bezug. Für verschiedene Menschen kann Wohlbefinden und Glück etwas ganz Anderes bedeuten und auf anderen Quellen beruhen; welche davon als wichtig oder unwichtig angesehen werden, ist ihnen zu überlassen. Wenn man krank ist, hat man jedoch das Recht, von der Arbeit fernzubleiben und Unterstützung zu erhalten. Wenn man sich unglücklich fühlt, würde das zuhause bleiben die Situation eher noch verschlechtern. Ein überhöhter, normativ-idealer Gesundheitsbegriff führt auch dazu, dass man alle Abweichungen vom Ideal als Problem, ja Krankheit sehen kann.

Eine brauchbare positive Definition von Gesundheit lautet: Gesund ist, wer in der Lage ist, für seine wichtigsten Ziele und Intentionen aktiv zu wirken (vgl. auch Menninger 1974). Dies setzt den körperlichen und geistigen Aspekt gleichzeitig voraus. Krankheit und Gesundheit sind Reaktionen des Gesamtorganismus, sie involvieren Körper, Psyche und Geist (Canguilhem 2017). Eine solche Definition bezieht das Urteil, ob man gesund ist oder nicht, auf die Bedürfnisse, Ambitionen und die Identität eines Menschen, nicht auf den Vergleich mit anderen. Daher muss z. B. ein Behinderter, der im Vergleich zu anderen eindeutig benachteiligt ist, dies aus seiner eigenen Sicht keineswegs sein. Er kann ja durchaus in der Lage sein, seinen alltäglichen Verpflichtungen, auch einem Beruf, voll nachzukommen. So entwickeln Menschen mit starken Behinderungen in der Regel und sehr viel stärker alternative Formen der Wahrnehmung und Bewegung als nicht Behinderte. Es gibt Schwerstbehinderte, die es durch intensives Training zu sportlichen Höchstleistungen bringen. Nicht wenige von ihnen sagen, ihre schwere Verletzung habe ihnen eine völlig neue Lebenssicht und Lebenschancen eröffnet (Fraberger 2017).

---

[10] Vgl. Lebenserwartung in Gesundheit in: https://www.statistik.at/statistiken/bevoelkerung-und-soziales/gesundheit/gesundheitszustand/lebenserwartung-in-gesundheit (abgerufen am 4.4.2023).

Auch *Krankheit* kann man nicht rein medizinisch definieren. In diesem Sinn kann Krankheit eindeutig als Abweichen von bestimmten Normen und damit zusammenhängenden Phänomenen bestimmt werden.[11] Eine Lungenentzündung ist mit hohem Fieber, Husten und Atemnot verbunden; der Arzt kann auch physiologische Veränderungen in der Lunge feststellen. Aus medizinischer Sicht bedeutet Krankheit also das Vorliegen ganz spezifischer Symptome und Probleme, die als spezifische Erkrankung diagnostiziert werden können. Um von Krankheit in einem sozialen Sinn sprechen zu können, müssen aber auch ein subjektives Krankheitsgefühl und eine soziale Beeinträchtigung dazukommen. Laut Siegrist (1995, S. 199 f.) sind für die Definition von Krankheit drei Bezugssysteme relevant: das medizinische, das individuell-subjektive und das gesellschaftliche. Krebs kann oft erst spät entdeckt werden und die Betroffenen merken lange nichts davon. Hier ist der Mensch zwar medizinisch krank, sozial aber nicht. Umgekehrt gibt es natürlich die „eingebildeten Kranken", wie der Titel eines bekannten Theaterstücks von Molière lautet. Die damit porträtierte Figur des Hypochonders ist ein Thema zahlreicher Autoren. Von Freud übernahm die medizinische Psychologie die Annahme, dass Kranke aus der Krankheit selbst Gewinne direkter Art (indem sie inneren Konflikten aus dem Weg gehen) und indirekter Art ziehen (Entlastung von Arbeit, erhöhte Zuwendung von Aufmerksamkeit).[12] Aus der Sicht des Grundwertes ‚Leben' müsste man eher sagen, dass die Flucht in die Krankheit Furcht vor einem aktiven Leben und Mutlosigkeit angesichts seiner Anforderungen darstellt.

In welcher Beziehung stehen Gesundheit und Krankheit nun zum Grundwert des Lebens? Gesundheit erfüllt eigentlich alle Bedingungen, die in Kap. 3 als Kennzeichen eines Grundwertes angeführt wurden: Gesund zu sein wird von jedem als erstrebenswert angesehen; Gesundheit ist Voraussetzung für die Fähigkeit zu arbeiten und für soziale Interaktion mit anderen; eine gesunde Population ist gut für Wirtschaft und Gesellschaft; Gesundheit wird universell als wünschenswert angesehen, und man kann einen eindeutigen Trend zu ihrer zunehmenden Hochschätzung erkennen. Dennoch scheint es angebracht, Gesundheit nur als Teilaspekt des Grundwertes ‚Leben' zu sehen. Leben wurde ja definiert als bewusste Tätigkeit der Bedürfnisbefriedigung, der sozialen Vernetzung usw. Gesund zu sein ist eine Voraussetzung für das soziokulturelle Leben, wie die Luft und das Atmen eine Voraussetzung für das biophysische Leben sind. Dass aber Gesundheit an sich ein hoher, ja der höchste aller Werte ist, wie viele Sprichwörter besagen, kann man durchaus infrage stellen. Eher trifft das Sprichwort zu „Gesundheit ist wie das Salz: Man bemerkt es nur, wenn es fehlt". Gesundheit ist eben deshalb so wichtig, weil sie einem erst wirklich zu leben ermöglicht. Gesundheit ist ja dann gegeben, wenn

---

[11] Für eine knappe medizinische Definition und einen Überblick über die Typen von Krankheit s. https://flexikon.doccheck.com/de/Krankheit (abgerufen am 19.4.2023). Für die soziologische Perspektive zu Krankheit vgl. Haller (1981), *Gesundheitsstörungen als persönliche und soziale Erfahrung:* Siegrist ((1995), *Medizinische Soziologie*, S. 199–203.

[12] Vgl. https://de.wikipedia.org/wiki/Krankheitsgewinn (abgerufen am 19.4.2023).

jemand seine alltäglichen Tätigkeiten und Aufgaben erfüllen kann. Man könnte Gesundheit im Sinne der in Kap. 3 eingeführten Differenzierung als ethisch-instrumentellen Wert bzw. Norm bezeichnen. Krankheit hindert einen daran, „voll" zu leben, das zu tun, was einem als notwendig und wichtig, als angenehm oder lustvoll und daher wünschenswert erscheint. Einen Hinweis darauf, dass Gesundheit keinen Wert an sich darstellt, gibt auch die Sprache. Man kann sich des Lebens freuen (Lebensfreude); einen analogen Begriff der „Gesundheitsfreude" gibt es nicht.

Leben als persönlicher und gesellschaftlicher Grundwert

Betrachten wir nun näher, welche Implikationen die These hat, dass man Leben als gesellschaftlichen Grundwert ansehen kann. Hierbei erhebt sich zunächst die Frage nach dem Sinn des Lebens. Eine weitere lautet: kann man den Wert des Lebens auch ökonomisch messen?

Der Sinn des Lebens
Wenn man die Achtung vor dem Leben und die Liebe zu ihm als einen persönlichen und gesellschaftlichen Grundwert betrachtet, kommt man unweigerlich zur Frage nach dem Sinn des Lebens. Es eröffnet sich damit auch die Möglichkeit zu einer adäquaten Würdigung der Existenzanalyse von Viktor Frankl (1905–1997). Die zentrale These von Frankl lautet, dass es dem Menschen vor allem darum geht (und gehen sollte), einen Sinn des Lebens zu finden (Frankl 1985, 1997). Zahlreiche moderne psychische und soziale Probleme – von Süchten, Neurosen und Psychosen bis hin zum Suizid – kann man als Folge der Tatsache sehen, dass viele Menschen ihr Dasein nicht (mehr) als sinnvoll empfinden. Was dieser Sinn im Einzelnen genau ist, sagt Frankl meist nicht klar. An einer Stelle heißt es, Sinn könne in dreierlei Weise erreicht werden: als Dienst an einer Sache (Schaffung eines Werks), im Aufgehen in einer Tätigkeit oder in der Liebe zu einer Person (Frankl 1997). Letztlich wird jedoch deutlich, dass Sinn für ihn nichts anderes bedeutet als die Bejahung des Lebens und eine positive Einstellung dazu. An einer Stelle übersetzt er Sinn wörtlich als *survival value* – also Überlebenswille. Ein solcher Sinn könne auch in den schlimmsten Lebenssituationen noch aufrechterhalten werden, Leiden könne als Chance gesehen werden, sich zu wandeln und zu wachsen. Dies kommt auch klar zum Ausdruck im Titel des Buches „*… trotzdem Ja zum Leben sagen*", in dem er seine eigenen Erfahrungen in nationalsozialistischen Konzentrationslagern 1942 bis 1945 schildert.

Empirische Studien in der Schweiz und in Österreich zeigten, dass die Frage nach dem Sinn des Lebens für die Menschen durchaus verständlich ist und dass die meisten einen solchen Sinn sehen (Schaeppi 2004; Müller 2011). Auf eine offene Frage, was der Sinn des Lebens sei, ergaben sich in der Schweiz an erster Stelle Aussagen wie „das Leben genießen, glücklich sein, Spaß haben, sich an Kleinigkeiten erfreuen". Ähnliche Befunde hatte der Freizeitforscher Wolfgang Opaschowski (2008) konstatiert. Er betont, dass zwischen Leistung und Lebensgenuss kein Gegensatz bestehen müsse; vielmehr seien beide Aspekte wichtig und ergänzten sich einander: Leistung und gutes Einkommen eröffnen mehr Lebensgenüsse; diese verbessern auch die Leistungsfähigkeit. Dabei ist für die Befragten nicht nur das Wohlergehen der eigenen Person wichtig, sondern auch das der nahen Familienangehörigen; nicht nur Arbeit und Freizeit sind wichtig, sondern auch sinnvolle soziale oder künstlerische Tätigkeiten, die man meist in einer Gruppe ausübt.

Diese Überlegungen zur Bedeutung des Lebens werden auch durch das Faktum gestützt, dass Gesundheit in den Augen aller Menschen außerordentlich wichtig ist, wie empirische Studien immer wieder bestätigen. Bei Umfragen mit großen Stichproben in Deutschland wurde nach der Wichtigkeit verschiedener Lebensbereiche gefragt (Hinz et al. 2010). Gesundheit stellte sich als der allerwichtigste heraus. Ihre Bedeutung nahm mit dem Alter zu, variierte jedoch nicht nach Geschlecht und Schichtzugehörigkeit. In einer österreichischen Umfrage über die wichtigsten Zukunftsthemen wurden Gesundheits-Vorsorge und -Aufrechterhaltung an erster Stelle von 14 Themen genannt. Erst danach folgten „mehr Zeit für schöne Dinge des Lebens", „finanzielle Unabhängigkeit" und „gesicherter Lebensabend" (Müller 2011). Die Corona-Pandemie ab Februar 2020 hat das Gesundheitsbewusstsein verstärkt. Bei Umfragen in Deutschland, Großbritannien und Italien sagten fast zwei Drittel der Befragten, es sei ihnen wichtiger geworden, sich um die eigene Gesundheit zu kümmern und das Gesundheitssystem nicht zu überlasten. Fast jeder Zweite gab an, sich häufiger um die Gesundheit anderer Gedanken zu machen. Schlagend bestätigt wird der hohe Wert der Gesundheit – oder auch: der Angst vor Krankheit und Tod – durch die weitreichenden politischen Maßnahmen, die Regierungen weltweit zur Eindämmung der Corona-Pandemie im Jahre 2020 getroffen haben. Unter Inkaufnahme eines enormen wirtschaftlichen Rückgangs wurde eine drastische Einschränkung des öffentlichen und wirtschaftlichen Lebens verordnet: Schließung von Betrieben und Geschäften, Schulen und Universitäten, Vergnügungs- und Kulturveranstaltungen. Es wurden massive Ausgangsbeschränkungen verordnet. Diese Einschränkungen wurden von den Bevölkerungen in den meisten Ländern weitgehend akzeptiert und befolgt.

Man könnte auch zahlreiche Belege dafür beibringen, dass die Bedeutung der Werte von Gesundheit und Leben in den letzten Jahrhunderten massiv gestiegen ist, sowohl auf der Ebene ihrer öffentlichen und politischen Anerkennung wie auch in der Etablierung von Politiken und Institutionen zu ihrer Realisierung. Laut Feldmann (2010, S. 579) ist die Lebensdauer zur „universalen Bedeutungsdimension" in der modernen Gesellschaft geworden. Der Grundwert „Schutz des Lebens" wurde auch in Rechtssystemen und Verfassungen verankert. Im Grundgesetz der Bundesrepublik Deutschland heißt es: „Jeder hat das Recht auf Leben und körperliche Unversehrtheit." Die Allgemeine Erklärung der Menschenrechte betont das Recht auf Leben, das Recht auf einen Lebensstandard, der die Gesundheit fördert, und das Recht auf eine adäquate gesundheitliche Versorgung und ärztliche Leistungen im Falle von Erkrankung. Es gibt weitere eindeutige Hinweise auf die gestiegene Bedeutung von Gesundheit und Leben. Einer davon ist die Entwicklung der öffentlichen Ausgaben für diese Bereiche. Die Anzahl der Krankenhäuser, der Berufe im

Gesundheitswesen (Ärzte, Krankenpfleger usw.) und in der Folge der Umfang der staatlichen Gesundheitsausgaben ist in den letzten Jahrzehnten massiv gestiegen. In Westeuropa und den USA liegt der Anteil der Gesundheitsausgaben heute bei rund 10 % des Bruttoinlandsprodukts. Dies sind ungeheure Summen: in Deutschland fast 400 Mrd. US-$, in den USA 2.000 Mrd US-$. Deutlich niedriger (nur 5 % und weniger) sind diese Anteile in Ländern wie Indien, China und Russland.[13] Ein zweiter Indikator für die zunehmende Bedeutung der Gesundheit als einem individuellen und gesellschaftlichen Grundwert ist die Entwicklung des Tabakkonsums und Rauchens. Das Zigarettenrauchen entwickelte sich erst im Laufe des 19. Jahrhunderts – nicht zuletzt angestoßen durch den Krimkrieg, in welchen die westeuropäischen Soldaten mit jenen des osmanischen Reiches in Kontakt kamen und dabei lernten, sich mit Hilfe von Zeitungspapier billige Zigaretten selbst herzustellen. Das Rauchen erreichte einen Höhepunkt in der Nachkriegszeit um 1950–60, nimmt seit 1980–90 jedoch wieder stark ab.[14] Ursache dafür war die zunehmende Erkenntnis seiner Gesundheitsschädlichkeit (jährlich sterben in Deutschland über 100.000 Menschen an seinen Folgen), aber auch die massiven gesetzlichen Beschränkungen des Rauchens in öffentlichen Räumen. Nach Ergebnissen des deutschen Mikrozensus 2017 waren nur noch knapp 17 % der Bevölkerung Raucher; früher waren es bei Männern über 40 %, bei Frauen 25–30 % gewesen.[15] Dieses Beispiel zeigt einmal mehr, wie Grundwerte langfristig zur Geltung kommen und Übel beseitigt werden, die ihnen entgegenstehen.

Welchen ökonomischen Wert hat ein Leben?
Diese Fakten führen zur interessanten Frage, ob man den ökonomischen Wert eines Lebens bestimmen kann. Tatsächlich scheinen in der Realität Gesundheit und Leben nicht immer als die höchsten Werte zu gelten. So gibt es weitverbreitete Verhaltensweisen, von denen die Ausübenden selbst wissen, dass sie offenkundig gesundheitsschädlich sind. Neben dem Rauchen kann man kann auch an Verhaltensweisen denken wie übermäßigen Alkoholgenuss oder ungesundes Essen und Trinken von Limonaden, die zum weitverbreiteten Übergewicht bei Kindern und Jugendlichen beitragen. Junge Menschen üben riskante Sportarten aus (Drachenfliegen, extremes Bergklettern, Motorrad- und Autorennen), bei denen das Risiko eines schweren oder sogar tödlichen Unfalls erheblich ist. Schließlich werden viele weithin als gesund anerkannte Verhaltensweisen nicht ausgeübt, obwohl sie wenig oder gar nichts kosten würden (vor allem: körperliche Betätigungen aller Art, Sport). Dafür gibt man sich Gewohnheiten hin, welche die Gesundheit nicht fördern bzw. ihr nachweislich schaden (unregelmäßige Lebensweise, zu wenig Zeit für Schlaf, ungesundes und zu üppiges Essen und Trinken).

---

[13] Vgl. WHO, Global Health Expenditure Database: https://apps.who.int/nha/database (abgerufen am 4.4.2023).

[14] Vgl., u. a. https://www.statistik.at/statistiken/bevoelkerung-und-soziales/gesundheit/gesundheitsverhalten/rauchen (abgerufen am 7.2.2023).

[15] https://www.destatis.de/DE/Themen/Gesellschaft-Umwelt/Gesundheit/Gesundheitszustand-Relevantes-Verhalten/Publikationen/Downloads-Gesundheitszustand/rauchgewohnheiten-5239004179004.pdf?__blob=publicationFile (abgerufen am 7.2.2023).

Die Frage, wie viel Gesundheit und Leben etwa in Geld ausgedrückt wert sind, kann man stellen und das Leben dennoch als etwas Unantastbares betrachten (Nida-Rümelin 2018). Das Leben selbst kann nicht verkauft oder gekauft werden; wohl aber können seine Qualität und seine Dauer durch die Ressourcen, die einem zur Verfügung stehen, beeinflusst werden. In der sozialen und ökonomischen Realität spielt ein solcher Preis des Lebens tatsächlich eine Rolle. Er wird etwa geschätzt, wenn es darum geht, die Prämien für Unfall- und Lebensversicherungen festzulegen oder in Betrieben, wenn Sicherheitsmaßnahmen für die Beschäftigten zu treffen sind. Hierbei werden die entstehenden Kosten gegenüber dem zu erwartenden Nutzen, aber auch im Vergleich zu den Risiken und möglichen Schäden abgewogen. Auch Regierungen überlegen bei der Entscheidung für kostspielige Präventionsmaßnahmen, wie viele Leben dadurch gerettet bzw. Lebensjahre gewonnen werden können (Schleininger 2006). Zu nennen sind hier auch die bereits dargestellten extrem einschränkenden Maßnahmen gegen die Ausbreitung des Corona-Virus, die trotz massiver Nebenfolgen von allen Regierungen festgelegt und von den Bevölkerungen auch weitgehend akzeptiert wurden.

Ökonomisch kann man den Wert des Lebens in zweifacher Weise messen: Zum einen durch den Humankapitalansatz, nach dem das Leben jener Menschen mehr wert ist, die wichtige Qualifikationen besitzen, eine hohe Leistungsfähigkeit aufweisen und noch ein langes Leben vor sich haben. Nach diesem Kriterium würden allerdings Rentner, Behinderte und andere nicht (voll) Erwerbsfähige nur Kostenfaktoren darstellen. Andere, ethisch akzeptablere und daher gebräuchlichere Ansätze sind die Methode der Zahlungsbereitschaft (welche Beträge würde man als angemessen empfinden, um bestimmte Risiken für eine bestimmte Anzahl von Personen zu reduzieren?) und Arbeitsmarktanalysen (für wie viel Zusatzeinkommen wären Menschen bereit, im Berufsleben ein höheres Gesundheitsrisiko auf sich zu nehmen?). Aufgrund dieser Methoden kann man schätzen, wie viel ein Menschenleben wert ist. Für die USA ergaben sich daraus Zahlen zwischen 5 und 12 Mio. $. Diese Werte sind auch abhängig vom Alter. Hier ergibt sich eine umgekehrte U-Kurve: ab der Geburt steigt der Wert bis etwa zum Alter von 40 Jahren; ab 50 sinkt er immer schneller ab.

Zwischenfazit
Wir können aus diesen Überlegungen und Befunden fünf Folgerungen ableiten. (1) Zunächst ist evident, dass der Wert Leben sehr eng mit allen anderen gesellschaftlichen Grundwerten zusammenhängt. Frieden und Sicherheit sind Voraussetzungen für das Leben. Die politischen Grundwerte – Freiheit, Gleichheit, Gerechtigkeit – können nur realisiert werden, wenn das Leben gesichert ist. Unter autoritären und totalitären Regimen ist dies keineswegs für alle der Fall; Regimekritiker werden nicht nur eingesperrt und damit fast aller Möglichkeiten beraubt, tätig zu sein„ sondern oft auch ermordet. Den Wert der Menschenwürde kann man erst in einem „lebenswerten" Leben realisieren, d. h. in einigermaßen gesicherter materiellen und sozialer Lage. Soziale Inklusion und Wohlstand verleihen dem Leben erst einen Wert und führen zu Glück und Zufriedenheit. (2) Selbst am Beispiel des Lebens zeigt sich, dass keiner der gesellschaftlichen Grundwerte

absolut gesetzt werden kann oder darf. Unter bestimmten (extremen) Bedingungen muss auch die Realisierung dieses Wertes zugunsten anderer verletzt, wenn nicht sogar ganz zurückgestellt werden. Das extremste Beispiel dafür ist der Kriegseinsatz. (3) Zentral ist hier die Unterscheidung zwischen der individuellen und gesellschaftlichen Perspektive. Die Abschätzung des ökonomischen Wertes eines Lebens ist aus der gesellschaftlichen Perspektive schwer zu vermeiden, aus der individuellen jedoch unzulässig. Jeder Betrieb könnte die Zahl der Arbeitsunfälle, jeder Staat die Zahl der Todesfälle durch bestimmte Erkrankungen noch weiter reduzieren (wenn auch oft nur gering), wenn dafür maximal viele Mittel bereitgestellt würden. Dies könnte aber einen Betrieb in den Ruin führen oder einen Staat zur Vernachlässigung anderer wichtiger Ausgaben zwingen. (4) Die Problematik der Ungleichheit spielt eine große Rolle, wenn es um die Dauer und Qualität des Lebens und um den Zeitpunkt und die Art des Sterbens geht. Reiche Ölscheichs lassen sich in die renommiertesten westlichen Kliniken fliegen, um die beste medizinische Behandlung genießen zu können. Die Top-Kliniken der USA gehören zweifellos zu den Besten der Welt, aber ein nicht krankenversicherter Arbeiter oder Familienangehöriger – das sind immerhin rund 27,5 Mio. Menschen in den USA – kann sich oft selbst einfache medizinische Behandlungen nicht leisten. Daher sind dort auch die schichtspezifischen Differenzen in der Lebenserwartung deutlich höher als in Europa. Aber selbst hier liegen sie noch zwischen fünf und zehn Jahren. (5) Aus gesellschaftlicher Sicht muss man sagen, dass die Bewertung der Lebensleistung von Menschen, wie man sie aus der Höhe ihrer Pensionen und Renten ableiten könnte, ungerecht ist. Frauen, die mehrere Kinder auf die Welt gebracht und aufgezogen haben, erhalten vielfach nur sehr niedrige Renten, obwohl ihre Kinder durch ihre Steuern entscheidend zur Aufrechterhaltung der finanziellen Basis der Alterssicherung beitragen. Es gab daher mehrere Entscheidungen des deutschen Bundesverfassungsgerichts, diese Ungerechtigkeit zu beseitigen. Die Politik ist dieser Aufforderung noch bei weitem nicht ausreichend nachgekommen.

Weitere Indikatoren für den Wert des Lebens

Jedes menschliche Leben ist zeitlich begrenzt. Wenn jemand nicht herausgehobene Werke geschaffen oder Leistungen erbracht hat, verblasst die Erinnerung an ihn/sie in der Regel schon nach wenigen Generationen nahezu vollständig. Wo bleibt da der Sinn des Lebens? Ein positives Argument trotz dieses Schicksals aller Menschen sind Kinder, denen auch in modernen, wohlhabenden Gesellschaften ein hoher Wert zugeschrieben wird. Ja, man kann sogar sagen, dass Kinder von ihren Eltern noch nie so hoch bewertet, behütet und verantwortungsvoll aufgezogen wurden wie heute (wenn man einmal von den Kinder des

Hochadels absieht), wie Philippe Ariès (2007) in seiner *Geschichte der Kindheit* gezeigt hat.[16]

Entwertung des Lebens durch Sterben und Tod?
Ein zentrales Kennzeichen allen Lebens ist, dass es zeitlich begrenzt ist und irgendwann zu Ende geht. Der Tod war daher, seit es menschliche Gesellschaften gibt, ein eminentes Problem. Gesellschaftliche Riten im Zusammenhang mit Sterben und Tod sind ein Element aller Kulturen. Sie waren offenkundig von zentraler Bedeutung selbst in den frühesten Gesellschaften, von denen wir Zeugnisse besitzen, unabhängig davon, ob es sich um kleine oder große Gesellschaften bzw. politische Gemeinschaften handelte (Assmann 2005). Die als Begräbnisstätten für Pharaonen vor dreitausend Jahren erbauten Pyramiden und tief in die Felsen gehauenen Grabkammern sind das beeindruckendste Erbe der ägyptischen Hochkultur. Tiefe und reich ausgeschmückte Nekropolen errichtete auch das kleine Volk der Etrusker zwischen Arno und Tiber in Mittelitalien schon ein halbes Jahrtausend vor Beginn unserer Zeitrechnung. Wenn man heute nach den stärksten Befürchtungen der Menschen fragt, stehen weltweit Angst vor Krankheit und Tod an erster Stelle, wenngleich es hier große internationale Differenzen gibt. Selbst wenn sie nicht selbst betroffen waren, begleiten Erinnerungen an Erfahrungen mit schweren Unfällen mit Toten als emotional aufwühlende Erlebnisse Menschen oft ihr Leben lang.

Wenn man den Tod auch nicht verhindern kann, so kann man doch recht unterschiedliche Haltungen zu ihm einnehmen: Man kann sich vor ihm fürchten, man kann ihn negieren, und man kann versuchen, Einfluss darauf zu nehmen, wann und unter welchen Umständen man stirbt. Man kann sich aber auch bemühen, eine würdige Haltung zum Tod einzunehmen. Todesangst ist ein Phänomen, das nicht selten vorkommt. Es kann krankhaft sein – etwa wenn Menschen glauben, bei körperlichen Symptomen (wie Herzrasen) dem Tode nahe zoder sogar bereits tot zu sein. Auch gesunde Menschen werden häufiger als man glaubt von Todesängsten gepeinigt (Morschitzky 2021). Sie haben etwa Angst, in der Früh nicht mehr aufzuwachen oder beim Sterben schwer leiden zu müssen. Zum Glück, könnte man sagen, nimmt die Angst vor Krankheit und Tod bei vielen mit dem Alter ab, wenn sie merken, dass das Leben trotz zunehmender Einschränkungen lebenswert bleibt. Man könnte sagen, die Furcht vor dem Tod sei begründet, wenn sie mit einer möglichen Vereitelung unserer Ziele und Pläne zusammenhängt. Der Tod wird daher als besonders tragisch empfunden bei jemandem, der im besten Alter (und möglicherweise vollem Bewusstsein) sterben muss. Sich ohne Grund vor dem Tod zu fürchten ist jedoch unvernünftig, da diese Furcht nicht nur nichts hilft, sondern uns sogar daran hindert, sinnvoll in der Gegenwart zu leben. Der Philosoph Robert Nozick (1993) meint, der Mensch solle die Einstellung zum Tod davon abhängig machen, was man getan habe:

---

[16] Politisch kommt diese Wertschätzung allerdings viel weniger zum Ausdruck. Dies zeigt sich etwa in den weit niedrigeren Staatsausgaben für Kinder im Vergleich zu alten Menschen und zuletzt auch in der Corona-Pandemie.

Je mehr von dem, was man als wichtig betrachtete, getan ist, und je geringer die Kapazität ist, die einem bleibt, desto bereitwilliger sollte man sein, dem Tod ins Auge zu sehen.

Sich den jederzeit möglichen eigenen Tod vor Augen zu halten, kann aber auch die Haltung zum Leben selbst verändern. Dadurch wird einem zweierlei bewusst: Zum einen die Tatsache, dass bestimmte Entscheidungen und (auch unterlassene) Handlungen nicht mehr rückgängig gemacht werden können. Daraus könnte folgen, dass man mutigere, d. h. weniger von sozialen Rücksichten bestimmte Entscheidungen trifft. Zum anderen kann die Vergegenwärtigung des Todes zu einer höheren Gelassenheit gegenüber alltäglichen Widrigkeiten und Sorgen führen. Mit Schopenhauer kann man argumentieren, dass der Tod den Wert des Lebens steigert.

Eine solche gelassene philosophische Haltung und oder ein Vertrauen auf religiöse Tröstungen angesichts des Todes mag für viele nicht ohne weiteres möglich sein. Seit Renaissance und Aufklärung und der in ihrer Folge einsetzenden Säkularisierung hat sich der Schwerpunkt des Denkens und der gesellschaftlich-politischen Bemühungen dahin verlagert, drei Aspekte in Bezug auf den Tod zu beeinflussen: einen „unnötigen" frühen Tod zu vermeiden, das Leben so weit als möglich zu verlängern und das Sterben selbst möglichst schmerzlos zu gestalten. Der gesellschaftliche Fokus wurde also vom Tod auf das Sterben verlegt (Feldmann 2010). Sterben war in früheren Gesellschaften allgegenwärtig und kaum beeinflussbar. Dafür gab es eine umfangreiche Kultivierung und Ritualisierung des Todes und der Toten. Heute wird dem Leichnam selbst nur mehr wenig oder gar keine Aufmerksamkeit mehr geschenkt (ein Indiz dafür ist der Trend zur Feuerbestattung). Dafür wird die Sterbebegleitung personell und institutionell (etwa durch Hospize für unheilbar Kranke) professionalisiert. Damit ist in der Regel doch eine gewisse Humanisierung des Sterbens verbunden. Auch dies ist ein Indiz dafür, dass das Leben an sich an Wert gewonnen hat.

Die oben dargestellten, enormen Steigerungen der Ausgaben für Gesundheit haben auch entscheidend dazu beigetragen, dass in allen drei vom Menschen beeinflussbaren Aspekten von Sterben und Tod signifikante Fortschritte erzielt wurden. Bereits hingewiesen wurde auf die enorme Steigerung der Lebenserwartung seit dem Zweiten Weltkrieg. Sie ist nicht nur dem Fortschritt der wissenschaftlichen Medizin zu verdanken, sondern ebenso den Verbesserungen in der allgemeinen Hygiene (sauberes Trinkwasser, Müllbeseitigung, bessere Wohnverhältnisse usw.) und in Ernährung und Lebensbedingungen (etwa ganzjährige Verfügbarkeit von Gemüse und Obst, Abnahme schwerer körperlicher Arbeit). Das bedeutet auch, dass das Risiko eines zu frühen Todes signifikant gesenkt werden konnte. Die gestiegene Lebenserwartung und die Möglichkeit des Überlebens auch bei schweren Erkrankungen führten allerdings auch dazu, dass ein erheblicher Anteil älterer Menschen gesundheitlich eingeschränkt ist und pflegebedürftig wird. Dies ist ein gravierendes neues soziales Problem sowohl aus der Sicht der Betroffenen und ihren Angehörigen wie auch aus der Sicht des Wohlfahrtsstaates, der für die Sicherung der Professionalität der Pflege wie auch für Abdeckung der immens steigenden Kosten dafür (mit-) verantwortlich ist.

Relevant ist hier auch das Thema der gewollten Beendigung des Lebens, des Suizids. Die Tatsache, dass der Suizid in praktisch allen historischen Epochen und Gesellschaften abgelehnt wird, ist ein weiterer Indikator für die Hochschätzung des Lebens[17]. Auch Kant argumentierte, dass der Mensch die Pflicht zur Selbsterhaltung habe. Er verurteilte den Suizid, ebenso wie Selbstverstümmelung und Selbstbetäubung durch Unmäßigkeit im Gebrauch von Genuss- und Nahrungsmitteln (Störig 1950, S. 484). Schopenhauer (2009, S. 293) bezeichnet den Selbstmord als „eine vergebliche und törichte Handlung", weil sie dem Selbstmörder nur scheinbar Befreiung verschaffe. Die nahezu universelle Verurteilung des Suizids hat Emile Durkheim 1897 in seinem soziologischen Klassiker über den Selbstmord gezeigt. Durkheim erklärt die Verurteilung des Suizids mit dem modernen Kult der menschlichen Persönlichkeit. Diese Erklärung kann jedoch nicht zutreffen, da er schon in vormodernen Gesellschaften geächtet wurde. Eine Erklärung, dass Suizid gerade deshalb weitgehend verurteilt wird, weil er gegen den Grundwert der Achtung des Lebens verstößt, trifft dagegen viel eher zu. Die oben formulierte These der Tätigkeit als zentralen Elementes des Lebens wird durch das Faktum bestätigt, dass Suizid von alten und schwer kranken Menschen heute zunehmend akzeptiert wird. Sie tun dies gerade deshalb, weil sie wichtige Aktivitäten des Lebens nicht mehr ausüben können und dafür vielleicht sogar ständiger Schmerz präsent ist. Der Kulturhistoriker Thomas Macho (2017) argumentiert in einem reichhaltigen Werk, dass in der Einstellung zum Suizid in der Moderne geradezu eine Umkehr erfolgte und er nicht mehr verurteilt wird, sondern sogar zunehmend als faszinierendes, kalkulierbares, sogar künstlerisches Projekt gesehen werde. Dies trifft vielleicht auf eine kleine Minderheit zu; die große Mehrheit derer, die Suizid begehen, tut dies aber noch immer aus den seit jeher bekannten Gründen (Einsamkeit, schwere Erkrankung, Leiden und Behinderungen, mit psychischen Problemen, Alkohol und Drogen als Verstärker).[18] Richtig ist, dass eine Entmoralisierung und Entkriminalisierung des Suizids erfolgte. Dies steht jedoch in Übereinstimmung mit dem allgemeinen Trend zu einer Aufwertung der individuellen, ethisch-moralischen Autonomie.

Der Wert von Kindern – die positivste Perspektive auf das Leben
In den bisher dargestellten Einstellungen und sozialen Praktiken der Bevölkerung in Bezug auf Sterben und Tod zeigt sich ohne Zweifel eine Hochschätzung des Grundwertes

---

[17] In dieser Hinsicht muss man nochmals auf einen höchst problematischen Aspekt der persönlichen Wertbezogenheit von Weber zurückkommen. Im Gegensatz zu Durkheim sah Weber den Suizid keineswegs negativ, vielmehr sogar ausgesprochen positiv (Radkau 2005, S. 817–821). So bewunderten er und seine Frau Marianne die freiwillig ertragene Hinrichtung von Sokrates und den Suizid Senecas als ehrenvolle Taten. Schwer Kranke sollten laut Weber nicht am Suizid gehindert werden. Als sich seine Schwester Lili das Leben nahm, nachdem ihr Mann im Krieg gefallen war, (obwohl sie vier kleine Kinder hatte), rühmte er ihre Bereitschaft zum Suizid als Zeichen echten Menschentums. In diesem Zusammenhang machte Weber die geradezu erschreckende Äußerung, es sei „christliche Würdelosigkeit, das Leben so als ‚Wert an sich zu nehmen'" (zit. in Kaesler 2014, S. 922). Hier klingt der Einfluss von Nietzsche auf Weber durch.
[18] Vgl. Dazu https://www.therapie.de/psyche/info/index/diagnose/suizid/gruende-selbsttoetungsabsichten-suizidalitaet/ (abgerufen am 20.4.2023).

,Achtung vor dem Leben'. Auf den ersten Blick scheint im Hinblick auf das Bekommen und Aufziehen von *Kindern* eher das Gegenteil der Fall zu sein. So sehen wir in allen fortgeschrittenen Gesellschaften einen massiven Trend zum Rückgang der Kinderzahlen und zur Zunahme der Kinderlosigkeit. Die Rate der gesellschaftlichen Selbstreproduktion – die Anzahl von Geburten pro Einwohner oder pro Frau – nahm in den letzten Jahrzehnten vor allem in den wohlhabenden westlichen Ländern signifikant ab. Aus individueller bzw. familiärer Sicht ist die Kinderaufzucht heute trotz vielfach verbesserter Lebensverhältnissen „schwieriger" geworden. Dies nicht nur, weil Kinder erhebliche Kosten verursachen und Zeit beanspruchen, sondern auch wegen der damit verbundenen *Opportunitätskosten,* d. h. der Einschränkung anderer Chancen (etwa: Karriere zu machen, viel Freizeit zu haben, das Leben genießen zu können).

Es gibt allerdings andere Fakten, welche belegen, dass Kinder sehr wohl auch in wohlhabenden westlichen Gesellschaften noch einen hohen Stellenwert besitzen. Erstens zeigen alle einschlägigen Studien, dass die allermeisten Menschen, Frauen und Männer, sich Kinder wünschen. Weniger als 10 % aller Erwachsenen möchten keine Kinder; die große Mehrheit wünscht sich mindestens zwei Kinder. Es besteht also eine offenkundige Kluft zwischen den Kinderwünschen und den dann tatsächlich „realisierten" Geburten (ÖIF 2009). Dies weist darauf hin, dass es subjektive und objektive Umstände gibt, die es jungen Menschen erschweren, wenn nicht verunmöglichen, ihre Kinderwünsche zu realisieren. Wir werden darauf gleich zurückkommen.

Eine zweite Form von Evidenz für die hohe Bedeutung, welche Kindern auch heute zugeschrieben wird, sind Befunde dazu, welche Anstrengungen unternommen werden, doch Kinder zu bekommen bzw. zu Kindern zu kommen, wenn man selbst (als Frau oder Mann) aus biologischen Gründen dazu nicht in der Lage ist oder eine Frau nicht willens ist, die Mühen einer Schwangerschaft auf sich zu nehmen. Dafür gibt es heute drei Methoden. Im ersten Fall unternehmen Frauen bzw. Paare sehr viel, um sicherzustellen, dass es sich tatsächlich um eine irreversible Unfruchtbarkeit handelt. Viele Paare konsultieren Ärztinnen und Spezialisten aller Art, von denen sie erhoffen, dass sie zeigen können, dass sie doch nicht unfruchtbar sind. Diesen Klientinnen und Klienten werden Hormonpräparate verabreicht, es gibt In-vitro-Fertilisation, Kinderwunschkliniken usw. Eine andere Möglichkeit Kinder zu bekommen und aufziehen zu können, ist die Adoption. Auch diesen Weg gehen heute nicht wenige Paare, und es würden noch mehr tun, wenn es nicht bereits einen Engpass bei zur Adoption stehenden Kindern gäbe. Die Tatsache, dass sich seit 2016/17 auch homosexuelle Paare das Recht auf Adoption erkämpft haben, ist ein weiterer Beweis für den hohen Wert, der Kindern zugeschrieben wird. Viele Adoptionsbewerber sind bereit, auch Kinder aus anderen, meist armen Ländern des Südens zu adoptieren. Dies ist allerdings mit hohen rechtlichen und bürokratischen Hürden verbunden und hat bereits zu fragwürdigen Praktiken von Kinderhandel geführt.

Der dritte Beleg für den hohen Wert von Kindern ist das Phänomen der *Leihmutterschaft*. Es ist bereits zu einem beachtlichen internationalen Geschäft geworden, Frauen zu engagieren, die es einer Frau ermöglichen, die Unannehmlichkeiten, Mühen und gesundheitlichen Gefährdungen, die mit Schwangerschaft und Geburt verbunden sind, zu vermeiden, aber trotzdem zu (biologisch) eigenen Kindern zu kommen. So engagieren wohlhabende Frauen in westlichen Ländern Frauen in Ländern des globalen Südens (besonders Indien), aber auch in Osteuropa, um ihnen das Austragen von Kindern abzunehmen. Leihmutterschaft ist in den meisten Ländern in Europa aus guten Gründen verboten. So kann man argumentieren, dass Leihmutterschaft eine Form der Ausbeutung von Frauen durch Männer ist, die man mit der *Prostitution* vergleichen kann (Ekis Ekman 2010). Beide hängen eng mit dem Ausmaß der Ungleichheit in einer Gesellschaft zusammen; Prostitution und das Austragen fremder Kinder, das für Frauen in armen Ländern ein erhebliches Einkommen bringen kann, ist in der Regel eine (indirekte) Beziehung zwischen gutgestellten Männern bzw. Frauen im reichen Norden und weniger gut gestellten Frauen in den Ländern des Südens. Beide Praktiken widersprechen der Menschenwürde.

Der Geburtenrückgang in wohlhabenden Gesellschaften ist also nicht wirklich ein Indiz dafür, dass heute Kinder nicht mehr erwünscht sind. Man kann auch eindeutige strukturelle Gründe angeben, warum dieser Geburtenrückgang so stark ist. Ohne Anspruch auf Vollständigkeit sind hier zu nennen: Jugendarbeitslosigkeit und die zunehmende Schwierigkeit vieler junger Menschen, einen Vollzeitjob zu erhalten, was oft zu einer langen Periode von prekären Jobs führt; die Bildungsexpansion, welche es infolge ihrer Selektionswirkung jungen Menschen mit niedriger Ausbildung zusehends erschwert, im Arbeitsmarkt Fuß zu fassen, eine fixe Partnerschaft einzugehen und Familien zu gründen; die zunehmend höhere Ausbildung der Frauen im Vergleich zu den Männern, was es hochgebildeten Frauen erschwert einen passenden Partner zu finden (zumindest wenn erwartet wird, dass der Mann der Familienernährer ist und der Familienstatus durch seinen Beruf bestimmt wird); die Schwierigkeit der Vereinbarkeit von Beruf und Familie, vor allem bei zwei und mehr Kindern.

Paradoxerweise muss aber auch der europäische Wohlfahrtsstaat als eine Ursache für den Geburtenrückgang angesehen werden. Durch den überproportional starken Einfluss der Pensionistinnen (als *pressure group* und Wähler) werden die Interessen der alten Menschen gegenüber den Jungen überproportional stark berücksichtigt (durch frühen Pensionsantritt und vergleichsweise gute Pensionen; Haller und Brugger 2018). Die hohe Belastung der Arbeit durch Sozialabgaben und die hohen staatlichen Subventionen für die Pensioninnen haben dazu geführt, dass die ökonomischen Bedingungen für junge Familien vergleichsweise ungünstiger werden; sie spüren vor allem die steigenden Preise für Haushalts-Konsumgüter, soziale Dienstleistungen und Wohnungen. Die partielle Übernahme der Kinderaufzuchtkosten durch den Staat (Heinsohn et al. 1979) konnte diese strukturellen Benachteiligungen offenkundig nicht ausgleichen.

Das Leben der Tiere und der Schutz der Umwelt

Der Grundwert Leben beinhaltet auch den Schutz und die Achtung des Lebens der Tiere. Achtung für alle lebenden Wesen auf dieser Erde ist keine neue Idee. So gibt es im Buddhismus eine Tier-Ethik, die es verbietet, Tieren Leid zuzufügen oder sie zu töten (Khoury 1993, S. 56). Der Hinduismus belegt das Schlachten der heiligen Rinder mit einem Tabu. Die höchste Kaste der Brahmanen ernährt sich vegetarisch und die unterste Gruppe der „Ausgestoßenen" (Dalits) musste die als höchst unrein bewertete Tätigkeit der Abdecker erledigen. Die Achtung der tierischen Lebewesen im indischen Denken hat zweifellos mit der Lehre von der Wiedergeburt (Reinkarnation) zu tun. Demnach hätte ein Mensch ja im früheren Leben ein Tier sein können oder könnte es in einem zukünftigen Leben wieder werden. Varianten der Lehre von der Wiedergeburt existierten aber auch in einfachen Gesellschaften Europas und Afrikas; der Glaube daran ist in Ostasien immer noch weit verbreitet. In der Antike waren Tiere in vielfacher Weise mit den Menschen verbunden, als treue Hunde oder berühmte Pferde, als Opfertiere und Fabelwesen.

Ein früher Vorläufer der Idee der „Heiligkeit" von Natur und Umwelt in Europa war Franz von Assisi, der 1224 den berühmten *Sonnengesang* verfasste. Dieses Gedicht – oder besser: Gebet, da es sich an den Schöpfergott richtet –ist eines der ältesten literarischen Dokumente in der italienischen Sprache. Zugrunde liegt ihm die Idee, dass alle Geschöpfe der Erde Spiegelbild Gottes sind und nicht nur geachtet, sondern auch geliebt werden sollen. Gepriesen werden von Franziskus die Gestirne Mond und Sterne, die vier Elemente Wind, Wasser, Feuer und Erde, Blumen und Kräuter. An erster Stelle aber steht die Sonne. Sie stellte – als Schöpferin allen Lebens – schon im Alten Testament und in vielen antiken Kulturen – ein wichtiges religiöses Symbol dar. Beim Übergang vom Mittelalter zur Neuzeit wurde den Tieren sogar verantwortliches Handeln zugeschrieben. So gab es in Europa Prozesse gegen Tiere, etwa weil sie Kinder angegriffen oder Schaden angerichtet hatten.

Auch heute gibt es Philosophen, die die moralphilosophische Grundunterscheidung zwischen Menschen und Tier kritisieren und als anthropozentrisch bezeichnen (Remele 2016). Diese Position steht allerdings nicht in Einklang mit der Grundidee einer rationalen, säkularen Philosophie und einer soziologischen Handlungstheorie. Handeln ist demnach eine ausschließlich menschliche Fähigkeit, d. h. ein Tun, hinter dem ein Sinn, Zwecke und bewusst gesetzte Ziele stehen. Zweifellos gibt es Ansätze zu menschlichem Verhalten bei Tieren, wie Mitgefühl, Leiden, ja sogar von moralischem Verhalten; darauf hat schon Darwin hingewiesen (Wilson 1993, S. 130). Die entsprechenden Phänomene sind aber immer noch meilenweit entfernt von der Bedeutung solcher Phänomene bei Menschen, selbst bei Kindern unter sechs Jahren. In einem informativen Werk hat die Philosophin Angela Kallhoff auf die evolutionäre Verankerung des Menschen in der Tierwelt, wie auch die oft frappierenden Ansätze zu moralischem Verhalten bei Tieren hingewiesen. Selbst wenn Menschen auch Tiere sind, lautet ihre Folgerung dennoch, dass sie zu Personen erst dann werden, wenn sie ihre eigenen animalischen und bestialischen Komponenten „mittels einer geschulten ethischen Kompetenz so einhegen, dass sie wahrhaft miteinander umgehen können" (Kallhoff 2022, S. 430). Wir müssen also weiterhin mit Kant davon ausgehen, dass es zwischen Mensch und Tier einen Wesensunterschied gibt und man nur dem Menschen Würde zuschreiben kann, weil nur er sich selbst Zwecke setzen und moralisch handeln kann. Tiere haben keine Projekte im Sinne von Lebenszielen. Aber auch vor dem Hintergrund einer solchen Position gibt es Argumente für eine gute Behandlung von Tieren und für die Berücksichtigung ihrer Bedürfnisse unabhängig vom Nutzen, den wir daus ihnen ziehen können. dass

Zumindest drei kann man hier anführen: Das Verrohungsargument besagt, wer Tiere misshandelt, kann moralisch abstumpfen und auch im Umgang mit Menschen zu Grausamkeit tendieren. Aus dem Mitleidsargument folgt, dass Tiere trotz ihres Mangels an moralischer Urteilsfähigkeit Leidensfähigkeit besitzen. Aus dieser Idee folgt, dass Tieren kein unnötiges Leid zugefügt werden darf. Diese Folgerung ergibt sich auch aus der dritten, der utilitaristischen Position (vertreten vom Philosophen Peter Singer 2013). Demnach darf man Tiere töten oder ihnen sogar Leiden zufügen, wenn der Gesamtnutzen (für Tiere und Menschen) größer ist als das zugefügte Leid.

Hinter diesen Argumenten steht die heute weithin anerkannte Auffassung, dass Tiere als fühlende Wesen um ihrer selbst willen „moralisch" zählen. Dies heißt, dass die Menschen sich auch im Verhalten zu Tieren von moralischen Prinzipien leiten lassen müssen (nicht, dass Tiere selbst moralisch handeln können). Aus dieser Sicht sind die heutigen Praktiken der kommerziellen Aufzucht und Nutzung in vielfacher Hinsicht höchst problematisch. Die kapitalistische Agrarökonomie praktiziert sehr fragwürdige Formen von Massentierhaltung, Tiertransporten und Schlachtungen; sie kann dabei auf die Massennachfrage und den Massenkonsum von billigen Fleischprodukten durch die Konsumentinnen zählen. Mit Massentierhaltung ist ein hoher Umweltverbrauch und vielfach auch Umweltzerstörung (etwa durch giftige Düngechemikalien) verbunden, welche die Lebensräume vieler Tierarten einschränken oder ganz unterminieren. Auch in dieser Hinsicht ist ein klarer Fortschritt zu konstatieren sowohl im Hinblick auf das allgemeine Bewusstsein in Wissenschaft und Öffentlichkeit, wie auch im Hinblick auf die nationale und internationale Gesetzgebung.

Wir kommen damit zum Thema der *Bedeutung der Natur* als Aspekt des Grundwertes ‚Achtung des Lebens'. Die Bedeutung der Natur und ihrer Erhaltung ist heute für viele Menschen plausibler geworden. Dies geschah nicht zuletzt als Folge der Umweltbewegung. Dazu beigetragen hat auch die Klimakrise und damit zusammenhängenden Probleme für Menschen in vielen Teilen der Erde. Ehrfurcht vor dem Leben bezieht sich nicht nur auf das Leben von Menschen, sondern schließt auch das unserer lebenden Umwelt, der Tiere und Pflanzen und die Erhaltung der Biodiversität ein. Aus der Perspektive des Lebens ist der Mensch anderen Lebewesen nicht übergeordnet; er ist nur anders als andere (Gerhardt 2018, S. 195). Achtung des Lebens beinhaltet aber auch die Notwendigkeit, die unbelebte Umwelt zu achten und sie nicht in einer Weise zu verändern, welche die Lebensbedingungen für Mensch, Tiere und Pflanzen nachhaltig beeinträchtigt. Hier hat vor allem die maßlose Ausbeutung der fossilen Energiequellen zu enormen problematischen Fehlentwicklungen in vieler Hinsicht geführt: Versiegelung des Bodens durch Straßen, Umweltbelastung durch Abgase, Treibhausgaskonzentration in der Erdatmosphäre und Klimaerwärmung. Inzwischen wurden diese Probleme weltweit erkannt und die UNO führt seit 1995 jährliche Klimakonferenzen durch, auf denen völkerrechtlich verbindliche Zielwerte im Hinblick auf Grenzen des Treibhausgas-Ausstoßes erlassen werden.

Auch das Bewusstsein für die Umwelt ist nicht etwas völlig Neues. Die Umweltbewegung entstand zuerst in den USA schon Anfang des 19. Jahrhunderts und griff dann auch auf Europa über. Pioniere und beispielhafte Persönlichkeiten für die Thematisierung und Durchsetzung der Notwendigkeit des Umweltbewusstseins waren u. a. der große deutsche Naturforscher Alexander von Humboldt (1769–1859) und der in Schottland geborene Amerikaner John Muir (1838–1914), der nahezu alle Kontinente bereiste und zum ersten Propagandisten des Naturschutzes wurde. In neuerer Zeit sind zu nennen der deutsche Zoologe Bernhard Grzimek (1909–1987), der Retter des Serengeti-Nationalparks in Ostafrika; der frühere US-Vizepräsident Al Gore; und jüngst die schwedische Jugendliche Greta Thunberg. Auch Soziologen, wie Ulrich Beck (1986) mit seinem Buch *Risikogesellschaft,* das im Jahr des ersten *Gaus* eines Atomkraftwerks 1986 erschien, haben zur Verbreitung des Umweltbewusstseins beigetragen. Umweltsoziologie ist zu einem wichtigen Forschungsgebiet der Soziologie aufgestiegen (vgl. Diekmann/ Preisendörfer 2001). Auch Theoretiker wie Bruno Latour und Niklas Luhmann haben das Thema behandelt. Alle diese Autoren und Aktivistinnen forderten einen Wandel in der Betrachtung und Behandlung der Natur und zwar einer Abkehr von ihrer Sicht als bloßes Objekt und Ressource für menschliche Bedürfnisse hin zu einer Sicht, welche die Natur als lebendig, aktiv und nährend versteht. Die Vereinten Nationen haben 2015 die Idee nachhaltiger Entwicklung propagiert und dafür 17 Ziele formuliert *(Sustainable Development Goals).* Mehrere davon beziehen sich auf die Umwelt (sauberes Wasser und Sanitätseinrichtungen, saubere Energie, Klimaschutz, Leben unter Wasser).

Die Umweltbewegung stellt das Paradebeispiel einer internationalen, weltweiten Bewegung dar: Umweltprobleme sind grenzüberschreitend; die massivsten Umweltschädigungen erfolgen im ärmeren Süden des Globus, oft als Folge von Großinvestitionen kapitalistischer Unternehmen des reichen Nordens; die abnehmende Biodiversität betrifft die gesamte Menschheit; durch die neuen Kommunikationstechnologien und durch die Raumfahrt kann das Ausmaß der Umweltschäden auch in schwer zugänglichen Gebieten der Erde besser dokumentiert werden. Die Bedeutung des Umweltschutzes und umweltbezogenen Verhaltens besitzt heute bei den Bevölkerungen der meisten Länder hohe Priorität. Dies ist eine sehr wichtige Tatsache und ein Beleg für die zentrale These dieses Bandes, dass sich neue Werte durchsetzen, wenn ihre Bedeutung offenkundig wird. Dies gilt trotz der Tatsache, dass aus diesen Einstellungen noch bei weitem nicht ein Verhalten folgt, das zu einer echten Abwendung vom Modell der Ausbeutung der Natur führt (Hadler 2017). Für 96 % der EU-Bürger ist der Schutz der Umwelt persönlich wichtig

(European Commission 2008). Selbst in den Ländern des globalen Südens ist das Umweltbewusstsein schon seit Längerem stark gestiegen, wie Umfragen des *World Value Survey* zeigten.[19]

---

[19] Vgl. dazu K. Running, Examining environmental concern in developed, transitioning and developing countries; https://www.worldvaluessurvey.org/AJPublications.jsp?CndPUTYPE=1&PUID=85&CndPUTYPE=1&PUID=85 (abgerufen 7.2.2023).

Frieden 8

„Mein Vater war General in der österreichischen Armee und hatte unter ‚Vater Radetzky', den er abgöttisch verehrte, in Custozza gefochten. Was musste ich da immer für Feldzugsanekdoten hören. Der gute Papa war so stolz auf seine Kriegserlebnisse und sprach mit solcher Genugtuung von den mitgemachten ‚Kampagnen', dass mir unwillkürlich um jeden Mann leid war, der keine ähnlichen Erinnerungen besitzt. Welch eine Zurücksetzung doch für das weibliche Geschlecht, dass es von dieser großartigsten Bestätigung des menschlichen Ehr- und Pflichtgefühls ausgeschlossen ist!"

Bertha von Suttner (1856)[1]

„Ich habe diesen Platz und diese Zeit gewählt, um über ein Thema zu sprechen, über das vielfach Unwissen herrscht und die Wahrheit viel zu selten gesehen wird – und doch ist es das wichtigste Thema auf der Erde: der Weltfrieden. Welche Art von Frieden streben wir an? Keine Pax Americana, die der Welt durch die amerikanischen Waffen aufgezwungen wird. Keinen Grabesfrieden und nicht die Sicherheit von Sklaven. Ich spreche über wahren Frieden, jenen Frieden, der das Leben auf der Erde lebenswert macht, der es Menschen und Nationen ermöglicht sich zu entwickeln, zu hoffen und ein besseres Leben für ihre Kinder zu schaffen – nicht nur Frieden für die Amerikaner, sondern für alle Männer und Frauen – nicht nur Frieden heute, sondern für alle Zeit."

John F. Kennedy (1963)[2]

---

[1] Bertha von Suttner (1843–1914), geb. in Prag, österreichische Schriftstellerin und Pazifismus-Aktivistin; erhielt 1905 den Friedensnobelpreis. Quelle des Zitats: B. von Suttner, Die Waffen nieder, (Husum 2006, zuerst 1856), S. 6.

[2] John F. Kennedy (1917–1963), Politiker der Demokratischen Partei und Präsident der USA 1961–1963 (ermordet). Zitat aus der „American University Speech" mit dem Titel „Eine Strategie für den Frieden", gehalten am 10.6.1963 in Washington, zitiert in https://beruhmte-zitate.de/autoren/john-fitzgerald-kennedy/ (abgerufen am 6.1.2022).

Kriege – das massenhafte gegenseitige Töten von Menschen – ist die absurdeste, allen Grundwerten widersprechende Form gesellschaftlich-politischer Auseinandersetzungen. Dennoch scheinen sie eine unvermeidbare Begleiterscheinung der menschlichen Geschichte zu sein, wenn nicht gar eine wesentliche Voraussetzung und Bedingung für die Entstehung großer Reiche und Kulturen und damit von Entwicklung und Fortschritt. Die realistische Theorie des Krieges scheint eine schlüssige Theorie dieser historischen Fakten zu geben. Friedensbewegungen werden seit ihren Anfänge Mitte des 19. Jahrhunderts im besseren Fall belächelt, häufig jedoch angefeindet. Seit Kants wegweisendem Essay *Zum ewigen Frieden* gibt es jedoch eine alternative, schlüssige Theorie, die besagt, dass dauerhafter Frieden auf der Welt keine Illusion ist. Allerdings erscheint die mehr oder weniger volle Realisierung dieses Grundwertes schwieriger als die aller anderen. In diesem Kapitel werden die Voraussetzung dafür sowie die historischen und aktuellen Phänomene, welche für Kants Theorie sprechen, herausgearbeitet. Das Kapitel beginnt mit einer Auseinandersetzung mit den Erklärungen und Begründungen, die für das Gegenteil des Friedens, die Kriege, gegeben wurden und werden.

Die Legitimation der Kriege

Frieden ist schon auf den ersten Blick ein hervorragender Kandidat für einen gesellschaftlichen Grundwert. Im *Leviathan* von Thomas Hobbes von 1651, einem der bahnbrechenden Werke der politischen Philosophie der Neuzeit, entwickelt der Autor „natürliche Gesetze" für das Zusammenleben der Menschen. Er versteht darunter die allgemeinen Richtlinien, welche sich auf die Vernunft gründen und dem Menschen verbieten, etwas zu tun, was zur Zerstörung seines Lebens führt oder ihm die Mittel zur Erhaltung des Lebens raubt. Hobbes' erstes, grundlegendes Naturgesetz lautet: *Suche Frieden und bewahre ihn!* (Hobbes 1965, S. 120 f.).[3] Den Krieg kann man als das schlimmste aller von Menschen selbst verursachten Übel bezeichnen. Er ist, wie kein anderer gesellschaftlich-politischer Prozess, direkt auf gewaltsame Niederwerfung und Beherrschung, körperliche Verletzung, ja Tötung von Menschen und Zerstörung ihrer Lebensgrundlagen ausgerichtet. Er stellt die eklatanteste Verletzung des Grundwertes ‚Achtung des Lebens' dar und beeinträchtigt die Realisierung aller anderen Grundwerte massiv. Dem Krieg sind in der Geschichte immer wieder zahllose Menschen direkt und indirekt zum Opfer gefallen; im 20. Jahrhundert waren es mehr als in jedem früheren, weit über hundert Millionen. Große Kriege führen zu verheerenden Folgeerscheinungen, wie Zerstörung von ganzen Städten und Landstrichen, Vertreibung und Flucht von Millionen von Menschen. Völker, die jahre- oder jahrzehntelang unter Kriegen leiden müssen, wünschen nichts so sehnsüchtig herbei wie den Frieden. Angesichts der schrecklichen Kriegsfolgen und der allgemein geteilten Friedenssehnsucht ist die Persistenz von Kriegen eigentlich unverständlich. Auf der

---

[3] Aus der umfangreichen Sekundärliteratur zu Hobbes sei hier nur hingewiesen auf Fenske et al. 1981, S. 316–321; Watson 2008, S. 795–797; Helferich 2012, S. 155–160.

anderen Seite ist unbestreitbar, dass Kriege auch oft mit fundamentalen Veränderungen und Neuerungen einhergegangen sind. In der Soziologie, speziell in der deutschsprachigen, gibt es zum Thema Frieden sehr wenig Literatur; der Begriff wird auch nicht als soziologischer Grundbegriff betrachtet.[4] Dies ist ein weiterer Hinweis auf eine gewisse Realitätsfremdheit der Soziologie, gehörten die Friedensbewegungen in Deutschland seit 1945 doch international zu den stärksten.

Zur Erklärung der Persistenz und der positiven Aspekte von Kriegen gibt es bis heute einflussreiche Theorien. Um die Voraussetzungen für Frieden zu erkennen, müssen wir uns daher zunächst mit Theorien des Krieges befassen. Vier Ansätze sind hier bedeutsam: die realistische Theorie der Politik, theoretische Rechtfertigungen der Gewalt, Verweise auf die positiven Wirkungen von Kriegen und – indirekt – die Diffamierung des Pazifismus.

Die realistische Theorie der Politik – eine Erklärung und Legitimierung des aggressiven Verhaltens der Großmächte
Kriege hat es in der Menschheitsgeschichte immer schon gegeben und sie werden auch in Zukunft unvermeidlich sein. Dies ist die zentrale These einflussreicher Politikwissenschaftler und wird implizit wohl weithin für zutreffend gehalten. Manche Autorinnen gehen noch weiter und behaupten, dass Kriege auch Geburtshelfer positiver Entwicklungen sind, wie der bekannte Satz „Krieg ist der ‚Vater aller Dinge'" besagt. Dieser Satz des griechischen Philosophen Heraklit ist allerdings länger und differenzierter. Er lautet: „Krieg ist der Vater aller Dinge und der König aller. Die einen macht er zu Göttern, die anderen zu Menschen, die einen zu Sklaven, die anderen zu Freien." In dieser Formulierung kommt er der in diesem Buch vertretenen Position sehr nahe.

Unter Anknüpfung an Ideen im Römischen Reich vertraten die mittelalterlichen christlichen Kirchenlehrer (wie Augustinus und Thomas von Aquin) die Theorie des „gerechten Krieges" (Sutor 1991). Ein solcher sei gegeben, wenn ihn eine legitime Macht führt, wenn ein zulässiger Kriegsgrund und gerechte Kriegsabsicht vorliegen, wenn Krieg die *ultima ratio* für die Wiederherstellung des Rechts darstellt und eine Aussicht auf Frieden besteht. Diese Theorie wird von den christlichen Kirchen im Grunde bis heute vertreten. Das christliche Mittelalter war in dieser Hinsicht selbst aber alles andere als christlich. Man denke an die gewaltsamen und blutigen Eroberungszüge Karls des Großen, der heute als „Vater des Abendlandes" gefeiert wird.[5] Karl war in dieser Hinsicht nur ein besonders erfolgreicher unter den mittelalterlichen Rittern, für die Krieg eine Sache der Ehre war;

---

[4] Nur in zwei von sieben Wörterbüchern der Soziologie findet sich Frieden als eigenständiger Stichworteintrag und dies nur in einem italienischen bzw. französischen (Demarchi et al. 1987; Borlandi et al. 2005), aber in keinem deutschsprachigen Wörterbuch.

[5] Karl der Große führte im Laufe seiner 46-jährigen Regierungszeit (768–814) praktisch jedes Jahr blutige Eroberungsfeldzüge gegen die Bayern, Langobarden, Sachsen, Dänen und andere. Sie waren mit massenhaften Ermordungen, Versklavungen und Verschleppungen sowie Zwangschristianisierung ganzer Völker verbunden.

sie huldigten dem Prinzip „lieber tot als ehrlos." Die gewaltsame Geschichte des christlichen Mittelalters setzte sich fort mit den Kreuzzügen vom 11. bis 13. Jahrhundert bis hin zur Vertreibung von Arabern und Juden aus Spanien am Ende des 15. Jahrhunderts. Lange andauernde Kriege, wie der Dreißigjährige Krieg, entstanden im Zusammenhang mit religiösen Spaltungen in Europa; sie erzeugten massenhafte Verwüstungen und Elend unter der gesamten Bevölkerung der betroffenen Gebiete. Die Religionskriege wurden abgelöst durch dynastische Kriege, bei denen es den regierenden Herrscherhäusern darum ging, ihren territorialen Besitzstand auszuweiten und abzusichern. Sie erreichten einen negativen Höhepunkt in den Napoleonischen Kriegen 1800 bis 1814. Sie alle wurden in den Schatten gestellt durch die zwei Weltkriege des 20. Jahrhunderts. Diese waren von einer völlig neuen Art, nicht nur wegen des Einsatzes neuer zerstörerischer Waffensysteme, sondern auch weil es „Volkskriege" unter Einbeziehung der gesamten wehrfähigen erwachsenen Bevölkerung waren. Dies wurde möglich durch die Ideologie des Nationalismus, welcher die Verteidigung bzw. den Kampf um die Unabhängigkeit des Vaterlandes zur Pflicht aller Männer machte. Die Weltkriege brachten neben immensen Zerstörungen und Vertreibungen den Tod für 17 Mio. im Ersten und 70 Mio. Menschen im Zweiten Weltkrieg (die größten Opfer erlitt Russland). Aber auch seit dem zweiten Weltkrieg sind Kriege nicht verschwunden. Im Zuge der Entkolonialisierung seit den 1960er Jahren gab es vor allem in Afrika verheerende, oft jahrzehntelange (Bürger-) Kriege; europäische Mächte und die USA führten Kriege im Fernen Osten (Korea, Vietnam) und neuerdings im Nahen Osten. Selbst in Europa gab es Kriege in Jugoslawien und neuerdings wieder in der Ukraine.

Religiöse und nationalistische Argumente werden heute nicht mehr offen als Legitimation für Kriege herangezogen. Es gibt jedoch eine neue Erklärung für die Persistenz von Kriegen. Die *realistische Theorie der Politik* sieht Krieg als unvermeidbares Merkmal von Politik und internationalen Beziehungen. Sie wurde nicht zufällig vor allem von US-amerikanischen Politikwissenschaftlern (Hans Morgenthau, Kenneth Waltz und John Mearsheimer) entwickelt[6]. Deren Auffassung beherrscht nicht nur das politische Denken, sondern auch die Auffassungen einflussreicher politischer Kommentatorinnen bis heute. Ihre theoretischen Ahnherren sind der politische Schriftsteller Niccolò Machiavelli (1469–1527) und der Kriegstheoretiker Carl von Clausewitz (1780–1831), für welche Gewaltanwendung und Krieg legitime Mittel der Politik darstellten. Die heutigen Theoretikerinnen behaupten, dass es in den internationalen Beziehungen vor allem darum geht, ein Machtgleichgewicht zu erhalten (oder wieder herzustellen), das Sicherheit und einigermaßen positive zwischenstaatliche Beziehungen für alle Länder der Erde ermöglicht. Zentrale Akteure sind dabei die Nationalstaaten; sie handeln letztlich immer in ihrem Eigeninteresse. Das internationale Staatensystem kann, je nach Anzahl und Größe bzw. Stärke der dominierenden Mächte, unipolar, bipolar oder multipolar sein. So gab es etwa

---

[6] Vgl. dazu Crefeld (2000), *Die Zukunft des Krieges*; Waltz (2008), *Realism and International Politics*; zur Einführung Naßmacher /1975), *Politikwissenschaft*, S. 327–344.

in Europa bis zum Ersten Weltkrieg das multipolare „Gleichgewicht der Mächte", im Kalten Krieg bestand ein bipolares System. Seither dominieren die USA; ihre militärische Macht ist um ein Vielfaches stärker als jene irgendeines anderen Landes. Großstaaten können aufgrund ihrer Macht andere mit Krieg bedrohen und überziehen. Die Dominanz der USA wird gerechtfertigt dadurch, dass sie die einzige Weltmacht ist, welche auf demokratischen, freiheitlichen Prinzipien aufgebaut ist und verhindert, dass autoritäre oder totalitäre Regimes die Herrschaft über andere Teile der Erde erlangen.[7]

Die „realistische Theorie" der Kriege hat durchaus einiges für sich. So spielen nationale ökonomische Interessen in vielen Kriegen eine zentrale Rolle. Zutreffend ist auch die Annahme, dass hehre menschenrechtliche und andere moralische Begründungen für Kriege meist nur Rechtfertigungen für die Öffentlichkeit darstellen. Solange es große, stark gerüstete und mit Atomwaffen ausgestattete Länder gibt, in welchen die Freiheit mit Füßen getreten wird, erscheint die Notwendigkeit der Sicherung der militärischen Stärke der westlichen Demokratien evident. Dennoch sind die Begründungen und impliziten Rechtfertigungen des Krieges durch die realistische Theorie der Politik vereinfachend und einseitig. Unter vielen anderen seien hier nur vier Einwände angeführt. Zum Ersten: „Nationen" sind keine Akteure. Innerhalb dieser gibt es sehr unterschiedliche Arten von Gruppen und Akteuren, deren Zusammenspiel bei der Entscheidung für einen Krieg ein höchst komplexer Prozess ist. In aller Regel haben nur Herrschende und andere mächtige Eliten Interesse an Kriegen, während die „gewöhnliche" Bevölkerung darunter leidet, wie schon Kant festgestellt hat (Näheres dazu im Folgenden). Daraus folgt zum zweiten, dass auch der Begriff der „nationalen Interessen" völlig unscharf ist; was für bestimmte Gruppen von Nutzen sein kann, kann für andere vollkommen wertlos, ja sogar nachteilig sein. Scheinbar eindeutige nationale Interessen mögen sich auf längere Sicht als das Gegenteil erweisen (so verursachten Kolonien den Kolonialherren oft mehr Kosten als Nutzen). Selbst unter den kapitalistischen Unternehmen, die von manchen als Hautverursacher von Kriege gesehen werden, gibt es Verlierer. Dies zeigt sich etwa darin, dass die Vermögensverteilung im Zuge der beiden Weltkriege deutlich egalitärer wurde (Piketty 2014). Zum Dritten: Kriege können und werden sehr oft auch durch religiöse und ideelle Gründe, aber auch durch primitive nationalistische Emotionen, verursacht und ausgelöst. Ideologische Gründe waren selbst für den Zweiten Weltkrieg, den Hitler auf der Basis einer radikal sozialdarwinistischen und rassistischen Ideologie auslöste, ausschlaggebend. Der Überfall Russlands auf die Ukraine seit Februar 2022 muss auch durch ein Gefühl der Herabsetzung Russlands und seines Diktators Waldimir Putin erklärt werden. Dieser versucht, ihn durch eine abstruse Theorie von der zu schützenden Einheit (Groß-) Russlands und seiner Kultur zu legitimieren. Zum Vierten gilt: Die Friedenssicherung auf der

---

[7] Die Vertreter der realistischen Theorie der Politik sind aber nicht nur platte Apologeten des amerikanischen Imperialismus. So hat Mearsheimer auch den Irakkrieg von Bush in einem Buch mit dem Titel *Die Israel-Lobby. Wie die amerikanische Außenpolitik beeinflusst wird* für verfehlt gehalten. Sein Hauptargument, dass dahinter vor allem die Israel-Lobby in den USA steckte, wurde allerdings auch kritisiert.

Ebene der internationalen Beziehungen erfordert weit mehr an positiven Bemühungen als es bislang geschieht; diese könnten aber auch mehr erreichen, als man glaubt.

Theoretische Rechtfertigungen der Anwendung militärischer Gewalt

Relevant für die Erklärung der Persistenz von Kriegen sind auch normativ gefärbte Theorien, welche die Anwendung von politischer und militärischer Gewalt erklären und legitimieren. So wurde gegen Ende des 19. Jahrhunderts die Idee von Gewalt als zerstörerischer, aber zugleich schöpferischer Kraft entwickelt. Namhafte Autoren wie Gustave Le Bon, Gabriel Tarde, Sigmund Freud und Elias Canetti vertreten die Idee, dass man in modernen Gesellschaften von einem Aufstieg der Massen, „einer eruptiven Gewalt der gesichtslosen Menge" sprechen könne. Besonders einflussreich wurde der französische politische Schriftsteller Georges Sorel (1847–1933) mit seinem 1906 veröffentlichen Werk *Über die Gewalt*. Ursprünglich ein Anhänger sozialistisch-syndikalistischer Ideen, wandelte er sich zu einem radikalen Kritiker der Demokratie. Im Gegensatz zu den (linken) Intellektuellen stehe die „Lebensenergie der Massen," die durch einen energischen Führer konzentriert und kanalisiert werden können. Sorel wurde stark rezipiert vom ideellen Begründer des Faschismus, Benito Mussolini (Woller 2019). Erschreckend ist, dass die Regierungsprinzipien von Mussolini und Hitler – Unterdrückung von Kritik, Inhaftierung und Beseitigung von Gegnern, Abwertung und Manipulation von Wahlen zugunsten eines Bündnisses zwischen Elite und „Volk" – auch die Prinzipien heutiger autoritärer Führer von „gelenkten Demokratien" (wie Orban, Erdogan und Putin) sind (Mason 2022). Selbst in Demokratien zeigen sich Tendenzen in dieser Richtung, wie bei dem von Präsident Trump mehr oder weniger offen unterstützten Sturm eines Mobs auf das Kapitol in Washington im Jänner 2021. Eine analoge Machttheorie der Politik vertrat in der ersten Hälfte des 20. Jahrhunderts der einflussreiche deutsche Politikwissenschaftler Carl Schmitt. Seine Zentralthese lautete, das Grundprinzip der Politik sei die Unterscheidung von Freund und Feind.[8] Die Demokratie entspreche diesem Prinzip nicht, u. a. weil sie nach Gleichheit strebt, die unmöglich zu verwirklichen sei. Schmitt war ein erklärter Befürworter des Nationalsozialismus und trug zur Legitimierung der Verbrechen Hitlers bei. Es ist erschreckend, dass seine irreführende Definition von Politik (ihr Wesen liege in der Unterscheidung von Freund und Feind) auch heute oft wieder zustimmend zitiert wird.

Ein zweiter Denkstrang betrifft die Rolle von Gewalt in den *antikolonialistischen Kämpfen,* die nach dem Zweiten Weltkrieg in großen Teilen des globalen Südens ausbrachen. Der französisch-algerische Psychiater und politische Aktivist Frantz Fanon argumentierte in seinem 1961 veröffentlichten Buch *Die Verdammten dieser Erde*, die Anwendung von Gewalt gegen die Kolonialherren sei notwendig nicht nur um ein Land

---

[8] Eine gute Zusammenfassung der Theorie von Schmitt geben Lenk/Franke in *Theorie der Politik* (1987), S. 235–247.

zu befreien, sondern auch als ein Prozess zur Beseitigung der psychischen Deformation und des mangelnden Selbstbewusstseins der Kolonisierten.[9] Er und mehr noch der lateinamerikanische Freiheitskämpfer Che Guevara wurden von westlichen Linken geradezu verehrt (Niemitz 2021, S. 199 ff.). Es war kein Zufall, dass der antikolonialistische Krieg von Algerien gegen Frankreich (1954–1962) einer der blutigsten überhaupt wurde. Dies hatte zwei Gründe: die besondere Gewalttätigkeit der marxistisch-leninistischen algerischen Nationalen Befreiungsfront FLN (der sich Fanon angeschlossen hatte), aber zuallererst natürlich die brutale Vorgangsweise von Frankreich in den Kolonien und in Frankreich selbst[10] und die lange Zeit völlig unnachgiebige Haltung der französischen Politiker und Militärs zur Frage der Unabhängigkeit Algeriens.. Diese war ihrerseits mitverursacht durch die Tatsache, dass in Algerien gut eine Million Franzosen lebten (der allergrößte Teil davon flüchtete im Laufe des Krieges). Die Rechtfertigung der Anwendung von Gewalt in nationalen Unabhängigkeitskriegen spielt bis heute eine Rolle. Sie hat auch dazu beigetragen, dass im Kalten Krieg der Westen und der kommunistische Block die Kriege in Afrika durch Waffenlieferungen aufheizten. Bis heute mischen sich die Großmächte in kriegerische Auseinandersetzungen in Ländern des globalen Südens, zuletzt vor allem im Nahen Osten, ein. Oft haben sie – vor allem die USA und die UdSSR – sogar selbstKriege vom Zaun gebrochen, oft in klarem Widerspruch zum Völkerrecht, so die Russen in Afghanistan, Syrien und im Kaukasus, die US-Amerikaner in Vietnam, im Irak und Afghanistan (Ganser 2022). Auch dort, wo die Großmächte nicht offen intervenieren, mischen sie durch Waffenlieferungen, logistische Unterstützung fast immer im Hintergrund mit. Die These, die heutigen „neuen Kriege" seien nicht mehr von Staaten gesteuert oder beeinflusst (Münkler 2002), ist daher unhaltbar. .

Der Krieg als Vater aller Dinge? Positive Wirkungen von Kriegen
Krieg wird von vielen Autoren noch aus einer anderen Sicht nicht nur negativ gesehen. Seit jeher gibt es eine umfangreiche Literatur zum Thema der positiven Wirkungen von Kriegen[11]. Drei davon sind evident. Der erste: Es ist ein Faktum, dass die großen historischen Reiche, Zivilisationen und Kulturen – vom Römischen Reich über die arabisch-islamischen Reiche im Mittelalter bis zum britischen Imperium – durch fortlaufende Eroberungskriege geschaffen wurden. Ein zweiter Aspekt ist, dass zahlreiche technologische und administrative Innovationen im Zuge von Kriegen stattfanden. Siegreich waren meist jene Mächte, die in der Lage waren, neue stärkere Waffen zu entwickeln und einzusetzen, wie Schießpulver und effiziente Gewehre, Geschütze zu konstruieren, gepanzerte Fahrzeuge und Militärflugzeuge zu bauen, oder – wie im Zweiten Weltkrieg – die

---

[9] Vgl. dazu Andreas Eckert, Frantz Fanon und sein Buch *Die Verdammten dieser Erde*: https://www.bpb.de/gesellschaft/bildung/filmbildung/193512/frantz-fanon-die-verdammten-dieser-erde (abgerufen am 24.3.2021).
[10] Vgl. dazu https://de.wikipedia.org/wiki/Massaker_von_Paris (abgerufen am 3.18.2023).
[11] Aus der umfangreichen Literatur sei hier nur hingewiesen auf Keegan (1997), *Die Kultur des Krieges,* Hondrich (2002), *Wieder Krieg* und Morris (2013), *Krieg – wozu er gut ist*. Eine scharfe Kritik an den Thesen von Hondrich hat Joas in *Kriege und Werte* (2002) veröffentlicht.

Atomwaffe zu entwickeln. Auch neue Formen organisatorischer Zusammenfassung und Führung großer Menschenmassen wurden im Zuge von Heeresführungen entwickelt[12]. Schließlich führten Kriege, vor allem im Zuge der neuzeitlichen Volkskriege, dazu, dass in den Bevölkerungen Begeisterung und Opferbereitschaft geweckt wurde. Damit wurde die Basis für eine massive Konzentration aller wirtschaftlich-gesellschaftlichen Ressourcen auf den Krieg hin geschaffen .

Obwohl alle diese Argumente richtig sind, können sie in der Situation, in der sich die Welt heute befindet, klar entkräftet werden. Imperien sind im Zeitalter der globalen Kommunikation und wirtschaftlichen Verflechtung nicht mehr nötig, um große wissenschaftliche und technologische Vorhaben zu realisieren. Viele der durch Kriegsrüstung angestoßenen technologischen Entwicklungen hätten sich ohne Zweifel auch in Friedenszeiten durchgesetzt. Dass dies oft wahrscheinlich länger gedauert hätte – wie etwa im Fall der Entwicklung der Atombombe während des Zweiten Weltkriegs– entkräftet das Argument in keiner Weise. Die positiven sozialpsychologischen und gesellschaftlichen Wirkungen des Krieges – Steigerung von gesellschaftlichem Zusammenhalt, Opferbereitschaft, Bereitschaft den Herrschenden zu folgen (Hondrich 2002) – wiegen die enormen materiellen und menschlichen Opfer der Kriege bei weitem nicht auf (Mead 1976; Joas 2000).

Die Diffamierung des Pazifismus

Die „realistischen" Kriegstheoretiker begnügen sich nicht damit zu zeigen, dass Krieg unvermeidlich ist. Sie argumentieren auch, dass der Pazifismus selbst eine fragwürdige Haltung ist. Diese Meinung ist nicht neu; sie trat aber im Zuge des Überfalls von Putin auf die Ukraine wieder klar zutage. Ein Beispiel dafür gab der ehemalige Bundespräsident Joachim Gauck, als er sagte: „Pazifismus ist ehrenvoll, führt aber nicht zum Guten. Er zementiert nur die Dominanz der Bösen, der Unmenschlichen und der Verbrecher."[13] Eine Herabsetzung des Pazifismus kann als Teil der westlichen, insbesondere US-amerikanischen Propaganda betrachtet werden, Hochrüstung und kriegerische Aktivitäten zu legitimieren; daher ist eine Auseinandersetzung mit diesen Argumenten unerlässlich.

Eine Kritik des Pazifismus ist leicht, wenn man diesen simplifizierend darstellt und ihm unterstellt, er predige den absoluten Verzicht auf jede Gewalt (vgl. auch Hinsch 2017). Im Falle einer offenen Aggression, wie der von Putin in der Ukraine, seien Friedensverhandlungen fehl am Platz. Eine Debatte über aktuell mögliche Schritte während eines laufenden Krieges, etwa für einen Waffenstillstand, wird damit als aussichtslos, ja verantwortungslos abgetan. Das ist aber offenkundig eine höchst problematische Haltung, macht sie doch den allfälligen späteren Frieden vom Verlauf des Krieges abhängig. Dieser

---

[12] US-Amerikanische Top-Manager sollen sich oft Bilder deutscher Generäle an die Wand gehängt haben.
[13] Zitiert in „Weltmeister im Pazifismus", taz 27.7.2022 (https://taz.de/Intellektuelle-zum-Krieg-in-der-Ukraine/!5867320/, abgerufen am 8.2.2023).

Verlauf ist aber, so auch im Falle des Krieges in der Ukraine, in aller Regel nicht vorhersehbar. Manche – wie der US-Verteidigungsminister – sagen, die Ukraine werde den Krieg gewinnen. Angesichts des Kräfteverhältnisses zwischen der Ukraine und Russland muss eine solche Aussage geradezu als verantwortungslos bezeichnet werden. Würde Russland tatsächlich aus der Ukraine hinausgeworfen, wäre nicht auszuschließen, dass Putin zum Extrem (begrenzter) atomarer Schläge greift. Historische Daten zeigen, dass Kriege meist ohne eindeutigen Sieger beendet werden. Dabei spielen vermittelnde Dritte häufig eine wichtige Rolle. Daraus würde für den Krieg in der Ukraine folgen, dass sich vor allem die EU in Zusammenarbeit mit der UNO die es bereits versucht) und in Abstimmung mit den USA viel stärker für Verhandlungen einsetzen müssten.

Für den Frieden gilt das Gleiche wie für alle gesellschaftlichen Grundwerte: Genauso wie bei Leben, Sicherheit, Freiheit usw. gibt es Extremsituationen, in denen auch der Wert des Friedens gegenüber anderen zurücktreten kann und muss. Eine solche Situation ist etwa gegeben, wenn ein Land einen offenen Angriffskrieg gegen ein anderes beginnt. Dies war der Fall, als die russische Armee im Februar 2022 auf die ukrainische Hauptstadt Kiew vorstieß mit der offenkundigen Absicht, die Regierung abzusetzen und durch eine Marionettenregierung zu ersetzen – genauso wie es in Budapest 1956 und in Prag 1968 geschehen war. Durch den erfolgreichen militärischen Widerstand dagegen hat sich die Ukraine ihre politische Selbständigkeit und Freiheit gesichert. Der Krieg hat seither jedoch einen anderen Charakter angenommen. Seit Anfang 2023 geht es vor allem um den Kampf um Territorien im Osten des Landes (speziell in den Oblasts Donezk und Luhansk), in denen höhere Anteile russischsprachiger Ukrainer leben. In Teilen dieser Territorien hatten sich selbsternannte Unabhängigkeitskämpfer bereits vor dem russischen Einmarsch militärisch gegen die Regierung in Kiew aufgelehnt und deren Herrschaft außer Kraft gesetzt. Auch der Krieg Putins in diesen Territorien ist ohne Zweifel völkerrechtlich ein Verbrechen – genauso wie die Tatsache, dass er sie zuletzt zu russischen Territorien erklärt hat. Dennoch geht es jetzt um die territoriale Integrität der Ukraine, nicht mehr um ihr politisches Überleben. In einer solchen Situation müsste genau abgewogen werden, welche Optionen es für einen Waffenstillstand und Friedensverhandlungen und im Zusammenhang damit auch für die zukünftige Zugehörigkeit und Stellung dieser Territorien gibt. Vor allem wäre dabei auch zu berücksichtigen, welche Folgen die Weiterführung des Krieges für die Bevölkerung der Ukraine und für die gesamte Welt hat, etwa im Hinblick auf die bereits massiv gestiegenen Energiepreise und den Ausfall von Getreidelieferungen an Länder im globalen Süden, die für viele von ihnen lebenswichtig sind.

Neben einem absoluten Pazifismus kann man zumindest noch zwei weitere Versionen des Pazifismus-Begriffes unterscheiden. Den einen könnte man als Lippenbekenntnis-Pazifismus bezeichnen – eine Haltung, die zwar die Bedeutung von Frieden anerkennt und betont, sich aber real nicht wirklich darum kümmert. Dies ist eine typische Haltung autoritärer Regierungen. Die andere, auch hier vertretene Version, könnte man als realistischen und proaktiven Pazifismus bezeichnen. Damit ist gemeint, dass man den Wert des Friedens nicht erst im Falle drohender Kriege hervorhebt, sondern sich kontinuierlich Gedanken darüber macht und durch entsprechenden Handlungen darauf hinarbeitet, Friedensgefährdungen vornherein zu begrenzen oder ganz auszuschließen und vertrauensvolle internationale Beziehungen zu fördern (dazu Näheres im Folgenden). Auch in einem laufenden Krieg sind, wie bereits festgestellt, kontinuierlich die Möglichkeiten für einen Waffenstillstand auszuloten.

Ideen, Institutionen und Strategien für den Frieden
Frieden ist mehr als nur die Abwesenheit von Krieg. Genauso wie im Fall von Leben und Freiheit muss auch Frieden durch kontinuierliche Aktivitäten gesichert und ggf. wieder hergestellt werden. Um zu sehen, wie dies geschehen kann, brauchen wir eine Theorie des Friedens und wir müssen zeigen, dass es empirisch-historische Fakten gibt, welche eine solche Theorie als plausibel erscheinen lassen. Für Letzteres sprechen mehrere Fakten: die Gründung der UNO, die Persistenz der Friedensbewegungen, die Einstellungen der Bevölkerung zu Krieg und Frieden. Man muss auch auf die Möglichkeit von gewaltlosen Formen des Widerstands gegen die Unterdrückung der Freiheit hinweisen. Bevor wir zu diesen Themen kommen, ist die Friedenstheorie von Kant darzustellen. Diese Theorie stellt einen Meilenstein in der einschlägigen Diskussion dar; sie ist eine der wenigen philosophischen Abhandlungen zu diesem Thema.[14]

Die Idee des ewigen Friedens. Ein wegweisender Essay von Kant
Zum Thema Frieden hatten Denker früher wenig zu sagen. Dass für die griechischen Philosophen Frieden kein Thema war, ergab sich wohl daraus, dass die Griechen ein außerordentlich kriegerisches Volk waren. Seine Geschichte stellt sich als eine mehr oder weniger ununterbrochene Kette von Kämpfen dar. Diese wurden ihnen durchaus nicht nur von außen aufgezwungen; meist handelte es sich um Kriege zwischen den verschiedenen Stadtstaaten. Für das Römische Reich war Krieg Existenz- und Wachstumsgrundlage. Es sicherte und erweiterte seinen Bestand durch eine jahrhundertelange Serie von Eroberungskriegen, die für den notwendigen Nachschub an Sklaven sorgten (Weber 1973). Auch das „Nachfolgereich" Roms, das fränkische Reich Karl des Großen führte, wie bereits festgestellt, eine Serie von blutigen Kriegen. Der Frieden wurde, wie auch alle anderen gesellschaftlichen Grundwerte, zu einem wichtigen Thema der politischen Philosophie und Praxis erst dann, als der Krieg und seine Auswüchse immer verheerender und unkontrollierbarer wurden. In dieser Zeit trugen auch kritische Intellektuelle zu seiner Delegitimierung bei und die Bevölkerung selbst erlangte politischen Einfluss.

So ist es nicht überraschend, dass erst am Beginn der Neuzeit Schriften zur Idee des Friedens erschienen. Ein erster früher Proponent war der große niederländische Gelehrte *Erasmus von Rotterdam*. In seinem Werk *Die Klage des Friedens* von 1517 forderte er

---

[14] Man muss hier in der Philosophie eine ähnliche Interesselosigkeit am Thema Frieden konstatieren, wie sie oben für die Soziologie kritisiert wurde. So findet sich in der großen Philosophiegeschichte von C. Helferich (2012) im Stichwortverzeichnis kein Eintrag zu diesem Begriff, ebenso wenig im umfangreichen Wörterbuch der philosophischen Begriffe von Kirchner et al. (2013).

die katholische Kirche auf, sich von allen militärischen Unternehmungen zu trennen und die weltlichen Herrscher, alles zu tun, um gewaltsame Konflikte und Kriege zu vermeiden (Cortright 2008). Ein Jahrhundert später griff der niederländische Theologe und Jurist *Hugo Grotius* das Thema auf. In seinem 1625 erschienenen Werk *Über das Recht in Krieg und Frieden* argumentierte er, der Frieden werde erst gesichert sein, wenn es ein Völkerrecht gebe, das die Souveränität der Staaten achte. Grotius kam zu seiner Hochschätzung des Friedens sicherlich auch durch die Erfahrungen des Dreißigjährigen Krieges, der zu seiner Zeit wütete. Es ist sicher kein Zufall, dass gerade niederländische Autoren wichtige frühe Schriften zum Frieden verfassten. Die Niederland kämpften von der zweiten Hälfte des 16. Jahrhunderts bis zum Westfälischen Frieden 1628 um ihre politische Unabhängigkeit. Dahinter stand auch der Kampf um Religionsfreiheit der niederländischen Protestanten (insbesondere Calvinisten) gegenüber der intoleranten Herrschaft der katholischen Spanier.

Der bis heute wichtigste Text zum Frieden erschien 1795. Dies war der Aufsatz des deutschen Philosophen *Immanuel Kant* mit dem Titel *Zum ewigen Frieden. Ein philosophischer Entwurf*. Dieser weltberühmte, kurze Essay ist bis heute ein „Klassiker" zum Thema. Sein Erfolg war wohl hauptsächlich dadurch begründet, dass Kant nicht nur aus ethisch-normativer Sicht Frieden einforderte, sondern die Ursachen für Krieg und die Voraussetzungen für Frieden sehr klar und in geradezu soziologischer Weise herausgearbeitet hat. Kant war überzeugt, dass die Sicherung eines ewigen Weltfriedens „keine leere Idee, sondern eine Aufgabe [sei], die nach und nach aufgelöst, ihrem Ziele (…) beständig näherkomme." Seine Hauptthesen lauten: Um den Frieden dauerhaft zu sichern, müssen bestimmte Vorbedingungen gegeben sein. So dürfen Friedensschlüsse nicht mit Hintergedanken abgeschlossen werden, stehende Heere sind abzuschaffen und es darf keine Einmischung in innere Angelegenheiten anderer Staaten erfolgen. Kriege werden vor allem durch Herrscher und Eliten ausgelöst. Regierende, militärische Führer und Waffenproduzenten sind die hauptsächlichen Nutznießer; für die breite Bevölkerung bringen Kriege nur Nachteile und oft schwere Opfer mit sich. Die drei wichtigsten Grundprinzipien für Frieden sind laut Kant daher: eine republikanische Verfassung aller Staaten, in denen Gleichheit und Freiheit aller Menschen und Herrschaft der Gesetze gelten; die Etablierung eines verbindlichen internationalen Rechts und einer Staaten-Föderation; und die Anerkennung einer Weltbürgerschaft, die jedoch nur eine universelle Gastfreundschaft, kein Recht zur Einbürgerung, beinhalten sollte. Zu den Thesen von Kant gibt es seit Erscheinen seines Essays eine umfangreiche, kritische Diskussion.[15] Der italienische Historiker und Philosoph Domenico Losurdo (2022, S. 17–57)[16] verfasste ein umfassendes

---

[15] Vgl. als informative Zusammenfassung der Thesen von Kant und Kritik daran, mit umfangreichen Literaturhinweisen: https://de.wikipedia.org/wiki/Zum_ewigen_Frieden (abgerufen am 13.2.2023).

[16] Domenico Losurdo (1941–2018) war in seinen frühen Jahren ein radikaler Marxist (Anhänger der Kulturrevolution von Mao Tse-tung) und blieb Zeit seines Lebens ein sehr kritischer, jedoch international anerkannter Wissenschaftler und *public intellectual* (vgl. https://en.wikipedia.org/wiki/Domenico_Losurdo, abgerufen am 22.4.2023).

Werk zur historischen Entwicklung der Friedensidee. Darin weist er u. a. darauf hin, dass die Aggressivität der französischen Revolutionsarmeen die Befürworter von Kants Friedenstheorie in Deutschland stark ernüchterte. In neuerer Zeit wurden von Politikwissenschaftlern zahlreiche empirische Studien zur Überprüfung der Thesen von Kant durchgeführt. Sie konnte noch nie wirklich widerlegt werden (Rauch 2005); es gab bislang noch keinen einzigen Krieg zwischen demokratischen Staaten.

Wie Kant haben weitere bedeutende Autoren seither für die Notwendigkeit einer Ächtung des Krieges plädiert (vgl. Cortright 2008). Manche argumentierten auf religiös-ethischer Basis, andere aus philosophischer Sicht, manche aus empirisch-sozialwissenschaftlicher Sicht im Hinblick auf die Kriegsfolgen. So kämpfte der US-Amerikaner *Elihu Burritt* (1810–1879), einer der ersten Friedensaktivisten, auf der Basis einer schwärmerischen Religiosität schon von Jugend an für die Idee des Friedens und bereiste mit dieser Mission ganz Amerika und Europa. Der amerikanische Theologe und Philosoph *Reinhold Niebuhr* (1892–1971) entwickelte die Idee eines christlichen Realismus, in dem gesellschaftliche Interessen mit dem Leitbegriff der Gerechtigkeit verbunden werden sollten; Krieg sei als Mittel der Interessendurchsetzung grundsätzlich abzulehnen. Der russische Schriftsteller (1828–1910) entwickelte sich in seinem späteren Leben auf der Basis eines christlichen Humanismus zu einem radikalen „anarchistischen" Pazifisten. Er betrachtete die Wehrpflicht als „Apotheose staatlicher Tyrannei," die Wehrdienstverweigerung als christliche Pflicht. Die Schriften von Tolstoi hatten starken Einfluss auf *Mahatma Gandhi,* dessen gewaltloser Kampf für die Unabhängigkeit Indiens weltgeschichtliche Bedeutung erlangte. Gandhi war davon überzeugt, dass sich Indien nur durch massenhafte, gewaltlose Aktionen aus der kolonialen Abhängigkeit befreien dürfe (Fenske et al. 181, S. 572–575). Die Ablehnung des Krieges ergab sich auch als zentrales Thema aus der Ethik der Ehrfurcht vor dem Leben für *Albert Schweitzer.* Zu nennen ist hier auch *Albert Einstein,* der für Vorträge, Schriften und andere Aktivitäten gegen den Krieg viel Zeit aufwendete. Er bezeichnete sich als radikalen Pazifisten, forderte Militärdienstverweigerung und eine internationale Instanz, welche den Verzicht der einzelnen Nationen auf die Kriegsführung durchsetzen könne. Besonders zu erwähnen ist schließlich der bedeutende Ethnologe *Bronislaw Malinowski* (1951). Er zeigte, dass bei einfachen Völkern zwar immer wieder bewaffnete Konflikte und Kämpfe ausbrachen, diese aber meist von kurzer Dauer und nicht wirklich feindselig waren. Auch er wies darauf hin, dass Krieg eng mit Sklaverei verknüpft ist; sowohl Kriegsdienst wie Sklaverei können als Hauptformen von Unfreiheit gesehen werden können. Es lässt sich nachweisen, dass die Länder in Afrika und Lateinamerika, die am meisten unter Kolonialismus und Sklaverei litten, auch heute noch zu jenen gehören, in denen Gewalt und Ungleichheit am höchsten sind (Haller 2015).

Die Gründung der Vereinten Nationen als welthistorischer Meilenstein
Wie im vorhergehenden Abschnitt gezeigt, entwickelt sich die Idee des Friedens als ein gegen den Krieg gerichteter Wert und der Pazifismus als Ideologie im Europa der frühen Neuzeit, nicht zuletzt als Folge der Napoleonischen Kriege (Raumer 1953). Der Wiener

Kongress von 1815 hatte als Ziel die Wiederherstellung eines Mächtegleichgewichts in Europa, wodurch der Frieden gesichert werden sollte. Hierbei spielte der österreichische Staatskanzler Clemens Metternich, der meist nur als reaktionärer Unterdrücker der Freiheitsbestrebungen gesehen wird, eine wichtige Rolle (Siemann 2010). Tatsächlich gab es in der Folge nahezu ein halbes Jahrhundert lang keine Kriege. Schon seit der frühen Neuzeit wurde das Kriegsvölkerrecht entwickelt, welches Angriffskriege grundsätzlich ächtet und eine Beachtung minimaler humaner Standards bei der Kriegsführung fordert. .

Ein wichtiges historisches Ereignis im Hinblick auf die Sicherung des Friedens war die europäische Einigung seit 1945. Um die Beziehungen zwischen den Staaten Europas, die immer wieder Kriege gegeneinander führten, auf eine dauerhaft friedliche Basis zu stellen, wurden seit Anfang der Neuzeit immer wieder Ideen zur *Einigung Europas* entwickelt (vgl. Haller 2009a, S. 369-373). Die Gründung der *Europäischen Wirtschaftsgemeinschaft* 1957 und ihr Ausbau zur *Europäischen Union* kann man als wichtige Schritte in dieser Richtung sehen. So wird die Europäische Union vielfach als Zivilmacht und „Friedensunion" bezeichnet (Kohnstamm und Hager 1973), die bei internationalen Konflikten prinzipiell stärker auf Verhandlungen als auf militärische Gewalt setzt. Zwischen den Mitgliedsstaaten der EU hat es in der Tat keinen Krieg mehr gegeben, und es ist auch höchst unwahrscheinlich, dass es einen solchen je wieder geben wird. Nicht zuletzt deshalb ist die EU zum Vorbild für die Gründung zahlreicher weiterer regionaler Freihandels- und Wirtschaftszonen auf allen Kontinenten geworden. Durch die Verleihung des Friedensnobelpreises 2012 an die Europäische Union wurde diese Sichtweise quasi offiziell anerkannt. Aus drei Gründen kann die Europäische Integration jedoch nur begrenzt als Meilenstein für die Friedenssicherung gesehen werden. Zum Ersten muss man – auch im Lichte der Friedenstheorie von Kant – feststellen, dass der Frieden in Europa nicht primär durch die Integration gesichert wurde, sondern vor allem durch den Übergang aller Mitgliedsländer zu Demokratien. So ist die Aufnahme neuer Mitglieder nur dann möglich, wenn diese nachweisen können, dass sie grundlegende rechtsstaatliche und demokratische Prinzipien institutionalisiert haben und diese in ihren Ländern praktisch gelten. Zum Zweiten spielt Frieden in der „Verfassung" der EU, dem 2009 in Kraft getretenen Vertrag von Lissabon, eine sehr untergeordnete Rolle; Frieden wird weit seltener genannt als die Begriffe bzw. Grundwerte wie Sicherheit, Freiheit und Recht/Gerechtigkeit.[17] Zum Dritten ist es nicht so sicher, ob die Europäische Union tatsächlich nur das Ziel hat, den Frieden in der Welt zu fördern. In ihrer Verfassung ist der Ausbau einer eigenen militärischen Rüstung und Macht klar vorgesehen mit der impliziten Vorstellung, auch in dieser Hinsicht zu den derzeitigen Großmächten aufschließen zu können. Es gibt

---

[17] In einer Inhaltsanalyse der Verfassung für Europa, die zu über 90 % mit dem Vertrag von Lissabon identisch ist, zeigten sich folgende Nennungshäufigkeiten von 13 gesellschaftlichen Grundwerten (inklusive solcher mit anderen Wortverbindungen): Sicherheit 144, Freiheit 132, Recht/Gerechtigkeit 126; alle weiteren Begriffe wurden seltener als 100mal genannt. Frieden kam erst an 9.Stelle mit nur elf Nennungen (Haller2009, S. 406).

eine Reihe von Indizien für eine Militarisierung der EU:[18] So wurden 2007 sog. *Battle Groups* eingerichtet, die in der Lage sein sollen, weltweit rasch eingreifen zu können; die EU fördert die Kooperation der europäischen Rüstungsindustrie. Große EU-Staaten wie Deutschland und Frankreich verkaufen für Milliarden von Euro Waffen an Griechenland und andere Länder im Süden und heizen damit lokale Konflikte an. Nach dem Überfall Russlands auf die Ukraine haben die EU und ihre großen Mitgliedsstaaten begonnen, ihre Verteidigungsausgaben massiv zu erhöhen.

Ein Ereignis von umfassenderer und weiter reichender Bedeutung zur globalen Friedenssicherung war jedoch die Gründung der *Vereinten Nationen* im Jahr 1945.[19] Die UNO hatte bereits zwei historische Vorläufer. 1899 und 1907 fanden auf Anregung des russischen Zaren Nikolaus II. Haager Friedenskonferenzen statt, an denen 44 Staaten teilnahmen. Sie erreichten nur ein begrenztes Teilziel, nämlich die Schaffung eines internationalen Schiedsgerichtshofes. 1920, nach dem fünfjährigen Wüten des Ersten Weltkriegs, erfolgte die Gründung des *Völkerbunds*. Unter dessen politischen Proponenten war, wie bereits festgestellt, der US-amerikanische Präsident Woodrow Wilson. Eine ebenso wichtige Rolle spielte sein späterer Nachfolger Franklin D. Roosevelt für die Gründung der UNO. Diese erfolgte durch 40 Staaten (damals der Großteil aller Staaten der Welt) am 26.6.1945 in San Francisco, wenig mehr als einen Monat nach Beendigung des Zweiten Weltkriegs in Europa und noch vor der Kapitulation von Japan. Die Gründung der UNO war also eindeutig auf die schrecklichen Ereignisse des Weltkrieges zurückzuführen. Sie setzte sich vier Hauptziele: die Wahrung des Weltfriedens und der internationalen Sicherheit; die Entwicklung positiver und freundschaftlicher Beziehungen zwischen den Nationen; die internationale Zusammenarbeit bei der Lösung globaler Probleme; die Förderung der Menschenrechte (Wolf 2016).

Die Erhaltung des Weltfriedens stellt das zentrale Ziel der UNO dar. In Zusammenhang damit wird die Anwendung von Waffengewalt in internationalen Beziehungen geächtet. Sie ist nur dann erlaubt, wenn sie im gemeinsamen Interesse aller Länder und in Übereinstimmung mit den Menschenrechten erfolgt. Dies wird dadurch sichergestellt, dass die Anwendung militärischer Gewalt durch Beschlüsse des UNO-Sicherheitsrates genehmigt werden muss. Man kann sagen, dass die Ziele und Statuten der UNO weitgehend den von Kant geforderten Prinzipien entsprechen.

Die Vereinten Nationen haben sich seit ihrer Gründung äußerst dynamisch entwickelt. Heute hat diese größte internationale Organisation 193 Mitgliedsstaaten und die Aufnahme in sie ist höchst begehrt, weil sie für neue Staaten de facto die internationale

---

[18] Vgl. dazu kurz und informativ und mit Literaturhinweisen: https://www.bpb.de/kurz-knapp/lexika/das-europalexikon/177134/militarisierung-der-eu/ (abgerufen am 12.2.2023).

[19] Vgl. zu einer einführenden, informativen Übersicht https://de.wikipedia.org/wiki/Vereinte_Nationen (abgerufen am 17.4.2023); systematisch Wolf (2016), *Die UNO;* historisch Nolte (2009), *Weltgeschichte im 20. Jahrhundert,* S. 385 ff.

Anerkennung bedeutet.[20] Der Generalsekretär der UNO spielt eine historisch völlig neue, herausragende Rolle: Er hat zwar bei weitem nicht so viel Macht wie der Regierungschef eines großen Staates, gilt jedoch als eine Autorität, deren Stimme weltweit gehört wird. Die UNO hat seit ihrer Gründung bedeutende Leistungen erbracht, aber auch beschämende Misserfolge zu verzeichnen. Zu ersteren gehört vor allem die Möglichkeit, dass sie ein Forum schafft, auf welchem sich Regierungschefs und Politiker aller Staaten der Welt zu regelmäßigem Austausch treffen. Erfolgreich waren die UNO-Friedenseinsätze in Sub-Sahara Afrika, Mittelamerika und Kambodscha und viele Hilfestellungen beim Wiederaufbau (bürger-) kriegszerstörter Länder. Aufgrund all dieser Aktivitäten und Möglichkeiten, erscheint das Gesamtbild der UNO als eindeutig positiv. Misserfolge und sogar eklatantes Versagen sind der UNO vorzuwerfen bei Einsätzen im Rahmen der Völkermorde in Ruanda und Bosnien-Herzegowina. Auch die von der UNO nicht legitimierten Kriege der USA und ihrer Verbündeten im Irak ramponierten ihr Image als Inhaber des weltweiten Gewaltmonopols und Letztinstanz zur Entscheidung über militärische Interventionen. Darüber hinaus gibt es Kritik an der Wirkungslosigkeit vieler ihrer Resolutionen, an ihrer Überbürokratisierung (ein Problem vieler internationaler Organisationen) und in Bezug auf Übergriffe von Blauhelmen in Einsatzgebieten. Ein immer wiederkehrendes Problem ist die Finanzierung. Da diese zum großen Teil von den USA geleistet wird, hängt die UNO stark von deren Wohlwollen ab. Das Grundproblem der Verfassung der UNO besteht darin, dass die fünf ständigen Mitglieder des Sicherheitsrates Vetos gegen Beschlüsse einbringen können. Damit werden viele Resolutionen und Aktionen durch die Großmächte – vor allem Russland und China, aber auch durch die USA – blockiert. Die Zusammensetzung des Sicherheitsrates selbst ist geopolitisch höchst einseitig. Während mittelgroße Staaten wie Frankreich und Großbritannien ständige Mitglieder sind, ist dies der bevölkerungsmäßig zweitgrößte (in absehbarer Zeit größte) Staat Indien nicht; auch große Länder wie Brasilien, Deutschland und Japan sind nicht ständige Mitglieder.

Wie erfolgreich waren die Friedensbewegungen?
Dass der Frieden ein Anliegen und einen Grundwert darstellt, der Menschen in aller Welt extrem wichtig ist, zeigt auch die Existenz der Friedensbewegungen. Es gibt sie in institutionalisierter Form seit über hundert Jahren. Sie konnten aber offensichtlich nicht die schlimmsten aller bisherigen Kriege, die beiden Weltkriege, verhindern. Auch heute noch scheinen sie gegenüber der Hochrüstung der Großmächte, deren militärischen Interventionen in vielen Teilen der Welt und einer Vielzahl regionaler „neuer Kriege" machtlos gegenüberzustehen. Müssen die Friedensbewegungen daher als erfolglos bezeichnet werden? Betrachten wir zunächst kurz ihre Geschichte (Cortright 2008).

---

[20] Die UNO-Organisation ist äußerst komplex und ausgefaltet (daher wird auch vom System der Vereinten Nationen gesprochen): sie umfasst sechs Hauptorgane (Vollversammlung, Sicherheitsrat usw.), 19 Spezialorgane (UNDP, UNESCO, UNICEF usw.), 17 autonome, sehr aktive Sonderorganisationen (wie die FAO, ILO, UNESCO, WHO, IMF) und außerdem gut 50 Nebenorgane (Wolf 2016), *Die UNO*.

Die ersten neuzeitlichen, meist bürgerlichen Vereine gegen den Krieg entstanden im Zuge der antinapoleonischen Kriege in Europa und den USA. So wurde 1815 in New York die *American Peace Society,* 1816 eine ähnliche in London gegründet. Eine größere Opposition gegen den Krieg entstand in Europa nach dem Krimkrieg 1853–56. Dies war der erste große Krieg seit dem Wiener Kongress, der eine Reihe europäischer Mächte involvierte und in Regionen von der Ostsee bis zum Kaukasus und Balkan stattfand. Er war auch insofern ein Vorläufer des Ersten Weltkriegs, da er als der erste moderne „industrielle" Krieg mit neuen Technologien, großen Materialschlachten und lang andauernden Stellungskämpfen gelten kann. Neu war auch die umfangreiche Kriegsberichterstattung, etwa durch Fotos, welche die enormen menschlichen Opfer und Verletzungen vor allem durch die Artillerie dramatisch bekannt machten. Nicht zuletzt trug diese Berichterstattung zu einer Reform des Lazarettwesens bei, zu der die britische Krankenschwester und Begründerin der modernen Krankenpflege, Florence Nightingale (1820–1910), entscheidend beitrug. Der Krimkrieg war, wie gesagt, ein Geburtshelfer der modernen Friedensbewegungen. So wurden ab dieser Zeit fast jedes Jahr Weltfriedenskonferenzen organisiert. Zugleich gründeten Abgeordneten westlicher Länder 1889 die *Interparlamentarische Union,* die erreichte, dass ein internationales Schiedsgericht etabliert wurde, um kleinere Streitfälle zu schlichten.

Im Hinblick auf die Friedensbewegungen sind auch Persönlichkeiten zu nennen, welche sich als Gründer bzw. Aktivisten dem Kampf gegen den Krieg verschrieben hatten. Als einer der ersten „Apostel des Friedens" wurde der französische Jurist und Abgeordnete Frédéric Passy (1822–1912) bezeichnet. In der Folge taten sich vor allem österreichische Autoren und Politiker als Sprecher für die Sache des Friedens hervor. Eine Erklärung dafür könnte sein, dass sich in der multinationalen, durch innere Konflikte zerrissenen Habsburger Monarchie nie ein so starker, nach außen gerichteter, aggressiver Nationalismus entwickeln konnte wie in Frankreich oder im Deutschen Reich. Zu nennen ist hier als erste Persönlichkeit Bertha von Suttner (1843–1914). Ihr Antikriegsroman *Die Waffen nieder* wurde gleich nach seinem Erscheinen 1890 zu einem Welterfolg – ein deutlicher Hinweis auf die Bedeutung des Themas für die Menschen der damaligen Zeit. Bertha von Suttner gründete 1891 die *Österreichische Friedensgesellschaft* und wurde zu einer internationalen Agitatorin. Einer ihrer geistigen Mitstreiter war Alfred Lammasch (1853–1920), ein international renommierter Völkerrechtler und letzter Ministerpräsident der k.u.k Monarchie.[21]

Zu nennen ist hier auch der Schriftsteller und Journalist Karl Kraus (1874–1936). Dieser stellte in seiner Einmann-Zeitschrift *Die Fackel* die offiziellen medialen Berichte über den Krieg so dar, dass seine Absurdität und die geistige Beschränktheit seiner Proponenten jeder Leserin klar vor Augen traten. Er schrieb u. a.: „Kriegsmüde – das ist das

---

[21] Lammasch vertrat eine konservativ-christliche Weltanschauung und betrachtete das Völkerrecht als Instrument zur Durchsetzung von Menschenrechten und zur Etablierung eines permanenten Völkerfriedens. Während des Ersten Weltkriegs hielt er im Reichsrat der Habsburgermonarchie drei berühmte Reden, in denen er für einen sofortigen Frieden eintrat. Dafür wurde er stark angefeindet.

dümmste von allen Worten, die die Zeit hat. Kriegsmüde sein, das heißt müde sein des Mordes, müde des Raubes, müde der Lüge, müde der Dummheit, müde des Hungers, müde der Krankheit, müde des Schmutzes, müde des Chaos. War man je zu all dem frisch und munter? ... Kriegsmüde hat man immer zu sein, das heißt nicht nachdem, sondern ehe man den Krieg begonnen hat."[22] Der gebürtige Wiener Alfred H. Fried (1864–1921) gründete zwei pazifistische Zeitschriften und 1892 gemeinsam mit anderen die Deutsche Friedensgesellschaft. Das Thema der Sicherung des Friedens hatten zu dieser Zeit auch Persönlichkeiten in anderen europäischen Ländern auf ihre Fahnen geschrieben. So der Gründer des Roten Kreuzes, Henri Dunant (1828–1910), der Wieder-Begründer der Olympischen Spiele, Pierre de Coubertin (1863–1937) sowie Alfred Nobel (1833–1896), der schwedische Industrielle und Stifter des Friedens-Nobelpreises.

Die Friedensbewegungen hatten durchaus Erfolge, wenn sie auch nicht den Ausbruch der Weltkriege verhindern konnten. Der Hauptgrund dafür, dass es seit 1945 keine direkten Kriege zwischen Großmächten mehr gegeben hat, ist sicherlich die Gefahr eines Atomkrieges sowie die Tatsache, dass die Welt in Einflusszonen der Supermächte aufgeteilt ist (Näheres dazu unten).[23] Ihre wichtigste Leistung war (und ist) ohne Zweifel, das öffentliche Bewusstsein für die negativen Folgen von Rüstung und Krieg wachzuhalten. Die Friedensbewegungen lieferten aber auch Anstöße zu internationalen Abkommen und Vereinbarungen zur Friedenssicherung. Auf der anderen Seite war auch ihr Effekt auf die nationale Politik in vielen Ländern bedeutsam. Besonders evident war dies bei den weltweiten Anti-Vietnamkriegs-Demonstrationen in den 1960er Jahren. In den USA hatten sich zu diesen die unterschiedlichsten politischen Aktivistinnen und Gruppen zusammengeschlossen. Sie trugen zweifellos dazu bei, dass dieser Krieg 1975 endlich beendet wurde. Diese Demonstrationen waren auch ein Auslöser für die kulturellen 1968er-Revolutionen. Im Vergleich zu anderen sozialen Bewegungen war es aber für die Friedensbewegungen aus zumindest vier Gründen schwerer, ihre Ziele durchzusetzen. (1) Sie haben sehr unterschiedliche weltanschaulich-politische Grundlagen. Diese umfassen ein breites Spektrum von eher konservativen, religiös-christlich und humanistisch inspirierten, idealistischen Bewegungen, die vor allem von bürgerlichen Schichten und Intellektuellen getragen wurden, bis hin zu sozialistischen, kommunistischen und anarchistischen Strömungen. (2) Die Friedensbewegten hatten heterogene theoretische und ethisch-moralische Begründungen des Friedens. Diese konnten sein utilitaristisch-zweckrational (Krieg als schlechtes Geschäft) sein, oder religiös-christlich und ethisch

---

[22] Aus: Kraus, *Glossen bis 1924*.

[23] Münkler (2002) argumentiert, dass auch die enorm gestiegenen Kriegskosten Staaten heute davon abschrecken, einen Krieg zu beginnen. Wenn man sich jedoch die oft völlig irrationalen Argumente für Kriegserklärungen ansieht, ist dieses Argument nicht ganz nachvollziehbar. Dass solche Überlegungen vor allem bei Diktatoren völlig irrelevant sind, zeigte der Angriff von Putin im Februar 2022 auf die Ukraine; es war absehbar, dass die Wirtschaft Russlands massiv beeinträchtigt werden würde.

motiviert. Die Haltungen der Friedensbewegungen können sich daher in wichtigen konkreten Fragen, wie etwa der Einstellung zum Militärdienst, deutlich unterscheiden. (3) Daher sind die Ziele letztlich divergierend, und der Wert des Friedens ist nicht immer gleich gewichtet. So wird von vielen nicht der enge Zusammenhang zwischen Frieden und anderen Grundwerten (wie Demokratie, Gleichheit, Gerechtigkeit) gesehen. Beim Ausbruch des Ersten Weltkrieges wurden vor allem die Sozialdemokraten, die bis dahin erklärte Pazifisten und Internationalisten gewesen waren, geradezu zerrissen. Sie entschieden sich letztlich dafür, den Krieg zu unterstützen, weil sie nicht klar zwischen Patriotismus und chauvinistisch-aggressivem Nationalismus differenzieren konnten. (4) Die Friedensaktivisten haben – außer öffentlichem Protest, Demonstrationen usw. – auch keine Ressourcen, die sie einsetzen könnten (wie es etwa den Arbeitnehmerinnen durch Streiks möglich ist).

Die Strategie des gewaltlosen Widerstands
Richtig an den Argumenten der Pazifismuskritiker ist, dass Mächtige von ihrer Haltung und ihren Aktionen und militärischer Aggressivität nicht ablassen, wenn man nur an ethisch-moralische Prinzipien appelliert. Es gibt jedoch auch die Möglichkeit zu einem aktiven Handeln in dieser Hinsicht, nämlich den *organisierten gewaltlosen Widerstand* bzw. die *gewaltlose Aktion*. Diese Idee wurde theoretisch entwickelt und politisch praktiziert von Mahatma Gandhi und in neuerer Zeit von Martin Luther King (1939–1968) im Rahmen des *Civil Rights Movements,* dem Kampf der Schwarzen um Emanzipation in den USA. Die ideellen Wurzeln dieser Idee fand Gandhi in der buddhistischen Lehre von der Gewaltlosigkeit „*Ahimsa*," übersetzbar mit: passiver Widerstand, und *Satyagraha,* dem beharrlichen Festhalten an der Wahrheit. Gandhis Methode im Unabhängigkeitskampf von Indien gegen Großbritannien war es, die Besatzungsmacht durch Demonstrationen, Ungehorsam und zivilen Widerstand zum Rückzug zu zwingen. Dabei wurde bewusst in Kauf genommen, dass der passive Widerstand zu gewalttätigen Aktionen der Kolonialmacht führen und mit Leiden bei den Widerständlerinnen verbunden sein konnte. Hier kommt eine weitere wichtige Idee ins Spiel: wenn eine autoritäre Regierung die Menschen offen unterdrückt und Kritiker einschüchtert und misshandelt, können Dritte – heute die Weltöffentlichkeit – für die Sache der Unterdrückten gewonnen werden. Damit entsteht Druck von außen auf die Mächtigen. Das Ziel des gewaltlosen Widerstands ist also, die politische und moralische Dynamik eines Konfliktes zu ändern, indem man auch Unterstützung durch nichtbeteiligte, zunächst neutrale Dritte gewinnt. Gewaltloser Widerstand ist also im Prinzip eine durchaus aktive Politik. Mehrere Autorinnen haben argumentiert, dass gewaltlose Aktionen zielführender sind als der direkte Einsatz von Gewalt, weil sie es ermöglichen, die Kontrolle über den Prozess zu behalten (Butler 2020). Die Kombination von Druck und Gewaltverzicht vermeidet Beschädigungen des Gegners und löst nicht, wie Kriege, eine Spirale von Gewalt und Gegengewalt aus.

Die Friedenstheorie von Kant, die Gründung der UNO, Friedensbewegungen und Strategien des gewaltlosen Widerstands sind Ideen und Prozesse, welche zweifellos dazu beitragen können, dass kriegerische Auseinandersetzungen auf der Welt zurückgehen. Wir müssen uns abschließend aber auch noch fragen, welche Interessen und Faktoren weiterhin dafür sorgen werden, dass Kriege nicht so schnell verschwinden, aber auch, welche zur Sicherung des Friedens beitragen werden.

Friedensgefährdende Kräfte

Am 22. Februar 2022 marschierten russische Truppen in die Ukraine ein mit dem Ziel, die dortige, demokratisch gewählte Regierung zu stürzen und womöglich Teile des Landes an Russland anzugliedern. Diese seit dem Zweiten Weltkrieg einmalige militärische Aggression scheint die Realisierbarkeit eines dauerhaften Friedens selbst in Europa massiv infrage zu stellen. Als „Zeitenwende" (Bundeskanzler Scholz) kann man diesen Übergriff dennoch nicht bezeichnen. Kriege gab es in Europa selbst auch noch nach 1945 (etwa in Jugoslawien), und weltweit sind sie ohnehin immer noch ständig präsent. Kriege sind im klassischen Sinne definiert als gewaltsame, organisierte und relativ dauerhafte Konflikte zwischen Kollektiven (in der Regel Staaten). Treffen nicht alle diese Merkmale zu, spricht man von bewaffneten Konflikten (Jäger/Beckmann 2011; Rotte 2019). Allein im Jahre 2020 gab es weltweit 28 Kriege und mehrere bewaffnete Zusammenstöße.[24] Davon fanden fast die Hälfte in Afrika, jeweils ein halbes Dutzend im Nahen Osten und Asien, einer in Lateinamerika und immerhin drei in Europa statt. Zwischen 1945 und 2005 gab es 228 Kriege (vgl. auch AKUF und Schreiber 2006). Diese Tatsache der offenkundigen Persistenz von Kriegen in der Welt von heute stellt eine besondere Herausforderung für die Grundthese dieses Bandes dar, dass sich auch der Wert des Friedens und ein entsprechendes Verhalten der Staaten früher oder später durchsetzen wird. Um diesen Widerspruch aufzulösen, oder zumindest zu entschärfen, müssen wir uns zunächst kurz fragen, was Frieden überhaupt bedeutet. In den weiteren Abschnitten des Kapitels diskutieren wir dann, welche Faktoren und Kräfte seine Durchsetzung hemmen und welche sie fördern.

Wie ist Frieden zu definieren? Dies ist nicht so einfach, wie es auf den ersten Blick scheint. Frieden ist mehr als nur die Abwesenheit von Krieg, wie die Friedensforschung gezeigt hat.[25] Man muss hier zumindest vier Formen unterscheiden: (1) Ein Kriegsstillstand oder *Waffenstillstand* liegt vor, wenn Kriegshandlungen unterbrochen werden, sodass Friedensverhandlungen beginnen können. Ein Waffenstillstand kann natürlich kein auf Dauer angelegtes Ziel sein. Dennoch kann man sagen, dass es ein gewaltiger Fortschritt ist, wenn militärische Kampfhandlungen, durch welche laufend Menschen ums Leben kommen, eingestellt werden. (2) Von einem *kalten Krieg/kalten Frieden* kann man

---

[24] Vgl. https://www.frieden-fragen.de/entdecken/weltkarten/kriege-weltweit-2021.html vgl. https://www.bpb.de/themen/kriege-konflikte/dossier-kriege-konflikte/54569/gewaltsame-konflikte-und-kriege-aktuelle-situation-und-trends/ (beide abgerufen am 14.2023).
[25] Vgl. dazu zusammenfassend Imbusch/Zoll (2011), *Friedens- und Konfliktforschung. Eine Einführung* und Dietrich et al. (2011), *Peace Studies*. Als Begründer der Friedens- und Konfliktforschung gilt der norwegische Soziologe und Politikwissenschaftler Johan Galtung (geb. 1930).

sprechen, wenn sich zwei (Groß-) Mächte grundsätzlich misstrauisch gegenüberstehen, zwar nicht direkt Krieg gegeneinander führen, aber doch in verschiedenster Form und in unterschiedlichen Weltgegenden gegen die Interessen des anderen in einer Weise wirken, die zu lokaler Gewalt führen kann (etwa durch Waffenlieferungen, Unterstützung von ‚feindlichen' Aufständischen). Eine solche Beziehung bestand von etwa 1950 bis 1990 zwischen der Sowjetunion und den USA. (3) Von einem *instrumentellen Frieden* könnte man sprechen, wenn sich Staaten nicht mehr feindselig, aber auch noch nicht wirklich freundschaftlich gegenüberstehen. Im eigenen Interesse vermeiden sie offene oder verdeckte Aktionen gegen die Interessen des anderen. (4) Ein *freundschaftlicher Friede* würde vorliegen, wenn mehrere Ländernicht nur enge wirtschaftliche, sondern auch dichte soziale und kulturelle Beziehungen zueinander pflegen. Solche Beziehungen bestehen etwa zwischen den angelsächsischen Nationen oder zwischen den Mitgliedsländern der Europäischen Union. Die These, welcher der Theorie Kants vom Ewigen Frieden Realitätsgehalt verleihen kann, lautet nicht nur, dass alle Formen von Frieden dem Kriegszustand vorzuziehen sind, sondern auch, dass er damit nicht unbedingt die ideale Form freundschaftlicher internationaler Beziehungen meinte. Auch sachlich-instrumentelle, zweckrationale Beziehungen zwischen den Großmächten der Welt würden ausreichen, um von einem gesicherten Weltfrieden sprechen zu können. Betrachten wir nun im Einzelnen, welche negativen und positiven Kräfte und Faktoren man hier erkennen kann.

Autoritäre Führer und aggressive politische Regimes
Dass machthungrige individuelle Politiker Kriege vom Zaun brechen, steht außer Frage. Napoleon und Hitler haben Europa mit schrecklichen Kriegen überzogen; ohne sie hätte die europäische (und die Welt-) Geschichte einen völlig anderen Verlauf genommen. Feldherren gewinnen durch erfolgreiche Kriege immenses Prestige, Einfluss und Macht auch außerhalb des Krieges. Es gibt eine große Zahl von politischen Persönlichkeiten auch in demokratischen Gesellschaften, die vorher erfolgreiche militärische Kommandeure gewesen waren (G. Washington, Atatürk, Eisenhower, de Gaulle). Dass im postkolonialen Afrika zahlreiche (meist innerstaatliche) Kriege ausbrachen, hat auch damit zu tun, dass die Präsidenten der neuen Staaten meist frühere Führer militärischer Unabhängigkeitsbewegungen gewesen waren (Haller 2015, S. 273). In Russland hängt die neue, aggressive Außenpolitik eng mit der Persönlichkeit von Wladimir Putin zusammen, einem ehemaligen Geheimdienstoffizier, der seit 2000 regiert. Vom kommunistischen Nordkorea geht eine der stärksten Bedrohungen des Weltfriedens nicht zuletzt deshalbaus, weil es seit 1948 von einer Diktatoren-Dynastie (begründet durch Kim Il-sung, heute sein Enkel Kim Jong-un) beherrscht wird, denen massive militärische Hochrüstung auch für den eigenen Machterhalt viel wichtiger ist als die sozioökonomische Entwicklung des Landes. Im arabisch-islamischen Raum hat Saddam Hussein 1980 bis 1988 einen der blutigsten Kriege des 20. Jahrhunderts gegen den Iran geführt. Der heute dominante Politiker in

Saudi-Arabien, Kronprinz Mohammed bin Salman, führt seit 2015 eine militärische Intervention gegen schiitische Milizen im Jemen durch (er erhält Waffen auch von westlichen Ländern).

Die Rolle machthungriger Persönlichkeiten steht in engem Kontext mit einem zweiten zentralen Faktor für den Ausbruch von Kriegen. Solche Persönlichkeiten können sich in einem autoritären politischen Kontext natürlich besonders gut – oder überhaupt erst hier – entfalten. So hätten Lenin, Stalin und Mao Tse-tung die Durchsetzung und Machterhaltung der kommunistischen Systeme in ihren Ländern nicht erreicht, wenn sie nicht zugleich massive militärische Gewalt eingesetzt hätten, sowohl gegen innere Feinde wie auch zur Abwehr äußerer Aggressionen. Mit dem Zusammenbruch des sowjetisch-kommunistischen Systems in Russland 1990 und der Wende Chinas zur Marktwirtschaft unter Deng Xioaping ab 1979 gibt es den klassischen „Systemkonflikt" zwischen dem freien, demokratischen Westen und der kommunistischen Welt nicht mehr. China konnte sein zentralistisches politisches System jedoch beibehalten; unter Xi Jinping wurde es seit 2012 sogar massiv verstärkt. Es will auch seinen internationalen Einfluss verstärken, etwa durch massiven Ausbau von Infrastrukturen für seinen Welthandel (Projekt Neue Seidenstraße/*One belt, one road*) und durch Investitionen in Ländern des globalen Südens. Russland hat unter Putin eine neue Ideologie der alten „echten" russischen Gesellschaft und Werte entwickelt, die er dem dekadenten Westen entgegenstellt. Diese will er durch eine harte Unterdrückungspolitik im Innern, einen neuen Nationalismus und die Kontrolle aller russischen Territorien außerhalb Russlands schützen. Die faschistischen Elemente in seinem Denken und Handeln werden auch von Rechten in Westeuropa mehr oder weniger offen positiv gesehen.

Autoritäre Strukturen sind auch in der arabisch-islamischen Welt dafür verantwortlich, dass in ihrem Innern und an ihren Rändern (neben Sub-Sahara Afrika) heute die meisten Kriege und bewaffneten Auseinandersetzungen stattfinden. Die vieldiskutierte These von Francis Fukuyama (1995) ist zweifellos vereinfachend, die Welt werde in Zukunft vor allem durch Kämpfe zwischen den großen Kulturen bestimmt, wobei vor allem der Islam eine aggressive Rolle spielen würde. Richtig ist jedoch, dass die islamische Welt durch vier Merkmale gekennzeichnet ist, welche eine Demokratisierung massiv erschweren und ihre Aggressivität fördern:[26] (1) Die fehlende Abgrenzung zwischen der religiösen, zivilgesellschaftlichen und politischen Sphäre. Es kam in islamischen Ländern zu einer unheilvollen „Verstaatlichung des Islam und Islamisierung des Staates" (Koopmans 2020, S. 53). Der Staat greift durch restriktive, oft den Menschenrechten widersprechende Gesetze (etwa in Bezug auf Homosexualität, Rechte von Frauen) in das Privatleben ein; der Begriff der individuellen Freiheit ist der islamischen Kultur überhaupt fremd (Kelek 2012, S. 224). (2) Die religiöse Legitimierung des politischen Systems,

---

[26] Aus der umfangreichen Literatur zum Islam und den islamischen Ländern heute sei hier nur hingewiesen auf Schulze (1994), *Geschichte der Islamischen Welt im 20. Jahrhundert;* Burgmer (1996), *Der Islam*; Ruthven (2002), *Der Islam*; Koopmans (2020), Das verfallene Haus des Islam, sowie die Schriften des deutschen Islamforschers Bassam Tibi (z. B. Tibi 1999).

die zu einer Abschließung gegenüber dem Westen und einer Unterdrückung aller Kritik und Opposition im Innern und zu Aggressivität nach außen führt. Der letztere Aspekt hat zweifellos religiöse Wurzeln, da der Islam ja als eine Ideologie von Kriegern, als eine „Herrenreligion" (Weber 1964/I, S. 480–485) etabliert wurde. Auch der Aufstieg des islamistischen Fundamentalismus und Terrors ist vor diesem Hintergrund zu sehen, wenngleich er damit keineswegs ausreichend erklärt werden kann (so hat der Westen selbst massiv zu seinem Aufstieg beigetragen). (3) Autokratische Herrscher und Regierungen, in welchen der Entscheidungsträger über allen politischen Organen steht. Diese Führungsfiguren haben ein undifferenziertes, manichäisches Weltbild, ein rigides Denken und Selbstbild, das sie zu pompösen Machtdemonstrationen und persönlicher Bereicherung bis hin zu einer Kleptokratie veranlasst. Legitimiert wird das alles durch die Berufung auf traditionelle Werte und Wiederherstellung nationaler Würde und Stärke. In all diesen Aspekte bestehen frappierende Ähnlichkeiten zwischen den arabisch-islamischen und europäischen Machthabern wie Putin, Orban und Erdogan. Die Folgen des katastrophalen Erdbebens im Südosten der Türkei im Februar 2023 haben die Grenzen solcher Systeme klar aufgezeigt.[27] (4) Ein viertes Problem der islamischen Länder ist ihre schwache nationale Identität, also ein mangelndes Gefühl der Zugehörigkeit zum eigenen Staat. Die arabischen Länder fühlen sich auch der arabischen Welt zugehörig, die Moslems in allen Ländern auch der *umma,* der Gemeinschaft der Gläubigen. Diese Zugehörigkeitsgefühle sind für die Bildung stabiler alternativer Gemeinschaften aber zu schwach. Wiederholte Versuche zur Schaffung umfassenderer arabischer Staaten sind gescheitert. Die historische und kulturelle Vielfalt zwischen den rund 40 islamischen Ländern (mit mindestens drei Vierteln muslimischer Bevölkerung) mit insgesamt 1,9 Mrd. Menschen ist viel zu groß, um eine tragfähige Basis für ein gemeinsames Handeln zwischen ihnen herstellen zu können.

Es gibt allerdings eine Reihe von Argumenten und Fakten, diee dafür sprechen, dass auch die islamischen Länder einer demokratischen Öffnung zugänglich sein und in der Folge auch ein weniger aggressives außenpolitisches Verhalten zeigen werden. Hier sind vor allem vier Gründe zu nennen: Es gibt keinen grundsätzlichen Gegensatz zwischen dem Islam und den gesellschaftlichen Grundwerten; es gibt islamisch dominierte Länder (darunter die Türkei und Indonesien, mit 275 Mio. Einwohnern das bevölkerungsreichste islamische Land), die eine relativ liberale Verfassung haben;[28] die rund 50 Mio. Muslime in West- und Nordeuropa haben sich relativ gut in das politische Leben eingefügt; und auch in der islamischen Welt wird, nicht zuletzt durch die steigende Bildung

---

[27] Die Folgen dieses Erdbebens waren vor allem deshalb so gravierend (bis Mitte Februar 2023 wurden 42 000 Tote geborgen), weil der türkische Präsident sein Versprechen beim ersten Regierungsantritt (dies war einer der Hauptgründe für seinen Wahlsieg gewesen), strenge Bauvorschriften bei neuen Gebäuden zur Sicherheit vor Erdbeben festzulegen, nicht eingehalten hatte.

[28] Erdogan hat die demokratischen Freiheitsrechte in der Türkei allerdings massiv beschnitten; das persönliche Regime von Erdogan hat jedoch ein Ablaufdatum. In Indonesien ist der Islam (trotz eines Anteil von 87 % in der Bevölkerung) keine Staatsreligion. Die Bürger und Bürgerinnen müssen sich lediglich zu einer von fünf anerkannten Weltreligionen bekennen.

auch der Frauen, der Fundamentalismus (wie er noch in Saudi-Arabien und dem Iran herrscht) nicht dauerhaft bestehen bleiben.

Kapitalinteressen und imperialistisches Großmachtgehabe
Aber es sind nicht nur Diktatoren und autoritäre Regimes, die Kriege vom Zaun brechen. Ein aus der Sicht der demokratischen Theorie des Krieges besonders beunruhigendes Faktum ist, dass viele Kriege seit 1945 durch die größte und älteste Demokratie der Welt, die Vereinigten Staaten von Amerika, initiiert und geführt wurden. Ihre Kriege in weit entfernten Weltregionen (in Korea, Vietnam, Irak, Syrien, Afghanistan) haben Hunderttausende von Leben gekostet, Millionen Menschen zur Flucht gezwungen, die Infrastruktur ganzer Länder zerstört. Neben diesen großen Kriegen intervenierten die USA offen und geheim weltweit unter Einsatz militärischer Mittel in über einem halben Dutzend weiterer Länder (von Guatemala und Kuba bis Libyen, Serbien und Jemen). Alle diese Kriege müssen nach den Standards der UNO als illegal bezeichnet werden (Ganser 2022). Seit dem Zweiten Weltkrieg haben die USA ihre Rüstungsausgaben massiv gesteigert; zehntausende Firmen in den USA (viele auch im Ausland) sind von ihnen abhängig, selbst Hochschulinstitute (sogar im Ausland) erhalten namhafte Gelder für militärrelevante Forschung.[29] Schon Präsident Eisenhower prangerte diese Verhältnisse mit dem Begriff „militärisch-industrieller Komplex" als gefährliches neues Machtkartell an. Der Soziologe C.W. Mills (1956) belegte die enge Verflechtung zwischen der US-Politik, Bürokratie und kapitalistischen Unternehmen in seinem Werk *The Power Elite* im Detail; hohe Offiziere werden etwa nach ihrer Pensionierung nahtlos Top-Manager oder Berater großer Firmen; Spitzenpolitiker kommen aus der Wirtschaft, nahezu alle US-Präsidenten waren Millionäre, was ihnen kostspielige Wahlkämpfe ermöglichte. Wenngleich der Kongress manche hochambitionierten, teuren Rüstungsprojekte abgelehnt hat, erfolgt die Verabschiedung des extrem hohen Verteidigungsbudgets von rund 800 Mrd. $ (so viel wie jenes der nächsten zehn Staaten zusammen) meist einstimmig. In neuerer Zeit hat vor allem der Linguist und öffentliche Intellektuelle Noam Chomsky (1993, 2001, 2020) diese Verflechtung kapitalistischer Interessen und aggressiver Außen- und Militärpolitik der USA mit beeindruckenden Fakten belegt. Er sieht die USA – wie andere bedeutende Wissenschaftlerinnen, etwa der Ökonom John K. Galbraith – als ein neues Imperium, das seine weltweite Hegemonie im Innern durch Gleichschaltung der Medien, Unterdrückung von kritischen Gruppen und Förderung gesellschaftlicher Spaltungen, und nach außen durch weltweite militärische Präsenz, offene und versteckte, meist illegale Interventionen sowie durch Druck auf die Partnerstaaten im Rahmen der NATO sichert. Legitimiert werden diese Aktionen, indem sie als Verteidigung der Demokratie und als Kampf gegen den Terror deklariert werden.

---

[29] Vgl. den Spiegel-Artikel vom 28.9.1969 „Amerikas Militarismus" (https://www.spiegel.de/politik/amerikas-militarismus-a-d1bd0646-0002-0001-0000-000045547707, abgerufen am 14.2.2022)..

Die Frage ist, ob der Kapitalismus als solcher als eine Hauptursache von Kriegen anzusehen ist. Diese These hat schon Lenin in seinem Werk *Der Imperialismus als höchstes Stadium des Kapitalismus* aufgestellt. Für ihn war der Erste Weltkrieg ein Raubzug der kapitalistischen Staaten, um in der nichtkapitalistischen Welt neue Märkte für das europäische Finanzkapital zu erschließen und zu sichern. Diese kolonialistische Expansion stellte für ihn die höchste Stufe des Monopolkapitalismus dar. Als allgemeine Theorie wird Lenins These aber schon dadurch widerlegt, dass es bereits in allen bekannten historischen Gesellschaften und Kulturen (Keegan 1992) vor dem Aufstieg des Kapitalismus immer wieder Kriege gab. Praktisch alle antiken und mittelalterlichen Imperien wurden durch Eroberungskriege geschaffen (Mann 1990 ff.). Max Weber (2011, S. 317–396) argumentierte gegen Lenin, dass der Kapitalismus nicht wesentlich durch die Kolonien gefördert worden sei, also auch nicht durch die damit verbundenen Kriege; entscheidend waren die Innovationen (rationale Buchführung, disziplinierte Arbeitsgestaltung usw.) in den aufsteigenden kapitalistischen Ländern selbst. Außerdem kann man mit Fug und Recht behaupten, dass kapitalistische Interessen gerade beim Ausbruch der beiden größten Kriege der Weltgeschichte, dem Ersten und Zweiten Weltkrieg, nicht die ausschlaggebende Rolle gespielt haben, sondern nur eine untergeordnete[30]. Richtig ist aber ohne Zweifel, dass Kriege sehr häufig mit ökonomischen, insbesondere kapitalistischen Interessen, verbunden sind. Mehr als evident ist dies bei den militärischen Interventionen der USA im Nahen Osten, wo es um die Sicherung des Nachschubs des wichtigsten Rohstoffs Erdöl ging und auch direkte Geschäftsinteressen US-amerikanischer Unternehmer und Politiker (etwa des einflussreichen Vizepräsidenten unter Bush jun., Dick Cheney) involviert waren (Vidal 2002; Lüders 2020; Chomsky 2020). Es geht hier aber nicht nur um die Interessen der Kapitalisten selbst, sondern auch jener vieler anderer Menschen, die von Rüstungsindustrie und Kriegswirtschaft leben. So sind in den USA allein für das Verteidigungsministerium 2,1 Mio. Menschen beschäftigt, und im Rüstungsbereich darüber hinaus weitere 3,6 Mio.; das sind zusammen fast 4 % aller Beschäftigten.[31] Wenn etwa ein Rüstungsunternehmen in einem Staat Personal abbauen muss, wird auf alle dortigen Politikerinnen enormer Druck ausgeübt, dies zu verhindern. Auch in der deutschen Rüstungsindustrie waren 2020 55.500 Menschen beschäftigt; sie erzielte einen Umsatz von 11,2 Mrd. €; rechnet man auch Zulieferer und Dienstleistungsbranchen dazu, sind es rund 135.000 Personen.[32] Das Verhalten der USA muss neben den kapitalistischen Interessen auch durch einen zweiten Faktor erklärt werden, nämlich durch die internationale Staatenkonkurrenz und die Rolle der Großmächte darin. Die eingangs dargestellte, realistische Theorie der Politik postuliert, dass es in einem ungeregelten internationalen

---

[30] So kann die These des Historikers Fritz Fischer (*Der Griff nach der Weltmacht*), der dies für den Ersten Weltkrieg behauptete und auch mit vielen Fakten belegte, nicht wirklich akzeptiert werden.

[31] Die Zahlen beziehen sich auf 2007. Vgl. https://www.diepresse.com/321557/us-ruestungsindustrie-das-grosse-geld-mit-dem-krieg (abgerufen am 9.3.2023).

[32] Nach Schätzungen des DIW, berichtet in https://www.produktion.de/schwerpunkte/ruestungsindustrie/ruestungsindustrie-alle-wichtigen-zahlen-und-fakten-920.html (/abgerufen am 9.3.2023).

System immer eine gewisse Machtkontrolle bzw. Machtbalance geben muss, damit nicht ständig Kriege ausbrechen. Die internationale Ordnung kann sichergestellt werden durch die Dominanz eines Staates – wie der USA heute –, durch die Existenz zweier (wie die der USA und der UdSSR im Kalten Krieg) oder mehrerer annähernd gleich starker Staaten (im „europäischen Mächtegleichgewicht" bis zum Ersten Weltkrieg). In einem ungeregelten internationalen Umfeld sind die (Groß-) Staaten gezwungen, ständig ihre Macht zu demonstrieren, zu bewahren und wenn möglich auszubauen. Strukturelle Wandlungsprozesse, wie der wirtschaftliche Aufstieg neuer und der Abstieg alter Nationen, können das internationale Machtgleichgewicht stören und kriegerische Konflikte auslösen. Diese Theorie kann man gut mit der auch von Weber (1964/II, S. 664–666) vertretenen These in Einklang bringen, dass vor allem Großmächte dazu tendieren, bei ihren Angehörigen „eine spezifische Prestige-Prätension" zu entwickeln, die oft einen „fühlbaren Einschlag in die Entstehung von Kriegen gegeben" habe. Diese These von Weber entspricht der von Kant, der ja auch die Interessen der Eliten an Kriegen hervorgehoben hat. Da jedes große politische Gebilde eine potentielle Gefahr für alle Nachbarn bedeutet, ist es latent auch selbst ständig bedroht und seine Verhaltensweisen können sofort Misstrauen und Gegenaktionen anderer Großmächte befeuern. Speziell die Großmächte beanspruchen die Kontrolle über große Territorien in ihrem Umkreis. Daher verhalten sie sich oft expansiv, d. h. sind auf gewaltsame oder durch Gewaltandrohung erzielte Ausdehnungen des eigenen Gebietes eingestellt. Tim Marshall (2015) hat nachdrücklich gezeigt, wie vor allem die USA, die UdSSR und China riesige Territorien in ihrer Nachbarschaft erobert und dabei militärische Interventionen, politische Unterdrückung und kulturelle Assimilation zusammen eingesetzt haben. Selbst die weniger bellizistische Habsburger Monarchie *(Tu felix Austria nube!)* ergriff Gelegenheiten zur gewaltsamen Inhalation von Nachbarländern (meist im politisch zersplitterten Südosteuropa), wann immer sich Gelegenheit dazu bot. Die letzte war die verhängnisvolle, völkerrechtlichen Vereinbarungen widersprechende Besetzung von Bosnien-Herzegowina 1912 Dies war einer der Mosaiksteine, die zum Ausbruch des Ersten Weltkriegs und zum eigenen Untergang führten. Eine Landkarte von Europa, in welche die Staatsgrenzen je nach Dauer ihres Bestandes unterschiedlich dick eingetragen wurden, zeigt, dass die am längsten unveränderten Grenzen neutrale Kleinstaaten wie die Niederlande, Portugal und die Schweiz umschließen (Heller 2001). Sie haben, im Gegensatz zu Großmächten, kein Interesse an Kriegen und versuchen, sich aus solchen soweit als möglich herauszuhalten (Kohr 1983).

Ist angesichts all dieser Fakten eine optimistische Sicht auf eine Zukunft ohne Krieg noch haltbar? Es scheint, dass man dafür trotz allem gute Gründe angeben kann. Einige sollen hier kurz benannt werden; sie hängen direkt mit den hier behandelten Aspekten – autoritäre Führer und Regimes, Kapitalinteressen, internationale Konkurrenz der Großmächte – zusammen. Einige weitere werden im folgenden Abschnitt zur Sprache kommen.

Als erster kriegsfördernder Faktor wurden aggressive Regimes und autoritäre Führer genannt. Gibt es eine Chance, dass sich in Russland und China je demokratische Strukturen entwickeln werden? Für Russland kann dies trotz des Wiedererstarkens autoritärer Tendenzen unter Putin nicht grundsätzlich ausgeschlossen werden. Russland hatte bereits vor der Revolution der Bolschewiken eine, wenn auch kurze, Erfahrung mit demokratischen Institutionen. Selbst in der Sowjetunion konnten weniger autoritär gesinnte Politiker wie Chruschtschow und Gorbatschow an die Spitze von Partei und Regierung gelangen. Der letztere schlug dem US-Präsidenten Reagan sogar vor, die beiderseitigen Atomwaffen einzumotten; 2019 forderte er, alle Atomwaffen zu vernichten.[33] 1990 hatte er eine halbe Million russischer Soldaten ohne Bedingungen aus der DDR abgezogen und damit die deutsche Wiedervereinigung ermöglicht. 1991 wurde der Warschauer Pakt aufgelöst. Der Westen hätte damit eigentlich mit der Auflösung der NATO reagieren müssen, da diese ja explizit zur Eindämmung des Sowjetkommunismus gegründet worden war (Giegerich 2012).

Auch die Herrschaft von Putin hat ein Ablaufdatum. Dass sein Nachfolger ein weniger autoritär gesinnter Politiker sein könnte, erscheint nicht als unwahrscheinlich angesichts des offenkundigen Irrwegs der Putin'schen Politik auch für Russland selbst. Ein weiterer Indikator dafür, dass auch ehemalige kommunistische Länder Demokratien werden können, ist die Tatsache, dass alle osteuropäischen postkommunistischen Länder heute doch im Großen und Ganzen als volle Demokratien angesehen werden können; dies war ja eine Vorbedingung für ihre Aufnahme in die EU.

Schwieriger scheint eine positive Antwort auf die Chancen der Demokratie in China. Hier hat die Kommunistische Partei ihre Macht ja zementieren können. Dafür war vor allem ihre Bereitschaft ausschlaggebend, marktwirtschaftlichen Prozessen Raum zu geben, wodurch sich die Wirtschaft ungeheuer dynamisch entwickeln konnte.[34] Die KPCh kann sich bei ihrem absoluten Machtanspruch auf die jahrtausendealte chinesische Tradition von Zentralismus und obrigkeitshörigem Denken und Verhalten stützen. Ideologisch untermauert wird eine solche Haltung auch durch den Konfuzianismus (den die KPCh heute wieder positiv darstellt). In dessen Zentrum steht die Achtung vor allen Obrigkeiten, vom Familienoberhaupt bis hin zum Kaiser bzw. Staatsoberhaupt steht (Weber 1988a, S. 237–275; Vogelsang 2019). Die KPCh nutzt darüber hinaus alle Möglichkeiten

---

[33] Vgl. „Alle nuklearen Waffen müssen zerstört werden"; Tagesspiegel, 4.11.2019: https://www.tagesspiegel.de/politik/gorbatschow-fordert-abschaffung-von-atomwaffen-8513848.html (abgerufen 15.2.2023).

[34] Zum kommunistischen China heute vgl. vor allem Tobias ten Brink (2013), Chinas Kapitalismus. Ein historisches Standardwerk zur Geschichte Chinas stammt von Kai Vogelsang (2019). Vgl. auch Allmendinger, Jutta, Hrsg. (2014), China. Ökonomie, Politik und Gesellschaft einer Weltmacht, *WZB-Mitteilungen* 144; Christoph Leitl, China am Ziel? Europa am Ende? Wals 2020 (Ecowin). Seit der Corona-Epidemie ist das Wirtschaftswachstum Chinas allerdings eingebrochen und es scheint unwahrscheinlich, dass je wieder so hohe Wachstumsraten erreichen wird wie in den letzten Jahrzehnten; vgl. dazu https://www.businessinsider.de/wirtschaft/wirtschaftskrise-in-china-jetzt-droht-dort-die-deflation/ (abgerufen am 31.8.2023).

der Digitalisierung zu einer intensiven, für uns unvorstellbaren Überwachung und Kontrolle der Bevölkerung; manche sprechen von einem Techno-Totalitarismus[35] (Strittmatter 2018). Dennoch wäre es falsch, das heutige China als ein völlig monolithisches, totalitäres System zu sehen, das gegebenenfalls skrupellos auch militärische Mittel einsetzen würde, um seine Interessen durchzusetzen. Zum einen besteht auch im kommunistischen China ein stark verankertes, in vieler Hinsicht effizientes System der internen Mitbestimmung und Machtteilung, bedingt schon durch die Größe des Landes. Durch die Konkurrenz innerhalb und zwischen organisatorischen und regionalen Einheiten können neue Ideen in vielfältiger Weise erprobt und im Erfolgsfall landesweit übernommen werden (Heilmann 2016).[36] Zum anderen ist sich China seiner weltpolitischen Rolle als Großmacht bewusst. Wenn es auch immer wieder aggressive und bedrohliche Haltungen und Aktionen in seiner unmittelbaren Nachbarschaft zeigt bzw. ausführt und den US-amerikanischen Imperialismus anprangert, ist es doch ohne Zweifel ernsthaft bemüht, eine zerstörerische Konfrontation mit den USA und damit einen neuen Weltkrieg zu vermeiden. Es ist daher durchaus vorstellbar, dass ein „instrumenteller (Welt-) Frieden" im oben genannten Sinne auch mit einem nach westlichen Kriterien nicht demokratischen China denkbar ist.

Durchaus infrage gestellt werden kann auch, ob das kapitalistisch-imperialistische Verhalten der USA auf Dauer haltbar ist. Inzwischen gibt es eine ganze Reihe von Büchern, ja sogar einen Film, über den Untergang des US-amerikanischen Imperiums. Wenn diese auch verfrüht sein mögen, ist die derzeitige militärische Überlegenheit ohne Zweifel nicht auf Dauer aufrecht zu erhalten – auch aus wirtschaftlichen Gründen. So schreibt der Soziologe Michael Mann (2007), die USA heute seien „ein militärischer Riese, ein ökonomischer Trittbrettfahrer, politisch Schizophrener und ideologisch ein Phantom." Die letztere Bezeichnung bezieht sich darauf, dass das Verhalten der USA die von ihnen propagierten Werte von Freiheit und Gleichheit laufend selbst verletze. Man muss Mann auch darin recht geben, dass die US-Außenpolitik keinen neuen Imperialismus darstelle, sondern einen Militarismus, dem es nicht um Kontrolle fremder Territorien geht, sondern vor allem um den Schutz wirtschaftlicher Interessen. Ein Beispiel dafür, dass sich auch eine Großmacht weltpolitisch nicht aggressiv verhalten muss, ist Indien. Dieses Land, das meist im Schatten von China liegt, wird bald das bevölkerungsreichste Land der Welt sein. Es hat ebenfalls einen sehr starken wirtschaftlichen Aufschwung hinter sich und wird in Zukunft eine bedeutende Rolle in der globalen Politik spielen (Ihlau 2006).

Nicht unwahrscheinlich ist daher die Entwicklung eines neuen Multilateralismus, der zwar nicht überall mit Demokratisierung einhergehen wird, aber doch eine gewaltfreie Koexistenz und interessenbezogene internationale Beziehungen sichern könnte.[37]

---

[35] Vgl. https://netzpolitik.org/2022/ueberwachung-in-china-totale-praeventive-kontrolle/ (abgerufen am 15.2.2023).

[36] Vgl. auch Heilmann, Sebastian et al. (2018), „Charakteristika des politischen Systems," *Dossier China*, Bundeszentrale für politische Bildung, 7.9.2018 (verfügbar im Internet)

[37] Vgl. dazu z. B. Marc Saxer, Neues altes Großmächtekonzert, in: https://www.academia.edu/831 99983/Neues_altes_Grossmachtekonzert (abgerufen am 15.2.2023).

In diesem Rahmen müssten aber die gesellschaftlichen Grundwerte und Menschenrechte weltweit garantiert werden.[38]

Friedensfördernde Prozesse und Kräfte

Man kann aber auch positive Gründe benennen, die dafür sprechen, dass ein dauerhafter Frieden auf der Welt in Zukunft möglich ist. Weltfrieden in diesem Sinne würde nicht heißen, dass es überhaupt keine gewaltsamen, kriegerischen Auseinandersetzungen mehr gibt. Wie im privaten Leben sind auch im öffentlichen Leben auf nationaler und internationaler Ebene Konflikte unvermeidbar und diese können immer auch in Gewaltanwendung münden. Es würde jedoch bedeuten, dass solche Konflikte lokal oder regional begrenzt bleiben und auch zeitlich nicht eskalieren. Diese Gründe sind: der weitgehende Abschluss der Bildung neuer Nationalstaaten, neue globale Bedrohungen und die Einstellungen der Menschen zu Krieg und Frieden.

Abschluss und Konsolidierung der Nationalstaatsbildung
Seit der frühen Neuzeit gibt es einen Pazifizierungsprozess, der mit einer signifikanten Abnahme von Gewalt im öffentlichen Raum einhergeht (Elias 1976). Die Gründe dafür sind, dass sich das Gewaltmonopol des Staates durchgesetzt hat und Armut und Verelendung breiter Massen – oft Hauptursache für Kriminalität und Gewalt – stark abgenommen haben. Darüber hinaus waren mit den Prozessen der Nationalstaatsbildung seit dem 19. Jahrhundert allerdings fast immer innere und äußere kriegerische Auseinandersetzungen verbunden (Giddens 1985). Diese Prozesse sind weltweit im Zusammenhang mit den Prozessen der Dekolonisierung von 1951 bis 1975 (vor allem in Afrika und dem Nahen Osten) und dem Zerfall des letzten großen, multinationalen Staates (der Sowjetunion) 1989/90 zu einem relativen Abschluss gekommen. Auch die Kriege in Europa seit 1945 entstanden im Zusammenhang mit dem Aufbau neuer Nationalstaaten (Jugoslawien 1991–94) und der noch nicht konsolidierten neuen Staatsstruktur nach dem Zerfall der Sowjetunion (Kriege im Kaukasus und in der Ukraine ab Februar 2008). Dass der Nationalstaat heute viel weniger mit Gewalt und Krieg assoziiert wird als früher, zeigt sich exemplarisch an den Texten der Nationalhymnen (Haller 2009b). Die 1792 geschriebene französische Nationalhymne, die *Marseillaise,* trieft vom Blut der getöteten Feinde; in den Texten der jüngeren deutschen und österreichischen Nationalhymnen ist nur mehr von Einigkeit und Recht, Freiheit und Schönheit des Landes die Rede. Dass der Nationalstaat heute nicht mehr notwendig mit aggressiven Haltungen nach außen verknüpft

---

[38] Es ist hier nicht der Ort, um ausführlich auf die Ideen einer humanen und „demokratischen" Weltgesellschaft einzugehen. Der Philosoph Francis Cheneval (2011) hat den Begriff einer multilateralen Demokratie entwickelt. Verwiesen sei hier auch auf die Arbeiten von Beck (2002), *Macht und Gegenmacht im globalen Zeitalter*, Held (2007) *Soziale Demokratie im globalen Zeitalter* und des Philosophen Peter Singer (2016), *One World Now. The Ethics of Globalization.* Für weitere Ausführungen zu diesem Thema siehe Kap. 16.

sein muss, zeigen die Beispiele von Deutschland und Japan. Seit 1945 ist es ein parteienübergreifender Konsens der Politik der Bundesrepublik, die militärische Rüstung zu begrenzen und sich aus internationalen kriegerischen Auseinandersetzungen herauszuhalten. Dieser Konsens begann allerdings schon im Jugoslawienkrieg zu bröckeln, als Außenminister Joschka Fischer die Beteiligung Deutschlands an der nicht durch UNO-Beschluss legitimierten militärischen Intervention der NATO 1999 durchsetzte (Ganser 2022). Die pazifistische Haltung Deutschlands verlor ihren Rückhalt in nahezu allen Parteien schließlich 2022 durch die russische Militärintervention in der Ukraine, als erstmals Waffenlieferungen in ein Kriegsgebiet beschlossen wurden. Welthistorisch bedeutsam ist auch der Fall Japan. Dieses Land hat sich 1946 eine einzigartige pazifistische Verfassung gegeben. Darin wird der Begriff Frieden immer wieder betont, Krieg als Mittel der eigenen Politik ausdrücklich abgelehnt. Es wurde sogar der Verzicht auf eine eigene Armee festgelegt. Auch wenn diese Verfassungsbestimmungen zu einem erheblichen Teil auf Druck der US-amerikanischen Besatzungsmacht zustande gekommen sind, wurden sie von der Bevölkerung doch weitgehend akzeptiert und als bindend anerkannt.[39] Ein Grund neben der Kriegsniederlage war ohne Zweifel auch hier ein einschneidendes negatives historisches Ereignis: der Abwurf von Atombomben über Hiroshima und Nagasaki im August 1945. Durch sie kamen innerhalb eines Jahres über 200.000 Menschen ums Leben; weitere hunderttausend starben bis 1950; bis in die jüngste Zeit starben noch Menschen an Krebs als Folge der Verstrahlungen. Diese Ereignisse stellten für Japan eine nationale Katastrophe ersten Ranges dar. Aus all diesen Gründen kann man die Wirkung der Atombombenabwürfe auf Japan durchaus mit jener des Holocaust in Deutschland vergleichen. Sie stellt einen weiteren Beleg für Kants These dar, dass sich neue positive Orientierungen in aller Regel erst als Reaktion auf extrem negative Geschehnisse einstellen.

Die internationale wirtschaftliche Verflechtung
Die These, dass enge wirtschaftliche Beziehungen einen pazifizierenden Einfluss auf die zwischenstaatlichen Beziehungen ausüben, haben nach Kant auchdie englischen liberalen Sozialtheoretiker des 19. Jahrhunderts vertreten (Haller 2011). Dass solche Beziehungen allein den Frieden nicht sichern können, liegt auf der Hand[40] Dennoch ist die erstere These nicht zu bestreiten, obwohl sie nach dem Überfall von Putin auf die Ukraine weithin infrage gestellt wird. Die Bedeutung dieses Faktors ist in den letzten Jahrzehnten enorm gestiegen. So hat der Welthandel von 1960 bis 2020 gigantisch um das 18fache

---

[39] Allerdings muss man feststellen, dass der Pazifismus inzwischen auch in Japan einen schweren Stand hat und z. T. nur mehr auf dem Papier besteht. So gibt es bereits jetzt wieder sog. „Selbstverteidigungsstreitkräfte" mit einem hohen Budget. Einer der Auslöser dafür ist ohne Zweifel der wirtschaftlich-politische Aufstieg Chinas, der auch mit zunehmenden Militärausgaben und einem für die Nachbarländer bedrohlichen Großmachtgehabe verbunden ist.

[40] Kurz vor dem Ersten Weltkrieg argumentierte der Friedens-Nobelpreisträger Norman Angell Lane (*The Great Illusion*), Krieg sei für alle Beteiligten ökonomisch nur von Nachteil, daher werde es keinen europaweiten Krieg mehr geben.

zugenommen, die Warenproduktion „nur" um etwa ein Drittel so stark.[41] China hat einen Anteil von 15 % am Welthandel, fast doppelt so viel wie die an nächster Stelle liegenden USA und Deutschland (mit je rund 7 %).[42] China, aber auch westliche Länder, sind daher in einem extrem hohen Maße von der Aufrechterhaltung friedlicher wirtschaftlicher Beziehungen abhängig Dies nicht zuletzt deshalb, weil jeweils unentbehrliche Güter ausgetauscht werden, die im eigenen Land nicht mehr (oder noch nicht) hergestellt werden. Ein unbegrenzter, rein an ökonomischen Tauschvorteilen orientierter Welthandelt wird seit der Covid-19 Pandemie und dem russischen Einfall in die Ukraine aber selbst infrage gestellt. Es zeigte sich, wie problematisch die Abhängigkeit weltweiter Lieferketten von unvorhersehbaren Ereignissen (etwa die Blockierung des Suezkanals durch einen Großtanker im September 2022) und insbesondere die Abhängigkeit des Westens von autoritären Staaten wie Russland und China ist. Dies ist zweifellos richtig, und eine Diversifizierung etwa des Importes wichtiger Rohstoffe und Güter ist notwendig. Aber es bleibt dennoch ein Faktum, dass die Aufrechterhaltung eines großen Teiles des bereits immensen Welthandels für alle Nationen von immenser Bedeutung ist. Dies gilt auch für die größte Exportnation China selber. Daher liegt es auch in deren ureigenstem Interesse, zu seinen wichtigsten Handelspartnern in Amerika und Europa wirtschaftliche Austauschbeziehungen ohne Einsatz von Gewalt aufrecht zu erhalten.

Die atomare Bedrohung
Durch den Einsatz der Atombombe könnte heute tatsächlich die menschliche Zivilisation nahezu ausgelöscht werden.[43] Daher argumentieren viele, dass es seit 1945 deshalb keinen Krieg zwischen großen Ländern (den Atommächten) mehr gegeben hatte. In den 1950er Jahren gab es in vielen Ländern, insbesondere Deutschland und Japan, starke Anti-Atom-Bewegungen, die auch von bedeutenden Wissenschaftlern (etwa Einstein und Bertrand Russell) unterstützt wurden.[44] Der Philosoph und politische Schriftsteller Günther Anders bezeichnete die Atombombe als eine „Selbsterpressung der Menschheit".[45] Ein Atomkrieg ist tatsächlich nicht hundertprozentig auszuschließen. Zum einen, weil

---

[41] Vgl. https://www.bpb.de/kurz-knapp/zahlen-und-fakten/globalisierung/52543/entwicklung-des-grenzueberschreitenden-warenhandels/ (abgerufen am 15.2.2023).
[42] Vgl. https://de.statista.com/statistik/daten/studie/2879/umfrage/anteil-der-wichtigsten-exportnationen-am-weltweiten-aussenhandel/ (abgerufen am 15.2.2023).
[43] Dies müsste aber nicht unbedingt so sein. Wenn sich die Atommächte gegenseitig bekämpfen, würden sie Atombomben wohl vor allem auf das Land ihrer Gegner abwerfen. Große Teile der Welt, – etwa Afrika, Indien – sind aber nicht direkt in den Großmachtkonkurrenz eingebunden. Sie würden ganz sicher auch enorm unter den Auswirkungen eines Atomkriegs leiden, aber es müssten nicht alle sterben. Eine solche Katastrophe könnte aber dazu führen, dass die Überlebenden ein- für allemal jedem Krieg abschwören; sie,könnte aber auch zu brutalen Überlebenskämpfen aller gegen alle führen.
[44] Vgl. dazu https://www.atomwaffena-z.info/initiativen/geschichte-der-anti-atom-bewegung.html (abgerufen am 17.2.2023).
[45] Vgl. Anders, *Die atomare Drohung. Radikale Überlegungen zum atomaren Zeitalter* (zuerst veröffentlicht in den 1950er Jahren).

auch autoritär regierte Länder über Atomwaffen verfügen. Zum anderen, weil es immer möglich ist, dass in Staaten, die über Atomwaffen verfügen, hasardierende und skrupellose Politiker an die Macht kommen, die ihren Einsatz befehlen. Atomwaffen werden von ihren Besitzern meist nur „als letzte Sicherheitsgarantie" betrachtet (Keegan 1997; Brechtken 2020). Schon seit den 1960er Jahren wird das Verbot des Einsatzes der Atombombe jedoch, auch unter dem Einfluss der Friedensbewegungen und einer starken Befürwortung durch die Bevölkerungen, als globale Norm anerkannt. Bahnbrechend dafür war der Atomwaffenverbotsvertrag der UNO, der 2021 in Kraft trat.[46] Dass dieser sofort und von allen Ländern anerkannt wird, ist ebenso unwahrscheinlich wie bei allen anderen UNO-Abkommen. Dennoch müssen Politik und militärische Planung in allen Ländern damit rechnen. So gab es 2022 weltweit einhellige Kritik (auch von Seiten Chinas) an der Andeutung von Putin, im Extremfall in der Ukraine auch Atomwaffen zum Einsatz zu bringen; er hat diese Aussage später zurückgenommen.

Die Einstellungen der Menschen zu Krieg und Frieden
Ein vierter Faktor, der zur weltweiten Durchsetzung friedlicher internationaler Beziehungen beitragen kann, sind die Einstellungen der Bevölkerung zu Krieg und Frieden. Dabei ist auch relevant, wie sich diese Einstellungen in verschiedenen Ländern und innerhalb dieser zwischen verschiedenen sozialen Schichten und Gruppen darstellen. Diese Frage ist auch von großem Interesse in Bezug auf die Thesen von Kant, der in dieser Hinsicht ja einen fundamentalen Unterschied zwischen Eliten und Bevölkerung postulierte. Die Meinungen der Bevölkerung sind einhellig: Gewaltanwendung und Krieg wird von großen Mehrheiten abgelehnt, Frieden als Grundwert befürwortet. Ergebnisse der Eurobarometer-Umfrage des Frühjahrs 2018 (EB 89) zeigten: Frieden steht an der Spitze aller zwölf Werte, die den Befragten in den 28 Mitgliedsländern vorgelegt wurden; 45 % erachten Frieden als wichtigsten persönlichen Wert; gleich darauf folgen Menschenrechte (42 %) und Respekt gegenüber dem menschlichen Leben (37 %)[47]. Laut Umfragen in Österreich stehen Frieden und Gesundheit an der Spitze der Faktoren, die man als wichtig für das Glücklichsein betrachtet[48]. Die Bedeutung des Friedens in den Augen der Bevölkerung zeigt sich auch in Verhaltensindikatoren, etwa dem Wahlverhalten. In Deutschland verweigerte Bundeskanzler Schröder 2003 die Mitwirkung am Irakkrieg von G.W. Bush jun., wobei er zweifellos die Mehrheit der Bevölkerung hinter sich hatte. Außerdem sind oft Hunderttausende Menschen in vielen Ländern bereit, gegen Rüstung und Krieg auf die Straße zu gehen. So gab es in Deutschland in den 1950er Jahren zahlreiche Massendemonstrationen für Abrüstung und Rüstungskontrolle und in den 1960er Jahren die

---

[46] Dieser Vertrag verbietet Entwicklung, Produktion, Lagerung, Weitergabe und Einsatz von Atombomben. Bis September 2021 hatten ihn 91 Staaten unterzeichnet. Nicht darunter waren allerdings alle Atommächte sowie Saudi-Arabien und Iran. Vgl. https://de.wikipedia.org/wiki/Atomwaffenverbotsvertrag (abgerufen am 22.4.2023).
[47] Vgl. https://www.europarl.eu/at-your-service/be-heard/eurobarometer (abgerufen am 23.3.2021).
[48] https://www.ots.at/presseaussendung/OTS_20181205_OTS0004/umfrage-friede-und-gesundheit-machen-gluecklich (abgerufen am 10.1.2021).

großen Ostermärsche gegen Nachrüstung und Stationierung von Mittelstreckenraketen. 2003 demonstrierten in Berlin eine halbe Million Menschen gegen die Beteiligung am Irakkrieg. Dieser Krieg wurde aber auch von der Bevölkerung in anderen Ländern (etwa Großbritannien, Türkei) mehrheitlich abgelehnt (vgl. auch Chomsky 2021, S. 322).

Frieden als Faktor für die Förderung aller anderen Grundwerte
Ein letzter Aspekt, der für die Durchsetzung des Friedens spricht, ist die Tatsache, dass auch zwischen dem Wert des Friedens und allen anderen gesellschaftlichen Grundwerten, vielfach starke und positive Zusammenhänge bestehen. Dass Frieden mit den zwei anderen existentiellen Grundwerten, Leben und Sicherheit, engstens verbunden ist, steht außer Zweifel; wir brauchen hier nicht viel Worte darüber verlieren. Kriege können in verschiedener Hinsicht noch verheerender sein als selbst größte Naturkatastrophen. Sie sind in ihrer Dauer unvorhersehbar, sie erzeugen tiefes Misstrauen und Feindschaften, sie werden als besonders schlimm empfunden, weil von Menschen gemacht. Frieden ist aber auch engstens verknüpft mit den politischen Werten Freiheit, Gleichheit und Gerechtigkeit. Im Krieg werden viele Grundfreiheiten – wie die Meinungs-, Presse- und Versammlungsfreiheit – extrem beschnitten, wie das Sprichwort „Die Wahrheit stirbt im Krieg zuerst" treffend besagt. Für zahllose Männer ist die Kriegsteilnahme als Soldaten unfreiwillig. Desertion war daher seit jeher ein Problem und wurde strengstens bestraft (oft mit der sofortigen Erschießung oder späteren Hinrichtung). In Kriegen unterlegene Nationen können ihre politische Autonomie und Freiheit verlieren. Ebenso sind die Chancen für die konsensuelle Herstellung von Gleichheit in Friedenszeiten und in friedliebenden Nationen weit höher als in Kriegszeiten oder in militaristischen politischen Systemen.[49] In solchen ist etwa der Militärdienst selbst in Friedenszeiten oft eine Art Fron; dies ist ein häufiger Grund für junge Männer aus autoritären Staaten in Afrika oder im Nahen Osten zu fliehen. Es wurde bereits darauf hingewiesen, dass die älteste und schlimmste Form der Unfreiheit, die Sklaverei, engstens mit Kriegen verbunden war. Hitler konnte seine mörderische Absicht der Ausrottung der Juden erst in Angriff nehmen, als der Krieg ausgebrochen war. In Friedenszeiten wäre es kaum möglich gewesen, den Holocaust vor der deutschen und der Weltöffentlichkeit weitgehend geheim zu halten. Schließlich steht außer Frage, dass Frieden auch eine Voraussetzung für Wohlstand und Wirtschaftswachstum darstellt. Zwar gibt es nach Kriegen manchmal ein „Wirtschaftswunder", weil es darum geht, die Industrieanlagen wieder instand zu setzen, während die qualifizierte Arbeiterschaft weiterhin vorhanden ist. Ganz generell dürfte jedoch außer Frage stehen, dass länger dauernde Kriege einem Land und seiner Volkswirtschaft nachhaltigen Schaden zufügen bzw. – umgekehrt – eine lange Periode des Friedens Wachstum und Wohlstand fördert. Das beste Beispiel dafür ist Schweiz. Dieses Land erlebte 1847 den letzten (zudem extrem begrenzten und kurzen) Krieg auf seinem Boden. Die Schweiz, die noch Mitte des

---

[49] Man könnte hier einwenden, dass die Kriege, zu einer Nivellierung der Vermögen führen und auch zur Entstehung des Wohlfahrtsstaates beigetragen haben. Diesen Argumenten ist, wie bereits oben festgestellt, entgegenzuhalten, dass es grundsätzlich verfehlt wäre, große Übel in Kauf zu nehmen, um bestimmte positive Reformen oder Entwicklungen zu erreichen.

19. Jahrhunderts zu den armen Ländern in Europa gehörte, hat sich seither zu einem der drei reichsten Länder der Welt entwickelt. Dazu hat ohne Zweifel ihre strikte Neutralität beigetragen.

Über die negative Haltung der Bevölkerungen zum Krieg besteht kein Zweifel. Darüber sollte auch nicht hinwegtäuschen, dass ein Kriegsausbruch von vielen Menschen oft begrüßt wurde. Dazu sind zwei Punkte festzuhalten. Zum ersten: die These einer allgemeinen Begeisterung ist als Mythos zu bezeichnen. Die Kriegsbegeisterung im August 1914, die durch Bilder geradezu fröhlicher, an die Front abfahrender Soldaten illustriert wird, erfasste vor allem die städtische Bevölkerung und hier wieder die Mittel- und Oberschichten. Unter den Arbeitern und auf dem Land war die Kriegsbegeisterung von Anfang an gering (Thurner 2019). Stark für den Krieg waren nur bestimmte Gruppen, wie Studenten und Angehörige von Bildungsschichten. In Berlin nahmen etwa 1914, trotz eines Demonstrationsverbots, kurz vor Kriegsausbruch mehr als 100.000 Menschen an Antikriegs-Protestzügen teil. Nach dem ersten Kriegsjahr, das verheerende Zahlen von Gefallenen und zunehmende Engpässe in der Lebensmittelversorgung der Zivilbevölkerung mit sich brachte, war der Kriegsenthusiasmus in der gesamten Bevölkerung verflogen. Die Kriege wurden von den politischen und militärischen Eliten offenkundig gegen den Willen der Bevölkerung weitergeführt. Dass die Zustimmung dennoch erhalten blieb, war auch Folge einer starken Zensur, die unmittelbar nach Kriegsausbruch in Deutschland und Österreich in Kraft trat. Die Bevölkerung wird auch heute über die Kriegsanlässe nur unzureichend informiert oder überhaupt belogen – wie beim Irak-Feldzug der USA 2003. Schließlich beginnen Kriege oft ohne formelle Kriegserklärung, sondern eskalieren allmählich aus anfänglich begrenzten Interventionen. Da schon bei solchen eigene Soldaten fallen können, ist es dann leicht, den Krieg als Verteidigungsaktion zu deklarieren. Der zweite Grund ist, dass militärische Aggressionen und Kriege immer wieder als notwendig im Interesse der nationalen Sicherheit deklariert werden. Darauf werden wir im folgenden Kapitel näher eingehen.

Notwendige, nicht nur utopische politische Umorientierungen und Reformen

Zu all den vorgenannten, kriegshemmenden und friedensfördernden Faktoren, Institutionen und Prozessen kann man sich ganz konkrete Maßnahmen vorstellen, die ihre Wirksamkeit verstärken würden. Man kann auch behaupten, dass ihre Umsetzung nicht völlig unrealistisch ist. Fünf Aspekte seien hier stichwortartig angeführt.

Hier ist zuallererst die schon seit langem erhobene Forderung nach *Abrüstung* zu nennen. Sie kann in zwei Aspekte zerlegt werden. Der erste betrifft eine weitgehende Einschränkung und strikte Kontrolle der Produktion von Rüstungsgütern und die Begrenzung oder das Verbot des internationalen Waffenhandels. Beide sind wesentliche Mitursachen für den Ausbruch und die Eskalation von Kriegen. Dabei geht es um riesige Summen;

durch Waffenexporte werden jährlich 80 bis 100 Mrd. $ erzielt. Im Zeitraum 2014–2018 enfielen 75 % der Exporte auf nur fünf Länder USA (30–36 %), Russland (20–25 %), Frankreich und Deutschland (6–7 %), Chinaund Großbritannien (4–5 %).[50] Viele Haupt-Empfängerländer (Indien, Pakistan, Südkorea, China, Saudi-Arabien) befinden sich im globalen Süden und in vielen von ihnen gibt es akute militärische Konflikte. Viele der Behauptungen zur Rechtfertigung von Rüstungsproduktion und Waffenhandel muss man als Mythen bezeichnen (Holden 2016). Tatsächlich ist der internationale Waffenhandel aus einer Reihe von Gründen hochproblematisch: Er trägt zum Ausbruch von Konflikten bei und befeuert bestehende; er ist sehr oft mit Korruption verknüpft; die Empfängerländer könnten die Mittel für wichtige Ausgaben und Investitionen nutzen; in den Exportländern (vor allem den USA) besteht eine problematische Verschränkung von kapitalistischen Interessen und politischen Großmachtambitionen (Chomsky 1993; Mutschler 2014). Es gibt jedoch auch in diesem Bereich einen Fortschritt, nämlich den seit 2014 von 130 Ländern unterzeichneten und bis 2022 von 111 Ländern (darunter auch die größten europäischen Waffenexporteure) ratifizierten *Internationalen Waffenkontrollvertrag* (ATT). Er untersagt Waffenlieferungen in Länder, in denen das Risiko besteht, dass mit diesen Waffen schwere Menschenrechtsverletzungen oder Kriegsverbrechen begangen werden. Auch wenn dieser Vertrag nur allgemeine Regeln aufstellt, ist er dennoch ein wichtiger erster Schritt.

Der andere Aspekt der Abrüstung betrifft den *Abbau, ja die Vernichtung aller Atomwaffen*. Dass ihre Beschränkung eine immense Notwendigkeit zur Vermeidung eines die ganze Welt zerstörenden Atomkriegs darstellt, haben auch die beiden herausragenden Atommächte UdSSR bzw. Russland und die Vereinigten Staaten erkannt. Sie schlossen 1987 den INF-Vertrag zur Vernichtung aller bodengestützten Nuklearraketen ab und etablierten dafür auch wirksame Kontrollverfahren. Allerdings wurde dieser Vertrag von beiden Seiten 2019 als nicht mehr gültig erklärt; einer der Anlässe war der Aufbau des ABM-Raketenabwehrsystems der USA in Osteuropa ab 2002. Was in dieser Hinsicht möglich wäre, zeigten die Gespräche zwischen dem Generalsekretär der UdSSR und dem US-Präsidenten Reagan in Reykjavik im Oktober 1986. Dabei schlug Gorbatschow eine weitgehende Vernichtung aller atomaren Mittel- und Langstreckenraketen vor; Reagan stimmte grundsätzlich zu. Die Einigung scheiterte zuletzt nur daran, dass Reagan auf dem SDI-Raketenprogramm der USA beharrte. Ein weiterer Mosaikstein ist der Atomwaffenverbotsvertrag (AVV), der 2017 von der UN-Generalversammlung von 122 der 193 Mitgliedsstaaten befürwortet und bis 2022 von 91 Staaten unterzeichnet wurde.

Zum Zweiten ist die Rolle der *Vereinten Nationen* zu nennen. Die UNO befindet sich derzeit, ja eigentlich schon immer, in einer Krise (Wolf 2016). Die Tatsache, dass viele Länder – darunter zuletzt vor allem die USA, die den größten Beitrag leisten – mit ihren Zahlungen im Rückstand sind, erzeugt für ihre Finanzierung große Probleme. Die Handlungskapazität der UNO ist seit jeher stark beschränkt durch das Übergewicht der fünf

---

[50] Vgl. https://de.statista.com/infografik/2011/anteil-an-den-weltweiten-waffenexporten-nach-laendern/ (abgerufen am 31.8.2023). Die Daten stammen vom Institut für Friedensforschung SIPRI.

Großstaaten, die als ständige Mitglieder des Sicherheitsrats ein Vetorecht haben und damit alle Beschlüsse blockieren können, die eigenen Interessen zuwiderlaufen. Schließlich fehlen der UNO selbst bei einstimmigen Beschlüssen effiziente Mittel zur Durchsetzung ihrer Resolutionen. Eine Reform und Stärkung der UNO müsste vor allem zwei Aspekte beinhalten: Zum ersten eine gewisse „Demokratisierung" durch Erweiterung der Mitglieder des Sicherheitsrates und eine Aufhebung des Vetorechts der fünf alten Mitglieder: zum Zweiten eine Stärkung der UN-Einsatzgruppen in Krisen- und Katastrophengebieten durch personelle und finanzielle Aufstockung und Gewährung stärkerer autonomer Entscheidungskompetenzen der Einsatzleiter bzw. Kommandanten.

Eine dritte Maßnahme wäre eine *Unterstützung friedlicher Staatsbildungsprozessen* in den Ländern des globalen Südens. Ein Merkmal der heutigen Kriege in der Welt besteht darin, dass es sich dabei selten um formal erklärte Kriege zwischen Staaten handelt, sondern meist um Auseinandersetzungen zwischen bewaffneten Gruppen innerhalb und zwischen Staaten, die um die Kontrolle bestimmter Territorien und ihrer Ressourcen kämpfen. Für diese „neuen Kriege" (Kaldor 1999) sind drei Merkmale charakteristisch: Es sind „Identitätskriege", die nicht mehr ideologisch begründet und auf Territorialgewinn ausgerichtet sind; ihre Kampfmethoden sind die Beherrschung eines begrenzten Territoriums und Verbreitung von Angst und Schrecken bei den Gegnern; und sie verfolgen eine dezentralisierte, aber zugleich globalisierte Kampfstrategie (etwa durch Einsetzung von Internet-Rekrutierung und Propaganda). Laut Herfried Münkler (2004) kann man bei diesen „neuen Kriegen" nicht von Kriegen im Zusammenhang mit Staatsbildung sprechen, es handle sich vielmehr um Staatszerfallskriege. Diese These ist insofern richtig, als in den *failed states* (wie sie derzeit etwa die DR Kongo, der Südsudan, Somalia, Libyen, Jemen und Afghanistan darstellen) die Bürgerkriege nicht zur Festigung, sondern zum Zerfall der Staatstrukturen führten. Den Tatsachen widerspricht jedoch die Behauptung Münklers, die Ansätze von Staatsbildung seien in den meisten Drittweltländern buchstäblich zerrieben worden und diese Staaten hätten, anders als im Europa der frühen Neuzeit, keine Chance gehabt, sich zu entwickeln und die nötige Widerstandsfähigkeit auszubilden. Man kann sich dazu beispielhaft die Entwicklung in Sub-Sahara Afrika, ansehen. Selbst auf diesem jahrzehntelang am stärksten von zerstörerischen inneren Kämpfen gezeichneten Sub-Kontinent zeigt sich eine signifikante Verbesserung in den letzten Jahrzehnten. Herrschten noch in den 1970er/1980er Jahren in vielen der 49 Länder bürgerkriegsähnliche Zustände, befinden sich heute nur mehr sehr wenige in einer solchen Situation (Haller 2015). In der Mehrheit dieser Staaten besteht eine relativ sichere innenpolitische Situation, was auch in einer guten bis sehr guten wirtschaftlichen Entwicklung zum Ausdruck kommt. Hauptverantwotlich für die bürgerkriegsähnliche innere Zerrüttung waren die nach Erlangung der Unabhängigkeit an die Macht gekommenen neuen Staatspräsidenten, die vorher zum großen Teil Militärführer gewesen waren. Sie agierten dann auch als politische Führer skrupellos und brutal im Sinne ihrer Machterhaltung. Dieses Faktum wird in der Studie der Ökonomen Acemoglu und Robinson *Why Nations Fail*

(2012) vollkommen übersehen, wenn sie den Niedergang vieler afrikanischer Länder ausschließlich deren extraktiven ökonomischen Institutionen zuschreiben. Hier könnte auch die Europäische Union ihre wirtschaftliche Macht ausnützen und Druck ausüben, um solche Praktiken – wie zuletzt den Bürgerkrieg innerhalb des erst 2011 gegründeten neuen Staates Süd-Sudan – zu verhindern. Vor allem müssten die europäischen Länder auf Waffenexporte nach Afrika verzichten. Diese betreibt derzeit nicht nur Russland in starkem Ausmaß, sondern auch westeuropäische Länder in offener oder verdeckter Form (etwa über Drittstaaten).

Eine vierte kriegshemmende Maßnahme wäre eine weitgehende *Einschränkung der weltweiten militärischen Präsenz der Großmächte* durch territorial basierte Stützpunkte und riesige Kriegsflotten und -schiffe. In dieser Hinsicht sind die USA mit Abstand führend. Sie unterhalten geschätzte 800 Militärbasen auf allen Kontinenten, insbesondere in Südostasien (Japan, Korea) und geben für ihren Unterhalt 150 Mrd. $ jährlich aus. Hier sind auch Flugzeugträger anzuführen, die man als schwimmende Festungen bezeichnen kann. Sie haben bis zu 6.000 Mann Besatzung und bis zu 85 Flugzeuge; sie ermöglichen es, Militäroperationen weit entfernt vom Heimatland durchzuführen. Die USA besitzen die Hälfte aller weltweit rund zwei Dutzend Flugzeugträger. Eine parallele Vereinbarung zur Rücknahme der internationalen Militärpräsenz der Großmächte wäre ein internationales Abkommen, das es Großstaaten untersagt, die kleineren Länder in ihrem direkten Umfeld militärischem Druck auszusetzen oder sie gar zu besetzen.

Eine fünfte wichtige Maßnahme wäre eine *Demokratisierung der Entscheidung über Krieg und Frieden*. Hier ginge es um eine radikale Beschränkung der Entscheidungsmacht von Regierungen, wenn es um die Initiierung militärischer Interventionen in einem anderen Land (die ja meist am Beginn eines Krieges stehen) geht. Dies ist vor allem in den USA ein massives Problem, wo der Kongress dem Präsidenten in Bezug auf Kriegsführung weitgehend freie Hand lässt und Präventivkriege stillschweigend als „notwendiges Übel" akzeptiert (Mauch 2021, S. 57). Eine Begrenzung der Entscheidungsmacht von Regierungen wäre in demokratischen Staaten durch entsprechende Verfassungsänderungen ohne weiteres möglich. Man kann hier auf das Beispiel Japans verweisen, welches den Verzicht auf kriegerische Aktivitäten und die Erhaltung einer Armee in die Verfassung aufgenommen hat. Es ist mit hoher Wahrscheinlichkeit anzunehmen, dass die Mehrheit der Bürger in allen Ländern eine solche Bestimmung unterstützen würde. Entsprechende Verfassungszusätze in europäischen Ländern könnten einen erheblichen Druck auch auf die USA ausüben. Diese Demokratisierung müsste auch die Entscheidung über Auslandseinsätze von Soldaten einbeziehen, die bislang nur von Regierungen, oft ohne Einbeziehung des Parlaments, getroffen wird. Die Tatsache, dass die Bürger (insbesondere in den USA) nicht gegen militärische Aktionen ihrer Regierungen protestieren, bedeutet noch lange nicht, dass sie diese auch gutheißen. Wären die Bürger oder auch nur das Parlament von Anfang an gefragt worden, hätten sie vielen Einsätzen wohl kaum zugestimmt.

Sicherheit 9

„Es sind nicht die Dinge selbst, die uns beunruhigen, sondern die Vorstellungen und Meinungen von den Dingen."

Epiktet (50–139 n.Chr.)[1]

„Ohne Sicherheit ist keine Freiheit."

Wilhelm von Humboldt (1757–1835)[2]

Sicherheit ist in neuerer Zeit zu einem zentralen politischen Zielbegriff aufgestiegen. Noch vor wenigen Jahrzehnten wurde er nur verschämt genannt; in Wörterbüchern von Politikwissenschaft und Soziologie ist er nicht zu finden. Heute steht vor allem Unsicherheit im Zentrum. Bei jenen Autoren, die diesen Aspekt betonen, wird er zu einem alles bestimmenden Faktor hochstilisiert. An die Stelle von Ungleichheit als Leitbegriff sind nach Meinung mancher Autoren heute die Begriffe von Unsicherheit und Risiko getreten.

Die damit zusammenhängenden Bedrohungen betreffen mehr oder weniger alle Menschen gleichermaßen, wie Ulrich Beck (1986) in einem der erfolgreichsten soziologischen Bücher argumentierte. Es ist jedoch ein Faktum, dass Unsicherheit seit jeher ein zentrales Problem der sozialen und politischen Realität war. Unsicherheiten vielfältiger Art haben in fortgeschrittenen Gesellschaften sogar eindeutig abgenommen. Warum ist Sicherheit dennoch zu einem so zentralen Problem gesellschaftlicher und politischer Auseinandersetzungen aufgestiegen? Man versuchte, diesem Phänomen mit Begriffen wie

---

[1] Epiktet, römischer Philosoph und Gründer einer Philosophenschule in Nikopolis, Vertreter der Stoa. Zitat aus: Epiktet, *Handbüchlein der Moral*, Reclam Verlag, 1992.

[2] Wilhelm von Humboldt, deutscher Kulturwissenschaftler und Reformator des preußischen Bildungswesens. Zitat aus W. Humboldt, *Ideen zu einem Versuch, die Grenzen der Wirksamkeit des Staates zu bestimmen* (erschienen 1851).

„Sicherheitsparadoxon" und „Sicherheitskultur" Rechnung zu tragen. Wie bei allen anderen Werten muss man aber auch bei Sicherheit feststellen, dass der Begriff oft nicht nur unklar ist, sondern bewusst unscharf definiert und in ungebührlicher Weise verabsolutiert wird. Damit kann er leicht für Strategien und Handlungen instrumentalisiert werden, die alles andere als Sicherheit erzeugen. Ein klares Verständnis für diese Probleme lässt sich nur gewinnen, wenn man den Begriff der Sicherheit klar bestimmt und sieht, dass er nicht nur ein gesellschaftlicher Grundwert ist, sondern auch mit handfesten Interessen zusammenhängt.

Was bedeutet Sicherheit?

Sicherheit ist ein sehr komplexer Begriff, wie Franz-Xaver Kaufmann (1970) in seiner Pionierarbeit aufzeigte.[3] Er umfasst Phänomene von der individuellen bis staatlichen Ebene, und die subjektive Seite des (Un-) Sicherheitsgefühls ist ebenso wichtig wie die objektive Seite der tatsächlichen Gefährdungen. Man kann von physischer, individueller Sicherheit vor Gewaltanwendung sprechen, von Sicherheit des persönlichen Eigentums, von wirtschaftlicher und sozialer Sicherheit, von Sicherheit vor militärischen Bedrohungen, Gefährdung durch Naturkatastrophen und Klimawandel. Weitere Begriffskomponenten beinhalten Selbstsicherheit bzw. Orientierungsunsicherheit, Bedrohungen der persönlichen Sicherheit durch die digitale Revolution und die Anhäufung von Daten bei großen Organisationen und Regierungen.

Systematisch kann man drei zentrale Aspekte von Sicherheit unterscheiden. Es sind dies persönliche, innere Sicherheit: der Schutz der Menschen vor Angriffen auf und Verletzungen von Leib, Leben und Eigentum; soziale Sicherheit: die Absicherung vor Verarmung im Falle von Krankheit, Arbeitsunfähigkeit und im Alter; nationale oder äußere Sicherheit: der Schutz vor gewaltsamen und militärischen Angriffen im Innern und von außen. Die innere oder persönliche Sicherheit war ein massives Problem noch bis in die jüngste Zeit, die nationale Sicherheit ist es auch heute noch. Die soziale Sicherheit wurde erst im Laufe des 19. und 20. Jahrhunderts zu einer zentralen politischen Zielsetzung; sie nimmt seither jedoch einen sehr hohen Stellenwert ein.

Gemeinsam ist all diesen Aspekten, dass Sicherheit eine Voraussetzung und Rahmenbedingung für die Realisierung vieler anderer Werte darstellt. Dies gilt in dreifacher Hinsicht: Zum ersten geht es um Sicherheit der Zukunftserwartungen: Man möchte, etwa im Hinblick auf seine wirtschaftliche und soziale Lage, keine Verschlechterungen erleben. Dies war der Hauptgrund für die Entwicklung und den Ausbau der Wohlfahrtsstaaten; aber auch dafür, dass private Versicherungen aller Art boomen. Der zweite Aspekt von

---

[3] Aus der umfangreichen Literatur sei hier nur hingewiesen auf Arnim (1977, S.28), *Gemeinwohl und Gruppeninteressen*; Hillman (2003), *Wertwandel*; Daase (2010), *Wandel der Sicherheitskultur*; Endreß und Petersen (2012), *Dimensionen des Sicherheitsbegriffs*; Lange et al. (2014), *Dimensionen der Sicherheitskultur*.

Sicherheit betrifft die Eindeutigkeit und Klarheit bei der Abgrenzung der Freiheitsräume und Handlungsmöglichkeiten der Menschen. Die absolute Geltung eines bestehenden Rechtssystems ist wichtig, um Rechtssicherheit zu schaffen und Konflikte aller Art ohne Gewalt lösen zu können. In neuester Zeit wurde aus dieser Sicht auch die Begriffe der Datensicherheit und des Datenschutzes relevant. Schließlich steht Sicherheit in engem Zusammenhang mit den Grundwerten des Friedens und der inneren und äußeren Ordnung. Noch bis in die Neuzeit hinein waren Menschen im öffentlichen Raum vielfältigen Gefahren, Bedrohungen und Schikanen ausgesetzt. Für die ersten Staatstheoretiker (wie Thomas Hobbes) war daher die elementare Sicherung von Leib und Leben die grundlegende Legitimation der politischen Herrschaft; nur sie könne einen Krieg aller gegen alle vermeiden. Herrschende, insbesondere in großen Staaten, missbrauchen den Begriff der Sicherheit aber oft, um machtpolitisch-militärische Ambitionen und Aktivitäten zu legitimieren. Dies geschah etwa in dem von US-Präsident Bush nach dem Anschlag auf das World Trade Center in New York 2001 ausgerufenen „Krieg" gegen den Terrorismus. Autoritäre Herrscher in aller Welt missbrauchen den Begriff der nationalen Sicherheit, um kritische öffentliche Äußerungen und Aktionen von Untertanen zu unterdrücken.

Man muss also bei allen Erklärungen und Aktionen im Namen der Sicherheit hinterfragen, was darunter genau gemeint ist und welche gesellschaftliche und politische Bedeutung die jeweiligen Probleme besitzen. Betrachten wir im Einzelnen, was dies für ihre drei Hauptformen, die persönliche, soziale und nationale Sicherheit, bedeutet.

Persönliche Sicherheit

Aus soziologischer Sicht kann die Bedeutung des Wertes der persönlichen Sicherheit kaum überschätzt werden. Dies gilt auf persönlich-individueller Ebene ebenso wie im gesellschaftlich-politischen Bereich.

Die Bedeutung der persönlichen Sicherheit
Gefühle und Erfahrungen im Zusammenhang von Sicherheit und Unsicherheit spielen im Leben der Menschen von der Wiege bis zur Bahre eine ausschlaggebende Rolle. In der einflussreichen Persönlichkeitstheorie von Maslow gehören Sicherheitsbedürfnisse zu den grundlegenden (Defizit-) Bedürfnissen, gleich nach Ernährung, Schlafen und Sexualität. Sie umfassen bei Kindern das Bedürfnis nach Geborgenheit, Schutz und einer stabilen Umgebung. Werden Kleinkinder allein gelassen, ängstigen sie sich sofort. Werden Kinder größer und sind sie bereit, sich ab und zu von ihren Bezugspersonen zu trennen, kehren sie doch immer wieder zu ihnen zurück. Kinder und Jugendliche, die abenteuerliche, gefährliche Fluchtwege hinter sich brachten, berichten, dass sie sich sicher fühlten, solange sie mit ihren Eltern zusammen waren. Von den Eltern misshandelte Kinder verlassen diese nicht, weil sie sich ohne deren „Schutz" noch stärker gefährdet fühlen würden. Auch für Erwachsene ist persönliche Sicherheit sehr wichtig. Für sie beinhaltet sie auch das Bedürfnis nach festen Gewohnheiten, nach Ordnung und Regeln in familiären und

außerfamiliären Lebensbereichen. Bei alten Menschen und Hochbetagten wird Sicherheit wieder zu einem zentralen Thema. Unsicherheiten beim Gehen können zu Stürzen führen, eine als gefährlich empfundene Umgebung erzeugt Ängste und reduziert die Bereitschaft, sich außer Haus zu begeben. Das kann zu gesundheitlichen Einbußen führen und, durch Verstärkung von Einsamkeit, die Lebensqualität reduzieren. Die einzige soziale Gruppe, die Risiko anscheinend höher bewertet als Sicherheit, scheinen junge Männer zu sein. Jedenfalls sind sie bei gefahrvollen Unternehmungen, nicht nur im Sport, überproportional häufig beteiligt. Sie sind daher auch von negativen Folgen solcher Aktivitäten (Sportverletzungen, Verkehrsunfälle, Inhaftierung nach Einbrüchen) am häufigsten betroffen.

Die Bedeutung von Sicherheit zeigt sich in vielen nationalen und internationalen Umfragen. Sie wird von der Bevölkerung meist als einer der wichtigsten Werte angesehen.[4] Aus historischer Sicht kann man feststellen, dass der Aspekt der persönlichen Sicherheit in (West-) Europa auch tatsächlich in hohem Ausmaß gegeben ist. Als besten Indikator für Unsicherheit kann man Mordraten ansehen. Mordraten korrelieren auch hoch mit anderen Aspekten der Sicherheit und für sie liegen verlässliche Daten und langfristige Zeitreihen vor. Tatsächlich sind diese Raten zwischen dem 16. und 19. Jahrhundert massiv zurückgegangen. Eine weitere Reduktion ist in den deutschsprachigen Ländern selbst noch in den letzten Jahrzehnten zu beobachten. Heute gibt es in diesen Ländern Raten zwischen 0,5 und 0,7 Morden auf 100.000 Einwohner – ein Wert, der international deutlich unter dem Durchschnitt liegt. So gibt es auf dem anderen Extrem, in lateinamerikanischen sowie zentral- und südafrikanischen Ländern Mordraten von 20 bis 50. Werden pro Jahr in der Schweiz und Österreich rund 50 und in Deutschland rund 500 Menschen ermordet, sind es in Mexiko über 30.000 und in Brasilien 60.000 Personen.[5] Menschen aus diesen und anderen Ländern des globalen Südens sind oft höchst erstaunt, dass selbst Frauen in mitteleuropäischen Großstädten nachts unbehelligt auf öffentlichen Straßen gehen können. Wir müssen uns fragen, wie diese Diskrepanzen zustande gekommen sind und welche Relevanz Gefühle der Unsicherheit auch in Europa heute noch besitzen.

---

[4] Ergebnisse aus Erhebungen mit der umfassenden Schwartz-Werteskala zeigen, dass Sicherheit von der österreichischen Bevölkerung als der wichtigste von zehn Grundwerten angesehen wird (Haller//Müller-Kmet 2019, S. 59). Auch im internationalen Vergleich stellt Sicherheit einen wichtigen Wert dar, wie die Studien von Milton Rokeach (1973, S. 89) und Shalom Schwartz (Schwartz//Bardi 2001, S. 275) zeigen.

[5] Vgl. dazu Vgl. Die Kriminalpolizei. Zeitschrift der Gewerkschaft der Polizei März 2017 „Morde 1950 bis 2015" (https://www.kriminalpolizei.de/ausgaben/2017/maerz/detailansicht-maerz/artikel/morde-1950-bis-2015.html?tx_ttnews%5BsViewPointer%5D=1&cHash=7b822e884afe0447e8da158a1affd308 (abgerufen am 7.9.2021); und weiter https://de.wikipedia.org/wiki/T%C3%B6tungsrate_nach_L%C3%A4ndern (abgerufen am 7.9.2021).

Die immense Variationsbreite der Sicherheitssituation im internationalen Vergleich
Ohne hier eine systematische Ursachenanalyse anstellen zu können, kann man doch feststellen, dass die folgenden drei Faktoren in fortgeschrittenen Ländern und insbesondere in Europa zum Rückgang von Bedrohungen der persönlichen Sicherheit beigetragen haben: Das starke Wirtschaftswachstum und die Verbesserung der Lebensbedingungen für die Bevölkerung; der Ausbau des Wohlfahrtsstaates, der auch sozial schwächere Bevölkerungsgruppen daran teilhaben ließ und krasse Armut hintanhält; der soziale und innenpolitische Friede durch die Institutionalisierung des Klassenkonflikts in geregelten Tarifverhandlungen. Zu nennen ist aber auch das Verhalten der Polizei, die sich doch allmählich abwendet von einem rigiden Obrigkeits- und Ordnungsdenken und eigene Gewaltanwendung tendenziell zu vermeiden versucht. So hat vor allem Norbert Elias (1976) hat in seinen Studien zum Zivilisationsprozess gezeigt, dass die zunehmende Kontrolle aller Gewaltmittel durch den Staat zu einer Pazifizierung unter der Bevölkerung führt. Das bedeutet nicht, die Probleme weiterhin existierender oder neuer Formen von Gewalt – wie Kindesmisshandlung, Gewalt gegen Frauen, behinderte Gruppen, ethnische Gruppen usw. (Nolte 2009, S. 277–284) – zu verharmlosen. Außer Frage steht jedoch, dass das höchste Ausmaß von Unsicherheit und Gewalt in *failed states* oder *fragile states* im globalen Süden (Südsudan, Somalia, Syrien usw.) und in lateinamerikanischen Ländern besteht, in denen die Regierung nicht in der Lage ist, die öffentliche Ordnung landesweit zu garantieren. Auf beiden diesen (Sub-) Kontinenten spielt auch das Erbe der Sklaverei eine Rolle. In den Jahrhunderten, in welchen diese Sklavenhalter- oder Apartheidgesellschaften waren, entwickelte sich eine hohe Ungleichheit zwischen den europäischen Eroberern und ihren Nachkommen, den weißen Siedlern einerseits, und den einheimischen Schwarzen und Indios bzw. den Afroamerikanern andererseits. Im Rahmen des Kolonialismus wurden massive Ausbeutungsverhältnisse begründet zwischen den Besitzern der großen Latifundien und kapitalistischen Unternehmern in Bergbau, Zucker- und Baumwollindustrien einerseits und dem landlosen Proletariat andererseits. Die Gewalt gegen Sklaven (insbesondere flüchtigen) setzt sich in Lateinamerika bis heute in einem extrem hohen Niveau von Gewalt in öffentlichen Räumen fort (Haller 2015, S. 229 ff.).[6] Dabei handelt es sich häufig um Aktionen gewalttätiger Banden in den Diensten der kapitalistischen Großgrundbesitzer und Unternehmer und der mit ihnen liierten, autoritären Regierungen. Dass die Vereinigten Staaten diese Regierungen nicht nur oft unterstützt haben, sondern sogar zum Sturz gewählter demokratischer Regierungen beitrugen, ist ein sehr dunkles Kapitel in der Geschichte in den USA. Die Vereinigten Staaten selbst weisen mit 4,8 eine im Vergleich zu Europa deutlich höhere Mordrate auf. Erschreckend sind auch die immer wieder vorkommenden Massenerschießungen von Kindern und anderen Menschen durch gewalttätige Einzelgänger. Auch in diesem Land spielt das Erbe von Sklaverei und Apartheid eine Rolle, aber auch die Verabsolutierung des Wertes der Freiheit. Dies führt dazu, dass der Waffenbesitz weitverbreitet ist und Bemühungen zu seiner

---

[6] Vgl. wikipedia, Tötungsrate nach Ländern: https://de.wikipedia.org/wiki/T%C3%B6tungsrate_nach_L%C3%A4ndern (abgerufen am 4.4.2023).

Kontrolle immer wieder scheitern. Der Fall der USA zeigt aber auch, dass selbst die persönliche Sicherheit durch das Verhalten von politischen Führungsfiguren beeinflusst werden kann. So wurde gezeigt, dass in den USA die Mord- und Selbstmordraten steigen, wenn republikanische Präsidenten an die Macht kommen (Gilligan 2011). Noch evidenter ist der Einfluss solcher Führungspersonen in Ländern in Südostasien und Afrika, wo Politiker manchmal offen dazu aufrufen, Kriminelle, Homosexuelle und andere aus ihrer Sicht „gesellschaftsschädliche Elemente" zu töten.

Betrachtet man jedoch Europa und stellt das Ausmaß der faktischen Bedrohungen der Sicherheit durch Gewalt, Einbrüche, Terroranschläge usw. den Sicherheitsempfindungen der Bevölkerungen gegenüber, zeigt sich eine erhebliche Diskrepanz. Die Anteile jener Menschen, die sich vor derartigen Bedrohungen fürchten, sind deutlich höher als die Anteile jener, die solche Erfahrungen tatsächlich machen mussten. Angst ist, laut Meinung von Soziologen wie Heinz Bude (2014), heute eine Grundbefindlichkeit der deutschen Bevölkerung; dabei gehe es vor allem um Statusangst, d. h. um Angst vor sozialem Abstieg. In einer interessanten qualitativen Studie zum Thema Freiheit versus Sicherheit in der Schweiz zeigte sich, dass die Befragten das Thema Sicherheit am häufigsten mit „angstfrei" assoziierten (Ferst 2019, S. 22). Wenngleich die Diagnose von Bude etwas zu pessimistisch sein mag, kann man doch mehrere Fakten anführen, die zu einer Zunahme von Angst geführt haben könnten. So haben die Einwanderungswellen der letzten Jahrzehnte, aber auch die Diskriminierung länger ansässiger Ausländer, in Europa zu spektakulären terroristischen Akten und zu Übergriffen gegen Frauen geführt. Darüber berichteten die Medien (vor allem die Massenblätter) umfangreich und vielfach tendenziös. Ein anderes Faktum ist, dass im Zuge der Wirtschaftskrise 2008/09, der Umweltprobleme, die durch Gletscherschwund, Wetterkatastrophen usw. auch in Europa immer sichtbarer und spürbarer werden, und zuletzt durch die 2020 ausgebrochene Corona-Pandemie tatsächlich sehr viele Menschen persönlich und sozial betroffen wurden. In jüngster Zeit kommt die vor allem durch steigende Energiepreise in der Folge des Kriegs in der Ukraine massiv gestiegene Inflation dazu, welche vor allem einkommensschwächere Haushalte stark trifft. Hinzuweisen ist aber auch auf das Faktum, dass die persönliche Sicherheit für einzelne Gruppen der Bevölkerung selbst in Europa noch immer nicht bzw. schon wieder nicht gegeben ist. Dazu gehört Gewalt gegen Frauen im privat-häuslichen Bereich, die in vielerlei Weise, im Extremfall durch Morde (meist durch eigene Partner) erfolgen kann. Zum anderen sind auch Flüchtlinge und andere noch nicht integrierte Zuwanderer immer wieder Gewaltakten, etwa gegen ihre Unterkünfte, ausgesetzt. Schließlich und für Deutschland und Österreich besonders erschreckend, ist die Tatsache, dass auch die jüdische Bevölkerung immer wieder Anfeindungen und sogar tätlichen Angriffen ausgesetzt ist.

Soziale Sicherheit

Dass alle Mitglieder einer Gesellschaft die notwendige Minimalausstattung und gleiche Zugangschancen im Hinblick auf sozioökonomische Ressourcen wie Bildung, Erwerbstätigkeit, Einkommen und soziale Absicherung besitzen, ist heute ein allgemein anerkanntes Grundziel der Wirtschafts- und Gesellschaftspolitik. Soziale Sicherheit bedeutet den Schutz von Individuen und Gruppen vor Risiken des Statusverlusts aufgrund von Krankheit, Behinderung, Erwerbsunfähigkeit und Arbeitslosigkeit und im Alter (Kaufmann 1970; Greiffenhagen 2002; Lessenich 2003). Sie steht in enger Beziehung zu den Grundwerten der Inklusion und des Wohlstands. Sicherheit in diesem Sinn kann als gesellschaftlicher Grundwert gesehen werden, ähnlich wie Freiheit und Gerechtigkeit. Sicherheit ist auch ein Mittel zur Erlangung anderer Ziele wie Gesundheit und Lebenszufriedenheit. Eine auch für das zukünftige Leben einigermaßen abgesicherte, ausreichende materielle und soziokulturelle Basisversorgung muss in der Tat als notwendige Voraussetzung für die Realisierung vieler anderer Grundwerte angesehen werden. Sie dient vor allem der Freiheit, weil damit die ökonomischen Beschränkungen des Handelns reduziert werden (Sachße//Engelhardt 1990). Personen, deren Lebensstandard dauerhaft gesichert ist, setzen sich eher mit einer gesunden Lebensführung auseinander und nutzen (Weiter-)Bildungsangebote stärker als Personen, deren vordringlichstes Problem z. B. drohende Arbeitslosigkeit oder die Zahlung der nächsten Miete ist. Ein verwandtes und zentrales Thema jeder Rechts- und Sozialordnung ist auch der Schutz der Schwächeren, etwa von Kindern und Frauen, Behinderten und alten Menschen (Hippel 1982). Evident ist aus dieser Sicht, dass der soziale Wert der Grundversorgung und Absicherung aller Mitglieder einer Gesellschaft auch eng mit jenem der Gleichheit zusammenhängt.

Drei Ursprünge der Idee der sozialen Sicherheit
Die universelle Bedeutung der Idee der sozialen Sicherheit zeigt sich auch darin, dass sie nicht nur, wie häufig angenommen, sozialistischen Ursprungs ist, sondern drei recht unterschiedliche ideelle Hintergründe und historisch-politische „Väter" hat (Conze 1984). Die ersten Grundsteine einer Sozialversicherung wurden in dem von Bismarck autoritär geführten Deutschen Reich in den 1880er Jahren gelegt. Anlass dieser Sozialgesetzgebung war sowohl das Ziel der Lösung der sozialen Frage, als auch die obrigkeitsstaatliche Vorstellung von Politik als staatliche Intervention und Fürsorge von oben, ergänzt durch subsidiäre, verbandliche Akteure (de Swaan 1993). Dieses System überdauerte die Weimarer Republik und den Nationalsozialismus und wurde in der Bundesrepublik als Sozialstaatsgesetzgebung festgeschrieben. Es beruht auf drei Grundprinzipien (Greiffenhagen 2002; Lessenich 2013): dem Versicherungsprinzip (Leistungen entsprechend früheren Beiträgen), dem Versorgungsprinzip (Sicherung des Lebensstandards von Beamten, Familienunterstützungen) und dem Fürsorgeprinzip (Hilfestellungen für Menschen in besonderen Notlagen).

Im angelsächsischen Bereich setzte sich mit dem New Deal von Präsident Roosevelt in den 1930er Jahren der Begriff der *social security* durch (Kaufmann 1970, S. 108 ff.).

Dessen Grundidee war, dass die durch äußere Umstände verursachte Notlage großer Gruppen von Menschen nicht mehr von diesen individuell bewältigt werden könne, vielmehr der Staat mit entsprechenden Beschäftigungs- und Sozialprogrammen einspringen müsse. In England wurde diese Idee von Sozialtheoretikern und -politikern wie William Beveridge, T.H. Marshall und Richard Titmuss entwickelt und in dem umfassenden, für alle in Großbritannien Lebenden kostenlos zugänglichen *National Health Service* institutionalisiert. Der heute weltweit vorbildliche skandinavische Wohlfahrtsstaat radikalisierte diese Idee und etablierte ein umfassendes System der sozialen Sicherung, das nicht mehr (wie das deutsche Modell) auf Familie und Berufsgruppen als Grundeinheiten rekurriert, sondern auf die einzelnen Menschen, unabhängig von ihrem Geschlecht (allerdings bezogen auf die Staatsbürger). Grundlage dieses Systems war die sozialistische Idee, dass die durch den Kapitalismus erzeugten Ungleichheiten einer systematischen Korrektur durch sozialpolitische Interventionen bedürfen. Im Gegensatz zu den orthodoxen Marxisten sahen die schwedischen Sozialdemokratinnen (wie die englischen) dafür die politisch-parlamentarische Ebene als geeignetes Instrument zu seiner Durchsetzung. So wurden ein umfassendes und integratives staatliches Erziehungs- und Bildungssystem und eine breite Versorgung der Bevölkerung mit gesundheitlichen Leistungen, Wohnungen usw. errichtet (Esping-Andersen 1990).

Der Durchbruch der Idee der sozialen Sicherheit und des Wohlfahrtsstaats war in allen Ländern, in denen die Industrialisierung im 19. Jahrhundert zum Durchbruch kam, eindeutig auf neu aufgebrochene soziale und politische Probleme und Verwerfungen zurückzuführen. In allen Ländern war dies der Umbruch der familiären und sozialen Lage der Menschen durch Verstädterung und Industrialisierung, welche eine Absicherung etwa bei Arbeitslosigkeit oder im Alter im Rahmen von Familien bzw. Mehrgenerationen-Haushalten unmöglich werden ließ. Bei der konkreten Umsetzung spielten auch soziale und politische Rahmenbedingungen und Verwerfungen eine entscheidende Rolle. Im Falle Deutschlands war dies die Herausforderung des autoritären Bismarck'schen Systems durch die immer stärker werdende Sozialdemokratie. In den USA der 1930er Jahre war es die tiefe Wirtschaftskrise und in England die Notwendigkeit, der Bevölkerung einen Ausgleich für die Opfer und Entbehrungen im Zweiten Weltkrieg zu bieten. Die Idee der sozialen Sicherheit wurde so weltweit in Form des modernen Wohlfahrtsstaates institutionalisiert. Die Ausgaben in seinem Rahmen – für Bildung, Gesundheitsversorgung, Absicherung im Fall von Erwerbsunfähigkeit und im Alter, Unterstützung für besonders Hilfsbedürftige -machen den größten Teil aller staatlichen Ausgaben aus. Dies gilt selbst für die in Europa als unsozial-liberalistisch angesehenen USA, wo die Sozialausgaben im Laufe der 1970er Jahre erstmals die Verteidigungsausgaben überstiegen. Zahlreiche Umfragen zeigen, dass die Bevölkerung Ausgaben in diesen Bereichen weltweit nahezu einhellig befürwortet und Einschnitte ablehnt.[7]

---

[7] Eine zusammenfassende Darstellung findet sich in Carsten Ullrich (2008), *Die Akzeptanz des Wohlfahrtsstaates*. Vgl. auch Haller et al. (1990); Leviathan or Welfare State? Andreß et al. (2001), *Wozu brauchen wir noch den Wohlfahrtsstaat?*

Ideen und Interessen hinter dem Wohlfahrtsstaat

Die Frage ist, ob Wohlfahrtsstaaten dieser Art und ihre Leistungen noch einer Begründung durch gesellschaftliche Grundwerte bedürfen. Nach Ansicht verschiedener Autoren ist dies nicht mehr notwendig, da die durch den Sozialstaat übernommenen Leistungen heute soziale Grundrechte aller Bürger darstellen, ihre Erfüllung daher ein Interesse aller Bürger darstellt. Dieses Argument hat viel für sich, aber dennoch steht außer Frage, dass auch hinter sozialstaatlichen Leistungen Grundwerte stehen. Erst auf der Basis von Werten kann entschieden werden, welchen Gruppen wohlfahrtsstaatliche Leistungen zugutekommen sollen; welche neuen sozialstaatlichen Leistungen notwendig sind; in welcher Form dies geschehen soll (etwa als direkte Geldleistungen oder durch Einrichtung von Infrastrukturen, wie kostenlosen Kinderkrippen und -gärten usw.); in welcher Höhe sie erbracht werden sollen und wer für die Finanzierung herangezogen werden soll. Bei der Begründung dieser Ausgaben müssen die drei vorhin genannten Grundprinzipien des Wohlfahrtsstaates – das Versicherungs-, Versorgungs- und Fürsorgeprinzip beachtet werden. Darüber hinaus muss man sagen, dass selbst legal erworbene „Rechte" irgendwann Privilegien werden können, die wieder infrage zu stellen sind. Ob dies der Fall ist, kann nur durch Bezug auf die Grundwerte des Wohlfahrtsstaats entschieden werden. Man kann vier Werte nennen, welche eine besonders wichtige Basis für wohlfahrtsstaatliche Leistungen bilden: Sicherheit und Gleichheit, Freiheit und Inklusion.

Der Wohlfahrtsstaat erzeugt durch seine Leistungen bei Arbeitslosigkeit oder Erwerbsunfähigkeit, im Falle von Krankheit und im Alter, für alle Staatsbürger eine Situation der Zukunftssicherheit: Sie müssen nicht mehr fürchten, durch solche Wechselfälle in Armut und Not abzustürzen. Gleichheit erzeugt der Wohlfahrtsstaat auf zweierlei Weise. Zum einen durch die horizontale Umverteilung von Erwerbstätigen zu nicht Erwerbstätigen (Kindern, Rentnern und Pensionisten), zum anderen durch eine vertikale Umverteilung von oben nach unten; seine Leistungen kommen daher Angehörigen weniger privilegierter und eindeutig benachteiligter sozialer Klassen und Schichten stärker zugute. Sie sind häufiger kritischen Lebensereignissen und -umständen ausgesetzt wie Arbeitslosigkeit, belastenden und gesundheitsgefährdenden Arbeitsbedingungen, schlechten Wohnverhältnissen. Wohlhabende können sich für die Wechselfälle des Lebens leichter selbst absichern, durch Bildung von finanziellen Rücklagen und Inanspruchnahme privater Bildungseinrichtungen und Gesundheitsleistungen. Diese egalisierende Wirkung des Wohlfahrtsstaates zeigt sich de facto darin, dass Länder, in denen er stark ausgebaut ist, auch eine geringere sozioökonomische Ungleichheit aufweisen (Wilensky 1975; Ullrich 2005, S. 157 ff.). Am besten in dieser Hinsicht stehen weltweit die skandinavischen Länder da, aber gleich gefolgt von den deutschsprachigen und mittelosteuropäischen (postkommunistischen) Ländern (Haller 2015). Deutlich höher ist die Ungleichheit dagegen in den USA, wo in der Bevölkerung und in der Politik ein starker Individualismus und Anti-Etatismus vorherrscht. Dies führte u. a. dazu, dass die Kosten für Hochschulbildung an den meisten Universitäten eklatant hoch sind und fast 30 Mio. US-Amerikaner kaum oder gar nicht krankenversichert sind, sodass sie im Krankheitsfall daher keine oder nur eine unzureichende Behandlung erhalten. Allerdings ist die vertikale Umverteilung durch den Wohlfahrtsstaat deutlich geringer als die horizontale. Es gibt sogar staatliche Ausgabenbereiche und Programme (wie eine kostenlose Hochschulbildung), von denen Angehörige privilegierter Schichten stärker profitieren. Man kann hier also von einer Umverteilung von unten nach oben sprechen (weil ja alle Steuerzahler zur Finanzierung der Hochschulen beitragen).

Zum Dritten kann man sagen, dass auch der Wert der Freiheit durch den Wohlfahrtsstaat entscheidend gefördert wird. Liberale Denker und Politiker sehen zwischen diesen beiden grundsätzlich einen Konflikt. Während wohlfahrtsstaatliche Vorschriften und steuerliche Belastungen Unternehmerinnen und Wohlhabende natürlich einengen und belasten, liegt es auf der Hand, dass die Absicherung durch den Wohlfahrtsstaat für die weniger privilegierten und benachteiligten sozialen Schichten mehr Freiheit in ihrer Lebensgestaltung ermöglicht. Erst wenn man von der alltäglichen Sorge um den Lebensunterhalt, um Befürchtungen von massiven Verschlechterungen der Lebenslage im Falle von Erkrankungen oder im Alter einigermaßen befreit ist, kann man sich auch anderen wichtigen Aspekten des Lebens, Fragen einer gesunden Ernährung und Lebensweise, einer angenehmen und sinnvollen Gestaltung der Freizeit, zuwenden. Schließlich sichert der Wohlfahrtsstaat auch die soziale Inklusion von Bevölkerungsgruppen, die ansonsten von bestimmten Formen sozialer Teilhabe überhaupt ausgeschlossen wären, wie Arbeitslose oder Menschen mit Behinderung. Die Befürchtungen von Unternehmern und wohlhabenden Klassen, die sie oft in drastischen Behauptungen zum Ausdruck bringen (Notwendigkeit von Massenentlassungen, Abwanderung ins Ausland usw.), erfüllen sich mittel- und langfristig nicht. Sie akzeptieren diese Maßnahmen daher früher oder später, nicht zuletzt auch deshalb, weil sie nicht nur spezifischen Gruppeninteressen, sondern gesellschaftlichen Grundwerten entsprechen.

Wir müssen jedoch hier auf die oben angesprochene Frage nach Interessen im Wohlfahrtsstaat zurückkommen. Interessen haben tatsächlich vom Beginn der Etablierung des Wohlfahrtsstaates an eine wichtige Rolle gespielt. Seine Institutionalisierung war auch Ergebnis der Bestrebungen und Aktionen dreier Gruppen: von Verbänden, Organisationen und wohlfahrtsstaatlichen Professionen; von großen und einflussreichen Gruppen der Bevölkerung; und von politischen Parteien, Politikerinnen und der staatlichen Bürokratie (vgl. Abb. 9.1). Wohlfahrtsstaatliche Verbände und Organisationen aller Art übernahmen teilweise Aufgaben der sozialen Versorgung und Absicherung. Professionen wie Sozialarbeiterinnen, Lehrer und Ärztinnen erhalten ihre Jobs in den europäischen Wohlfahrtsstaaten zum großen Teil durch den Staat bzw. öffentlich subventionierte und kontrollierte Institutionen (wie Sozialversicherungen); sie sind in den letzten Jahrzehnten am stärksten expandiert, sind auch gut organisiert und haben zumeist gut bezahlte und sichere Jobs. Durch den Wohlfahrtsstaat entstanden neue, umfangreiche soziale Gruppen, die von seinen Transferleistungen leben. Man diese als Versorgungsklassen bezeichnen, da sie die gleiche Einkommensquelle und bei Konflikten um die Verteilung der Staatsausgaben, Besteuerung usw. das gleiche Interesse haben: nämlich jenes an einer Sicherung und möglichen Ausweitung der öffentlichen Ausgaben (Lepsius 1979). Schließlich sind auch die politischen Parteien und die Politiker selbst zu nennen, deren Interesse an möglichst hohen Anteilen von Wählern liegt. Dass dieser Faktor ausschlaggebend ist, zeigen Studien, wonach der stärkste Einzelfaktor für die Expansion der Sozialausgaben nicht der demografische Wandel oder die ideologische Ausrichtung der herrschenden Parteien eines Landes ist, sondern der Wettbewerb der Parteien um Wählerstimmen. Die umfangreichste Versorgungsklasse sind heute die Rentner und Pensionisten, deren Einkommen direkt an staatliche Transferleistungen gebunden ist. So ist es nicht überraschend, dass Ausgaben für Pensionen und Renten heute zu den größten Posten in allen Staatshaushalten gehören. Umfragen zur Akzeptanz des Wohlfahrtsstaates und seiner verschiedenen Leistungen zeigen, dass dieser von großen Mehrheiten der Bevölkerung unterstützt wird; dies gilt auch für Maßnahmen, die einem selbst nicht zugutekommen und für privilegierte Bevölkerungsgruppen, die sich ev. auch private Versicherungen leisten könnten (Ullrich 2005).

Dennoch folgt aus den vorhin angeführten Argumenten über die Nutznießerinnenund Interessen im Wohlfahrtsstaat, dass auch seine umverteilende Wirkung kritisch gesehen werden muss. Hier sind vor allem drei Probleme anzusprechen.

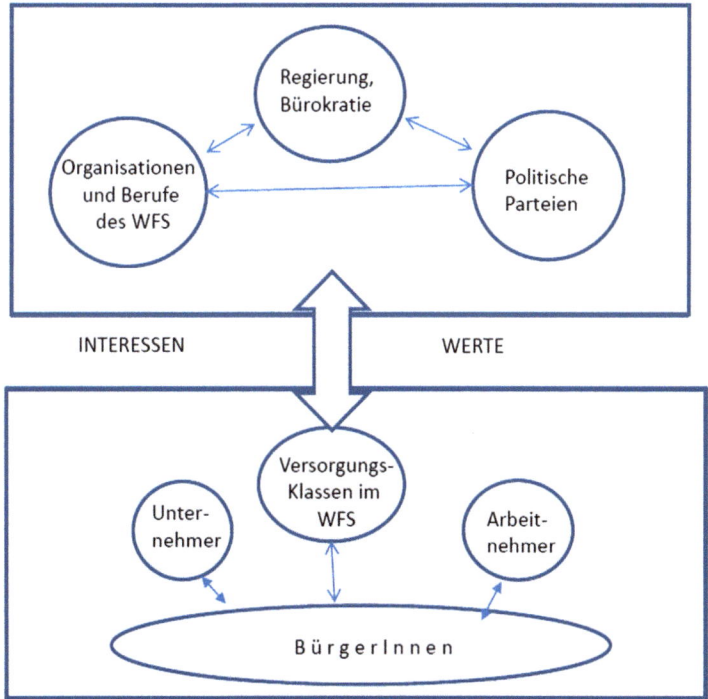

Abb. 9.1 Gruppenspezifische Interessen und gesellschaftlich-politische Akteure im Wohlfahrtsstaat

Die starke Expansion der Ausgaben für Renten und Pensionen, aber auch für die Gesundheitsversorgung, die ebenfalls überproportional von alten Menschen in Anspruch genommen wird, bedeutet eine hohe Belastung der Erwerbstätigen (Selbständigen und Unselbständigen) durch Steuern. Dies führt seinerseits dazu, dass die Schaffung von Arbeitsplätzen für Unternehmer schwieriger wird, da die faktischen Lohnkosten oft bis zum Doppelten des Nettolohns eines Arbeitnehmers ausmachen. Als Folge davon werden vor allem einfache Jobs vielfach mechanisiert oder ausgelagert – zum Nachteil von wenig qualifizierten Arbeitsuchenden und jungen Menschen. Dies kann wiederum zumindest eine der Ursachen für den starken Geburtenrückgang in allen fortgeschrittenen Ländern sein. So wurde gezeigt, dass das Fertilitätsniveau in europäischen Ländern mit einer hohen Jugendarbeitslosigkeit signifikant höher ist als in anderen (Haller/Ressler 2005). Dies erklärt etwa das Paradox, dass Italien – ein als familien- und kinderfreundlich bekanntes Land – eine der niedrigsten Geburtenraten der Welt hat. Eine Abnahme der Bereitschaft zur Einstellung neuer Arbeitskräfte ergibt sich noch dazu aus dem (an sich zweifellos positiv zu bewertenden Trend) zur Absicherung bestehender Arbeitsverhältnisse. Eine hohe Absicherung kann die Bereitschaft und Möglichkeit von Unternehmern zur Einstellung neuer Arbeitskräfte ebenso reduzieren wie die zwischenbetriebliche Mobilität von Arbeitskräften.

Eine zweite Ursache für Ungleichheiten, ja Ungerechtigkeiten, die der Wohlfahrtsstaat selbst erzeugt, liegt in der Höhe von Renten und Pensionen und deren Verknüpfung mit Erwerbstätigkeit und Einkommen vor der Pensionierung. Hier liegen zwei Probleme auf der Hand. Zum einen die Privilegierung von öffentlich Bediensteten und Beamtinnen, die mit dem sozialstaatlichen Legitimationsprinzip der Fürsorge zusammenhängt. Die durchschnittliche Pension von Beamten beträgt in Deutschland und Österreich über 3.100 €, jene von Rentnerinnen nach ASVG 1.000 bis 1.300 €. Diese enorme Differenz ist nur teilweise dadurch bedingt, dass die durchschnittliche Bildung und Qualifikation von Beamtinnen höher ist als jene von Rentnern. Die Privilegierung wird noch dadurch verstärkt, dass Beamte in der Regel früher in Pension gehen als Rentnerinnen. Sie ist auch auf zwei weitere Faktoren zurückzuführen: die hohe Durchschlagskraft der Beamten und Angestellten im öffentlichen Dienst (die sehr stark gewerkschaftlich organisiert sind) und die faktische Immunität des Staates vor einem Bankrott als Folge zu hoher Ausgaben. Politikerinnen leisten daher auch bei hohen Lohnforderungen im öffentlichen Dienst selten großen Widerstand. Ein zweiter Aspekt von Ungleichheiten bei Rentnern und Pensionistinnen betrifft die Benachteiligung von Frauen. Ihre durchschnittlichen Pensionen/ /Renten liegen in Deutschland und den meisten anderen europäischen Ländern rund ein Drittel unter denen von Männern. Dieser Unterschied ist zum Teil auf die niedrigeren Erwerbseinkommen von Frauen, zum größeren Teil aber auf ihre häufigeren Unterbrechungen der Erwerbstätigkeit und häufigere Teilzeitarbeit zurückzuführen. Diese wiederum wurden vor allem durch Kinderbetreuungsverpflichtungen verursacht. Die Folgerung, es sollten alle Frauen voll erwerbstätig sein und die Kinderaufzucht schon von möglichst früh auf in Institutionen verlagert werden, entspricht – zumindest unter den aktuell gegebenen Verhältnissen – nicht den Wünschen vieler Frauen selbst. Man muss im Hinblick auf die niedrigeren Renten und Pensionen der Frauen also von einer eindeutigen sozialen Ungerechtigkeit sprechen: Frauen, die Kinder auf die Welt bringen und aufziehen, und damit auch für künftige Steuerzahlerinnen sorgen, die entscheidend zur Sicherung der Pensionen und Renten beitragen, werden dafür durch signifikant niedrigere Renten bestraft. Hinzuweisen ist hier auch auf eine offenkundige Inkonsistenz in den Einstellungen der Bevölkerung. Es ist weithin anerkannt, dass die Finanzierung des Pensionssystems in der derzeitigen Form angesichts des Geburtenrückgangs und der steigenden Lebenserwartung nicht möglich sein wird. Dennoch gibt es meist starke Widerstände (vor allem in Frankreich, das hier besonderen Reformbedarf hätte) gegen die effektivste und sozial gerechteste Maßnahme, nämlich eine Erhöhung des Pensionseintrittsalters.

Eine zukunftsweisende sozialstaatliche Politik müsste also alle vier Grundwerte des Wohlfahrtsstaates – Gleichheit, Sicherheit, Freiheit und Inklusion – beachten, um nicht neue Benachteiligungen bestimmter gesellschaftlicher Gruppen, und damit neue Ungerechtigkeiten und/oder Probleme für das Gemeinwohl und den Staat zu erzeugen.

Nationale Sicherheit

Die Tatsache, dass Sicherheit als ein gesellschaftlicher Grundwert anzusehen ist, zeigt sich noch deutlicher, wenn man die nationale Sicherheit betrachtet. Hier tritt aber auch der Missbrauch dieses Begriffes als Legitimationsinstrument hervor. Dies gilt sowohl für die innere, insbesondere aber für die äußere Sicherheit. Beide Aspekte hängen eng miteinander zusammen.

Die innere Sicherheit
Nationale Sicherheit hat zwei Aspekte, die innere und die äußere Sicherheit. Innere Sicherheit bedeutet Abwesenheit von Bedrohungen der Menschen durch Gewalt, Kriminalität und Terrorismus. Sie ist in den meisten europäischen Gesellschaften heute in relativ hohem Maße gegeben. Als Probleme werden vor allem Kriminalität von Ausländern und der Terrorismus, vor allem von Islamisten, gesehen.

Die Kriminalität von Zuwanderern und Ausländern ist tatsächlich überproportional hoch und stieg im Zuge des großen Flüchtlingszustroms 2015/16 nochmals an. Allerdings ist zu bedenken, dass unter Zuwanderern überproportional viele Männer jüngeren Alters sind – eine Gruppe, die im Hinblick auf Gewaltanwendung am häufigsten auffällig wird. Seit 2017 ist die Anzahl der Delikte durch Ausländer in Deutschland allerdings wieder rückläufig. Obwohl nur ein sehr geringer Anteil der Bevölkerung von solchen Delikten betroffen ist, erhalten sie hohe Aufmerksamkeit. Dies ist auf mehrere Ursachen zurückzuführen.

Politische Parteien können durch Thematisierung und Aufbauschung dieses Themas Wählerstimmen gewinnen. So ist Ausländerkriminalität ein zentrales Agitations- und

Wahlkampfthema aller rechten Parteien in Europa. Einige von ihnen –die *Freiheitlichen* in Österreich, *Front National* in Frankreich, F*orza Italia* und *Fratelli d'Italia* und neuerdings auch die AfD in Deutschland – sind zu einflussreichen Parteien ihres Landes aufgestiegen. Mit ihrer Agenda haben sie auch bürgerliche und sozialdemokratische Parteien unter Druck gesetzt. Manche unter diesen, die das Thema in ähnlicher Weise übernahmen, konnten politische Erfolge einheimsen (wie kurzfristig der Österreicher Sebastian Kurz mit seiner „türkisen" ÖVP 2017–19 oder die Sozialdemokraten in Dänemark). Die zweite Ursache sind die Medien, insbesondere die von Millionen gelesenen Boulevardblätter in England, Deutschland und Österreich. Sie berichten – teils aufgrund entsprechender politischer Orientierungen ihrer Besitzer, teils aufgrund von Absatzinteressen – in sensationsheischender Weise über Kriminalfälle von Ausländern und erwecken damit den Eindruck, solche kämen tagtäglich vor und bedrohten uns alle. Schließlich müssen auch radikale, „gesinnungstheoretische" Verfechterinnen der Freiheit der Meinungsäußerung als Verursacher einer Aufbauschung des Themas Sicherheit gesehen werden. Zu nennen sind hier beispielsweise der dänische Karikaturist Kurt Westergaard, die Zeichner des Pariser Satireblattes Charlie Hebdo und die schwedische rechtsradikale Gruppe Apallkerna, die öffentlich den Koran verbrennen wollte. Einige von ihnen wurden Objekte islamistischer Angriffe, sogar brutaler Mordanschläge, weil sie den Propheten Mohammed nach ihrer Meinung (aber vermutlich auch vieler Moslems) in herabwürdigender Weise dargestellt hatten.

Ein kritischer Blick ist allerdings auch auf jene zu werfen, welche die Möglichkeit zur Veröffentlichung solcher Karikaturen als essentiellen Aspekt der demokratischen Freiheit sehen. Es ist schwer verständlich, warum satirische Darstellungen eines Religionsgründers, der vor eineinhalb Jahrtausenden gelebt hat, oder öffentliche Verbrennungen eines über tausend Jahre alten Textes ein besonders mutiger Ausdruck von Freiheit sein soll. Wenn schon, hätten diese Zeichner heutige, autoritäre islamische Regierungen und Politiker ins Visier nehmen sollen. So etwa die obersten religiösen Führer des Iran oder die Herrscher von Saudi-Arabien; sie alle führten bzw. führen aggressive Angriffskriege gegen Nachbarstaaten und fördern terroristische Organisationen im Ausland.

Vom saudischen Thronfolger weiß man, dass er einen missliebigen Kritiker sogar im Ausland ermorden ließ. Männer dieses Typs zu karikieren wäre in Ländern wie Frankreich (aber auch Deutschland), das einen einträglichen Waffenhandel mit Saudi-Arabien unterhält, überdies wohl nicht besonders gut angekommen. Fragwürdig ist auch die Aussage des französischen Präsidenten Macron, die Veröffentlichung von Karikaturen wie jene von Charlie Hebdo sei ein Grundwert des freien Westens. Es wurde bereits in der Einleitung darauf hingewiesen, dass zur Achtung der Menschenwürde auch gehört, dass man Dinge und Phänomene, die anderen Menschen heilig sind, nicht herabsetzen darf. So hätte der französische Präsident auch sagen können, ein Verbot solcher Karikaturen komme nicht infrage, er würde jedoch aus Respekt vor den 1,6 Mrd. Moslems empfehlen, darauf zu verzichten.

Die Tatsache, dass der islamistische Terror eine so große Rolle in der Öffentlichkeit spielt, hatte die Folge, dass weltweit umfangreiche Überwachungs- und Kontrollsysteme eingerichtet wurden, von denen heute alle Reisenden betroffen sind. Sie beinhalten die Überwachung von Flughäfen und von großen Veranstaltungen, Leibesvisitationen der Fluggäste, das Anbringen von Videokameras in vielen öffentlichen Orten und Einrichtungen (Bahnhöfen usw.), aber auch in privaten Geschäften. Der islamistische Terror ermöglichte es Medien und Politikerinnen, Sicherheit zu einem allen anderen Werten übergeordneten Thema zu machen. In einem solchen *meta-framing* wird auch der Schutz der Privatsphäre der vermeintlichen öffentlichen Sicherheit untergeordnet. Das Attentat auf das *World Trade Center* am 11.9.2001 mit 3.000 Toten führte zu einem massiven Durchbruch dieses neuen *meta-framing:* Nicht nur in den USA, auch in Deutschland und anderen Ländern wurden umfangreiche Maßnahmen zur Terrorbekämpfung und zur vorbeugenden Sammlung und Verknüpfung von Individualdaten aller Art gesetzt. Dieser welthistorisch einmalig brutale Terrorakt hatte noch zwei weitere Konsequenzen. Er führte zum Einmarsch der USA und ihrer Verbündeten in Afghanistan 2001 und im Irak 2003. In diesen Ländern sollten autoritäre Regime gestürzt und verhindert werden, dass sich dort Terrororganisationen wie al-Quaida aufhalten und ausbilden. Außerdem sollte die Demokratie etabliert werden. Die ideelle Begründung für diese Maßnahme gab Präsident G.W. Bush als er einen gnadenlosen „Krieg gegen den Terror" ankündigte, in dessen Rahmen auch alle jene Länder als Feinde betrachtet würden, die Terroristen direkt oder indirekt unterstützten. Das entscheidende Argument dafür war jedoch, dass das Attentat als „Angriff auf die Freiheit" definiert wurde, als eine „Sabotierung der Lebensweise" des Westens. Dieses Argument hat sogar einiges für sich, galten doch die meisten islamischen Terrorakte den verwestlichen ökonomisch-politischen Eliten in der islamisch-arabischen Welt. Bush kündigte auch offen an, es würde nicht nur zu militärischen Aktionen kommen, sondern auch zu „verdeckten Operationen, die selbst bei Erfolg geheim bleiben". Seine Aussage „die Amerikaner sollten sich auf einen lang andauernden Feldzug einstellen" erscheint zwanzig Jahre später geradezu prophetisch. Nachdem sie und ihre Verbündeten tatsächlich einen zwanzigjährigen Krieg geführt undBesatzungen eingerichtet hatten, mussten sie diese Aktion im Oktober/September 2021 zusammen mit den beteiligten deutschen Truppen in Form eines überstürzten Abzugs schmählich beenden. Sofort nach ihrem Abzug ergriffen die radikal-islamischen Taliban die Macht und errichteten eine Terrorherrschaft, die schlimmer ist als die vorherigen Regierungen. So werden insbesondere Frauen wieder extremen Beschränkungen der Freiheit und Lebenschancen (etwa im Bildungsbereich) unterworfen.

Die nationale Sicherheit als Vorwand für militärische Aggressionen
Aus der Sicht der Bürger stellt Frieden einen der wichtigsten Grundwerte überhaupt dar, wie im vorigen Kapitel aufgezeigt wurde. Daher waren Herrschende – zumindest seitdem es einen gewissen Einfluss der Bürgerinnen auf die Politik gibt – gezwungen, militärische Aktionen und auch reine Angriffskriege zu legitimieren. Diese Notwendigkeit hat

sich seit der Gründung der Vereinten Nationen 1945 und der Verabschiedung ihrer Satzung, deren Hauptaufgabe die Erhaltung des Weltfriedens ist (Deutsch 1968, S. 224 ff.; Wolf 2016), nochmals massiv verstärkt. Die Satzung der Vereinten Nationen erlaubt die Anwendung militärischer Gewalt nur in Fällen, bei denen es um die Verhinderung oder Eindämmung von schweren Menschenrechtsverletzungen geht und auch dies nur dann, wenn die UNO selbst einem solchen Einsatz zustimmt. Es gab und gibt fünf Hauptgründe, die politische Führer anführen, wenn sie andere Staaten überfallen und mit Krieg überziehen: Selbstverteidigung, Dämonisierung des Gegners, Herstellung eines gefahrlosen Umfeldes, Sicherung wirtschaftlicher Interessen, Wahrung der staatlichen Würde.

Das erste und am häufigsten angeführte Argument besagt, dass man von einem „Feind" angegriffen wurde und sich verteidigen müsse. Aus diesem Argument bezogen schon die aggressiven französischen Revolutionsheere ihre Legitimation (Schutz der revolutionären Errungenschaften vor der Bedrohung durch die konservativen Mächte Europas). Auch Napoleon, der vor Hitler größte militärische Aggressor in der neueren Geschichte, stilisierte sich zum Kämpfer für die Erhaltung und Durchsetzung der revolutionären Errungenschaften in ganz Europa; in seinen Memoiren behauptete er sogar, sein Ziel sei immer die Friedenssicherung gewesen (Willms 2019). Selbst Hitler versuchte am 1.9.1939 seinen Angriff auf Polen als Verteidigung darzustellen.

Ein mit dieser Legitimation zusammenhängendes, immer wiederkehrendes zweites Muster besteht darin, dem Gegner nicht nur die Schuld am Kriegsausbruch zuzuschieben, sondern seine Aktionen in jeder möglichen Art herabzusetzen und zu entwürdigen. Von Anfang an wird eine höchst einseitige Kriegsberichterstattung betrieben, entsprechend dem Diktum „Die Wahrheit stirbt im Krieg zuerst." Diese einseitige Berichterstattung, die hervorragend geeignet ist, nationale Zusammengehörigkeitsgefühle zu befeuern, ist einer der Hauptgründe dafür, dass die Bevölkerung auch reine Aggressionskriege oft lange Zeit unterstützt. Nach Gründung der UNO und der Akzeptanz ihrer Statuten durch alle Staaten der Welt müssen neue Legitimationen für Angriffskriege gefunden werden. Dies gilt auch für die USA, die seit Mitte der 1950er Jahre in gut einem Dutzend Staaten der Welt verdeckte gewaltsame Geheimdienstoperationen und offene, völkerrechtswidrige Kriege führten (Ganser 2022). Sie gaben dafür drei Gründe an: den Kampf gegen die Ausbreitung des Kommunismus bzw. die Machtübernahme durch „kommunistische" politische Führer (so bei den zahlreichen Interventionen in Mittel- und Lateinamerika und beim Vietnamkrieg; die Sicherheit des Westens vor Bedrohungen durch gefährliche Waffensysteme in der Hand autoritärer Herrscher und Islamisten (Kriege gegen den Irak und Afghanistan); und schließlich den Schutz der Bevölkerung in bestimmten Ländern vor Unterdrückung und Genozid durch ihre eigenen autoritären Herrscher (so in Serbien 1999 und Libyen 2011). In fast allen dieser Fälle kann man von einer Dämonisierung des Gegners sprechen. Wenngleich die UNO in manchen dieser Fälle eine Schutzaktion genehmigte, verstand sie darunter doch nie eine militärische Intervention. Bis heute praktizieren die USA darüber hinaus völkerrechtswidrige gezielte Tötungen von Terroristenführern und hohen militärischen Befehlshabern in nicht besetzten Ländern. Dabei werden meist Raketen und

Drohnen eingesetzt, sodass keine eigenen Soldaten in Gefahr kommen. Die neueste Variante für die Legitimation eines Angriffskriegs hat der russische Präsident Putin für den Einmarsch von über 150.000 Soldaten in die Ukraine am 24.2.2022 erfunden. Da ihm die Ukraine in keiner Weise feindlich gegenüberstand, bezeichnete er den Krieg als „Spezialoperation" zur Beseitigung der in Kiew regierenden und von den USA unterstützten „Faschisten."

Mit dem dritten Argument – der Herstellung und Sicherung des unmittelbaren Umfelds – werden die häufigen Übergriffe von Großmächten gegen ihre kleineren Nachbarstaaten, aber auch Kriege gegen die Entstehung neuer Großstaaten legitimiert. Die Kriege zwischen Österreich, Deutschland und Frankreich 1866–1871 wurden nicht zuletzt dadurch begründet, damit die Entstehung eines neuen starken Gegners (eines unter Preußen geeinten Deutschland) zu verhindern.

Das Argument der Notwendigkeit eines Umfeldes, von dem keine Gefahr ausgeht, wird auch vorgebracht, wenn ein Großstaat an einer oder mehreren Seiten keine natürlichen Grenzen hat (große Flüsse, Meere, Gebirge oder Wüsten), die Barrieren für fremde Truppen darstellen. In solchen Fällen wird gefordert, dass die Länder auf diesem Vorfeld dem eigenen Staat nicht feindlich gesinnt oder mit feindlichen Großmächten verbündet sein dürfen, da ansonsten gefährliche plötzliche Angriffe von diesen Territorien aus drohen könnten. Im Laufe der Menschheitsgeschichte geschah das schon seit jeher (Marshall 2015). Auch heute ist es bei allen Großmächten offenkundig (Deutsch 1968, S. 80 ff.). Die USA entwickelten schon im Laufe des Zweiten Weltkriegs einen *grand-area*-Plan, der erhebliche Teile der Erde als ihre Einflusszonen definierte (Chomsky 2021, S. 64). Daher duldeten sie keine Stationierung russischer Raketen auf Kuba und intervenierten nicht zuletzt aus diesem Grund wiederholt in völkerrechtswidriger Weise in Mittelamerika durch Infiltration von Geheimdiensten, Unterstützung reaktionärer Herrscher und direkte militärische Interventionen.

Russland bzw. die Sowjetunion eroberte und kolonisierte ein riesiges Territorium im nördlichen Asien bis hin zum Japanischen Meer; Wladiwostok ist von Peking 1.300 und von Tokio 1000 km entfernt, dagegen von Moskau 6400 km. Nach dem Zweiten Weltkrieg hielt die UdSSR die Okkupation aller mittelosteuropäischen Staaten (mit der einzigen Ausnahme von Ost-Österreich) aufrecht, die von der Roten Armee im Zuge der Niederwerfung von Nazi-Deutschland erobert worden waren, und etablierte kommunistische Satrapen-Regierungen. Das Argument der Sicherung eines neutralen Vorfeldes in seinem Westen spielt für Russland bis heute eine bedeutende Rolle.

Entgegen dem Versprechen von Seiten der USA im Zuge der Wiedervereinigung von Deutschland und des Abzuges von einer halben Million Sowjetsoldaten und Armeeangestellten aus Ostdeutschland wurden die ehemaligen sozialistischen Länder Mitteleuropas und des Baltikums in die NATO aufgenommen, sodass diese heute bis an die Grenzen Russlands reicht. Putin hat mehrfach geäußert, dass dies in seinen Augen einen Affront darstelle. Seine Invasion in die Ukraine im Februar 2022 muss auch unter diesem Aspekt gesehen werden, auch wenn sie damit in keiner Weise gerechtfertigt werden kann. Eine mit Russland vergleichbare immense territoriale Vorfeld-Expansion führte China in Richtung Westen durch. Die riesigen Provinzen bzw. Länder Xinjiang und Tibet lagen schon immer in der Einflusssphäre Chinas. Unter Mao wurden sie ab 1951 gewaltsam dem eigenen Staat eingegliedert. China versucht das tibetische Volk seither systematisch seiner Religion und Kultur zu entfremden (etwa durch Zerstörung Tausender buddhistischer Tempel und die sprachlich-kulturelle Sinisierung) und ihm das eigene staatskommunistische Modell aufzupfropfen. In Xinjiang werden Tausende von Angehörigen der Turkvölker (wie die Uiguren) in Lagern konzentriert, gewaltsam „umerzogen", ja sogar gefoltert.[8] Darüber hinaus wird die gesamte Bevölkerung dieser Territorien überwacht. Durch forcierte Immigration von Han-Chinesen sind die alten ethnischen Völker, meist Muslime (Uiguren, Kasachen, Usbeken, Tataren u. a.) in Xinjiang inzwischen weithin zu Minderheiten geworden. Der Anteil der Han-Chinesen stieg von weniger als 10 % vor 1980 auf 42 % 2021.

Die Sicherung wirtschaftlicher Interessen ist eine vierte Begründung für aggressive militärische Aktionen von Großstaaten. Auch diese wird meist nicht offen deklariert. In den dynastischen Kriegen bis zum Ersten Weltkrieg ging es um den Gewinn oder die Sicherung von Territorien, aus denen ein Staat Einnahmen abschöpfen und Soldaten rekrutieren konnte. Beim Ausbruch des Ersten Weltkriegs spielten wirtschaftliche Interessen Deutschlands im Zusammenhang mit seinen Großmachtambitionen eine zentrale Rolle, auch wenn sie nicht ausschlaggebend waren.[9] Geplant war die Errichtung einer von Deutschland dominierten mitteleuropäischen Wirtschaftsregion. Dass imperialistisch-ökonomische Interessen auch bei den neueren Kriegen der US-Amerikanerinnen im Nahen Osten eine zentrale Rolle spielten, steht außer Zweifel (Kennedy 1989; Chomsky 1993; Mann 2003; Chomsky 2021). Die Regierung von Präsident Bush betrachtete die Sicherung des Zugangs zu den Ölfeldern im Irak und im Nahen Osten als essentiell und bezeichnete dies auch als Problem der nationalen Sicherheit. Sein äußerst einflussreicher Verteidigungsminister Dick Cheney hatte auch private ökonomische Interessen im Nahen Osten.[10] Auch die weltweite militärische Präsenz der USA wird mit dem Argument der Sicherung der globalen Transport- und Handelsrouten gerechtfertigt. Die gigantische, 2013 von China initiierte *Belt and Road Initiative* – die Bezeichnung „Ein Gürtel, eine Straße" lehnt sich an die mittelalterliche Seidenstraße zwischen Europa und Asien an – ist zwar nicht direkt eine militärische Expansion. Ihre Ambitionen liegen aber

---

[8] Dies wies ein am 1.9.2022 veröffentlichter Bericht der UN-Menschenrechtskonvention nach. Vgl. auch den spannenden und berührenden Bericht der Chinesin uigurischer Herkunft, Sayragul Sauytbay über ihre Tätigkeit in chinesischen Umerziehungslagern und ihre Flucht daraus (Sauytbay// Cavelius 2002, *Die Kronzeugin*).

[9] Die These von der Dominanz ökonomisch-imperialistischer Interessen wurde vom Historiker Fritz Fischer (2013) aufgestellt und ausführlich belegt. Sie wurde aber vielfach kritisiert; für eine umfassende neue Darstellung des Ersten Weltkriegs vgl. Clark (2013), *Die Schlafwandler*.

[10] Er war vor Übernahme seines Amtes als Verteidigungsminister CEO der Firma Haliburton, deren Kerngeschäft die Energieversorgung und Handel mit Erdöl war (vgl. https://de.wikipedia.org/wiki/Dick_Cheney, abgerufen am 1.3.2023).

zweifellos auch in einem sicherheitspolitischen Machtgewinn. So dienen die chinesischen Investitionen in den Ländern des globalen Südens auch der Sicherung von Rohstoffen, politischem Einfluss und potentiell auch der späteren Errichtung militärischer Stützpunkte (insbesondere im Falle von Hafenanlagen).

Eine fünfte Begründung von Kriegen, die heute zwar nicht mehr offen deklariert, aber dennoch weiterhin eine essentielle Rolle spielt, ist das Streben von Großmächten nach Aufrechterhaltung und Mehrung ihres Prestiges. Diesen Faktor hat schon Max Weber herausgestellt, als er schrieb: „Prestigeprätensionen haben seit jeher einen sehr fühlbaren Einschlag in die Entstehung von Kriegen gegeben: ein Reich der Ehre, ständischer Ordnung vergleichbar, erstreckt sich auf die Beziehungen der politischen Gebilde untereinander" (Weber 1964/II, S. 665). Dieser Aspekt wurde klar ausgedrückt im Völkermanifest zur Kriegserklärung von Kaiser Franz Josef I an Serbien, in der er schrieb: „Die Umtriebe eines hasserfüllten Gegners [gemeint ist Serbien] zwingen Mich, zur Wahrung der Ehre Meiner Monarchie, zum Schutze ihres Ansehens und ihrer Machtstellung, zur Sicherung ihres Besitzstandes nach langen Jahren des Friedens zum Schwerte zu greifen." Man kann von einem Parkinson'schen Gesetz der nationalen Sicherheit sprechen: demnach schrauben die Eliten und Führer eines großen Landes ihre Sicherheitsansprüche immer höher, indem sie sich verpflichtet fühlen, die Welt in Ordnung zu bringen oder wenigsten eine ihnen richtige Ordnung zu erhalten (Deutsch 1968). Dieses Sicherheitsstreben ist auch eng mit wirtschaftlichen Interessen verflochten. In großen Ländern, insbesondere den USA, entwickelt sich ein Sicherheitskomplex, in welchem Militär, Geheimdienste, Rüstungsfirmen, lokale und nationale Politiker eng zusammenarbeiten. Die Entstehung dieses militärisch-industriellen Komplexes, den der Soziologe C.W. Mills 1956 in seinem Buch *The Power Elite* klar aufgezeigt hatte, wurde sogar vom Nachkriegs-Präsident Eisenhower angeprangert. Dass vor allem Großmächte zu militärischen Aktionen neigen, zeigt sich umgekehrt auch daran, dass Kleinstaaten sich aus solchen eher heraushalten. Deutsche Geographen haben eine Landkarte von Europa erstellt, in welcher die Bestandsdauer von Staatsgrenzen durch unterschiedliche Stärke gekennzeichnet wird. Die dicksten, d. h. am längsten (mehrere hundert Jahre) gleichgebliebenen Grenzen umgeben drei Kleinstaaten: Portugal, die Niederlande und die Schweiz. Dagegen gab es in Mittel- und Osteuropa durch Kriege immer wieder markante Grenzverschiebungen, die ja oft auch Millionen von Vertriebenen und Flüchtlingen erzeugten. Die Verursacher dieser waren in den allermeisten Fällen Kriege, die von (aggressiven) Großmächten (Frankreich, Habsburgermonarchie, Preußen, Russland) vom Zaun gebrochen worden waren.

NATO und EU als neue Garanten der globalen Sicherheit?
In diesem Zusammenhang ist auch eine kurze kritische Diskussion der Rolle der NATO und der EU angebracht. Internationale Militärbündnisse werden in aller Regel mit dem Aspekt der Sicherheit legitimiert. Sie stehen aber meist auch in einem engen Zusammenhang mit Großmachtaspirationen. Die beiden bedeutendsten Militärbündnisse in neuerer Zeit waren die Gründung des Nordatlantikpakts NATO 1949 durch zwölf Staaten und – als

Reaktion darauf – des sowjetisch dominierten Warschauer Pakts. Ziel der NATO war die Abschreckung bzw. Eindämmung der Gefahr der weiteren Ausbreitung der kommunistischen Sowjetunion (Giegerich 2012). Dahinter stand auch die ideologische Begründung des Schutzes der westlichen Demokratie und Marktwirtschaft vor der kommunistischen Sowjetunion.

Ob dieses Militärbündnis als ein Erfolg zu sehen ist, kann durchaus infrage gestellt werden (Ganser 2022). Zwar expandierte die UdSSR nicht weiter nach Westen und kollabierte letztlich sogar – nach Meinung mancher als Folge des Zwangs zu enormen Rüstungsausgaben als Antwort auf die NATO. Es gab auch keinen großen Krieg seit 1945. Durch die Einmischung beider Blöcke in zahllose bewaffnete Konflikten und Kriege in vielen Gegenden der Welt, vor allem im globalen Süden, war diese Periode des Kalten Krieges jedoch durchaus sehr heiß. Außerhalb der Territorien der Mitgliedsstaaten der beiden Militärbündnisse fanden zahlreiche Kriege statt mit immensen Opfern an Toten, Verletzten und Flüchtlingen. Direkte, illegale Interventionen in fremde Länder führte nicht nur der Warschauer Pakt durch (in Budapest 1956 und Prag 1968), sondern auch die NATO unter Führung der USA.

Das militärische Potential der NATO zeigt sich nicht in ihrem eigenen Budget, da sie sich auf die Verteidigungskräfte der Mitgliedsstaaten stützt.[11] Hierbei ist das Übergewicht der USA extrem. 2020 gaben sie für das Militär 778 Mrd. $ aus, weit mehr als China (252); Indien (73), Russland (61) und die drei europäischen Ländern Großbritannien, Frankreich und Deutschland (zusammen rund 161 Mrd.). Seit dem Zusammenbruch des Sowjetblocks ist die NATO auf der Suche nach einer neuen Identität. Der Einmarsch Russlands in die Ukraine hat sie allerdings auch in Europa wieder als attraktiv erscheinen lassen, da man glaubt, nur als NATO-Mitglied vor weiteren Expansionsplänen von Putin gesichert zu sein. Dass aber Russland große Länder wie Deutschland oder Frankreich angreifen könnte, ist jenseits jeder Realität. Dies zum einen deshalb, weil ihm ja bereits von der Ukraine ein unerwarteter und erfolgreicher Widerstand entgegengesetzt wurde und die Armeen von Deutschland und Frankreich weit besser ausgerüstet und stärker sind als jene der Ukraine (Frankreich besitzt auch Atomwaffen).

Darüber hinaus hat Putin in seinen Reden ausdrücklich Weißrussland und die Ukraine als Länder bezeichnet, die kulturell zur „Russischen Welt" (Russki Mir) gehören. Die Geschichte wäre aber vielleicht völlig anders verlaufen, hätte sich die NATO 1990 aufgelöst, da ihr ja der Hauptfeind und Existenzgrund abhandengekommen war. Denn Gorbatschow hatte die sowjetischen Truppen bedingungslos aus der DDR abgezogen und allen UdSSR-Satellitenstaaten die Unabhängigkeit ermöglicht. Stattdessen expandierte die

---

[11] Vgl. dazu das umfangreiche NATO Handbook, Brussels 2006 (verfügbar unter https://www.nato.int/docu/handbook/2006/hb-en-2006.pdf, abgerufen am 20.9.2021). Eine recht umfassende Darstellung der NATO findet sich in https://de.wikipedia.org/wiki/NATO (abgerufen am 20.9.2021).

NATO sehr rasch nach Osten und nahm die früheren, osteuropäischen Alliierten des Warschauer Paktes als Mitglieder auf. Dies führte wohl zu einer tiefen Kränkung von Putin und seiner zunehmend schärfer werdenden Kritik am Neoimperialismus der USA.[12]

Aus einer ganz anderen Sicht ist hier auch die Frage von Interesse, welche Motive, Interessen und Werte zur europäischen Integration geführt haben. Die Europäische Union bezeichnet sich ja explizit als Wertegemeinschaft und speziell als Friedensunion. Eine weithin geteilte These lautet, der nun über ein halbes Jahrhundert währende Frieden in Europa sei in erster Linie auf die europäische Integration zurückzuführen. Dass dies nicht wirklich stimmt, wurde bereits im vorigen Kapitel mit dem Argument dargelegt, dass der Friede in Europa seit 1945 vor allem deshalb gesichert war, weil alle EWG- bzw. EU-Mitglieder Demokratien sind.

Wenn ein Land heute Mitglied werden will, muss es nachweisen, dass es rechtsstaatliche und demokratische Grundregeln beachtet.-Hier ist aber darauf hinzuweisen, dass offenkundig ein anderer Wert höchste Priorität für die Europäische Union besitzt. Hier sind die Ergebnisse einer Inhaltsanalyse der *Verfassung für Europa* relevant, die 2005 von der Bevölkerung Frankreichs und der Niederlande mit klaren Mehrheiten abgelehnt, aber dennoch als *Vertrag von Lissabon* 2007 mit geringfügigen Änderungen implementiert wurde. Der Vertrag von Lissabon ist jener Text, der die praktische Politik der EU klar zum Ausdruck bringt, indem er die verschiedenen Organe der EU definiert und deren Zuständigkeitsbereiche festlegt. Eine Analyse der Häufigkeit, in der die verschiedenen Grundwerte darin genannt werden, erbringt ein erstaunliches Ergebnis. Unter den insgesamt 526 auf Werte bezogenen Begriffen steht der Wert Sicherheit mit 144 Nennungen an erster Stelle, deutlich vor Freiheit und Recht/Gerechtigkeit mit rund 130 Nennungen (Haller 2009). Sicherheit wurde dabei oft im Zusammenhang mit anderen Begriffen genannt, wie nationale Sicherheit, internationale Sicherheit, Sicherheitspolitik, öffentliche Ordnung und Sicherheit, ab und zu auch soziale Sicherheit. Dagegen kommt der Begriff Frieden überhaupt nur zehnmal vor. Sicherheit im Sinne einer Stärkung der Verteidigung, aber auch internationaler humanitärer militärischer Einsätze stellt für die EU heute auch de facto eine immer wichtigere Zielsetzung dar. Dies kommt auch in ihren aktuellen Politikschwerpunkten zum Ausdruck. So wird in dem 2016 präsentierten Plan *Globale Strategie für die Außen- und Sicherheitspolitik* als erster Punkt angeführt: „Sicherheit und Verteidigung. Verstärkung der gemeinsamen Maßnahmen in den Bereichen Verteidigung, Cyber-Sicherheit, Kampf gegen Terrorismus, Energiesicherheit und strategische Kommunikation, verstärkte Zusammenarbeit mit internationalen Partnern, insbesondere der NATO." Auch historisch ist anzunehmen, dass Sicherheit ein stärkeres Motiv für

---

[12] In seiner mit *standing ovations* bedachten Rede vor dem Deutschen Bundestag am 25.9.2001 betonte Putin die Bereitschaft zu friedlichen Beziehungen in Europa und würdigte die Idee einer Sicherheitspartnerschaft mit der NATO. Allerdings wies er auch (wohl nicht zu Unrecht) darauf hin, dass Russland bei diesen Verhandlungen nicht ganz ernstgenommen werde. Das Protokoll dieser Rede ist verfügbar unter https://www.bundestag.de/parlament/geschichte/gastredner/putin/putin_wort-244966, abgerufen am 1.3.2023).

die Etablierung der europäischen Zusammenarbeit war als die Sicherung des Friedens. Es ist höchst unwahrscheinlich, dass ohne EWG/EU nach dem Zweiten Weltkrieg nochmals ein tiefer Konflikt bis hin zu Kriegsgefahr zwischen Frankreich und Deutschland, den alten „Erbfeinden", ausgebrochen wäre. Ohne den Aufstieg von Hitler hätten sich diese Länder wahrscheinlich schon in der Zwischenkriegszeit ausgesöhnt. Die damaligen Außenminister Aristide Briand und Gustav Stresemann hatten bereits Schritte in dieser Richtung, ja sogar zur Errichtung einer Föderation, unternommen. Dagegen war *Sicherheit* ein erstrangiges Motiv für den Zusammenschluss zwischen den sechs Gründungsstaaten der EU, weil die Sowjetunion in den 1950er Jahren als echte Bedrohung für die Sicherheit Westeuropas angesehen wurde. Aus diesem Grunde drängten auch die USA auf die Einigung Europas. Vergleichende historische Studien haben gezeigt, dass die Bildung von Föderationen zwischen Staaten schon seit der Antike meist eine Reaktion auf äußere Bedrohungen darstellte. So wurde der Attische Seebund zwischen den ansonsten meist untereinander in Kriege verwickelten griechischen Stadtstaaten 478 v.Chr. als Folge der Perserkriege gegründet, um die Perser von der Ägäis fernzuhalten. Interessanterweise lautete seine genaue Bezeichnung „Die Athener und ihre Alliierten," da Athen – genauso die USA in der NATO – die Führungsrolle innehatte. Höchst relevant ist aus dieser Sicht die 2016 festgelegte Globale EU-Strategie für Außen- und Sicherheitspolitik. Sie definiert als Ziele u. a. die Stärkung der Widerstandsfähigkeit von Staaten und Zivilgesellschaft in der Nachbarschaft sowie einen Beitrag zu *global governance,* d. h. zur Sicherung von Ordnung und Sicherheit auf Weltebene. Damit sind auch militärische Operationen gemeint; es wird dafür ein Budget von 5,7 Mrd. € für 2021–2027 bereitgestellt. In diesem Zusammenhang sind auch die EU-Battle Groups zu nennen, kleinere, rasch aktionsfähige, auf Zeit zusammengestellte Kampfgruppen, die 2003 eingerichtet wurden, um in Krisenherde außerhalb der EU eingreifen zu können. Mit diesen auf den ersten Blick löblichen Zielsetzungen begibt sich die EU jedoch auf ein ähnliches Gleis wie die Großmächte. Die Sicherung der Widerstandsfähigkeit in den Nachbarländern hat etwa dazu geführt, dass beim Zerfall Jugoslawiens und zuletzt in der Ukraine von der EU und mehreren ihrer großen Mitgliedsländer in höchst fragwürdiger Weise bestimmte Konfliktparteien unterstützt und diese Konflikte damit angeheizt wurden. Die „Nachbarschaft" der EU wird dabei geographisch weitreichend als die Regionen im Umkreis von 6000 km von Brüssel definiert. Damit fallen auch Afrika und der Nahe Osten unter den Aktionsradius der EU-Sicherheitspolitik.

Beim Ziel, zu globaler Sicherheit beizutragen, wird zwar festgestellt, alle Aktionen müssten in Übereinstimmung mit der UNO-Charta erfolgen. Dass diese selbst aber für Sicherheit und Frieden auf der Weltebene zuständig ist, wird nicht erwähnt. Auch die EU maßt sich damit an, wie es schon die NATO tat, militärische Sicherungsaufgaben zu übernehmen, für welche allein die UNO zuständig wäre.

Resümee und Ausblick

Sicherheit ist seit Beginn der Neuzeit ein zentraler Wert westlicher Gesellschaften. Bezog er sich damals vor allem auf persönlich-physische Sicherheit vor Überfällen, Raub und Mord, kam im 20. Jahrhundert der immens wichtige Aspekt der sozialen Sicherheit dazu. Heute werden fast überhaupt alle sozialen, wirtschaftlichen und politischen Probleme auch unter dem Aspekt der Sicherheit diskutiert. Sicherheit kann – wie Frieden – vor allem als Bedingung dafür angesehen werden, dass die anderen Grundwerte erfüllt werden können. Sicherheit bezieht sich vor allem auf die Zukunft, die Abwendung von signifikanten Einbußen in Lebensbedingungen und Lebensqualität durch persönliche Schicksalsschläge wie Arbeitslosigkeit, Krankheit oder altersbedingte Beeinträchtigungen und durch gesellschaftliche Ereignisse wie Katastrophen und Kriege.

Näher untersucht wurden in diesem Kapitel die drei Teilaspekte von Sicherheit, nämlich die persönliche, soziale und nationale Sicherheit. Es wurde gezeigt, dass persönliche Sicherheit ein Grundbedürfnis des Menschen darstellt. In westlichen Gesellschaften ist offene Gewalt (als stärkste Bedrohung der Sicherheit) langfristig stark zurückgegangen. Dazu haben die zunehmende Arbeitsteilung und Interdependenzen zwischen den Menschen und die Monopolisierung der Gewalt durch den Staat beigetraten. Die modernen Wohlfahrtsstaaten haben, gemessen an den Anteilen an den Staatsausgaben, in der Nachkriegszeit eine immense Ausweitung erfahren. Dazu trugen in hohem Maße auch die Interessen der dabei involvierten gesellschaftlichen Gruppen bei: der Akteure des Wohlfahrtsstaates (Professionen, Bürokratien, Politiker) ebenso wie seiner Nutznießer, der Arbeitnehmer und Versorgungsklassen (insbesondere der Pensionisten). Dennoch kann man konstatieren, dass die Werte der Sicherheit und Gleichheit eine wichtige Basis für die starke Entwicklung der modernen Wohlfahrtsstaaten dargestellt haben und weiterhin darstellen. Für die Bedeutung solcher Werte – in diesem Falle insbesondere Sicherheit, Gleichheit und Inklusion – spricht vor allem die nahezu einhellige weltweite Befürwortung des Wohlfahrtsstaates quer durch alle Bevölkerungsgruppen. Eine kritische, soziologische Analyse wohlfahrtsstaatlicher Maßnahmen muss jedoch jede dieser Maßnahmen daraufhin untersuchen, inwieweit sie neben dem Wert der Sicherheit auch andere Werte – so insbesondere Freiheit und Gerechtigkeit – beachten oder zumindest nicht verletzen. So kann eine allumfassende wohlfahrtsstaatliche Versorgung dazu führen, dass das individuelle Verantwortungsbewusstsein geschwächt wird. Es können auch Verhaltensweisen und Lebensmuster gefördert werden, welche auf Kosten derer gehen, die für die Finanzierung des Wohlfahrtsstaates aufkommen müssen.

Die nationale Sicherheit beinhaltet zwei Aspekte: die innere Sicherheit und die äußere (militärische) Sicherheit. Für westliche Gesellschaften kann man sagen, dass physische Sicherheitsbedrohungen und Gewalt seltener und auch die entsprechenden Institutionen (Polizei, Gefängnisse) humaner ausgestaltet wurden, was sich auch in den Wahrnehmungen der Bevölkerung spiegelt. Dennoch scheint sich heute bei vielen ein erhebliches

Unsicherheitsgefühl auszubreiten. Dieses „Sicherheitsparadox" sollte aber kritisch hinterfragt werden. Zwar mag es zum Teil auf neue Bedrohungen (wie Terrorismus) und Statusängste zurückzuführen sein. Es kann aber auch befördert werden durch mediale Berichte und pessimistische Zeitdiagnosen, die oft ein starkes Echo in den Medien finden. Objektive neue Probleme haben sich hier allerdings durch Terrorismus und die darauffolgenden Überwachungsmaßnahmen in vielen Staaten ergeben. Auch hier muss jedoch das Verhältnis zwischen der öffentlichen Problematisierung dieser Probleme und den tatsächlichen Bedrohungen diskutiert werden. Während der Terrorismus, verständlich vor dem Hintergrund der Brutalität vieler Terrorakte, eine extrem hohe Aufmerksamkeit erfuhr, werden die Probleme, welche die neuen Formen von digitaler Überwachung und Kontrolle mit sich bringen, möglicherweise unterschätzt. Mögliche Missbräuche gibt es hier nicht nur bei staatlichen Akteuren, sondern auch bei den großen, multinationalen Konzernen. Sie können vielfältige Daten von Kunden verknüpfen (wie Amazon) oder – wie die neuen Medienkonzerne (Google, Facebook usw.) – die extrem einflussreichen sozialen Medien (Instagram, Twitter usw.) und Messanger-Dienste (z. B. *WhatsApp*) kontrollieren. In den sozialen Netzwerken hat sich ein alternativer Meinungsmarkt herausgebildet, auf welchem seriöse und unseriöse Meldungen vielfach nicht mehr unterschieden werden können. Die Nutzer dieser Medien betreiben zum Teil eine „Selbstentmündigung" (Welzer 2016, S. 114 ff.), wenn sie diese Medien bedenkenlos für Zwecke der Selbstdarstellung und Selbstoptimierung nutzen.

Was schließlich die nationale Sicherheit im Sinne des Fehlens von militärischen Bedrohungen durch andere Staaten betrifft, kann diese Gefahr zumindest in Westeuropa heute weitgehend als gebannt angesehen werden. Der Überfall Putins auf die Ukraine hat allerdings gezeigt, dass die Kriegsgefahr selbst in Europa noch bei weitem nicht ganz vorbei ist. Enorme Probleme bestehen aber in dieser Hinsicht auf globaler Ebene. Eines ist die beschämende Tatsache, dass selbst westlich-demokratische Staaten, vor allem die USA, selbst Kriege vom Zaun gebrochen und gewaltsame geheimdienstliche Interventionen in anderen Weltregionen durchgeführt haben. Dabei ging es oft nur vordergründig um den Kampf gegen Terrorismus oder den für demokratische Freiheiten. Der fluchtartige, beschämende Abzug der USA und ihrer Alliierten aus Afghanistan im September 2021 hat der Welt neuerdings vor Augen geführt, dass militärische Interventionen in anderen Ländern höchst fragwürdig sind. Dies nicht nur, weil sie in aller Regel völker- und menschenrechtlichen Grundsätzen widersprechen, sondern meist auch in einem Desaster enden. Umso befremdlicher erscheint es, wenn in der Europäischen Union die Stimmen lauter werden, die EU müsse selbst militärische Kräfte für weltweite Einsätze entwickeln.

Es gibt ja bereits eine Alternative zu der Rolle eines Welthegemons als Friedensgaranten in Form der Vereinten Nationen und der in ihrem Zusammenhang geschlossenen Verträge (Nohlen 1995, S. 673 f.). Trotz vielfältiger Schwächen und einiger eklatanter Misserfolge kommen die meisten Studien zum Schluss, dass die UNO unverzichtbar ist. Daher mussen Bemühungen zu Reformen, welche sie organisatorisch, militärisch und politisch effizienter machen, höchste Priorität eingeräumt werden. Die Chancen dafür sollten nicht unterschätzt werden, verfolgt doch der größte Teil ihrer Mitgliedsstaaten (einschließlich Indiens, des bereits bevölkerungsreichsten Landes der Welt) keine Großmachtambitionen. Ein weiterer, vielfach übersehener Aspekt der Problematik weltweiter militärischer Einmischungen (wie sie vor allem die USA praktiziert haben) liegt darin, dass durch sie ein großer Teil der weltweiten Flüchtlingsbewegungen hervorgerufen wird. Auch davon ist Europa direkt betroffen.

Teil III
Die gesellschaftlichen Grundwerte: Politische Werte

Freiheit 10

"Das Menschengeschlecht kann ohne Freiheit nicht glücklich sein, die politische Freiheit aber ist auf die Freiheit des Urteils begründet."

Dante Alighieri (um 1316)[1]

"Freiheit! Du kannst tun und lassen, was Du willst. Und nie wieder Diktatur! Das ist mir in Fleisch und Blut übergegangen! Ich hatte jeden Tag eine solche Freude am Leben zu sein, jeden Tag wie ein Morgen- und Abendgebet war das für mich."

Hugo Portisch (2010)[2]

Freiheit ist der wichtigste politische Grundwert. Die politische Freiheit beinhaltet Abwesenheit von staatlichem Paternalismus und Zwang, aber auch Maßnahmen zur Sicherung der positiven Freiheit. Freiheit besitzt aber auch in Wirtschaft und Gesellschaft herausragende Bedeutung. Hier bedeutet sie, autonom und selbstbestimmt handeln und leben zu können; sie umfasst Handlungs-, Gedanken- und Willensfreiheit. In der Geschichte der Ideen gibt es drei Varianten des Freiheitsbegriffs – den demokratischen, liberalen und sozialistischen. Alle drei haben bis heute Relevanz; der sozialistisch-marxistische hatte allerdings verhängnisvolle historische Konsequenzen. Wirtschaftlich-soziale, aber auch politische Freiheit sind für die Menschen weltweit wichtig. Freiheit ist Voraussetzung

---

[1] Dante Alighieri (1265–1321), florentinischer Dichter und Philosoph. In seiner *Göttlichen Komödie (La divina commedia)* erhob er das Italienische zu einer Literatursprache. Quelle des Zitats: Dante, *Über die Monarchie.*

[2] Hugo Portisch (1927–2021), bedeutendster österreichischer Journalist der Nachkriegszeit und Autor von Büchern und Fernsehfilmen zur österreichischen Zeitgeschichte. Quelle des Zitats: Portisch, So sah ich mein Leben, story.one 2021.

für die Realisierung aller anderen gesellschaftlichen Grundwerte, vor allem von Frieden, Sicherheit, Gleichheit und Menschenwürde. Gegner der Freiheit waren von jeher die herrschenden Eliten. Die kapitalistisch-wirtschaftlichen Eliten haben allerdings erkannt, dass die Durchsetzung von mehr Freiheit auch mit ihren eigenen Interessen vereinbar ist. Dies ist nicht so bei autoritären politischen Führern, die es auch heute wieder gibt. Heute drohen der Freiheit darüber hinaus durch Klimakrise und Digitalisierung neue Gefahren. Es wäre aber verfehlt, sie durch Außerkraftsetzung demokratischer Verfahren bekämpfen zu wollen. Vielmehr sind Wachheit und aktive Partizipation der Bürger ebenso notwendig wie Reformen und Weiterentwicklung der demokratischen politischen Institutionen. Allerdings weisen Länder wie Russland oder China in dieser Hinsicht noch immer massive Defizite auf; man muss bei ihnen sogar von erschreckenden totalitären Tendenzen sprechen.

Freiheit als gesellschaftlicher Grundwert

Freiheit kann als der wichtigste politische Grundwert bezeichnet werden. Er besitzt aber auch in Wirtschaft und Gesellschaft herausragende Bedeutung. Nach Ansicht der Verfassungsrechtlerin Diemut Majer (1995) ist Freiheit diejenige Idee, die überhaupt erst die Neuzeit hat anbrechen lassen, da zu dieser Zeit das Bewusstsein gestärkt wurde, dass der Mensch nicht deterministisch vorbestimmt, sondern autonom ist – eine Grundidee der Aufklärung. Der Idee der Freiheit liegt die Vorstellung zugrunde, dass jeder Bürger sein Leben möglichst auf die Weise gestalten und seine Persönlichkeit so entfalten kann, wie es ihm am besten dünkt (Arnim 1977; Bieri 2007). Es geht aber nicht nur um Freiheit des Handelns, sondern auch um Willensfreiheit. Alle rechtlichen Normierungen setzen voraus, dass sich ein Mensch so oder anders entscheiden kann und für seine Taten verantwortlich ist. Darüber hinaus ist auch Gedankenfreiheit essentiell. Totalitäre Regierungen können durch massive Propaganda bis hin zu Gehirnwäsche selbst diese einschränken. Solange die Bürger und Bürgerinnen aber selbständig und kritisch denken können, sind solche Regierungen ständig in Gefahr, gestürzt zu werden.

Freiheit auf der gesellschaftlich-politischen Ebene beinhaltet Freiheit der Meinungsäußerung, der Versammlung und der Bildung von Vereinen und Organisationen. Vor allem bedeutet sie hier auch, dass der Staat die Freiheit der Bürger achtet und schützt und sie nicht in ungebührlicher Weise bevormundet oder kontrolliert.

Eine kurze Skizze der Geschichte der Freiheit als Idee und als soziale Realität
Freiheit ist auch ein entscheidendes Korrelat aller anderen gesellschaftlichen Grundwerte. Freiheit und Demokratie sind für Kant die wichtigsten, ja einzigen Mittel zur Verhinderung von großen Kriegen. Für den Kulturanthropologen Bronislaw Malinowski (1951) ist Freiheit der Angelpunkt jeder kulturellen Höherentwicklung; ohne wahre Freiheit ist kein wirtschaftlicher oder wissenschaftlicher, kein moralischer oder künstlerischer Fortschritt möglich. Freiheit und der daraus abgeleitete Begriff der Herrschaft des Rechts und

des Schutzes vor Regierungswillkür beinhaltet auch ein positives moralisches Element. Freiheit in diesem Sinne setzt ein Minimum von Gleichheit zwischen allen Menschen voraus, da der Gesetzgeber von allen persönlichen Qualitäten der Bürger und Bürgerinnen absehen und alle gleich behandeln muss. Ebenso ist Sicherheit in der Beziehung zwischen Individuum und Staat mit Freiheit verbunden, weil der Bürger weiß, dass er für eine Handlung nicht durch ein später erlassenes Gesetz bestraft werden kann und dass er bei gleichem gesetzwidrigem Verhalten ebenso bestraft wird wie alle anderen. Die grundlegende Bedeutung der Freiheit zeigt sich auch darin, dass sie in allen Revolutionsaufrufen, Verfassungen und Grundrechtskatalogen an vorderster Stelle genannt wird. Dies trifft auch auf die US-amerikanische *Bill of Rights* und die *Erklärung der Menschen- und Bürgerrechte* in der Französischen Revolution zu (beide 1789 verabschiedet) bis hin zu der nach den Gräueln von Weltkrieg und Nationalsozialismus 1948 erlassenen *Allgemeinen Erklärung der Menschenrechte*. Durch die Geschichte als eindeutig bestätigt kann man auch die in Kap. 4 entwickelte These ansehen, dass entscheidende Schritte in der Durchsetzung der Freiheit sehr häufig im Zusammenhang mit Revolutionen, (verlorenen) Kriegen und anderen tiefgehenden Erschütterungen von Gesellschaften erfolgen. Diese werden befeuert durch neue Ideen, die von kritischen Denkern entwickelt werden bzw. worden sind. Diese Denker werden selbst durch die umstürzenden Ereignisse zu ihren Überlegungen inspiriert.

Bis zur Neuzeit waren praktisch alle größeren menschlichen Gesellschaften, insbesondere die Reiche der Antike, durch extreme Formen der Unfreiheit, Unterdrückung und Ausbeutung gekennzeichnet. Ein erheblicher Teil dieser Gesellschaften waren Sklaven, die als „lebende Sachen" ohne Rechte galten. Für den größten Teil der Frauen waren freie Entscheidungen weithin unmöglich, ihre Aufgaben eingeschränkt auf Hausarbeit und Kinder gebären und aufziehen. Einer der ersten, der die grundlegenden Ideen der Freiheit entwickelte, war John Locke als kritischer Beobachter und Begleiter von Bürgerkrieg und *glorious revolution* in England 1688/89. Rund hundert Jahre später setzten sich diese Ideen in den Vereinigten Staaten im Rahmen des Unabhängigkeitskriegs gegen England und in Frankreich im Rahmen der Revolution durch. Ein halbes Jahrhundert später inspirierten sie nahezu in ganz Europa die Revolutionen von 1848. Wenn diese auch blutig niedergeschlagen wurden, fassten die neuen Ideen in der Folge dennoch in vielen Ländern auch auf dem Kontinent Fuß und wurden teilweise sogar institutionalisiert (etwa durch die Abschaffung der Leibeigenschaft). Die Beseitigung der Sklaverei, die historisch schwerwiegendste und bedeutsamste Form von Unfreiheit, erfolgte in den USA als Konsequenz des blutigen Bürgerkriegs 1861–65 (auch wenn es im Krieg nicht in erster Linie um die Abschaffung der Sklaverei ging). Dies war ein paradigmatischer Fall einer historischen Durchsetzung gesellschaftlicher Grundwerte als Folge eines Krieges. Die Niederlage der alten Monarchien und herrschenden Adelsklassen im Ersten Weltkrieg 1918 bzw. der faschistischen Regimes 1945 führte auch in den meisten Ländern Kontinentaleuropas zur weitgehenden Durchsetzung von Demokratien als zentralen Institutionen zur Sicherung der Freiheit aller Bürger (auch wenn die Demokratie von vielen bald wieder abgeschafft wurde). Nicht zuletzt waren es die Kriegsteilnahme und -erfahrungen der Männer aus den Kolonien, allen voran aus Britisch-Indien, welche in der Folge zur Erlangung der Selbständigkeit auch dieser Kolonien beitrugen.

Die drei grundlegenden Ideen von Freiheit

Es gibt ideengeschichtlich drei Ursprünge der Idee der Freiheit, die jeweils unterschiedliche Aspekte betont haben. Sie alle sind historisch äußerst wirksam geworden und haben Folgen bis heute. Die drei Traditionen sind: (1) die auf das autonome Handeln des Menschen bezogene, in der griechischen Polis begründete, in Renaissance und Aufklärung und hier vor allem von Kant ausgearbeitete Konzeption; (2) die in der angelsächsischen Tradition entwickelte wirtschaftsbürgerliche, liberale Konzeption und (3) die sozialistische Auffassung, die in mehreren Ländern Kontinentaleuropas und dann im Kommunismus der Sowjetunion und in China einflussreich wurde.[3]

Freiheit bezog sich bei den klassischen griechischen Philosophen auf die Fähigkeit des Menschen, autonom und rational zu handeln. Frei war allerdings nur ein geringer Teil der Bevölkerung, nur die Vollbürger der Polis; Frauen, Sklaven und Zugewanderte besaßen wenige oder gar keine Freiheit und Rechte.[4] Zentral für freie Bürger war der Begriff der Ehre, um deren Erhaltung und Wiederherstellung in ständigen Kämpfen gefochten wurde. Wichtig war aber auch die Einhaltung der Pflichten gegenüber dem demokratischen Gemeinwesen. Eine vorbildliche Haltung in dieser Hinsicht vertrat der Philosoph Sokrates, der sich seiner Verurteilung zum Tod wegen angeblich verderblichen Einflusses auf die Jugend nicht durch Flucht entzog. Der griechische Freiheitsbegriff wurde von Kant verallgemeinert und radikalisiert und an die durch die Aufklärung geänderte geistige und gesellschaftliche Situation angepasst.[5] Er entwickelt eine Moral der Vernunft und Selbstbestimmung, die Höhepunkt und Abschluss von Bemühungen ist, die antiken Ideen rationaler menschlicher Selbstbestimmung neu zu fundieren. Wirklich frei ist für Kant nur der Mensch, der als autonomes Individuum handelt; die Freiheit ist Voraussetzung für die Autonomie des menschlichen Willens (Kant 1968, S. 82–83). Der Begriff der Freiheit ist nicht auf die Welt oder Natur als Ganzes bezogen, sondern auf das Verhältnis eines Geschehens zu sich selbst; menschliche Freiheit ist „die von uns selbst gewollte Wirksamkeit unseres eigenen Tuns" (Gerhardt 2018, S. 248). Freiheit und Pflicht werden zu Synonymen: der wirklich freie Mensch handelt vernunft- und pflichtgemäß; Handeln

---

[3] Aus der äußerst umfangreichen Literatur zum Thema Freiheit seien hier nur zitiert Neumann (1995); Grundwerte; Majer (1995), *Der lange Weg zu Freiheit und Gleichheit;* Nohlen (1995), *Wörterbuch Staat und Politik*, S. 170–173; Kirchner et al. (2013), *Wörterbuch der philosophischen Begriffe*, S. 227–230. Die Relevanz des Freiheitsbegriffes bei allen wichtigen Denkern seit der Antike zeigen Fenske et al. 1989. Einen informativen Überblick findet man auch im Eintrag „Freiheit" in http://de.wikipedia.org/wiki/Freiheit (abgerufen am 20.1.2021).

[4] Näheres dazu im folgenden Kapitel.

[5] Auch die Literatur zu Kant ist für eine Nichtphilosophin unüberschaubar. Hier seien als aus Sicht des Autors besonders interessante bzw. neuere Werke genannt Kronenberg (1905), *Kant. Sein Leben und seine Lehre;* Henning (2019), *Kants Ethik*; Schnädelbach (2021), *Kant. Eine Einführung.*

aus Lust ist kein Ausdruck von Freiheit. Kants Begriff der Freiheit übte historisch eine enorme Wirkung aus; er liegt dem seit 1945 zentral gewordenen Begriff der Menschenwürde zugrunde (vgl. Kap. 12). Auch die politische Theorie von Kant ist relevant. Seine zentrale Idee ist, dass der Staat als Republik „die Vereinigung einer Menge von Menschen unter Rechtsgesetzen" ist. Damit ist sichergestellt, dass die Menschen ihr wechselseitiges Verhältnis als eines von Personen begreifen, die sich selbst bestimmen. Kant vertritt auch, wie Montesquieu, die Idee einer notwendigen Teilung der politischen Gewalten. Er will die Fürstengewalt eingrenzen, weist patriarchalische und religiöse Bevormundung durch die Politik zurück und befürwortet eine Begrenzung der Adelsprivilegien. Man kann hier daher von einem *demokratischen Freiheitsbegriff* sprechen.

Angesichts der Grundthese dieses Bandes, dass historische intellektuelle Persönlichkeiten in der Geschichte eine bedeutende Rolle spielen, ist es nicht müßig zu fragen, wie Kant, der sein ganzes Leben in der abgelegenen Stadt Königsberg in Ostpreußen verbrachte, zu diesen bahnbrechenden Ideen kommen konnte. Dies geschah nicht anders als bei jedem anderen kreativen Schriftsteller, ja auch bei jeder wachen und aktiven Staatsbürgerin: Zum einen durch Lektüre neuer wissenschaftlicher Abhandlungen aus dem In- und Ausland und durch aufmerksames Verfolgen der Zeitereignisse, zum anderen durch kontinuierliche persönliche Gespräche mit anderen Menschen. So soll Kant die Schriften von Rousseau geradezu verschlungen haben. Zu seinen ausgedehnten Mittagsmahlzeiten lud er Menschen aus vielen verschiedenen Schichten ein, mit denen er über die vielfältigsten Probleme diskutierte und Informationen über entfernte Weltteile erhielt. Kant scheute sich auch nicht, etwa im Gegensatz zum preußischen „Staatsphilosophen" Hegel, kontroverse Thesen zu publizieren. So wurde ihm von der Obrigkeit zuletzt verboten, weiter über religiöse Fragen zu schreiben.

Der *bürgerlich-liberale Freiheitsbegriff* wurde vor allem von englischen Philosophen wie John Locke, Jeremy Bentham und John Stuart Mill von 16. bis 18. Jahrhundert in England entwickelt. Ihre neuen Theorien standen in Zusammenhang mit dem Durchbruch der industriell-kapitalistischen Revolution in England in der zweiten Hälfte des 18. Jahrhunderts. Während Marx im 19. Jahrhundert die Auswüchse dieser Entwicklung brandmarkte, arbeiteten die englischen Autoren die Voraussetzungen und Potentiale des Kapitalismus heraus (was Marx aber durchaus anerkannte). Für John Locke, einen vielseitig interessierten und in vielen Bereichen (Wissenschaftstheorie, Erziehung, politische Theorie) bewanderten Schriftsteller (er war auch ein wohlhabender Grund- und Aktienbesitzer) spielen neben Freiheit zwei weitere Begriffe eine zentrale Rolle, nämlich Eigentum und Arbeit. Eigentum ist für ihn eine wichtige Basis für Freiheit. Eigentum kann man vor allem durch Arbeit erwerben. Wenn im Zuge der Entwicklung immer weniger Menschen Land bebauen, werden die Produkte der Arbeit immer wichtiger und gehören dem, der sie erzeugt. Lockes These, dass die investierte Arbeit den größten Teil des Wertes aller Produkte ausmacht, nimmt eine zentrale Annahme der klassischen britischen Ökonomen vorweg. Durch das Geld ergab sich die Möglichkeit den Besitz durch Arbeitsfleiß zu vergrößern und beständig zu machen sowie Eigentum bilden zu können. Dies ist für Locke eine wichtige Voraussetzung für Selbständigkeit, Freiheit, Frieden, Sicherheit und wirtschaftliche Entwicklung (wir werden Kap. 15 an diese These anknüpfen). Der weitere Zentralbegriff von Locke ist die negative Freiheit: die Kontrolle der politischen Macht von Regierungen durch das Gesetz im Interesse des Schutzes und der Freiheit der Bürger.

Beides, Privateigentum und staatliche Autorität, sind für Locke also nichts Negatives; legitime staatliche Macht ist die moralisch sanktionierte Institution zur Aufrechterhaltung eines friedlichen, geordneten Zusammenlebens. Diese Ideen wurden auch von seinen späteren Nachfolgern Jeremy Bentham (der nicht nur ein reiner Utilitarist war, der nur den Individualnutzen als wichtig ansah), John Stuart Mill und Ökonomen wie Adam Smith weiterentwickelt. Diese bürgerlich-liberale Fassung des Freiheitbegriffes ist bis in das 20. Jahrhundert hinein in den Theorien des Wirtschaftsliberalismus von Friedrich von Hayek, Milton Friedman und anderen quasi wieder auferstanden und wirtschaftspolitisch im Neoliberalismus einflussreich geworden. Allerdings verabsolutierten diese den Aspekt der Freiheit auf Kosten notwendiger politischer Regulierungsmaßnahmen des Marktes, was die klassischen Ökonomen noch durchwegs als notwendig betrachteten.

Eine geradezu konträre Position vertritt die *sozialistische Theorie der Freiheit*. Ein wichtiger Vorläufer dieser ist der Philosoph Jean Jacques Rousseau, dessen berühmtes, 1762 in Amsterdam erschienenes Werk[6] *Contrat Social* mit dem Satz beginnt: „Der Mensch ist frei geboren, und überall liegt er in Ketten." Dieser Satz klingt spektakulär, traf aber wohl in keiner Phase der Menschheitsgeschichte zu. Rousseaus Ideen fanden Niederschlag bei frühsozialistischen Denkern wie Pierre Proudhon (1809–1865) und vor allem bei Karl Marx. Rousseau schreibt auch der Freiheit grundlegende Bedeutung zu, wenn er feststellt: *„Auf seine Freiheit verzichten heißt auf seine Menschheit, die Menschenrechte, ja selbst auf seine Pflichten verzichten. Wer auf alles verzichtet, für den ist keine Entschädigung möglich."* Dennoch ist die Beurteilung von Rousseau zwiespältig, denn man findet bei ihm auch höchst problematische Aussagen. Von manchen wird er nicht als einer der wichtigsten Theoretiker der Freiheit gesehen, sondern als Begünstigter des Despotismus. Insbesondere der zentrale Begriff des Gemeinwohls ist in seiner Definition problematisch. Das Gemeinwohl kommt laut Rousseau zum Zug, wenn die Bürgerinnen untereinander keine Verbindung haben (womit sich keine Partikularinteressen bilden könnten) und jeder einzelne, wohlunterrichtete Bürger autonom entscheiden könne. Das Gemeinwohl hat bei Rousseau letztlich die klare Oberhand über die Bedürfnisse des Einzelnen; den realen Staat sah Rousseau als Feind der echten Freiheit.

Damit steht er in Gegensatz zu den Grundthesen des liberalen Freiheitsbegriffes. Zugleich war Rousseau mit der These, dass das Eigentum die Grundlage aller

---

[6] Dass das Werk in den Niederlanden erscheinen konnte, hängt sicher mit der für die damalige Zeit staärkeren liberalen und demokratischen Verfassung dieses Landes zusammen. Dieses Faktum belegt einmal mehr die wichtige Tatsache, dass Europa aufgrund seiner politischen Vielfalt mit einer großen Anzahl mehr oder weniger autonomer, oft kleiner politischer Gemeinschaften einen optimalen Raum für die Entwicklung und Verbreitung neuer Ideen bot (Baechler 1975); das Gegenteil davon war das alte China.

Ungleichheiten bilde, Wegbereiter des Marxismus. So übernahm Marx in seinen Pariser Manuskripten von 1844 Rousseaus Thesen mit Begeisterung: „Der Kommunismus [ist] als positive Aufhebung des Privateigentums als menschlicher Selbstentfremdung und darum als wirkliche Aneignung des menschlichen Wesens durch und für den Menschen … darum als vollständige … Rückkehr des Menschen für sich als eines gesellschaftlichen, d. h. menschlichen Wesens zu sehen." Für Marx stellte die „formale" politische Freiheit nur eine bürgerliche Ideologie dar, wirkliche Freiheit könne erst in der Idealgesellschaft des Sozialismus, in welcher es kein Privateigentum mehr gibt, realisiert werden.

Die sozialistische Fehleinschätzung der Bedeutung der politischen Freiheit in der parlamentarischen Demokratie (von Marxistinnen meist als „nur formale" Freiheit abgewertet) hatte verhängnisvolle Folgen (Miller 1964). So wurde in der deutschen Sozialdemokratie, der stärksten sozialistischen Bewegung in Europa, der Umgestaltung der Eigentumsverhältnisse der absolute Vorrang gegenüber der Sicherung der politischen Freiheit gegeben. Aufgrund eines tiefen Misstrauens gegen die Vernunft und moralische Kraft des Individuums wurde der Begriff Freiheit nur auf Volk und Staat bezogen. Auch der Glaube an die Wissenschaftlichkeit des Sozialismus und die scheinbar ehernen historischen Gesetze verhinderten eine Bejahung der repräsentativen Demokratie und der damit gegebenen Gestaltungsmöglichkeiten (hier verhielten sich die englischen und schwedischen Sozialisten anders). Vollends verschwunden ist der Begriff der Freiheit im Denken von Lenin, für den der Sturz der kapitalistischen und der Übergang zur kommunistischen Gesellschaft notwendig mit Gewalt und einer Diktatur des Proletariats verbunden ist. Besonders tragisch war das Versagen der Linken in Deutschland bei der Erkenntnis der Gefahren des Aufstiegs von Hitler und seiner Bekämpfung (Mason 2022). Tatsächlich hatten die „revisionistischen" sozialistischen Theoretiker (wie Eduard Bernstein), aber auch die Austromarxisten (wie der Philosoph Max Adler und der Arbeiterführer Victor Adler) schon um die Jahrhundertwende betont, dass der Marxismus nicht nur ein rationales wissenschaftliches System darstelle, sondern auch auf einer Weltanschauung basiere, für welche Grundwerte wie Freiheit, Gleichheit und Gerechtigkeit und die damit zusammenhängenden Gefühle essentiell seien (Morina 2017).

Auf der anderen Seite kann man sagen, dass die These, Freiheit sei als höchstes gesellschaftliches und politisches Ziel allein unzureichend, ideengeschichtlich und historisch noch lange Nachwirkungen hatte und bis heute einflussreich ist. So erlebten marxistisch-sozialistische Ideen eine Renaissance im Rahmen der Unabhängigkeitsbewegungen in der Dritten Welt in den 1960er Jahren. Auch in einflussreichen sozialwissenschaftlichen Theorien wird die Bedeutung von Gleichheit und Ungleichheit hervorgehoben. Man kann hier das bedeutende Werk von Immanuel Wallerstein verweisen, für den der Aufstieg des Kapitalismus engstens mit ökonomischen Interessen der Unternehmerinnen verbunden ist, die zur Herausbildung von wirtschaftlich-politisch dominanten und wohlhabenden Zentren und von diesen abhängigen Peripherien auf der Welt führen (Wallerstein 1974, 2018). Allerdings spielen für ihn neben Gleichheit auch andere Werte wie Freiheit eine wichtige Rolle. Der marxistische französische Philosoph Etienne Balibar schrieb ein Buch mit der

Wortschöpfung „Gleichfreiheit" um zum Ausdruck zu bringen, dass beide Werte gleichermaßen essentiell sind. Allerdings sind auch bei diesen Autoren kapitalistische Interessen ausschlaggebend und Werte eher von untergeordneter Bedeutung.

Die Bedeutung der wirtschaftlichen und persönlich-sozialen Freiheit
Im Hinblick auf Freiheit kann man inhaltlich differenzieren zwischen *politischer*, *wirtschaftlicher* und *persönlich-sozialer Freiheit*. Freiheit kann generell eher nur negativ definiert werden als Abwesenheit von Zwang im Dienste anderer oder unter dem Druck bestimmter Verhältnisse. Positiv formuliert kann man sagen: frei ist, wer nach seinen eigenen Absichten und Plänen entscheiden und handeln kann. Soziale und politische Institutionen kann man als freiheitlich bezeichnen, wenn sie die individuelle Freiheit aller Gesellschaftsmitglieder achten und garantieren. Das Verlangen nach Freiheit ist in der menschlichen Geschichte seit jeher fundamental. Im Zentrum der historischen Kämpfe um Freiheit standen, genauso wie in der Geschichte der Idee der Freiheit, historisch zuerst wirtschaftliche und politische Freiheit, erst später kam auch umfassende soziale Freiheit hinzu. Betrachten wir zunächst die wirtschaftliche und soziale Freiheit.

Wirtschaftliche Freiheit war bereits seit den Anfängen der Moderne wichtig. Zuerst ging es dabei um die Freiheit der aufsteigenden Unternehmer gegenüber ständischen Einschränkungen. Daher werden die Revolutionen des 18. und 19. Jahrhunderts als bürgerliche Revolutionen bezeichnet. Im Gegensatz zu Marx und Lenin muss man aber auch diese Freiheiten als universelle Grundwerte bzw. Menschenrechte betrachten. So ging es in der bürgerlichen Revolution auch um die wichtigen persönlich-sozialen (zivilen) Freiheiten wie Aufhebung von Sklaverei und Leibeigenschaft, Freiheit der Berufswahl, das Recht auf Eheschließung und freie Partnerwahl, die Freiheit der Wahl des Wohnortes. Hier soll aber auch kurz aufgezeigt werden, welche Bedeutung die wirtschaftliche und die persönliche Freiheit für die Menschen haben.

Es ist ein meist nicht gesehenes Faktum, dass es Kämpferinnen für Freiheit in Aufständen und Revolutionen nicht nur um politische Freiheit geht. Auch wirtschaftliche Freiheit kann ein sehr starkes Motiv sein, das viele andere Erwägungen hintanstellen und sogar Todesgefahren überwinden lässt. Dies zeigte sich auch bei den Flüchtlingen aus der DDR, die unter Lebensgefahr hohe Stacheldrahtzäune überstiegen. Tatsächlich bestand in der DDR nicht nur politische, sondern auch massive wirtschaftliche Unfreiheit. Es war praktisch unmöglich, sich als Unternehmer selbständig zu machen – ein Wunsch, den auch sehr viele Arbeitnehmerinnen zumindest eine gewisse Zeit in ihrem Leben haben. In Afrika herrscht vor allem wirtschaftliche und soziale Unfreiheit, angesichts eines extremen Mangels an Arbeitsplätzen, einer ineffizienten und korrupten Politik und öffentlichen Verwaltung und eines vielfach widrigen physischen Umfelds (riesige Territorien mit schlechten Verkehrsverbindungen, ungünstige klimatische Umweltbedingungen). Dazu kommt in den Ländern mit gewaltsamen inneren Konflikten, die von Regierungen nicht kontrolliert werden können (man spricht daher von *failed states*), politische Willkür und Lebensgefahren für die ganze Bevölkerung. Aus all diesen Gründen verlassen hunderttausende junge Afrikaner ihre Länder auf der Suche nach besseren Bedingungen durch

Auswanderung in Nachbarländer, oft in der Hoffnung, über diese nach Europa zu gelangen. Im Zuge dieser Migration unternehmen sie etwa lebensgefährliche Reisen durch die Sahara oder besteigen seeuntüchtige Boote, um über das Mittelmeer zu gelangen. So wurde das Mittelmeer seit 2014 für über 20.000 vor allem junge Menschen zu einem Massengrab. Für sie stellt die Chance, sich besser entfalten zu können als in ihren Herkunftsländern, in denen gute Arbeitsplätze äußerst knapp sind, ein Hauptmotiv dar. Sie als „Wirtschaftsflüchtlinge" zu diskreditieren und von den „echten" Freiheitsflüchtlingen auszusortieren, erscheint sehr fragwürdig. Als Beispiel für die Bedeutung wirtschaftlicher Freiheit für die Menschen kann man hier den jungen Tunesier Mohamed Bouazizi nennen, der sich am 17. Dezember 2010 selbst verbrannte und damit die Revolution in Tunesien auslöste, in deren Folge nahezu im gesamten arabischen Raum langjährige Diktatoren gestürzt wurden. Es ist erwiesen, dass nicht das Motiv politische Freiheit die Hauptursache für seine Selbstverbrennung war, sondern die Schikanen, die ihm die Behörden bei der Ausübung seiner selbständigen Tätigkeit als Gemüsehändler immer wieder in den Weg gelegt hatten.[7]

Auch wichtige neue wissenschaftlich-technische Kenntnisse können wirtschaftlich-soziale Freiheit befördern. So haben die Fortschritte der Medizin die Lebensbedingungen und Lebensdauer und damit auch die Freiheit der Menschen signifikant verbessert. Als ein wichtiges Beispiel, durch welches die persönlich-soziale Freiheit von Frauen erweitert wurde, kann die Einführung der *Antibabypille* in den 1960er Jahren angeführt werden.[8] Dies war im Vergleich zu bisherigen Methoden eine viel effizientere Möglichkeit der Empfängniskontrolle, also darüber, ob ein sexueller Verkehr auch zu einer Schwangerschaft führt oder nicht – für die Frauen ein ungeheuer bedeutsamer Schritt zu mehr Selbstbestimmung und Freiheit. Dass dies früher nicht möglich war, bedeutete für alle Frauen eine enorme Einschränkung. So konnte eine Schwangerschaft für unverheiratete Mütter zu Stigmatisierung und sozialer Diskriminierung führen; für verheiratete Frauen bedeutete es praktisch einen Gebärzwang.

Für alle Frauen war früher jede einzelne und vor allem mehrfache Schwangerschaften mit hohen Gesundheitsrisiken, ja mit Lebensgefahr verbunden. Die durch die Antibabypille möglich gewordene Empfängniskontrolle erlaubte es den Frauen nun, ungewollte Schwangerschaften zu vermeiden und bis zu einem gewissen Ausmaß auch den Zeitpunkt der Geburt von Kindern und deren Anzahl selbst zu bestimmen. Dadurch eröffneten sich ihnen erst volle Bildungschancen und in der Folge Chancen zu Erwerbstätigkeit und beruflichen Karrieren, die mit denen der Männer vergleichbar wurden. Die wenigen Frauen mit hoher Bildung und erfolgreichen Berufskarrieren waren früher (mehr oder weniger unfreiwillig) zum großen Teil ledig geblieben. Ausnahmen stellten lediglich Frauen im Hochadel dar, welchen im Sinne der Aufrechterhaltung einer Dynastie in bestimmten Ländern sogar die Funktion einer Herrscherin anvertraut wurde. Für sie

---

[7] Vgl. dazu https://de.wikipedia.org/wiki/Mohamed_Bouazizi (abgerufen am 6.3.2023).
[8] Eine umfangreiche Informationen und Literaturhinweise zur Geschichte und Wirkung der Antibabypille finden sich in https://de.wikipedia.org/wiki/Antibabypille (abgerufen am 6.3.2023).

war es durch vielseitige Unterstützung durch Bedienstete möglich, die Mutterrolle mit Regierungsverpflichtungen zu vereinbaren.[9]

Schon fünf Jahre, nachdem die Pille 1960 in den USA auf den Markt kam, wurde sie dort von über 40 % der Frauen unter 30 Jahren eingenommen. Ein Hauptgegner der Antibabypille war die Katholische Kirche. In der Enzyklika *Humanae Vitae* von 1968 bekräftigte Papst Paul VI das neue katholische Dogma, dass ein sexueller Akt immer die Möglichkeit zur Zeugung eines Kindes offenlassen müsse. Tatsächlich ist die dafür gegebene biologische Begründung nicht nur wissenschaftlich, sondern auch theologisch höchst fragwürdig, da sie auf der biblisch nicht fundierten Unterscheidung zwischen Fortpflanzung als Hauptzweck der Ehe und Liebe und Sexualität als Nebenzweck beruht.

Ein aussagekräftiger Indikator für die Bedeutung von persönlicher Freiheit, Unabhängigkeit und Selbstbestimmung für die Menschen ergibt sich auch aus einer Analyse daraus, welche Effekte das Gefühl, in seinem Leben frei zu sein, auf die Lebenszufriedenheit hat. Schon Aristoteles stellte fest, auch im privaten Bereich sei Freiheit wichtig; hier bedeute sie, so leben zu können, wie man wolle, und in der Lage zu sein, die eigene Zukunft selbst gestalten zu können.

In diesem Sinne schreibt der Philosoph Peter Bieri (2007, S. 19, 38), persönliche Freiheit bedeute, dass wir die Zukunft in ganz unterschiedlicher Weise gestalten können. Dabei sind Rahmenbedingungen und Einschränkungen immer gegeben. Es kommt aber nicht nur darauf an, wie die Wirklichkeit tatsächlich ist, sondern auch auf das, was wir über sie glauben. Wie sehen die Menschen die Freiheit in ihrem Leben? Im *World Value Survey* 1995–97 wurde in repräsentativen Umfragen in 41 Ländern eine Frage dazu gestellt. Sie lautete, ob man das Gefühl habe, in seinem Leben freie Wahl zu haben und ob man es im Großen und Ganzen unter Kontrolle habe. Die Anteile von Menschen, die diese Frage bejahten, variierten stark nach Ländern, und zwar in einer Weise, die auch den objektiv gegebenen Chancen dafür entspricht. Ein hohes Ausmaß an persönlicher Freiheit gibt es in den skandinavischen Ländern, in Deutschland, in der Schweiz und den USA, ein niedriges in der Türkei, in Russland und in den post-kommunistischen osteuropäischen Ländern. Es wurde sodann untersucht, welche Effekte dieses Gefühl im Vergleich zu verschiedenen anderen persönlich-sozialen Merkmalen (Alter, Geschlecht, Familienstand, Kinder, Berufsposition) auf die Lebenszufriedenzeit ausübt (Haller und Hadler 2004). Es zeigte sich ein sehr starker Effekt: Menschen, die angeben, sich in ihren Entscheidungen frei zu fühlen und das Leben „im Griff zu haben", waren signifikant häufiger mit ihrem Leben zufrieden als jene, bei denen dies nicht der Fall war. Nur die

---

[9] Ein herausragendes Beispiel dafür war die Habsburger-Herrscherin Maria Theresia (1717–1780). In der Periode von etwa 1740 bis 1756, in der sie durch ihr entschlossenes Auftreten die Habsburgermonarchie vor dem Untergang bewahrte und umfassende gesellschaftliche Reformen einleitete, brachte sie 16 Kinder zur Welt. Sie befasste sich auch intensiv mit deren Erziehung und späterem Lebensverlauf (etwa durch Anbahnung dynastisch günstiger Heiraten). Maria Theresia wird daher heute sogar von Feministinnen als Vorbild gesehen (Badinter 2017).

eigene Gesundheit und die finanzielle Zufriedenheit hatten einen stärkeren Effekt auf die Lebenszufriedenheit.

Politische Freiheit – ein zentraler Wert auch für die „Normalbevölkerung"
Stellt politische Freiheit ein wichtiges Anliegen aller Menschen dar? Man könnte argumentieren, dass es lange Perioden der Menschheitsgeschichte gab und dass es heute noch Länder gibt, in welchen trotz einer massiven Einschränkung der Freiheit die Bevölkerung diese Situation mehr oder weniger gleichgültig hinnimmt. Zu Zeiten der Sklaverei gab es sogar immer wieder Situationen, in denen freigelassene Sklaven ihre Herren baten, sie wieder als Sklaven einzustellen. Der Grund war, dass ihre Lebensaussichten als Freie noch viel schlechter waren.

Die Hinnahme von Unfreiheit und Unterdrückung auch noch in neuerer Zeit kann zwei Hauptursachen haben: Die Herrschenden verstehen es, durch massive Indoktrination und Vorspiegelung falscher Tatsachen und Ziele ihre Untertanen davon zu überzeugen, dass es keine Alternativen gibt. Die meisten Menschen kümmern sich in ihrem Alltag aber wenig um große Ideen bzw. eine in einer fernen Hauptstadt amtierende Regierung und passen sich wohl oder übel den gegebenen Machtverhältnissen an. Die andere Ursache ist, dass es in autoritären Staaten eine Bespitzelung bzw. Unterdrückung und Verfolgung aller abweichenden Meinungsäußerungen gibt. So werden die gegebenen Verhältnisse akzeptiert, obwohl praktisch alle wissen, dass die Realität anders aussieht wie in den offiziellen Verlautbarungen und Medien dargestellt. Auf diese Weise entsteht eine Art „gespaltenes Bewusstsein". Dennoch gibt es zumindest drei Indizien dafür, dass den Menschen die Freiheit immer wichtig war und bis heute ist.

Das erste ist die Tatsache, dass Unterdrückte in allen freiheitsberaubenden Systemen individuell und kollektiv protestiert und offene oder verborgene Aktionen gegen die Unterdrücker gesetzt haben. In Sklavenhaltergesellschaften gab es immer wieder Aufstände oder auch Sklaven, die ihren Herren entflohen. In Lateinamerika gründeten manche dieser Sklaven in abgelegenen Regionen unabhängige politisch-soziale Gemeinschaften. Palmares, eine solche *Quilomba* in Brasilien, hatte zeitweise bis 30.000 Einwohner und bestand von 1630 bis 1694. Andere Formen kritischer Meinungsäußerung sind indirekter Protest und subversive Aktionen gegenüber Machthabern. So betrieben Tausende, wenn nicht Hunderttausende von Menschen unter dem nationalsozialistischen Regime Obstruktion in vielerlei Hinsicht. Darunter waren vor allem in den Untergrund abgetauchte Kommunisten und Sozialistinnen, Regimegegner aus dem bürgerlichen und katholischen Lager, im Kriege auch bewaffnete Partisanengruppen. Oft waren es auch einfache Menschen, die ihren Widerstand zum Ausdruck brachten in abfälligen Äußerungen gegen das Regime durch Hilfeleistungen für Juden, Abhören ausländischer Rundfunksender usw. Allein in Wien gab es rund 10.000 Gerichtsverfahren wegen Delikten nach dem sog. Heimtückegesetz, das abfällige Äußerungen gegen das Regime unter Strafe stellte (Stadler 1966).

Eine Grundthese dieses Bandes lautet, dass auch einzelne Ereignisse weitreichende Folgen haben oder die Bedeutung bestimmter Phänomene wie in einem Brennglas zeigen können. Als historisches Beispiel sei hier erwähnt, wie die österreichische Bevölkerung die Erlangung der Unabhängigkeit 1955 feierte. Österreich war nach dem Zweiten Weltkrieg wie Deutschland in vier Besatzungszonen aufgeteilt. Es erklärte zwar bereits 1945 seine Unabhängigkeit, konnte aber erst im Jahre 1955 die volle Souveränität durch Abzug der ausländischen Truppen erreichen. Eine Hauptvoraussetzung für die Zustimmung der Sowjetunion war die Erklärung der immerwährenden Neutralität Österreichs. Zur formellen Anerkennung des Staatsvertrages am 15.5.1955 kamen die Außenminister der vier Besatzungsmächte nach Wien; sie wurden schon auf dem Weg vom Flughafen in die Stadt von zahlreichen Menschen begrüßt. Die Unterzeichnung des Vertrages erfolgte in einem feierlichen Akt im Schloss Belvedere, in dessen Park sich eine große Menschenmenge versammelt hatte; am Abend gab es einen feierlichen Empfang im Schloss Schönbrunn. Der französische Außenminister Antoine Pinay stellte später fest, dieser Tag sei der eindrucksvollste in seinem ganzen Leben gewesen.[10] Für die Bevölkerung der DDR war der Fall des Eisernen Vorhanges am 9. November 1989 vermutlich ein noch tiefgreifenderes Ereignis. Die Fotos der jubelnden Menschen an und auf der Mauer in Berlin gingen um die Welt.

Eine zweite Tatsache, welche die Bedeutung der persönlichen Freiheit auch für einfache Bürger belegt, ist die, dass es in allen diktatorischen Systemen individuelle Regimekritiker gab und gibt, die sich der Tatsache bewusst sind, dass ihnen der Widerstand das Leben kosten könnte. Man könnte zahllose Freiheitskämpferinnen gegen innere und äußere Unterdrückung benennen, die vor ihrer Hinrichtung wegen regimekritischer Aktionen dem Tod äußerst gefasst entgegensahen. Der Tiroler Freiheitskämpfer Andreas Hofer gegen die Bayern und Napoleon schrieb aus Mantua kurz vor seiner Hinrichtung am 20.10.1809: „Der göttliche Wille ist es gewesen, dass ich habe müssen hier in Mantua mein Zeitliches mit dem Ewigen verwechseln. Aber Gott sei Dank für seine Gnade. Mir ist es so leicht vorgekommen, als wenn ich zu was anderem ausgeführt würde."[11] Von der Hitler-Widerstandskämpferin Sophie Scholl schrieb ihre Schwester Inge, dass sie in der Stunde vor ihrer Hinrichtung am 22. Februar 1943 „eine wundersame Bereitschaft" gezeigt habe, sich von ihrem Leben zu lösen und ihr verklärtes Gesicht „noch einmal in seinen Jugendfarben schön und lebendig leuchtete." Besonders relevant ist hier der Fall von Georg Elser (1903–1945), weil er zeigt, dass auch einfache Menschen ohne hohe Bildung oft ein extrem hohes politisches Verantwortungsbewusstsein besitzen und zielbewusst danach handeln.[12] Der als Schreiner ausgebildete Elser war, ohne einer politischen Organisation angehört zu haben, schon ab 1933 ein Gegner des Hitler-Regimes. Nach dem Münchner Abkommen von 1938 war er überzeugt, dass nur durch die Beseitigung von Hitler großes Unheil von Deutschland abgewendet werden könne. In akribischer,

---

[10] Vgl. dazu https://de.wikipedia.org/wiki/%C3%96sterreichischer_Staatsvertrag (beide abgerufen am 16.5.2021).
[11] Nach Josef Hirn, Tirols Erhebung im Jahre 1919, zit. in http://www.sagen.at/doku/andreas_hofer/Tirols_Erhebung_1809_844.html.
[12] https://de.wikipedia.org/wiki/georg_elser (abgerufen am 28.1.2021).

mühevoller Arbeit baute er in der Folge hinter dem Rednerpult des Bürgerbraukellers in München eine Zeitbombe ein, die während einer Rede Hitlers am 8. November 1939 explodieren sollte. Durch Zufall verließ dieser den Raum jedoch früher; als die Bombe explodierte, tötete sie acht Personen. Elser wurde später gefasst, durch Folter zu einem Geständnis gezwungen und 1945 ohne Gerichtsurteil erschossen. Auch seine Angehörigen wurden verdächtigt und verfolgt.

Das Gleiche gilt heute für Kritikerinnen der autoritären Regimes im Iran, Saudi-Arabien, Russland und China. Zur Zeit der Abfassung dieses Manuskripts wurde der russische Regimekritiker Alexei Nawalny (geboren 1976) vergiftet und nach der Rückkehr von seiner Behandlung in einem Berliner Spital sofort verhaftet. Er führte seinen Kampf unerschrocken weiter und rief zu landesweiten Protesten auf, denen sonntags wochenlang und russlandweit Zehntausende Menschen folgten. Mehrere Kritiker des Putin-Regimes (wie Anna Politkowskaja, Wladimir Kara-Mursa, Pjotr Wersilow) mussten mit ihrem Leben bezahlen, andere wurden des Landes verwiesen (wie noch zu Zeiten der UdSSR Alexander Solschenitzyn) oder sogar im Ausland ermordet (wie Alexander Litwinenko). Ähnliche Beispiele gab es in der Ukraine und Weißrussland. Diese offenen Widerstandskämpferinnen animierten Hunderttausende Menschen zu Demonstrationen gegen die autoritären Regimes, wobei auch diese Menschen oft erhebliche Gefahren auf sich nahmen.

Als dritte Evidenz für die Bedeutung der Freiheit in der allgemeinen Bevölkerung kann man die Ergebnisse repräsentativer Umfragen anführen. Die Befürwortung des Grundwertes Freiheit durch die Bürger und Bürgerinnen ist für Demokratien essentiell (Naab 2012). Umfragen des Allensbacher Instituts für Demoskopie zeigten, dass der Wert „Freiheit/ Unabhängigkeit" 1983/84 noch von 71 % der Befragten für „ganz besonders wichtig" gehalten wurde; bis 1995 ist dieser Anteil allerdings gesunken (Hillmann 2003, S. 194). Erhebungen des EMNID-Instituts über Erziehungsziele zeigten, dass die Bedeutung der Werte „Selbständigkeit und freier Wille" bis 1979 für knapp 50 % wichtig war und bis 1995 auf 65 % zunahm (Hillmann 2003, S. 231). Nach einer 2022 durchgeführten Umfrage in Österreich würden 73 % der Befragten für die Bewahrung der persönlichen Freiheit kämpfen, 67 % für Demokratie.[13]

Wie sieht es mit der Bedeutung des Grundwertes Freiheit weltweit aus? Hier zeigen internationale Vergleichsstudien eindeutig, dass den meisten Menschen die Freiheit sehr wichtig ist. Auf der Basis der *World Value Surveys* hat Christian Welzel (2013) ein umfangreiches Werk mit dem Titel *Freedom Rising* vorgelegt. Die Befunde zeigen seiner Meinung nach, dass „emanzipatorische Werte" weltweit zugenommen haben, wenn auch auf einem sehr unterschiedlichen Niveau. Sie werden in Europa und Nordamerika am häufigsten, in islamischen und afrikanischen Ländern am seltensten vertreten.

In der Erhebung zum Thema „Rolle der Regierung", die im Rahmen des *International Social Survey Programme* (ISSP), die von 1985 bis 2016 fünfmal durchgeführt wurde,

---

[13] Quelle: https://www.derstandard.at/story/2000143933170/mehrheit-der-oesterreicher-wuerde-fuer-bestimmte-werte-kaempfen (abgerufen am 9.3.2023).

waren Fragen über Einstellungen zu Demonstrationen und Überwachung durch die Regierung enthalten. Die Frage, ob es erlaubt sein sollte, öffentliche Protestversammlungen und Demonstrationen zu organisieren, befürworteten 82 % der rund 48.000 Befragten in 37 Ländern. Die Zustimmung war in den gefestigten Demokratien, insbesondere in den skandinavischen und angelsächsischen Ländern, überdurchschnittlich hoch, in den postkommunistischen Ländern Osteuropas deutlich niedriger. Auf die Frage, ob es der Regierung im Interesse der nationalen Sicherheit erlaubt sein sollte, Daten über alle Bürger und Bürgerinnen ohne deren Wissen zu erheben, antworteten insgesamt 46 % mit ja (vgl. auch Haller et al. 2009).

Hier zeigt sich deutlich der Konflikt zwischen zwei Werten; in diesem Falle wird nämlich offenkundig auch der nationalen Sicherheit erhebliche Bedeutung zugeschrieben. Auch bei der (etwas fragwürdigen) Gegenüberstellung der Bedeutung von Gleichheit und Freiheit werden diese beiden Werte als etwa gleich wichtig angesehen; rund 45–50 % bewerten die Freiheit als wichtiger, rund 36–40 % die Gleichheit. Diese Anteile blieben zwischen 1997 und 2015 relativ konstant[14] Das subjektive Freiheitsgefühl hat jedoch eher abgenommen.[15]

Der steinige Weg zur Durchsetzung der Freiheit für alle Menschen

Freiheit ist offenkundig auch heute noch keineswegs weltweit realisiert. Wir müssen uns daher auch fragen, welches die größten Gegner und Feinde der Freiheit in der Geschichte waren und immer noch sind. Man kann hier vier Gruppen benennen: die sozial und politisch Herrschenden in den Feudalgesellschaften, die Unternehmer-Kapitalisten, die extremen Nationalisten und Faschistinnen (vor allem in Großstaaten), autoritäre Führer in Großstaaten, die sich religiös legitimierenden politischen Herrscher und die weiterhin regierenden kommunistischen Machthaber.

Feinde und Gegner der Freiheit
Bis etwa zum Ende des Ersten Weltkrieges waren die alten Feudalherren, die Monarchen und der (Hoch-) Adel die größten Feinde der Freiheit, da die Durchsetzung politischer Freiheit (und Gleichheit) ihre Vorrechte unterminierte. Der Kampf gegen ihre Privilegien wurde vor allem vom wirtschaftlich aufsteigenden Bürgertum initiiert. Interessant und politisch relevant ist die Tatsache, dass die alten ständischen Institutionen gerade in jenem Land heute noch bestehen, in denen ihre Befugnisse am frühesten eingeschränkt wurden, nämlich in Großbritannien, und sie gelten zu z. T. auch noch in Kanada, Australien und

---

[14] John Stuart Mill Institut für Freiheitsforschung, Wie halten es die Deutschen mit der Freiheit? Verfügbar unter https://www.vdai.de/wp-content/uploads/2021/04/T_S_SzS_03_Ergebnisdossier-Freiheitsindex-2015.pdf (abgerufen am 9.3.2023).

[15] Umfrage des Allensbacher Instituts 2021; vgl. https://www.welt.de/politik/deutschland/article233260763/Allensbach-Umfrage-Freiheitsgefuehl-der-Deutschen-nimmt-deutlich-ab.html (abgerufen am 9.3.2023).

Neuseeland. Was noch interessanter ist: alle dieser Länder gehören, genauso wie die die Monarchien in Skandinavien und den Benelux-Staaten, zu jenen Ländern der Welt, in welchen die Demokratie am stärksten gefestigt ist. Auffallend ist, dass die USA auf diesem Index deutlich hinter Großbritannien liegen, obwohl sie sich 1787 eine viel demokratischere Verfassung gaben als sie ihr Mutterland Großbritannien besaß. Die USA schafften das Ständesystem radikal ab; allerdings bildeten sich auch in diesem Land bald „Familiendynastien" heraus, begründet auf Reichtum und gesellschaftlich-politischem Einfluss. Aus diesen Tatsachen kann man zwei wichtige Folgerungen ableiten. Die erste lautet: Man kann auch grundlegende Reformen der Verfassung eines Landes ohne Gewaltanwendung durchführen. Eine derartige Reform hat neben der Vermeidung von Blutvergießen noch eine weitere positive Implikation: die Gefahren einer Restauration und gewaltsamer Versuche der abgesetzten Klassen zur Wiederergreifung der Macht sind geringer, da die Herrschenden ja nicht in ihrer sozialen Existenz vernichtet wurden. Die zweite Folgerung lautet: Mit der Zuordnung bestehender Regierungen zu einer der drei klassischen Regierungsformen – etwa: Monarchie, Aristokratie, Demokratie – hat man deren Charakter noch nicht wirklich genau erfasst. So enthalten die realen Regierungsformen oft gleichzeitig Elemente mehrerer dieser drei Typen. Und außerdem gilt, wie schon Aristoteles und Montesquieu betonten, dass eine Regierungsform an die Strukturen und Sitten des jeweiligen Landes angepasst sein muss. Es gibt in dieser Hinsicht unglaubliche historische Verwerfungen. So blieb die Sklaverei, die stärkste Freiheitsberaubung überhaupt, in der ältesten großen Demokratie, den Vereinigten Staaten, bis zum Bürgerkrieg 1865 bestehen und die darauffolgende soziale Rassendiskriminierung noch bis in die 1960er Jahre, während sie im britischen Commonwealth schon Anfang des 19. Jahrhunderts verboten wurde.

An der Beibehaltung der Sklaverei waren im Fall der USA natürlich die kapitalistischen Großgrundbesitzer und Unternehmer in den Südstaaten interessiert, die von der Sklaverei ökonomisch profitierten. Wir kommen damit zur zweiten, der Freiheit aller Menschen nicht sehr positiv gegenüberstehenden Gruppen, den Kapitalisten und Unternehmerinnen. Auch sie gehörten in Europa im Laufe des 19. Jahrhunderts zu den Gegnern der Freiheit, allerdings vor allem in ihrer spezifischen Form der Versammlungs- und Organisationsfreiheit. In den USA besteht diese Gegnerschaft bis heute und führt oft zu gewaltsamen Auseinandersetzungen zwischen Streikenden, Gewerkschaften und Unternehmensführungen. Im Zuge des Aufstiegs der großen neuen Unternehmen des Digitalzeitalters (Microsoft, Google, Amazon usw.) werden von den Eigentümerinnen heute oft indirekte Formen der Unterminierung der Organisationsmacht der Beschäftigten eingesetzt. Dazu gehören Beschäftigung auf Zeit, Arbeitskräfteverleih, Scheinselbständigkeit usw. In Europa haben sich die Unternehmer und Kapitalistinnen im Rahmen der „Institutionalisierung des Klassenkonflikts" (Dahrendorf) mit starken Gewerkschaften abgefunden, da sie feststellen konnten, dass ihre eigene Existenz und Gewinnchancen langfristig durch deren Forderungen nicht signifikant reduziert wurden. So ist das Paradox zu erklären, dass der Parade-Sozialstaat Schweden zwar eine sehr egalitäre Verteilung der Einkommen aufweist, dagegen eine der inegalitärsten Verteilungen der Vermögen. Die schwedische Sozialdemokratie wie auch die Bevölkerung akzeptiert dies, weil auch die Lebensbedingungen für die vermögenslose Bevölkerung gut sind. In neuerer Zeit vernetzen sich die Kapitalistinnen auch international und versuchen, oft durch Geheimverhandlungen, Regelungen durchzusetzen, welche ihre Gewinninteressen global sichern.[16] Dadurch können sie jedoch den Handlungsspielraum vor allem der kleineren und schwächeren Nationalstaaten massiv einschränken. Dabei verschränken sich, wie insbesondere im Falle der USA; die Interessen von kapitalistischen Unternehmern und ihren nationalen Regierungen. So waren, wie bereitsgezeigt, die Interventionen und Kriege der USA im Nahen Osten eindeutig auch durch das Interesse an einer Sicherung, Kontrolle und Ausbeutung der Erdöl- und Erdgasressourcen in dieser Region motiviert.

Die dritte Gruppe von Freiheitsgegnern im Sinne der Unabhängigkeit der Menschen von Staat und Obrigkeit waren die Nationalisten in der zweiten Hälfte des 19. Jahrhunderts, die Faschistinnen im 20. Jahrhundert, und ihre Nachfahren heute. Im Laufe des 19. Jahrhunderts hatten die revolutionären Ideen der englischen und französischen Aufklärer in Deutschland nur mehr geringen Einfluss. In der ersten Hälfte des 19. Jahrhunderts hatte dies teilweise noch anders ausgesehen.

Die napoleonischen Kriege hatten europaweit nationale Gefühle erweckt und Bewegungen inspiriert, welche die nationale Unabhängigkeit mit einem Kampf gegen die konservativ-reaktionären Regime in Wien, Berlin und Moskau verbanden. Der erfolgreiche Unabhängigkeitskampf der Griechen 1821 bis 1829 beflügelte diese Gruppen, zu denen meist auch Studenten gehörten. Sie alle sahen in der Revolution von 1848 eine große Chance, nicht nur nationale Unabhängigkeit und – wie in Deutschland und Italien – politisch-territoriale Einigung herbeizuführen, sondern auch demokratisch-konstitutionelle Verfassungen durchzusetzen (Kohn 1964, S. 43 ff.). Aber mit der militärischen Niederschlagung der Revolutionen endeten diese Träume. Im gebildeten Bürgertum in Deutschland hatten sich die liberalen Ideen nie wirklich durchgesetzt. Hier wurde das Bürgertum nicht gegen die Fürsten, sondern unter ihrer Protektion groß (Engelmann 1993, 1998). Diese These entspricht der Analyse des Soziologen Karl Mannheim (1984) zur Bedeutung des Konservativismus in Deutschland im 19. Jahrhundert. Das konservative Denken, eine ganz spezifische, „moderne" Weltanschauung, stellt nach Mannheim eine Reaktion auf den „individualistischen" Liberalismus der Engländer sowie auf die revolutionären, furchterregenden Umstürze in Frankreich dar. Das in Frankreich in Bezug auf die politische und rechtliche Lage erhobene Gleichheitspostulat wurde von einflussreichen deutschen Denkern (etwa Hegel, Adam Müller, Justus Möser u. a.) umgedeutet als

---

[16] Ein besonders berüchtigter, letztlich gescheiterter Versuch war das sog. MAI-Abkommen (Multilaterales Abkommen über Investitionen), über das Mitte der 1990er Jahre verhandelt wurde. Die Absicht war, internationale Investitionen vor der Kontrolle und dem Zugriff nationaler Regierungen weitestgehend zu schützen. Vgl. https://de.wikipedia.org/wiki/Multilaterales_Abkommen_%C3%BCber_Investitionen(abgerurfen am 6.2.2023).

Streben nach faktischer Gleichheit. Sie setzten dem liberalen, individualistischen Freiheitsbegriff einen konservativen „qualitativen" Freiheits- und Gleichheitsbegriff entgegen, dessen wahre Träger organische Gemeinschaften wie die Stände seien. Die deutsche Reaktion auf die Aufklärung verbindet sich mit der sozialen Reaktion des Adels: die Romantik wird ständisch und das altständische Denken wird romantisch.

So setzten die konservativen Historiker und Soziologen dem Gleichheitsstreben der Franzosen eine „organische" Gesellschaftsauffassung gegenüber, in welcher alle Berufsgruppen und Stände jeweils einen spezifischen Platz in einer harmonischen sozialen Hierarchie einnehmen sollten. Ungleichheit zwischen den Ständen wurde als funktional notwendig deklariert. Auch in politischer Hinsicht zeigen kritische Darstellungen der deutschen Geschichte, dass selbst das Regime aufgeklärter Herrscher, etwa jenes von Friedrich II in Preußen, alles andere als human war. Die Masse der Menschen lebte in elenden Verhältnissen, und man wurde für kleinste Vergehen drastisch bestraft. Junge Männer wurden zum Kriegsdienst gezwungen, die Zensur blieb trotz anfänglicher Lockerungen allumfassend (Engelmann 1993, 1998). Die Revolution von 1848 war auch daran gescheitert, dass sie sich mit der Frage der nationalen Einigung und (in der Habsburgermonarchie) mit der nationalen Unabhängigkeit der einzelnen Völker verband. In Deutschland verlor die Idee der Freiheit nach der erfolgreichen Einigung „durch Eisen und Schwert" unter der autoritären Herrschaft von Bismarck vollends an Bedeutung (Winkler 2019, S. 127–136). Die Niederlage im Ersten Weltkrieg und der als unfair empfundene Friedensvertrag von Versailles verstärkten die Ressentiments gegen die liberalen westlichen Länder. Sie stellten eine schwere Hypothek für die Entwicklung der Weimarer Demokratie in der Zwischenkriegszeit dar. Dies alles waren die historischen Voraussetzungen dafür, dass Hitler in den 1930er Jahren unter dem Motto „Wiederherstellung der Ehre und Größe Deutschlands" aufsteigen, die Macht ergreifen und die Freiheit völlig beseitigen konnte. Eine entscheidende und verhängnisvolle Rolle spielt dabei auch die Haltung der deutschen Sozialdemokraten und Kommunisten beim Aufstieg Hitlers. Sie übernahmen die sowjetische, marxistisch-deterministische Geschichtsauffassung, wonach sich der Sozialismus früher oder später endgültig durchsetzen werde. Daher verkannten sie die Gefahr des aufsteigenden Faschismus und waren unfähig, sich auf einen gemeinsamen Kampf gegen ihn zu vereinigen (Mason 2022).

Eine vierte Gruppe von Freiheitsgegnern sind autoritäre politische Systeme und Führer, die sich durch eine nationalistische und/oder religiöse Ideologie legitimieren. Viele von ihnen machen sich nationalistische Argumente und Gefühle zu eigen, um die Zustimmung der Bevölkerung für ihre Politik zu gewinnen. Das folgenreichste neuere Beispiel dafür war die Islamische bzw. Iranische Revolution von 1978/79, in welcher es zunächst um den Sturz des Schah – als Vasall der verhassten USA – ging. Dann führte sie jedoch zur

Etablierung einer Islamischen Republik unter Ajatollah Chomeini und seinen Revolutionsgarden, die die Freiheit der Menschen, insbesondere der Frauen, in dem sozioökonomisch vergleichsweise hochentwickelten Iran massiv einschränkte.[17]

Eine nach innen autoritäre und nach außen aggressive nationalistische Politik ist ein Problem vor allem in Großstaaten. Für sie stellen nationale Größe und Prestige immer noch einen wichtigen Faktor der Politik dar, wie schon in Kap. 9 gezeigt wurde. Die Bedeutung dieses Aspektes hat schon Max Weber aufgezeigt, als er schrieb, dass sich das politische Prestige oft mit einem spezifischen Glauben an ein Großmachtgebilde verbinde. Hitlers Aufstieg entspricht diesem Motiv eindeutig, stellte er doch die Tilgung der Schmach des Diktatfriedens von Versailles und die Wiederherstellung der Souveränität und Macht Deutschlands ins Zentrum seiner politischen Agitation.

Auch die aggressive Außenpolitik Russlands seit dem Machtantritt von Wladimir Putin im Jahr 2000 lässt sich mit diesem Argument erklären. Durch die Sezession der baltischen Staaten, der Ukraine und weiterer Staaten von der Sowjetunion und durch die Osterweiterung von EU und NATO wurde das Selbstbewusstsein Russlands erschüttert. Durch den Aufstieg von Putin und seine Wandlung in einen aggressiven russischen Nationalisten führte dieser neue Nationalismus zu einer Wiederkehr des Kalten Krieges und weltweit spürbaren sozioökonomischen Problemen (Thuman 2023).

In anderer Weise gilt dies auch für China, das seine enorm gestiegene wirtschaftliche Macht auch in politischen Einfluss umsetzen möchte – vergleichbar dem Deutschen Reich um die Wende vom 19. zum 20. Jahrhundert. Durch massive Aufrüstung und eine aggressive wirtschaftliche Außenpolitik im Rahmen der gigantesken neuen Seidenstraßen-Initiative *(One Belt, One Road)* will sich China neben den USA als zweite Weltmacht etablieren.

Es galt aber auch für Donald Trump, US-Präsident von 2017 bis 2021, dessen Leitprinzip „*America first*" genau dasselbe zum Ausdruck brachte. Dieser Slogan wurde nicht von Trump erfunden, sondern war schon seit der Zeit des Ersten Weltkriegs in den USA von isolationistischen, chauvinistischen und faschistischen Bewegungen immer wieder propagiert worden.

Es sind aber nicht nur autoritäre politische Systeme an sich, die ein Problem darstellen. Vielmehr steht außer Frage, dass das Machtstreben einzelner politischer Führer im Rahmen aller Systeme oft die ausschlaggebende Rolle spielt. Es gibt zahlreiche Aussprüche, die das Machtstreben solcher Führer belegen. Dafür seien hier nur einige Beispiele gegeben: Nikita Chruschtschow: „Irgendwann wird einem alles überdrüssig, aber die Macht nie"; Henry Kissinger: „Macht ist das beste Aphrodisiakum"; der französische Diplomat de Talleyrand: „Kein Abschied der Welt fällt schwerer als der Abschied von der Macht".

Montesquieu hat festgestellt, dass jeder, der Macht besitzt, dazu neigt, sie so lange zu missbrauchen, bis er Schranken findet bzw. in diese verwiesen wird. Diese Sätze bestätigen sih auch heutzutage immer wiedert. In allen nicht wirklich demokratischen Ländern

---

[17] Vgl. zum Überblick https://de.wikipedia.org/wiki/Islamische_Revolution (abgerufen am 6.3.2023).

versuchen die Machthaber, ihre Regierungszeiten über die verfassungsmäßig vorgesehene Dauer hinaus zu verlängern. Die Strategien, die sie dabei anwenden, sind formal oft mehr oder weniger legal, aber an Unverfrorenheit oft kaum zu überbieten.

So ließ Putin von der Staatsduma 2021 einfach seine bisherigen Regierungszeiten einfach auf Null setzen, sodass er bis 2026 weiter regieren kann. Die Spitze solcher Bemühungen erreichte einer der mächtigsten Männer der Welt, der chinesische Partei- und Staatspräsident Xi Jinping. Er ließ 2018 die Beschränkung seiner Amtszeit überhaupt aufheben, womit er theoretisch lebenslang regieren könnte. Bei der Sitzung des Volkskongresses im März 2023 wurde er für eine dritte Amtszeit als Parteichef gewählt, was noch kein Vorgänger erreicht hatte. Zugleich tauschte Xi den Ministerpräsidenten aus und ersetzte ihn durch einen Gefolgsmann. Wenn Xi Jinping in Zukunft eine besonnene Außenpolitik verfolgt, wäre dies vielleicht nur ein internes Problem Chinas; wenn nicht, könnte das für den Frieden auf der Welt höchst gefährlich werden.[18]

Keiner dieser Machthaber ist dafür bekannt, dass er die Freiheit seiner Untertanen besonders geschätzt und geachtet hätte.

Freiheitsfördernde Faktoren und Kräfte

Auch in Bezug auf die Durchsetzung der Freiheit kann man von einem klaren Fortschritt in der neueren Geschichte sprechen. Sie erfolgte in doppelter Weise: Zum einen, indem sie auf immer mehr Bereiche des gesellschaftlichen und politischen Lebens ausgeweitet wird; zum anderen, indem sie immer breitere Bevölkerungsgruppen einschließt. Dabei kann man auch klar erkennen, dass dabei alle in Kap. 4 benannten Prozesse und Faktoren – Revolutionen, Kriege, tiefe wirtschaftlich-soziale Krisen, politische Persönlichkeiten – eine entscheidende Rolle spielten. In manchen Fällen ist einer dieser Faktoren ausschlaggebend, in aller Regel wirken jedoch mehrere zusammen.

In Großbritannien gab es seit der *Magna Charta* von 1215, in welcher die Mitwirkung des Parlaments etabliert worden war, einen jahrhundertelangen Konflikt zwischen Bürgern und Parlament und dem König. Die Macht des Parlaments wurde von den Königen Jakob I und Karl I aus dem Haus Stuart zunehmend eingeschränkt. Zusätzlich erfolgte ein permanenter Machtmissbrauch königlicher Beamter, die von wohlhabenden Bürgern mit der Drohung, sie einzusperren, Geld erpressten. 1642 brach ein Bürgerkrieg aus (angeführt von Oliver Cromwell), der zur Hinrichtung des Königs führte. Nach Wiedereinführung der Monarchie wurde der König in der *glorious revolution* durch die Verabschiedung der *Bill of Rights* 1688/89 verpflichtet, , die Rechte des Parlaments zu beachten; es wurde damit eine konstitutionelle Monarchie etabliert.

Auch in Kontinentaleuropa führten soziales Elend einerseits und die Unfähigkeit der herrschenden Könige andererseits zu den politischen Revolutionen zwischen 1789 und

---

[18] So wird auch argumentiert, die unumschränkte Machtfülle, die sich Xi angeeignet hat, könnte ihn veranlassen, Taiwan gewaltsam China einzuverleiben – ein altes Ziel von China, das auch offiziell bis in die jüngste Zeit bekräftigt wird. Eine solche Aktion könnte vor allem deshalb höchst folgenreich sein, weil Joe Biden öffentlich erklärte, die USA würden Taiwan bei einem Angriff von China militärisch verteidigen.

1848 und zur Durchsetzung der grundlegenden Menschen- und Freiheitsrechte. Die Französische Revolution brach aufgrund eines wachsenden Elends der Volksmassen aus, aber auch infolge der Unfähigkeit von König Ludwig XVI, der keinerlei Reformbereitschaft zeigte. Sein Schwager, der Habsburger Reformkaiser Joseph II, sagte ihm bei einem Besuch in Paris voraus, dass als Folge seines Verhaltens eine Revolution ausbrechen werde. Durch die umfassenden (aber auch überhasteten) Reformen von Kaiser Joseph II, der eine „unblutige Revolution von oben" (Weissensteiner 2009, S. 284) durchführte, blieb dem Habsburgerreich eine solche erspart. Anlass für den amerikanischen Unabhängigkeitskrieg und die darauffolgende demokratische Revolution waren neue Steuern, die von England erhoben wurden und die die schon sehr unabhängigen Unternehmer in Amerika nicht mehr hinnehmen wollten. Anlass für die europäischen Revolutionen von 1848 war eine zunehmende Verarmung breiter Schichten der Bevölkerung, aber auch eine steigende Unzufriedenheit mit den reaktionären Regierungen. Obwohl diese Revolutionen zunächst scheiterten, wurden in ihrer Folge doch bedeutende Schritte zur Durchsetzung der grundlegenden Freiheitsrechte und parlamentarischer Mitbestimmung gemacht. Die Abschaffung der Sklaverei erfolgte in den USA allerdings erst im Zuge des Bürgerkriegs 1861–1865. Interessant ist aber, dass auch hier ein nationales Element eine zentrale Rolle spielt:. Der Hauptanlass für den Bürgerkrieg war nicht die Sklaverei, sondern die Drohung der Südstaaten, aus der Union auszutreten. Sie fürchteten, durch die Expansion der industriell-liberalen Wirtschaftssystems der USA zu „Kolonien" für die neuen Wirtschafts- und Handelszentren im Norden werden (Adams 1977, S. 102 ff.).

Nach dem Ersten Weltkrieg wurden in vielen Ländern Europas für alle Bevölkerungsgruppen wichtige politische und soziale Grundrechte durchgesetzt, wie das Wahlrecht von Frauen und die Grundlagen des Sozialstaats. Hier war es die Niederlage im Ersten Weltkrieg, die die Monarchien diskreditierte, den Abgang der Herrscher erzwang und die Ständegesellschaft zum Einsturz brachte. Erst jetzt wurden für viele Menschen wirkliche Teilhabechancen und damit individuelle Freiheit eröffnet (Vobruba 1997, S. 121–140).

Die reale Institutionalisierung der Sozialstaaten in Form hoher Ausgaben erfolgte aber erst in der Zeit nach dem Zweiten Weltkrieg. Anlass waren hierfür die Elendserfahrungen in Kriegs- und Nachkriegszeit, die politisch erstarkten sozialdemokratischen Parteien und das bald einsetzende starke Wirtschaftswachstum. Wie fundamental dieser Wandel für Gesellschaft und Politik war, zeigt sich in der Entwicklung der Staatsausgaben, die ein aussagekräftiges Abbild der realen Kräfteverhältnisse in einer Gesellschaft liefern (Goldscheid/Schumpeter 1976; Haller 2018b). Im 19. Jahrhundert waren in den meisten Staatshaushalten die Ausgaben für Rüstung und Militär der größten Posten, heute stehen die Ausgaben für Soziales mit Abstand an der Spitze. Dieser Wandel zeigt sich in dramatischer Weise auch am Beispiel der USA, dem Land mit traditionell eher niedrigen Sozial-, dagegen den weltweit höchsten Militärausgaben.[19]

---

[19] Vgl. dazu die sehr übersichtliche Aufstellung in https://www.whitehouse.gov/omb/historical-tables Tab. 3.1 *Outlays by superfunction and function* (abgerufen am 26.11.2020).

Im Jahre 1960 entfielen auf diesen Bereich noch 52,2 % der Staatsausgaben, auf den Bereich Soziales, Bildung, Gesundheit undsoziale Sicherheit 28,4 %; der Anteil beider am BIP 9 % bzw. 4,9 %. Im Jahre 1971 übertrafen die Ausgaben für Soziales erstmals jene für Rüstung und Militär. Im Jahre 2020 betrug der Anteil der Staatsausgaben für Militär 11,1 %, jene für Soziales dagegen 66,3 %; die Anteile der beiden Posten am BIP hatten sich auf 3,5 % bzw. 20,7 % verschoben. Die in Europa als liberalistischer Militärstaat angeprangerten USA geben heute de facto also trotz ihrer immensen Rüstungsausgaben von fast 600 Mrd. $ (2015) für Soziales fast fünfmal so viel aus wie für das Militär.

In all diesen Umbrüchen spielten auch politische Persönlichkeiten eine bedeutende Rolle, wie bereits mehrfach gezeigt wurde. Dies galt in positiver wie in negativer Hinsicht. Zum Ausbruch der Französischen Revolution trug die Unfähigkeit von König Ludwig XVI. ebenso bei, wie die Reformen von Josef II in Österreich eine Revolution in seinem Land verhinderten. Die Revolution von 1848 wurde durch die reaktionäre Politik von Louis-Philippe in Frankreich und Metternich in Österreich ebenso wie durch eine Agrar- und Handelskrise befeuert. Der Erste Weltkrieg entzündete sich an den Nationalitätenkonflikten in der österreichisch-ungarischen Monarchie. Diese hätten nicht zwangsläufig zum Untergang der Monarchie führen müssen, aber der unfähige, beim Ausbruch des Ersten Weltkriegs schon 84-jährige Kaiser Franz Josef I. hatte sie nicht zu lösen vermocht. Mit extremen Unterdrückungen der Freiheit verbunden waren die Politik und Kriege der faschistischen Führer (Mussolini, Hitler, Franco und andere) und der kommunistischen Führer (insbesondere Stalin und Mao Tse-tung) auf die Freiheit ihrer Länder.

All diesen unfähigen oder sogar extrem negativ wirkenden Männern sind jedoch politische Persönlichkeiten gegenüberzustellen, die eine sehr positive Entwicklung ihrer Länder in Gang setzten. Im 20. Jahrhundert sind als Beispiele dafür zu nennen der US-Präsident Roosevelt, der bedeutendste Politiker der Vereinigten Staaten im 20. Jahrhundert (Mauch 2021, S. 330–345). Er bekämpfte Hitler von Anfang an kompromisslos, legte durch seinen *New Deal* in den 1930er Jahren die Grundlagen für den US-amerikanischen Sozialstaat und bereitete auch die Idee der Vereinten Nationen entscheidend vor. Eine andere bedeutende Persönlichkeit war Kemal Atatürk, der als erfolgreicher General im Ersten Weltkrieg und im Türkischen Befreiungskrieg hohes Ansehen gewann und von 1923 bis 1938 durch umfassende politische und gesellschaftliche Reformen die Grundlagen der heutigen, modernen Türkei schuf.

Schließlich könnte man hier noch den 2022 verstorbenen Michail Gorbatschow nennen, der als Generalsekretär der Kommunistischen Partei der Sowjetunion eine spektakuläre Öffnung und Liberalisierung seines Landes in die Wege leitete. Sie ermöglichte den Fall des Eisernen Vorhangs zwischen West- und Osteuropa und eine gewaltlose Auflösung der Sowjetunion. Gorbatschow versäumte es allerdings, für den Abzug der halben Million russischer Truppen aus der DDR Entschädigungen zu verlangen und Sicherheitsgarantien für Russland zu fordern. Auch der Übergang von der Plan- zur Marktwirtschaft hätte von ihm und seinem Nachfolger Jelzin viel stärker kontrolliert werden müssen. Der Zerfall der

Sowjetunion war genau so wenig wie jener des Habsburgerreiches historisch unvermeidlich (Zubok 2021). So führte er zu einer Verelendung der Massen und einem Aufstieg korrupter Oligarchen, was seinerseits die Saat für den Aufstieg von Putin legte (Thumann 2013).

Abschließend ist der These entgegenzutreten, Faschismus und Kommunismus hätten Trendwenden im Hinblick auf die Durchsetzung der Freiheit dargestellt, die bis dahin erreichten Errungenschaften wieder rückgängig gemacht und gezeigt, dass es in der Geschichte in dieser Hinsicht nur ein Auf und Ab gibt. Diese These ist aus zwei Gründen unzutreffend: Zum einen, weil in diesen Ländern zur Zeit ihrer Machtergreifung die Demokratie noch nicht wirklich Fuß gefasst hatte; man kann in deren Fall daher nicht von einem echten Rückschritt sprechen. Zum anderen, weil diese autoritären Regierungsformen heute vollkommen diskreditiert sind. Dies gilt nicht nur für den Faschismus, sondern auch für den Kommunismus. Dieser gilt zwar in China noch als offizielle Staatsdoktrin, stellt de facto aber nur mehr ein legitimatorisches Mäntelchen für die Herrschaft der Partei dar.

Neue Gefahren und dubiose Vorschläge für Reformen

Die letzten Jahrzehnte und Jahre haben ernsthafte neue Gefahren und Probleme für die Sicherung der Freiheit auch in demokratischen Gesellschaften mit sich gebracht. Die Entwicklung neuer Technologien scheint die Freiheit unmerklich zu untergraben, andere Probleme scheinen eine Einschränkung der Freiheit sogar notwendig zu machen. Wenn diese erfolgen, prangert man sie jedoch an.

Auf die Gefahren durch die Digitalisierung wurde bereits hingewiesen. Die Digitalisierung des Handels ermöglicht Unternehmen, eine Fülle von Daten über ihre Kunden zu sammeln und für gezielte Werbemaßnahmen einzusetzen; diese Daten können sich auch politische Parteien zunutze machen;[20] die Überwachung öffentlicher Plätze, die Ortung von Bewegungen durch Handys ermöglicht eine weitgehende (polizeiliche) Überwachung des täglichen Lebensauflaufes; das Vordringen der sozialen Medien erzeugt nicht nur eine unüberschaubare und nicht zu bewältigende Informationsfülle, sondern auch die massenhafte Verbreitung von *Fake News* und die Bildung von Netzgruppen, deren Mitglieder sich in ihren abwegigen Meinungen und Verschwörungstheorien wechselseitig bestärken (Hohlfeld et al. 2020).

---

[20] So übermittelte etwa die österreichische Post Daten zur „Parteiaffinität" ihrer Kunden an Parteien; vgl. dazu https://www.sn.at/politik/innenpolitik/welche-gesammelten-daten-die-post-an-parteien-verkauft-63698326 (abgerufen am 8.3.2023).

In extremen[21] Fällen können *fake news* zum Ausbruch eines Krieges beitragen. In China haben die Möglichkeiten zu einer totalen Überwachung der Bürger und Bürgerinnen zu einem Staat mit zunehmend totalitären Zügen geführt (manche sprechen von einem „Techno-Totalitarismus"). Es wurde ein umfassendes Netz von Überwachungskameras u. a. aufgebaut, und es werden nicht nur detaillierte biografische Informationen über jede Person und ihre Aktivitäten gesammelt, sondern auch sozial-moralische Profile erstellt, welche ihre weiteren Lebenschancen bestimmen.[22] In westlichen Ländern haben private Organisationen – die *Big Five* der digitalen Information (Amazon, Apple, Facebook, Google, Microsoft) – eine ungeheure Datenfülle angehäuft, die ihnen weitreichende Möglichkeiten für gezielte Werbung und Maßnahmen zur Beeinflussung von Konsumentinnen eröffnet. Die Klimakrise erzeugt ein weiteres, ebenso tiefgreifendes Problem für die Freiheit. Zwar wurden von allen Regierungen, von der Europäischen Union und von der UNO ambitionierte Zielsetzungen formuliert, die weitreichende Maßnahmen zur Senkung der Treibhausgas-Ausstoßes beinhalten. Die reale Entwicklung zeigt jedoch, dass alle Regierungen der Welt weit von der Realisierung und Umsetzung dieser Maßnahmen entfernt sind. So rufen radikale Klimaschützer nach rigorosen Zwangsmaßnahmen, welche Regierungen und Bürgerinnen verpflichten sollten, ihre Politik bzw. ihr Verhalten zu ändern. Schließlich hat auch die im Dezember 2019 in China ausgebrochene und 2020 auf die ganze Welt übergeschwappte Corona-Epidemie gezeigt, dass Einschränkungen der persönlichen Freiheit notwendig waren bzw. sind (oder zumindest scheinen), um die weitere Ausbreitung der Epidemie zu verhindern. Die Menschen akzeptierten starke Einschränkungen der eigenen Bewegungsfreiheit, waren bereit, in der Öffentlichkeit Schutzmasken zu tragen, ihre Kontakte zu engen, erkrankten, ja sterbenden Angehörigen einzuschränken oder sie ganz abzubrechen. Die Regierungen orientierten sich bei diesen Maßnahmen oft weniger an Experten, als vielmehr daran, was andere Länder machten, was sie als politisch durchsetzbar erachteten und ihre Glaubwürdigkeit in der Bevölkerung erhöhen konnte (Kraemer 2022). Bei vielen dieser Maßnahmen wurde bzw. wird oft kaum diskutiert, ob die Einschränkungen der Freiheit tatsächlich in einem angemessenen Verhältnis zu ihrer Notwendigkeit und ihrer Effizienz standen bzw. stehen. Alle in westlichen Ländern getroffenen Maßnahmen sind aber als milde zu bezeichnen im Vergleich zu den drakonischen Einschränkungen, welche in China über jene Städte und Regionen verhängt wurden, in denen sich auch nur die geringsten Anzeichen für ein Wiederausbrechen der Epidemie gab. Wenn die Bevölkerung gegen diese Maßnahmen protestierte, wurden

---

[21] Dies war der Fall durch die Aussage einer kuwaitischen Hilfskrankenschwester vor einem Ausschuss des US-Kongresses am 10.10.1990. Sie behauptete, sie habe selbst gesehen, wie irakische Soldaten die Brutkästen von Säuglingen in Kuwait abgeschaltet und diese damit getötet hätten. Diese reine Erfindung führte Präsident G. Bush sen. mehrfach als Begründung für den Irak-Krieg an (Hohlfeld et al., 2020, S. 297).

[22] Vgl. dazu https://netzpolitik.org/2022/ueberwachung-in-china-totale-praeventive-kontrolle/ sowie https://www.freiheit.org/de/deutschland/ueberwachung-china-alles-unter-kontrolle (beide abgerufen am 8.3.2023).

sie durch polizeiliche und militärische Interventionen mit Gewalt unterdrückt.[23] Dennoch brachen Ende 2022 in vielen Städten Chinas unerwartet starke Proteste gegen diese massiven Einschränkungen aus.[24] Auf sie reagierte man mit einem totalen Wechsel der Politik, etwa einer starken Lockerung der Ausgangssperren. Während im Westen Anfang 2023 das Ende der Pandemie verkündet werden konnte, blieb sie in China weiterhin akut (etwa durch hohe Zahlen von Sterbefällen). Insgesamt lässt sich sagen, dass die Bewältigung der Corona-Pandemie durch die *muddling-through-Politik* der demokratischen Staaten besser bewältigt wurde als durch das zentralistisch-autoritäre System Chinas.

So ist nicht ganz überraschend, dass diese neuen zivilisatorischen Gefährdungen zu weitreichenden Forderungen geführt und Kritiker auf den Plan gerufen haben, die man üblicherweise nicht unter den Verteidigern der Freiheit vermuten würde (Bals 2021; Bröning 2021). Dabei zeigten sich vielfach Überschneidungen zwischen den Beurteilungen der Klimakrise und der Corona-Pandemie. Manche der vorgeschlagenen Maßnahmen schießen jedoch über ihr Ziel hinaus – nicht zuletzt, weil die Probleme in der vermuteten extremen Form gar nicht existieren. In Bezug auf die Digitalisierung ist es etwa ein Faktum, dass sich die Massenhaftigkeit von *Fake News* nicht nachweisen lässt. Eine Studie des *Berkman Klein Center for Internet and Society* an der Universität Harvard zeigte vielmehr, dass *fake news* oft auf einseitige Aussagen von Politikerinnen zurückzuführen sind, die dann von den Medien unkritisch weiterverbreitet werden.[25] Dies sieht auch das allgemeine Publikum so. Radikale Klimaschützer behaupten, man könne die Erderwärmung nur durch „Klimanotstände" bewältigen. So wünscht sich die Klimaaktivistin Greta Thunberg einen Klima-Lockdown. Umweltschutz-Vereinigungen wie die englische *Extinction Rebellion* fordern, das „korrumpierte parlamentarische System" durch autonome, parteiunabhängige Bürgerversammlungen zu ersetzen. In der Pandemie-Krise sahen vor allem populistische und rechte Parteien eine große Chance. So stilisierte sich die rechtsorientierte Freiheitliche Partei Österreichs (FPÖ) zum Kämpfer gegen die freiheitsbeschränkenden Maßnahmen zur Eindämmung der Krise. Aber auch Linke finden sich in dieser Gesellschaft. Die kanadische Globalisierungskritikerin Naomi Klein sieht in der Pandemie eine Chance zur Überwindung des Kapitalismus.[26]

Alle von diesen und anderen Autorinnen ins Auge gefassten Einschränkungen müssten streng auf ihre Verträglichkeit mit freiheitlichen Grundprinzipien hinüberprüft werden.

---

[23] Vgl. dazu auch Angela Stanzel, Die Corona-Epidemie und Xi Jinping, WPP-Aktuell, 26.4.2020 (https://www.swp-berlin.org/publications/products/aktuell/2020A26_sla_XiJinping.pdf, abgerufen am 98.3.2023).

[24] Vgl. https://www.hrw.org/de/news/2023/01/12/china-beispiellose-landesweite-proteste-gegen-missstaende (abgerufen am 9.3.2023).

[25] Vgl. dazu Alexandra Borchardt, Fake News sind ein Problem, aber anders, als viele denken, Hamburg Media School (verfügbar unter https://www.hamburgmediaschool.com/blog/djf-kolumne-von-wegen-troll-farmen-fake-news-sind-ein-problem-aber-anders-als-viele-denken, abgerufen am 8.3.2023).

[26] Zitiert in https://taz.de/Naomi-Klein-ueber-den-Klimawandel/!160791/ (abgerufen am 8.3.2023).

So sollten die positiven Effekte der Demokratisierung von Informationsquellen hervorgehoben werden, die weniger im Interesse von Eliten sind (Bröning 2022). Wichtige normative Argumente dazu, die mit dem in diesem Buch entwickelten Ansatz übereinstimmen, hat die Wirtschaftsinformatikerin Sarah Spiekermann (2019) vorgebracht. Sie weist auf die Vorteile, aber auch die Probleme der Digitalisierung hin. Diese bestehen darin, dass Digitalisierungsprozesse ein Eigenleben entwickeln, zu digitaler Abhängigkeit führen, die Illusion menschlicher Gemeinschaft erzeugen und Lebensenergie reduzieren kann. Sie fordert, dass grundlegende gesellschaftliche Werte und ihre Korrelate, wie die Menschenwürde (die etwa Höflichkeit und Respekt im Umgang miteinander erfordert), Empathie, Sicherheit (Verantwortlichkeit, Genauigkeit) und Transparenz auch in der digitalen Welt stärker beachtet werden müssen. Auch betrieblich-unternehmerische sowie politische Maßnahmen und Regelungen müssten sich daran orientieren. Eine Gruppe österreichischer Sozialforscherinnen hat gezeigt, dass die grundlegenden Werte, die sie in der Schwartz-Werteskala (die in Kap. 3 kritisch diskutiert wurde) erfasst werden, auch im Laufe der Corona-Epidemie eine erhebliche Stabilität aufwiesen (Eder et al. 2022). Dies stand im Gegensatz zu vielen Autoren, die hier einen Wandel erwarteten So verblieben Mitmenschlichkeit und Sicherheit praktisch unverändert an der Spitze der Wertehierarchie. Die Befürwortung des „Wertes" Konformismus nahm zwar zu, blieb jedoch weiterhin erst an siebter Stelle unter den erfassten zehn Werten. Wir können aus all dem folgern, dass eine Sicherung und ein Ausbau der Freiheit auch heute, wie seit Beginn der Neuzeit, durch Aktivitäten und Maßnahmen auf allen Ebenen notwendig ist: auf jener der einzelnen Bürger und Bürgerinnen, auf der Ebene von Wirtschaft und Gesellschaft und auf der Ebene der Politik. Auf all diesen Ebenen geht es um die Sicherung bestehender Freiheiten wie auch die EntwicklungStrategien und Maßnahmen, um auch den neuen Problemen begegnen zu können.

Gleichheit 11

„Ich denke, dass die demokratischen Völker einen natürlichen Sinn für die Freiheit haben; sie suchen sie, sie lieben sie, sobald sie sich selbst überlassen sind, und sie sehen es nur mit Schmerz, wenn man sie von ihr entfernt. Für die Gleichheit aber nähren sie eine feurige, unersättliche, ewige, unbesiegbare Leidenschaft; sie wollen die Gleichheit in der Freiheit, und können sie diese nicht erlangen, so wollen sie sie noch in der Knechtschaft".

Alexis de Tocqueville (1835)[1]

„Armut ist für Menschen entwürdigend, weil sie ihr Elend unter den absoluten, unaufhörlichen Zwang des rein Körperlichen stellt … Unter dem Diktat dieser Notwendigkeit kam die Menge der Armen der Französischen Revolution zu Hilfe, feuerte sie an, trieb sie vorwärts, um sie schließlich unter dem Drang ihrer Notwendigkeit zu begraben… Als Robespierre erklärte, dass ‚alles zur Aufrechterhaltung des Lebens Notwendige Gemeingut sein müsse und dass nur der Überfluss als Privateigentum anerkannt werden dürfe', da hatte er nicht nur alle bisherige Theorie, derzufolge das Gemeinwesen einen Anspruch nur auf den Überschuss an Zeit und irdischen Gütern der Bürger hatte, auf den Kopf gestellt, er hatte auch die Revolution selbst ‚dem heiligsten aller Gesetze', der Wohlfahrt des Volkes, der Notwendigkeit ausgeliefert."

Hannah Arendt (1963)[2]

---

[1] Alexis de Tocqueville (1805–1859), französischer Jurist, Politiker und Historiker; gilt als Begründer der vergleichenden Politikwissenschaft. Quelle Zitat: A. de Tocqueville (1976, zuerst 1835), *Über die Demokratie in Amerika, S. 584.*

[2] Hannah Arendt (1906–1975), geboren in Deutschland, emigriert 1933 über Paris in die USA, wo sie als Journalistin und Professorin für politische Theorie tätig war; als solche verfasste sie einflussreiche Werke. Quelle des Zitats: H,. Arendt, *Über die Revolution*, München, 1974 (zuerst engl. 1963), S. 74 f.

„Ich denke, dass die demokratischen Völker einen natürlichen Sinn für die Freiheit haben; sie suchen sie, sie lieben sie, sobald sie sich selbst überlassen sind, und sie sehen es nur mit Schmerz, wenn man sie von ihr entfernt. Für die Gleichheit aber

Der Begriff der Gleichheit muss zugleich mit dem der Freiheit an vorderster Stelle als gesellschaftlich-politischer Grundwert genannt werden. Beide Begriffe spielten in der Geschichte des Denkens ebenso wie in historischen sozialen und politischen Bewegungen eine zentrale Rolle. Dies galt vor allem in den sozialen Bewegungen und Revolutionen vom 17. bis in das frühe 20. Jahrhundert (Dann 1975). Der Satz *That men are created equal* stellt Gleichheit zwischen den Menschen an die erste Stelle aller Werte, die in der amerikanischen Unabhängigkeitserklärung hervorgehoben werden. Gleichheit war auch einer der drei zentralen Slogans der Französischen Revolution. Gleichheit ist in demokratischen Gesellschaften ein sich selbst verstärkender Prozess, wie schon Alexis de Tocqueville in seinem berühmten Werk *Über die Demokratie in Amerika* schrieb, aus dem das oben angeführte Motto stammt. Schließlich spielt Gleichheit auch in den Menschenrechten eine zentrale Rolle. Der Begriff der Gleichheit wurde von Liberalen und Sozialisten allerdings unterschiedlich definiert, von bürgerlich-konservativen Autoren überhaupt eher pejorativ gebraucht. Diese historisch unterschiedlichen Auffassungen spiegeln sich bis heute im sozialwissenschaftlichen Denken und in politischen Programmen und Prozessen wider.

In diesem Kapitel werden einleitend einige weitverbreitete, aber fragwürdige Annahmen zu den Phänomenen von Gleichheit und Ungleichheit dargestellt – und ihnen dann sechs alternative Thesen gegenübergestellt. Der zweite Teil untersucht die historische Entwicklung der Idee der Gleichheit und ihrer Varianten. Im dritten Teil wird eine Typologie von Hauptformen der Ungleichheit entwickelt und deren historische und aktuelle Relevanz dargestellt. Abschließend werden die Beziehungen zwischen Gleichheit und Ungleichheit diskutiert.

Einleitung

Missverständnisse um die Begriffe der Gleichheit und Ungleichheit

„Die einen verdienen, die anderen sterben", betitelte die bekannte NGO Oxfam einen Bericht über die Entwicklung der weltweiten ökonomischen Ungleichheit im Zuge der Corona-Pandemie. Demnach hat sich das Vermögen der zehn Reichsten der Welt verdoppelt, während 160 Mio. Menschen in Armut gestürzt wurden. Nach den Daten von Oxfam, die auch von kritischen Sozialwissenschaftlerinnen gerne zitiert werden, besitzen etwa 1 % der Weltbevölkerung 48 % des weltweiten Vermögens, mehr als die Hälfte (58 %) aller Menschen verfügt nur über etwa 1 % dieses Vermögens. Frauen verdienen in allen OECD-Ländern um ein Viertel bis ein Drittel weniger als Männer. In der EU sind nur etwa ein Drittel der Führungspositionen von Frauen besetzt (in Deutschland nur

Einleitung

29 %), während sie 46 % der Erwerbstätigen ausmachen.[3] In den Führungsetagen der 200 größten deutschen Unternehmen finden sich gar nur 15 % Frauen. Hier besteht offenkundig eine gläserne Decke, die Frauen wohl aufgrund vielfältiger Diskriminierungsprozesse nicht durchstoßen können. Diesen Fakten scheinen andere allerdings zu widersprechen. So besteht die höchste Ungleichheit der Vermögensverteilung ausgerechnet im egalitären Parade-Wohlfahrtsstaat Schweden (Haller 2015, S. 177). Die Zufriedenheit der Frauen mit Beruf und Einkommen ist nicht geringer, ja vielfach höher als jene der Männer. Studien in den USA zeigen, dass erfolgreiche Frauen oft ihre Top-Management-Position aufgeben und in sozial wertvollere und persönlich befriedigendere, allerdings weit geringer bezahlte Berufsfelder wechseln (Pinker 2008). Obwohl weit mehr als die Hälfte der Bevölkerung von hoher Besteuerung der Reichen und ökonomischer Umverteilung profitieren könnten, erreichen (sozialistische) Parteien, die dies fordern, keine großen Mehrheiten.

Die Konzentration auf Ungleichheit ist grundsätzlich durchaus berechtigt. Jede Betrachtung über Gleichheit hat bei der Ungleichheit anzusetzen, da es weder in der Natur noch bei den Menschen Gleichheit gibt, wie die Verfassungsrechtlerin Diemut Majer (1995) feststellt. Da jedes Individuum einzigartig und unverwechselbar ist, ist auch jeder Mensch allen Mitmenschen gegenüber ungleich. Allerdings gibt es hierbei große Missverständnisse. Vor allem wird Ungleichheit vielfach mit Ungerechtigkeit assoziiert; der Zusammenhang zwischen beiden ist jedoch keineswegs einfach und direkt (Rees 1974).

Auch die scheinbar grundlegende Unterscheidung zwischen natürlichen und moralisch-politisch verursachten Ungleichheiten, wie sie Rousseau 1754 machte, ist bei weitem nicht eindeutig. Die von ihm genannten „natürlichen" Ungleichheiten von Alter, Körperkräften, geistigen und seelischen Eigenschaften sind in hohem Maße gesellschaftlich mitbestimmt. Zeitgenössische Ökonominen haben in letzter Zeit mit Büchern zur wachsenden Ungleichheit von Einkommen und Vermögen Bestseller gelandet. Ein Grund war zweifellos, dass massive Ungleichheiten in dieser Hinsicht als schreiende Ungerechtigkeiten gesehen werden. Aber abgesehen von der Frage, ob das stimmt, ist es eine Tatsache, dass diese Ungleichheiten international höchst unterschiedlich sind und keineswegs überall so zugenommen haben, wie meist behauptet wird. Andererseits gibt es neue Ungleichheiten, die durch sozialen Wandel, technischen Fortschritt und ökonomische Globalisierung erzeugt werden.

Sechs Thesen zur Komplexität und Relevanz des Gleichheitsbegriffes
(1) *Die Komplexität der Ungleichheit.* Gleichheit ist ein höchst komplexer Begriff (Walzer 1992). Einfache Gleichheit wäre gegeben, wenn alle Güter käuflich wären und alle Bürger gleich viel Geld besitzen und damit gleichermaßen über alle erstrebenswerten Güter und Dienste verfügen könnten. Aber selbst in einer solchen Gesellschaft würde das Ausgeben (oder Nichtausgeben) von Geld auf dem Markt sehr rasch Ungleichheiten erzeugen. De facto aber gibt es sehr viele hochgeschätzte, miteinander unvergleichbare

---

[3] Vgl. https://www.destatis.de/Europa/DE/Thema/Bevoelkerung-Arbeit-Soziales/Arbeitsmarkt/Qualitaet-der-Arbeit/_dimension-1/08_frauen-fuehrungspositionen.html (abgerufen 2.2.2023).

Güter. Dazu gehören: Zugehörigkeit und Mitgliedschaft, Sicherheit, Wohlfahrt, Geld aus verschiedensten Quellen (Arbeit, Erbschaften, Geschenke), Ämter, (interessante) Arbeit und Beruf, Freizeit, Bildung, Liebe und Anerkennung, Macht. Man kann in verschiedenen dieser Bereiche sehr unterschiedliche Positionen der Privilegierung oder Benachteiligung einnehmen. Es kommt selten vor, dass jemand in allen privilegiert oder benachteiligt ist. Aber es ist auch ein Faktum, dass Privilegierung in einem Bereich meist auch mit einer solchen in anderen zusammenhängt.

(2) *Der Wert der Ungleichheit.* Auch Ungleichheit kann von Individuen und Gesellschaften als hoher, angestrebter Wert betrachtet werden. Individuelle Hochbegabung in bestimmten Bereichen führte, wenn sie noch dazu von Familie und Gesellschaft gefördert wurde, zu Höchstleistungen in Wissenschaft, Technik und Kunst, von denen die ganze Menschheit profitierte. Man denke an Personen wie Newton und Einstein, Bach und Mozart; auch die Väter beider letzterer waren bedeutende Musiker. Kreative und innovative Leistungen von Unternehmern machten nicht nur viele von ihnen sehr reich, sondern führten auch zur Entwicklung ganz neuer Branchen und zu wirtschaftlichem Fortschritt. Neue, attraktive Konsumgüter und Dienstleistungen, die im Anfangsstadium ihrer Produktion sehr kostspielig sind, können nur entwickelt werden, weil sie von Wohlhabenden bezahlt werden können.

Der Wert der Ungleichheit wird heute unter dem Begriff der Diversität mehr und mehr anerkannt. Im Zuge der gesellschaftlichen Individualisierung versuchen Menschen und Gruppen, sich durch Hervorhebung aller möglichen Merkmale als einzigartig darzustellen. Unternehmen sehen in einer vielfältigen Zusammensetzung ihrer Belegschaft einen Produktivitätsfaktor, der ihnen einen Wettbewerbsvorteil verschafft. Der wirtschaftliche und gesellschaftliche Fortschritt seit Beginn der Neuzeit und jüngst wieder seit dem Durchbruch der Globalisierung wurde ermöglicht und gefördert durch die weltweite wechselseitige Öffnung und Befruchtung durch den Austausch von Ideen, technischen Neuerungen und Menschen aus den verschiedensten Ländern und Kulturkreisen der Welt.

(3) *Grundlegende und spezifische Formen der Ungleichheit.* Es ist sehr wichtig, klar zwischen zwei Formen der Ungleichheit zu unterscheiden, nämlich grundlegenden Ungleichheiten, welche die Anerkennung und Würde von Menschen als Ganzes betreffen und verletzen, und speziellen Ungleichheiten, welche spezifische Aspekte der sozialen Lage, Privilegierungen und Benachteiligungen bestimmter Gruppen betreffen. Drei Formen von Ungleichheit im ersten Sinn waren historisch evident: die Sklaverei, die Ständegliederung und die Diskriminierung der Frauen. Dass diese Formen der Ungleichheit weitgehend beseitigt wurden, ist der eindeutigste Beweis für die zentrale These dieses Bandes, dass sich langfristig die gesellschaftlichen Grundwerte durchsetzen. Die Hauptinstrumente und -akteure bei der Durchsetzung der Gleichheit in diesen drei Aspekten waren soziale Bewegungen, Revolutionen, Reformen und die in der Folge eingerichteten neuen Institutionen. Dabei waren Ideen und Werte zentral und nicht nur Interessen, die in den radikalen „wissenschaftlichen" Gleichheitstheorien (wie etwa jenen von Rousseau

und Marx) im Mittelpunkt standen. Diese Theorien spielten oft sogar eine höchst problematische Rolle, weil sie im Falle ihrer politischen Umsetzung die Freiheit zugunsten der Gleichheit opferten.

(4) *Persistenz und Neuentstehung von Ungleichheiten.* Auch wenn die drei genannten Hauptformen der grundlegenden Ungleichheit grundsätzlich beseitigt worden sind, bestehen traditionelle Ungleichheiten in neuer Form weiter, und es entstehen kontinuierlich neue ökonomische, soziale und politische Formen. Daher wurde soziale Ungleichheit zu Recht als ein Zentralthema der Soziologie bezeichnet (Dahrendorf 1974). Frauen wurden rechtlich und politisch gleichgestellt, ihre soziale und ökonomische Lage erweist sich aber immer noch, wie angesprochen, vielfach als benachteiligt. Mit der weltweit steigenden Migration, nicht zuletzt als Folge hoher Ungleichheiten zwischen Nord und Süd, entstand in vielen westlichen Ländern eine oft sehr breite Kategorie von Zuwandererinnnen, die ökonomisch und sozial, aber oft auch rechtlich (durch Vorenthaltung der Staatsbürgerschaft) benachteiligt sind. Die Fortschritte der Medizin und die Verbesserung der Gesundheitsversorgung haben zu einer Verlängerung der Lebenserwartung geführt, aber auch dazu, dass sich viele Menschen teure medizinische Leistungen nicht leisten können, häufiger erkranken und als Hochbetagte nur begrenzt von der längeren Lebensdauer profitieren, da sie keine ausreichende, gut Pflege erhalten. Die starke Bildungsexpansion und zuletzt die Digitalisierung haben auch dazu geführt, dass weniger Begabte vom Bildungssystem „ausgesiebt" und als funktionale Analphabeten auf Hilfsarbeiten abgedrängt oder überhaupt vom Erwerbsleben ausgeschlossen werden. All diese Prozessen führen dazu, dass auch in wohlhabenden Gesellschaften ein Zehntel bis ein Fünftel der Bevölkerung als arm zu bezeichnen ist.

(5) *Definition sozialer Ungleichheit.* In der Diskussion über Ungleichheit gibt es allerdings auch erhebliche Missverständnisse. Vor allem wird Ungleichheit vielfach mit Ungerechtigkeit assoziiert; der Zusammenhang zwischen beiden ist jedoch keineswegs einfach und direkt. Hier ist die Unterscheidung zwischen distributiven und prozessualen Aspekten der Ungleichheit wichtig: Auf den ersten Blick extrem inegalitäre Verteilungen (etwa im Vermögen) müssen daraufhin untersucht werden, ob ihre Entstehung und Aufrechterhaltung auf problematische Machtverhältnisse und/oder Missachtung sozialer und rechtlicher Normen zurückzuführen sind. Von sozialer Ungleichheit kann man (etwa im Anschluss an das französische Konzept der sozialen Exklusion) sprechen, wenn sich Benachteiligung bzw. Privilegierung auf größere Gruppen der Gesellschaft bezieht, die Möglichkeiten zur Befriedigung sozialer Grundbedürfnisse einschränkt und wenn diese Sachverhalte offenkundig mit strukturellen und institutionellen Charakteristika einer Gesellschaft zusammenhängen. Diese Ungleichheiten müssen den Betroffenen keineswegs als solche stark bewusst sein. Es ist aber eine zentrale Aufgabe der sozialwissenschaftlichen Analyse, sie zu erforschen und in das Bewusstsein der Öffentlichkeit zu bringen. Ob die Ungleichheiten auch als ungerecht anzusehen sind, kann dann aber erst nach Einbeziehung breiter öffentlicher Diskussionen bestimmt werden.

(6) *Die politische Relevanz der Ungleichheit.* Die Problematik von Gleichheit und Ungleichheit hat auch hohe Relevanz für die Politik. Nach Alexis de Tocqueville, einem Klassiker des neuzeitlichen politischen Denkens, sind Gleichheit und Demokratie geradezu Zwillinge: sie fördern sich wechselseitig.

Politische Partizipation hängt in hohem Maße mit dem sozialen Status zusammen: Gerade jene Bevölkerungsschichten, welche von einer egalitären Politik am meisten profitieren würden, sind politisch am wenigsten aktiv. Hohe Ungleichheit kann eine massive Beeinträchtigung der demokratischen Politik zur Folge haben, wenn Oligarchen durch direkte politische Interventionen und durch die Kontrolle von Medien die Grundlinien der Politik bestimmen. Dies ist ein Hauptproblem auch in der ältesten und größten Demokratie, den Vereinigten Staaten. Autoritäre Regimes können für eine Sicherstellung von Grundbedürfnissen der Bevölkerung sorgen; die Herstellung von Gleichheit zwischen allen ist ihnen aber weniger wichtig als die Sicherung ihrer Herrschaft durch Aufrechterhaltung von Ruhe und Ordnung und nationale Stärke.

Die historische Entstehung und Ausdifferenzierung des Gleichheitsbegriffes

Auch beim Begriff der Gleichheit müssen wir uns fragen, von wem er entwickelt wurde und in welchem gesellschaftlichen Kontext die jeweiligen Autoren standen. Im klassischen Griechenland erlangte die Idee der Gleichheit eine bis heute unerreichte Bedeutung. Sie wurde erst zu Beginn der Neuzeit wieder aufgegriffen, nun aber in unterschiedlichen Varianten ausformuliert.

Warum der Gleichheitsbegriffes im antiken Griechenland entstand und was wir daraus lernen können
Gleichheit war ein zentrales Element der athenischen Demokratie, in der durch Solon schon um 594 v.Chr. eine demokratische Verfassung eingeführt wurde (Vorländer 2017; Funke et al. 2019). In Athen konnten alle Bürger, unabhängig vom Besitz, an den regelmäßig abgehaltenen Volks- und Gerichtsversammlungen teilnehmen und öffentliche Ämter bekleiden. Zu diesem Zweck hatte Solon die verarmten Bauern von der Schuldknechtschaft befreit und die Macht des Adels eingeschränkt. 508 wurde eine neue Verfassung eingeführt, welche das demokratische Prinzip verstärkte. So wurde die Stadt in kleine Gemeinden als Basis der politischen Willensbildung aufgeteilt, die Macht der Stammesverbände abgeschwächt und die gesamte freie Bevölkerung in das politische Geschehen einbezogen. Diese historisch einmalige Form einer egalitären Demokratie als Herrschaft des Volkes erreichte ihren Höhepunkt unter Perikles (ca. 490–429 v. Chr.), der nicht nur ein fähiger Politiker war, sondern auch engen Umgang mit Philosophen und Künstlern pflegte. Zu dieser Zeit wurden auch großartige Bauten, wie die Akropolis, ausgeführt. Diese historisch herausragende Entwicklung von Kultur und Politik war aber keineswegs nur eine Leistung von Athen, sondern der gesamten griechischen Staatswelt, die sich

vom westlichen bis zum östlichen Mittelmeer erstreckte. Darin gab es eine Vielzahl kleiner und kleinster politischer Gemeinschaften, die eifersüchtig auf ihre Selbständigkeit achteten. Sie alle waren durch Handel, Sprache, Kultur und gemeinsame symbolische Ereignisse, wie die Olympischen Spiele, miteinander verbunden (Funke et al. 2019). Die historische Tatsache einer gleichzeitigen Blüte von Wirtschaft und Politik, Wissenschaft und Kunst im antiken Griechenland ist für das Verständnis der Durchsetzung von modernen Werten in der gesamten Menschheitsgeschichte von größer Bedeutung.

In diesem Kontext lebte Plato, der als erster Denker systematisch über den Prozess der Politik und eine idealen Verfassung nachdachte.[4] Er argumentierte, dass ein politisches Gemeinwesen wohlbegründet sei, wenn die drei gesellschaftlichen Stände – die Regierenden, die Wächter und die Arbeitenden (Bauern, Kaufleute, Taglöhner) – ihre jeweiligen Pflichten gut erfüllen. Der ideale Staat sei die Aristokratie, die Herrschaft der Weisen. Diese würde aber keinen langen Bestand haben und bald von einer Herrschaft der Reichen (einer Oligarchie) abgelöst. Da diese ihre Macht missbrauche, werde sie ihrerseits durch eine Revolution gestürzt. Die Herrschaft über den dabei an die Macht gekommenen Pöbel würde aber bald ein Tyrann übernehmen. Noch bedeutender als Plato wurde sein Schüler Aristoteles (384–322 v.Chr.), der in seinen Schriften ebenfalls unglaublich aktuelle, eminent soziologische Überlegungen zum Zusammenhang zwischen Sozialstruktur und politischer Herrschaft entwickelt hat. Aristoteles ist auch insofern ein moderner Denker, als er nicht wie Plato ein ideales Herrschaftssystem entwarf, sondern sich vor allem für die tatsächlichen Erfahrungen mit den verschiedenen politischen Systemen interessierte.[5] Der Begriff der sozialen Gleichheit spielt in Aristoteles' Theorie der Verfassung eine zentrale Rolle. Die beste Staatsform ist für ihn eine solche, in welcher die Herrschenden das Wohl des Volkes im Auge haben (das kann auch eine Monarchie oder eine Aristokratie sein), und in der weder eine Oligarchie der Reichen noch die Masse der Armen regieren. Die ideale Staatsform hängt auch mit einer spezifischen Sozialstruktur zusammen, in der die mittleren Schichten herrschen; je umfangreicher diese sind, desto stabiler wird die politische Gemeinschaft sein (Fenske et al. 1981). Wichtig ist auch – dies ist unter dem Begriff der Legitimation eine ständig aktuelle Frage – dass alle Bürger einer Verfassung zustimmen. Es ist offenkundig, dass Plato und Aristoteles zu ihren bahnbrechenden Ideen nur kamen, weil sie in ihrem Vaterland eine unglaublich lebendige Demokratie vor Augen hatten.

Aus der Geschichte der einmalig egalitär-demokratischen griechischen Gesellschaft kann man wichtige Folgerungen ziehen. Zum einen im Hinblick auf die Voraussetzungen für die Entstehung einer solchen Demokratie. Hier ist zum ersten ist evident, dass sich ein System mit einer so starken politischen Partizipation nur in einem kleinen Gemeinwesen entfalten konnte. So gab es auch in anderen Teilen der Alten Welt, etwa bei den

---

[4] Als Einführungen zu Platos Denken vgl. Störig (1950, S. 175–198) und Helferich (2012, S. 23–37); für eine scharfe Kritik Popper (1957).

[5] So beauftragte er seine Schüler, alle Verfassungen der damals bekannten Welt zu sammeln.

Ureinwohnerinnen Nordamerikas und bestimmten Stämmen in Afrika, beachtliche Formen demokratischer Mitbestimmung (Graeber und Wengrow 2022). Nicht zufällig ist die Schweiz heute das einzige Land der Welt mit einer vergleichbar starken direkten Demokratie auf der Ebene von Kantonen; manche von diesen haben nur einige Hunderttausend Bürger und Bürgerinnen. Zum zweiten ist evident, dass sich die griechische Demokratie nur in einem Kontext entwickeln und bestehen konnte, der durch eine Vielzahl selbständiger politischer Gemeinschaften gekennzeichnet war, die nahezu über das ganze Mittelmeer in einer Vielzahl von Inseln und Kolonien verstreut, aber durch eine gemeinsame Kultur und wirtschaftlich-soziale Beziehungen eng miteinander verbunden waren. Dadurch gewannen aktive, aber mit dem eigenen Gemeinwesen unzufriedene Individuen enorme Freiheit, da sie die Alternative hatten, in eine andere, ähnliche politische Gemeinschaft auszuwandern. Diese Form der Freiheit war für Menschen in einfachen Gesellschaften eminent wichtig (Graeber und Wengrow 2022). Sie wurde zu Beginn der Neuzeit mit der Auswanderung religiöser Minderheiten aus den religiös intoleranten europäischen Ländern in die Neue Welt historisch wieder höchst bedeutsam.

Eine ähnliche Konstellation wie in der griechischen Staatenwelt bestand in Europa seit dem späten Mittelalter, wo sich auch kein Imperium etablieren konnte, dafür eine kontinuierliche starke Konkurrenz zwischen den Staaten bestand (Swanson 1967). Konkurrenz fördert aber nicht nur die wirtschaftliche und politische, sondern auch die geistig-kulturelle Entwicklung (Mannheim 1970).

Zum anderen muss man sagen, dass die Theorien von Plato und Aristoteles in zweierlei Hinsicht klare Grenzen haben. So war es für sie erstens mehr oder weniger selbstverständlich, dass die Mehrheit der Bevölkerung nicht am politischen Geschehen mitwirken konnte. Dazu gehörten drei Gruppen: Frauen, Zuwanderer und Sklaven. Die Stellung von dauerhaft ansässigen Fremden (Metöken) und von Frauen war intern sehr differenziert. Frauen nahmen je nach der Position ihrer Familie sehr unterschiedliche Stellungen ein. Wenn sie auch von politischer Teilnahme ausgeschlossen waren und der Obhut ihres Vormunds unterlagen, hatten viele von ihnen als freie Bürgerinnen dennoch Rechte und beachtliche berufliche Möglichkeiten (Funke et al. 2019, S. 182 ff.). Keinerlei Rechte hatten die Sklaven, die bis zu einem Drittel der Bevölkerung ausmachten.[6] Hätten Frauen und Sklaven den freien Bürgern nicht die meisten häuslichen und manuellen, schweren Arbeiten (etwa in Bergwerken und Steinbrüchen) abgenommen, hätten die Bürger kaum genügend Zeit für die aufwendige politische Partizipation gehabt. Zum zweiten gab es auch eine prinzipielle Ungleichheit zwischen den Griechen und der übrigen Welt. Völker außerhalb Griechenlands wurden vielfach als „Barbaren" bezeichnet. Dieser Begriff war allerdings nicht so abwertend wie heute, sondern vor allem auf die sprachliche Andersheit der Fremden bezogen (wörtlich bedeutete er: Stammler, Stotterer).

---

[6] Von den etwa 200.000 Einwohnern Athens zu seiner Blütezeit waren nur etwa 30.000, also rund 15 %, Vollbürger (Vorländer 2017).

Geistesgeschichtliche und politische Vorläufer der modernen Gleichheitsidee
Ein neuer, wegweisender Begriff der Gleichheit aller Menschen kam mit dem Christentum auf; es war dies allerdings nur die Gleichheit vor Gott. Durch den grundsätzlichen Universalismus des Christentums, das für Menschen aller Länder und Völker offen war, stellte dieser Gleichheitsbegriff jedoch eine enorm wirksame Kraft dar. Allerdings wurden im Mittelalter mithilfe des Dogmas der Erbsünde und unter Rückgriff auf aristotelische und neuplatonische Ordnungs- und Hierarchievorstellungen die Ungleichheiten durch die Idee der ständischen Gesellschaft (etwa von Thomas von Aquin) auch theologisch legitimiert. In Form der feudalen Herrschaft und Leibeigenschaft wurden sie institutionalisiert. Davon profitierte ja auch die Kirche selbst massiv durch eigenen Grundbesitz, Abgaben der Bauern und politische Pfründe (etwa von Fürstbistümern). Gegen Ende des Mittelalters, beim Übergang zur Neuzeit, wurden die christlich legitimierten Anschauungen von Gesellschaft und Politik unter Rückgriff auf das Naturrecht jedoch immer mehr infrage gestellt. Dabei rückte vor allem der Begriff der Gleichheit aller Menschen immer stärker ins Zentrum.

Hinzuweisen ist in diesem Zusammenhang auf die *Bauernkriege,* die wichtige Vorläufer der europäischen Freiheits- und Gleichheitsbewegungen waren (Dann 1975, S. 1005). Ein kurzer Blick auf diese ist auch vor dem Hintergrund der hier vertretenen These interessant, dass die Idee der Gleichheit parallel durch Denker und soziale Bewegungen entwickelt wird. Schon ab dem 14. Jahrhundert gab es Aufstände von Bauern und anderen stark benachteiligten sozialen Schichten u. a. in England, den Niederlanden, Böhmen und im Baltikum. Sie richteten sich vor allem gegen die ökonomischen und politischen Privilegien von Adel und Klerus. Diese Bewegungen kulminierten in den süddeutschen Bauernkriegen von 1524/25 (Engelmann 1993; Blickle 2018). Die aufständischen Bauern legitimierten sich durch christliche Ideen von der Gleichheit aller Menschen. Sie erhielten ideologische Unterstützung durch Reformatoren wie Martin Luther (der sich später allerdings radikal von ihnen distanzierte), Ulrich Zwingli und Thomas Müntzer.

In der „Landesordnung" des Tiroler Bauernführers Michael Gaismayr von 1526 wurde ein ganzes Programm zur Umgestaltung der Gesellschaft entwickelt.[7] Gleichheit wurde in den Bauernkriegen also erstmals als sozialutopisches Ziel definiert. Die zunächst siegreichen Bauerntruppen versetzten die Herrschenden in Angst und Schrecken, nicht nur wegen ihrer Grausamkeit, sondern vor allem wegen der Respektlosigkeit des ‚nichtswürdigen Bauerngesindels' gegenüber den edlen Fürsten und Grafen. Die Fälle von Thomas Müntzer und Michael Gaismair belegen die These, dass neue theoretisch-politische Ideen sich nur in sozialen und politischen Kämpfen durchsetzen und dass dabei auch Persönlichkeiten, die keine Gelehrten waren, solche Ideen ausformulieren können. Letztlich wurden die unkoordinierten Bauernkrieger aber durch die Fürstenheere aufgerieben und

---

[7] In Gaismayrs Programm wurde gefordert, Burgen und städtische Ringmauern niederzureißen, damit alle Unterschiede zwischen den Ständen verschwinden, Klöster und Amtshäuser sollten in Spitäler umgewandelt, die Armen seien „mit aller Nothdurft zu versehen", Bergwerke in ausländischem Besitz für das Land einzuziehen (Benedikter 1970).

ihre Anführer und Anhänger – insgesamt bis zu 130.000 Personen – hingemetzelt (Engelmann 1993). In den folgenden Jahrhunderten gab es keine Bauernaufstände mehr, teils wegen einer drakonischen Unterdrückung, teils aber auch, weil den Bauern ein Rechtsweg zu Reichsgerichten eröffnet und damit ein Instrument zur Klage gegen obrigkeitliche Willkür an die Hand gegeben worden war. Trotz ihres Scheiterns waren also selbst die Bauernkriege nicht ohne Erfolg: direkt, indem den Untertanen durch diese Verträge Rechte mit verfassungsmäßigen Garantien eingeräumt wurden; langfristig, indem die Ideen von Freiheit und Gerechtigkeit für spätere liberale, nationale und sozialistische Bewegungen nutzbar gemacht werden konnten (Blickle 2018).

Wir können damit zu einer kurzen Betrachtung der vier bedeutenden theoretischen Strömungen kommen, die es in der Geschichte der Gleichheitsidee seit der frühen Neuzeit gab: die demokratisch-liberale Idee, die vor allem in England und Amerika entwickelt wurde; (2) die radikal-egalitäre Position, vertreten durch Rousseau und durch die Marxistinnen; (3) die konservativ-ständische Position, entwickelt von Denkern in Deutschland und England; (4) die demokratisch-egalitäre Position in der Tradition von Aristoteles, Montesquieu und Tocqueville, die dann vor allem von den Sozialdemokratinnen aufgegriffen wurde.

Die vier wichtigsten neuzeitlichen Gleichheitsideen[8]

Der bürgerlich-liberale Begriff. Die liberal-bürgerliche Idee der Gleichheit wurde in England und den jungen USA entwickelt. Hier war der religiöse Hintergrund von großer Bedeutung. Die Idee der Gleichheit aller Menschen war, wie bereits festgestellt, eine grundlegend neue Idee des Christentums. Die Idee wurde durch die *Reformation* gestärkt, die die individuelle Beziehung zwischen Gläubigen und Gott betonte, die Rolle der (weithin verweltlichten) Kirche dagegen einschränkte (Romano und Tenenti 1997). Der Durchbruch der Idee der Gleichheit wurden auch durch den wirtschaftlichen Umbruch und die weit verbreitete soziale Ausgrenzung in der frühneuzeitlichen Gesellschaft befördert.

Armut bedrohte viele Menschen in einem bisher kaum gekannten Ausmaß; Arme wurden vielfach kriminalisiert. Der Erfolg des Protestantismus hing weniger vom Wirken der Reformatoren ab als von der mittlerweile vorhandenen Aufnahmebereitschaft der weltlichen Gesellschaft und ihrer höchsten Vertreter für tiefgreifende Reformen. Die Reformation hatte noch einen zweiten wichtigen Effekt auf die Durchsetzung der Idee der Gleichheit, die Anerkennung der Gewissens- und Religionsfreiheit. Durch die Auswanderung verfolgter Puritaner und Puritanerinnen und anderer vor allem nach Nordamerika entstand dort eine grundlegend neue gesellschaftlich-politische Situation. Das Streben nach religiöser Freiheit war eine Hauptquelle für die historisch neue Idee der Menschenrechte (Jellinek 1927). Die in Nordamerika begründeten neuen christlichen Gemeinden waren gekennzeichnet durch einen starken Gemeinschaftsgeist und egalitäre Beziehungen zwischen Laien und Priestern.

---

[8] Dieser Abschnitt musste aus Platzgründen gegenüber der Erstfassung stark gekürzt werden.

Eine politische Implikation war die Forderung nach unbeschränkter Gewissensfreiheit und nach Freiheit der Bildung politischer Verbände. Die neuen Verfassungen von England und den USA bauen auf diesen Prinzipien auf und können daher als demokratisch-liberal bezeichnet werden. So wurde John Locke, der wichtigste geistige Vater der neuen Verfassungsprinzipien von England, durch die Entwicklung der autonomen und demokratischen religiösen Gemeinden in Nord-Amerika beeinflusst.[9] Bei ihm kommt der Begriff der Gleichheit im Sinn einer absoluten Gleichheit und Umverteilung dagegen nicht vor. Seine Zentralbegriffe sind die grundsätzliche (naturrechtlich begründete) Gleichheit aller Menschen, Leben, Freiheit und Eigentum.

Aus dieser Sicht wird das ansonsten als Paradox erscheinende Faktum verständlich, dass England im 19. und 20. Jahrhundert führend in der Einführung eines universalistischen Wohlfahrtsstaates war. Bismarck, der vielfach als dessen „Erfinder" genannt wird, hatte ja nur einen ständischen Typus von Wohlfahrtsstaat (für Angestellte und Beamte) etabliert. In England spielten dagegen sozialreformerische, auch religiös inspirierte Bewegungen, wie die 1884 gegründete *Fabian Society,* eine wichtige Rolle. Die explizite Begründung und Etablierung des britischen Wohlfahrtsstaates durch den liberalen Ökonomen William H. Beveridge (1879–1963) in den 1940er Jahren führte diese Prinzipien weiter.[10] Dieser neue Wohlfahrtsstaat, bezeichnet als Sozialversicherung, widersprach der liberalen englischen Grundhaltung nicht, kann aber dennoch als revolutionär werden. Sein Ziel war die Bekämpfung der fünf großen Übel, die sich durch den Aufstieg des Kapitalismus ergeben hatten: Not, Krankheit, Unwissen, Elend und Arbeitslosigkeit. Seine drei Grundsätze waren: Erfassung der gesamten Bevölkerung, Finanzierung vorwiegend aus dem Staatsbudget, einheitliche Pauschalleistungen. Diese „sozialliberale" Grundhaltung der englischen Politik wurde in jüngster Zeit wieder bestätigt im *Equality Act* von 2010. Auch darin geht es nicht um Herstellung von materieller Gleichheit und Umverteilung, sondern vor allem um den Schutz der Rechte der Individuen, Chancengleichheit und Verbote von Diskriminierungen.

In den USA ist das liberale Prinzip des Verzichts auf substantielle Umverteilung noch stärker verankert. Der Begriff der Gleichheit kommt in der Unabhängigkeitserklärung der USA nur in der Präambel vor, inhaltliche Festlegungen gibt es nicht. Es gibt nur Verweise auf die Werte von Leben, Freiheit und Streben nach Glückseligkeit, eine gerechte Verwaltung und die Grundwerte von Sicherheit, Freiheit, Gerechtigkeit und allgemeiner Wohlfahrt. In den USA kann man die Wirkungen diese bürgerlich-liberalen Freiheitsbegriffes deutlich erkennen. Auf der einen Seite haben sich, wie oben erwähnt, auch dort die

---

[9] Vgl. dazu Locke (1977) sowie aus der riesigen Sekundärliteratur „Locke's Political Philosophy", Stanford Encyclopedia of Philosophy (https://plato.stanford.edu/entries/locke-political/, abgerufen am 5.2.2021), Fenske et al. 1981, S. 324–329; Helferich 2012, S. 181–190; Hunt 2016.

[10] Vgl. zu Beveridge und dem britischen System der sozialen Absicherung die konzise Zusammenfassung in Anja Rowher, Bismarck versus Beveridge: Ein Vergleich von Sozialversicherungssytemen in Europa (https://www.ifo.de/DocDL/ifosd_2008_21_3.pdf, abgerufen am 5.2.2021); informativ ist auch der wikipedia-Eintrag https://de.wikipedia.org/wiki/William_Henry_Beveridge (abgerufen am 5.2.2021).

Sozialausgaben zu dem mit Abstand stärksten Posten der Staatsausgaben entwickelt. Die politischen Maßnahmen zur Herstellung von Chancengleichheit nach Geschlecht, ethnischen Gruppen usw. sind vielfach besser ausgebildet als in Europa. Dem entsprechen die hohe Attraktivität und Offenheit der USA für Zuwanderer aus aller Welt. Auf der anderen Seite gibt es auch eine deutlich höhere Ungleichheit als in Europa; fast ein Zehntel (über 30 Mio.) US-Amerikaner sind nicht krankenversichert und noch mehr Menschen sind von Armut betroffen.

Der radikal-revolutionäre Begriff. Dieser Begriff wurde vor allem in Frankreich entwickelt. Der wichtigste Autor hierfür war Jean-Jacques Rousseau, der sein Hauptwerk *(Contrat social)* von 1762 mit dem spektakulären Satz einleitete: *„Der Mensch ist frei geboren und überall liegt er in Ketten."* Die zentrale These in seinem Werk über den Ursprung der Ungleichheit lautet, dass alle Menschen im „Naturzustand" gleich gewesen seien, Ungleichheiten erst durch menschliche Politik erzeugt wurden, insbesondere mit der Begründung des Privateigentums (Rousseau 1967, zuerst 1754; vgl. auch Soetard 2012). Dabei hatte er insbesondere die Ungleichheit des Besitzes an Grund und Boden im Auge, dessen Verteilung in Frankreich extrem ungleich war (Piketty 2014). Die Theorie von Rousseau beinhaltet fünf zentrale Thesen: (1) Es ist begrifflich zu unterscheiden zwischen natürlichen oder physischen und moralisch-sozialen Ungleichheiten; erstere ergeben sich aus Alter und körperlichen geistigen Eigenschaften der Menschen, letztere aus allen gesellschaftlich-politisch hergestellten Vorrechten. (2) Ungleichheit begann mit der Appropriierung von Eigentum, der Einzäunung eines Stücks Boden durch den ersten Menschen. (3) Sobald man begann, Menschen anzustellen, um einem zu helfen, Vorräte über den eigenen Bedarf anzuhäufen, begann die Ungleichheit. Es entwickeln sich Selbstsucht, Ungleichheiten des Ranges, Statuskonkurrenz. (4) Die Etablierung von Gesetzen und Institutionen zur Sicherung des Eigentums, die Einrichtung von Ämtern führt zur Festigung der Ungleichheit und Etablierung willkürlicher Herrschaft weniger über viele, kurz zu einer „moralischen Ungleichheit." (5) Die Geschichte der Menschheit stellt sich als Trend steigender Ungleichheit dar. Diese Entwicklung kann nur beendet werden, indem dem Allgemeinwillen bzw. dem Gemeinwohl *(volonté générale),* zum Durchbruch verholfen wird.

Die Thesen von Rousseau werden vielfach als Auslöser der Französischen Revolution gesehen. Tatsächlich stimmt dies nicht wirklich, weil Rousseau die Idee der Rechte einzelner Menschen fremd war und er die Allmacht eines schrankenlosen Gemeinwillens propagierte (Jellinek 1927). Die leitenden Ideen der Revolution wurden jedoch indirekt durch die Marxisten und Kommunisten Ausgangspunkt einer radikalen Gleichheitstheorie. Marx und Engels griffen die Babeuf'sche (und Rousseau'sche) Idee der Herstellung einer vollständigen Gleichheit durch Abschaffung von Eigentum und Produktionsmitteln, ja der Arbeitsteilung überhaupt auf. Für Marx bedeutet Arbeitsteilung einen Verlust der Freiheit. Die Arbeitenden standen in einem Ausbeutungsverhältnis zu den Besitzenden; die Geschichte dieses Verhältnisses von der Sklavenarbeit bis zur modernen kapitalistischen Lohnarbeit ist für ihn die Geschichte wachsender Knechtschaft.

Die These vom kapitalistischen Eigentum als zentraler Ursache der Ungleichheit hatte zwei verhängnisvolle Folgen. Zum einen wurde sie von Lenin zum Dogma erhoben und führte in der Folge zur Oktoberrevolution der Bolschewiken in Russland 1917. Die Etablierung eines autoritär-zentralistischen politischen Systems ermöglichte dem Diktator Stalin die Etablierung seiner Terrorherrschaft. Zum anderen führte die These von der Notwendigkeit der revolutionären Beseitigung des Privateigentums zu einer tiefen Spaltung innerhalb der westeuropäischen kommunistischen Parteien. Sie trug indirekt wesentlich zum Aufstieg der Faschisten und des Nationalsozialismus bei, der Kapital aus der bürgerlichen Angst vor dem Kommunismus schlagen konnte. Die Revolution der Bolschewiki ist „in letzter Instanz daran gescheitert, dass die Freiheit in ihrem Denken keinen Raum hatte" (Winkler 2017; vgl. auch Miller 1964). Tatsächlich wurde in der sowjetischen und in der Folge in den osteuropäischen sozialistischen Gesellschaften durch umfassende staatliche Fürsorge in allen Lebensbereichen ein relativ hohes Ausmaß an Gleichheit unter der Masse der Bevölkerung erreicht. Dies erfolgte jedoch auf Kosten eines stagnierenden Lebensstandards und einer abgehobenen politischen Elite, und vor allem auf Kosten der Freiheit. Tatsächlich war die Vermischung von Freiheit, Gleichheit und Wohlfahrt ein Hauptfehler vieler Revolutionen in Europa. In der amerikanischen Revolution war dies nicht passiert, weil diese nicht unter dem „Fluch von Armut und Verelendung" stand (Arendt 1974).

Wie in Kap. 4 ausgeführt wurde, spielen bei der Erkenntnis und Durchsetzung neuer Ideen auch Persönlichkeiten eine entscheidende Rolle. Man muss die von Rousseau, Marx und Lenin entwickelte radikale Gesellschafts- und Revolutionstheorie auch vor dem Hintergrund der persönlichen Lebensgeschichte und Aktivitäten dieser Autoren sehen. So kann es kaum einen größeren Gegensatz geben etwa zwischen George Mason, einem maßgeblichen Inspirator der US-amerikanischen Verfassung einerseits und Jean-Jacques Rousseau, Marx und Lenin andererseits. George Mason führte ein sehr geordnetes, bürgerliches Leben und wurde dabei von starken ethischen Grundprinzipien geleitet. Sie führten ihn sogar dazu, die Unterschrift unter die neue US-Verfassung zu verweigern, da sie die Sklaverei nicht abschaffte. Aufgrund dieser Weigerung erfuhr er später viele Anfeindungen.

Dagegen war das Leben von Rousseau durch extreme Unstetigkeit gekennzeichnet. Bereits als Kind sehr kränklich, aufgewachsen unter widrigen familiären Umständen, war er fast zeitlebens ein Reisender, der sich mit vielen, darunter auch Freunden und Sympathisanten, zerstritt. Er lebte vielfach von Gönnern und war jedem bürgerlichen Berufs- und Familienleben abhold (Soetard 2012).

Das Leben von Marx weist überraschende Parallelen mit dem von Rousseau auf. Auch er war lange Zeit seines Lebens ein Flüchtling, vertrieben aus Deutschland, Frankreich und Belgien; dazu kam seine ambivalente Einstellung zu seiner jüdischen Herkunft. Genauso wie Rousseau übte auch Marx keine Berufstätigkeit aus, die ihn und seine Familie ernährt hätte und stützte sich immer wieder auf finanzielle Zuwendungen von Freunden und Mitstreitern (insbesondere von Engels). So lebte er mit seiner Familie oft unter extrem depravierenden Verhältnissen. Ein Merkmal, das Marx mit Lenin teilte, war das Streben nach Dominanz (Künzli 1966). So wandte er vielfach große Mühe und viel Zeit auf für Widerlegungen der Thesen von anderen, vielfach unbedeutenden sozialistischen Autoren. Den Äußerungen von Zeitgenossen und Gefährten zufolge fiel Marx vor allem durchseinen Willen zu unbedingter intellektueller Dominanz und seinen Anspruch auf wissenschaftliche Unfehlbarkeit auf (Künzli 1966). Dabei wurden Gegner, ja sogar frühere Mitstreiter (wie der Arbeiterführer Ferdinand Lasalle) verbal herabgesetzt. Die Faszination, die von Marx (und genauso von Rousseau) ausging, hatte in hohem Maße auch mit der Schärfe und sprachlichen Brillanz seiner Schriften zu tun. In beiderlei Hinsicht galt Ähnliches für Lenin. Nur war dessen Machtwille noch stärker ausgeprägt, und er verfügte über ein starkes politisches Sendungsbewusstsein und Zielstrebigkeit. (Morina 2017). Durch seine zahllosen Schriften erlangte er eine hegemoniale Stellung im Rahmen der Marxisten. Wenngleich viele der zentralen Ideen der Marxistinnen durch die Geschichte widerlegt wurden, spielen einige ihrer Grundannahmen auch bei zeitgenössischen Theoretikern, ja sogar in der Politik, immer noch eine erhebliche Rolle. Insbesondere in China hat die Theorie von Lenin bis heute viel stärkeren Einfluss als jene von Marx. Mit ihr konnte man auch daran gehen, ein agrarisch geprägtes Land zu revolutionieren, zu industrialisieren und – in jüngerer Zeit – sogar Privateigentum und Marktwirtschaft zuzulassen, dabei aber die strikte Führung der Partei aufrecht zu erhalten.

Der konservativ-ständische Gleichheitsbegriff. Grundprinzip des Konservatismus ist die Bewahrung des politischen Status quo bzw. die Wiederherstellung der (vermeintlich) besseren früheren Zustände. Ein weitergehendes, inhaltlich spezifisches Programm hat er nicht (Mannheim 1984). Die Ursprünge dieser Weltanschauung liegen in England, wo ab dem 17. Jahrhundert Adel und vermögendes Bürgertum ihre alten Rechte wiederherstellen wollten. Ideengeschichtlich folgenreich ist die Rezeption des revolutionären Gleichheitsbegriffes in Deutschland. Die Französische Revolution wurde in Deutschland zunächst durchaus begrüßt. Vor allem nach ihrer zweiten, terroristischen Phase wurde der Begriff Gleichheit in der deutschen öffentlichen Meinung aber zu einem pejorativen Begriff: die französischen Soldaten werden zu „Gleichheitstruppen", die Franzosen „Gleichheitsfanatiker." Der französische revolutionäre Liberalismus verstand unter Freiheit und Gleichheit die Beseitigung der staatlichen Bevormundung des Individuums, politisch das Recht zu tun, was man für richtig befindet, sowie die Wahrung der Menschenrechte. Gleichheit war also nur ein (notwendiges) Postulat, man forderte nicht die Gleichmachung aller. Das konservative Denken betrachtete dieses Postulat aber polemisierend als eine Tatsachenbehauptung; Gleichheit wurde nun als etwas für Deutschland und seine ständische Ordnung Fremdes bezeichnet (Mannheim 1970; Dann 1975). Die Realisierung (begrenzter) Gleichheit erwartete man von den fürstlichen Regierungen und aufgeklärten Beamten. Ungleichheit wurde in England und Deutschland sogar als antirevolutionärer Gegenbegriff entwickelt. Auch der Engländer Edmund Burke hatte sich vehement gegen die Revolution und ihre Auswüchse gewandt. Gegen die rationalistischen Gesellschaftstheorien der

Aufklärer argumentierte er, Staatsverfassungen könnten nicht einfach am Schreibtisch entworfen werden, sondern müssten sich allmählich entwickeln, wobei Hierarchien gott- bzw. naturgegeben seien.

Der Konservativismus hat auch noch im 20. Jahrhundert und bis heute eine nicht unwesentliche Rolle gespielt. So in England, wo 1979 bis 1990 mit Margaret Thatcher eine äußerst einflussreiche Politikerin regierte, deren Weltanschauung ebenfalls konservativ geprägt war. Sie wollte den alten „viktorianischen Tugenden" – Selbstrespekt, Bereitschaft anderen zu helfen, hartes Arbeiten, Hochhaltung der Familie – wieder Geltung verschaffen; auch ihr Antikommunismus gehört dazu. Gleichheit war für sie ein negatives Schreckbild; durch ihre Liberalisierungs- und Deregulierungspolitik nahmen Ungleichheit und Armut in Großbritannien stark zu. In der Weimarer Republik können die Gruppen um Ernst Jünger und einflussreiche Autoren wie Oswald Spengler, Carl Schmitt und Hans Freyer unter die Konservativen subsumiert werden (Breuer 1993). Konservatives Denken war auch in der Zeit nach dem Zweiten Weltkrieg in der CDU unter Helmut Kohl noch einflussreich (Biebricher 2018). Auch einflussreiche philosophisch-politische Schriftsteller und Soziologen der deutschen Nachkriegszeit, wie Hermann Lübbe, Helmut Schelsky und Helmut Schoeck, kann man als Neokonservative bezeichnen. Eine politisch folgenreiche Renaissance erlebt der Neokonservatismus in den USA ab Ende der 1960er Jahre. Seit dieser Zeit haben die Neokonservativen einen sehr starken Einfluss auf die Politik der Republikanischen Partei. Sie war entstanden als Gegenbewegung zu den 1968er Reformströmungen und stellt die Werte von Familie, Heimat, Nationalstaat und Religion an die Spitze. Eine Basis für sie bildeten einflussreiche Bücher von Francis Fukuyama *(Das Ende der Geschichte)* und Samuel Huntington *(Kampf der Kulturen)*. Ersterer hatte behauptet, die westlich-liberale Demokratie stelle nach dem Zusammenbruch des Kommunismus den welthistorischen Höhe- und Endpunkt dar; letzterer sah in den neuen Kämpfen zwischen den großen Kulturkreisen der Welt die entscheidende Konfliktlinie der Zukunft. Diese Theorien bzw. Ideologien inspirierten eine Verstärkung der imperial-aggressiven Außenpolitik der USA unter Präsident George Bush jun. Sie führten zu seinen folgenschweren militärischen Interventionen im Nahen Osten (Irak, Afghanistan), die als Kreuzzug gegen den Terrorismus begründet wurden.

Der demokratisch-reformistische Gleichheitsbegriff. Im Rahmen des neuzeitlichen Denkens wurde noch eine vierte Variante des Gleichheitsbegriffes entwickelt, die mit einer Beachtung der Grundwerte von Freiheit und Sicherheit vereinbar ist. Man kann die bedeutenden französischen Gesellschaftstheoretiker Charles Montesquieu und Alexis de Tocqueville als Vordenker dieses Begriffs sehen. Montesquieu (1689–1755) hat Fragestellungen und Hypothesen entwickelt, die auch noch für die moderne Soziologie und Ökonomie als relevant anzusehen sind. Montesquieu wurde vor allem für seine Theorie der Gewaltenteilung zwischen Regierung, Gesetzgebung und Judikative berühmt. Seine Grundthese lautet, dass den ökologisch-klimatischen Bedingungen, der sozialen Struktur und den kulturellen Traditionen eines Landes und seiner Verfassung ein enger Zusammenhang besteht. Aus den Sozialstrukturen und Sitten eines Landes entwickelt sich ein „allgemeiner Geist" *(esprit général),* dem der Geist der Gesetze entsprechen muss, andernfalls werde eine Verfassung ihre Wirkung nicht entfalten können und keinen langen Bestand haben. Die Nähe dieser Begriffe zu dem des sozialen Bewusstseins von Émile Durkheim und zum „Geist des Kapitalismus" von Weber liegt auf der Hand. Für Montesquieu spielten auch die Sozialstruktur und soziale Ungleichheit sowie das Handeln der Menschen eine wichtige Rolle. Montesquieu vertritt auch die These (wie in neuerer Zeit Leopold Kohr und E.F. Schumacher), dass die Mitwirkung des Volkes in kleinen Ländern eher möglich ist als in großen. Nach Montesquieu muss der Staat für mehr Gleichheit sorgen, wenn die Ungleichheit zu groß ist, etwa durch Erbschaftsgesetze; er muss die gleichmäßige Aufteilung unter den Erben sicherstellen; Steuern für die Reichen und Ausgleichsleistungen für die Armen einführen; die Konzentration des Vermögens muss verhindert werden. Aber auch ein „Geist übertriebener Gleichheit" sei problematisch.

Ein kongenialer geistiger Nachfolger von Montesquieu war *Alexis de Tocqueville* (1805–1859). Der Jurist stammte ebenfalls aus einer adeligen Familie. 1831/32 reiste er im Auftrag der französischen Regierung in die USA und studierte in seinem zehnmonatigen Aufenthalt dort das Rechtssystem, die Verfassung und Gesellschaft. Sein daraus entstandenes Werk *Über die Demokratie in Amerika* (Tocqueville 1976) wurde zu einem Bestseller, der heute als Klassiker der Soziologie und Politikwissenschaft gilt. Für Tocqueville war die Gleichheit der zentrale Faktor, welcher den Unterschied zwischen der egalitären US-amerikanischen und der hierarchisch-zentralisierten französischen Gesellschaft ausmachte. Die demokratische Verfassung der USA, ihre föderale Struktur, die Autonomie der lokalen Körperschaften und die Vielzahl der Vereine führten laut Tocqueville dazu, dass sich die Bürger aktiv an allen öffentlichen Angelegenheiten beteiligen und untereinander einen viel egalitäreren Umgang pflegen als die Franzosen. Der Fall der USA zeige also, dass Gleichheit nicht Einebnung der Verschiedenheiten der Menschen bedeutet, sondern nur eine Beseitigung von politisch bedingten Ungleichheiten des Ranges. Zwischen Gleichheit und Freiheit besteht laut Tocqueville eine prekäre Spannung (Herb und Hidalgo 2005). So sieht er als eher Konservativer auch die Gefahren, die durch übertriebene Gleichheit für Freiheit und Demokratie entstehen können.

Ein weiterer Autor, der dieser demokratisch-reformistischen Tradition zugeordnet werden kann, ist der englische Philosoph und Ökonom John Stuart Mill (1806–1873). Mill steht in der utilitaristischen Tradition von Jeremy Bentham und James Mill und in der liberalen Tradition von Locke. Dennoch sieht er die Aufgaben des Staates viel umfassender; er schreibt ihm eine aktive Rolle zu im Hinblick auf die Einrichtung und Sicherstellung der Versorgung mit Wasser, öffentlichem Verkehr und vor allem Bildungseinrichtungen. Mill betonte die Individualität als Basis für Kreativität und Innovation, befürwortete die Gleichstellung der Geschlechter, die Beteiligung der Arbeiter an Unternehmen, die Gründung von Produktionsgenossenschaften und die Ausweitung des Wahlrechts. Erst dadurch könnten die Arbeiter ihre Lage wirklich verbessern und der Staat den notwendigen sozialen Charakter annehmen.

Aus den Schriften dieser Autoren kann man zusammenfassend vier Thesen festhalten: (1) Gesellschaftliche und politische Institutionen basieren ebenso wie das Handeln der Menschen letztlich auf grundlegenden Ideen und Werten; (2) Gleichheit ist einer der stärksten dieser Werte und hat entscheidend zum Aufstieg der Moderne durch Ausbau von Bildung, Wissenschaft und Wohlfahrtsstaat beigetragen. (3) Man darf den Wert der Gleichheit und die daraus abzuleitenden Institutionen und Handlungsprinzipien aber nicht verabsolutieren. Gleichheit ist vor allem in ein angemessenes Verhältnis zum Wert der Freiheit zu bringen. Es besteht aber kein Gegensatz, vielmehr war die Durchsetzung beider schon historisch eng verknüpft (Dann 1975). (4) Gleichheit als Wert hat auch eine problematische Seite. Hier spielt auch die wichtige Emotion des Neides eine Rolle, wie der Soziologe Helmut Schoeck (1968) in einer kulturvergleichenden Studie dargestellt hat. Übertriebenes Streben nach Gleichheit kann zu überzogenem Individualismus, zur Dominanz der öffentlichen Meinung und zur Akzeptanz eines „milden Despotismus" führen – also zu einem Staat, der für alle Bedürfnisse der Untertanen sorgt, deren Autonomie und Freiheit jedoch zusehends untergräbt.

Dieser egalitär-reformistische Gleichheitsbegriffes ist wohl am deutlichsten in den Programmen der sozialdemokratischen Parteien in Europa zum Ausdruck gekommen. In Schweden wurde er unter Hjalmar Branting (1860–1925) und in Österreich unter Victor Adler (1852–1918) die dominante ideologische Ausrichtung. Dass sich die schwedische Sozialdemokratie in der Wirtschaftskrise der 1920er/1930er Jahre mit den Bauern verständigte, in Österreich dagegen eine partielle Rückkehr zu einer radikal-revolutionären Orientierung erfolgte, trug mit dazu bei, dass im letzteren Land ein Bürgerkrieg ausbrach und sich das Land letztendlich Hitler auslieferte, während sich Schweden aus dem Zweiten Weltkrieg heraushalten konnte. Die Prinzipien des schwedischen Sozialstaates sind (1) eine individualistisch-universalistische Orientierung (jeder Mensch erhält als Individuum die notwendigen Leistungen und wird dadurch emanzipiert), und (2) eine Dekommodifizierung, d. h. eine weitgehende Ausschaltung des Marktes bei der Versorgung mit gesellschaftlichen Basisgütern und Dienstleistungen. In der deutschen sozialistischen Bewegung konnte sich der reformistische Flügel dagegen erst nach den Weltkriegen durchsetzen. Allerdings haben auch die anderen Parteien zentrale Elemente dieser egalitär-reformistischen Orientierung übernommen, sodass Dahrendorf von einem „sozialdemokratischen Jahrhundert" sprach. Für den Philosophen Peter Sloterdijk bietet das deutsche Parteiensystem dem Wähler heute nur mehr die Auswahl zwischen vier Spielarten der Sozialdemokratie.[11]

---

[11] Der Spiegel 35/2004.

Gruppenbezogene Ungleichheiten

Gleichheit ist, wie eingangs festgestellt, ein sehr komplexer Begriff. Häufig wird zwischen rechtlicher, politischer und sozialer Gleichheit unterschieden. Die rechtliche Gleichheit ist grundlegend; sie bedeutet die Anerkennung der Gleichheit aller Menschen vor dem Gesetz. Eng damit verbunden ist der Begriff der Menschenwürde, den wir als eigenen Grundwert betrachten. Politische Gleichheit beinhaltet den gleichen Zugang zu politischer Mitbestimmung und zu politischen Ämtern, die sozioökonomische Gleichheit die (annähernde) Gleichverteilung materieller, sozialer und kultureller Fähigkeiten und Güter (Rees 1974; Walzer 1992; Koller 1995). Zwischen diesen drei Formen besteht ein enger Zusammenhang: Die politische Freiheit und Gleichheit – insbesondere das allgemeine Wahlrecht, die Meinungs-, Versammlungs- und Organisationsfreiheit – war eine zentrale Basis auch für die Durchsetzung stärkerer sozioökonomischer Gleichheit.

Um die enge Verflechtung zwischen diesen drei Formen von Gleichheit bzw. Ungleichheit zu erfassen, wird hier eine Differenzierung in drei Grundformen von Ungleichheit vorgeschlagen: (1) *Gruppenbezogene Ungleichheiten,* die in zwei Formen auftreten kann totale Ungleichheit zwischen Gruppen, partielle Ungleichheit zwischen Gruppen, prozessuale Ungleichheit und distributive Ungleichheit: (a) *Totale soziale Ungleichheit* bedeutet, dass bestimmte Gruppen von Menschen nicht als volle Menschen anerkannt werden. Historisch gab es drei Formen solcher Ungleichheiten, die auch rechtlich klar definiert waren: zwischen Freien und Sklaven, in der Ständeordnung zwischen dem Adel (und Klerus) und allen anderen; zwischen Männern und Frauen. (b) *Spezifische gruppenbezogene Ungleichheiten* betreffen bestimmte biosoziale Merkmale und soziale Eigenschaften von Menschen, welche diesen die volle gesellschaftliche Teilnahme verwehren. Typisch dafür sind körperliche oder geistige Behinderungen. Das Charakteristikum gruppenbezogener Ungleichheiten ist, dass bei ihrer Erzeugung alle drei vorgenannten Aspekte – der rechtliche, politische und soziale – eine Rolle spielen. (2) Als *prozessuale Ungleichheiten* werden soziale Prozesse bezeichnet, die direkt oder in ihren Resultaten mit Ungleichheiten zusammenhängen. Typisch dafür sind Ungleichheiten der Chancen im Bildungssystem, im Berufszugang usw. (3) *Distributive Ungleichheiten* schließlich betreffen die Verteilung von sozioökonomischen Gütern und Lebenschancen. Eine klare Unterscheidung zwischen diesen vier Formen ist notwendig, weil hinter ihnen jeweils ganz andere Prozesse stehen. Sie hängen auch jeweils in anderer Weise mit den Werten von Gerechtigkeit/Ungerechtigkeit zusammen.

Sklaverei, Ständehierarchie und Diskriminierung der Frauen: Historische Formen totaler sozialer Ungleichheit

Im Hinblick auf die Geschichte der Herstellung von mehr Gleichheit war der welthistorisch wichtigste Meilenstein die Aufhebung der *Sklaverei* im Laufe des 19. bzw. 20. Jahrhunderts. Sklaverei ist die stärkste Form der Ungleichbehandlung von Menschen (Flaig 2009; Haller 2015). Sie wurde in praktisch allen vorindustriellen Gesellschaften und vor allem auch in den antiken Hochkulturen praktiziert. Sklavin zu sein bedeutete, dass man keine Rechte als Person hatte, wie ein „lebendes Werkzeug" behandelt und ausgebeutet, oft auch misshandelt wurde. Sklaven waren vollkommen ihrer Freiheit beraubt, mussten alle Arbeiten und Dienste für ihre Herren verrichten, durften nicht oder nur unter strikten Regeln heiraten, wurden auf Sklavinnenmärkten gekauft und verkauft. Allerdings hatten Sklaven in verschiedenen Gesellschaften sehr unterschiedliche Positionen inne. Die moderne Sklaverei im Rahmen des Kolonialismus vom 16. bis zum 19. Jahrhundert war wohl die schlimmste historische Ausprägung. Mindestens 12 Mio. Menschen wurden in Afrika vielfach wie Tiere gejagt, eingefangen, unter unmenschlichen Bedingungen im Rumpf überladener Schiffe nach Amerika transportiert und dort – wenn sie noch lebten – verkauft. Dabei wurden die Sklavinnen gezielt nach Herkunftsregionen, Sprachen usw. gemischt, um Revolten zu verhindern. Zusammen mit dem für sie meist geltenden Verbot, Familien zu gründen, wurden sie dadurch ihrer sozialen Identität beraubt. Seit dem Hochmittelalter betrieben auch die Araber einen umfangreichen Sklavenhandel zwischen Afrika, Europa und Asien.

Am Beispiel der Abschaffung der Sklaverei zeigt sich wieder das Zusammenwirken von ökonomischen Interessen, ethisch-moralischen Prinzipien und politischen Prozessen auf nationaler und internationaler Ebene. Zum Ersten: der Sklavinnenhandel und die Sklaverei, wie sie seit Beginn der Neuzeit von den Europäern in Afrika und Amerika aufgebaut wurde, war ein System der kapitalistischen Ausbeutung, das den Grundwerten von Gleichheit und Würde aller Menschen diametral widersprach. Ihre Abschaffung wurde daher von Theologen und Philosophen schon früh gefordert. In der Französischen Revolution wurde sie (vorübergehend) abgeschafft. Die Abschaffung war dann ein explizites Ziel des *Abolitionismus*, einer Bewegung gegen die Sklaverei, gegründet in London 1787. Sie wurde durch religiöse (pietistische) und aufklärerische Ideen inspiriert. Diese erreichte, dass 1808 der Sklavenhandel auf allen Weltmeeren verboten und 1834 alle Sklavinnen im britischen Weltreich für frei erklärt wurden. International wurde Sklaverei durch den Wiener Kongress 1815 offiziell (wenn auch nicht de facto) abgeschafft. Die Abschaffung der Sklaverei war aber auch durch wirtschaftliche und politische Interessen begründet. Strukturelle Entwicklungen im Welthandel und in der landwirtschaftlichen Produktion in den US-Südstaaten, der Karibik und Lateinamerika machten die Beschäftigung von Sklavinnen immer weniger rentabel. Der politische Gegensatz zwischen Großbritannien und Frankreich förderte die Antisklavenbewegung in England. Dagegen war die Abschaffung der Sklaverei in den USA ein viel schwierigerer und länger dauernder Prozess. Einzelne Staaten (wie Rhode Island) hatten sie zwar schon im 17. Jahrhundert für illegal erklärt. Eine breitere Antisklaverei-Bewegung entwickelte sich aber erst ab 1830 unter dem Einfluss von protestantischen Konfessionen. Als Reaktion darauf verhärtete sich die Befürwortung der Sklaverei in den Südstaaten, da sie für die kapitalistischen Zucker- und Baumwollfarmer wirtschaftlich sehr vorteilhaft war. So war es erst das Resultat des blutigen Bürgerkriegs 1861–65, dass die Sklaverei in den ganzen USA abgeschafft wurde.

Der Kampf gegen die extreme Form der modernen Sklaverei entwickelte sich also zum Ersten aus geistigen und religiösen Strömungen (Aufklärung und pietistische Reformation). Zum anderen müssen auch die ökonomischen Interessen der kapitalistischen Sklavenhändler und -besitzer richtig eingeschätzt werden. Der Kolonialismus führte zwar zu einer riesenhaften Vermögensakkumulation bei den Reichen in den europäischen Kolonialstaaten, er hatte aber, wie auch die Sklaverei selbst, für die Entwicklung des Kapitalismus keine große Bedeutung (Weber 2011). In den USA hatte die Sklavenwirtschaft jedoch langfristige Nachwirkungen, und in Südamerika legte sie die Basis für eine fundamentale sozioökonomische und kulturelle Ungleichheit, die heute noch zwischen Weißen, Farbigen (Nachkommen von Weißen und Indigenen bzw. Schwarzen) und Afroamerikanerinnen, den schwarzen Nachkommen der Sklaven besteht. Bis heute ist Lateinamerika (neben Sub-Sahara Afrika) der Kontinent mit der höchsten Ungleichheit und Gewalt im öffentlichen Raum (Haller 2015). Mit dieser Ungleichheit hängt auch die hohe politische Instabilität dieses Subkontinents zusammen, in dem immer wieder autoritäre Regierungen an die Macht kommen. Aber auch in den USA, wo die Sklaverei einen eklatanten Widerspruch zur egalitären Verfassung darstellte, hatte sie starke Nachwirkungen. Im Zuge der Technologisierung der Plantagenwirtschaft in den Südstaaten verlor die Sklavenarbeit auch dort allmählich an Bedeutung. Ihre späte Aufhebung im amerikanischen Bürgerkrieg 1861–65 muss durch zwei weitere Faktoren erklärt werden. Zum einen durch die Tatsache, dass die Sklavinnen infolge ihrer weitverstreuten Verteilung auf einzelne Großfarmen und Zuckerfabriken nie in der Lage waren, sich zu starken Protestbewegungen zu organisieren. Zum anderen vermieden die vorwiegend aus England stammenden, protestantischen Siedler in Nordamerika (im Unterschied zu Spaniern und Portugiesen) eine Vermischung durch Heirat mit Sklaven und Indigenen. Beide Faktoren führten dazu, dass viele südliche US-Sklavenstaaten sofort nach Abschaffung der Sklaverei 1865 neue Gesetze (die *Jim Craw Laws*) erließen, die eine strikte Trennung zwischen Weißen und Schwarzen in öffentlichen Einrichtungen vorschrieben. Diese erniedrigenden Regeln wurden nach langen, durch die Bürgerrechtsbewegung initiierten Kämpfen (angeführt von Martin Luther King) erst im *Civil Rights Act* unter Präsident Lyndon B. Johnson 1964 aufgehoben. Schließlich muss man sagen, dass selbst in der heutigen Welt geheime Formen von „moderner Sklaverei" fortbestehen. Dies gilt insbesondere für die reichen islamischen Ölstaaten, die in hohem Ausmaß von der Beschäftigung von oft nahezu rechtlosen Gastarbeiterinnen leben. Aber auch in lateinamerikanischen Ländern, in Indien und China und in verborgener Form sogar in Europa gibt es noch vielfach sklavenartige Formen der Ausbeutung von Arbeitskräften und Dienstleistungspersonal (Batstone 2008).

Der zweite wichtige Schritt zur Durchsetzung von Gleichheit war *die Aufhebung der feudalen Ständeordnung* in Europa. Diese hatte den Angehörigen der verschiedenen Stände grundsätzlich unterschiedliche, ungleiche Rechte zugeschrieben. Sie stellte eine klare Privilegierung der höheren Stände gegenüber dem gemeinen Volk dar. Ihre Aufhebung erfolgte in mehreren Schritten: zuerst in der Französischen Revolution 1789, dann in der bürgerlichen Revolution von 1848 und effektiv nach dem Zusammenbruch der spätfeudalen Imperien des Habsburger- und Zarenreichs am Ende des Ersten Weltkrieges. Die Bewegungen zur Beseitigung der Ständeordnung wurden vor allem vom aufsteigenden Bürgertum getragen. Ein wichtiger Teilaspekt der Ständegesellschaft war die Leibeigenschaft der bäuerlichen Bevölkerung. Leibeigene Bauern konnten zwar selbständig wirtschaften, durften aber ihre Scholle nicht verlassen und nur mit Genehmigung der Grundherren heiraten; sie mussten einen Teil des Ertrages an diese (Adelige, Klöster, Kirchen) abliefern. Diese Form von Fronarbeit war am schwächsten ausgeprägt oder fehlte ganz in einigen Alpenländern und in Skandinavien, war jedoch am stärksten in Osteuropa. Aufgehoben wurde sie in Mitteleuropa gegen Ende des 18., in Russland und Rumänien erst gegen Ende des 19. Jahrhunderts. Das lange Fortbestehen dieser auch ökonomisch höchst fragwürdigen Institution war eine Hauptursache für die Stagnation der russischen Landwirtschaft und diese wieder eine wichtige Mitursache für die Revolutionen 1905 und 1917.

Der dritte entscheidende Schritt war die *Gleichstellung der Frauen,* die in vollem Umfang erst nach dem Zweiten Weltkrieg erreicht wurde (Majer 1995)[12]. Dass der Kampf um die Anerkennung der Frauen als vollwertige Mitglieder der Gesellschaft erst so spät, im Laufe des 19. Jahrhunderts, begann, obwohl die Frauen die Hälfte jeder Gesellschaft repräsentieren, hängt mit ideologischen und strukturellen Gründen zusammen. Zwar hatten gebildete Frauen schon in der Zeit der Aufklärung und in der Französischen Revolution aktive Rollen in Gesellschaft, Kunst und Kultur übernommen. Frauen höherer Stände organisierten Salons, in denen sich politisch und kulturell Interessierte trafen. Andere, wie Olympe des Gouges (1748–1793), wirkten als politische Schriftstellerinnen und Agitatorinnen für die Rechte der Frauen (de Gouges wurde dafür von den Revolutionären enthauptet). Das 19. Jahrhundert brachte mit der Vorherrschaft konservativer Regierungen in Europa zunächst eher einen Rückschritt. Im Bürgertum wurden Frauen auf ihre Rolle als Hausfrauen und Mütter festgelegt, was auch bedeutende Denker (wie Hegel, aber auch Kant) theoretisch legitimierten. Erst gegen Ende des 19. Jahrhunderts entwickelten sich parallel eine bürgerliche und eine proletarische Frauenbewegung. Die Hauptziele der ersteren waren Bildung und Wahlrecht, die letzteren sahen die Emanzipation der Frauen vor allem in einer Teilnahme am Erwerbsleben und einer Verbesserung der Arbeitsbedingungen. So wurde diese Bewegung auch von der sozialistischen Arbeiterbewegung unterstützt. Paradigmatisch dafür war das faktenreiche und erfolgreiche Buch von August Bebel *Die Frau und der Sozialismus* (veröffentlicht 1879). Durch ihren Ausschluss aus höherer Bildung, qualifizierten Tätigkeiten und Politik hatten Frauen viel weniger Ressourcen als Männer. Infolge ihrer individuellen Verbindung mit den Männern in Ehe und Familie und ihre schichtspezifisch höchst unterschiedliche Lage war ihre kollektive Organisation schwierig. So konnte das Frauenwahlrecht in den meisten Ländern erst nach dem

---

[12] Eine konzise Geschichte der Frauenbewegungen findet sich in *Feminismus und Geschichte der Frauenbewegungen in Deutschland*, Friedrich-Ebert-Stiftung; verfügbar unter https://www.fes.de/index.php?eID=dumpFile&t=f&f=60183&token=92f38026af5375b81447d5a36099373a72d25389 (2.2.2023).

Ersten Weltkrieg erkämpft werden. Die zivile Gleichstellung der Frauen in Ehe, Erbrecht und ihr voller Zugang zu Bildung und qualifizierten Berufen erfolgte vielfach erst nach 1945. Auch in dieser Hinsicht gab es bemerkenswerte Ungleichzeitigkeiten. In Finnland, damals noch ein Teil von Russland, wurde das Frauenwahlrecht bereits 1907 eingeführt, in der schon lange demokratischen Schweiz dagegen erst 1971, im Kanton Innerrhoden sogar erst 1991.

Der Fortbestand und die Neuentstehung spezifischer gruppenbezogener Ungleichheiten und Diskriminierungen

Als spezifische gruppenbezogene Ungleichheiten bzw. Diskriminierungen werden solche bezeichnet, die Gruppen von Menschen betreffen, deren soziale und politische Partizipation und Lebenschancen aufgrund bestimmter Merkmale und Eigenschaften signifikant eingeschränkt bzw. die aufgrund dieser ganz ausgeschlossen werden. Entscheidend war, dass man viele dieser Ungleichheiten lange Zeit als „naturgegeben" betrachtete und die damit verbundenen sozialen Benachteiligungen daher gar nicht als solche sah. Hier sind vor allem drei Formen relevant: die weiterhin bestehenden Ungleichheiten zwischen den Geschlechtern, die Ungleichheiten aufgrund von Behinderung und die Diskriminierung von Zuwanderern und Ausländerinnen.

Trotz Durchsetzung der grundsätzlichen rechtlichen und politischen Gleichberechtigung von Frauen ist evident, dass es weiterhin geschlechtsbezogene Ungleichheiten gibt. Es ist nicht möglich, hier systematisch und detailliert auf diese wichtige Problematik einzugehen. Sie ist auch sehr komplex, weil zwischen Männern und Frauen eine Vielzahl an biosozial (d. h. biologisch begründeten, aber soziokulturell überformten Eigenschaften) und kulturell bedingten Unterschieden bestehen. Die Frage ist, inwieweit man bei diesen Unterschieden auch von Ungleichheiten im Sinne von Ungerechtigkeiten sprechen kann. Aus der Sicht der Relevanz unterschiedlicher gesellschaftlicher Grundwerte sollen hier vier Aspekte kurz angesprochen werden.

(1) Inwieweit gibt es noch rechtliche Diskriminierungen von Frauen, die man durchaus als Nachwirkungen ihrer früheren totalen sozialen Benachteiligung sehen kann? Es ist ja noch nicht einmal hundert Jahre her, dass Frauen keine autonome Rechtspersönlichkeit darstellten, nicht studieren, viele qualifizierte Berufe nur als Ledige ausüben und nicht wählen durften. Im zivilrechtlichen Bereich waren Frauen noch nach 1945 in vielen europäischen Ländern (selbst in Frankreich) den Männern nicht gleichgestellt. Die grundsätzliche rechtliche Gleichstellung hat sich zweifellos massiv auf die Lebenschancen der Frauen ausgewirkt. Am offenkundigsten ist dies im Bildungswesen, wo Frauen inzwischen die Männer vielfach überholt haben. In der westlichen Welt ist die rechtliche Gleichstellung weitgehend realisiert; starke Defizite gibt es hierbei aber noch in islamischen Ländern.

(2) Gibt es Bereiche, in denen die ungleiche/benachteiligte Lage der Frauen auf Prozesse der Diskriminierung hinweist? Inwieweit können für Frauen die gesellschaftlichen Grundwerte als realisiert angesehen werden? Betrachten wir die existentiellen Grundwerte, so scheint es auf den ersten Blick, dass Frauen eher privilegiert sind. In praktisch

allen Ländern haben Frauen eine um vier bis fünf Jahre längere Lebenserwartung. Dieser Vorsprung schmilzt jedoch weitgehend weg, wenn man das neuere Maß der Lebenserwartung in guter Gesundheit betrachtet. Frauen hatten in Österreich 2019 bei Geburt eine Lebenserwartung von 83,7, Männer von 79,5 Jahren; die Erwartung gesunder Lebensjahre betrug bei Frauen 64,7, bei Männern 63,1 Jahre. Frauen sind auch häufige Opfer in Kriegen, direkt durch physische und sexuelle Gewalt und durch den Zwang zur Flucht. Sie sind auch häufig Opfer von Gewalt in der Familie und von Anpöbelungen und unerwünschten Übergriffen in Arbeitswelt und Öffentlichkeit.

(3) Betrachtet man die Lage der Frauen in Bezug auf Gleichheit und Ungleichheit, wird immer wieder und zu Recht auf den *gender-pay-gap*, die geringere Entlohnung von Frauen gegenüber den Männern, hingewiesen. Frauen verdienen in den OECD-Ländern 20 % bis 25 % weniger als Männer. Wenn man berücksichtigt, dass Frauen häufiger in Teilzeit und in niedrig entlohnten Branchen arbeiten, verbleibt immer noch ein Einkommensnachteil von 5 % bis 10 % gegenüber Männern. Inwieweit sind an dieser Differenz Diskriminierungsprozesse beteiligt? Tatsächlich gibt es solche in mehrfacher Hinsicht. So können geschlechtsspezifische Ungleichheiten bei der Entlohnung in Betrieben verborgen werden, indem die vor allem von Frauen ausgeübten Tätigkeiten als „leicht" eingestuft und damit schlechter entlohnt werden. Die „gläserne Decke," die Barriere für Frauen beim Aufstieg in Spitzenpositionen, kann mit Diskriminierungen durch Männernetzwerke zusammenhängen. Aber hier ist auch zu fragen, ob Frauen selbst solche Karrieren und Positionen vielleicht weniger anstreben als Männer, weil ihnen andere Werte wichtiger sind. Dafür gibt es Evidenz aus Interviews mit weiblichen Führungskräften, die ihre Jobs aus diesem Grund aufgegeben hatten (Pinker 2008). Bei Studienanfängerinnen zeigt sich, dass den Frauen bei der Wahl des Faches das zu erwartende Gehalt weniger wichtig ist als Männern. Ein anderer Faktor ist die Tatsache, dass viele Frauen mit Kindern Teilzeitarbeit präferieren. Bis zu einem gewissen Anteil können die niedrigen Einkommen von Frauen daher nicht als Diskriminierung angesehen werden. Eine solche liegt jedoch eindeutig vor bei der finanziellen Schlechterstellung von Frauen bei Alterspensionen und -renten. Da diese zu einem guten Teil auf ihre durch Kindererziehung verursachten kürzeren Erwerbszeiten zurückzuführen sind, liegt hier eine besonders krasse soziale Ungerechtigkeit vor. Hier ist das Umlageverfahren zur Finanzierung der Renten und Pensionen relevant, das in Österreich und Deutschland besteht: diese werden nicht durch frühere Einzahlungen, sondern zum größeren Teil durch die heute Erwerbstätigen finanziert. Dadurch finanzieren die von diesen Frauen aufgezogenen Kinder de facto die Renten und Pensionen aller. Hier kann nur ein Bündel von Maßnahmen Abhilfe schaffen.

Dazu gehört die Erleichterung einer vollen Erwerbstätigkeit zugleich mit Kindererziehung (etwa durch Ausbau von Kinderkrippen, Kindergärten und Ganztagschulen), die stärkere Anrechnung von Erziehungsarbeit auf die Pension, aber auch die Einbeziehung der Partner bei der Finanzierung der Pension der Frauen (durch Aufsplittung der Pensionsbeiträge auf beide Partner). Eine bessere Absicherung der Frauen in dieser Hinsicht würde sich auch positiv auf die Realisierung der Grundwerte der sozialen Inklusion und des Wohlstands auch für Frauen auswirken. So stehen viele, vor allem auch gut ausgebildete Frauen, heute vor dem Dilemma, sich zwischen einer beruflichen Karriere und der Gründung einer Familie entscheiden zu müssen.

(4) Die Emanzipation der Frauen war, wie bereits erwähnt, auch ein Kampf der Ideen, und damit ein Prozess, der auch ideologisch begründet werden musste. Welche Rolle spielen solche Ideologien, wie der Feminismus einerseits, traditional-patriarchale Rollenvorstellungen andererseits heute noch? Hier kann man sagen, dass sich die Grundprinzipien der zweiten Welle des Feminismus – Gleichstellung der Frauen in Recht, Bildung und Erwerbsleben – weitgehend durchgesetzt haben. Die daraus abgeleiteten Maßnahmen des *gender mainstreaming* wurden seit der UN-Weltfrauenkonferenz 1995 in Peking und in der Folge auch in der EU weitgehend anerkannt und haben zu zahlreichen Maßnahmen geführt. De facto hat das *gender mainstreaming* sogar eine Dominanz erlangt, das problematische Folgen haben kann. So handelt es sich, obwohl Gleichstellung beider Geschlechter angestrebt wird, doch primär um Frauenpolitik. Die vor allem auf öffentliche Institutionen konzentrierten Maßnahmen haben auch Auswirkungen auf das private Leben und üben einen problematischen Druck in Richtung einer Anpassung an ein bestimmtes Modell des Familienlebens aus. Wenn man jedoch die tatsächlichen Wertorientierungen von Frauen betrachtet, zeigt sich, dass es selbst in Europa und in der westlichen Welt interkulturell erhebliche Unterschiede in den Rollenbildern für Frauen gibt.

Nur ein kleinerer Anteil von Frauen erstrebt eine herausfordernde Karriere, die Mehrheit möchte Familie und Beruf möglichst gut in Vereinbarung bringen (Haller und Höllinger 1994; Hakim 2003). Nicht eindeutig ist auch, welche Wirkung Maßnahmen zur Gleichstellung der Geschlechter effektiv haben. Der enorme Aufholprozess im Bereich der Bildung war jedenfalls nicht auf spezifische Frauenförderung zurückzuführen. Seine positive Folge ist, dass bereits jetzt – in manchem Bereich verzögert – auch ein signifikanter Anstieg des Frauenanteils in vielen qualifizierten Berufen (etwa im Gesundheitsbereich und Rechtswesen) erfolgt. In bestimmten Bereichen – insbesondere in der Politik – mag auch die Festlegung auf geschlechtsspezifisch paritätische Besetzung angebracht sein. In anderen Bereichen kann ein Druck in dieser Richtung aber Folgen haben, die nicht den Prinzipien von Gleichheit und Gerechtigkeit entsprechen.

Eine zweite Gruppe von Menschen, deren Lage in Bezug auf Gleichheit und „Gleichstellung" problematisch ist, sind *Behinderte*. Behinderung stellt eine mehr oder weniger dauerhafte und gravierende Einschränkung der Teilhabe einer Person an bestimmten gesellschaftlichen Sphären oder Tätigkeiten dar. Die verschiedenen Formen von Behinderung – Blindheit, Gehörlosigkeit, Sprachlosigkeit, körperliche und psychische Behinderung – wurden früher als naturgegeben und unveränderlich angesehen, die Betroffenen als „Andere" gesehen. Es wurden daher keinerlei Bemühungen zur Reduktion oder Beseitigung der Behinderungen unternommen. Wenn man die Betroffenen dann noch in geschlossene Anstalten einwies, um sie von der Gesellschaft fernzuhalten, handelte es sich um eine tatsächliche Diskriminierung – dies vor allem in öffentlichen Anstalten mit Zwangscharakter. Diese Form der Aussonderung von geistig Behinderten und psychisch Kranken wurde zu Beginn der Neuzeit und im Zeitalter der Aufklärung intensiviert (Foucault 1969). Daneben gab es allerdings schon zu dieser Zeit aufgeklärte Ärzte,., die Ansätze zur Überwindung bzw. Kompensation der Behinderungen entwickelten. Auch die christlichen Kirchen bemühten sich aus karitativen Gründen um Behinderte (Watzka 2007). Daneben bestanden jedoch negative Stereotypisierungen und Praktiken weiter fort. Von Ungerechtigkeit kann man sprechen, wenn Behinderten Rechte oder Chancen vorenthalten werden bzw. ihre Inanspruchnahme im Vergleich zu nicht Behinderten erschwert ist. Da dies aber oft tatsächlich der Fall ist, steht außer Frage, dass Umgang mit Behinderung eng mit dem Wert der Gerechtigkeit zusammenhängt (Nussbaum 2010).

Generell kann man sagen, dass sich der Begriff und das Verständnis von Behinderung historisch fundamental gewandelt haben – sicher im Zusammenhang mit dem Bedeutungsanstieg der Werte Freiheit, Gleichheit und Menschenwürde. In Bezug auf diese Problematik seien hier vier Thesen aufgestellt. (1) Selbst individuelle körperliche oder geistige Defizite, die objektiv als Behinderung klassifiziert werden können, können durch Entwicklung alternativer Fähigkeiten oft in erstaunlich hohem Maße ausgeglichen werden. So können Gehörlose durch die Gebärdensprache, die als echte Sprachen angesehen werden können, voll mit anderen Menschen kommunizieren. Bemühungen zur Förderung der Entwicklung und Ausbildung von Behinderten wurden früher vernachlässigt in der Annahme, sie seien ohnehin fruchtlos. Diese Annahmen konnten grundlegend widerlegt werden (Nußbaum 2010). (2) Es gibt vielerlei Möglichkeiten im Bereich der Öffentlichkeit, der Arbeitsorganisationen wie auch der privaten Haushalte, das alltägliche Leben von Behinderten zu erleichtern und sie trotz ihrer Handicaps in das soziale Leben einzubeziehen. Besonders relevant ist hier die Erwerbstätigkeit und das Arbeitsleben. Betrachtet man den Lebenslauf von Behinderten im Ganzen, so ist hier ein Grundbegriff die Fürsorge (Nußbaum 2010). Sie ist vor allem im Kinder- und Jugendalter essentiell, aber in mancher Hinsicht auch im Erwachsenenalter noch notwendig. Fürsorge bedeutet, dass die engen Bezugspersonen – zunächst Familienmitglieder und Freundinnen, dann Schule, Gemeinde, Betrieb und schließlich der Staat – dafür sorgen, dass die persönlichen und sozialen Grundbedürfnisse von Behinderten adäquat befriedigt werden. (3) Die gesellschaftlichen Vorstellungen von Behinderung und deren Implikationen stellen einen wichtigen Faktor für ihre volle soziale Integration dar. Es gibt hier einen positiven Trend zur Abkehr von einer Stigmatisierung und hin zu einer Sichtweise von Behinderten als in bestimmter Hinsicht gehandicapten, aber grundsätzlich gleichberechtigten und zu qualifizierten Tätigkeiten fähigen Menschen. Diese Anerkennung ist auch für die Eltern von behinderten Kindern ein schwieriger Lernprozess. Ein Teil dieses Prozesses ist ein sensibler Umgang mit dem Begriff der Behinderung selbst. Viele traditionelle Begriffe waren klar stigmatisierend („an den Rollstuhl gefesselt", taubstumm, mongoloid); Alternativen lauten: Menschen mit Behinderung oder Beeinträchtigung. (4) Behinderte, ihre Sprecher und ihre Organisationen, haben selbst – wie auch alle anderen sozial benachteiligten Gruppen – zur Anerkennung ihrer besonderen Bedürfnisse beigetragen (Stoll 2017). Letztlich sind es vor allem sie selbst, die ihre Probleme erkennen und adäquat zum Ausdruck bringen können. Damit sie dazu auch effektiv fähig sind, ist ihre frühzeitige und volle Inklusion vor allem in das Bildungssystem, in der Folge aber auch in das Erwerbsleben essentiell.

Zuwandererinnen und Ausländer – eine weltweit neue, vielfach diskriminierte Gruppe
Es gibt heute auch eine neue große Gruppe von Menschen, von denen man viele als benachteiligt ansehen kann, nämlich die Zuwanderer bzw. Ausländerinnen. Auf sie ist hier zumindest hinzuweisen. Als Folge einer ökonomisch sehr ungleichen Entwicklung in vielen, oft direkt benachbarten Regionen der Welt einerseits, einer immensen Entwicklung von Verkehrs- und Kommunikationsmöglichkeiten andererseits hat sich die internationale Migration und Mobilität in der zweiten Hälfte des 20. Jahrhunderts weltweit verstärkt. In vielen Ländern gibt es heute bis zu 15 % Ausländer. Betrachtet man alle jene, die zuwanderten und dann Staatsbürgerinnen wurden, stellen sie ein Drittel oder einen noch höheren Anteil der Bevölkerung in wirtschaftlich hochentwickelten Ländern dar. Alle sozialstatistischen Daten zeigen, dass sich die soziale Lage dieser Zuwanderer in vieler Hinsicht weniger gut darstellt als jene der Einheimischen: Sie haben eine weniger gute Ausbildung und arbeiten in Branchen mit niedrigeren Löhnen, in denen noch dazu oft schwierige Arbeitsbedingungen herrschen (Bauwesen, Schwerindustrie, einfache Dienstleistungen). Selbst innerhalb der Europäischen Union, wo für Staatsbürgerinnen aller Mitgliedsländer Niederlassungsfreiheit und das Recht auf Erwerbstätigkeit besteht, werden zugewanderte Nichtstaatsbürger politisch diskriminiert, indem sie nicht wählen dürfen. Für Zuwanderer aus Drittstaaten ist die Aufnahme einer Erwerbstätigkeit und der Erwerb der Staatsbürgerschaft vielfach mit sehr hohen Hürden verbunden. Kinder von Ausländern werden in Österreich und Deutschland, selbst wenn die Eltern schon lange in einem Land leben, als Ausländer geboren. Von Seiten der Einheimischen und rechtsorientierter Parteien erfahren die Zuwanderer oft Ablehnung und soziale Diskriminierung. In besonders prekärer Lage befinden sich Flüchtlinge und Asylbewerberinnen. Diese Menschen, die oft aufgrund von Kriegen oder gewalttätigen ethnischen Konflikten aus ihren Heimatländern fliehen mussten, haben es besonders schwer, einen gesicherten Aufenthalt zu erlangen und sich sozial zu integrieren. Dies gilt noch stärker für irreguläre („illegale") Zuwanderer, die keine Verfolgung in ihrem Herkunftsland nachweisen können.

Die Lage der Zuwandererinnen ist aber auch ein Paradebeispiel für die Komplexität von Gleichheit und Ungleichheit. So ist die interne Lage der Zuwanderer höchst differenziert. Zum ersten: Neben den genannten, deutlich benachteiligten Gruppen gibt es auch signifikante Gruppen von hochqualifizierten Migranten in wissenschaftlichen, technischen und leitenden Tätigkeiten und Positionen, die vielfach ebenso gut oder besser dastehen wie ihre einheimischen Kolleginnen und Kollegen. Zum Zweiten: Trotz aller genannten Benachteiligungen zeigen empirische Studien, dass auch die Zuwanderer in weniger privilegierten Tätigkeiten und Positionen ihre Lage insgesamt sehr positiv beurteilen. Sie vergleichen sich offenkundig nicht nur mit den Einheimischen, sondern auch mit den

Menschen in ihren Herkunftsländern bzw. haben ihre eigene Lage dort vor der Abwanderung im Auge. Zum dritten: die Kinder von Zuwanderinnen haben oft höhere Bildungs- und Berufsaspirationen als die Kinder Einheimischer. Die Schlussfolgerung aus diesen Fakten: Man kann auch bei Zuwanderern nicht pauschal von Benachteiligung sprechen und ihre statistisch nachweisbare Schlechterstellung als Folge von Diskriminierung. Dass eine solche aber in vielfacher Weise erfolgt, ist nicht zu bestreiten.

Prozessuale und distributive Ungleichheiten

Unter prozessualen Ungleichheiten werden hier alle jenen sozialen und politischen Prozesse verstanden, welche Ungleichheiten erzeugen. In Wissenschaft und Politik kommt in der Regel nur das Resultat dieser Prozesse – die Anteile verschiedener Gruppen in bestimmten Positionen oder die Verteilung der Einkommen, also die distributive Ungleichheit – in den Blick. Von diesen Daten kann man jedoch nicht unvermittelt auf Diskriminierungen und Benachteiligungen schließen. Daher ist es soziologisch wichtig, sich auf jene Prozesse zu konzentrieren, die zu den jeweiligen Verteilungsungleichheiten führen. Hier sind zu nennen: der Bildungszugang und die Bildungswege; die Zugänge zu beruflichen Positionen und Karrieren; die Verknüpfung zwischen beruflichen Positionen, Einkommen und anderen Privilegien.

Im Folgenden soll nur auf den ersten Aspekt näher eingegangen werden. Dabei soll vor allem aufgezeigt werden, dass eine Zerlegung dieser Prozesse in unterschiedliche Kausalfaktoren bzw. Mechanismen notwendig, aber nicht einfach ist; es bestehen hier noch große Forschungslücken. Im Anschluss daran soll aus dieser Sicht ein Aspekt der distributiven Ungleichheit, nämlich die Einkommens- und Vermögensverteilung, diskutiert werden. Wir werden sehen, dass auch hier eine Reihe von Thesen verfochten werden, die mit einer soziologischen Perspektive, die sowohl dynamisch-prozessorientiert ist und die Relevanz unterschiedlicher Interessen und Werte beachtet, nicht vereinbar sind.

Die Ungleichheit der Bildungschancen
Die Bildungschancen sind spätestens seit den 1960er Jahren ein zentrales Thema von Wissenschaft und Politik. Für Ökonominnen ist seit Adam Smith Bildung als „Humankapital" im Zusammenhang mit dem technologischen Fortschritt ein entscheidender Faktor für Wirtschaftswachstum. Ein Vergleich der in den letzten Jahrzehnten dynamischsten Regionen und Länder der Welt (vor allem in Südostasien) mit den deutlich zurückgebliebenen (vor allem islamischen und afrikanischen Ländern) bestätigt diese These klar (Klingholz und Lutz 2016). Aus soziologischer und ökonomischer Sicht wird Bildung als wichtigste Basis für Lebenschancen im weitesten Sinne gesehen, für Berufskarrieren, für soziale und kulturelle Teilnahme bis hin zu Gesundheit und Lebenserwartung. Aus politischer Sicht ist Bildung die Grundlage für politisches Verständnis und Teilnahme. Die Frage ist: fördert die massive Expansion der Bildung Gleichheit oder reproduziert sie nur Ungleichheit? Diese Frage ist nicht ohne Weiteres zu beantworten. Zunächst muss

man sagen, dass das moderne, hierarchisch gegliederte Bildungssystem einen riesigen neuen Selektions- und Allokationsmechanismus darstellt, welcher die jungen Menschen für unterschiedliche Berufspositionen und -felder vorsortiert, welche ihrerseits klare Statusdifferenzierungen aufweisen (Haller 1986). Aus dieser Sicht könnte man mit Bourdieu/ Passeron (1971) feststellen, dass das Bildungssystem nur die hierarchisch-inegalitäre Sozialstruktur reproduziere. Dazu kommt ein zweiter Aspekt. Zwar ist das Bildungssystem heute grundsätzlich offen und inklusiv, aber tatsächlich zeigen alle empirischen Studien, dass die soziale Herkunft die Bildungschancen stark beeinflusst: Kinder aus höheren Schichten, insbesondere von Akademikerinnen, erreichen viel häufiger höhere Abschlüsse als jene aus unteren Schichten. Die Bildungsexpansion hat zwar zu einer Verbesserung des Bildungsniveaus auch von Kindern aus unteren Schichten geführt, zugleich erreichen aber jene aus den höheren sozialen Klassen immer höhere Abschlüsse, sodass die relativen Abstände bestehen bleiben (Blossfeld u. a. 2019).

Es gibt jedoch zumindest drei Bereiche, in denen das Bildungssystem sehr wohl eine egalisierende Wirkung ausgeübt hat. Die erste ist die evidenteste, nämlich der Bildungszugang und -aufstieg der Frauen. Er hat so weit geführt, dass diese heute sogar die Männer überholt haben. Dies kann als eine der massivsten sozialstrukturellen Umschichtungen der vergangenen Jahrzehnte betrachtet und als echte soziale Revolution bezeichnet werden. Als Folge der gestiegenen Bildung haben Frauen heute Zugang zu allen, auch akademischen und leitenden Berufspositionen. In großen Feldern der ersteren (Medizin, Rechtswissenschaft) sind sie dabei, die Männer zu überholen. Darüber hinaus haben sich auch die sozialen Beziehungen und Verhaltensweisen von Männern und Frauen in Familie und Gesellschaft signifikant verändert. Dass sich heute etwa ein Viertel bis ein Drittel der Männer stark an Hausarbeit und Kinderbetreuung beteiligen,[13] stellt gegenüber früheren Jahrzehnten eine deutliche Veränderung dar.

Feministinnen neigen allerdings dazu, den massiven Wandel in der Bildungsbeteiligung der Frauen angesichts ihrer zweifellos weiterhin bestehenden Benachteiligungen abzuwerten. Der zweite Aspekt ist die Tatsache, dass der Großteil der soziologischen Studien zu Bildungschancen nur den Status der Eltern betrachtet, aber nicht die Persönlichkeitsmerkmale und das Verhalten (Intelligenz, Fleiß, Ausdauer, Zielstrebigkeit usw.) der Kinder und Jugendlichen selbst. Wenn man auch diese einbezieht, ist ihr Effekt sehr stark, ja zum Teil stärker als jener der sozialen Herkunft (Schnock/Atz 2008).

Anhand eines umfangreichen Panels stellten neuerdings auch Holtmann et al. (2021) fest, dass Bildungsaspirationen und kognitive Fähigkeiten der Kinder sehr wichtig sind, Persönlichkeitsmerkmale dagegen weniger; alle hängen aber teilweise auch mit dem Elternstatus zusammen. Tatsächlich finden sich ja erhebliche Anteile von Kindern auch aus Unterschichten auf den Universitäten. Aufgrund dieser beiden Aspekte ist die weithin unkritisch übernommene Behauptung von Bourdieu unhaltbar, Chancengleichheit im modernen Bildungssystem sei eine Illusion.

---

[13] Vgl. dazu etwa Silvia Strub/Tobias Bauer, Wie ist die Arbeit zwischen den Geschlechtern verteilt? BASS, Bern 2020; verfügbar unter www.fairplay-at-home.ch (2.2.2023).

Zum Dritten gilt, dass die Struktur eines Bildungssystems mitbestimmt, ob Chancengleichheit gegeben ist oder nicht. Die Chancengleichheit ist höher in inklusiven Bildungssystemen, in denen ein großer Teil aller Schülerinnen bis in die Sekundarstufe II in einem gemeinsamen System verbleibt. Dies ist etwa der Fall in den skandinavischen Ländern, zum Teil aber auch in Russland und den USA und neuerdings auch in südostasiatischen Ländern wie Korea, nicht jedoch in Frankreich und den deutschsprachigen Ländern. Entsprechend unterscheiden sich sowohl das Ausmaß der Bildungsexpansion wie auch die Bildungschancen (Below 2008; Shavit und Blossfeld 1993).

Aus der Sicht von Gleichheit als Grundwert und sozialer Norm stellt sich das Bild also nicht so einfach dar. Zum Ersten: von einer Verletzung dieses Grundwertes könnte man nur sprechen, wenn das Bildungssystem selbst die Schüler stark schichtspezifisch selegieren würde. Das hieße, dass Kinder aus höheren Schichten bevorzugt und die Kinder nicht oder nur sekundär nach ihrer Schulleistung beurteilt und für weiterführende Bildungswege empfohlen werden. Aber Lehrer auf allen Stufen sind durchaus daran interessiert, die Schülerinnen nach ihren Leistungen zu beurteilen und zu fördern. Dafür gibt es von Schulbehörden und Lehrervereinigungen auch detaillierte Anleitungen. Heute wird auch durch die externen Schulleistungsuntersuchungen im Rahmen der PISA-Studien in allen OECD-Staaten ein zusätzlicher Druck auf Objektivierung von Schülerinnenbeurteilungen ausgeübt.

Zum Zweiten: in einer freien Gesellschaft kann man es den Eltern nicht verbieten, ihre Kinder so weit als möglich zu unterstützen und zu fördern. In der *Allgemeinen Erklärung der Menschenrechte* wird sogar explizit festgestellt, dass die Eltern „ein vorrangiges Recht haben", die Art der Bildung zu wählen, die ihren Kindern zuteil werden soll. Die Interessen und Bemühungen der Eltern sind aber einer der Hauptgründe für das bessere Abschneiden von Kindern aus höheren Schichten im Schulsystem bzw. die Aspirationen dieser Kinder, in höhere Bildungseinrichtungen zu gelangen. Herausragende Leistungen in Wissenschaft und Kunst werden vor allem von Hochbegabten erreicht, die auch von ihren Eltern stark gefördert werden. Exemplarische Beispiele dafür sind Johann S. Bach und Wolfgang A. Mozart, die selbst aus musikalisch höchst aktiven Familien stammten. Die Eltern von Nobelpreisträgern waren überdurchschnittlich häufig selbst herausragende Wissenschaftlerinnen (Haller et al. 2002). Die von Soziologen neuerdings häufig vorgebrachte These, die Relevanz der sozialen Herkunft für die Bildungschancen widerlege den „Mythos" der Meritokratie, ist also keineswegs haltbar.[14] Dennoch ist es notwendig, kompensatorische Maßnahmen zu treffen und Schülerinnen aus bildungsfernen Schichten besonders fördern.

Grundsätzlich ist also festzuhalten, dass die Ungleichheit der Bildungschancen nicht die These widerlegt, dass westliche Gesellschaften Meritokratien darstellen. Es sind aber auch nicht Meritokratien im Sinne der Dystopie, wie sie Michael Young (1961) in seiner

---

[14] So etwa Hadjar (2008). Auch Michael Hartmann (2002) argumentiert in seinen Studien zu Herkunft und Karrieren von Eliten in dieser Weise, weil bei deren Rekrutierung und Beförderung auch nicht direkt leistungsbezogene Kriterien (wie gutes Auftreten, Herkunft etc.) wichtig seien.

Zukunftsvision *Es lebe die Meritokratie* dargestellt hat: In dieser perfekt „meritokratischen" Gesellschaft werden die jungen Menschen durch ein effizientes Testsystem in verschiedene Schichten einsortiert, die dann unterschiedlich qualifizierte berufliche Positionen innehaben. Aber auch beim Ausbau des Bildungssystems kann man darauf achten, inwieweit dadurch Chancengleichheit gefördert werden kann. Der Trend zu Privatschulen und -universitäten, das Absolvieren internationaler Studiengänge für den Zugang zu qualifizierten Positionen usw. sind sicherlich ein Beitrag zur Förderung der Selektivität der höheren Bildung und damit der Bildungsungleichheit generell.

Einkommensungleichheit und Vermögenskonzentration
Last but not least soll hier ein Aspekt diskutiert werden soll, der in jüngster Zeit in Wissenschaft und Öffentlichkeit ganz besondere Aufmerksamkeit gewonnen hat. Es ist dies die Frage, wie es mit den Ungleichheiten der Verteilung von Einkommen und Vermögen aussieht, wie diese mit anderen Formen von Ungleichheiten zusammenhängen und wie sie unter der Norm der Gleichheit zu beurteilen sind. Hier geht es vor allem um diese Ungleichheiten im nationalen Rahmen.

Eine Reihe von Ökonomen haben die These aufgestellt, dass im Zusammenhang mit der Durchsetzung des Neoliberalismus seit den 1980er Jahren weltweit eine massive Zunahme der Ungleichheit stattgefunden hat. Demnach werden in den USA die Reichen immer reicher, die Armen immer ärmer (Joseph Stiglitz), Deutschland sei zu einem der inegalitärsten Länder der Welt geworden (so der Ökonom Marcel Fratzscher. Der französische Ökonom Thomas Piketty (2014) landete mit seinem Werk *Das Kapital im 21. Jahrhundert* einen Weltbestseller. Darin stellte er die These auf, die Vermögensungleichheit nehme massiv zu, weil die Kapitaleinkommen schneller steigen als die Lohneinkommen; auch die mittleren und unteren Einkommen fallen angeblich immer mehr zurück. Der nicht zuletzt wegen seiner politischen Aktivitäten weltweit bekannt gewordene französische Soziologe Pierre Bourdieu veröffentlichte 2010 mit einem Team von Mitarbeitern und Mitarbeiterinnen ein umfangreiches Werk mit dem Titel *Das Elend der Welt*. Darin wurden ausführliche Interviews mit Menschen in verschiedenen, eher peripheren Regionen Frankreichs durchgeführt, die vielfältigen Problemen und Deprivationen ausgesetzt waren. Hinter der Analyse steht die These, ihre Probleme seien durch das Vordringen des Neoliberalismus verursacht worden. Unter Neoliberalismus versteht man die neue, von Thatcher und Reagan in den 1980er Jahren initiierte und dann von den internationalen Währungs- und Entwicklungsinstitutionen übernommene Wirtschaftspolitik der Privatisierung öffentlicher Unternehmen, der Deregulierung und Liberalisierung der Märkte und der Reduktion staatlicher Interventionen (Willke 2003; Butterwegge et al. 2008). Eine zentrale These der Kritikerinnen des Neoliberalismus lautet, die multinationalen Konzerne seien zu „neuen Herrschern der Welt" aufgestiegen (so der Schweizer Soziologe und Menschenrechtsaktivist Jean Ziegler).

Alle diese Thesen und Prognosen sind aber deutlich übertrieben oder allenfalls für bestimmte Länder gültig. Tatsächlich stieg die Ungleichheit in den USA, aber nicht in Frankreich und nur wenig in Deutschland und Österreich. Die mit Abstand stärkste

Zunahme gab es jedoch in Ländern wie China, Indien und Israel; die Zunahme in diesen Ländern hat mit dem Neoliberalismus aber nicht allzu viel zu tun (Haller 2015). Die neoliberale Doktrin selbst, bekannt unter dem Namen *Washington-Konsensus,* wurde im Zuge der tiefen Wirtschaftskrise 2008/09 mehr oder weniger aufgegeben. Betrachtet man andere Aspekte, so gab es in dem meisten sozioökonomischen Indikatoren in den letzten Jahrzehnten starke Verbesserungen (Mingels 2017). Auch die These vom Abstieg der Mittelschichten in Deutschland ist überzogen. Zugenommen hatte in der Tat deren Angst vor einem Abstieg bis Anfang der 2000er Jahre; seither ist diese aber auch wieder gesunken. Möglicherweise haben soziologische Bücher mit Titeln wie *Prekarität, Abstieg, Ausgrenzung* (Robert Castel und Klaus Dörre 2009), *Gesellschaft der Angst* (Heinz Bude 2014), *Die Abstiegsgesellschaft* (Oliver Nachtwey 2016) zur zwischenzeitlichen Zunahme der Statusangst beigetragen.

Dennoch muss man konstatieren, dass Einkommen und noch stärker die Vermögen höchst ungleich verteilt sind. Viele Menschen würden ihr sogar noch kritischer gegenüberstehen, wenn sie die Verhältnisse genauer kennen würden. So verfügt in Deutschland das reichste Zehntel der Haushalte über mehr als 60 % des gesamten Vermögens (Sach- und Geldvermögen), dagegen hatten rund zwei Drittel der erwachsenen Bevölkerung kein oder nur sehr geringes Vermögen. Die empirisch feststellbaren Vorstellungen über die Wahrnehmung der sozialen Ungleichheit wurden als Illusionen bezeichnet, weil die Menschen die objektive Struktur verzerrt wahrnehmen und sie daher als „gerecht" beurteilen (Wegener 1987). Man beurteilt die Einkommensverteilung vor allem aus der Sicht der eigenen Position und unterschätzt dabei die hohen und überschätzt die niedrigsten Einkommen. Zweifellos kann man die enormen objektiven Ungleichheiten nicht ohne weiteres als Folge der Geltung des Leistungsprinzips ansehen. „Leistung" ist ja in vielen Berufen – wenn man einmal von Selbständigen absieht, bei denen sich der Arbeitseinsatz teilweise direkt in Umsatz und Einkommen niederschlägt – nicht wirklich messbar. Die Einkommensdifferenzen zwischen Wirtschaftssektoren und Berufen ergeben sich aus einer Vielzahl von Faktoren: der durchschnittlichen Ausbildung ihrer Inhaber; der Knappheit an Arbeitskräften für bestimmte Berufe; der beruflichen Erfahrung; der Seniorität (vielfach steigen Einkommen mit der Dauer der Zugehörigkeit zum Unternehmen mehr oder weniger automatisch); der wirtschaftlichen Stärke und Gewinnsituation von Unternehmen in verschiedenen Wirtschaftsbranchen; der Stärke der gewerkschaftlichen Organisation nach Unternehmen und Branchen; der Zugehörigkeit zum öffentlichen Sektor (die insgesamt eine klare Einkommensprivilegierung mit sich bringt, weil die Lohnbildung weitgehend unabhängig von Marktkräften erfolgt).

Bei der Bildung von Vermögen kommen zwei Faktoren dazu. Zum einen die Tatsache, dass man – um in bestimmten Sektoren überhaupt als Selbständiger oder Unternehmerin tätig zu werden – ein Mindestkapital braucht. Wenn man aber ein solches hat, ist im Erfolgsfall eine starke Vermehrung des Kapitals möglich. Zum Zweiten spielt eine Vielzahl von „Zufallsprozessen" eine Rolle: die Prosperität einer Branche, in welcher man ein Unternehmen gründet oder besitzt; die Markt- und Konkurrenzsituation; die Formen der Vererbung, einschließlich der Aufsplittung von Vermögen durch Vererbungsprozesse. Zwar gehen die meisten hohen Vermögen auf Erbschaften zurück, aber Vererbung ist auch eine Hauptursache für ihr Abschmelzen, wie der Ökonom S. Lebergott (1976) zeigte. Viele der größten Vermögen lösen sich schon im Laufe einiger Generationen wieder auf (für Wien um 1900 vgl. Sandgruber 2013).

Die Zusammensetzung der von der Zeitschrift FORBES veröffentlichten Listen der reichsten Menschen der Welt ändert sich in der Regel schon nach wenigen Jahrzehnten stark.[15] Die Ungleichheiten der Einkommen und Vermögen in einem Lande sind auch von institutionell-historischen Bedingungen abhängig. So ist die Einkommensungleichheit noch heute in jenen Ländern und Regionen extrem hoch, wo es früher Sklaverei gab (Lateinamerika und Sub-Sahara Afrika). Auf der anderen Seite erscheint es als paradox, dass die Vermögensungleichheit in Ländern wie Dänemark und Schweden eine der höchsten weltweit ist (Haller 2015). Der Grund ist, dass privates Sparen und Vermögensbildung (etwa durch Bau eines Einfamilienhauses) aufgrund der starken Absicherung durch den Wohlfahrtsstaat in diesen Ländern nicht notwendig sind.

Die Folgerung aus diesen Fakten lautet wieder: Entscheidend ist es, die Prozesse zu untersuchen, durch welche die Ungleichheit der Vermögen zustande kommt und insbesondere die Prozesse, die die Entstehung extrem hoher Vermögen begünstigen. Wenn sich hier Praktiken und Prozesse zeigen, die unter den Aspekten von Gleichheit und Gerechtigkeit problematisch sind, kann man daraus realistische und weithin akzeptierte politische Maßnahmen ableiten. Dass es jede Menge solcher Aspekte gibt, steht außer Frage: Man denke etwa an die Praktiken multinationaler Konzerne, ihre Steuern durch Anmeldung von Briefkastenfirmen in Steueroasen zu minimieren; an die Vermögens- und Erbschaftsbesteuerung, die in Deutschland und Österreich sehr niedrig ist oder überhaupt fehlt (im Unterschied selbst zu den USA); an vielfältige Möglichkeiten für Unternehmen, Steuern zu vermeiden und für Reiche, ihr Vermögen dem Fiskus zu entziehen (z. B. durch Stiftungen).

Als „gerecht" erscheint insbesondere die Erbschaftssteuer, weil sie im Gegensatz zu persönlicher Vermögenssteuer zielgenau das leistungslose Vermögen besteuert (Beckert 2013). Durch diese und andere Formen einer effizienteren Besteuerung von Spitzeneinkommen und Vermögen wären durchaus spürbare Effekte für die Entlastung der Staatshaushalte zu erwarten. Man kann sogar vermuten, dass damit auch die ökonomische Effizienz einer Gesellschaft erhöht würde. In vielen Branchen (Sport, Film, Verlagswesen) hat sich die Logik *The Winner Takes All* (Frank und Cook 1995) durchgesetzt, sodass einige wenige überproportional hohe Einkommen erzielen, wodurch die gesellschaftliche Produktivität reduziert wird.

---

[15] Die Zei6tschrift *Forbes* veröffentlicht seit 2005 Listen der reichsten Personen der Welt. Von den zehn reichsten 2005 waren 2022 nur mehr drei in der Liste enthalten (vgl. https://de.wikipedia.org/wiki/The_World%E2%80%99s_Billionaires#2005, 2.12.2023).

Die Beziehung der Gleichheit zu anderen gesellschaftlichen Grundwerten

Gleichheit ist eine immer aktuell bleibende, nie voll realisierte Forderung. Wenn auch die drei grundlegendsten Formen der Ungleichheit zwischen den Menschen zumindest in demokratischen Gesellschaften beseitigt werden konnten, muss man auch in dieser Hinsicht noch von vielen ungelösten Problemen sprechen. Wichtig ist dabei zu sehen, dass der Wert der Gleichheit sehr eng mit anderen gesellschaftlichen Grundwerten verknüpft ist. Dies gilt vor allem für die beiden politischen Grundwerte Freiheit und Gerechtigkeit sowie für die existentiellen Grundwerte Leben und physische Sicherheit. Auf die sehr enge Beziehung zwischen Gleichheit und Gerechtigkeit wird im folgenden Abschnitt näher einzugehen sein. Ungleichheiten können vor allem dann sozial und politisch folgenreich werden, wenn sie auch als ungerecht wahrgenommen werden.

Eine bis heute andauernde Debatte ist im 20. Jahrhundert ausgebrochen, ob sich *Gleichheit und Freiheit* vereinbaren lassen. Wir haben bereits gesehen, dass dies historisch in der Tat ein fundamentales Problem war. Die radikal-revolutionären Vorstellungen von Marx und Lenin haben im realen Sozialismus zu einer verhängnisvollen Vernachlässigung der Freiheit und zu einer Verzögerung von wirtschaftlicher Entwicklung und Wohlstand geführt. Die Perversion dieses Systems erfolgte durch die Terrorherrschaft von Stalin, in welcher neben der Freiheit auch andere Grundwerte wie Leben, Sicherheit und Menschenwürde mit Füßen getreten wurden. Dies wurde im Westen erst allmählich bekannt und dann in literarischen Werken wie George Orwells dystopischer Fabel *Die Farm der Tiere* angeprangert. Sie inspirierte grundsätzliche Kritiken sozialistischer Systeme, wie Schumpeters Werk *Kapitalismus, Sozialismus und Demokratie* und Karl Poppers *Die offene Gesellschaft und ihre Feinde*.

Eine wichtige Rolle spielte hierbei der in den 1960er Jahren einflussreich gewordene österreichisch-britische Ökonom Friedrich August von Hayek. Er verfasste sein 1944 veröffentlichtes Werk *Der Weg zur Knechtschaft* unter dem Eindruck der faschistischen Regimes und sah diese als Form von Staatssozialismus. Er argumentierte, Staatsintervention sei grundsätzlich abzulehnen, denn letztlich werde jede Art von zentral gesteuerter Wirtschaft vor allem aufgrund ihrer geringeren Kapazität zur Verarbeitung umfangreichen Wissens über Märkte langfristig der Markwirtschaft unterlegen sein. Dies hatte auch schon Max Weber (1924) prognostiziert (vgl. auch Heins 1992). Alle Planwirtschaften müssen letztlich in Widerspruch zu Individualrechten und rechtsstaatlichen Prinzipien geraten. Da sie die Freiheit unterdrücken, verhindern sie auch technologische und wirtschaftliche Innovationen. Nur die Gleichheit vor dem Gesetz fördere auch die Freiheit, alle weitergehenden Forderungen nach materieller Gleichheit stellten jedoch problematische Eingriffe in sie dar. Die theoretische und wirtschaftspolitische Position von Hayek wurde von liberalen Ökonomen, vor allem in den USA (führend dabei Milton Friedman) übernommen und propagiert. Sie erlangte etwa ab Mitte der 1970er Jahre weltweit einen starken Einfluss im sog. Neoliberalismus, auf den bereits verwiesen wurde.

Nun ist es tatsächlich mehr als fragwürdig, ob eine Wirtschaftspolitik dieser Art wirklich zum Ziel führt. Ökonominnen weisen heute auf die Notwendigkeit eines aktiven, „unternehmerischen" Staates auch für die Wirtschaft hin (Mazzucato 2013; Mitchell und Fazi 2017; Nowotny 2018). Selbst Ökonomen, welche die Liberalisierung früher unterstützten, sind inzwischen davon abgerückt. Die negativen Folgen einer solchen Politik in vielen Ländern (etwa Lateinamerika) wurden offenkundig; inzwischen haben auch IWF und Weltbank davon Abstand genommen. Man muss aber beiden Positionen, sowohl Hayek und den Kritikern des sog. Neoliberalismus, vorwerfen, dass sie ihre Gegner als eine Art Strohmänner aufbauen, um ihren eigenen Ansatz herauszuheben (Willke 2003). Es gibt keine klar zuschreibbare, einheitliche Theorie des Neoliberalismus. Viele seiner Forderungen sind bzw. waren etwa angesichts steigender Staatsdefizite berechtigt, und er hat sich international bei weitem nicht überall durchgesetzt. Wenn eine Verteilung sehr ungleich ist, kann dies auf skrupelloses kapitalistisches Profitstreben zurückzuführen sein; dies muss aber nicht die primäre Ursache sein. Die heute reichsten Männer der Welt haben sich zum Teil zwar auch solcher Praktiken schuldig gemacht und tun dies immer noch. Der Hauptgrund für ihren Aufstieg war aber, dass sie in ganz neuen Wirtschaftssektoren die (relativ) Besten und Erfolgreichsten waren bzw. selbst zur Entwicklung dieser Sektoren beigetragen haben. Sie wurden zu Multimilliardären vor allem deshalb, weil der Preis der Aktien der von ihnen gegründeten Unternehmen ins Gigantische stieg. Superreich gewordene Unternehmer dieser Art gibt und gab es in allen Gesellschaften, inegalitären wie egalitären.

Einen interessanten empirischen Zugang zur Frage, wie die Bevölkerung das Verhältnis zwischen Freiheit und Gleichheit sieht, liefern Befunde aus dem *World Value Survey*. Dort wurde die Frage gestellt, was man als wichtiger erachte, Freiheit oder Gleichheit. Es zeigte sich, dass weltweit eine leichte Mehrheit der Befragten Gleichheit für wichtiger hält als Freiheit.[16] Die entspricht durchaus der oben zitierten These von Tocqueville, dass die Menschen letztlich die Gleichheit mehr lieben als die Freiheit. Bei dieser Frage ergeben sich große Unterschiede zwischen den Ländern: In den USA wird Freiheit stark präferiert ebenso in Deutschland und Japan; dagegen wird Gleichheit präferiert in Ländern wie Türkei, China und Myanmar. Offenkundig wird Gleichheit in weniger entwickelten, inegalitären Ländern als wichtiger betrachtet. Aber dies trifft nicht generell zu, denn auch in afrikanischen Staaten wie Nigeria und Zimbabwe wird die Freiheit weit höher bewertet als die Gleichheit. Man muss jedoch feststellen, dass diese Frage in gewisser Weise problematisch, ja irreführend ist. Was man schon aus theoretischer Sicht feststellen kann, gilt auch für die Bevölkerung: Sie sieht in der Regel keinen Gegensatz zwischen den beiden Grundwerten.

Gleichheit wird überall hochgeschätzt, aber offensichtlich gibt es in verschiedenen Ländern unterschiedliche Gleichheitsideologien. In den USA vertritt man eher eine

---

[16] Eigene Auswertungen aus den World Value Surveys. Die Daten sind verfügbar unter www.worldvaluessurvey.org (abgerufen 3.2.2023).

individualistisch-funktionalistische Sicht, in Deutschland eine meritokratische und in postkommunistischen Ländern, aber auch in Österreich und in Italien, eine egalitär-etatistische Haltung. So wird in den USA die Herstellung von Chancengerechtigkeit im Bildungssystem sogar als wichtiger gesehen als in Europa, man ist aber gegen direkte staatliche Intervention. Diese sieht man wiederum in Europa viel positiver. In Deutschland wird dem Bildungssystem und der eigenen Leistung große Bedeutung zugeschrieben; auch staatliche Umverteilung wird stark befürwortet (Haller et al. 1995). Das Gleiche zeigt sich in Studien über die Einstellungen der Bevölkerung in den postkommunistischen Staaten Osteuropas. Im Gegensatz zur Annahme, der Systemwechsel sei dort als bewusste Abkehr von der kommunistischen Gleichheitsideologie gesehen worden, begrüßte man den liberalen Markt nicht uneingeschränkt; man befürwortet weiterhin einen sozialen Ausgleich durch den Staat und vertritt zugleich eine positive Haltung zu Leistungsorientierung (Jacobs 2006). Diese Einstellungen sind jenen ähnlich, die man in den Ländern mit sozialdemokratisch-egalitären Regimen findet.

Ein sehr enger Zusammenhang besteht auch zwischen *Gleichheit und Gerechtigkeit*. Man kann wohl sagen, dass die Kritik an Ungleichheit ihre Motivation vor allem daraus bezieht, dassUngleichheit meist auch als ungerecht angesehen wird. Kritik dieser Art begleitet die Menschheit seit Beginn der geschriebenen Geschichte. Sie hat immer wieder zu Aufständen und Revolutionen beigetragen (Ossowski 1972; Moore 1982). Dieser enge Zusammenhang zwischen Ungleichheit und der Verletzung des gesellschaftlichen Grundwertes der Gerechtigkeit wurde allerdings vielfach übersehen. Der innere Zusammenhang zwischen der Entstehung sozialer Bewegungen und moralischen Erfahrungen der Missachtung wurde von der akademischen Soziologie übersehen, die Motive für Aufruhr, Protest und Widerstand in ‚Interessen' umgewandelt. Tatsächlich waren soziale Kämpfe immer auch von starken Gefühlen moralischer Empörung der Betroffenen begleitet (Honneth 1992).

Ungleichheit hängt auch direkt mit den existentiellen Grundwerten *der Achtung des Lebens und physischer Sicherheit* zusammen, sowohl objektiv wie subjektiv. Im internationalen Vergleich zeigt sich, dass Gewalt gegen Personen (Morde) viel häufiger in stark inegalitären Gesellschaften stattfindet als in egalitären Gesellschaften (Haller 2015). „Ein Leben hier hat keinen Wert", stellte der Journalist Saadeq Musa fest, der verfolgte und bedrohte Menschen in Nigeria unterstützt, einem Land mit über 200 Mio. Einwohnern, das in einem Strudel von Terror und ethnisch-religiöser Gewalt zu versinken droht.[17] Die Gegenpole sind hier einerseits Afrika und Lateinamerika mit ihrem extrem hohen Gewaltniveau und ebenso hoher Ungleichheit, auf der anderen Seite Europa und Japan mit relativ geringen Werten in beiden Aspekten.

Physische Gewaltausübung hängt auch mit den Zielen und Maßnahmen der politischen Eliten zusammen. Es wurde für die USA gezeigt, dass seit 1900 ein klarer Zusammenhang zwischen dem jeweiligen Präsidenten und der Anzahl von Morden und Suiziden

---

[17] Frith Schaap, Zwischen den Fronten, *Der Spiegel* Nr.5, 18.,1.2923, S. 79.

besteht. Wenn republikanische Präsidenten regierten, stieg die Mordrate, wenn demokratische Präsidenten regierten, war sie niedriger (Gilligan 2011). In Ländern und Regionen mit extremer Ungleichheit müssen die Reichen ihre Villen (oder ganze Siedlungen) mit hohen Mauern, Stacheldraht, Alarmanlagen und scharfen Hunden schützen (auf diese *gated communitie*s werden wir in Kap. 13 zurückkommen).

Es ist daher nicht überraschend, dass in Lateinamerika und Afrika die Menschen Sicherheit als wichtiger erachten als Freiheit; in Europa, Amerika und Japan die letztere. Dass in den USA trotz der vergleichsweise hohen Mordrate das Problem der Sicherheit nicht als vordringlich eingeschätzt wird, ist auch dadurch zu erklären, dass die Gefährdungen nicht überall und jederzeit präsent sind wie etwa in Lateinamerika oder Afrika. Auch der Wert des Lebens hängt in hohem Maße mit gesellschaftlicher Gleichheit zusammen. In egalitären Gesellschaften ist das Leben aller Menschen wichtig und in der Folge sind auch die schichtspezifischen Differenzen in Gesundheit und Lebenserwartung geringer. Wenn Gleichheit als hoher Wert angesehen wird, legt man größeren Wert auf den Aufbau eines öffentlichen Gesundheitssystems, das der gesamten Bevölkerung zugutekommt. In weniger egalitären und liberalistischen Gesellschaften – wie den USA – ist das Gesundheitssystem aufgespalten in einen hocheffizienten, aber teuren Privatsektor, und einen breiteren, aber weniger guten öffentlichen Sektor. Zusätzlich haben 45 Mio. Amerikaner (15 % der Bevölkerung) keine Krankenversicherung. Daher ist die absolute Lebenserwartung und Lebenssituation in indischen Bundesstaaten mit sozialistischen Regierungen besser als in manchen Stadtteilen von New York (Sen 2007).

Gerechtigkeit 12

„Eine Gesellschaft sollte nur so viel Gleichheit der Bedingungen anstreben, wie es die Gerechtigkeit erfordert und nicht mehr. Alles darüber hinaus würde ungerecht sein; mehr Freiheit, als die Gerechtigkeit notwendig macht, würde einen Freibrief für ungerechtfertigtes Tun darstellen.'"

Mortimer J. Adler (1981)[1]

„Die Idee der Gerechtigkeit ist von immenser Bedeutung; sie hat Menschen in der Vergangenheit umgetrieben und wird es auch in Zukunft tun. Vernunftgebrauch und kritische Prüfung können viel dazu beitragen, dass die Reichweite dieses folgenschweren Konzepts vergrößert und sein Inhalt schärfer gefasst wird."

Amartya Sen (2020)[2]

Unter den politischen Grundwerten nimmt Gerechtigkeit einen eigentümlichen Stellenwert ein. Auf der einen Seite ist sie – so der Philosoph Mortimer Adler (1981) – in der Trias von Freiheit, Gleichheit, Gerechtigkeit von zentraler Bedeutung. Denn Freiheit und Gleichheit absolut gesetzt, würden zu einer Zerstörung der politischen Gemeinschaft führen; Gerechtigkeit führt dazu, sie miteinander in Einklang zu bringen. Seit der Antike ist Gerechtigkeit ein zentrales Thema der Sozialphilosophie. Auch dieser Grundwert hat viele Dimensionen: er bezieht sich auf Verteilungen, auf soziales Handeln, soziale Prozesse und Institutionen (Höffe 2005; Nußbaum 1999; Sen 2020). Es gibt historische Gerechtigkeit; heute Lebende können Kompensationen verlangen, wenn sie nachweisen können,

---

[1] Mortimer Adler (1902–2001), US-amerikanischer Philosoph und Schriftsteller; Quelle: Mortimer Adler (1981), *Six Great Ideas*, S. 139.
[2] Amartya Sen (geb. 1933), aus Indien gebürtiger amerikanischer Ökonom, Nobelpreis für Wirtschaftswissenschaften 1998. Quelle Zitat: Amartya Sen (2020), *Die Idee der Gerechtigkeit*, S. 429.

dass ihren Vorfahren Ungerechtigkeit mit bleibenden Nachwirkungen widerfuhr (Meyer 2005). Man kann von intergenerationaler Gerechtigkeit sprechen, etwa in Bezug darauf, dass heutige Generationen den zukünftigen eine intakte Umwelt hinterlassen müssen (Jonas 2003). Aber: Obwohl der Begriff der Gerechtigkeit nicht nur in der Philosophie, sondern auch im öffentlichen Bewusstsein und in der Politik einen hohen Stellenwert einnimmt, gibt es höchst unterschiedliche Meinungen darüber, was konkret als Gerechtigkeit anzusehen ist. Übereinstimmung besteht dahingehend, dassder (Sozial-) Staat einen sozialen Ausgleich zwischen arm und reich schaffen soll; darüber, wieweit dieser gehen soll, gehen die Meinungen jedoch weit auseinander. Dass der Begriff der Gerechtigkeit in der Soziologie nur eine geringe Rolle spielt (Müller 1992), ist verwunderlich und bedauernswert, spielt er doch in allen von ihr behandelten Forschungsfeldern eine zentrale Rolle. Auch dieses Kapitel geht aus von einer Skizze der historisch bedeutendsten und bis heute einflussreichen Theorien der Gerechtigkeit. Sodann wird kurz skizziert, wie eine soziologische Gerechtigkeitstheorie aussehen sollte. Ihre zentralen Thesen sind, dass sich nur theoretisch-abstrakt nie bestimmen lässt, ob ein Verfahren oder eine bestimmte Verteilungsstruktur als gerecht oder ungerecht anzusehen ist. Dies ergibt sich immer erst in konkreten sozialen Prozessen selbst, in denen Betroffene ihre Interessen artikulieren und für sie kämpfen. Bei den dahinterstehenden subjektiven Wahrnehmungen spielen Emotionen eine zentrale Rolle. Von Ungerechtigkeit in einem sozial und politisch relevanten Sinn kann man daher sprechen, wenn die betreffenden Verhältnisse und Resultate von den Betroffenen als ungerecht wahrgenommen und kritisiert werden und auch von neutralen Beobachtern als unangemessen bezeichnet werden können. Zwischen objektiven Strukturen bzw. Prozessen und ihrer gesellschaftlichen Wahrnehmung und Kritik kann es erhebliche Diskrepanzen geben. Viele Ungleichheiten werden kritiklos hingenommen (nicht zuletzt, weil sie von den herrschenden Ideologen als gerecht hingestellt werden). Andererseits können auch fragwürdige „Benachteiligungen" zu Unzufriedenheit und daraus abgeleiteten Ansprüchen und Forderungen führen. Diese Diskrepanzen aufzuzeigen ist Aufgabe der empirisch fundierten sozialwissenschaftlichen Analyse. Wenn ungerechte Verhältnisse in doppeltem Sinne (objektiv und subjektiv) bestehen, ein klarer Verursacher dafür ausgemacht werden kann und es Betroffene gibt, die bereit sind, dagegen zu kämpfen, entstehen soziale Konflikte bis hin zu Protesten, Rebellionen und Revolutionen. Wenn die Betroffenen über Ressourcen verfügen oder solche mobilisieren können, die denen der Mächtigen adäquat sind, bzw. wenn die Mächtigen selbst schwach sind oder geschwächt wurden, können bedeutsame Umwälzungen und Reformen erfolgen.

Der dritte Teil des Kapitels stellt die Bedeutung der Gerechtigkeit und insbesondere die der Erfahrungen von Ungerechtigkeit im persönlichen und sozialen Leben und vor allem in politischen Prozessen und Umwälzungen dar. Das Kapitel schließt mit einer kurzen Diskussion einiger aktueller Fragen der Gerechtigkeit bzw. Ungerechtigkeit.

Klassische und neuere Begriffe der Gerechtigkeit

Der Begriff der Gerechtigkeit geht, wie jene von Freiheit und Gleichheit, auf die klassischen Denker der Antike zurück. Für sie bestand, wie auch für die katholischen Kirchenlehrer (z. B. Augustinus oder Thomas von Aquin), ein enger Zusammenhang zwischen einem gerechten politischen System und individuell gerechtem Handeln. Dieser Zusammenhang wurde aufgelöst durch die neuzeitlichen Denker. Liberale und libertäre Autorinnen leiten Gerechtigkeit von individuellen Interessen ab, radikal-egalitäre Autoren verwerfen den Begriff überhaupt. Daraus ergaben sich politisch höchst fragwürdige Positionen.[3]

Antike Gerechtigkeitstheorien
Für die griechischen Denker Sokrates und Plato fallen Recht und Gerechtigkeit im idealen Staat zusammen. In diesem kann sich auch die individuelle Tugend der Gerechtigkeit entfalten; sie besteht darin, dass jeder im Rahmen der anerkannten Ordnung das tut, was ihm nach seinem Stande zukommt (Kirchner 2013, S. 252–253). Für Aristoteles ist Gerechtigkeit die höchste aller Tugenden, weil sie alle anderen in ein angemessenes Verhältnis zueinander bringt. Auf Gerechtigkeit beruhen auch Staat und Recht, wobei er zwischen dem natürlichen, überall gültigen Recht und dem positiven, faktisch geltenden Recht unterscheidet. Bei Gerechtigkeit in zwischenmenschlichen Beziehungen unterscheidet Aristoteles zwischen Verteilungsgerechtigkeit und Tauschgerechtigkeit.

Erstere bezieht sich auf Geld, Ämter und Güter. Sie richtet sich nach dem Verdienst und Würdigkeit von Personen; diesbezüglich kann also zwischen Menschen Ungleichheit bestehen. Die Tausch- oder ausgleichende Gerechtigkeit richtet sich nach dem Wert der getauschten Güter bzw. in der Strafjustiz nach dem Prinzip der Kompensation oder Wiedergutmachung.

Ähnliche Ideen vertraten Cicero und noch der Kirchenlehrer Thomas von Aquin. Er lokalisiert Recht und Gerechtigkeit auf drei Ebenen: der des göttlichen (Ewigen), des natürlichen (von der Vernunft Erkennbaren) und des menschliche (positiven, zeitgebundenen) Rechts. Einen späten Nachhall fanden diese Theorien noch in den konservativ-ständischen Gleichheitstheorien, die im vorigen Kapitel dargestellt wurden. Gerechtigkeit spielt bei ihnen keine zentrale Rolle. Es geht diesen Denkern (wie etwa Hegel) vor allem darum, dass die verschiedenen Schichten und Stände den ihnen gemäßen Platz in der hierarchischen sozialen Ordnung finden und beachten.

---

[3] Eine konzise Darstellung der Ideengeschichte der Gerechtigkeit im Zusammenhang mit der Sozialgeschichte findet sich bei Koller (2014), eine umfassende Darstellung aller Gerechtigkeitstheorien von Plato und Aristoteles bis zu heutigen Konzepten bei Ebert (2015). Eine umfassende Darstellung bieten auch Loos/Schreiber (1984). Eher philosophische Theorien der Gerechtigkeit wurden entwickelt von John Rawls (1974), Michael Walzer (1992), Martha Nußbaum (1999) und Axel Honneth (2017). Psychologische Befunde finden sich in Gollwitzer et al. (2013).

Die griechischen und christlichen Denker konnten zwischen dem individuellen und gesellschaftlichen Aspekt von Gerechtigkeit einen engen inneren Zusammenhang konstatieren, weil sie, im Falle Griechenlands, vor dem Hintergrund einer soziokulturell hochintegrierten bzw. einer durch die göttliche Ordnung zusammengehaltenen Gesellschaft argumentierten. Diese Vorstellung müssen neuzeitliche Denker fallenlassen. Bereits spanische Spätscholastiker in der Schule von Salamanca entwickelten im 16. Jahrhundert die Idee der Tauschgerechtigkeit, die sich nicht nach objektiven Kriterien (wie dem wahren Wert von Gütern), sondern nach Angebot und Nachfrage, also dem subjektiven Nutzen, richtet (Koller 2014). Soziale Verhältnisse gelten dann als gerecht, wenn sie Beziehungen darstellen, die allen zum Vorteil gereichen.

Diese Idee wurde von den bahnbrechenden neuzeitlichen Denkern in Großbritannien ausgearbeitet. Thomas Hobbes (1588–1679) verfasste sein berühmtes Werk *Der Leviathan* in den Wirren des englischen Bürgerkriegs zwischen Königen und Landadel. Seine wissenschaftlich-rational begründete Staatstheorie geht aus von der These, dass die Menschen aufgrund ihrer Machtgier und Ruhmsucht ohne moralische und gesetzliche Regelungen in einen Krieg aller gegen alle verfallen würden. Er folgerte daraus, dass ein absoluter Souverän notwendig sei, um einen solchen Zustand zu verhindern. Es stimmen alle einem Vertrag zu, der dem Souverän die Macht überträgt, weil sie nur dadurch Frieden und Sicherheit erreichen können; gesellschaftliche Institutionen seien von ihren gesellschaftlichen Funktionen bzw. ihrem Nutzen her zu beurteilen. Eine weitergehende Begründung, etwa moralischer Art, gibt es laut Hobbes für sie nicht.

Insofern ist er auch der Begründer der in neuerer Zeit entstandenen Schule des Rechtspositivismus, da für Hobbes Gerechtigkeit nur auf der Basis von Herrschaft und Gesetz existieren kann; wir ging daraufkurz in Kap. 1 kurz ein. Überdies unterscheidet er auch zwischen ausgleichender und austeilender Gerechtigkeit. Erstere besteht in der Erfüllung eingegangener Verträge; über den Preis der dabei vereinbarten Leistungen entscheidet aber nicht deren objektiver Wert, sondern allein das Interesse der Vertragspartner, das heißt ihre Bereitschaft zur Zahlung eines gewissen Betrags. Von austeilender Gerechtigkeit kann man sprechen, wenn in einem Streitfall ein Schiedsrichter eine Entscheidung trifft. Zusammenfassend kann man sagen, dass der einzige Inhalt von sozialer Gerechtigkeit bei Hobbes der Anspruch aller auf den Schutz des Lebens und der Sicherheit ist (Ebert 2015, S. 132).

Im Prinzip ähnlich argumentiert der zweite wichtige neuzeitliche Theoretiker der Gerechtigkeit, John Locke (1632–1704), auf dessen Grundthesen wir bereits im vorigen Kapitel eingegangen sind. Auch für ihn ist staatliche Ordnung ein Vertrag zwischen Bürgern im Interesse der Sicherung ihrer Grundrechte auf Leben, Freiheit und Sicherheit. Die politische Ordnung müsse zwischen den verschiedenen Gewalten aufgeteilt werden. Die Bürger haben sogar ein Widerstandsrecht, wenn die Herrschenden die verfassungsrechtlichen Schranken übertreten. Locke ist der Begründer der besitzindividualistischen Auffassung von bürgerlicher Gleichheit und Freiheit, die dann durch David Hume und Adam Smith weiterentwickelt wurde. Für diese Autoren erfordert die Gerechtigkeit vor allem den Schutz der individuellen Freiheit, des Privateigentums und die Garantie, dass Verträge eingehalten werden (Kurz/Sturn 2013). Soziale Gerechtigkeit bedeutet auch für Locke vor allem Rechtsstaatlichkeit und Schutz der Grundrechte; für Gemeinwohl und allgemeine Wohlfahrt zu sorgen, ist Sache der Bürgerinnen selbst.

Neuere Theorien: die radikal-libertäre Position
John Locke inspirierte radikale libertäre Positionen, die davon ausgehen, dass Freiheit das grundlegendste Prinzip ist, das in einer Gesellschaft gültig sein soll. Eigentum stellt eine Basis für Freiheit dar, der Staat solle daher weder in Besitzverhältnisse noch in Marktprozesse eingreifen. Ein prominenter zeitgenössischer Vertreter dieser Position war der österreichische Ökonom Friedrich Hayek, auf den wir bereits im vorhergehenden Kapitel hingewiesen haben. Hayeks Anfang der 1940er Jahre verfasstes Buch *Der Weg zur Knechtschaft* richtete sich vor allem gegen die Zentralwirtschaft des sowjetischen Systems, aber auch gegen jene des Nationalsozialismus, in welchem er ganz ähnliche Tendenzen am Werk sah. In der Nachkriegszeit folgten weitere Veröffentlichungen (z. B. *Die Verfassung der Freiheit*), in denen Hayek seine Theorie differenziert ausbaute. Seine Grundthese lautet, dass der Staat nicht in die Wirtschaft eingreifen oder soziale Umverteilung betreiben dürfe, weil er nie wissen könne, was die Menschen selbst wollen. So etwas wie ein „Gemeinwohl" gibt es für ihn nicht; uder Begriff der Gerechtigkeit sollte auf die Behandlung von Menschen durch andere Menschen beschränkt werden.

Eine noch radikalere Variante dieses Liberalismus entwickelte der US-amerikanische Sozialphilosoph Robert Nozick (1976). Für ihn ist jede Staatstätigkeit, die über die Grundfunktionen der Gewährleistung innerer und äußerer Sicherheit hinausgeht, unzulässig. Gerecht sind Ungleichheiten, wenn sie entstanden sind durch die Aneignung herrenloser Güter oder durch Übertragung (etwa Erbschaft); nur ungerechte Aneignung müsse korrigiert werden. Hayek war, zusammen mit Milton Friedman und anderen liberalen Chicago-Ökonomen, auch ein engagierter Propagandist dieser liberalistischen Ideen. Zuletzt wurde in diesem Sinne 1998 die Friedrich A. von Hayek-Gesellschaft gegründet, deren Mitglieder liberale Ökonomen, Wissenschaftler und Politiker sind (zuletzt sogar sehr rechts stehende.[4] Es gilt weithin, dass die Durchsetzung des Neoliberalismus Mitte der 1970er Jahre durch Thatcher und Reagan und der auf internationaler Ebene dominierenden Wirtschaftspolitik des „Washington-Konsensus" als geistiger Sieg dieser Ökonomen zu sehen ist.

Thatcher stellte allerdings einmal fest, sie habe ihre Wirtschaftspolitik nicht von Professoren, sondern von ihrem Gemüsehändler gelernt. Von Reagan ist noch weniger bekannt, dass er sich je mit ökonomischen Theorien befasst hätte. Viel eher ist zu vermuten, dass diese beiden Politiker an die Macht kamen, weil sie durchaus problematische politische Maßnahmen in ihren Ländern (etwa die vorhergegangenen weitgehenden

---

[4] So tauchten auf Treffen und Mitgliederlisten immer wieder Mitglieder der AfD auf. Vgl. dazu https://www.spiegel.de/wirtschaft/afd-streit-zerreisst-liberale-hayek-gesellschaft-a-cee3c3af-41ff-4214-8223-bfce080825fe (abgerufen am 31.8.2023).

Verstaatlichungen und das obstruktive Verhalten von Gewerkschaften in England) anprangerten, oder andere Ziele hatten, wegen derer sie gewählt wurden – etwa bei Reagan der nationalistische Slogan „Let's *make America great again*" in seiner Kampagne von 1980. Relevant ist auch die Tatsache, dass der strikt antikommunistische Kurs Thatchers ein wichtiges Motiv für die Reformpolitik von Gorbatschow in der Sowjetunion war (Lane 2011).

Neuere Theorien: die radikal-egalitäre Position
Bezeichnend und folgenreich ist auch das Faktum, dass Gerechtigkeit für die radikal-egalitäre Position in der Tradition von Rousseau und Marx keine Rolle spielte, was auf den ersten Blick ja als höchst überraschend erscheint. Die Gerechtigkeitsthematik war für diese Tradition kein wirkliches Thema, weil sie postulierte, dass die Realisierung von Gerechtigkeit erst in der von ihnen skizzierten Idealgesellschaft möglich sein werde. Bei Rousseau war dies die vom Gemeinwohl bestimmte Gesellschaft, bei Marx, Engels und Lenin die klassenlose Gesellschaft. Rousseau und Marx können im Hinblick auf den Gerechtigkeitsbegriff nicht eindeutig zugeordnet werden (Ebert 2015).

So war Rousseau zwar ein radikaler Egalitarist, aber es ist unklar, ob er Gerechtigkeit primär aus Sicht des Gemeinwohls, des Individuums oder der sozialen Beziehungen sieht. Marx lehnte den ethisch-moralischen Begriff der Gerechtigkeit überhaupt ab. Allerdings trat er implizit und vor allem die sozialistische Arbeiterbewegung explizit und leidenschaftlich für Gerechtigkeit ein.

Insofern ist auch der wissenschaftliche Sozialismus ein ethisches, ja sogar „religiöses" Gedankensystem" (Tucker 1963): In den ökonomisch-philosophischen Manuskripten von 1844 vertrat Marx die der christlichen Gesellschaftsauffassung analoge mythische Idee einer totalen Selbstentfremdung und deren Aufhebung in einer kommunistischen Zukunft. Die Auseinandersetzung zwischen Arbeit und Kapital war ein „moralischer Kampf", bei dem es nicht nur um gerechte Entlohnung ging, sondern auch um die Beseitigung der Entfremdung des Arbeiters, also der Lohnarbeit überhaupt. Später wurde dieser „moralisierende" Begriff jedoch abgelehnt, da es dem wissenschaftlichen Sozialismus nicht um die Realisierung von Idealen, sondern um das Aufzeigen historisch notwendiger Entwicklungstendenzen und Revolutionen ging. Marx' Auffassung vom wissenschaftlichen Sozialismus, die keinerlei Bezug auf ethisch-moralische Prinzipien erfordert, erlangte für eine kurze Periode auch in der Arbeiterbewegung Einfluss. Auf diese müssen wir hier kurz eingehen, da man auch hier den engen Zusammenhang zwischen Ideen und sozialen Kämpfen sieht.

Exkurs: Der Marxismus als Hypothek für Arbeiterbewegung und Demokratie in Deutschland
In der Geschichte der sozialen Ideen und Bewegungen gilt weithin die These, dass die Arbeiterbewegung ihre zentrale geistige Inspiration aus der Theorie von Marx bezogen habe. So stellt etwa Helga Grebing (1969) in ihrem Überblick über politische Ideologien des 19. und frühen 20. Jahrhunderts den „Sozialismus", als dessen Hauptvertreter sie

Marx sieht, dem Liberalismus und Konservatismus gegenüber, unde setzt Marxismus und Arbeiterbewegung einander nahezu gleich. Ähnliches gilt für Werner Hofmanns (1962) *Ideengeschichte der sozialen Bewegung des 19. und 10. Jahrhunderts*[5]. Dem soll hier die These entgegengestellt werden, dass die Theorie von Marx in Deutschland, wo sie in das offizielle Programm der Sozialdemokratie aufgenommen wurde, keine positiv wirkende geistige Basis, sondern sogar eine Hypothek darstellte. Diese These kann man durch zweierlei Argumente belegen. Zum Ersten war es nur die deutsche Arbeiterbewegung, welche sich eine gewisse Zeitlang explizit auf den Marxismus als ihre ideologische Grundlage bezogen hat. In England und in Skandinavien, wo sozialdemokratische Ideen und die Arbeiterbewegung schon früh große politische Bedeutung erlangten, berief man sich praktisch nie auf Marx, wie bereits oben angesprochen wurde. In Frankreich bestanden stets mehrere linke politische Gruppierungen, von denen keine eine Hegemonie erlangte. Am ehesten gelang dies dem Vertreter einer reformistisch orientierten Gruppierung um Jean Jaurès (1859–1914). Dieser hatte sich zwar zum Marxismus bekannt, vertrat aber eine religiös fundierte, kooperative Haltung in Bezug auf die Auseinandersetzungen zwischen Arbeiterklasse und Kapitalisten. Er lehnte auch Marx' gewaltorientierte Revolutionstheorie (Morina 2017). Bis ins 20. Jahrhundert bestanden große Spannungen zwischen den verschiedenen Flügeln und Parteien der französischen Sozialisten; von einer Hegemonie der Marxschen Theorie kann man aber nie sprechen.

Den stärksten Einfluss hatte der Marxismus auf die deutsche Arbeiterbewegung, welche die stärkte in Europa war. Hier konnte die programmatisch dem Marxismus verpflichtete Sozialdemokratische Partei bis 1900 ein Drittel der Wählerstimmen gewinnen, was im europäischen Vergleich einen immensen Erfolg darstellte. Aber die marxistische Theorie erlangte auch in der deutschen Sozialdemokratie nur eine kurze Zeit den Status einer Parteiprogrammatik und wurde selbst in dieser Zeit bei weitem nicht von allen Führungspersönlichkeiten und Gefolgsleuten akzeptiert. So enthielt auch das „marxistische" Gothaer Programm eine Reihe realistischer „demokratischer" Forderungen, die nicht aus dem wissenschaftlichen Marxismus abgeleitet wurden, sondern sich auf konkrete Probleme und Missstände bezogen (allgemeines Wahlrecht, Volksheer anstelle einer stehenden Armee, Abschaffung aller Ausnahmegesetze, kostenlose Schulpflicht, progressive einheitliche Steuern, Verbot der Kinderarbeit, Schutzgesetze für Leben und Gesundheit der Arbeiterinnen). Im Gegensatz zu Marx definierte sich die Sozialdemokratie seit jeher und bis heute als eine „Wertepartei" (Krell/Woyke 2015). Es erscheint angebracht, hier in Stichworten die Geschichte der deutschen Arbeiterbewegung zu rekapitulieren.

Ein entscheidender Schritt war die Gründung des *Ersten Deutschen Arbeitervereins* 1863 unter Führung von Ferdinand Lasalle (1825–1864). Lasalles Idee des Sozialismus war genossenschaftlich, preußisch-nationalstaatlich und reformorientiert; so forderte er u. a. das allgemeine Wahlrecht. Er nahm auch Kontakt zu Marx und Engels auf, bekannte sich jedoch nie zu deren Theorie. Parallel zu Lasalles Aktionen entwickelten Anhänger

---

[5] Hofmann widmet Marx nicht weniger als 74 von insgesamt rund 230 Seiten, also unvergleichlich mehr als allen anderen sozialistischen Theoretikern und Führern.

von Marx (Wilhelm Liebknecht, August Bebel und später auch Rosa Luxemburg) ein radikales Programm in dessen Sinn. 1871 konnte man sich auf die Gründung der *Sozialdemokratischen Arbeiterpartei* einigen, die 1875 tatsächlich das an der Theorie von Marx orientierte *Gothaer Programm* annahm. Marx selbst kritisierte dieses allerdings in unglaublich überheblicher Weise als „ein verwerfliches und die Partei demoralisierendes Programm." Während das Programm nur knappe drei Seiten umfasst, widmete er ihm in seinen „Randglossen" gut ein Dutzend Seiten. Bezeichnend ist, dass die Partei diese Kritik von Marx ihren Mitgliedern verheimlichte. Auch anarchistische Denker, die sich kritisch mit Marx auseinandersetzten, wurden aus der Partei gedrängt.[6]

Es dürfte evident sein, dass die Sozialistenverfolgung durch Bismarck und die tiefe Abneigung des deutschen Bürgertums gegen die Sozialdemokratie zu einem großen Teil auf dieses Programm zurückzuführen war. Das Gothaer Programm hatte eine enorme öffentliche Wirkung; es wurde vom Staat und den herrschenden Klassen geradezu als „Kriegserklärung" aufgefasst (Brandt 1981). Nach zwei misslungenen Attentaten auf Kaiser Wilhelm I. nutzte der Reichskanzler Bismarck die bei weiten Kreisen des Adels, des Bürgertums und Kleinbürgertums vorhandene Revolutionsfurcht aus, um das Sozialistengesetz im Reichstag 1878 durchzusetzen. Aufgrund dieser Gesetze konnten die Sozialdemokraten von 1878 bis 1890 nur im Untergrund agieren, wenngleich ihre gewählten Abgeordneten ihre Tätigkeit weiterhin ausüben durften.

Festzuhalten ist hier allerdings, dass große Teile der Sozialdemokratie – vor allem in Bayern und in den Gewerkschaften – das Gothaer Programm nie akzeptierten und kontinuierlich für Reformen im Rahmen des parlamentarischen Systems eintraten. Bereits ab Mitte der 1890er Jahre wurde es wieder infrage gestellt. Im Jahr 1899 erschien die Schrift *Die Voraussetzungen des Sozialismus und die Aufgaben der Sozialdemokratie* von Eduard Bernstein, einem führenden Sozialdemokraten. Ihm ging es nicht um eine Widerlegung der Marxschen Theorie, sondern vor allem um einen Verzicht auf deren falsche Prämissen (wie etwa die Hegelsche Dialektik), einige ihrer fragwürdigen Grundannahmen (etwa die Arbeitswertlehre) und Prognosen (Verelendungsthese, Unternehmenskonzentration). Zudem forderte er anstelle einer Revolution Reformen im Rahmen des parlamentarischen Systems. Keine von Bernsteins Kritikpunkten kann heute ernsthaft bestritten werden.

Wie uneinig sich die deutschen Sozialdemokraten waren, zeigte sich wieder 1913, als eine Abspaltung von Kriegsgegnern und -gegnerinnen (Kautsky, Luxemburg) erfolgte, die die *Unabhängige Sozialdemokratische Partei Deutschlands* (USPD) und 1918/19 die *Kommunistische Partei Deutschlands* gründeten und die in totale Gegnerschaft zur Sozialdemokratie ging. Die Ermordung ihrer beiden führenden Persönlichkeiten Karl Liebknecht und Rosa Luxemburg 1919 in Berlin durch Freikorpssoldaten und deren Freispruch ist eines der dunkelsten Kapitel der Geschichte Deutschlands im 20. Jahrhundert.

---

[6] Aufschlussreich dazu ist die Marx-Biografie von Isaiah Berlin (Karl Marx: Sein Leben und sein Werk, München 1959, zuerst 1939).

Diese Spaltung der Arbeiterbewegung in der Zwischenkriegszeit hatte verhängnisvolle Folgen (Wagner 1976, S. 70). Aufgrund einer Direktive der von Moskau gesteuerten Internationale nahmen die Kommunistinnen den Aufstieg Hitlers nicht ernst, sodass dieser erst sie und dann die Sozialdemokraten ausschalten konnte. Die These, dass die Übernahme des marxistischen Programms zum tragischen Schicksal der deutschen Sozialdemokratie beitrug, wird indirekt durch die Tatsache belegt, dass sich die Sozialdemokraten in Österreich schon in den 1880er Jahren auf Dauer einigen und viel geschlossener und letztlich erfolgreicher agieren konnten. Dies war zu einem guten Teil auf ihren pragmatischen, theoriefernen, aber außerordentlich uneigennützig agierenden Führer Victor Adler (1852–1918) zurückzuführen. Als er in der Zwischenkriegszeit durch den wieder mit einer Revolutionsrhetorik auftretenden Otto Bauer abgelöst wurde, konnten Bürgerliche und Konservative auch in Österreich gegen bolschewistische Tendenzen bei den Linken warnen. Auch hier zerbrach die Einheitsfront gegen den Austrofaschismus von Seipel und Dollfuß Anfang der 1930er Jahre, was den Weg für den triumphalen Einzug von Hitler im März 1938 in Österreich mit vorbereitete.

Wir können aus diesen ideengeschichtlichen Skizzen folgern: Weder die radikal-libertären noch die radikal-egalitären Gleichheits- und Gerechtigkeitstheorien können aus Sicht einer realistisch-kritischen Theorie der Gerechtigkeit als brauchbar angesehen werden. Sie führen, wie letztlich alle rein theoretisch abgeleiteten Konzepte, nicht zu politisch-praktisch vertretbaren Lösungen. Wie eine alternative, theoretisch informierte und empirisch fundierte Theorie aussehen könnte, wird im folgenden Abschnitt skizziert.

Ungerechtigkeitserfahrungen als Basis eines soziologischen Ansatzes

Nach den vorhin dargestellten radikal-libertären Theorien wird die Freiheit der Einzelnen durch das Streben nach Gleichheit grundsätzlich bedroht. Es scheint daher, dass Gleichheit kein leitender Grundwert moderner Gesellschaften sein kann. Es gibt allerdings auch rein theoretische Ansätze, die hier durchaus zu anderen Schlussfolgerungen kommen. Der berühmteste darunter ist die Theorie der Gerechtigkeit des amerikanischen Sozialphilosophen John Rawls (1975). Diese Theorie soll hier zunächst kurz skizziert werden, weil ihre Diskussion es ermöglicht, die Grundprinzipien einer alternativen soziologischen Position herauszuarbeiten.[7]

---

[7] Zu John Rawls gibt es inzwischen eine umfangreiche Sekundärliteratur. Praktisch jede Autorin, die sich mit dem Thema Gerechtigkeit befasst, setzt sich ausführlich mit seiner Theorie auseinander. Eine konzise kritische Darstellung findet sich in Ebert (2015, S. 291–315). Einen informativen Einstieg mit vielen Literaturhinweisen ermöglicht der wikipedia-Eintrag https://de.wikipedia.org/wiki/John_Rawls (abgerufen, am 25.2.2023).

Attraktivität und Grenzen einer rein philosophischen Gerechtigkeitstheorie
Rawls setzt sich explizit von individualistisch-utilitaristischen Theorien der Gleichheit und Gerechtigkeit ab und geht stattdessen von einem vertragstheoretischen Ansatz aus. Seine Frage lautet, wie eine ideale Gesellschaft aussehen müsste, in welcher sowohl die Grundprinzipien der Freiheit wie der Gerechtigkeit gesichert wären. Dazu schlägt er vor, man solle sich als Ausgangspunkt eine Situation vorstellen, in welcher die Menschen weder wüssten, wie die Gesellschaft aussehen würde, in die sie hineingeboren werden noch, welche Positionen sie selbst dann in ihr einnehmen würden. Unter diesem „Schleier der Unwissenheit" würde man zumindest zwei Prinzipien akzeptieren: Zum Ersten, dass alle so frei sein sollten wie möglich, um die Entfaltung aller und eine gedeihliche Zusammenarbeit zu sichern *(Freiheitsprinzip)*. Zum Zweiten würde Gleichheit gegenüber Ungleichheit bevorzugt; Ungleichheiten sollten zwar erlaubt, aber nur so hoch sein dürfen, dass davon auch die am schlechtesten Gestellten profitieren würden *(Differenzprinzip)*. Auch wäre essentiell, dass Chancengleichheit besteht, also jedermann die Möglichkeit hat, in alle Positionen aufzusteigen. In Bezug auf Gleichheit setzt Rawls nach Art des Pareto-Prinzips voraus, dass sowohl bei einer zu starken Ungleichheit wie bei einer totalen Gleichheit die gesamtwirtschaftliche Leistungsfähigkeit Einbußen erleiden würde. Im ersteren Fall wäre dies so, weil ja die Bezieherinnen niedriger Einkommen, deren Ausgaben ebenfalls einen wichtigen Wirtschaftsfaktor darstellen, fast nichts ausgeben könnten. In zweiten Fall würde kein Anreiz für unternehmerische Leistungen mehr bestehen. Gerechtigkeit besteht also dann, wenn die Lage der am schlechtesten Gestellten optimiert wird. Rawls schlägt sogar vor, im Rahmen der Regierung vier spezielle „Abteilungen" *(branches)* einzurichten, die allerdings nicht näher spezifiziert werden. Dazu gehörten unter anderen eine Abteilung für Allokation (zur Kontrolle des Preissystems), für Stabilisierung (Sicherung der Vollbeschäftigung), für das Sozialminimum und für soziale Transfers.

Für einen US-amerikanischen Autor sind dies sehr überraschende Folgerungen, da sie ja direkt nach einem sozialistischen Planungssystem klingen. Rawls' Theorie scheint auf den ersten Blick die scheinbar widersprüchlichen Grundwerte Freiheit, Gleichheit und Gerechtigkeit tatsächlich unter einen Hut bringen zu können. Sie scheint auch den Grundprinzipien des europäischen Sozialstaates zu entsprechen und wurde in diesem Sinne durchaus positiv rezipiert. Bei genauerer Betrachtung verbleibt aber auch Rawls' Theorie auf der philosophisch-theoretischen Ebene und ist nicht in der Lage, wirklich praktikable Kriterien für sozial gerechte Verhältnisse zu liefern bzw. zu erklären, wann und unter welchen Umständen sich die Menschen gegen ungerechte Zustände auflehnen. Selbst seine relativ konkreten Forderungen bleiben sehr allgemein. So schreibt er, Vermögensungleichheiten seien nicht tragbar, wenn sie eine gewisse Grenze überschritten.

Es gibt aber eine Reihe grundlegender Probleme im Ansatz von Rawls.[8] Die Einwände können in Stichworten folgendermaßen zusammengefasst werden: Die Vorstellung, man

---

[8] Vgl. dazu vor allem Amartya Sen (2020), *Die Idee der Gerechtigkeit* (S. 80–102) und Thomas Ebert ((2015), *Soziale Gerechtigkeit* (S. 291–315).

würde unter dem Schleier des Nichtwissens für eine eher egalitäre Gesellschaftsstruktur optieren, ist realitätsfern. Warum sollten manche Menschen nicht für starke Ungleichheit votieren, in der Hoffnung, dann privilegierte Positionen einnehmen zu können? Leistung und Verdienst sowie Eigenverantwortung spielen in Rawls' Modell keine Rolle – zu Recht ein Angriffspunkt der Liberalen. Schließlich: Wie jeder Theorie des Gesellschaftsvertrags liegt auch der Theorie von Rawls die Ansicht zugrunde, dass Gerechtigkeit nur als Norm gesehen wird, die dem eigenen Nutzen dienen soll und nicht als ein Grundwert, auf den man sich immer und überall berufen kann. Thomas Ebert (2015, S. 454) kommt in seinem umfassenden Überblick über die libertären und die „sozialdemokratischen" Gerechtigkeitstheorien zum Schluss, dass man hier von einer „philosophischen Endlosschleife" sprechen müsse. Es stehen sich zwei Ansätze unvereinbar gegenüber, die jeder für sich durchaus Plausibilität beanspruchen können. Nach der libertären Theorie von Hayek, Nozick und anderen sind rechtmäßig erworbene individuelle Anspruchsrechte von vornherein gegeben und setzen gesellschaftlichen Interventionen strikte Grenzen. Demnach besitzen die Individuen unantastbare Rechte; die Frage der Verteilung stellt sich gar nicht. Zwischen diesen beiden Positionen scheint es keine Vermittlung zu geben. Nach der Vertragstheorie von Rawls müssen individuelle Anspruchsrechte durch gesellschaftliche Regeln bestimmt werden; daraus folgt der Vorrang der Gleichheit. Aber auch dieses auf den ersten Blick egalitär-emanzipatorische Modell führt damit nicht wirklich zu gesellschaftspolitisch konkreten, begründeten Folgerungen.

Elemente einer soziologischen Theorie der Gerechtigkeit
Die Grenzen eines rein philosophischen Zugangs können jedoch durch eine soziologische Theorie der Gerechtigkeit bzw. Ungerechtigkeit überwunden werden.[9] Einer solchen Theorie geht es zunächst nicht darum aufzuzeigen, welche Zustände jeweils als gerecht oder ungerecht anzusehen sind. Vielmehr will sie erklären, wann und warum gesellschaftliche Gruppen und Akteure in ihrem Handeln vom Prinzip der Gerechtigkeit beeinflusst werden und welche Folgen dies für das soziale und politische Leben hat. Es geht also nicht darum, wie ein ideales, gerechtes System beschaffen sein müsste, sondern in erster Linie darum, aufzuzeigen, wann und warum Gerechtigkeit für das Handeln von Menschen und sozialen Gruppen relevant wird.

Dieser Aspekt wurde auch von dem Ökonomen Amartya Sen (2020, S. 423–430; Sen 2007) entwickelt. In Übereinstimmung mit der These von der Komplexität der Gleichheit argumentiert er, dass sich auch aus einer vollständigen Theorie der Gerechtigkeit unterschiedliche Rangordnungen alternativer Wege der Entscheidungsfindung ergeben können. So kann man mit guten Gründen behaupten, dass eine Gesellschaft ohne Sklaverei als

---

[9] Dass es sich hier um einen „soziologischen" Ansatz handelt, ist vielleicht zu engstirnig-fachegoistisch gesehen, da wesentliche Elemente davon auch von Philosophen wie Martha Nußbaum, Michael Walzer, Axel Honneth und anderen und Ökonomen wie Amartya Sen entwickelt wurden. Auf sie wurde im Text ja mehrfach Bezug genommen. Die wissenschaftliche Disziplin, von der man hier sprechen müsste, wäre die Sozioökonomie – eine interessante Kombination der ökonomischen und sozialwissenschaftlichen Perspektive (vgl. dazu Mikl-Horke 2011).

gerechter und höher einzuschätzen ist als eine, in der sie nicht besteht. Damit kann Übereinstimmung über deren Abschaffung erzielt werden, ohne dass Konsens über die möglichen Alternativen zu einer Sklavenhaltergesellschaft bestehen muss. Um die gesellschaftliche Relevanz der Gerechtigkeit aufzuzeigen, braucht man also keine Vorstellungen einer Idealgesellschaft, denn in der sozialen Realität ist es Ungerechtigkeit, die zum individuellen und kollektiven Handeln führt.

Dies entspricht der These von Popper (1994, S. 255–295), die Hauptaufgabe der Politik bestehe in der Beseitigung von Übeln und im Erkennen von Problemen. Eine derartige soziologische Theorie der Gerechtigkeit bezieht vier Elemente ein: (1) Gefühle verletzter Gerechtigkeit; (2) die Betroffenheit ganzer Gruppen; (3) das Verhalten anderer, insbesondere mächtiger Gruppen, welche für die Ungleichheit verantwortlich sind; (4) die Erkennbarkeit der Ungerechtigkeiten durch externe Beobachter.

Gefühle verletzter Gerechtigkeit: Dass Emotionen auch eine ethische Komponente haben, ist eine altbekannte Erkenntnis von Theologie, Philosophie und neuerdings auch Psychologie und Soziologie. Grundlegend dafür ist die These, dass Verstand und Gefühl sehr eng zusammenhängen und auch Gefühle und Emotionen – vor allem soziale Emotionen (Liebe, Hass usw.) – eine kognitive Komponente haben. Wie es „emotionale Intelligenz" gibt, gibt es auch „moralische Emotionen." Die ethischen Gefühle von Sympathie und Mitgefühl für andere waren etwa für den Nationalökonomen Adam Smith eine wichtige Grundlage für ethisch-moralisches Handeln. Für den auf die Erforschung von Kriminalität spezialisierten Politikwissenschaftler James O. Wilson (1993) gibt es einen „moralischen Instinkt" *(moral sense),* der schon bei höher entwickelten Tieren erkennbar ist; der Mensch ist seiner Meinung nach grundsätzlich gut. Was die Idee der Gerechtigkeit betrifft, ist wichtig, dass nicht Gerechtigkeit als solche das zentrale Gefühl darstellt, sondern empfundene Ungerechtigkeiten. Diese können zu Gefühlen der Verbitterung, Wut und Empörung führen; diese sind der erste Schritt zu ihrer Beseitigung.

Kollektive Erfahrungen von Ungerechtigkeit: Entscheidend ist, dass Gefühle verletzter Gerechtigkeit bei einer Mehrheit von Menschen entstehen, die sich in irgendeiner Weise als zusammengehörig, dem gleichen Schicksal unterworfen fühlen. Als evidentestes Beispiel kann man hier die Konzentration der Industriearbeiter zur Zeit des Hochkapitalismus in großen Fabriken nennen. Diese gibt es heute, infolge von Mechanisierung und, als Folge von wirtschaftlich-beruflichem Strukturwandel hin zu Dienstleistungen, nicht mehr. So haben denn auch Gewerkschaften und andere kollektive Organisationen mit großen Problemen zu kämpfen, Mitglieder und Anhängerinnen zu finden. Starke Organisationsfähigkeit haben dagegen Beschäftigte im öffentlichen Dienst, weil sie einen einzigen Arbeitgeber haben. Auf der anderen Seite bleiben jene gesellschaftlichen Gruppen, denen die Erfahrung eines gemeinsamen Geschicks fehlt, seit jeher unorganisiert. Hier sind vor allem die Frauen zu nennen. Auch die Tatsache, dass sich Arbeitslose kaum je zu gemeinsamen großen Aktionen zusammenfinden, hängt mit ihrer Vereinzelung zusammen.

Konkrete Verursacher der Verschlechterung der Zustände: Gefühle verletzter Gerechtigkeit entstehen vor allem dann, wenn sich bestimmte, als ungerecht empfundene Zustände auf das konkrete Handeln anderer Gruppen oder bestimmter Individuen zurückführen lassen. Diese These steht vor allem in Gegensatz zur marxistischen Verelendungstheorie (Wagner 1976). Diese Theorie besagte ja, dass die zunehmende Verelendung der Massen durch steigende Konzentration des Kapitals, zunehmende Arbeitslosigkeit durch Ersetzung von menschlicher Arbeitskraft durch Maschinen usw. eine revolutionäre Situation erzeugt und schließlich zur Abschaffung des kapitalistischen Systems führt. Dies war eine der offenkundigste Fehlprognosen des Marxismus. In Kap. 4 wurde die vielfach verifizierte These genannt, dass Revolutionen vor allem in Situationen ausbrechen, in welchen ein bereits begonnener wirtschaftlicher Aufstieg unterbrochen wird oder eine signifikante Verschlechterung der gesellschaftlichen Situation eingetreten ist. Tatsächlich zeigt die Geschichte aller Revolutionen, dass sich diese sowohl gegen eine Verschlechterung der Verhältnisse wie auch gegen konkrete gesellschaftlich-politische Akteure richten, welche diese Stagnation erzeugten oder Möglichkeiten für einen Aufschwung verhinderten.

Objektive Erkennbarkeit der Missstände und Ungerechtigkeiten: Problematische, „ungerechte" gesellschaftliche Zustände müssen auch objektiv als solche erkennbar sein. Ein Mensch oder eine bestimmte soziale Gruppe ist in der Regel nicht in der Lage, das eigene Verhalten oder bestimmte Zustände unparteiisch zu beurteilen. Wenn sie aber ernsthaft an einer Konfliktlösung interessiert sind, ziehen sie, wie schon Adam Smith (2004[1759]) in seinem Werk *Theorie der ethischen Gefühle* argumentierte, oft einen unparteiischen Beobachter (impartial spectator) zu Rate.[10] Dies kann das eigene, reflektierende Gewissen sein, oder aber externe, wissenschaftliche Analytikerinnen. Amartya Sen (2020, S. 418) spricht hier von einer Doppelfunktion von Empörung und Vernunft. Um die Frage zu überprüfen, wieweit miserable Zustände auch auf Ungerechtigkeit zurückzuführen sind, kann man eine ganze Gesellschaft mit anderen Gesellschaften vergleichen. So kann sich zeigen, dass sich andere, vergleichbare Länder besser entwickeln als das eigene, ohne dass dafür äußere Gründe (etwa Naturkatastrophen) verantwortlich gemacht werden könnten. Für einzelne Gruppen innerhalb einer Gesellschaft ist dies der Vergleich mit anderen Gruppen. Dies gilt insbesondere für Arbeitskämpfe, bei denen der Vergleich mit der Entwicklung von Produktivität und Unternehmensgewinnen, aber auch mit den Lohnsteigerungen in anderen Branchen und Berufsruppen eine zentrale Rolle spielt.

Im folgenden Abschnitt werden einzelne dieser Aspekte detaillierter herausgearbeitet und mit historischen Beispielen illustriert.

---

[10] Vgl. dazu auch Jung Min Shin, Adam Smith's Impartial Spectator: His reliance on societal values, limits in inspiring altruism, and application in todays context, VUEJ 10, 21.015 (https://ejournals.library.vanderbilt.edu/index.php/vurj/article/view/4016, abgerufen am 25.2.2023).

Die Bedeutung der Gerechtigkeit im sozialen und politischen Leben

Gefühle verletzter Gerechtigkeit als Sprengkraft in Revolutionen
Am Schluss ihrer wichtigen Studie zu Ungerechtigkeit und Duldung wundert sich Sylvia Terpe (2009), dass das Thema der Gerechtigkeit im öffentlichen Diskurs einen so zentralen Platz einnehme. Es erscheine geradezu rätselhaft, dass gesellschaftliche Probleme – auch in sozialen Bewegungen – häufig als Fragen der Gerechtigkeit thematisiert werden. Geht man davon aus, dass das Prinzip der Gerechtigkeit einen grundlegenden sozialen Wert darstellt, dessen Verletzung mit starken Emotionen verbunden ist, lassen sich diese scheinbaren Rätsel leicht auflösen. Ungleichheiten werden eben nur dann als relevante Ungerechtigkeiten wahrgenommen, wenn sie die Menschen selbst betreffen und wenn mehr oder weniger direkt einsichtig ist, dass Probleme der gesellschaftlichen Stagnation und Benachteiligung bestimmter Personen und Gruppen durch das Handeln bestimmter Akteure mit verursacht werden.

Besonders relevant sind in diesem Zusammenhang Studien über Erfahrungen von Ungerechtigkeit und über die Reaktionen von Protest, Aufruhr und Rebellion, wie sie der US-amerikanische Soziologe Barrington Moore und die Politikwissenschaftlerin Judith N. Shklar durchgeführt haben. Barrington Moore zeigte in seinem Werk *Ungerechtigkeiten*, dass sich die deutschen Arbeiter im 19. Jahrhundert zwar manchmal zu Protesten und Erhebungen aufrafften, diese meist aber trotz vielfacher Benachteiligungen einfach hinnahmen. Selbst in Phasen von Aufruhr und revolutionären Ereignissen (so 1848 oder 1914) beteiligen sich oft nur sehr geringe Anteile von Betroffenen an Protestaktionen (dies zeigen auch viele andere Studien). Die typische Reaktion auf prekäre soziale Verhältnisse ist oft Resignation und Anpassung. Ähnliches berichtet G. S. Runciman (1966) im Anschluss an seine Studie zu Wahrnehmungen von sozialer Ungerechtigkeit im England der 1960er Jahre. Er meint, es sei heute nicht überraschend, dass Ideen der Gerechtigkeit der Menschen im Alltag keine große Rolle spielen. Sie ärgern sich allenfalls über ihnen bekannte kleinere Ungleichheiten, hegen nur bescheidene Ambitionen und trachten allenfalls danach, kleine Statusdifferenzen zu benachbarten Gruppen aufrecht zu erhalten. Ein ähnlicher Eindruck ergibt sich aus der vergleichenden Studie des Historikers Arthur Marwick (1990) über Klassenstrukturen und deren Wahrnehmung in England, Frankreich und den USA im 20. Jahrhundert. Obwohl England das im Vergleich am stärksten durch den Begriff der Klasse geprägte Land ist und in der Bevölkerung bis heute ein starkes Klassenbewusstsein besteht, übersetzt sich dies nicht in ein politisches Klassenbewusstsein. Zusammenfassend stellt Marwick fest, der Selbstrespekt scheine der Arbeiterklasse weit wichtiger zu sein als die Macht und Privilegien anderer sozialer Klassen. Dies entspricht dem Befund von Moore, dass es den revolutionären Arbeitern von 1848 und 1914 nicht um die Schaffung einer neuen Gesellschaftsordnung ging, sondern vor allem um eine Anerkennung ihrer Position in der Gesellschaft. Die Forderungen, die sich aus Ungerechtigkeitserfahrungen speisen, sind eher nur negativ bestimmt und nicht aus Vorstellungen einer gerechte Gesellschaft abgeleitet.

Aus all diesen Befunden wird evident, dass wir eine Theorie brauchen, die einen eindeutigen Faktor identifiziert, der zu Unruhen, Protest und Revolutionen führt. Dieser Faktor ist Gerechtigkeit als moralisches Prinzip, als gesellschaftlicher Grundwert. Ansätze zur Einbeziehung von Gerechtigkeit als zentrales Erklärungselement gibt es bei Sozialphilosophen wie Judith Skhlar und Axel Honneth. So argumentiert Honneth (1992, 2017), dass die Menschen vielfach keine elaborierten Wertvorstellungen haben, wie sie etwa Habermas den Menschen in seiner Diskursethik voraussetzt. Noch weniger haben sie eine konkrete Vorstellung davon, wie eine ideale freiheitliche und egalitäre Gesellschaft im Sinne von John Rawls beschaffen sein müsste. Was es jedoch gibt, sind starke Formen von Unrechtsbewusstsein, die als „situationsgebundene Verurteilungen" sozialer Tatbestände zutage treten. Dazu stellte Sylvia Terpe (2009) zutreffend fest, dass sich das von Moore und Honneth fokussierte Ungerechtigkeitsempfinden aus der Ablehnung von bestimmten sozialen Zuständen speise, ohne explizit andersartige gerechte Verhältnisse benennen zu müssen oder überhaupt benennen zu können. Auch die politische Philosophin Judith Shklar (1992) meint, dass sich die Menschen kaum je eine real gerechte Ordnung vorstellen können, dies aber auch nicht müssen, wenn man Ungerechtigkeit als ein eigenständiges Phänomen begreift.

Nun ist es offenkundig, dass man in nahezu allen Revolutionen einen Prozess am Werk sieht, der die hier entwickelte These von der Bedeutung des Grundwertes der Gerechtigkeit und dessen Verletzung durch ganz konkrete Aktionen und Verhaltensweisen der Herrschenden stützt. Dazu mag ein kursorischer Überblick über die Auslösefaktoren von Revolutionen seit 1789 angebracht sein.

In Frankreich bestanden im 18. Jahrhundert, vor Ausbruch der Revolution, Zustände von schreiender Ungerechtigkeit. Dies war der Fall vor allem unter den Bauern, die zum großen Teil Pächter waren. Sie hatten an die Grundherren Abgaben und an den Staat unklar definierte Steuern zu zahlen (daher war der Steuereintreiber ein gehasster Mann). Darüber hinaus hatten sie unter Schikanen (z. B. das Verbot des Jagens) zu leiden, die noch aus feudalen Zeiten stammten. So gab es auf dem Lande schon vor der Revolution Aufstände, auch als Folge von Preissteigerungen nach Missernten. Die Revolution wurde 1789 von Aristokraten ausgelöst, die sich gegen Gesetze richteten, die ihre Privilegien einschränken wollten; sie zielten keineswegs auf eine revolutionäre Umwälzung, sondern nur auf Wiederherstellung alter Rechte. Der Sturm auf die Bastille am 14.7.1789 wurde ausgelöst durch die Absetzung des beliebten Finanzministers Necker, die Befürchtungen weckte, die eingeleiteten Reformen würden zurückgenommen. Der schwache König Ludwig XVI. und die Regierung waren durch militärische Niederlagen geschwächt und in sich uneins, sodass sie die ausgelöste Dynamik nicht aufhalten konnten.

Fragen verletzter Gerechtigkeitsgefühle waren auch die Auslöser der Revolution in den nordamerikanischen Kolonien. Nachdem das englische Parlament, in dem keine Vertreter aus denselben saßen, im Laufe der 1770er Jahre die Steuern erhöhte, brachen Unruhen aus, die schließlich zur Unabhängigkeitserklärung 1776 führten.

Auch den Revolutionen von 1848, die ausgehend von Frankreich viele Länder Kontinentaleuropas erfassten, lag die allgemeine Verschlechterung der sozialen Verhältnisse im Zuge der Frühindustrialisierung zugrunde. Die konkreten Auslösefaktoren waren auch in diesem Falle einerseits Missernten, Hungersnöte und eine Wirtschaftskrise. Andererseits war es ein tiefer Hass gegen die autoritären Bewahrer des alten Systems in Österreich (verkörpert durch Metternich), Preußen und Russland, denen die viel fortschrittlicheren Verhältnisse in Belgien, den Niederlanden und England gegenüberstanden. Dazu kam die Unterdrückung ethnisch-nationaler Bewegungen, die sich seit den Napoleonischen Kriegen entwickelt hatten. Dazu kam etwa in Österreich, dass der regierende Kaiser Ferdinand I. extrem entscheidungsschwach (wenn nicht überhaupt schwachsinnig) war.

Der Hintergrund für die russische Revolution 1905 war der verlorene Krieg gegen Japan sowie steigende Arbeitslosigkeit und eine Verschlechterung der Versorgungslage. Sie brach aus, nachdem eine friedliche Demonstration gegen die autoritäre Regierung im Januar 1905 blutig niedergeschlagen worden war. Ähnliche Prozesse spielten sich bei der Februarrevolution 1917 ab: Preissteigerungen, Bauernrevolten und repressive Maßnahmen durch Zar Niklaus II. waren die Auslösefaktoren.

Ganz konkrete starke Erfahrungen und Gefühle von Ungerechtigkeit spielten auch bei revolutionären Ereignissen in jüngerer Zeit eine Rolle, beispielsweise bei den Revolutionen im kommunistischen Osteuropa und in der arabischen Welt. Ab 1980 entwickelten sich in Polen massive Proteste als Folge von Misswirtschaft, Preiserhöhungen und Versorgungsengpässen. Auch hier hatte man in Zentral- und Westeuropa Länder mit einer weit dynamischeren Wirtschaft und viel mehr politischer Freiheit vor Augen. Konkreter Anlass war die Entlassung der Kranführerin Anna Walentynowicz (einer Symbolfigur der Streikbewegung von 1970). Mit unglaublichen zehn Millionen Mitgliedern und einer Unterstützung durch Intellektuelle und durch die katholische Kirche wuchs die Gewerkschaft *Solidarnosc* zu einer Macht heran, die den Zusammenbruch des gesamten Sowjetimperiums einläutete. Auch die jüngsten revolutionären Ereignisse in der arabischen Welt hingen mit konkreten Rechtsverletzungen der Herrschenden zusammen. Am 17.12.2010 verbrannte sich in der tunesischen Stadt Sidi Bouzid der 26jährige Gemüsehändler Mohamed Bouazizi öffentlich (wir haben auf ihn bereits oben hingewiesen). Aufgewachsen in einer vaterlosen Familie, musste er als kleiner Händler für seine Mutter und fünf Geschwister sorgen[11]. Da er aber nur schwarzarbeitete, war er immer wieder Repressalien ausgesetzt, die seine wirtschaftliche Existenz bedrohten.

Zwar sind die Motive und der Hergang der Tat nicht wirklich verlässlich rekonstruierbar; sicher scheint jedoch zu sein, dass die Schikanen der Behörden, die erfolglosen Beschwerden bei der Stadtverwaltung und auch Misshandlungen durch Polizisten zur Tat beigetragen haben. Wenngleich Bouazizi mit Sicherheit nicht bewusst irgendwelche revolutionären Absichten verfolgte, war seine Tat doch mit hoher Wahrscheinlichkeit durch

---

[11] Vgl. https://de.wikipedia.org/wiki/Mohamed_Bouazizi (abgerufen am 25.2.2023) sowie Hamid Sadr, Der Fluch des Gemüsehändlers Mohamed Bouazizi. Demokratie oder Herrschaft des Islam? Wien 2011 (Picus Verlag/Wiener Vorlesungen).

extreme Gefühle der Machtlosigkeit und Verzweiflung mit motiviert. Sie war der sprichwörtliche Funken in das Pulverfass eines Landes, in welchem Präsident Zine el-Abidine Ben Ali 23 Jahre lang autoritär geherrscht und sich und seine Familie dabei extrem bereichert hatte. Er hatte zwar gewisse Reformen durchgeführt, aber das Land war durch eine sehr schlechte wirtschaftliche Lage, hohe Arbeitslosigkeit besonders unter Jugendlichen, verbreitete Korruption und polizeistaatliche Überwachung gekennzeichnet. Die Selbstverbrennung von Bouazizi erregte hohes Aufsehen und in der Folge brachen Aufstände in nahezu allen arabischen Ländern aus, die durch die gleichen wirtschaftlich-sozialen und politischen Probleme gekennzeichnet waren. Ähnliche Konstellationen gab es schließlich auch in der Ukraine, wo Wahlbetrug, Korruption und wirtschaftliche Stagnation 2004 und 2013/14 blutige Unruhen auslösten. In Weißrussland und Russland selbst waren ähnliche Bewegungen 1920/21 im Gange. Sie wurden von den autoritären Präsidenten Alexander Lukaschenko bzw. Wladimir Putin massiv unterdrückt.

Gerechtigkeit als Leitmotiv im Kampf um die Lösung der sozialen Frage
Große Bedeutung erlangte der Begriff der Gerechtigkeit im Zusammenhang mit der sozialen Frage im 19. Jahrhundert. In England waren schon Ende des 18. Jahrhundert massive neue soziale Probleme aufgetreten. Ab Mitte des 19. Jahrhunderts entstanden sie in den sich industrialisierenden Länder auf dem Kontinent. So gab es im Zusammenhang mit dem starken Bevölkerungswachstum eine massive Abwanderung vom Land in die Städte. Die neue Industriearbeiterschaft und das Dienstleistungspersonal in den Städten hatte mit extrem ausbeuterischen Arbeitsbedingungen zu kämpfen (etwa Arbeitszeiten bis 12 und mehr Stunden bei sechs Arbeitstagen in der Woche); es gab körperlich schwere Frauen- und Kinderarbeit; die Wohnverhältnisse in den Großstädten waren äußerst beengt und unhygienisch. Diese Verhältnisse hatte Friedrich Engels in seiner berühmten Studie über *Die Lage der arbeitenden Klassen in England* 1845 angeprangert. Sie wurden dann um die Jahrhundertwende in den *Social Surveys* von Charles Booth und Seebohm Rowntree detailliert dokumentiert und beschrieben (Kern 1982).

Männer wie sie und sozialistisch gesinnte Gesellschaften (wie die *Fabian Society*) trugen dazu bei, dass das englische Parlament schon im 19. Jahrhundert eine Reihe von Sozialgesetzen erließ. Um 1880 betrafen diese die Legalisierung der Gewerkschaften, die Errichtung von Schulen in jedem Distrikt und die landesweite Einrichtung von Gesundheitsbehörden. Viele dieser Maßnahmen waren ein Vorbild für Sozialreformer auf dem Kontinent.

In Deutschland, das sich später, dann aber schneller industrialisierte als England und Frankreich, entstanden allerdings nie so schlechte Lebensverhältnisse wie in England. Die enormen Missstände, die es aber auch hier gab, wurden im Rahmen von drei Reformbewegungen thematisiert (Koller 2014, S. 29 f.). (1) Das sozialliberale Lager (repräsentiert durch die „Kathedersozialisten" um Gustav Schmoller) optierte für eine Reform des kapitalistischen Systems durch staatliche Marktregulierung sowie den Ausbau von öffentlichen Einrichtungen und sozialer Sicherung. (2) Das sozialdemokratische Lager strebte eine grundlegende Transformation des Kapitalismus auf dem Wege von Sozialreform und

Sozialstaat an. Auch im Gothaer Programm der SPD von 1875 kommt der Begriff der Gerechtigkeit mehrfach vor: Der Ertrag der Arbeit gehört „nach gleichem Rechte, allen Gesellschaftsgliedern"; die Arbeit sei genossenschaftlich zu organisieren „unter gerechter Verteilung des Arbeitsertrages". (3) Das christlich-soziale Lager propagierte einen Dritten Weg zwischen Sozialismus und liberalem Kapitalismus zur Lösung der sozialen Frage. Es stellte drei Grundprinzipien in den Mittelpunkt; die Personalität (der Mensch muss Zentrum aller Maßnahmen sein), die Solidarität (das Individuum und die Gemeinschaft müssen sich gegenseitig unterstützen) und die Subsidiarität (kleinere und größere Institutionen müssen sich auf ihre jeweiligen Kompetenzen beschränken und konzentrieren). Der Begriff der sozialen Gerechtigkeit spielt in den wichtigen Enzykliken *Rerum novarum* von Papst Leo XIII 1891 und in der Enzyklika *Quadragesimo Anno* von Pius XI 1931 eine zentrale Rolle. In diesen Schriften wird es als ungerecht bezeichnet, die Besitzlosen mit mehr Arbeit zu beschweren, als ihre Kräfte tragen können; Besitz und sein Gebrauch müsse den Prinzipien der Gerechtigkeit folgen; aber es widerspreche auch der Gerechtigkeit, das Recht auf privates Eigentum zu bestreiten.

Gemeinsam ist allen diesen Doktrinen der sozialen Bewegung, dass sie auch moderne Gesellschaften als Gemeinschaften sehen und Gesellschaft nicht, wie der Liberalismus, als Ansammlung von Individuen. Auch die Regierungen erkannten, dass staatliche Gesetze zur Einschränkung der gröbsten Missstände notwendig waren. So wurden, wie festgestellt, ab Mitte des 19. Jahrhunderts zuerst in England, Gesetze zur Behebung der ärgsten Missstände erlassen und in Deutschland durch Bismarck gegen Ende des Jahrhunderts erste Elemente einer Sozialversicherung eingerichtet. Neben dem Wirtschaftswachstum trugen auch Stadtplanung und die Gründung von Fürsorgeeinrichtungen in der zweiten Hälfte des 19. Jahrhunderts zu einer Verbesserung der sozialen Lage der Arbeiter bei. Die politischen Bemühungen in dieser Richtung wurden vor allem durch die erstarkende Arbeiterbewegung gefördert, die schlagkräftige Gewerkschaften und dann auch Parteien gründen konnten. Diese wurden durch die Einführung des allgemeinen Wahlrechts nach dem Ersten Weltkrieg auch politisch zu tonangebenden Kräften. So konnten im Laufe des 20. Jahrhunderts die Systeme der sozialen Sicherung ausgebaut, die Arbeitsverhältnisse weiter geregelt und humanisiert und umfassende öffentliche Einrichtungen im Bildungs-, Gesundheits- und Sozialbereich etabliert werden.

Man kann daher mit Peter Koller (2014) zusammenfassend feststellen, dass sich der Begriff der Gerechtigkeit im Zusammenspiel mit den epochalen gesellschaftlichen Entwicklungen der vergangenen Jahrhunderte mit einer gewissen Folgerichtigkeit nach und nach in spezifischere Grundsätze, Forderungen und Maßnahmen ausdifferenziert. Diese finden heute in den meisten entwickelten Gesellschaften weitgehende Zustimmung und bilden zusammen die vorherrschende Vorstellung sozialer Gerechtigkeit. Auch diese Entwicklung bestätigt die Grundthese dieser Arbeit, dass massive Verschlechterungen und neue soziale Probleme auch Anlass zu ganz neuen, effizienten sozialen und politischen Lösungen geben.

Befunde zur Bedeutung der Gerechtigkeit im persönlichen und sozialen Leben
Gerechtigkeitsgefühle spielen bereits in der Entwicklung von Kindern eine wichtige Rolle. Schon Kleinkinder sind peinlich darauf bedacht, nicht weniger zu bekommen als ihre Geschwister. Von Charles Dickens stammt der Ausspruch: „In der kleinen Welt, in welcher Kinder leben, gibt es nichts, das so deutlich gefühlt wird, als Ungerechtigkeit."

Aber auch bei Kindern ist schon klar, dass Gerechtigkeitsempfindungen nicht nur durch (kurzfristiges) Eigeninteresse zu erklären sind. Jean Piaget (1973) unterschied in seiner Studie zur moralischen Entwicklung von Kindern zwei Stufen. Die heteronome, erste Stufe (die bei 6–8-Jährigen noch vorherrscht) leitet sich aus den Geboten und Strafen durch Eltern ab. Die zweite Stufe ab dem 9. Lebensjahr entwickelt sich vor allem aus der Interaktion der Kinder; sie beruht auf der Idee der Gleichheit, der gegenseitigen Achtung und Solidarität. Kinder entwickeln nun ein Gerechtigkeitsgefühl aufgrund der Erwartung, dass sie, um wichtige Gratifikationen im Zusammenleben mit anderen oder in einer ferneren Zukunft zu erlangen, sich auch selbst in einer bestimmten Weise verhalten müssen.

Die Sozialpsychologen Melvin Lerner und Dale Miller (1978) sprechen hier von einem *Gerechte-Welt-Glauben.* Darunter ist eine generalisierte Erwartung zu verstehen, dass es in der Welt grundsätzlich gerecht zugeht und Menschen im Leben im Großen und Ganzen das erhalten, was ihnen zusteht. Ein solcher Glaube an eine gerechte Welt stellt eine wichtige Ressource dar. Dabei ist zwischen dem Glauben an eine „persönliche" gerechte Umwelt und dem Vertrauen auf die allgemeine Gerechtigkeit in der Welt zu unterscheiden (Dalbert und Donat 2015). Die erstere Einstellung führt zur besseren Bewältigung von Problemen, die letztere kann neben positiven auch negative Folgen haben. So kann sie zu Versuchen der Rechtfertigung von Ungleichheiten führen oder dazu, dass man Opfer selbst für ihr Schicksal verantwortlich macht *(blaming the victim).*

Gerechtigkeit spielt auch in Partnerschaft und Ehe eine wichtige Rolle; vor allem auch im Zuge der Emanzipation von Frauen und ihrer zunehmenden lebenslangen Erwerbstätigkeit. Die sozialpsychologische *equity-Theorie* postuliert, dass man in einer sozialen Beziehung stark auf die Ausgewogenheit der Beiträge beider Partner zur Beziehung achtet. Tatsächlich wurde empirisch gezeigt, dass Personen in Partnerschaften glücklicher sind, wenn sie eine derartige Ausgewogenheit wahrnehmen. Wer von der Partnerschaft profitiert, ist zufriedener als jene/r, der glaubt, schlechter dazustehen.[12] Das würde auch den häufig festgestellten Befund erklären, dass Männer mit ihren Ehen meist zufriedener sind als Frauen und oft überrascht sind, wenn die Partnerin eine Trennung in Erwägung zieht (was auch de facto häufiger der Fall ist).

Vorstellungen von Gerechtigkeit spielen auch in Interaktionsprozessen in sozialen Gruppen eine bedeutende Rolle. Daher gibt es in der Sozialpsychologie eine umfangreiche Forschung zum Thema Gerechtigkeit (für Überblicke vgl. Mikula 1980; Gollwitzer

---

[12] Vgl. dazu Vgl. Elke Rohmann, Hans-Werner Bierhoff, Gerechtigkeitserleben und Glück in der Partnerschaft, verfügbar über https://www.familienhandbuch.de (abgerufen am 2.1.2022).

et al. 2013). Die sozialpsychologische Equity-Theorie geht davon aus, dass Gerechtigkeit in allen sozialen Interaktionen Bedeutung besitzt. Ihre Grundannahmen lauten, dass jedes Individuum versucht, seine Ergebnisse (Belohnungen minus Kosten) zu maximieren. Gruppen streben danach, allgemeine Prinzipien zu entwickeln, um Belohnungen und Kosten ausgewogen *(equitable)* zu verteilen, sodass alle kooperieren. Der These dieser Theoretikerinnen, dass das Gerechtigkeitsstreben nur oder primär durch Eigeninteressen begründet wird, muss man nicht folgen. In dieser Hinsicht kritisiert Lerner (2003) zu Recht, dass diese Studien meist nur auf Laborexperimenten basierten, in welchen die Versuchspersonen dazu tendierten, gesellschaftlich anerkannte Legitimationen für Gerechtigkeit und Ungerechtigkeit heranzuziehen. Studien in realen und bedeutsamen Lebenssituationen erbrachten durchaus mehr oder weniger rationale Urteile über Gerechtigkeit oder Ungerechtigkeit. Vor allem waren sie auch mit starken Emotionen wie Angst, Schuldgefühlen, Scham und Verachtung verknüpft und mit einem Drang, in ungerechten Situationen etwas unternehmen zu müssen.

So waren auch Arbeitskämpfe wie Streiks seit Beginn der Industrialisierung keineswegs nur materiell-instrumentell motiviert, sondern wurden seit jeher auch als Willenskundgebung der Arbeiterinnen gesehen, die ihr gesellschaftliches und politisches Bewusstsein prägte. Darin besteht die Wahrheit des gewerkschaftlichen Spruches, dass kein Streik umsonst ist. Die Bedeutung von Gerechtigkeitsempfindungen in Organisationen fassen Cohen-Charash und Spector (2001) in einer Meta-Analyse von 190 Studien folgendermaßen zusammen: Alle drei Aspekte von Gerechtigkeitsempfindungen – die Wahrnehmung von interaktionaler, prozeduraler und distributiver Gerechtigkeit – haben signifikante Effekte auf Einstellungen und Verhaltensweisen. Dabei ist im Hinblick auf die Arbeitsleistung vor allem die Transparenz der Kriterien für Entlohnung *(procedural justice)* relevant; die Bindung an die Organisation und die Arbeitszufriedenheit wird durch alle drei Aspekte gleichermaßen beeinflusst. Dass diese Zusammenhänge tief verankert sind, zeigt sich u. a. darin, dass soziodemographische Variablen (Alter, Geschlecht usw.) nur geringe Einflüsse auf sie haben.

Ausblick auf aktuelle Probleme der Ungerechtigkeit
Die Idee der Gerechtigkeit stellt aus drei Gründen einen zentralen gesellschaftlichen und politischen Grundwert dar (Barry 2005, S. 249 f.). Zum Ersten kann sie Menschen in einer Weise motivieren, wie es Verweise auf Interessen nie können. Auch wenn alle von der Gemeinnützigkeit bestimmter Maßnahmen überzeugt sind, müssen nicht alle bereit sein, dafür auch Opfer zu bringen. Zum Zweiten kann das Gerechtigkeitsgefühl auch solche Menschen motivieren, die persönlich keinen Nutzen aus bestimmten Maßnahmen ziehen würden. Maßnahmen für Behinderte oder gegen Rassendiskriminierung werden von vielen unterstützt, die davon nicht betroffen sind. In Kap. 8 wurde argumentiert, dass auch viele wohlfahrtsstaatliche Maßnahmen aus diesem Grund befürwortet werden. Zum Dritten gilt, dass auch jene, welche zunächst gegen bestimmte Maßnahmen sind, sich allmählich von ihrer Richtigkeit überzeugen lassen. Die Sozialwissenschaft kann,

wie oben dargestellt, zur Erkenntnis von Problemen der Ungerechtigkeit und zur Durchsetzung von mehr Gerechtigkeit beitragen, indem sie gleichzeitig Untersuchungen zu drei Aspekten durchführt: zur objektiven Lage der verschiedenen gesellschaftlichen Gruppen, also über soziale Ungleichheiten; zur Wahrnehmung und Beurteilung dieser Ungleichheiten durch die Betroffenen; und zu den Aktionen (oder Nichtaktionen) dieser Gruppen im Hinblick auf Ungleichheiten und Ungerechtigkeiten. Fragen wir uns abschließend noch kurz, welche inhaltlichen Aspekte von Gerechtigkeit heute von zentraler Bedeutung sind.

Wir können hier von der grundlegenden Unterscheidung zwischen drei Formen von Gerechtigkeit ausgehen: formaler, materialer und inhaltlicher Gerechtigkeit. Bei *formaler Gerechtigkeit* ist im engeren Sinne gleicher staatsbürgerlicher Status gemeint, die Tatsache, dass alle Staatsbürger sind und den gleichen Gesetzen unterworfen sind. Laut Arnim (2006) sollte das heute nicht mehr problematisch sein, ist aber leider sehr wohl noch (oder schon wieder) der Fall. So besitzen in vielen entwickelten, westlichen Gesellschaften hohe Anteile von Zuwanderern und sogar ihre im Lande geborenen Kinder nicht die Staatsbürgerschaft des Landes, in dem sie ihren Lebensmittelpunkt haben (Bauböck/Haller 2021).

Formale Gerechtigkeit im weiteren Sinne betrifft die *Verfahrensgerechtigkeit,* das heißt die Forderung, dass für alle gleiche Regeln beim Umgang mit anderen Menschen, mit Behörden usw. gelten, also gleiches Verhalten gleich behandelt wird (Schlösser 2007). Ungerechte Behandlung durch Vorgesetzte, Zurücksetzung durch Kolleginnen kann zu hoher Unzufriedenheit mit einem Betrieb führen. Sie trägt mehr zu einer hohen Fluktuation bei als schlechte Bezahlung und ist auch für ein Unternehmen sehr kostspielig, wie man in vielen Büchern zum Personalmanagement lesen kann. Auch öffentliche Behörden behandeln verschiedene Kategorien und Gruppen von Menschen oft unterschiedlich; sozial Benachteiligte haben auch weniger Ressourcen ihre Rechte durchzusetzen. Ein erheblicher Anteil von Menschen erfährt Diskriminierungen in Bildungs- und Arbeitswelt, Krankenhäusern und bei Behörden.[13]

Ein krass gegen Gerechtigkeit verstoßendes Handeln auf wirtschaftlicher und politischer Ebene ist die Korruption. Sie führt nicht nur zu ungerechten Verteilungen, sondern unterminiert auch das Vertrauen der Bürger in den Staat (Lingens 1986).

Der zweite Aspekt betrifft die inhaltliche, *materiale Gerechtigkeit*. Sie hat ebenfalls zwei Unteraspekte: die Möglichkeit der Mitwirkung an gesellschaftlichen und politischen Entscheidungen und die Versorgung mit sozioökonomischen Gütern. Bei der ersteren geht es darum, spezielle Machtbildungen, etwa durch überproportionalen politischen Einfluss Einzelner oder bestimmter Gruppen (etwa von Unternehmen und ihrer Zusammenschlüsse in Kartellen) zu vermeiden. Dies geschah historisch durch Gegenmachtbildung (etwa in Form von Gewerkschaften) oder mithilfe gesetzlicher Regeln gegen Wettbewerbsverzerrung. Beide Aspekte besitzen heute wieder hohe Aktualität. Hier muss man einerseits

---

[13] Vgl. z. B. die Studie Diskriminierungserfahrungen in Österreich, Arbeiterkammer Wien (verfügbar unter https://www.arbeiterkammer.at/interessenvertretung/arbeitundsoziales/gleichbehandlung/ Diskriminierungsstudie_2019.pdf, abgerufen am 27.2.2023).

denken an den Rückgang der gewerkschaftlichen Organisation und damit den Machtverlust der Arbeitnehmer als Folge des technologischen und ökonomischen Wandels des Aufstiegs neuer, den Weltmarkt dominierender Konzerne im Bereich der Digitalisierung. Zum anderen sind die Effekte der Globalisierung höchst relevant, welche es den Nationalstaaten immer mehr erschweren, das Verhalten der großen Unternehmen (deren Zentralen oft im Ausland oder in Steueroasen ansässig sind) in Bezug auf ihre Arbeitnehmer zu kontrollieren und ihre oft astronomischen Gewinne adäquat zu besteuern.

Hochaktuell ist auch die Problematik der Gerechtigkeit im Hinblick auf den zweiten Aspekt, der *Verteilung* ökonomischer Güter, insbesondere bei der Einkommensverteilung. Tatsächlich gibt es auch in den wohlhabenden westlichen Gesellschaften, nicht nur in den USA, eine enorme Vielfalt an neuen Ungleichheiten, die auf latente Diskriminierungen und damit auch Ungerechtigkeiten hinweisen (vgl. auch Barry 2005). Sie betreffen nicht nur die Ungleichheit der Einkommensverteilung, sondern auch die Ungleichheit der Bildungschancen sowie in der gesundheitlichen Gefährdung und Lebenserwartung, in der Arbeits- und Berufswelt und die Benachteiligung von Frauen. Viele von ihnen erzeugen starke öffentliche Proteste auch in reichen Ländern. Ein nicht zu übersehendes Problem ist die generelle Armutsquote (Anteil von Menschen mit einem Einkommen, das 60 % unter dem Medianeinkommen liegt). Selbst in reichen Ländern wie Deutschland und Österreich sind dies gut ein Zehntel der Bevölkerung, in Italien deutlich mehr, in den USA sogar fast ein Fünftel. In jedem größeren, wohlhabenden Land müssen also Millionen Haushalte mit einem sehr knappen Budget auskommen. In den letzten Jahrzehnten sind diese Anteile in vielen Ländern gestiegen. Noch eklatanter sind die Ungleichheiten bei der Vermögensverteilung (Piketty 2014; Haller 2015). Verteilungen an sich können jedoch nicht ohne weiteres als gerecht oder ungerecht bezeichnet werden. Dies ist erst dann der Fall, wenn sie durch ungerechte Verfahren zustande kommen. Zwar entstanden etwa die extrem hohen Vermögen der heute reichsten Männer der Welt vor allem dadurch, dass die Aktien ihrer Unternehmen in nahezu unvorstellbare Höhen gestiegen sind. Dennoch steht außer Frage, dass extreme Ungleichheiten der Vermögensverteilung in aller Regel auch mit sozialen Ungerechtigkeiten verbunden sind. Vor allem kreativen Unternehmern in technologisch neuen Bereichen eröffnen sich immense Chancen für Einkommen und Gewinne. Bei ihrer Expansion bedienen sie sich auch häufig halb- bis ganz illegaler Praktiken, die von Gewerkschaften, Behörden usw. erst nach und nach durchschaut werden.

Für alle Erwerbstätigen bestehen auch Probleme im Hinblick auf *Leistungsgerechtigkeit*. Diese bedeutet, dass für gleiche Arbeit gleicher Lohn zu bezahlen ist und Unterschiede in der Entlohnung durch unterschiedliche Leistung gerechtfertigt werden müssen. Leistung kann jedoch viele unterschiedliche Aspekte beinhalten, die zum Teil schwer messbar und untereinander nicht vergleichbar sind. Dazu gehört der zeitliche Umfang der Arbeit; die dafür aufzuwendende Mühe (schwere körperliche oder psychisch belastende Arbeit); die. Qualifikation und Kreativität, die man in einer Tätigkeit aufbringen muss. Schließlich ist der Arbeitserfolg auch von vielen anderen Faktoren (Marktsituation, Zufall) abhängig. Studien zur Ungleichheit zwischen den Einkommen zeigen, dass alle leistungsbezogenen Kriterien zwar eine Rolle spielen (Brinkmann 1984). Sie können die faktischen großen Unterschiede zwischen den Einkommen verschiedener Gruppen von Lohnabhängigen aber bei weitem nicht erklären: Körperlich und zeitlich belastende Arbeiten gehören oft zu den sehr schlecht bezahlten; auch die Entlohnung in sozial sehr wichtigen Tätigkeiten (z. B. Pflege) ist niedrig; Frauen verdienen bei gleicher Qualifikation und Tätigkeit bis zu einem Viertel weniger als Männer; die überproportional hohen Spitzeneinkommen von Managern stehen in keinem realistischen Bezug zu ihrer Arbeitsleistung. Eine Reihe weiterer Faktoren spielen dabei eine Rolle: die Machtbildung und Machtdelegation an Managerinnen als Vertreterinnen des Kapitals und Vertreterinnen von Eigeninteressen; die Lohnbildung in Industriesektoren mit starken Gewerkschaften; die Beschäftigung im ‚geschützten' öffentlichen Dienst; tradierte gesellschaftliche Vorstellungen von Geschlechterrollen; Diskriminierung von Zuwanderern; schließlich auch demografische, politisch mit verursachte Prozesse wie die Benachteiligung von jüngeren gegenüber älteren Beschäftigten.

Vergleicht man die wichtigsten Aspekte von Benachteiligung bzw. Privilegierung (im Hinblick auf belastende Arbeitsbedingungen, Arbeitszeit und Einkommen) nach Wirtschaftssektoren, so stellt sich überraschenderweise der Sektor Unterricht und Wissenschaft als der privilegierteste dar (Haller 1980). Welche Löhne „gerecht" sind oder nicht kann nur durch eine möglichst vollständige Berücksichtigung all dieser Faktoren im Rahmen öffentlicher Auseinandersetzungen und auch von Arbeitskämpfen zwischen (privaten und öffentlichen) Arbeitgebern und Arbeitnehmern ermittelt bzw. „entschieden" werden. Als geistige „Munition" für ihre Forderungen können die Kontrahenten ökonomische Daten zur Wirtschaftsentwicklung, Ergebnisse wissenschaftlicher Studien zu offenen und verdeckten Formen von Diskriminierung, betriebliche und überbetriebliche Daten zu faktischen Gewinn- und Lohnentwicklungen heranziehen: Aus dieser Sicht wird evident, dass die Realisierung von Gerechtigkeit im sozioökonomischen Sinn die Sicherung der politischen Grundwerte Freiheit und Gleichheit voraussetzt. Erst die Durchsetzung der Versammlungs- und Organisationsfreiheit ermöglichte es den Arbeitern, sich in Gewerkschaften und Parteien zu organisieren und für die Verbesserung der Arbeitsbedingungen und für angemessene Löhne zu kämpfen. Erst die Durchsetzung des allgemeinen Wahlrechts machte den Aufbau von Arbeiterparteien möglich. Diese konnten die Anliegen aller benachteiligten gesellschaftlichen Gruppen dann in Parlamenten und Regierungen zur Geltung bringen. Das Gleiche gilt für viele andere Gruppen, die man deutlich als Benachteiligte bezeichnen kann, wie alle Beschäftigten in schlecht bezahlten, unsicheren Jobs (darunter insbesondere Frauen), ausländische Arbeitskräfte, Behinderte.

Leistungen und Zukunftschancen der Demokratie

Am Ende dieser drei Kapitel zu den politischen Grundwerten soll noch die Frage diskutiert werden, wie es um die Demokratie heute steht und was für die Zukunft zu erwarten ist. Die letzten Jahre und Jahrzehnte haben ja eine bedrohliche Tendenz zur Unterminierung demokratischer Strukturen und Prozesse in Europa und in den Vereinigten Staaten gezeigt. Was kann man aus diesen für die Zukunft folgern? Wie steht es um die Qualität der Demokratie in demokratisch gefestigten Ländern? Besteht überhaupt eine Chance, dass sich die Demokratie auch in den heute noch höchst autoritären Ländern in der arabisch-islamischen Welt, in China und im neuerlich autoritär gewordenen Russland durchsetzen wird?

Inwieweit realisiert die moderne Demokratie die politischen Grundwerte?
Die Stärke des hier entwickelten Ansatzes liegt darin, dass er durch die Fokussierung auf die zentralen gesellschaftlichen Grundwerte eine klare Richtschnur für die Beurteilung der gesellschaftlichen und politischen Institutionen liefert. Die in diesem Kapitel vorgestellten drei politischen Grundwerte werden vor allem in der Demokratie verwirklicht. Auch in Bezug auf die Durchsetzung der Demokratie kann man, wie für die Werte generell festgestellt wurde, von einem unumkehrbaren Prozess sprechen. So schreibt Roger de Weck: „Wo die Saat der Demokratie einmal aufgegangen ist, verwandelt sich die mentale Landschaft. Demokratie schafft eine psychologische, das heißt eine harte Tatsache: Diktatur ist fortan nie mehr ‚normal', der Autoritarismus nie mehr ganz legitim" (de Weck 2020, S. 198.)[14] Die Anerkennung der Demokratie als machtvolle, fortschrittliche Idee zeigt sich auch daran, dass sich nahezu alle Staaten der Welt, auch deutlich autoritäre Regimes, heute als Demokratien bezeichnen. Für den ungarischen Ministerpräsidenten Viktor Orban ist sein in vielfacher Hinsicht autoritäres und korruptes System eine „illiberale Demokratie".[15] Sogar China bezeichnet sein autoritäres System der Einparteienherrschaft als „demokratischen Zentralismus".

Wenn wir die Frage diskutieren, inwieweit die Demokratie die politischen Grundwerte von Freiheit, Gleichheit und Gerechtigkeit realisiert, müssen wir zunächst natürlich eine Definition der Demokratie geben. Man kann im Prinzip zwei Definitionen und dahinterstehende Begriffe unterscheiden: eine präzise Nominaldefinition und eine inhaltlich starke, auch normativ gefärbte Realdefinition. Eine präzise, „realistische" Definition der repräsentativen Demokratie beinhaltet die Eliten-Theorie der Demokratie (Schumpeter 1946). Sie sieht Politik als einen Wettbewerb, analog zu Märkten. Demokratie ist definiert als ein Verfahren, bei dem die Wähler und Wählerinnen zwischen verschiedenen Bewerbern und

---

[14] Vgl. dazu auch Held (2007) *Soziale Demokratie im globalen Zeitalter;* Arnim (2009), *Volksparteien ohne Volk* Ehrenhauser (2010), Demokratie in Gefahr? Lessenich (2019), *Grenzen der Demokratie;* Mausfeld (2020), *Warum schweigen die Lämmer?*

[15] Vgl. „Der giftige Reiz der illiberalen Demokratie" in: https://www.diepresse.com/5879182/der-giftige-reiz-der-illiberalen-demokratie (abgerufen am 12.4.2021). Siehe https://de.wikipedia.org/wiki/Illiberale_Demokratie (abgerufen am 12.4.2021); systematisch Merkel et al. (2003/2005/2006).

Bewerberinnen um politische Ämter wählen können; die Gewählten üben ihr Amt dann auf Zeit aus.

Auch bei der repräsentativen Demokratie müssen einige Voraussetzungen gegeben sein: Alle Interessenten müssen die Möglichkeit haben, sich um Ämter zu bewerben; die Wähler müssen ausreichende Informationen über die Mitbewerberinnen haben; das politische Personal muss qualifiziert sein; die Gewählten müssen ihre Programme auch umsetzen wollen und können. Schon aus dieser Sicht kann man enorme Unterschiede zwischen den verschiedenen Ländern der Erde, aber auch innerhalb der Demokratien selbst sehen; praktisch weisen alle bereits aus dieser Sicht erhebliche Defizite auf.

Für einen Einblick in die Frage, wie viele Staaten der Erde heute als Demokratien betrachtet werden, können wir den Demokratieindex der britischen Zeitschrift *Economist* heranziehen. Dieser Index beinhaltet neben freien Wahlen auch Mindestkriterien im Hinblick auf politische Teilnahme, eine stabile politische Kultur und Bürgerrechte. Vollständige Demokratien sind demnach nur 23, also 14 % aller 167 eingeschlossenen Länder der Welt (die meisten Länder Westeuropas, Nordamerika und einige Länder in Lateinamerika und Ostasien). Zählt man noch die unvollständigen Demokratien dazu, sind es 52 % aller Länder.[16] Große Defizite zeigen sich auch in den spezifischen Verfahren, durch welche sich eine Demokratie von Nichtdemokratien unterscheidet (freie Wahlen, Regierungen auf Zeit, Rechtsstaatsprinzip). In vielen Staaten der Welt, in denen Wahlen stattfinden, sind diese nicht wirklich frei. Selbst in europäischen Ländern wie Russland oder der Türkei werden Oppositionspolitikerinnen und -gruppen massiv eingeschränkt oder durch juristische Tricks, ja sogar Gewaltanwendung, von den Wahlen ausgeschlossen. In den EU-Mitgliedsstaaten Polen und Ungarn werden seit dem Amtsantritt konservativer Regierungen unter Jaroslaw Kaczynski und Viktor Orban oppositionelle Parteien massiv behindert, die Medienfreiheit eingeschränkt, die Macht der Regierungsparteien in vieler Hinsicht ausgebaut. Die EU kann dagegen meist nur weiche Maßnahmen wie *naming and shaming* einsetzen (zuletzt wurde allerdings auch die Auszahlung von Fördergeldern an Ungarn an Reformen gebunden; vgl. allgemein dazu Blauberger 2016). Ein zentrales Charakteristikum von Demokratien ist auch, dass die Regierenden nach Wahlniederlagen bereit sind, abzutreten.

In repräsentativen Demokratien zeigen sich aus der Sicht der gesellschaftlichen, insbesondere politischen Grundwerte aber auch Probleme. Das erste betrifft die Aufstellung von Kandidaten für Wahlen und in der Folge die Wahlmöglichkeiten für die Bürgerinnen. Hierbei spielen in der Regel *Parteien* und deren Netzwerke die zentrale Rolle (Naßmacher 1995, S. 76–89). Hier muss man, im Anschluss die Ausführungen von Weber (1964, S. 1063 ff.; Weber 1988d), zwei Typen von Parteien unterscheiden (vgl. auch Hartmann 1983). In den USA sind Parteien vor allem „Wahlorganisationen", die Bewerber als Präsidenten oder als Abgeordnete an die Macht bringen wollen. Wahlkämpfe kosten Unsummen, sodass potente Geldgeber aus der Wirtschaft unverzichtbar sind. Daher kommen die Kandidaten für die höchsten Ämter mit ganz wenigen Ausnahmen aus sehr

---

[16] Vgl. https://de.wikipedia.org/wiki/Demokratieindex (abgerufen am 10.4.2021).

wohlhabenden Familien (vgl. auch Hartmann 1983; Abromeit 1993). Im beinharten politischen Wettbewerb um das Präsidentenamt setzen sich oft Politiker durch, denen es vor allem um Macht geht. Neuere Beispiele dafür waren Richard Nixon, der Clan der Bushs[17] und zuletzt Donald Trump.

So ist es nicht verwunderlich, dass die USA nach einer neuen Umfrage des *PEW-Research-Center* unter 17 fortgeschrittenen Ländern zu jenen mit der geringsten Zufriedenheit ihrer Bürgerinnen mit dem politischen System gehören. 85 % der Befragten sind der Meinung, dass es weitreichende Reformen nötig hätte.[18] In Europa gibt es dagegen seit jeher Weltanschauungsparteien mit inhaltlichen Programmen und Wählergruppen. Seit dem Zweiten Weltkrieg haben die Parteien zunehmend die politischen Prozesse monopolisiert und bilden „Machtkartelle", in deren Rahmen entschieden wird, welche Personen auf Kandidatinnenlisten und später in Ämter kommen (Mair 2013). Es entwickelten sich enge Verflechtungen zwischen Parteien, Medien und Politik. Auch in Frankreich, Italien, Spanien und Griechenland besteht eine hohe Unzufriedenheit mit dem politischen System.

Im Zuge des Aufstiegs von Fernsehen und neuen Medien verliert aber die traditionelle Form der Parteiendemokratie selbst wieder an Boden.[19] Heute kann man in vielen Ländern beobachten, dass die Mitgliederzahlen der Parteien massiv schrumpfen und das „medial-dramaturgische Darstellungsprinzip" die Oberhand gewinnt: Nicht mehr politische Erfahrung oder ein inhaltliches Programm stehen im Zentrum, sondern Haschen nach Aufmerksamkeit, *public relations* und Personalisierung (Müller 2009).[20]

Damit hängt die Tatsache zusammen, dass die Bedeutung von Parteien als Aufstiegskanäle in politische Elitepositionen abnimmt. Es zeigt sich auch ein deutlicher Zusammenhang zwischen der Offenheit des Zugangs zu politischen Ämtern und der Einkommensgleichheit in einem Land, wobei Skandinavien in beiderlei Hinsicht am besten, die USA (teil auch Großbritannien und Frankreich mit ihren elitären Bildungssystemen) dagegen schlecht dastehen.

Neue Probleme für die Meinungsfreiheit entstehen durch die *Medienkonzentration* von Print- und digitalen Medien sowie Fernsehen. Von einer Gleichheit zwischen verschiedenen Medien im Zeitalter der Medienmultis und Medienzaren, die massiv in die Politik eingreifen oder sogar selbst Politiker werden, kann keine Rede sein.[21] Ein Extrembeispiel

---

[17] Einen Einblick in die Strategien von George Bush sen. und jun. zur Erlangung des Präsidentenamts gibt die investigative Journalistin Kitty Kelley (2004) in ihrem Buch *Der Bush-Clan*. Diese werden als mittelmäßige, habgierige und skrupellose Machtmenschen beschrieben. Die Schaffung und Erhaltung eines positiven öffentlichen Images waren ihnen äußerst wichtig.

[18] https://pewresearch.org/global/2021/10/21/citizens-in-advanced-economics-want-significant-changes-to-their-political-systems/ (abgerufen am 25.10.2021).

[19] Hubert Kleinert, Abstieg der Parteiendemokratie, *Aus Politik und Zeitgeschichte* 35–36/2007, Bundeszentrale für politische Bildung.

[20] Ein herausragendes Beispiel dafür war der kometenhafte Aufstieg und Fall des jungen österreichischen Politikers Sebastian Kurz (2017–2021).

[21] In Deutschland haben Konzerne wie Axel Springer (Bild-Zeitung mit 10 Mio. Lesern) und Bertelsmann, in Italien Silvio Berlusconi (mit mehreren TV-Sendern und Zeitungen) enormen Einfluss.

dafür war die Unterstützung von Donald Trump durch den rechtslastigen TV-Sender Fox News, ohne die Trump nicht Präsident geworden wäre. Zuletzt ging sie so weit, dass nach seiner Wahlniederlage behauptet wurde, die Wahlergebnisse seien manipuliert worden, wofür der Sender im April 2023 zu einem Schadenersatz von 787 Mrd. $ an den Wahlmaschinenhersteller Dominion verurteilt wurde. Durch TV-Privatsender und neue Medien wurde der Einfluss der Printmedien inzwischen etwas aufgeweicht. Allgemein gilt, dass die Medien Stimmungen erzeugen und „Meinungsmache" betreiben, wie Theodor Geiger schon 1950 schrieb (vgl. auch Müller 2009).

Aber auch Regierungen versuchen, die freie und unabhängige Meinungsbildung der Bürgerinnen, wenn es um Fragen geht, die ihr wichtig sind, so weit wie möglich zu untergraben. In Großstaaten sind dies vor allem Probleme von Verteidigung und Militär. Dies gilt seit jeher vor allem für die USA.[22] Der Irakkrieg 2003 wurde nachweislich mit einer Lüge über Vernichtungswaffen von Saddam Hussein begründet. Journalisten lassen sich von Unternehmen durch kostspielige Vergünstigungen beeinflussen, wenn nicht kaufen (Müller 2008; Ulfkotte 2014; Baum und Eckert 2017). Neue Probleme entstanden durch den Aufstieg der digitalen Internetgiganten wie Facebook, Google, Twitter und anderen, die Milliarden von Menschen erreichen. Sie können die Daten ihrer Kunden zur Entwicklung kommerziell und politisch verwertbarer Persönlichkeitsprofile verwenden.[23] In Internetforen entstehen online-Clans, deren Mitglieder sich emotional wechselseitig aufheizen und von anderen Informationen abschotten (Weck 2020, S. 169). So wird es für viele immer schwieriger, *fake news* von verlässlichen Informationen zu unterscheiden. Eine Kontrolle von digitalen sozialen Medien ist nahezu unmöglich, auch rechtlich problematisch. Was dagegen am ehesten helfen würde, wäre eine effiziente Förderung von Qualitätszeitungen und unabhängigen öffentlichen Rundfunk- und Fernsehanstalten.

Ein zweites Problem im Zusammenhang mit der Frage gleicher Chancen betrifft die Rolle der *Verbände* in der Demokratie und ihr Verhältnis zu den politischen Grundwerten von Gleichheit und Gerechtigkeit. Verbände sind ein essentieller Bestandteil von Demokratien. Sie sind jene intermediären Organisationen, in welchen sich spezifische Interessen bestimmter gesellschaftlicher Gruppen politisch artikulieren. Dabei gibt es jedoch massive

---

Im angelsächsischen Raum gab es einen Machtkampf zwischen Robert Maxwell und Rupert Murdoch um den Titel des größten Medienzaren (Muzik 1990). In Österreich stellen im Medienbereich Kartelle und Monopole bis heute so etwas wie einen „natürlichen Zustand" dar, wie ein Experte formulierte (Fabris 1995, S. 642; vgl. auch Filzmaier et al. 2006; Filzmaier 2007). Eine Boulevardzeitung (die Kronenzeitung) erreicht mit einer Reichweite von 25 % der Leser vermutlich den höchsten Anteil weltweit; sie ist so einflussreich, dass sie in der Lage ist, Kanzlerwechsel zu inszenieren Im Vergleich dazu steht die Schweiz mit ihrer Vielfalt an Tages- und Wochenzeitungen besser da.

[22] Schon der Eintritt der USA in den Ersten Weltkrieg konnte erst nach einer Medienkampagne von Präsident Wilson erfolgen, da er vorher strikte Neutralität versprochen hatte.

[23] Vgl. W. Hagen, Facebook & Google entflechten? Warum digitale Medien-Monopole eine Gefahr für Demokratien sind, Aus Politik und Zeitgeschichte 40–41/2018; Rusch et al. (207), *Theorien der neuen Medien*.

Ungleichgewichte – ein Aspekt, der von Politikwissenschaften und politischer Soziologie viel zu wenig thematisiert wird. Die Anzahl der Verbände ist enorm und sie hat sich etwa in Deutschland zuletzt noch erhöht.[24] Hier ist vor allem von Interesse, inwieweit die Existenz, Struktur und Ausrichtung von Verbänden mit den politischen Grundwerten zusammenhängen. Wenn etwa viele Arbeitnehmerinnen in Gewerkschaften organisiert sind, diese selber relativ zentralisiert und damit groß und schlagkräftig sind, werden die Interessen von Arbeitnehmern stärker zum Zug kommen. Tatsächlich ist der gewerkschaftliche Organisationsgrad in Skandinavien extrem hoch (70 % und mehr). In Westeuropa ist er mit rund 20 % bis 30 % weit niedriger, aber immer noch höher als in den USA (Lesch 2004). In Deutschland und Österreich gibt es durch die Betriebsräte (in Österreich zusätzlich durch die Kammern) Möglichkeiten der effizienten Mitbestimmung (Dachs et al. 1997, S. 335 ff.). Dass in diesen Ländern der Wohlfahrtsstaat stark ausgebaut und die Einkommensungleichheit vergleichsweise gering ist, hängt zweifellos damit zusammen.

Um den Gesamteffekt der verbandlichen Organisation auf die Gleichheit zu erfassen, muss man aber die gesamte Bandbreite der gesellschaftlich-politischen Verbände und auch die Effekte für andere gesellschaftliche Gruppen in den Blick nehmen. Dieser Aspekt wird meist vernachlässigt; laut Stephan Lessenich (2019, S. 15) gibt es vielfach sogar ein „befremdliches Idealisieren des Korporatismus". Kritisch muss man sehen, dass Gewerkschaften vor allem für ihre Mitglieder eintreten werden und damit nicht zu einer Nivellierung, sondern eher zur Zementierung bestehender Einkommensungleichheiten beitragen. Wirtschaftsbranchen mit starken Gewerkschaften sind auch jene mit den höchsten Löhnen.[25] In einer Untersuchung für Deutschland wurden in dieser Hinsicht drei Gruppen von Sektoren unterschieden: in Großbetrieben und exportorientierten Branchen sind die Gewerkschaften stark; in mittleren Betriebe und Teilen des öffentlichen Sektors spielen sie zwar auch eine Rolle, sind aber schwächer; sehr schwach sind sie dann in den Bereichen von Dienstleistungen und Handwerk, hier besteht insbesondere eine weibliche Vertretungslücke.[26]

Zu untersuchen wäre unter einer solchen Perspektive auch die Relevanz von anderen Verbänden, wie Konsumenten- und Mieterschutzverbänden, Autofahrerklubs, Pensionistenverbände usw. Auch sie alle führen wirksame Lobbyarbeit für ihre Klientel durch und können aufgrund ihrer hohen Mitgliederzahlen politischen Druck ausüben. Dass dann der private Verkehr stärker gefördert wird als der öffentliche Personen- und Güterverkehr, oder

---

[24] Laut dem Deutschen Verbände Forum stieg die Anzahl der Verbände von 1990 bis 2018 von rund 10.000 auf über 15.000. Der größte Teil davon sind Sport- und andere Freizeitverbände (vgl. https://www.verbaende.com/hintergruende/studien-statistiken.php, abgerufen am 12.4.2021).

[25] In diesem Zusammenhang führte der Autor 1980 eine kleine Studie für Österreich durch (Haller 1980). Eine vergleichbare neuere Analyse ist ihm nicht bekannt.

[26] Vgl. dazu Hassel, Anke/Wolfgang Schroeder (2018), *Gewerkschaften 2030. Rekrutierungsdefizite, Repräsentationslücken und neue Strategien der Mitgliederpolitik, Report 44*, Wirtschafts- und Sozialwissenschaftliches Institut (verfügbar unter https://www.boeckler.de/pdf/p_wsi_report_44_2018.pdf, abgerufen am 13.2.2021).

für die Seniorinnen weit mehr ausgegeben wird als für Familien mit Kindern und Jugendlichen, ist nicht verwunderlich. Dass durch solche Differenzen im Einfluss von Verbänden auch der Grundwert der sozialen Gerechtigkeit tangiert wird, liegt auf der Hand.

Mit dieser Thematik wurde implizit eine weitere Problematik angesprochen: die *Teilnahme der Bürger und Bürgerinnen* am politischen Prozess und mit dieser alle drei politischen Grundwerte, Freiheit, Gleichheit und Gerechtigkeit. Politische Freiheit ist nicht nur als formale Wahlfreiheit zu definieren, sondern auch im Zusammenhang mit der realen Bedeutung dieser Wahlen für die Bürgerinnen und Bürger zu sehen. In dieser Hinsicht muss man heute tatsächlich von einer Krise der repräsentativen Demokratie sprechen. Sie kommt zum Ausdruck in rückgängigen Mitgliederzahlen bei Parteien, sinkender Wahlteilnahme und steigender „Politikverdrossenheit" – ein etwas tendenziöser Begriff, mit dem vor allem sinkendes Vertrauen in die Politik gemeint ist (Naßmacher 1995, S. 22–45; Dogan 2005; Klein 2005; Haller und Wirnsberger 2015).[27] Hier zeigen alle Studien, dass ein deutlicher schichtspezifischer *bias* besteht: weniger Gebildete, Angehörige weniger qualifizierter Berufsgruppen und unterer sozialer Schichten haben geringeres politisches Interesse und beteiligen sich seltener an Wahlen (vgl. auch Lessenich 2019, S. 45 ff.).

Eine neuere Forschungsrichtung bezüglich der Frage nach Gleichheit in der Demokratie befasst sich mit der *Responsivität der Politik* für die Einstellungen und Präferenzen der Bürger. Martin Gilens und Benjamin I. Page (2014) haben für die USA und Elsässer et al. (2017) für Deutschland systematisch untersucht, inwieweit die wichtigsten politischen Entscheidungen über einen längeren Zeitraum hinweg auch den Präferenzen der Bürger entsprechen, wie sie etwa in Meinungsumfragen erfasst wurden. Sied stellten fest, dass dies zwar in einem erheblichen Ausmaß der Fall war. Wenn man jedoch nach Einkommensgruppen differenzierte, zeigte sich, dass die politischen Entscheidungen viel häufiger den Meinungen von Wohlhabenden entsprachen als jenen von Ärmeren.

Die heutigen Demokratien muss man aber auch aus der Sicht der zweiten, inhaltlich starken Definition von *Demokratie als Volksherrschaft* betrachten. Nach diesem Begriff ist die repräsentative Demokratie bei weitem nicht das Bestmögliche an demokratischer Mitbestimmung. Vielmehr sollten die Bürgerinnen und Bürger selbst auch inhaltlich über wichtige politische Probleme entscheiden können (Arendt 1974; Barber 1994). Auch von dieser Idee kann man argumentieren, dass sie – wenn sie einmal bekannt und irgendwo teilweise oder ganz eingeführt wurde – nicht mehr rückgängig gemacht werden kann. So schrieb Alexis de Tocqueville über die Volkssouveränität in den Vereinigten Staaten: „Das Dogma der Volksherrschaft trat aus der Gemeinde heraus und griff auf die Staatsregierung über; alle Klassen setzten sich dafür ein, man kämpfte und siegte in seinem Namen, es

---

[27] Für Deutschland vgl. https://www.bundeswahlleiter.de/service/glossar/w/wahlbeteiligung.html, für Österreich https://www.parlament.gv.at/PERK/HIS/WAHL/BETEIL/index.shtml; für die Schweiz https://www.bfs.admin.ch/bfs/de/home/statistiken/politik/wahlen/nationalratswahlen/wahlbeteiligung.html; für den internationalen Vergleich https://de.wikipedia.org/wiki/Wahlbeteiligung (alle abgerufen am 13.4.2021).

wurde das Gesetz der Gesetze ... Im Augenblick, da diese Wirkung der Gesetze und der Revolution allen deutlich zu werden begann, hatte die Demokratie bereits unwiderruflich gesiegt. Die Macht war damit in ihrer Hand. Es war nicht einmal erlaubt, gegen sie zu kämpfen. Die oberen Klassen unterwarfen sich ihr ohne Murren und kampflos einem fortan unvermeidlichen Übel." (Tocqueville 1976, S. 64).

Die Realisierung der Demokratie als direkte Herrschaft des Volkes kann in unterschiedlicher Weise erfolgen: in der klassischen Form, wie sie in den kleinen griechischen Stadtstaaten bestand (und heute noch teilweise in Schweizer Kantonen durchgeführt wird), wo sich alle Bürger auf dem Marktplatz versammelten und gemeinsam berieten und abstimmten; durch die Bildung von Räten auf der Ebene von Betrieben, Gemeinden, ja sogar der ganzen Gesellschaft; und durch landesweite Volksentscheide und Referenden.

Die erste Form ist zweifellos nur in kleinen politischen Gemeinschaften möglich (Kohr 1983). Die zweite Form, die Räterepublik, wurde ansatzweise in der Pariser Kommune und kurzzeitig in den Revolutionen nach dem Ersten Weltkrieg in Russland, Deutschland und anderen mitteleuropäischen Ländern in der Form von Arbeiter- und Soldatenräten umgesetzt, konnte sich aber nicht behaupten. Die Pariser Kommune des Jahres 1871 wurde nicht nur für Marx, sondern bis heute für Vertreter dieses Modells zu einem Vorbild. So wurde nach Meinung von Hannah Arendt in dieser Räterepublik der Konflikt zwischen dem neuzeitlichen Parteiensystem und einer wirklich im Volk verankerten Staatsform aufgezeigt. Das Volk erhielt im Rätesystem „seine erste Lektion in Sachen menschlicher Würde und Freiheit ... Ein ungeheures Verlangen nach Diskussion, Belehrung, gegenseitiger Aufklärung und Meinungsaustausch brach sich in den Volksgesellschaften und Sektionen der Kommunen Bahn ..." (Arendt 1974, S. 315).

Die dritte Form von direkter Demokratie sind Volksabstimmungen zu bestimmten Einzelfragen auf nationaler Ebene. Diese werden heute weltweit in zunehmendem Maße praktiziert, sowohl auf der Ebene von Gemeinden und Regionen wie auch auf der von Ländern (Matsusaka 2005): Bei der Befürwortung dieser Form direkter Demokratie zeigt sich eine große Kluft zwischen den politischen Mandataren bzw. Eliten und der Bevölkerung: die letzteren sind sehr viel stärker dafür als die ersteren (Kost 2008; Bernhard 2012; Haller und Wirnsberger 2015). Allerdings hat die direkte Demokratie auch gewisse Schwächen, so etwa, dass die Bürgerinnen oft wenig informiert sind und finanzkräftige *pressure groups* oder demagogische Politiker die Ergebnisse beeinflussen können[28] oder dass Angehörige höherer Schichten aktiver sind (Schiller 2002; Verhulst und Nijboer 2007; Schreyer 2018). Ein eindeutiger Beweis dafür, dass auch diese Form der Demokratie weithin akzeptiert wird, wenn sie sich erst einmal erfolgreich etablieren konnte, ist die Schweiz. Diese ist heute das einzige Land der Welt, in welchem die direkte Demokratie eine effiziente Form der Mitbestimmung der Bürger neben der repräsentativen Demokratie darstellt. Die Tatsache, dass die Schweizer in mehreren Volksabstimmungen gegen den

---

[28] Der spektakulärste und problematische Fall in dieser Hinsicht war der Brexit 2020, der Austritt Großbritanniens aus der EU, der vor allem auf die demagogischen Aktivitäten von Boris Johnson und, Nigel Farage und die britische Boulevardpresse zurückzuführen war.

Beitritt zur EU gestimmt haben, war in erster Linie auf das Bestreben zurückzuführen, diese direkte Demokratie zu bewahren. Heute stehen praktisch alle Schweizer Politikwissenschaftlerinnen und auch die Bürgerinnen in gehobenen Klassen voll hinter dieser Form der Demokratie (Linder und Müller 2017). Entsprechend ist auch die Zufriedenheit der Bürger mit dem politischen System überdurchschnittlich hoch.

Wir können diese Ausführungen mit zwei allgemeinen Folgerungen abschließen. (1) Die (westliche) Demokratie ist stärker, als von vielen pessimistischen Kritikern (wie z. B. Crouch 2008; Mausfeld 2020) behauptet. Sie wurde noch in keinem einzigen Land, in dem sie sich wirklich etabliert hatte, abgeschafft. Allerdings gab es zuletzt doch höchst bedenkliche Formen ihre Einschränkung (etwa in Polen und Ungarn, der Türkei, Israel). Ein „Alarmismus" scheint aber dennoch nicht angebracht, ja kontraproduktiv zu sein (Münkler und Münkler 2019, S. 407 ff.). (2) Dennoch steht außer Zweifel, dass auch dies Form der repräsentativen, „vollständigen" Demokratie in hohem Maße verbesserungsfähig und -bedürftig ist. Die Defizite der repräsentativen Demokratie können klarer herausgearbeitet werden, wenn man sie mit der Frage konfrontiert, wie sie die gesellschaftlichen Grundwerte, insbesondere die politischen Werte, realisiert. Zur Weiterentwicklung der Demokratie gibt es, neben dem Ausbau der direkten Demokratie, viele gute und konkrete Vorschläge (Barber 1994; Arnim 2009; van Reybrouck 2016; Weck 2020).

Chancen für die Demokratisierung der autoritären Systeme

In der Welt von heute gibt es einen Staat bzw. eine große Ländergruppe, bei denen es auf den ersten Blick als fragwürdig erscheint, ob sie sich in absehbarer Zeit demokratisieren können. Der erste Fall ist China, das mit 1,4 Mrd. bevölkerungsreichste Land der Erde. Es hat seit 1978 einen historisch noch nie dagewesenen wirtschaftlichen Aufstieg hingelegt, der es zu einer wirtschaftlich äußerst starkenn Macht der Welt werden ließ. Dies wurde durch seine einmalige Kombination eines „Kommunismus chinesischer Art" mit marktwirtschaftlich-kapitalistischen Elementen möglich, wodurch China einen Niedergang wie dem der Sowjetunion abwenden konnte. Seit der Niederschlagung der Demonstrationen für Demokratie am Tian'anmen Platz 1989 wurde das Reformpaket „Wendepunkt und Öffnung" eingeleitet, das neben gewissen Liberalisierungen die eiserne Kontrolle der Kommunistischen Partei verstärkte. Heute ist evident, dass wichtige existentielle, politische und soziale Grundwerte – darunter vor allem Freiheit – in China nicht wirklich anerkannt und respektiert werden. China ist ein autoritärer Staat *par excellence*. Nach dem Demokratieindex des *Economist* liegt es weit hinten, auf dem 151. Platz unter 167 Ländern der Welt.[29] Seit dem Regierungsantritt von Staats- und Parteichef Xi Jinping 2012 hat die staatliche Repression noch zugenommen. Es gibt zwei klar identifizierbare historische Ursachen für die autoritäre Entwicklung Chinas: Seine welthistorisch extrem frühe politische Einigung beginnend vor dreitausend Jahren, gefördert durch die Geographie des Landes mit sehr großen Strömen, welche eine zentrale Regulierung notwendig

---

[29] Vgl. https://www.economist.com/graphic-detail/2023/02/01/the-worlds-most-and-least-democratic-countries-in-2022 (abgerufen am 11.4.2023).

machte;[30] und seine kulturelle Integration durch eine gemeinsame Schriftsprache und den Konfuzianismus, der eine starke Obrigkeitshörigkeit erzeugte. Die Kommunistische Partei Chinas konnte an diese Strukturen und Haltungen anknüpfen, indem sie die Partei zur alles bestimmenden politischen Einheit machte; allerdings wird auch eine erhebliche regionale Autonomie zugelassen (Lorenz 1977, Vogelsang 2019).

Einen zweiten höchst problematischen Fall aus der Perspektive der Demokratisierung stellen die islamischen Länder dar. Die meisten davon stehen auf Demokratieindizes ebenfalls am untersten Ende. Autokratien herrschen in allen Ländern von Marokko über Nordafrika und den Nahen bis hin zum Fernen Osten (Indonesien) vor. Die Hoffnungen auf Demokratisierung, die durch den Arabischen Frühling ab 2010 ausgelöst wurden, sind schwer enttäuscht worden. Es gibt mindestens vier Faktoren bzw. Prozesse, welche diese Situation herbeigeführt haben und die düsteren Aussichten bekräftigen.[31] Der erste ist die fehlende Abgrenzung zwischen den religiösen, zivilgesellschaftlichen und politischen Sphären. War diese Trennung in der amerikanischen Revolution ein Hauptfaktor für die Demokratisierung, vollzog sich in der islamischen Welt im 19. und 20. Jahrhundert – zum Teil als Reaktion auf die Kolonisierung durch europäische Mächte - eine gegensätzliche Entwicklung. Man schloss sich gegen äußerliche Einflüsse ab und führte strenge islamische Vorschriften in die staatliche Gesetzgebung ein. Die *Scharia* gilt formal in der Mehrheit der islamischen Länder; in vielen davon kommen demokratische Grundrechte (Gleichberechtigung der Frauen, Konfessionsfreiheit, Verbot von Folter und strenge Beschränkung der Todesstrafe) nicht vor. Ein weiteres Problem ist die schwache nationale Identität insbesondere der arabisch-islamischen Länder. Die Zugehörigkeit zur jeweiligen, insbesondere durch eine gemeinsame Sprache bestimmten Kulturnation steht in Konflikt mit der Mitgliedschaft in der *umma,* der übernationalen religiösen Gemeinschaft (Schulze 1994, Lewis 1998). Ein drittes Merkmal der islamischen Welt ist die Dominanz autoritärer Regierungssysteme üben unkontrollierte Regierungsgewalt und sind häufig auch militärisch aggressiv. Eng damit zusammen hängt der islamistische Fundamentalismus und Terror, der schon seit Jahrzehnten beobachtbar ist und Höhepunkte durch den Überfall auf die World Trade Towers in New York 2001 und die Errichtung des Islamischen Staates 2011 bis 2014 im Irak und Syrien erreichte. Eine letzte Ursache sind schließlich die völkerrechtswidrigen westlichen (vor allem US-amerikanischen) und russischen geheimdienstlichen und militärischen Interventionen in islamischen Ländern (Ganser 2022). Weitreichende Folgen hatte der Sturz des gewählten iranischen Präsidenten Mossadegh 1953 zugunsten von Schah Reza Pahlevi; die Unterstützung terroristischer Gruppierungen; die Besetzung von Afghanistan; der Einmarsch in den Irak 2003; die bedingungslose Unterstützung Israels bei seiner aggressiven Politik gegenüber den Palästinensern. So ist

---

[30] Diese politische Zentralisierung als Basis für wirtschaftliche Entwicklung wird seit Marx und dem bahnbrechenden Werk von Karl August Wittfogel als *asiatische Produktionsweise* bezeichnet.

[31] Vgl. dazu vor allem die neue Studie von Ruud Koopmans (2020), *Das verfallene Haus des Islam;* weiters Schulze (1994*), Geschichte der Islamischen Welt im 20. Jahrhundert;* Tibi (1999), *Kreuzzug und Djihad;* Abdel-Samed (*2010), Der Untergang der Islamischen Welt.*

es nicht ganz verwunderlich, dass in der islamischen Welt heute antiwestliche Haltungen und Antisemitismus weit verbreitet sind und die westliche Demokratie für viele kein erstrebenswertes Ideal darstellt (Tausch 2009).

Trotz all dieser düsteren Fakten gibt es auch Argumente dafür (und sogar mehr als dagegen), dass die Demokratie mittel- und langfristig auch in China und in der islamischen Welt Chancen hat. Wir können hier sieben Punkte anführen: Historische Faktoren; Wirtschaftswachstum und Zunahme des Wohlstands; Globalisierung, insbesondere im Hinblick auf Kommunikation (Internet); die Tatsache, dass es bereits islamische Länder und Länder mit konfuzianischer Tradition gibt, in denen die Demokratie Fuß gefasst hat; die Existenz von Regimekritikern, das Auftreten charismatischer Politiker und kritische Haltungen und Aufstände der Bevölkerungen.

(1) *Historische Faktoren*. Der erste Grund ist die Tatsache, dass die meisten nichtdemokratischen Staaten eine sehr junge Geschichte haben. Sie sind vor allem im Zuge der Entkolonialisierungsprozesse in der Nachkriegszeit in Nordafrika, im Nahen Osten und Südasien entstanden. Viele der ersten Präsidenten dieser Länder waren militärische Anführer von Befreiungsbewegungen, die ihre autoritären Führungsmethoden auf die zivile Regierungsführung übertragen hatten. Die Bevölkerung konnte dem wenig entgegensetzen, da man keine Erfahrung mit demokratischer Aktivität und Organisation hatte und die Herrscher nicht vor Anwendung brutaler Gewalt zurückschreckten. Relevant ist hier auch, dass das historische Gedächtnis von Kolonialismus und Ausbeutung durch den Westen verblassen wird. So besteht heute in der arabisch-islamischen Welt, aber auch in China, noch weithin eine Art Ressentiment oder Minderwertigkeitsgefühl, das sich auf die damalige Herabsetzung durch den Westen bezieht. Es wird von den autokratischen Herrschern vielfach als Instrument gepflegt, um ihre Machtbasis zu erhalten.

(2) *Wirtschaftswachstum und Steigerung von Wohlstand* fördern zweifellos die Demokratisierung, wenn sie auch weder eine absolut notwendige Voraussetzung noch eine allein zureichende Bedingung dafür darstellen. Menschen, die in Armut, ja Elend leben, werden kaum Interesse und Zeit für demokratische Partizipation haben. Dieses wird jedoch steigen, wenn man einen gewissen Wohlstand und Besitz erlangt hat, dessen Sicherheit durch politische Maßnahmen beeinflusst werden kann.

Durch zunehmenden Wohlstand kann das politische Interesse allerdings auch erschlaffen. So gibt es in China heute eine sehr starke Konsumorientierung, die sich etwa am „Tag der Singles" am 11. November bis zu einem Rausch steigert.[32] Auf der anderen Seite können eine deutliche Abschwächung des Wirtschaftswachstums und wirtschaftliche Krisen zu systemkritischen Haltungen führen, wie schon in Kap. 4 festgestellt wurde. So steht es außer Frage, dass das nun schon seit einigen Jahrzehnten extrem hohe Wachstum von Chinas Wirtschaft so nicht dauerhaft weitergehen kann, auch deshalb nicht, weil

---

[32] Vgl. dazu https://www.handelsblatt.com/unternehmen/handel-konsumgueter/singles-day-2021-das-shopping-event-aus-china-alle-wichtigen-fragen-und-antworten/27786450.html (abgerufen am 11.4.2023).

man es trotz der durchgeführten Liberalisierungen noch nicht geschafft hat, von extraktiven zu wirklich inklusiven wirtschaftlichen und politischen Institutionen überzugehen (Acemoglu/Robinson 2012). Zudem ist in China bereits jetzt eine massive Zunahme von sozialen, ökonomischen und regionalen Ungleichheiten und Problemen zu erkennen (Ren 2013; Haller 2015, S. 191–196). Wirtschaftswachstum ist auch für die arabischen und islamischen Länder ein entscheidender Faktor. Die Erschöpfung der Erdöl- und Erdgasreserven und wird vor allem jene Länder treffen, die einen großen Teil ihrer Einnahmen aus diesen Quellen beziehen. Ihre bereits laufenden Vorbereitungen für eine Zeit mit geringeren Einkommen aus dem Export fossiler Rohstoffe werden wirtschaftliche Krisen und die daraus möglicherweise entstehenden Unruhen wohl kaum abwenden können. Hier sitzt insbesondere Saudi-Arabien angesichts hoher Arbeitslosigkeit unter gut ausgebildeten, einheimischen Jugendlichen auf einem Vulkan. Junge, hochgebildete Araber und Araberinnen werden auf Dauer nicht damit zufrieden sein, auf gesicherten staatlichen Stellen zu sitzen, in denen sie weder ihre Qualifikationen einsetzen noch etwas mitentscheiden können. Junge Menschen finden sich in der gesamten arabischen Welt in einer äußerst kritischen Lage. Die registrierte Jugendarbeitslosigkeit in diesen Ländern betrug 2021 bei männlichen Jugendlichen ein Viertel, bei weiblichen die Hälfte (die tatsächliche liegt wahrscheinlich noch höher), wie die *Arab Human Development Reports* zeigen.[33]

(3) *Kommunikativ-kulturelle Globalisierung.* Nicht nur in der arabischen Welt, auch im autoritären China ist die Bedeutung dieses Faktors kaum zu überschätzen. 2019 nutzten bereits über 800 Mio. Chinesen, 60 % der Bevölkerung, das Internet, eine Milliarde besitzen Mobiltelefone. Die Kommunistische Partei Chinas hat eine ambivalente Haltung zum Internet, weil die dezentrale Struktur der digitalen Netzwerke die zentrale Kontrolle unterminiert. Sie sieht im Internet aber auch positive Seiten: Es steigert das Wirtschaftswachstum, ist ein machtvolles Instrument für Propaganda und ein Hauptinstrument der Bevölkerung, Unzufriedenheit zum Ausdruck zu bringen. Es kann der Partei daher als Frühwarnsystem dienen. Das Internet stellt aber zweifellos auch einen Machtgewinn für alle Gruppen dar, die an der Durchsetzung von Grundwerten und Menschenrechten interessiert sind. Daher ist die Zensur ausländischer *social-media*-Kanäle umfassend, und es wurden eigene chinesische Äquivalente dazu geschaffen. Dennoch können mithilfe des Internets innerhalb des Landes Proteste organisiert werden; man kann von im Ausland lebenden Systemgegnern kritische Informationen erhalten (die chinesische Diaspora umfasst wohl 50 Mio. Menschen). Auch wenn Protestaktionen vorbei sind, können elektronische Medien die gefährlichen Erinnerungen daran speichern, sodass sie als Munition für neue Initiativen und Aktionen dienen können.

(4) *Demokratische Erfahrungen und Traditionen.* Hier ist die Tatsache wichtig, dass es heute bereits islamisch und konfuzianisch geprägte Länder gibt, in denen die Demokratie kürzere oder längere Zeit Fuß gefasst hat. „Chinesische" demokratische Länder sind (bzw. waren) Taiwan und Hongkong. Zu nennen ist hier auch der Stadtstaat Singapur,

---

[33] Diese Berichte werden erstellt im UNDP Programm (United Nations Development Programme) und sind verfügbar unter https://arab-hdr.org/ (abgerufen am 11.4.2023).

dessen Bevölkerung mehrheitlich ethnische Chinesen sind. Sein Regierungssystem wird als hybrides System mit autoritär-patriarchalischen Zügen beschrieben. Singapur machte jedoch seit Erlangung der Unabhängigkeit 1965 eine enorm dynamische wirtschaftliche Entwicklung durch und wird von der UNO auch als Land mit hohem Entwicklungsniveau eingestuft. Diese Merkmale hängen eng mit der strengen konfuzianischen Ethik zusammen, die der langjährige, charismatische Präsident Lee Kuan Yew zur Geltung brachte.

Ein weiterer relevanter Fall ist Korea, der zeigt, dass die konfuzianische Tradition die Geschicke eines Landes keineswegs determiniert oder nur negativ beeinflusst. Konfuzianismus und Buddhismus hatten historisch große Bedeutung auch in Südkorea, das ab Ende der 1980er Jahre demokratisch wurde und sich wirtschaftlich und soziokulturell schnell entwickelte. Einen entscheidenden Anteil daran hatte der forcierte Ausbau des Bildungssystems, der die Bevölkerung Südkoreas zu einer der höchstgebildeten der Welt machte (Klingholz und Lutz 2016).

Auf die große Vielfalt der islamischen Länderwelt wurde bereits im vorigen Abschnitt hingewiesen. Die autoritären Theokratien Iran und Saudi-Arabien sind keineswegs typisch für alle Länder sind, die Türkei ist eines der in der Grundstruktur demokratischen Länder. Allerdings wurde und wird die Demokratie in der Türkei immer wieder harten Proben ausgesetzt. 1960 und 1980 putschte das Militär und vor allem seit dem Machtantritt von Recep Tayyip Erdogan 2003 geht es mit der Demokratie bergab. Ein weiterer Indikator für die Anpassungsfähigkeit von Moslems an demokratische Werte und westliche Lebensstile ist die Tatsache, dass die gesellschaftliche Integration der rund 25 Mio. in Europa lebenden Muslime doch weitgehend gelungen ist (Göle 2015; Rohe 2016; Aschauer et al. 2019).

(5) *Charismatische und einflussreiche politische Persönlichkeiten.* Auch in islamischen und asiatisch-konfuzianisch geprägten Ländern hat das Auftreten von entschlossenen und furchtlosen Regimekritikern und Dissidentinnen, aber auch von demokratischen, charismatischen Politikern die Entwicklung oft in eine völlig neue, positive Richtung gewendet. Viele dieser Persönlichkeiten hatten längere Zeit in Europa oder den USA verbracht. Für China ist etwa Sun Yat-sen (1866–1925) zu nennen, der stark vom angelsächsischen Denken beeixnflusst wurde (Fenske et al. 1981). Er spielte eine wichtige Rolle beim Sturz der kaiserlichen Regierung und wurde 1911 Übergangspräsident der Republik China. Sun Yat-sen stellte drei politische Prinzipien auf: die Bedeutung der Volksgemeinschaft und der Volksrechte (Beamte wählen, Gesetze öffentlich vorschlagen und darüber abstimmen) und Trennung der Staatsgewalten sowie Volkswohlfahrt. Frieden, Freiheit und Gleichheit sah Sun Yat-sen als Grundwerte an. Eine wichtige chinesische Persönlichkeit in neuerer Zeit war Tschou En-lai, Premierminister von 1949 bis 1976. Er war einer der ältesten Kampfgefährten von Mao Tse-tung, aber spielte oft eine mäßigende Rolle. So trug er zu verbesserten Beziehungen zu den USA bei, die im Treffen von Nixon und Mao Tse-tung in Peking 1972 gipfelten. Besonders einflussreich war schließlich Deng Xiaoping (1904–1997), der nach den Wirren der Kulturrevolution maßgeblich zur Wiederherstellung der

Ordnung beitrug. 1979–1997 veranlasste er, obwohl er nicht Staatsoberhaupt war, die entscheidende wirtschaftliche Liberalisierung und Öffnung Chinas und legte damit den Grundstein für den darauffolgenden wirtschaftlichen Aufstieg des Landes.

Wichtig sind auch im Falle von China politische Dissidenten. Da öffentliche Protestäußerungen und Demonstrationen strikt unterbunden werden, setzen Regierungs- und Systemkritikerinnen vielfältige Formen von Protesten (Petitionen, Eingaben, Beschwerden, neuerdings auch online) ein, die man als „rechtmäßigen Widerstand" toleriert. Laut Menschenrechtsorganisationen sitzen heute allerdings über 5000 solcher Regimekritiker in Gefängnissen.

In Bezug auf die islamischen Staaten wurde bereits der charismatische, bedeutende Politiker und Gründer der modernen Türkei, Kemal Atatürk (1881–1938) genannt. Dieser hatte sich schon als junger Offizier für Reformen eingesetzt. Nach seinem Aufstieg und einer erfolgreichen militärischen Karriere erlangte er nach vielen Rückschlägen auch großen politischen Einfluss. Diesen nutzte er 1922/23 zur Abschaffung des Sultanats und Ausrufung der Republik. Als deren Präsident führte er dann bis zu seinem Tod 1938 umfassende politische und gesellschaftliche Reformen durch. Sie verwandelten die Türkei von einem konservativ-traditionellen osmanischen Staat in eine moderne, demokratische Republik. Ihre Prinzipien waren türkischer Nationalismus, Populismus und Reformismus. Die sozialen und kulturellen Reformen beinhalteten u. a. Verwestlichung der Kleidung, Gleichstellung der Frauen, Abschaffung der religiösen Bruderschaften, Einführung von Türkisch als offizieller Staatssprache, der christlichen Zeitrechnung und von Familiennamen.

In der Türkei gibt es seit jeher aber auch zahlreiche Gegnerinnen und Kritiker des Systems. So wurden auch Atatürks Reformen von vielen Seiten angefeindet. Die demokratischen Grundprinzipien wurden bei wiederholten Militärputschen seit 1945 und vor allem nach den massiven Repressionen verletzt, die Präsident Erdogan nach dem Putschversuch und dem missglückten Attentat auf ihn 2016 durchführte. Erdogan ist ein islamisch erzogener, machthungriger und statusbewusster Politiker, dessen Verhalten sich nach anfänglich positiven Aktionen (Aussöhnung mit den Kurden, Ansuchen um EU-Beitritt) und großen Wahlerfolgen immer stärker in Richtung Autoritarismus wandelte. 2017 erreichte er eine Verfassungsänderung mit dem Ziel der Stärkung des Präsidenten. Als Präsident führt er einen nahezu ständigen Krieg gegen die Kurden, sogar gegen jene im benachbarten Irak. Zu seinem Bild passt, dass er vermutlich sein akademisches Diplom fälschte, eine riesige, von der Öffentlichkeit abgeschirmte Residenz besitzt und sich von vielen Universitäten Ehrendoktorate verleihen ließ.

(6) *Politische Einstellungen, Verhaltensweisen und Proteste der Bevölkerungen.* Last but not least sind natürlich die politischen Einstellungen und Verhaltensweisen der Bürger für die Chancen der Demokratie und Durchsetzung der Grundwerte in diesen autoritären Gesellschaften von größter Bedeutung. Eine Demokratisierung von oben kann auf Dauer nicht bestehen, wenn sie nicht irgendwann auch von der Bevölkerung getragen wird. Dass bei Ereignissen, welche die Wut vieler Menschen entfachen, auch die Bereitschaft zu

massiven öffentlichen Protesten besteht, hat sich in jüngster Zeit sowohl in islamischen Ländern wie auch in China gezeigt.

Was die Einstellungen betrifft, können wir hier auf eine Reihe international vergleichender Umfragen zurückgreifen. Ergebnisse des weltweit 1981 durchgeführten *World Value Survey* zeigen, dass auch in China die Mehrheit der Befragten die Demokratie grundsätzlich als gutes System betrachtet. Dabei ist natürlich in Rechnung zu stellen, dass die Befragten in China unter Demokratie nicht das Gleiche verstehen, wie wir im Westen und Umfrageergebnisse in einem autoritären Staat mit Vorsicht zu genießen sind (Chan 2008). Relevant an den Befunden ist auch, dass Jüngere und höher Gebildete die Demokratie deutlich positiver beurteilten, was erwarten lässt, dass sich demokratische Einstellungen in Zukunft verstärken werden.

Sehr viel besser wissen wir Bescheid über die Einstellungen der Bevölkerungen in den islamischen Ländern, vor allem durch das *Arab Barometer,* das seit 2006 in 15 Ländern von Marokko bis Kuwait durchgeführt wird. Die Befunde über die Einstellungen der Bürger dieser Region sind angesichts dessen, was man über den *Arabischen Frühling* und seine Folgen in Europa und USA meist denkt, geradezu spektakulär. Sie belegen, dass demokratische Grundwerte in den meisten arabisch-muslimischen Ländern bereits relativ stark verankert sind und die Niederschlagung der Aufstände daran nichts änderte. Das eigene Land wurde meist als teilweise autoritär eingestuft. Erhebungen des *Pew Research Center* (Washington), die auch islamische Länder in Südasien einschlossen, ergaben große Differenzen zwischen den Ländern: Die Befürwortung der Demokratie war am stärksten in der Türkei, Tunesien, Ägypten, Libanon und Jordanien, deutlich schwächer in Pakistan. Die Unterschiede zwischen den verschiedenen islamischen Ländern hängen offenkundig mit dem sozioökonomischen Entwicklungsniveau zusammen: Je höher dieses ist, desto weniger lassen sich die Menschen von den religiösen Doktrinen (oder dem, was die Vertreter der Religionen als solche ausgeben) leiten (Yuchtman-Ya'ar /Lakakalay 2010). Auch in den arabischen Ländern werden demokratische und liberale Einstellungen von Jungen und höher Gebildeten stärker vertreten, der Einfluss religiöser Führer eher abgelehnt.[34]

Haben diese ermutigenden und grundsätzlich demokratischen Haltungen vieler Menschen in diesen autoritären Staaten Auswirkungen auf ihr Verhalten? Sind sie auch bereit, gegen strikte Überwachungen usw. zu protestieren? Im totalitären, umfassenden Überwachungsstaat China scheint dies kaum möglich zu sein. Dennoch erfolgte ein unerwarteter Ausbruch öffentlichen Protestes im Zuge eines Wohnungsbrandes in Ürümqi, der Hauptstadt der Provinz Xinjiang, am 24.11.2022. Dabei waren zehn Menschen ums Leben gekommen, und es wurde vermutet, dass die Rettungsarbeiten durch die strikten Corona-Einschränkungen behindert worden seien. In den folgenden Tagen entwickelten sich in Peking und anderen Millionenstädten, aber auch an einzelnen Universitäten, öffentliche Proteste, wie es sie seit 1989 nicht mehr gegeben hatte. Dabei wurde nicht nur eine Beendigung des strengen Lockdowns, sondern auch Meinungsfreiheit gefordert.

---

[34] Vgl. Dazu Fabio Votta (2018), *Goodly governance. A cross-national examination of religious politics in Arab Muslim-majority countries, Working Paper 1/2018*, University of Stuttgart

Ein zweiter, ebenso unerwarteter Ausbruch von landesweiten öffentlichen Protesten erfolgte im Iran. Der Auslöser war hier der Tod der 22jährigen Jina Mahsa Amini am 16.9.2022; sie war wegen ihrer unzureichenden Kopfbedeckung von der Sittenpolizei festgenommen und verhört worden; sie starb kurz darauf in einem Krankenhaus. In der Folge brachen landesweit wochenlange Proteste von Tausenden Menschen aus. Die Regierung reagierte darauf mit harter Gewalt, es kamen mehrere hundert Demonstranten und Demonstrantinnen ums Leben., wobei Frauen unumstritten die Speerspitze dieser Bewegung darstellten. Die massive Protestwelle hat nicht nur mit dem Anlass, dem Tod der jungen Frau, zu tun: Die soziale, rechtliche und politische Benachteiligung der Frauen im Iran und den anderen islamischen Ländern ist evident und steht in starkem Kontrast zu den Fortschritten, die die Frauen im Hinblick auf ihre Ausbildung und Erwerbstätigkeit erreicht haben. Dies gilt insbesondere für fortgeschrittenere Länder wie die Türkei und den Iran. In der Türkei haben vor allem Frauen in höheren Schichten sehr gute Bildungs- und Berufschancen; so gibt es mehr Universitätsprofessorinnen als in Deutschland. Im Iran haben Frauen schon seit Beginn des 20. Jahrhunderts an der Einführung demokratischer Institutionen mitgewirkt; seit 1963 haben sie das Wahlrecht und seit 2020 sind sie mit 17 Abgeordneten im Parlament vertreten. Auch im Bildungssystem und in der Berufswelt sind Frauen stark vertreten; fast zwei Drittel der Studierenden und ein Drittel der Akademiker mit Doktorat sind Frauen; sie stellen ein Drittel der Arbeitskräfte und sind in allen qualifizierten Berufen vertreten.

Teil IV
Die gesellschaftlichen Grundwerte: Soziale Werte

Menschenwürde 13

> *„Die Menschenwürde bedeutet sittliche Autonomie und innere Souveränität. Sie ist die schönste Frucht der individualistischen Entwicklungstendenz und ruht auf dem im Laufe der Zeiten allmählich errungenen Bewusstsein vom Eigenwert jeder menschlichen Persönlichkeit."*
> Wilhelm Jerusalem (1919)[1]

Unter Menschenwürde versteht man den grundlegenden Wert, der jeder menschlichen Person als solcher zukommt – unabhängig von ihrem sozialen Status und ihren Verdiensten; ja selbst gröbste Verfehlungen könnten sie einer Person nicht nehmen.[2] Menschenwürde gilt heute auch als der Grundbegriff der Menschenrechte. In dieser Hinsicht lässt er sich, wie der Rechtsphilosoph Dietmar von der Pfordten schreibt (2016, S. 7), „einem Läufer vergleichen, der zwar als Letzter gestartet ist, dann aber alle anderen Läufer überholt hat". Er ist erst im 20. Jahrhundert, konkret nach dem Zweiten Weltkrieg, stark in das öffentliche Bewusstsein getreten und in Menschenrechtserklärungen und politischen Verfassungen verankert worden. Mit dem Politikwissenschaftler Franz Neumann (1977) betrachten ihn viele als den allerwichtigsten Grundwert überhaupt.[3] Wie ist das möglich? Das ist insofern

---

[1] Quelle des Zitats: Wilhelm Jerusalem (1919), Einleitung in die Philosophie, Wien/ Leipzig: W. Braumüller, S. 335.

[2] Vgl. die Definition der *Stanford Encyclopedia of Philosophy*: https://plato.stanford.edu/entries/dignity/ (abgerufen am 13.3.2023).

[3] In der akademischen Philosophie und den Sozialwissenschaften scheint dies aber noch immer nicht wirklich der Fall zu sein. So findet man keinen Eintrag zu „Menschenwürde" in Kirchner et al. (2013), *Philosophische Grundbegriffe,* oder in den Stichwortverzeichnissen von Helferich (2012), *Geschichte der Philosophie* bzw. Fenske et al. (1981), *Geschichte der politischen Ideen.* Das Gleiche gilt für alle Wörterbücher soziologischer Grundbegriffe.

überraschend, als die meisten anderen Grundwerte und Grundrechte schon seit Jahrhunderten, wenn nicht seit der Antike diskutiert werden und in aller Regel durch Revolutionen oder Reformen mehr oder weniger umgesetzt wurden.

Ursprung und Durchbruch des Begriffs

Es ist eine Tatsache, dass der Durchbruch des Begriffs der Menschenwürde unmittelbar nach zwei der schlimmsten Ereignisse in der Geschichte der Menschheit – dem verheerendsten Krieg aller Zeiten und dem schlimmsten Völkermord der Geschichte erfolgte. Diese Tatsache ist einer der schlagendsten Belege für die von Kant und anderen entwickelte These, dass sich fundamentale neue positive Schritte oft gerade als Folge bzw. Reaktion auf größte Probleme und Übel durchsetzen. In diesem Kapitel betrachten wir zunächst kurz die Bedeutung und Ideengeschichte dieses Begriffs, dann die soeben genannten Gründe für seine so plötzliche und rasche Durchsetzung und schließlich die Relevanz dieses Begriffs im sozialen und politischen Leben. Das Kapitel schließt mit einer kurzen Diskussion einiger aktueller Probleme in diesem Zusammenhang (Todesstrafe bzw. lebenslange Haftstrafe, Präimplantationsdiagnostik und Sterbehilfe).

Der Begriff der Menschenwürde
Der Begriff der Menschenwürde im engeren Sinne geht zurück auf die Antike, vor allem auf den römischen Autor und Politiker Cicero.[4] Der von ihm verwendete *kontingente Begriff* bezieht sich auf das tatsächliche Handeln des Menschen. Würde in diesem Sinn kann man erwerben, aber auch verlieren. Als soziale Würde versteht man das allgemeine Auftreten eines Menschen, etwa in seiner Berufsrolle (etwa eines Richters, aber auch eines Arbeiters); es gibt würdevolles Verhalten (etwa eine Niederlage würdevoll ertragen); ästhetische Würde kann man sich in seinem äußeren Verhalten aneignen. *Dignitas* ist für Cicero die Bezeichnung für einen Menschen, der alle diese Aspekte aufgrund seiner Stellung und seines ethischen Verhaltens in sich vereinigt. Im mittelalterlichen und frühneuzeitlichen Denken, bei Thomas von Aquin und Pico della Mirandola, kommt die Willensfreiheit als Basis der Erlangung von Würde hinzu.

Der moderne, *inhärente Begriff* der Menschenwürde wurde explizit erst von Kant entwickelt. Der zentrale Aspekt der Menschenwürde ist nach Kant, dass der Mensch an sich einen grundlegenden Wert besitzt, dass er daher nicht instrumentalisiert werden darf: „Der Mensch (…) existiert als Zweck an sich selbst, nicht bloß als Mittel zum beliebigen Gebrauche für diesen oder jenen Willen." (Kant 1968 [1785]). Der Wert eines Menschen hat keinen Preis, er lässt sich mit keinem anderen Objekt vergleichen. Diese Würde des Menschen ist ein innerer Wert. Wir besitzen ihn, weil wir Vernunftwesen sind und weil wir autonom und selbstbestimmt handeln können (vgl. auch Gerhardt 2018; Henning 2019).

---

[4] Zur Ideengeschichte vgl. u. a. Schaber (2012), *Menschenwürde* und Pfordten (2016) *Menschenwürde*.

Die Fähigkeit, sich selbst Zwecke zu setzen, unterscheidet den Menschen von allen anderen Lebewesen. Wir setzen uns selbst Zwecke, wenn wir moralisch handeln, wenn wir also überlegen, ob ein bestimmtes Tun den begründeten Ansprüchen anderer Menschen nicht widerspricht; so könne es Grundlage eines allgemeinen Gesetzes werden. Die Menschenwürde wird von uns dadurch geachtet und realisiert, dass wir nach wertvollen Zielen und Aktivitäten innerhalb eines Rahmens fragen, der durch die gleichen Ansprüche aller Vernunftwesen auf freies Entscheiden definiert wird. Die Würde eines anderen Menschen zu achten, heißt, ihm immer die Möglichkeit zu geben, zustimmend oder ablehnend zu dem Stellung zu nehmen, was wir ihm sagen oder ihm zumuten. Diese Idee wurde vom Soziologen Émile Durkheim und dem Philosophen Wilhelm Jerusalem[5] übernommen und soziologisch angereichert. Auch für sie sind Autonomie und Selbstzweckhaftigkeit die Grundmerkmale des Menschen. Sie betonen jedoch, dass die Fähigkeit des Menschen, autonom und moralisch verantwortlich zu handeln, eng mit einem Gefühl der Solidarität mit anderen zusammenhängt, ja mit der Idee der ganzen Menschheit als einer Einheit. Das auf individueller Autonomie beruhende Bewusstsein der persönlichen Würde steht in Gegensatz zu einer bedingungslosen Übernahme gesellschaftlicher Autoritäten und Normen, es erfordert gegebenenfalls auch deren kritische Hinterfragung. Nur wenn man auch dazu bereit ist, bewahrt man die eigene Würde. Auch Selbstmord widerspricht der Menschenwürde, weil man dadurch seine eigene Fähigkeit zu autonomem Handeln für die Zukunft abschneidet.

Ein solcher Begriff der Würde ist also nicht nur rein philosophisch-transzendentaler Natur, sondern hängt auch von konkreten Interaktionsprozessen und sozialem Haxndeln ab (Wöhrle 2022). Ein Bettler oder ein rechtskräftig verurteilter Schwerverbrecher mögen keine kontingente, soziale Ehre besitzen. Die Menschenwürde kommt jedoch auch ihnen zu und sie könnten selbst dazu beitragen, inwieweit diese „realisiert" wird. Relevant sind aber auch die sozialen Institutionen (etwa die Art des Strafvollzugs bzw. der Gefängnisse, der Umgang der Wärter mit den Gefangenen), inwieweit dies möglich ist oder nicht.

Die schlagartige weltweite Anerkennung des Begriffs nach 1945
Der Begriff der Menschenwürde wurde zwar bereits im 18. und 19. Jahrhundert in grundlegenden Verfassungsdokumenten angeführt, etwa der Französischen Menschenrechtserklärung von 1789, dem österreichischen *Allgemeinen Bürgerlichen Gesetzbuch* (ABGB) von 1811 und in der Weimarer Verfassung von 1919. Eine zentrale Stellung erlangt er jedoch erst in der Charta der Vereinten Nationen von 1945 und in der *Allgemeinen Erklärung der Menschenrechte* von 1948. In der ersteren heißt es: „Wir, die

---

[5] Wilhelm Jerusalem (1854–1923) war Professor für Philosophie, Psychologie und Pädagogik an der Universität Wien. Er verfasste eine Reihe von Lehrbüchern und Werken zur Philosophie, Psychologie und Didaktik, die zahlreiche Auflagen erlebten und in mehrere Sprachen übersetzt wurden. Er kann auch als Wegbereiter der Soziologie des Wissens angesehen werden. In den Geschichten zur Soziologie, selbst in Arbeiten zur Wissenssoziologie wird er meist übersehen (eine Ausnahme bildet Gertraude Mikl-Horke 2001, S. 92 ff).

Völker der Vereinten Nationen [sind] fest entschlossen ... unseren Glauben an die Grundrechte des Menschen, die Würde und den Wert der menschlichen Person ... erneut zu bekräftigen." In diesem Text wird der Begriff mehrmals angeführt. So ist die Rede von der „Anerkennung der innewohnenden Würde aller Menschen"; es heißt „alle Menschen sind gleich an Würde und Rechten geboren; es wird festgestellt, dass diese Würde erst gegeben sei, wenn soziale Sicherheit, gerechte Entlohnung, soziale und kulturelle Rechte allen gewährt werden. In der Folge wurde der Begriff der Menschenwürde explizit in das Grundgesetz der Bundesrepublik Deutschland (1949) und in die EU-Grundrechtecharta von 2000 aufgenommen.

Die bereits angedeutete Frage, die wir uns hier stellen müssen, lautet: Wieso wurde der Begriff der Menschenwürde ab 1945 so schnell und dann so umfassend anerkannt, obwohl er theoretisch durch Kant ja bereits fast 200 Jahren früher ausformuliert worden ist? Auch im alten China und im Islam gab es Ansätze zur Verwendung dieses Begriffs und ein chinesischer und arabischer Autor waren 1948 an der Ausarbeitung der Menschenrechtserklärung beteiligt. Bereits vor dem Zweiten Weltkrieg wurden in Europa und den USA Ideen und Aktionen von Nichtregierungsaktionen und kleinen Staaten zur Anerkennung der Menschenwürde entwickelt bzw. initiiert (Pfordten 2016). Es reicht aber offenkundig nicht aus, Grundwerte philosophisch-theoretisch auszuarbeiten und eventuell durch idealistische Bewegungen zu propagieren, damit sie soziale Geltungskraft erlangen. Hans Joas (2015) hat in seiner eingehenden Untersuchung zur Entstehung der Menschenrechte im Anschluss an Durkheim und Troeltsch die interessante historisch-soziologische These entwickelt, dass die Durchsetzung der Menschenrechte das Ergebnis eines langfristigen Prozesses der Sakralisierung der Person gewesen sei. In dessen Verlauf werde das menschliche Individuum immer mehr als heilig angesehen. Joas' originelle These, die er ebenfalls absetzt von Erklärungen, die rein philosophisch-rational vorgehen oder die die christlich-religiöse Fundierung der Menschenrechte betonen, ist aus der Sicht der in diesem Buch entwickelten Grundthesen jedoch nicht haltbar. Für Joas bedeutet Sakralisierung, dass neue Werte begründet werden durch starke subjektive Evidenz und gemeinschaftlich-affektive Fundierung. Die zentrale gesellschaftliche, auch interessenbezogene Fundierung von Werten wird dabei vernachlässigt. So kann Joas' Theorie auch keine wirkliche Erklärung der Entstehung des Prozesses der Sakralisierung und damit der Werte liefern.

Es wird jedoch verständlich, warum der Begriff der Menschenwürde 1945–1948 so rasch eine so zentrale Bedeutung erlangte, wenn man die Gräuel des Zweiten Weltkriegs, vor allem aber die Aufdeckung des nationalsozialistischen Massenmordes an Juden, Sinti und anderen Minderheiten als Auslöser dafür sieht. Die sowjetischen und US-amerikanischen Soldaten und mit ihnen die ganze Welt waren schockiert, nachdem diese Armeen die Konzentrationslager erreicht und die schrecklichen Bilder von ausgemergelten Menschen und Berge von Leichen zu Gesicht bekamen und Bilder davon international verbreitet wurden (lange Zeit glaubte man diesen Bildern gar nicht). Es war nicht nur die ungeheure Zahl von sechs Millionen ermordeten Juden (die erst später bekannt wurde), welche die Menschheit aufrüttelte. Massenhafte Ermordungen bis hin zum gezielten Völkermord hatte es in der Geschichte schon vorher gegeben und gab es auch noch in späterer Zeit (Mann 2007). Diese erfolgten jedoch meist indirekt, durch Vertreibung (etwa von hunderttausenden Armeniern durch die Türken 1915/16) oder durch verhungern lassen, wie bei dem durch die stalinistische Agrarreform verursachten Holodomor 1932/33 in der Ukraine, dem wohl mehrere Millionen Menschen zum Opfer fielen. Sie kann auch im Rahmen einer von extremistischen Gruppen angeheizten Massenhysterie erfolgen, wie in Ruanda 1994, wo innerhalb von knapp vier Monaten über eine halbe Million Menschen geradezu hingeschlachtet wurden. Aber noch nie in der Geschichte der Menschheit war das Töten selbst derart gezielt und geplant und auf eine bürokratisch-industriell organisierte Art und Weise erfolgt; nur auf diese Weise war die Ermordung von sechs Millionen Menschen innerhalb weniger Jahre möglich. Außerdem war entscheidend, dass im Deutschen Reich weit mehr Personen am Holocaust beteiligt waren als die neunzehn nationalsozialistischen Spitzenführer, die in den Nürnberger Prozessen zum Tod oder zu langjährigen Haftstrafen verurteilt wurden. Dazu gehörten auch einige Tausend hohe politische Funktionäre, militärische Führer und Beamte des Dritten Reiches, darüber hinaus wohl Zehn- wenn nicht Hunderttausende weitere leitende und ausführende Mittäter in der öffentlichen Verwaltung, in Polizei und Wehrmacht, und vor allem in Nazi-Einheiten wie der SS, die 1944 nahezu 600.000 Mitglieder hatte. Vor allemmuss vielen damaligen Juristen ein krasser Mangel an kritischem Gewissen gegen die Unrechts-Gesetzgebung des Dritten Reiches vorgeworfen werden (vgl. dazu Arendt 1986, 2011; Müller Ingo 1987; Dörner 2007).

So erwähnt die Charta der Vereinten Nationen den Holocaust im Zusammenhang mit den beiden Weltkriegen ausdrücklich. Die Ermordung der Juden hätte außerdem, zumindest in diesem Stil, nicht ohne den Zweiten Weltkrieg erfolgen können. Die internationale Öffentlichkeit wäre zweifellos auf dieses unglaubliche Vorhaben aufmerksam geworden und Hitler hätte eine Intervention befürchten müssen. Dass die Planung der massenhaften Ermordung erst im Zusammenhang mit dem Kriegsausbruch begann, war daher kein Zufall. Hitler war sich mit hoher Wahrscheinlichkeit von Anfang an im Klaren darüber, dass diese zwei Verbrechen nur gemeinsam begangen werden konnten. Dass es vor allem der Holocaust war, der zur allgemeinen Anerkennung von Menschenwürde als einem gesellschaftlichen Grundwert führte, wird noch durch eine weitere Tatsache belegt. Das ist das Faktum, dass dieMenschenwürde in keiner anderen Verfassung der Welt in einer so zentralen Weise herausgestellt wurde wie in Deutschland, dem Land, in welchem der Holocaust erfolgte. Artikel 1, Absatz 1 im *Grundgesetz für die Bundesrepublik Deutschland* stellt ausdrücklich fest: „Die Würde des Menschen ist unantastbar. Sie zu achten und zu schützen ist Verpflichtung der staatlichen Gewalt." Auch eine Reihe deutscher Landesverfassungen übernahmen diese Garantie der Menschenwürde und das Bundesverfassungsgericht bekräftigte seine zentrale Bedeutung in mehreren Entscheidungen (Pfordten 2016).

Die Geschichte der Durchsetzung der Menschenrechte bestätigt damit in besonders evidenter Weise zwei zentrale Thesen dieses Buches. Zum einen ist dies die Tatsache, dass auch die schlimmsten Taten und Prozesse ideell gerechtfertigt werden müssen. Bei Hitler und dem Nationalsozialismus war dies der extreme Rassismus, der den Juden das Menschsein überhaupt absprach. Die Aberkennung der Gleichheit aller Menschen und insbesondere des Besitzes der Menschenwürde bei bestimmten sozialen Gruppen ist immer wieder ein zentrales Argument, um deren unmenschliche Behandlung zu legitimieren.

Der Sozialpsychologe Herbert Kelman (1973) hat argumentiert, dass hemmungslose Gewalt bis hin zur gezielten Vernichtung ganzer Gruppen von Menschen in der Regel dadurch legitimiert wird, dass diese ihres Menschseins beraubt und damit aus dem Kreis moralischer Ansprüche und Verpflichtungen ausgeschlossen werden. Dies geschah auch im Rahmen der geistigen Vorbereitung des Holocaust. So nannte Hitler in seinem millionenfach verbreiteten Werk *Mein Kampf* die Juden und Jüdinnen einen „Parasit im Körper anderer Völker" – ein Begriff, der schon früher von Antisemiten verwendet worden war. Schon 1920 verglich er die Juden mit Krankheitskeimen und erklärte, eine Krankheit könne man nicht bekämpfen, ohne den Verursacher zu vernichten. Hinter Hitlers Antisemitismus stand die Auffassung, dass den Juden und Jüdinnen die Gottebenbildlichkeit fehle und ihre Religiosität nur ein verkapptes Streben nach politischer (Welt-) Herrschaft sei. Auch in neueren Genoziden wurde den Opfern das Menschsein abgesprochen. Beim Völkermord in Ruanda nannten die radikalisierten Hutus ihre „Feinde", die Tutsis, in permanent laufenden Radiosendungen Kakerlaken, Gewürm und Schlangen. Im alten China wurden Dissidenten als „Würmer" bezeichnet. Jede Menge solcher Begriffe gab es zur Zeit des Kolonialismus. Der Begriff brasilianische Begriff Mulatten für Menschen mit teils weißen, teils schwarzen Vorfahren ist aus dem portugiesischen Wort für Maulesel abgeleitet.

Die gesellschaftliche Bedeutung der Menschenwürde

Gegen den Begriff der Menschenwürde wird oft eingewendet, dass er sehr allgemein sei und keine konkreten Anleitungen für das soziale und politische Handeln gebe. Diesen Einwand kann man leicht widerlegen. Es zeigt sich, dass die Menschenwürde auch im alltäglichen Leben von großer Bedeutung ist und dass sie eng mit der Realisierung anderer Grundwerte zusammenhängt.

Menschenwürde im sozialen Leben und in politischen Prozessen
Welche Bedeutung hat der Grundwert der Menschenwürde im sozialen Leben der Menschen? In der rechts- und sozialphilosophischen Diskussion wird festgestellt, dass die zwei eingangs unterschiedenen Begriffe von Würde, der kontingente – auf konkrete Eigenschaften und Verhaltensweisen bezogene – und der inhärente Begriff – die grundsätzliche Würde des Menschen, die sich auf seine Willensfreiheit und Autonomie bezieht – nicht

streng voneinander unterschieden werden können. Dies gilt auch aus der Sicht der sozialwissenschaftlichen Forschung. So überschneiden sich die Begriffe der Menschenwürde und der sozialpsychologische bzw. soziologische Begriff der Identität in erheblichem Maße. Die Identität ist ein zentraler Aspekt der Menschenwürde. Unter Identität versteht man das Selbstbild von Menschen und ihre Sicht der Umwelt und Welt insgesamt, welche ihre Orientierungen und ihr Handeln bestimmen (Margalit 1999; Haller 2003; Abels 2006; Müller 2011). Wichtig ist auch Selbstachtung; sie bezieht sich auf die Haltung zum eigenen Menschsein. Würde ist die Summe aller Verhaltensweisen, die bezeugen, dass ich mich selbst achte.

Für die Philosophin Angela Kallhoff (2011, S. 326 ff.) gibt es ein „Würde-Ich." Es beinhaltet auch ethische Selbstkompetenz, seine eigene Persönlichkeit und die Möglichkeiten der Selbstentwicklung zu achten, sein Leben nach einem Ideal auszurichten. Der wichtigste Ausdruck der Menschenwürde auf der Ebene zwischenmenschlicher Beziehungen sind Anerkennung und Respekt (Heck 2002; Sennett 2004). Man muss auch Menschen Achtung entgegenbringen, die ihre Autonomie missbrauchen und unmoralisch leben; denn jeder Mensch, auch der Kriminelle, kann seinem Leben irgendwann eine andere Richtung geben. Mangelnde Anerkennung und Respekt können das Selbstbewusstsein und die Identität eines Menschen fundamental beschädigen. Der Psychiater Reinhard Haller schreibt in seinem Buch *Die Macht der Kränkung,* dass Kränkungen das Individuum in seinem Innersten, im Kern der Persönlichkeit treffen. Sie führen sie zu einer nachhaltigen Erschütterung des Selbst. Die damit verbundene Emotion ist stärker als Ärger und Unzufriedenheit, nachhaltiger als Zorn und Wut, folgenschwerer als Frustration und Trauer (Haller R. 2017). Folgenreiche Kränkungen (abwertende Äußerungen, Beschimpfungen, Herabsetzungen usw.) haben einen persistent destruktiven Charakter, auch dann, wenn sie versteckter Art sind.

Besonders gravierend sind Demütigungen, die im sozialen und politischen Leben gezielt eingesetzt werden, etwa als Mobbing in Betrieben, sexuelle Gewalt gegen Frauen in Kriegszeiten oder als Misshandlung von Gefangenen. Ihre Folgen können sich selbstdestruktiv nach innen wenden (als Essstörungen, Depressionen, *burn-outs*) oder aggressiv gegen andere und nach außen (als familiäre Gewalt, Eifersuchtsmorde, Verbrechen, Terrorismus). Auch die Vorenthaltung von Respekt kann gravierend sein. Ein solches Verhalten mag zwar als weniger aggressiv erscheinen als direkte Herabsetzungen und Beleidigungen, kann aber ebenfalls sehr verletzend sein. Sie äußert sich in der Weise, dass man einfach nicht beachtet wird oder überhaupt nicht als ein Mensch angesehen wird, dessen Anwesenheit zählt (Sennett 2004). Solche Erfahrungen waren für Afroamerikaner in den USA alltäglich, solange es noch die Rassentrennung im öffentlichen Verkehr und Leben gab. Michèle Lamont u.a. (2016) zeigen in ihrer Vergleichsstudie über die USA, Brasilien und Israel, dass auch in diesen Ländern ethnische Herabsetzung und Ausgrenzung in vielfacher Form existiert. Sie finden, dass Stigmatisierung – die alltägliche ungleiche oder herabsetzende Behandlung von Minderheiten – sogar eine viel häufigere und für die Betroffenen oft schmerzlichere Erfahrung ist als Diskriminierung, die Benachteiligung in sozioökonomischer Hinsicht. Stigmatisierungserfahrungen, bei denen die Betroffenen Missachtung oder Infragestellungen ihrer Ehre, ihrer Würde oder ihres Status erfuhren, beinhalten vielfältige Verhaltensweisen. Sie liegen vor, wenn jemand schlechter bedient wird, Opfer von rassistischen Scherzen wird, doppelten Standards unterliegt oder von informellen Netzwerken ausgeschlossen wird. Prozesse dieser Art erleben Angehörige von Minderheiten bzw. Personen mit Migrationshintergrund auch heute in Mitteleuropa häufig, etwa gegenüber anders aussehenden Zuwanderern. Besonders stark treffen sie Roma, Sinti und ähnliche Gruppen, die aufgrund ihres Äußeren als statusniedrig eingestuft werden. Die Verweigerung von Respekt trifft Angehörige unterer sozialer Schichten, Zuwanderer anderer Hautfarbe (wenn sie nicht gepflegt gekleidet sind) und andere benachteiligte Gruppen häufiger. Die Sozialpsychologie zeigte, dass die Herabwürdigung anderer oft dazu dient, das eigene Selbstbild zu erhöhen. In egalitären und demokratischen Gesellschaften erfolgt direkte oder individuelle Herabsetzung seltener. Schneikert, Delhey und Steckermeier (2019) haben eine große empirische Umfragestudie in Deutschland über Erfahrungen von Wertschätzung und Geringschätzung durchgeführt. Sie fanden, dass die Menschen insgesamt viel Wertschätzung erfahren, vor allem im familiären Bereich; in der Arbeitswelt gibt es auch Herabsetzungen. Starke Differenzen ergaben sich nach Schichtzugehörigkeit (weniger Wertschätzung bekommen Angehörige unterer Schichten), geringe Unterschiede bestanden zwischen Ost- und Westdeutschen sowie Einheimischen und Migranten. Erfahrene Wertschätzung korrelierte positiv mit Lebenszufriedenheit.

Man kann den Begriff der Würde *cum grano salis* auch auf kollektive Einheiten, Nationen und Staaten, anwenden, wie der Philosoph und Soziologe Wilhelm Jerusalem (1915) feststellte. Die Verweigerung von Anerkennung und Respekt kann gravierende Konsequenzen für die Beziehungen zwischen solchen Einheiten haben: Gewerkschaften brechen Verhandlungen ab, weil sie sich unwürdig (nicht nur ungerecht) behandelt fühlen. Sie führen deshalb oft lange und kostspielige, für ihre Mitglieder mit starken Einkommenseinbußen verbundene Streikaktionen durch. Nationen führen Kriege gegeneinander, weil ihre Führer finden, dass sie von anderen Nationen nicht ausreichend geachtet oder herabgesetzt wurden. Die militärische Aufrüstung von wirtschaftlich aufsteigenden Nationen – wie etwa von Deutschland vor 1914, von Japan in der ersten Hälfte des 20. Jahrhunderts oder von China heute – ist nur zum geringsten Teil durch zunehmende Bedrohungen ihrer Sicherheit erklärbar oder durch die Notwendigkeit, ihre wirtschaftlichen Interessen militärisch abzusichern. Sie wird jedoch vordem allgemeinen Hintergrund des Prestigestrebens der Großmächte verständlich, auf das schon Max Weber hinwies. Relevant ist dabei das Empfinden vieler Führer solcher aufsteigenden Mächte, sie würden auf der Weltbühne nicht ausreichend anerkannt.

Auch die Demütigung einer Großmacht kann gravierende Folgen haben und Rachegelüste erzeugen. Die beschämende Niederlage Frankreichs im Krieg gegen Preußen-Deutschland 1871 war eine wichtige Ursache dafür, dass auch Frankreich zu einem Mitauslöser für den Ersten Weltkriegs wurde. Genauso verhängnisvoll wurde die tiefe, kollektive Kränkung Deutschlands durch den Vertrag von Versailles am Ende des Ersten Weltkriegs, den Deutschland nicht klar verloren hatte. Die daraus entstandenen Ressentiments konnte sich Hitler zunutze machen.

Der für nahezu alle Beobachter in Europa überraschenden militärischen Überfall von Putin auf die Ukraine im Februar 2022 erscheint aus einer solchen Sicht nicht mehr so unverständlich. Denn schon seit 2007 hatte Putin, wie schon zuvor Jelzin (Conradi 2022), explizit auf die von ihm als Demütigung empfundene Ausweitung der NATO auf die ehemaligen Mitgliedsstaaten des Warschauer Paktes hingewiesen. Er betrachtete insbesondere die Bemühungen der EU und der USA um Einbeziehung der Ukraine in die westlichen Wirtschafts- und Verteidigungssysteme als einen Affront, auf den er in einer aggressiven und repressiven Weise reagierte (Thumann 2023).

Sozialphilosophische Analysen des Würdebegriffs lassen sich gut mit all diesen Fakten und Befunden verbinden. So argumentiert der Philosoph Avishai Margalit (1999), Erfahrungen der Ehrerbietung und Würdigung seien für die Menschen noch wichtiger als Gerechtigkeit. In einer modernen Gesellschaft gehören zu einem würdevollen (nicht demütigenden) Leben seiner Meinung nach auch die Fähigkeiten, lesen und schreiben zu können und basale technische Kenntnisse zu besitzen. Margalit spricht von einem Charakter ganzer Gesellschaften und deren Negativ-Potential, Menschen zu demütigen. Demütigungen zu vermeiden, sei aus drei Gründen besonders wichtig: es ist viel dringender, unerträgliche Übel zu beseitigen als Gutes zu schaffen; die positive Achtung von Mitmenschen ist eher ein Nebenprodukt anderer Handlungen, Demütigung ist jedoch etwas Gezieltes; und demütigendes Handeln ist leichter identifizierbar als respektvolles Verhalten. Die Institutionen einer Gesellschaft bestimmen in hohem Maße das Ausmaß an Achtung und auch Selbstachtung, das Menschen erfahren bzw. besitzen. Wichtig sind dabei klar ausformulierte positive Rechte; erst diese Rechte garantieren die Interessen aller Menschen in Bezug auf die Beachtung ihrer Würde durch andere. Die Entwicklung des Wohlfahrtsstaats kann man als ein Projekt sehen, das darauf abzielte, der patriarchalisch-herabsetzenden Behandlung der Armen in den alten „Wohltätigkeitsgesellschaften" (insbesondere in England, teilweise noch in heutigen USA), die auf Mitleid und Spenden rekurrierten, ein Ende zu setzen (de Swaan 1993).

Beziehungen zwischen Menschenwürde und anderen sozialen Grundwerten
Es wurde bereits angesprochen, dass die Idee der Menschenwürde nicht von allen Rechts- und Sozialphilosophinnen als grundlegend gesehen wird. So wird eingewandt, der Begriff sei inhaltsleer, werde oft überfrachtet oder vorgeschoben, um andere Argumente zu stützen (Lohmar 2017). Diese Einwände kann man entkräften, indem man zeigt, dass die Menschenwürde eng mit den anderen gesellschaftlichen Grundwerten zusammenhängt, diesen aber eine zusätzliche Begründung verschafft.

Der Zusammenhang der Menschenwürde mit den existentiellen Grundwerten steht außer Frage. Der Schutz und die Achtung des Lebens sind eine Grundvoraussetzung dafür, dass sich die Frage der Menschenwürde überhaupt stellt. Andererseits kann man sagen, dass eine lebensgefährliche Bedrohung und lebensverachtende Behandlung eines Menschen auch einen massiven Angriff auf seine Menschenwürde darstellen. Folter wird etwa von vielen als eine der massivsten Verletzungen der Menschenwürde gesehen. Es geht bei Folter nicht nur um das Zufügen von körperlichem Schmerz, sondern auch darum, eine Person dazu zu bringen, Dinge anzuerkennen oder selbst widerzugeben, die gegen ihr eigenes Wissen oder ihre eigenen Anschauungen verstoßen. Dies stellt einen massiven Angriff auf die menschliche Autonomie und Würde dar.

Aus der Sicht der Menschenwürde ergibt sich auch die wichtige Folgerung, dass dem Leben der Tiere nicht der gleiche Stellenwert zukommt wie jenem von Menschen, wie oben festgestellt wurde (vgl. Kap. 7). So lautet eine vehemente Kritik am Begriff der Menschenwürde, dieser sei anthropozentrisch und stelle eine Abwertung aller nichtmenschlichen Wesen dar (Remele 2016). Aber Tiere haben keine wirkliche Autonomie, keinen freien Willen und sie gestalten ihr Leben nicht eigenständig, wie es Menschen können. Aus dem Begriff der Menschenwürde folgt keinesfalls, dass man die Rechte von Tieren vernachlässigen kann. Um Misshandlung von Tieren zu verurteilen, kann man etwa die Werte des Lebens oder der Freiheit heranziehen. Es steht außer Zweifel, dass Tiere Schmerzen empfinden können und ihre Freiheit lieben. Daher ist es unmoralisch, ihnen willentlich und ohne Not Leid zuzufügen oder ihren Aufenthaltsbereich so massiv einzuschränken, wie es in der modernen Massentierhaltung vielfach geschieht. Die Empfindung von Tieren müssen wir auch deshalb beachten, weil Menschen ebenfalls solche Empfindungen haben und diese bei ethischem Handeln in Rechnung stellen.

Eine enge Beziehung besteht auch zwischen Menschenwürde und den Grundwerten von Sicherheit und Frieden. Die Gewährleistung einer minimalen physischen Sicherheit und die Aufrechterhaltung von Frieden ist eine Voraussetzung für die Realisierung der Menschenwürde. Wenn man im eigenen Lebensumfeld, in Haushalt und Familie, in der Nachbarschaft, in Verkehrsmitteln oder im sonstigen öffentlichem Raum ständigen Gefährdungen ausgesetzt ist, wird das Denken und Verhalten massiv beeinflusst und bei der Durchführung vieler anderer Absichten und Aktivitäten eingeschränkt und gestört.

Im Krieg müssen Soldaten an der Front todbringende Waffen bedienen und gegnerische Soldatinnen töten; zugleich sind sie den gleichen Aktionen von Seiten dieser oft hilflos ausgesetzt. Im Ersten Weltkrieg führte dies zum Phänomen der „Kriegszitterer." Es wird geschätzt, dass über eine halbe Million Soldaten unter Kriegstraumata leiden. US-Soldaten aus dem Vietnamkrieg berichteten, dass der Krieg im Kopf, etwa in Träumen nie aufhörte; 60.000 Soldaten, mehr als im Krieg selbst gefallen waren, nahmen sich während dieses oder später das Leben.[6] Auch hinter der Front oder bei der Besetzung von Städten oder Dörfern wird von Seiten der Aggressoren massive Gewalt angewandt. Von Seiten der Belagerten und Bedrohten steht die Sicherung des eigenen Lebens im Vordergrund, und es werden wohl kaum Überlegungen über die Würde von einem selbst oder anderen angestellt. Dies kann allerdings sehr wohl der Fall sein, wenn es um das Verhalten

---

[6] Vgl. dazu den Bericht im Spiegel vom 5.4.2010: https://www.spiegel.de/politik/ausland/vietnam-trauma-nachts-wenn-die-toten-zurueckkommen-a-685629.html (abgerufen am 13.3.2023).

gegenüber unbewaffneten Zivilisten geht. Die in Kriegen weitverbreitete Vergewaltigung von Frauen stellt ja oft einen bewussten Angriff auf die Würde der Betroffenen und die kollektive Würde der ganzen (ethnisch oder sonst wie definierten) „feindlichen" Gruppe dar.

Klar ist auch der positive Zusammenhang zwischen den politischen Grundwerten Freiheit, Gleichheit, Gerechtigkeit und Menschenwürde. Diese ist nach Kant ja definiert durch das Grundmerkmal der Autonomie (Nicht-Zweckhaftigkeit) des Menschen. Um diese realisieren zu können, muss Freiheit gewährleistet sein. Das Gleiche gilt für die grundsätzliche Gleichheit der Menschen. Nichtadelige und vor allem Sklaven und Sklavinnen besaßen per definitionem keine volle Menschenwürde. Die späte Abschaffung der Sklaverei war sicher auch ein Mitgrund dafür, dass die Idee der Menschenwürde erst in jüngerer Zeit so breite Bedeutung erlangte. Aber auch weiterhin bestehende gruppenbezogene Ungleichheiten (und Ungerechtigkeiten), etwa durch Behinderung, können die Menschenwürde beeinträchtigen. Umgekehrt hat die Idee der Menschenwürde dazu beigetragen, Behinderte jeder Art als volle Menschen zu betrachten, ihre Bedürfnisse ernst zu nehmen und ausgleichende Maßnahmen zu treffen.

Bereits angesprochen wurde schließlich auch der enge Zusammenhang zwischen den sozialen Grundwerten und der Menschenwürde. Praktisch alle Autorinnen, die den Begriff der Menschenwürde explizieren, sehen die Garantie eines minimalen Lebensstandards, die Beseitigung von Armut, die Gewährleistung von Ausbildung und auch von Beschäftigung als zentrale Elemente, damit die Menschen sich real frei und ihrer Würde entsprechend entwickeln und verhalten können. Besonders wichtig ist in dieser Hinsicht der Begriff der Befähigung, den der Ökonom Amartya Sen (2007) und die Philosophin Martha Nußbaum (2017) prägten. Ihre Grundthese lautet, dass es nicht ausreicht, allen gleiche Rechte und Zugangschancen zu ermöglichen; vielmehr müssen alle Menschen auch mit den entsprechenden Fähigkeiten ausgestattet werden, damit sie diese Chancen ergreifen können. Auch ein gewisser Wohlstand, so bescheiden er auch immer sein mag, erleichtert es, ein Gefühl von Würde zu entwickeln. Ebenso strahlen umgekehrt oft auch Menschen, die in sehr bescheidenen materiellen Verhältnissen leben, einen Eindruck von großer Würde aus. In Porträts großer Maler wie Raffael, Michelangelo, Tizian und Dürer bis Vincent van Gogh kommt diese Würde in beeindruckender Weise zum Ausdruck. Einer der berühmtesten Maler von Herrscherporträts, der Flame Anthony van Dyck, konnte die Würde der Gemalten besonders eindrucksvoll darstellen.

Überlegen wir abschließend nochmals kurz, welche Bedeutung dem Grundwert der Menschenwürde aus soziologischer Sicht zukommt. Kann sie auch aus der Sicht der sozialen Realität und der gesellschaftlich-politischen Auseinandersetzungen als der wichtigste aller Grundwerte angesehen werden? Wir sind durchaus dieser Meinung und können dafür zwei Aspekte benennen.

Offensichtlich ist zunächst zwar, dass die Anerkennung und rechtliche Hervorhebung der Menschenwürde keine Voraussetzung für die Anerkennung und gesellschaftlich-politische Wirksamkeit aller anderen Grundwerte ist. Dies zeigt sich am klarsten am

Beispiel der Sklaverei. Diese schwerste Verletzung der Menschenwürde wurde von kritischen Beobachtern schon seit Beginn der Neuzeit angeprangert und nach langen und mühsamen Kämpfen in den meisten Ländern der Welt schon vor dem Ersten Weltkrieg als unhaltbar anerkannt und offiziell verboten. Dazu reichte die Anerkennung der Grundwerte der politischen Grundwerte Gleichheit und Freiheit vollkommen aus. Dennoch besitzt auch der Grundwert der Menschenwürde eigenständige Bedeutung.

Zum Ersten: Als grundsätzlicher theoretisch-moralischer Hintergrund kann die Anerkennung der Menschenwürde eine zusätzliche Legitimierung und Spezifizierung auch aller anderen gesellschaftlichen Grundwerte darstellen. So wird etwa deutlich, dass das Recht auf Leben auch ein Recht auf ein menschenwürdiges Leben beinhaltet – ein Leben, das die Chancen und Fähigkeiten zur Erfüllung aller zentralen persönlichen und sozialen Bedürfnisse eines Menschen beinhalten sollte. Dieser Aspekt wurde im oben angesprochenen Befähigungsansatz von Sen und Nussbaum ausgearbeitet. Man könnte Werte wie Freiheit auch utilitaristisch begründen (jeder wünscht sich Freiheit, wer frei ist, kann seine Ziele besser durchsetzen usw.), was allein aber eine schwächere ethisch-moralische Begründung darstellen würde. Freiheit und Menschenwürde bedingen einander auch nach Kant (Henning 2019). So könnte jemand allein aus Nützlichkeitserwägungen durchaus bereit sein, auf seine Freiheit zu verzichten. Wenn Sklavinnen gut behandelt werden und alle Sklaven mit ihrem Los zufrieden sind (was tatsächlich oft der Fall war), gäbe es eigentlich keinen Grund, sie abzuschaffen. Tatsächlich haben Sklaven, etwa in Äthiopien, ihre ehemaligen Herren oft gebeten, sie wieder aufzunehmen, um ihrem nach der Entlassung noch schlechteren Leben zu entgehen. In der soziologischen Rational Choice Theorie, die den Menschen primär als nutzenverfolgendes Wesen betrachtet, ergeben sich tatsächlich solche Folgerungen. So sah ein so bedeutender Soziologe James Coleman die Verteilung von Reichtum und Privilegien in ei nem sozialen System als „optimal" an, wenn jeder Teilnehmer so viel davon besitzt, wie es seiner ursprünglichen Ressourcenausstattung entspricht. Eine solche Auffassung würde zu einer Zementierung aller Ungleichheiten führen. Auch die Freiheit besitzt aus Sicht der Menschenwürde grundlegende Bedeutung. Schließlich ist offenkundig, dass bei den verschiedensten sozialen Problemen und Konflikten im alltäglichen Leben auch die Menschenwürde tangiert sein kann. Man denke etwa an das Mobbing im Berufsleben, bei dem durch das gezielte Schikanieren, Herabsetzen und Verletzen von Mitarbeitern auch deren Menschenwürde angegriffen wird.

Zum Zweiten: bei spezifischen persönlichen und sozialen Problemen können durch die Beachtung der Menschenwürde zusätzliche Kriterien für angemessene Entscheidungen, Verhaltensweisen und Handlungsstrategien gewonnen werden. Dieser Aspekt soll abschließend anhand von drei aktuellen Fragen kurz diskutiert werden.

Vier aktuelle Probleme aus der Sicht der Menschenwürde

Abschließend sollen hier kurz vier Probleme diskutiert werden, die sich aus der Sicht der Menschenwürde in westlichen Gesellschaften heute stellen. Würde man die Situation in nichtdemokratischen Gesellschaften im arabisch-islamischen Raum, in Russland und China einbeziehen, gäbe es natürlich noch viel mehr und teils gewichtigere Probleme. Im Folgenden sollen die Todesstrafe, die lebenslange Haftstrafe, die Präimplantationsdiagnostik und die Sterbehilfe diskutiert werden.

Dass die *Todesstrafe* gesellschaftlichen Grundwerten bzw. den Menschenrechten widerspricht, wurde bereits von den Aufklärern festgestellt. Auf der Ebene eines Staates wurde sie erstmals (zumindest zum Teil) 1785 von Joseph II in Österreich abgeschafft. Seit der Zeit nach dem Zweiten Weltkrieg ist sie weltweit auf dem Rückzug. Die Europäische Union war hier ein Vorreiter. In der *Europäischen Charta der Menschenrechte* von 2000 lautet Art.2(2): „Niemand darf zu Tode verurteilt oder hingerichtet werden."

Die Todesstrafe wird heute nur mehr in etwa 20 Ländern der Welt praktiziert (vor allem in China, Saudi-Arabien, Iran, Irak und Ägypten, aber auch in den USA). Als Gründe für die Todesstrafe werden genannt eine gerechte Vergeltung für schwere Verbrechen (vor allem bei Mord), Schutz der Allgemeinheit, die Abschreckung möglicher anderer Verbrecher, die Befürwortung durch die Bevölkerungsmehrheit, die geringere Kosten für die Gesellschaft im Vergleich mit der lebenslangen Haftstrafe. Alle diese Argumente stehen auf schwachen Füßen. So ist Vergeltung eine Form der Rache, die in Rechtsstaaten nicht mehr geübt werden darf; die behauptete Abschreckungswirkung existiert nur begrenzt oder höchstens unter bestimmten Umständen; Justizirrtümer und Missbrauch sind nie auszuschließen. Auch das Argument, dass die Bevölkerungsmehrheit für die Todesstrafe sei, ist nicht überzeugend. Trotz gegenteiliger Behauptungen ist die Bevölkerung in Europa nicht für ihre (Wieder-) Einführung.[7]

Direkt mit gesellschaftlichen Grundwerten hängen die folgenden Argumente gegen die Todesstrafe zusammen: Sie gibt dem Täter keine Chance zur Besserung, sie widerspricht dem menschlichen Grundrecht auf Leben und verletzt die Menschenwürde und in aller Regel auch die Gleichheit, weil sie überproportional häufig gegen Angehörige von schwächeren sozialen Schichten und Minderheiten vollzogen wird. Relevant ist in diesem Zusammenhang auch die Tatsache, dass nur ein sehr geringer Teil der Todesurteile tatsächlich vollstreckt wird. 2019 gab es weltweit (ohne China) 2307 Todesurteile, aber nur 657 (11 %) wurden vollstreckt. Es ist nicht schwer nachzuvollziehen, unter welch massivem psychischem Druck und Angstgefühlen Verurteilte und ihre Angehörigen so

---

[7] So wird in Österreich häufig gesagt, man dürfe die Frage nach der Todesstrafe in keiner Volksbefragung zur Abstimmung stellen, weil eine Mehrheit dafür sei. Um diese Annahme zu überprüfen, veranlasste der Autor im Rahmen einer Umfrage zur direkten Demokratie zwei Fragen zur Todesstrafe: Eine lautete, ob man der Meinung sei, diese Frage dürfe gestellt werden; die zweite, ob man selbst für die Todesstrafe sei. Die erste Frage wurde von der Mehrheit mit ja beantwortet, die zweite mehrheitlich mit nein (Haller/Wirnsberger 2015).

lange stehen, bis das Urteil vollstreckt oder aber aufgehoben und in eine (meist lebenslange) Haftstrafe umgewandelt wird. Der französische Schriftsteller Victor Hugo hat diese Erfahrungen in seinem 1829 veröffentlichten Roman *Der letzte Tag eines Verurteilten* in ergreifender Weise dargestellt.

Was soziologisch und politisch besonders relevant ist: Die Todesstrafe ist nicht nur ein Relikt in autoritären und islamistischen Regimen, sondern besteht heute noch in mehreren Teilstaaten der USA. Dort wurden 2019 22 Todesurteile vollstreckt. Auch dies war nur ein Bruchteil aller Verurteilten; so gab es rund 2500 zum Tode verurteilte Gefängnisinsassen. Ein noch schlimmeres Verhalten der USA, das in engem Zusammenhang mit der Todesstrafe steht, sind gezielte Tötungen, die von Geheimdiensten oder durch unbemannte Flugkörper (Drohnen) im Ausland an Terroristen und einflussreichen politischen Persönlichkeiten durchgeführt werden. Auch US-amerikanische Journalistinnen bezeichnen diese Praxis als klaren Bruch des Völkerrechts. Diese aus Sicht der gesellschaftlichen Grundwerte höchst paradoxe Situation ist ein weiterer Hinweis darauf, dass des notwendig ist, die Realisierung aller einzelnen Grundwerte zu beobachten und nicht etwa anzunehmen, diese erfolge mit Einführung der Demokratie mehr oder weniger automatisch. Die Persistenz der Todesstrafe in den USA ist erklärbar zum einen durch die hohe Bedeutung des Wertes der Freiheit, aus dem sich eine Legitimation für *pressure groups* (wie die NRA – die *National Rifle Association*) ergibt, für unbegrenzten Waffenbesitz zu agitieren. Zum anderen ergibt sie sich aus dem aggressiven Großmachtverhalten der USA, das vielfach zu völkerrechtswidrigen militärischen Interventionen in anderen Ländern führte. Als historische Hintergründe nicht zu vergessen sind auch die gewaltsame Vertreibung der Indianer und Indianerinnen aus ihren Siedlungsgebieten und das Erbe der Sklaverei in den Südstaaten. Diese gehören,heute zum großen Teil zu jenen, in welchen die Todesstrafe noch legal ist.

Ähnlich einschneidende persönlich-soziale Probleme wie bei der Todesstrafe ergeben sich aus der *lebenslangen Haftstrafe*. Für Pfordten (2016) ist diese, wenn sie ohne Chance auf Freilassung ausgesprochen wird, der Sklaverei und Zwangsarbeit ähnlich, da sie die Tätigkeitsmöglichkeiten der Häftlinge massiv einschränkt und keine Chance eröffnet, später einmal anderes Leben führen zu können. Eine absolute lebenslange Haftstrafe beseitigt die Selbstbestimmung des Menschen und verletzt damit seine Menschenwürde schwer (Schneider 2009). Die Haftstrafe kann als eine wichtige Form sozialer Exklusion betrachtet werden; wir werden in Kap. 13 näher darauf eingehen. Heute wird die lebenslange Haftstrafe mit dem Argument begründet, sie verhindere weitere Verbrechen und sei ein Weg zur Resozialisierung der Straftäter. Die letztere Annahme erwies sich als weitgehend haltlos. Man weiß heute, dass die Gefängnisstrafe selbst kriminogen wirkt: Das Gefängnis ist eine totale, den ganzen Menschen bestimmende Institution (Goffman 1993); es ist ein soziales System mit eigenen Gesetzmäßigkeiten, das einzelne Gefangene nicht nur depraviert, sondern sie durch Kontakt mit anderen Straftätern nicht selten zusätzlich kriminalisiert. Der Aufenthalt in der Strafanstalt „entsozialisiert" die Gefangenen, er verursacht Selbstdemütigung, raubt den Insassen Autonomie, Identität und Willenskraft. Verblieben ist heute vor allem das erstere Argument, das Wegsperren gefährlicher Personen für die Sicherheit der Gesellschaft. Auch die Befriedigung eines Gerechtigkeitsgefühls in der Bevölkerung (und vor allem bei den Angehörigen von Opfern) mag eine Rolle spielen.

Ein zweites aktuelles Problem, das die Menschenwürde berührt, ist die *Präimplantationsdiagnostik*. Sie wird in der Folge der revolutionären Entwicklung der genetischen Forschung zusehends bedeutsamer. Sie ermöglicht es, das Erbgut von Embryonen, die im Reagenzglas (in vitro) erzeugt wurden, durch Entnahme einzelner Zellen zu untersuchen, um Erbkrankheiten oder gravierende Anomalien zu erkennen. Man kann also gezielt gesunde Embryonen selektieren, die von den Müttern dann ausgetragen werden. Dies kann geschehen, um die Geburt von Babys mit schweren gesundheitlichen Schäden zu vermeiden, aber auch aus eher utilitaristischen Erwägungen, etwa um Kinder eines bestimmten Geschlechts zu bekommen.

In den deutschsprachigen Ländern ist eine solche Diagnostik nur unter streng geregelten Bedingungen erlaubt (etwa, wenn eine Erbkrankheit oder Totgeburt zu befürchten ist oder zur Behebung erblich bedingter Unfruchtbarkeit). Dagegen ist sie in den USA (sowie in Großbritannien, Israel, Indien und China) für fast jeden Zweck erlaubt. Der Rechtsphilosoph Dietmar von der Pfordten (2016) ist der Meinung, dass eine solche Praxis gegen die Menschenwürde verstößt, obwohl man bei einem Embryo noch nicht von Menschenwürde sprechen könne. Die Menschenwürde werde aber im Vorgriff auf die zukünftige menschliche Stellung des Embryos verletzt. Sehr kritisch dazu eingestellt ist die Katholische Kirche wie auch viele Frauenorganisationen.

Es gibt eine Reihe ernstzunehmender Argumente gegen diese Praxis. Sie lauten: Die Präimplantationsdiagnostik stellt einen Eingriff in den Körper und damit eine Entwürdigung der Frauen dar; sie ist ein ähnliches Verfahren wie die Eugenik, mit der Entscheidungen über den Wert oder Unwert menschlichen Lebens salonfähig werden, und sie untergräbt das Lebensrecht und die Anerkennung von behinderten Menschen. Die Befürworter argumentieren, das Verbot der Präimplantationsdiagnostik stelle einen Eingriff in die Entscheidungsfreiheit der Menschen dar; sie beeinträchtige das Recht der Eltern, ihren Kindern optimale Startbedingungen zu verschaffen; die gesellschaftlichen Konsequenzen würden nicht gravierend sein, da die Anwendung doch nur einen geringen Anteil der Bevölkerung betreffe.

Heute ist man weithin der Meinung, dass man bis etwa zum dritten Lebensmonat des Embryos noch nicht von einem menschlichen Lebewesen sprechen kann. Aus dieser Sicht könnte man sagen, dass die Präimplantationsdiagnostik prinzipiell zwar einen Eingriff in den Grundwert des Lebens, aber keine Verletzung der Menschenwürde darstellt. Ihre breite Anwendung könnte jedoch zu verheerenden Konsequenzen führen (Jonas 1987). Solche wurden in dem 1932 erschienenen, berühmten dystopischen Zukunftsroman *Schöne Neue Welt* (Brave New World) von Aldous Huxley ausgemalt. Darin werden die Menschen durch Manipulation der Embryonen und Föten sowie durch mentale Indoktrinierung von der frühen Kindheit an auf spezifische Stellungen innerhalb eines rigiden gesellschaftlichen Kastensystems getrimmt. Zugleich werden alle konditioniert auf permanente Befriedigung durch Konsum, Sex und eine Droge, die sie auf jedes kritische Denken verzichten lässt.

Zu erwähnen ist hier auch die *Leihmutterschaft,* bei welcher eine Frau eine durch invitro-Fertilisation befruchtete Eizelle einer anderen Person erhält und der biologischen Mutter die Unannehmlichkeiten und Gefahren einer Schwangerschaft abgenommen werden. Man unterscheidet hier zwischen rein kommerzieller und altruistischer Motivation für eine Leihmutterschaft. Erstere liegt etwa vor, wenn für das Austragen des Embryos ein Gehalt gezahlt wird. Diese Methode, Kinder zu bekommen, ist aus der Sicht der gesellschaftlichen Grundwerte eindeutig abzulehnen; daher ist sie auch in den meisten Staaten der Welt verboten (beide Formen der Leihmutterschaft sind erlaubt in Russland, der Ukraine und einigen Staaten der USA). Die Gründe dagegen sind zahlreich und bedeutsam: Es steht nicht das Kindeswohl im Vordergrund, sondern allein das Interesse der Eltern; in aller Regel besteht ein massives Gefälle im Lebensstandard von Leihmüttern und ihren Auftraggebern und Auftraggeberinnen; oft ergeben sich massive Probleme, wenn das Kind unerwünschte Eigenschaften aufweist (etwa eine Behinderung); die Kinder selbst können im Erwachsenenalter, wenn ihnen die Umstände ihrer Zeugung und vorgeburtlichen Entwicklung bekannt werden, stark darunter leiden.

Als dritter Fall soll ein aktuell in vielen Ländern diskutiertes Problem diskutiert werden, nämlich die *Sterbehilfe.* Angesichts der steigenden Lebenserwartung und der Fortschritte der Medizin stehen immer häufiger schwerkranke und stark leidende, (meist) ältere Menschen und ihre Angehörigen und Betreuer vor dem Problem, ob Maßnahmen zur Verlängerung des Lebens aufrechthalten werden sollen oder nicht, oder ob sie vielleicht sogar ihrem Leben selbst oder durch Beihilfe anderer ein Ende setzen sollen. Begrifflich ist zwischen drei Formen von Sterbehilfe zu unterscheiden: (1) *passive Sterbehilfe* oder Sterbenlassen besteht im Unterlassen bzw. Abbrechen von lebensverlängernden Maßnahmen; (2) *aktive Sterbehilfe* impliziert die Bereitstellung von Mitteln zur Selbsttötung; (3) *Tötung auf Verlangen* bedeutet, dass eine andere Person das Sterben herbeiführt. Wichtig ist hierbei auch die Frage, wer diese Hilfestellung leistet. Das können Angehörige, medizinische Fachkräfte oder Pflegepersonal, Sterbehilfeorganisationen oder gewerbsmäßig tätige Institutionen sein.

Mitentscheidend für die Frage der ethischen Beurteilung der Sterbehilfe ist auch die generelle Haltung zum Suizid, die wir bereits oben diskutiert haben (vgl. S.xx). Wenn man diesen grundsätzlich für problematisch hält, ergibt sich daraus auch eine restriktivere Haltung zur Sterbehilfe. Wenn man aber unter dem Aspekt der Selbstbestimmung und Freiheit des Menschen den Suizid nicht grundsätzlich ablehnt, ergeben sich auch für die Sterbehilfe unterschiedliche Optionen; manche davon verletzen die Menschenwürde wohl nicht wirklich.

Weitgehende Übereinstimmung besteht darin, dass der Wille des Sterbenden in jedem Fall ausschlaggebend sein muss. Dies entspricht grundsätzlich dem Prinzip der Menschenwürde, aber auch dem Recht auf Leben, wie der deutsche Nationale Ethikrat 2006 feststellte.[8] Auch in Fällen, wo der Wille des Sterbenden nicht klar erkennbar ist, aber eine unheilbare und zum Tod führende Schwersterkrankung vorliegt, wird „Sterbenlassen" in aller Regel noch als akzeptabel angesehen.

Weitgehende Übereinstimmung besteht auch hinsichtlich der Tötung auf Verlangen; sie wird generell abgelehnt und in den meisten Ländern auch strafrechtlich geahndet. Auch diese Ablehnung kann sich auf die Menschenwürde berufen. Da der Betroffene die Handlung nicht selbst ausführt, kann man nie hundertprozentig sicher sein, dass er auch bei vollem Bewusstsein zugestimmt hätte. Weitgehend offen ist jedoch die Beurteilung der aktiven Sterbehilfe. Hier gibt es gewichtige Pro- und Kontraargumente. Dagegen spricht, dass die Erlaubnis der Sterbehilfe (vor allem durch Vereine) den Suizid als etwas Normales erscheinen lässt. Damit kann nicht nur der Auftrag des Schutzes und der Unterstützung für Suizidgefährdete vernachlässigt, sondern auch Tötung ohne Verlangen wahrscheinlicher werden. Außerdem ist es heute ja weitgehend möglich, Schmerzen medikamentös zu lindern (eigentlich ein genereller Einwand gegen Suizid in solchen Fällen). Dagegen spricht, dass schwer Erkrankte ihr Weiterleben selbst nicht nur als schmerzhaft erleben, sondern es auch als mit ihrer Würde als Menschen unvereinbar ansehen können. Tatsächlich gab es in der Mehrzahl aller Sterbefälle in Deutschland einen gewissen Entscheidungsspielraum in dieser Hinsicht. Die Bevölkerung ist auch mehrheitlich für die Erlaubnis einer passiven und aktiven Sterbehilfe; nur eine Minderheit würde eine solche jedoch selbst in Anspruch nehmen. In rechtlicher Hinsicht gibt es international erhebliche Differenzen, wobei etwa die Benelux-Länder und die Schweiz sehr liberal sind und Italien sehr restriktiv ist. Generell ist passive und indirekte Sterbehilfe in den meisten Ländern erlaubt, aktive dagegen verboten.

Als allgemeine Schlussfolgerung kann man wohl feststellen, dass bei einer Entscheidung über Sterbehilfe die persönliche Situation, die Erfahrungen und Ziele der einzelnen betroffenen Menschen ebenso zu beachten sind wie jene ihrer Angehörigen und ihres sozialen Kontextes, in dem sie leben. Der Philosoph Hans Jonas (1987) spricht von einem Recht auf Sterben, wenn ein unheilbar schwer Erkrankter dies in vollem Wissen über seine Situation und seine sozialen Beziehungen und Verpflichtungen selbst wünscht. Das „Recht auf Sterben" steht also in einem direkten Bezug zum Grundwert des Lebens.

---

[8] Vgl. Nationaler Ethikrat, Berlin 2006: https://www.ethikrat.org/fileadmin/Publikationen/Stellungnahmen/Archiv/Stellungnahme_Selbstbestimmung_und_Fuersorge_am_Lebensende.pdf (abgerufen am 13.3.2023).

Inklusion 14

„Die Zahl der verschiedenen Kreise nun, in denen der Einzelne steht, ist einer der Gradmesser der Kultur. Wenn der moderne Mensch zunächst der elterlichen Familie angehört, dann der von ihm selbst gegründeten und damit auch der seiner Frau, dann seinem Berufe, der ihn schon für sich in mehrere Interessenkreise eingliedern wird …; wenn er sich seines Staatsbürgertums und der Zugehörigkeit zu einem bestimmten Stande bewusst ist, außerdem Reserveoffizier ist, ein paar Vereinen angehört und einen die verschiedensten Kreise berührenden geselligen Verkehr besitzt: so ist dies schon eine große Mannigfaltigkeit von Gruppen."

Georg Simmel (1923)[1]

„Die Aufrechterhaltung von Bindungen ist das wichtigste menschliche Motiv. Dieses Motiv wird selten diskutiert, steht jedoch hinter oder färbt zumindest alles menschliche Verhalten."

Thomas Scheff (1990)[2]

Inklusion, die Zugehörigkeit zu bzw. Einbindung von Menschen in Gemeinschaften, muss als einer der wichtigsten Grundwerte überhaupt angesehen werden. Er ist de facto ebenso bedeutsam wie jener des Lebens. Ein Individuum kann sich gar nicht zu einem vollen Menschen und sozialen Wesen entwickeln, wenn es nicht von Geburt an eng in eine soziale Gemeinschaft, eine Familie, eingeschlossen ist. Nach der physischen erfolgt eine „soziale Geburt" (Pohlmann 2000), die bis zum Abschluss des Jugendalters dauert. Auch

---

[1] Georg Simmel (1858–1918), deutscher Philosoph und Soziologe, Begründer der formalen Soziologie und der Soziologie des Konflikts. Zitat aus Georg Simmel (1923), *Soziologie*, S. 311.

[2] Thomas Scheff (geb. 1929), amerikanischer Soziologe und Autor von Werken über die Soziologie der Emotionen, Mikrosoziologie und Geisteskrankheiten. Quelle des Zitats: Thomas Scheff (1990), *Microsociology*, S. 4 (Übersetzung M.H.).

die Einbindung des Menschen in Freundes- und Bekanntenkreise durch Schule im Jugendalter, ins Erwerbsleben und in Gesellschaft und Politik im Erwachsenenalter ist essentiell. Für die Soziologie waren soziale Beziehungen seit ihren Gründern Comte, Durkheim, Simmel und Weber zentrales Erkenntnisobjekt. Die Zugehörigkeit zu einer Gemeinschaft kann auch als ein soziales Grundrecht angesehen werden. So wird in der *Allgemeinen Erklärung der Menschenrechte* das menschliche Grundbedürfnis nach Inklusion explizit genannt, die Teilnahme am kulturellen Leben der Gemeinschaften als ein Grundrecht (Art.29 und 27) ausgewiesen. Überraschend ist allerdings, dass Inklusion in den Sozialwissenschaften selten als gesellschaftlicher Grundwert genannt wird. Ein Grund könnte sein, dass Inklusion in der Regel auch mit Exklusion verbunden ist und heute eher Prozesse der Exklusion im Mittelpunkt stehen. Tatsächlich kann man jedoch auch in Bezug auf den gesellschaftlichen Grundwert der Inklusion von einem eindeutigen Trend in Richtung seiner zunehmenden Beachtung sprechen. So kann man die in Kap. 11 dargestellten Prozesse der Durchsetzung von Gleichheit durch die Beseitigung grundlegender Diskriminierungen großer Gesellschaftsgruppen (Sklaven, Nichtadelige, Frauen) als Ausweitung der sozialen Inklusion sehen. In jüngerer Zeit ist die zunehmende weitere Integration dieser (etwa der Frauen) und anderer benachteiligter Gruppen (etwa von Behinderten) zu nennen. In jüngster Zeit könnte ein weiterer revolutionärer Strukturwandel, die Globalisierung, erstmals in der Geschichte der Menschheit zu einer Weltgesellschaft führen, also einer Inklusion aller Menschen auf der Erde.

Dieses Kapitel beginnt mit einer kurzen Diskussion der zwei dominanten soziologischen Ansätze zur Analyse von Inklusion und Exklusion. Daran anschließend wird eine neue Typologie von drei Grundformen von Exklusion und ihren konkreten Ausprägungen in heutigen Gesellschaften präsentiert. Dabei wird jeweils der enge Zusammenhang von Inklusions- und Exklusionsprozessen dargestellt. Das Kapitel schließt mit einer Diskussion der Beziehungen zwischen Inklusion und anderen gesellschaftlichen Grundwerten.

Grundbegriffe und theoretische Ansätze

Soziale Inklusion und Exklusion können als Grundbegriffe angesehen werden, die für die Soziologie ähnliche Bedeutung besitzen wie die Begriffe von Markt und Wettbewerb in der Ökonomie und jene von Motivation und Persönlichkeit in der Psychologie. Sie wurden zuerst vor allem in Frankreich und England entwickelt, in neuerer Zeit auch von der deutschen Soziologie aufgegriffen. Im Folgenden wird nach einer Skizze der Geschichte dieser Begriffe und der heute vorherrschenden Theorien ein neuer Ansatz dargestellt. Er beachtet systematisch die Doppelnatur von Prozessen der sozialen Inklusion und bietet damit auch einen Ansatz zur Erfassung der Rolle von gesellschaftlichen Grundwerten.

Inklusion und Exklusion – systemische Differenzierung oder sozialstrukturelle Diskriminierung?

Die Begriffe der sozialen Inklusion und Exklusionwurden vor allem von Sozialwissenschaftlern in Frankreich entwickelt. Einige von ihnen verfassten schon um die Jahrhundertwende Monographien dazu.[3] Auch die französischen Begründer der Soziologie von Auguste Comte über Saint-Simon bis zu Émile Durkheim verwendeten ihn. Für Durkheim war Solidarität ein neutraler wissenschaftlicher Begriff, welcher die in traditionellen und modernen Gesellschaften typische Form des sozialen Zusammenhalts bezeichnen sollte. In einfachen Gesellschaften war es die mechanische Solidarität, begründet auf den großen Ähnlichkeit der Menschen miteinander, in komplexen, arbeitsteiligen Gesellschaften ist es die organische Solidarität, begründet auf der Notwendigkeit ihrer Verflechtung und Kooperation angesichts hoher Spezialisierung und Differenzierung. Weil in solchen Gesellschaften die Menschen sehr unterschiedliche Berufe und Interessen haben, entwickeln sich einerseits Individualismus, andererseits vertragliche, interessenbasierte Beziehungen zwischen ihnen. Diese allein können nach Meinung dieser französischen Soziologen Gesellschaften aber nicht wirklich zusammenhalten; es sind übergreifende gemeinsame Werte und Normen notwendig. Diese können sich nach Durkheim vor allem im Rahmen von Berufsgruppen entwickeln. Diese Argumente wurden von französischen Soziologen in der Nachkriegszeit, wie Serge Paugam, Jules Klanfer, René Lenoir und Robert Castel weiter entwickelt zu kritischen einer Theorie der sozialen Exklusion. Ihre drei Grundthesen lauten: Ausschließung ist ein umfassendes, nicht nur ökonomisch zu definierendes Phänomen, sie stellt ein strukturelles, kein (nur) individuelles Phänomen dar und betrifft erhebliche Gruppen der Gesellschaft.

Für die Entwicklung des Konzepts der sozialen Exklusion spielten auch englische Sozialwissenschaftler und Sozialreformerinnen im späten 19. Jahrhundert eine wichtige Rolle. Charles Booth sowie Sidney und Beatrice Webb führten umfangreiche Studien über die Lebensbedingungen von Arbeitern und benachteiligten sozialen Schichten in London durch; sie waren im Rahmen der *Fabian Society* auch sozialreformerisch aktiv. Ihre Ideen und Anliegen wurden im 20. Jahrhundert von Sozialwissenschaftlern wie William Beveridge und T.H. Marshall weiterentwickelt und bildeten die theoretische Grundlage des lange beispielhaften britischen Sozialstaates, wie in Kap. 9 dargestellt wurde.

In der zweiten Hälfte des 20. Jahrhunderts wurden die sozialstaatlichen Errungenschaften einer vollen Inklusion aller Gruppen der Bevölkerung allerdings wieder infrage gestellt. Zum einen waren dies sozialstrukturelle und wirtschaftliche Umstrukturierungen, die zu einer tendenziellen Auflösung der alten Klassenstrukturen führten (Rückgang der Zahl an Industriearbeitern, Zunahme von einfachen Dienstleistungsberufen, Zunahme instabiler, zeitlich befristeter Beschäftigungsverhältnisse). Zum anderen waren dies die neoliberalen Reformen, die im Zuge des Regierungsantritts von Ronald Reagan und Margaret Thatcher Anfang der 1980er Jahre in den USA und Großbritannien eingeleitet wurden und zu einer Reduktion staatlicher Regulierungen und zur Privatisierung

---

[3] Darunter waren etwa Leon Bourgeois, *Solidarité* und Charles Gide, *Philosophie de la solidarité*.

vieler öffentlicher Dienstleistungen bewirkten. In deren Folge entstanden neue Formen von Ungleichheit und Ausgrenzung von Gruppen, die weder über ausreichende Erwerbseinkommen noch sozialstaatliche Unterstützung verfügen.

In diesem Zusammenhang wurde der Begriff der sozialen Ausgrenzung auch auf politischer Ebene neuerlich aufgegriffen, insbesondere von der Europäischen Union. Ausgrenzung stellt für sie einen breiten Begriff dar, der alle Formen wirtschaftlicher, sozialer und kultureller Benachteiligung beinhaltet und auch auf die Interdependenz der verschiedenen Formen hinweist. Dieser Begriff wurde in der Folge auch von der UNO und Weltbank verwendet, die als globales Ziel die Entwicklung inklusiver Gesellschaften definieren. Auch Soziologinnen im deutschen Sprachraum griffen diese Begriffe der Inklusion und Exklusion auf. Im Folgenden soll ein kurzer Blick auf die zwei wichtigsten theoretischen Ansätze hierzu geworfen werden.

Einen plausiblen theoretischen Zugang zu den Phänomenen von Inklusion und Exklusion liefert der von den Soziologen Talcott Parsons und Niklas Luhmann entwickelte systemtheoretische Ansatz. Mit ihm kann der positive Aspekt der Wahlmöglichkeit der Menschen in modernen Gesellschaften im Hinblick auf die Partizipation in verschiedenen gesellschaftlichen Teilbereichen gut erfasst werden. Der Ansatz geht davon aus, dass eine moderne Gesellschaft in unterschiedliche soziale Systeme gegliedert ist (Wirtschaft, Politik, Kultur, Wissenschaft usw.), die jeweils durch unterschiedliche Normen und Handlungsprinzipien gekennzeichnet sind. Die Individuen werden nur als Rollenträger in diese Teilsysteme eingeschlossen. In der Arbeitswelt sind nur meine beruflichen Fähigkeiten und Aktivitäten relevant; was ich in meiner Freizeit mache, welchen Familienstand ich habe, ist (zumindest formell) irrelevant. Daraus folgt, dass es nur mehrfache partielle Integrationen, eine Art „multipler" Integration, aber keine Totalintegration in die Gesellschaft gibt (Stichweh 2016). Die Partizipation an Teilsystemen kann durch Übernahme von beruflichen Leistungsrollen (als Ärztin usw.) oder von Publikumsrollen (Patient, Konsument usw.) erfolgen. Diese Rollen und die Kontexte (Subsysteme), in denen sie ausgeübt werden, sind nach Ansicht der Systemtheoretikerinnen entlang technisch-fachlicher Kriterien organisiert, nicht mehr an Werten orientiert. Im Spital handeln Ärzte nur nach neutral-sachlichen, professionellen Kriterien, es braucht kein besonderes ärztliches Ethos, so die These. Die Individualität eines Individuums ergibt sich aus der Art und Anzahl der Teilsysteme bzw. Organisationen, an denen es teilnimmt. Die gesellschaftliche Ausdifferenzierung in Subsysteme beinhaltet immer auch Prozesse der Exklusion. Die grundsätzliche Annahme des systemtheoretischen Ansatzes lautet, dass moderne Gesellschaften die wirtschaftlich-gesellschaftliche Effizienz verstärken, aber auch Freiheit und Teilnahmechancen aller Menschen erhöhen.

Trotz einer auf den ersten Blick hohen Plausibilität gibt es unverkennbare Leerstellen bzw. Schwächen des systemtheoretischen Ansatzes (vgl. Haller 2003; Kronauer 2010). Drei sind besonders problematisch. (1) Inklusions- und Exklusionsprozesse werden nur als Aspekte von gesellschaftlichen Teilsystemen, von Funktionsbereichen und Rollen gesehen; Individuen kommen nur als Rollenträger vor. (2) Exklusion wird nur als ein kommunikativer Prozess gesehen. Die These lautet, dass Zugehörigkeit und Nichtzugehörigkeit durch Etikettierungen und Zuschreibungen oft erst erzeugt werden. (3) Schließlich fehlt die Bedeutung von Werten vollkommen. Aus der Perspektive der Soziologie als Wirklichkeitswissenschaft beruhen unterschiedliche gesellschaftliche Bereiche („Lebensordnungen" nach Max Weber) jedoch auf spezifischen Grundwerten. So sind auch Inklusions- und Exklusionsprozesse eindeutig wertbezogen.

Die Schwächen des systemtheoretischen Ansatzes werden teilweise ausgeglichen in einem soziologischen Ansatz, der die neuen Formen von Exklusion zur These einer neuen sozialen Frage im heutigen Kapitalismus verallgemeinert. Heinz Bude (2008) argumentiert in seinem Büchlein *Die Ausgeschlossenen. Das Ende vom Traum einer gerechten Welt*, es gehe heute nicht mehr nur um Randgruppenphänomene, sondern „um Millionen von Ausgeschlossenen, die einen Keil durch unsere Gesellschaft treiben". Auf einer „Reise durch Deutschland" schildert er anschaulich Orte und Typen von Verlorenen und Ausgeschlossenen. Dies erinnert an das umfangreiche Werk einer Forschergruppe um Pierre Bourdieu mit dem Titel *Das Elend der Welt*. Auch in diesem wurden Menschen und Familien in krisenhaften und absteigenden sozialen Lagen in ganz Frankreich porträtiert und von den Autorinnen mit der neoliberalen Wende in Zusammenhang gebracht. Laut Bude ist eine neue Spaltung der Gesellschaft in Gewinner, eine große Gruppe von Verliererinnen (missgelaunte Kleinbürger, verbitterte, überqualifizierte Akademikerinnen) und ein neues Dienstleistungsproletariat entstanden.

Eine ähnlich pessimistische, auch mit vielen empirischen Daten belegte Diagnose entwickelte Martin Kronauer (2010). Seiner Meinung nach gab es bis zum Ende des 20. Jahrhunderts drei Hauptformen der Inklusion: die Ausweitung sozialer Rechte durch den Wohlfahrtsstaat, die Vollbeschäftigung und die Einbindung in familiäre und private soziale Netzwerke. Alle drei erodieren heute: der Wandel von einem vorsorgenden zu einem „aktivierenden" Wohlfahrtsstaat verlagert die Verpflichtung zu sozialer Vorsorge immer mehr auf die Individuen; die Vollbeschäftigung wird unterminiert und das Normalarbeitsverhältnis erodiert zugunsten flexibilisierter und prekarisierter Beschäftigungsverhältnisse. Die sozialen Netze im privaten Umfeld gehen verloren bis hin zu sozialer Isolation und Vereinzelung. Kronauers Analyse deckt sich weitgehend mit der des französischen Soziologen Robert Castel in dessen Werk *Die Metamorphosen der sozialen Frage*. Nach dessen Meinung gibt es immer mehr „Überzählige", die nur in prekären Jobs Arbeit finden oder als Arbeitslose ökonomisch überhaupt nutzlos geworden sind. Wir leben in einer Gesellschaft des „negativen Individualismus" und der Entsolidarisierung.

Ein Vorzug dieses Begriffes von Exklusion ist, dass er den Blick auf vielfache Formen neuer Benachteiligungen und Diskriminierungen lenkt. Er muss aber ebenfalls in mehrfacher Hinsicht kritisch gesehen werden. Zum Ersten betrifft dies die übertriebene, plakative Darstellung der neuen Ungleichheiten. Von zweifellos vorhandenen und ernst zu nehmenden Ungleichheiten und Diskriminierungen wird auf eine tiefe Spaltung heutiger Gesellschaften geschlossen, die in dieser Form nicht nachweisbar ist, wie Kaube und Kieserling (2022) neuerdings aufgezeigt haben. Eine zweite Schwachstelle ist das Fehlen einer Erklärung für die Prozesse der Ausschließung. Es wird in aller Regel nicht klar, wer wen ausschließt und wie die Ausgeschlossenen selbst darauf reagieren.

Einen makrosoziologischen Erklärungsansatz haben Dörre, Lessenich und Rosa (2009) entwickelt. Sie sehen die Ursachen in Systemmerkmalen des Finanzmarktkapitalismus, der das Prinzip des *shareholder value,* des kurzfristigen Gewinns aus Kapitalanlagen, überall zur Geltung bringt. Er setzt bislang gepflogene Prinzipien, wie langfristige Unternehmensplanung, Aufbau qualifizierter und stabiler Belegschaften usw. außer Kraftt. Sie glauben, dass eine erneute systemimmanente Transformation des Kapitalismus notwendig sei. Abgesehen davon, dass mit diesem Ansatz die enormen internationalen Differenzen in Ausmaß und Formen der sozialen Exklusion schwer erklärbar sind, steht diese Schlussfolgerung vor dem gleichen Dilemma wie alle ähnlichen Diagnosen seit Marx, dass sie nämlich nicht wirklich spezifizieren können, wie das alternative, neue System aussehen solle. Solange man das nicht weiß, muss aber jede radikal-revolutionäre Transformation als ein höchst fragwürdiges Unternehmen angesehen werden, dessen Ausgang zu ganz anderen als den erhofften Ergebnissen führen kann.

Eine soziologische Typologie von Inklusions- und Exklusionsprozessen
Einen theoretischen Zugang zur Thematik von Inklusion und Exklusion, der sowohl den handlungstheoretischen wie den strukturellen Aspekt erfasst, eröffnet das Konzept der sozialen Schließung nach Max Weber (1964/I, S. 31, 260). Geschlossene Beziehungen und Gemeinschaften schließen Außenstehende aus oder verknüpfen die Mitgliedschaft mit bestimmten Bedingungen. Die Schließung kann affektuell basiert sein (bei erotischen und familiären Beziehungen), wertrational (bei Glaubensgemeinschaften) und zweckrational (bei ökonomischen Verbänden). An Schließung oder Öffnung interessiert sind Menschen auch, wenn sie sich davon Vorteile versprechen. Mit dem Sozialphilosophen Hauke Behrendt (2017) kann man den Begriff der sozialen Schließung in wichtigen Aspekten weiter ausdifferenzieren. So muss man zunächst unterscheiden zwischen vier Elementen, welche in allen Prozessen von sozialer Teilhabe oder Ausschließung eine Rolle spielen: das Inklusionssubjekt (welche Person bzw. welcher Akteur ist involviert?), das Inklusionsobjekt (um die Teilhabe woran geht es?), die Inklusionsinstanz (wer bestimmt die Regeln des Zugangs und der zu erbringenden bzw. zu erhaltenden Leistungen?), und die Inklusionsregeln (nach welchen Regeln erfolgt die Einbindung in ein soziales System?). Zum Zweiten sind drei Ebenen zu unterscheiden: Die erste, sozialwissenschaftlich-empirische Ebene untersucht konkret, welche Prozesse der Inklusion und Exklusion es gibt. Die zweite, sozialethische Dimension fragt danach, inwieweit bei Prozessen der Inklusion und Exklusion Werte wie Gleichheit, Gerechtigkeit usw. realisiert werden. Auch auf dieser Ebene muss man sich auf konkrete gesellschaftliche Bereiche und Handlungsfelder beziehen. Hier muss man davon ausgehen, dass eine mehr oder weniger vollständige Inklusion aller Gesellschaftsmitglieder nicht möglich und auch gar nicht erstrebenswert ist. Die dritte Ebene der Inklusion ist die sozialpolitische. Sie beinhaltet die Handlungsfelder der formellen Inklusionspolitik, die Voraussetzungen, die jemand erfüllen muss, damit er an

einem bestimmten Kontext teilnehmen kann; die informelle Inklusionspolitik, das faktische Verhalten der anderen Mitglieder in einer sozialen Einheit; und die strukturelle Inklusionspolitik und Rahmenbedingungen, also die Existenz von Zugangsbarrieren.

Soziologisch könnte man sagen, dass eine optimale Inklusion vorliegt, wenn eine angemessene Teilhabe eines Menschen an den für seine Lebensumstände relevanten sozialen Institutionen und Bereichen besteht. So wird etwa die Teilhabe an außerhäuslichen Freizeiteinrichtungen und -aktivitäten für kranke Menschen kaum relevant sein; für junge und ältere Menschen oder für Menschen in Stadt und Land wird sie etwas recht Unterschiedliches bedeuten.

Im Anschluss an diese theoretischen Überlegungen wird im Folgenden eine Typologie von drei Grundformen der Inklusion bzw. Exklusion vorgestellt, die ihrerseits ausdifferenziert werden nach konkreten Formen von sozialen Beziehungen bzw. Einheiten. Jede dieser Inklusions- und Exklusionsformen ist auch durch ein spezifisches Bündel von ethisch-normativen Erwartungen und Ansprüchen charakterisiert; sie sind also durchwegs auf gesellschaftliche Grundwerte bezogen. Die deutsche Sprache stellt für diese drei Typen klar unterschiedene, aussagekräftige Begriffe zur Verfügung: Einschließung, Zusammenschließung und Ausschließung bzw. – wenn es um die Grenzbildung nach außen geht – Eingrenzung, Abgrenzung und Ausgrenzung. Für jeden Typus gibt es mehrere konkrete Formen sozialer Ein- und Ausschließung (vgl. Abb. 14.1).

Betrachten wir in einem kurzen Überblick alle diese Formen der Inklusion und Exklusion. Die Typologie ergibt sich daraus, ob es sich dabei um Prozesse handelt, bei denen eher der Zusammenschluss, die Inklusion, oder der Prozess der Exklusion anderer im Zentrum steht. Diese Unterscheidung kann man physisch festmachen: Prozesse der Zusammenschließung und Eingrenzung werden durch Gebäude (Wohnungen, Häuser, Kirchen usw.), die nur Mitgliedern jederzeit offenstehen, dargestellt bzw. „materialisiert". Auch die Einheiten, die sich aus Abgrenzungsprozessen ergeben, werden durch Gebäude (Schulen, Firmengebäude usw.) symbolisiert, diese sind jedoch relativ durchlässig. Ausgrenzungsprozesse schließlich werden symbolisiert durch versperrte Gebäude und hohe, sowohl für Insassen wie Außenstehende unüberwindliche Schranken und Mauern.

Prozesse der *Vereinigung und Eingrenzung* schließen andere auch aus, aber dieser Ausschluss ist quasi nur eine Nebenfolge. Es geht hier um geschlossene soziale Beziehungen nach Max Weber. Er benennt dafür entsprechend den Grundformen des sozialen Handelns vier Typen: traditional geschlossene (Familienbeziehungen), affektuell geschlossene (persönliche Gefühlsbeziehungen), wertrational geschlossene (strikte Glaubensgemeinschaften) und zweckrational geschlossene Beziehungen (ökonomische Verbände).

Im Folgenden werden drei Typen solcher Eingrenzungsprozesse diskutiert: enge persönliche Beziehungen (zwischen (Ehe-) Partnern, Eltern, Kindern und Geschwistern), ethnische Gemeinschaftsbeziehungen, basierend auf religiösen oder Sprachgemeinschaften. Prozesse der *Zusammenschließung und Abgrenzung* liegen vor, wenn sich Menschen

Bezeichnung /Charakteristikum	Konkrete Formen/ Relevante Institutionen	Ethisch-normativer Aspekt
Einschließung (und Eingrenzung) primär inkludierend (Bezug auf Eigengruppe)	Gemeinschaft aller Menschen	Universelle Nächstenliebe
	Enge persönliche Beziehungen (Partnerschaft, Familie)	Liebe, Anerkennung, (Ur-) Vertrauen
	Ethnische Beziehungen - Religiöse Gemeinschaften - Sprachgemeinschaften	Brüderlichkeit Kulturnationalismus
Zusammenschließung und Abgrenzung: inklusiv und exklusiv (duale Schließung)	Räumlich-territoriale Segregation	Ortsverbundenheit, Heimatliebe
	Organisationen (Bildungs- und Beschäftigungssystem)	Leistung, Loyalität
	Verbände, Assoziationen	Solidarität
	Nationalstaat	Patriotismus
Ausschließung und Ausgrenzung: primär exkludierend	Stigmatisierung, Marginalisierung	Sicherheit, Diskriminierung
	Hospitalisierung, Inhaftierung, Internierung	Sicherheit, Verwahrung, Bestrafung
	Grenzbefestigung, Mauerbau	Sicherheit, Schutz der 'nationalen Interessen'

Abb. 14.1 Die drei Grundtypen der Inklusion und Exklusion, ihre konkreten Formen und ihr ethisch-normativer Bezug

dauerhaft zu einer sozialen Einheit vereinigen, um gemeinsam bestimmte Ziele zu verfolgen. Typisch dafür sind Organisationen. Sie legen Regeln der Mitgliedschaft fest und binden diese an Leistungen der Mitglieder. Sie sind im Prinzip für alle offen, die die entsprechenden Voraussetzungen mitbringen. Während sie in bestimmter Hinsicht also offen sind, sind sie in anderer jedoch eindeutig geschlossen. In Abb. 14.1 werden drei Formen einer solchen Abgrenzung oder dualen Schließung angeführt: räumlich-territoriale Segregation, soziale Exklusion im Bildungs- und Beschäftigungssystem, Nationalstaatsbildung und Staatsbürgerschaft. Von Prozessen der *Ausschließung und Ausgrenzung* kann man sprechen, wenn Menschen mehr oder weniger vollkommen von der Gesellschaft separiert werden. Dies geschieht mit Insassen von geschlossenen psychiatrischen Anstalten und mit Häftlingen in Gefängnissen. Ausgrenzung liegt auch vor, wenn es sich um ganze Gesellschaften bzw. Staaten handelt, die sich mit Mauern umgeben, um unerwünschte Eindringlinge und Zuwanderer abzuwehren. Dafür werden schon seit der Antike oft massive Mauern errichtet.

Liebe, Brüderlichkeit und Solidarität als Grundwerte der Inklusion

Für Prozesse der Inklusion kann man drei historisch wohlbekannte Begriffe als grundlegende Werte betrachten. Der erste davon ist die *Liebe* – ein in der Soziologie sträflich vernachlässigtes Phänomen.[4] Tatsächlich dürfte es – neben dem Leben selbst – kein Thema geben, „das existenzieller ist als das Thema Liebe: jeder Mensch ist davon unmittelbar betroffen, als Kind, Vater oder Mutter, als Mitglied einer jeden Gemeinschaft (Stilz und Frühbauer 2017, S. 131). Dieser Begriff spielte in allen Weltreligionen eine zentrale Rolle. Das antike Judentum sah schon die Beziehung zwischen Ehegatten auf Liebe begründet (Khoury 1993). Im Christentum erhielt die Liebe in der Idee einer umfassenden Nächsten- und Menschenliebe eine neue, zentrale Position. Der Radikalismus des Liebesgebots[5] inspiriert die karitativen Aktivitäten der christlichen, katholischen und protestantischen Kirchen bis heute. Neuerdings bekräftigte es Papst Franziskus in seiner Enzyklika *Fratelli tutti* von 2020. Der Buddhismus kann geradezu als eine Ethik der Mitmenschlichkeit bezeichnet werden. Auch im Konfuzianismus nimmt die Tugend *ren* – Liebe, Menschlichkeit, Güte – eine zentrale Stellung ein (Khoury 1993).

In der Philosophie war Liebe ebenfalls ein wichtiges Thema. Für Plato und Aristoteles, und später für den Neuplatoniker Marsilio Ficinus (1433–1499) stellte Liebe eine Steigerung des natürlichen Eros dar, die sich an leiblicher Schönheit entzündet, aber durch sie zum geistig Schönen und Wahren, zu Gott zurückgelenkt wird (Kirchner et al. 2013, S. 381). Für den ersten Soziologen Auguste Comte war Altruismus als Liebe zur Menschheit einer der höchsten Werte, ebenso wiedie Philosophen Ludwig Feuerbach und in neuerer Zeit Bertrand Russell (1984) und Martha Nußbaum (2002).

Eng mit dem Begriff der Liebe verwandt ist der Begriff der *Brüderlichkeit,* der in der revolutionären Triade Freiheit – Gleichheit – Brüderlichkeit ein zentrale Rolle spielt. Während er sich hier noch auf die verschworene Gemeinschaft der Kämpfer für die Revolution gegen ihre inneren Feinde bezog, wurde die Bedeutung in neuerer Zeit ausgeweitet. So in den französischen Verfassungen von 1946 und 1958 auf die ganze Gesellschaft,

---

[4] Die wohl bekannteste soziologische Untersuchung dazu stammt von Niklas Luhmann (1982), der sich in seiner durchaus interessanten Studie jedoch nur mit einer ausgedünnten Form der Liebe befasst, ihrer Darstellung in Literatur und Theater. Zum Thema Liebe in der Soziologie vgl. Haller (2016b), Was ist Liebe?

[5] Dieser Aspekt wurde vor allem von Ernst Troeltsch (1977, S. 720); herausgearbeitet; auf ihn bezog sich auch Max Weber in seinen religionssoziologischen Schriften (Weber 1988a,b,c).

wo er die „kalten" Begriffe von Gleichheit und Gerechtigkeit um eine gemeinschaftsbezogene, ethisch-moralische Komponenten ergänzt. In der *Allgemeinen Erklärung der Menschenrechte* von 1948 heißt es in Art. 1 explizit: „Alle Menschen sind frei und gleich an Würde und Rechten geboren. Sie sollen sich im Geiste der Brüderlichkeit begegnen."

Ein politisch sehr wirkmächtiger Begriff war schließlich jener der *Solidarität*. Er kann als „Kampfmoral" der Arbeiterbewegung bezeichnet werden.[6] Sie bezog sich auf ihre Vereinigungen aller Art, von Handwerkervereinigungen und Produktionsgenossenschaften bis hin zu den politisch einflussreichen Gewerkschaften. Noch in den 1980er Jahren gab sich die im Rahmen des kommunistischen Systems entstandene polnische Gewerkschaft den Namen Solidarnosc; mit ihren zehn Millionen Mitgliedern trug sie entscheidend zum Niedergang des Kommunistischen Systems in Polen und ganz Osteuropa bei.

Die Idee der Solidarität wurde auch in der katholischen Soziallehre zu einem zentralen Begriff. Hier bezieht sie sich auf die wechselseitige Verbundenheit und Verpflichtungen der Menschen in ihren jeweiligen Einheiten zueinander. So gründeten katholische Sozialreformer wie der Bischof von Mainz, Wilhelm von Ketteler, und der Priester Adolph Kolping soziale Bewegungen und Gesellenvereine, denen vielfältigen Sozialeinrichtungen angegliedert wurden. Die Enzyklika *Rerum Novarum* von Papst Leo XIII (veröffentlicht 1891) stellte einen Höhepunkt dieser katholischen Sozialreform dar. Als eine moderne Variante der Realisierung einer universalen Nächstenliebe kann man auch das Projekt Weltethos (Küng 1900) nennen.

Prozesse der Vereinigung und Eingrenzung

Drei Formen von Vereinigungs- bzw. Eingrenzungsprozessen sollen hier betrachtet werden: die universale Nächstenliebe, enge persönliche Sozialbeziehungen und ethnische Beziehungen. Die letzteren gibt es in drei Ausprägungen als Abstammungs-, Religions- und Sprachgemeinschaften.

Die Menschheit als Ganzes: universale Nächstenliebe
Eine religiöse Fundierung eines universalen Ethos der Nächstenliebe, wie sie vorhin skizziert wurde, ist heute für viele Menschen nicht mehr überzeugend.[7] Deswegen muss die Idee einer universalen Menschenliebe aber nicht total verworfen werden. Dabei muss man Liebe breiter sehen als nur jene, die auf erotisch-sexuell basierter Anziehung begründet ist. Man kann „Liebe" in diesem Sinn definieren als eine Beziehung zu anderen, die mit Sympathie verbunden ist und beinhaltet, dass man mit diesen gerne zusammen ist und ihnen soweit es die Umstände erlauben und gegebenenfalls bedingungslos und gerne

---

[6] Vgl. dazu Ulrich Beer (1957), „Solidarität – gestern und heute," verfügbar unter https://library.fes.de/gmh/main/pdf-files/gmh/1957/1957-01-a-029.pdf (abgerufen am 6.5.2021).

[7] Vgl. dazu Hanna-Barbara Gerl-Falkowitz, "Vom Nutzen und Nachteil des Weltethos," *Die Politische Meinung* 395/2002 (https://docplayer.org/39945616-Vom-nutzen-und-nachteil-des-weltethos.html, abgerufen am 104.2023).

hilft (Haller 2016b). Liebe setzt in diesem Sinne auch Wissen über den anderen voraus. Es gibt eine Vielfalt von Formen der Liebe, die sich nach dem Grad ihrer Stärke oder Tiefe unterscheiden (z. B. Mutterliebe, Eltern-Kind Liebe, Liebe zwischen Freunden, zwischen entfernteren Bekannten). Nun führt aber die Globalisierung dazu, dass wir tatsächlich immer mehr Kenntnisse über die Menschen in der ganzen Welt und ihre Lage erlangen. Durch Reisen können wir auch persönlich viele andere Länder kennenlernen. Die Bereitschaft zu Spenden im Falle von Katastrophen, aber auch die Akzeptanz staatlicher Ausgaben für Entwicklungshilfe zeigt ja, dass eine Sympathie und Hilfsbereitschaft auch für weit entfernte Menschen heute tatsächlich bei vielen gegeben ist . Man könnte einwenden, dass internationale Beziehungen nur durch einen Interessenausgleich, aber nicht durch eine positive Ethik gesteuert werden können.

Gerl-Falkowitz (2002) meint, nach Kant könne es nur eine negative universelle Ethik geben, aber keine positive, weil diese konkrete soziale Beziehungen voraussetze. Dem muss man nicht zustimmen. Die Ethik Kants beruht grundsätzlich auf der Perspektive einer Gemeinschaft von Vernunftwesen, ja von allen Lebewesen, die wie wir Bedürfnisse, Neigungen, Ängste usw. haben (Henning 2019, S.149 ff.). In der *Kritik der praktischen Vernunft* diskutiert Kant die Frage, ob die Liebe zu anderen Menschen und unser „teilnehmendes Wohlwollen für sie" eine moralische Maxime unseres Handelns sein könne (Kant 1968, S. 204–206). Er verneint dies mit seinem Grundargument, moralisches Handeln stehe immer unter „einer Disziplin der Vernunft"; d. h. es ist nur dann gegeben, wenn man nach dem Prinzip handelt, dass das Tun so beschaffen ist, dass es als Grundprinzip für alle Menschen gelten könne. Liebe zu Gott oder zu allen Menschen könne zwar als Gebot aufgestellt werden, aber nicht als Neigung befohlen werden. Dies könne nur die praktische Liebe sein, als Gebot, alle Pflichten gegen Nächste gerne auszuüben. Eine solche Gesinnung könne man aber nicht ein für allemal haben, sondern es könne nur geboten werden, dass man danach strebe. Was Kant hier im Auge hat, scheint dem Begriff der Brüderlichkeit zu entsprechen. So spricht auch der Anthropologe Raoul Naroll (1983, S. 48) von Geschwisterlichkeit *(brotherhood and sisterhood)* als zentralem Aspekt des Grundwertes des Anstands *(decency)*. Dieser stellt für ihn neben Frieden, Humanismus und Fortschritt einen der vier Grundpfeiler einer universalen Moral dar. Brüderlichkeit bedeutet, dass man allen Menschen in Not hilft; dass die Reichen die Armen unterstützen; dass das Verhalten der Reichen durch das Prinzip der Gerechtigkeit, jenes der Armen durch das Prinzip des Wohlwollens geleitet wird. Auch für Naroll (1983, S. 135) ist die Existenz positiver sozialer Beziehungen die Voraussetzung für die Entstehung einer moralischen Ordnung; er spricht hierbei von moralischen Netzwerken *(moralnets)*. Otfried Höffe (2018) hat darauf hingewiesen, dass Großherzigkeit und universale Menschenliebe nicht nur christliche Haltungen darstellen, sondern auch im heidnischen Altertum und in der Epoche der Aufklärung hochgeschätzt wurden. Man kann also folgern, dass die Idee der Brüderlichkeit und der „universellen Menschenliebe" durchaus als Aspekt des gesellschaftlichen Grundwertes der Inklusion gesehen werden kann in dem Sinne, dass wir heute auch eine Verpflichtung für das Wohlergehen aller Menschen auf der Erde haben und dass es auch Anzeichen dafür gibt, dass diese Verpflichtung im Zuge der Globalisierung auch immer stärker wahrgenommen wird (Weiteres dazu in Kap. 17).

Enge persönliche Sozialbeziehungen

Unter engen persönlichen Beziehungen werden hier alle Formen tiefer und dauerhafter sozialer Beziehungen zu anderen Menschen verstanden. Dazu gehören Partnerbeziehungen, innerfamiliäre Beziehungen zwischen Ehegatten, Eltern und Kindern und zwischen Geschwistern; darüber hinaus auch zu anderen Verwandten und Freunden und Freundinnen. Ehe- und Familienbeziehungen beinhalten auch klare ethisch-normative Elemente, welche sich in Gesetzen niederschlagen; Beziehungen zu Verwandten und Freunden werden dagegen eher nur von informellen sozialen Erwartungen und Normen geleitet. Inklusion in enge persönliche Sozialbeziehungen ist ein Aspekt, der heute relativ unabhängig ist von Parametern der sozialen Ungleichheit.

Die immense Bedeutung sozialer Inklusion in solche Beziehungen wird durch Forschungen vielfältiger Art belegt. Fehlen sie weitgehend, treten starke Formen der Deprivation auf. Dies wurde gezeigt in den berühmten Studien des britischen Kinderarztes John Bowlby an Kindern, die in Heimen aufwuchsen, wo sie zwar gute körperliche Pflege erfuhren, aber keine festen Bezugspersonen hatten. Die von ihm, René Spitz, Daniel Stern und weiteren Kindheitsforschern entwickelte Bindungstheorie wird auch durch Verhaltensforschung und -beobachtungen an höheren Tieren und an Menschen bestätigt. (Eibl-Eibesfeldt 1995, S. 269–279) Eine gute Mutter-Kind-Beziehung stellt nach Erik Erikson (1957) die Basis für das Urvertrauen in die Welt dar, das man benötigt, um eine gefestigte Identität zu entwickeln. Die sog. Wolfskinder, die außerhalb jeder menschlichen Gemeinschaft aufwuchsen, konnten nicht sprechen und hatten größte Schwierigkeiten sich in menschliche Gemeinschaften zu integrieren.[8] Auch Erwachsene haben ein starkes Bedürfnis nach engen Beziehungen zu anderen, in- und außerhalb der Familie. Ehepartner verbleiben oft lange in Beziehungen, selbst wenn sie darin Gewalt erfahren. Émile Durkheim belegte in seiner klassischen Studie über den Selbstmord, dass Verheiratete und Eltern einen solchen seltener begehen als Alleinstehende oder Kinderlose. Die Glücksforschung zeigt, dass die ersteren auch eine höhere Lebenszufriedenheit aufweisen. Die Partnerbeziehung hat in modernen Gesellschaften sogar an Bedeutung gewonnen, da sie die einzige ist, die angesichts hoher geographischer Mobilität oft lebenslang aufrechterhalten wird (Veenhoven 1983). Aber auch Geschwister- und Freundschaftsbeziehungen spielen hierbei eine wichtige Rolle. Nach der Schwartz-Werteskala nimmt der Wert „Zugehörigkeit und Fürsorge" einen sehr hohen Rang ein.

Aufgrund ihrer hohen Bedeutung wurden Ehe- und Familienbeziehungen seit jeher ethisch-normativ überhöht. Das Recht auf egalitäre Ehe- und Familienbeziehungen wird heute in allen Grundrechtskatalogen angeführt und es würde niemandem mehr einfallen,

---

[8] So etwa das Mädchen Genie, das von seinen Eltern in Los Angeles 13 Jahre lang völlig isoliert worden war und 1970 körperlich und psychisch total zerrüttet an das Tageslicht kam; vgl. dazu https://www.spiegel.de/wissenschaft/mensch/wolfskinder-der-kaspar-hauser-komplex-a-521812.html (abgerufen am 2.4.2020).

es infrage zu stellen. Das Gleiche gilt für das Recht der Kinder, in einem förderlichen familiären Umfeld aufzuwachsen. De facto bestehen diese Rechte noch nicht sehr lange. Frauen wurden „verheiratet" und hatten in der Ehe kaum Rechte. Ihre Sexualität wurde, vor allem in der christlichen Welt, weitgehend tabuisiert und uneheliche Kinder wie auch ihre Mütter diskriminiert. Verheiratete Frauen durften viele Berufe nicht ausüben. Körperliche Bestrafung von Kindern war ein anerkanntes Erziehungsmittel; heute besteht weltweit ein Verfassungsverbot der Anwendung jedweder Gewalt gegen Kinder. Man kann zweifellos sagen, dass im Hinblick auf die Durchsetzung der Rechte von Kindern, insbesondere deren Inklusion in eine enge und fürsorgliche Gemeinschaft, große Fortschritte erzielt wurden. Große Kinderheime und Pflegefamilien für Kinder sind heute selten geworden. Dies hat allerdings auch mit dem Rückgang der durchschnittlichen Kinderzahl pro Familie zu tun.

Es gibt heute allerdings im Hinblick auf enge Sozialbeziehungen auch neue Probleme. So ist der Anteil von alleinlebenden Personen gestiegen; gut ein Fünftel der 40- bis 50-Jährigen sind Singles. Umfragen zeigen, dass diese Lebensform nicht immer erwünscht ist. Ein weiterer starker Trend ist die Zunahme von Ehescheidungen; nahezu die Hälfte aller Paare lassen sich irgendwann scheiden. Damit steigt auch der Anteil von Kindern, die eine Scheidung ihrer Eltern erleben. Für Kinder bedeutet diese immer einen schmerzhaften Einschnitt, auch wenn sie langfristig keine negativen Folgen haben muss. Die Scheidung selbst erfolgt zwar meist juristisch einvernehmlich, jedoch de facto meist auf Betreiben eines Partners.[9] Sie hat auch meist nachteilige ökonomische Folgen, vor allem für Frauen. Eine andere Folge von Ehescheidungen ist die Zunahme alternativer Lebensformen (Patchwork-Familien).

Alle diese Phänomene beruhen zwar auf mehr Entscheidungsfreiheit der Partner (vor allem der Frauen), bringen aber spezifische neue Probleme mit sich. So ist eine Folge die Zunahme von Gefühlen der Einsamkeit geworden. Diese sind auch ein Hauptfaktor für Stress und verkürzte Lebenserwartung, wie der Psychiater Manfred Spitzer zeigte (2018).

Kann man gegen unzureichende soziale Inklusion in enge Sozialbeziehungen politisch etwas unternehmen? Sie scheinen ja eher individuelle oder soziale Probleme von Kleingruppen zu sein. Aber tatsächlich gibt es sehr wohl Ansatzpunkte dafür. Ohne Anspruch auf Vollständigkeit seien sechs davon genannt. (1) Ein erster Ansatz betrifft das Bildungssystem. Erziehung ist heute von früher Kindheit an nicht mehr nur eine Angelegenheit der (Klein-) Familie, sondern wird auch von Einrichtungen wie Kinderkrippen und Kindergärten übernommen. Notwendig ist deren Ausbau in einer sozial integrativen Weise, die eine Trennung in gutdotierte und ausgestattete (private) Institutionen einerseits, unzureichend finanzierte öffentliche Institutionen andererseits vermeidet. Ein integratives System der frühen Ausbildung unterstützt nicht nur Kinder in sozial schwierigeren Lagen, sondern fördert auch die gesellschaftliche Integration insgesamt. (2) Für Jugendliche, aber auch Seniorinnen werden schon länger spezielle Begegnungszentren. entwickelt. Diese

---

[9] Dies haben vor allem die US-Psychologinnen Wallerstein und Blakeslee (1996) in ihrem Buch *Gewinner und Verlierer* gezeigt.

können nicht nur ausgebaut werden, sondern müssen auch zeitgenössischen Erwartungen der Zielgruppen angepasst werden. (3) Die Architektur, Stadt- und Raumplanung kann darauf achten, dass die Möglichkeiten für Begegnungen zwischen Menschen verschiedener Altersgruppen und sozialer Schichten, ethnischer Gruppen usw. gefördert wird. Wenn man sich aber die laufend neu errichteten großen „Wohnsilos" in Großstädten ansieht, ist offenkundig, dass dies immer wieder sträflich vernachlässigt wird. (4) Suizid tritt überproportional häufig bei alten Menschen auf und hier wiederum bei Männern. Gefordert sind hier alle *gate keepers*, die mit alten Menschen in Beziehung kommen (wie Ärzte, Polizistinnen, Briefträger usw.), aber auch ein Ausbau von geeigneten Betreuungsformen. (5) Schließlich erscheinen auch öffentliche Aufklärungskampagnen sinnvoll. Sie könnten auf das generelle Problem der Einsamkeit in modernen Gesellschaften aufmerksam machen und ihm damit seinen Tabucharakter nehmen, den es teilweise besitzt. Weiters könnten sie stärker auf Strategien zur Förderung sozialer Inklusion durch Mitgliedschaft in Vereinen, freiwilligen Aktivitäten, gemeinsamem Musizieren, Singen, Tanzen Sport usw. hinweisen. (6) Schließlich ist festzustellen, dass eine gesetzliche Aufweichung der traditionellen Ehe nur mit Bedacht erfolgen sollte. Wenn Ehescheidung nur mehr ein rein formaler Akt ist und Lebensgemeinschaften der Ehe weitgehend gleichgestellt werden, wird man oft nicht mehr lange überlegen, ob man sich scheiden lassen soll bzw. ob man überhaupt noch heiraten soll. Der Verzicht auf die rechtliche Absicherung durch eine Eheschließung fällt letztlich doch immer wieder den Schwächeren (d. h. Frauen, Kindern) auf den Kopf. So erscheint es sinnvoll, dass in manchen Ländern eine formelle Phase der Trennung vor einer Ehescheidung vorgeschrieben ist. Wichtig ist beim Vorhandensein von Kindern auch die rechtliche Absicherung beider Elternteile im Hinblick auf die Kontakte und Fürsorge mit bzw. für die Kinder.

Ethnische Beziehungen, Gemeinschaftsbildung und Konflikte
Eine ethnische Gruppe ist eine soziale Gruppe, die sich nach ihrem Selbstverständnis und aufgrund eines Gemeinschaftsgefühls als eigenständig sieht; ihre Angehörigen nehmen an, von gemeinsamen Verfahren abzustammen.[10] Mehr oder weniger klar definierte ethnische Gruppen haben einen eigenen Namen. Gemeinsam sind ethnischen Gruppen neben der (mehr geglaubten als realen) gemeinsamen Abstammung zwei weitere Merkmale: Sprache und religiöse Zugehörigkeit. Im Falle indigener ethnischer Gruppen (insbesondere in Afrika) können alle drei Kriterien zusammenfallen; das Gleiche gilt zum Teil auch für die Juden in Israel. Angehörige solcher Gemeinschaften fühlen sich einander zugehörig, ohne deshalb notwendigerweise andere auszuschließen; sie sprechen sich mit „Bruder" und „Schwester" an. Im Falle von Sprachgemeinschaften kann von einer solchen Gemeinschaft natürlich nicht direkt gesprochen werden und auch im Falle von religiösen Gemeinschaften nur tendenziell. Die ethnische Zugehörigkeit ist allerdings vielfach

---

[10] Eine bis heute konzise Definition ethnischer Gruppen hat Max Weber (1964/I, S. 303-313) gegeben. Aus der umfangreichen neueren Literatur zum Thema seien hier nur zitiert Elwert (1999, „Ethnie") und Gingrich (2001, „Ethnizität für die Praxis").

unscharf. Es wurde zu Recht die Tendenz zu einer Naturalisierung und Reifizierung von Ethnizität kritisiert; man spricht hier von einer primordialistisch-essentialistischen Sicht (Dittrich/Radtke 1990). Ethnizität wurde andererseits von Soziologen als eine in modernen Gesellschaften nicht mehr zentral relevante Kategorie betrachtet (Esser 1988).

Es ist aber ein Faktum, dass Ethnizität in vielen nichtwestlichen und auch westlichen Gesellschaften bis heute ein relevantes soziales Merkmal und eine wichtige Grundlage für individuelles Handeln und für soziale Konflikte darstellt (Gurr/Harff 1994; Haller 2015). Zwar nimmt die Bindekraft ethnischer Differenzierungen im Zuge von Modernisierung und Säkularisierung in bestimmter Hinsicht deutlich ab, in anderer jedoch durchaus wieder zu (vgl. Kivisto/Croll 2017). Die konstruktivistischen Auffassungen von Ethnizität sehen diese nur als künstlich erzeugte Differenzierungen im Interesse bestimmter (meist herrschender) Gruppen. Dies ist zwar richtig, aber unvollständig. Zutreffend ist zweifellos, dass die ethnische Zugehörigkeit von militärischen und politischen Führern oft als Mittel zur Durchsetzung ihrer Machtinteressen eingesetzt wird. Ethnizität als solche stellt noch keine Gemeinschaft dar, sondern nur, wie schon Max Weber (1964/I, S. 307) feststellte, ein die Vergemeinschaftung erleichterndes Element. Ethnische Beziehungen und Gruppenbildungen sind auch in modernen Gesellschaften wichtig, weil sie soziale Inklusion und Exklusion herstellen. Sie können Personen und Familien, etwa von Migrantinnen, eine unterstützende Gemeinschaft bieten, benachteiligte Gruppen organisieren und für Kämpfe um ökonomische Ressourcen und politische Autonomie mobilisieren. Sie können sich aber auch aggressiv gegen andere richten, gewaltsame Konflikte hervorrufen und auf diesem Wege „Hassgemeinschaften" erzeugen (Elcheroth /Reicher 2017). Schließlich werden ethnische Minderheiten und Zuwanderer vielfach selbst Opfer von Exklusionsprozessen. Betrachten wir die drei Hauptformen bzw. Grundlagen ethnischer Gemeinschaftsbildung näher.

Der erste Typ sind *ethnische Gruppen im engeren Sinne,* Gruppen, die sich selbst als Abstammungsgemeinschaften sehen. Charakteristisch für sie ist die Tatsache, dass sie in der Regel auch durch gemeinsame Sprache, religiöse Anschauungen und Lebensformen gekennzeichnet sind. Dies trifft vor allem auf ethnische Gruppen in Sub-Sahara Afrika zu, aber auch auf Gesellschaften in weiten Teilen des Nahen und Fernen Ostens und der Inselwelt des Pazifiks. So gibt es allein in Sub-Sahara Afrika einige Tausend auch sprachlich klar voneinander differenzierte ethnische Gruppen („Stämme"), deren Mitgliederzahl von wenigen tausend Personen bis zu mehreren Millionen Menschen reicht. Eine massive Umformung der traditionellen ethnischen Sozialstrukturen brachte die imperialistisch-kapitalistische Kolonisierung und die Schaffung übergreifender politischer Einheiten mit sich. Dadurch wurden zahlreiche dieser Gesellschaften in großen und ethnisch heterogenen Staaten zusammengeschlossen – oft gegen der Willen der Betroffenen.[11]

---

[11] Ein besonders bedeutsamer und schwerwiegender Fall war in dieser Hinsicht der heute (mit über 200 Mio. Einwohnern) bevölkerungsreichste Staat Afrikas, die Republik Nigeria. Der nördliche Landesteil, bewohnt vor allem von muslimischen Völkern (Hausa, Fulani u. a.), wollte sich nicht mit

Die Kolonien stellten jedoch vor allem militärisch-administrative Herrschafts- und Verwaltungsapparate dar, die durch die neuen *linguae francae* der Kolonialherren (englisch, französisch, portugiesisch) auch teilweise soziokulturell integriert wurden. Das negativste Erbe der Kolonialismus war wohl die Tatsache, dass die Kolonialverfassungen und das Verhalten der Kolonialherren selbst ein extrem ungleiches und ausbeuterisches, auf Gewalt beruhendes Gesellschaftssystem darstellten. Vor allem durch den Sklavenhandel, in dessen Rahmen die Europäer und Araber bis zu zwei Dutzend Millionen Menschen aus Afrika nach Arabien und Indien und in die Neue Welt der Amerikas verschleppten, stellte für den Kontinent eine schwere Hypothek dar. Die blutigen afrikanischen Unabhängigkeits- und Bürgerkriege in den 1960er und 1970er Jahren, die z. T. bis heute fortdauern, waren dann vor allem durch die Spannungen und Kämpfe zwischen den verschiedenen ethnischen Gruppen innerhalb der neuen Staaten um den Zugang zu politischer Herrschaft und ökonomischen Ressourcen bedingt. Schwere Kämpfe bis hin zu blutigen Bürgerkriegen gab es in der Folge in Nigeria, dem Kongo, Sudan und Äthiopien, zuletzt sogar im Südsudan, der sich 2011 vom Sudan abtrennte. Konflikte dieser Art wurden gefördert dadurch, dass der westliche Kapitalismus in den Kolonien in Asien, Afrika und Lateinamerika nur eine abhängige Ökonomie entwickelte, die sich auf die Produktion und den Export von Rohstoffen und landwirtschaftlichen Gütern spezialisierte, aber keine sich selbst tragende, dynamische Entwicklung initiierte.

Besonders negativ war auch die Tatsache, dass sich die USA und die Sowjetunion im Rahmen des Kalten Krieges in die Konflikte in Afrika einmischten, die dadurch vielfach auch als Stellvertreterkriege zu sehen waren. Die Bürgerkriege in Afrika konnten inzwischen zum größeren Teil beendet werden; die ethnische Zersplitterung belastet aber bis heute die inneren politischen Auseinandersetzungen. So bilden sich Parteien häufig entlang ethnischer Differenzierungen; auch die ethnische Zugehörigkeit der Präsidenten spielt eine große Rolle. (Ethnischer) Klientelismus, Ämterpatronage und Korruption gefährden die politische Stabilität und bremsen die wirtschaftliche Entwicklung. Damit hängt auch zusammen, dass Sub-Sahara Afrika neben Lateinamerika eine Weltregion mit extremer sozioökonomischer Ungleichheit darstellt (Haller 2015). Dabei kann man zugestehen, dass die Ethnizität selbst in starkem Wandel begriffen, ihr destruktiver Einfluss nimmt ab und viele afrikanische Länder weisen inzwischen ein beachtliches ökonomisches Wachstum auf.

Ethnizität im Sinne von „Abstammungsgemeinschaften" spielt auch im Nahen Osten, Südasien und andere Teilen der Welt eine immense, oft negative Rolle. Auch hier hängt sie oft mit innerstaatlichen und zwischenstaatlichen Spannungen und Konflikten zusammen. So leben allein in Afghanistan, einem Land, das im krisengeschüttelten Nahen und Mittleren Osten besonders schwer von Krieg und Gewalt betroffen ist, über ein Dutzend klar unterscheidbarer, größerer ethnischer Gruppen.

---

dem südlichen Teil (bewohnt vor allem von Yoruba, Igbo u. a.) zusammenschließen; es passierte aber doch auf Druck der Engländer.

Aber auch die Zerrissenheit dieses Landes kann nicht verstanden werden ohne die wiederholten militärischen Interventionen von außen, die mit seiner strategischen Lage zwischen dem Nahen Osten, Russland und Indien zusammenhängen. Zwischen 1839 und 2021 erfolgten Invasionen des Landes durch Großbritannien, die Sowjetunion und zuletzt die USA. Zwischen den Invasoren und den unterschiedlichen einheimischen ethnischen Gruppen bildeten sich vielfach unheilvolle, verhärtete Allianzen. Das Gleiche gilt für andere Länder des Nahen Ostens wie den Libanon, Syrien und den Irak. Hier kommen auch die alten Feindschaften und Konflikte zwischen den großen Ethnien der Araber, Türken, Kurden und Perser dazu. Sie werden ihrerseits befeuert durch den Ölreichtum, der den Herrschenden umfangreiche Waffenkäufe und Aufrüstung ermöglicht. Bei den Konflikten zwischen diesen ethnischen Gruppen spielen auch Religion und Sprache eine wichtige Rolle. Betrachten wir auch diese kurz etwas näher.

Religiöse Gemeinschaften und religiös unterfütterte Konflikte
Die religiöse Zugehörigkeit kann als zweite Hauptbasis für ethnische Gemeinschaftsbildung angesehen werden. Religionsgemeinschaften sind durch gemeinsame Wertorientierungen und Rituale verbunden, die ihren Anhängern als wichtig und bedeutsam erscheinen. Dadurch trägt Religion entscheidend zur Stiftung von gesellschaftlichem Zusammenhalt bei, wie schon Émile Durkheim zeigte. Daher waren Religionen bis in die jüngste Zeit für Gesellschaft und Politik von höchster Bedeutung.

Die weithin vertretene These, Säkularisierung sei ein genereller, unaufhaltsamer Aspekt der Modernisierung, ist zumindest zum Teil infrage zu stellen. Zwar gibt es weltweit einen Trend zum Rückgang der Bedeutung von Kirchen, des religiösen Glaubens und der Partizipation. Dieser Trend stellt sich in verschiedenen Weltregionen jedoch sehr unterschiedlich dar (Pollack/Gergely 2015). Es gibt drei Varianten der Beziehungen zwischen Religion, Gesellschaft und Politik (Höllinger 1996). Alle drei sind bis heute bedeutsam: (1) In vielen Ländern gab bzw. gibt es eine *Herrschaftsreligion,* in denen die Staatsreligion den Untertanen mehr oder weniger von oben vorgeschrieben wurde (so etwa in den protestantischen und den orthodoxen Ländern, aber auch im Habsburger-Österreich). Aktuelle Beispiele sind die islamischen Theokratien Iran und Saudi-Arabien und in gewisser Weise auch Israel. (2) In anderen Ländern verkörperte die Religion die Volkskultur und die Priester waren eng mit den einfachen Gläubigen verbunden; diese *Volksreligionen* waren meist Gegner der Religion der Herrschenden, die oft eine ausländische Macht repräsentierten. Beispiele in Europa waren Griechenland, Irland und Polen. Natur- und volksreligiöse Elemente spielen in vielen afrikanischen Gesellschaften bis heute eine bedeutende Rolle, selbst wenn sie sich generell zu Christentum oder Islam bekennen. (3) Eine dritte Variante sind *Nationalreligionen;* bei diesen dominiert eine bestimmte Religion in einer Gesellschaft und wird daher sowohl von Herrschenden wie Untertanen als wichtig betrachtet. Beispiele sind vor allem die islamisch dominierten Länder, aber auch Israel. (4) Von einer *Zivilreligion* könnte man im Falle der USA sprechen. Hier wird zwischen Staat und Religion strikt unterschieden und zwischen den Religionen und Sekten selbst besteht eine Art Wettstreit um Gläubige. Aber auch wenn

Religion als Privatsache bezeichnet wird, ist sie vielen Menschen persönlich und für das soziale Ansehen durchaus wichtig. Dafür sind auch die USA ein Beispiel.

Säkularisierungsprozesse zeigen sich vor allem in Ländern des ersten Typs. So ist ein starker Rückgang der Religion vor allem in jenen europäischen Ländern zu beobachten, in denen es keine „Staatsreligionen" gab . Dagegen sind die Religionsgemeinschaften in Lateinamerika, Afrika, dem Nahen und Mittleren Osten und Südasien weiterhin sehr lebendig und gewinnen sogar neue Anhänger. Ein Grund dafür ist, dass sie den Anhängerinnen theologisch begründete Glaubenslehren und Weltanschauungen zur Verfügung stellen, welche mithelfen, Widrigkeiten des Lebens zu ertragen (daher ist Religiosität in sehr ungleichen Gesellschaften höher). Zum anderen bieten Religionsgemeinschaften kinderreichen Familien, armen und alten Menschen auch vielerlei praktische soziale Hilfeleistungen im Alltag. Für junge Menschen ist auch eine gewisse „Eventisierung" von Religionsgemeinschaften relevant. Sie bieten u. a. Großveranstaltungen an, in denen die Teilnehmerinnen tiefe Gemeinschaftserlebnisse erfahren können. Religionen sind damit auch Institutionen sozialer Inklusion. Besonders stark ist diese Funktion im Judentum und im Islam.

Religionen können aber auch zu gesellschaftlichen Spaltungen und Konflikten beitragen. Besonders problematisch ist der Zusammenhang von Religion mit politischen Spannungen und militärischen Konflikten. Dies gilt in historischer Sicht (man denke an die Religionskriege im Europa der frühen Neuzeit), aber auch noch heute.

Religion verleiht Konflikten zwischen großen gesellschaftlichen Gruppen größere Emotionalität und eine tiefer motivierte Triebkraft als es Sprache, regionale Zugehörigkeit oder andere Merkmale ethnischer Zugehörigkeit tun (Kakar 1997, S. 295 f.). In religiös unterfütterte Konflikte ist vor allem der Islam, aber nicht nur dieser, involviert. Auch Hindus üben immer wieder Gewalt aus gegen ihre indigenen Minderheiten wie die Indoarier im Norden, die Draviden im Süden und vor allem gegen die Muslime, die rund 13 % (über 160 Mio.) der Bevölkerung Indiens ausmachen.

Eine Forschungsgruppe an der ETH Zürich hat die Entwicklung von kriegerischen Auseinandersetzungen von 1975 bis 2015 untersucht und fand heraus, dass die Mehrheit der Konflikte seit Mitte der 1990er Jahre religiös unterfüttert ist (Baumann et al. 2018). Auch hierbei lagen muslimische Länder an der Spitze.

Aber nicht der Islam generell, sondern vor allem der politische Islamismus bzw. Fundamentalismus spielte eine verhängnisvolle Rolle (Lakitsch 2009).[12] Bewegungen dieser Art, welche nach dem Versagen der arabisch-nationalistischen und sozialistischen Regimes in den 1960er und 1970er Jahren entstanden sind, wollen den Rückstand und die Unterordnung der arabisch-islamischen Welt, die im Mittelalter eine Hochblüte erreicht hatte, unter den Westen nicht hinnehmen. Unter Rückgriff auf die klassischen islamischen Texte, die freizügig den eigenen Interessen entsprechend interpretiert werden,

---

[12] Vgl. dazu auch Susanne Schröter, Politischer Islam, in https://www.penguinrandomhouse.de/Susanne-Schroeter-Politischer-Islam-Stresstest-fuer-Deutschland/Was-bedeutet-politischer-Islam/aid83905_20315.rhd (abgerufen am 24.6.2021).

wurde eine spezifische gesellschaftlich-politische Ideologie entwickelt. Sie propagiert eine Einheit zwischen Gesellschaft und politischem System, welche als Alternative zu westlich-liberalen, demokratischen Vorstellungen gesehen wird. Hier sind drei Formen von gewaltsamen Auseinandersetzungen relevant: der islamistische Terror, die Kriege innerhalb und zwischen den islamischen Staaten und die Kriege zwischen dem Westen und islamischen Staaten. Bei allen dreien spielen Prozesse der Inklusion und Exklusion eine zentrale Rolle.

Das erste Phänomen betrifft den islamistischen Terror. Schon vor dem schwersten Attentat, dem Anschlag auf die World Trade Towers in New York am 11. September 2001, dem nahezu 3000 Menschen zum Opfer fielen, gab es seit Mitte der 1990er Jahre in vielen westeuropäischen Hauptstädten und Ländern Attentate, bei denen oft Dutzende von Menschen getötet und viele weitere schwer verletzt wurden. Bei den Tätern, vielfach gut ausgebildete Männer, kommen beide vorgenannten Aspekte der Inklusion in eine religiöse Gemeinschaft – weltanschaulicher Halt und soziale Einbettung – zusammen (Heine 2001). Ein großer Teil der Attentäter war neu zum Islam Übergetretene; bei ihrer Indoktrinierung und Mobilisierung spielten soziale Netzwerke eine wichtige Rolle. Die Verbreitung von Hasspostings und Aufrufen zu Gewalt über soziale Medien (Facebook, Twitter etc.) ist technisch einfach, kostenlos und hocheffizient; dadurch können enge, verschworene Gruppen entstehen.

Ein ebenso gravierendes Phänomen sind religiös unterfütterte Bürgerkriege innerhalb der islamischen Staaten sowie Kriege dieser Staaten untereinander. Dabei kämpfen schiitische Gruppen (wie die libanesische Hisbollah, die jemenitischen Huthis), sunnitische Gruppen (wie Al-Qaida und die Taliban in Afghanistan) mit externer Unterstützung (etwa durch das sunnitisch-wahhabitische Saudi-Arabien oder den schiitischen Iran und sogar die Türkei) gegen die Regierungen der jeweiligen Länder oder auch gegeneinander. Vielfach unterstützten auch Großmächte (die UdSSR/Russland und die USA) eine der konfligierenden Parteien und tragen damit massiv zur Konflikteskalation bei (vgl. auch Chomsky 2001; Lüders 2015). Wohl bei der Mehrzahl dieser islam-internen Konflikte und Kriege geht es darum, dass sich eine islamische Gruppe von der Regierung, die einer anderen angehört, benachteiligt oder ausgeschlossen fühlt. Tradierte Vorstellungen von Stammesehre und Machtansprüche diktatorischer Herrschern und Regimes bilden dabei eine toxische Verbindung.

Bereits zur Sprache gekommen ist die Tatsache, dass die Konfliktneigung islamischer Staaten in starkem Maße durch Intervention ausländischer Mächte zustande gekommen ist. Dies war auch der Fall bei dem schwersten und hartnäckigsten Konflikt in dieser Hinsicht, dem zwischen Israelis und Palästinensern. Die Eroberung Palästinas durch die eingewanderten Juden und Jüdinnen 1948, die mit der Vertreibung von über 600.000 Palästinenserinnenn verbunden war, und die darauffolgenden Kriege, die praktisch alle mit israelischen Siegen endeten, stellten für die arabisch-islamische Welt einen Wendepunkt dar. Er führte in vielen dieser Länder zu einer tiefen Feindschaft gegenüber Israel und einem unter den Muslimen weltweit verbreiteten Antisemitismus (Tausch 2009). Darüber hinaus erzeugt er eine Feindschaft gegen die USA, welche bis heute als massive Unterstützer Israels auftreten. Das Verhalten Israels gegenüber den Palästinensern, deren Lebensraum im Westjordanland durch neue Siedlungen immer massiver eingeengt wird und die im Gaza-Streifen geradezu in einem Ghetto leben müssen, ist ein exemplarischer Fall einer höchstproblematischen Ausschließung einer großen Bevölkerungsgruppe. Sie wird seit 2002 auch durch den Bau einer massiven Absperrungsmauer symbolisiert (Näheres dazu im Folgenden).

Gemeinschaftsbildung und Exklusion auf der Basis von Sprache
Die Sprache ist die dritte Basis für Prozesse ethnischer Vergemeinschaftung und damit für soziale Ein- und Ausschließungsprozesse. Sprache an sich beinhaltet zwar keine weltanschaulichen Elemente, sie ist aber die Basis jeder sozialen Interaktion und erzeugt dadurch ein Gemeinschaftsgefühl (Haller 2010). Man kann dies etwa in einem fremdsprachlichen Umfeld erleben, wenn man auf eine gleichsprachige Person trifft. Man kann hier drei Ebenen unterscheiden: die individuelle bzw. gruppenspezifische Ebene (Migrantinnen), die politisch-nationale Ebene und die globale Ebene.

Auf der individuellen bzw. gruppenspezifischen Ebene spielt Sprache und Sprachenpolitik im Zuge der starken weltweit zunehmenden Migrationsprozesse heute eine bedeutende Rolle (Schmid 2001). Die soziologische Forschung zur Integration von Migranten kommt einhellig zum Schluss, dass die Beherrschung der Sprache des Landes, in welches die Zuwandererinnen einreisen, einen der wichtigsten Faktoren für erfolgreiche Integration darstellt (Esser 2006). Dieser Prozess wird nicht nur durch die Merkmale der Migrantinnen selbst beeinflusst (etwa ihr Bildungsniveau) sondern auch durch die gesellschaftliche Rolle der Sprache in einem Land. Wenn mehrere Sprachen der Verfassung nach gleichberechtigt sind (wie in der Schweiz, Belgien und Kanada), ist die Akzeptanz Anderssprachiger höher als in Ländern mit einer offiziellen Staats- oder Amtssprache (wie in Frankreich, Deutschland und Österreich). Zuwanderer müssen in solchen Ländern gute Kenntnisse der „Nationalsprache" erwerben, um Zugang zu Erwerbstätigkeit und Staatsbürgerschaft zu erlangen. Ihre unzureichende oder auch nur nicht perfekte Beherrschung kann Anlass zu vielfältigen offenen und versteckten Diskriminierungen geben. Selbst in den USA, die keine offizielle Sprachpolitik verfolgen, gibt es in neuerdings in mehreren Staaten *English-only*-Bewegungen, welche Englisch als Amtssprache durchsetzen wollen. Auch auf der globalen Ebene spielt die Sprache als Element der Gemeinschaftsbildung eine kaum zu überschätzende Rolle. Hier ist die Durchsetzung von Englisch als Welt-Zweitsprache ein enorm wichtiger Trend (de Swaan 2001). Er kann – trotz der Nachteile für kleine Sprachen und für all jene Menschen, deren Muttersprache nicht Englisch ist – als ein wichtiger Aspekt der sozialen Öffnung und der Entstehung einer Weltgesellschaft angesehen werden (vgl. dazu Kap. 16).

Prozesse der Zusammenschließung und Abgrenzung

Bei diesen Prozessen geht es darum, dass sich mehrere Menschen zusammentun, um gemeinsam bestimmte Ziele zu realisieren, die sie allein nicht erreichen könnten. Wer teilnehmen will, muss gewisse Voraussetzungen erfüllen. Dies ist auch ein Abgrenzungsprozess: all jene, die nicht Mitglieder sind oder werden können, können als Ausgeschlossene betrachtet werden. Dies ist jedoch unvermeidbar und auch nicht als grundsätzlich ungerecht zu sehen. Dies ist dann nicht der Fall, wenn die Kriterien für den Zugang und die Teilnahme sowie die zu erbringenden Leistungen „funktional" sind, d. h. den Zielen der Einheit entsprechen und auch öffentlich klar kommuniziert werden. Erstrebenswert ist für eine ausgewogene Gesellschaft, dass alle ihre Mitglieder reale Chancen haben, an all jenen wichtigen Einheiten teilzunehmen, welche im Lebenslauf von Bedeutung sind. Hier sollen drei solche Prozesse betrachtet werden: räumliches Zusammenleben bzw. Segregation, die Selektion und soziale Schließung durch Bildungs- und Beschäftigungssysteme, die Zuerkennung der Staatsbürgerschaft.

Räumlich-territoriale Segregation
Die räumlich-territoriale Abschließung ist eine grundlegende Form der sozialen Inklusion und Exklusion. Eine Wohnung oder ein Haus zu haben, ist eine Voraussetzung für Sicherheit vor natürlicher und sozialer Unbill, insbesondere in der Nacht; in einer sicheren Wohnumwelt aufwachsen und leben zu können, ist ein soziales Grundbedürfnis und Menschenrecht. Auch die *Allgemeine Erklärung der Menschenrechte* benennt dies explizit. Das Problem einer Wohnung ist in westlichen wohlhabenden Gesellschaften für die meisten Menschen zwar grundsätzlich gelöst. Die Probleme von beengten Wohnverhältnissen haben sich mancherorts sogar in eine Art Überfluss gewandelt. So werden große Wohnungen oder Einfamilienhäuser heute oft nur von wenigen oder gar nur von Einzelpersonen bewohnt, was dann auch mit einem Risiko der Vereinsamung zusammenhängen kann.

Allerdings stellt sich für Menschen mit unterdurchschnittlichen Einkommen und vor allem für junge Familie auch in reichen Ländern das Problem, wie sie zu bezahlbarem Wohnraum kommen. Es hat sich im Zuge der hohen Inflation und des massiven Anstiegs der Immobilienpreise seit der Finanzmarktkrise 2008 verschärft. Zwei andere Probleme in diesem Zusammenhang sollen hier kurz angesprochen werden: Obdachlosigkeit und residentielle Segregation.

Obdachlosigkeit ist die stärkste Depravierung im Hinblick auf die Versorgung mit Wohnraum; sie kann als der gravierendste Ausdruck von Armut bezeichnet werden (Drilling et al. 2020). Von ihr betroffen ist, wer praktisch auf der Straße oder in völlig unzureichenden Behelfsunterkünften leben muss. Obdachlose sind einer Reihe von Gefährdungen und Deprivationen ausgesetzt: schlechte hygienische Verhältnisse und mangelhafte Ernährung mit negativen Folgen für Gesundheit und Lebenserwartung; Gefährdung durch Unwetter und Kälte; erhöhtes Risiko, Opfer gewalttätiger Übergriffe zu werden; erschwerter Zugang zu sozialen Leistungen.

Obdachlosigkeit kann als Problem materieller Benachteiligung und Armut gesehen werden; so wird sie auch als gravierendste Form der Armut bezeichnet (Drilling et al. 2020). Sie ist aber ohne Zweifel auch ein Problem der sozialen Ausschließung. Bereits das Abgleiten in die Obdachlosigkeit wird oft durch persönliche Lebenskrisen und damit verbundene Prozesse sozialer Ausschließung initiiert (Arbeitslosigkeit, Ehescheidung, Entlassung aus einem Gefängnis). Es gibt auch noch immer gesellschaftliche Vorurteile, welche die alte Angst vor „Vagabunden" widerspiegeln (vielleicht auch, weil gut 80 % der Obdachlosen Männer sind). Längere Obdachlosigkeit führt zu problematischen Lebensgewohnheiten, einer gewissen Verwahrlosung und sozialen Scham, welche die gesellschaftliche Wiedereingliederung erschwert. Rechnet man darunter all jene, die in slumähnlichen Wohnverhältnissen, Flüchtlingslagern usw. leben, sind es weltweit über eine Milliarde Menschen. Durch die massive Verstädterung im globalen Süden nimmt dieses Problem dort eher zu. Quantitativ von größter Bedeutung sind hier die oft slumähnlichen Wohnviertel in den Megastädten der Dritten Welt, die aus illegal errichteten Behausungen ohne öffentliche Infrastrukturen bestehen und ständig von Abbruch bedroht sind.[13] Aber selbst in den wohlhabenden OECD-Ländern existiert das Problem der Obdachlosigkeit. Für die EU wird ihre Zahl auf drei Millionen geschätzt. In der Schweiz und Österreich sind es mehrere zehntausend; in Deutschland haben fast 700.000 Menschen keine eigene Wohnung.[14]

Residentielle (sozialräumliche) Segregation ist ein Aspekt von sozialer Inklusion und Ausschließung, der sehr viele Menschen betrifft.[15] In den USA ist dieser Faktor eine Hauptursache für die persistente Diskriminierung von Schwarzen. Ihre Konzentration in großstädtischen Ghettos ist einer der Hauptgründe für das sog. Diversitätsparadox (Lee/Bean 2010), die Tatsache, dass die Schwarzen bis heute im Vergleich zu allen anderen Einwanderergruppen im Hinblick auf Integration weniger erfolgreich waren (Haller 2015, S. 290 ff.). Auch gezielte Prozesse der Ausschließung bei der Vergabe von Krediten für Häuser tragen zur starken Ungleichheit zwischen Wohngegenden in den USA bei. Während staatliche Programme den Hausbau in den von Weißen bewohnten *suburbs* förderten, diskriminierten Kreditinstitutionen Anträge in jenen Stadtregionen, die vor allem von Ärmeren und Schwarzen bewohnt waren.

In Europa gibt es, nicht zuletzt dank stärkerer Sozialausgaben und staatlicher Beteiligung an Wohnbauprogrammen, keine so ausgeprägte residentielle Segregation. Aber auch hier bestehen offenkundig politische Prioritäten, wenn es um städtebauliche Investitionen

---

[13] Vgl. dazu A roof is not enough. Homelessness worldwide in: https://cz.pinterest.com/pin/815151 601275170094/ (abgerufen am 11.5.2021).

[14] Zahlen der Bundesarbeitsgemeinschaft Wohnungslosenhilfe e. V. (https://www.wiwo.de/pol itik/deutschland/obdachlosigkeit-mehr-menschen-ohne-obdach-zahl-der-wohnungslosen-in-deutsc hland-steigt-auf-678-000/25212732.html, abgerufen am 11.5.2021).

[15] Vgl. den Beitrag von Monika Alisch (Sozialräumliche Segregation: Ursachen und Folgen) in Huster u. a. 2017, S. 503–522.

geht. Wohnviertel mit einer Bevölkerung in überwiegend mittleren und höheren Schichten erhalten mehr Mittel(etwa für Bildungs- oder Freizeiteinrichtungen). Segregation in Westeuropa betrifft vor allem Zuwanderer und Zuwanderinnen aus nichteuropäischen Gesellschaften. Sie ist seit jeher stark ausgeprägt in Frankreich. In neuester Zeit hat sie auch in dem für Asylsuchende sehr offenen Schweden zu starken sozialen Problemen geführt.

Prozesse der Inklusion und Exklusion bestimmen, wie bereits angedeutet, auch die sozialräumliche Segregation: Bei der Wohnungssuche spielen Netzwerke und gesellschaftliche Stereotype eine wichtige Rolle. In den Wohnquartieren selbst können persönliche Kontakte zu anderen Bewohnerinnen (gleicher oder anderer Herkunft) bedeutsam sein. Der wichtigste Aspekt, in welchem die Politik effektiven Einfluss auf sozialräumliche Segregation nehmen kann, ist die Wohnbau- und Stadtentwicklungspolitik. Wenn es in einer Großstadt einen bedeutenden Anteil an öffentlichem Wohnbau gibt und die städtische Baupolitik auf eine gleichmäßig gute Versorgung aller Bezirke mit wichtigen infrastrukturellen Einrichtungen Wert legt, werden dadurch alle Bezirke gefördert, unabhängig davon, ob sie einen überproportionalen Anteil an Ausländern aufweisen oder nicht.[16] Auch in der Gestaltung des öffentlichen Raums in der Stadt kann es Tendenzen der sozialen Exklusion geben. So ist es ein Anliegen nicht nur der Bewohner „vornehmer" Viertel, unliebsame soziale Gruppen (Obdachlose, Bettler, laute Jugendliche) von zentralen und belebten Plätzen fernzuhalten.

Ein weiteres Problem der sozialräumlichen Exklusion, das nicht nur in den Ländern des globalen Südens von Bedeutung ist, sind *gated communities*. Darunter versteht man durch Mauern und/oder hohe Zäune umgrenzte, nur durch eine überwachte Toreinfahrt zugängliche Wohn- und Stadtbezirke, die vor allem von Wohlhabenden bewohnt werden. In afrikanischen und lateinamerikanischen Städten sollen sie vor allem dominanten, oft auch ethnisch verwandten Bevölkerungsgruppen (wie Weißen in Südafrika, Indern in Ostafrika) Sicherheit bieten. Einen starken Aufschwung erfahren solche Siedlungen aber auch in den Vereinigten Staaten von Amerika. Im Jahr 2000 gab es bereits über 20.000 *gated communities* für mehr als neun Millionen Bewohner. Darunter gibt es mehrere Typen: Wohnsiedlungen älterer Menschen, die darin ihre Pensionsjahre verbringen; Golf- und Freizeitgemeinschaften (vor allem in den sonnigen US-Südstaaten); und neue, oft sehr große, abgeschirmte Vorstädte, die manchmal erst nachträglich umgrenzt wurden.

Neben dem Sicherheitsbedürfnis gibt es eine Reihe weiterer Motive für die Entwicklung solcher Wohnviertel: das Prestige, in einem abgeschlossenen, gepflegten Areal zu leben; höhere Verlässlichkeit der Versorgung mit infrastrukturellen Diensten; Wunsch

---

[16] Dieser Aspekt trug wohl wesentlich dazu bei, dass Wien trotz seiner hohen Zuwanderung (mit einem Ausländeranteil von 30 % und einem Anteil von Einwohnerinnen mit Migrationshintergrund von über 40 %) seit längerem immer wieder von mehreren internationalen Organisationen zur lebenswertesten Stadt der Welt gewählt wird. In Stockholm scheint die residentielle Segregation der Zuwanderer dagegen stärker zu sein; vgl. dazu Jenny Hedström, Residential mobility and ethnic segregation in Sweden, Master thesis, Stockholm University 2015.

nach guter Nachbarschaft und gemeinschaftlichen Aktivitäten. Fälle solcher *gated communities* gibt es inzwischen auch in Deutschland und anderen westeuropäischen Ländern (in Madrid etwa für Fußballstars). Historisch am stärksten verbreitet sind sie in China, wo praktisch jede neue Wohnanlage als umgrenzte Einheit erbaut wird; die heutigen *Chinatowns* etwa in den US-amerikanischen Großstädten sind ihnen nachgebildet.

Soziale Inklusion und Exklusion im Bildungs- und Beschäftigungssystem. Kritik des Soziologismus

Es wurde oben bereits angesprochen, dass in der soziologischen und politischen Diskussion der Begriff der sozialen Inklusion vielfach verwendet wird, um neue Formen gesamtgesellschaftlicher sozialer Ungleichheiten, Benachteiligungen und Diskriminierungen zu bezeichnen. Die theoretische Fundierung durch einen breiten Exklusionsbegriff scheint jedoch den komplexen Prozessen und Zusammenhängen, die dabei im Spiel sind, nicht gerecht zu werden. Der Begriff soziale Exklusion sollte explizit für Phänomene reserviert werden, in welchen Personen von konkreten sozialen Beziehungen und Einheiten ausgeschlossen werden. Damit verletzten sie tendenziell den Grundwert der Inklusion. Es sind auch die Akteure und die Mechanismen zu spezifizieren, welche an diesen Ausschließungsprozessen mitwirken. In den meisten einschlägigen Arbeiten kommen diese überhaupt nicht vor. Auch konkrete politische Vorschläge sind erst auf der Basis einer solchen Differenzierung möglich. Um die hier entwickelte Perspektive deutlich zu machen, sollen zunächst einige der Arbeiten betrachtet werden, die aus empirischen Befunden pauschal die Folgerung ziehen, dass grundlegende normative Grundprinzipien moderner Gesellschaften obsolet geworden sind. Man kann diese Argumentationsmuster mit dem Begriff des *Soziologismus* charakterisieren; er wurde geprägt vom deutsch-US-amerikanischen Soziologen Albert Salomon (2008[1938]). Beispiele dafür gibt es in der Forschung zur Chancengleichheit im Bildungssystem, zu Berufskarrieren, Arbeitslosigkeit und zur Lage von Zuwandererinnen.

In Deutschland wird seit den ab 2000 durchgeführten PISA-Studien von einer neuen Bildungskatastrophe gesprochen, da deren Ergebnisse auf Defizite der deutschen Schüler und Schülerinnen im internationalen Vergleich und vor allem auf eine stärkere Abhängigkeit von sozialer Herkunft und ethnisch-nationalem Hintergrund hingewiesen haben.[17] Empirische Studien ergaben keine wesentliche Verbesserung der relativen Bildungschancen seit Beginn der Bildungsexpansion seit den 1960er Jahren.

Daher folgerten anerkannte Bildungsforscher wie Rolf Becker, Andreas Hajdar, Carsten Rohlfs und andere, das Modell des chancengleichen Wettbewerbs sei widerlegt, der weit verbreitete Glaube, dass Deutschland eine meritokratische Gesellschaft darstelle, eine Illusion. Dabei berufen sie sich auch auf eine alte Studie von Pierre Bourdieu

---

[17] Ein umfassender Überblick über die Anlage und Ergebnisse der Pisa-Studien und die wissenschaftlichen und politischen Diskussionen dazu findet sich in https://de.wikipedia.org/wiki/PISA-Studien (abgerufen am 13.6.2021).

und Claude Passeron, die das Gleiche schon 1971 behauptet hatten. Ähnlich argumentierten Forscherinnen, die den Zusammenhang zwischen Bildungsabschlüssen, Chancen des Berufszugangs und beruflichen Aufstiegs untersuchten. So fand Michael Hartmann in einer Reihe empirischer Studien zur Herkunft von Personen in hochqualifizierten und leitenden Positionen, dass Promovierte aus höheren sozialen Schichten weit bessere Chancen hatten, in solche Positionen zu gelangen. Da bei ihrem Aufstieg offensichtlich auch Kriterien wie soziale Netzwerke, gute Manieren und „Stallgeruch" sehr wichtig waren, folgert er, diese Gruppen als „Leistungseliten" zu bezeichnen, sei ein Mythos (Hartmann 2002).

Die Soziologen Boike Rehbein und Jesse Souza (2015) schreiben im Anschluss an ihre empirischen Studien in Deutschland und Brasilien, dass soziale Mobilität über Klassengrenzen hinweg extrem selten, die oberste Klasse der „Enthobenen" geradezu durch eine Mauer vom Rest der Gesellschaft getrennt sei. Arbeitsmarktforscherinnen mahnen, die Arbeitslosigkeit werde heute als mehr oder weniger permanenter Status institutionalisiert; der Verlust der Arbeit als gesellschaftliches Integrationsprinzip führe zu einem asozialen Individualismus.[18] Es sei auch eine neue Spaltung des Arbeitsmarktes in Inländer versus Zuwanderer zu beobachten, welche die letzteren auf ungelernte und schlecht bezahlte Tätigkeiten einenge und sie in einer Außenseiterposition gefangen halte, aus der sie nicht entrinnen könnten. Offenkundig ist es so, dass in all diesen Analysen fast ausschließlich statistische Daten verwendet werden und die Diagnosen nur strukturelle Zusammenhänge thematisieren, individuelle und gruppenbezogene Ziele und Werte aber vernachlässigt werden. Hartmut Rosa (2016, S. 50) hat auf diese Einseitigkeit hingewiesen und spricht – wie schon der oben zitierte Soziologe Albert Salomon – davon, dass hier eine reifizierende Tendenz in der Soziologie vorliege. Betrachten wir jedoch einige Fakten, welche die vorgenannten Thesen widerlegen.

Wenn man feststellen will, inwieweit im Bildungs- und Beschäftigungssystem tatsächlich Prozesse der sozialen Schließung und Exklusion stattfinden, muss man sich fragen, inwieweit dabei nicht auch andere Faktoren eine Rolle spielen. Dies ist in der Tat der Fall. Man muss hier zumindest vier Formen der Exklusion unterscheiden: (1) *Soziale Selektion* bedeutet, dass es mehr oder weniger klar definierte, institutionelle Kriterien für Zugang oder Ausschluss gibt; im mittleren und höheren Bildungssystem sind dies Begabung und vorherige Schulleistungen; in der Arbeitswelt Ausbildung und berufliche Erfahrung. (2) Der Zufall ist ein in der Sozialwissenschaft weit unterschätzter Faktor. *Zufallsallokation* liegt vor, wenn Zufälle Bildungs- und Berufskarrieren mitbestimmen. Die Lebensgeschichten von Männern und Frauen sind voll von solchen Zufällen. Diese können auch widriger Art sein, wie Arbeitsunfälle; sie können aber selbst in solchen Fällen auch positive Effekte haben (so sagten Nobelpreisträger, ihre Flucht aus Nazideutschland sei in Glücksfall gewesen, weil sie dadurch Zugang zu einem viel kreativeren wissenschaftlichen

---

[18] Vgl. dazu Kronauer (2010). Stark vertreten wird diese These auch in Frankreich, etwa in Arbeiten von Robert Castel.

Kontext (vor allem in Nordamerika) erlangten; vgl. Haller et al. 2002). (3) Von *sozialer Diskriminierung/Privilegierung* kann man sprechen, wenn konkrete Akteure bewusst bestimmte Bewerber fördern oder benachteiligen. (4) Schließlich könnte man von *struktureller Ausschließung/Privilegierung* sprechen, wenn situative Bedingungen eine Rolle spielen. So beeinflusst die Ausstattung eines Wohnviertels oder einer Stadt mit Schulen die Bildungswege der Kinder; in Universitätsstädten studieren mehr junge Menschen als in solchen ohne Hochschulen.

Wenn man die Determinanten der Ungleichheit der Bildungschancen untersucht, sind aus dieser Sicht vor allem auch die persönlichen Merkmale der Schüler zu beachten (Begabung, Leistungsbereitschaft usw.). Eine Forschergruppe um William H. Sewell an der Universität Wisconsin hat schon in den 1970er Jahren ein *status attainment* Modell entwickelt, in welchem solche Individualvariablen eingeschlossen wurden. Sie fanden, dass diese Faktoren – Intelligenz und Bildungsaspirationen der Kinder, Einflüsse relevanter Bezugspersonen (Eltern, Lehrer, Mitschüler) – deutlich stärkere Effekte auf den Schulerfolg und die erreichte Berufsposition der Kinder bzw. jungen Menschen ausüben als der Sozialstatus der Eltern. Neuere Studien, etwa von Schnock/Atz (2008) in Südtirol, kommen zu den gleichen Ergebnissen.[19] Statistische Pfadanalysen zeigen, dass der Berufsstatus der Eltern zwar das kulturelle Niveau in einer Familie beeinflusst, aber nur einen marginalen Effekt auf die Bildungspartizipation der Kinder hat (Bacher 2005). Welche Bedeutung situativ-strukturelle Gegebenheiten für die Bildungschancen haben, zeigt sich am stärksten im Fall der Frauen. Ihr phänomenaler Bildungsaufstieg (sie haben inzwischen auf dem Matura- und Hochschulniveau die Männer überholt) wurde vor allem durch den flächendeckenden Ausbau der allgemeinbildenden mittleren und höheren Schulen bewirkt. Der Bildungsaufstieg der Frauen ist auch die offenkundigste Widerlegung der These, das Bildungssystem bewirke nichts anderes als eine Reproduktion der Klassen- und Sozialstruktur. Die massiv gestiegene Bildung der Frauen hat nicht nur signifikante Effekte auf die Beschäftigungs- und Berufsstruktur, sondern auch auf die sozialen Beziehungen in Partnerschaften, Ehe und Familie und darüber hinaus. Ebenso wenig haltbar ist die These von der sozialen Ausschließung der Kinder von Zuwanderern. So wurde mehrfach gezeigt, dass ihre Bildungsaspirationen höher sind als jene der Kinder Einheimischer, auch wenn sie diese dann nicht voll in reale Bildungskarrieren umsetzen können.

Kritische Einwände ähnlicher Art sind auch gegen die Thesen vorzubringen, Unternehmerinnen würden Top-Manager nur nach Interessen und Kriterien der Machterhaltung rekrutieren. Diese spielen zweifellos eine zentrale Rolle, vor allem in kapitalistischen Großunternehmen. Aber auch diese stehen unter kontinuierlichem Konkurrenzdruck, dem sie nur durch laufende Innovationen begegnen können. Diese wieder erfordern ein qualifiziertes Personal, das auch von außen rekrutiert werden muss. Damit hängt auch das

---

[19] Südtirol ist ein besonders interessanter Fall, weil die Pisa-Ergebnisse überdurchschnittlich gut waren. Dazu trug wohl bei, dass in Südtirol Vorzüge des österreichisch-deutschen Schulsystems (wie die duale Berufsausbildung) und solche des italienischen (wie die gemeinsame Mittelschule aller Kinder) zur Geltung kommen.

hohe Maß an zwischenbetrieblicher Mobilität zusammen, die insbesondere für junge Arbeitskräfte ein Hauptweg zu beruflichem Aufstieg ist.

In der Betriebswirtschaftslehre hat sich die Erkenntnis durchgesetzt, dass Personalwirtschaft ein stark „werthaltiger" Bereich ist, bei dem die ökonomischen Unternehmensziele mit den Individualzielen der Beschäftigten in Einklang gebracht werden müssen. Schließlich beinhalten die oben dargestellten Thesen ein statisches Bild des Arbeitsmarktes, das der Realität nicht entspricht. Es gibt nicht nur eine hohe Mobilität zwischen Unternehmen und Branchen, auch die Arbeitslosigkeit ist für die meisten Betroffenen kein Dauerzustand. So stellen die Langzeitarbeitslosen nur einen relativ kleinen Teil der insgesamt bis zu einem Drittel aller unselbständig Beschäftigten dar, die sich im Laufe eines Jahres arbeitslos melden.[20]

Arbeitslosigkeit wird zu einem erheblichen Anteil durch situative und persönliche Faktoren (wie gesundheitliche Einschränkungen, fehlende Ausbildung, regionale Immobilität) verursacht, nicht durch soziale Exklusion, obgleich diese auch bei solchen Faktoren beteiligt sein kann (wie bei älteren Menschen). Schließlich zeigen die statistischen Daten über die Zuwandererinnen, dass diese über praktisch alle Wirtschaftszeige und beruflichen Positionen verteilt sind, auch wenn sie in weniger qualifizierten überrepräsentiert und in hochqualifizierten unterrepräsentiert sind. Von einer Polarisierung der Berufsstruktur zwischen Einheimischen und Zuwanderern kann man aber in keiner Weise sprechen.[21] So sind in Österreich 18 % der Zuwandererinnen in leitenden und akademischen Berufen tätig, und bei den Einheimischen 22 % (Fritsch et al. 2019).

Staatsbürgerschaft als Instrument der Inklusion und Exklusion
Staatsbürgerschaft ist das „Recht aller Rechte", wie die Sozialphilosophin Hannah Arendt feststellte. Wer keine besitzt, hat keinerlei Ansprüche auf staatliche Leistungen und kann sich an keine Institution wenden, wenn er sich in einer Notlage befindet (Bauböck 1994). In einer solchen Lage befanden sich früher Roma und Sinti, aber auch Juden und Jüdinnen unter dem Nationalsozialismus. Heute betrifft dieses Problem laut UN-Flüchtlingshilfswerk weltweit noch immer zwölf Millionen Menschen, darunter vor allem vertriebene ethnische Minderheiten (wie die Rohingyas aus Myanmar). Dass Menschen einen Pass brauchen, der sie als Bürger und Bürgerinnen eines Landes anerkennt, ihnen damit erst viele Rechte verleiht und das Reisen in andere Länder ermöglicht, ist eine Erfindung der Französischen Revolution. Sie gewann zur Zeit des Ersten Weltkriegs stark an Bedeutung, als die Staaten eine Flucht ihrer Wehrpflichtigen verhindern wollten. Im Zuge der steigenden internationalen Migration in den letzten Jahrzehnten wurde der Zugang zur

---

[20] In Österreich betrug der Anteil der Langzeitarbeitslosen (definiert als jene, die über ein Jahr arbeitslos waren) 2022 14 %. Vgl. AMS Spezialthema Nov. 2022 (file:///C:/Users/haller/Downloads/001_spezialthema_1122.pdf, abgerufen am 16.3.2023).

[21] Vgl. etwa die meiner Meinung nach empirisch nicht begründete Konklusion in der ansonsten durchaus seriösen Studie von Irena Kogan (2004, S. 456): „To a large degree immigrants in Germany are seldom able to escape the vicious circle of their outsider position providing them with a higher risk of losing employment and finding re-employment only in the unskilled sector …".

Staatsbürgerschaft in vielen Ländern verschärft. Schwieriger war er seit jeher für Länder, in welchen das *ius sanguinis* gilt, d. h. in denen Kinder automatisch die Staatsbürgerschaft ihrer Eltern bzw. des Vaters erhalten, für alle anderen aber strenge Voraussetzung für den Erwerb gelten (so auch in Deutschland und Österreich).

In Ländern mit dem *ius soli* (z. B. Schweiz, Frankreich, USA) erhalten alle im Land Geborenen die Staatsbürgerschaft mehr oder weniger automatisch. Generell gilt, dass in wirtschaftlichen Krisenperioden der Zugang zur Staatsbürgerschaft erschwert wird, um zusätzliche Konkurrenz für einheimische Arbeitssuchenden zu begrenzen. Regierungen werden dazu auch durch die Agitation von rechtsorientierten Parteien gedrängt, weil diese mit ausländerfeindlichen Parolen auf Stimmenfang gehen.

Ein besonders heiß umstrittenes Thema ist zuletzt die Frage der Asylpolitik geworden. Schon seit einigen Jahrzehnten gibt es einen starken Zustrom von Flüchtlingen, die lebensgefährliche Wege in Kauf nehmen, um in die USA oder in die EU zu gelangen. In Europa wurde diese Problematik besonders akut im Zuge der rund eine Million Flüchtlinge, die 2015 aus der Türkei über den Balkan bis nach Mitteleuropa gelangten. Daneben gab und gibt es kontinuierliche irreguläre Migration über das Mittelmeer, in deren Rahmen allein zwischen 2000 und 2013 über 20.000 Flüchtlinge auf unzureichend ausgerüsteten und überfüllten Booten den Tod fanden.[22] Die von der EU eingerichtete Grenzschutzagentur FRONTEX versucht diese Überfahrten mit oft teils illegalen Aktionen einzudämmen. Hier gibt es ein enormes, ungelöstes Problem (Näheres dazu im Folgenden Abschnitt).

Prozesse der Ausschließung und Ausgrenzung

Es gibt, wie eingangs festgestellt, auch Prozesse der bewussten Ausschließung von Menschen aus einer Gemeinschaft oder Gesellschaft. Sie erfolgen in der Regel deshalb, weil sich deren Mitglieder durch das Handeln oder allein schon durch die Anwesenheit dieser Menschen bedroht fühlen. Drei solcher Ausschließungsprozesse sollen hier kurz besprochen werden: (a) Stigmatisierung und Ausgrenzung; (b) Hospitalisierung, Inhaftierung und Internierung und (c) Prozesse der Abschottung des reichen Nordens vom globalen Süden.

Stigmatisierung sozialer Gruppen als Außenseiter
Stigmatisierung bedeutet nach der klassischen Studie von Erving Goffman (1967), dass bestimmten Menschen von ihrer Umwelt eine Eigenschaft zugeschrieben wird, welche als abweichend „anders", ja tendenziell moralisch schlecht dargestellt wird. Solche Eigenschaften wirken für diese Menschen daher diskreditierend. Die Zuschreibung erfolgt aufgrund objektiv feststellbarer, aber auch nur vermuteter Eigenschaften. Dabei geht

---

[22] Insgesamt erreichten aber allein 2022 ca. 150.000 Flüchtlinge die Küsten Europas (vgl. https://www.uno-fluechtlingshilfe.de/hilfe-weltweit/mittelmeer, abgerufen am 16.3.2023).

es nicht nur um mehr oder weniger fixe Eigenschaften – wie ein auffallendes Körpermerkmal, eine bestimmte Hautfarbe, ein fremdländischer Akzent – sondern auch um das Aussehen. Wenn ein gepflegtes Äußeres einen höheren sozialen Status indiziert, erfolgt Diskriminierung viel seltener – wenn überhaupt.

Stigmatisierung ist vor allem relevant, wenn sie ganze soziale Gruppen betrifft: Eine Folge kann sein, dass man den Umgang mit diesen Menschen eher zu vermeiden versucht, sie als „Außenseiter" betrachtet, abschätziger behandelt. In der Folge ist es für sie schwieriger, zu vielen Gesellschaftsbereichen Zugang zu finden. Auch wenn es sich bei Prozessen der Stigmatisierung nur im Grenzfall um definitive soziale Ausschließung handelt, sondern eher um informelle soziale Zuschreibungen und Diskriminierungen, sind sie nicht weniger bedeutsam. Menschen, welche in dieser Form stigmatisiert wurden, waren früher Behinderte aller Art, Geisteskranke, Homosexuelle. Heute sind es soziale Randgruppen (wie Drogenabhängige, Obdachlose, Vorbestrafte), bestimmte ethnische Minderheiten (wie die Roma) und Zuwandererinnen, die schon von ihrem Äußeren her auffallen, wie schwarze Afrikaner. Betrachten wir kurz zwei wichtige Aspekte in Bezug auf die Entstehung solcher Ausschließungsprozesse.

Zum Ersten ist es, wie bereits angedeutet, ein Faktum, dass Stigmatisierung tendenziell weniger Mächtige und allgemein Angehörige unterer Schichten viel häufiger trifft als Gebildete, Wohlhabende und Starke. Stigmatisierung ist daher auch ein Aspekt der Machtausübung. Das Machtgefälle zwischen Insidern und Außenseitern kann sich auf so einfache Fakten stützen wie die Tatsache, dass die Altansässigen in einer Stadt relativ homogene, intern gut vernetzte Gruppen darstellen, während die neu Hinzugekommenen unterschiedlicher Herkunft sind und sich untereinander schwer verständigen können. Dieser Aspekt, den Norbert Elias und John Scotson (2002) in einem Bezirk der englischen Stadt Leicester Ende der 1950er Jahre beobachteten, spielt zweifellos auch bei der Diskriminierung von Zuwandererinnen heute eine Rolle.

Der zweite Aspekt bezieht sich auf die Frage, wie Prozesse der Stigmatisierung mit gesellschaftlichen Grundwerten zusammenhängen. Eine These besagt, Stigmatisierung erfolge häufiger in Gesellschaften wie den heutigen, in denen Zweck-Mittel-Orientierungen im Vordergrund stehen. Der damit gegebenen zunehmenden Rationalisierung aller Lebensformen könnten sich manche Gruppen, wie Behinderte, nur unzureichend anpassen (Hohmeier 1975). Diese These steht allerdings in klarem Gegensatz zur historischen Evidenz. Hier sieht man einen deutlichen Fortschritt sowohl in der Anerkennung von Behinderungen als auch ihrer tatsächlich zunehmenden gesellschaftlich-politischen Integration da hiererzieherische, organisatorische und technische Maßnahmen gegriffen haben. Auch in dieser Hinsicht ist die Grundthese dieses Buches relevant, nämlich dass sich gesellschaftliche Grundwerte tendenziell durchsetzen.

In Bezug auf Prozesse der Stigmatisierung von Außenseitergruppen sind mehrere Aspekte relevant. Erstens werden im Zuge steigender Bildung und gesellschaftlicher Aufklärung und Säkularisierung traditionell-konservative, mystisch-religiöse und abergläubische Vorstellungen zurückgedrängt. Viele Vorurteile gegen Behinderte oder Homosexuelle waren früher religiös unterfüttert oder basierten auf purem Aberglauben. Ein zweiter Faktor ist die zunehmende Anerkennung des Grundwertes der Gleichheit aller Menschen. Er führt dazu, dass alle sozialen Merkmale, Beziehungen und Verhaltensweisen, die mit ungleicher Behandlung von Menschen zusammenhängen, kritisch hinterfragt werden. Zum Dritten werden Probleme, die früher unter dem Aspekt der moralischen Abweichung gesehen und (negativ) beurteilt wurden, heute als soziale Probleme definiert und damit von Professionen und eigens dafür geschaffenen Institutionen „behandelt" werden. Auch dadurch werden Vorurteile tendenziell zurückgedrängt und sachlich-neutralere Einstellungen und Verhaltensweisen gefördert. Schließlich war auch die Durchsetzung des politischen Grundwertes der Freiheit sehr wichtig, insbesondere der Meinungs-, Versammlungs- und Organisationsfreiheit. Damit können sich jetzt auch Gruppen, die jahrhundertelang als Außenseiter stigmatisiert wurden, organisieren, sich Gehör verschaffen und für die Anerkennung ihrer Interessen kämpfen. So haben manche jener Gruppen, die früher stark ausgegrenzt wurden, aber über geistige und organisatorische Ressourcen verfügen (wie Behinderte oder Homosexuelle) selbst sehr stark zur Reduktion von Vorurteilen und Stigmatisierungen beigetragen.

Hospitalisierung, Inhaftierung, Internierung
Bei diesen Prozessen sozialer Ausschließung geht es darum, dass Straftäterinnen oder andere als „gefährlich" angesehene Mitglieder einer Gesellschaft in besondere, geschlossene Einrichtungen (Spitäler, Gefängnisse, Lager) „eingesperrt" werden. Man kann dabei vier Hauptformen unterscheiden: (1) die Hospitalisierung, d. h. die Einweisung von Menschen mit besonderen Problemen in Heime unter der Annahme, dass sie allein nicht mehr zurecht kommen; (2) die Internierung, die Unterbringung in großen Lagern; hierbei handelt es sich um größere Gruppen von Menschen, für die ansonsten kein Platz zur Verfügung steht bzw. von denen man annimmt, dass sie besonderer „Behandlung" bedürfen; (3) die Inhaftierung von gesetzesbrüchigen Kriminellen in Gefängnissen; und (4) die Errichtung von Tötungslagern, unter denen die nationalsozialistischen Konzentrationslager eine Sonderstellung beanspruchen.

Alle diese Formen der Ausschließung sind aus der Perspektive der gesellschaftlichen Grundwerte aus drei Gründen von Bedeutung: (1) weil der Ausschluss durch den Bezug auf diese Grundwerte legitimiert werden muss; dabei sind insbesondere die drei zentralen Grundwerte – Leben, Freiheit und Menschenwürde – direkt tangiert; (2) weil der Aufenthalt in Lagern die drei wichtigsten sozialen Grundwerte massiv einschränkt: betroffen ist davon vor allem die Freiheit, im Fall der Internierung aber auch das Leben und die Menschenwürde; (3) weil die Anwendung der verschiedenen Formen des Ausschlusses direkte Hinweise auf den Charakter eines politischen Systems gibt. Ihr Wandel im Laufe der Zeit ist ein weiterer Indikator für die Durchsetzung der Grundwerte. Als allgemeine These kann man hierzu formulieren: massive Formen der Ausgrenzung gibt es demokratischen Gesellschaften nicht mehr und sie gehen historisch tendenziell zurück.

Für die theoretische Analyse dieser Prozesse kann man wieder vor allem auf Arbeiten von Erving Goffman zurückgreifen. Goffman (1993) hat in seinem Werk *Asyle* den

Begriff der totalen Institution geprägt: Darunter versteht er all jene Anstalten, die eingerichtet wurden zur Fürsorge für Menschen mit besonderen Behinderungen und Problemen (Blindenheime, Waisenhäuser, Pflegeheime usw.), zum Schutz der Gemeinschaft vor Gefahren (Gefängnisse, Kriegsgefangenenlager), zur Bewältigung besonderer Tätigkeiten durch große Gruppen von Menschen (Kasernen, Internate usw.) und als Zufluchtsorte vor der Welt (Klöster). All diesen Institutionen ist mehr oder weniger gemeinsam, dass die Insassen Tag und Nacht in gleichförmiger Weise unter Aufsicht des Personals und nach einem durchorganisierten Plan verbringen. In solchen Institutionen entwickeln sich spezielle Beziehungen zwischen den Insassen, und der Entzug der persönlichen Initiative kann massive Folgen für sie haben. Wichtige Beiträge zum Thema sozialer Ausgrenzung hat auch Michel Foucault (1926–1984) mit Werken wie *Wahnsinn und Gesellschaft*, *Die Geburt der Klinik* und *Überwachen und Strafen* geliefert. Ausgangspunkt für seine „poststrukturalistische" Theorie ist die wissenssoziologische These, dass öffentliche Diskurse eine Form der Machtausübung darstellen. Eine solche stellt seiner Meinung nach auch der therapeutische Diskurs zwischen Arzt und Patient dar. Wahnsinn wird von der Gesellschaft und psychiatrischen Professionen als das „Andere der Vernunft" beurteilt, die Wahnsinnigen durch Ausgrenzung kontrolliert, das Gefängnis diene einer Dauerüberwachung von Gesetzesübertretern. Ausgrenzungsprozesse sind laut Foucault also nicht durch allgemeine Grundwerte angeleitet oder inspiriert, und es gibt auch keinen „Fortschritt" im Hinblick auf substantiell humanere Formen der Bestrafung von Kriminellen oder der adäquateren Behandlung von Geisteskranken. Gewalt, die früher in ungebremster körperlicher Form (als Folter usw.) ausgeübt wurde, ist nicht verschwunden, sondern nur durch ein rationalisiertes System von Überwachung und Bestrafung abgelöst worden, zu dessen Entwicklung auch Wissenschaften wie die Kriminologie beitrugen. Foucaults Theorie und seine Analysen sind in ihrer Einseitigkeit der Betonung von machtbasierten Diskursprozessen nicht mit dem hier entwickelten Ansatz vereinbar. Historisch unzutreffend ist auch seine These, Hospitalisierung sei früher nur im Interesse sozialer Kontrolle erfolgt; hierbei spielten auch Kirchen und karitative Organisationen eine wichtige Rolle (Watzka 2005). Unbezweifelbar ist jedoch die Gültigkeit von Foucaults Grundthese, dass Prozesse sozialer Ausgrenzung immer auch legitimiert werden müssen und eng mit gesellschaftlichen Machtverhältnissen und – wie man hinzufügen muss – mit dem Charakter politischer Systeme verbunden sind. Betrachten wir vor dem Hintergrund dieser allgemeinen Überlegungen drei Haupttypen solcher Ausgrenzungsprozesse näher, Hospitalisierung, Inhaftierung und Internierung.

Der Begriff der *Hospitalisierung* wurde zuerst im Rahmen von Studien zu Deprivationsphänomenen in der Entwicklung von Kindern geprägt, die längere Zeit in Heimen untergebracht waren. Allgemein versteht man darunter alle negativen Folgeerscheinungen von längeren Heim- oder Anstaltsaufenthalten.[23] Probleme in diesem Zusammenhang bestanden noch bis Mitte des 20. Jahrhunderts etwa in den großen Irrenanstalten. Diese wurden vielfach als Sicherheitstrakte geführt und bei der „Behandlung" der Patienten

---

[23] Vgl. https://lexikon.stangl.eu/5541/hospitalismus/ (abgerufen am 7.6.2021).

wurden drakonische und entwürdigende Maßnahmen angewandt. Diese Zustände wurden ab den 1960er Jahren in aufsehenerregenden Büchern angeprangert von Psychiatern wie dem US-Amerikaner Thomas Szasz *(Geisteskrankheit als moderner Mythos)*, dem Niederländer Jan Foudraine *(Wer ist aus Holz?)* und dem Soziologen Thomas Scheff *(Das Etikett Geisteskrankheit)*.

In der daraus entstandenen Anti-Psychiatriebewegung spielten der Südafrikaner David R. Cooper und der Italiener Franco Basaglia wichtige Rollen Letzterer forderte die totale Schließung aller Irrenanstalten; sie wurde 1978 vom italienischen Parlament tatsächlich beschlossen. Alle diese Reformer waren beruflich-professionell hoch engagierte, politisch sensible (meist linksorientierte) Persönlichkeiten, die von einer humanistischen Grundhaltung geprägt waren. Im Hintergrund ihres Wirkens stand zweifellos die Idee, dass es persönlich-gesellschaftliche Grundwerte gibt, die auch für geistig behinderte Menschen Gültigkeit besitzen.

Ein Problemfeld, das als Folge der Steigerung der Lebenserwartung stark zunimmt, ist die Anstaltsunterbringung bei Pflegedürftigkeit. In Deutschland wird der Anteil der Hochbetagten (über 80-Jährige) bis 2030 auf über 8 % der Bevölkerung, absolut rund 6,4 Mio. Menschen, ansteigen. Ein erheblicher Anteil dieser Menschen wird infolge starker körperlicher und psychischer Einschränkungen auf ein Pflegeheim angewiesen sein. Ihre Betreuung stellt für das Personal eine enorme Herausforderung dar, insbesondere bei geistig stark behinderten Menschen (Theunissen 1999). Es kommt nicht selten vor, dass Pflegekräfte zu kriminellen Methoden bis hin zum Mord greifen, um sich der damit verbundenen Probleme zu entledigen. Befragungs- und Beobachtungsstudien an Heimbewohnern in mehreren Ländern erbrachten folgende Ergebnisse bezüglich der wichtigsten Faktoren für eine gute Lebensqualität alter, pflegebedürftiger Menschen: Die Größe der Heime bzw. Abteilungen (kleinere sind besser), ihre Qualität und soziale Atmosphäre und die Kompetenz der Pflegekräfte (Estermann 2008; Bradshaw et al. 2012). Relevant ist jedoch, ob die Heimbewohnerinnen noch aktiv sind bzw. zu Aktivitäten motiviert werden (können). Physische und geistige Aktivität ist generell ein sehr bedeutsamer Faktor für die Verhinderung oder Abschwächung von Alzheimer-Erkrankungen und Demenz. Dass dies bei vielen Hochbetagten kaum mehr möglich ist, mag dazu beitragen, dass Pflegeheime auch einen Hochrisikokontext für Suizide darstellen. Insgesamt sind die Bewohner von Heimen, insbesondere in Skandinavien und der Schweiz, mit ihrer Lebensqualität jedoch sehr zufrieden und sie finden, ihre Menschenwürde werde geachtet. Die weitverbreitete skeptische bis negative Haltung zu Alters- und Pflegeheimen in der Bevölkerung ist vermutlich eher auf gesellschaftliche Stereotypen zurückzuführen denn auf reale Erfahrungen von betroffenen Angehörigen und Bekannten. Ein Indikator dafür ist, dass sich die Einstellung zur Heimunterbringung nach der Übersiedlung in ein Heim eher zum Positiven entwickelt.

Der zweite Themenbereich ist der Prozess der sozialen Ausschließung durch *Inhaftierung,* die vorherrschende Form der staatlichen Sanktionierung von Gesetzesübertretungen.

Sie ist hier relevant vor allem deshalb, weil sie direkt mit der Geltung von gesellschaftlichen Grundwerten und -normen zusammenhängt. Es wird daher auch kurz zu diskutieren sein, mit welchen Begründungen Inhaftierungen erfolgen und welche Folgen sie für die Betroffenen und für die Gesellschaft haben.[24] Die zentrale These lautet auch hier, dass man sowohl in der Häufigkeit des Auftretens von Verbrechen wie auch in der Behandlung der Straftäterinnen eine klare Tendenz erkennen kann, die der Durchsetzung der gesellschaftlichen Grundwerte korrespondiert. In Bezug auf den Grundwert der Inklusion bedeutet dies, dass es eine Tendenz gibt, vom bloßen „Wegsperren" Krimineller abzugehen, alternative Formen zu ihrer Bestrafung zu entwickeln und dort, wo die Inhaftierung unvermeidbar bleibt, humane Mindeststandards zur Geltung zu bringen.

Zur Erklärung der Ubiquität von Kriminalität und ihrer Bestrafung durch die Gesellschaft kann man vier Hauptansätze unterscheiden. Sie stellen jeweils andere Funktionen in den Mittelpunkt, nämlich die Sicherheitsfunktion, die Funktion der Resozialisierung, die Funktion gesellschaftlich-politischen Herrschaftsausübung und die Theorie der Normbekräftigung. Die *Sicherheits- bzw. Verwahrungsfunktion* besagt, dass sich die Gesellschaft durch die Inhaftierung gefährlicher Verbrecher schützen muss und Strafen präventiv auf potentielle Verbrecher wirken. Die Sicherheitsfunktion scheint evident zu sein, aber oft ist sie nicht wirklich relevant. So werden vielemit lebenslanger Haft bestrafte Morde im familiären Kreis begangen. Es ist nicht anzunehmen, dass diese Mörderinnen ihre Tat auch an anderen Personen wiederholen würden. Eine gewisse Präventionswirkung ist grundsätzlich schwer zu bestreiten. Der internationale Vergleich zeigt jedoch, dass eine harte Bestrafung kaum mit niedrigeren Verbrechens- und Mordraten korreliert.

Seit einigen Jahrzehnten wird die *Resozialisierungsfunktion* des Strafvollzugs in den Vordergrund gestellt. Dieser Ansatz nimmt an, dass Verbrecher nicht als solche geboren werden, sondern durch verschiedenste Umstände auf Abwege geraten sind. Daher könne man sie durch eine Gefängnisstrafe zur Einkehr bewegen und zu einer neuen, positiven Einstellung bringen. Im Sinne dieser Idee wurden Ausbildungs- und Arbeitsmöglichkeiten in der Haft, Haftlockerungen, Freigänge usw. eingerichtet. Diese Bemühungen sind zweifellos positiv zu sehen, wirklich effizient waren sie nicht. In Deutschland wird gut die Hälfte der Straftäter rückfällig, egal, wie ihre Haft verlief, bei den Straftaten Raub und Erpressung sind es fast drei Viertel.[25] Warum das Gefängnis nicht als Resozialisierungsinstitution wirken kann, liegt auf der Hand: Haftbedingungen und -erfahrungen wie die Segregation vom normalen Leben, die totale Fürsorge durch die Institution, die Interaktion mit kriminellen Mithäftlingen (manche sprechen von einer „Subkultur des Gefängnisses"),

---

[24] In der Soziologie wird die Problematik der Inhaftierung vor allem unter dem Stichwort „soziale Kontrolle" und in der Rechts- und Kriminalsoziologie behandelt. Zu erstem u. a. den Beitrag von Menzel und Wehrheim in Kneer/Schroer (*Handbuch Spezielle Soziologien* 2010), zur letzteren Rehbinder (*Rechtssoziologie* 2014).

[25] Diese Zahlen wurden von Kriminalsoziologinnen aufgrund amtlicher statistischer Daten errechnet; vgl. https://www.faz.net/aktuell/gesellschaft/kriminalitaet/deutschland-haelfte-der-verbrecher-wird-rueckfaellig-14387370.html (abgerufen am 8.6.2021).

das „soziale Loch", in welches Haftentlassene oft fallen und ihre Stigmatisierung nach der Entlassung erschweren eine Wiedereingliederung in das normale Leben. Die Grenzen der Resozialisierungstheorie liegen nicht zuletzt darin, dass schweres kriminelles Verhalten zu einem hohen Anteil durch Persönlichkeitsmerkmale bedingt wird.[26]

Eine dritte Theorie besagt, dass die Gefängnisstrafe Teil einer umfassenden *Herrschafts- und Kontrollstrategie* moderner Gesellschaften ist. Diese an Foucault angelehnte, von David Garland (2008) ausgearbeitete These hat einiges für sich. Man kann hier auf das unbestreitbare Faktum verweisen, dass Angehörige unterer sozialer Schichten oder Zuwanderer überproportional häufig im Gefängnis landen. Dies ist nicht so, weil in Oberschichten weniger Gesetzesübertretungen begangen werden, sondern weil die typischen Vergehen von Ober- und Unterschichten von anderer Art sind und unterschiedlich geahndet werden. Letztere begehen eher Diebstähle, Einbrüche, Körperverletzungen; für sie sind Polizisten, Staatsanwälte und Richter zuständig, und es gibt sofortige, vergleichsweise starke Sanktionen. Die *white-collar-Kriminalität* (typisch: Unterschlagungen, Fälschungen von Bilanzen usw.) wird dagegen oft vertuscht, daher gar nicht erfasst und bestraft. Sie führt eher zu Schadenersatzklagen vor Zivilgerichten, Verwarnungen durch Behörden, Entzug von Lizenzen usw. Es stimmt aber nicht – wie Garland und andere behaupten – dass als Folge des Aufstiegs des Neoliberalismus alle erreichten Errungenschaften im Hinblick auf Entkriminalisierung und Humanisierung des Strafvollzugs rückgängig gemacht worden sind.

Die vierte Theorie betont die *Funktion der Bestätigung von gesellschaftlichen Werten und Normen* durch Inhaftierung, Gefängnisse und andere Bestrafungen von Gesetzesübertretungen. Demnach dienen Strafen und insbesondere die Inhaftierung dazu, der Bevölkerung immer wieder bewusst zu machen, dass es bestimmte Werte und Normen gibt, die nicht übertreten werden dürfen. So lautete auch die zentrale These von soziologischen Klassikern wie Émile Durkheim und George H. Mead, dass Verbrechen an das öffentliche Gewissen appellieren und zur Wiederbelebung und Aufrechterhaltung des Gruppenbewusstseins beitragen. Das Rechtsbewusstsein bzw. -gefühl der Bevölkerung würde es als höchst ungerecht empfinden, wenn Gesetzesbrecherinnen nicht bestraft würden. Der Begriff des Rechtsgefühls der Bevölkerung kann natürlich missbraucht werden. Er ist aber im Rahmen des hier vertretenen Ansatzes, der von einer Verankerung der gesellschaftlichen Werte in der Bevölkerung ausgeht, unverzichtbar (Rehbinder 2014).[27] In diesem Sinne sprach auch Kant von einem moralischen Gefühl, das ein Interesse an guten Gesetzen beinhalte. Das Rechtsgefühl baut auf zwei Grundlagen auf: einem emotional fundierten Gemeinschaftsgefühl und auf dem Gewissen, das gewissermaßen eine „innere Stimme der Moral" darstellt.

---

[26] Persönlichkeitsmerkmale erklären soziales Verhalten überhaupt bedeutend stärker, als es Soziologen zugeben (vgl. dazu Nettle 2008).

[27] Zum Begriff des Rechtsgefühls gibt es eine erhebliche Anzahl von Büchern von Rechts- und Sozialwissenschaftlern; vgl. zum Einstieg https://de.wikipedia.org/wiki/Rechtsgef%C3%BChl (abgerufen am 8.6.2021).

Internierung in Lager ist der vierte Typ von sozialem Ausschluss. Lager kann man definieren als meist zeitlich befristete Unterbringung und Versorgung einer größeren Anzahl von Menschen in einer Einrichtung, die von der Außenwelt mehr oder weniger stark abgeschottet wird (Diken/Laustsen 2005; Bochmann 2017). Nach dem Grad der Ausschließung kann man vier Typen unterscheiden: (1) Flüchtlingslager, (2) Internierungslager (Verwahrungslager), (3) Arbeits- und Straflager, (4) Tötungslager. Zwischen diesen vier Typen bestehen fundamentale Unterschiede: Die ersten drei dieser Lagertypen gibt es auch heute noch oder sind sogar neu entstanden. Daher kann man Lager nicht als ein soziales Randphänomen betrachten. Allerdings sind Lager auch keine „Normalinstitution" moderner Gesellschaften, wie manche Autoren im Anschluss an Foucault behaupten.

Flüchtlingslager sind Einrichtungen, die im Zuge von Kriegen und großen Fluchtbewegungen seit dem Zweiten Weltkrieg entstanden sind. Nach Angaben der UN-Flüchtlingsorganisation UNHCR gab es 2019 weltweit 26 Mio. Flüchtlinge und insgesamt 80 Mio. Menschen, die wegen Gewalt ihren Wohnort wechseln mussten.[28] Die meisten Flüchtlinge finden zwar in Großstädten schlecht und recht Unterkunft und Auskommen, aber ein großer Teil lebt in Lagern. Diese befinden sich vor allem im globalen Süden, direkt angrenzend an Länder mit inneren gewaltsamen Unruhen und Bürgerkriegen. Mehrere dieser Lager (insbesondere in Kenia) beherbergen bis zu 100.000 Personen, viele über 50.000. Ihre durchschnittliche Bewohnerzahl beträgt 11.400 – entspricht also der Einwohnerzahl einer Kleinstadt. Die Lager befinden sich meist in entlegenen, oft dürren und klimatisch ungünstigen Regionen. Auch in der Europäischen Union gibt es dieses Problem. In Griechenland lebten 2021 119.500 Flüchtlinge und Migrantinnen, fast 20.000 davon in sog. Aufnahme- und Identifikationszentren (RICs). Obwohl nur als Übergangslösung für die Unterbringung von Flüchtlingen gedacht, leben dort viele der Insassen schon jahrelang, oft jahrzehntelang. Die Lager verfügen zwar über grundlegende infrastrukturelle Einrichtungen (z. B. Wasser- und Nahrungsmittelversorgung, Gesundheitsstationen, Volksschulen). Dennoch bedeutet ein längerer Lageraufenthalt für die Betroffenen, vor allem für Kinder und Jugendliche, eine massive Beschränkung der aktuellen und zukünftigen Lebenschancen. Dies ist vor allem deshalb der Fall weil sie keine Arbeit haben und eine Erwerbstätigkeit außerhalb der Lager verboten ist. In den Lagern entwickeln sich spezifische Sozialstrukturen und Verhaltensweisen (einschließlich krimineller) und die Insassen werden von den Außenstehenden meist als sozial randständig etikettiert. Die Migrationsexperten Alexander Betts und Paul Collier (2017) kommen zur Folgerung, dass diese Flüchtlingslager ihren Zweck – eine vorübergehende, humane Unterbringung von Flüchtlingen – grundsätzlich verfehlen und zu schließen wären.

Internierungslager werden zum Zwecke der Verwahrung, Kontrolle und oft auch Bestrafung größerer Menschengruppen errichtet. Ein im 20. Jahrhundert hochbedeutsames Phänomen waren die *Kriegsgefangenenlager*. Im Ersten und Zweiten Weltkrieg wurden acht bzw. zwölf Millionen Soldaten gefangengenommen und zum großen Teil

---

[28] Vgl. https://www.unhcr.org/dach/at/services/statistiken (abgerufen am 9.6.2021).

in solchen Lagern interniert. Eine einigermaßen menschliche Behandlung von Kriegsgefangenen wird zwar durch die Haager Landkriegsordnung von 1907 und die Genfer Konvention von 1949 vorgeschrieben. In den Kriegen selbst wurden diese Regeln aber weithin übertreten, vor allem im Zweiten Weltkrieg. In den deutschen Lagern für Soldaten der Sowjetunion und in den sowjetischen Lagern herrschten unmenschliche, ja mörderische Zustände. Einen großen Teil der Gefangenen ließ man verhungern und erfrieren; von den insgesamt rund 35 Millionen Soldaten, die in Gefangenschaft gerieten, sind fünf Millionen in diesen gestorben

Diese Fakten zeigen zweierlei: exzessive Umstände, wie eben Kriege, führen zu Taten, die man sich ansonsten gar nicht vorstellen könnte. Deren Brutalität kann noch gesteigert werden, wenn dahinter eine mörderische Ideologie wie der Nationalsozialismus steht. Kriegsgefangenenlager gab es aber auch seit dem Zweiten Weltkrieg in vielen der seither geführten Kriege.

Ein zweiter Subtyp von Internierungslagern sind *Arbeits- und Straflager*. Die ersten davon errichteten die Briten als Sträflingslager in ihren Kolonien (zuerst in Nordamerika, dann in Australien). Auch im Deutschen Kaiserreich wurden Arbeitshäuser eingeführt. Die Sowjetunion unter Stalin errichtete sie in extensiver Form (gegeben hatte es sie schon unter den Zaren). Arbeitslager existierten aber auch in anderen kommunistischen Ländern wie der DDR, Jugoslawien oder China. In den sowjetischen GULAG-Lagern befanden sich zwischen 1930 und 1953 mindestens 18 Mio. Menschen. Das 1973 veröffentlichte Buch *Der Archipel Gulag* von Alexander Solschenizyn (1918–2008) ist die wichtigste Darstellung des Lebens in diesen Lagern und eines der bedeutendsten Werke der Weltliteratur des 20. Jahrhunderts. Kurz nach seiner Veröffentlichung wurde Solschenizyn aus der Sowjetunion ausgewiesen. In China werden Angeklagte durch Administrativhaft in Lager verbannt, bei denen eine „Umerziehung durch Arbeit" erfolgen soll; derzeit soll dies 400.000 Personen betreffen. Die Kommunistische Partei betreibt auch Zwangsarbeit in Fabriken. Die eklatanteste Verletzung der Menschenrechte sind die Lager in der Provinz Xinjiang, in denen der chinesische Staat Angehörige der Uiguren und anderer autochthoner muslimischer Volksgruppen „umerzieht". Diese Lager sind Teil eines Assimilationsprogrammes, das 2014 unter Präsident Xi Jinping beschlossen wurde. Die Insassen sollen in den Lagern dem Islam abschwören und die kommunistische Ideologie übernehmen; es soll in den Lagern auch Zwangssterilisierungen und Schwangerschaftsabbrüche geben. Diese Zustände wurden 2022 auch in einem UN-Bericht der Menschenrechtskommissarin Michelle Bachelet dokumentiert. Eine eindrucksvolle Darstellung dieser Zustände aus eigener Erfahrung gab die Ärztin Sayagul Sauytbay (2002).

Einige dieser Lager müssen als *Todeslager* bezeichnet werden. Den welthistorisch einmaligen, extremen Fall solcher Lager stellten die *Konzentrationslager* dar, welche die Nationalsozialisten zur Inhaftierung von Regimegegnern, aber vor allem zur Ermordung von 6 Mio. Juden und Jüdinnen (aber auch Roma und Sinti) in den eroberten Gebieten in Osteuropa einrichteten. Völkermorde und Todeslager gab und gibt es bis heute in der ganzen Welt, wie der Soziologe Michael Mann (2007) aufzeigte. Die Einmaligkeit der nationalsozialistischen Konzentrationslager lag darin, dass für die Inbetriebnahme dieser Lager und ihre Steuerung in großem industriellem Maßstab eine Transport-, Unterbringungs- und Mordinfrastruktur aufgebaut und eine hierarchische Organisationsstruktur entwickelt wurde.[29] Darin konnten die Aufseherinnen Macht in Form totaler roher Gewalt ausüben und die Insassen ihres Menschseins berauben. Viele Häftlinge waren schon vor der Ermordung als „lebende Leichname" vollkommen ausgemergelt und willenlos. Die Tötung dieser Menschen erschien den Lagerleitern daher nicht schlimmer als das Zerdrücken einer Mücke. Dies war zweifellos der extremste Fall der Wirksamkeit einer rein negativen Idee, der rassistischen Abwertung der Juden und Jüdinnen. Die Aufdeckung dieser Gräueltaten führte dazu, wie in Kap. 13 ausgeführt, dass der Begriff der Menschenwürde erstmals in das Zentrum aller Menschenrechte gestellt wurde.

Mauerbau und Abschottung des Nordens von unerwünschten Zuwanderern und Zuwandererinnen aus dem Süden
Am 9. November 1989 jubelte Deutschland und mit ihm fast die ganze Welt über den Fall der Berliner Mauer, die weithin als ein Symbol des *Eisernen Vorhanges* zwischen Ost- und Westeuropa galt. Aber: Mauern zwischen Staaten und Staatengruppen gibt es weiterhin. Schon zur Zeit des Falls der Berliner Mauer begannen die USA mit der Errichtung eines Grenzwalls an der über 3000 km langen Grenze zu Mexiko, und die EU finanzierte eine Mauer um die spanische Enklave Melilla in Marokko. Seither wurden auf der ganzen Welt neue Mauern errichtet: von den baltischen Staaten und Polen an den Ostgrenzen, von Kroatien und Ungarn an den Südgrenzen der EU, von Israel an Grenzen zu palästinensischen Gebieten; alte Mauern, wie zwischen Nord- und Südkorea, bestehen weiter. Dass man physische Mauern errichtet, um den unerwünschten Zustrom von Menschen in ein Land zu kontrollieren, widerspricht zwar nicht direkt den Menschenrechten – ein Recht auf Betreten eines anderen Landes gibt es nicht. Aber es ist doch offenkundig ein Hinweis darauf, dass etwas in nicht in Ordnung ist. Dies gilt sowohl für die interne Struktur jener Länder, welche die Mauern bauen, wie auch jener, aus denen die „illegal eindringenden" Menschen kommen. Um diesen Fragen auf den Grund zu gehen, ist auch hier zunächst zwischen verschiedenen Typen von Mauern zu unterscheiden. Wir können hier an die allgemeine Typologie von Ein- und Ausschlussprozessen anknüpfen: Einsperrmauern sollen verhindern, dass die eigene Bevölkerung massenhaft auswandert oder flieht, Sicherheitsmauern sollen Gefahren durch Einreisende abwenden und Aussperrmauern sollen unerwünschte Zureisende und Einwanderer fernhalten.

Der Eiserne Vorhang war ein Beispiel für den historisch relativ einmaligen Typus einer *Einsperrmauer*: Er sollte in den mittelosteuropäischen kommunistischen Ländern verhindern, dass die Bürger massenhaft nach Westen auswanderten. Dies war ein ernsthaftes

---

[29] Zu den Konzentrationslagern gibt es eine umfangreiche Literatur. Eine sehr detaillierte Übersicht mit vielen Literaturhinweisen bietet https://de.wikipedia.org/wiki/Konzentrationslager (abgerufen am 16.3.2023).

Problem vor allem für die DDR, deren Bürger und Bürgerinnen ja das freiere Leben und den höheren Wohlstand im Westdeutschland durch das Fernsehen alltäglich kennenlernen konnten und für die eine Integration in Westdeutschland relativ unproblematisch war. Dass trotz eines vergleichsweise hohen Lebensstandards in der DDR so viele Menschen auswandern wollten und dafür Lebensgefahren in Kauf nahmen, belegt sowohl den realen sozioökonomischen Entwicklungsrückstand wie auch das Demokratiedefizit in den Ländern des seinerzeitigen „realen Sozialismus."

Sicherheitsmauern wollen das Eindringen oder Einwandern von Menschen und Gruppen verhindern, welche dem eigenen Staat gefährlich werden könnten. Ein aktuelles Beispiel dafür ist der rund 700 km lange Wall, den der Staat Israel seit 2002 zwischen seinem Territorium und dem Westjordanland errichtet hat. Er besteht aus einem schwer gesicherten Stacheldrahtzaun, einem Graben, einem Zaun mit Bewegungsmeldern, Sandstreifen zur Sichtbarmachung von Fußabdrücken und Patrouillenstraßen für Militärfahrzeuge; zum Teil ist er bis zu neun Meter hoch. Von Israel werden diese massiven Grenzschutzanlagen als „Terrorabwehrzaun" bezeichnet. Tatsächlich ist die Zahl der Selbstmord-Attentate seit seiner Errichtung signifikant zurückgegangen. Die palästinensische Seite spricht dagegen von einer Apartheid-, Landraub- und Annexionsmauer. Ähnliche Sicherheitsanlagen umgeben auch den dadurch praktisch völlig abgeriegelten Gazastreifen. Der Internationale Gerichtshof und die UNO-Vollversammlung haben die israelischen Sperranlagen als völkerrechtswidrig verurteilt, u. a. weil sie zum großen Teil auf palästinensischem Territorium verlaufen und den Bewegungsspielraum der palästinensischen Bevölkerung im Westjordanland und Gaza-Streifen massiv einschränken. Diese Mauern sind der materialisierte Ausdruck des ungelösten Konfliktes zwischen Israel und der palästinensischen Bevölkerung, der auf die Eroberung des Landes und die Vertreibung von rund 700.000 Palästinensern vor der Staatsgründung Israels im Jahre 1947 zurückgeht.

Als *Aussperrmauern* kann man Grenzbefestigungen bezeichnen, denen es vor allem darum geht, unerwünschte Zuwandererinnen aus ärmeren Weltregionen auszusperren, die irregulär oder illegal in den reichen Norden kommen wollen. Mauern dieser Art sind eine neue Entwicklung der Nachkriegszeit. Ihr Bau hängt eng zusammen mit der heute sehr hohen *internationalen Ungleichheit*. Ob jemand in Deutschland oder Kamerun auf die Welt kommt, ist für die Lebenschancen eines Menschen von enormer Bedeutung. Die Ungleichheit zwischen den Ländern der Erde ist viel größer als jene innerhalb der einzelnen Länder, auch wenn die erstere tendenziell abnimmt (Haller 2015). Ein erheblicher Teil dieser globalen Ungleichheit ist auf ungleiche Tauschbeziehungen zwischen dem reichen Norden und dem weniger entwickelten Süden (Afrika, Südasien, z. T. auch Lateinamerika) zurückzuführen. Der Norden bezieht viele Rohstoffe zu sehr günstigen Preisen aus dem Süden und lässt dort billig produzieren, sodass unser Wohlstand bis zu einem gewissen Ausmaß direkt mit der Armut im Süden zusammenhängt (Lessenich 2016). Erhebliche Mitursachen für das Zurückbleiben der ärmsten Regionen bzw. Länder der Welt (Südasien, Sub-Sahara Afrika) sind allerdings auch korrupte Regierungen und ineffiziente staatliche Bürokratien in diesen Ländern. Mitverursacht ist die Ungleichheit auch durch das starke Bevölkerungswachstum dieser Länder (vor allem in Afrika) mit der Folge, dass das Pro-Kopf-Einkommen trotz eines Wirtschaftswachstums nicht signifikant steigen kann.

Beim Bau von Aussperr-Mauern waren die USA Vorreiter, aber die Europäische Union steht ihnen heute nicht nach. Die USA begannen mit der Sicherung der 3145 km langen Grenze zu Mexiko bereits in den 1980er Jahren und diese wurde unter den Präsidenten Clinton, Bush und Obama fortgeführt; Trump hatte angekündigt, die Mauer massiv auszubauen, konnte aber nur einen kleinen Teil davon realisieren. Weniger bekannt ist die Tatsache, dass auch die Europäische Union eine nahezu gleiche Mauer zu Afrika errichtet hat. Sie umgibt die beiden spanischen Enklaven Ceuta und Melilla in Marokko und ist ähnlich massiv ausgeführt wie die Mauern in Israel und an der Südgrenze der USA. Eine natürliche Grenze im Süden der EU bildet das Mittelmeer. Aber auch über dieses versuchen Flüchtlinge und Migranten nach Europa zu gelangen. Die EU hat zur Kontrolle dieser illegalen Zuwanderung 2005 die Grenzschutzagentur *Frontex* gegründet, deren Aktionen selbst vielfach als illegal angeprangert wurden. Auch die Mittelmeer-Anrainerstaaten operieren in dieser Hinsicht oft am Rand der Gesetze bzw. völkerrechtlicher Normen. Inzwischen hat die EU eine Reihe von Abkommen mit afrikanischen Staaten abgeschlossen, die schon innerhalb Afrikas die Migration nach Norden eindämmen sollen. Da es sich bei den Regierungen dieser Staaten vielfach um autoritäre Machthaber handelt, verletzen die von diesen getroffenen Maßnahmen vielfach Menschenrechte, weswegen die EU zu Recht von der UNO kritisiert wurde.

Diese neuen Mauern zwischen Süd und Nord werden ergänzt durch ein unsichtbares, äußerst restriktives System von Visa-Bestimmungen für die Einreise. Die meisten EU-Staaten stellen für die Erlangung eines Einreisevisums die folgenden äußerst restriktiven Bedingungen: (1) der Antragsteller muss nachweisen, dass er in seinem Heimatland sozial gut verankert ist (etwa durch eine Familie und Kinder); (2) er muss ein regelmäßiges Einkommen und eine Sozialversicherung haben und eine hohe Reiseversicherung abschließen; (3) der Antrag muss persönlich bei einem Konsulat des Einreiselandes abgegeben werden, die Bearbeitung dauert meist Monate. Damit wird für die Mehrheit der Bevölkerungen des Südens (in dem drei Viertel der Weltbevölkerung leben) eine Reise in den Norden praktisch unmöglich.

Wir können vier allgemeine Schlussfolgerungen aus diesen neuen Formen der Grenzbefestigung durch Mauern und restriktive Visa-Bestimmungen ziehen: (1) Sie sind asymmetrisch, nicht undurchlässig, aber nur in einer Richtung aussperrend. Für Europäer und US-Amerikaner ist es problemlos möglich, legal in alle Länder des Südens zu reisen, umgekehrt ist da Gleiche für die Mehrheit der Bevölkerung dort unmöglich. (2) Die Errichtung der Mauern hat direkt negative Effekte: da dennoch Tausende vor allem junger Männer sie zu überwinden versuchen, steigt die Zahl der tödlich ausgehenden Versuche. Außerdem erfolgt vielfach eine Verlagerung der Migration auf andere Routen. (3) Die Formen der Migration verändern sich selbst: Da der Zugang zum reichen Norden so schwierig ist, werden nun jene, die dies einmal geschafft haben, viel seltener zurückkehren. Zirkulationsmigration, eine für Herkunfts- und Zielländer durchaus akzeptable Form, wird immer mehr unterbunden. (4) Mehr oder weniger unüberwindbare Grenzmauern widersprechen dem Prinzip einer auch nur annähernden internationalen Gleichheit und Gerechtigkeit, wenn für die Mehrheit der Migrationswilligen praktisch keinerlei legale Möglichkeiten zur Zuwanderung eröffnet werden.

Beziehungen zwischen Inklusion und anderen gesellschaftlichen Grundwerten

Auch zwischen dem Wert der Inklusion und allen anderen gesellschaftlichen Grundwerten bestehen sehr enge Beziehungen. Die existentiellen Grundwerte sind betroffen, weil die Zugehörigkeit zu einer Gemeinschaft essentiell ist für das physische Überleben von Babys und Kleinkindern und für die geistige Entwicklung des Menschen. Der Kampf aller gegen alle (Hobbes) kann nicht (nur) durch einen politischen Leviathan verhindert werden, sondern erfordert vor allem, dass alle Menschen in Gemeinschaften einbezogen werden, die durch vertrauensvolle interne Beziehungen charakterisiert sind.

Auch Sicherheit und Inklusion sind eng verknüpft. Persönliche Sicherheit wird durch enge Beziehungen von Kindern zu Eltern, Geschwistern und anderen Verwandten gewährleistet. Sie hängt auch eng mit dem Wert der sozialen Sicherheit zusammen, den eine stabile Haushalts- und Familiengemeinschaft bietet. Dafür müssen diese Gemeinschaften frei sein von Armut und ständigen Konflikten, von Gewaltausbrüchen und Gewaltanwendung ganz zu schweigen.

Außer Frage steht, dass auch die politischen Grundwerte – Freiheit, Gleichheit, Gerechtigkeit – Inklusion voraussetzen, d. h. nur im Rahmen von Gemeinschaften realisierbar sind, an denen alle Bürger in der einen oder anderen Form partizipieren können. Diese These haben alle Denker von Aristoteles über Rousseau bis zu Michael Walzer und Leopold Kohr vertreten. Die relevanten Gemeinschaften reichen von der lokalen Gemeinde über ethnische Gemeinschaften, freiwillige Assoziationen und Verbände bis hin zur umfassenden politischen Gemeinschaft.

Wenn Menschen eng und positiv in ihren Wohnort, eine Schule und einen Arbeitsplatz eingebunden sind und wenn diese Gemeinschaften Möglichkeiten der Mitgestaltung eröffnen, können sie real erfahren, wie wichtig Freiheit, Gleichheit und Gerechtigkeit für ein gutes und produktives Zusammenleben sind. Im Bereich der politischen Gemeinschaft betrifft Inklusion sowohl die formelle Staatsangehörigkeit wie auch die Chancen zur Entwicklung von politischem Interesse und zur politischen Partizipation. Demokratien sind auf aktive Teilnahme, d. h. Inklusion, möglichst vieler Bürgerinnen und Bürger angewiesen. Wenn dies nicht der Fall ist, können Minderheiten ein Übergewicht erlangen und Regierungen als Reaktion darauf problematische Entscheidungen fällen. Politisches Interesse und Teilnahme können sich vor allem dann entfalten, wenn alle Menschen als volle

Angehörige von politischen Gemeinschaften anerkannt werden, wenn kritische Haltungen und Aktivitäten nicht nur toleriert, sondern positiv bewertet und gefördert werden. Die Lebendigkeit einer Demokratie hängt vor allem mit der Vielfalt und Vielzahl ihrer intermediären gesellschaftlichen und politischen Vereinigungen zusammen, wie schon Alexis de Tocqueville (1976 [1835]) in seinem Werk über die Vereinigten Staaten hervorhob.

Zugehörigkeit zu Gemeinschaften ist schließlich auch die Basis auch für ein autonomes und menschenwürdiges Leben in sozialer und kultureller Hinsicht. Anerkennung erfahren Kinder und Jugendliche zuerst vor allem Rahmen enger persönlicher Beziehungen und Gemeinschaften, Erwachsene im Rahmen der gesellschaftlichen Organisationen und Institutionen, an denen sie partizipieren. Die Bedeutung der Gemeinschaft ist daher ein zentrales Thema der Soziologie von Émile Durkheim bis heute. Aber auch Wohlstand, das Streben nach einem ausreichenden, sozial anerkannten Lebensstandard, kann als wichtiger Aspekt von Inklusion gesehen werden. Arme und in sozial depravierten Verhältnissen lebende Menschen werden häufig auch sozial stigmatisiert und von vielen Gemeinschaften ausgeschlossen. Extreme Ungleichheiten führen zu einer Abschottung der Reichen vom Rest der Gesellschaft. Soziale Inklusion aller fördert daher auch den inneren Frieden und die Sicherheit aller Mitglieder der Gesellschaft.

Eine zureichende Lösung des Problems der sozialen Inklusion und Integration kann nur durch ein Zusammenwirken aller Formen von Vergesellschaftung erfolgen, der privaten Gemeinschaften (Familien), der Organisationen, der Zivilgesellschaft und der politischen Gemeinschaft. Insbesondere die Zivilgesellschaft, die Welt der freiwilligen sozialen und politischen Aktivitäten und Vereinigungen, ist hier wichtig. Dabei spielen die traditionellen, am Beginn dieses Kapitels dargestellten Werte von Nächstenliebe, Brüderlichkeit und Solidarität immer noch eine wichtige Rolle. Sie beziehen sich nicht nur auf kleine Einheiten wie die Familie, sondern auch auf größere Gemeinschaften wie Berufsgruppen, Gemeinden, Nationalstaaten und auf übernationale Einheiten wie die Europäische Union, ja sogar die Welt als Ganzes. Da in größeren Einheiten die Menschen einander nicht mehr persönlich kennen, ist ein Gefühl der Zusammengehörigkeit und ein generalisiertes Vertrauen in alle anderen Menschen notwendig. Das setzt wiederum eine Übereinstimmung in gesellschaftlichen Grundwerten und essentiellen ethisch-moralischen Fragen voraus. Dies alles ist auch eng mit den Werten von Gleichheit und Gerechtigkeit und ihrer Realisierung verbunden – womit sich der Kreis der engen Beziehungen zwischen den Grundwerten neuerlich schließt.

Wohlstand 15

„Die Volkswirtschaftspolitik ... verfolgt zwei voneinander getrennte Ziele: sie hat erstens alle diejenigen gesetzlichen Maßnahmen zu untersuchen, die darauf abzielen, dem Volke ein möglichst reichliches Einkommen, ein möglichst gutes Auskommen zu verschaffen oder, richtiger gesagt, diejenigen staatlichen Einrichtungen zu prüfen, aufgrund deren jeder einzelne in die Lage versetzt wird, sich selbst ein solches Einkommen oder so einen Unterhalt zu verdienen; und zweitens alle gesetzgeberischen Möglichkeiten in Erwägung zu ziehen, die dem Staate oder einer anderen Körperschaft Einnahmen zur Bestreitung öffentlicher Ausgaben zu verschaffen geeignet sind. Ihr höchster Zweck muss der sein, zur Wohlstandssteigerung sowohl des Volkes als auch des Staates beizutragen."

Adam Smith (1760)[1]

Wohlstand wird hier als der dritte der sozialen Grundwerte betrachtet. Dass es in diesem Bereich einen immensen Fortschritt gegeben hat, steht außer Frage. Man kann hier nochmals auf die allgemeine Verbesserung der Lebensbedingungen hinweisen, die in Kap. 7 dargestellt wurde. Wenngleich in früheren Epochen und Jahrhunderten ein kleiner Anteil der Bevölkerung – vor allem der hohe Adel – in sehr guten Verhältnissen leben konnte, hatte die große Mehrheit der Menschen nicht viel mehr als das, was man zum Überleben benötigte – in den häufigen Krisenperioden und Hungersnot-Zeiten oft nicht einmal das.

Seit Beginn der Industrialisierung, etwa um 1800, hat sich das Pro-Kopf-Einkommen in den westlichen Ländern mehr als verzehnfacht; auch in den Ländern des Südens war (und ist) die Steigerung enorm. Die massiven Migrationsströme der letzten Jahrzehnte belegen, dass das sozioökonomische Lebensniveau ein Faktor ist, der für Menschen in aller

---

[1] Adam Smith (1723–1790), schottischer Moralphilosoph und Aufklärer; gilt mit seinem Werk *An inquiry into the nature and causes of the wealth of nations* als Begründer der Ökonomie. Quelle des Zitats: Adam Smith (1933), *Natur und Ursachen des Volkswohlstandes,* S. 220.

Welt zentrale Bedeutung hat. Interessant ist nun, dass auch dieser Grundwert, wie jener des Lebens, trotz seiner Bedeutung für jeden Menschen, von fast keinem Werteforscher genannt wurde.

Dafür gibt es mehrere Erklärungen. Eine könnte sein, dass ein gewisser Wohlstand in westlichen Gesellschaften mehr oder weniger selbstverständlich ist. Ein zweiter Grund könnte sein, dass sich die Soziologie zu wenig mit den ökonomischen Aspekten des sozialen Lebens befasst. Ein dritter ist möglicherweise, dass Wohlstand hängt eng zusammen mit Wirtschaftswachstum; zusammenhängt; dies aber ein Begriff, der aber zusehends unter Kritik geraten ist. Ein vierter Grund mag sein, dass der Begriff Wohlstand häufig mit Eigentum und mit Reichtum assoziiert wird – Begriffe, die aus gesellschaftskritischer Sicht oft eher negativ gesehen werden.

Es stellt sich also die Frage: Inwieweit können Wohlstand und vielleicht auch Wirtschaftswachstum als Fortschritt und Werte angesehen werden? In welchem Zusammenhang stehen sie mit anderen Werten? Im Folgenden wird zunächst näher dargelegt was unter Wohlstand soziologisch zu verstehen ist, wie er als gesellschaftlicher Grundwert zu definieren ist und wie er von Armut und Reichtum abgegrenzt werden kann. Sodann wird die Bedeutung des in der liberalen Gesellschaftsphilosophie seit jeher zentralen Begriffs des Eigentums und seiner Beziehung zu Wohlstand herausgearbeitet und Mythen über die Gier der Superreichen hinterfragt. Schließlich wird diskutiert, welche Bedeutung dem Wirtschaftswachstum für die Vermehrung von Wohlstand zukommt und in welcher Beziehung Wohlstand zu anderen gesellschaftlichen Grundwerten steht.

Was ist Wohlstand?

Wohlstand als gesellschaftlicher Grundwert
Am bekanntesten wurde der Begriff des Wohlstands in Deutschland wohl durch das 1957 veröffentlichte Buch *Wohlstand für alle* des seinerzeitigen Wirtschaftsministers Ludwig Erhard. Darin stellte Erhard die Grundprinzipien seiner Politik dar. Diese waren: Freiheit, Wachstum, Preisstabilität, Wettbewerb und Eigenverantwortung. Erhard pries die Soziale Marktwirtschaft, warnte aber vor einem überbordenden Sozialstaat. Konsum und Wohlstand nahmen für ihn eine zentrale Stellung ein: wachsender Wohlstand ist nicht problematisch, im Gegenteil. Es ist umstritten, inwieweit die Politik Erhards tatsächlich zum Wirtschaftswunder beitrug; manche Autoren sehen für dieses eher andere, einmalige Ursachen wie die Prosperität der Wirtschaft im Zuge des Wiederaufbaus und des ungeheuren Nachholbedarfs an Konsumgütern, der sich durch die kriegsbezogene Planwirtschaft aufgestaut hatte.

Ein nicht unwichtiger Aspekt von Erhards Wirtschaftspolitik war die Vermögensbildung. Privateigentum war für ihn der Garant für persönliche Freiheit und individuelle Würde und Grundlage für eine freiheitliche Gesellschaftsordnung. Daher unterstützte er die Vermögensbildung in privater Hand, primär durch Förderung von Geldsparen und

Wohnungseigentum, nicht in Form von Eigentum an Produktivvermögen (Aktien usw.). In letzterer Hinsicht liegt Deutschland bis heute etwa weit hinter den USA.

Betrachtet man die Entwicklung Deutschlands seit der Zeit von Erhard, so muss man seine Ideen und Politik, die von den Ökonomen des Ordoliberalismus entworfen wurde, wohl positiv beurteilen. Deutschland hat viele andere europäischen Länder nicht nur in Wirtschaftswachstum und Wohlstand, sondern auch in demokratischer Qualität und Stabilität deutlich überholt. Von manchen zeitgenössischen, kritischen Ökonomen wird dies allerdings infrage gestellt. So schrieb etwa Marcel Fratzscher, Präsident des Deutschen Instituts für Wirtschaftsforschung, in seinem Buch *Verteilungskampf. Warum wir alle ungleicher werden,* das Erhard'sche Ziel ‚Wohlstand für alle' sei heute nur mehr eine Illusion (Fratzscher 2016). Viele Soziologinnen argumentieren ähnlich: In Zuge des Neoliberalismus sei das Realkommen breiter Schichten gesunken, die Ungleichheit massiv gestiegen, der Sozialstaat zurückgebaut worden. Insbesondere hat die These weite Verbreitung gefunden, die Mittelschicht fühle sich zusehends bedroht und sei im Abstieg begriffen.[2] Die Medien greifen diese und ähnliche Thesen – wie jene der zunehmenden Polarisierung der Gesellschaft – gerne auf.[3]

Wie ist Wohlstand zu definieren? Eher irreführend ist die in einer *Enzyklopädie der Wertvorstellungen* gegebene Definition: „Wohlstand ist ein Zustand, in dem möglichst viele erwartete und/oder gewünschte Werte erfüllt oder besser übererfüllt sind. Man fühlt sich ‚wohl', weil die wesentlichen Bedürfnisse ständig im Überfluss befriedigt werden". Diese Definition erinnert an die WHO-Definition von Gesundheit als optimales körperliches und geistiges Befinden. Nach dieser Definition würde nur ein sehr geringer Anteil der Bevölkerung wohlhabend sein. Sieht man Wohlstand positiv, so geht es auch nicht darum, das „schlicht materielle Wohlbefinden zum ethischen Wert" zu erklären, wie die Literaturwissenschaftlerin Gertrud Höhler (1979) polemisch anmerkt. Es geht in erster Linie um das Erreichen eines Zustandes, der die autonome Befriedigung wichtiger materieller, sozialer und kultureller Bedürfnisse erlaubt ohne die Umwelt in ungebührlicher Weise auszubeuten oder zu belasten. Eng verbunden mit diesen fragwürdigen Definitionen von Wohlstand ist die Annahme, ein großer Teil der Bevölkerung strebe ständig nach einem noch höheren Einkommen und besseren Lebensstandard.

Eine realistischere Definition von Wohlstand findet sich im Brockhaus Lexikon. Darin wird Wohlstand im weiteren Sinne als neutraler Begriff zur Bezeichnung der Gesamtheit der Lebensbedingungen einer Person oder Gesellschaft, und im engeren Sinne als ein sozial angemessenes, ausreichendes Niveau der Güterversorgung definiert. Genau in

---

[2] Diese These wird in der einen oder anderen Form von vielen renommierten Soziologen, insbesondere den „Zeitdiagnostikern", vertreten, wobei manche dazu auch umfangreiches, interessantes Material erhoben haben. Eine eingehende Kritik dieser Thesen haben Jürgen Kaube und André Kieserling (2022, *Die gespaltene Gesellschaft*) vorgelegt. Eine weniger pessimistische Sicht hat Steffen Mau (2012) in *Lebenschancen: Wohin driftet die Mittelschicht?* entwickelt.

[3] Vgl. nur als Beispiel unter vielen anderen den Fernsehreport „Mittelschicht in Deutschland; Angst vor dem Abstieg" vom 10.12.2022 (verfügbar unter https://www.dw.com/de/themen/s-9077, abgerufen am 17.3.2013).

diesem Sinne heißt es in Artikel 25(1) der *Allgemeinen Erklärung der Menschenrechte:* „Jeder hat das Recht auf einen Lebensstandard, der seine und seiner Familie Gesundheit und Wohl gewährleistet, einschließlich Nahrung, Kleidung, Wohnung, ärztliche Versorgung und notwendige soziale Leistungen, sowie das Recht auf Sicherheit im Falle von Arbeitslosigkeit, Krankheit, Invalidität oder Verwitwung, im Alter." Daran anschließend kann man den Grundwert Wohlstand wie folgt definieren: Wohlstand ist ein Zustand, in welchem Menschen ein gesichertes und für ein gutes Leben ausreichendes Einkommen haben, aus dem sie sich gegebenenfalls auch Ersparnisse oder Eigentum bilden können. Es ist anzunehmen, dass diese Menschen mit ihren Lebensverhältnissen im Großen und Ganzen auch zufrieden sind. Genau dies hat sich ergeben aus einer großen Umfrage des Freizeitforschers Horst Opaschowski (2008) zu den Kriterien, die für Wohlstand für die Deutschen relevant sind. Demnach sind drei besonders wichtig. Das erste ist der ökonomische Wohlstand. Für den Großteil der Befragten bedeutet Wohlstand konkret, sich keine finanziellen Sorgen machen zu müssen, ein sicheres Einkommen und einen sicheren Arbeitsplatz zu haben. An zweiter und dritter Stelle folgen eine gute Gesundheitsversorgung und Unbeschwertheit (keine Angst vor der Zukunft haben zu müssen).

Man kann unter Wohlstand also die ganz normalen Lebensverhältnisse eines großen Teiles der Menschen in den mittleren Schichten fortgeschrittener Gesellschaften subsumieren. In diesen hat „jeder Durchschnittsbürger Zugang zu allen Annehmlichkeiten des Daseins: zu Nahrung und Genuss, zu Vergnügen, zu Reisen und zu allen Errungenschaften der Hygiene – die vor einem Jahrhundert nicht einmal den reichsten Leuten zur Verfügung standen", wie der renommierte amerikanische Ökonom John K. Galbraith (1959, S. 8) schrieb. Das Streben nach Wohlstand in diesem Sinne ist ein zentrales Ziel der Menschen in modernen, demokratischen Gesellschaften seit Beginn der industriellen Revolution. Dazu schrieb Alexis de Tocqueville schon 1835:

„Ich suche nach einer Leidenschaft, welche Menschen angemessen wäre, deren unbekannte Herkunft oder bescheidenes Vermögen sie stachelt und einschränkt, und ich finde keine geeignetere als den Trieb zum Wohlstand. Die leidenschaftliche Liebe zum Wohlstand ist recht eigentlich eine Leidenschaft des Mittelstandes; sie wächst mit diesem und breitet sich mit ihm aus, sie erringt mit ihm die Vorherrschaft" (Tocqueville 1976, S. 61).

In aristokratischen Gesellschaften ist Wohlstand laut Tocqueville weder für die Reichen noch für die Armen ein Thema. Für die ersteren nicht, weil er eine Selbstverständlichkeit darstellt, für die letzteren nicht, weil sie keine Hoffnung haben, ihn zu erlangen. In den USA, einer demokratischen, egalitären Gesellschaft ist das Streben nach materiellem Wohlergehen allgemein verbreitet, aber eine „beherrschte Leidenschaft". Man strebt nicht danach, „großangelegte Paläste zu bauen … es handelt sich darum, den eigenen Äckern einige Klafter hinzuzufügen, einen Obstgarten anzulegen, ein Wohnhaus zu vergrößern, das Dasein immer leichter und bequemer zu gestalten…" (Tocqueville 1976, S. 620 f.).

Dieser Hang zu materiellen Genüssen sei nicht unersättlich, er stehe nicht im Gegensatz zur Ordnung – im Gegenteil – er bedürfe dieser ja.

Diese Charakterisierung wohlhabender Menschen scheint auch heute noch zuzutreffen. In einer kleinen, interessanten Studie haben Soziologen und Soziologinnen der University of Surrey 2018 Menschen in verschiedenen Kontexten gebeten, den Begriff Wohlstand mit wenigen Worten zu charakterisieren. An der Spitze standen Assoziationen wie: Wohlstand bedeutet Sicherheit (für sich selbst, seine Familie, seine Gemeinde) im Hinblick auf Essen, Wohnen, Schutz vor Kriminalität; das aktuell Gegebene akzeptieren, mit ihm zufrieden zu sein und in Ruhe zu leben; aktiv zu sein, aber nicht für mehr Geld, sondern für allgemeine Verbesserung der Umstände. Drei Aspekte waren offensichtlich besonders relevant: Wohlstand bedeutet nicht notwendig eine herausragende materielle Situation; auch soziale und kulturell-geistige Aspekte sind dabei wichtig; die Aspirationen und Einstellungen der Menschen selbst bestimmen mit, ob man wohlhabend ist oder nicht; Ziele und Verhaltensweisen dieser Art kann man auch in relativ bescheidenen Lebensumständen realisieren. In der klassischen Studie über das Bewusstsein von Arbeitern in der modernen Autoindustrie in Großbritannien Ende der 1960er Jahre fanden John Goldthorpe und Mitautoren, dass diese trotz ihres relativ guten Einkommens sich nicht mit der Mittelklasse identifizierten, sondern sich weiterhin stark an traditionellen Organisationen wie Gewerkschaften und Labour Party orientierten. Das Auffallendste war jedoch eine Orientierung an einem realistischen Wohlstand, das Ziel, den Lebensstandard zu erhöhen; dies war eine „Schlüsselmotivation ihres Lebens" (Goldthorpe et al. 1971, S. 131).

Die oben angeführte Definition von Wohlstand impliziert, dass man Haushalte bzw. Familien als Grundeinheit betrachten muss. Damit ergäbe sich auch eine Erklärung für die überraschende Tatsache, dass Bezieherinnen von niedrigen Einkommen (etwa Frauen in einfachen Jobs oder Jugendliche, die noch bei ihren Eltern leben) mit ihrem Einkommen durchaus zufrieden sind. Sie haben dabei die gesamte Haushalts- bzw. Familiensituation bzw. die Zukunft im Blick. Die Zufriedenheit, die sich aus einem Leben in wirtschaftlich relativ gesicherten Umständen ergibt, hat zweifellos auch Konsequenzen für die Wahrnehmung von Ungleichheiten und Ungerechtigkeiten. In dieser Hinsicht hat die Forschung gezeigt, dass man die Realität nicht wirklich genau kennt und dazu tendiert, die eigene Position tendenziell als eine „mittlere" (also weder privilegierte noch stark benachteiligte) zu sehen. Das Zusammenleben in Haushalten, die insgesamt doch über ein relativ gutes Einkommen verfügen, wird dazu beitragen, das Paradox zu erklären, dass die große Mehrheit der Menschen in westlichen Gesellschaften die bestehenden Strukturen der Ungleichheit akzeptieren und sie nicht als prinzipiell ungerecht sehen (Hadler 2007; Felbermayr u. a. 2016). Diese relative Zufriedenheit der meisten Menschen mit ihrem Einkommen darf natürlich nicht dahingehend missverstanden werden, dass die Einkommensrelationen grundsätzlich gerecht und angemessen sind.

Abgrenzung des Wohlstands von Armut und Reichtum

Wann kann man nun sagen, dass jemand in einem (relativen) Wohlstand lebt? Wie lässt sich Wohlstand von Reichtum einerseits, von Nicht-Wohlstand bzw. Armut andererseits abgrenzen? Die Übergänge zwischen diesen Zuständen sind wohl fließend. Dennoch können wir eine sinnvolle Abgrenzung treffen, die im Hinblick auf die Frage von Wohlstand als Grundwert aus der Sicht der Soziologie bzw. Soziökonomie als brauchbar erscheinen. Es wird eine grobe Differenzierung in drei Kategorien vorgenommen, die jeweils noch in zwei weitere ausdifferenziert werden (vgl. Abb. 15.1).

Die Unterscheidung zwischen den drei Grundtypen liegt zunächst ganz einfach darin, dass Menschen, die in Armut leben, unter einem Mangel an jenen Gütern und Diensten leiden, die in einer Gesellschaft als soziokulturell wichtig angesehen werden und auch für die meisten zugänglich sind. Wohlhabend sind all jene, welche mit diesen Gütern ausreichend ausgestattet sind, auf eine gesicherte Zukunft blicken und es sich ev. auch leisten können, einen Teil ihres laufenden Einkommens auf die Seite zu legen. Reiche haben davon im Überfluss. Es liegt auf der Hand, dass diese Abgrenzungen auch individuell variieren, sowohl in Abhängigkeit von Lebenszielen und Wünschen wie auch vom Verhalten. Man kann mit mehr oder mit weniger zufrieden sein; manche Menschen geben ihr Einkommen großzügig aus und sind immer in Geldnot, andere können (oder wollen) trotz eines bescheidenen Einkommens etwas beiseitelegen.

Armut	Mangel an lebensnotwendigen Gütern und Diensten	Arme	Materielle und soziale Benachteiligung und Deprivation
		Ökonomisch Benachteiligte	Primär materielle Deprivation und Benachteiligung
Wohlstand	Ausreichende Verfügung über alle lebensnotwendigen Güter und Dienste	„Kleinbürger"	In allen wichtigen Gütern und Diensten gute Versorgung
		Wohlhabende	Sehr gute Versorgung in allen Gütern und Diensten
Reichtum	Überfluss an lebensnotwendigen Gütern und Diensten, Verfügung über Luxusgüter	Reiche	Möglichkeit zu Erfüllung vieler nicht lebensnotwendiger Bedürfnisse und Wünsche
		Superreiche	Verfügung über materielle Ressourcen, die das persönliche Konsumpotential weit übersteigen

Abb. 15.1 Typen des Wohlstands und ihre Abgrenzung von Armut und Reichtum

Notwendig und auch möglich ist eine Differenzierung innerhalb dieser drei Gruppen. Man weiß, dass bei weitem nicht alle in statistisch „armen" Verhältnissen lebenden Menschen auch sich selbst als Arme sehen bzw. gesellschaftlich als arm zu bezeichnen sind (Rossi 1997). Wenn man eine statistisch gegebene Armutslage mit dem subjektiven Gefühl von Armut vergleicht, ergeben sich nur geringe Zusammenhänge. Nach einer Studie schätzen sich nur etwa die Hälfte der statistisch Armen auch selbst als arm ein und nur ein Fünftel der subjektiv Armen sind es auch nach den faktischen Einkommensverhältnissen (was die subjektive Einschätzung nicht abwertet).

Dieser eher schwache Zusammenhang kann auch plausibel erklärt werden. So finden sich hohe Anteile von verheirateten Frauen als Erwerbstätige unter den Beziehern und Bezieherinnen niedriger Lohneinkommen; da aber auch ihre Partner ein Einkommen beziehen (das in der Regel höher ist), sieht ihre tatsächliche sozioökonomische Lage im Familienhaushalt weit besser aus. Für alleinlebende Menschen und insbesondere Alleinerziehende bedeutet ein niedriges Erwerbseinkommen aber zweifellos eine stark benachteiligte soziale Lage. Dagegen würden etwa Studentinnen trotz eines momentan niedrigen Einkommens unter die Kategorie adäquate Lebensverhältnisse fallen; sie interpretieren ihre materiell eingeschränkte Situation wohl als ein mehr oder weniger notwendiges Durchgangsstadium zu einer späteren (überdurchschnittlich gut entlohnten) Berufstätigkeit. Auf der anderen Seite könnte man aber auch von einer Anpassung nach unten sprechen: Die subjektive Armutsgrenze (also jener Betrag, den man zu benötigen glaubt, um finanziell über die Runden zu kommen) ist niedriger bei Alleinerziehenden, Frauen oder Pensionisten, die früher ein geringeres Einkommen bezogen haben.[4]

Dennoch sind sowohl die Zahlen über die statistisch Armen wie jene, die sich selbst als arm bezeichnen, soziologisch und sozialpolitisch relevant. Die ersteren, weil sie Hinweise auf mögliche Diskriminierungen und Mangellagen geben können. Die letzteren, weil subjektiv Arme wohl auch häufig in den untersten Gruppen mittlerer Schichten zu finden sind, sodass das Risiko, in echte Armut abzurutschen, hoch ist. Soziologisch als wirklich arm anzusehen sind vor allem jene Menschen, die über ein unzureichendes Einkommen verfügen und wenige oder gar keine Bezugspersonen haben. Man könnte sie als „Ärmste der Armen" bezeichnen, in Anlehnung an die weltweit tätige katholische Laienorganisation *Vinzenzgemeinschaft*, die sich die Betreuung genau solcher Menschen (Obdachlose, jugendliche Drogenabhängige usw.) zum Ziel gesetzt hat. Armut ist auch ein Problem aus Sicht gesellschaftlicher Grundwerte. Nicht nur die *Allgemeine Erklärung der Menschenrechte,* auch die meisten demokratischen Verfassungen beinhalten die Forderung nach einem angemessenen, menschenwürdigen Lebensstandard für alle.

---

[4] Vgl. dazu Willi Geser, Subjektive Armut: Ist ein Leben auf dem wirtschaftlichen Existenzminimum ein Leben in Armut? Verfügbar unter https://www.llv.li/files/asd/pdf-llv-asd-subjektiveramut_vollversion_01.pdf (abgerufen am 16.3.2023). Zur Relevanz dieser Thematik vgl. auch Nadine Seddig u. a., Die subjektive Wahrnehmung von Armut und sozialer Ausgrenzung. Stand der Forschung und Perspektiven für vertiefende Erhebungen (verfügbar unter https://www.ssoar.info/ssoar/handle/document/67294, abgerufen am 16.3.2023).

Analoge Unterscheidungen kann man innerhalb der beiden anderen Gruppen treffen. Menschen bzw. Haushalte, die im Wohlstand leben, sind gekennzeichnet durch gesicherte Lebensverhältnisse, sie können sich alle wichtigen Bedürfnisse gut erfüllen. Zwischen „Kleinbürgerinnen" (ein Begriff, der hier keine Abwertung impliziert) und „Wohlhabenden" ist eine strikte Unterscheidung vielleicht schwierig. Wenn man den Wohnungs- bzw. Eigenheimbesitz als Kriterium für Wohlstand sieht, könnte man sagen: Ein Kleinbürger besitzt eine Eigentumswohnung oder ein kleines Eigenheim, an dessen Bau er oft selbst mitgearbeitet hat, ein Wohlhabender dagegen eine von einem Architekten entworfene Villa. Ökonomen definieren als Mittelschicht all jene, die im Bereich von 60 % bis 200 % des Durchschnittseinkommens liegen. Dies ist ein sehr breiter Bereich, sodass eine interne Differenzierung sinnvoll erscheint. Die Reichen könnte man dadurch charakterisieren, dass es ihnen gegebenenfalls möglich wäre, aus den Renditen ihres Vermögens zu leben, also nicht mehr zu arbeiten. Die Superreichen könnte man von den Reichen dadurch abgrenzen, dass ihr Reichtum so groß ist, dass dieser ihre Konsumchancen, so ausgefallen diese immer sein mögen, bei weitem übersteigt (vgl. Druyen u. a. 2009).

Um sich eine konkrete Vorstellung über Arme, Wohlhabende und Reiche zu machen, kann man die folgenden Daten des Statistischen Bundesamtes anführen. Bei einem durchschnittlichen monatlichen Pro-Kopf-Einkommen[5] von rund 2100 € in Deutschland (2020) würde das Einkommen von Armutsgefährdeten (das unter 60 % des Durchschnittseinkommens liegt) ca. 1300 pro Monat betragen, das von „Wohlhabenden" (200 % des Durchschnitts) ca. 4300 €.

Über weniger als 60 % des Durchschnittseinkommens verfügen knapp 15 % der Bevölkerung, 200 % und mehr etwas weniger als ein Zehntel. Als Reiche gelten Personen bzw. Haushalte mit einem verfügbaren Kapitalvermögen von einer Million Dollar, als Superreiche jene mit mindestens 300 Mio. Vermögen und Reichtum sind viel ungleicher verteilt als die Einkommen. Bei der Verteilung der Vermögen ergibt sich ein geradezu unglaubliches Bild. Das reichste Zehntel der erwachsenen Bevölkerung in Deutschland besitzt etwa 50 %–60 % des gesamten Vermögens, das zweitreichste rund 20 %; beide zusammen also gut 75 % bis 80 %. Auf der anderen Seite besitzt die untere Hälfte der Bevölkerung maximal 1 % bis 2 % des Gesamtvermögens. Diese Relationen sind international recht ähnlich. Betrachtet man jedoch, wie groß die Vermögen der Reichen sind, sind die Zahlen weniger dramatisch. Zu den reichsten 10% der Deutschen gehörte man ab einem Nettovermögen von 216.000 €; der Durchschnitt dieser Gruppe hatte ein Nettovermögen von 639.000 €. Das heißt, bereits viele Besitzer von Eigenheimen fallen in diese Gruppe. Wenn man die Verteilung der Bevölkerung nach den in Abb. 15.1 unterschiedenen Kategorien schätzen

---

[5] Statistisch spricht man hier von einem Netto-Äquivalenzeinkommen, d. h. dem Pro-Kopf-Einkommen der einzelnen Personen, berechnet nach der Anzahl der Haushaltsmitglieder und Einkommensbezieher. Dieses Einkommen ist in Mehrpersonenhaushalten mit wenigen Verdienern (etwa nur dem Haushaltsvorstand in Erwerbstätigkeit und drei oder mehr Kindern) weit niedriger als etwa in Zweipersonenhaushalten mit zwei Verdienern.

wollte, könnte man vielleicht sagen, dass gut 15 % ökonomisch benachteiligt sind (darunter 5–8 % wirklich Arme in dem Sinne, dass sie sich lebensnotwenige Dinge kaum leisten können), auf der anderen Seite etwa 15 % bis 18 % reich zu bezeichnen wären (darunter weniger als 1 % superreich).[6]

Privateigentum – der umstrittene liberale Grundwert

Privateigentum als Anker für Wohlstand
Im Zusammenhang mit einer Diskussion von Wohlstand und Reichtum ist eine kurze Reflexion zur Ideengeschichte und soziologischen Bedeutung des Privateigentums unumgänglich. Reichtum setzt in aller Regel die Existenz von Privateigentum voraus. Der Begriff des Eigentums ist komplex und vielschichtig (Schwab 1975). Im Mittelalter gab es noch gar keinen allgemeinen Begriff von Eigentum; vielmehr wurden für verschiedene Formen davon unterschiedliche Begriffe verwendet. Interessant ist auch, dass bis in die Neuzeit Eigentum mit Herrschaft assoziiert wurde (etwa wie im alten Rom der *pater familias* Herr über das ganze Haus war). In diesem Sinne hing das Eigentum auch mit politischen Rechten zusammen. Bis in die spätere Neuzeit war etwa das Wahlrecht an Eigentum gebunden.

Eine neue, bis heute einflussreiche Sicht auf das Eigentum entwickelten die englischen liberalen Theoretiker. Für den Ahnvater des bürgerlichen Liberalismus, John Locke (1632–1704) wird Eigentum mit der Idee der Freiheit verknüpft. Für ihn besteht ein enger Zusammenhang zwischen Arbeit und Eigentum. Jeder Einzelne hat nicht nur das Recht auf seine Person, sondern auch auf die Arbeit seines Körpers und seiner Hände; was immer er der Natur durch Arbeit entnimmt, gehört ihm. Durch gemeinsame Übereinkunft haben die Menschen das Geld eingeführt, um die Möglichkeit zu eröffnen, dass man mehr besitzen kann als zum unmittelbaren Lebensunterhalt notwendig ist. Wenn bei diesem Eigentum auch nicht mehr die Arbeit selbst die Quelle ist, ist es doch legitim, wenn sein Erwerb und seine Übertragung rechtmäßig erfolgten. Streben nach Eigentum ist laut Locke im Menschen verankert und Eigentum grundsätzlich rechtmäßig. Es sichert individuelle Unabhängigkeit und Freiheit und der Staat hat die Aufgabe, diese beiden zu schützen. Lockes geistiger Nachfolger, David Hume (1711–1776) diskutiert die Frage der Respektierung des Eigentums unter dem Aspekt der Gerechtigkeit; diese fordere „heiligste Achtung vom dem Eigentum." Hume schreibt dem Eigentum auch eine wichtige gesellschaftliche Funktion zu: der notwendige Fleiß beim Aufbau von Eigentum erzeuge nützliche Gewohnheiten und Fertigkeiten; die Vererbung fördere diese auch bei

---

[6] Für relevante Zahlen vgl. Statistisches Bundesamt, Wirtschaftsrechnungen. Einkommens- und Verbrauchsstichprobe. Einkommensverteilung in Deutschland (file:///C:/Users/haller/Downloads/einkommensverteilung-2.152.606.139.004.pdf, abgerufen am 16.3.2023) und für Österreich https://www.agenda-austria.at/publikationen/armut-ungleichheit-verteilung/armut/ (abgerufen am 16.3.2023).

den Kindern und Nachkommen. Der Staat darf nach Meinung dieser liberalen Theoretiker grundsätzlich keinen Zugriff auf das Privateigentum haben.

Das Verdienst dieser Theoretiker und der bürgerlich-liberalen Revolutionen und Reformen war, dass die staatliche Hoheitsgewalt über Personen (wie sie der Adel besaß) strikt getrennt wurde von den wirtschaftlichen Rechten Privater (Schwab 1975). Die politische Parole lautete: Umwandlung des Feudalstaats in einen Rechtsstaat. Es wäre allerdings verfehlt, den englischen liberalen Theoretikern eine Staatsfeindlichkeit zu unterstellen. So betrachtete Adam Smith staatliche Leistungen und Interventionen als essentiell auch für die Steigerung des Wohlstandes der einzelnen Menschen. Von gesellschaftlichem Fortschritt kann nur insofern gesprochen werden, als sich auch die Lage der Arbeiter und ihrer Familien verbessert. Eigentum und Vermögen war auch für Hegel (1970[1821], S. 353 f.) eine wichtige Form, in welcher „die subjektive Selbstsucht in den Beitrag zur Befriedigung der Bedürfnisse aller anderen um[schlägt]." Er weist auch auf die Unvermeidlichkeit der Ungleichheit der Vermögensverteilung hin, da das Vermögen des Einzelnen bestimmt werde durch sein Kapital, seine Geschicklichkeit (die selbst wieder bedingt ist durch ungleiche körperliche und geistige Anlagen) und die allgemeine „Zufälligkeit und Willkür".

Diese Auffassung, dass Eigentum einen Grundwert darstellt, hat ihren Niederschlag in den Verfassungen gefunden, die aus den bürgerlichen Revolutionen Ende des 18. Jahrhunderts hervorgingen. In *der Virginia Bill of Rights* von 1776, welche die Grundlage der Unabhängigkeitsklärung der USA darstellte, heißt es, alle Menschen hätten „das Recht auf Leben und Freiheit und dazu die Möglichkeit, Eigentum zu erwerben und zu behalten und Glück und Sicherheit zu erstreben und zu erlangen." Auch in der revolutionären französischen Verfassung von 1789 findet sich der Bezug auf das Eigentum: In Artikel 2 heißt es: „Das Ziel jeder politischen Vereinigung ist die Erhaltung der natürlichen und unveräußerlichen Menschenrechte. Diese Rechte sind Freiheit, Eigentum, Sicherheit und Widerstand gegen Unterdrückung."

Zum Thema Eigentum gibt es allerdings auch konträre Positionen. Berühmt ist die These des anarchistischen Frühsozialisten Pierre-Joseph Proudhon (1809–1865) „Eigentum ist Diebstahl." Seither gilt Eigentum bei radikalen sozialistischen Gesellschaftstheoretikern als etwas grundsätzlich Problematisches. Dabei gibt es allerdings auch bei diesen sehr unterschiedliche Positionen (Schwab 1975). Für Rousseau war die Erfindung des Eigentums der zivilisatorische Sündenfall schlechthin. Eigentum und Besitz verwandelten seiner Meinung nach die natürliche Lebensform der Menschen in einfachen Urgesellschaften in moderne, durch Wettbewerb, Erwerbsstreben, Ungleichheiten und Ungerechtigkeiten gekennzeichnete Gesellschaften. In seiner Preisschrift *Abhandlungen über den Ursprung und die Grundlagen der Ungleichheit unter den Menschen* von 1755 schrieb er: „Konkurrenz und Rivalität auf der einen Seite, Interessengegensätze auf der anderen, und immer der versteckte Wunsch, seinen Vorteil auf Kosten der anderen zu erlangen; alle diese Übel sind die erste Wirkung des Eigentums und die untrennbaren Begleiterscheinungen der entstehenden Ungleichheit." In diesem Sinne schrieb auch Marx in den Pariser Manuskripten, das materielle Privateigentum sei der sinnliche Ausdruck des entfremdeten menschlichen Lebens; die positive Aufhebung des Privateigentums die Aufhebung aller Entfremdung. Einen (von ihm selbst negierten) Einfluss auf Marx hatte auch das nihilistisch-anarchistische Werk von Max Stirner, *Der Einzige und sein Eigentum* (veröffentlicht 1845).

Allerdings differenzieren die sozialistischen Theoretiker zwischen verschiedenen Formen des Eigentums, vor allem zwischen Eigentum an Produktionsmitteln und an Konsumgütern. Letzteres wurde von Marx und Engels als (akzeptables) persönliches Eigentum bezeichnet, von den Kathedersozialisten als Gebrauchsvermögen. Eine wichtige neue Idee der Sozialisten war die des Gemeineigentums oder Kollektiveigentums. Insbesondere der Sozialdemokrat Ferdinand Lasalle (1825–1864) sah (im Unterschied zu Marx) in Produktivgenossenschaften, an denen die Arbeiterinnen beteiligt werden sollten, einen wichtigen Weg zur sozialen Reform.

Diese radikalen liberalen Positionen, die jeden staatlichen Eingriff in das Privateigentum ablehnen, sind jedoch ebenso wenig haltbar wie die sozialistischen Ansätze, welche es verdammen. So schreibt Veit Braun (2019): „Beiden Ansätzen ist gemein, dass sie ihr Denken und ihre Argumentation zwischen den beiden Extremen des demokratischen Gemeineigentums und des restlos privatisierten Besitzes aufspannen und stets zu einem der beiden Pole tendieren. In der Folge fühlt sich jede Betrachtung von Eigentum gezwungen, Partei für die eine oder andere Seite zu beziehen." Es besteht hier ein ähnlicher, scheinbar unlösbarer Konflikt wie zwischen liberalen und egalitären Gerechtigkeitstheorien (vgl. Kap. 11). Tatsächlich wurde und wird der Besitz und Gebrauch des Eigentums in vielerlei Hinsicht politisch-gesetzlich begrenzt und reguliert. Das geht von Besteuerung, Vorschriften über die Nutzung (etwa von Grund und Boden oder Wäldern) bis hin zum Angebot öffentlicher Leistungen (etwa im Verkehrswesen oder Wohnungsbau), welche einen entsprechenden Privatbesitz erübrigen. Der technische Fortschritt macht derartige Begrenzungen und Regulierungen immer wieder in neuer Form notwendig (man denke hier an geistiges Eigentum oder Biopatente). Auf der anderen Seite hat der Zusammenbruch des sowjetischen Modells des Staatssozialismus gezeigt, dass die Beseitigung des Privateigentums keine langfristig tragfähige Option darstellt. In China konnte sich das kommunistische System nach den Wirren der Mao-Ära regenerieren und behaupten, dies vor allem deshalb, weil es hier eine Kehrtwende vollzogen und Privateigentum zugelassen hat.

Die persönliche und gesellschaftliche Bedeutung des Privateigentums heute
Welche Rolle spielt das Privateigentum im Sinne von Wohlstand heute? Hier geht es sowohl um persönliche Besitztümer wie auch um Eigentum an Produktionsmitteln von begrenztem Umfang, d. h. Klein- und Mittelunternehmen (KMU). Betrachten wir zuerst die KMUs.

Deren Unterscheidungsmerkmal von Großunternehmen ist, dass die Mitarbeit des Eigentümers bzw. der Betriebsinhaberin eine wesentliche Rolle für den Unternehmensertrag spielt. Marx und Engels prognostizierten, dass dieses Kleinbürgertum im Zuge der kapitalistischen Entwicklung aufgerieben würde. Sie schrieben im Kommunistischen Manifest von 1848: „Unsere Epoche, die Epoche der Bourgeoisie, zeichnet sich jedoch dadurch aus, dass sie die Klassengegensätze vereinfacht hat ... Die bisherigen kleinen Mittelstände, die kleinen Industriellen, Kaufleute und Rentiers, die Handwerker und Bauern, alle diese Klassen fallen ins Proletariat hinab ..." Diese Prognose wurde auch von bürgerlichen Ökonomen übernommen. So schrieb Joseph Schumpeter in seinem berühmten Werk *Kapitalismus, Sozialismus und Demokratie* unter der Überschrift „Die Zerstörung des institutionellen Rahmens der kapitalistischen Gesellschaft", der kapitalistische Prozess greife auch die wirtschaftlichen Grundlagen des kleinen Produzenten und Kaufmanns an (Schumpeter 1946, S. 226 ff.). Auch bei den kapitalisierten Großunternehmen sei das Eigentümerinteresse praktisch verschwunden, weil dort nur mehr die Manager und Großaktionäre das Sagen hätten. Diese These vom Aufstieg der Manager und Managerinnen zur herrschenden Klasse im Kapitalismus wurde dann auch in einflussreichen Büchern US-amerikanischer Autoren wie Adolph Beck und Gardiner Means (*The Modern Corporation and Private Property*, erschienen 1932) und James Burnham (*The Managerial Revolution*, 1941) vertreten. Eine Aushöhlung der Selbständigkeit in der modernen kapitalistischen Ökonomie diagnostizierte auch der deutsche ordoliberale Wirtschaftstheoretiker Alfred Müller-Armack. So gebe es eine Tendenz zur Verpfründung, d. h. der Sicherung bestehender Unternehmen durch antiliberale Eingriffe des Staates in den Markt, durch Steuergesetze usw. Als Folge dieser Entwicklung sei in Deutschland ein eigentliches Besitzeinkommen in nennenswertem Umfang überhaupt nicht mehr vorhanden, die Selbständigkeit zahlreicher Klein- und Mittelbesitzer sei weggefallen.

Es ist offenkundig, dass diese Diagnosen bzw. Prognosen allesamt übertrieben, wenn nicht falsch waren. Man kann sich dazu Daten und Fakten über die Zahl und die wirtschaftlich-gesellschaftliche Bedeutung von Klein- und Mittelbetrieben heute vergegenwärtigen. Im Jahre 2019 waren in der EU rund 14 % aller Erwerbstätigen Selbständige, insgesamt 28,3 Mio. In Deutschland und Österreich war die Selbständigenquote etwas niedriger (rund 10 %), in Italien betrug sie dagegen sogar 21 %. Die Klein- und Mittelunternehmen (mit bis zu 250 Angestellten) machten jedoch auch in Deutschland 99 % aller Unternehmen aus und beschäftigten ein Drittel aller Erwerbstätigen[7]. In Krisenzeiten erweisen sie sich in der Regel als resistenter als Großunternehmen. Zwar befinden sich viele kleine Selbständige (und neue „Scheinselbständige") in ökonomisch prekärer Lage. Selbständig zu sein würden aber fast die Hälfte aller Erwerbstätigen (vor allem junge) dem Angestelltenstatus vorziehen. Die enorme gesellschaftliche Bedeutung der kleinen Selbständigen, etwa im Gast- und Hotelgewerbe, dem Dienstleistungs- und Kulturbereich ist auch vielen Konsumenten von deren Produkten und Dienstleistungen am Höhepunkt der Corona-Krise (März 2020-Sommer 2021) mehr als deutlich geworden, als diese zum großen Teil geschlossen bleiben mussten. Der Anteil der Selbständigen geht auch nicht

---

[7] Vgl. dazu den Bericht des Europäischen Beschäftigungsobservatoriums „Selbständige Erwerbstätigkeit in Europa 2010"; verfügbar unter http://ec.europa.eu/social/Statistik/eu/europa-selbstaendigenquote.pdf; ferner https://wko.at/sder (beide abgerufen am 2.5.2021).

signifikant zurück. In den alten Bundesländern Deutschlands blieb ihr Anteil zwischen 1991 und 2018 nahezu konstant, in den neuen Bundesländern stieg er sogar von rund 5 % auf 9 %. Heute sind in Deutschland vier Millionen Menschen als Selbständige tätig.

Zur behaupteten Ablöse der Eigentümer durch Managerinnen in Großunternehmen ist Folgendes zu bemerken. Manager haben zweifellos zum Teil von den Unternehmenseigentümerinnen abweichende Interessen. Von einer Ablöse der letzteren durch die ersteren kann aber keine Rede sein. Selbst in vergesellschafteten und größeren Unternehmen dominieren die Eigeninteressen. So wird nur ein Fünftel der 450.000 GmbHs von Geschäftsführern gemanagt, die nicht auch zum Kreis der Eigentümer gehören; in der Industrie sind 85 % der Unternehmen eigentümergeführt. Paul Windolf (1997) stellt fest, dass an die Stelle der klassischen Unternehmer-Patriarchen Managerinnen-Kollektive getreten sind. Innerhalb dieser spielen aber auch Eigentümer-Interessen eine wichtige Rolle; so kaufen die Manager selbst oft das eigene oder andere Unternehmen. Eigentum stellt also weiterhin eine entscheidende Machtressource dar.

Die häufigste Form von persönlichem Privateigentum ist der Besitz einer Wohnung oder eines Hauses. Der Traum vom *Eigenheim* ist aktuell wie eh und je. Mehr als die Hälfte aller Deutschen wünschen sich ein solches und fast ebenso viele haben es auch realisiert; in Frankreich sogar über 50 %, in Großbritannien zwei Drittel und in vielen Ländern Süd- und Osteuropas drei Viertel bis 90 % der Bevölkerung.[8] Auch in den USA ist das Eigenheim weit verbreitet und ein fest verankerter Teil des *American Dream;* er ließ dort seit jeher die Suburbs der Großstädte wachsen und wachsen. Historische, sozialstrukturelle und institutionelle Differenzen zwischen den USA und Europa, aber auch innerhalb Europas erklären die großen Differenzen im Anteil von Eigenheimen. Ein Einfamilienhaus ist in Europa für Menschen, die keine hohen Einkommen beziehen, heute fast nur auf dem Land realisierbar. Hier sind aber selbst Arbeiterinnen in der Lage, sich ein schönes Haus zu bauen. In den Städten hängt die Quote an Eigentumswohnungen auch mit der Wohnbaupolitik eines Landes und einer Gemeinde zusammen. Wenn es eine große Zahl an Wohnungen gibt, die von öffentlicher Hand errichtet werden – wie es etwa in Wien der Fall ist – ist der Anteil privater Wohnungsbesitzer deutlich geringer.

Man darf den Besitz von Eigenheimen aber nicht idealisieren. Damit sind auch vielerlei gesellschaftlich-ökologische wie auch persönliche Probleme verbunden. Nur diese zu sehen ist aber genauso einseitig. So sind auch manche Thesen im Band *Der Einzige und sein Eigenheim* von Pierre Bourdieu (2002) als (eher konservative) diskutable Kulturkritik einzustufen. Darin wird zu Recht auf die Probleme der Landschaftszersiedelung und den in der Folge zunehmenden Verkehr hingewiesen. Es wird aber auch behauptet, in den neuen Wohnsiedlungen entstünden Probleme der Vereinzelung, es fehlten nachbarschaftliche und verwandtschaftliche Beziehungen, der Zwang zum Autofahren unterbinde gemeinsame Kneipenbesuche im Anschluss an die Arbeit. Es wird auch auf die problematische Liberalisierung des Haus- und Wohnungsmarktes hingewiesen, auf den Druck, den

---

[8] Nach Daten von Eurostat für 2010; dargestellt von der Bundesgeschäftsstelle der Landesbausparkassen in: https://www.presseportal.de/pm/35604/2322072 (abgerufen am 26.4.2021).

Banken und Kreditinstitute oft auch auf finanziell nicht üppig ausgestatte Personen ausüben, Kredite aufzunehmen, und die oft schlechte Ausführung der Arbeiten. All dies führe zu einer „Vereigenheimung", die offensichtlich mehr private und öffentliche Nachteile als Vorteile mit sich bringe. Die Menschen selbst sehen das offensichtlich anders.

Wir können aus all diesen Studien folgern: Wir sollten als Sozialwissenschaftler und -wissenschaftlerinnen nicht nur die Probleme aufzeigen, welche Reichtum und Wohlstand verursachen, sondern auch die Chancen herausarbeiten, die damit verbunden sind. Aus dieser Sicht bleibt Vermögensbildung eine wichtige Aufgabe der Sozial- und Wirtschaftspolitik heute (Druyen et al. 2009). Dass Wohlstand für den größten Teil der Bevölkerung und für manche sogar Reichtum ein Lebensziel oder zumindest eine Wunschvorstellung ist, steht außer Frage. Dafür gibt es viele Indizien. Relevant sind hier die Befunde der Vermächtnisstudie des Wissenschaftszentrums Berlin für Sozialforschung, in der die Wünsche, Lebensgefühle und Zukunftserwartungen einer großen Stichprobe mit Hilfe unterschiedlicher Methoden untersucht wurden (Allmendinger 2017).

Ein klarer Befund war, dass eigener Besitz für die große Mehrheit sehr wichtig ist, ebenso wie die Möglichkeit, ihn zu vererben. Die Ergebnisse zeigen nach Meinung der Autorin, dass für Prognosen vom Ende des Kapitalismus jeder empirische Beleg fehle; Besitz werde nicht unwichtiger, ganz im Gegenteil. Und auch der Statuserhalt durch Besitz bleibe wichtig (Allmendinger 2017).

Man kann noch weitere Indizien für die Bedeutung von Wohlstand anführen. Zwei davon sollen kurz angesprochen werden. Eine ist das Lottospielen. Daran nehmen über sieben Millionen Deutsche jährlich teil. Angesichts der minimalen Gewinnchancen und der doch erheblichen Ausgaben bei regelmäßigem Spielen siegt beim Lottospielen „die Hoffnung über den Verstand", wie der Managementprofessor Jens Perret und der Psychologe Anton Formann feststellten.[9] Dabei träumen viele Teilnehmer offenkundig nicht nur von einem schönen und gesicherten Leben, sondern sogar von Reichtum. So schnellen die Zahlen der Lottospielerinnen hoch, wenn etwa in der Euromillionen-Lotterie Gewinnsummen von 50 Mio., bei Super-Jackpots bis zu 200 Mio. € in Aussicht stehen. Dabei zeigen Studien, dass die meisten Menschen mit so hohen Gewinnen hoffnungslos überfordert sind, viele das Geld viel zu schnell und unbedacht ausgeben. Manche nehmen hohe Kredite auf und häufen Schulden an, stürzen in der Folge aber geschäftlich ab und verarmen.[10]

---

[9] Vgl. dazu „Wenn der Verstand aussetzt", Focus online, 15.11.2013.
[10] Im Buch von Zitelmann (2015), wird der US-Amerikaner David Lee Edwards aus Kentucky genannt, der 2001 41 Mio. gewann, diese aber durch luxuriöse Einkäufe bald verbraucht hatte, gepfändet wurde und in einer Lagerhalle verarmt starb. Ein anderes Beispiel ist der erste Schweizer Lottomillionär Werner Bruni 1979; er verspekulierte sich mit einem Mehrfamilienhaus und meldete sechs Jahre nach seinem Gewinn Konkurs an. 2014 starb er verarmt (vgl. https://www.watson.ch/schweiz/wissen/240106107-versoffen-verspekuliert-verhaftet-das-pech-der-schweizer-lotto-millionaere, abgerufen am 26.4.2021). In diesem Bericht werden auch weitere Beispiele von Gewinnern von Riesensummen gegeben, die damit alles andere als glücklich wurden.

Ein anderes Indiz der Bedeutung von Wohlstand für die Menschen sind die *internationalen Migrationsströme*. Diese entstehen vor allem aufgrund des Wohlstandsgefälles zwischen armen und reichen Ländern (Han 2010). So haben die enormen Einkommensdifferenzen, die zwischen den alten und den neuen, osteuropäischen EU-Mitgliedsstaaten in Verbindung mit der Niederlassungsfreiheit und dem Beschäftigungsrecht von EU-Bürgern und -Bürgerinnen in allen Mitgliedsländern zu einer Massenemigration von schätzungsweise 17 Mio. Menschen von Ost- nach Westeuropa geführt. Davon profitieren die ersteren enorm, während die letzteren auch erhebliche negative Konsequenzen in Kauf nehmen müssen (Haller und Verwiebe 2016). Ein schlagender Beweis für die Bedeutung des Wohlstands in den Augen der Menschen war die Flucht von über zweieinhalb Millionen Menschen aus der DDR in die BRD in den 1950er Jahren, sodass sich die DDR gezwungen sah, 1961 die Berliner Mauer zu errichten. Selbst danach und trotz scharfer Grenzkontrollen versuchten bis Ende der 1980er Jahre noch über 200.000 Menschen die lebensgefährliche Flucht.[11] Für viele davon war das enorme Wohlstandsgefälle zwischen beiden Ländern zweifellos einer der Hauptgründe, obwohl die meisten an erster Stelle angaben, die Freiheit gesucht zu haben. Diese Antwort war zweifellos die beste, wenn man als Flüchtling um Aufnahme in der BRD ansuchte. 1960 lag das durchschnittliche Haushaltseinkommen in der BRD um 30 % über dem in der DDR (500 zu 800 Mark), 1982 betrug es fast das Dreifache (1600 zu 23.600 DM). Dieses zunehmende Wohlstandsgefälle war deshalb ein noch explosiveres Faktum als etwa in Polen oder der Tschechoslowakei, weil es den Bürgerinnen der DDR durch das westdeutsche Fernsehen tagtäglich vor Augen geführt wurde.

Die Gier der Superreichen – Mythos und Realität
Reichtum war und ist vielen Menschen per se verdächtig. Schon in der Bibel steht der bekannte Satz: „Eher geht ein Kamel durch ein Nadelöhr, als dass ein Reicher in das Reich Gottes gelangt".[12] Luxus wird assoziiert mit Begriffen wie Überfluss, Pracht, Prunk, Reichtum, Verschwendung. Eine Kritik des Luxus und des Geldes findet sich bei vielen Schriftstellern und Theoretikern seit der Antike. Plato und Aristoteles beurteilten Luxus negativ, als „Übermaß von Begierden, das alle ‚natürlichen' Schranken und Bindungen zerstört" (Helferich 2012, S. 33). Auch der aufgeklärte Staatstheoretiker Montesquieu sah den Luxus sehr kritisch; er steht für ihn im Gegensatz zum Geist der Selbstzucht. Ähnliche Ansichten gibt es bis heute in verschiedensten Lagern: bei Linken, Alternativen und Umweltaktivisten; bei Medien und NGOs, welche die krasse Ungleichheit der

---

[11] Vgl. dazu https://de.wikipedia.org/wiki/Flucht_aus_der_Sowjetischen_Besatzungszone_und_der _DDR (abgerufen am 31.8.2023).

[12] Markus 10,25. Der gleiche Satz steht auch im Lukas- und Matthäus-Evangelium. Er muss also, wenn er von Jesus so formuliert wurde, auf seine Zuhörer großen Eindruck gemacht haben, oder die Evangelisten fanden ihn so wichtig, dass sie ihn voneinander übernommen.

Vermögensverteilung anprangern.[13] Die negative Haltung der Bibel gilt in den christlichen Kirchen bis heute. So beklagte etwa Papst Johannes XXIII. In seiner Enzyklika *Mater et Magistra* den Überfluss und hemmungslosen Luxus weniger Reicher. Der bereits zitierte US-Ökonom John Kenneth Galbraith (1959, S. 7) schrieb im gleichen Sinn, reich zu sein habe seine Vorteile, aber der Reichtum sei ein „Feind des Denkens"; der Reiche würde dazu neigen, mit seinem Reichtum falsch umzugehen und sich dabei höchst unklug anzustellen. Diese kritische Haltung zu Reichen findet sich auch in Kinder- und Jugendbüchern. Die Autoren einer Inhaltsanalyse solcher Bücher kommen zu diesem Schluss: „Die Protagonisten sind reich, aber niemand weiß, wie der Reichtum erworben worden ist. Unternehmer sind unsympathisch und sehr knapp dargestellt … die wirtschaftlichen Voraussetzungen für Wohlstand und Reichtum (werden) nicht beachtet" (Schlösser u. a. 2021, S. 5).

Das Streben nach Reichtum wird also vielfach als fragwürdig angesehen. Es sei unersättlich, weil jeder mehr haben wolle als der andere, wie der norwegisch-US-amerikanische Soziologe Thorstein Veblen in seinem bekannten Buch *Theorie der feinen Leute* 1899 schrieb (Veblen 1971). Die wirklich Reichen waren für ihn jene, die ihren Reichtum durch Müßiggang und demonstrativen Konsum zeigen. Dies entspricht den Befunden der umfassenden Studie des Soziologen Ferdinand Lundberg (1971) über *Die Reichen und die Superreichen in Amerika*. Er fand, dass sich der Lebensstil der reichsten Menschen seit der Zeit der Pharaonen wenig verändert hat: Sie leben durchwegs in „Palästen", pflegen ausgefallene und teure Hobbies (Sammeln von Pferden, Kunstwerken usw.), haben Häuser in mehreren Städten und Ländern. Trotzdem haben auch sie Probleme: Langeweile und Müßiggang sind quasi ihre „Berufsgefahren." Lundberg zeigte allerdings auch, dass Reichtum niemandem in den Schoß fällt. Seine Erhaltung und Vermehrung wird gesichert und gefördert durch Zusammenhalt in der erweiterten Familie bzw. Verwandtschaft (die mehrere hundert Personen umfassen kann), engste Kontakte zu führenden Politikern, Unterstützung von (meist konservativen und rechts stehenden) Parteien bis hin zu Bestechung und Korruption. Seit den Zeiten von Veblen scheint sich im Selbstverständnis der Reichen allerdings ein gewisser Wandel vollzogen zu haben. In einer soziologischen Studie über Reiche in New York fand Rachel Sherman, dass diese durch eine erhebliche Ambivalenz und auch Ängste gekennzeichnet waren: Sie versuchen, ihren Reichtum eher zu verbergen bzw. ihn durch Arbeit zu legitimieren und bezeichnen sich eher als der „gesellschaftlichen Mitte" zugehörig (Sherman 2017).

Zweifellos ist eine sehr kritische Haltung gegenüber Superreichen, die unvorstellbar große Vermögen (10 und mehr Milliarden Euro) besitzen, auch am Anfang des 21. Jahrhunderts mehr als angebracht. Das gilt genauso für die Neuankömmlinge unter ihnen, wie die innovativen Gründer von Microsoft, Amazon, Facebook, Ikea, Tesla usw. Sie

---

[13] Herausragend ist hier die in England lokalisierte internationale NGO Oxfam, deren plakative Schlagzeilen immer wieder Eingang in die Medien finden; etwa darüber, dass 45 Superreiche so viel besitzen wie die Hälfte der Weltbevölkerung. Vgl. https://www.welt.de/wirtschaft/article172684758/Oxfam-42-Milliardaere-besitzen-so-viel-wie-die-halbe-Welt.html (abgerufen am 23.4.2023).

umgehen in vielen Ländern, in denen sie ihre enormen Gewinne einstreichen, arbeitsrechtliche Regeln und hinterziehen oder zahlen überhaupt keine Steuern, weil sie Gewinne in Niedrigsteueroasen verlagern. In den USA beschäftigen ihre Konzerne Legionen von Rechtsanwälten, um ihre Interessen auch auf (halb-) legale Weise durchzusetzen; bei Vergehen werden sie rechtlich meist viel weniger belangt als Normalsterbliche. Die Superreichen beeinflussen die Politik in Demokratien über Parteispenden, im globalen Süden durch Bestechungen und überall setzen sie Politiker unter Druck (Sayer 2015). In Ländern wie Brasilien beschäftigen große nationale und multinationale Konzerne oft Schlägertrupps, die Indigene von ihren Wohnregionen vertreiben, damit sie Urwälder abholzen und Bodenschätze abbauen können. Unersättlichkeit der Begierden, Konsumismus und ökonomische Gier sind nach Meinung zeitgenössischer kritischer Ökonominnen heute aber auch in der Bevölkerung verbreitet und kritisch zu sehen (Hörl 2011).

Trotz all dieser Fakten dürfen nicht alle Wohlhabenden und Reichen mit den aggressiven Superkapitalisten in einen Topf geworfen werden. Wohlstand, ja selbst Reichtum, dürfen nicht per se als etwas gesehen werden, dass nur auf illegalem Wege zustande gekommen ist. Die extrem hohen Einkommen der Reichsten der Welt wurden wohl nur zu einem geringeren Teil durch ihre Ellbogentaktiken und fragwürdigen Ausbeutungspraktiken erwirtschaftet. Der zentrale Faktor für ihren Reichtum war, dass die Unternehmen, die sie gründeten und deren Aktien sie zu einem guten Teil besitzen, im Wert ungeheuer gestiegen sind. Diese Werte können aber auch in kurzer Zeit wieder stark fallen. Ein erheblicher Anteil der Reichen und Superreichen sind *self-made men*. Dies erkennt man auch daran, dass die Personen in den Listen der reichsten Männer der Welt innerhalb weniger Jahrzehnte völlig wechseln. Dauerhafte wirtschaftliche Monopole gibt es nicht, weil jede Monopolstellung durch in- und ausländische Wettbewerber bedroht ist und ein Monopol früher oder später verschwindet. Dies ist vor allem deshalb der Fall, weil grundlegende Neuerungen meist von Einzelunternehmerinnen und mittelständischen Unternehmungen ausgehen, die dann durch ihre völlig neuen Produkte und Dienste jene der alten Großunternehmen obsolet werden lassen, wie vor allem Schumpeter (1946) herausgestellt hat (vgl. auch Gilder 1981). Die extreme Konzentration des Vermögens kann man mit gutem Recht kritisch sehen, sie ist in einer kapitalistischen Gesellschaft aber nicht grundsätzlich zu ändern.

Allerdings haben viele Reiche durch ihre innovativen neuen Unternehmen ja selber und über ihre Nachahmer viele neue Arbeitsplätze geschaffen. Darüber hinaus hängt das Ausmaß der Ungleichheit in einem Lande nicht Eins-zu-Eins mit dem Anteil oder der materiellen Abgehobenheit der Reichen zusammen, und die Ungleichheit erzeugt nicht alle anderen sozialen Probleme und Übel. Thomas Piketty stellt in seinem Weltbestseller *Das Kapital im 21. Jahrhundert* fest, dass in vielen europäischen Ländern zehn Prozent der größten Vermögensbesitzer 60 % des Nationalvermögens ihr Eigen nennen. Er schreibt dazu, dass es am bestürzendsten sei, dass in all diesen Gesellschaften die Hälfte der Bevölkerung fast nichts besitze (Piketty 2014, S. 388). Worauf sich diese Bestürzung gründet, ist allerdings schwer zu sehen, ist doch eines der Länder mit der höchsten

Vermögensungleichheit Schweden. Dieses Land hat aber zugleich einen der egalitärsten Wohlfahrtsstaaten und die Lebensqualität der Bevölkerung steht weltweit an der Spitze. Offensichtlich geht es den meisten Schweden auch ohne eigenes Vermögen sehr gut. Der Hintergrund für diese Entwicklung war die Zielsetzung der schwedischen Sozialdemokraten (unter Per Albin Hansson) seit den 1920er Jahren eine „Volksheimat Schweden" *(folkhemmet)* zu errichten, in dem sich alle zusammengehörig fühlen und einen gewissen Wohlstand erreichen können (Haller 2015, S. 170). Diese Zielsetzung kommt auch zum Ausdruck in einem Aphorismus des norwegischen Schriftstellers Henrik Ibsen: „Wir stützen die Gesellschaft, indem wir Wohlstand in möglichst weite Kreise tragen".

Ähnlich äußerten sich andere Persönlichkeiten mit einem ganz anderen ideologischen Hintergrund. Vom katholischen Kämpfer für die Verbesserung der Lage der Arbeiter, Adolph Kolping stammt der Satz: „Das Familienleben und sein Wohlstand ist wichtiger als alle Wissenschaft der Gelehrten, als alle Kunst großer Geister, als alle Macht der Mächtigen". Vom ehemaligen US-Präsidenten Richard Nixon soll der Satz stammen: „Nur wenn der Wohlstand tiefe Wurzeln schlägt, stehen die Menschenrechte auf einem soliden Fuß". Diese Definition erinnert an Aristoteles, demzufolge eine politische Gemeinschaft dann am stabilsten ist, wenn sie von einer breiten Mittelklasse getragen wird. So forderte Aristoteles, dass der Staat auch für einen angemessenen Wohlstand der Armen sorgen müsse, weil davon auch die Reichen profitieren würden; man könnte Staatsgelder für den Ankauf von Bauernstellen aufwenden und Wohlhabende könnten Startkapital für Handwerksbetriebe zur Verfügung stellen. Der Begriff des Wohlstands spielte im Übrigen auch im Rahmen der dominanten deutschen Sozialstrukturtheorie, der These vom Bedeutungsverlust der vertikalen Klassen- und Schichtstruktur eine zentrale Rolle (Haller 2006). Einer ihrer einflussreichen Vertreter, der Münchner Soziologieprofessor Karl-Martin Bolte, verwendete etwa den Begriff einer „pluraldifferenzierten Wohlstandsgesellschaft."

Die gesellschaftliche Bedeutung des Wohlstands

Wirtschaftswachstum als Fortschritt?
Wohlstand hängt eng mit Wirtschaftswachstum zusammen. Kann dieses selbst als Ziel und Grundwert angesehen werden? Kann Wirtschaftswachstum und steigendes Einkommen mit Fortschritt assoziiert werden? Der Ökonom Hans-Jürgen Schlösser (2007) zählte, wie in Kap. 3 erwähnt, auch Fortschritt zu den vier grundlegenden gesellschaftlichen Werten. Fortschritt ist natürlich per se positiv besetzt. Der moderne Fortschrittsgedanke, schon im Hochmittelalter begründet durch Francis Bacon, setzt Fortschritt jedoch gleich mit „neu" und beurteilt in per se als gut (Spiekermann 2019). Bei Albertus Magnus, einem Zeitgenossen von Bacon, sollte sich das Neue noch harmonisch in die natürliche Ordnung der Dinge einfügen. Aber Fortschritt im modernen Sinn als ein Grundziel gesellschaftlich-politischer Entwicklung zu definieren, erscheint nahezu als tautologisch. Fortschritt ist

aber ein viel zu breiter Begriff, als dass man ihn als Kandidat für einen gesellschaftlichen Grundwert ansehen könnte. Man kann drei Konzepte von Fortschritt unterscheiden: der Fortschritt einer Gesellschaft (oder der Menschheit) insgesamt; der Fortschritt in einzelnen gesellschaftlichen Bereichen; „technischer" Fortschritt in ganz konkreten Sachgebieten.

Der umfassende Fortschrittsbegriff im ersteren Sinne ist heute wohl nicht mehr vertretbar; er setzt einen Maßstab voraus, den man nur im Rahmen einer teleologischen Geschichtsauffassung (wie bei Hegel und anderen Denkern des 19. Jahrhunderts) vertreten kann. (Theorien dieser Art wurden bereits in Kap. 4 kritisch dargestellt). Die in diesem Buch entwickelte These, dass es einen Fortschritt bei der Durchsetzung der gesellschaftlichen Grundwerte gibt, ist viel spezifischer. Hier muss die Frage des Fortschritts auf ganz spezifische gesellschaftliche Bereiche, Interessen und Werte bezogen werden. Fortschritt im spezifisch-technischen Sinne ist eindeutig definierbar. Man denke hier etwa an den Fortschritt der Wissenschaft, der ein unbestreitbares Faktum ist. Für den Kulturhistoriker Peter Watson (2000) war insbesondere der Fortschritt in Naturwissenschaften und Technik bedeutsam nicht nur deshalb, weil er unsere Lebensverhältnisse revolutionierte, sondern auch die Art unseres Denkens massiv veränderte.

Diskutabel ist, ob man von Fortschritt im zweiten Sinne sprechen kann, von einer relativ umfassenden Verbesserung der wirtschaftlich-sozialen Lebensverhältnisse. Fortschritt in diesem Sinne wird meist als *Wirtschaftswachstum* verstanden. Seit Schumpeter und Keynes steht dieses für die Ökonominnen im Zentrum der Betrachtung und die meisten versprechen sich davon sehr viel (Sedlacek 2013). Wirtschaftswachstum wird vielfach auch als zentrales Mittel zur Beseitigung von Armut angesehen.

Ein Zusammenhang zwischen Wirtschaftswachstum und Fortschritt im weitesten Sinne ist ohne Zweifel in hohem Maße gegeben. So weist Guido Mingels (2017) in seinem Buch mit dem Titel *Früher war alles schlechter* auf folgende Fakten hin: Vor 200 Jahren, als materieller Wohlstand noch einer kleinen Elite vorbehalten war, lebten 90 % aller Menschen in Armut, 2011 waren es noch rund 14 %. 1990 gab es noch 2 Mrd. Menschen in absoluter Armut (mit weniger als 1,90 $ pro Tag), das war ein Drittel der Weltbevölkerung; bis 2015 sank diese Zahl auf 700 Mio., ca. 10 % der Weltbevölkerung. Dieser Rückgang war zum größten Teil auf das Wirtschaftswachstum zurückzuführen, vor allem in China. Dass damit auch eine massive Verbesserung der Lebensqualität verbunden war, zeigt sich in der Steigerung der Lebenserwartung von 50 oder weniger Jahren um 1900 auf gut 80 Jahre in den fortgeschrittenen Ländern heute. Es ist ein bemerkenswertes Faktum, dass diese positiven Trends auch von Gebildeten weit unterschätzt werden. Dies hat der schwedische Epidemiologe Hans Rosling (2018) in einer großen Anzahl von Bereichen dokumentiert; er fand, jede von ihm befragte Gruppe meinte, die Welt sei heute weitaus bedrohlicher und die globale Situation hoffnungsloser und dramatischer als sie es tatsächlich ist.

Das Ziel des Wirtschaftswachstums ist allerdings schon seit den 1950er Jahren stark unter Beschuss gekommen. Heute argumentieren sogar Ökonomen, dass Wohlstand auch ohne quantitatives Wachstum möglich sei (Miegel 2011). In der Wachstumskritik gibt es zumindest drei Strömungen (Steurer 2010): eine soziale Wachstumskritik, vertreten von Fortschrittskritikern und Theoretikern der sozialen Grenzen des Wachstums (wie Leopold Kohr, E.F. Schumacher und Fred Hirsch); eine umweltbezogene Wachstumskritik (paradigmatisch dafür die *Club-of-Rome* Publikation *Grenzen des Wachstums* von 1972); und neuere Vorschläge zu einer Wohlfahrtsmessung, die nicht nur das BSP/Kopf, sondern auch soziale Aspekte (wie Bildung, Gesundheit und Lebenserwartung) einbezieht.

Dafür verwenden Ökonomen den Begriff des *inklusiven Wachstums* (Cerra et al. 2022). Dieses ist gekennzeichnet dadurch, dass es für alle Bevölkerungsgruppen und in allen wichtigen Lebensbereichen Verbesserungen mit sich bringt (Reduktion der Armut, Vollbeschäftigung, gute Zugangschancen zu Bildung und Gesundheitsversorgung und anderen öffentlichen Diensten, soziales und politisches Empowerment aller gesellschaftlichen Gruppen). Das Wirtschaftswachstum soll auch nachhaltig sein, d. h. ökonomische, soziale und ökologische Belange zugleich beachten. Die konkreten Zielsetzungen bezüglich einer wirklich nachhaltigen Wirtschaftsweise unterscheiden sich allerdings deutlich voneinander und reichen von einer schwachen über eine ausgewogene bis zu einer starken Form von Nachhaltigkeit. Die letztere wäre mit dem derzeitigen Wirtschaftssystem nicht mehr vereinbar. Steurer kommt zum Schluss, die Diskussion um das Verhältnis von Wachstum und Umwelt sei mit wissenschaftlichen Methoden nicht aufzulösen, weil es dabei nicht nur um Fakten, sondern auch um unsichere Extrapolationen bisheriger Trends, um Werte sowie grundlegende (optimistische und pessimistische) Weltbilder gehe.

Aber selbst wenn man Wirtschaftswachstum nicht als gesellschaftlichen Grundwert sieht, muss es trotz aller berechtigten Vorbehalte aus zwei Gründen weiterhin als ein wichtiges politisches Ziel angesehen werden. Zum ersten, weil Wohlstandsmehrung die Herstellung von mehr Gerechtigkeit ohne massive Konflikte und Verlust an Sicherheit ermöglicht; Umverteilung ist in einer wachsenden Ökonomie leichter. So sehen auch die Menschen in reicheren Ländern die Ungleichheit weniger kritisch und die Gesellschaftsstruktur als dominiert durch mittlere Schichten, während sie in ärmeren Gesellschaften eher als eine Elite-Masse-Struktur gesehen wird (Hadler 2007). Wirtschaftswachstum ist zum anderen wichtig, weil es, wie bereits festgestellt, ein Hauptmechanismus zur Reduktion von Armut ist. Dies ist vor allem aus der Sicht der entwickelten Länder des globalen Südens wichtig, wo die öffentlichen Sozialausgaben trotz hohen Bedarfes vielfach nicht nur absolut, sondern auch relativ (im Anteil an den gesamten Staatsausgaben) weit geringer sind als in wohlhabenden Ländern.

Wohlstand als Basis für die Realisierung anderer Grundwerte
Fragen wir uns auch hier abschließend, in welchem Zusammenhang der soziale Grundwert Wohlstand mit anderen gesellschaftlichen Grundwerten steht. Wir können auch in diesem Falle sehr enge und positive Beziehungen sehen. Der Zusammenhang von Wohlstand mit den existentiellen Grundwerten liegt auf der Hand. In wohlhabenden Ländern sind Sicherheit und Frieden viel eher gegeben, lange und gesund leben kann man zweifellos weit besser, wenn man über ein gutes und ausreichendes Einkommen verfügt sowie materiell abgesichert ist. Ein Wohnungs- oder Hausbesitzer braucht nicht fürchten, bei

finanziellen Problemen die Miete nicht mehr bezahlen zu können und gekündigt zu werden. Dieser Zusammenhang gilt auch auf der kollektiven Ebene. Wohlhabende Staaten werden weniger zu unberechenbarem und aggressivem Verhalten gegenüber Nachbarländern neigen, unter anderem weil sie intern weniger spaltende Konflikte aufweisen und eher demokratische Regierungen haben.

Auch die Möglichkeit zur Realisierung der politischen Grundwerte hängt stark mit der materiellen Lage der Menschen und mit dem sozioökonomischen Entwicklungsniveau einer Gesellschaft zusammen. In Bezug auf Freiheit gilt: Erst wenn man über ein gesichertes und ausreichendes Einkommen verfügt, kann man über viele Dinge frei entscheiden bzw. ihren Erwerb oder ihre Nutzung überhaupt erst in Betracht ziehen. Ich kann überlegen, ob ich einen Urlaub mache oder etwas anschaffe, ich habe eine gewisse Freiheit in Bezug auf die Art des Urlaubs, den ich machen kann usw. Alle Studien über politische Partizipation zeigen, dass diese deutlich positiv mit der sozialen Lage und Schichtzugehörigkeit (Bildung, Einkommen, Berufsstatus) korreliert. Wer in materiell gesicherten Umständen lebt, hat auch ein positiveres Bild von der Politik. An Bürgeraktivitäten im Rahmen städtischer Wohnviertel beteiligen sich Wohnungs- und Hausbesitzer überproportional häufig, weil sie stärker an ihren Wohnort gebunden sind. Das Gefühl, das eigene Leben doch in erheblichem Maße nach eigenen Vorstellungen gestalten zu können, wird sich auch auf das Bild von der Politik übertragen. Man wird daher eher wählen gehen und sich politisch engagieren, weil man auch glaubt, etwas bewirken zu können.

Auf diesen Aspekt hat vor allem Amartya Sen (2007) mit seinem Konzept der Bedeutung der Befähigung hingewiesen. Ähnliches meint der Begriff *empowerment,* nämlich die Ausstattung der Menschen mit wichtigen Ressourcen und die Fähigkeit zu ihrer Aktualisierung. Deutliche Effekte hat Wohlstand auch auf der Makroebene: praktisch alle wirtschaftlich hochentwickelten Länder der Welt sind demokratisch. Ronald Inglehart hat in seinen einflussreichen Publikationen Wohlstand als wichtige Grundlage für Wertewandel in Richtung eines Postmaterialismus gesehen, in dessen Rahmen politische Beteiligung wichtiger wird.[14] Wirtschaftliche Sicherheit und soziale Absicherung aller Mitglieder einer Gesellschaft fördern zweifellos die Etablierung und Dauerhaftigkeit demokratischer Strukturen. Eine gut etablierte Demokratie und gesicherte Rechtsstaatlichkeit werden ihrerseits wirtschaftliche Entwicklung positiv beeinflussen. Dies belegt am besten das Beispiel der Schweiz. Dieses Land ist eine der ältesten und stärksten Demokratien der Welt und war in der Lage, sich seit mehreren hundert Jahren aus Kriegen herauszuhalten. Dass es heute zu den reichsten Ländern der Erde gehört, hängt zweifellos damit zusammen.

Eine wichtige Frage ist der Zusammenhang zwischen Wohlstand und Gerechtigkeit. Beim Erwerb bzw. Vorliegen von Reichtum im vorhin angesprochenen Sinne ist natürlich

---

[14] Vgl. dazu u. a. Inglehart (1989), *Kultureller Umbruch*; Inglehart und Welzel (2005), *Modernization, Cultural Change and*. Die Theorie des Postmaterialismus von Inglehart ist allerdings einseitig, weil sie nur den wirtschaftlichen Wohlstand als Faktor für Wertwandel ansieht (vgl. dazu Haller 2002).

sehr kritisch und genau zu untersuchen, wie er zustande gekommen ist. Hier wird man, wie festgestellt, in vielerlei Hinsicht nicht nur auf Ungerechtigkeiten, sondern auch auf fragwürdige Praktiken bis hin zu Ausbeutung und Korruption stoßen. Eine zentrale Frage ist auch jene der Weitergabe von Reichtum von Eltern auf Kinder, also die Frage nach der Besteuerung von Erbschaften. Diese wird oft abgelehnt mit dem Argument, diese Vermögen seien ohnehin schon mehrfach besteuert worden. Dies ist aber insofern kein zutreffendes Gegenargument, weil die Besteuerung ja nicht auf die Vermögen als solchen abzielt, sondern auf die Personen, welche ein solches erhalten (eben die Erben). Erben widerspricht grundsätzlich auch dem Leistungsprinzip (Beckert 2013). Die scheinbar paradoxe Tatsache, dass Erbschaftsteuer von der Bevölkerung mehrheitlich abgelehnt wird, kann mit zwei Gründen erklärt werden: Zum einen befürchten viele, die auch nur ein kleines Vermögen besitzen (oder zu erben hoffen), durch eine solche Steuer selber betroffen zu werden. Zum anderen wird das Vermögen als Familienbesitz gesehen, was nicht ganz abwegig ist, da oft viele Familienmitglieder an seinem Aufbau mitgewirkt haben. Eine staatliche Besteuerung der Vererbung wird daher als Eingriff in die Privatsphäre gesehen.

Diese ablehnende Haltung in der Bevölkerung erklärt wohl auch, dass selbst sozialdemokratische Parteien, wie in Österreich, die Abschaffung der Erbschaftssteuer mitgetragen und zugleich einem Gesetz für Privatstiftungen zugestimmt haben, welches für die Reichen sehr steuerschonend ist (Gaisbauer et al. 2013). Thomas Piketty (2014) zeigte für Frankreich (wo es hierzu die besten historischen Daten gibt), dass sich der Anteil des Erbvolumens am Nationaleinkommen von 1915 bis 1950 stark reduziert hat (auf ca. 5 %) und seither wieder im Ansteigen ist (um 2010 lag es bei ca. 15 %). Es geht bei Erbschaften also um enorme Summen. Der Rückgang 1915–1950 erfolgte durch die Inflation, Wirtschaftskrise, Weltkriege und Vertreibungen. Die implizite These von Piketty, dass als Folge von Vererbung eine zunehmende Konzentration der Vermögen zu erwarten ist, stimmt jedoch nicht. Nach Studien von Ökonomen ist in Deutschland nur ein Drittel des Gesamtvermögens vererbt; deutlich höher ist dieser Anteil allerdings bei jenem Prozent mit dem höchsten Nettovermögen.[15]

Erbschaft widerspricht auf den ersten Blick zweifellos dem Prinzip der Meritokratie[16]. Damit die Erbschaftsteuer, für die es eine Reihe von Gründen gibt, aber akzeptiert wird, müssten sie selbstverständlich progressiv nach Höhe der Erbschaft gestaffelt sein und auch die Interessen des Fortbestandes von Unternehmen beachten (Beckert 2013; Gaisbauer et al. 2013).

Schließlich ist evident, dass Wohlstand auch für die Realisierung der sozialen Grundwerte Menschenwürde und soziale Inklusion förderlich ist. Die Selbstachtung wird zweifellos gefördert, wenn man frei ist von alltäglichen Sorgen um das Überleben, ein ausreichendes und gesichertes Einkommen hat und vielleicht auch eine Wohnung oder

---

[15] Vgl. https://www.welt.de/finanzen/article139832678/So-sind-die-Deutschen-an-ihr-Vermoegen-gekommen.html (abgerufen am 17.3.2023).

[16] Es gibt jedoch neben diesem auch andere, legitime Prinzipien der Verteilung (so etwa das Prinzip des Basisbedarfs).

ein Eigenheim besitzt. Ebenso wird die Achtung für Mitmenschen steigen, wenn man sieht, dass diese in „guten" Verhältnissen leben. Hierbei besteht allerdings die Gefahr, dass man nur auf das Äußere sieht und dieses überbetont, wie es im US-amerikanischen Sprichwort *keeping up with the Joneses* zum Ausdruck kommt. Grundsätzlich scheint aber auch hier die von Gilder (1981) aufgestellte „goldene Regel" der Wirtschaft zu gelten: der Glaube, dass das Glück der anderen am Ende auch einem selbst nützt. Seiner Meinung nach liegt hierin der Schlüssel zu Frieden und Wohlstand.

In diesem Sinne schrieb schon David Hume, er bete für eine blühende Wirtschaft in Deutschland, Spanien, Italien und sogar Frankreich, weil er überzeugt sei, dass alle Nationen zu größerer Blüte gelangen könnten, wenn sie eine großzügige und aufrichtige Anteilnahme füreinander hegen.[17] In dieser Hinsicht bietet heute die Globalisierung ein unerhörtes Potential (Näheres dazu in Kap. 17). Ein gewisser Wohlstand sowohl auf der individuellen wie auf der kollektiven Ebene ist auch unerlässlich, damit sich Kultur und Kunst in einer Gesellschaft entwickeln können. Erst dadurch wird es für einen relevanten Teil der Bevölkerung eines Landes möglich, sich mit Dingen zu beschäftigen, die für die Erhaltung des Lebens nicht unmittelbar nötig sind wie Albert Einstein (1981) feststellte. Auf der anderen Seite kann eine starke (Hoch-) Kultur auch wirtschaftlichen Wohlstand fördern.

---

[17] Aus Hume, Essays, Moral. Political and Literary; zitiert in Gilder 1981, S. 19.

Teil V
Die Universalität der Grundwerte

Koexistenz, Konflikt oder Komplementarität? Werte und gesellschaftliche Kontexte

16

> „Integration in ihren verschiedenen Formen ist ein Merkmal aller Gemeinschaften, die innerhalb einer Gesellschaft bestehen. Familien, Nachbarschaften, Polizei und ganze Armeen, Universitäten, Freundschaften sind alle intern mehr oder weniger integriert ... Jedes dieser kleineren Kollektive ist aber auch mehr oder weniger eng in die größere Gesellschaft integriert .... Es ist vor allem dieser Bezug auf das moralische Zentrum der Gesellschaft, deren Standards und Regeln, welche eine Institution zu einem Teil der Gesellschaft machen, die von ihren Mitgliedern und Außenstehenden als eine solche wahrgenommen wird."

Edward Shils (1982)[1]

Eine zentrale Frage jeder Werttheorie und Werteforschung lautet, wie sich die auf verschiedenen gesellschaftlichen Ebenen bzw. in unterschiedlichen sozialen Einheiten relevanten Werte zueinander verhalten. Gelten auf der Ebene des Nationalstaates die gleichen Werte oder andere als in kleineren Einheiten wie Organisationen oder Familien? Gilt in der Wirtschaft und für gewinnorientierte Unternehmen ein rücksichtsloses Wettbewerbsprinzip, in Sozialeinrichtungen die Prinzipien von Fürsorge und Liebe, in Universitäten nur Wahrheit und Wissen? Welche Werte braucht eine Armee? Bedeutende Autoren und Autorinnen scheinen hier grundlegende Unterschiede, ja sogar Konflikte, zu sehen. Adam Smith ist der Begründer einer Ökonomie, die wirtschaftliches Handeln vor allem unter dem Prinzip von Markt und Wettbewerb sieht. Er schrieb aber auch ein Werk zur Theorie der ethischen Gefühle, in welchem er argumentiert, die Menschen seien nicht nur egoistisch, sondern auch am Schicksal anderer interessiert.

---

[1] Edward Shils (1910–1995), Prof. für Soziologie und Sozialphilosophie an der Universität Chicago, LSE und div. europäischen Universitäten; Übersetzer von Weber-Schriften in das Amerikanische, Ko-autor mit Parsons. Quelle: zusammengestellt aus Edward Shils (1982), *The Constitution of Society,* S. 47–49. (Übersetzung M.H.)

In Kap. 2 wurde gezeigt, dass Max Weber letztlich eine Unversöhnlichkeit zwischen den Grundprinzipien der verschiedenen Lebenssphären behauptet ; so stellte er sogar eine ethische Fundierung der Politik infrage. In diesem Kapitel wird die These formuliert und begründet, dass die gesellschaftlichen Grundwerte in allen sozialen Teilbereichen und Teilsystemen gelten. In den verschiedenen Teilsystemen werden lediglich jene Grundwerte besonders deutlich artikuliert und durch spezifische Normen konkretisiert, in denen diese besonders wichtig und/oder besonders gefährdet sind. Dieser Themenkomplex soll in drei Schritten entfaltet werden: Zunächst werden drei Theorien zum Verhältnis der Werte in den verschiedenen Teilbereichen der Gesellschaft vorgestellt: die Ausdifferenzierung in Subsysteme nach Parsons, welche ein gut funktionierendes System gesellschaftlicher Arbeitsteilung erzeugt; die Herausbildung sozialer Felder nach Bourdieu, die vor allem auf Interessen und Macht begründet sind; und die Unterscheidung zwischen gesellschaftlichen Wertsphären nach Weber. Im Anschluss an Weber und unter Rückgriff auf Ideen von George Herbert Mead wird sodann argumentiert, dass die gesellschaftlichen Grundwerte in jedem Teilbereich bzw. Subsystem Geltung besitzen und dass mit aufsteigendem Umfang der sozialen Kreise bzw. gesellschaftlichen Teilbereiche eine gewisse Universalisierung der Werte erfolgt. Im zweiten Teil werden die Voraussetzungen für die generelle Gültigkeit und tendenzielle Universalisierung der gesellschaftlichen Grundwerte in vier Thesen dargelegt. Im dritten Teil wird der von Soziologen seit jeher als zentral herausgestellte Trend zur Individualisierung diskutiert. Hier wird die in vielen soziologischen Zeitdiagnosen aufgestellte These kritisiert, dass damit ein Verlust an verbindlichen, allgemeinen gesellschaftlichen Werten einhergehe.

Soziale Differenzierung als Fragmentierung der Gesellschaft?

Die gesellschaftliche Ausdifferenzierung in autonome Subsysteme bzw. soziale Felder
Die bereits in den Kap. 2 und 14 angesprochene strukturell-funktionale Systemtheorie von Parsons und Luhmann (in seinen frühen Arbeiten) geht davon aus, dass sich im Rahmen der gesellschaftlichen Differenzierung Subsysteme herausbilden, die sich jeweils auf die Erfüllung von grundlegenden gesellschaftlichen Funktionen spezialisieren (Parsons 1972; Münch 1982; Luhmann 1984).[2] Parsons hat vier solcher Grundfunktionen angenommen, die er im bekannten AGIL-Schema konkretisiert hat; jedes soziale System (von der Gruppe und Organisation bis zur Gesamtgesellschaft) muss diese erfüllen. Demnach gibt es die Funktion der *Adaptation,* der Anpassung einer Gesellschaft an die sich verändernde Umwelt; diese erfüllt die Wirtschaft; die Funktion des *Goal attainment* (Zielerreichung) verfolgt das politische System; die gesellschaftliche *Integration* wird durch Institutionen der Sozialisation und sozialen Kontrolle bewerkstelligt; die *Latent*

---

[2] Zur umfangreichen neueren Literatur in der Tradition dieser Systemtheorie vgl. Joas/Knöbl (2004), *Sozialtheorie*; Staubmann (2007), Handlungstheoretische Systemtheorie; Ziemann (2009), Systemtheorie.

pattern mainentenance (Erhaltung der grundlegenden Strukturmuster und Abbau sozialer Spannungen) erfüllt das Familien- und Verwandtschaftssystem.

Jedes dieser vier Teilsysteme übt wichtige Funktionen für die Gesamtgesellschaft und damit auch für die jeweils anderen Teilsysteme aus. In jedem dieser Teilsysteme werden spezifische Rollen ausgebildet (Berufsrollen, Verwandtschaftsrollen usw.), deren Normen ihren Inhabern vorschreiben, welche Verpflichtungen sie zu erfüllen haben. Die US-amerikanische Gesellschaft, die durch die Revolution und Verfassung von 1775/ 1784 etabliert wurde, realisierte diese Prinzipien der sozialen Differenzierung erstmals. Sie konnte die traditionellen Institutionen von Adel, Staatskirche und ethnisch basierten Gemeinschaften, in denen Verwandtschaftssystem, Wirtschaft, Religion und Politik noch nicht klar getrennt waren, hinter sich lassen (Parsons 1972, S. 20). Aus diesem Ansatz folgt, dass es zwischen den Werten dieser Teilsysteme keine grundlegenden Widersprüche und Konflikte geben kann. Denn bei der Erfüllung ihrer spezifischen Funktionen kommen sich die einzelnen Subsysteme nicht ins Gehege, vielmehr ergänzen sie sich gegenseitig. Die gesamtgesellschaftliche Effizienz steigt durch die systemische Ausdifferenzierung und die damit verbundenen neuen Orientierungen, weil jedes System seine spezifischen Prinzipien besser verfolgen kann. Ein weitere Grundthese von Parsons lautet, dass die moderne Gesellschaft im Unterschied zur traditionellen durch ein spezifisches Wertesystem gekennzeichnet ist, in dem soziales Handeln und Beziehungen generell ausgezeichnet sind durch affektive Neutralität, universalistische Orientierungen, spezifische Rollenbeziehungen und Orientierungen an Leistung und Interesse (traditionelle Gesellschaften sind in all diesen Aspekten gegensätzlich strukturiert).

Diese Thesen von Parsons erscheinen im Großen und Ganzen durchaus als plausibel; Parsons erhob ja auch den Anspruch, auf der Theorie von Weber aufzubauen (auf diese Frage werden wir weiter unten zurückkommen). Bei genauerer Betrachtung zeigen sich jedoch Probleme. Dies gilt insbesondere für die Beziehungen zwischen den gesellschaftlichen Subsystemen.

Dies merkte schon Richard Münch (1982) an, der die Theorie von Parsons in dieser Hinsicht weiterentwickelte. Zwischen den Teilsystemen müssten Konflikt entstehen, wenn sie sich immer mehr nach ihrer eigenen Logik entfalten und erst nachher zueinander in Beziehung treten. Denn in den Teilsystemen herrschen jeweils unterschiedliche Werte und Prinzipien: Im ökonomischen Subsystem jenes der Rationalität und Profitmaximierung; im politischen jenes der Machtkonzentration und ihrer Kontrolle usw. Eine wertbezogene Integration der Teilsysteme erfolgt laut Münch jedoch durch Prozesse der *Interpenetration*: diese implizieren, dass sich die Sphären wechselseitig durchdringen, dass die Werte eines Bereichs teilweise auch in jene der anderen Bereiche eindringen und umgekehrt. Als Resultat bilden sich dann in allen Teilbereichen neue, allgemeinere Werte und damit entsprechende soziale Beziehungen heraus. So führte die Interpenetration von wirtschaftlichem und integrativem System dazu, dass eine neue Form von Marktgemeinschaft entsteht. In einer solchen Gemeinschaft können die Partner und Partnerinnen relativ sicher sein, dass sie von anderen nicht übervorteilt werden, was früher nicht gegeben war, als Austausch mit Partnern außerhalb der eigenen Gemeinschaft relativ selten, ungeregelt und daher oft mit Konflikten verbunden war. Die Interpenetration von Gemeinschaft und Wirtschaft führt dazu, dass Normen der Solidarität von der Gemeinschaft auf den Bereich der Wirtschaft übertragen werden; umgekehrt werden die ökonomischen Prinzipien effizienten Handelns zum Teil auch von Gemeinschaften übernommen. So müssen heute auch Familienhaushalte oder karitative Organisationen Prinzipien des wirtschaftlichen Handelns (wie effiziente Besorgung und Allokation ökonomischer Mittel) befolgen, damit sie in einer kapitalistischen Gesellschaft ihre eigenen Funktionen erfüllen können.

Letztlich durchdringen sich alle vier Subsysteme wechselseitig. Dies geschieht vor allem durch die Entwicklung universeller Handlungsprinzipien, wie sie das Recht, die Teilung und Kontrolle der politischen Macht und die Entwicklung höherer Rationalitätsstandards im kulturellen Bereich darstellen. Auch diese Ideen von Münch sind durchaus plausibel. Aber auch der um den Begriff der Interpenetration erweiterte Ansatz leidet jedoch unter den Grundschwächen aller funktionalistischen Erklärungen, auf die in Kap. 3 hingewiesen wurde.

Vier Grundprobleme des systemtheoretischen Ansatzes sind offenkundig, wenn es um die Beziehungen zwischen den verschiedenen gesellschaftlichen Teilbereichen geht. (1) Ideen und Werte werden aus Annahmen über die funktionalen Notwendigkeiten von Gesellschaften bzw. ihren Subsystemen abgeleitet. Es ist zwar die Rede von der Notwendigkeit eines „widerspruchsfreien Systems von generellen Grundnormen" (Münch 1982, S. 524). Aber es wird nicht wirklich dargestellt, welches diese Grundnormen sind. Die von Parsons herausgestellten zentralen Wertmuster *(pattern variables)* affektive Neutralität, Universalismus, Rollenübernahme und Leistung stellen nur allgemeine Handlungsorientierungen, aber keine Werte dar. Auch ist es durchaus die Frage, ob man von einer generellen Durchsetzung dieser Wertmuster in modernen Gesellschaften sprechen kann. So wurde von Dieter Seibel (1980) gezeigt, dass das Leistungsprinzip in einfachen Gesellschaften, die sich in einer Problemlage befanden, stärkere Gültigkeit hatte als in manchen modernen, saturierten Gesellschaften. (2) Unklar bleibt bei Parsons und Münch, wie die Werte durchgesetzt werden bzw. Geltung erlangen. Parsons nennt hier nur allgemein drei „Revolutionen" als Ursache dafür, die industrielle, demokratische und Bildungsrevolution. Dies ist zweifellos richtig, aber es ist auch zu fragen, wer diese Revolutionen jeweils in Gang brachte, welche Interessen dahinterstanden, welche unterschiedliche Folgen für verschiedene Gruppen und Länder sie hatten (vgl. dazu die Ausführungen in Kap. 4). (3) Die funktionalistische Perspektive macht auch keine kausalen Aussagen über die Prozesse der Interpenetration, ihre Aussagen bleiben daher vielfach beliebig und sind empirisch nicht überprüfbar. Die Rede ist nur von „Leistungen der Subsysteme". „Generalisierte Medien" (wie Geld, Macht, Wahrheit) stellen die Übertragung von Orientierungen und Leistungen innerhalb und zwischen den Teilsystemen sicher, das Recht begrenzt das ökonomische Handeln usw. Aber Teilsysteme, Medien, das Recht an sich sind keine Akteure, sie stellen nur Rahmenbedingungen für Handeln dar. (4) Die Beziehung zwischen Ideen, Werten und Interessen wird zwar thematisiert, aber nicht wirklich ausgearbeitet. Insbesondere bleibt die Rolle der letzteren unterbelichtet. Deutlich wird dies etwa im Werk *Economy and Society* (1985), in dem Parsons seine Systemtheorie auf die Sphäre der Wirtschaft anwendet. Sein zentrales Argument lautet, die ökonomische Theorie stelle eine Spezifikation der allgemeinen Handlungs- und Systemtheorie dar (Parsons und Smelser 1985). Seine Neuformulierung der zentralen ökonomischen Kategorien (Eigentum, Markt, Geld usw.) aus dieser Sicht ist jedoch letztlich nur eine begriffliche Umformulierung. Wo Parsons inhaltliche Thesen entwickelt, fällt er auf die nicht haltbare These der Theoretiker der *managerial revolution* von Berle/Means und anderen zurück, die besagt, dass die Kontrolle der kapitalistischen Unternehmen von den alten Industriebaronen und Unternehmerdynastien auf Manager übergegangen sei. Damit sei der moderne Kapitalismus beständiger als Schumpeter glaubte, obwohl sich der enge Konnex Verwandtschaft-Eigentum, der bei den ersten großen Kapitalistenfamilien Nordamerikas noch bestand, aufgelöst habe. Mit dieser „analytischen" Perspektive verliert Parsons' Ansatz die Stärke einer kritischen Kapitalismustheorie, erkennt aber auch nicht die zentrale Bedeutung der Grundwerte von Eigentum und Wohlstand. (5) Schließlich fehlen die Akteure und Prozesse, welche Veränderungen in den Subsystemen bewirken. Weder kreative Denker, innovative und charismatische politische Persönlichkeiten, hartnäckige und zielbewusste Unternehmer, noch soziale Bewegungen und empörte Menschen kommen im funktionalistischen Erklärungsschema vor.

Ein anderer, interessanter und in der Soziologie breit rezipierter Ansatz zur Erfassung der gesellschaftlichen Differenzierung ist der Begriff der *sozialen Felder* von Pierre Bourdieu (1987, 2006).[3] In diesem Ansatz spielen Interessen und Machtbeziehungen, nicht Werte, die zentrale Rolle. Laut Bourdieu ist die Gesellschaft in soziale Felder gegliedert, in denen jeweils eine bestimmte Sorte von „Kapital" zentral ist. Dieses Kapital ist Geld in der Wirtschaft, Macht in der Politik, Wissen in der Wissenschaft usw.

Die Relationen und Konflikte zwischen den Feldern und den Akteuren in diesen stehen in Zusammenhang mit den Kapitalsorten: Ihr Besitz bestimmt den Zugang zu einem Feld und die Einfluss- und Anerkennungschancen in diesem. Kapital in einem Feld kann so auch zu Vorteilen in anderen Feldern führen.

Die Position einer Person oder Gruppe im mehrdimensionalen Raum der Felder ist nicht zufällig: Personen und Familien mit hohem kulturellem Kapital verfügen tendenziell auch eher über ökonomisches Kapital, wer eine Form von Kapital besitzt, kann sich tendenziell auch andere Formen aneignen. Dieser Ansatz ist soziologisch fruchtbarer und interessanter als die Systemtheorie, weil er zu konkreten Hypothesen führt und differenzierte Analysen der in verschiedenen Feldern relevanten Ressourcen und Konflikte ermöglicht. Aber auch das Konzept der sozialen Felder und der darin herrschenden Handlungsprinzipien hat eindeutige Schwächen. Zum Ersten ist unklar, wie die Felder

---

[3] Zu Bourdieu, der wohl als weltweit meistzitierte Soziologe der Nachkriegszeit angesehen werden kann, gibt es eine umfangreiche Literatur. Zur Einführung in sein Werk vgl. Joas/Knöbl (2004), *Sozialtheorie*, S. 518–557; Barlösius (2006), *Pierre Bourdieu*; Hillebrandt (2009), *Praxistheorie*; Hasselbusch (2014), *Norbert Elias und Pierre Bourdieu*.

abzugrenzen sind. Die Annahme, dass die Felder und ihre Grenzen von den Feldteilnehmerinnen selbst bestimmt werden (Bourdieu 2006), ist kaum haltbar. Um nur ein Beispiel zu nennen: Das Feld der Wissenschaft (oder der Universitäten usw.) wird nicht (oder zumindest nicht allein) von den Wissenschaftlern selbst geschaffen, sondern von der Politik, die wissenschaftliche Akademien, Universitäten und Forschungsstätten einrichtet. Zum Zweiten ist evident, dass es sich um einen strukturalistischen Ansatz handelt, in dem ebenfalls keine konkreten Akteure vorkommen. So wird ein Feld definiert als „ein Netz oder eine Konfiguration von objektiven Relationen zwischen Positionen." Dies entspricht dem Soziologismus, wie er in Kap. 11 dargestellt und kritisiert wurde. Zum Dritten: Struktur und Konflikte in den Feldern werden durch die jeweiligen Machtdifferentiale der Teilnehmer bestimmt. Ein Kapital ist das, was in einem bestimmten Feld „zugleich als Waffe und als umkämpftes Objekt" wirksam ist, was seinem Besitzer erlaubt, Macht oder Einfluss auszuüben. Geld und Kapital verleiht Macht im Feld der Wirtschaft, Bildung und Wissen in dem der Kultur usw. Dass es in allen gesellschaftlichen Teilbereichen *auch* um Macht und Einfluss geht, steht außer Frage.[4] Darin aber die zentralen Determinanten aller sozialen Felder zu sehen, ist eine Vereinfachung (Schwingel 1993). So spielen selbst in der Wissenschaft außerwissenschaftliche Faktoren von Einfluss und Macht – herkunftsgestützte Netzwerke, statusbedingtes Prestige usw. – eine erhebliche Rolle, sind aber nicht einzige Bedingung für wissenschaftliche Karrieren, Leistung und Anerkennung. Werte wie wissenschaftliche Neugier, Interesse an Problemen, Glauben an Fortschritte der Erkenntnis usw. kommen in der Theorie von Bourdieu nicht vor.

Man kann aus dem Ansatz von Bourdieu für die Frage nach den Beziehungen zwischen verschiedenen gesellschaftlichen Kontext zwei Aspekte festhalten: Zum einen die Tatsache, dass in jedem sozialen Feld bzw. gesellschaftlichen Subsystem auch Interessen wichtig sind und diese von verschiedenen Akteuren und Gruppen unterschiedliche wahrgenommen und anerkannt bzw. bekämpft werden. Zum anderen ist die praxistheoretische These von Bourdieu relevant, dass gesamtgesellschaftliche Macht und Herrschaftsbeziehungen auch symbolisch legitimiert werden (müssen). Die „herrschenden Klassen" haben mehr Einfluss darauf, was soziokulturell anerkannt, ästhetisch als schön und gesellschaftlich als wertvoll angesehen wird.

Gesellschaftliche Teilbereiche als Wertsphären

Einen Vorschlag zur Erfassung der Differenzierung zwischen gesellschaftlichen Teilbereichen gibt es auch bei Max Weber. Er spricht von *Lebensordnungen, Lebenssphären* oder *Wertsphären*.[5] Für Weber ist die Rolle von Werten zentral für die Abgrenzung

---

[4] Diese Tatsache erklärt auch, warum die zentralen Begriffe von Bourdieu – Habitus, soziales Feld usw. – so häufig aufgegriffen werden. Sie sind sehr einfach, anschaulich und plausibel und machtbestimmte Prozesse lassen sich in der Tat in jedem sozialen Feld nachweisen. Nur ist ihre Relevanz in den verschiedenen Feldern höchst unterschiedlich.

[5] Weber hat diese Begriffe vor allem in seinen Werken zur Religionssoziologie (Weber 1988a-c) entwickelt. Wichtige Darstellungen und Versuche zur Ausformulierung dieser Theorie der Lebenssphären haben Thomas Schwinn (2001), *Differenzierung ohne Gesellschaft,* Guy Oakes (2003), Max

dieser Sphären. Die von ihm unterschiedenen Lebenssphären sind Wirtschaft, Politik, Kunst, erotisch-sexuelle Liebe, Religion; man könnte hier auch noch Recht und Wissenschaft nennen. Im Unterschied zu den beiden vorhin skizzierten Ansätzen geht Weber nicht von System- oder Strukturmerkmalen aus, sondern vom individuellen, sinnbezogenen Handeln. Jede der genannten Sphären ist durch spezifische Formen des Handelns charakterisiert. Die ökonomische Sphäre zeichnet sich durch sachlich-rationale, unpersönliche Beziehungen und Verhaltensweisen auf Märkten und in Betrieben aus. Sie ist orientiert an Geldpreisen und Zahlungen und wird durch Wettbewerb und Hierarchien (in Unternehmen) gesteuert. In der politischen Sphäre orientieren sich die Akteure, die Politiker und Bürokratinnen an der „sachlichen Pragmatik der Staatsräson", der Sicherung des Gewaltmonopols und der Erhaltung der Ordnung. Ihre Agenden und insbesondere das Gewaltmonopol müssen gesellschaftlich legitimiert sein. Die religiöse Sphäre hatte in traditionalen Gesellschaften umfassende Funktionen der Legitimierung der gesellschaftlichen Ordnung; heute ist sie auf individuelle Sinngebung, Erzeugung von Gemeinschaften und Angebot von Ritualen in kritischen Lebensphasen begrenzt. Die Sphäre der Kunst übernimmt in modernen Gesellschaften die Funktion einer „innerweltlichen Erlösung", einer Entlastung vom Alltag unter dem Druck des rationalen Denkens und Verhaltens. Die Funktion der erotischen Sphäre ist für Weber schwerer beschreibbar; sie kann außeralltägliche, spezifische tiefe Erfahrungen erzeugen.

Im Sinn Webers kann man spezifikationsstarke von spezifikationsschwachen Sphären unterscheiden (Schwinn 2014). Zu den ersteren gehören Wirtschaft, Politik, Recht und Wissenschaft (früher auch Religion): diese Bereiche bilden spezifische Verbände und Organisationen aus und haben ein hohes Sanktionspotential. Alle anderen Sphären sind spezifikationsschwach.

Welche Beziehungen bestehen zwischen diesen Sphären? Weber weist auf eine Reihe von wechselseitigen Einflüssen hin. So werde etwa die religiöse Sphäre von wirtschaftlichen Aspekten durchdrungen. Ein historisches Beispiel war das Mönchtum; dieses lehnte zwar individuellen Besitz ab, dennoch wurden Klöster selbst Stätten rationalen Wirtschaftens. Stärker aber betont Weber den Konflikt zwischen den verschiedenen Sphären. Indem sich die Religion zur sublimierten Erlösungsreligion entwickelte, stieß sie immer mehr mit der rationalen Wirtschaft zusammen; die mit Geldpreisen operierende, moderne rationale Wirtschaft wurde jeglicher Beziehung zu religiöser Brüderlichkeitsethik unzugänglich; dem künstlerischen Schaffen können ethische Normen als Vergewaltigung des Schöpferischen und der Persönlichkeit erscheinen.

Weber diagnostiziert vor allem einen Grundkonflikt zwischen ethisch-religiösen Normen und der sich immer mehr ausdifferenzierenden weltlichen Kultur. Die Entwicklung scheint insgesamt zu einem Konflikt zwischen rationalem Anspruch und Wirklichkeit,

---

Weber on Value Rationality and Value Spheres, Wolfgang Schluchter (2006, S. 234–272)), *Grundlegungen der Soziologie I* und zuletzt Silvia Terpe (2020), Working with Max Weber's 'spheres of life' vorgelegt.

rationaler Ethik und teils rationalen, teils irrationalen Werten zu führen. Mit jeder Herauspräparierung der spezifischen Eigenart aller in der Welt vorkommenden Sondersphären wird dieser Konflikt immer schroffer und unlösbarer (Weber 1988).[6] Man muss dieser Schlussfolgerung Webers aber nicht folgen, vor allem auch deshalb nicht, weil sie in Zusammenhang mit seinem tendenziellen Wertnihilismus steht, der bereits in Kap. 3 kritisch vermerkt wurde.

Die Argumente von Weber in Bezug auf die grundsätzlichen Spannungen zwischen den Lebenssphären beziehen sich allerdings nur auf die idealtypischen Ausprägungen dieser Sphären, gewissermaßen das pure ökonomische Denken, die reine religiöse Brüderlichkeitsethik usw. Aus dieser Sicht wäre es daher verfehlt, deren Sinnhaftigkeit zu bestreiten. Die Frage ist jedoch, ob es solche Sphären und ein entsprechendes Handeln in „reiner", idealtypischer Form überhaupt gibt. Hier gilt wohl dasselbe, wie für alle Grundtypen des Handelns, die Weber unterscheidet. Das zweckrationale, wertrationale, emotionale und Gewohnheitshandeln kommt, wie Weber selbst feststellt, in reiner Form praktisch kaum vor. De facto mag eine konkrete Entscheidung und Handlung zwar am ehesten einem bestimmten Typus entsprechen, es spielen jedoch immer auch die anderen mit. Das Profitinteresse mag zwar für Unternehmerinnen „letztlich" entscheidend sein; de facto spielen auch andere Erwägungen und Werte (Ansehen, Erfolg an sich, Vermögensaufbau für die Familie, wirtschaftliche Unabhängigkeit usw.) eine Rolle bzw. können in bestimmten Situationen sogar mehr Gewicht erlangen (Choi und Gray 2010).

So stellt Unternehmensethik ein zunehmend wichtiges Element in der betriebswirtschaftlichen Ausbildung dar. Und in vielen Fällen mag das Profitinteresse überhaupt nicht im Vordergrund stehen. Dies könnte etwa der Fall sein, wenn ein Unternehmen aus Interesse an der Umsetzung einer neuen, kreativen Idee gegründet wird oder seine Weiterführung vor allem im Hinblick auf familiäre Nachfolger verfolgt wird. Auch in der ökonomischen Sphäre bzw. im kapitalistischen Unternehmen mag zwar das Interesse an Gewinn, im Mittelpunkt stehen (wenngleich man selbst dieses Interesse mit dem Wert des Wohlstands in Zusammenhang bringen kann). Daneben spielen aber Werte wie Freiheit und Selbständigkeit, Sicherheit, Gerechtigkeit, Inklusion von Mitarbeiterinnen auch für jeden Unternehmer und jede Unternehmerin eine Rolle. Das größte Loblied auf den Kapitalismus und seine Träger, die Bourgeoisie, findet sich im *Kommunistischen Manifest* von Marx und Engels. Der Kapitalismus, so heißt es dort, hat die große Industrie an die Stelle der Manufaktur gesetzt, den Weltmarkt geschaffen, die revolutionäre Bourgeoisie hat alle Feudalbande zerstört und die Klassenstruktur umgewälzt.

Aber zugleich diffamieren Marx und Engels die Idee der Freiheit im Allgemeinen und die „Freiheitsbravaden" der Bourgeoisie im speziellen, weil diese dabei nur an ihre Freiheit der Kapitalakkumulation und an die Ausbeutung der Arbeiter und Arbeiterinnen

---

[6] Zu dieser berühmten, aber auch umstrittenen Rationalisierungsthese von Weber gibt es eine umfangreiche Diskussion. Als eher positive Würdigung vgl. Schimank (2010), Max Webers Rationalisierungsthese; als eine sehr kritische Sicht Joas (2019), *Die Macht des Heiligen*.

dachten. Es ist schon fraglich, ob dies für alle Kapitalisten richtig war. Völlig übersahen Marx und Engels dabei jedoch, dass das Freiheitsstreben und seine Realisierung durch Freiheit des Ortswechsels und der Wahl des Arbeitsplatzes auch die Proletarier elektrisierte und für diese essentiell war.

Wenn man davon ausgeht, dass es gesellschaftliche Grundwerte gibt, die den Interessen einzelner Menschen und Gruppen ebenso dienen wie dem Wohl der Gesellschaft insgesamt, kann es – wie bereits mehrfach argumentiert – keinen grundsätzlichen Konflikt zwischen diesen Werten geben. Ein solcher entsteht nur, wenn versucht wird, ein Interesse oder einen Wert radikal durchzusetzen, auch auf Kosten der Interessen und Werte, die für andere Menschen und Gruppen essentiell sind. Das Gleiche gilt auch für die in verschiedenen gesellschaftlichen Teilbereichen gültigen Werte. Der Grundwert der Menschenwürde etwa impliziert, dass man auch das Leben eines Menschen achten muss, dass man ihm nicht Gewalt antun darf, dass man alle Menschen als einander gleich ansehen muss, dass niemand an seinen Grundbedürfnissen leiden darf. Die Menschenwürde muss in allen gesellschaftlichen Teilbereichen geachtet werden. Sie ist in einer freien, demokratischen Gesellschaft viel besser gesichert als in einem autoritären oder totalitären System.

In dem ersteren gesellschaftlich-politischen System müssen auch Unternehmen und Organisationen aller Art die Menschenwürde beachten, in einem autoritären System wird dies überall weniger der Fall sein. Im Militär, einer schon an sich hierarchisch-zentralistischen Institution, werden Rekruten und einfache Soldaten selbst in heutigen, autoritären Staaten wie Sklaven behandelt;[7] in einer demokratischen Gesellschaft ist dies nicht mehr möglich.

Die Durchsetzung von Freiheit, Gleichheit und Inklusion auf gesellschaftlicher Ebene führt dazu, dass diese auch im wirtschaftlichen Bereich Geltung erlangen. Ein Unternehmer darf seine Arbeitnehmerinnen nicht ungebührlich einengen und kontrollieren und darf sie auch nicht nach Belieben entlassen und dafür vielleicht andere, „billigere" Arbeitskräfte einstellen. Die Grundwerte von Gleichheit und Freiheit wirken aber auch tief in den Charakter persönlicher Beziehungen hinein. Verhaltensweisen, wie sie Familienpatriarchen noch vor wenigen Generationen gegenüber ihrer Ehepartnerin und ihren Kindern zeigten, sind heute undenkbar geworden. Dies ist nicht zuletzt deshalb der Fall, weil die Frauen sehr viel größere Autonomie und Freiheit besitzen und Chancen haben, ein würdiges Leben auch ohne einen Familienerhalter bzw. -ernährer zu führen.

Die Durchsetzung von Grundwerten in den einzelnen Sphären bedeutet nicht, dass dadurch die faktische Lebenslage aller Menschen gleich sein muss oder werden sollte.

---

[7] Ein besonders krasser Fall in dieser Hinsicht ist Eritrea, wo junge Männer und Frauen nach der Sekundarschulstufe seit 2003 zwangsweise für eine unbestimmt lange Dauer (oft bis zu vier Jahre) für den Militärdienst rekrutiert werden. Die Folge ist, dass Hunderttausende junger Menschen aus dem Land geflüchtet sind (vgl. https://www.hrw.org/report/2019/08/09/they-are-making-us-slaves-not-educating-us/how-indefinite-conscription-restricts, abgerufen am 28.3.2023). Auch bei der Teilmobilisierung von Männern in Russland im Zuge des wenig erfolgreich verlaufenden Krieges gegen die Ukraine im September 2022 war evident, dass massiver Druck und Gewalt im Spiel war (vgl. https://de.wikipedia.org/wiki/Mobilmachung_in_Russland_2022, abgerufen am 28.3.2023).

Wir können hier an die bereits erwähnte Idee von *Sphären der Gerechtigkeit* des Sozialphilosophen Michael Walzer (1992) anknüpfen. Er unterscheidet zwischen einfacher und komplexer Gleichheit: Einfache Gleichheit würde bedeuten, dass ein Gut – etwa Geld – über die Verteilung aller Lebenschancen bestimmt; man könnte dann genau sagen, wer privilegiert und wer benachteiligt ist. In der Realität gibt es nach Walzer aber nur komplexe Gleichheit: in verschiedenen Lebensbereichen gibt es Güter ganz unterschiedlicher Art, die miteinander nicht vergleichbar und austauschbar sind. Solche Güter sind neben Geld und käuflich zu erwerbenden Gütern und Diensten auch Ressourcen wie die Mitgliedschaft in einer Gemeinschaft, Sicherheit und Wohlfahrt, Ämter, Freizeit, Bildung usw. Diese wertvollen Güter werden jeweils nach anderen Prinzipien verteilt. Entscheidend für eine gerechte Gesellschaft ist es, dass die – privilegierte oder benachteiligte – Lage in einem Bereich nicht direkt jene in einem anderen Bereich beeinflussen darf. Aber auch aus dieser Sicht muss man vor allem die Grundwerte im Auge haben: Freiheit ist zweifellos im politischen Bereich zentral. Sie ist aber auch in gemeinschaftlichen Beziehungen, etwa der Familie, wichtig. Selbst Babys und Kleinkinder, die in ihrem Bewegungsdrang massiv eingeschränkt werden (wie es früher oft der Fall war), werden darunter leiden; die Realisierung eines freien Lebens durch Förderung der Fähigkeiten von Behinderten erfordert die Errichtung besonderer infrastruktureller Maßnahmen (etwa Aufzüge, Förderung der Zeichensprache usw.).

Aus dem Ansatz von Weber (und zum Teil aus der funktionalistischen Differenzierungstheorie, die sich auf Weber beruft) können wir die Idee übernehmen, dass in verschiedenen gesellschaftlichen Teilsphären unterschiedliche Wertorientierungen von besonderer Relevanz sind. Es handelt sich dabei jedoch nur um eine unterschiedliche Gewichtung von Grundwerten, nicht um völlig andere Werte. Daher ist auch nicht anzunehmen, dass zwischen diesen Werten und demzufolge zwischen den gesellschaftlichen Teilbereichen ein mehr oder weniger scharfer Konflikt besteht.

Die Persistenz gemeinsamer Werte in differenzierten Gesellschaften

Zunehmende Ausweitung sozialer Kreise und Universalisierung der Werte
Evident ist aufgrund der vorhergehenden Überlegungen bzw. Theorien, dass in unterschiedlich sozialen Einheiten – differenziert nach ihren Funktionen und nach ihrem Umfang – auch verschiedene Typen von Werten und wertbezogenem Handeln relevant sind bzw. ein unterschiedliches Gewicht besitzen. So sind diese in einer Kleingruppe wie der Familie andere als jene in größeren, sozialen Einheiten wie einer Arbeitsgruppe oder einem Sportverein, einem Verband oder einer Organisation, oder gar einem Nationalstaat oder der Menschheit als Ganzes. In der Hausgemeinschaft, dem kleinsten sozioökonomischen Verband, herrschen Pietät und (personale) Autorität und eine „kommunistische Gebrauchs- und Verbrauchsgemeinschaft der Alltagsgüter" (Weber 1964/I, S. 278). In Organisationen wird die Verteilung jedoch (neben Machtfaktoren) stärker durch Prinzipien

der interpersonellen Gerechtigkeit bestimmt. Auf der gesellschaftlichen Ebene werden die Werte der Inklusion und des Wohlstands (inklusive der Beseitigung von Armut) relevant. Diese wichtige Frage wurde in der neueren Forschung zu Werten und Wertewandel nur selten thematisiert. Bei zwei Begründern der Soziologie, Émile Durkheim und George H. Mead, stellte sie allerdings ein zentrales Thema dar.

So unterschied Émile Durkheim (1996[1873]) zwischen der mechanischen und organischen Solidarität, um zu einem soziologischen Verständnis der fortschreitenden gesellschaftlichen Differenzierung zu kommen.[8] „Mechanische" Solidarität besteht demnach in einfachen, segmentär differenzierten Gesellschaften, in denen sich die meisten Mitglieder gegenseitig noch persönlich kennen. Hier wird das Verhalten durch gemeinsame Traditionen und Sitten geregelt, Abweichungen werden durch unmittelbare, oft öffentlich durchgeführte Bestrafung sanktioniert. In größeren, arbeitsteilig gegliederten Gesellschaften muss sich „organische" Solidarität entwickeln.[9] Da die Menschen vielen unterschiedlichen Gruppen angehören, müssen diese Gruppen klar festgelegte Verhaltensregeln besitzen und die Beziehungen zwischen ihnen vertraglich geregelt werden. Durkheim denkt hier vor allem an Berufsgruppen. Mit der Entwicklung organischer Solidarität ergibt sich auch eine stärkere Ausprägung der Individualität der einzelnen Menschen, da jedermann durch ein spezifisches Bündel von Beziehungen und Gruppenmitgliedschaften charakterisiert ist. Diese Ideen wurden vom Soziologen Georg Simmel (1923) in sehr differenzierter Weise weiter ausgearbeitet. Damit der soziale Zusammenhalt gewahrt bleibt, reichen die gemeinsamen wirtschaftlichen Interessen aber nicht aus (wie die Ökonomen annahmen). Es muss sich auch eine gemeinsame Wertordnung und Ethik herausbilden, ein „kollektives Bewusstsein". Neben der Berufsmoral ist dies auch eine neue staatsbürgerschaftliche Moral (Durkheim 2021). Mit dieser Unterscheidung hat Durkheim eine wichtige Grunddifferenz zwischen traditionellen, kleinen Gemeinschaften und großen, modernen Gesellschaften aufgezeigt. Die von ihm verwendeten Begriffe blieben jedoch relativ vage; die Gegenüberstellung zwischen mechanischer und organischer Solidarität erscheint als zu vereinfachend. Einfache Gemeinschaften, die er idealtypisch der modernen differenzierten Gesellschaft gegenüberstellt, gibt es heute nicht mehr (wenn es sie überhaupt je gab).

Einen soziologisch eindeutigeren und hilfreicheren Zugang zur Beantwortung der Frage, wie sich die Werte und Interessen in kleinen und größeren gesellschaftlichen Einheiten und solche in einfachen und in modernen Gesellschaften zueinander verhalten, lieferte George H. Mead, dessen Grundthesen bereits in Kap. 3 dargestellt wurden. Meads Ausgangspunkt ist die These, dass ethisch-moralisches Handeln dann vorliegt, wenn es

---

[8] Vgl. dazu auch Müller 1992, 2019; ferner Mikl-Horke (2001, S. 67–75) und Schluchter (2006, S. 107–196). wa

[9] Die Begriffe mechanisch-organisch sind eher irreführend. Die sozialen Beziehungen in einfachen Gesellschaften, gekennzeichnet durch persönliche Bekanntheit, Dauerhaftigkeit und emotionale Färbung, sind eher umfassend-totaler Art, jene in modernen Gesellschaften eher funktional-spezifisch, sachlich-neutral; also „organisch" nur aus einer biologistischen Perspektive.

die Interessen anderer Menschen bzw. der Gemeinschaft als Ganzes realisiert oder diese zumindest mitberücksichtigt (Mead 1968).[10] Des Weiteren argumentiert er, dass sich mit der Ausdehnung der sozialen Beziehungen auf größere Kreise – von der Familie auf die Sippe, von dieser auf den Stamm, von diesem auf den Staat – auch eine Tendenz zu einer zunehmend universelleren Ethik feststellen lässt.

Die Neigung und Fähigkeit, sich in die Lage anderer Menschen zu versetzen, mit ihren Freuden und ihren Leiden mitzufühlen, steigt in dem Maße, in dem wir von den anderen Menschen Kenntnis erhalten. Diese Empathie und auch die Bereitschaft, anderen zu helfen, wenn sie in Not sind, ist natürlich am stärksten in engen, persönlichen Sozialbeziehungen. Sie spielt aber auch in anderen, nicht verwandtschaftlichen kleinen Kreisen und Kontexten eine wichtige Rolle. So repräsentiert für Mead auch das „Nachbarschaftsgefühl" eine fundamentale menschliche Beziehung; selbst ein Fremder in Not könne in uns eine Haltung der Hilfsbereitschaft auslösen (Mead 1968, S. 319). Auch Max Weber sah in der Nachbarschaft die Trägerin der „Brüderlichkeit"; vor allem bei unterentwickelter Verkehrstechnik war der Nachbar der typische Nothelfer (Weber 1964/I, S. 280). Nachbarschaft ist auch heute noch eine wichtige soziale Beziehung, auch wenn es sich um eine zugeschriebene, meist nicht frei gewählte Beziehung handelt. Sie erfüllt selbst in modernen Großstädten Funktionen der wechselseitigen Unterstützung in (kleineren) Notlagen. Sie trägt zur Bildung eines Gefühls der Zugehörigkeit bei und bildet die Basis für die Organisation sozialer Dienste (Hamm 2003).

Auf der Ebene oberhalb der Nachbarschaft gab es bis in die frühe Neuzeit für die „Normalbevölkerung" allenfalls die Gemeinschaften von Dörfern, Städten und überschaubaren regional-territorialen „Ländern". Diese Einheiten sind auch noch heute von zentraler Bedeutung. So kann man sagen, dass die Gemeinde, nicht die Familie, wie es oft heißt, als die Keimzelle des demokratischen Staates angesehen werden muss[11]. Dies aus drei Gründen: zum ersten, weil auf dieser Ebene wichtige Elemente der Daseinsvorsorge, Infrastruktur, Sozial- und Wirtschaftsförderung erbracht werden; zum zweiten, weil die Gemeinde die kleinste echt politische Einheit darstellt, auf der Wahlen von Räten,

---

[10] Zur Theorie von Mead vgl. u.a. Wenzel (1990), *George Herbert Mead zur Einführung*; Mikl-Horke (2001), *Soziologie*, S. 186–198, Joas/Knöbl (2004), *Sozialtheorie*, S.S. 183–219); Preglau (2007), Symbolischer Interaktionismus: George Herbert Mead.

[11] So schreibt die Anwältin für Verwaltungsrecht Eva Mustermann, dass Gemeinden „geographisch, soziologisch und politisch das Fundament des Staates darstellen. Durch die Wahrnehmung kommunaler Selbstverwaltung sind sie die Keimzelle eines demographischen [gemeint ist wohl: demokratischen, M.H.] Gemeinwesens – nicht nur in der Bundesrepublik" (zitiert in https://www.verwaltungsrecht-ratgeber.de/verwaltungsrecht/kommunalrecht/die-gemeinde-als-fundament-des-staates, abgerufen am 28.3.2023). Die Autonomie und Selbstverwaltung der Gemeinden sind auch im deutschen Grundgesetz (Art. 28, Abs. 2) verankert (vgl. https://www.staatslexikon-online.de/Lexikon/Gemeinde (abgerufen am 28.3.2023). Die Bedeutung der Gemeinde als effizienter kleiner politischer Einheit ergibt sich vor allem aus dem Denken von Leopold Kohr (1983), *Die überentwickelten Nationen*.

Bürgermeistern usw. stattfinden; und zum dritten, weil die Gemeinde auch die wichtigste alltägliche Lebensumwelt der Menschen darstellt (König 2006). Die Wurzeln der Gemeindeverfassung sind genossenschaftlich und als solche standen die Gemeinden oft gleichberechtigt unterhalb des Staates (wenn dieser in der Regel auch mächtiger war). So sah schon Alexis de Tocqueville in der demokratischen Gemeindeverfassung ein wesentliches Element der amerikanischen Demokratie. Er schrieb dazu: „Und doch ruht die Kraft der freien Völker in der Gemeinde. Die Gemeindeeinrichtungen sind für die Freiheit, was die Volksschulen für die Wissenschaften sind; sie machen sie dem Volke zugänglich; sie wecken in ihm den Geschmack an ihrem freiheitlichen Gebrauch und gewöhnen es daran" (Tocqueville 1976, S. 68).

Der im 18. und 19. Jahrhundert entwickelte Nationalstaat bildete dann die Übergangsstufe von der Loyalität zu diesen lokalen und regionalen Gemeinschaften hin zur Loyalität mit territorial umfassenderen politischen Gemeinschaften. Der Nationalstaat bildet heute weltweit die wichtigste territoriale Bezugseinheit für Identifikation und Loyalität; hier ist man bereit, auch signifikante finanzielle Umverteilungen durch staatliche Besteuerung und Staatsausgaben zu akzeptieren (Miller 2000; Anderson 2005; Haller et al. 2009). Dies ist auch verständlich, da erst die Zugehörigkeit zu einem Staat (Staatsbürgerschaft) grundlegende Rechte und Ansprüche in allen Lebensbereichen garantiert. Tendenziell mehrere Staaten übergreifende Gefühle der Zusammengehörigkeit haben sich auch innerhalb der Europäischen Gemeinschaft entwickelt (Gerhards/Lengfeld 2013). Sie sind jedoch immer noch deutlich schwächer als die nationalen Loyalitätsgefühle.

In modernen Gesellschaften sollte sich jedoch, so Mead (1976), die Idee einer Verbindung aller Menschen zueinander entwickeln, das Gefühl, dass die Menschheit insgesamt eine reale Bezugseinheit darstellt. Die großen Weltreligionen verkünden dieses Ziel schon seit jeher (wenngleich de facto eingeschränkt auf die Angehörigen ihrer eigenen Gemeinschaft; vgl. Kap. 1). Auch der Individualpsychologe Alfred Adler sah in der Entwicklung eines die gesamte Menschheit umfassenden Gemeinschaftsgefühls die höchste Stufe der soziokulturellen Evolution (Adler 1973).

Mead wendet sich in seinem Aufsatz über die Lehren, die man aus dem Ersten Weltkriegs ziehen sollte, gegen die These des „Kriegs als Lehrmeister." Im Innern eines Landes hatte der „patriotische" Krieg jedoch eine ungeheuer einigende, das Ich erhebende Kraft. Dies war ja auch ein zentrales Thema von Weber (Bruhns 2017). Der Krieg habe jedoch, so Mead, klar aufgezeigt, dass es notwendig sei, die Gemeinschaft der Nationen zu zivilisieren, eine internationale Gesinnung zu entwickeln. Die Hauptschwierigkeit, eine solche zu entwickeln, sieht er nicht in der Kollision zwischen den Interessen verschiedener Nationen, sondern im Bedürfnis der Nationen, wegen des Gefühls nationaler Einheit und Selbstachtung stets kampfbereit zu sein. Stabile Nationen verspüren einen geringeren Konflikt zwischen innerer nationaler Einheit und Feindseligkeit nach außen (Mead 1983, S. 479 f.).

Es wurde bereits in Kap. 4 argumentiert, dass diese Thesen Meads eine Basis in der realen Entwicklung hatten. Dies zeigt sich darin, dass nach dem Ersten Weltkrieg, dem bis dahin größten und schlimmsten Krieg in der Geschichte der Menschheit, durch die Gründung des Völkerbundes Schritte zu einer weltumfassenden politischen Gemeinschaft unternommen wurden. Es bedurfte jedoch eines Zweiten, noch verheerenderen Weltkrieges, dass mit den Vereinten Nationen 1945 eine dauerhaftere Organisation dieser Art gegründet werden konnte. Eng in Zusammenhang damit stand die Verabschiedung der *Allgemeinen Erklärung der Menschenrechte* im Jahre 1948. Auch der erste Schritt zur Europäischen Integration durch die Römischen Verträge von 1957 kann als Folge dieses Krieges und als Begleiterscheinung der Entstehung des Eisernen Vorhangs in Europa gesehen werden. Diese Entwicklungen bestätigen die Grundthese dieses Buches, dass die gesellschaftlichen Grundwerte oft im Zusammenhang mit erschütternden gesellschaftlich-politischen Ereignissen und Erfahrungen voll erkannt und ausformuliert werden.

Aus den bisherigen Überlegungen können wir eine Stufenfolge oder Hierarchie sozialer Einheiten und ihnen entsprechender, vorherrschender Grundwerte und ethisch-moralischer Prinzipien ableiten, wie sie in Abb. 16.1 dargestellt wird. Eine ähnliche Differenzierung hat Axel Honneth (1992) vorgenommen. Er plädiert für eine Stufentheorie sozialer Anerkennung, welche zwischen den Einheiten Familie (mit Liebe als zentralem Prinzip) über die bürgerliche Gesellschaft (reguliert durch das Recht) bis hin zum Staat (mit dem Grundprinzip Solidarität) unterscheidet.

Mit Durkheim und Mead müssen wir allerdings noch eine Ebene oberhalb dieser Einheiten benennen, nämlich jene der Weltgesellschaft, für welche universelle, überall anerkannte Werte bestimmend sind. Auf all diesen Ebenen muss man, laut Durkheim (2021, S. 156) das Leben, das Eigentum und die Ehre der Mitmenschen achten, auch wenn sie nicht Verwandte oder Landsleute sind. Verbote von Handlungen wie Mord und Diebstahl gelten bei allen zivilisierten Völkern als die höchsten Normen. Ihnen gegenüber seien die häusliche Moral, die Berufsmoral und die staatsbürgerliche Moral laut Durkheim von geringerem Gewicht.

Man könnte hier auch die Theorie der stufenweisen Entwicklung der Moral im Laufe des Lebens von Piaget und Kohlberg anführen. Demnach beruht moralisches Verhalten bei Kleinkindern zunächst auf einer „präkonventionellen" Orientierung an Strafe und Gehorsam, ab dem Jugendalter dann auf der konventionellen Stufe an der Übereinstimmung mit den Erwartungen anderer sowie an Gesetz und Ordnung. Erst auf der postkonventionellen Ebene orientiert man sich an der allgemeinen Idee eines Sozialvertrags oder – auf der höchsten Stufe – an universellen ethischen Prinzipien (Kohlberg 1996).

Allerdings ist das psychologische Konzept der Entwicklungsstufen von Kohlberg nicht dynamisch und nicht wirklich mit dem sozialen Kontext verknüpft. Dies zeigt sich auch in der höchsten Idee, für welche eine Orientierung an selbstgewählten moralischen Prinzipien charakteristisch sei. Welche Prinzipien dies konkret sein sollen, bleibt im Dunkeln (es könnten ja auch negative, etwa sozialdarwinistische Ideen, sein).

Gesellschaftliche Ebene/soziale Einheiten	Relevanteste Grundwerte	Ethisch-moralische Gesinnungen und Handlungsformen
Persönliche Beziehungen - Familie - Verwandtschaft - Nachbarschaft	Leben, Sicherheit, Inklusion	- „Hauskommunismus" - Sozialer und emotionaler Zusammenhalt - Alltägliche Unterstützung und Hilfeleistungen
Soziale Gruppen, Verbände - Berufsgruppen, Organisationen - Ethnische Gemeinschaften - Zivilgesellschaftliche Organisationen	Gleichheit, Gerechtigkeit, Inklusion/Solidarität	- Berufliche Loyalität - Organisationsbindung - Solidarität - Gefühl der Zusammengehörigkeit, wechselseitige Unterstützung
Territoriale Einheiten - Gemeinden, Städte - Nationalstaaten - Staatengemeinschaften) (Europäische Union)	Leben, Sicherheit, Gleichheit, Freiheit, Gerechtigkeit Inklusion Wohlstand	- Ortsverbundenheit, Patriotismus - Staatsbürgerschaftliche Partizipation - Vertrauen und Kooperation zwischen Eliten
Weltgesellschaft, Menschheit	Frieden, Freiheit, Menschenwürde, Wohlstand	- Achtung aller Menschen: Gleichheit, Menschenwürde - universelle „Nächstenliebe", internationale Solidarität - Toleranz

Abb. 16.1 Gesellschaftliche Ebenen bzw. soziale Einheiten und die jeweils besonders wichtigen Grundwerte und ethisch-moralischen Prinzipien

Die Unterscheidung zwischen Lebensbereichen und relativer Bedeutung der Grundwerte orientiert sich auch an der in Kap. 13 herausgearbeiteten Differenzierung zwischen drei Grundtypen der Inklusion: der Einschließung und Eingrenzung durch enge persönliche Beziehungen; der Zusammenschließung und Abgrenzung durch Organisationen und Verbände und der Einschließung und Ausgrenzung durch politische Einheiten. So wird postuliert, dass auf der Ebene persönlicher, gemeinschaftlicher Beziehungen vor allem die existentiellen Werte von Leben und Sicherheit sowie der soziale Wert der Inklusion von Bedeutung sind. Auf der Ebene sozialer Gruppen, Organisationen und Verbände sind es die Werte der Gleichheit, Gerechtigkeit und Solidarität. Auf der Ebene politischer Gemeinschaften sind es die Werte von Sicherheit und Frieden, die politischen Werte der Freiheit, Gleichheit und Gerechtigkeit und der soziale Wert des Wohlstands. Auf der Ebene der Weltgesellschaft geht es vor allem um die Grundwerte des Friedens, der Freiheit und der Menschenwürde. Der Kulturanthropologe Raoul Naroll hat auf der Basis umfangreicher ethnologischer Forschungen und unter Einbeziehung sozialwissenschaftlicher Studien ein umfassendes Werk über die Grundwerte der Menschen in einfachen und fortgeschrittenen Gesellschaften verfasst. Er argumentiert, dass für eine weltweite „moralische Ordnung" drei Werte von zentraler Bedeutung sind: Frieden, eine stabile innere Ordnung in allen Einzelgesellschaften und Toleranz gegenüber der Diversität zwischen verschiedenen Kulturen (Naroll 1983, S. 376).

Sechs Thesen zur Relevanz der Grundwerte in den gesellschaftlichen Teilsphären

In der Postulierung dieser „Hierarchie" von sozialen Einheiten und den darauf bezogenen gesellschaftlichen Grundwerten sind auch Thesen über ihren jeweiligen Bezug zum sozialen Handeln enthalten.

(1) Prinzipiell sind alle gesellschaftlichen Grundwerte auf allen gesellschaftlichen Ebenen wichtig. Dazu wurde bereits im vorhergehenden Abschnitt einiges festgestellt. Beispielhaft könnte man hier nochmals den existentiellen Wert des Lebens anführen; er ist natürlich zentral im Rahmen der Familie, die ja mit der Zeugung von Leben und der Sicherung des Aufwachsens von Kindern befasst ist. Er ist auch wichtig auf der Ebene von Arbeitsorganisationen, die etwa gesundheitsgefährdende Arbeitsbedingungen beseitigen müssen. Auf nationaler und internationaler Ebene ist er wichtig, da hier in der Regel kriegerische Konflikte ausgelöst werden, welche die stärkste Gefährdung dieses Grundwertes darstellen.

Konflikte zwischen verschiedenen Ebenen können (nur) durch Reflexion der jeweils relevanten Grundwerte gelöst werden. Wenn es etwa Konflikte zwischen familienbezogenen Verpflichtungen und beruflich-organisatorischen Loyalitäten gibt, muss man sich fragen, welche Grundinteressen und -werte dabei vor allem tangiert sind und dann eine Entscheidung treffen, die diesen allen zumindest in einer minimalen Weise gerecht wird.

Wenn die Arbeitszeit in Kollision mit familiären Verpflichtungen gerät, muss man sich fragen, wie dauerhaft diese Kollision sein wird, wie wichtig die jeweiligen beruflichen Verpflichtungen sind, welche Möglichkeiten zur Entlastung es gibt usw. Eine im Sinne der Idee gesellschaftlicher Grundwerte adäquate Lösung bestünde darin, die beruflichen Ambitionen und den entsprechenden Einsatz so auszurichten bzw. zu restringieren, dass damit die zentralen familienbezogenen Verpflichtungen vereinbar bleiben. Wenn beide Partner voll erwerbstätig sind und auch einen Karriereberuf innehaben, wird dies nicht leicht sein und vielleicht nur mit wesentlichen Abstrichen in gewissen Aspekten erfolgen können.

Auf der Ebene der Staaten bzw. der internationalen Beziehungen würde daraus folgen, dass man nicht den „Internationalismus" gegen den Nationalismus ausspielen darf oder letzteren als Hauptursache für alle Kriege ansehen kann (Mead 1976). Beide Formen der

Orientierung haben ihre Berechtigung, auch im Zeitalter der Globalisierung. Praktisch sind alle Länder bis zu einem erheblichen Punkt „nationalistisch".

Problematisch wird eine solche Haltung, wenn sie die (oft nur vermeintlichen) Interessen der eigenen Nation so hoch bewertet, dass jene anderer vernachlässigt oder sogar verletzt werden. Das Extrem hierbei wäre militärische Aggression, eine weniger gewaltlose Form ist wirtschaftlicher Druck. In der Form von spezifischen Berufs- und Standesethiken geschieht dies bereits.

(2) Wichtig ist also, dass auf jeder Ebene die jeweils besonders relevanten gesellschaftlichen Grundwerte beachtet werden; dies darf aber – in der Regel – nicht durch Absolutsetzung bestimmter Werte erfolgen. Diesen Aspekt hat der Philosoph Mortimer Adler 1981, S. 138) klar formuliert. Er schreibt:

„Der Konflikt, der nicht zwischen Freiheit und Gleichheit, sondern lediglich zwischen extremistischen Exponenten dieser beiden Positionen besteht, kann nicht gelöst werden ohne die Fehler zu berichten, die von extrem Libertären oder Egalitären begangen werden. … [W]eder Freiheit noch Gleichheit ist der primäre Wert, keiner der beiden ist ein unbegrenztes Gut und beide können nur dadurch in Übereinstimmung gebracht werden, wenn die Maximierung durch Gerechtigkeit reguliert wird."

Es geht also darum, die verschiedenen Grundwerte in eine ausgewogene Balance zu bringen, wie auch der Ökonom Stephan Schulmeister (2018) betont. Geschieht dies nicht, kann das zur Verletzung von Grundwerten führen. So kann starke, exklusive Familienorientierung zu moralisch fragwürdigen Verhaltensweisen beitragen, wenn sie dazu beiträgt, dass übergeordnete Prinzipien (etwa Verpflichtungen gegenüber einer Organisation oder gegenüber dem Staat) bewusst vernachlässigt oder verletzt werden. Ein extremes Beispiel dafür sind die Mafia-Familien bzw. Clans in Italien (aber auch in anderen Ländern), die ihre partikularen, oft mit staatlichen Normen konfligierenden Interessen mit Druck bis hin zu Gewaltanwendung und Morden durchsetzen.

Deren Verhalten korrespondierte mit einem gesellschaftlichen Misstrauen der Bevölkerung gegenüber staatlichen Institutionen, wie sie der Soziologe Edward Banfield in seiner berühmten Studie *(The Moral Basis of a Backward Society)* in einer sizilianischen Gemeinde in den 1950er Jahren darstellte. Ein aktuelles Beispiel sind Strategien Reicher und Superreicher, die gesetzlich in vielen Ländern bestehenden Erbschaftssteuern (oder überhaupt alle Steuern) zu umgehen.

Durkheim (2021) hat explizit argumentiert, jeder Beruf bilde eine eigene Moral aus und diese stelle für seine Angehörigen jeweils die wichtigste dar. Darin kann man ihm nicht folgen. So könnte man annehmen, dass Ärztinnen stärker sozial orientiert sein müssen als Angehörige anderer Berufsgruppen, etwa Manager. Es mag auch bei Studienanfängern eine gewisse Motivation in dieser Richtung vorhanden zu sein. Tatsächlich üben Ärzte häufiger ehrenamtliche Tätigkeiten in Ländern der Dritten Welt aus. Dies mag jedoch weniger durch ihren besonderen Altruismus bedingt sein als durch die Tatsache, dass man als Arzt / Ärztin oder Krankenpfleger oder -pflegerin viel unmittelbarer wirksame Hilfe leisten kann wie durch irgendeinen anderen Beruf. Albert Schweitzer studierte aus diesem

Grund Medizin. Es dürfte wenige berufliche Tätigkeiten geben, die so viel Befriedigung verschaffen, wie jene eines Augenarztes, der einem Erblindeten in Afrika an Grauem Star operiert (was nur 15 min dauert) und dieser Mensch dann wie durch ein Wunder wieder sehen kann. In Afrika gibt es sechs Millionen Blinde, von denen 3,6 Mio. an Grauem Star erkrankt sind, der in Europa schon längst geheilt werden kann.

Ein besonders interessantes Beispiel in diesem Zusammenhang ist der *hippokratische Eid* für die Ärzte, der in Griechenland schon um 300 v.Chr. formuliert wurde. Dieser Eid verpflichtet die Ärzte nicht auf Normen, die nur für sie gelten. Was er explizit festlegt, ist lediglich, jene problematischen Verhaltensweisen, die Ärzte besonders leicht ausführen könnten, ausdrücklich zu verbieten. So wird explizit erwähnt, Frauen nicht sexuell zu bedrängen, einem Schwerkranken kein todbringendes Medikament zu verabreichen, die Informationen über die Krankheiten der Patienten geheim zu halten. Alle diese Normen gelten im Prinzip natürlich für alle Menschen und für alle Situationen, in welchen sich ähnliche Handlungsmöglichkeiten ergeben. Man könnte analoge Eide auch für andere, verantwortungsvolle Berufe entwickeln, etwa für Richter und Rechtsanwälte, Bankmanagerinnen, hohe Beamten, Pilotinnen usw. Mit Wolfe (1989) könnte man sagen, dass ethisch-moralisches Handeln darin besteht, eine jeweils begründete Balance zwischen den in verschiedenen Kontexten vorherrschenden Interessen und Werten zu finden.

(3) Die Anerkennung und Institutionalisierung der Grundwerte erfolgen vor allem dadurch, dass diese im gesellschaftlichen Zentrum – dem Bereich der Politik – durchgesetzt und dann sukzessive in den verschiedenen Teilbereichen implementiert werden. Die Durchsetzung kann auch zuerst in bestimmten Teilbereichen erfolgen und dann auf andere Bereiche übertragen werden. In beiden Fällen ist es aber der Bezug zu universellen Werten, welche im Zentrum stehen und nicht die spezifischen Eigenlogiken bestimmter Bereiche, wie von der Systemtheorie oder von der Interpenetrationsthese postuliert. Wenn im Zentrum der Gesellschaft durch eine Revolution oder tiefgreifende Reformen politische und soziale Grundwerte, wie Freiheit oder Gleichheit, durchgesetzt werden, werden diese Prinzipien früher oder später auch in alle anderen gesellschaftlichen Teilbereiche und Kontexte übertragen. So wurde das allgemeine Wahlrecht sukzessive auch auf Frauen ausgeweitet und heute stellt sich als aktuelle Frage, dass man ein Wahlrecht auch Menschen gewähren muss, die lange in einem Land leben, aber seine Staatsbürgerschaft nicht besitzen. Die Gewerkschaften haben erfolgreich für die Durchsetzung von Prinzipien (wie Versammlungs- und Organisationsfreiheit, Streikrecht) gekämpft, um in allen Sektoren gesundheitsverträgliche und sichere Arbeitsverhältnisse und gerechte Löhne sicherstellen zu können. Diese Prinzipien werden heute auch für unbezahlte Betreuungsarbeit eingefordert, die vor allem von Frauen im Interesse ihrer Familien und der Gesellschaft unbezahlt und oft unter größten Belastungen erbracht wird.

Diese Perspektive auf die unterschiedliche Relevanz der gesellschaftlichen Grundwerte in verschiedenen gesellschaftlichen Bereichen ermöglicht auch eine fruchtbare Sicht auf das grundsätzliche Verhältnis zwischen Wirtschaft und Politik bzw. Kapitalismus und Demokratie. Sie kann hier nur angedeutet werden. Die Grundthese lautet, dass Politik und Wirtschaft grundsätzlich klar zu unterscheiden sind; sie sind durch jeweils spezifische Prozesse wie auch dahinter stehende Interessen und Werte gekennzeichnet. Für die Demokratie wurden diese in Kap. 12 besprochen. Die Merkmale des Kapitalismus hat Weber (2011, S. 318–320) klar umrissen. Er ist dort vorhanden, wo die erwerbswirtschaftliche Bedarfsdeckung der Menschen über Unternehmen mit rationaler Kapitalrechnung erfolgt, Freiheit der Güter- und Arbeitsmärkte besteht, Technik und Recht rationalisiert wurden, und die gesamte Wirtschaft kommerzialisiert ist. Eine umfangreiche neuere Forschung hat gezeigt, dass es international gesehen sehr unterschiedliche Varianten des Kapitalismus gibt. Hall und Soskice (2001) systematisierten diese Vielfalt im Begriff der *varieties of capitalism*. Dabei unterschieden sie zwischen zwei Grundformen: liberale versus koordinierte Marktwirtschaften. Als typisch für die ersteren sahen sie die angelsächsischen Länder, für die letzteren Deutschland und Skandinavien. Das Ziel ihrer Typologie, die in neueren Beiträgen verfeinert wurde (vgl. dazu Schröder 2014), war es u. a. zu erklären, warum etwa die USA in innovativen Wirtschaftssektoren viel erfolgreicher waren als Europa. Diese unterschiedlichen Ausprägungen des Kapitalismus hängen offensichtlich auch mit dem kulturellen Hintergrund der jeweiligen Länder zusammen, was schon Weber in seiner Protestantismusstudie festgestellt hatte. Die Fokussierung auf die Grundwerte und deren relative Gewichtung in den verschiedenen Kapitalismusvarianten bzw. Gesellschaftstypen eröffnet die Möglichkeit, klarere Hypothesen im Hinblick auf deren Entstehung, Entwicklung und Wandel zu formulieren. In liberalen Ländern steht der Wert der Freiheit (und Gleichheit) im Zentrum, in koordinierten Ländern sind es eher Sicherheit, Inklusion und Gleichheit. Der Wandel innerhalb dieser Typen erfolgt zum Teil als Folge der Pfadabhängigkeit, d. h. der Tatsache, dass bestehende Institutionen und Organisationen dazu tendieren, ihre spezifischen Muster zu reproduzieren. Er erfolgt zum anderen aber auch in gesellschaftsweiten, in der Politik gebündelten Auseinandersetzungen darüber, was an den bestehenden Institutionen reformiert werden muss, um gewandelten Verhältnissen gerecht zu werden. Diese Auseinandersetzungen orientieren sich in hohem Maße auch an gesellschaftlichen Grundwerten. In einem solchen Ansatz wird auch eine adäquate Betrachtung von China möglich, das mit seinem autoritär-zentralistischen politischen und seinem kapitalistisch-marktwirtschaftlichen System nicht schlüssig in die genannten Kapitalismusvarianten eingeordnet werden kann. Im Rahmen des hier entwickelten Ansatzes sieht man jedoch klar, dass die Einschränkung der Freiheit durch die Zentralisation der politischen Herrschaft und Macht zwar eine kapitalistische Wirtschaft ermöglicht, diese jedoch in vielfacher Hinsicht an nicht überschreitbare Rahmenbedingungen gebunden ist. Auch die international expansive Wirtschaftspolitik Chinas (Stichwort: Neue Seidenstraße) kann so erklärt werden. Im übrigen kann man hier anfügen, dass erst die totale Abkehr Chinas vom sowjetischen Modell des „Staatskapitalismus" das Überleben des chinesischen Kommunismus sicherte.[12]

---

[12] Ob man überhaupt noch von „Kommunismus" sprechen kann, ist die Frage. Aber offiziell und faktisch hat die Kommunistische Partei Chinas weiterhin die unbeschränkte politische Macht inne. Seit dem Regierungsantritt von Xi Jinping 2012 wurde sie noch ausgebaut, und es wird betont, dass

(4) Die größte Bedeutung für wertorientiertes Handeln haben jene Ebenen bzw. sozialen Kreise, in welchen jemand in erster Linie verankert ist und in denen auch tatsächlich autonomes, wirkungsvolles Handeln möglich ist. Dies sind für die meisten Menschen Partnerschaft und Familie, Beruf und Freizeit. Dies spiegelt sich in allen Studien zur relativen Bedeutung verschiedener Lebensbereiche. Demzufolge stehen diese beiden Bereiche stets an der Spitze, während Bereiche wie die Politik als weit weniger wichtig erachtet werden (vgl. z. B. Haller und Müller-Kmet 2019; Verwiebe und Bacher 2019). Aber für Menschen, die sich stark in umfassenderen gesellschaftlichen Einheiten engagieren (in Gemeinden, Verbänden usw.) können auch die dort jeweils relevanten Grundwerte zentrale Bedeutung erlangen.

Der schwerste Konflikt zwischen den Werten auf verschiedenen Ebenen kann sich wohl im politischen Bereich ergeben. Kampf gegen autoritäre Herrscher ist vielfach mit Lebensgefahr verbunden. Wer sich einem solchen Kampf widmet, ist sich bewusst, dass er selbst und im Extremfall sogar seine Familie massiv darunter leiden und er oder sie möglicherweise mit dem Leben bezahlen muss. Aus diesem Grund muss man insbesondere Journalisten und Journalistinnen in autoritären Staaten die größte Hochachtung entgegenbringen, die trotzdem nicht davor zurückscheuen, Missstände und Machtmissbrauch anzuprangern. So wurden allein im Jahr 2020 weltweit 20 Journalistinnen und Journalisten ermordet und Hunderte inhaftiert.[13] Eine Namensliste der seit 1992 im Rahmen ihrer beruflichen Tätigkeit Getöteten umfasst nahezu tausend Personen.[14]

(5) Die Entwicklung ethisch-moralischer Gesinnungen und eines wertorientierten Handelns auf den höheren Ebenen setzt voraus, dass jemand auch entsprechendes Wissen über diese Einheiten und Erfahrungen mit ihren Problemen besitzt bzw. erwerben konnte. So konnte etwa Mahatma Gandhi zum Idol der indischen Unabhängigkeitsbewegung werden, weil er in seiner Tätigkeit als Rechtsanwalt in Südafrika (1893–1914) die Diskriminierung der Inder am eigenen Leib erfahren hatte und dadurch zu seiner juristischen und politischen Aktivität motiviert wurde. In Lateinamerika entwickelten katholische Theologen und Bischöfe eine Befreiungstheologie, deren Basis eine kritische Sicht auf die enormen Ungleichheiten und die autoritären politischen Systeme auf diesem Kontinent darstellte. Prominente Vertreter waren der kolumbianische Priester Camilo Torres und der Erzbischof von Salvador, Oscar Romero.[15] Viele Aktivistinnen heutiger NGOs (wie Human Rights Watch und Greenpeace) begeben sich selbst in die Länder und an die Orte, in denen massive Menschenrechtsverletzungen oder Umweltzerstörungen stattfinden. Ein

---

es sich hierbei um einen spezifisch chinesischen Kommunismus handle. Näheres dazu findet sich in der erweiterten Fassung dieses Werkes (*Die revolutionäre Kraft der Ideen*, S. 786–797).

[13] Vgl. dazu *Committee to Protect Journalists*, New York: https://cpj.org/reports/2020/12/murders-journalists-more-than-doubled-killed/ (abgerufen am 28.3.2023).

[14] Vgl. https://de.wikipedia.org/wiki/Liste_w%C3%A4hrend_der_Berufsaus%C3%BCbung_get%C3%B6teter_Journalisten (abgerufen am 28.3.2023).

[15] Vgl. dazu den Artikel „Befreiungstheologie" des Lateinamerika Instituts der FU Berlin: https://www.lai.fu-berlin.de/forschung/lehrforschung/1968_in_Lateinamerika/Befreiungstheologie.html (abgerufen am 28.3.2023).

Wissen und in der Folge auch ein Verständnis für globale Probleme und die Übernahme universalistischer Werte ist etwa für Menschen mit höherer Ausbildung und natürlich insbesondere für Sozialwissenschaftlerinnen heute relativ leicht. Wir können uns nicht nur laufend über das Weltgeschehen informieren, sondern haben auch die Möglichkeit zu Reisen auf andere Kontinente und zum Sammeln von persönlichen Erfahrungen und Begegnungen mit Menschen in vielen Ländern. Allerdings führte der Aufstieg des Massentourismus nicht unbedingt dazu, dass Reisen die Kenntnis von und das Verständnis für die Probleme der Menschen in fremden Ländern fördert (Pechlaner und Volgger 2017). Der moderne Massentourismus erzeugt vielmehr standardisierte Formen des Reisens und Urlaubens in touristisch aufbereiteten Orten und Landschaften, die nur noch wenig von ihrem ursprünglichen Charakter besitzen und wo man kaum mit Einheimischen in deren Lebensumwelten in Berührung kommt. Die Relevanz spezifischer Erfahrungskontexte auf die Relevanz der verschiedenen Werte zeigt sich auch im Unterschied zwischen Stadt und Land, der heute in vielerlei Hinsicht zutage tritt. Aber die Tatsache, dass die ländliche Bevölkerung relativ restriktivere Haltungen etwa im Hinblick auf die Akzeptanz von Zuwanderung als die großstädtische vertritt, ist wohl weniger auf ihren grundsätzlichen Konservativismus zurückzuführen als auf die simple Tatsache, dass sie in ihrem regionalen Umfeld wenig mit Menschen anderer Länder und Kulturen in Kontakt kommen und das ländliche Lebensumfeld generell noch stärker traditional geprägt und soziokulturell integriert ist. So zeigt sich im Fall der Aufnahme und Integration von Flüchtlingen, dass diese auf dem Land und in Kleinstädten, wenn sie einmal dort sind, oft positiver akzeptiert und aktiver integriert werden als in den Städten. Allgemein kann man sagen, dass die Bereitschaft zur Übernahme universeller ethisch-moralischer Prinzipien zunimmt, je breiter der Lebenskreis und Erfahrungshorizont von Menschen ist. Dieser hängt, wie schon angedeutet, seinerseits auch ab vom Bildungsniveau, vom Umfang der Einheiten, mit denen man durch die berufliche Tätigkeit in Berührung kommt und natürlich von einem guten Einkommen, das Reisen in weit entfernte Länder erleichtert.

Entkräftung weiterer Einwände gegen die Komplementarität der Grundwerte
Im Alltag und im öffentlichen Diskurs wird häufig die These vertreten, dass man sich in verschiedenen Lebensbereichen sehr unterschiedlich verhalte bzw. verhalten könne und dass es keine Werte und Normen gebe, die überall gelten. Während man einen Freund nie belügen oder gar bestehlen dürfe, wäre es nur ein Kavaliersdelikt, etwas aus seinem Unternehmen mitgehen zu lassen; wer in der Lage ist, Steuern zu vermeiden oder zu umgehen, soweit es möglich ist, gilt geradezu als vernünftig. Es wird auch darauf hingewiesen, dass in bestimmten Situationen und Kontexte selbst Grundwerte völlig außer Kraft gesetzt werden können. In extremer Notwehr ist es erlaubt, andere zu erschießen (wenn man gerade eine Pistole bei der Hand hat), Soldaten müssen sogar andere töten. Der Staat darf Enteignungen durchführen, also den Grundwert des Eigentums verletzen. In diesem Kapitel wurde jedoch argumentiert, dass die Grundwerte in allen Teilbereichen der Gesellschaft Gültigkeit besitzen. Die vorgenannten Behauptungen kann man durch drei Argumente entkräften .

Zum Ersten gilt: Bei all diesen Fällen ist das Diktum relevant, dass Ausnahmen von einer Regel nicht die Regel selbst infrage stellen. Wenn Grundwerte in bestimmten Situationen bzw. Lebensbereichen außer Kraft gesetzt werden, geschieht dies nur unter ganz bestimmten Umständen. Wer einen Einbrecher erschossen hat, muss nachweisen können, dass sein Leben selbst bedroht war. Soldaten dürfen nur im Krieg auf andere schießen und auch das nur auf andere Soldaten, nicht jedoch auf Verletzte oder Zivilisten. Wenn der Staat eine Grundbesitzerin enteignet, muss er klar nachweisen, dass damit starke öffentliche Interessen verbunden und andere Lösungen für die Realisierung wichtiger Projekte nicht möglich sind.

Zum Zweiten seien hier einige wenige Beispiele genannt, die gegen die verbreitete Annahme sprechen, dass in verschiedenen Lebensbereichen und sozialen Kontexten grundsätzlich andere Werte gelten. Für seine Kinder das Beste zu wollen, ist legitim. Auch dabei sind jedoch Methoden illegitim, die Grundnormen verletzen. Eltern dürfen Lehrer nicht unter Druck setzen, damit diese ihren (leistungsschwachen) Kindern bessere Noten geben. Die Adoption von Kindern aus der Dritten Welt scheint eine lobenswerte, altruistische Tat zu sein. Verboten ist jedoch, dies auf illegitime Weise zu tun, Kinder sogar zu „kaufen." Davon könnte man im Extremfall sprechen, wenn die Adoption aus armen Ländern des Südens über bezahlteVermittler geschieht und man nicht weiß, ob die Eltern der Adoption überhaupt zugestimmt haben. Unternehmen dürfen ihre Arbeitnehmerinnen nicht – gemessen an den in einer Gesellschaft relevanten Standards und Gesetzen – finanziell ausbeuten (weit unter dem Mindestlohn bezahlen), oder stark gesundheitsgefährdenden Arbeitsbedingungen ohne entsprechende Schutzvorkehrungen aussetzen. Regierungen dürfen die Bürger nicht ungebührlich überwachen und kontrollieren, Politikerinnen dürfen nicht krass lügen, auch wenn sie nicht immer alles sagen müssen, was sie wissen.[16]

Alle diese Phänomene bzw. Probleme kommen natürlich immer wieder vor. Demokratische Institutionen garantieren jedoch, dass ein solches Verhalten nicht überhandnimmt bzw. Politiker, die es skrupellos praktizieren, abgewählt werden. Donald Trump, dem zahlreiche Lügen nachgewiesen wurden, war einer der wenigen US-Präsidenten, die bei ihrer zweiten Kandidatur nicht mehr gewählt wurden. Der britische Politiker Boris Johnson, der schon in seiner vorherigen journalistischen Karriere freie Erfindungen als Fakten präsentiert hatte, trug durch seine phantastischen Behauptungen über die positiven Effekte eines EU-Austritts für Großbritannien maßgeblich zum Brexit bei, konnte sich aber nur drei Jahre als Premier halten.

---

[16] Die Philosophin Hannah Arendt stellte sogar die provokante These auf, Wahrheit sei in der Politik überhaupt fehl am Platz (Arendt 2013). Als Hintergrund dafür sieht sie die Tatsache, dass in der Politik die öffentliche Meinung wichtig ist; bei der Beeinflussung dieser seien aber auch andere Aspekte wichtig. Vgl. dazu auch Georg Zenkert, Über Wahrheit und Lüge im politischen Sinn, *Zeitschrift für politisches Denken* 10/1, 2020 (https://www.90minuten.at/de/red/presseschau/kurzmeldungen-vereine-verbaende-sportler/2019/dezember/salzburgs-afrika-connection/, abgerufen am 29.3.2023).

Es gibt noch ein drittes Argument gegen die These, zwischen den Grundwerten und Normen in verschiedenen sozialen Kontexten gäbe es keine Beziehung oder sogar grundsätzliche Konflikte. Dies ist die empirisch-historische Tatsache, dass in höher entwickelten Gesellschaften alle Grundwerte mehr Beachtung finden. Familien können in solchen Gesellschaften viel besser für ihre Kinder sorgen, weil es mehr reguläre Beschäftigung, höhere Einkommen und weniger Armut gibt und weil die Familien durch öffentliche Institutionen stärker unterstützt werden. Unternehmer werden durch unabhängige Gewerkschaften und wirksame Arbeitsgesetze veranlasst bzw. gezwungen, Sicherheitsnormen zu beachten und Mindestlöhne zu zahlen. Die Rechte von Kindern und die Gleichbehandlung der Geschlechter sind in demokratischen Gesellschaften eher gewährleistet. Steuerhinterziehung und Korruption sind in weniger entwickelten Ländern ein viel endemischeres Problem als in wohlhabenden Ländern mit gefestigten Demokratien. Ein Paradebeispiel für letztere ist Schweden, wo die Einkommensverhältnisse aller Bürger und Bürgerinnen völlig transparent und allgemein einsichtig sind. Man kann mit dem Philosophen Markus Gabriel (2021) sogar von moralischem Fortschritt sprechen. Er zeigt sich u. a. darin, dass man heute auch Kindern, ja sogar Tieren, Rechte zubilligt, dass man die Gleichheit der Geschlechter anerkennt, dass man moralisch verwerfliche Handlungen immer verurteilt, egal wer sie ausübt. Es wird oft darauf hingewiesen, dass in früheren, kleinstädtisch-dörflichen Gemeinschaften niemand die Haustüren abgesperrt habe, weil alle Nachbarn und alle anderen Bewohnerinnen des gleichen Ortes, ja sogar Fremde, als vertrauenswürdig angesehen wurden. Aber auch heute wundern sich Menschen, die aus Ländern des globalen Südens nach Mitteleuropa kommen, oft darüber, dass in Supermärkten kaum gestohlen wird, obwohl oft weit und breit kein Verkaufspersonal zu sehen ist, und dass in öffentlichen Verkehrsmitteln nur sehr selten kontrolliert wird, ob man einen Fahrschein besitzt.

Aushöhlung gemeinsamer gesellschaftlicher Grundwerte durch Individualisierung?

Eine mit der Thematik dieses Kapitels eng zusammenhängende Frage lautet, welche Bedeutung gemeinsame Werte heute überhaupt noch haben. In diesem Abschnitt werden zunächst die Thesen einflussreicher zeitgenössischer Sozialtheoretiker besprochen, für die der Aufstieg des Individualismus mit einem Verfall klassischer Werte verbunden ist. Die in der neueren deutschen Soziologie beliebten Zeitdiagnosen werden daraufhin befragt, inwieweit bei ihnen Werte überhaupt eine Rolle spielen. Es wird sich zeigen, dass von solchen kaum die Rede ist, wogegen gesellschaftliche Grundwerte bei wichtigen öffentlichen Bewegungen und politischen Reformen in der Bundesrepublik seit 1945 hohe Bedeutung besaßen. Schließlich wird argumentiert, dass der Aufstieg des modernen Individualismus sogar mit einer Zunahme der Bedeutung gesellschaftlicher Grundwerte und eines reflektierten ethisch-moralischen Handelns verbunden ist.

Der Aufstieg des bindungslosen Narzissmus. Sozialphilosophische Argumentationen

Der seinerzeit einflussreiche US-amerikanische Soziologe Amitai Etzioni, der in Kap. 2 kurz vorgestellt wurde, geht mit anderen Vertretern des Kommunitarismus davon aus, dass sich seit den 1960er Jahren in den USA eine signifikante Abschwächung traditioneller Werte, ja ein genereller Werteverlust vollzogen habe. Dem konnte aber noch nichts Neues gegenübergestellt werden bzw. es wurden zwar neue, aber problematische Normen entwickelt (Etzioni 1997). So stellt er die zunehmende sexuelle Freizügigkeit den rigiden neuen Normen gegenüber, welche in Bezug auf das Verhalten zwischen den Geschlechtern (vom Umgang auf der Universität bis zum Verhalten im Schlafzimmer) etwa an US-Universitäten aufgestellt wurden. Seiner Meinung nach stellten solche Richtlinien nichts als einen nahezu verzweifelten Versuch dar, wieder Verhaltensregeln in einem Bereich zu etablieren, in dem weitestgehende moralische Orientierungslosigkeit herrscht.

Hinweise auf einen „Zerfall der sozialen Ordnung" gebe es in vielen Bereichen: familiäre Grundwerte erodierten, Respekt vor Autoritäten nahm ab, ebenso Patriotismus, Nationalstolz und Wahlbeteiligung. Dafür vertreten ethnische und andere soziale Teilgruppen, die quantitativ zunehmen, nicht mehr einhellig US-amerikanische Werte. Der Trend verlief in Richtung eines rücksichtslosen und exzessiven Individualismus (vgl. dazu auch Lange 2000).

Ähnliche Aussagen traf der einflussreiche kanadische Philosoph Charles Taylor (1995). In seinem Büchlein *Das Unbehagen an der Moderne* diagnostiziert er ein Abgleiten der heutigen Kultur in einen Narzissmus, für den Selbstverwirklichung und Selbsterfüllung der wichtigste Wert im Leben sind. Die zeitgenössische Kultur stütze sich damit auf ein populäres Ideal der Authentizität, die dem Individuum das Gefühl ungehemmter Freiheit in einer Welt ohne Maßstäbe vermittelt. Strukturell sei diese Haltung einerseits durch die umfassende, aufgezwungene geographische Mobilität gefördert worden, welche alte Bindungen trennt, Beziehungen und Kontakte unpersönlich und oberflächlich werden lässt und zu einem sozialen Atomismus führt. Andererseits führten die technokratischen und bürokratischen gesellschaftlichen Zwänge und Kräfte dahin, dass die instrumentelle Vernunft immer stärker wird.

Ein in soziologischen Zeitdiagnosen besonders häufig zitierter Autor ist der polnisch-britische Soziologe Zygmunt Bauman. In seinen Arbeiten zur Postmoderne konstatiert er eine neuartige Kontingenz, eine Verflüssigung aller Lebensverhältnisse.[17] In der digitalen Welt ist Macht nur mehr schwer greifbar, exterritorial und physisch nicht lokalisierbar; sie hält sich nicht mehr an nationale Grenzen, die früher durch Machtblöcke streng kontrolliert wurden. Die Eliten üben keine direkte Macht mehr aus und die verpflichtende Kraft von Bindungen und Normen verflüchtigt sich. Diese verlagern sich auf Gruppen, die sich selbst durch Distanzierung und Abgrenzungen definieren; dabei entstehen auch neue Gemeinschaften, die sich in fundamentalistischer Weise auf (scheinbar) universalistische Prinzipien berufen und dafür „Anerkennungskämpfe" vom Zaun brechen. Moral

---

[17] Vgl, z. B. Bauman (2008), *Flüchtige Zeiten*; zur Kritik von Baumann siehe Kron (2001), *Moralische Individualität*.

wird von rational-bürokratischen Systemen vereinnahmt und als systemische Funktionalität interpretiert , die Akteure sind nur dessen Erfüllungsgehilfen. Das universalistische ethische Projekt der Moderne ist seiner Meinung nach dahin. Es bleibt nur mehr eine radikal individualistische, postmoderne Ethik, deren Basis idas Desinteresse des Akteurs an Reziprozität ist. Ähnlich argumentierte Christopher Lasch (1995) in seiner Theorie des Sozialnarzissmus: der dominante Sozialcharakter habe sich gewandelt; die psychische Belastbarkeit und Integrationsfähigkeit in Beruf und Familie habe nachgelassen, die Menschen würden sich zunehmend nur mehr um sich selbst und ihre Befindlichkeit kümmern, berufliche und private Verpflichtungen seien nur mehr schwer zu erfüllen.

Die Theorie der Individualisierung. Soziologische Zeitdiagnosen
Individualisierung ist ein Phänomen, das auch Soziologen in England (Giddens 1991) und Frankreich (Jean Claude Kaufmann und Francois Singly) thematisieren. Besonders prononciert wurde es in der deutschen Soziologie ausgearbeitet (Kron und Horacek 2009). Schon in den 1970er Jahren beklagten konservative Autoren und Autorinnen, wie Helmut Schelsky, Hermann Lübbe, Elisabeth Noelle-Neumann, Helmut Schoeck und andere einen Verlust traditioneller Werte wie Leistung, Arbeitsethik, Sparsinnung und Achtung vor Autoritäten.[18] Ab Mitte der 1980er Jahre setzte sich mit Ulrich Becks *Risikogesellschaft* ein neues Paradigma durch, das die Bedeutung von Werten überhaupt relativiert. Beck packte diese Tendenz quasi bei den Hörnern und analysierte die neuen Formen des Individualismus radikal und scheinbar wertfrei: ihm folgten seit den 1990er Jahren weitere ähnlich erfolgreiche Zeitdiagnosen, so etwa Gerhard Schulze (*Erlebnisgesellschaft*), Peter Gross (*Multioptionsgesellschaft*), Hartmut Rosa (*Resonanz. Eine Soziologie der Weltbeziehung*) und Andreas Reckwitz *Gesellschaft der Singularitäten*.[19] Hier geht es nun darum zu untersuchen, welche Rolle Werte im Rahmen dieser Arbeiten spielen.

Alle diese zeitdiagnostischen soziologischen Analysen lassen sich in mehr oder weniger deutlicher Ausprägung von sechs Grundthesen leiten: (1) die in der Industriegesellschaft bis noch in die Nachkriegszeit hinein dominanten, relativ gut integrierten und allgemein verbindlichen gesellschaftlichen Wertesysteme verlieren massiv an Bedeutung; (2) Werte bzw. Wertorientierungen sind zwar auch heute noch wichtig, jedoch kann oder muss sich jeder Einzelne selbst nach Belieben ein passendes Wertebündel zusammenstellen; (3) diese jeweils persönlich gewählten Orientierungen (die man eher als Präferenzen denn als Werte im klassischen Sinn bezeichnen kann) sind zwar nicht unbedingt als egoistisch zu bezeichnen, aber doch unverkennbar von individuellen Interessen her zu verstehen; (4) innerhalb der einzelnen Gesellschaften ergibt sich ein Wertepluralismus, dessen positive Seite eine umfassende Toleranz ist, dessen problematische Seite in einer hohen Beliebigkeit und Relativität aller Werte besteht; (5) weltweit lässt sich

---

[18] Vgl. dazu Haller (2005), Auf dem Weg zur mündigen Gesellschaft?
[19] Vgl. zu diesen Arbeiten zusammenfassend Schimank/Volkmann (2000); *Soziologische Gegenwartdiagnosen* I; Kron/Horacek (2015), *Individualisierung*; Prisching (2018) *Zeitdiagnosen*.

eine Angleichung, d. h. Individualisierung und Pluralisierung der Wertesysteme in diesem Sinne beobachten; (6) der langfristige Wertewandel ist richtungslos, folgt keinem Zweck oder Ziel.

Es liegt auf der Hand, dass alle diese Thesen dem hier vertretenen Ansatz klar widersprechen. Evident ist auch, dass diese „Krisenwissenschaftler" mangels klarer Vorstellungen über die Existenz und Relevanz gesellschaftlicher Grundwerte über keinen theoretisch-normativen Leitfaden verfügen, anhand dessen sie die relative Bedeutung der neuen Probleme richtig einordnen können. Darüber hinaus besteht bei allen eine Tendenz, vor allem krisenhafte und problematische Phänomene und Trends hervorzuheben und positive Tendenzen zu übersehen (Schröder 2019). Dies ist sicher auch eine Folge der Tatsache, dass Krisendiagnosen in der Öffentlichkeit immer auf große Resonanz stoßen. Außerdem werden die neuen Probleme gerade deshalb sichtbar oder treten überhaupt erst auf, weil signifikante Verbesserungen eingetreten sind.

Die einflussreichste zeitdiagnostische Analyse war ohne Zweifel jene von Ulrich Beck. Sein 1986 veröffentlichtes Buch *Die Risikogesellschaft* regte mehrere Nachfolgestudien und zahlreiche empirische Forschungen an, führte in der soziologischen *community* allerdings aber auch zu umfassender Kritik.[20] Auch Becks Thesen zur Auflösung der vertikalen Klassen- und Schichtstruktur waren schon bei namhaften deutschen Soziologen der Nachkriegszeit, wie René König, Helmut Schelsky und Karl M. Bolte, schon lange geläufig (Haller 2006). Ausschlaggebend für den Erfolg von Becks Thesen waren mehrere Tatsachen: Im Jahr der Buchpublikation erfolgte der atomare Supergau des Atomkraftwerkes von Tschernobyl in der sowjetischen Ukraine, was man als schlagenden Beweis für die Weitsichtigkeit des Autors interpretieren konnte; die sprachliche Eloquenz und Formulierungskunst von Beck, der zahlreiche markante und einprägsame Kurzformeln zur Darstellung seiner Zentralthesen fand („Not ist hierarchisch, Smog ist demokratisch"; wir sitzen „auf dem zivilisatorischen Vulkan"); und schließlich auch die Technikskepsis vieler Deutscher, die hier eine theoretische Begründung fand. Beck geht aus von einem Niedergang der früher festgefügten Orientierungen und Werte der Menschen, in Ehe und Familie über die Arbeitsorientierungen bis hin zu politischer Partizipation und Einstellungen. Die Ursache dafür sieht er in sozialstrukturellen Trends, wie der Ablösung klar umrissener Klassenstrukturen und Lebensverläufe, einer Entstandardisierung der Erwerbsarbeit, einer Deinstitutionalisierung der klassischen Ehe und Familie (Beck und Gernsheim 1994). Dazu kommen eine durchgreifende Säkularisierung und Rationalisierung, die auch mit einer Infragestellung der Wissenschaft und einer Unterhöhlung des Glaubens an die Steuerungsfähigkeit der Politik verbunden ist. Wie der einflussreiche englische Soziologe Anthony Giddens (Giddens 1991) sieht auch Beck eine „reflexive

---

[20] Relevant zur Beurteilung der Theorie von Beck ist auch, dass er seine zentralen Thesen nicht aus soziologischer Theorie oder Forschung, sondern aus den zeit- und kulturkritischen Werken des deutsch-österreichischen Philosophen Günther Anders (1902–1992) übernahm. Anders hatte erfolgreiche Bücher geschrieben mit den Titeln *Die Antiquiertheit des Menschen. Über die Seele im Zeitalter der dritten industriellen Revolution* und *Die atomare Bedrohung*.

Modernisierung" am Werk, die nicht bedeutet, dass nun alles besser bedacht und gesteuert werden könne, sondern – eher im Gegenteil – dass alles komplexer werde: Entwicklung läuft nicht mehr linear ab, Nebenfolgen politischen Handelns werden immer folgenreicher, es gibt keine einheitlichen Leitbilder mehr, die politische Links-Rechts-Koordinate verliert an Bedeutung zugunsten einer neuen Sub-Politik. In der Folge dieser Trends sind die Individuen laut Beck mehr und mehr auf sich allein gestellt, die Normalbiografie wird zu einer „Bastelbiografie". Man steht zunehmend unter Entscheidungsdruck und einem Zwang, seinen eigenen Lebenslauf zu planen. Allgemein verbindliche ethisch-moralische Richtlinien gibt es nicht mehr.

Zwei Autoren haben zeitdiagnostische Publikationen vorgelegt, die in vieler Hinsicht als Weiterführung vieler dieser Ideen von Beck angesehen werden können. Für Peter Gross *(Die Multioptionsgesellschaft)* sind moderne Gesellschaften durch ein ständiges Mehr gekennzeichnet: hinter allem „gibt es ein Mehr und ein Besseres, jedes Mehr und Bessere wartet darauf, realisiert zu werden, und jeder hat das Recht, dieses Mehr und Bessere zu fordern" (Gross 1994). Entscheidet man sich für eine Option, bleiben allerdings viele andere offen; auch muss man mit der Unkalkulierbarkeit der Welt leben. Das „Dreipunkteprogramm der Moderne" ist die Steigerung der Handlungsmöglichkeiten, der Teilhabe daran und die Garantie minimaler Handlungsmöglichkeiten. Aber die Multioptionsgesellschaft erzeugt letztlich ein Problem: Fortschritt durch immer Mehr macht den Menschen ratlos, gibt ihm letztlich keinen Lebenssinn. Ähnlich argumentiert Gerhard Schulze (1992) in seinem Buch *Die Erlebnisgesellschaft*. Seine auch empirisch fundierte These lautet, das Alltagshandeln der Menschen habe sich, als Folge gestiegener Einkommen, reduzierter Arbeitszeiten und eines vervielfachten Warenangebots, immer mehr darauf verlagert, wie man möglichst viel aus der neu gewonnen Zeit und den vielfältigen Konsummöglichkeiten macht. Aus der daraus entstandenen Orientierungslosigkeit haben sich neue Haltungen und Lebensauffassungen entwickelt, „die das Subjekt in das Zentrum des Denkens und Handelns stellen … das Projekt des schönen Lebens, Erlebnisrationalität, die Funktionalisierung der äußeren Umstände für das Innenleben" (Schulze 1992, S. 35). Auch Andreas Reckwitz (2019) sieht in seinem Werk *Die Gesellschaft der Singularitäten* die Herausbildung einer neuen „singularisierten Lebensführung", die ein Streben nach Einzigartigkeit und außerordentlichen Leistungen beinhaltet. Individuen ebenso wie ganze Klassen, Organisationen, Gemeinden und andere Kollektive bis hin zum Staat stehen unter dem Zwang, sich als etwas Besonderes zu präsentieren. Im Übergang zur Logik der Singularisierung wandelt sich die industrielle Logik zum Kulturkapitalismus, mit den *creative economies* als Leitbranchen. Das Soziale wird kulturalisiert. Menschen, Ereignisse, Objekte usw. werden singularisiert und kulturell aufgeladen. Dabei ist ein spezifischer Begriff von Wert zentral: die jeweiligen Bezugseinheiten sind nicht mehr unter dem Aspekt des Nutzens oder ihrer Funktion wertvoll, sondern durch ihre Eigenkomplexität. Dabei geht es nicht um „hochkulturell" Wertvolles, sondern um das, was den Menschen selbst wertvoll ist. Die Singularitäten werden mit Wert ausgestattet und erhalten

Affektqualitäten. Das dynamische Zentrum dieser neuen Kultur sind die *creative industries:* Architektur, Werbung, Mode, Musik, Computerspiele, und die *experience economy* von Tourismus und Sport. Für Subjekte der neuen Mittelklasse bietet diese Spätmoderne „enorme Chancen auf ein subjektiv als geglückt empfundenes Leben", wenngleich das Ziel der Selbstverwirklichung oft auch Enttäuschungen mit sich bringt (Reckwitz 2019, S. 342 ff.). Den Angehörigen der Unterklasse verbleibt nur ein *muddling through:* Man muss irgendwie durchkommen, sich durchwursteln und durchbeißen.

Die Diagnosen dieser Studien zum Wandel von Sozialstrukturen und Wertewandel werden auch in zusammenfassenden soziologischen Betrachtungen geteilt. So stellt Karl-Heinz Hillmann (2003) in seinem umfassenden Werk dazu vier Thesen auf: (1) In modernen Gesellschaften verlieren Werte ihren kulturellen Selbstverständlichkeitscharakter und ihren religiös-metaphysisch begründeten Absolutheitsanspruch; es breitet sich die Auffassung aus, dass Werte geschichtlich entstanden, kontingent geprägt, kulturell relativ und somit auch veränderbar sind; (2) die Unterschiede zwischen den Wertesystemen verschiedener Gesellschaften werden immer geringer, aber die Mannigfaltigkeit innerhalb der Gesellschaften nimmt zu; (3) in freiheitlich-pluralistischen Gesellschaften wächst die Zahl der Individuen, die ihre Wertorientierungen und Lebensstile weitgehend selbst bestimmen; (4) der Wertewandel hat keine Richtung, er vollzieht sich „ungleichmäßig, widersprüchlich, schubartig, wellenförmig oder sogar zyklisch."

Inwieweit trifft der Einwand zu, dass grundlegende, gemeinsame gesellschaftliche Werte ihre Bedeutung verloren haben, heute keine zentrale Rolle mehr spielen und an ihre Stelle individuelle und gruppenspezifische Präferenzen getreten sind? Diese Fragen sollen im Folgenden zum Einen anhand einer Darstellung wichtiger gesellschaftlich-politischer Ereignisse in Deutschland seit 1945, zum anderen durch eine alternative Interpretation des Trends zur Individualisierung beantwortet und widerlegt werden.

Die Rolle gesellschaftlicher Grundwerte in Deutschland seit der Nachkriegszeit
Die in diesem Buch herausgearbeiteten neun gesellschaftlichen Grundwerte spielen in den soeben besprochenen soziologischen Zeitdiagnosen keine wichtige Rolle. In der realen gesellschaftlichen und politischen Entwicklung in Deutschland seit dem Zweiten Weltkrieg stellt sich dies anders dar. Sechs Ereignisse bzw. Prozesse von weitreichender politischer und gesellschaftlicher Bedeutung sollen hier kurz dargestellt werden, und in allen diesen Prozessen und Bewegungen haben gesellschaftliche Grundwerte eine zentrale Rolle gespielt. So stellte der ehemalige Bundespräsident Roman Herzog anlässlich des 50jährigen Bestehens der Bundesrepublik Deutschland 1999 fest, man könne heute sagen, dieses Land sei eine gefestigte freiheitliche Demokratie, ein wirtschaftlich starker Partner der Welt und ein Land mit großem Wohlstand.[21] Er verwies in diesem Zusammenhang explizit darauf, dass die Grundideen von Freiheit, Gerechtigkeit, Toleranz und Friedlichkeit am Beginn des Wiederaufbaus standen und sein „entscheidender Motor"

---

[21] Vgl. https://www.bundespraesident.de/SharedDocs/Reden/DE/Roman-Herzog/Reden/1995/05/19950508_Rede.html (abgerufen am 8.9.2021).

waren. Dies sehen offenkundig auch die Deutschen selbst so. In einer Eurobarometer-Umfrage vom Herbst 2021 sagten 75 % der Befragten, sie seien mit der Demokratie in ihrem Lande zufrieden; damit lagen sie nur knapp hinten den Bevölkerungen in Skandinavien (ca. 80–88 % zufrieden), aber noch deutlich über dem EU-Durchschnitt von 57 % und noch weiter entfernt von Ländern wie Frankreich, Italien und auch Österreich, wo nur rund 50–55 % mit ihrem demokratischen System zufrieden sind. In den mittelosteuropäischen, postkommunistischen Ländern sind es gar nur 30 % bis 50 % der Bürger. Deutschland nimmt in internationalen Rankings des Ansehens von Staaten schon seit einiger Zeit einen Spitzenplatz ein.[22] Aber betrachten wir die sechs genannten Ereignisse bzw. Prozesse im Einzelnen.

(1) *Die europäische Integration.* Deutschland war – gemeinsam mit Frankreich – der Motor der europäischen Integration und trug wesentlich bei zur Gründung der Montanunion 1951, dem Vertrag von Rom 1957 (Gründung der EWG) und dem Vertrag von Maastricht 1992 (Europäische Union). Neben Robert Schuman und Alcide De Gasperi war Konrad Adenauer die politische einflussreichste Führungspersönlichkeit im Rahmen dieser Integration.[23] Was waren die Gründe für die Initiative zur Gründung einer europäischen Gemeinschaft, die zu einer neuartigen, übernationalen politischen Gemeinschaft führte, die von vielen Beobachtern als ein welthistorisch neues, innovatives politisches Projekt verstanden wurde? Was waren die Gründe für die besonders aktive Rolle Deutschlands? Man kann vier Ursachen klar benennen und sie alle betreffen gesellschaftliche Grundwerte: die außenpolitisch-militärische Sicherheit, die Steigerung von Wirtschaftswachstum und Wohlstand, die Wiedereingliederung Deutschlands in die Gemeinschaft der demokratischen Staaten und die Sicherung des Friedens. Alle diese Werte wurden in der unmittelbaren Nachkriegszeit durch Expansionsbestrebungen der Sowjetunion bedroht, die im Ostteil Deutschlands ein kommunistisches System nach sowjetischem Muster installiert und dort starke Truppen stationiert hatte. Es gibt kein EU-Mitgliedsland, in welchem die Teilnahme an der Integration so wenig infrage gestellt wird wie in Deutschland. Dazu trugen auch Wirtschaftswachstum und Wohlstandssteigerung entscheidend bei. Deutschland hat mit anderen zentral in Europa gelegenen Ländern am stärksten von der Integration profitiert.[24]

(2) *Die Aufarbeitung des Nationalsozialismus und des Holocaust.* In der unmittelbaren Nachkriegszeit ging der Prozess der Aufarbeitung der Verbrechen des Nationalsozialismus nur schleppend voran. Ihre Aufarbeitung wurde entscheidend angestoßen durch die Studentenbewegung 1968. Sie prangerte vor allem die Nichtauseinandersetzung mit den

---

[22] Vgl. https://www.horizont.net/marketing/nachrichten/Nationen-Image-Deutschland-loest-die-USA-als-neue-Nummer-eins-ab-162693 (abgerufen am 19.10.2021).

[23] Näheres zu deren Rolle und soziale Merkmale in Haller (2009a), *Die europäische Integration als Elitenprozess*, S. 100–112.

[24] Vgl. Dazu Girodano Mion/Dominic Ponattu (2019), *Estimating economic benefits of the Single Market for European countries and regions*, Bertelsmann Stiftung (https://www.bertelsmann-stiftung.de/fileadmin/files/BSt/Publikationen/GrauePublikationen/EZ_Study_SingleMarket.pdf).

Verbrechen des Nationalsozialismus gegen die Juden und Jüdinnen an und stieß damit einen starken Prozess der Vergangenheitsbewältigung an, der bis heute anhält. Eine Rolle spielte dabei auch der Kampf gegen autoritäre Tendenzen in der BRD selbst, wie sie etwa indiziert durch den Radikalenerlass von Adenauer 1950, der 1972 erneuert wurde.[25] Auch die weiteren Ziele und Aktionen der 1968er Bewegung – Kritik des Kapitalismus, Antiimperialismus, Demonstrationen gegen US-Militärinterventionen – hingen eng mit Grundwerten wie Freiheit, Gleichheit, Gerechtigkeit und Frieden zusammen.

(3) *Die Wiedervereinigung von Ost- und Westdeutschland* wäre ohne die Wirkung grundlegender Wertvorstellungen unmöglich gewesen. Dies gilt sowohl für die Menschen in der ehemaligen DDR wie in der BRD. In der DDR war die Forderung nach politischer Freiheit sicherlich grundlegend, neben dem Wunsch nach wirtschaftlicher Liberalisierung und Steigerung des Wohlstands (Rödder 2011). Hunderttausende Menschen nahmen in den späten 1980er Jahren an Demonstrationen in Leipzig und Ostberlin teil. Aber auch für die Politiker und Bürgerinnen der Bundesrepublik spielten bei der Unterstützung der Wiedervereinigung Werte wie Inklusion, Gleichheit und Gerechtigkeit eine bedeutende Rolle, und nicht nur ein Deutschnationalismus. Ohne starkes Gefühl der Sinnhaftigkeit der vollen Integration wäre man wohl kaum bereit gewesen, so riesige Summen in den Wiederaufbau Ost zu stecken und eine spürbare eigene Steuer dafür in Kauf zu nehmen.

(4) *Die Anti-Atomwaffen- und Friedensbewegung.* Seit Anfang der 1950er Jahre gab es eine mehr oder weniger kontinuierliche Friedensbewegung. Sie richtete sich zuerst gegen die Wiederbewaffnung der Bundesrepublik und den NATO-Beitritt, ab 1960 als Ostermärsche gegen eigene Atomwaffen und die Stationierung US-amerikanischer Atomwaffen auf deutschem Boden; an diesen Aktionen nahmen auch namhafte Politikerinnen, Wissenschaftler und andere gesellschaftliche Akteure teil. Ab 1963 gab es massive Proteste gegen den Vietnamkrieg, 1979–83 gegen die NATO-Aufrüstung und den NATO-Doppelbeschluss (Raketenstationierung in Deutschland). Den dazu formulierten *Krefelder Appell* unterschrieben vier Millionen Menschen. Im Laufe der 1980er Jahre gab es wiederholt Demonstrationen in vielen deutschen Städten, an denen Hunderttausende Menschen teilnahmen. Große Demonstrationen gab es auch 2003 gegen den 2. Irakkrieg der USA. Dagegen wurde bereits in Kap. 8 darauf hingewiesen, dass der Begriff und die Theorie des Friedens in der neueren deutschen Soziologie kaum eine Rolle spielten.

(5) Die deutsche *Umweltbewegung* war und ist weltweit eine der stärksten (Dietz und Garrelts 2013). Umweltschutz ist wohl der einzige Wert, den schon der Soziologe Beck stark gemacht hat, wurde aber von seinen Nachfolgern nicht mehr weiter so zentral behandelt. Vorläufer der Umweltbewegung finden sich schon Ende des 19. Jahrhunderts (Radkau 2011); in der Nachkriegszeit begann sie als Widerstand gegen den Ausbau der Kernenergie, gegen fahrlässige Abfallentsorgung, Chemikalisierung der Landwirtschaft

---

[25] Mit diesen Gesetzen, auch Extremistenbeschlüsse genannt, wurden die Bewerber für den öffentlichen Dienst auf ihre Verfassungstreue hin überprüft. Es wurden durch den Erlass von 1972 3,5 Mio. Menschen überprüft, über 1000 nicht eingestellt und 260 entlassen. Vgl. https://de.wikipedia.org/wiki/Radikalenerlass (abgerufen am 11.3.2023). Diese Erlässe wurden 1985 abgeschafft.

usw. 1978 wurde die Grüne Aktion Zukunft gegründet, 1980 die Partei der Grünen. Die Nachfolgeorganisation Bündnis 90/Die Grünen konnte seine Mitgliederzahl bis 2019 auf fast 100.000 steigern, bei Bundestagswahlen erreichte sie im Schnitt 8 bis 10 %. Diese Partei ist an mehreren Landesregierungen beteiligt; seit 2011 gibt in Baden-Württemberg es einen grünen Ministerpräsidenten. 1998–2005 war sie Mitglied der rotgrünen Bundesregierung und seit der Bundestagswahl 2021, bei der sie mit 14,8 % der Stimmen drittstärkste Partei wurden, bilden die Grünen mit der SPD und FDP die Bundesregierung.

Der Einfluss der Grünen in der politischen Entwicklung der letzten Jahrzehnte war trotz ihrer zahlenmäßigen Schwäche zweifellos von großer Bedeutung auch dadurch, dass die anderen Parteien zentrale Punkte ihres Programms übernommen haben. So wurden neue Prinzipien der Umweltpolitik, wie das Vorsorgeprinzip (Vermeidung der Entstehung von Umweltschäden), das Verursacherprinzip und das Integrationsprinzip (umfassender Schutz der Umwelt) als gesetzliche Leitlinien verankert. Schon 1974 wurde ein Umweltbundesamt etabliert, 1986 ein Bundesministerium für Umwelt, und es wurden einschneidende, konkrete Maßnahmen umgesetzt, wie etwa der Atomausstieg.

Die Grünen stehen aber nicht nur für den Grundwert der Achtung des Lebens und der Umwelt, sondern auch für Frieden, soziale Inklusion und soziale Sicherheit. Das Umweltbewusstsein ist auch in der Bevölkerung Deutschlands sehr hoch (Franzen 2013). Im internationalen Vergleich zeigt sich, dass die Existenz starker grüner Bewegungen einen positiven Effekt auch auf das Umweltverhalten der Menschen hat (Hadler/Haller 2013).

(6) *Die Aufnahme von Flüchtlingen.* 2015/16 wurden von Deutschland rund 1,1 Mio. Flüchtlinge aus dem Nahen Osten aufgenommen. Dies war europaweit die mit Abstand höchste Anzahl. Diese Flüchtlingsaufnahme war nicht etwas völlig Neues. Schon 1978 hatte Deutschland eine Vorreiterrolle hierbei gespielt und rund 70.000 *boat people* aus Vietnam aufgenommen. Diese Aktivitäten zur Grenzöffnung und Aufnahme von Flüchtlingen belegen die Bedeutung des Grundwertes der sozialen Inklusion und internationalen Solidarität für Bevölkerung und Politik der BRD. 2019 lebten über eine Million anerkannte Flüchtlinge in Deutschland, mehr als in allen westlichen Ländern und nach Schweden auch im Verhältnis zur Einwohnerzahl der höchste Wert. Die Entscheidung von Bundeskanzlerin Merkel im Jahre 2015, dem riesigen Flüchtlingstreck, der von der Türkei über den Balkan bis nach Ungarn und Österreich gekommen war, die Grenzen zu öffnen, wurde weltweit und vor allem in den Herkunftsländern äußerst positiv gesehen. In allen Bundesländern unternehmen auch Tausende private Helfer und zahlreiche Kommunal- und Landespolitikerinnen enorme Anstrengungen, diese immense Herausforderung zu bewältigen. Trotz Flüchtlingskrise und islamistischem Terror in Europa konnte die rechtsgerichtete Partei AfD bei den letzten Bundestagswahlen nicht viel über 10 % hinauskommen, allerdings verheißen die aktuellen Umfragedaten nichts Gutes – so steht die AfD derzeit bei knapp 20 %.

Die „offenen Grenzen" im Herbst 2015 stellten allerdings eine absolute Ausnahmesituation dar. Seither zielt die deutsche Flüchtlingspolitik wie jene aller anderen EU-Staaten vor allem darauf ab, die Grenzen dicht zu machen (Meier-Braun 2018). Hinzuweisen ist hier auch auf die verbreitete Fremdenfeindlichkeit und vor allem die tätlichen Angriffe auf Muslime, Moscheen und Synagogen. Nach einer repräsentativen Umfrage der Universität Leipzig haben gut die Hälfte der Deutschen Vorbehalte gegen Muslime, Sinti und Roma und Asylbewerberinnen. Die Aufnahmebereitschaft Deutschlands für Flüchtlinge bestätigte sich aber neuerdings wieder im Zuge des Angriffskrieges Russlands auf die Ukraine. Bis November 2022 wurden über eine Million Flüchtlinge aus der Ukraine in der BRD registriert und als offizielle Flüchtlinge anerkannt.

Individualismus als Ausdruck neuer Wertprioritäten
Der bedeutende französische Soziologe Raymond Boudon (1985, 2002) befasste sich in einem kleinen Büchlein mit der Frage, wie die Zunahme des Individualismus zu interpretieren ist. Er diskutiert auch die These der Risikogesellschaft von Beck und wundert sich, wie man zu einer solchen These kommen könne, da die Menschen objektiv doch noch nie in solcher Sicherheit gelebt hätten wie heute. Ebenso findet er die Beck'sche Folgerung erstaunlich, häufigere Wechsel von Arbeitsplatz oder Ehepartner würden darauf hindeuten, dass die Menschen gegenüber strukturellen Zwängen an Autonomie verloren hätten. Boudon meint, Beck reihe sich hier in jene zahlreichen pessimistischen Autoren ein, welche vor allem Probleme herausarbeiten. Wir können hier auch an den Topos der „negativen Allbetroffenheit" vieler kritischer Theoretiker erinnern). Diese zu Pessimismus neigende Tradition lebt laut Boudon davon, dass es immer ein Publikum gibt, dem es willkommen ist, wenn ihm fortschrittliche wissenschaftliche Autoritäten erklären, dass das eigene Unglück durch soziale Strukturen und bösartige, verborgene gesellschaftliche Kräfte verursacht wird.

Eine Diagnose dieser Art vertritt, wenngleich mit etwas weniger Pessimismus, auch der international einflussreiche englische Soziologe Anthony Giddens (1991). Er teilt mit Beck die These einer grundsätzlichen Diskontinuität zwischen der klassischen und der neuen Moderne und jene eines zunehmenden Verlusts an verbindlichen moralischen Orientierungen und Werten. So spricht Giddens von einer Zerreißung *(sequestration)* der menschlichen Erfahrungen in doppelter Weise: einerseits einer physischen Separierung der Geisteskranken, Kriminellen und Bösen von den Normalen, andererseits einer Trennung der alltäglichen Lebenserfahrungen von grundlegenden Fragen der Ethik und Moral; Schuldgefühle werden durch Schamgefühle abgelöst, Gefühle persönlicher Sinnlosigkeit nehmen überhand.

Boudon konfrontiert diese „Barsoziologie", wie er sie nennt (da man über Thesen dieser Art sehr „gescheit" reden kann) mit empirischen Daten, wie sie von Forschern wie Klages, Stoetzel, Inglehart und anderen in großen, international vergleichenden Erhebungen erfasst wurden. Boudon sieht in diesen Daten zwar auch die Tendenz, dass etwa Autoritätsgläubigkeit und ähnliche Haltungen abnehmen. Dies impliziert jedoch nicht, dass man grundsätzlich nicht mehr an Autorität glaube; vielmehr achte man nur stärker auf die Legitimität der Autorität. Genau dies zeigen auch empirische Umfragen über das Verhältnis zu Autorität in Deutschland und Frankreich. Auf die Frage, ob es absolut klare, allgemein gültige Leitlinien gebe, um Gut und Böse zu unterscheiden, oder ob nicht vielmehr auch die Umständen relevant seien, entschied sich schon Anfang der 1980er Jahre die Mehrheit der Deutschen und Franzosen für die zweite Option (Köcher und Schild 1998, S. 299). Dies ist offenkundig keine Haltung ohne Wertbasis. Ethisch-moralische Entscheidungen erfordern immer eine Abstimmung zwischen allgemeinen Normen und der konkreten Situation (Wolfe 1989). Selbst die strengste moralische Norm, andere Menschen nicht zu töten, wird in bestimmten Situationen außer Kraft gesetzt, wie in Kap. 7 dargestellt wurde. Eine zu etablierten Normen kritische Haltung unterscheidet jedoch sehr wohl weiterhin zwischen Gut und Böse. So zeigt Boudon – in Übereinstimmung mit Befunden, auf die bereits oben verwiesen wurde – dass die Bedeutung von Ehe und Familie, Arbeit und Beruf nicht zurückgeht, dass eheliche Treue weiterhin sehr wichtig bleibt, dass man glaubt, Kinder brauchen Eltern und diese hohe Verantwortung gegenüber den Kindern haben; dass politisches Interesse bei jungen Menschen nicht geringer ist, sondern sich eher in neuen Formen der Partizipation ausdrückt; dass zwar der Glauben an religiöse Dogmen und insbesondere Phänomene wie Teufel und Hölle usw. stark zurückgegangen ist, dies aber nicht in gleicher Weise für den Glauben an ein Leben nach dem Tode gilt; dass die Bedeutung von Religionsgemeinschaften weiterhin anerkannt wird. Boudon (2002, S. 49) folgert aus seinem *tour d'horizon* durch die empirischen Daten, man könne in keiner Weise behaupten,

„dass die Grundwerte verschwunden sind oder nur mehr als Resultat individueller Präferenzen angesehen werden. Im Gegenteil, in allen Lebensbereichen können wir eine differenzierte, persistente und stabile Ausprägung von Orientierungen beobachten, hinter der eine Hierarchie von Werten steht, die man als objektiv gültig betrachtet. Diese Struktur bleibt über die Zeit und Generationen hinweg stabil …."

Im Bereich der Politik wird mehr Partizipation eingefordert, man ist grundsätzlich viel kritischer geworden. Der verstärkte Individualismus ist kein Egoismus, auch wenn er sich vor allem am Glück für den Einzelnen orientiert; die verschiedenen Verhaltensweisen werden klar nach dem ethischen Kriterium von besser oder weniger gut differenziert. Was man beobachten kann, ist eine Rationalisierung der Werte und Werthaltungen selbst.

Man kann hier auch die Ergebnisse zweier breiter empirischer Forschungstraditionen anführen. In einer umfangreichen Analyse hat Christian Welzel (2013) die international vergleichenden Befunde aus den Erhebungen des *World Value Survey* zusammenfassend dargestellt. Seine Hauptbefunde entsprechen weitgehend den hier entwickelten Thesen. Dem Buchtitel *Freedom Rising* entsprechend findet Welzel, alle Befunde würden zeigen, dass die Idee der Emanzipation – der Wunsch, frei von Beherrschung sein Leben autonom gestalten zu können – sich weltweit durchsetzt. Dies belegt er durch Zeitreihen über die Einstellungen seit den 1980er Jahren sowie durch weltweite Vergleiche zwischen mehr als 90 Ländern unterschiedlichster Entwicklungsniveaus. Besonders relevant sind hier seine Befunde und Interpretationen des Zusammenhangs zwischen Individualismus und Wertewandel. Unter dem Titel *Benign Individualism* (Welzel 2013; ähnlich Inglehart und Welzel 2005) findet er, dass mit der Zunahme emanzipativer und individualistischer

Werte die Menschen tendenziell weniger egoistisch *(selfish)* werden. Als weitere Evidenz kann man hier auf die international vergleichende Studie des Sozialpsychologen und Kulturforschers Shalom Schwartz (2006) anführen. Relevant sind vor allem zwei seiner Befunde: (1) (West-) Europa und die angelsächsische Welt sind nicht generell durch einen hohen Individualismus gekennzeichnet; in Europa sind vor allem intellektuelle Autonomie und soziale Einbettung wichtig, in der englischsprachigen Welt affektive Autonomie und Beherrschung der Welt. Diese beiden Kulturkreise als „individualistisch" zu beschreiben, würde die Realität verzerren. (2) Für Westeuropäer sind die zentralen Werte Gleichheit und Harmonie, Interesse für das Wohlergehen anderer und Integration in die natürliche und soziale Umwelt.

Globalisierung als Weichensteller für die universale Anerkennung der Grundwerte

17

> *„Für den typischen Menschen in einer einfachen Gesellschaft umfasste die relevante moralische Ordnung nur seine Stammesgenossen, oft nur die anderen Dorfbewohner. Aber in den letzten 2500 Jahren haben sich drei Glaubensgemeinschaften – Christentum, Islam und Buddhismus – als universale Kirchen weit verbreitet, mit Glaubensinhalten, welche die ganze Menschheit ansprechen. Auch die rationale humanistische Ideologie der europäischen Aufklärung versuchte alle Menschen zu erreichen. Heute verkörpern die Vereinten Nationen diese Ideale und nahezu alle Menschen der Welt sind durch diese Gemeinschaft der Hoffnung miteinander verbunden."*

Raoul Naroll (1983)[1]

Seit einigen Jahrzehnten hat sich mit der Globalisierung eine Entwicklung angebahnt, die aus der Sicht der Grundfragen dieses Buches wissenschaftlich sehr spannend und politisch von höchster Bedeutung ist. Die hier vertretene These lautet, dass die Globalisierung tendenziell zur Herausbildung einer „Weltgesellschaft" führt und dass damit auch die neun gesellschaftlichen Grundwerte universale, d. h. globale Bedeutung und Geltung erlangen. Die in den Sozialwissenschaften vorherrschende Sicht zur Globalisierung ist eine sehr kritische. Ihren Ton haben Marx und Engels im *Kommunistischen Manifest* von 1848 sprachgewaltig vorgegeben. Nach ihnen haben auf der einen Seite Dampfkraft und Maschinerie die industrielle Produktion revolutioniert; die neue Großindustrie hat durch die Entwicklung von Handel, Schifffahrt und Kommunikation den Weltmarkt erzeugt; dieser hat wieder auf die Industrie zurückgewirkt und damit auch das Kapital

---

[1] Raoul Naroll (1920–1985), aus Kanada gebürtiger, amerikanischer Anthropologe, verfasste Werke zur Methodik und zur vergleichenden Kulturanthropologie und Problemen von Kulturstress; Quelle des Zitats: R. Naroll (1983), *The Moral Order*, S. 374 (Übersetzung M.H.).

und die Bourgeoisie hervorgebracht; diese verdrängt ihrerseits alle anderen sozialen Klassen. Lenin nahm diese Thesen auf und radikalisierte sie, indem er eine enge Beziehung zwischen Kapitalismus, Kolonialismus und Imperialismus herstellte.[2] In neuerer Zeit hat der Soziologe Immanuel Wallerstein ein beeindruckendes Werk vorgelegt, in welchem er diese Ideen in eine historische Soziologie einbettet (zusammenfassend Wallerstein 2018). Für ihn beginnt die Herausbildung eines Weltsystems schon im 16. Jahrhundert, in welchem die entstehenden Nationalstaaten eine Interessenverbindung mit den kapitalistischen Unternehmern eingehen und diese in die ganze Welt expandieren.[3] Dabei entsteht eine dauerhafte Arbeits- und Machtteilung zwischen den technisch-industriell hochentwickelten kapitalistischen Zentren (Europa, Nordamerika) und den Peripherien, die den Zentren Rohstoffe, landwirtschaftliche Produkte und billige Arbeitskräfte liefern. Zugrunde liegt den Beziehungen zwischen diesen ein ungleicher Tausch, durch den ein kontinuierlicher Mehrwerttransfer ins Zentrum stattfindet. Die Stabilität des ganzen Systems wird gewährleistet durch die Entstehung von Semiperipherien (etwa in Lateinamerika und Ostasien), die sich gegenüber den Zentren in einer benachteiligten, gegenüber den Peripherien jedoch ebenfalls in einer privilegierten Lage befinden. Diese Staaten haben oft autoritäre Regierungen, welche die politischen Interessen der Zentren in ihren Ländern auch mit autoritären Mitteln durchsetzen. Der moderne Kapitalismus stellt daher ein globales System der Ausbeutung dar.[4]

Die globalisierungskritische Sicht hat in jüngster Zeit – nach Finanzkrise, COVID-19 Pandemie, ökologischer Krise, Ukraine-Krieg – in den Wirtschafts- und Sozialwissenschaften wieder an Einfluss gewonnen. Selbst in der Öffentlichkeit scheint eine negative Sicht ihrer Folgen die Oberhand zu gewinnen (Schmalz 2022). Die Globalisierung sei kein linearer, sondern ein zyklischer Prozess, der immer wieder von Phasen der Deglobalisierung unterbrochen werde.

---

[2] Lenin, „Der Imperialismus als höchstes Stadium des Kapitalismus", in: Lenin 1966, S. 763–873.

[3] Stefan Schmalz (2022) unterscheidet drei zeitliche Perspektiven auf die Globalisierung: während Wallerstein ein halbes Jahrtausend im Blick hat, begann der Globalisierungsprozess für andere Autoren (so auch Marx und Lenin) im 19. Jahrhundert mit dem Aufstieg der Industrie und Großbritanniens Expansion über die Welt; im heutigen Diskurs ist die Sicht vorherrschend, dass die Globalisierung um 1970 eine neue Qualität und Dynamik erhielt. Näheres zur letzteren Sicht im Text.

[4] Noch radikalere Thesen haben Hardt und Negri (ein Literatur- und ein Politikwissenschaftler) in ihrem Buch *Empire. Die neue Weltordnung* (2003) entwickelt. Für sie hat die Globalisierung zur Schaffung „einer einzigen supranationalen Gestalt politischer Macht" geführt, in der multinationale Konzerne, die Supermacht USA, ja sogar die UNO zusammenspielen und eine neue Weltherrschaft errichtet haben. Diese Thesen, die klar einer funktionalistischen Logik folgen (sodass man sie methodisch gar nicht wirklich widerlegen kann), erscheinen geradezu als phantastisch und stehen einer Verschwörungstheorie nahe. Es erscheint mir daher nicht notwendig, sich hier ausführlich mit ihnen auseinanderzusetzen.

Im Gegensatz zu diesen Sichtweisen soll hier zum Ersten die These begründet werden, dass die Globalisierung kein „Projekt"[5] ist, dass von irgendwelchen Akteuren vorangetrieben wurde. Es ist vielmehr ein komplexer Prozess, bei dem eine Reihe von Faktoren und Akteuren beteiligt waren. So waren es nicht nur ökonomisch-kapitalistische und politische Machtinteressen, welche seit Beginn der Neuzeit die ungeheure Dynamik der Globalisierung in Gang gesetzt und damit tendenziell die Entstehung einer Weltgesellschaft gefördert haben. Zum Zweiten wird argumentiert, dass fünf mindestens ebenso bedeutende Faktoren bzw. Kräfte in der globalisierungskritischen Sicht nicht in den Blick kommen. Es sind dies die positiven Aspekte der wirtschaftlichen Globalisierung (darunter insbesondere die Steigerung des Wohlstandes und die Reduktion der Armut), die kreative Rolle der Wissenschaft, die kommunikative und soziokulturelle Verflechtung der Welt und die internationale politische Verflechtung und Zusammenarbeit. Die These lautet, dass die Globalisierung eine enorme Chance bietet, den gesellschaftlichen Grundwerten weltweit zum Durchbruch zu verhelfen und dass wir Kräfte und Tendenzen dieser Art bereits erkennen können. Einleitend ist es angebracht, das Phänomen der Globalisierung kurz näher zu charakterisieren.

Begriff und Effekte der Globalisierung

Was ist Globalisierung?
Globalisierung bedeutet eine zunehmende Verflechtung der ganzen Welt in wirtschaftlicher, sozialer, kultureller und politischer Hinsicht.[6] Man kann auch von einer Kompression von Raum und Zeit sprechen: Nachrichten können heute in Sekundenschnelle weltweit verbreitet werden, und es ist möglich, physisch in kurzer Zeit größte Distanzen überwinden. Auf die Frage, wann dieser Prozesses begonnen hat, der vor allem in den letzten Jahrzehnten in das allgemeine Bewusstsein getreten ist, gibt es unterschiedliche Antwortenn. Manche (bereits erwähnt wurde Wallerstein) argumentieren, er habe schon am Anfang der Neuzeit mit der Entdeckung der Neuen Welt und der kolonialistischen Ausbreitung und dem Welthandel begonnen. Tatsächlich entwickelten sich bereits im Zuge der industriellen Revolution ab dem 18. Jahrhundert intensive, weltweite Wirtschafts- und Austauschbeziehungen vor allem durch den umfangreichen Schiffsverkehr.

Die englische Textilindustrie hätte sich ohne den Import preiswerter Baumwolle aus Nordamerika und den riesigen Absatzmarkt in Indien kaum entwickeln können. Ersteres war nur möglich, weil die billige Baumwolle vor allem durch Sklavenarbeit erzeugt

---

[5] So schreibt Schmalz (23.022, S. 251), die neuen Verwerfungen und Konflikte zwischen und innerhalb der einzelnen Gesellschaften und zwischen diesen offenbarten „die Lebenslügen des Globalisierungsprojekts".

[6] Aus der inzwischen sehr umfangreichen Literatur zu Globalisierung seien hier nur genannt Martin/Schumann (1996), *Die Globalisierungsfalle*; Beck (2007), *Was ist Globalisierung?* L Cohen/Kennedy (2007), *Global Sociology*; Lechner (2009), *Globalization. The Making of World Society*.

wurde, letzteres, weil in Indien die blühende lokale handwerkliche Produktion gezielt zerstört wurde (Wendt 1978). Dieser Welthandel und viele andere Formen internationaler Verflechtungen (durch Reisen, Kommunikation, Bankwesen, internationales Vertragswesen) haben sich seit dem Zweiten Weltkrieg allerdings in einem Tempo ausgeweitet, das bis dahin unvorstellbar war. So wurde der Begriff der Globalisierung erst um 1990 geprägt. Neu an der Globalisierung heute ist, dass es nicht mehr nur um spezifische internationale Aktivitäten (wie Handel, kultureller Austausch usw.) geht, sondern dass nahezu die gesamte soziale Realität in allen Ländern der Welt involviert wird und viele Akteure sich zusehends global orientieren.

Wirtschaftliche Globalisierung als Ursache der neuen globalen Ungleichheit?
Die wirtschaftliche Globalisierung wird allgemein als wichtigste Triebkraft der Globalisierung gesehen. Sie war, wie bereits angedeutet, seit jeher mit vielen positiven, aber auch negativen Folgen verknüpft. Auf der Habenseite stehen in neuerer Zeit ein enormes Wirtschaftswachstum in vielen nichtwestlichen Regionen und Ländern (insbesondere in Ost- und Südostasien), eine Ausweitung des Warenangebots und extreme Verbilligung vieler Waren bei uns, bis hin zu Möglichkeiten des Reisens um die Welt für Otto Normalverbraucher (Stiglitz 2006). Diesen Faktoren gegenüber stehen Probleme der zunehmenden Umweltbelastung, ausbeuterische Arbeitsverhältnisse in jenen Ländern, die sich zu billigen Werkbänken für Massenprodukte entwickelt haben, rücksichtslose Ausbeutung von natürlichen Ressourcen im globalen Süden und ein oft skrupellos agierendes Weltfinanzsystem.[7]

Die wirtschaftliche weltweite Vernetzung und Integration sind unmittelbar sichtbar und spürbar, wenn man etwa auf die Herkunft zahlreicher Produkte des täglichen Lebens, von Lebensmitteln und Obst zu jeder Jahreszeit, billiger Kleidung, Autos, zahlloser neuer elektrischer und elektronischer Geräte blickt. Der Welthandel hat sich zwischen 1950 und 2010 etwa um das 30fache erhöht; ähnlich stark stieg der Umfang der direkten Auslandsinvestitionen. Viele Waren sind bei uns heute extrem billig, zugleich sind aber ganze Industriezweige und die damit verbundenen Arbeitsplätze in Europa infolge von Auslagerungen der Produktion fast verschwunden. Die Globalisierung wurde, wie bereits angesprochen, zunächst vor allem als Bedrohung wahrgenommen. Einer der ersten Bestseller dazu brachte dies schon im Titel zum Ausdruck: *Die Globalisierungsfalle. Der Angriff auf Demokratie und Wohlstand* (Martin und Schumann 1996). Globalisierung ist heute eindeutig mit weltweiten Ungleichheiten, ja auch mit höchst problematischen Formen von Ausbeutung verbunden. Zur These, dass sie eine Hauptursache für diese Probleme darstellt, sollen hier kurz die Argumente zweier Autoren dargestellt werden.

Ein prominenter Autor, der die internationale Ungleichheit und insbesondere die Armut und Ausbeutung in der Dritten Welt immer wieder anprangert, ist der Schweizer

---

[7] Vgl. dazu vor allem Martin/Schumann (1996), *Globalisierungsfalle*; Stiglitz (2002), *Die Schatten der Globalisierung*; Ziegler (2003), *Die neuen Herrscher der Welt*; Flassbeck/Steinhardt (2018), *Gescheiterte Globalisierung*; Lessenich (2018), *Nach uns die Sintflut*.

Soziologe und Politiker Jean Ziegler (2003, 2008). Ziegler hat als früherer UNO-Sonderberichterstatter für das Recht auf Nahrung und als Mitglied internationaler Menschenrechtsorganisationen die Probleme des globalen Südens vielfach selbst vor Ort studiert. Er spricht von einer Refeudalisierung der Welt durch die multinationalen Konzerne und ihre Eigentümer und Managerinnen Sie sind als Kosmokraten zu bezeichnen, deren einziges Interesse Profit ist. Dafür setzen sie legitime Methoden (wie Werbung, aggressive Markteroberung) und illegitime Mittel (wie Bestechung, Druck auf Regierungen, Unterdrückung von gewerkschaftlichen Aktivitäten) nach Belieben ein.

Nur ein Beispiel: 1984 ereignete sich in einem Betrieb des US-Konzerns *Union Carbide* in Bhopal (Indien) ein katastrophaler Gasunfall, bei dem es unmittelbar 8000, und im Laufe der Jahre darauf 20.000 weitere Todesfälle gab. Der Mutterkonzern verhinderte durch juristische Tricks jedoch Zahlung angemessener Strafen und Wiedergutmachungen. Am Beispiel des Schweizer Lebensmittelgiganten *Nestlé* zeigt Ziegler, dass die Profite dieser Firmen nicht nur durch Ausbeutung billiger Arbeitskräfte zustande kommen, sondern auch durch Lizenzgebühren, welche die Auslandsfirmen der Muttergesellschaft überweisen müssen. Dies trägt dazu bei, dass die Länder der Dritten Welt Schulden gegenüber dem Norden haben, die weit höher sind als die gesamte Entwicklungshilfe des Nordens an den Süden. Ähnlich argumentiert der deutsche Soziologe Stephan Lessenich in seinem Buch mit dem Titel *Neben uns die Sintflut* (Lessenich 2018). Darin zeigt er auf, wie stark die vielfach massiven Probleme im globalen Süden und die vielfach extrem schlechten Arbeits- und Umweltbedingungen durch die Aktivitäten der großen westlichen Konzerne bestimmt werden. Diese haben die einfachen und gefährlicheren Produktionen in die Dritte Welt verlagert, wo ihren Gewinninteressen keine strengen gesetzlichen Standards im Hinblick auf Mindestlöhne, Arbeitsrecht und Arbeitsbedingungen im Wege stehen. Dabei werden sie durch die politischen Machthaber in diesen Ländern kaum behindert, oft sogar gefördert. Lessenich verwendet zur Charakterisierung dieses Sachverhalts den Begriff der *Externalisierungsgesellschaft*. Er besagt, dass zwischen der Armut im Süden und dem Wohlstand im Norden ein direkter Zusammenhang bestehe: Wir leben gut, weil andere schlechter leben müssen. Wir wissen im Norden zwar, dass es massive Ungleichheit und Benachteiligung anderswo gibt, aber verdrängen dies, etwa durch großzügiges Spenden. In Wirklichkeit dienen diese Formen von Hilfeleistung nur zur Selbstberuhigung, stellen de facto aber eine Herrschaftspraxis dar. Dies zeige sich auch in der vorherrschenden Interpretation der Rückständigkeit des Südens als Folge von Korruption und Staatsversagen.

Tatsächlich zeigt sich eine enorme Kluft, wenn man das durchschnittliche Pro-Kopf-Einkommen der Menschen in den verschiedenen Ländern der Welt miteinander vergleicht. In den drei reichsten (größeren) Ländern der Welt – Norwegen, Irland und Schweiz – beträgt das um die Kaufkraft bereinigte Bruttonationalprodukt pro Kopf rund 75.000 bis 80.000 $, in den drei ärmsten Ländern – Zentralafrikanische Republik, Südsudan und Burundi – weniger als 1000 US-$.[8] Die reichsten Länder liegen durchwegs in Nordamerika, Europa und Ostasien. Einige der bevölkerungsreichsten Länder in Südasien (Pakistan, Indien, Nepal, Bangla Desh) liegen mit rund 5000 $ weit unterhalb des Weltdurchschnitts. Am stärksten fallen jedoch zahlreiche Länder in Sub-Sahara Afrika gegenüber allen anderen ab. In Burundi, der DR Kongo und in Malawi beträgt der Anteil der Bevölkerung in (statistisch) absoluter Armut (weniger als 1,90 $ pro Tag), 70 %, in nahezu zwei Dutzend Ländern 40 %.

Betrachtet man die Verteilung der ganzen Weltbevölkerung nach Einkommensklassen, so liegen praktisch alle Einkommensgruppen in Europa im reichsten Fünftel der Weltbevölkerung; umgekehrt befinden sich die meisten Länder in Sub-Sahara Afrika im weltweit ärmsten Zehntel. Auch im Hinblick auf Lebenschancen und Lebensbedingungen bestehen Welten zwischen den reichen Ländern des Nordens und den ärmsten des Südens. In den meisten westlichen Ländern liegt die Lebenserwartung heute bei 80 bis 85 Jahren, dagegen in den ärmsten Sub-Sahara Ländern bei 50 bis 52 Jahren. Jean Ziegler weist u. a. darauf hin, dass um die Jahrhundertwende 2000 zehn Millionen Kinder jährlich an Unterernährung, Seuchen und Wasserverschmutzung sterben, 90 % davon im globalen Süden. In brasilianischen Großstädten reguliert die Militärpolizei den begehrten Zutritt von Jugendlichen zu den riesigen Müllhalden (Ziegler 2008). Die Infrastruktur der ärmsten Länder weist enorme Defizite im Hinblick auf Verkehr, Bildung, Gesundheitswesen und soziale Sicherheit auf.

Welche Relevanz besitzt diese Kluft zwischen arm und reich aus Sicht der gesellschaftlichen Grundwerte? Wie ist ihre Entstehung zu erklären, wie persistent ist sie? Diese Frage ist von höchster sozialer und politischer Relevanz. Zum einen muss die extreme Ungleichheit zwischen armen und reichen Ländern als ein Problem globaler Ungerechtigkeit gesehen werden. Zum anderen erzeugt dieses Wohlstandsgefälle einen massiven Migrationsdruck vom Süden nach Norden, dem der letztere zunehmend nur durch die Errichtung kaum durchdringlicher, sichtbarer und unsichtbarer neuer Mauern begegnet, wie in Kap. 14 gezeigt wurde. Außer Frage steht, dass es sich bei diesen Ungleichheiten auch um massive soziale Ungerechtigkeiten handelt (vgl. auch Nowak 2015). Für große Teile der Bevölkerung in den ärmsten Ländern der Welt sind die existentiellen Grundwerte in Bezug auf gute Lebenschancen, Frieden und Sicherheit nicht gegeben; Menschen, die tagtäglich um ihr Überleben kämpfen müssen, sind nur in höchst begrenzter Weise frei, von Wohlstand können sie nur träumen. Die Frage ist jedoch, ob diese Unterschiede zwischen armen und reichen Ländern wirklich so krass sind und ob wirklich die kapitalistische Durchdringung der Welt für diese Ungleichheiten verantwortlich gemacht werden kann, wie die vorhin genannten Autoren argumentieren.

Die Auseinandersetzung mit diesen Argumenten ist wichtig, weil Ansichten dieser Art auch in Lehrbüchern der Globalisierung als herrschende Vorstellung eingegangen sind. So

---

[8] Vgl. https://de.wikipedia.org/wiki/Liste_der_L%C3%A4nder_nach_Bruttonationaleinkommen_pro_Kopf (abgerufen am 31.8.2023).

schreiben Cohen/Kennedy (2007, S. 214), die Ausbreitung der kapitalistischen Produktionsweise über den Globus gleiche „einem grimmigen Mäher, der eine Todesschneise durch die landwirtschaftliche Bevölkerung und den Arbeitsmarkt in vielen Ländern, Regionen und Städten schlägt." In einem anderen Lehrbuch ist die Rede von einer „Tyrannei des Ortes", an dem man geboren sei. Praktisch jeder Amerikaner lebe besser als jeder Mensch in Malawi …" (Lechner 2009, S. 222). Globalisierung werde nicht zur Konvergenz der armen und reichen Länder führen, weil den Reichen immer mehr Ressourcen zur Verfügung stehen und sie damit bestimmen können, in welche Richtung sich die Globalisierung weiterentwickelt. So sprechen manche Autorinnen von einer „gescheiterten Globalisierung" (Flassbeck und Steinhardt 2018). Sie habe zu einer Verschärfung internationaler Spannungen und neuen Bruchlinien geführt, innerhalb vieler Gesellschaften Disparitäten und Verlierer erzeugt und zu einem hemmungslosen Verbrauch natürlicher Ressourcen geführt (vgl. zusammenfassend dazu Schmalz 2022).

Die positiven Effekte der weltweiten wirtschaftlichen Verflechtung
Ich möchte hier allerdings die These aufstellen, dass die globale wirtschaftliche Integration mehr Vorteile als Nachteile mit sich bringt und dass dies auch mit der weltweiten Anerkennung und Durchsetzung der gesellschaftlichen Grundwerte zusammenhängt. Der britische Ökonom und Journalist Martin Wolf (2004) hat diese These in seinem Werk *Why Globalization Works* ausführlich belegt. Zur Kritik einer rein negativen Sicht von Globalisierung kann man drei Argumente vorbringen. Zum Ersten werden irreführende Durchschnittswerte verwendet, um die Ungleichheiten zwischen Nord und Süd zu dramatisieren; zum Zweiten haben die Kritikerinnen der Globalisierung nur die momentane Situation im Blick, übersehen aber die massiven positiven Trends in all diesen Indikatoren; zum Dritten vernachlässigen sie die Bedeutung der sozialen Fortschritte in der betrieblichen und unternehmerischen Politik.

Der erste Aspekt ist eine irreführende Verwendung von Mittelwerten beim Vergleich von entwickelten und wenig entwickelten Ländern. Darauf haben vor allem Autoren wie der schwedische Epidemiologe Hans Rosling (2019) und der Soziologe Martin Schröder (*Warum es uns noch nie so gut ging,* 2019) hingewiesen. Rosling argumentiert in seinem Buch *Factfulness. Wie wir lernen, die Welt so zu sehen, wie sie wirklich ist,* dass wir alle dazu tendieren, dramatischen und negativen Ereignissen und Fakten überproportionale Aufmerksamkeit zu schenken. Medien und Autorinnen von populärwissenschaftlichen Büchern konzentrieren sich daher auf die Berichterstattung über solche. Die behauptete Kluft zwischen armen und reichen Ländern ist laut Rosling ein statistisches Artefakt. Tatsächlich bilden die Länder der Welt nach dem Durchschnittseinkommen nicht zwei getrennte Gruppen, sondern die meisten Länder liegen in der Mitte, sind also weder sehr reich noch sehr arm. Auch die behauptete totale Armut der ganzen Bevölkerung im globalen Süden existiert nicht. Selbst in vielen Ländern von Sub-Sahara Afrika bildet sich heute eine Mittelschicht heraus: fünf bis zehn Dollar reichen oft schon, um einen landesspezifischen „Mittelschichtlebensstil" zu entwickeln. Nach Daten der *Brookings Institution* (Washington) gehören heute 50 % der Weltbevölkerung solchen Schichten an.

Der zweite Punkt betrifft eine einseitige Fokussierung auf momentane Zustände und eine mangelnde Würdigung des massiven Wirtschaftswachstums, das auch mit einer signifikanten Verbesserung der Lebensbedingungen einher gegangen ist. Hier ist zuallererst auf den Ökonomen Joseph Schumpeter zu verweisen, der eine zu Marx alternative Sicht der kapitalistischen Entwicklung vertrat. Er wies er darauf hin, dass mit dem Aufstieg der kapitalistischen Produktionsweise in den letzten zweihundert Jahren eine vorher unvorstellbare Dynamik, Erweiterung und Verbesserung der Lebenschancen einhergegangen ist (Schumpeter 1946). Diese spiegelt sich auch in der Entwicklung der Bevölkerung. In den eineinhalb Jahrtausenden seit Beginn unserer Zeitrechnung nahm die Weltbevölkerung nur um einige hundert Millionen zu, von etwa 200 auf 400 Mio. Menschen. Seit Anfang der Neuzeit und mit der Entwicklung des Kapitalismus explodierte sie geradezu und stieg bis heute auf fast acht Milliarden. Möglich wurde dies durch eine enorm gestiegene Produktivität von Landwirtschaft und Industrie, wie auch eine massive Verbesserung von Ernährung, Hygiene und medizinischer Versorgung (Münz und Reiterer 2009).

Die globale wirtschaftliche Integration hat ohne Zweifel auch das starke jüngste Wirtschaftswachstum in allen Ländern der ehemaligen „Dritten Welt" massiv gefördert. Wachstumsraten von 10 % und mehr, wie sie die südostasiatischen Tigerstaaten und China in den letzten Jahrzehnten vorweisen konnten, sind in den entwickelten Ländern undenkbar. Aber auch Indien und sogar einige Länder in Sub-Sahara Afrika befinden sich inzwischen auf einem ähnlichen Wachstumspfad.[9] Im Hinblick auf die Entwicklung der weltweiten Einkommensungleichheit seit Beginn der Industrialisierung erbrachten ökonomische und soziologische Analysen einen signifikanten Befund: Während die Ungleichheit zwischen den reichen und armen Ländern bis etwa 1970 kontinuierlich zugenommen hat, ist sie seither nicht mehr gestiegen, ja sogar tendenziell sinkend (Firebaugh 2003; Milanovic 2011). Die Folge dieser Entwicklung ist eine massive Senkung des Anteils der Armen nicht nur in China, sondern auch in vielen anderen Ländern des globalen Südens. Beide Trends implizieren direkte Verbesserungen in den gesellschaftlichen Grundwerten von Lebenserwartung, Sicherheit, Grundversorgung und Wohlstand. Allein zwischen 1990 und 2012 ist die Zahl der extrem Armen (mit weniger als 1,90 $ pro Kopf und Tag) weltweit von 1,9 Mrd. auf 890 Mio. zurückgegangen, von 44 % auf 15 % der Weltbevölkerung (vgl. dazu auch Mingels 2017; Rosling 2019). Auch Ökonomen bezeichnen die These, dass der Welthandel ausbeuterisch sei und vor allem neue Ungleichheiten erzeuge, als einen Mythos (Firebaugh 2003, S. 21). Im Bewusstsein der Menschen im globalen Norden ist dieses Faktum kaum präsent. So zeigen weltweite Umfragen, dass die Menschen in den Entwicklungsländern ein viel positiveres Bild von der internationalen Arbeitsteilung und von der Globalisierung haben als jene in Europa und Nordamerika.[10]

---

[9] Vgl. dazu u.v. a. Follath (2013), *Die neuen Weltmächte*; Stoisser (2015), *Der schwarze Tiger*; Rupold (2021), *Supermacht Indien*.

[10] Vgl. dazu Dieter, Heribert (2017), „Vor- und Nachteile des offenen Welthandels", Informationen zur politischen Bildung (https://www.bpb.de/shop/zeitschriften/izpb/262129/vor-und-nachteile-offenen-welthandels/, abgerufen am 15.2.2022)

Der dritte Aspekt betrifft eine einseitige Sicht der Motivation unternehmerischen Handelns und die Unterschätzung der Bedeutung politischer Aspekte bei der Zunahme der internationalen wirtschaftlichen Verflechtung. Hier ist zunächst die bei Globalisierungskritikerinnen dominante These von der Motivation des wirtschaftlichen Handelns von kapitalistischen Unternehmern zu hinterfragen. Natürlich erfolgt die Entwicklung der großen transnationalen Konzerne primär unter dem Aspekt der Profitmaximierung. Heute wird die Thematik der Globalisierung aber selbst von Unternehmerinnenseite zunehmend auch unter dem Aspekt der Politik und Demokratisierung gesehen (Müller K. 2002). Globale Konzerne müssen inzwischen – wenn auch oft mehr gezwungen als freiwillig – Mindeststandards im Hinblick auf Arbeitsbedingungen, ökologische Kriterien usw. beachten (Sklair 1991; Cohen und Kennedy 2007, S. 172–193). Von den Tausenden kleineren und mittleren Unternehmen, die in bestimmten Nischen zu Weltmarktführern aufgestiegen sind, wird man noch weniger behaupten können, dass sie in den vielen Ländern, in denen sie Handlungsniederlassungen oder Serviceeinrichtungen etabliert haben, schalten und walten können, wie es ihnen beliebt. Viele dieser *hidden champions* (Simon 2021) praktizieren auf Weltebene ein Unternehmensmodell, das Faktoren betont wie individueller Unternehmergeist, Humankapital, Flexibilität und flache Hierarchien. Sie werden für Unternehmerinnen in den Ländern des globalen Südens oft zum Vorbild.

Die Digitalisierung eröffnet gerade auch für solche Unternehmen in Bereichen wie Mobilfunk, digitales Banking usw. neue Chancen. Ausländische Direktinvestitionen in Afrika gehen zu einem guten Teil in die Informations- und Kommunikationstechnologie (vgl. Stoisser 2015; OECD/AU, *Africa's Economic Development* 2021). So hat Afrika etwa das Stadium des Festnetztelefons praktisch übersprungen und ist direkt in jenes der Mobiltelefone eingestiegen. Die Verpflichtung von großen Wirtschaftsorganisationen und Unternehmen auf menschenrechtliche Standards ist durch die Gründung des *UN Global Compact* 1999 offiziell in Gang gebracht worden. Dies ist ein „Vertrag" der internationalen Staatengemeinschaft mit den Unternehmen, die diese zur Realisierung der Millenniumsziele in Bezug auf Umweltschutz, Arbeitsbedingungen und medizinische Versorgung veranlassen soll. Für Klaus Müller (2002) ist auch die Geschichte der internationalen Finanzinstitutionen (wie GATT, IWF, WTO, OECD usw.) eine Erfolgsgeschichte, da auch diese Institutionen, obwohl von westlichen Ländern dominiert, Maßnahmen zur Entwicklung aller Länder eingeleitet haben.

Triebkräfte und Trends

Wissenschaft, Forschung und Technologie als geistig-ideelle Triebkräfte der Globalisierung
Ein zweites Bündel von Faktoren, das eine entscheidende Grundlage für die Globalisierung darstellte und weiterhin darstellt, sind Wissenschaft, Forschung und technologischer

Fortschritt. Die Wissenschaft agierte seit jeher nicht nur als Dienerin ökonomischer Interessen, sondern stellte eine eigene, autonome Kraft dar. Der Wissenschaftshistoriker Hans Joachim Störig argumentiert, die fast verborgene Geschichte der Ideen, insbesondere von Kunst, Wissenschaft, Recht, moralischen und religiösen Ideen sei von vielleicht größerer Bedeutung als die viel bekanntere politische Geschichte der großen Persönlichkeiten, Massen und Ereignisse (Störig 2004/1, S. 48). Für die Entwicklung neuer wissenschaftlicher Ideen ist die Autonomie und Freiheit der Forscherinnen von politischer und religiöser Bevormundung unerlässlich. So sieht auch Karl Popper eine Wesensverwandtschaft zwischen der freien Wissenschaft und einer offenen, demokratischen Gesellschaft (Popper 1957, 1958). Die gesellschaftlichen Grundwerte der Freiheit des Denkens, des Redens und des Schreibens, der öffentlichen Diskussion und der wissenschaftlichen Lehre sind für kreative Forschung essentiell, schreibt Paolo Rossi (1997, S. 38) in seiner spannenden Geschichte der großen neuzeitlichen Wissenschaftler, die in den rund hundertfünfzig Jahren zwischen 1543 und 1687 bahnbrechende Erfindungen und Entdeckungen machten. In dieser Epoche wurden die Hauptwerke von Nikolaus Kopernikus, Isaac Newton und weiteren Naturforschern, von Universalgelehrten wie Leonardo da Vinci veröffentlicht. Zu ihnen gehören auch Johannes Kepler und Galileo Galilei, der Mathematiker William Gilbert, der Mediziner Paracelsus, die Philosophen René Descartes, Francis Bacon und Leibniz. Ihre Werke revolutionierten die Ansichten und das Wissen vom menschlichen Organismus, von der Natur und von der Welt. Sie stützten sich nicht mehr auf die Schriften der Antike (oder gar der Bibel), sondern beinhalteten genaue Beobachtungen, Messungen und systematische Experimenten, angeleitet durch neue Theorien. Die ersten Akademien der Wissenschaft, gegründet ab Mitte des 17. Jahrhunderts in London und Paris, boten ihnen Schutz vor der Politik und vor der Einmischung der Kirchen. Die Grundregel bei den Versammlungen dieser Akademien war „eine kritische Haltung gegen jedwede, gleich von wem aufgestellte Behauptung; der Wahrheitsgehalt von Aussagen bestimmte sich nicht nach der Autorität der sie äußernden Person, sondern allein durch die Evidenz der Experimente und die Kraft ihrer Beweise. Nicht wenige dieser Autoren gerieten wieder in Vergessenheit oder wurden – wie seinerzeit schon Sokrates – sogar angefeindet und wegen ihrer angeblichen Religionsfeindlichkeit verurteilt (so Galileo Galilei). Ihre neuen Ideen konnten jedoch nie völlig unterdrückt werden und erfuhren später eine glänzende Rehabilitierung.

Zu diesen revolutionären Denkern gehörten auch Geistes- und Sozialwissenschaftler, die durch die Entwicklung innovativer Ideen über das gesellschaftliche Zusammenleben und die Bedeutung von Verfassungen mehr oder weniger direkt zur Durchsetzung der politischen Grundwerte Gleichheit und Freiheit beitrugen. Diese Art des wissenschaftlichen Denkens hatte sich früher nur im antiken Griechenland entwickelt, das keineswegs zufällig auch die ersten voll ausgebildeten Demokratien hervorgebracht hatte, wie schon in Kap. 2 dargestellt wurde. Der regelrechte Wissenswettbewerb in Griechenland war ein grundlegender Unterschied zum alten China, wo die Wissenschaft in Teilbereichen durchaus hohe Standards erlangt und bahnbrechende Erfindungen (das Papier, Druckkunst,

Schwarzpulver und K ompass) gemacht hatte (Störig 2004/1, S. 72 ff.). Diese führten aber nicht zu revolutionären Anwendungen wie im neuzeitlichen Europa, weil die chinesischen Wissenschaftler im Dienst der Herrscher standen und diese keine Notwendigkeit zu solchen Anwendungen sahen. Ein neuzeitliches Äquivalent zum alten Griechenland war das spätmittelalterliche Europa und insbesondere Oberitalien. Auch hier standen kleine unabhängige Stadtrepubliken (Florenz, Pisa, Siena, Lucca, Genua) in hartem politischem und militärischem Konkurrenzkampf zueinander. Dies führte sowohl zur Entfaltung der ersten kapitalistischen Methoden und Institutionen wie der doppelten Buchführung und der Banken, aber auch zu einer unglaublichen Kreativität in den Bereichen der Künste und Wissenschaft (Burckhardt 1989; Romano und Tenenti 1990).

Der europaweite Austausch von Ideen und neuen Entdeckungen wurde durch die gemeinsame Sprache Latein ermöglicht. Als später, während des Zweiten Weltkriegs, deutsche Wissenschaftler von internationalen Konferenzen ausgeschlossen wurden, stellte der große Chemiker Emil Fischer im Rahmen seiner Kollegen fest: „Sie können nichts machen, meine Herren, die Wissenschaft ist und bleibt international" (zitiert in Einstein 1981, S. 64). In jüngerer Zeit führte die Tatsache, dass Englisch zur weltweit dominanten Wissenschaftssprache aufgestiegen ist, zu einer enormen Steigerung der Möglichkeiten der internationalen Ausbreitung wissenschaftlicher Kommunikation und Neuerungen.

Bahnbrechende Neuerungen, wie die Entwicklung des heliozentrischen Weltbilds, wurden von technisch und wissenschaftlich interessierten und oft in vielen Bereichen versierten Klerikern, akademischen Lehrern und weiterein wirtschafts- und machtfernen Männern wie Johannes Gutenberg (Erfinder des Buchdrucks 1440), Niklaus Kopernikus (1543), Galileo Galilei und anderen gemacht (Rossi 1997). Selbst als sich die industrielle Revolution bereits kräftig entfaltet hatte und die Bedeutung der Technik offenkundig geworden war, stellten Männer wie James Watt (Erfinder der Dampfmaschine um 1770), der sich seine Forschungen von einem Industriellen finanzieren ließ, oder Werner von Siemens, Robert Bosch und Guglielmo Marconi, die ihre Erfindungen (Generator, Zündkerze, Telegraphie) erfolgreich vermarkteten, eher die Ausnahme als die Regel dar. Viele bedeutende Erfinder, wie Benjamin Franklin (Blitzableiter und anderes ab 1744), Philipp Reis (Telefon 1859), Alfred von Ardenne (Fernsehen 1930), Konrad Zuse (Computer 1941) waren geschickte Handwerker, Tüftler und Experimentatoren. Sie wurden vor allem durch den Drang Neues zu entdecken bzw. zu erfinden angetrieben (Bernal 1986, S. 41 ff.).

So spielte auch ein gesellschaftlicher Grundwert, jener der Achtung und Bewahrung des Lebens, für viele Forscher eine zentrale Rolle. Er stand zweifellos hinter den bahnbrechenden medizinischen Forschungsdurchbrüchen, die für Millionen Menschen die Vermeidung bzw. Heilung von Krankheiten und Schmerz sowie die signifikante Reduktion der Wahrscheinlichkeit eines frühen Todes mit sich brachten. Dies führte zu entsprechenden Verbesserungen der Hygiene, die ihrerseits zu einer massiven Steigerung der allgemeinen Gesundheit und Lebenserwartung beitrugen. Beispielhaft erwähnen kann man hier den englischen Landarzt Edward Jenner (1749–1823), der die Pockenimpfung entwickelte, den deutschen Arzt Robert Koch (1843–1910), der den Tuberkulose-Erreger entdeckte, oder den österreichischen Arzt Julius Wagner-Jauregg (1857–1940), der neben anderen Entdeckungen auch die Malaria-Therapie gegen progressive Paralyse entwickelte. Sie alle sahen ihre Arbeit als Beitrag zur Verbesserung der Gesundheit aller Menschen und engagierten sich für gesundheitspolitische Reformen. Für manche neuen Entdeckungen wurden sie manchmal sogar angefeindet. Ein Beispiel dafür war der österreichische Arzt Ignaz Semmelweis (1818–1865), der nachwies, dass das Kindbettfieber durch Ärzte selber übertragen wurde. Er fordertestrenge Hygienevorschriften bei ärztlichen Tätigkeiten, f, was zu seiner Zeit noch völlig missachtet wurde.[11] Erst nach seinem Tode erkannte man die Bedeutung seiner Einsichten; im englischen Sprachraum wird sogar der Begriff „Semmelweis-Reflex" für die sofortige, unbegründete Ablehnung wissenschaftlicher Erkenntnisse verwendet.

Ein weiterer Grundwert, für den die Wissenschaft eine sehr wichtige Rolle spielte und immer noch spielt, ist der des Friedens. Gegen diese These scheinen zunächst harte Fakten zu sprechen. So muss man zugeben, dass Wissenschaft und Technik seit jeher eine zentrale Rolle für die Kriegsführung spielten (Bernal 1986, S. 177–201). Immer wieder waren es technologisch fortgeschrittenere Nationen, welche durch ihre überlegene Waffentechnik (zu derihre Forschung wesentlich beitrug) die Gegner besiegen konnten. Dabei kann man geradezu eine exponentielle Zunahme der Verflechtung zwischen Wissenschaft/Technik und Kriegsführung feststellen: In der frühen Neuzeit führte die Erfindung von Gewehren und Kanonen zu viel und verheerenderen Folgen von Kriegen, im Ersten und Zweiten Weltkrieg war es der Einsatz von chemischen Waffen, Panzern und Flugzeugen. Zuletzt eröffnete die Erfindung der Atombombe die Gefahr der Auslöschung fast der gesamten Menschheit. Die Entwicklung unbemannter, ferngesteuerter Flugkörper (Drohnen) hat in jüngster Zeit eine neue Stufe der Kriegsführung eingeläutet. In Kap. 8 wurde auf die gigantischen Ausgaben für Rüstung hingewiesen, die 2020 nahezu zwei Billionen Dollar betrugen, wovon allein die USA fast 800 Mrd. ausgeben. Die Rüstungsindustrie und alle damit assoziierten Institutionen beschäftigen weltweit über drei Millionen Menschen und sind damit der größte Arbeitgeber überhaupt. Das Pentagon agiert schon seit längerem als ein mächtiger industrieller Unternehmer und Sponsor von Forschung im Namen der Verteidigung (Hooks 1990). Die US-amerikanischen Spitzenuniversitäten sind unter den Top-Empfängern seiner Forschungsgelder; sogar deutsche und andere europäische Universitäten gehören zu seinen Auftragnehmern.[12] Das US-Verteidigungsbudget beträgt 2022

---

[11] Semmelweis fiel auf – und er belegte dies in der Folge statistisch, – dass in einer von zwei Gebärkliniken des Wiener Allgemeinen Krankenhauses viel mehr Wöchnerinnen starben als in einer anderen. In der ersteren wurde die Geburtshilfe von Ärzten vorgenommen, die vorher oft Operationen durchgeführt und sich dann die Hände nicht gründlich gereinigt hatten; in der letzteren waren nur Hebammen als Geburtshelferinnen tätig. Seine diesbezügliche Studie gilt heute als erster praktischer Fall von evidenzbasierter Medizin (auf empirische Belege gestützte Heilkunde) in Österreich und als Musterbeispiel für eine methodisch korrekte Überprüfung wissenschaftlicher Hypothesen. Vgl. https://de.wikipedia.org/wiki/Ignaz_Semmelweis (abgerufen am 20.3.2023).

[12] Vgl. „Das Pentagon zahlt", Zeit Online 17.1.2014 (https://www.zeit.de/studium/hochschule/2014-01/ruestungsforschung-drittmittel-universitaeten (abgerufen am 21.3.2023).

768 Mrd. $; in Kongress und Senat stimmte 2022 (wie schon vorher meist) eine überwältigende Mehrheit für eine Aufstockung dieses Budgets. Die Ausgaben des Pentagon für Forschung und Entwicklung betrugen 2017 75 Mrd. $[13]. Eine Vorstellung von der Höhe dieser Summe gewinnt man, wenn sich vergegenwärtigt, dass das Budget alle deutschen Universitäten im gleichen Jahr zusammen rund 30 Mrd. € betrug.[14]

Die Grundwerte der Sicherheit, des Friedens und der Freiheit haben ohne Zweifel jene Wissenschaftler motiviert, welche im Rahmen des Manhattan Projekts 1941–1945 unter Leitung von Robert Oppenheimer die Atombombe entwickelten. Dieses bahnbrechende Projekt war von Präsident Roosevelt angestoßen worden, weil man Hitler zuvorkommen wollte. Einstein, der mit seiner revolutionären Formel der Gleichwertigkeit von Energie und Masse die theoretischen Grundlagen dafür geleistet hatte, warnte Präsident Roosevelt vor dem Einsatz der Bombe; er wurde zu einer Ikone der Friedensbewegung (Einstein 1981, S. 46).[15]

Wissenschaft und Forschung unterstützen im Zuge der Globalisierung auf mehrfache Weise direkt und indirekt die Durchsetzung der gesellschaftlichen Grundwerte: Zum Ersten, indem der wissenschaftliche Fortschritt (in diesem Falle kann man eindeutig von einem solchen sprechen) zur Verbesserung der Lebensbedingungen für alle Menschen beiträgt. Diese Verbesserung trägt dazu bei, antisoziales, gewalttätiges Handeln und Konflikte einzudämmen. Zum Zweiten, indem Regierungen gezwungen sind, der Wissenschaft und damit auch der Gesellschaft insgesamt einen Freiraum zu gewähren. Die Erfahrung der Sowjetunion hat gezeigt, dass die fehlende Freiheit schließlich zu einem persistenten Rückstand bei der technologischen und wirtschaftlichen Entwicklung führt. Zum Dritten ist schwer zu bestreiten, dass die Entwicklung der Atombombe selbst zu einer Reduktion der Wahrscheinlichkeit eines neuen Weltkrieges führte. Zum vierten sind es die Wissenschaftler und Wissenschaftlerinnen oft selbst, die ihre Stimme für die Achtung von

---

[13] Katherine Blakeley, More Money on the Horizon? Analyses of the FY 2018 defense budget request, Center for Strategic and Budgetary Assessments, 190 Seiten (verfügbar unter https://csbaonline.org/uploads/documents/CSBA6306_(FY_2018_Defense_Budget_Report)_web.pdf, abgerufen am 19.3.2023).

[14] Vgl. https://de.statista.com/statistik/daten/studie/36284/umfrage/oeffentliche-ausgaben-fuer-hochschulen-nach-koerperschaftsgruppen/ (abgerufen am 19.3.2023).

[15] Eine weniger positive Rolle spielten Wissenschaftler allerdings bei der Entscheidung für den Abwurf der Atombomben über Hiroshima und Nagasaki. Die an der Entwicklung der Atombombe maßgeblich beteiligten Physiker Robert Oppenheimer und Enrico Fermi befürworteten den Abwurf in Japan, obwohl dieses Land bereits Friedensbereitschaft signalisiert hatte. Ein klar ablehnende Haltung zu dieser militärisch nicht mehr notwendigen, im Grunde verbrecherischen Aktion hatte allerdings Leo Szilard, der bereits 1933 die Möglichkeit einer Kernspaltung vorhergesehen hatte (vgl. dazu Leo Szilard – Vater und Gegner der Atombombe in: https://www.sueddeutsche.de/wissen/60-jahre-hiroshima-vater-und-gegner-der-atombombe-1.910836, abgerufen am 20.3.2023). Zur Geschichte der Entwicklung der Atombombe, der Entscheidung für den Abwurf und die Folgen vgl. https://de.wikipedia.org/wiki/Atombombenabw%C3%BCrfe_auf_Hiroshima_und_Nagasaki (abgerufen am 20.3.2023).

Grundwerten wie jenem des Friedens erheben oder auch sich – wie die Mediziner – für soziale Reformen engagieren.

Die kommunikative und soziokulturelle Verflechtung der Welt
Globalisierung beinhaltet auch starke Trends zu weltweiter soziokultureller Integration (Boli/Lechner 2001). Hier ist in erster Stelle die zunehmende informative Vernetzung der Welt durch die Medien Radio und Fernsehen, und zuletzt durch die digitalen Medien Internet, Facebook usw. zu nennen. Heute erfährt man es innerhalb von Stunden, wenn irgendwo in der Welt eine Katastrophe oder ein sonst wie außergewöhnliches Ereignis stattfindet. Aus dieser Sicht liegt in der Tat der Begriff einer Weltgesellschaft nahe. Niklas Luhmann (1975) war einer der ersten Autoren, der diesen Begriff soziologisch-wissenschaftlich verwendete; in den Termini seiner Systemtheorie wird eine Gesellschaft ja durch Medien konstituiert, die alle Gesellschaftsmitglieder verbinden. Die Bedeutung der kommunikativen Vernetzung der Welt ist in der Tat kaum zu überschätzen: erst sie hat die wirtschaftliche Integration, den weltweiten Handel mit Gütern und zuletzt vor allem mit Geld- und Finanzanlagen ermöglicht. Sie erzeugt durch die weltweit mehr oder weniger einheitlichen Meldungen über politische Ereignisse, Katastrophen usw. so etwas wie eine Weltöffentlichkeit. Sie trägt zweifellos auch zu internationalen Migrationsbewegungen bei, da den Menschen in armen Ländern die Lebensverhältnisse in reichen Ländern direkt vor Augen stehen.

Diese Vernetzung hat eine neue, globale Konsumkultur geschaffen (Cohen/Kennedy 2007, S. 313–335). Nahezu alle Konsum- und Gebrauchsgüter im Alltagsleben, von Tee und Kaffee bis hin zu Fernsehen und Autos werden heute weltweit gehandelt und verkauft, internationale Restaurants und Küchen breiten sich aus, für junge Menschen tragen Kleider internationaler Markenlabels.

Man kann diese Entwicklungen durchaus kritisch, ja pessimistisch sehen. So sprechen manche von einer ‚Amerikanisierung von Moden und Konsumverhalten' (Sklair 1991), oder einer *MacDonaldisierung* (Ritzer 2006). Das Erfolgsgeheimnis der MacDonalds-Restaurantkette besteht darin, dass die Produkte (insbesondere Hamburger und Coca Cola) in einer standardisierten, weltweit gleichen Form und Umgebung preiswert angeboten werden. Auch die modernen Einkaufstempel gleichen sich weltweit zusehends einander an, werden zu globalen „Nichtorten." Unter diesem, vom französischen Anthropologen Marc Augé geprägten Begriff versteht man entpersönlichte, transitorische Funktionsorte wie Bahnhöfe, U-Bahnen oder Supermärkte.[16] Diese negative Sicht des globalisierten Massentourismus allein wäre jedoch zu einseitig. Soziologisch muss man sagen, dass die Konsumenten trotz Massenwerbung autonom bleiben, dass Konsumverhalten und Besitzstücke weiterhin wichtige symbolische Bedeutung als Indikatoren des sozialen Status und der sozialen Zugehörigkeit besitzen (Habermas T. 1999; Bosch 2011). Zu nennen sind in diesem Zusammenhang auch der internationale Tourismus und die Durchsetzung von Englisch als dominierender Zweit- oder besser: Umgangssprache der Welt. Schon für

---

[16] Vgl. dazu https://de.wikipedia.org/wiki/Nicht-Ort (abgerufen am 24.4.2023).

Mead (1976, S. 327) war die weltweite Kommunikationsmöglichkeit durch eine Sprache ebenso wichtig wie die Intensivierung des internationalen Handels. Hierbei ist wieder die kommunikative Vernetzung durch die Medien Fernsehen und Internet von zentraler Bedeutung. Wenn man die Folgen von Katastrophen und das Leiden von Menschen in anderen Ländern auch in Bildern sieht, oder es auf Reisen selbst wahrgenommen hat, kann sich Mitgefühl, die laut Adam Smith grundlegendste aller sozialen Emotionen (Nussbaum 2002) durchaus auch auf Menschen beziehen, die in weit entfernten Ländern oder auf anderen Kontinenten leben.

Ein weiteres nicht unwichtiges Thema in diesem Zusammenhang betrifft die Rolle des Sports als Mittel der Völkerverständigung und Sicherung des Friedens. Hier sind an allererster Stelle die Olympischen Spiele zu nennen. Diese gab es im antiken Griechenland nahezu ein Jahrtausend lang alle vier Jahre im Sommer. Sie leisteten einen entscheidenden Beitrag zur kulturellen Einheit der griechischen Kultur, die große Teile des Mittelmeerraumes umfasste. Als Motiv für die Wiedereinrichtung dieser Spiele auf globaler Ebene auf Initiative von Pierre Coubertin 1894/96 wurde explizit auch die Völkerverständigung genannt. Während diese Spiele bis zum Ersten Weltkrieg kaum beachtet wurden, hat ihre Bedeutung seither unaufhörlich zugenommen: Heute werden sie als Winter- und Sommerspiele unter Beteiligung von über 10.000 Athletinnen und Athleten aus gut 200 Nationen ausgetragen. Der Fußballsport ist im Hinblick auf das beteiligte Massenpublikum noch erfolgreicher; vor allem durch weltweite Live-Übertragungen in Fernsehen und Internet nehmen oft Hunderte Millionen Menschen an Top-Spielen- teil. Es wäre natürlich illusorisch, vom internationalen Sport einen starken Beitrag zur Sicherung des Weltfriedens zu erwarten. Es steht jedoch außer Zweifel, dass der friedliche Wettstreit zwischen Nationen und die persönliche Begegnung von so vielen Athleten, Funktionären und Besuchern zu besserer internationaler Verständigung beiträgt.

Trotz all dieser weltweiten Verflechtungsprozesse und Begegnungen scheint der Begriff der Weltgesellschaft noch nicht angebracht zu sein (Schmidt 1997). So zeigt sich schon empirisch, dass die Durchdringung der Welt weder kommunikativ-kulturell noch strukturell so weit fortgeschritten ist, dass man tatsächlich von einer Welt-Gesellschaft oder auch Welt-Politik sprechen könnte (Holzinger 2018). In einigen der größten und bevölkerungsstärksten Länder der Welt, wie Russland und China, aber auch in Indien und in den arabischen Ländern gibt es keinen freien Zugang zu internationalen Medien, teils, weil er durch staatliche Repression unterdrückt wird, teils aufgrund sprachlicher Barrieren. Dennoch erfolgt eine kontinuierliche internationale Diffusion von Ideen und die Übernahme damit zusammenhängender westlicher Institutionen auch in den nichtwestlichen Ländern (Meyer 2005).

In diesen Prozessen war vor allem die Übernahme der modernen westlichen Bildungssysteme und der Organisation von Wissenschaft und Forschung äußerst folgenreich. Bildung war ein Schlüssel für die industrielle Revolution in Nordwesteuropa und ebenso beim Aufstieg anderer Nationen in jüngerer Zeit – wie von Singapur, Japan, und zuletzt auch von China, Indonesien und Malaysia (Klingholz und Lutz 2016). Das Gegenbeispiel sind die arabisch-islamischen Länder. Im Osmanischen Reich wurde 1485 der Buchdruck für 300 Jahre verboten, was einer der Hauptgründe für den Zerfall der einst so blühenden arabisch-islamischen Zivilisation war. Fundamentalistische Regierungen (wie die Taliban in Afghanistan) und Terrororganisationen bekämpfen die Emanzipation der Frauen und verbieten die Ausbildung von Mädchen.

Auch Indien und Afrika hinken bezüglich der Bildung ihrer Bevölkerung massiv hinterher. Für Indien ist eine Ursache, dass im Rahmen des historisch starren Kastensystems Bildung ein Privileg der Brahmanen-Kaste war, während man sie insbesondere für Angehörigen der Dalit (Unberührbaren) als vollkommen unnötig ansah. In Nord- und Zentralafrika stehen viele Länder unter islamischem Einfluss; traditionelle Familienbilder in ganz Afrika bewerten Kinderreichtum an sich hoch, ohne Rücksicht darauf, ob diese je gute Bildungschancen erhalten. Verbesserung der Bildung, vor allem von Frauen, hat einen sehr wichtigen demographischen Nebeneffekt: Frauen mit höherer Bildung haben signifikant weniger Kinder als jene mit geringer oder gar keiner (Goujon und Eder 2017). Diese „demographische Dividende" war vermutlich eine Mitursache für den spektakulären ökonomischen Aufstieg von China, das seit 1980 eine rigorose Ein-Kind-Politik betrieb.

Sehr wichtig sind in diesem Zusammenhang schließlich die Wertorientierungen und Einstellungen der Bevölkerung. Gibt es auch in dieser Hinsicht Anzeichen dafür, dass die Grundwerte weltweit anerkannt werden? Dies ist keineswegs selbstverständlich. So wird von Kritikern und Kritikerinnen der Menschenrechte häufig vorgebracht, dass diese nur westliche Werte darstellen, die den Kulturen in ganz anderen Teilen der Welt nicht entsprechen. So haben die arabisch-islamischen Länder und die Organisation für Afrikanische Einheit (OAU) in den 1980er Jahre eigene Menschenrechtskataloge entwickelt.[17]

Zu den Einstellungen der Bevölkerung gibt es seit Mitte der 1980er Jahre verlässliche empirische Daten durch weltweite große, vergleichbare sozialwissenschaftliche Umfragen wie den *World Value Survey,* dem *International Social Survey Programme,* internationale Gallup Umfragen und andere. Die Gründung und Entwicklung dieser Umfragen ist selbst ein Indiz der Globalisierung und ein Aspekt der Durchsetzung universeller Werte, in diesem Fall allgemein verbindlicher Methoden der empirischen Sozialforschung. Es würde zu weit führen, hier die vielen relevanten Befunde dieser Projekte darzustellen. Nur einige Beispiele aus dem *International Social Survey Programme* zum Thema *Citizenship,* das 2004 in 38 Ländern durchgeführt wurde[18]. In dieser Erhebung wurde eine Reihe von Fragen zu Themen von Demokratie und zu Einstellungen zur Unterstützung weniger privilegierter Menschen gestellt. Der Aussage, man sollte immer an Wahlen teilnehmen,

---

[17] Von der OAU wurde 1981 die African Charter on Human and Peoples' Rights entwickelt, die arabisch-islamischen Ländern verabschiedeten sogar drei Varianten. Näheres dazu in Max Haller, The universality of human rights, Paper presented at the Meeting of ESA-RN 15 "Global, Transnational and Cosmopolitan Sociology", Zypern, 5–6-.52.022.

[18] Die Daten sind verfügbar über GESIS – Leibniz Institut für Sozialwissenschaften https://dbk.gesis.org/.

stimmten auf einer Skala von 1 (stimme nicht zu), bis 7 (stimme stark zu) weltweit gut zwei Drittel zu (Antworten 6 und 7). Die Aussage „man sollte Gesetze und Regeln immer befolgen" wurde von 78 % stark befürwortet; deutlich weniger häufig war allerdings die Zustimmung zur Aussage man sollte selbst an politischen Vereinigungen teilnehmen.

Christian Welzel (2013) fasst die umfassenden Befunde der in fast 100 Ländern durchgeführten *World Value Surveys* daraufhin zusammen, inwieweit die Menschen emanzipatorische Ideen, d. h. liberale und egalitäre soziale und politische Werte, vertreten. Er zeigt, dass diese Werte weltweit sehr stark unterstützt werden, vor allem in westlichen Ländern, weniger in islamischen und afrikanischen Ländern. Ähnliche, ältere internationale Daten hatte schon der Kulturanthropologe Raoul Naroll (1983) zusammengestellt. Emanzipatorische Einstellungen dieser Art wurden im Zeitablauf deutlich stärker, was etwa ihre stärkere Verankerung bei jüngeren und höher gebildeten Menschen anzeigt. Welzel (2013, S. 67 ff.) sieht hier ein „demokratisches Paradox" insofern, als die Mehrheit der Länder der Erde nicht demokratisch ist, die Bürger grundsätzlich jedoch überall mehrheitlich demokratische Wertorientierungen vertreten. Die universelle Gültigkeit der gesellschaftlichen Grundwerte zeigt sich auch in den vorhin genannten, spezifischen arabisch-islamischen und afrikanischen Menschenrechtskatalogen. Bis auf einige wenige Aspekte stimmen diese weitgehend mit der *Allgemeinen Erklärung der Menschenrechte* von 1948 überein.

Zunehmende globale Orientierung von Politik und Zivilgesellschaft
Ein weiterer wichtiger Bereich der Globalisierung, der direkt auf die zunehmende Anerkennung gesellschaftlicher Grundwerte hinweist, ist die Politik. In diesem Bereich gibt es, verstärkt seit dem Zweiten Weltkrieg, eine zunehmende Anzahl an selbständigen supranationalen Organisationen und Institutionen, Diskussions- und Entscheidungsforen (Rittberger u. a. 2013). Ein großer Teil davon ist auf wirtschaftliche Beziehungen fokussiert (wie die WTO, die World Trade Organisation, der IWF, UNCTAD, UNDP). Auf wirtschaftliche Integration zielen auch regionale Handelsassoziationen, die nach dem Vorbild der EWG in Lateinamerika, Afrika und Asien zu Dutzenden gegründet wurden (NAFTA, ASEAN, Afrikanische Union usw.; Haller 2011). Eine Pionierrolle spielt der 1949 gegründete Europarat, der sich auch als wichtige Instanz für die Garantie und Fortentwicklung von Menschenrechten und Demokratie und für kulturellen Austausch in Europa versteht (Holtz 2000). Seine heutigen 47 Mitglieder schließen praktisch alle europäischen Staaten ein. Den russischen Delegierten wurde allerdings nach Besetzung der Krim 2014 das Stimmrecht entzogen.

Die wichtigste internationale Organisation sind ohne Zweifel die *Vereinten Nationen* (UNO). Ihre zentrale Mission ist die Erhaltung von Frieden und Sicherheit (Wolf 2016). In der Präambel zur UNO-Charta werden sechs der neun in diesem Buch hervorgehobenen gesellschaftlichen Grundwerte genannt. Es heißt hier, dass ein Zusammenwirken angestrebt wird um die folgenden Ziele zu erreichen: (1) „Künftige Geschlechter vor der Geißel des Krieges zu bewahren, die zweimal zu unseren Lebzeiten unsagbares Leid über die Menschheit gebracht hat, (2) unseren Glauben an die Grundrechte des Menschen, an

Würde und Wert der menschlichen Persönlichkeit, an die Gleichberechtigung von Mann und Frau sowie von allen Nationen, ob groß oder klein, erneut zu bekräftigen, (3) Bedingungen zu schaffen, unter denen Gerechtigkeit und die Achtung vor den Verpflichtungen aus Verträgen und anderen Quellen des Völkerrechts gewahrt werden können, (4) den sozialen Fortschritt und einen besseren Lebensstandard in größerer Freiheit zu fördern. Die UNO wurde 1945 von 51 Ländern (damals noch der großen Mehrheit aller Staaten der Welt) gegründet und hat derzeit 193 Mitgliedsländer – also praktisch alle international anerkannten Staaten der Erde. Spezielle Kommissariate und Sonderorganisationen der UNO (wie UNHCR, UNESCO, ILO, FAO usw.) befassen sich mit kulturellen und sozialen Fragen und Problemen. Die UNO befindet sich allerdings seit ihrer Gründung in einer mehr oder weniger permanenten Krise. Ihre Handlungskapazität ist seit jeher massiv beschränkt durch das undemokratische Übergewicht der fünf Großstaaten, die als ständige Mitglieder des Sicherheitsrats ein Vetorecht haben und damit alle Beschlüsse blockieren können, die eigenen Interessen zuwiderlaufen. Die Etablierung demokratischer Institutionen und Verfahren ist ein Grundproblem aller internationalen Institutionen, wie Michael Zürn (1998) eindrücklich belegt.[19] Andererseits fehlen der UNO selbst bei einstimmigen Beschlüssen geeignete (vor allem auch militärische) Mittel zur Durchsetzung ihrer Resolutionen. Dennoch steht außer Zweifel, dass die UNO ein extrem wichtiges, welthistorisch neues und einmaliges Forum für internationalen Austausch und Dialog darstellt. Sie bietet ein globales Forum, in welchem Verletzungen gesellschaftlicher Grundwerte bzw. Mängel bei ihrer Realisierung angeprangert werden können. Die Bedeutung der UNO zeigt sich auch daran, dass neu entstehende Staaten hohen Wert darauf legen, möglichst rasch Aufnahme in sie zu erlangen, weil dies praktisch ihrer internationalen Anerkennung entspricht. Viele UNO-Einsätze waren zumindest teilweise erfolgreich; in einigen Fällen gab es auch tragisches Versagen. Relevant ist hier auch, dass im Rahmen der UNO 1975 die *Organisation für Sicherheit und Zusammenarbeit in Europa* (OSZE) gegründet wurde.

Als wichtiger neuer Schritt ist die Etablierung des *Internationalen Strafgerichtshofes* (ICC) in Den Haag 2002 durch 123 Staaten zu nennen. Am ICC wenig interessiert sind vor allem die Großmächte; die USA und Russland haben ihn nicht ratifiziert; China und Indien nicht einmal unterschrieben. Der ICC markierte einen weiteren, welthistorischen Durchbruch insofern, als auch einzelne Politiker, Militärs usw. angeklagt und verurteilt werden können, die eines der drei folgenden Verbrechen begangen haben: Völkermord, Verbrechen gegen die Menschlichkeit, Kriegsverbrechen. Dies geschah tatsächlich bereits in mehreren Fällen.

In engem Zusammenhang mit der neuen globalen Ausrichtung der Politik spielen auch internationale Nicht-Regierungsorganisationen (NGOs – *Non Govermental Organizations*) eine wichtige Rolle. NGOs sind private, zivilgesellschaftliche Organisationen,

---

[19] Höchst verwunderlich erscheint allerdings, dass Zürn in seinem Buch die Vereinten Nationen praktisch überhaupt nicht erwähnt, obwohl er u. a. die Herstellung von Sicherheit als zentrale Aufgabe nationalen und internationalen Regierens hervorhebt.

die ohne Gewinnabsicht auf die Einhaltung von humanen Standards in den Bereichen der nationalen und internationalen Politik hinarbeiten. Ihre Aktivitäten betreffen insbesondere die Umwelt und den Tierschutz, Entwicklungs- und Sozialarbeit, internationalem Kulturaustausch und die generelle Wahrung von Menschenrechten. Bereits um die Jahrhundertwende waren im *Yearbook of International Organizations* 35.000 NGOs verzeichnet (Müller K. 2002). Zu den bekanntesten NGOs im Bereich der Menschenrechte zählen *Amnesty International, Human Rights Watch Transparency International*, konzentriert sich auf Bekämpfung von Korruption, *Greenpeace* und *World Wildlife Fund* auf den Natur- und Tierschutz. Bereits die ersten NGOs, die 1839 in Großbritannien gegründete Anti-Sklavereibewegung, das 1863 gegründete Komitee vom Roten Kreuz und das *International Council of Women* (1888), hatten signifikante Erfolge zu verzeichnen.

Die von *Amnesty International 1972–84* durchgeführte Anti-Folterkampagne und jene von *Human Rights Watch* gegen Landminen führten zu entsprechenden internationalen Verboten. Die Arbeit und Effekte der NGOs entsprechen laut Koenig (2005, S. 102 ff.) genau der Grundthese dieser Arbeit, dass sich gesellschaftliche Grundwerte in einer laufenden Auseinandersetzung zwischen Ideen, deren Proponenten, der Rezeption durch die Bürger und den Reaktionen der Politik durchsetzen. Dies erfolgt in einem mehrstufigen Prozess. Dabei steht am Beginn die Anprangerung von Missständen und die Unterdrückung dieser Protestbewegungen; diese Missstände und Fehlverhaltensweisen kommen dann aber vor eine Weltöffentlichkeit und führen häufig zu Verurteilungen und Sanktionen für die rechtsverletzenden Staaten. So müssen diese schließlich reagieren, wenn sie es auch oft nur widerwillig und in kleinen Schritten tun. Auf diese Weise sind die NGOs „Träger einer globalen Menschenrechtskultur", die zur Entstehung einer neuen, weltweiten normativen Umwelt führt, der sich Einzelstaaten nicht mehr ohne weiteres entziehen können. So stellt auch das Wirken der NGOs einen der (kleinen) Meilensteine in der weltweiten Anerkennung und Durchsetzung der gesellschaftlichen Grundwerte dar.

Zu nennen sind hier schließlich auch Interessenvertretungen wie die Gewerkschaften. Zwar ist evident, dass die Globalisierung der Wirtschaft die nationalen Gewerkschaften schwächt, weil die Globalisierung zur Verlagerung von industriellen Produktionen in andere Länder führt; die Arbeiterschaft der Großindustrie war aber seit jeher eine Hauptbasis der Gewerkschaften. Auch wird der internationale Wettbewerbsdruck oft als Argument benutzt, mit dem Unternehmen Forderungen der Gewerkschaften zurückweisen. Schon seit den 1990er Jahren nutzen jedoch die Gewerkschaften der transnationalen Konzerne die Möglichkeiten, durch Verhandlungen mit den Konzernleitungen in allen Betrieben weltweit Mindeststandards in Bezug auf Arbeitsbedingungen entsprechend den Menschenrechten durchzusetzen (Müller T. et al. 2003)[20].

Gewerkschaftliche Organisation befindet sich sogar im autoritär-zentralistischen China im Aufwind. In den nichtstaatlichen Unternehmen gab es bereits 2012 über 3 Mio.

---

[20] Vgl. auch Deutscher Gewerkschaftsbund: Der DGB in internationalen Gewerkschaften (https://www.dgb.de/themen/++co++1861d2bc-175e-11df-5fd4-00093d10fae2, abgerufen am 17.2.2022).

Gewerkschaften, womit 82 % dieser Unternehmen über eine Gewerkschaft verfügen[21]. 2018 hatte die chinesische Einheitsgewerkschaft ACFTU gut 300 Mio. Mitglieder. Wenngleich diese Gewerkschaften wenig Einfluss auf die Unternehmenspolitik haben und eher soziale Funktionen erfüllen, ist ihre Bedeutung nicht zu unterschätzen. So kommt es immer wieder zu heftigen Arbeitskämpfen. Offenkundig ist aber, dass die Entstehung wirklich unabhängiger Interessenvertretungen und zivilgesellschaftlicher Organisationen auch in China abhängig ist von der Durchsetzung der grundlegenden demokratischen Prinzipien wie Freiheit und Beachtung der Menschenrechte. Dies bedeutet nichts anderes, als dass sich auch hier der ganze Kreis der gesellschaftlichen Grundwerte schließen muss.

Zusammenfassend kann man feststellen, dass dies alles nicht nur normative Forderungen in Bezug auf humanere Formen der Globalisierung sind. Die Krisen des jungen 21. Jahrhunderts – die Finanzkrise 2008/09, die Corona-Pandemie 2020-22, der Ukrainekrieg seit 2013 – haben die Gefahren hemmungsloser unkontrollierter Globalisierungsprozesse aufgezeigt. Das Gleiche gilt für die schon länger schwelende Bedrohung durch den Klimawandel. Aber auch diese Herausforderungen haben Anlass zu einem fundamentalen Umdenken gegeben und neue politische Orientierungen und Maßnahmen erzwungen. Der Konklusion von Hans-Heinrich Nolte (2009, S. 403 f.), dass die Staaten heute zwar auf Moral bei ihren Untertanen achten, aber bei ihren internationalen Beziehungen nur nach Staatsräson im jeweiligen nationalen Interesse verfahren, kann man nicht zustimmen. Dagegen kann man mit Koller (2006, S. 38 f.) sagen, dass in all den vorgenannten internationalen Prozessen und Institutionen, einschließlich der Nationalstaaten, eine transnationale Politik im Entstehen ist, welche der Idee eines freiwilligen Völkerbundes zwischen selbständigen, friedlich gesinnten Gesellschaften im Sinne von Kant nahekommt. Ein solches Modell stellt einen realistischen, mittleren Weg dar zwischen der apolitischen Haltung der Marktliberalen und dem utopischen Projekt einer kosmopolitischen Demokratie. Man kann alle genannten Trends – die Verdichtung der weltweiten Kommunikation und Interaktion, die Bereitschaft in Zivilgesellschaft und Politik zu einer verstärkten weltweiten Zusammenarbeit – auch mit dem Vordringen gesellschaftlicher Grundwerte in Zusammenhang bringen. So argumentierte der Philosoph Wilhelm Jerusalem (1919, S. 333 ff.), dass der von allen bedeutenden Soziologen und Soziologinnen seit Durkheim und Mead konstatierte Trend zu steigendem Individualismus, insbesondere in seiner Verbindung mit dem Begriff der Menschenwürde, eng mit der Idee der ganzen Menschheit als einer großen Einheit zusammenhängt.

---

[21] Dies wird auf der Website der Botschaft von China in der Schweiz berichtet: https://www.mfa.gov.cn/ce/cech//ger/jmsw/t956736.htm (abgerufen m 17.2.2022).

Literatur

Abdel-Samed, Hamed (2010), *Der Untergang der islamischen Welt. Eine Prognose,* München: Knaur
Abels, Henz (2006), *Identität*, Wiesbaden: VS Verlag für Sozialwissenschaften
Abromeit, Heidrun (1993), *Interessenvermittlung zwischen Konkurrenz und Konkordanz. Studienbuch zur vergleichenden Lehre politischer Systeme*, Frankfurt/ New York: Campus
Acemoglu, Daron/ James A. Robinson (2012), *Why Nations Fail. The Origins of Power, Prosperity, and Poverty,* New York: Crown Publishing Group
Acham, Karl (2011), "Wien und Graz als Stätten einer frühen soziologischen Forschungs- und Vereinstätigkeit", in; K. Acham, Hrsg., Rechts-, Sozial- und Wirtschaftswissenschaften aus Graz, Wien/ Köln/ Weimar: Böhlau, S. 409–431
Adams, Willi Paul, Hrsg. (1977), *Die Vereinigten Staaten von Amerika,* Frankfurt7Main: Fischer Taschenbuch Verlag (Fischer Weltgeschichte, Bd. 30)
Adler, Alfred (1973), *Der Sinn des Lebens,* Frankfurt/ Main: Fischer Taschenbuch Verlag
Adler, Mortimer J. (1981), *Six Great Ideas. Truth, Goodness, Beauty – Ideas We Judge By, Liberty, Equality, Justice – Ideas We Act On*, New York/ London: Macmillan/ Collier Macmillan
AKUF/ Wolfgang Schreiber, Hrsg. (2006), *Das Kriegsgeschehen 2005. Daten und Tendenzen der Kriege und bewaffneten Konflikte*, Wiesbaden: VS Verlag
Albert, Gert (2010), „Weber Paradigma," in: Georg Kneer/ Markus Schroer, Hrsg. (2009), *Handbuch Soziologische Theorien*, Wiesbaden: VS Verlag für Sozialwissenschaften, S. 517–554
Albrow, Martin (1990), *Max Weber's Construction of Social Theory*, Houndsmill, Basingstoke: MacMillan
Allmendinger, Jutta (2017), *Das Land, in dem wir leben wollen*, München: Pantheon
Anderson, Elizabeth (1993), *Value in Ethics and Economics*, Cambridge/ London: Harvard UP
Andreß, Hans-Jürgen/ Thorsten Heinen/ Dirk Hofäcker (2001), *Wozu brauchen wir noch den Wohlfahrtsstaat? Der deutsche Sozialstaat im Urteil seiner Bürger*, Wiesbaden: Westdeutscher Verlag
Arendt, Hannah (1970), *Macht und Gewalt,* München: Piper
Arendt, Hannah (1974), *Über die Revolution*, München: R. Piper (engl. On Revolution, New York 1963)
Arendt, Hannah (1981), *Vita activa oder vom Tätigen Leben*, München/ Zürich: R. Piper
Arendt, Hannah (1986), *Elemente und Ursprünge totaler Herrschaft. Antisemitismus, Imperialismus, totale Herrschaft*, München/ Berlin/ Zürich: Piper (zuerst engl. 1951)
Arendt, Hannah (2013), *Wahrheit und Lüge in der Politik*, München: Piper (zuerst 1964)
Ariès, Philippe (2017), *Geschichte der Kindheit*, München: dtv (frz. zuerst 1960)
Arnim, Hans Herbert von (1977), *Gemeinwohl und Gruppeninteressen*, Frankfurt: Metzner

© Der/die Herausgeber bzw. der/die Autor(en), exklusiv lizenziert an Springer Fachmedien Wiesbaden GmbH, ein Teil von Springer Nature 2024
M. Haller, *Radikale Werte,* https://doi.org/10.1007/978-3-658-42954-6

Arnim, Hans Herbert von (2009), *Volksparteien ohne Volk. Das Versagen der Demokratie*, München: C. Bertelsmann

Aron, Raymond (1971), *Hauptströmungen des soziologischen Denkens* (2. Band), Köln: Kiepenheuer & Witsch

Aschauer, Wolfgang et al. (2019), *Die Lebenssituation von Migrantinnen und Migranten in Österreich. Ergebnisse einer Umfrage unter Zugewanderten*, Wiesbaden: Springer VS

Assmann, Jan (2005), *Der Ursprung der Geschichte: archaische Kulturen, das Alte Ägypten und das Frühe Griechenland,* Stuttgart: Klett-Cotta

Assmann, Jan (2016), „Monotheismus und Intoleranz," in: Sascha Salatowsky/ Winfried Schröder, Hrsg., *Duldung religiöser Vielfalt – Sorge um die wahre Religion. Toleranzdebatten der frühen Neuzeit*, Stuttgart: Franz Steiner Verlag, S. 23–37

Ates, Seyran (2007), *Der Multikulti-Irrtum. Wie wir in Deutschland besser zusammenleben können*, Berlin: Ullstein

Augé, Marc (2010), *Nicht-Orte*, München: C.H.Beck (frz. zuerst 1992)

Bacher, Johann (2005), „Bildungsungleichheit und Bildungsbenachteiligung im weiterführenden Schulsystem Österreichs. Eine Sekundäranalyse der PISA 2000-Erhebung," *SWS-Rundschau* 45(1):37–62

Bacher, Johann et al., Hrsg. (2019), *Sozialstruktur und Wertewandel in Österreich. Trends 1986-2016*, Wiesbaden: Springer VS

Badinter, Elisabeth (2018), *Maria Theresia. Die Macht der Frau,* München: btb Verlag

Baechler, Jean (1975), *The Origins of Capitalism*, Oxford: Basic Blackwell (frz. 1971)

Bals, Gereon (2021), „Von ‚Scheinkatastrophen', ‚Klimadiktatur' und Seuchensozialismus – rechte Erzählungen zur Klimakrise, in: Institut für Demokratie und Zivilgesellschaft, Hrsg., Wissen schafft Demokratie, Jena, S. 50–63

Borlandi, Massimo, Raymond Boudon, Mohamed Cherkaoui, Bernard Valade, eds. (2005), *Dictionnaire de la pensée sociologique*, Paris: Quadrige/ puf

Barber, Benjamin (1994). *Starke Demokratie. Über die Teilhabe am Politischen*, Berlin: Rotbuch (amerik. *Strong Democracy*, Berkeley 1984)

Barlösius, Eva (2006), *Pierre Bourdieu*, Frankfurt am Main/ New York: Campus

Barnett, Larry D. (2015), *Explaining Law. Macrosociological Theory and Empirical Evidence*, Leiden/ Boston: Brill

Barry, Brian (2005), *Why Social Justice Matters*, Cambridge: Polity

Batstone, David (2008), *Sklavenhandel heute: Die dunkelste Seite der Globalisierung*, München: Finanzbuch Verlag (engl. *Not for sale*)

Bauböck, Rainer (1997), Transnational Citizenship. Membership and Rights in International Migration, Aldershot: E. Elgar

Bauböck, Rainer/ Max Haller, eds. (2021), *Dual Citizenship and Naturalisation: Global, Comparative and Austrian Perspectives,* Wien: Verlag der Österreichischen Akademie der Wissenschaften

Baum, Thilo/ Frank Eckert (2017), Sind die Medien noch zu retten? Das Handwerk der öffentlichen Kommunikation, Zürich: Midas Verlag

Bauman, Zygmunt (2008), Flüchtige Zeiten. Leben in der Ungewissheit, Hamburg: Hamburger Edition

Baumann, Jonas/ Daniel Finnbogason/ Isak Svensson (2018), Rethinking mediation: Resolving religious conflicts, Center for Security Studies, ETH Zürich

Baurmann, Michael (1991), „Recht und Moral bei Max Weber," in: Heike Hung/ Heinz Müller-Dietz/ Ulfrid Neumann, Hrsg., Recht und Moral. Beiträge zu einer Standortbestimmung, Baden-Baden: Nomos, S.113–138

Beard, Charles A. (1998), *An Economic Interpretation of the Constitution of the United States*, Somerset: Taylor & Francis (zuerst New York 1913)

Beck, Ulrich (1986), *Die Risikogesellschaft. Auf dem Weg in eine andere Moderne*, Frankfurt/ Main: Suhrkamp

Beck (2002), *Macht und Gegenmacht im globalen Zeitalter*, Frankfurt/ Main: Suhrkamp

Beck, Ulrich (2007), *Was ist Globalisierung? Irrtümer des Globalismus – Antworten auf Globalisierung*, Frankfurt/ Main: Suhrkamp

Beck, Ulrich/ Elisabeth Beck-Gernsheim (1994), *Riskante Freiheiten. Individualisierung in modernen Gesellschaften*, Frankfurt/ Main: Suhrkamp

Beckert, Jens (2013), *Erben in der Leistungsgesellschaft*, Frankfurt/Main/New York: Campus

Behrendt, Hauke (2017), „Was ist soziale Teilhabe? Plädoyer für einen dreidimensionalen Inklusionsbegriff," in: Catrin Misselhorn/ Hauke Behrendt, Hrsg., Arbeit, Gerechtigkeit, Inklusion, Stuttgart: J.B. Metzler (Springer), S. 50–76

Below, Susanne von (2008), „Bildungssysteme im historischen und internationalen Vergleich," in: Rolf Becker, Hrsg., *Lehrbuch der Bildungssoziologie*, Wiesbaden: VS Verlag, S. 139–162

Benedek, Wolfgang, Hrsg. (2017), *Menschenrechte verstehen. Handbuch zur Menschenrechtsbildung*, Wien/Berlin: NWV Verlag/ Berliner Wissenschafts-Verlag (ECT Graz)

Benedek, Wolfgang (2017a), „Einführung in das System der Menschenrechte," in: Benedek, *Menschenrechte verstehen*, S. 31–74

Benedikter, Hans (1970), *Rebell im Land Tirol. Michael Gaismair*, Wien: Europa Verlag

Bernal, John Desmond (1986), *Die soziale Funktion der Wissenschaft*, hrsg. Von Helmut Steiner, Köln: Pahl-Rugenstein

Bernhard, Laurent (2012), „Direkte Demokratie wagen? Eine Bestandsaufnahme der Chancen und Gefahren," in: *Forschungsjournal Soziale Bewegungen* 25(4):47–54

Betts, Alexander/ Paul Collier (2017), *Gestrandet. Warum unsere Flüchtlingspolitik allen schadet – und was jetzt zu tun ist*, München: Siedler

Beyer, Peter (1994), *Religion and Globalization*, Thousand Oaks, CA: Sage

Biebricher, Thomas (2018), *Geistig-moralische Wende. Die Erschöpfung des deutschen Konservativismus*, Berlin: Matthes & Seitz

Bielefeldt, Heiner (2008), *Menschenwürde. Der Grund der Menschenrechte*, Berlin: Deutsches Institut für Menschenrechte (verfügbar unter http://www.institut-fuer-menschenrechte.de/fileadmin/_migrated/tx_commerce/studie_menschenwuerde_2008.pdf, abgerufen am 28.1.2023)

Bieri, Peter (2007), *Das Handwerk der Freiheit. Die Erfahrung des eigenen Willens*, Frankfurt/Main: Fischer Taschenbuch Verlag

Bittlingmayer, Uwe H./ Alex Demirovic/ Tatjana Freytag, Hrsg. (2016), *Handbuch Kritische Theorie*, Wiesbaden: Springer VS

Blau, Peter M. (1977), *Inequality and Heterogeneity. A Primitive Theory of Social Structure*, New York; Free Press

Blauberger, Michael (2016), „Europäischer Schutz gegen nationale Demokratiedefizite?" *Leviathan* 4(2):380–302

Blau, Peter M. (1977), *Inequality and Heterogeneity. A Primitive Theory of Social Structure*, New York/ London: Free Press/ Macmillan

Blickle, Peter (2018), *Der Bauernkrieg. Die Revolution des Gemeinen Mannes*, München: C.H.Beck

Blossfeld, Peter/ Gwendolin J. Blossfeld/ Pia N. Blossfeld (2019), "Soziale Ungleichheiten und Bildungsentscheidungen im Lebensverlauf. Die Perspektive der Bildungssoziologie," *Journal for Educational Research Online* 11(1):16–30

Bochmann, Annet (2017), „Soziale Institution Lager. Theoretische Grundlagen, Flüchtlingslager und die Macht lokaler Mikrostrukturen," in: *38. DGS-Kongress*, Bd.38 (https://publikationen.soziologie.de/index.php/kongressband_2016/article/view/480, abgerufen am 9.6.2021)

Bofinger, Peter u. a., Hrsg. (2015), *Thomas Piketty und die Verteilungsfrage. Analysen, Bewertungen und wirtschaftspolitische Implikationen für Deutschland*, o.O.: SE Publishing

Boli, John/ Frank J. Lechner (2001), „Globalization and world culture," in: Neil J. Smelser/ Paul B..Baltes, eds., *International Encyclopedia of the Social and Behavioral Sciences*, New York: Elsevier, S. 6261–6266

Boltanksi, Luc/ Eve Chiapello (2006), *Der neue Geist des Kapitalismus*, Konstanz: UK

Boltanski, Luc/ Laurent Thévenot (2007), *Über die Rechtfertigung. Eine Soziologie der kritischen Urteilskraft*, Hamburg: Hamburger Edition (frz. zuerst 1991)

Borlandi, Massimo/ Raymond Boudon/ Mohamed Cherkaoui/ Bernard Valade, Hrsg. (2005), *Dictionnaire de la pensée sociologique*, Paris: Quadrige/ PUF

Bosch, Aida (2011), *Konsum und Exklusion. Eine Kultursoziologie der Dinge*, Bielefeld transkript Verlag

Bottomore, Tom/ Robert Nisbet, eds. (1978), *A History of Sociological Analysis*, London: Heinemann

Boudon, Raymond (1985), *Il posto del disordine. Critica delle teorie del mutamento sociale*, Bologna: il Mulino (French ed. La place du désorde, Paris 1984)

Boudon, Raymond (2002), *Déclin de la morale? Déclin des valeurs?*, Quebec: Èditions Nota Bene/ Cefan

Bourdieu, Pierre/ Claude Passeron (1971), *Die Illusion der Chancengleichheit. Untersuchungen zur Soziologie des Bildungswesens am Beispiel Frankreichs*, Stuttgart: E. Klett

Bourdieu, Pierre (1987), *Die feinen Unterschiede. Kritik der gesellschaftlichen Urteilskraft*, Frankfurt/ Main: Suhrkamp

Bourdieu, Pierre et al. (2002), *Der Einzige und sein Eigenheim*, Hamburg: VSA

Bourdieu, Pierre (2006), „Die Logik der Felder," in: Pierre Bourdieu/ Loic Wacquant, *Reflexive Anthropologie*, Frankfurt/ Main: Suhrkamp, S. 124–147

Bradshaw, Siobhan A./ E. Diane Playford/ Afsane Riazi (2012), "Living well in care homes: a systematic review of qualitative studies," *Age and Aging* 41:429–440

Brand, Ulrich (2011), *Post-Neoliberalismus? Aktuelle Konflikte. Gegen-hegemoniale Strategien*, Hamburg: VSA Verlag

Brandt, Peter, Hrsg. (1981), B*eiträge zur Sozialgeschichte eines Staates*, Band 3 von *Preussen. Versuch einer Bilanz* (Ausstellung Berlin), Reinbek: Rowohlt

Braun, Veit (2019), „Am Ende des Eigentums. Eine Tragikomödie," in: *Komplexe Dynamikern globaler und lokaler Entwicklungen*, 39. Kongress der DGS (verfügbar unter (https://publikationen.soziologie.de/index.php/kongressband_2018/article/view/1138, abgerufen am 2.4.2021)

Brechtken, Magnus (2020), *Der Wert der Geschichte. Freiheit, Gleichheit, Teilhabe: Was wir aus den Kämpfen der Vergangenheit für die Zukunft lernen können*, München: Siedler

Breuer, Stefan (1993), *Anatomie der konservativen Revolution*, Darmstadt: Wissenschaftliche Buchgesellschaft

Brink, Tobias ten (2013), *Chinas Kapitalismus. Entstehung, Verlauf, Paradoxien*, Frankfurt/ New York: Campus

Brinkmann, Gerhard (1984), *Ökonomik der Arbeit*, Bd.3: *Die Entlohnung der Arbeit*, Stuttgart: Klett-Cotta

Bröning, Michael (2021), *x* Bonn: Dietz Verlag

Bruhns, Hinnerk (2017), *Max Weber und der Erste Weltkrieg*, Tübingen: Mohr Siebeck

Brunner, Otto/ Werner Conze/ Reinhart Koselleck, Hrsg. (1975 ff.), *Geschichtliche Grundbegriffe. Historisches Lexikon zur politisch-sozialen Sprache in Deutschland* (8 Bände), Stuttgart: Ernst Klett

Bucholc, Marta (2015), *A Global Community of Self-Defense. Norbert Elias on Normativity, Culture and Involvement*, Frankfurt/ Main: Klostermann

Bude, Heinz (2008), *Die Ausgeschlossenen. Das Ende vom Traum einer gerechten Gesellschaft*, München: Hanser

Bude, Heinz (2014), *Gesellschaft der Angst*, Hamburg: Hamburger Edition

Bude, Heinz/ Ernst-Dieter Lautermann (2006), „Soziale Exklusion und Exklusionsempfinden," *KZfSS* 58(2):233–252

Burgmer, Christoph (1996), *Der Islam. Eine Einführung durch Experten*, Frankfurt/ Main: Suhrkamp

Burckhardt, Jacob (1989), Die Kultur der Renaissance in Italien, Frankfurt:/Main: Deutscher Klassiker Verlag (zuerst 1860)

Butler, Judith (2020), *Die Macht der Gewaltlosigkeit. Über das Ethische im Politischen*, Berlin: Suhrkamp

Butterwegge, Christoph/ Bettina Lösch/ Ralf Ptak, Hrsg. (2008), *Neoliberalismus. Analysen und Alternativen*, Wiesbaden: VS-Verlag

Camic, Charles/ Neil Gross (2004), "The new sociology of ideas", in: Judith R. Blau, ed., *The Blackwell Companion to Sociology*, Malden, MA/ Oxford/ Carlton: Blackwell, S. 236–249

Canguilhem, Georges (2017), *Regulation und Leben*, Berlin: August Verlag

Cerra, Valerie et al., eds. (2022), *How to Achieve Inclusive Growth*, Oxford: Oxford University Press

Chan, Steve (2008), „Chinese Political Attitudes and Values in Comparative Context. Cautionary Remarks on Cultural Attributions," *Journal of Chinese Political Science* 13(3):225–248

Cheneval, Francis (2011), *The Government of the Peoples. On the Idea and Principles of Multilateral Democracy*, New York: Palgrave Macmillan

Choi, David Y./ Edmund Gray (2010), *Values-Centered Entrepreneurs and Their Companies*, London: Routledge

Chomsky, Noam (1993), *Wirtschaft und Gewalt. Vom Kolonialismus zur neuen Weltordnung*, Lüneburg: zu Klampen (engl.: *Year 501. The Conquest Continues*, Boston 1993)

Chomsky, Noam (2001), *War against People. Menschenrechte und Schurkenstaaten*, Hamburg/Wien: Europaverlag

Chomsky, Noam (2020), *Wer beherrscht die Welt? Die globalen Verwerfungen der amerikanischen Politik*, Frankfurt/ Main: Ullstein

Clark, Christopher (2013), *Die Schlafwandler. Wie Europa in den Ersten Weltkrieg zog*, München: Deutsche Verlagsanstalt (engl. *The Sleepwalkers,* London 1912)

Clausewitz, Carl von (1963), *Vom Kriege*, Reinbek: Rowohlt (zuerst 1832)

Cohen, Robin/ Paul Kennedy (2007), *Global Sociology*, New York: New York UP

Cohen-Charash, Yochi/ Paul E. Spector (2001), "The role of justice in organization. A metaanalysis", *Organizational Behavior and Human Decision Processes* 86(2):278–321

Collins, Randall (1975), *Conflict Sociology. Toward an Explanatory Social Science*, New York: Academic Press

Conradi, Peter (2022), *Who Lost Russia? From the Collapse of the USSR to Putin's War on Ukraine*, London: Oneworld Publications

Conze, Werner (1984), "Sicherheit, Schutz," in: Brunner/ Conze/ Koselleck, Hrsg., *Geschichtliche Grundbegriffe*, Bd.5, S.831–862

Cortright, David (2008), *Peace. A History of Movements and Ideas*, Cambridge: Cambridge UP

Coser, Lewis A. (1956), *The Functions of Social Conflict*, New York/ London: Free Press/ Collier Macmillan (deutsch: *Theorie sozialer Konflikte*, Neuwied 1965)

Courtois, Stéphane et al., Hrsg. (2004), *Das Schwarzbuch des Kommunismus, Unterdrückung, Verbrechen und Terror*, München: Piper

Crefeld, Martin van (1998), *Die Zukunft des Krieges*, München: Gerling Akademie Verlag

Crouch, Colin (2008), *Postdemokratie*, Frankfurt/ Main: Suhrkamp

Daase, Christopher (2010), „Wandel der Sicherheitskultur," *Aus Politik und Zeitgeschichte* 50, Bundeszentrale für politische Bildung

Dachs, Herbert et al., Hrsg. (1997), *Handbuch des politischen Systems Österreichs*, Wien: Manzsche Verlags- und Universitätsbuchhandlung

Dahrendorf, Ralf (1974), „Über den Ursprung der Ungleichheit unter den Menschen," in: ders., *Pfade aus Utopia*, München: R. Piper, S. 352–379

Dalbert, Claudia/ Matthis Donat (2015), „Belief in a just world," in: J.D. Wright, ed., *International Encyclopedia of the Social and Behavioral Sciences*, Oxford: Elsevier, S. 487–492

Dann, Otto (1975), „Gleichheit," in: Brunner Otto/ Werner Conze/ Reinhart Kosellek, Hrsg., *Geschichtliche Grundbegriffe. Historisches Lexikon zur politisch-sozialen Sprache in Deutschland*, Stuttgart: Ernst Klett, Band 2, S. 997–1047

Dekkers, Midas (2008), *Der Gesundheitswahn. Vom Glück des Unsportlichseins, ...* München; Karl Blessing Verlag

Delitz, Heike/ Frithjof Nungesser/ Robert Seyfert, Hrsg. (2018), *Soziologien des Lebens: Überschreitung - Differenzierung - Kritik (Sozialtheorie)*, Bielefeld: transcript

Demarchi, Franco/ Aldo Ellena/ Bernardo Catarinussi, Ed. (1987), *Nuovo Dizionario di Sociologia*, Milano: edizioni paoline

Deutsch, Karl W. (1968), *Die Analyse internationaler Beziehungen. Konzeption und Probleme der Friedensforschung*, Frankfurt/ Main: Europäische Verlagsanstalt

De Swaan, Abram (1993), *Der sorgende Staat. Wohlfahrt, Gesundheit und Bildung in Europa und den USA der Neuzeit*, Frankfurt/ New York: Campus

De Swaan, Abram (2001), *Words of the World. The Global Language System*, Cambridge: Polity Press

Diekmann, Andreas/ Peter Preisendörfer (2001), *Umweltsoziologie. Eine Einführung*, Reinbek: Rowohlt

Dietrich, Wolfgang, ed. (2011), *The Palgrave International Handbook of Peace Studies. A Cultural Perspective*, London: Palgrave MacMillan

Diken, Bulent/ Carsten B. Laustsen (2005), *The Culture of Exception. Sociology Facing the Camp*, London, New York: Routledge

Dittrich, Eckhard J./ Frank-Olaf Radtke, Hrsg. (1990), *Ethnizität. Wissenschaft und Minderheiten*, Opladen: Westdeutscher Verlag

Dörner, Bernward (2007), Die Deutschen und der Holocaust. Was niemand wissen wollte, aber jeder wissen konnte, Berlin: Propyläen Verlag

Dörre, Klaus/ Stephan Lessenich/ Hartmut Rosa (2009), *Soziologie – Kapitalismus – Kritik. Eine Debatte*, Frankfurt/ Main: Suhrkamp

Drilling, Matthias/ Esther Mühlethaler/ Gosalya Iyadurai (2020), Obdachlosigkeit. Erster Länderbericht Schweiz, Muttenz (CH): ISOS

Druysen, Thomas/ Wolfgang Lauterbach/ Matthias Grundmann, Hrsg. (2009), *Reichtum und Vermögen. Zur gesellschaftlichen Bedeutung der Reichtums- und Vermögensforschung*, Wiesbaden VS Verlag

Duerr, Hans P. (1994), Der Mythos vom Zivilisationsprozess (1. Band), Frankfurt/ Main: Suhrkamp

Durkheim, Emile (1976), *Soziologie und Philosophie*, Frankfurt/ Main: Suhrkamp (zuerst frz. Paris 1924)

Durkheim, Emile (1984), *Die elementaren Formen des religiösen Lebens*, Frankfurt/ Main: Suhrkamp (frz. zuerst 1912)

Durkheim, Emile (1987), *Der Selbstmord*, Frankfurt/ Main: Suhrkamp (frz. zuerst 1897)

Durkheim, Emile (1996), *Über soziale Arbeitsteilung*, Frankfurt/ Main: Suhrkamp (frz. zuerst 1893)

Durkheim, Emile (2021), *Physik der Sitten und des Rechts. Vorlesungen zur Soziologie der Moral*, Frankfurt/ Main: Suhrkamp

Ebert, Thomas (2015), *Soziale Gerechtigkeit. Ideen, Geschichte, Kontroversen*, Bonn: Bundeszentrale für Politische Bildung (auch in Internet verfügbar)

Eder, Anja et al., (2022), „Pandemie und Wertwandel? Verschiebungen von Prioritäten in der österreichischen Bevölkerung und in einzelnen Wähler*innenschichten als Reaktion auf die COVID-19-Pandemie", *Österreichische Zeitschrift für Soziologie* 47(3):1–25

Ehrenhauser, Martin, Hrsg. ((2010), *Demokratie in Gefahr*? Brüssel: Eigenverlag

Eibl-Eibesfeldt, Irenäus (1995), *Die Biologie des menschlichen Verhaltens. Grundriß der Humanethologie*, Weyarn: Seehamer Verlag

Einstein, Albert (1981), *Mein Weltbild*, hrsg. von Carl Seelig, Frankfurt/ Berlin/ Wien: Ullstein

Ekis Ekman, Kajsa (2010), *Prostitution, Surrogacy and the Split Self*, Melbourne: Spinifex Press

Elcheroth, Guy Stephen Reicher (2017), *Identity, Violence and Power. Mobilising Hatred, Demobilising Disent*, London: Palgrave Macmillan

Elias, Norbert (1976), *Über den Prozeß der Zivilisation. Soziogenetische und psychogenetische Untersuchungen (2 Bde.)*, Frankfurt a. M.: Suhrkamp (Erstauflage 1939)

Elias, Norbert (1983), *Die höfische Gesellschaft. Untersuchungen zur Soziologie des Königtums und der höfischen Aristokratie*, Frankfurt/ Main: Suhrkamp

Elias, Norbert/ John L. Scotson (2002), *Etablierte und Außenseiter*, Frankfurt/ Main: Suhrkamp

Ellwein, Thomas (2011), „Wertordnung und politisches System," in: Krobath, *Werte in der Begegnung*, S. 143–162

Elwert, Georg (1999), „Ethnie" in Christian F. Fest/ Hans Fischer/ Thomas Schweizer, Hrsg., *Lexikon der Völkerkunde*, Stuttgart: Reimer, S. 99–100

Endreß, Christian/ Nils Petersen (2012), „Die Dimensionen des Sicherheitsbegriffs," Bundeszentrale für politische Bildung, verfügbar unter https://www.bpb.de/politik/innenpolitik/innere-sicherheit/76634/dimensionen-des-sicherheitsbegriffs (abgerufen am 19.1.2021)

Elsässer, Lea/ Svenja Hense/ Armin Schäfer (2017), „'Dem deutschen Volke'? Die ungleiche Responsivität des Bundestags," *Zeitschrift für Politikwissenschaft* 27:161–180

Engelmann, Bernt (1993), *Wir Untertanen. Ein deutsches Geschichtsbuch*, Göttingen: Steidl

Engelmann, Bernt (1998), *Einig gegen Recht und Freiheit. Ein deutsches Geschichtsbuch*, 7Zweiter Teil, Göttingen: Steidl

Erikson, Erik (1957), *Kindheit und Gesellschaft*, Stuttgart: Pan Verlag (amerik. Childhood and Society, New York 1950)

Esping-Andersen, Gösta (1990), *The Three Worlds of Welfare Capitalism*, Cambridge: Polity

Esser, Hartmut (1988), „Ethnische Differenzierung und moderne Gesellschaft," *Zeitschrift für Soziologie* 17:235–248

Esser, Hartmut (2006), *Sprache und Integration. Die sozialen Bedingungen und Folgen des Spracherwerbs von Migranten*, Frankfurt/ New York: Campus

Estermann, Josef (2008), "Warum Lebensqualität im Pflegeheim bedeutsam ist und wie sie gemessen werden kann," *Schweizerische Zeitschrift für Soziologie* 34(1):187–210

Etzioni, Amitai (1968), *The Active Society. A Theory of Societal and Political Processes*, New York/ London: Free Press/ Collier Macmillan

Etzioni, Amitai (1997), *Die Verantwortungsgesellschaft. Individualismus und Moral in der heutigen Demokratie*, Frankfurt/ New York: Campus (amerik. The New Golden Rule, New York 1996)

Fabris, Hans Heinz (1995), „Der ‚österreichische Weg' in die Mediengesellschaft," in: Reinhard Sieder/ Heinz Steinert/ Emmerich Talos, Hrsg., *Österreich 1945–1995*, Wien: Verlag für Gesellschaftskritik, S.641–654

Farr, James (1985), „Situational analysis: Explanation in social science," *The Journal of Politics* 47:1085–1107

Feldmann, Klaus (2010), „Soziologie des Sterbens und des Todes (Thanatosoziologie)," in: Kneer/ Schroer, *Handbuch Spezielle Soziologien*, S. 569–586

Felbermayr, Gabriel/ Michele Battisti/ Sybille Lehwald (2016), *Die Entwicklung der Einkommensungleichheit. Daten, Fakten und Wahrnehmungen*, München: Stiftung *Familienunternehmen*/ ifo Institut

Fenske, Hans et al. (1981), *Geschichte der politischen Ideen. Von der Antike bis zur Gegenwart*, Frankfurt: Fischer Taschenbuch Verlag

Ferst, Thomas (2019), „Das Verhältnis zwischen Freiheit und Sicherheit in der Schweiz," SIAK-Journal. *Zeitschrift für Polizeiwissenschaft und polizeiliche Praxis* 3, S. 18–30

Fest, Joachim (2004), *Hitler. Eine Biografie*, Berlin: Ullstein

Filzmaier, Peter/ Matthias Karmasin/ Cornelia Klepp (2006), *Politik und Medien – Medien und Politik*, Wien: WUV

Firebaugh, Glenn (2003), *The New Geography of Global Income Inequality*, Cambridge, MA/ London: Harvard UP

Fischer, Fritz (2013), *Griff nach der Weltmacht. Die Kriegszielpolitik des kaiserlichen Deutschland 1914/18*, Düsseldorf: Droste (zuerst 1961)

Flach, Werner (2005), "Zu Kants geschichtsphilosophischem 'Chiliasmus'", *Phänomenologische Forschungen* 2005/1, Hamburg: Meiner, S. 167–174

Flaig, Egon (2009), *Weltgeschichte der Sklaverei*, München: C.H. Beck

Flassbeck, Heiner/ Paul Steinhardt (2018), *Gescheiterte Globalisierung. Ungleichheit, Geld und die Renaissance des Staates*, Frankfurt/ Main: Suhrkamp

Fleck, Ludwig (1980), *Entstehung und Entwicklung einer wissenschaftlichen Tatsache*, Frankfurt/ Main: Suhrkamp

Follath, Erich (2013), *Die neuen Weltmächte. Wie Brasilien, China und Indien die Welt erobern*, München: Goldmann

Forst, Rainer (2021), „Normativität und Wirklichkeit. Zu einer kritisch-realistischen Theorie der Politik", in: Rainer Forst/ Klaus ‚Günther, Hrsg., Normative Ordnungen, Berlin: Suhrkamp, S. 74–93

Fraberger, Georg (2017), *Wie werde ich Ich? Zwischen Körper, Verstand und Herz*, Salzburg: Residenz Verlag

Frank, Robert/ Philp J. Cook (1996), *The Winner-Take-All Society,* London: Penguin

Frankl, Viktor E. (1985), *Der Mensch vor der Frage nach dem Sinn*, München/ Zürich: Piper

Frankl, Viktor E. (1997), *Der Wille zum Sinn. Ausgewählte Vorträge über Logotherapie*, München/ Zürich: Piper

Franzen, Axel (2013), „Two decades of measuring environmental attitudes. Comparative analysis of 33 countries", *Global Environmental Change* 23(5):1001–1008

Fratzscher, Marcel (2016), *Verteilungskampf. Warum Deutschland immer ungleicher wird*, München: Hanser

Fritsch, Nina-Sophie/ Roland Verwiebe/ Christina Liebhart (2019), "Arbeit und Berufe in Österreich," in: Bacher et al., *Sozialstruktur und Wertewandel in Österreich*, S. 333–385

Fukuyama, Francis (1995), *Konfuzius und die Marktwirtschaft. Der Konflikt der Kulturen*, München: Kindler

Fukuyama, Francis (2022), Das Ende der Geschichte, Hoffmann & Campe (zuerst engl. 1992)

Funke, Peter et al., Hrsg. (2019), *Geschichte der Antike. Ein Studienbuch*, Berlin: J.-B. Metzler

Gabriel, Markus (2021), *Moralischer Fortschritt in dunklen Zeiten. Universale Werte für das 21. Jahrhundert*, Berlin: Ullstein

Gaisbauer, Helmut P. et al. Hrsg. (201e3), *Erbschaftssteuer im Kontext*, Wiesbaden: Springer VS

Galbraith, John K. (1959), *Die moderne Industriegesellschaft*, München: Droemer Knaur

Ganser, Daniele (2022), *Illegale Kriege. Wie die NATO-Länder die UNO sabotieren. Eine Chronik von Kuba bis Syrien,* Frankfurt/ Main: fifty fifty

Garfinkel, Harold (2020), Studien zur Ethnomethodologie, Frankfurt/ New York: Campus (zuerst 1967)
Garland, David (2008), *Kultur der Kontrolle. Verbrechensbekämpfung und soziale Ordnung in der Gegenwart*, Frankfurt/ New York: Campus (engl. *The Culture of Control*, Oxford 2001)
d, Theodor (1950), *Demokratie ohne Dogma. Die Gesellschaft zwischen Pathos und Nüchternheit*, München: Szczesny Verlag
Geiger, Theodor (1964), *Vorstudien zu einer Soziologie des Rechts*, Neuwied/ Berlin: Kiepenheuer & Witsch
Gerhards, Jürgen/ Holger Lengfeld (2013), *Wir, ein europäisches Volk? Sozialintegration Europas und die Idee der Gleichheit aller europäischen Bürger*, Wiesbaden: Verlag für Sozialwissenschaften
Gerhardt, Volker (2018), *Selbstbestimmung. Das Prinzip der Individualität*, Rowohlt: Reclam
Gerl-Falkowitz, Hanna-Barbara (2002), "Vom Nutzen und Nachteil des Weltethos," *Die Politische Meinung* 395 (online verfügbar)
Gessen, Masha (2018), *Die Zukunft ist Geschichte. Wie Russland die Freiheit gewann und verlor*, Berlin: Suhrkamp
Giddens, Anthony (1985), *The Nation State and Violence*, Cambridge: Polity Press
Giddens, Anthony (1991), *Modernity and Self-Identity. Self and Society in the Late Modern Age*, Cambridge: Polity Press
Giegerich, Bastian (2012), *Die NATO*, Wiesbaden: Springer VS
Gilder, George (1981), *Reichtum und Armut*, Berlin: Severin und Siedler (amerik. *Wealth and Poverty*, 1981)
Gingrich, Andre (2001), "Ethnizität für die Praxis," in: Karl R. Wernhart/ Werner Zips, Hrsg., *Ethnohistorie – Rekonstruktion und Kulturkritik. Eine Einführung.* Wien: Pro Media, S. 99–111.
Gilens, Martin/ Benjamin J. Page (2014), „Testing theories of American politics: Elites, interest groups, and average citizens," *Perspective on Politics* 12(3):564–581
Gilligan, James (2011), *Why Some Politicians are More Dangerous than Others*, Cambridge: Polity
Ginzburg, Natalia (2016), *Die kleinen Tugenden*, Berlin: Wagenbach (ital. Le piccole virtù)
Göle, Nilüfer (2015), *The Daily Lives of Muslims. Islam and Public Confrontation in Contemporary Europe*, London: ZED Books
Goffman, Erving (1967), *Stigma. Techniken zur Bewältigung beschädigter Identität*, Frankfurt/ Main: Suhrkamp
Goffman, Erving (1993), *Asyle: über die soziale Situation psychiatrischer Patienten und anderer Insassen*, Frankfurt/ Main: Suhrkamp
Goldhagen, Daniel (1999), *Hitler's willige Vollstrecker. Ganz gewöhnliche Deutsche und der Holocaust*, Berlin: Siedler
Goldthorpe, John et al. (1971), *Der "wohlhabende" Arbeiter in England. III. Der "wohlhabende" Arbeiter in der Klassenstruktur*, München: W. Goldmann
Goldscheid, Rudolf/ Joseph Schumpeter (1976), *Die Finanzkrise des Steuerstaates*, Frankfurt/ Main: Suhrkamp
Gollwitzer, Mario et al., Hrsg. (2013), *Soziale Gerechtigkeit. Was unsere Gesellschaft aus den Erkenntnissen der Gerechtigkeitspsychologie lernen kann*, Göttingen: Hogrefe
Goujon, Anne/ Jakob Eder (2017), „The development of Higher Education in Africa: Regional Trends in a global perspective", in: Anne Goujon/ Max Haller/ Bernadette Müller, eds., *Higher Education in Africa*, Newcastle (UK): Cambridge Scholars Publ., S. 2–23
Graeber, David/ David Wengrow (2022), *Anfänge. Eine neue Geschichte der Menschheit*, Stuttgart: Klett-Cotta (engl. *The Dawn of Everything*, London/ New York 2021)

Grebing, Helga (1969), „Liberalismus – Konservatismus – Marxismus," in: Gisela Kress/ Dieter Senghaas, Hrsg., *Politikwissenschaft. Eine Einführung in ihre Probleme*, Frankfurt/ Main: Europäische Verlagsanstalt, S. 69–104

Greco, Silvana (2022), *Moses Dobruska and the Invention of Social Philosophy*, Berlin/ Boston: de Gruyter

Greiffenhagen, Sylvia (2002), „Soziale Sicherheit", in: Martin Greiffenhagen/ Sylvia Greiffenhagen, Hrsg., *Handwörterbuch zur politischen Kultur der Bundesrepublik Deutschland*, Wiesbaden: Westdeutscher Verlag, S.559–567

Greve, Jens (2015), „Gesellschaftskrise und die Krise der kritischen Theorie," in: Stephan Lessenich, Hrsg., *Routinen der Krise – Krise der Routinen*, 37. Kongress der Deutschen Gesellschaft für Soziologie, Verhandlungsband, S. 798–808 (online verfügbar)

Grinin, Leonid E. (2020), „The role of an individual in history", *Social Evolution and History* 9:35-136

Gross, Peter (1994), *Die Multioptionsgesellschaft*, Frankfurt/ Main: Suhrkamp

Grosser, Florian (2013), *Theorien der Revolution zur Einführung,* Hamburg: Junius

Gurr, Ted R./ Barbara Harff (1994), *Ethnic Conflict in World Politics*, Boulder: Westview Press

Kron, Thomas (2001), *Moralische Individualität. Eine Kritik der postmodernen Ethik von Zygmunt Bauman und ihrer soziologischen Implikationen für eine soziale Ordnung durch Individualisierung*, Opladen: Leske + Budrich

Kron, Thomas (2001), *Moralische Individualität. Eine Kritik der postmodernen Ethik von Zygmunt Bauman und ihrer soziologischen Implikationen für eine soziale Ordnung durch Individualisierung*, Opladen: Leske + Budrich

Kron, Thomas/ Marin Horacek (2009), *Individualisierung*, Bielefeld: transcript

Kronenberg, M. (1905), *Kant. Sein Leben und seine Lehre*, München: C.H.Beck

Gurr, Ted R. (1970), *Why Men Rebel*, Princeton: Princeton UP

Habermas, Jürgen (1981), *Theorie des kommunikativen Handelns, Bd. 1: Handlungsrationalität und gesellschaftliche Rationalisierung, Bd. 2: Zur Kritik der funktionalistischen Vernunft*, Frankfurt/ Main Suhrkamp

Habermas, Jürgen (1985), *Die neue Unübersichtlichkeit*, Frankfurt/ Main: Suhrkamp

Habermas, Jürgen (1991), *Erläuterungen zur Diskursethik*, Frankfurt/ Main: Suhrkamp

Habermas, Tilman (1999), *Geliebte Objekte. Symbole und Instrumente der Identitätsbildung*, Frankfurt/ Main: Suhrkamp

Hadjar, Andreas (2008), *Meritokratie als Legitimationsprinzip. Die Entwicklung der Akzeptanz sozialer Ungleichheit im Zuge der Bildungsexpansion,* Wiesbaden: VS Verlag für Sozialwissenschaften

Hadler, Markus (2007), *Soziale Ungleichheit im internationalen Vergleich. Ihre Wahrnehmung, ihre Auswirkung und ihre Determinanten*, Wien/ Berlin: LIT

Hadler, Markus (2017), *The Influence of Global Ideas on Environmentalism and Human Rights: World Society and the Individual*, London/ New York. Palgrave-Macmillan

Hadler, Markus/ Max Haller (2013), „A shift from public to private environmental behavior," *International Sociology* 28(4):484–489

Hall, Peter/ David Soskice, Hrsg. (2001), *Varieties of Capitalism. The Institutional Foundations of Comparative Advantage,* Oxford: Oxford University Press

Haller, Max (1980), *Berufliche und wirtschaftliche Differenzierungen als Basis für Klassen- und Schichtstrukturen*, Wien: Institut für Höhere Studien/ Fachverlag für Wirtschaft und Technik

Haller, Max (1981), *Gesundheitsstörungen als persönliche und soziale Erfahrung. Eine soziologische Studie über verheiratete Frauen im Beruf,* München/ Wien: Oldenbourg/ Verlag für Geschichte und Politik

Haller, Max/ Franz Höllinger/ Otto Raubal (1990), »Leviathan or Welfare State? The Role of Government in Six Advanced Western Nations«, in: D. Alwin et al., *Attitudes to Inequality and the Role of Government,* Rijswijk: Sociaal en Cultureel Planbureau, S. 33–62

Haller, Max/ Bogdan Mach/ Heinrich Zwicky (1995), „Egalitarismus und Antiegalitarismus zwischen gesellschaftlichen Interessen und kulturellen Leitbildern. Ergebnisse eines internationalen Vergleichs," in: Hans-Peter Müller/ Bernd Wegener, Hrsg., *Soziale Ungleichheit und soziale Gerechtigkeit,* Opladen: Leske + Budrich, 1995, S. 221–264

Haller, Max/ Gerd Kaup/ Regina Ressler (2009), „National identity in comparative perspective", in: Haller/ Jowell/ Smith, *The International Social Survey Programme,* S.222–241

Haller, Max (2002), »Theory and method in the comparative analysis of values. Critique and Alternative to Inglehart«, *European Sociological Review* 18(2):139–158

Haller, Max, mit Birgit und Margot Wohinz (2002), *Karrieren und Kontexte. Österreichs Nobelpreisträger und Wissenschaftler im historischen und internationalen Vergleich,* Wien: Passagen Verlag

Haller, Max (2003), *Soziologische Theorie im systematisch-kritischen Vergleich,* Wiesbaden: VS Verlag

Haller, Max/ Markus Hadler (2004), »Happiness as an Expression of Freedom and Self-determination. A Comparative, Multilevel Analysis« in: Wolfgang Glatzer/ Susanne von Below/ Matthias Stoffregen, eds., *Challenges for the Quality of Life in Contemporary Societies,* Dordrecht/ Boston/ London: Kluwer Academic Publishers, S. 207–231

Haller, Max (2005), „Auf dem Weg zur mündigen Gesellschaft? Wertwandel in Österreich 1986 bis 2003," in: Schulz et al., Hrsg., *Österreich zur Jahrhundertwende,* S. 33–73

Haller, Max/ Regina Ressler (2005), »Schlechte Arbeitsmarktchancen von Jugendlichen verringern die Geburtenrate«, *Wirtschaft und Gesellschaft* 31(4), S. 583–590

Haller, Max (2006), »Theorien sozialer Ungleichheit im nationalen und europäischen Kontext. Eine wissenssoziologische Analyse« in: Martin Heidenreich, Hrsg., *Die Europäisierung sozialer Ungleichheit. Zur transnationalen Klassen- und Sozialstrukturanalyse,* Frankfurt/ New York: Campus, S. 187–229

Haller, Max (2009a), *Die europäische Integration als Elitenprozess. Das Ende eines Traums?* Wiesbaden: VS Verlag für Sozialwissenschaften

Haller, Max (2009b), »The Nation State and War«, *Schweizerische Zeitschrift für Soziologie/Swiss Journal of Sociology* 35 (1):11–30

Haller, Max/ Roger Jowell/ Tom Smith, eds. (2009), *The International Social Survey Programme, 1984-2009. Charting the Globe,* London/ New York: Routledge

Haller, Max (2010), »Sprache, Identität und sozialer Zusammenhalt«, in: Maya Becker & Rebecca Krätschmer-Hahn, Hrsg., *Fundamente sozialen Zusammenhalts,* Frankfurt/ New York: Campus Verlag, S. 21–42

Haller, Max (2011), »Values and Interests in Processes of Macro-Regional Integration«, in: Nikolai Genov, Hrsg., *Global Trends and Regional Development,* New York, London: Routledge, 2011, S. 25–44

Haller, Max, in collaboration with Anja Eder (2015), *Ethnic Stratification and Socioeconomic Inequality around the World. The End of Exclusion and Exploitation?* Ashgate, Farnham/Surrey (UK) and Routledge, London/ New York

Haller, Max/ Sarah Wirnsberger (2015), „Politikverdrossenheit oder kritische Demokraten? Eine Analyse der Einstellungen zur direkten Demokratie in Österreich im Lichte von drei theoretischen Ansätzen" *Österreichische Zeitschrift für Politikwissenschaft* 44(3):21–38

Haller, Max (2016), „Was ist Liebe? Ein wirklichkeitssoziologischer Zugang zu einem vernachlässigten Thema," in: H.J. Niedenzu/ H. Staubmann, Hrsg., *Kritische Theorie und Gesellschaftsanalyse,* Innsbruck: Innsbruck University Press, S. 153–176

Haller, Max/ Roland Verwiebe (2016), „Central Europe as a space of transnational migration," *Österreichische Zeitschrift für Soziologie* 41(4):361–371

Haller, Max (2017), „Pierre Bourdieu in Brasilien und Berlin. Eine radikal neue Klassentheorie auf dem Prüfstand" (Besprechungsessay), *Soziologische Revue* 40:78–88

Haller Max/ Florian Brugger (2018), „Der Staatshaushalt als Spiegel gesellschaftlicher Machtverhältnisse. Ein internationaler Vergleich," in: Max Haller, Hrsg., *Aktuelle Probleme der Finanzsoziologie*, Wien: Lit, S.71–108

Haller, Max (2016), "Why empires build walls. The New Iron Curtain between Africa and Europe", in: Alberto Gasparini, ed., *The Walls between Conflict and Peace*, Leiden/ Boston: Brill 2016, S. 98–125

Haller, Max, Hrsg. (2018a), *Aktuelle Probleme der Finanzsoziologie. Die Fragestellungen von Rudolf Goldscheid heute*, Wien: LIT Verlag

Haller, Max (2018b), „Einleitung: Zur Entstehung, Entwicklung und aktuellen Bedeutung der Finanzsoziologie," in: Haller, *Aktuelle Probleme der Finanzsoziologie*, S. 13–34

Haller, Max, Hrsg., unter Mitarbeit von Katharine Apostle (2019), *Migration und Integration. Fakten oder Mythen? Siebzehn Schlagwörter auf dem Prüfstand*, Wien: Verlag der Österreichischen Akademie der Wissenschaften

Haller, Max/ Bernadette Müller-Kmet (2019), „Die Wertorientierungen der Österreicher_innen. Eine Analyse auf der Basis des Wertmodells von S. H. Schwartz," in: Bacher u. a, *Sozialstruktur und Wertewandel in Österreich. Trends 1986–2016*, S. 51–70

Haller, Reinhard (2017), *Die Macht der Kränkung*, Wals bei Salzburg: ecowin

Halm, Heinz (2000), *Der Islam. Geschichte und Gegenwart*, München: C.H.Beck

Hamm, Bernd (2003), „Nachbarschaft", in: Bernhard Schäfers, Hrsg., *Grundbegriffe der Soziologie*, Opladen: Leske + Budrich/UTB, S. 249–250.

Han, Petrus (2010), *Soziologie der Migration. Erklärungsmodelle, Fakten, politische Konsequenzen, Perspektiven*, Konstanz/ München: UVK/ Lucius

Hardt, Michael/ Antonio Negri: *Empire. Die neue Weltordnung*. Frankfurt/Main—New York: Campus 2002Harvey, David (2005), Der neue Imperialismus, Hamburg: VSA

Hart, Herbert L.A. (2002), *Recht und Moral. Texte zur Rechtssoziologie*, Stuttgart: Hoerster

Hartmann, Jürgen (1983), *Politik und Gesellschaft in Japan, USA, Westeuropa. Ein einführender Vergleich*, Frankfurt/ New York: Campus

Hartmann, Michael (2002), *Der Mythos von den Leistungseliten*, Frankfurt/ Main: Campus

Harvey, David (2005), Der neue Imperialismus, Hamburg: VSA

Häusler, Wolfgang (2017), *Revolution und Demokratie in Österreich 1789–1848–1918*, Wien: Molden

Hasselbusch, Inken (2014), *Norbert Elias und Pierre Bourdieu im Vergleich. Eine Untersuchung zu Theorieentwicklung, Begrifflichkeit und Rezeption*, Dissertation an der Pädagogischen Hochschule Karlsruhe

Hechter, Michael (1992), „Should values be written out of the social scientists' lexicon?", *Sociological Theory* 10(2):214–230

Heck, Alexander (2002), *Auf der Suche nach Anerkennung. Deutung, Bedeutung, Ziele und Kontexte von Anerkennung im gesellschaftstheoretischen Diskurs*, Münster etc.: Lit Verlag

Hegel, Georg W.F. (1970), *Vorlesungen über die Philosophie der Geschichte*, Frankfurt/ Main: Suhrkamp (zuerst 1837)

Hegel, Georg W.F. (1970), *Grundlinien der Philosophie des Rechts oder Naturrecht und Staatswissenschaft im Grundrisse*, Frankfurt/ Main: Suhrkamp (Hegel Werke 7) (zuerst 1821)

Heilbronn, Christian/ Doron Rabinovici/ Natan Sznaider, Hrsg. (2019), *Neuer Antisemitismus. Fortsetzung einer globalen Debatte*, Frankfurt/Main: Suhrkamp

Heilmann, Sebastian, Hrsg. (2016), *Das politische System der Volksrepublik China*, Wiesbaden: Springer Fachmedien
Heins, Volker (1992), „Max Webers Sozialismuskritik", *Zeitschrift für Politik* 39(4), S.377–393
Heinsohn, Gunnar/ Rolf Knieper/ Otto Steiger (1979), *Menschenproduktion. Allgemeine Bevölkerungstheorie der Neuzeit*, Frankfurt/ Main: Suhrkamp
Held, David (2007) *Soziale Demokratie im globalen Zeitalter*, Frankfurt/Main: Suhrkamp
Helferich, Christoph (2012), *Geschichte der Philosophie. Von den Anfängen bis zur Gegenwart und Östliches Denken*, Stuttgart/ Weimar: J.B. Metzler
Heller, Wilfried (2001), „Grenzen in Europa. Betrachtungen und Konstruktionen in der Forschung," in: Dieter Holtmann/ Peter Riemer, Hrsg., *Europa: Einheit und Vielfalt. Eine interdiszplinäre Betrachtung*, Münster: Lit, S.171–211
Henning, Tim (2019), *Kants Ethik. Eine Einführung*, Reinbek: Reclam
Hillebrandt, Frank (2009), „Praxistheorie", in: Kneer/ Schroer, *Handbuch soziologische Theorien*, S.369–394
Hillmann, Karl-Heinz (2003), *Wertwandel: Ursachen, Tendenzen, Formen*, Würzburg: Carolus
Hinsch, Wilfried (2017), *Die Moral des Krieges. Für einen aufgeklärten Pazifismus*, München/ Berlin/ Zürich: Piper
Hinz, Andreas et al. (2010), „Ist Gesundheit das höchste Gut? Ergebnisse einer bevölkerungsrepräsentativen Umfrage zur subjektiven Bedeutung von Gesundheit," *Gesundheitswesen* 72(12):897–903
Hippel, Eike von (1982) *Der Schutz des Schwächeren*, Tübingen: Mohr (UTB)
Hirschman, Albert O. (1980), *Leidenschaften und Interessen. Politische Begründung des Kapitalismus vor seinem Sieg*, Frankfurt/ Main: Suhrkamp
Hitler, Adolf (2015), *Mein Kampf. Eine kritische Edition*, hrsg. von Christian Hartmann u.a., München-Berlin: Institut für Zeitgeschichte (zuerst 1926)
Hobbes, Thomas (1965), *Leviathan oder Wesen, Form und Gewalt des kirchlichen und bürgerlichen Staates*, Reinbek: Rowohlt (engl. zuerst 1651)
Höffe, Otfried (2005), „Soziale Gerechtigkeit: ein Zauberwort," *Aus Politik und Zeitgeschichte* 37:41–46
Höffe, Otfried, Hrsg. (2011), *Immanuel Kant. Schriften zur Geschichtsphilosophie*, Berlin: Akademie Verlag
Höffe, Otfried (2018), „Der Sinn von Solidarität," *Frankfurter Hefte* 65:52–56
Höhler, Gertrud (1979), *Die Anspruchsgesellschaft. Über die Inflation der sozialen Werte*, München: Goldmann
Hoerster, Norbert (2014), *Wie lässt sich Moral begründen?* München: C.H.Beck
Hofbauer, Hannes (2018), *Kritik der Migration. Wer profitiert und wer verliert*, Wien: Pro Media
Höffe, Otfried, Hrsg. (2011), *Immanuel Kant. Schriften zur Geschichtsphilosophie*, Berlin: Akademie Verlag
Hofmann, Werner (1962), *Ideengeschichte der sozialen Bewegung des 19. und 20. Jahrhunderts*, Berlin: Walter de Gruyter/ Sammlung Göschen
Hohlfeld, Ralf et al., Hrsg. (2020), Fake News und Desinformation. Herausforderungen für die vernetzte Gesellschaft und die empirische Forschung, Baden-Baden: Nomos
Hohmeier, Jürgen (1975), „Stigmatisierung als sozialer Definitionsprozess," in: Manfred Brusten/ Jürgen Hohmeier, Hrsg. (1975), *Stigmatisierung. Zur Produktion gesellschaftlicher Randgruppen I*, Darmstadt: Hermann Luchterhand Verlag, S. 5–24
Holden, Paul (2016), *Indefensible. Seven Myths that Sustain the Global Arms Trade*, London: ZED Books
Höllinger, Franz (1996), *Volksreligion und Herrschaftskirche. Die Wurzeln religiösen Verhaltens in westlichen Gesellschaften*, Opladen: Leske + Budrich

Höllinger, Franz/ Regina Polak (2019), „Die Bedeutung der Religion für Migrantinnen und Migranten", in: Aschauer, Wolfgang et al., *Die Lebenssituation von Migrantinnen und Migranten in Österreich. Ergebnisse einer Umfrage unter Zugewanderten*, Wiesbaden: Springer VS, S. 175–200

Höllinger, Franz/ Max Haller (2009), »Decline or persistence of religion? Trends in religiosity among Christian societies around the world«, in: Haller/ Jowell/ Smith, *The International Social Survey Programme 1984–2009,* S. 281–301

Holtmann, Christine/ Laura Menze/ Heike Solga (2021), "Intergenerational transmission of educational attainment: How important are children's personality characteristics?" *American Behavioral Scientist* 65(11): 1531–1554

Hooks, Gregory (1990), „The rise of the Pentagon and U.S. state building: The defense program as industrial policy," *American Journal of Sociology* 96(2):358–404

Hörl, Michael (2011), *Die Finanzkrise oder die Gier der kleinen Leute*, Gelnhausen: Wagner Verlag

Holtz, Uwe, Hrsg. (2000), *50 Jahre Europarat*, Baden-Baden: Nomos

Holzinger, Markus (2018), „Warum die Weltgesellschaft nicht existiert. Kritische Reflexionen zu einigen empirischen und epistemologischen Problemen der Theorie der Weltgesellschaft," In: *Kölner Zeitschrift für Soziologie und Sozialpsychologie* 70(2):183–211

Hondrich, Karl-Otto (1975), *Menschliche Bedürfnisse und soziale Steuerung*, Reinbek: Rowohlt

Hondrich, Karl Otto (2002), *Wieder Krieg*, Frankfurt/ Main: Suhrkamp

Honneth, Axel (1992), *Kampf um Anerkennung. Zur moralischen Grammatik sozialer Konflikte*, Frankfurt/ Main: Suhrkamp

Honneth, Axel (2013), *Das Recht der Freiheit. Grundriß einer demokratischen Sittlichkeit*, Berlin: Suhrkamp

Honneth, Axel (2017), *Das Andere der Gerechtigkeit. Aufsätze zur praktischen Philosophie*, Frankfurt/ Main: Suhrkamp

Hopf, Christel (1991), „Regelmäßigkeiten und Typen. Das Durchschnittshandeln in Max Webers Methodologie," *Zeitschrift für Soziologie* 20:124–137

Hradil, Stefan (1995, „Auf dem Weg zur ‚Single-Gesellschaft'?" in: Uta Gerhardt u. a., Hrsg., *Familien der Zukunft. Lebensbedingungen und Lebensformen*, Opladen: Leske + Budrich, S.189–224

Huntington, Samuel (1988), *Kampf der Kulturen*, München: Goldmann/ Siedler

Huster, Ernst U. u. a., Hrsg. (2017), Armut und soziale Ausgrenzung, Springer (e-book)

Ihlau Olaf (2006), *Weltmacht Indien. Die neue Herausforderung des Westens*, München: Siedler

Imbusch, Peter/ Ralf Zoll (2011), *Friedens- und Konfliktforschung. Eine Einführung*, Wiesbaden: VS Verlag für Sozialwissenschaften

Immerfall, Stefan (2022), „Resilient und überstabil. Zur Krisenfestigkeit der Europäischen Union", Berliner Journal für Soziologie 26(2):273–296 (https://doi.org/10.1007/s11609-022-00486-6)

Inglehart, Ronald (1989), *Kultureller Umbruch. Wertwandel in der westlichen Welt*, Frankfurt/ New York: Campus

Inglehart, Ronald/ Christian Welzel (2005), *Modernization, Cultural Change and Democracy*, New York: Cambridge UP

Hooks, Gregory (1990), „The rise of the Pentagon and U.S. state building: The defense program as industrial policy," *American Journal of Sociology* 96(2):358–404

Horster, Detlev (1999), *Jürgen Habermas zur Einführung*, Hamburg: Junius

Huster, Ernst-Ulrich/ Jürgen Boeckh/ Hildegard Mogge-Grotjahn, Hrsg. (2012), *Armut und soziale Ausgrenzung*, Wiesbaden: Springer VS (3. Auflage des Handbuchs Armut und soziale Ausgrenzung 2017)

Jacobs, Jörg (2006), „Facetten sozialer Ungleichheit. Einstellungen zu Freiheit, Gleichheit und Gerechtigkeit im postkommunistischen Europa', in: Gert Pickel et al., Hrsg., *Osteuropas Bevölkerung auf dem Weg in die Demokratie*, Wiesbaden: VS Verlag, S. 97–122

Jäger, Thomas/ Rasmus Beckmann (2011), *Handbuch Kriegstheorien*, Wiesbaden: VS Verlag
Jaeggi, Rahel (2014), *Kritik von Lebensformen*, Frankfurt/ Main: Suhrkamp
Jellinek, Georg (1927), *Die Erklärung der Menschen- und Bürgerrechte*, München/ Leipzig: Duncker & Humblot
Jerusalem, Wilhelm (1915), *Der Krieg im Lichte der Gesellschaftslehre*, Stuttgart: Ferdinand Enke (verfügbar als Nabu Public Domain Reprint)
Jerusalem, Wilhelm (1919), *Einleitung in die Philosophie*, Wien/ Leipzig: Wilhelm Braumüller
Joas, Hans (1999), *Die Entstehung der Werte*, Frankfurt: Suhrkamp
Joas, Hans (2000), *Kriege und Werte. Studien zur Gewaltgeschichte des 20. Jahrhunderts*, Weilerswist: Velbrück Wissenschaft
Joas, Hans (2015), *Die Sakralität der Person. Eine neue Genealogie der Menschenrechte*, Berlin: Suhrkamp
Joas, Hans (2019), *Die Macht des Heiligen. Eine Alternative zur Geschichte von der Entzauberung*, Frankfurt/ Main: Suhrkamp
Joas, Hans/ Wolfgang Knöbl (2004), *Sozialtheorie. Zwanzig einführende Vorlesungen*, Frankfurt/ Main; Suhrkamp
Jonas, Hans (1987), *Technik, Medizin und Ethik. Zur Praxis des Prinzips Verantwortung*, Frankfurt/ Main: Suhrkamp
Jonas, Hans (2003), *Verantwortungsethik. Versuch einer Ethik für die technologische Zivilisation*, Frankfurt/ Main: Suhrkamp
Judson, Pieter M (2017), *Habsburg. Geschichte eines Imperiums,* München: C.H.Beck
Kaesler, Dirk (1995), *Max Weber. Eine Einführung in Leben, Werk und Wirkung*, Frankfurt/ New York
Kaesler, Dirk (2014), *Max Weber. Preuße, Denker, Muttersohn. Eine Biografie*, München:
Kakar, Sudhir (1997), *Die Gewalt der Frommen. Zur Psychologie religiöser und ethnischer Konflikte*, München: C.H.Beck (engl. *The Colors of Violence* 1996)
Kaldor, Mary (1999), *Le nuove guerre. La violenza organizzata nell'età globale*, Roma: Carocci editore (engl. *New and Old Wars*, Cambridge 1999
Kallhoff, Angela (2022), *Der Mensch – das moralische Tie*r, Berlin: Suhrkamp
Kant, Immanuel (1784), *Idee zu einer allgemeinen Geschichte in weltbürgerlicher Absicht*, Berlinische Monatsschrift, Nov. 1984, S.385–411 (hier zit. nach https://www.projekt-gutenberg.org/kant/absicht/Kapitel1.html)
Kant, Immanuel (1795), Zum ewigen Frieden. Ein philosophischer Entwurf, Königsberg: Friedrich Nicolovius (Neuabdruck Reclam, Stuttgart 2013)
Kant, Immanuel (1968), „Grundlegung zur Metaphysik der Sitten," in: ders., *Schriften zur Ethik und Religionsphilosophie*, Darmstadt: Wissenschaftliche Buchgesellschaft (zuerst 1785)
Katzenstein, Peter (1996), The Culture of National Security. Norms and Identity in World Politics, New York: Columbia University Press
Kaube, Jürgen/ André Kieserling ((2022), *Die gespaltene Gesellschaft,* Berlin: Rowohlt
Kaufmann, Franz-Xaver (1970), *Sicherheit als soziologisches und sozialpolitisches Problem*, Stuttgart: Enke (Neuauflage Berlin 2012)
Keegan, John (1997), *Die Kultur des Krieges*, Reinbek: Rowohlt (engl. *A History of Warfare*, New York/ London 1993).
Kelek, Necla (2012), *Chaos der Kulturen. Die Debatte um Islam und Integration*, Köln: Kiepenheuer & Witsch
Kelley, Kitty (2004), *The Bush-Clan. Die wahre Geschichte einer amerikanischen Dynastie*, München: Berrtelsmann (amerik. The Family, New York 2004)
Kelman, Herbert C. (1973), „Violence without moral restraint. Reflections on the dehumanization of victims and victimizers", *Journal of Social Issues* 29(4):25–61

Kennedy, Paul (1989), A*ufstieg und Fall der großen Mächte. Ökonomischer Wandel und militärischer Konflikt von 1500 bis 2000*, Frankfurt/ Main
Kepplinger, Hans Mathias (2017), *Die Mechanismen der Skandalisierung*, München: Olzog
Kern, Horst (1982), *Empirische Sozialforschung. Ursprünge, Ansätze, Entwicklungslinien*, München: C.H.Beck
Kershaw, Ian(2022), *Der Mensch und die Macht. Über Erbauer und Zerstörer Europas im 20. Jahrhundert*, München: Deutsche Verlags-Anstalt
Kimminich, Otto (1993), *Einführung in das Völkerrecht*, Tübingen/ Basel: Francke/ UTB
Kirchner, Friedrich et al., Hrsg. (2013), *Wörterbuch der philosophischen Begriffe*, Hamburg: Felix Meiner
Khoury, Adel T., Hrsg. (1993), *Die Weltreligionen und die Ethik*, Freiburg/ Basel/ Wien: Herder
Kirchner, Friedrich et al., Hrsg. (2013), *Wörterbuch der philosophischen Begriffe*, Hamburg: Felix Meiner
Kivisto, Peter J./ Paul R. Croll (2012), *Race and Ethnicity. The Basics*, London: Routledge
Klages, Helmut (1984), *Wertorientierungen im Wandel. Rückblick, Gegenwartsanalyse, Prognosen*, Frankfurt/ New York: Campus
Klein, Ansgar/ Rudolf Speth, (2000), „Demokratische Werte in der politischen Bildung," in: Gotthard Breit, Hrsg., *Werte in der politischen Bildung*, Stuttgart: Landeszentrale für politische Bildung/ Wochenschau Verlag
Klingholz, Reiner/ Wolfgang Lutz (2016), *Wer überlebt? Bildung entscheidet über die Zukunft der Menschheit*, Frankfurt/ New York: Campus
Kneer, Georg/ Markus Schroer, Hrsg. (2009), *Handbuch Soziologische Theorien*, Wiesbaden: VS Verlag für Sozialwissenschaften
Knoblauch, Hubert (2010), *Wissenssoziologie*, Konstanz/ München: UVK/ Lucius
Knoll, Lisa (2017), „Ökonomie der Konventionen," in: Andrea Maurer, Hrsg., *Handbuch der Wirtschaftssoziologie*, Wiesbaden; Springer VS, S. 151–162
Köcher, Renate/ Joachim Schild, Hrsg. (1998), *Wertewandel in Deutschland und Frankreich. Nationale Unterschiede und europäische Gemeinsamkeiten*, Opladen: Leske + Budrich
Koenig, Matthias (2005), *Menschenrechte*, Frankfurt/ Main: Campus
Kogan, Irena (2004), "Labour Market Careers of Immigrants in Germany and the United Kingdom," *Journal of International Migration and Integration* 5(4):417–447
Kohlberg, Lawrence (1996), *Die Psychologie der Moralentwicklung*, Frankfurt/ Main: Suhrkamp
Kohn, Hans (1964), *Von Machiavelli zu Nehru. Zur Problemgeschichte des Nationalismus*, Freiburg/ Basel/ Wien: Herder
Kohnstamm, Max/ Wolfgang Hager (1973), *Zivilmacht Europa - Supermacht oder Partner?* Frankfurt/ Main: Suhrkamp
Kohr, Leopold (1983), *Die überentwickelten Nationen. Rückbesinnung auf die Region*, München: Goldmann (amerik. zuerst 1962)
Koller, Peter (1995), „Soziale Gleichheit und Gerechtigkeit," in: Hans-Peter Müller/ Bernd Wegener, Hrsg., *Soziale Ungleichheit und soziale Gerechtigkeit*, Opladen: Leske + Budrich, S. 563–79
Koller, Peter (1997), *Theorie des Rechts. Eine Einführung*, Wien/ Köln/ Weimar: Böhlau
Koller, Peter (2006), „Ethische Herausforderungen der Weltentwicklung," in: ders. Hrsg., *Die globale Frage. Empirische Befunde und ethische Herausforderungen*, Wien: Passagen Verlag, S. 15–45
Koller, Peter (2014), „Zur Sozialgeschichte der Gerechtigkeit in der Neuzeit," *Zeitschrift für Praktische Philosophie* 1(1):11–50
König, Matthias (2005), *Menschenrechte*, Frankfurt/ Main: Campus
König, René (2006), *Soziologische Studien zu Gruppen und Gemeinde*, Wiesbaden: Springer VS

Koopmans, Ruud (2016), „Does assimilation work? Sociocultural determinants of labour market participation of European Muslims," *Journal of Ethnic and Migration Studies* 42:197–216

Koopmans, Ruud (2020), *Das verfallene Haus des Islam. Die religiösen Ursachen von Unfreiheit, Stagnation und Gewalt*, München: C.H.Beck

Kost, Andreas (2008), *Direkte Demokratie*, Wiesbaden: VS Verlag für Sozialwissenschaften

Kraemer, Klaus (2022), „How do state authorities act under existential insecurity?" CPE 7(1):5–36

Krell, Christian/ Meik Woyke (2015), „Die Grundwerte der Sozialdemokratie," in: C. Krell/ T. Mörschel, Hrsg., *Werte und Politik*, Wiesbaden: Springer, S. 93–137

Krobath, Hermann T., Hrsg. (2011), *Werte in der Begegnung. Wertgrundlagen und Wertperspektiven ausgewählter Lebensbereiche*, Würzburg: Königshausen & Neumann

Kron, Thomas (2001), *Moralische Individualität. Eine Kritik der postmodernen Ethik von Zygmunt Bauman und ihrer soziologischen Implikationen für eine soziale Ordnung durch Individualisierung*, Opladen: Leske + Budrich

Kron, Thomas/ Marin Horacek (2009), *Individualisierung*, Bielefeld: transcript

Kronauer, Martin (2010), *Exklusion. Die Gefährdung des Sozialen im hoch entwickelten Kapitalismus*, Frankfurt/ New York: Campus

Kruse, Volker (1999), *Geschichts- und Sozialphilosophie oder „Wirklichkeitswissenschaft"? Die deutsche historische Soziologie und die logischen Kategorien René Königs und Max Webers*, Frankfurt/ Main: Suhrkamp

Künzli, Arnold (1966), *Karl Marx. Eine Psychographie*, Wien: Europa Verlag

Kuhn, Axel (1999), *Die Französische Revolution*, Stuttgart: Reclam

Küng, Hans (1990), *Projekt Weltethos*, München/ Zürich: Piper

Kurz, Heinz D. (2020), „Zur Bildung von Blasen im Fach und was man dagegen tun kann," in: Georg Brasseur, Hrsg., *Wozu Wissenschaftsgeschichte?* Wien: Österreichische Akademie der Wissenschaften, S. 33–38

Kurz, Heinz D./ Richard Sturn (2013), *Die größten Ökonomen: Adam Smith*, Konstanz/ München: UVK/ Lucius (UTB)

Kuzmics, Helmut (2006), „Violence and pacification in Norbert Elias' theory of civilization", in: Helen Chambers, ed., Violence, Culture and Identitxy. Essays on German and Austrian Literarture, *Politics and Society*, Oxford etc.: Peter Lang, S. 27–46

Lakitsch, Maximilian (2009), *Der politische Islam,* Diplomarbeit am Institut für Religionswissenschaft, Universität Graz

Lamont, Michèle et al. (2016), *Getting Respect. Responding to Stigma and Discrimination in the United States, Brazil and Israel,* Princeton/ Oxford. Princeton UP

Lane, David S. (2011), *Elites and Classes in the Transformation of State Socialism*, New Brunswick/ London: Transaction Publishers

Lange, Stefan (2000), „Auf der Suche nach der guten Gesellschaft. Der Kommunitarismus Amitai Etzionis, in: Schimank/ Volkmann, Hrsg., *Soziologische Gegenwartsdiagnosen I*, S. 255–274

Lange, Hans-Jürgen/ Michaela Wendekamm/ Christian Endreß, Hrsg. (2014), *Dimensionen der Sicherheitskultur*, Wiesbaden: Springer VS

Langewiesche, Dieter (2019), *Der gewaltsame Lehrer. Europas Kriege in der Moderne*, München: C.H.Beck

Lasch, Christopher (1995), *Das Zeitalter des Narzißmus*, München: Bertelsmann

Lauterbach, Wolfgang/ Miriam Ströing (2009), "Wohlhabend, Reich und Vermögend – Was heißt das eigentlich?" In: Druyen u.a., Hrsg., *Reichtum und Vermögen*, S. 13–28

Lauth, Hans-Joachim/ Oliver Schlenkrich (2021), „Demokratie unter populistischer Herrschaft: Verändert sich die Qualität der Demokratie?" In: Wolfgang Muno/ Christian Pfeiffer, Hrsg., *Populismus an der Macht*, Wiesbaden: Springer, S. 23–59

Lebergott, Stanley (1976), *The American Economy. Income, Wealth and Want*, Princeton: Princeton UP

Lechner, Frank (2009), *Globalization. The Making of World Society*, Chichester/UK: Wiley-Blackwell

Lenin, W.I. (1966), *Ausgewählte Werke*, Bd.I, Berlin: Dietz Verlag

Lenk, Kurt/ Berthold Franke (1987), *Theorie der Politik. Eine Einführung*, Frankfurt/ New York: Campus

Lepsius, Rainer M. (1979), „Soziale Ungleichheit Klassenstrukturen in der Bundesrepublik", in Hans-Ulrich Wehler, Hrsg., Klassen in der europäischen Sozialgeschichte, Göttingen: Vandenhoeck und Ruprecht, S. 166–209

Lepsius, M. Rainer (1990), „Interessen und Ideen. Die Zurechnungsproblematik bei Weber," in: ders., *Interessen, Ideen und Institutionen*, Opladen: Westdeutscher Verlag, S. 31–43

Lerner, Melvin J./ Dale T. Miller (1978), „Just world research and the attribution process: Looking back and ahead," *Psychological Bulletin* 85(5):1030–1051

Lesch, Hagen (2004), "Gewerkschaftlicher Organisationsgrad im internationalen Vergleich," *IW-Trends – Vierteljahresschrift zur empirischen Wirtschaftsforschung* 31(2):5–15

Lessenich, Stephan, Hrsg. (2003), *Wohlfahrtsstaatliche Grundbegriffe. Historische und aktuelle Diskurse*, Frankfurt/ New York: Campus

Lessenich, Stefan (2013), „Sozialstaat und soziale Sicherheit," in: Steffen Mau/ Nadine M. Schöneck, Hrsg., *Handwörterbuch zur Gesellschaft Deutschlands* (2 Bde), Wiesbaden: Springer, S. 803–815

Lessenich, Stephan (2016), *Neben uns die Sintflut. Die Externalisierungsgesellschaft und ihr Preis*, Berlin: Hanser

Lessenich, Stephan (2019), *Grenzen der Demokratie. Teilhabe als Verteilungsproblem*, Ditzingen: Reclam

Lewis, Bernard (1998), *Der Atem Allahs. Die islamische Welt und der Westen – Kampf der Kulturen?* München: Deutscher Taschenbuch Verlag

Linder, Wolf/ Sean Müller (2017), *Schweizerische Demokratie: Institutionen, Prozesse, Perspektiven*, Bern: P. Haupt

Lingens, Peter M. (1986), *Auf der Suche nach den verlorenen Werten in Politik, Moral und Gesellschaft*, Wien: Orac

Löwenthal, Leo (1982), *Falsche Propheten. Studien zum Autoritarismus*, Frankfurt/ Main: Suhrkamp

Loewit, Kurt (1992), *Die Sprache der Sexualität*, Frankfurt: Fischer Taschenbuch Verlag

Lohmar, Achim (2017), *Falsches moralisches Bewusstsein. Eine Kritik der Idee der Menschenwürde*, Hamburg: Felix Meiner

Loos, Fritz/Hans-Ludwig Schreiber (1984), „Recht, Gerechtigkeit," in: Otto Brunner/Werner Conze/ Reinhart Kosellek, Hg., *Geschichtliche Grundbegriffe*, Bd. 5, Stuttgart S. 231–311

Lorenz, Richard, Hrsg. (1977), *Umwälzung einer Gesellschaft. Zur Sozialgeschichte der chinesischen Revolution (1911–1949)*, Frankfurt/ Main: Suhrkamp

Losurdo, Domenico (2022), *Eine Welt ohne Krieg. Die Friedensidee von den Verheißungen der Vergangenheit bis zu den Tragödien der Gegenwart*, Köln: PapyRossa Verlag

Ludwig, Christian (2013), *Kritische Theorie und Kapitalismus. Die jüngere Kritische Theorie auf dem Weg zu einer Gesellschaftstheorie,* Wiesbaden: Springer VS

Luhmann, Niklas (1975), „Die Weltgesellschaft," in ders., *Soziologische Aufklärung 2,* Wiesbaden: VS Verlag, S.63–88

Luhmann, Niklas (1982), *Liebe als Passion. Zur Codierung von Intimität*, Frankfurt/ Main: Suhrkamp

Luhmann, Niklas (1984), *Soziale Systeme. Grundriss einer allgemeinen Theorie*, Frankfurt/ Main: Suhrkamp

Luhmann, Niklas (1997), *Die Gesellschaft der Gesellschaft (2 Bde.)*, Frankfurt/ Main: Suhrkamp

Lüders, Michael (2015), *Wer den Wind sät. Was westliche Politik im Orient anrichtet*, München: C.H.Beck

Luhmann, Niklas (1997), *Die Gesellschaft der Gesellschaft (2 Bde.)*, Frankfurt/ Main

Lundberg, Ferdinand (1971), *Die Reichen und die Superreichen. Macht und Allmacht des Geldes*, Frankfurt/ Main: Fischer Taschenbuch Verlag (amerik. 1968)

Macho, Thomas (2017), Das Leben nehmen. Suizid in der Moderne, Frankfurt/ Main: Suhrkamp

Macmillan, Margaret (2020), *Wie Kriege die Menschheit prägten*, Berlin: Propyläen (engl. Wars, London 2020)

Magenschab, Hans (1979), *Josef II. Revolutionär von Gottes Gnaden*, Graz/ Wien/ Köln: Styria

Mair, Peter (2013), *Ruling the Void. The Hollowing of Western Democracy*, London/ New York: Verso

Mahlmann, Matthias (2011), „Neue Perspektiven einer Soziologie der Menschenrechte," in: Matthias Mahlmann (Hrsg.), *Gesellschaft und Gerechtigkeit*, Baden-Baden: Nomos, S. 331–347

Mahoney, James (2000), "Path dependence in historical sociology," *Theory and Society* 29(4):507–548

Majer, Diemut (1995), *Der lange Weg zu Freiheit und Gleichheit,* Wien: WUV Universitätsverlag

Malinowski, Bronislaw (1951), *Kultur und Freiheit*, Wien/ Stuttgart: Humboldt Verlag

Mann, Michael (2003), *Die ohnmächtige Supermacht. Warum die USA die Welt nicht regieren können*, Frankfurt/ New York: Campus (amerik. The Incoherent Empire 2003)

Mann, Michael (2007), *Die dunkle Seite der Demokratie. Eine Theorie der ethnischen Säuberungen*, Hamburg: Hamburger Edition (engl. *The Dark Side of Democracy* 2007)

Mannheim, Karl (1970), *Wissenssoziologie. Eingeleitet und herausgegeben von Kurt H. Wolff*, Neuwied/ Berlin: Luchterhand

Mannheim, Karl (1970), „Die Bedeutung der Konkurrenz im Gebiete des Geistigen," in: ders., *Wissenssoziologie*, Neuwied/ Berlin: Luchterhand, S. 566–613

Mannheim, Karl (1984), *Konservatismus. Ein Beitrag zur Soziologie des Wissens*, Frankfurt/ Main: Suhrkamp

Margalit, Avishai (1999), *Politik der Würde. Über Achtung und Verachtung*, Frankfurt/ Main: Fischer Taschenbuch Verlag

Marshall, Tim (2015), *Die Macht der Geographie. Wie sich Weltpolitik anhand von 10 Karten erklären lässt,* München: dtv (engl. *Prisoners of Geography*)

Martin, Hans Peter/ Michael Schumann (1996), *Die Globalisierungsfalle. Der Angriff auf Demokratie und Wohlstand*, Reinbek: Rowohlt

Martindale, Don (1961), *The Nature and Types of Sociological Theory*, London: Routledge & Kegan Paul

Marwick, Arthur (1990), *Class: Image and Reality in Britain, France and the USA since 1930*, London: Palgrave Macmillan

Malinowski, Bronislaw (1951), *Kultur und Freiheit*, Wien/ Stuttgart: Humboldt Verlag

Maslow, Abraham H. (1987), *Motivation und Persönlichkeit*, Reinbek: Rowohlt

Mason, Paul (2022), *Faschismus. Und wie man ihn stoppt*, Berlin: Suhrkamp

Masur, Gerhard (1961), *Propheten von Gestern. Zur europäischen Kultur 1890–1914*, Frankfurt/ Main: S. Fischer

Mazower, Mark (1999), *Dark Continent. Europe's Twentieth Century*, London: Penguin Books

Matsusaka, John G. (2005), "The eclipse of legislatures: Direct Democracy in the 21st century," in: *Public Choice* 124:157–177.

Mau, Steffen (2012), *Lebenschancen: Wohin driftet die Mittelschicht?* Frankfurt/Main: Suhrkamp

Mauch, Christof, Hrsg. (2021), *Die Präsidenten der USA. Historische Porträts von George Washington bis Joe Biden*, München: C.H:Beck

Mausfeld, Rainer (2020), *Warum schweigen die Lämmer? Wie Elitendemokratie und Neoliberalismus unsere Gesellschaft und unsere Lebensgrundlagen zerstören*, Frankfurt/ Main: Westend Verlag

Mazohl-Walllnig, Brigitte (1996), „Männer Macht Geschichte," in: *L'Homme. Zeitschrift für feministische Geschichtswissenschaft* 7(1):6–33

Mazzucato, Mariana (2013), *The Entrepreneurial State. Debunking Public vs. Private Myths in Innovation*, London: Anthem Press

Mead, George H. (1968), *Geist, Identität und Gesellschaft aus der Sicht des Sozialbehaviorismus*, Frankfurt/ Main: Suhrkamp

Mead, George H. (1969), *Philosophie der Sozialität. Aufsätze zur Erkenntnisanthropologie*, Frankfurt/ Main: Suhrkamp

Mead, George H. (1976), *Sozialpsychologie*, Darmstadt: Wissenschaftliche Buchgesellschaft

Mead, George H. (1983), "Die psychologischen Grundlagen des Internationalismus," in: ders., *Gesammelte Aufsätze 2*, S. 424–454

Mead, George H. (1983), „Nationale und internationalistische Gesinnung," in: G.H. Mead, *Gesammelte Aufsätze 2*, S.458–482

Mead, George H. (1983), *Gesammelte Aufsätze, Bd.2*, Frankfurt/ Main: Suhrkamp

Meier-Braun, Karl-Heinz (2018), *Schwarzbuch Migration. Die dunkle Seite unserer Flüchtlingspolitik*, München: C.H.Beck

Menninger, Karl (1974), *Das Leben als Balance*, München: Kindler

Mensching, Gustav (1968), *Soziologie der Religion*, Bonn: Ludwig Röhrscheid Verlag

Meryn, Siegfried/ Christian Skalnik (2009), *Wer gesund stirbt, hat mehr vom Leben*, Salzburg: Ecowin

Merkel, Wolfgang et al. (2003/2006), *Defekte Demokratien (2 Bde)*, Wiesbaden: VS Verlag

Meyer, John (2005), *Weltkultur. Wie die westlichen Prinzipien die Welt durchdringen*, Frankfurt/ Main: Suhrkamp

Miegel, Meinhard (2011), *Exit: Wohlstand ohne Wachstum*, München: List

Mikl-Horke, Gertraude (2001), *Soziologie. Historischer Kontext und soziologische Theorie-Entwürfe*, München/ Wien: R. Oldenbourg Verlag (auch neuere Auflagen)

Mikl-Horke, Gertraude (2011), *Historische Soziologie – Soziökonomie – Wirtschaftssoziologie*, Wiesbaden:. VS Verlag für Sozialwissenschaften

Mikula, Gerold, ed. (1980), *Justice and Social Interaction*, Bern: Huber, New York: Springer

Milanovic, Branko (2011), *Worlds Apart. Measuring International and Global Inequality*, Princeton, NJ: Princeton UP

Miller, David (2000), *Citizenship and National Identity*, Cambridge: Polity Press

Miller, Susanne (1964), *Das Problem der Freiheit im Sozialismus*, Frankfurt/ Main: Europäische Verlagsanstalt

Mills, C. Wright (1956), *The Power Elite*, London/ Oxford/ New York: Oxford UP (deutsch: *Die amerikanische Elite*, 1962)

Mingels, Guido (2017), *Früher war alles schlechter. Warum es uns trotz Kriegen, Krankheiten und Katastrophen immer besser geht*, München: Deutsche Verlags-Anstalt

Misselhorn, Catrin/ Hauke Behrendt, Hrsg., *Arbeit, Gerechtigkeit, Inklusion*, Stuttgart: J.B. Metzler (Springer),

Mitchell, William/ Thomas Fazi (2017), *Reclaiming the State. A Progressive Vision of Sovereignity for a Post-Neoliberal World*, London: Pluto Press

Moebius, Stephan, (2016), „Methodologie soziologischer Ideengeschichte," in: Stephan Moebius/ Andrea Ploder, Hrsg., *Handbuch Geschichte der deutschsprachigen Soziologie*, Wiesbaden: Springer VS, S. 1–57

Mommsen, Wolfgang (1974), *Max Weber: Gesellschaft, Politik und Geschichte*, Frankfurt/ Main: Suhrkamp

Montesquieu, Charles L. de Secondat de (1965), *Vom Geist der Gesetze*, Stuttgart: Reclam (zuerst frz. 1749)

Moore, Barrington (1969), *Soziale Ursprünge von Diktatur und Demokratie. Die Rolle der Grundbesitzer und Bauern bei der Entstehung der modernen Welt*, Frankfurt/ Main: Suhrkamp (amerik. 1966)

Moore, Barrington (1982), *Ungerechtigkeit. Die sozialen Ursachen von Unterordnung und Widerstand*, Frankfurt/ Main: Suhrkamp (engl. *Injustice*, New York 1978)

Morel, Julius et al., Hrsg. (2007), *Soziologische Theorie. Abriss ihrer Hauptvertreter*, München/ Wien: Oldenbourg

Morgenstern, Martin (1997), *Nicolai Hartmann zur Einführung*, Hamburg: Junius

Morina, Christina (2017), *Die Erfindung des Marxismus. Wie eine Idee die Welt eroberte*, München: Siedler

Morris, Ian (2013), *Krieg: Wozu er gut ist*, Frankfurt/ New York: Campus

Morschizky, Hans (2021), *Die Ängste vor dem Tod. Existentielle Ängste wahrnehmen und als Chance nutzen*, Ostfildern: Patmos Verlag

Mortimer, Ian (2015), *Zeiten der Erkenntnis. Wie uns heute die großen historischen Veränderungen der Vergangenheit prägen*, München: Piper (engl. *Centuries of Chance*, London 2014)

Müller, Torsten/Hans-Wolfgang Platzer/ Stefan Rüb (2003), „Globalisierung und gewerkschaftliche Internationalisierung – Zur Politik der Global Union Federations", KZfSS 11, S. 66–672

Müller, Albrecht (2009), *Meinungsmache. Wie Wirtschaft, Politik und Medien uns das Denken abgewöhnen wollen*, München: Droemer Knaur

Müller, Bernadette (2011), *Empirische Identitätsforschung. Personale, soziale und kulturelle Dimensionen der Selbstverortung*, Wiesbaden: VS Verlag

Müller, Hans-Peter (1992), „Durkheims Vision einer ‚gerechten' Gesellschaft," *Zeitschrift für Rechtssoziologie* 13(1):16–43

Müller, Hans-Peter (2007), *Max Weber. Eine Einführung in sein Werk*, Köln/Weimar/ Berlin: Böhlau/ UTB

Müller, Hans-Peter (2019), *Das soziologische Genie und sein solides Handwerk. Studien zu Émile Durkheims Forschungsprogramm*, Wiesbaden: Springer VS

Müller, Hans-Peter/ Steffen Sigmund, Hrsg. (2014), *Max Weber-Handbuch. Leben – Werk – Wirkung*, Stuttgart/ Weimar: J.B. Metzler

Müller, Ingo (1987), *Furchtbare Juristen*, München: Kindler

Müller, Klaus (2002), *Globalisierung*, Frankfurt/ New York: Campus

Münch, Richard (1982), *Theorie des Handelns. Zur Rekonstruktion der Beiträge von Talcott Parsons, Emile Durkheim und Max Weber*, Frankfurt/ Main: Suhrkamp

Münkler, Herfried/ Karsten Fischer, Hrsg. (2001 ff.), *Gemeinwohl und Gemeinsinn* (mehrere Bände), Berlin: Akademie Verlag

Münkler, Herfried (2002), *Die neuen Kriege*, Reinbek: Rowohlt

Münkler, Herfried/ Marina Münkler (2019), *Abschied vom Abstieg. Eine Agenda für Deutschland*, Berlin: Rowohlt

Münnich, Sascha (2010), *Interessen und Ideen: Die Entstehung der Arbeitslosenversicherung in Deutschland und den USA*, Frankfurt/ New York: Campus

Münnich, Sascha (2011), „Interessen und Ideen: Soziologische Kritik einer problematischen Unterscheidung," *Zeitschrift für Soziologie* 40:371–387

Münz, Rainer/ Albert Reiterer (2009), *Overcrowded World? Global Population and International Migration*, London: Haus Publishing

Murphy, Raymond (2004), „Die Struktur sozialer Schließung. Zur Weiterentwicklung der Theorien von Weber, Collins und Parkin," in: Jürgen Mackert, Hrsg., *Die Theorie sozialer Schließung. Tradition, Analysen, Perspektiven*, Wiesbaden: VS, S.87–109

Murray, Douglas (2018), *Der Selbstmord Europas. Immigration, Identität, Islam*, München: Finanzbuch Verlag

Mutschler, Max M. (2014), "Die Regulierung des internationalen Waffenhandels," Bundeszentrale für politische Bildung, *APUZ* 35–37/2014

Muzik, Peter (1990), *Die Medienmultis*, Wien: Orac

Filzmaier, Peter (1989), *Die Medienmultis*, Wien/ Stuttgart/ Bern: Orac

Nachtwey, Oliver (2016), *Die Abstiegsgesellschaft. Über das Aufbegehren in der regressiven Moderne*, Frankfurt/ Main: Suhrkamp

Naab, Teresa (2012), "The relevance of people's attitudes towards freedom of expression in a changing media environment", Journal of Communication Studies 5(9): 45–67

Naroll, Raoul (1983), *The Moral Order. An Introduction to the Human Situation*, Beverly Hills/ London/ New Delhi: Sage

Naßmacher, Hiltrud (1995), *Politikwissenschaft*, München/ Wien: R. Oldenbourg

Nettle, Daniel (2008), *Persönlichkeit. Warum du bist, wie du bist*, Köln: Anaconda Verlag (engl. *Personality*, Oxford UP 2007)

Neumann, Franz., Hrsg. (1977), *Handbuch politischer Theorien und Ideologien*, Reinbek: Rowohlt

Neumann, Franz (1995), „Grundwerte," in: Dieter Nohlen, Hrsg., *Wörterbuch Staat und Politik*, Bonn: Bundeszentrale für politische Bildung, S. 238–240

Nida-Rümelin, Julian (2018), *Vom Wert des Lebens und der Freiheit*, München: Verlag Komplett Media

Niemitz, Kristian (2021), *Sozialismus. Die Idee, die niemals stirbt*, München: Finanzbuchverlag

Nietzsche, Friedrich (2012), *Gesammelte Werke*, Köln: Anaconda Verlag

Nohlen, Dieter, Hrsg. (1995), *Wörterbuch Staat und Politik*, Bonn: Bundeszentrale für politische Bildung

Nolte, Hans-Heinrich (2009), *Weltgeschichte des 20. Jahrhunderts*, Wien/ Köln/ Weimar: Böhlau

Nowak, Manfred (2015), *Menschenrechte. Eine Antwort auf die wachsende ökonomische Ungleichheit,* Wien/ Hamburg: Edition Konturen

Nowotny, Ewald (2018), "Geldwirtschaft, Finanzwirtschaft und sozioökonomische Entwicklungen. Historische Perspektiven und aktuelle Herausforderungen", in: Max Haller, Hrsg., *Aktuelle Probleme der Finanzsoziologie*, Wien: Lit Verlag, S. 35–39

Nozick, Robert (1993), Vom richtigen guten und glücklichen Leben, München: dtv

Nußbaum, Martha C. (1999), *Gerechtigkeit oder Das gute Leben*, Frankfurt/ Main: Suhrkamp

Nußbaum, Martha C: (2002), *Konstruktion der Liebe, des Begehrens und der Fürsorge*, Stuttgart: Philipp Reclam

Nußbaum, Martha C. (2010), *Die Grenzen der Gerechtigkeit. Behinderung, Nationalität und Spezieszugehörigkeit*, Frankfurt/ Main: Suhrkamp

Nußbaum, Martha C. (2017), *Fähigkeiten schaffen. Neue Möglichkeiten zur Verbesserung menschlicher Lebensqualität*, Freiburg/ München: Alber

Oakes, Guy (2003), „Max Weber on Value Rationality and Value Spheres," *Journal of Classical Sociology* 3(1):27–45

OECD (2008), *Growing Unequal? Income Distribution and Poverty in OECD Countries*, Paris: OECD

Oesterdiekhoff, Georg W./ Norbert Jegelka, Hrsg. (2001), *Werte und Wertwandel in westlichen Gesellschaften. Resultate und Perspektiven der Sozialwissenschaften*, Wiesbaden: Springer Fachmedien

ÖIF (2009), Familienentwicklung in Österreich. Erste Ergebnisse des ‚Generations and Gender Survey (DGS)' 2008/09, Wien: Österreichisches Institut für Familienforschung

Oksenberg Rorty, Amélie/ James Schmidt, eds. (2009), *Kant's Idea for a Universal History with a Cosmopolitan Aim*, Cambridge: Cambridge UP

Opaschowski, Horst W. (2008), *Einführung in die Freizeitwissenschaft,* Wiesbaden: VS Verlag

Ossowski, Stanislaw (1972), *Die Klassenstruktur im sozialen Bewusstsein*, Neuwied/ Berlin: Luchterhand
Palmade, Guy, Hrsg. (1974), *Das bürgerliche Zeitalter, Fischer Weltgeschichte Bd. 27*, Frankfurt/ Main: Fischer Taschenbuch Verlag
Parsons, Talcott (1972), *Das System moderner Gesellschaften*, München: Juventa
Parsons, Talcott/ Neil Smelser (1985), *Economy and Society. A Study in the Integratton of Economic and Social Theory*, London: Routledge & Kegan Paul
Pechlaner, Harald/ Michael Volgger, Hrsg. (2017), *Die Gesellschaft auf Reisen – Eine Reise in die Gesellschaft*, Wiesbaden: Springer VS
Pfordten, Dietmar von der (2016), *Menschenwürde*, München: C.H.Beck
Piaget, Jean (1973), *Das moralische Urteil beim Kinde*, Frankfurt/ Main: Suhrkamp (frz. zuerst 1932)
Pieper, Otto Friedrich (1972), *Wesen und Wandel der Tugenden*, Berlin: Ullstein
Piketty, Thomas (2014), *Das Kapital im 21. Jahrhundert*, München: C.H.Beck
Pinker, Steven (2011), *Gewalt. Eine neue Geschichte der Menschheit*, Frankfurt/ Main: S. Fischer
Pinker, Susan (2008), *Das Geschlechter-Paradox. Über begabte Mädchen, schwierige Jungs und den wahren Unterschied zwischen Männern und Frauen*, München: Deutsche Verlagsanstalt
Plack, Arno (1968), *Die Gesellschaft und das Böse. Eine Kritik der herrschenden Moral*, München: List
Pleger, Wolfgang (2020), *Das gute Leben. Eine Einführung in die Ethik*, Berlin: Springer/ J.B. Metzler
Pohlmann, Friedrich (2000), Die soziale Geburt des Menschen, Weinheim: Beltz
Pollack, Detlef/ Rosta Gergely (2015), *Religion in der Moderne. Ein internationaler Vergleich*, Frankfurt/ New York: Campus
Popper, Karl R. (1957), *Die offene Gesellschaft und ihre Feinde. I. Band: Der Zauber Platons*, Bern: Francke
Popper, Karl R. (1958), *Die offene Gesellschaft und ihre Feinde. II. Band: Falsche Propheten. Hegel, Marx und die Folgen,* Bern: Francke
Popper, Karl R. (1973), *Objektive Erkenntnis. Ein evolutionärer Entwurf*, Hamburg: Hoffmann & Campe
Popper, Karl R. (1987), *Das Elend des Historizismus*, Tübingen: J.C.B. Mohr (zuerst 1965)
Popper, Karl R. (1994b), *Alles Leben ist Problemlösen. Über Erkenntnis, Geschichte und Politik*, München/Zürich: Piper
Preglau, Max (2007), „Symbolischer Interaktionismus: George Herbert Mead", in: Morel u. a. *Soziologische Theorie*, S. 52–66
Prisching, Manfred (1986), *Krisen. Eine soziologische Untersuchung*, Wien/Graz: Böhlau
Prisching, Manfred (2018), *Zeitdiagnosen. Methoden, Modelle, Motive*, Weinheim/ Basel: Beltz Juventa
Radkau, Joachim (2005), *Max Weber. Die Leidenschaft des Denkens*, München/ Wien: Carl Hanser Verlag
Radkau, Joachim (2011), *Die Ära der Ökologie. Eine Weltgeschichte*, München: C.H.Beck
Rauch, Carsten (2005), Die Theorie des demokratischen Friedens. Grenzen und Perspektiven, Frankfurt/ New York: Campus
Raumer, Kurt von (1953), *Ewiger Friede. Friedensrufe und Friedenspläne seit der Renaissance*, Freiburg/ München: Karl Alber
Rawls, John (1975), *Eine Theorie der Gerechtigkeit*, Frankfurt/ Main: Suhrkamp (engl. A Theory of Justice, Oxford 1972)
Reckwitz, Andreas (2019), *Die Gesellschaft der Singularitäten. Zum Strukturwandel der Moderne*, Frankfurt/ Main: Suhrkamp

Rees, John C. (1974), *Soziale Gleichheit. Anspruch und Wirklichkeit eines politischen Begriffs*, Frankfurt/ New York: Herder & Herder (engl. *Equity*, London 1971)
Rehbein, Boike/ Jessé Souza (2014), *Ungleichheit in kapitalistischen Gesellschaften*, Weinheim/ Basel: Beltz Juventa
Rehbinder, Manfred (2014), *Rechtssoziologie. Ein Studienbuch*, München: C.H.Beck
Reichle, Verena (1994), *Die Grundgedanken des Buddhismus*, Frankfurt/ Main: Fischer Taschenbuch Verlag
Remele, Kurt (2016), *Die Würde des Tieres ist unantastbar. Eine neue christliche Tierethik*, Kevelaer: Butzon Bercker Verlag
Ren, Xuefei (2013), *Urban China*, Cambridge: Polity
Risse, Thomas//Stephen C. Robb/ Katrhyn Sikkink, eds. (2013), *The Persisent Power of Human Rights. International Norms and Domestic Change*, Cambridge, MA: Cambridge UP
Rittberger, Volker/ Bernhard Zangl/ Andreas Kruck (2013), *Internationale Organisationen*, Wiesbaden: Springer VS
Ritzer, Donald (2006), *Die McDonaldisierung der Gesellschaft*, Konstanz: UVK (amerik. 1993)
Robert, Chris (1997), *Konstruktion der Vergangenheit. Eine Einführung in die Geschichtstheorie*, Köln/ Weimar/ Wien: Böhlau
Rödder, Andreas (2011), *Geschichte der deutschen Wiedervereinigung,* München: C.H.Beck
Rohe, Mathias (2016), *Der Islam in Deutschland. Eine Bestandsaufnahme*, München: C.H.Beck
Rokeach, Milton (1973), *The Nature of Human Values*, New York/ London: The Free Press/ Collier Macmillan
Romano, Ruggiero/ Alberto Tenenti, Hrsg. (1997), *Die Grundlegung der modernen Welt. Spätmittelalter, Renaissance, Reformation* (Fischer Weltgeschichte Band 12), Frankfurt/ Main: Fischer Taschenbuch Verlag
Rosa, Hartmut (2016), *Resonanz. Eine Soziologie der Weltbeziehung*, Berlin: Suhrkamp
Rosa, Hartmut (20122), *Demokratie braucht Religion. Über ein eigentümliches Resonanzverhältnis*, München: Kösel
Rosling, Hans (2019), *Factfulness. Wie wir lernen, die Welt so zu sehen, wie sie wirklich ist,* Berlin: Ullstein
Rossi, Giovanna (1987), „Benessere" in: Demarchi et al., *Nuovo Dizionario di Sociologia,* S.236–240
Rossi, Paolo (1997), *Die Geburt der modernen Wissenschaft in Europa*, München: C.H.Beck
Roßteutscher, Sigrid (2013), „Werte und Wertewandel," in: Mau/ Schöneck, Hg., *Handwörterbuch zur Gesellschaft Deutschlands*, S. 936–948
Rotte, Ralf (2019), *Das Phänomen Krieg. Eine sozialwissenschaftliche Bestandsaufnahme*, Wiesbaden: Springer VS
Rousseau, Jean Jacques (1967), „Abhandlung über den Ursprung und die Grundlagen der Ungleichheit unter den Menschen," in: ders., *Preisschriften und Erziehungsplan*, Heilbrunn: Verlag J. Klinkhardt, S. 47–137 (zuerst 1754)
Rupold; Hermann (2021), *Supermacht Indien. Die indische Weltmacht verstehen. Geschichte, Politik und Militär des indischen Subkontinents*, …: Expertengruppe Verlag
Runciman, W.G. (1966), *Relative Deprivation and Social Justice. A Study of Attitudes to Social Inequality in Twentieth-Century England*, London: Routledge & Kegan Paul
Rusch, Gebhard/ Helmut Schanze/ Gregor Schwering (2007), *Theorien der neuen Medien. Kino – Radio – Fernsehen – Computer*, Paderborn: Wilhelm Fink
Russell, Bertrand (1984), *Ehe und Moral,* Darmstadt: Verlag Darmstädter Blätter
Ruthven, Malise (2000), *Der Islam. Eine kurze Einführung*, Stuttgart: Philipp Reclam jun.
Sachße Christoph/ H. Tristram Engelhardt, Hrsg. (1990), *Sicherheit und Freiheit. Zur Ethik des Wohlfahrtsstaats*, Frankfurt/ Main: Suhrkamp

Salomon, Albert (2008), „Soziologie und Soziologismus," in ders., *Werke*, Band 2: *Schriften 1934–1942*, Peter Gostman und Gerhard Wagner, Hrsg., Wiesbaden: VS Verlag für Sozialwissenschaften, S. 127–142 (engl. zuerst 1938)

Salvesen, Christian (2010), *Liebe. Das Herz aller Weltreligionen*, München: Barth Verlag

Sandel, Michael J. (2020), *Vom Ende des Gemeinwohls. Wie die Leistungsgesellschaft unsere Demokratien zerreißt*, Frankfurt: S. Fischer

Sandgruber, Roman (2013), *Traumzeit für Millionäre. Die 929 reichsten Wienerinnen und Wiener im Jahr 1910*, Wien/ Graz/ Klagenfurt: Styria

Sarrazin, Thilo (2010), *Deutschland schafft sich ab. Wie wir unser Land aufs Spiel setzen,* München: DVA

Sass, Hans (1990), „Zielkonflikte im Wohlfahrtsstaat," in: Sachße/ Engelhardt, Hrsg., *Sicherheit und Freiheit*, S. 71–84

Sauytbay, Sayragul/ Alexandra Cavelius (2020), *Die Kronzeugin. Eine Staatsbeamtin über ihre Flucht aus der Hölle der Lager und Chinas Griff nach der Weltherrschaft*, München: Europaverlag

Sayer, Andrew (2015), *Why We Can't Afford the Rich*, Bristol: Policy Press

Schaber, Peter (2012), *Menschenwürde*, Stuttgart: Philipp Reclam

Schaeppi, Werner (2004), *Braucht das Leben einen Sinn? Empirische Untersuchung zur Natur, Funktion und Bedeutung subjektiver Sinntheorien*, Zürich/ Chur: Rüeggi Verlag

Scharsach, Henning (1992), *Haiders Kampf*, Wien: Orac

Scheff, Thomas J. (1997), *Emotions, the social bond, and human reality. Part/whole analysis*, Cambridge: Cambridge UP

Schelsky, Helmut (1975), *Die Arbeit tun die anderen. Klassenkampf und Priesterherrschaft der Intellektuellen*, Opladen: Westdeutscher Verlag

Schiller, Theo (2002), *Direkte Demokratie. Eine Einführung*, Frankfurt/ New York: Campus

Schimank, Uwe (2010), „Max Webers Rationalisierungsthese – differenzierungstheoretisch und wirtschaftssoziologisch gelesen", in: Andrea Maurer, Hrsg., Wirtschaftssoziologie nach Weber, Wiesbaden: VS Verlag, S. 226–247

Schimank, Uwe/ Ute Volkmann, Hrsg. (2000), *Soziologische Gegenwartsdiagnosen I. Eine Bestandsaufnahme*, Opladen: Leske + Budrich

Schleininger, Reto (2006), *Der Wert des Lebens: Methoden, Empirie, Anwendungen. Bericht im Auftrag der Gesundheitsförderung Schweiz*, Zürcher Hochschule Winterthur

Schlösser, Hans J. (2007), „Wirtschaftspolitik und gesellschaftliche Grundwerte," *Informationen zur politischen Bildung* 294/2007

Schlösser, Hans Jürgen/ Michael Suchen/ Helene Schlösser (2021), *Ökonomische Inhalte in Kinder- und Jugendbüchern*, Potsdam-Babelsberg: Friedrich-Naumann-Stiftung für die Freiheit

Schluchter, Wolfgang (1988), *Religion und Lebensführung*, Frankfurt/ Main: Suhrkamp

Schluchter, Wolfgang (1996), *Unversöhnte Moderne*, Frankfurt/ Main: Suhrkamp

Schluchter, Wolfgang (2006), *Grundlegungen der Soziologie. Eine Theoriegeschichte in systematischer Absicht*, Tübingen: Mohr Siebeck (Band I)

Schmalz, Stefan (2022), „Soziologie der Deglobalisierung", Berliner Journal für Soziologie 32:349–361

Schmid, Carol L. (2001), *The Politics of Language. Conflict, Identity, and Cultural Pluralism in Comparative Perspective*, New York: Oxford UP

Schmidt, Gert (1997), „'Globalisierung' – oder: Der gesellschaftliche Diskurs zur Sorge ums Weitermachen am Ende des 20. Jahrhunderts," *Soziale Welt*, Sonderband 13, S. 11–25

Schmidt, Josef M. (2010), „Gesundheit! Geschichte und Konzepte des Leitbegriffs der Medizin," *Wiener Klinische Wochenschrift* 122:538–542

Schmidt-Glintzer, Helwig (2009), *Chinas Angst vor der Freiheit. Der lange Weg in die Moderne*, München: C.H.Beck

Schnädelbach, Herbert (2021), *Kant. Eine Einführung,* Stuttgart: Reclam

Schneikert, Christian/ Jan Delhey/ Leonie C. Steckermeier (2019), „Eine Krise der sozialen Anerkennung? Ergebnisse einer Bevölkerungsbefragung zu Alltagserfahrungen der Wert- und Geringschätzung in Deutschland," *Kölner Zeitschrift für Soziologie und Sozialpsychologie* 71(4): 593–622

Schneider, Hans Joachim (2009), „Die Freiheitsstrafe," in: H.J. Schneider, Hrsg., *Internationales Handbuch der Kriminologie, Bd.2,* Berlin: de Gruyter Recht, S. 1025–1048

Schnock, Brigitte/ Hermann Atz (2008), *Soziale Herkunft und Bildungsweg,* Innsbruck/ Wien: Studienverlag

Schoeck, Helmut (1968), *Der Neid und die Gesellschaft,* Freiburg: Herder

Schoeck, Helmut (1971), *Ist Leistung unanständig?* Zürich: Interfrom

Schopenhauer, Arthur (2009), *Die Welt als Wille und Vorstellung,* Köln: Anaconda (Erstauflage 1818)

Schreyer, Paul (2018), *Die Angst der Eliten: Wer fürchtet die Demokratie?* Frankfurt/ Main: Westend Verlag

Schröder, Martin (2011), *Die Macht moralischer Argumente. Produktionsverlagerungen zwischen wirtschaftlichen Interessen und gesellschaftlicher Verantwortung,* Wiesbaden: VS Verlag

Schröder, Martin (2014), *Varianten des Kapitalismus. Die Unterschiede liberaler und koordinierter Marktwirtschaften,* Wiesbaden: Springer VS

Schröder, Martin (2019), *Warum es uns noch nie so gut ging und wir trotzdem ständig von Krisen reden,* Elsbethen (Salzburg): Benevento

Schroer, Markus (2000), "Negative, positive und ambivalente Individualisierung – erwartbare und überraschende Ambivalenzen," in: Thomas Kron, Hrsg., *Individualisierung und soziologische Theorie,* Opladen: Leske + Budrich, S. 13–42

Schulmeister, Stephan (2018), *Der Weg zur Prosperität,* Salzburg/ München: Ecowin

Schulze, Gerhard (1992), *Die Erlebnisgesellschaft. Kultursoziologie der Gegenwart,* Frankfurt/ New York: Campus

Schulze, Reinhard (1994), *Geschichte der Islamischen Welt im 20. Jahrhundert,* München: C.H.Beck

Schumpeter, Joseph (1946), *Kapitalismus, Sozialismus und Demokratie,* Bern: A. Francke

Rainer (2009), „Neue Historische Soziologie," in: Kneer/ Schroer, Hrsg., *Handbuch Soziologische Theorien,* S. 277–298

Schützeichel, Rainer (2009), „Neue Historische Soziologie," in: Kneer/ Schroer, Hg., *Handbuch Soziologische Theorien,* S. 277–298

Schwab, Dieter (1975), „Eigentum," in: Brunner et al., Hrsg., *Geschichtliche Grundbegriffe, Bd.2,* S. 65–115

Schwartz, Shalom H. (2006), „A theory of cultural value orientations: Explication and applications," *Comparative Sociology* 5(2–3):137–182

Schwartz, Shalom H./ Anat Bardi (2001), „Value hierarchies across cultures. Taking a similarity perspective," *Journal of Cross-Cultural Psychology* 32(3), S. 268–290

Schweitzer, Albert (1981), *Kultur und Ethik,* München: C.H.Beck

Schweitzer, Albert (1983), *Aus meinem Denken und Leben,* Frankfurt/ Main: Fischer Taschenbuch Verlag

Schweitzer, Albert (2003), *Die Ehrfurcht vor dem Leben,* München: C.H.Beck

Schwingel, Markus (1993), *Analytik der Kämpfe. Macht und Herrschaft in der Soziologie Bourdieus,* Hamburg: Argument

Schwinn, Thomas (2001), *Differenzierung ohne Gesellschaft. Umstellung eines soziologischen Konzepts,* Weilerswist: Velbrück Wissenschaft

Schwinn, Thomas (2014), "Wertsphären und Lebensordnungen," in: Müller/ Sigmund, Hg., *Max-Weber Handbuch,* S. 147–149

Sedlacek, Tomas (2013), *Die Ökonomie von Gut und Böse,* München: Goldmann

Seibel, Hans Dieter (1980), *Struktur und Entwicklung der Gesellschaft. Ein sozialwissenschaftliches Lehrbuch*, Stuttgart etc.: W. Kohlhammer
Sen, Amartya (2007), *Ökonomie für den Menschen. Wege zu Gerechtigkeit und Solidarität in der Marktwirtschaft*, München: Deutscher Taschenbuch Verlag (amerik.: *Development as Freedom*, New York 1999)
Sen, Amartya (2020), *Die Idee der Gerechtigkeit*, München: dtv (engl. *The Idea of Justice,* 2009)
Sennett, Richard (2004), *Respekt im Zeitalter der Ungleichheit*, Berlin: Berliner Taschenbuch Verlag (zuerst amerik. 2002)
Shavit Yossi/ Blossfeld, Peter (1993), *Persistent Inequality. Changing Educational Attainment in Thirteen Countries*, Boulder: Westview
Sherman, Rachel (2017), *Uneasy Street: The Anxieties of Affluence*, Princeton/Oxford: Princeton UP
Shils, Edward 1982), *The Constitution of Society*, Chicago/ London: The University of Chicago Press
Shklar, Judith N. (1992), *Über Ungerechtigkeit. Erkundungen zu einem moralischen Gefühl*, Berlin: Rotbuch Verlag
Siemann, Wolfram (2010), *Metternich. Staatsmann zwischen Restauration und Moderne*, München: C.H.Beck
Sigrist, Christian (1070), *Regulierte Anarchie. Untersuchungen zum Fehlen und zur Entstehung politischer Herrschaft in segmentären Gesellschaften Afrikas*, Frankfurt/ Main: Syndikat
Simmel, Georg (1923), *Soziologie. Untersuchungen über die Formen der Vergesellschaftung*, München/ Leipzig: Duncker & Humblot (Neuauflage Frankfurt 1992)
Simon, Hermann (2021), *Hidden Champions. Die neuen Spielregeln im chinesischen Jahrhundert*, Frankfurt/ New York: Campus
Singer, Peter (2013), *Praktische Ethik,* Stuttgart: Reclam
Singer, Peter (2016), *One World Now. The Ethics of Globalization*, New Haven/ London: Yale UP
Sklair, Leslie (1991), *Sociology of the Global System*, New York: Harvester Wheatscaf
Smith, Adam (2004), *Theorie der ethischen Gefühle*, Hamburg: Felix Meiner (engl. zuerst 1759)
Soetard, Michel (2012), *Jean-Jacques Rousseau. Leben und Werk*, München: C.H.Beck
Sommer, Lars U. (2016), *Werte. Warum man sie braucht, obwohl es sie nicht gibt*, Stuttgart: J.B. Metzler
Spiekermann, Sarah (2019), *Digitale Ethik. Ein Wertesystem für das 21. Jahrhundert*, München; Droemer
Spitzer, Manfred (2018), *Einsamkeit. Die unerkannte Krankheit*, München: Droemer
Stadler, Karl (1966), *Österreich 1938–1945. Im Spiegel der NS-Akten*, Wien: Herold
Staubmann, Helmut (2007), „Handlungstheoretische Systemtheorie; Talcott Parsons," in: Morel et al., *Soziologische Theorie,* S. 147–170
Steiner, Heinz (2010), *Max Webers unwiderlegbare Fehlkonstruktionen. Die protestantische Ethik und der Geist des Kapitalismus,* Frankfurt/ New York: Campus
Steurer, Reinhard (2010), „Die Wachstumskontroverse als Endlosschleife: Themen und Paradigmen im Rückblick," *Wirtschaftspolitische Blätter* 4:423–435
Stichweh, Rudolf (2000), *Die Weltgesellschaft. Soziologische Analysen,* Frankfurt/ Main: Suhrkamp
Stichweh, Rudolf (2016), *Inklusion und Exklusion. Studien zur Gesellschaftstheorie*, Bielefeld: transcript
Stiglitz, Joseph (2002), *Die Schatten der Globalisierung*, Berlin: Siedler
Stiglitz, Joseph (2006), *Die Chancen der Globalisierung*, Berlin: Siedler
Stiglitz, Joseph (2012), *Der Preis der Ungleichheit. Wie die Spaltung der Gesellschaft unsere Zukunft bedroht*, München: Siedler
Stilz, Eberhard/ Johannes J. Frühbauer (2017), „Das Ethos der Liebe. Eine Erkundung in den abrahamitischen Religionen," in: Klaus M. Leisinger, Hrsg., *The Power of Love. Liebe als Wegweiser für nachhaltige Erfahrung*, Aichtal: Karl Schlecht Stiftung

Stoeckl, Kristina (2014), *The Russian Orthodox Church and Human Rights*, ---: Taylor & Störig, Hans-Joachim (1950), *Kleine Weltgeschichte der Philosophie*, Stuttgart: W. Kohlhammer

Störig, Hans-Joachim (1950), *Kleine Weltgeschichte der Philosophie*, Stuttgart: W. Kohlhammer

Störig, Hans-Joachim (2004), *Kleine Weltgeschichte der Wissenschaft*, 2 Bände, Köln: Parkland Verlag

Stoisser, Hans (2015), *Der schwarze Tiger. Was wir von Afrika lernen können*, München: Kösel

Stoll, Jan (2017), *Behinderte Anerkennung? Interessenorganisationen von Menschen mit Behinderung in Westdeutschland seit 1945*, Frankfurt/ New York: Campus

Strasser, Hermann/ Susan C. Randall, Hrsg. (1979), *Einführung in die Theorien des sozialen Wandels*, Darmstadt/ Neuwied: Luchterhand

Strittmatter, Kai (2018), *Die Neuerfindung der Diktatur. Wie China den digitalen Überwachungsstaat aufbaut und uns damit herausfordert*, München; Piper

Sulzbach, Walter(1956), „Demokratie und Marktwirtschaft," *Zeitschrift für die gesamte Staatswissenschaft* 112(1):131–143

Suttner, Bertha von (2022), *Die Waffen nieder! Eine Lebensgeschichte*, Husum: Verlag der Nation (zuerst 1889)

Sutor, Bernhard (1991), *Politische Ethik. Gesamtdarstellung auf der Basis der christlichen Gesellschaftslehre*, Paderborn/ Wien: Schöningh

Svalastoga, Kaare (1959), *Prestige, Class and Mobility*, Copenhagen: Glydendal

Svallfors, Stefan, ed. (2012), *Contested Welfare States. Welfare Attitudes in Europe and Beyond*, Stanford, CA: Stanford UP

Swanson, Guy E. (1967), *Religion and Regime. A Sociological Account of the Reformation*, Ann Arbor: Michigan UP

Swedberg Richard (2005), *Interest*, Maidenhead: Open University Press

Voslensky, Michail (1980), *Nomenklatura*, Wien/ Innsbruck: F. Molden

Tausch, Arno (2009), *What 1.3 Billion Muslims Really Think*, New York: Nova Science Publishers

Tausch, Arno/ Stanislaw Obirek (2022), *Globaler Katholizismus, Toleranz und die offene Gesellschaft. Eine empirische Studie über die Wertesysteme der Katholiken*, Wiesbaden: Springer VS

Taylor, Charles (1995), *Das Unbehagen an der Moderne,* Frankfurt/ Main: Suhrkamp

Tenbruck, Friedrich H. (1980), „The problem of thematic unity in the works of Max Weber," *British Journal of Sociology* 31(3):316–351

Tenbruck, Friedrich H. (1984), *Die unbewältigten Sozialwissenschaften oder die Abschaffung des Menschen*, Graz/ Wien/ Köln: Styria

Terpe, Sylvia (2020), "Working with Max Weber's 'spheres of life': An actor-centred approach," *Journal of Classical Sociology* 201(1):22–42

Theunissen, Georg (1999), *Wege aus der Hospitalisierung. Empowerment für schwerstbehinderte Menschen*, Bonn: Psychiatrie Verlag

Thumann, , Michael (2023), *Revanche. Wie Putin das bedrohlichste Regime der Welt geschaffen hat*, München: C.H.Beck

Thurner, Erika (2019), *Nationale Identität und Geschlecht in Österreich nach 1945*, Innsbruck/ Wien/ Bozen: Studienverlag

Tibi, Bassam (1999), *Kreuzzug und Djihad. Der Islam und die christliche Welt*, München: C. Bertelsmann

Tibi, Bassam (2001), *Krieg der Zivilisationen. Politik und Religion zwischen Vernunft und Fundamentalismus*, München: W. Heyne Verlag

Tilly, Charles (1981), *As Sociology Meets History*, New York: Academic Press

Tocqueville, Alexis de (1976), *Über die Demokratie in Amerika*, München: Deutscher Taschenbuch Verlag (frz. zuerst 1835)

Torrance, John (1976), „The emergence of sociology in Austria 18851935", *Archives Européennes de Sociologie* XVII(2): 185–219
Troeltsch, Ernst (1977), *Die Soziallehren der christlichen Kirchen und Gruppen*, Aalen: Scientia Verlag (zuerst 1922)
Trotha, Trutz von (1997), „Zur Soziologie der Gewalt", Sonderheft 37 der KZfSS, S. 9–56
Tucker, Robert (1963), *Karl Marx. Die Entwicklung seines Denkens von der Philosophie zum Mythos*, München: C.H.Beck
Tyrell, Hartmann (2001), "Polemogene Moral: Religionssoziologische Anmerkungen zu Gut und Böse," in: G. Pickel et al., Hrsg., *Religion und Moral*, Opladen: Leske + Budrich, S. 65–102
Ulfkotte, Udo (2014), *Gekaufte Journalisten. Wie Politiker, Geheimdienste und Hochfinanz Deutschlands Massenmedien lenken*, Rottenburg: Kopp Verlag
Ullrich, Carsten G. (2005), Soziologie des Wohlfahrtsstaates. Eine Einführung, Frankfurt/ New York; Campus
Ullrich, Carsten G. (2008), *Die Akzeptanz des Wohlfahrtsstaates. Präferenzen, Konflikte, Deutungsmuster*, Wiesbaden: Springer VS
Van Reybrouck, David (2016), *Gegen Wahlen. Warum Abstimmen nicht demokratisch ist*, Göttingen: Wallstein Verlag
Veblen, Thorsten (1971), *Theorie der feinen Leute. Eine ökonomische Untersuchung der Institutionen*, München: dtv (zuerst amerik. 1899)
Venhooven, Ruut (1983), „The growing impact of marriage", *Social Indicators Research* 12:49–65
Verhulst, Jos/Arjen Nijeboer (2007), *Direkte Demokratie. Fakten, Argumente, Erfahrungen*, Brüssel: Democracy International
Verwiebe, Roland/ Johann Bacher (2019), „Gesellschaftlicher Wandel, Werte und ihre soziologische Deutung," in: Bacher et al., Hrsg., *Sozialstruktur und Wertewandel in Österreich*, S. 485–511
Vidal, Gore (2002), *Ewiger Krieg für ewigen Frieden. Wie Amerika den Hass erntet, den es gesät hat,* Hamburg: Europäische Verlagsanstalt (amerik. Perpetual War for Perpetual Peace 2002)
Vieweg, Klaus (2019), *Hegel. Der Philosoph der Freiheit. Biographie*, München: C.H.Beck
Vobruba, Georg (1997), *Autonomiegewinne. Sozialstaatsdynamik, Moralfreiheit, Transnationalisierung*, Wien: Passagen
Vobruba, Georg (2009), *Die Gesellschaft der Leute. Kritik und Gestaltung der sozialen Verhältnisse*, Springer (https://link.springer.com/book/doi.org/10.1007/978-3-531-91960-7)
Vogelsang, Kai (2019), *Geschichte Chinas*, Stuttgart: Reclam
Vorländer, Hans (2017), „Grundzüge der athenischen Demokratie," *Aus Politik und Zeitgeschichte* 332/2017
Wagner, Wolf (1976), *Verelendungstheorie – die hilflose Kapitalismuskritik*, Frankfurt/ Main: Fischer Taschenbuch Verlag
Wallerstein, Immanuel (1974), *The Modern World System. Capitalist Agriculture and the Origins of the European World-Economy in the Sixteenth Century*, New York: Academic Press (deutsch: Wien 1986)
Wallerstein, Immanuel (2018), *Welt-System – Analyse. Eine Einführung,* hrsg. von Felix Merz u. a., Wiesbaden: Springer VS
Wallerstein, Judith/ Sandra Blakeslee (1996), *Gewinner und Verlierer. Frauen, Männer Kinder nach der Scheidung. Eine Langzeitstudie,* München: Droemer Knaur
Waltz, Kenneth (2008), *Realism and International Politics*, New York: Routledge
Walzer, Michael (1992), *Sphären der Gerechtigkeit. Ein Plädoyer für Pluralität und Gleichheit*, Frankfurt/ New York: Campus
Watson, Peter (2000), *Das Lächeln der Medusa. Die Geschichte der Ideen und Menschen, die das moderne Denken geprägt haben*, München: Bertelsmann

Watson, Peter (2008), *Ideen. Eine Kulturgeschichte von der Entdeckung des Feuers bis zur Moderne*, München: Goldmann (engl. Ideas, London 2005)

Watzka, Carlos (2005), *Vom Hospital zum Krankenhaus. Zum Umgang mit psychisch Kranken im frühneuzeitlichen Europa*, Wien/ Köln/Weimar: Böhlau

Weber Andreas (2014), *Alles fühlt: Mensch, Natur und die Revolution der Lebenswissenschaften*, Klein Jasedow: thinkOya (Drachenverlag)

Weber, Marianne (1984), *Max Weber. Ein Lebensbild*, Tübingen: J.C.B. Mohr (zuerst 1926)

Weber, Max (1924), „Der Sozialismus", in: ders., *Gesammelte Aufsätze zur Soziologie und Sozialpolitik,* Tübingen: J.C.B.Mohr, S. 492–518

Weber, Max (1964), *Wirtschaft und Gesellschaft. Grundriss der verstehenden Soziologie* (2 Bände), Köln/ Berlin: Kiepenheuer & Witsch

Weber, Max (1964), *Wirtschaft und Gesellschaft. Grundriss der verstehenden Soziologie* (2 Bände), Köln/ Berlin: Kiepenheuer & Witsch

Weber, Max (1973a), *Soziologie - Universalgeschichtliche Analysen – Politik,* Stuttgart: A. Kröner

Weber, Max (1973b), „Die ‚Objektivität' sozialwissenschaftlicher Erkenntnis" (zuerst 1904), in: ders., *Soziologie - Universalgeschichtliche Analysen – Politik*, S. 186–262

Weber, Max (1973), „Die sozialen Gründe des Untergangs der antiken Kultur," in: ders., *Soziologie – Universalgeschichtliche Analysen – Politik*, Stuttgart: A. Kröner, S. 1–26

Weber, Max (1988a), *Gesammelte Aufsätze zur Religionssoziologie I,* Tübingen: Mohr Siebeck/UTB, S. 536–573

Weber, Max (1988b), *Die Wirtschaftsethik der Weltreligionen II. Hinduismus und Buddhismus,* Tübingen: Mohr Siebeck/UTB

Weber, Max (1988c), *Gesammelte Aufsätze zur Religionssoziologie. Bd. III. Das antike Judentum*, Tübingen: Mohr Siebeck/UTB

Weber, Max (1988d), *Gesammelte politische Schriften,* Tübingen: Mohr Siebeck/UTB

Weber, Max (2011), *Abriß der universalen Sozial- und Wirtschaftsgeschichte*, Tübingen: J.C.B. Mohr (Max Weber Gesamtausgabe, Bd. 6)

Weck, Roger de (2020), *Die Kraft der Demokratie. Eine Antwort auf die autoritären Reaktionäre,* Frankfurt/ Main: Suhrkamp

Wegener, Bernd (1987), „The illusion of distributive justice", *European Sociological Review* 3(1):1–13

Wehler, Hans-Ulrich (1973), *Geschichte als Historische Sozialwissenschaft*, Frankfurt/ Main: Suhrkamp

Weischedel, Wilhelm (1975), *Die philosophische Hintertreppe. Die großen Philosophen in Alltag und Denken*, München: dtv

Vobruba. Friedrich (2009), *Die großen Herrscher des Hauses Habsburg. 700 Jahre europäische Geschichte*, München/ Zürich: Piper

Welzel, Christian (2013), *Freedom Rising. Human Empowerment and the Quest for Emancipation*, Cambridge: Cambridge UP

Wendt, Ingeborg (1978), *Japanische Dynamik und indische Stagnation? Eine Antwort auf theoretische Entwicklungsmodelle*, Darmstadt: Wissenschaftliche Buchgesellschaft

Wenzel, Harald (1990), *George Herbert Mead zur Einführung*, Hamburg: Junius

Wildt, Michael (2008), „Gewalt als Partizipation. Der Nationalsozialismus als Ermächtigungsregime," in: Alf Lüdtke/ Michael Wildt, Hrsg., *Staats-Gewalt Ausnahmezustand und Sicherheitsregimes*, Göttingen: Wallstein, S. 215–240

Wilensky, Harold L. (1975), *The Welfare State and Equality. Structural and Ideological Roots*, Berkeley: University of California Press

Willi, Victor J. (1966), *Grundlagen einer Soziologie der Werte und Wertsysteme*, Zürich: Füssli Verlag

Willke, Gerhard (2003), Neoliberalismus, Frankfurt/ New York: Campus

Willms, Johannes (2019), Napoleon. Eine Biographie, München: Pantheon
Wilson, James Q. (1993), The Moral Sense, New York: The Free Press
Windolf, Paul (1997), „Eigentum und Herrschaft. Elite-Netzwerke in Deutschland und Großbritannien", *Leviathan* 25(1), S. 76–106
Winkler, Heinrich A. (2019), Werte und Mächte. Eine Geschichte der westlichen Welt, München: C.H.Beck
Wöhrle, Patrick (2022), „Zwischen interaktiver Anstrengung und rechtlichem Schutzgut. Koordinaten eines soziologischen Würdekonzeptes", *Österreichische Zeitschrift für Soziologie* 46:225–253
Wolf, Klaus D. (2016), Die UNO. Geschichte, Aufgaben, Perspektiven, München: C:H:Beck
Wolf, Martin (2004), Why Globalization Works, New Haven, CN: Yale UP
Wolfe, Alan (1989), *Whose Keeper? Social Science and Moral Obligation*, Berkeley/ Los Angeles/ London: University of California Press
Kakar, Hans (2019), *Mussolini. Der erste Faschist. Eine Biografie*, München: C:H.Beck
Young, Michael (1961), *Es lebe die Ungleichheit*, Düsseldorf: Econ (engl. The Rise of Meritocracy)
Yuchtman-Ya'ar, Eppie/ Yasmin Alakalay (2010), „Political attitudes in the Muslim world," *Journal of Democracy* 21(3):122–134
Ziegler, Jean (2003), *Die neuen Herrscher der Welt und ihre globalen Widersacher*, München: Bertelsmann
Ziegler, Jean (2008), *Das Imperium der Schande. Der Kampf gegen Armut und Unterdrückung*, München: Goldmann
Ziemann, Andreas (2009), „Systemtheorie", in: Kneer/ Schroer, *Handbuch Spezielle Soziologien*, S.469–490
Zingerle, Arnold (1981), *Max Webers historische Soziologie. Aspekte und Materialien zur Wirkungsgeschichte*, Darmstadt: Wissenschaftliche Buchgesellschaft
Zubok, Vladislav M. (2021), *Collapse. The Fall of the Soviet Union*, New Haven/ London: Yale University Press
Zürn, Michael (1998), *Regieren jenseits des Nationalstaates? Globalisierung und Denationalisierung als Chance,* Frankfurt/ Main: Suhrkamp

Personenregister

A
Abdel-Samed, 342
Abromeit, 336
Acemoglu, 221
Acham, IX
Adams, 268
Adenauer, 5, 465, 466
Adler, 73, 85, 92, 115, 255, 291, 311, 319, 449
Albrow, 43
Allmendinger, 424
Anderson, 85
Andreß, 230
Aquin, 35, 189, 313, 352
Arendt, 115, 164, 275, 340, 395
Ariès, 177
Aristoteles, 29, 30, 35, 63, 95, 111, 112, 164, 258, 263, 281, 282, 284, 313, 377, 408, 425, 428
Arnim, 71, 91, 92, 331
Aron, 41, 43
Aschauer, 345
Assmann, 22
Augé, 484

B
Bach, 278, 303
Bacher, 130, 261, 456
Badinter", 258
Baechler, 254
Bals, 272
Barber, 339, 341
Barlösius, 441
Barnett, 28
Barry, 11, 330, 332
Batstone, 294
Bauböck, VIII, 4, 331, 395
Bauman, 460
Baurmann, 29
Beard, 133
Bebel, 115, 295, 318
Beck, 184, 223, 422, 461, 462
Becker, 392, 432
Beckert, 306
Beckmann, 121, 205
Behrendt, 374
Below, 303
Benedek, VIII, 150
Benedikter, 143
Bernal, 481, 482
Bernhard, 340
Betts, 403
Beveridge, 230, 285, 371
Beyer, 21
Biebricher, 289
Bielefeldt, 92, 93
Bieri, 250, 258
Bismarck, 117, 229, 230, 265, 285, 318, 328
Bittlingmayer, 50
Blau, 66
Blauberger, 335
Blickle, 143, 283, 284
Blossfeld, 302
Bochmann, 403
Bofinger, 8
Boli, 484
Boltanski, 45, 50, 52–54, 57, 58
Booth, 327

Borlandi, 189
Bosch", 481
Bottomore, 103
Bouazizi, 127
Boudon, 468, 469
Bourdieu, 8, 39, 53, 58, 71, 301, 302, 304, 373, 392, 423, 438, 441, 442
Bradshaw, 400
Brand, 57
Brandt, 318
Branting, 291
Braun, 421
Brechtken, 64, 216
Breuer, 289
Brink, 212
Brinkmann, 333
Bröning, 272
Brugger, 81
Bruhns, 449
Brunner, 92
Bucholc, 106
Bude, 228
Burckhardt, 481
Burgmer, 207
Burritt, 198
Butler, 204
Butterwegge, 304

D
Dalbert, 329
Dewey, 35, 47, 164
Diekmann, 184
Dietrich, 205
Diken, 403
Dittrich, 383
Donat, 329
Dörner, 355
Dörre, 57, 374
Drilling, 389
Duerr, 106
Durkheim, 5, 21, 33, 43–45, 47, 76, 92, 179, 290, 353, 354, 370, 371, 380, 385, 402, 409, 447, 450, 453, 490

E
Ebert, 314
Eibl-Eibesfeldt, 66, 168, 380

Einstein, 198, 216, 278, 433, 481, 483
Ekis Ekman, 181
Elcheroth, 383
Elias, 106, 160, 214, 227, 397
Ellwein, 88
Elsässer, 339
Elser, 260
Elwert, 382
Endreß, 224
Engelhardt, 229
Engelmann, 264, 265, 283
Erasmus, 196
Erhard, 412
Erikson, 380
Esping-Andersen, 230
Esser, 48
Estermann, 400
Etzioni, 6, 44, 46, 47, 76, 460

F
Fabris, 337
Farr, 63
Fazi, 308
Felbermayr, 415
Feldmann, 173, 178
Fenske, 160, 162, 198, 281
Ferst, 228
Fest, 110
Feuerbach, 377
Filzmaier, 128
Firebaugh, 478
Fischer, 214, 481
Flach, 98
Flassbeck, 477
Follath, 478
Forst, 77
Fraberger, 170
Frankl, 172
Franzen, VIII, 467
Franz Josef I, 241
Franz von Assisi, 111
Fratzscher, 8
Fried, 202
Friedman, 107, 254, 307, 315
Fritsch, 395
Frühbauer, 377
Fukuyama, 3, 103, 105, 207, 289

G

Gabriel, 29, 82, 95, 102, 161, 192, 459
Gaisbauer, 432
Gaismayr, 283
Galbraith, 209, 414, 426
Galileo Galilei, 480, 481
Gandhi, 111, 198, 204
Ganser, 137, 193, 209, 214, 238, 242, 342
Garfinkel, 127
Garland, 402
Geiger, 7, 49
Gergeley, 21, 385
Gerhards, 449
Gerhardt, 29, 163, 166, 183, 252, 353
Gerl-Falkowitz, 379
Gessen, 118
Giddens, 214, 461, 463, 468
Giegerich, 212, 242
Gilder, 427, 433
Gilens, 339
Gilligan, 228, 310
Gingrich, 382
Ginzburg, 86
Gobineau, 110, 162
Goffman, 365, 396, 398
Goldhagen, 147
Goldscheid, IX, 268
Goldthorpe, 415
Göle, 3, 345
Gollwitzer, 329
Goujon, 486
Graeber, 149, 282
Gray, 444
Grebing, 316
Greco, 31
Greiffenhagen, 229
Greve, 57
Grinin, 111
Gross, 36, 461, 463
Grosser, 119
Grzimek, 184

H

Habermas, 43, 50, 51, 54–58, 79, 128, 166, 325, 484
Hadjar, 303
Hadler, VIII, 184, 258, 415, 430, 467
Hager, 125, 199
Hall, 455
Haller, 2, 4, 6, 21, 40, 46, 48, 62, 134, 142, 167, 170, 198, 199, 206, 214, 215, 221, 231, 243, 262, 268, 277, 292, 294, 304–306, 309, 332, 333, 357, 372, 383, 388, 390, 406, 428, 449, 462, 467, 487
Haller, Max, 1, 19, 33, 59, 97, 131, 159, 187, 223, 249, 275, 311, 351, 369, 411, 437, 471
Halm, 21
Hamm, 448
Han, 425
Hart, 29
Hartmann, 35, 84, 303, 336, 393
Hasselbusch, 441
Häusler, 120
Hechter, 84
Heck, 357
Hegel, 11, 30, 51, 54, 63, 98, 102, 103, 105, 420, 429
Heilmann, 213
Heins, 307
Heinsohn, 181
Held, 213
Helferich, 425
Helfert, 146
Heller, 211
Henning, 362, 379
Hillebrandt, 441
Hillmann, 7, 92, 96, 261, 464
Hinsch, 194
Hinz, 173
Hippel, 74, 229
Hirschman, 69
Hitler, 49, 83, 110, 111, 117, 139, 141, 145–147, 161, 162, 192, 206, 238, 243, 255, 260, 265, 266, 269, 319, 355, 356, 359, 483
Hobbes, 33, 44, 53, 188, 225, 314, 408
Hoerster, 29, 79
Hofer, 260
Höffe, 98, 311, 379
Hofmann, 317
Höhler, 7, 86, 413
Hohlfeld, 270
Hohmeier, 397
Holden, 219
Höllinger, VIII, 22, 298, 385

Holtmann, 302
Holtz, 487
Holzinger, 485
Hondrich, 73, 121, 194
Honneth, 7–9, 49–52, 56, 114, 152, 309, 325, 450
Hooks, 482
Hopf, 71
Hörl, 427
Horster, 50
Huntington, 70
Huster, 390

I
Ihlau, 213
Imbusch, 205
Immerfall, 130
Inglehart, 85, 86, 431, 468, 470

J
Jacobs, 309
Jaeggi, 10
Jäger, 121, 205
Jegelka, 7
Jellinek, 89, 120, 284, 286
Jerusalem, 353, 358, 490
Joas, 36, 44, 47, 48, 153, 194, 354
Johnson, 294, 459
Jonas, 312, 366
Josef II, 116, 126, 129, 150, 269
Judson, 116, 126

K
Kaesler, 37, 179
Kakar, 142, 386
Kaldor, 221
Kallhoff, 182, 357
Kant, VI, 13, 14, 30, 34, 35, 44, 95, 97–102, 125, 132, 147, 163, 179, 183, 191, 196–198, 200, 250, 252, 253, 352, 354, 356, 361, 362, 379, 402, 490
Katzenstein, 77
Kaube, 373
Kaufmann, 224, 230, 422, 461
Keegan, 209
Kelek, 207

Kelley, 336
Kelman, 356
Kennedy, 240, 476, 479, 484
Kepplinger, 2
Kern, 56, 92
Kershaw, 111
Khoury, 20, 182, 377
Kieserling, 373
Kimminich, 28, 29
Kirchner, 313
Kivisto, 383
Klages, 86, 96, 468
Klein, 272
Klingholz, 301, 345, 486
Kneer, 401
Knoblauch, 32
Knoll, 56
Koenig, 489
Kogan, 395
Kohlberg, 450
Kohn, 264
Kohnstamm, 125
Kohr, 211, 290, 340, 408, 430
Koller, VIII, 28, 76, 292, 314, 327, 328, 490
Kolping, 378
König, VIII, 148–150, 160, 189, 267, 269
Koopmans, 2, 24, 148, 207
Kost, 340
Kraemer, 271
Krell, 317
Krobath, 35
Kron, 460
Kronauer, 373
Kruse, 60, 64
Kuhn, 109, 133, 140
Küng, 25
Künzli, 140, 288
Kurz, 68
Kuzmics, 107

L
Lakitsch, 386
Lammasch, 202
Lamont, 358
Lane, 316
Lange, 460
Langewiesche, 121
Lasch, 461

Laustsen, 403
Lauth, 11
Lebergott, 306
Le Bon, 192
Lechner, 477, 484
Lengfeld, 449
Lenin, 7, 115, 117, 120, 140, 145, 147, 209, 287, 288, 316, 472
Lenk, 192
Leo XIII, 328, 378
Lepsius, 61, 233
Lerner, 329, 330
Lesch, 338
Lessenich, 57, 229, 338, 339, 374, 406, 475
Lewis, 342
Liebknecht, 318
Linder, 4, 341
Lingens, 331
Locke, 113, 163, 251, 254, 314, 315, 419
Loewit, 40
Lohmar, 360
Loos, 313
Lorenz, 66, 342
Losurdo, 197
Löwenthal, 11, 131
Lüders, 210, 387
Ludwig, 50, 268, 325, 372, 438
Luhmann, 48, 49, 184, 484
Lundberg, 426
Luther, 22, 35, 37, 111, 143, 283
Lutz, 301, 345
Luxemburg, 318

M

Macho, 179
Macmillan, 122
Macron, 5, 128, 236
Magenschab, 126
Mahlmann, 126
Mahoney, 65
Mair, 336
Majer, 250, 277, 295
Malinowski, 92
Mann, 213
Mannheim, VIII, 32, 36, 60, 264, 282, 288
Mao, 117, 141, 240, 269, 346
Marconi, 481
Marcuse, 43

Margalit, 357, 359
Marshall, 211, 230, 239, 371
Martin, 43
Martindale, 99
Marwick, 324
Marx, 30
Maslow, 72, 73, 85, 225
Mason, 31, 113, 287
Masur, 43
Matsusaka, 340
Mau, 413
Mauch, 117, 153, 154, 222, 269
Mausfeld, 341
Mazohl-Wallnig, 110
Mazower, 11
Mazzucato, 308
Mead, VI, 9, 12, 15, 34, 35, 68, 164, 402, 438, 447–450, 485, 490
Meier-Braun, 468
Menninger, 170
Mensching, 24
Merkel, 3, 467
Meyer, 125, 312, 485
Miegel, 429
Mikl-Horke, 70
Mikula, 329
Milanovic, 478
Miller, 255, 287, 329, 449
Mills, 137, 209, 241
Mingels, 305, 429, 478
Mirandola, 352
Mitchell, 308
Modi, 24
Mohamed, 23, 111
Molière, 171
Mommsen, 43
Montesquieu, 31, 54, 112–114, 125, 253, 263, 266, 284, 289, 290, 425
Moore, 143, 309, 324, 325
Morgenstern, 84
Morina, 113, 115, 145, 255, 288, 317
Morris, 193
Morschitzky, 177
Mortimer, 311
Moses, 21, 31, 102
Mozart, 278, 303
Müller, 312, 336, 337, 355, 357, 479, 489
Müller-Armack, 422
Müller-Kmet, 456

Münch, 438–440
Münkler, 193, 221, 341
Münnich, VIII, 71
Müntzer, 283
Münz, 478
Murray, 2
Mussolini, 141, 192, 269
Mutschler, 137, 220
Muzik, 128

N
Naßmacher, 335, 339
Naab, 261
Nachtwey, 305
Napoleon, 109, 111, 116, 121, 134, 139, 144, 150, 190, 198, 206, 238, 260
Naroll, 92, 97, 379, 452, 487
Negri, 472
Nettle, 402
Neumann, 92
Nida-Rümelin, 175
Niebuhr, 198
Niemitz, 193
Nietzsche, 30, 41–43, 73, 95, 161
Noelle-Neumann, 6
Nohlen, 246
Nolte, 23, 227, 490
Nowak, 476
Nowotny, 308
Nozick, 177, 315, 321
Nußbaum, 164, 299, 311, 361, 377

O
Oakes, 40
Oesterdiekhoff, 7
Oksenberg, 98
Opaschowski, 172
Oppenheimer, 60, 65, 483
Orwell, 307
Ossowski, 126, 309

P
Page, 339
Palmade, 134
Parsons, 372, 438
Pechlaner, 457

Pfordten, 351, 354, 356, 364, 365
Piaget, 450
Pieper, 95
Piketty, 8, 135, 191, 286, 304, 332, 427, 432
Pinker, 277, 297
Plack, 86
Plato, 29, 30, 35, 63, 111, 112, 281, 282, 313, 377, 425
Pleger, 35, 36, 164
Pohlmann, 369
Pollack, 385
Popper, VII, IX, 11, 54, 58, 62, 63, 67, 98, 105, 108, 480
Popper-Lynkeus, 165
Preglau, 448
Preisendörfer, 184
Prisching, 118
Putin, 26, 118, 130, 147, 191, 192, 194, 195, 206–208, 211, 212, 215, 217, 238, 239, 242, 246, 261, 266, 267, 270, 327, 359

R
Radkau, 467
Radtke, 383
Rauch, 198
Raumer, 198
Rawls, 30, 33, 55, 79, 319–321, 325
Reckwitz, 461, 463, 464
Rees, 277, 292
Rehbein, 393
Rehbinder, 28, 402
Reicher, 383
Reichle, 25
Reiterer, 478
Remele, 168, 182
riand, 244
Risse, 156
Rittberger, 487
Ritzer, 6
Roßteutscher, 7, 85
Rödder, 466
Rohe, 345
Rokeach, 85, 96
Romano, 284, 481
Roosevelt, 117, 153, 200, 229, 483
Rosa, 374
Rosling, 429, 477, 478

Rossi, 417, 480, 481
Rotte, 205
Rousseau, 31, 53, 109, 112, 113, 125, 253–255, 279, 286, 288, 316, 408
Rowntree, 327
Runciman, 324
Rupold, 478
Rusch, 337
Russell, 377
Ruthven, 23

S
Sachße, 229
Salomon, 392
Sandel, 46
Sandgruber, 306
Sarrazin, 2
Sass, 78
Sauytbay, 240
Sayer, 427
Schaber, 352
Schaeppi, 172
Scharsach, 3
Scheff, 369, 400
Schelsky, 6, 289, 461, 462
Schild, 469
Schiller, 340
Schimank, 444, 461
Schleininger, 175
Schlösser, 92, 331, 426
Schluchter, 40
Schmalz, 472, 477
Schmid, 388
Schmidt, 98, 170, 485
Schnädelbach, 252
Schneider, 364
Schneikert, 358
Schnock, 302, 394
Schoeck, 461
Schopenhauer, 163, 165, 168, 178, 179
Schreyer, 340
Schröder, 77, 217, 455, 462, 477
Schuman, 465
Schumann, 474
Seebohm-Rowntree, 327
Singly, 461
Souza, 393
Stresemann, 244

V
Vidal, 210
Vieweg, 103, 105
Vobruba, 268
Vogelsang, 148, 212, 342
Volkmann, 461
Vorländer, 280

W
Wagner, 162, 319, 323, 482
Wallerstein, 64, 104, 255, 472, 473
Waltz, 190
Walzer, 46, 277, 292, 408, 446
Washington, 133
Watson, 166, 429
Watzka, 299, 399
Weber, V–VII, IX, 9, 12, 20, 22, 24, 26, 28, 29, 33, 34, 36–43, 45, 53, 55, 56, 59–61, 438, 439, 442–444, 446, 448, 449, 455
Weck, 93, 126
Wegener, 305
Wehler, 110
Weischedel, 161
Welzel, 261, 469, 487
Wendt, 474
Wengrow, 149, 282
Wenzel, 448
Wildt, 142
Wilensky, 231
Willi, 45
Willke, 135, 304, 308
Willms, 139, 238
Wilson, 154, 182, 200, 322
Windolf, 423
Winkler, 6, 11, 64, 143, 265, 287
Wirnsberger, 339, 340
Wolf, 200, 220, 237, 477, 487
Wolfe, 20, 80, 127, 454

X
Xi Jinping, 207, 267, 341, 404

Y
Yew, 345
Young, 303

Yuchtman-Ya'ar, 347

Z
Ziegler, 475, 476

Ziemann, 438
Zingerle, 63
Zubok, 270

Sachregister

A

Abgrenzung, 12, 14, 93, 102, 207, 225, 342, 375, 389, 416, 443, 451, 461
Abolitionismus, 134, 293
Abrüstung, 154, 217, 219, 220
Absolutismus, 150
Adoption, 180, 458
AfD, 3, 467
Afrika, 21, 23, 122, 129, 134, 137, 154, 190, 193, 201, 205–207, 214, 218, 221, 228, 244, 256, 282, 293, 294, 306, 309, 310, 382–384, 386, 397, 406, 407, 454, 476–479, 486
AGIL-Schema, 438
Aktivist, 12, 34, 64, 98, 110, 111, 114, 115, 138, 184, 192, 202, 203, 457
Algerien, 193
Alkohol, 21, 174, 179
Allgemeine Erklärung der Menschenrechte, 108, 117, 147, 150, 170, 173, 356, 389, 417
Amerika, 30, 133, 198, 216, 268, 276, 284, 290, 293, 310
Angst, 14, 141, 173, 177, 221, 228, 283, 287, 305, 330, 364, 390, 414
Ansatz, historizistischer, 98
Apartheid, 227, 406
Arab Barometer, 347
Arbeiterbewegung, 11, 112–114, 295, 316, 317, 319, 328, 378
Arbeitslager, 404
Arbeitslosigkeit, 57, 58, 118, 127, 229–231, 245, 285, 323, 326, 327, 344, 414
Arbeitsteilung, 37, 44, 245, 286, 438, 478

Aristokratie, 263, 281
arm, 312, 417
Armut, 14, 214, 227, 231, 275, 276, 284, 286, 287, 289, 389, 390, 406, 412, 416, 417, 429, 430, 459, 474–477
Arzt, 165, 171, 399, 454, 481, 482
Asien, 154, 205, 239, 240, 293, 384, 487
Ates, 3
Atombombe, 125, 194, 215, 216, 482, 483
Aufklärer, 112, 116, 149, 264, 289, 363
Aufklärung, 30, 92, 102, 106, 111, 150, 178, 252, 265, 293, 295, 298, 340, 379, 397, 471
Aufstand, 14, 52, 56, 115, 120, 127, 143, 144, 256, 259, 283, 309, 325, 327, 343, 347
Ausgrenzung, 14, 284, 305, 358, 372, 375, 376, 378, 389, 396, 398, 399, 451
Ausschließung, 371, 374–376, 388, 390, 394, 396–398, 400, 403
Aussperrmauer, 405, 406
Autonomie, 7, 14, 46, 48, 49, 53, 56, 62, 82, 85, 179, 218, 290, 291, 342, 351, 353, 357, 360, 446, 468, 480

B

Bauernkrieg, 143, 283
Bedürfnis, 72, 73, 225, 380
Begriff, 4, 7, 14, 27, 30, 36, 40, 44, 45, 47, 49, 55, 58, 60, 61, 63, 66, 68, 69, 71, 72, 75–78, 84, 92, 95, 104, 105, 111, 112, 126, 136, 144, 148, 151, 152, 160, 161, 163, 164, 168, 392, 399,

402, 412, 413, 415, 419, 428, 430, 431, 440, 441, 455, 464, 466, 474, 475, 482, 484, 485, 490
Behinderte, 175, 298, 330, 361, 397, 398
Berufsgruppe, 75, 230, 265, 339, 371, 409, 447, 450, 453
Berufsrevolutionär, 115
Besitzbürgertum, 132, 133
Bewegung
  soziale, 13, 64, 107, 114, 278, 283, 378, 441
Bildung, 151, 208, 214, 231, 234, 244, 250, 257, 260, 270, 285, 295, 298, 301–305, 340, 394, 397, 430, 442, 446, 448, 485, 486
Bildungssystem, 230, 279, 292, 299, 301–303, 309, 336, 345, 348, 381, 392–394, 485
Bill of Rights, 113, 125, 149, 251, 267, 420
Bindungstheorie, 380
blaming the victim, 329
Brüderlichkeit, 377, 379, 409
Buddhismus, 20, 24, 25, 37, 95, 142, 165, 182, 345, 377, 471
Bürgerkrieg, 122, 129, 134, 141, 221, 251, 263, 267, 268, 291, 293, 294, 314, 384, 387, 403
Bürokratie, 6, 37, 55, 56, 134, 209, 232, 245, 406

C

Camic, 36
Canetti, 192
Canguilhem, 164, 167, 170
Carter, 154
Cerra, 430
Chamberlain, 110
Chan, 347
Charisma, 111, 345
Cheneval, 213
Chiang Kai-shek, 141
China, 121, 148, 154, 155, 174, 207, 211, 212, 215, 216, 240, 242, 250, 252, 266, 270–272, 288, 294, 308, 334, 341, 343–347, 354, 356, 358, 363, 404, 421, 455, 478, 488, 490
Choi, 444
Chomsky, 137, 209, 210, 217, 220, 239, 240, 387

Christen, 22
Christentum, 20–22, 25, 26, 142, 164, 169, 283, 284, 377, 385, 471
Chruschtschow, 211, 266
Cicero, 313, 352
Clark, 240
Clausewitz, Carl von, 117
Cohen, 476, 479
Cohen-Charash, 330
Collins, 71
Conradi, 359
Conze, 34, 92, 229
Cook, 306
Corona-Epidemie, 71, 271, 273
Cortright, 196, 198, 201
Coser, 71
Courtois, 141
Crefeld, 121
Crouch, 136, 341

D

Daase, 224
Dachs, 338
Dahrendorf, 8, 115, 263, 279, 291
Dalit, 24, 25, 182, 486
Danellus, 163
Dann, 276
De Gasperi, 465
de Gouges, 295
Dekkers, 169
Delhey, 358
Delitz, 164
Demarchi, 189
Demokratie, 4, 7, 28, 43, 50, 54, 64, 80, 93, 103, 108, 111, 119, 126, 127, 136, 147, 149, 192, 208, 209, 212, 237, 242, 250, 251, 255, 263, 265, 270, 276, 280–282, 289, 290, 334, 335, 337, 339–341, 343, 345, 347, 364, 409, 422, 431, 455, 465, 474, 487
  direkte, 4, 340
Demokratisierung, 207, 213, 220, 222, 272, 341–343, 347, 479
de Swaan, 229
Deutsch, 71, 237, 239, 241
Deutsche Gesellschaft für Systemische Therapie, Beratung und Familientherapie, 92

Deutschland, IX, 2, 3, 9, 15, 35, 37, 71, 108, 110, 119, 121, 125, 135, 140, 141, 144–146, 150, 162, 173, 174, 189, 197, 199, 201, 214–217, 219, 226, 228, 234, 255, 260, 264, 265, 276, 284, 288, 304–306, 308, 309, 332, 338–340, 354, 355, 358, 359, 367, 388, 390, 392, 393, 396, 400, 401, 405, 406, 412, 413, 418, 422, 423, 432, 455, 464, 465, 467, 469
Differenzierung, soziale, 438
Diffusion, internationale, 12, 64, 123, 125, 485
Digitalisierung, 84, 128, 212, 250, 270, 272, 273, 479
Diskriminierung
  der Frauen, 278, 292
  soziale, 300
Diskurs, 33, 50, 51, 55, 79, 324, 325, 399, 457

E
Ebenen der Realität, 62
Ehe, 5, 28, 56, 130, 258, 295, 329, 381, 382, 394, 462, 469
Eigenheim, 418, 423, 433
Eigentum, 14, 21, 27, 92, 93, 103, 116, 152, 224, 253, 255, 285–287, 315, 328, 412–414, 419–421, 423, 441, 450, 458
Einigung Europas, 199, 244
Einkommen, 264, 277, 297, 301, 304–306, 332, 344, 389, 407, 411, 413–415, 417, 418, 423, 427, 428, 430–432, 459
England, 31, 101, 114, 125, 130, 133, 135, 136, 149, 230, 251, 253, 268, 284, 285, 288, 294, 317, 324, 326, 327, 370, 461
Equity-Theorie, 329
Erbschaftssteuer, 306, 432, 453
Erklärung
  funktionale, 76
Erklärung, soziologische, 44, 62, 65
Erotik, 39
Erster Weltkrieg, 121, 122, 209
Erziehungswert, 96
Erziehungsziel, 261
Ethik, V, 9, 20–22, 25, 35, 37, 46, 86, 95, 100, 159, 161, 163, 165, 166, 198, 345, 377, 379, 444, 447, 448, 468

Ethnizität, 383, 384
EU, 6, 108, 195, 199, 200, 241, 243, 244, 266, 276, 298, 335, 341, 359, 390, 396, 405, 407, 422
Eugenik, 162
Europäische Integration, 108, 130, 199, 465
europäische Integration, 243
Europäische Union, 125, 199, 221, 243, 363, 407, 409, 450, 465
Existenzanalyse, 172
Exklusion, 279, 364, 370–376, 383, 387–389, 391–393, 395
Externalisierungsgesellschaft, 475

F
failed states, 221, 227, 256
fake news, 128, 271, 272, 337
Familie, 7, 230, 282, 287, 289, 295, 297, 298, 302, 327, 369, 381, 389, 394, 407, 414, 426, 446, 448, 450, 456, 461, 462
Faschismus, 30, 136, 141, 146, 192, 265, 270
Feld, soziales, 438, 441
Flüchtling, 228, 300, 396, 403, 407, 425, 467, 468
Flüchtlingslager, 390, 403
Fortschritt, 22, 379, 411, 412, 420, 421, 428, 429, 463, 483, 488
FPÖ, 3, 4, 272
Frankreich, 5, 77, 103, 116, 120, 133, 135, 137, 193, 200–202, 219, 236, 239, 242, 243, 251, 264, 286, 287, 293, 303, 304, 317, 324–326, 336, 359, 370, 371, 373, 423, 432, 461, 465
Französische Revolution, 121, 125, 129, 134, 140, 268, 288
Freiheit, 11, 14, 30, 35, 46, 51, 52, 56, 71, 80–82, 92, 100, 101, 103, 108, 127, 133, 149, 152, 155, 163, 191, 195–197, 199, 207, 213, 214, 218, 228, 229, 231, 232, 236, 243, 245, 249–259, 261, 262, 265–270, 272, 273, 276, 282, 284
  persönliche, 256, 258, 412
  politische, 93, 127, 249, 255–257, 259, 292, 339
Freiheitsbegriff
  bürgerlich-liberaler, 253

demokratischer, 253
sozialistischer, 254
Frieden, 5, 13, 27, 42, 92, 93, 100, 116, 134, 151, 154, 175, 187–189, 194–197, 199, 203, 205, 206, 211, 214, 314, 409, 430, 433, 466, 476, 487
Friedensbewegung, 483

G
gated communities, 391
gate keepers, 382
Gebärdensprache, 299
Geburtenrate, 234
Gedankenfreiheit, 250
Gefängnis, 110, 115, 346, 353, 364, 365, 377, 390, 398, 399, 401, 402
Gefühl, 36, 139, 144, 191, 208, 258, 322, 353, 361, 409, 417, 450, 460, 466
Gemeinde, 339, 408, 423, 449, 453
Gemeinschaft, VII, 5, 6, 19, 21, 22, 24, 39, 41, 119, 208, 273, 281, 282, 311, 328, 342, 369, 370, 377, 379–383, 387, 396, 399, 408, 409, 428, 439, 448–450, 465, 471
Gemeinwohl, 45, 60, 67, 71, 75, 76, 78, 79, 83, 88, 91, 235
gender mainstreaming, 298
gender-pay-gap, 297
Gerechtigkeit, 298, 307, 311, 312
Gerechtigkeit, formale, 331
Gerechtigkeit, materiale, 331
Gerechtigkeitsempfindung, 329, 330
Gerechtigkeitstheorie, VI, 55, 79, 312, 313, 319–321, 421
Geschichte, 11, 12, 48, 64, 82, 101, 102, 323, 352, 355, 370, 450, 480
Gesetz, biosoziales, 66, 67
Gesinnungsethik, 40, 41
Gesundheit, 78, 88, 159, 160, 164, 169–171, 173, 174, 217, 296
Gewalt, 296, 309, 343, 356
Gewerkschaft, 263, 316, 318, 328
Gleichheit, 275–278, 280, 283–285, 287, 288, 290, 291, 293, 298, 301, 303, 304, 306–308
Gleichstellung der Frauen, 295, 298, 346
global governance, 244
Globalisierung, 332, 379, 380, 433, 471, 473, 474, 476, 477, 479, 483, 484, 486, 489
glorious revolution, 251, 267
Glück, 14, 35, 163, 165, 166, 170, 176, 420, 433, 469
Gorbatschow, 211
Gothaer Program, 317
Gothaer Programm, 318, 328
Griechenland, 95, 141, 200, 280, 281, 336, 403, 454, 480, 481, 485
Großmacht, 109, 156, 189, 193, 199, 201, 203, 206, 210, 211, 221, 222, 239, 241, 244, 358, 387, 488
Grundbedürfnis, 10, 67, 72–74, 76, 86, 87, 93, 245, 279, 280, 299, 370, 389
Grundwert, 14, 25, 30, 42, 45, 50, 73, 78, 81, 88–90, 96, 133, 136, 151, 159, 161, 165, 170–174, 179, 182, 201, 217, 224, 229, 235, 236, 250, 276, 292, 303, 311, 319, 330, 339, 351, 355, 357, 362, 366, 367, 370, 392, 401, 412, 414, 416, 420, 428–430, 445, 458, 467
Gruppe
ethnische, 227, 382, 383

H
Habitat, 93, 169
Haftstrafe, lebenslange, 352
Handeln, 99, 104, 121, 132, 139, 151, 167, 182, 204, 208, 252, 290, 291, 321–324, 331, 352, 353, 356, 359, 360
soziales, VI, 9, 34, 59, 61, 86, 311, 439
Handlungstheorie, V, VIII, 182
Herrschaftsreligion, 385
Hinduismus, 20, 22, 24, 25, 95, 165, 182
Hippokratischer Eid, 454
Holocaust, 90, 123, 132, 152, 215, 218, 355, 356, 466
Holodomor, 355
Hospitalisierung, 375, 396, 398, 399
Humankapital, 175, 301, 479

I
Idee, V, VII, 5, 11, 25, 27–29, 37, 39, 41, 52, 59, 61, 65, 69, 77, 79, 93, 98, 105,

109, 116, 117, 125, 147, 149, 152, 154, 161, 162, 164–166, 182–184, 192, 196, 198, 314, 316, 317, 322, 329, 330, 334, 339, 353, 359, 361, 377–379, 401, 419, 421, 444–446, 449, 450, 452, 469, 490

Ideengeschichte, 12, 32–34, 54, 317, 352, 419

Imperialismus, 383

Indien, 23–25, 198, 201, 204, 242, 294, 304, 365, 384, 385, 473, 474, 478, 485, 486, 488

Individualisierung, 7, 63, 278, 438, 459, 461, 462, 464

Individualismus, 44, 231, 291, 371, 373, 393, 459–461, 468–470, 490

Inhaftierung, 155, 192, 226, 375, 396, 398–402, 404

Inklusion, 14, 81, 87, 89, 95, 124, 135, 175, 229, 232, 235, 245, 297, 299, 370–372, 374–377, 379–383, 387, 389–392, 395, 401, 408, 409, 432, 444, 445, 447, 452, 455, 467

Institution
  totale, 398

Interesse, VIII, IX, 50, 69, 73–75, 77–80, 83, 107, 126, 139, 191, 200, 206, 211, 217, 219, 231, 232, 254, 262, 264, 273, 314, 339, 343, 366, 399, 402, 408, 439, 442, 444, 445, 454, 469, 470, 475, 490
  kapitalistisches, 132
  latentes, 83

Interessensbegriff, 9

Interessenskonflikt, 9

Interpenetration, 439, 440, 454

Iran, 26, 142, 155, 208, 236, 266, 345, 348, 385, 387

Islam, 2, 3, 20–24, 26, 142, 155, 207, 208, 354, 385–387, 404, 471

Israel, 11, 26, 154, 387, 405–407

J

Jakobiner, 109, 115, 133, 140

Japan, 125, 201, 215, 309, 310, 326, 358

Juden, 121, 142, 152, 162, 169, 190, 218, 355, 356, 382, 387, 395, 404, 405, 466

Judentum, 21, 22, 25, 169, 377, 386

K

Kalter Krieg, 83

Kapitalismus, V, 8, 9, 37, 38, 55, 57, 104, 105, 133, 136, 209, 230, 253, 255, 285, 293, 327, 374, 384, 422, 424, 441, 444, 455, 472, 478

Kind, 176, 180, 181, 187, 225, 235, 251, 297, 300, 302, 303, 329, 331, 365, 366, 381, 394, 395, 403, 409, 458, 459, 469, 486

Klassenstruktur, 324, 371, 444, 462

Kleinbürger, 318, 373, 416, 418, 421

Koexistenz, 437

Kollektivbewusstsein, 44, 45

Kolonialismus, 104, 134, 198, 227, 293, 343, 356, 384, 472

Kommunismus, 11, 30, 101, 105, 113, 146, 238, 252, 255, 270, 287, 289, 341, 456

Kommunitarismus, 6, 46, 460

Konflikt, 93, 243, 262, 267, 340, 342, 387, 421, 437, 439, 443–446, 450, 456

Konfuzianismus, 20, 22, 24, 26, 37, 95, 148, 153, 212, 342, 345, 377

Konvention, 403

Konzentrationslager, 139, 172, 354, 398, 404

Konzern, transnationaler, 489

Korruption, 23, 120, 126, 127, 137, 220, 327, 331, 384, 426, 432, 459, 475, 489

Krankheit, 160, 168, 170, 171, 173, 177, 231, 245, 356

Kränkung, 118, 242, 357, 359

Kreativität, 53, 96, 290, 332, 481

Kreis, sozialer, 446

Krieg, 24, 30, 38, 42, 43, 81, 82, 117, 118, 121, 129, 139, 142, 145, 160, 163, 188–191, 193–199, 201–203, 205, 214–219, 225, 237–239, 242, 251, 314, 326, 346, 352, 359, 360, 384, 449, 450, 458

Kriminalität, 214, 235, 322

Krise, 57, 58, 103, 119, 136, 220, 339

Kunst, 23, 38, 39, 53, 100, 101, 144, 160, 164, 278, 281, 295, 303, 426, 428, 433, 443, 480

L

Land

islamisches, 343, 347
Lateinamerika, 134, 135, 137, 154, 205, 227, 238, 259, 293, 294, 306, 309, 310, 335, 384, 456, 472
Leben, 87, 116, 124, 139, 141, 142, 159–161, 163–165, 167–169, 171–173, 175–178, 180, 182, 183, 187, 198, 205, 209, 214, 217, 224, 225, 229, 249, 250, 253, 256, 258, 260, 261, 287, 298, 299, 309, 310, 312, 317, 321, 329, 347, 357–360, 362–364, 366, 370
Lebenserwartung, 77, 78, 104, 128, 130, 159, 170, 176, 178, 279, 296, 301, 310, 381, 389, 400, 429, 430, 476, 478, 481
Lebensform, 10, 28, 40, 87, 95, 114, 123, 164, 381, 383, 397, 420
Lebensordnung, 29, 38, 40, 373, 442
Lebenswelt, 52, 55, 56
Lebenswissenschaft, 166
Legitimation, 10, 49–51, 53, 56, 90, 132, 138, 139, 141, 188, 190, 225, 234, 235, 238, 281, 330, 364
Leihmutterschaft, 180, 366
Leistungsgerechtigkeit, 93, 332
Leitkultur, 2–4, 10
Liebe, 35, 39, 52, 53, 73, 87, 172, 258, 278, 377, 379, 414, 450
Lotto, 424
Lüge, 337

M
MacDonaldisierung, 484
Machtgleichgewicht, 190, 211
Magna Charta, 149, 267
Manager, 209, 394, 422, 423, 441
managerial revolution, 441
Marxismus, 113, 115, 145, 148, 255, 316, 317, 323
Mauerbau, 375, 405
Medien, 7, 20, 67, 87, 127, 128, 136, 237, 245, 246, 259, 270, 272, 280, 336, 337, 344, 387, 413, 425, 477, 484, 485
Medienkonzentration, 336
Menschenrechte, VII, 5, 6, 46, 89, 92, 93, 98, 108, 109, 116, 117, 121, 123, 126, 132, 135, 138, 145, 147–156, 173, 200, 213, 217, 256, 284, 303, 354, 363, 370, 378, 389, 404, 405, 428, 450, 486, 487, 489
Menschenrechtskonvention, 156
Menschenwürde, 175, 236, 253, 273, 351–357, 359–367, 398, 400, 405, 432, 445
Meritokratie, 303
meta-framing, 237
Migration, 2, 257, 300, 395, 396, 407
Migrationsstrom, 411, 425
Mittelstand, 414
Modernisierung, 104, 383, 385, 463
  reflexive, 463
Moral, 7, 19–21, 29, 34, 36, 42, 44, 59, 86, 92, 95, 98, 100, 447, 450, 453, 461, 490
moral, 36
moralnets, 379
moral sense, 322
Mord, 163, 400, 450
Mordrate, 226, 227, 310, 401
Muslime, 3, 4, 143, 208, 240, 345, 386, 388, 468
muslime, 22

N
Nachbarschaft, 211, 213, 244, 360, 392, 437, 448, 450
Nächstenliebe, 19, 22, 41, 166, 378, 409, 449
Narzissmus, 460
Nationale Sicherheit, 14, 224, 225, 235, 237, 243, 245, 246
Nationalismus, 9, 11, 111, 116, 190, 202, 204, 207, 266, 346, 453
Nationalist, 262, 264, 266
Nationalreligion, 385
Nationalsozialismus, 11, 28, 110, 117, 131, 162, 192, 229, 251, 287, 356, 395, 404, 466
Nationalstaat, 125, 136, 155, 190, 214, 264, 289, 332, 376, 409, 437, 446, 449, 450, 472, 490
nationalstaat, 108
NATO, 118, 209, 212, 214, 239, 241–244, 266, 359, 466
Natur, 29, 30, 62, 86, 98, 100, 101, 148, 164, 166, 169, 182–184, 252, 277, 419, 480

Neoliberalismus, 1, 8, 135, 254, 304, 307, 308, 315, 402, 413
Nihilismus, 41, 161
Nobelpreisträger, 303, 393

O

Obdachlosigkeit, 389, 390
Öffentlichkeit, 7, 27, 50, 51, 74, 84, 127, 128, 183, 191, 236, 462, 472
Ökonomie, VII, 14, 34, 38, 40, 56, 59, 68, 69, 289, 370, 384, 422, 430, 437
ökonomisch, 293, 295, 300, 301, 306, 315, 316, 332, 333, 344, 371, 373, 374, 381, 383, 384
Olympische Spiele, 485
Ordnung, 35, 38, 44, 46, 47, 53, 54, 85, 100, 144, 145, 148, 226, 227, 241, 243, 244, 280, 288, 313, 314, 325, 346, 405, 415, 428, 452, 471
Organisation, 68, 125, 128, 154, 200, 260, 295, 305, 330, 332, 338, 343, 438, 448, 450, 453, 485–488, 490
Osteuropa, 5, 129, 145, 181, 220, 241, 262, 269, 295, 309, 326, 378, 404, 423

P

Palästina, 154, 387
Partei, 3, 4, 117, 141, 145, 211, 212, 269, 270, 272, 288, 317, 318, 341, 342, 344, 404, 421, 467
Partikularinteresse, 75, 95, 254
pattern variables, 45, 87, 440
Pazifismus, 189, 194, 195, 204
Pension, 234, 297
Persönlichkeit, 106, 110, 116, 117, 144, 146, 165, 202, 206, 250, 269, 345, 357, 370, 443
Persönlichkeit, charismatische, 111
Pew Research Center, 347
Pfadabhängigkeit, 65, 148, 455
Pflege, 178, 279, 380
Polen, 5, 238, 326, 335, 341, 378, 405, 425
Politikverdrossenheit, 339
Polizei, 138, 355, 437
Postdemokratie, 11, 135, 136
Pragmatismus, 35, 47, 68, 164
Präimplantationsdiagnostik, 365

Privateigentum, 30, 82, 254, 255, 275, 287, 288, 412, 419–421, 423
Problemsituation, 63, 87
Prostitution, 181
Protest, 127, 259, 309, 325
Protestantismus, VI, 61, 69, 284, 455
Psychologie, 34, 59, 60, 146, 171, 322

Q

Quilomba, 259

R

Rassismus, 11, 42, 146
Rational-Choice-Theorie, 48, 66, 362
Rauchen, 174
Recht, 2, 12, 19, 20, 26–29, 48, 49, 52, 59, 65, 76, 89, 92, 93, 99, 110, 116, 122, 151, 152, 163, 165, 167, 173, 180, 196, 197, 210, 256, 279, 288, 297, 300, 303, 313, 321, 328, 362, 365, 367, 380, 383, 405, 414, 419, 420, 423, 427, 440, 443, 455, 475
Rechtsphilosophie, 30, 91
Rechtspositivismus, 27, 28, 49, 314
Refeudalisierung, 475
Reformation, 143, 284, 293
Reiche, 105, 416, 418, 426, 427
Reichtum, 14, 53, 263, 362, 412, 416, 418, 419, 424, 426, 427, 431
Religion, 2, 5, 19–22, 24, 38, 43, 44, 47, 142, 148, 151, 155, 240, 289, 385, 386, 439, 443
Religionsfreiheit, 4, 197, 284
Religiosität, 142, 198, 356, 386
Rente, 176, 233–235, 297
Revolution, 31, 101, 102, 106, 109, 111, 113, 115, 116, 119–121, 124, 125, 129, 133, 140, 141, 144, 145, 211, 224, 251, 253, 256, 257, 264, 265, 268, 269, 275, 281, 286–288, 293–295, 302, 318, 325, 326, 340, 342, 377, 439, 454, 473, 481, 485
  faschistische, 119
Roma, 395, 404, 468
Ruanda, 156, 201, 355, 356

S

Säkularisierung, 178, 383, 385, 386, 397, 463
Saudi-Arabien, 206, 208, 219, 236, 261, 344, 345, 385
Schließung, soziale, 389
Schriftsteller, 79, 112, 113, 141, 161, 169, 190, 192, 198, 202, 216
Schweiz, 4, 66, 162, 172, 211, 226, 228, 258, 282, 295, 367, 390, 475
Segregation, residentielle, 389, 390
Selbständige, 234, 305, 422
Selbstorganisation, 163
Selektion, soziale, 393
Sexualität, 39, 72, 106, 258, 381
Sicherheit, 118, 126, 151, 152, 175, 187, 190, 219, 223–226, 228–231, 235–238, 241, 243–246, 251, 254, 262, 269, 273, 289, 307, 309, 310, 314, 315, 326, 343, 360, 365, 389, 391, 408, 409, 414, 415, 420, 430, 431, 446, 452, 468, 487, 488
  soziale, 93, 151, 152, 224, 229, 243, 269, 467
Sicherheitsmauern, 405, 406
  Komplex, militärisch-industrieller, 137
Sicherheitsrat, 200, 201, 220, 488
Sitte, 10, 26, 71, 90, 100, 102, 151, 263, 289, 348, 447
Situationsanalyse, 63
Sklavenhandel, 134, 293
Sklaverei, 30, 64, 112–114, 133, 134, 149, 198, 218, 227, 251, 256, 259, 263, 268, 278, 287, 292–294, 306, 321, 361, 362, 364
Solidarität, 23, 328, 353, 371, 377, 378, 409, 440, 447, 450, 467
Sowjetregime, 147
Sozialbeziehung, 378, 380, 381, 448
Sozialdarwinismus, 110, 162
Sozialdemokratie, 115, 230, 255, 264, 291, 317–319
Sozialdemokratische Arbeiterpartei, 318
Soziologie, 34, 289
Soziologie, historische, 61, 63, 472
Soziologismus, 392, 442
Spaltung, soziale, 8
Sport, 382, 485
Sprache, 142, 152, 168, 342, 375, 382, 385, 387, 388, 481, 485

Staat, islamischer, 342, 387
Staatsausgabe, 90, 126, 177, 232, 245, 268, 269, 286, 430, 449
Staatsbürgerschaft, 4
Ständehierarchie, 292
status attainment, 394
Sterbehilfe, 167, 352, 363, 366, 367
Sterben, 14, 177–179, 366
sterben, 164
Stigmatisierung, 257, 299, 358, 396, 397, 401
Strukturgesetz, 66
Strukturgesetze, 67
Strukturwandel, 50, 123, 128, 322
Suizid, 172, 179, 367
Superreiche, 412, 416, 418, 425–427, 453
Sympathie, 47, 322, 378, 379
System
  autoritäres, 11
Systemtheorie, 48, 49, 438, 441, 454, 484

T

Tauschgerechtigkeit, 313, 314
terminal values, 85
Terror, 140, 142, 146, 209, 236, 309, 467
Theokratie, 26, 345, 385
Theorie
  kritische, 34, 49
Tier, 160, 163, 166, 168, 169, 182, 183, 293, 307, 360
Tod, 20, 23, 38, 139, 153, 160, 161, 164, 167, 168, 173, 177–179, 190, 252, 260, 346, 348, 355, 367, 396
Todesstrafe, 126, 140, 155, 342, 352, 363, 364
Toleranz, 2, 7, 28, 86, 92, 150, 449, 452, 462, 465
Totalitarismus, 212, 271
Tourismus, 464, 485
Tugend, 35, 313, 377
Türkei, 26, 208, 269, 335, 345, 346, 348, 396, 467
Typenbildung, 71

U

Uiguren, 240, 404
Ukraine, 105, 118, 120, 147, 190, 191, 194, 195, 200, 205, 214–217, 228, 239,

242, 244, 261, 266, 327, 355, 359, 366, 462, 468, 472, 490
Umwelt, 62, 63, 80, 83, 162, 166, 169, 182–184, 312, 329, 357, 396, 413, 430, 489
Umweltbewegung, 115, 125, 167, 183, 184, 466
Ungarn, 5, 335, 405, 467
Ungerechtigkeit, 64, 176, 235, 277, 279, 292, 297, 299, 312, 321, 323–326, 330, 331, 476
Ungleichheit, 8, 20, 66, 112, 135, 155, 176, 181, 198, 223, 227, 231, 255, 265, 276–280, 282, 286–290, 292, 294, 301, 304, 305, 307, 309, 310, 313, 320–322, 332, 372, 384, 390, 394, 406, 413, 415, 420, 425, 427, 430, 475, 476, 478
   gruppenbezogene, 8, 291, 292, 296, 361
   internationale, 304, 474
   totale soziale, 292
UNO, 100, 121, 123, 147, 150, 154, 184, 195, 200, 201, 209, 220, 238, 244, 246, 271, 345, 356, 372, 407, 488
USA, IX, 6, 11, 23, 35, 71, 83, 85, 96, 108, 113, 115, 117, 118, 122, 125, 129, 137, 153, 162, 174–176, 184, 190, 191, 195, 201, 203, 209, 210, 213, 215, 219, 220, 222, 228, 230, 237–240, 242, 244, 246, 251, 258, 263–266, 268, 269, 277, 284, 285, 289, 290, 293, 303, 304, 307–310, 324, 332, 335, 336, 338, 339, 345, 347, 354, 358, 359, 364, 365, 371, 384, 385, 390, 396, 405, 407, 420, 423, 427, 455, 460, 482, 488

V
varieties of capitalism, 455
Verantwortungsethik, 9, 40, 41
Vereinigte Staaten von Amerika, 46, 105, 131, 137, 163, 209, 220, 227, 251, 263, 269, 280, 334, 339, 391, 409
Vereinte Nation, 27, 108, 117, 123, 132, 184, 198, 200, 220, 237, 246, 269, 354, 355, 450, 471, 487
Vererbung, 305, 419, 432

Vermögen, 8, 135, 276, 277, 304–306, 332, 414, 418, 420, 426, 428, 432
Vermögensungleichheit, 135, 304, 306, 320, 428
Verwandtschaft, 426, 439, 441, 450
Vinzenzgemeinschaft, 417
virtues, 95
Volksabstimmung, 340, 341
volonté générale, 286

W
Waffenhandel, 136, 219, 236
Waffenproduktion, 136, 137
Waffenstillstand, 93, 194–196, 205
Wandel, zyklischer, 105
Warschauer Pakt, 212, 241, 242
Weltethos, 21, 25, 26, 79, 378
Weltgeschichte, 99, 103, 110, 146, 210
Weltgesellschaft, 124, 370, 388, 449, 450, 452, 471, 473, 484, 485
Welthandel, 117, 207, 215, 216, 293, 473, 474, 478
Weltkrieg, 11, 14, 34, 43, 83, 121–123, 129, 132, 134, 135, 145, 152, 154, 169, 190, 192, 193, 205, 209, 213, 230, 239, 240, 243, 251, 260, 265, 268, 269, 289, 295, 328, 336, 340, 354, 355, 360, 362, 363, 403, 404, 464, 474, 482, 485
Weltsystemtheorie, 104
Wert, V–VII, 1, 5, 7, 9–13, 106–108, 118, 123, 126, 127, 132, 143, 151, 161, 173, 174, 184, 207, 208, 213, 224, 226, 231, 243, 245, 256, 261, 262, 278, 289, 291, 297, 299, 301, 334, 345, 354, 360, 362, 371, 374, 377, 393, 402, 412, 427, 429, 430, 437–440, 442, 444, 446–448, 451, 452, 454, 457, 459, 461, 462, 464, 465, 469, 470, 486, 487
   materialistischer, 85, 86
   postmaterialistischer, 86
Wertethik, 35
Werteverfall, 1
Wertfreiheit, V, 37
Wertidee, 42, 60
Wertmuster, 1, 45, 440

Wertorientierung, 71, 85, 130, 298, 385, 446, 461, 464, 486, 487
wertrational, 34, 36
Wertrationalität, 38
Wertsphäre, 29, 38, 40, 438, 442
Wertwandel, V, 6, 80, 86, 92
Widerstand, gewaltloser, 204
Wilhelm I., 318
Willensfreiheit, 249, 250, 352
Wirklichkeitswissenschaft, V, 9, 34, 36, 41, 54, 59–61, 65–67, 373
Wirtschaftsethik, 9, 37
Wirtschaftswachstum, 20, 82, 83, 108, 218, 227, 268, 301, 328, 343, 344, 406, 412, 413, 428–430, 465, 474, 478
Wissenschaft, V, 1, 19, 23, 37, 39, 41–43, 50, 59, 63, 68, 101, 104–106, 125, 147, 183, 281, 291, 301, 303, 304, 333, 372, 428, 441–443, 463, 480–483, 485
Wissenssoziologie, 353
Wohlbefinden, 170, 413
Wohlfahrtsstaat, 21, 80, 90, 93, 181, 230–232, 234, 285, 291, 306, 338, 373

Wohlstand, 14, 80, 82, 86, 92, 108, 124, 176, 218, 307, 343, 405, 406, 412–416, 418, 419, 421, 424–426, 428–433, 474–476
World Value Survey, 347, 469
Würde, 5, 15, 27, 108, 112, 183, 208, 278, 293, 352–354, 357–361, 363, 378, 412, 488

Z

Zeitdiagnose, 15, 57, 67, 87, 245, 438, 459–461, 464
Zivilgesellschaft, 244, 409, 450, 487, 490
Zivilisationstheorie, 106
Zivilreligion, 31, 385
Zukunftsszenario, 67
Zuwanderung, 1, 2, 82, 408, 457
Zweiter Weltkrieg, 14, 34, 83, 90, 100, 121, 122, 129, 132, 135, 139, 142, 147, 152, 154, 169, 178, 190–194, 200, 205, 210, 230, 239, 243, 260, 268, 289, 291, 295, 336, 351, 354–356, 363, 403, 404, 464, 474

If you have any concerns about our products,
you can contact us on
ProductSafety@springernature.com

In case Publisher is established outside the EU,
the EU authorized representative is:
**Springer Nature Customer Service Center GmbH
Europaplatz 3, 69115 Heidelberg, Germany**

Printed by Libri Plureos GmbH
in Hamburg, Germany